# 肇庆年鉴

ZHAOQING YEARBOOK

2011（总第十四卷）

肇庆市人民政府主办

肇庆市地方志编纂委员会编

中華書局

图书在版编目（CIP）数据

肇庆年鉴2011／肇庆市地方志编纂委员会编.
—北京：中华书局，2011.12
ISBN 978－7－101－08330－9

Ⅰ、肇… Ⅱ、肇… Ⅲ、肇庆市－2011－年鉴
IV. Z526.53

中国版本图书馆CIP数据核字（2011）第227324号

责任编辑：朱 慧

# 肇庆年鉴

## 2011

（总第十四卷）

肇庆市人民政府主办
肇庆市地方志编纂委员会编
（地址：市区城中路49号市政府大院1号楼）

*

中华书局出版
（北京市丰台区太平桥西38号 100073）
http//www.zhbc.com.cn
E－mail:zhbc@zhbc.com.cn
深圳市精典印务有限公司印装
（0755－83748727）

*

开本：889×1194毫米 1/16 36.5印张 64插页 900千字
2011年12月第1版 2011年12月第1次印刷
ISBN 978－7－101－08330－9
定价：200.00元

# 编辑说明

一、《肇庆年鉴》是肇庆市人民政府主办的地方综合年鉴，1998年创刊，每年出版一卷，由肇庆市地方志编纂委员会负责，《肇庆年鉴》编辑部承编，公开发行。

二、本年鉴全面、系统、翔实地记述2010年度肇庆市政治、经济、文化、社会等各方面的新情况、新特点、新成就和新问题。具有总结经验，交流信息，积累史料的功能。为各级领导机关、团体和企事业单位的科学决策，各阶层人士了解肇庆提供服务。

三、本年鉴采用条目体，分类编辑。设部类、栏目、条目，因“条目”出现最多，其标题统一用黑体字加【 】号表示；部分“条目”内容较多则设子目（用楷体字表示）。

四、本年鉴稿件由各县（市、区）、市直各有关单位专人撰写，并经所在单位领导审定，年鉴编辑部据以收编。图片由相关部门提供，个别图片有超越时限。统计数字采用市统计局最新数据或撰稿单位数据，使用时请以市统计局最终公布数字为准。

五、全书目录设图表索引及专题图片索引，以方便读者查阅，并随书附赠包含全部内容的数据光盘。

六、本年鉴在编辑出版过程中，得到各级领导机关和有关单位的大力协助和支持，在此谨表谢意！限于水平和经验，难免出现错漏，敬请批评指正。

# 《肇庆年鉴》编辑部

（2010年7月12日调整后）

编　　辑：钱锦嫦　叶林泉　孔德勇　林绍雄　梁月芸　邓裕初
吴文颂　麦鸿波　郦　飞　莫学松　袁建明　陆剑艺
邓香兰　聂玉成　邓锐超　叶青海　易　霓　杨剑洪
黄菊艳　吕贵德　彭剑德　覃殿养　梁咏春　陈宾斌
吴　亮　梁毅娟　李慧婷　罗云彩　黄超毅　麦伟勤
潘卫华　孔祥鑫　卢少媚　詹健全　朱红宇　梁凌宇
沈冬妮　周海明　卢本深　吴嘉斌　廖建洪　梁　萍
胡　颖　谢春元　郑智敏　刘晓霞　梁卫敏　陈莹莹
张海峰　梁连清　周春辉　陈炳文　周　雯　胡丽华
庞倩娟　杨平生　任建新　张学锋　吴宇锋　朱　舟
杨文武　王忠良　冼艺杰　朱志钢　曾　铭　邱　剑
胡　凝　闲建中　黄文青　姚文河　黎一斐　卜晓婷
陈　治　李惠萍　闵　锐　谭桂花　江　丽　赖友明
何国龙　陈海燕　张　允　区惠怡　罗　欢　严肇玲
贺广玲　方楷昭　张　爽　朱俊杰　柳静慧　李月梅
肖　军　庄中华　岑冰燕　李雅静　童益南　苏亦文
廖爱玲　覃　勇　李　滨　陈海波　黄金燕　王清华
谈植秀　林雅哲　廖　勇　何广明　何志晖　蔡之明
麦婷婷　李吉涛　麦伟男　李远难　傅金明　程　翀
梁祖光　黄　妍　陈志周　卢帼姿　谢　敏　徐可球
陈益民　莫多文　徐小桃　黄少华　欧伟森　梁罗河
张　逊

# 目 录

◆编辑说明
◆编辑机构
◆肇庆市在广东省位置图
◆肇庆市地图
◆肇庆市城区中心街道图
◆数字肇庆·2010
◆肇庆荣誉
◆专题图片

## 特 载

◆《富民强市 建设幸福肇庆》…覃卫东（1）
◆《政府工作报告》………………郭 锋（11）

## 专 辑

◆为民惠民十件大事……………………（21）
·基本情况
·主要措施
◆全面完成“十一五”规划……………（23）
·简况
·主要成就
◆贯彻实施《规划纲要》………………（23）
·全面实施《规划纲要》
·各地实施概况
·广佛肇莞公共卫生及广州亚运联防联控工作会议
·广佛肇环保合作联席会议
·广佛肇三市工作会议
·广佛肇金融合作备忘录
·广佛肇城乡建设合作框架协议
·广佛肇三市职业教育合作意向书
·广佛肇安全生产应急救援协作框架协议
·端州区生产性服务业发展战略合作框架协议
·广佛肇区域性档案目录中心合作协议
·省市共建“广东省绿色照明示范城市”框架协议
·广佛肇商会合作框架协议
·珠三角人才及劳务合作项目协议书
·各项协议实施情况
◆城市建设年…………………………（52）
·简况
·建设情况

## 2010年肇庆大事记

·1月……………………………………（54）
·2月……………………………………（56）
·3月……………………………………（57）
·4月……………………………………（60）
·5月……………………………………（62）
·6月……………………………………（66）
·7月……………………………………（70）
·8月……………………………………（72）
·9月……………………………………（73）
·10月……………………………………（75）
·11月……………………………………（78）
·12月……………………………………（82）

## 市情概貌

◆**自然环境**……………………………（86）
· 位置与面积
· 地貌
· 气候
· 水文
· 自然灾害
◆**建置与区域**…………………………（90）
· 历史沿革
· 行政区划
· 人口
◆**资源**…………………………………（94）
· 土地资源
· 矿产资源
· 水资源
· 动植物资源
· 旅游资源
◆**环境质量**……………………………（95）
· 大气环境质量
· 水环境质量
· 声环境质量
· 生态环境质量
◆**交通简况**……………………………（96）
· 交通设施
· 交通建设
◆**语言**…………………………………（97）
◆**民族与宗教**…………………………（97）
· 民族
· 宗教
◆**政治文明建设**………………………（97）
· 反腐倡廉
· 政治协商
· 民主法制建设
· 依法行政
· 政府机构改革
· 行政审批及管理体制改革
· 定期接访
◆**精神文明建设**………………………（101）
· 简况
· 核心价值体系建设
· 思想道德教育活动
· 群众性创建活动
· 营造建设环境
· 问题与困难
附：2010年肇庆市精神文明建设委员会办公室正副主任名录
◆**生态文明建设**………………………（103）
· 生态示范村创建
· 农村生态环境建设
· 问题与困难
· 自然保护区建设

## 中共肇庆市委员会

◆**综述**…………………………………（114）
◆**重要会议**……………………………（114）
· 市委十届八次全体会议
· 市委十届九次全体会议
· 市委全体（扩大）会议
· 市委常委扩大会议
· 市委常委会议
· 专项工作会议
附：（一）2010年中共肇庆市委领导人名录
（二）2010年中共肇庆市委正副秘书长名录
（三）2010年中共肇庆市委办公室正副主任名录
◆**督查与调研**…………………………（128）
· 督查工作
· 调研工作
附：2010年中共肇庆市委政策研究室正副主任名录
◆**新闻与信息工作**……………………（129）
· 新闻工作
· 信息工作
◆**组织工作**……………………………（130）
· 简况
· 创先争优活动
· 领导班子建设
· 基层组织建设
· 人才工作
· 人事制度改革

·干部监督管理
·干部教育培训和挂职锻炼
·社区和“两新”组织党建
·远程教育
·军转工作
·发展党员
·党务公开
·干部档案管理
·自身建设
附：2010年中共肇庆市委组织部正副部长名录
◆**宣传工作**……………………………………（133）
·简况
·理论武装
·新闻舆论引导
·精神文明建设
·文化强市建设
·队伍建设
·党报党刊发行
·问题与困难
附：2010年中共肇庆市委宣传部正副部长名录
◆**统战工作**……………………………………（138）
·简况
·多党合作和政治协商
·民主党派建设
·政治学习教育
·“三促进一保持”系列行动
·联谊交流
·服务非公有制经济
·统战基地
·肇庆市知识界人士联谊会成立
·民族宗教事务
·对台工作
附：（一）2010年中共肇庆市委统一战线工作部正副部长名录
（二）2010年肇庆市民族宗教事务局正副局长名录
（三）2010年中共肇庆市委台湾工作办公室正副主任名录
◆**机构编制工作**………………………………（143）
·简况
·机构设置
·市县两级政府机构改革
·简政强镇事权改革
·事业单位分类改革
·高要大部制改革试点
·机构编制实名制管理
·机构编制督查
·事业单位登记管理
·问题与困难
附：2010年肇庆市编制委员会办公室正副主任名录
◆**保密工作**……………………………………（146）
·简况
·宣传教育
·保密检查
·监督管理
·技术防范
·问题与困难
附：2010年肇庆市国家保密局正副局长名录
◆**档案工作**……………………………………（148）
·馆藏与档案利用
·综合目标管理
·重大建设项目档案
·档案信息化
·依法治档与宣传
·队伍建设
·问题与困难
附：2010年肇庆市档案局正副局长名录
◆**党史工作**……………………………………（149）
·简况
·资料征集与调研
·书刊编辑出版
·宣传教育
·学术研讨会
·问题与困难
附：2010年中共肇庆市委党史研究室正副主任名录
◆**党校工作**……………………………………（150）
·简况
·干部教育培训
·科研创新
·队伍建设
附：2010年中共肇庆市委党校正副校长名录
◆**老干部工作**…………………………………（151）
·简况
·落实生活待遇

· 调研与宣传
· 学习教育
· 服务管理
· 阵地建设
· 关心下一代
· 队伍建设
· 问题与困难
附：2010年中共肇庆市委老干部局正副局长名录
◆市直机关工作……………………………（152）
· 简况
· 政治理论学习
· 开展创先争优活动
· 基层党组织建设
· 市直机关绩效考核
· 党风廉政建设
· 构建和谐社会
附：2010年中共肇庆市直属机关工作委员会正副书记名录
◆机关服务…………………………………（154）
· 接待工作
附：2010年中共肇庆市委接待处正副处长名录
· 机关服务

## 市人大常委会

◆综述………………………………………（156）
◆主要会议…………………………………（156）
· 市十一届人大五次会议
· 常委会会议
◆依法行使职权……………………………（158）
· 法律监督
· 工作监督
· 讨论决定重大事项
· 人事任免
· 评议工作
· 信访监督
◆拓展代表工作……………………………（159）
· 代表活动
· 建议督办
◆宣传理论…………………………………（160）
· 宣传工作
· 理论研究
◆自身建设…………………………………（160）
· 理论学习
· 调查研究
· 提高机关工作效能
◆依法治市工作……………………………（161）
· 简况
· 领导小组成员会议
· 提高执政能力
· 建设法治政府
· 加强综治信访维稳
· 建设基层民主政治
· 完成“五五”普法
· 推进法治创建活动
附：（一）2010年肇庆市十一届人大常委会正副主任、正副秘书长、委员名录
（二）2010年肇庆市十一届人大常委会机构设置及负责人名录

## 市人民政府

◆市政府会议………………………………（164）
· 全体会议
· 常务会议
· 工作会议
附：（一）2010年肇庆市人民政府正副市长名录
（二）2010年肇庆市人民政府正副秘书长名录
（三）2010年肇庆市人民政府办公室正副主任名录
◆调研工作…………………………………（171）
· 调查研究
· 市政府顾问团工作
附：2010年肇庆市人民政府经济研究室正副主任名录
◆信访工作…………………………………（172）
· 简况
· 矛盾纠纷排查化解
· 基层基础建设
· 层级领导接访
· 遏制集体越级上访

·落实信访责任
·亚运期间信访工作
◆**政务督查**……（173）
·简况
·重点督查
·专项督查
·民生热点
◆**法制工作**……（174）
·规范性文件
·行政复议
·行政应诉
·行政执法与监督
·治理公路“三乱”
·行政执法证管理
·政府专项工作报告
·仲裁工作
·问题与困难
附：2010年肇庆市法制局正副局长名录
◆**政务信息工作**……（175）
·政务信息
·办公自动化
◆**政务公开**……（175）
·制度建设
·政府门户网站建设
·主动公开
·依申请公开
·接受监督
◆**行政服务**……（177）
·简况
·电子政务建设
·服务管理
·绿色审批通道
·提案承办
◆**土地储备**……（178）
·土地收储与出让
·问题与困难
◆**金融服务**……（178）
·机构设置
·业务简况
·金融创新与发展
·融资与协调服务
·问题与困难
附：2010年肇庆市政府金融工作局局长名录
◆**应急管理**……（180）
·一案三制建设
·基层应急管理
·宣教演练
·值守应急
·应急保障体系
·突发事件处置
·区域合作
◆**住房公积金管理**……（181）
·公积金运营
·调整缴存比例
·提高缴存基数
·新增业务承办机构
·问题与困难
◆**反走私综合治理**……（182）
·简况
·联合行动
·综合治理
·问题与困难
◆**机关管理与服务**……（182）
·接待工作
·小汽车定编管理
·机关事务管理
◆**地方志工作**……（183）
·简况
·落实工作法规
·第二轮修志
·综合年鉴编纂与出版
·地情信息网站建设
·对外交流
附：2010年肇庆市地方志编纂委员会办公室领导人名录

## 政协肇庆市委员会

◆**重要会议**……（185）
·市政协九届四次会议
·常委会议
·工作座谈会
·企业家代表座谈会
·市委政协工作会议

◆重要活动……………………………（186）
· 专题调研视察考察
· 省领导莅肇调研
· 走访委员
· 扶贫捐助
· 龙舟邀请赛
· 第三届“政协杯”乒乓球赛
· 五省十市政协第三届书画联展
· “四洲杯”粤港澳粤曲演唱大赛
· 市政协第六届“亘泰杯”高尔夫球邀请赛
◆提案工作……………………………（189）
· 提案交办
· 市领导领衔督办重点提案
· 程序化建设
◆爱国统一战线………………………（190）
· 统战联盟
· 文史资料出版
· 港澳台侨联谊活动
◆自身建设……………………………（190）
· 理论学习
· 驻村工作
· 结对共建
附：（一）2010年政协肇庆市第九届委员会正副主席、正副秘书长、常委名录
（二）2010年政协肇庆市第九届委员会机构设置及主要负责人名录

## 纪检与监察

◆重要会议……………………………（193）
· 市纪委十届五次全会
· 全市加强作风建设暨贯彻实施《廉政准则》电视电话会议
· 全市廉政工作电视电话会议
◆党风廉政建设和反腐败工作…………（193）
· 落实党风廉政建设责任制
· 深化作风建设
· 查办违纪违法案件
· 纠正不正之风
· 加强反腐倡廉制度建设
· 规范廉洁从政行为
· 加强反腐倡廉教育
· 加强队伍建设
附：（一）2010年中共肇庆市纪律检查委员会领导人名录
（二）2010年肇庆市监察局正副局长名录
（三）举报专线电话（网站）

## 民主党派

◆民主党派概况…………………………（196）
◆民革肇庆市委员会……………………（196）
· 简况
· 参政议政与民主监督
· 思想建设
· 组织建设
· 社会服务
◆民盟肇庆市委员会……………………（198）
· 简况
· 民盟中央主席蒋树声访肇
· 自身建设
· 参政议政
· 服务社会
· 盟员成绩
◆民建肇庆市委员会……………………（199）
· 简况
· 民建中央和省委领导来肇指导
· 庆祝中国民主建国会成立65周年
· 参政议政
· 自身建设
· 扶贫济困
· 会员成绩
· 问题与困难
◆民进肇庆市委员会……………………（201）
· 简况
· 参政议政
· 服务社会
· 自身建设
· 问题与困难
◆农工民主党肇庆市委员会……………（202）
· 简况
· 参政议政

·服务社会
·自身建设
·党员成绩
·问题与困难
◆**九三学社肇庆市委员会**……………………（203）
·简况
·参政议政
·自身建设
·社员成绩
·服务社会
·问题与困难

## 群众团体

◆**肇庆市总工会**……………………………………（205）
·简况
·荣誉录
·劳动竞赛
·维权维稳
·组织建设
·帮扶解困
·培训与调研
·成立肇庆市工会法律服务律师团
·问题与困难
附：（一）2010年肇庆市总工会正副主席名录
（二）获省以上表彰的个人名录
（三）获省以上表彰的单位名录
◆**共青团肇庆市委员会**…………………………（208）
·简况
·重要会议
·实施《规划纲要》
·基层组织建设
·思想道德教育
·青年文明号
·志愿者服务
·关爱农民工
·中越青年联欢
·问题与困难
附：（一）2010年共青团肇庆市委员会正副书记名录
（二）2010年获省以上表彰的单位和个人名录
◆**肇庆市妇女联合会**……………………………（213）
·参与经济社会发展
·家庭文明建设
·妇女维权工作
·妇儿发展规划工作
·帮扶困难妇女儿童
·组织建设
·联谊交流
·妇女宣传工作
·问题与困难
附：（一）2010年肇庆市妇女联合会正副主席名录
（二）2010年获全国表彰的先进集体和个人名录
（三）2010年获省表彰的先进集体和个人名录
◆**肇庆市工商业联合会（总商会）**……（217）
·简况
·广佛肇商会合作论坛
·服务社会
·参政议政
·与省工商联签订合作框架协议
·表彰活动
·服务企业
·问题与困难
附：2010年肇庆市工商业联合会正副主席名录
◆**肇庆市科学技术协会**…………………………（219）
·简况
·中国科协副主席齐让来肇调研
·科普工作
·青少年科技教育
·学会工作
·学术交流
·问题与困难
附：2010年肇庆市科学技术协会正副主席名录
◆**肇庆市社会科学界联合会**…………………（222）
·法规机制
·学术活动
·决策服务
·成果评奖
·社科品牌
·社科普及

·组织建设
·学会工作
附：2010年肇庆市社会科学界联合会正副主席名录
◆肇庆市文学艺术界联合会……………（226）
·简况
·文艺交流
·文学创作
·艺术创作
附：2010年肇庆市文学艺术界联合会正副主席名录
◆肇庆市残疾人联合会…………………（227）
·简况
·康复工作
·特殊教育
·就业培训
·社会保障与扶贫
·组织建设
·宣传工作
·文体服务
·信访维权
·问题与困难
附：2010年肇庆市残疾人联合会正副理事长名录
◆肇庆市归国华侨联合会………………（230）
·简况
·为侨服务
·海外联谊
·服务经济
·文化宣传
·侨青委工作
·第七次归侨侨眷代表大会
·问题与困难
附：2010年肇庆市归国华侨联合会正副主席名录
◆肇庆市红十字会………………………（232）
·简况
·募捐救灾
·人道救助
·应急救护培训
·志愿服务
·组织建设
·问题与困难
附：2010年肇庆市红十字会正副会长名录
◆肇庆市青年联合会……………………（234）
·开展活动
·服务社会
·服务青年
·自身建设

## 政　法

◆综述……………………………………（235）
◆社会治安综合治理……………………（235）
·简况
·创新综治信访维稳机制
·中央综治委督导检查组来肇
·严打整治斗争
·禁毒工作
·涉法涉诉信访处理
·治安防控网络建设
·平安建设
·问题与困难
附：2010年中共肇庆市委政法委员会领导人名录
◆审判工作………………………………（237）
·简况
·省高院院长郑鄂来肇调研
·刑事审判
·民（商）事审判
·行政审判
·执行工作
·审判监督
·司法为民
·基层建设
·问题与困难
附：2010年肇庆市中级人民法院正副院长名录
◆检察工作………………………………（240）
·简况
·刑事检察
·贪污贿赂、渎职侵权检察
·预防职务犯罪
·诉讼监督
·检察技术
·基层建设

·社会矛盾化解和社会管理创新
·省检察院检察长郑红来肇调研
·省女检察官协会理事会在肇召开
·问题与困难
·案例选介
附：2010年肇庆市人民检察院正副检察长名录
◆**公安工作**……………………………（243）
·简况
·第一家公安微博“平安肇庆”
·亚运安保工作
·重要会议
·维护社会政治稳定
·打击犯罪
·安全防范管理
·治安行政管理
·户政管理
·出入境管理
·交通安全管理
·省市两级交通安全文明单位授牌
·消防安全管理
·网络安全管理
·110报警服务
·科技强警
·培训基地建设
·案例选介
·问题与困难
附：（一）2010年肇庆市公安局正副局长名录
（二）2010年肇庆市公安消防局领导人名录
◆**司法行政工作**…………………………（248）
·简况
·劳教与强制隔离戒毒
·矛盾纠纷排查调处
·“五五”普法通过省检查验收
·法制宣传教育
·法律服务
·法律援助
·社区矫正和安置帮教
·基层基础建设
·司法鉴定和国家司法考试
·司法行政亚运安保
·队伍建设
·问题与困难
附：2010年肇庆市司法局正副局长名录

## 地方军事

◆**肇庆军分区**……………………………（253）
·简况
·上级来肇指导
·重要会议
·思想政治建设
·军事工作
·党管武装
·后勤装备
·双拥工作
·国防动员
·国防教育训练基地投入使用
·正规化建设
附：2010年肇庆军分区领导人名录
◆**武警肇庆市支队**………………………（256）
·简况
·刘红军视察肇庆
·思想政治建设
·战备执勤
·正规化建设
·后勤保障
·机动备勤
附：2010年武警肇庆市支队领导人名录
◆**人民防空**………………………………（258）
·简况
·应急指挥与通信警报建设
·工程建设与管理
·宣传教育
·队伍建设
附：2010年肇庆市人民防空办公室正副主任名录

## 经济管理与监督

◆**发展和改革管理**………………………（260）
·简况
·经济增长

·广佛肇经济圈建设
·重点项目建设
·规划工作
·固定资产投资
·产业转移
·招商引资
·重大专项工作
·粮食管理
·国民经济动员
·援建克枯乡
·问题与困难
附：2010年肇庆市发展和改革局正副局长名录
◆**国有资产监督管理**……………………（262）
·简况
附：2010年肇庆市国有资产监督管理委员会正副主任名录
·肇庆市新联国有资产管理有限公司
·肇庆市交通集团有限公司
·肇庆市七星旅游集团有限公司
·肇庆市水务集团有限公司
·肇庆市贺江电力发展有限公司
·肇庆市城建投资开发总集团有限公司
·肇庆市市场物业管理服务总站
·肇庆市金叶投资发展有限公司
·广东省肇庆土产进出口有限公司
◆**国土资源管理**…………………………（268）
·简况
·“数字肇庆”地理空间框架建设工程
·土地规划
·耕地保护和农地开发
·土地利用
·地产市场
·矿产管理
·地质勘查与环境
·测绘管理
·执法监察
附：2010年肇庆市国土资源局正副局长名录
◆**物价管理**………………………………（270）
·市府平抑物价会议
·对困难群体发放补贴
·价格变动
·电价管理
·价格调控监测
·收费管理
·价格听证
·物价检查
·价格服务
·价格举报
·服务窗口建设
·问题与困难
附：2010年肇庆市物价局正副局长名录
◆**工商行政管理**…………………………（273）
·荣誉录
·市场主体平稳增长
·服务方式转变
·实施商标发展战略
·农贸市场升级改造
·体制机制改革
·全面推进行政指导工作
·整规市场经济秩序
·消费维权
·基层规范化建设
·队伍建设
附：2010年肇庆市工商行政管理局正副局长名录
◆**审计监督**………………………………（276）
·简况
·财政审计
·专项资金审计
·经济责任审计
·政府债务审计
·审计整改
·内部审计
·问题与困难
附：2010年肇庆市审计局正副局长名录
◆**质量技术监督**…………………………（277）
·质量强市工作
·落实“五个转变”
·质量安全管理
·“质量提升年”活动
·质量监督管理
·标准化工作
·计量工作
·自身建设
附：2010年肇庆市质量技术监督局正副局长名录
◆**安全生产监督管理**……………………（280）
·简况

·“安全生产月”活动
·挂牌督办制度
·安全生产形势
·安全生产会议
·应急管理
·安全生产责任制
·隐患排查与整治
·重大危险源普查
·专项整治
·标准化管理
·危险化学品安全监管
·镇（村）级安监
·培训教育
·来信来访
附：2010年肇庆市安全生产监督管理局正副局长名录
◆**食品药品监督管理**……………………（284）
·体制改革
·荣誉录
·落实《规划纲要》
·食品放心工程
·保健品与化妆品监管
·药品与医疗器械准入
·药品与医疗器械市场整治
·农村药品安全监管
·药品流通监管
·药品生产经营质量认证
·医疗器械监管
·药品及医疗器械技术监督
·问题与困难
附：2010年肇庆市食品药品监督管理局正副局长名录
◆**统计工作**……………………………（290）
·GDP超“千亿”
·经济运行分析研究
·出版统计资料
·专项工作
·统计执法
·统计服务
·自身建设
·问题与困难
附：2010年肇庆市统计局正副局长名录

## 工业 商业 信息产业

◆**工业**…………………………………（292）
·简况
·产业规划一体化
·工业经济
·电力建设与运行
·节能减排
·企业技术进步
·名牌带动战略
·企业类型
·应对国际金融危机
·企业上市
·山区工业
·工业园区建设
·“双转移”工作
·问题与困难
◆**商业**…………………………………（295）
·简况
·批发零售业
·生猪屠宰管理
·酒类流通管理
·万村千乡市场工程
·市场拓展
·家电以旧换新
·成品油销售
·问题与困难
·食盐专卖
附：2010年肇庆盐业总公司正副总经理名录
·烟草专卖
附：2010年肇庆市烟草专卖局（公司）领导人名录
·供销商业
附：2010年肇庆市供销合作联社正副主任名录
◆**中小企业管理**…………………………（298）
·中小企业局
·自主创新
·中小企业融资
·问题与困难
◆**信息产业**……………………………（298）
·简况

· 城市信息化建设
· 电子与信息产业
· 软件产业基地
· 农村信息化
· 电子政务
· 现代信息服务业
· 企业信息化
· 无线电管理
· 问题与困难
附：2010年肇庆市经济和信息化局正副局长名录


## 农 业


◆**综述**……………………………………（301）
· 实施《规划纲要》
· 农村经济
· 农业产业化进程
· 农业标准化与信息化
· 农产品质量管理
· 名牌产品
· 依法治农
· 科技兴农
· 农业对外经贸
· 农村沼气
· 基层人才
· 减轻农民负担
· 农村扶贫
· 农业综合开发
· 老区建设
· 农村改革发展
· 农村人居环境
· 农村社会事业
· 新农村示范建设
· 问题与困难
◆**种植业**…………………………………（307）
· 生产情况
· 主要特点
· 两个主导产业
· 农田水利建设
· “土肥”工作
· 科技推广
· 植物保护
· 冬种生产
· 问题与困难
◆**畜牧业**…………………………………（309）
· 简况
· 牧业生产
· 结构调整
· 规模养殖
· 品牌创建
· 畜牧产品行情
· 重大政策（项目）
· 饲料生产和管理
· 重大动物疫病防控
· 问题与困难
◆**渔业**……………………………………（311）
· 简况
· 渔业管理
· 执法检查
· 科技兴渔
· 水产品加工与流通
· 问题与困难
◆**农业机械化**……………………………（312）
· 简况
· 农机拥有量
· 农机作业水平
· 落实补贴政策
· 农机推广与培训
· 社会化服务体系
· 农机安全生产
· 实施省人大《扶持农业机械化发展议案》
· 问题与困难
附：2010年肇庆市农业局正副局长名录


## 林业 水务 气象


◆**林业**……………………………………（320）
· 森林资源
· 造林绿化
· 生态公益林体系建设
· 林业产业化发展
· 资源林政管理

· 森林资源保护
· 集体林权制度改革
· 林业普法
· 林业科研
· 林业建设资金
· 国有林场
· 问题与困难
附：2010年肇庆市林业局正副局长名录
◆**水务管理**……………………………（322）
· 机构改革
· 实施《规划纲要》
· 国家防总莅肇检查工作
· 省水利厅厅长黄柏青来肇调研
· 农村饮水安全工程
· 全市水利工作会议
· 污水处理厂建设
· 城乡水利防灾减灾工程
· 景丰联围加固工程
· 病险水库加固工程
· 机电排灌工程
· 水电工程
· 三防工作
· 河道采砂管理
· 水政执法
· 水土保持工作
· 水利规费征收
· 应急备用水源工程
· 水环境整治工程
· 问题与困难
附：2010年肇庆市水务局正副局长名录
◆**气象事业**……………………………（327）
· 简况
· 实施《规划纲要》
· 省气象局局长余勇莅肇调研
· 气候特征
· 灾害性天气预报
· 专题天气预报
· 雷电灾害防御
· 气象科研
· 人工影响天气
· 气象信息服务
· 气象窗口
· 问题与困难
附：2010年肇庆市气象局正副局长名录


## 城乡建设


◆**城市建设**……………………………（335）
· 简况
· 机构改革
· 实施《规划纲要》
· 创建宜居城乡
· “三旧”改造工程
· 全民安居工程
· 建筑市场管理
· 建筑节能设计标准
· 工程招标投标
· 房地产市场
· 房地产行业管理
· 商品房建设
· 产权登记
· 解决“办证难”问题
· 物业管理
· 城市房屋拆迁管理
· 房产交易管理
· 商品房预售管理
· 房地产中介管理
· 房屋租赁管理
· 房屋安全鉴定
· 住房制度改革
· 建筑节能
· 新型墙材和散装水泥推广应用
· 行业技术培训
· 房地产企业名录
附：2010年肇庆市住房和城乡建设局正副局长名录
◆**城乡规划**……………………………（340）
· 城镇体系
· 实施《规划纲要》
· 规划研究与编制
· 绿道建设
· 城乡一体化规划
· 村镇规划
· 市城市规划委员会会议

· 规划管理
· 规划执法
· 信息公开与交流
· 问题与困难
附：2010年肇庆市城乡规划局正副局长名录
◆**市政管理**…………………………（342）
· 简况
· 城区环卫体制改革
· 园林绿化
· 城建监察
· 路灯照明
· 城市燃气安全管理
· 城市道路与排水
· 市政重点工程
· 问题与困难
附：2010年肇庆市城市综合管理局正副局长名录
◆**环境保护**…………………………（343）
· 简况
· 实施《规划纲要》
· 环境监测
· 环境影响评价
· 环保宣传
· 污染减排
· 污水处理厂建设
· 信访工作
· 问题与困难
附：2010年肇庆市环境保护局正副局长名录

## 交通　邮电

◆**交通行政管理**…………………………（348）
· 实施《规划纲要》
· 省交通运输厅厅长来肇指导
· 省级会议在肇召开
· 首次参加国际性学术研讨会
· 交通参数
· 农村交通网络建设
· 交通基础设施建设
· 十大工程
· 交通市场管理
· “春运”工作
· 铁路轨道工程
· 安全生产
· 创建文明行业
· 道路养护
· 问题与困难
附：2010年肇庆市交通运输局正副局长名录
◆**公路建设与管理**…………………………（352）
· 道路状况
· 广佛肇车辆年票互认
· 公路建设与改造
· 公路养护
· 路政管理
· 规费征收
· 问题与困难
附：2010年肇庆市公路局正副局长名录
◆**海事管理**…………………………（354）
· 简况
· 5000吨级海轮首进西江
· 肇庆与佛山海事应急演练
· 安全监督管理
· 问题与困难
附：2010年肇庆海事局正副局长名录
◆**航道维护与管理**…………………………（354）
· 航道维护
· 航道基本建设
· 航道公共安全监管
· 航道整治
· 行政管理
· 机构改革
· 李汉生先进事迹报告会
附：2010年广东省西江航道局正副局长名录
◆**铁路运输**…………………………（355）
· 简况
· 肇庆车务段
· 肇庆客运段
· 肇庆工务段
· 肇庆信号水电段
◆**邮政事业**…………………………（361）
· 简况
· 《人文肇庆》专题邮册在广州首发
· 邮路网络
· 邮政服务

· 业务发展
· 邮政建设
· 企业改革
· 企业管理
附：2010年肇庆市邮政局正副局长名录
◆**电信事业**……………………………………（362）
· 简况
· 中国电信股份有限公司肇庆分公司
· 中国移动通信集团广东有限公司肇庆分公司
· 中国联合网络通信有限公司肇庆市分公司


## 对外经济贸易 口岸


◆**对外经济贸易**……………………………（364）
· 简况
· 实施《规划纲要》
· 吸收外资
· 主要商贸活动
· 进出口贸易
· 肇庆市贸易促进会
· 问题与困难
附：2010年肇庆市对外贸易经济合作局正副局长名录
◆**口岸**…………………………………………（367）
· 简况
· 肇庆新港码头对外开放
· 口岸建设
· 口岸管理
· 问题与困难
· 肇庆海关
附：2010年肇庆海关正副关长名录
· 肇庆出入境检验检疫局
附：2010年肇庆出入境检验检疫局正副局长名录
· 肇庆边防检查站
附：2010年肇庆边防检查站领导人名录


## 旅游事业


◆**综述**…………………………………………（371）
· 简况
· 行业规模
· 全市旅游工作会议
· 旅游行政服务窗口启用
· 领导视察
◆**旅游经济**……………………………………（372）
· 简况
· 国内旅游
· 入境旅游
· 出境旅游
· 假日旅游
◆**宣传促销与节庆活动**……………………（372）
· 国内旅游宣传促销
· 国际旅游宣传促销
· 旅游节庆活动
◆**资源开发与景区（点）建设**…………（373）
· 规划编制与实施
· 景区（点）与基础设施建设
· 第三届肇庆旅游工艺品（特产）展
· 旅游扶贫工程
◆**旅游行业管理**……………………………（374）
· 市场监管
· 旅行社管理
· 导游员管理
· 旅游饭店管理
· 旅游安全管理
◆**教育培训与行风建设**……………………（374）
· 精神文明建设
· 教育培训
附：2010年肇庆市旅游发展局正副局长名录


## 财政 税务


◆**财政收支与管理**…………………………（377）
· 收入与支出
· 区域发展特点
· 支持地方经济建设
· 基本公共服务均等化投入
· 财政管理与监督
· 荣誉录
· 问题与困难

附：2010年肇庆市财政局正副局长名录
◆**国家税务**……………………………（379）
· 税收收入
· 依法治税
· 税收征管
· 税收服务
附：2010年肇庆市国家税务局正副局长名录
◆**地方税务**……………………………（380）
· 税收计划执行情况
· 征收特点
· 税源分析
· 省地税统一工作平台在肇上线
· 机构建设
· 业务发展
· 新系统运行
· 税收法制建设
· 税收征管
· 科技兴税
· 税收执法
· 再就业税收优惠
· 税收服务
· 问题与困难
附：2010年肇庆市地方税务局正副局长名录

## 金融业

◆**银行业**……………………………（384）
· 中国人民银行肇庆市中心支行
附：2010年中国人民银行肇庆市中心支行正副行长名录
· 肇庆银监分局
附：2010年肇庆银监分局正副局长名录
· 中国农业发展银行肇庆市分行
· 中国工商银行股份有限公司肇庆分行
· 中国农业银行股份有限公司肇庆分行
· 中国银行股份有限公司肇庆分行
· 中国建设银行股份有限公司肇庆市分行
· 广东发展银行股份有限公司肇庆分行
· 广东省农村信用社联合社肇庆办事处
· 中国邮政储蓄银行有限责任公司肇庆分行
◆**保险业**……………………………（391）
· 保险机构
· 业务发展
· 肇庆市保险行业协会
· 中国人民财产保险股份有限公司肇庆市分公司
· 中国人寿保险股份有限公司肇庆分公司
· 中国太平洋人寿保险股份有限公司肇庆中心支公司
· 中国平安财产保险股份有限公司肇庆中心支公司
· 中国平安人寿保险股份有限公司肇庆中心支公司
· 中华联合财产保险股份有限公司肇庆中心支公司
· 永安财产保险股份有限公司肇庆中心支公司
· 天安保险股份有限公司肇庆中心支公司
· 泰康人寿保险股份有限公司肇庆中心支公司
· 安邦财产保险股份有限公司肇庆中心支公司
· 太平财产保险有限公司肇庆中心支公司
· 太平人寿保险有限公司肇庆中心支公司
· 都邦财产保险股份有限公司广东分公司肇庆营销服务部
· 华安财产保险股份有限公司肇庆中心支公司
· 美国友邦保险有限公司广东分公司肇庆营销服务部
◆**证券业**……………………………（394）

## 文　化

◆**综述**……………………………（395）
· 简况
· 实施《规划纲要》
· 建设文化强市
· 首届“端午文化节”
· 珠江文化星座
· 首届广府文化艺术节
· 广佛肇粤语新童谣大赛
· 岭南文化十大名片
· 公共文化服务
· 《西江日报》创刊60周年
· 文化体制改革
· 文化产业

· 文艺精品
· 问题与困难
◆**新闻出版管理**……………………………（397）
· 简况
· 新闻媒体管理
· 出版物市场管理
◆**广播电视管理**……………………………（398）
· 行业管理
◆**文学与艺术**………………………………（398）
· 简况
· 对外文化交流
· 文化上山下乡
· 业余创作
· 文艺活动
· 公共图书馆
· 肇庆市图书馆建设
· 非物质文化遗产保护
· 文化信息资源共享工程
· 农村电影放映工程
· 农家书屋建设工程
◆**文物 博物**………………………………（400）
· 简况
· 博物宣传
· 文物保护
· 肇庆市收藏家协会成立
· 肇庆市第五批文物保护单位
· 设施建设
· 业务培训
· 考古发现
· 全国第三次文物普查
· 文物利用
· 博物馆工作
· 文化遗产宣传
· 学术研讨
◆**文化市场**…………………………………（403）
· 简况
· 网吧市场管理
· 音像市场管理
· 演出市场
· 娱乐市场管理
· 电影市场
附：2010年肇庆市文化广电新闻出版局正副局长名录
◆**报刊**………………………………………（404）
·《西江日报》
· 肇庆十大新闻评选
· 新闻及经济年度人物评选
·《肇庆都市报道》
附：2010年西江日报社领导人名录
·《西江文艺》
·《肇庆学院报》
·《肇庆学院学报》
◆**肇庆市广播电视台**………………………（406）
· 简况
· 宣传
· 获奖情况
· 安全播出
· 事业建设
· 台网分离
· 问题与困难
· 广播中心
· 电视中心
· 网络分公司

## 教 育

◆**综述**………………………………………（411）
· 简况
· 实施《规划纲要》
· 普高教育现场会
· 教育工作会议
· 中小学体卫与艺术国防教育会议
· 创建教育强市动员会
· 创建广东省教育强市
· 教育均衡发展工程
· 教育资源下乡
· 职业技术教育基地
· 经费投入
· 职教公共实训中心
· 首所国家级重点民办职业学校
· 校园安全防范
· 校舍安全工程
· 高考成绩
· 强师振教工程

·农村学前教育
◆基础教育…………………………（415）
·学前教育
·义务教育
·普通高中教育
·特殊教育
◆高等教育…………………………（415）
·普通高等教育
·成人高等教育
◆职业教育…………………………（416）
·高职教育
·中职教育
·社会办学
◆成人教育…………………………（416）
·农村成人教育
·职工教育
·成人高考
·自学考试
·问题与困难
附：2010年肇庆市教育局正副局长名录
◆肇庆学院…………………………（416）
·简况
·建校40周年活动
·党员大学生挂职社区
·专业设置
·师资队伍
·科研工作
·教学管理
·素质教育
·对外交流
·中德合唱友好交流音乐会
·签定合作协议
·圣诞联欢晚会
附：2010年肇庆学院正副院长名录

## 科学技术

◆综述……………………………（419）
·简况
·实施《规划纲要》
·第13期肇庆博士论坛
·科技部领导调研高新区
·创建省部产学研示范市
·高校科技特派员进驻高新企业
·民营科技
·科技投入
·科技政策
·问题与困难
◆高新技术产业……………………（424）
·简况
·肇庆高新区升级
·产学研合作
·工业科技计划项目
·工程中心建设
◆农业科技…………………………（424）
·简况
·重大科技专项
·富民强县计划
·农业科技创新中心建设
·星火技术产业带项目建设
·技术创新专业镇
·“直通车”工程
◆成果管理…………………………（425）
·简况
·鉴定与登记
·科技奖励
·科技服务
·技术市场管理与创新计划
·儿童发明奖
·发明协会
◆知识产权…………………………（429）
·简况
·宣传与培训
·专利执法
·专利管理
◆防震减灾…………………………（430）
·简况
·法制建设
·机构建设
·应急避震演习
·监测预报
·地震知识宣传
·安全农居建设
·问题与困难

◆**科技中心**……………………………………（431）
·简况
·科普展览
·科技服务
·科技培训
附：2010年市科学技术局（市知识产权局）正副局长名录

## 卫 生

◆**综述**……………………………………（432）
·简况
·医药卫生体制改革
·实施《规划纲要》
·机构、床位与人员
·便民廉医工程
·市第一人民医院新院
·公共卫生服务体系
·药品招标采购
·社区卫生服务
·行业作风和精神文明建设
·问题与困难
◆**医疗**……………………………………（435）
·医疗质量管理
·民营医疗机构管理
·医疗服务信息公示
·护理工作
◆**农村卫生**……………………………………（435）
·乡镇卫生院改造建设
·新型农村合作医疗
·农村卫生站建设
·卫生支农
◆**预防保健**……………………………………（436）
·疾病防控
·麻风病防治
·妇幼保健
·农民健康促进行动
·卫生救灾防病
◆**爱国卫生**……………………………………（437）
·城市卫生
·农村改水改厕
·卫生村镇创建
·城乡除“四害”
◆**卫生监督执法**……………………………………（438）
·医政执法
·卫生监督管理
◆**中医工作**……………………………………（438）
·简况
·农村中医
·中医院建设
·中医科技
◆**无偿献血和血液管理**……………………………………（438）
·无偿献血
·血液安全管理
◆**医学科研与教育**……………………………………（439）
·医学科研
·医学教育
·学会工作
附：2010年肇庆市卫生局正副局长名录

## 体 育

◆**综述**……………………………………（440）
·简况
·问题与困难
◆**亚运与肇庆**……………………………………（440）
·简况
·火炬传递
·肇庆籍运动员成绩
·组织志愿者
◆**群众体育**……………………………………（441）
·全民健身
·学校体育
·农村体育
·社区体育
◆**竞技体育**……………………………………（442）
·竞赛成绩
·承办省级以上比赛
◆**业余训练**……………………………………（442）
◆**设施建设**……………………………………（442）
◆**体育产业**……………………………………（442）
附：2010年肇庆市体育局正副局长名录

## 社会生活


◆**城市居民收入与支出**…………………（445）
· 基本情况
· 收入
· 支出
· 存在问题
· 对策与建议
附：2010年国家统计局肇庆调查队正副队长名录
◆**民政事务**………………………………（449）
· 简况
· 实施《规划纲要》
· 慈善会
· 首届"十大慈善人物"评选
· 社会福利
· 社会救助
· 启动"广东扶贫济困日"
· 优抚安置
· 双拥工作
· 老龄工作
· 基层政权建设
· 社区建设
· 婚姻登记
· 社会组织管理
· 救灾济困
· 区划地名
· 殡葬管理与服务
· 彩票销售
· 收养登记
· 救助管理
· 社工队伍建设
· 问题与困难
附：2010年肇庆市民政局正副局长名录
◆**人力资源和社会保障**…………………（455）
· 简况
· 实施《规划纲要》
· 劳动力转移
· 人才服务
· 公务员管理
· 事业单位人事管理
· 教育培训
· 工资福利
· 专业技术人员管理
· 职业技能培训
· 就业与创业
· 劳动执法和权益保护
· 技工教育
· 社保扩面征缴
· 社保管理
· 养老保险
· 失业保险
· 医疗保险
· 工伤保险
· 生育保险
· 农村养老保险
· 问题与困难
附：（一）2010年肇庆市人力资源和社会保障局正副局长名录
（二）2010年度获高级专业技术资格人员名录
◆**人口和计划生育**………………………（461）
· 简况
· 数据分析
· 层级管理
· 贯彻例会制度
· "两无"活动
· 奖励政策
· 流动人口计生管理
· 综合治理
· 宣传教育
· 优质服务
· 后进转化
· 计生协会
· 责任考核
· 问题与困难
附：2010年肇庆市人口和计划生育局正副局长名录


## 外事　侨务


◆**外事工作**………………………………（464）
· 简况

· 审批签证
· 外宾接待
· 领导出访
· 友好城市
◆**侨务工作**………………………………（465）
· 简况
· 服务工作
· 引资引智
· 海外联谊
· 对外宣传
◆**港澳事务**………………………………（466）
· 简况
· 友好往来
· 加强合作
· 问题与困难
附：2010年肇庆市外事侨务局（港澳事务局）正副局长名录


## 县（市、区）概览


◆**端州区**…………………………………（468）
◆**鼎湖区**…………………………………（472）
◆**四会市**…………………………………（477）
◆**高要市**…………………………………（483）
◆**广宁县**…………………………………（490）
◆**德庆县**…………………………………（496）
◆**封开县**…………………………………（502）
◆**怀集县**…………………………………（505）
◆**肇庆高新技术产业开发区**……………（509）


## 人 物


◆**立传人物**………………………………（512）
· 刘伟铿（1943～2010）
◆**全国先进人物**…………………………（513）
◆**全省先进人物**…………………………（523）


## 附 录


◆**2010年市委及市委办公室文件要目**…（528）
· 市委文件
· 市委办公室文件
◆**2010年市府及市府办公室文件要目**…（532）
· 市府文件
· 市府办公室文件
◆**2010年肇庆市国民经济和社会发展统计公报**……………………………………（536）
◆**2010年肇庆市环境保护状况公报**…（542）
◆**肇庆市2010年第六次全国人口普查主要数据公报（第1号）**……………………（545）
◆**肇庆市2010年第六次全国人口普查主要数据公报（第2号）**……………………（546）


## 图表索引


2010年肇庆市落实《规划纲要》重点项目进展情况表……………………………………（28）
广佛肇经济圈建设2009～2010年度重点工作计划执行情况…………………………（39）
肇庆分局水文站监测任务一览表………（88）
2010年度所辖江河湖库水质状况表……（89）
2010年肇庆市行政区划统计表…………（93）
2010年肇庆市政府机构改革前后机构设置表……………………………………（100）
肇庆市森林生态类型自然保护区名录…（104）
2010年肇庆市国民经济主要指标完成情况表（1）（2）……………………………（105）
2010年珠三角地区主要经济指标（1）（2）……………………………………（106）
2009～2010年肇庆市基本建设和社会事业情况简表……………………………………（107）
肇庆市主要经济指标统计图……………（108）
2008～2009年度肇庆市哲学社会科学优秀成果奖获奖项目…………………………（223）
2010年肇庆市交通事故统计表…………（247）
2010年肇庆市火灾情况表………………（247）

2010年肇庆市机动车保有量统计表……（248）
2010年肇庆市律师所一览表……………（251）
2010年肇庆市公证处一览表……………（252）
2010年肇庆市法律援助处一览表………（252）
2010年肇庆市获得广东省著名商标名单……（275）
2010年肇庆市广东省名牌产品（工业类）名单……（280）
2010年肇庆市种植业生产情况表………（315）
2010年肇庆市渔业生产情况表…………（316）
2010年肇庆市各县（市、区）畜牧业生产情况表（1）（2）（3）……（317）
2010年肇庆市商品房销售均价走势表…（339）
2010年肇庆市各地“三废”排放及治理情况表……（346）
肇庆城巴公交站点一览表………………（350）
2010年度肇庆车务段各项任务指标完成情况表……（356）
三茂铁路肇庆站旅客列车时刻表………（359）
肇庆市星级饭店一览表…………………（375）
肇庆市旅行社（旅游公司）一览表……（376）
2010年肇庆市各税种收入情况图………（380）
2010年肇庆市地方税收收入分税情况表……（383）
2010年肇庆市金融机构人民币信贷收支情况表……（386）
第五批肇庆市文物保护单位名单………（401）
2010年肇庆市文化市场基本情况统计表……（404）
2010年肇庆市获省级以上科技计划项目汇总表……（419）
肇庆市获2010年度广东省科学技术奖项目……（426）
2010年度肇庆市科学技术奖项目………（426）
2010年肇庆市获全国以上级别比赛冠军统计表……（443）
2010年肇庆市城市居民人均消费性支出情况表……（446）
2010年珠三角城市居民人均可支配收入和消费性支出排序表……（447）
2010年肇庆城区最高、最低10%居民家庭可支配收入比较……（447）
2010年肇庆城区最高、最低10%居民家庭消费性支出比较……（447）
2010年肇庆城市居民人均收支主要指标……（448）
2010年12月肇庆市各地低保标准表……（450）
2010年肇庆市各地五保供养标准表……（450）
2010年肇庆市各类优抚对象抚恤优待标准统计表……（452）
2010年肇庆市社会保险五大险种进度表……（458）
便民电话……（546）

## 专题图片索引

特载……（8）
领导关怀……（9）
大事要闻……（12）
交往联谊……（19）
县（市、区）风采……（22）
地方军事……（40）
行业风貌……（42）

# 肇庆市在广东省位置图

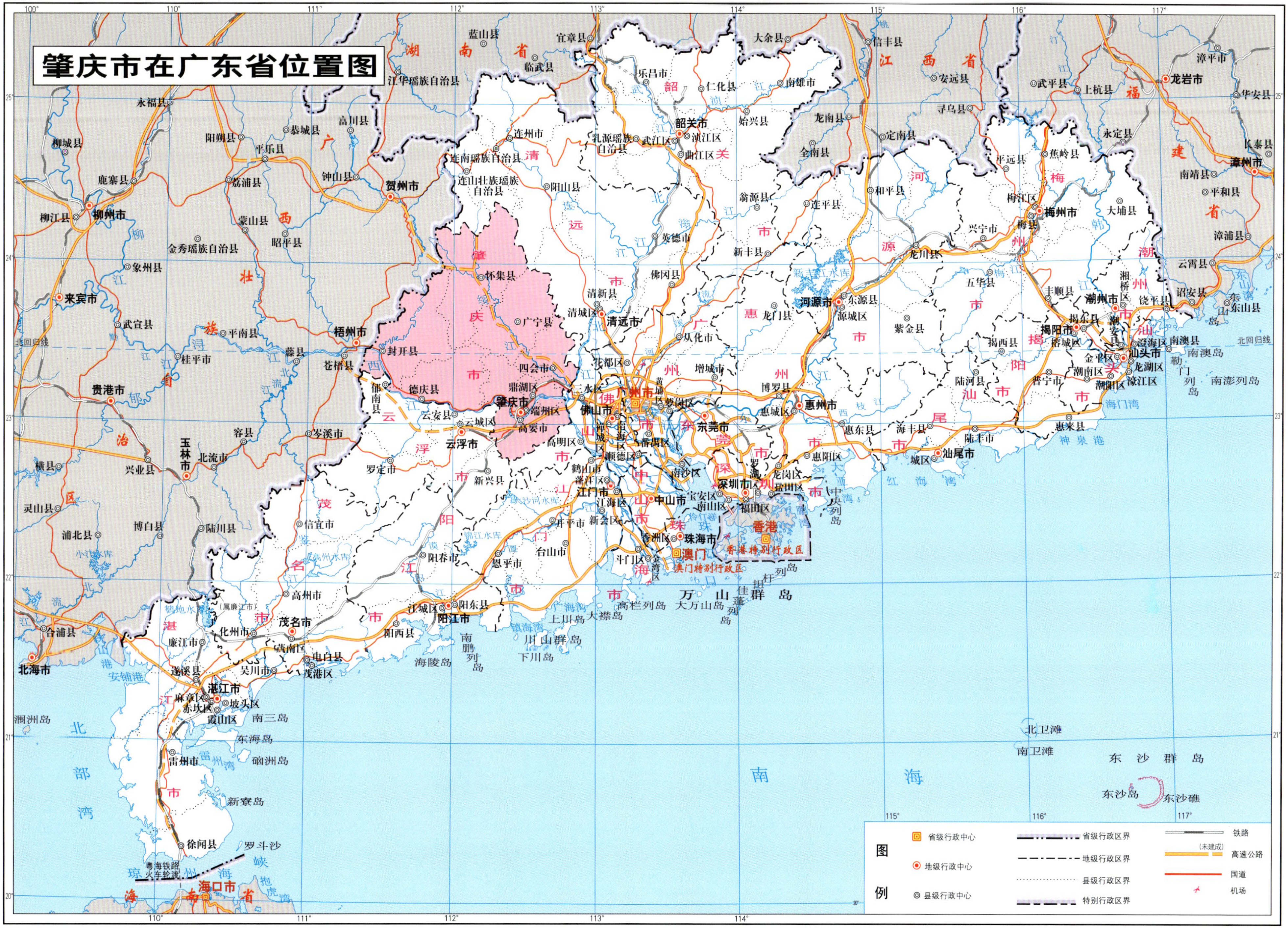


本图界线不作任何权属争议的依据

广东省地图出版社编　2008年2月（本图取自《广东百科全书》）　审图号：粤S(2007)044号

# 肇庆市地图

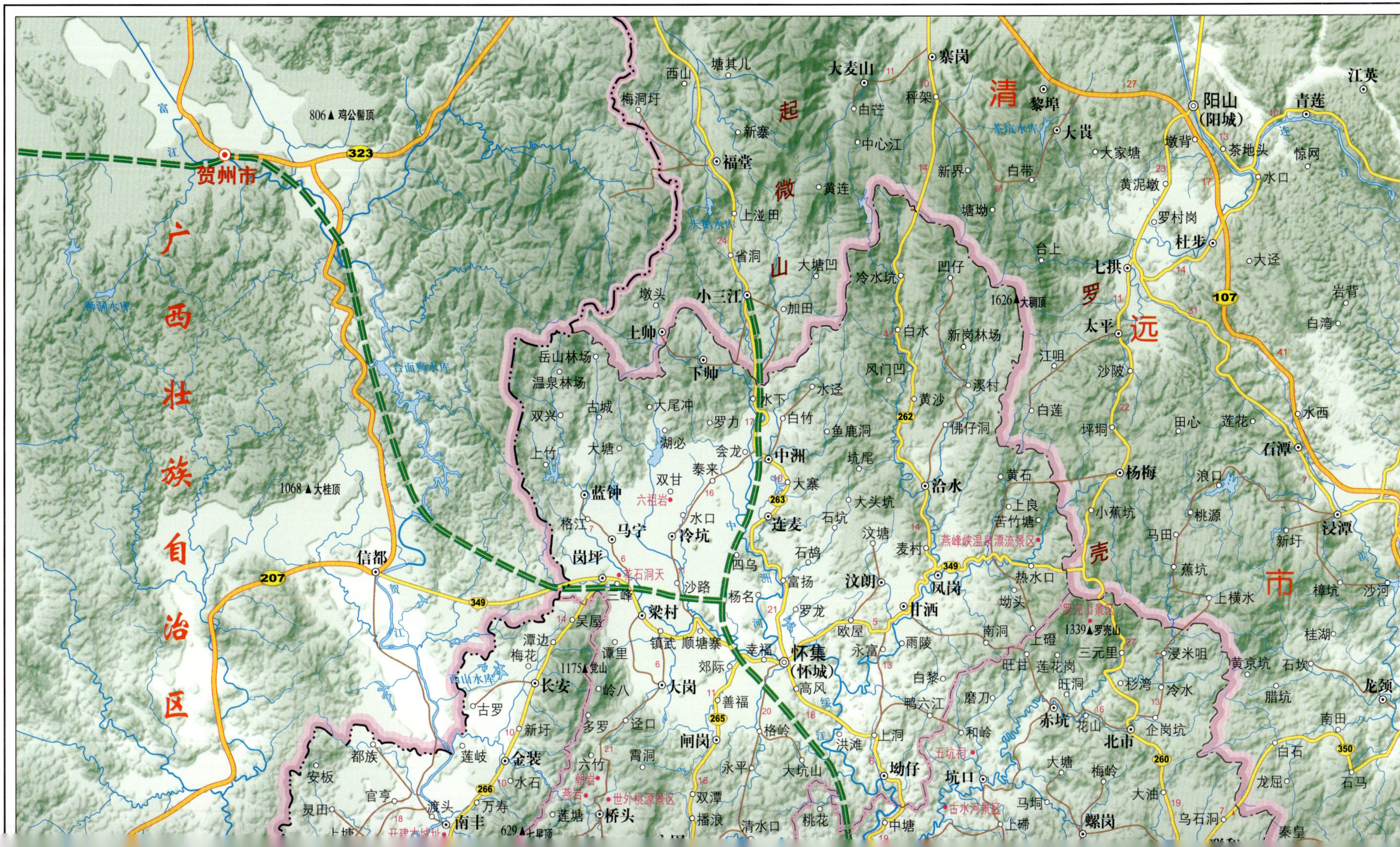

贺州市
广西壮族自治区
信都
清
起微山
罗
远
壳
市
阳山
(阳城)
青莲
江英
黎埠
大莨
寨岗
大麦山
福堂
小三江
上帅
下帅
蓝钟
马宁
岗坪
冷坑
梁村
中洲
连麦
洽水
汶朗
甘洒
凤岗
怀集
(怀城)
长安
金装
南丰
桥头
大岗
闸岗
坳仔
坑口
赤坑
北市
螺岗
杨梅
太平
七拱
杜步
石潭
浸潭
龙颈
806▲鸡公髻顶
1068▲大桂顶
1626▲大稠顶
1339▲罗壳山
1175▲党山
629▲七星顶
六祖岩
燕峰峡温泉漂流景区
罗壳山景区
世外桃源景区
古水河景区
五坑祠
茶坑水库
天堂水库
西山水库
合面狮水库
龟洞水库
107
207
323
349
262
263
265
266
260
350

本图界线不作任何权属争议的依据

广东省地图出版社编　2008年2月　审图号：粤S(2008)010号

# 肇庆市城区中心街道图

本图界线不作任何权属争议的依据

广东省地图出版社编　　2008年2月　　审图号：粤S(2008)010号

# 数字肇庆2010

土地面积1.49万平方公里
年末常住人口392.22万人
年末户籍总人口422.41万人
地区生产总值1085.87亿元
人均地区生产总值27987元
第一产业增加值190.26亿元
第二产业增加值456.67亿元
第三产业增加值438.94亿元
第一、第二、第三产业构成17.5：42.1：40.4
全社会固定资产投资625.21亿元
货物周转量38.56亿吨公里
旅客周转量33.22亿人公里
邮政业务总量2.52亿元
电信业务总量92.53亿元
社会消费品零售总额332.89亿元

居民消费价格总指数为102.8
海关出口总额25.96亿美元
海关进口总额17.94亿美元
实际利用外商直接投资9.34亿美元
地方财政一般预算收入76.80亿元
地方财政一般预算支出126.68亿元
国家税收收入54.29亿元
地方税收收入50.91亿元
城乡居民储蓄存款余额657.31亿元
城镇居民人均可支配收入16832元
农村居民人均纯收入7524元
高等学校在校学生4.22万人
景区接待旅游者2008.54万人次
医院和卫生院床位8930张

# 肇庆荣誉

2010年9月，肇庆高新区经国务院批准升级为国家高新区

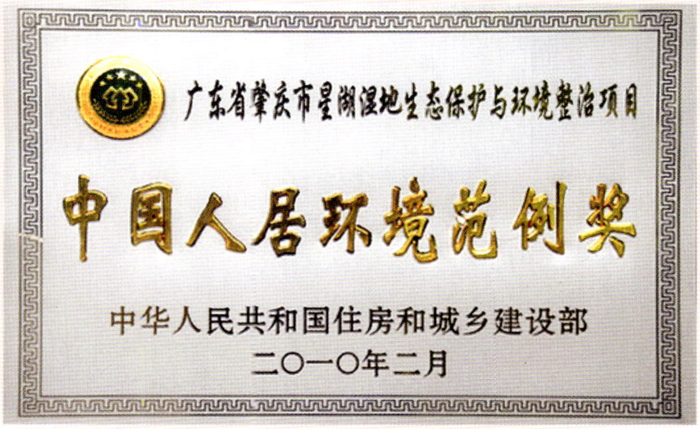


2010年2月，肇庆市星湖湿地生态保护与环境整治项目获国家住房城乡建设部颁发2009年中国人居环境范例奖

| 单位名称 | 荣誉称号 | 审批单位 | 批准时间 |
|---|---|---|---|
| 鼎湖山 | 国家自然保护区 | 第一届全国人大三次会议通过 | 1956年6月 |
| 肇庆星湖风景名胜区 | 国家重点风景名胜区 | 国务院 | 1982年10月 |
| 肇庆市 | 国家历史文化名城 | 国务院 | 1994年1月 |
| 肇庆市 | 中国优秀旅游城市 | 国家旅游局 | 1998年12月 |
| 肇庆星湖风景名胜区 | 全国十大文明风景旅游区示范点 | 中央文明委、国家建设部、国家旅游局 | 1998年6月 |
| 肇庆市 | 广东省文明城市 | 广东省委、省政府 | 1999年9月 |
| 肇庆市 | 全国创建文明城市工作先进城市 | 中央文明委 | 1999年9月 |
| 肇庆星湖风景名胜区 | 风景名胜区ISO14000管理国家示范区 | 国家环保总局 | 2001年9月 |
| 肇庆市 | 国家园林城市 | 国家建设部 | 2002年3月 |
| 肇庆市 | 国家卫生城市 | 全国爱国卫生运动委员会 | 2002年11月 |
| 肇庆市 | 中国砚都 | 中国轻工业联合会、中国文房四宝协会 | 2004年9月 |
| 肇庆市 | 国家环境保护模范城市 | 国家环保总局 | 2006年10月 |
| 肇庆市 | 中国投资环境百佳城市 | 国家统计局、中国信息报社 | 2006年12月 |
| 肇庆市 | 中国最受欢迎旅游目的地 | 中国旅游营销联盟 | 2007年8月 |
| 肇庆市 | 中国最佳休闲旅游城市 | 中国民族贸易促进会 | 2007年11月 |
| 肇庆市 | 中国休闲旅游十佳品牌 | 第二届中国休闲经济发展论坛组委会 | 2008年4月 |
| 肇庆市 | 全国综治“长安杯” | 中央综治委、中央组织部、人力资源和社会保障部 | 2009年5月 |
| 肇庆市 | 中国旅游文化示范地 | 中华文化促进会旅游文化中心 | 2009年6月 |
| 肇庆市 | 2007-2008年度全国科技进步考核先进城市 | 国家科技部 | 2009年12月 |
| 肇庆市星湖湿地公园 | 中国人居环境范例奖 | 国家住建部 | 2010年2月 |
| 肇庆市 | 广东省国民旅游休闲示范市 | 广东省人民政府 | 2010年2月 |
| 肇庆高新区 | 国家高新区 | 国务院 | 2010年9月 |

2011年2月12日，广东省委在肇庆市委小礼堂召开会议宣读省委决定：徐萍华任中共肇庆市委委员、常委、书记，提名为肇庆市人大常委会主任候选人；覃卫东担任省政协副主席，免去覃卫东的中共肇庆市委书记、常委、委员职务，不再担任肇庆市人大常委会主任职务。图为覃卫东（左）和徐萍华亲切握手（刘春林 摄）

2011年3月11日，肇庆市召开十一届人大六次会议第三次全体会议，依法选举徐萍华为肇庆市十一届人大常务委员会主任。图为市人大常务副主任莫友莲（左）向徐萍华颁发当选证书（钱荣森 摄）

2010年8月30日，中共中央政治局委员、广东省委书记汪洋（前左四）到怀集县诗洞镇云田山水腐竹加工厂开展扶贫开发“规划到户、责任到人”工作调研（徐维宁 摄）

2010年5月22日，全国人大常委会副委员长、民盟中央主席蒋树声(右六)等民盟中央领导到肇庆科技学院视察

2010年10月28日，全国政协副主席、民建中央第一副主席张榕明（前排中）在民建广东省委主委、广东省副省长宋海（前排右三）、省民建副主委徐志达（前排左二）的陪同下，到民建肇庆市委指导工作。图为在波海楼与覃卫东、董超凤等市领导及民建肇庆市委班子成员合影（刘春林 摄）

2010年11月25日，广东省委副书记、省长黄华华（前排左三）视察肇庆高新区

2010年7月1日，广东省委副书记、省纪委书记朱明国（右四）到怀集县登云汽配股份有限公司调研（谭扬汉 摄）

2010年12月9日，广东省委常委、宣传部部长林雄（中）出席二广高速怀集至三水段开通仪式

2010年9月28日，广东省委常委、政法委书记、省公安厅厅长梁伟发（左二）到高要市综治维稳中心调研（苏科伟 摄）

2010年2月3日，广东省委常委、秘书长、办公厅主任徐少华（左三）到封开县康复中心慰问
（谢京中 摄）

2010年3月22日，广东省副省长雷于蓝（前排左二）到肇庆开展重点项目建设工作专题调研

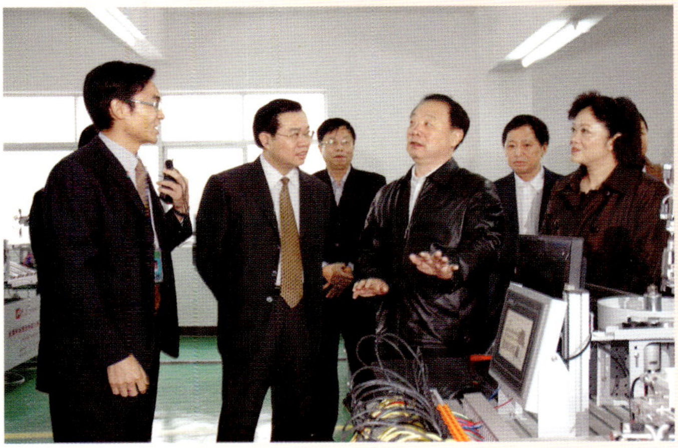

2010年1月27日，广东省副省长宋海（前右二）参观肇庆市职教公共实训中心（高慧萍 摄）

2010年4月22日，广东省副省长林木声（前中）到肇庆检查指导“绿道网”建设（廖志亮 摄）

2010年11月8日，肇庆市委书记、综治委第一主任覃卫东（左四）检查基层综治信访维稳工作

2010年2月14日，肇庆市委副书记、市长郭锋（左三）慰问春节坚守岗位工作人员（刘春林 摄）

2010年8月1日，肇庆市委副书记、政法委书记吴华钦（前右）在民兵预备役军事训练尖子比武期间看望参赛官兵

2010年12月22～24日，肇庆市委常委、常务副市长刘惠祥（前右）带领在肇的省人大代表视察贵广铁路肇庆段施工建设情况

2010年6月12日，肇庆市委常委、纪委书记曾超鹏（左二）出席在星湖湾公园举行的“肇庆·端州包公廉政文化主题公园”揭幕仪式

2010年10月29日，肇庆市委常委、公安局局长郑针和（左二）在肇庆亚运火炬传递安保现场指挥

2010年12月23日，肇庆市委常委、宣传部部长陈以良（左四）出席在高要市活道镇朝胜村举行的20户以上自然村有线电视村村通工程竣工仪式（刘春林 摄）

2010年5月13日，肇庆市副市长关鹏（中）到市高级技工学校实训车间观看技能大赛

2010年8月9日，肇庆市副市长孙德（中）参加全市外经贸工作分析会

2010年5月27日，肇庆市副市长、市妇儿工委主任黄玲（前中）率教育、妇联、民政、体育等部门负责人，开展“六一”儿童节慰问

2010年11月8日，肇庆市副市长李天（右三）在德庆马圩镇上彭村与干部座谈

2010年5月20日，肇庆市副市长郑剑戈（前中）到龟顶新城调研“三旧”改造项目

2010年7月30日，中共肇庆市十届九次全会在市委小礼堂召开（莫学松 摄）

2010年3月6日，肇庆市第十一届人大五次会议在星岩礼堂举行

郭锋当选肇庆市人民政府市长

2010年3月2～5日，政协肇庆市九届四次会议在皇朝酒店会议中心召开（李国铭 摄）

2010年1月27日，市纪委十届五次全会在星岩礼堂召开

2010年7月7～8日，全省纪律教育学习月活动动员暨示范点现场会在端州召开

2010年4月1日，全省共青团农村工作会议在肇庆召开

2010年12月7日，广东省宣传文化工作调研座谈会在肇庆奥威斯酒店召开（莫学松 摄）

2010年7月27日，珠三角绿道网建设工作座谈会在肇庆召开

2010年11月18日，召开肇庆市实施珠三角《规划刚要》领导小组工作会议

2010年10月26日，召开肇庆市创先争优活动汇报会（聂玉成 摄）

2010年5月7日，市委理论学习中心组专题学习会在市委小礼堂举行（莫学松 摄）

2010年3月29日下午，依法治市工作领导小组第二十次全体成员会议在市委小岛会议室召开（王小华 摄）

2010年8月30日，郭锋、梁国安、关鹏等市领导带领市政协提案督办组到肇庆动力配件有限公司调研（沈冬妮 摄）

2010年1月21日，市人大常委会常务副主任莫友莲、副主任陈端、黄三和、吴群养带领视察组视察城乡规划工作（王小华 摄）

2010年7月26日，市人大常委会常务副主任莫友莲率肇庆市城区、高要市的全国、省人大代表到肇庆市人力资源和社会保障局调研城镇居民参加医保情况（王小华 摄）

2010年5月11日，市政协和市委统战部在波海楼会议室召开市政协委员企业家代表座谈会（沈冬妮 摄）

2010年3月25日，市委书记覃卫东（左四）、市长郭锋（右四）会见到肇庆访问的美国驻穗总领事高来恩（Brian L. Goldbeck）（左三）一行

2010年3月26日，市长郭锋（右四）、副市长黄玲（右三）会见到肇庆访问的外交部驻澳门特区特派员公署特派员卢树民（左四）一行

2010年4月15日，市长郭锋（左四）、副市长黄玲（左一）等会见到肇庆参观访问的各国驻澳门特别行政区领事团一行

4月20～21日，美国加利福利亚州库比蒂诺市市长黄少雄（左）到肇庆市进行友好访问，郭锋市长（右）与黄少雄市长签署两市发展友好交流合作关系意向书。图为两市长互换文本

2010年5月10日，副市长黄玲（右七）会见到肇访问的美国福特沃斯姐妹城市协会代表团全体成员

2010年5月17～18日，澳门特别行政区行政长官崔世安到肇庆考察访问。图为市委书记覃卫东（中）、市长郭锋（右）和行政长官崔世安（左）互赠纪念品

2010年9月4日，应俄罗斯莫斯科州德米特罗夫斯克区、瑞士瑞中友好交流协会邀请，副市长黄玲率团对该区进行友好访问。图为副市长黄玲（左）代表市政府与德米特罗夫斯克区区长Valery V. Gavrilov签订《发展友好交流合作关系备忘录》

2010年11月27日，港澳肇庆同乡会创会25周年暨第九届职员就职典礼在港举行

2010年12月10日，香港广佛肇联谊总会在香港举行成立暨第一届会董就职典礼

2010年12月8日，参加肇庆市第七次归侨侨眷代表大会的海外、港澳嘉宾到肇庆高新区参观

2010年8月8日，市侨联代表团赴马来西亚诗巫参加庆祝广东垦场108周年纪念暨成立广宁公会典礼庆典活动

# 端州区

2010年10月13日，端州区黄岗镇、睦岗镇举行撤镇改街道挂牌仪式

2010年4月16～19日，全国政协副主席孙家正（前左二）等参观第25届全国文房四宝艺术博览会暨第二届中国文房四宝艺术节期间，到端砚精品展区参观（刘春林 摄）

2010年1月22日，杨永(左一)等区领导陪同市委书记覃卫东(前右一)、代市长郭锋(前右二)等市领导，视察龟顶新城建设项目

2010年2月26日，端州区国家级制砚大师艺术馆“十研堂”举行开馆仪式

2010年5月31日，举行端州城区环境卫生管理工作交接仪式暨万人清洁环境卫生大行动

2010年3月8日，端州区龟顶山片区“三旧”改造暨肇庆锦绣山河房地产项目动工

12月10日，举行2010“肇庆金秋”端州区投资环境推介会暨生产性服务业基地动工典礼

2010年9月15日，端州区第五届运动会开幕式在端州体育馆举行

2010年，端州区投入1100万元建成端州绿道网

# 鼎湖区

2010年2月3日，鼎湖区凤凰镇农村电网改造工程启动仪式在上水田村举行。省委常委、省纪委书记朱明国（右四），广东电网公司总经理赖佳栋（左三），覃卫东（左四）、郭锋（左二），陈家添（左一）等省、市、区领导出席（徐可球 摄）

2010年10月25日，肇庆市简政强镇事权改革动员暨鼎湖现场会在鼎湖区召开（徐可球 摄）

2010年11月10日，鼎湖区召开新型农村社会养老保险试点工作启动仪式暨动员会（徐可球 摄）

2010年3月18日，鼎湖区召开城市建设年动员会（徐可球 摄）

2010年9月8日，鼎湖区召开庆祝教师节暨优秀教师报告会（徐可球 摄）

2010年3月1日，肇庆交通集团鼎湖城乡公交一体化通车仪式在坑口停车场举行（黄益恒 摄）

2010年3月12日，肇庆绿道示范段鼎湖段动工仪式在莲花镇举行（黄益恒 摄）

鼎湖区九龙湖

西江羚羊峡

# 四会市

2010年5月28日，肇庆市委书记覃卫东（前左）、市长郭锋（前中）体验四会绿道骑游之乐

2010年9月28日，最高人民法院政治部主任周泽民（前中）视察四会综治中心

2010年10月14日，国家人口计生委计划生育优质服务评估验收组在四会市考察

2010年9月14日，广东省改善农村支付服务环境暨银行卡农村受理市场建设推进会在四会市举行

2010年8月20日，四会市举办2010年“迎亚运 创造新生活”体育文艺晚会

2010年12月18日，中国（四会）柑桔玉器文化节暨经贸洽谈会在四会市召开，图为文艺晚会现场

四会市农家书屋

珠三角绿道网6号线四会起点

# 高要市

2010年9月17日，覃卫东（前右二）、梁国安（右一）、黄玲（前左二）等肇庆市领导到高要市调研教育强市工作

2010年9月10日，肇庆市人大常委会常务副主任莫友莲（右）为新当选的高要市人大常委会主任范汝雄（左）颁发当选证书（苏科伟 摄）

2010年2月28日，高要市城区举行“颂升平闹元宵”龙狮巡游活动（苏科伟 摄）

2010年9月10日，高要市委书记、市人大常委会主任范汝雄（右）为新当选的市长梁靖颁发当选证书（苏科伟 摄）

2010年11月4日，高要世纪大道通车

2010年9月28日，高要选送的小品《赛龙舟》获省综治维稳中心建设第二片区文艺汇演二等奖（李晓敏　李兆基 摄）

2010年11月13日，国家工商总局局长周伯华（前左二）到高要市检查基层工商所建设（曾志锋 摄）

2010年9月28日，肇庆市新荣昌工业环保有限公司投产剪彩

# 广宁县

2010年8月30日，中共中央政治局委员、广东省委书记汪洋（前）到广宁县坑口镇坑口社区调研扶贫开发工作

2010年6月29日，广东省副书记、省纪委书记朱明国（左一）在市长郭锋（左三）等的陪同下到广宁县鼎丰公司调研

2010年6月20日，市委书记覃卫东（前右三）、市长郭锋（前右二）带领全市山区县贯彻落实《规划纲要》工作现场会的与会人员莅临广宁县参观考察

2010年6月10日，佛山市三水区委书记卢立湃（左五）率区党政领导班子到广宁县调研，赠送扶贫资金180万元

2010年1月21日，肇庆市水务集团与广宁县政府举行广宁县自来水公司产权转让签约仪式

2010年11月5日，广宁县第六届中小学生运动会开幕式在广宁第一中学举行

二广高速公路广宁路段

广宁翠竹绿道（欧阳剑强 摄）

2010年10月1日，广宁县在城东广场举行国际标准舞联谊赛

百盈花园住宅小区

# 德庆县

2010年8月12日，覃卫东(左一)、张成文(右二)、李天(右三)等市领导在德庆县领导吴宪平(左二)、陈定坤(右一)等陪同下到九市镇甘力村蔬菜基地调研

2010年9月8日，德庆县举行“全国绿化模范县”授匾仪式

2010年7月23日，德庆县在全国成立首个县级爱国拥军促进会。图为揭牌现场

2010年10月28日，德庆柑桔在广东首届柑桔文化节上被评为亚运会推荐名优旅游特产

2010年1月12日，德庆县举办重点项目融资暨金融推介会

2010年10月20日，广东同步化工德庆一体化生产基地动工建设

2010年12月31日，德庆县沙旁村灾民喜迁新居

德庆县柑桔大丰收

德庆县盘龙峡漂流

体验德庆县绿道

# 封开县

2010年2月8日，封开县召开开展“我承诺、你监督，抓落实、促发展”活动动员大会，市委常委、市纪委书记曾超鹏（中），省纪委宣教室主任凌曲刚（左二），县委书记范汝雄（右二）、县长梁钧达（左一）等领导出席大会（谢京中 摄）

2010年12月3日，封开县在广州举行经济社会发展恳谈会，张浩、梁钧达等县领导参加会议（韦石明 摄）

2010年1月19日，召开中共封开县第十一届委员会第七次全体会议（伍世泉 摄）

封开县人民政府广场全景（谢京中 摄）

2010年9月15日，按四星级酒店标准建造的贺江半岛商务假日酒店开业（谢京中 摄）

2010年8月1日，封开县民俗舞蹈“五马巡城”参加2010年上海世博会“广东周”文艺展演（叶 青 摄）

2010年10月8日，华润水泥封开分公司建成的第四条水泥生产线（谢京中 摄）

封开县江口镇全景图（伍世泉 摄）

# 怀集县

2010年4月18日，怀集县"三旧"改造项目首期工程动工

2010年4月18日，怀集在县城举行新城区建设、县十大项目动工暨解决60万人饮水工程签约仪式

2010年10月30日，怀集县举行中国广东·怀集世界杯攀岩赛暨怀集经贸洽谈会

2010年8月10日，怀集县向乡镇综治信访维稳中心发放工作用车。图为发放现场（徐维宁 摄）

2010年12月10日通车的二广高速公路怀集县路段

怀集县六祖岩

春牛舞表演

市民在广场表演扇舞（谭扬汉 摄）

下帅乡民间艺人在表演《壮狮舞》（谭扬汉 摄）

# 肇庆高新技术产业开发区

2010年8月31日，中共中央政治局委员、广东省委书记汪洋（前左三）与省领导林雄、徐少华、李容根在市领导覃卫东、郭锋、张成文、关鹏及肇庆高新区有关领导陪同下，视察中恒（大旺）健康产业园项目建设现场

2010年11月29日，广东省副省长刘昆（右）、肇庆市委书记覃卫东（左）为肇庆国家高新区牌匾揭牌

2010年5月17日，澳门特别行政区行政长官崔世安（左三）在肇庆市委书记、市人大常委会主任覃卫东（右三），市委副书记、市长郭锋（左二），市委常委、常务副市长刘惠祥（右一），市委常委、高新区委书记刘龙平（右二）等领导陪同下在肇庆高新区参观

2010年5月15日，肇庆高新区与中恒集团举行中恒（大旺）国际生物医药物流产业基地签约仪式

2010年11月29日，肇庆高新区2010"大旺金秋"经贸洽谈会签约仪式现场

2010年12月5日，市长郭锋（右三），肇庆高新区区委书记刘龙平（左二），管委会主任江栋才（左一）为中国房车锦标赛第六站总决赛获奖选手颁奖

2010年12月17日，亚洲铝业（中国）有限公司举行首期40万吨年产能铝板带投产庆典仪式

肇庆高新区一角

肇庆高新区大旺公园

2010年9月27日，市委书记、肇庆军分区党委第一书记覃卫东（中）率市国动委相关成员单位领导参加“肇联－10”军地联合实兵演习

2010年9月29日，广东省委常委、省军区司令员辛荣国（前左），市委书记、军分区党委第一书记覃卫东（前右）为肇庆市爱国拥军促进会成立揭牌

2010年9月29日，广东省委常委、省军区司令员辛荣国（中），市委书记覃卫东（右二），市长郭锋（左二），军分区司令员陆洪照（左一）、政委魏辉（右一）为肇庆市国防教育训练基地落成剪彩

2010年9月29日，广东省委常委、省军区司令员辛荣国（中列前一）在肇庆市和军分区领导陪同下，检阅民兵分队

2010年11月23日，武警部队副司令员刘红军（前左一）到武警肇庆市支队指导工作

2010年4月19日，武警广东总队总队长何宏成（前右）到武警肇庆市支队检查工作

2010年10月25日，担负亚运安保的武警肇庆市支队官兵在执勤一线重温入党誓词

2010年9月18日下午3时正，肇庆市首次在全市所有县（市、区）城区同时举行防空警报试鸣活动。图为覃卫东等市领导在市人民防空委员会办公室指挥大厅现场指挥（张 振 摄）

2010年9月投入使用的肇庆市人防应急指挥中心大楼

2010年3月31日，举行肇庆市绿道网建设启动仪式

2010年9月9日，由广东省旅游局、南方航空联合主办的2010“广东旅游天使”评选活动展开了为期两天的肇庆采风行。图为 20名优秀南航空姐亲身感受到肇庆绿道风光

肇庆绿道

肇庆星湖栈道首期主体工程（宋耀新 摄）

广东绿道一号线起点

扩建后的牌坊广场

波海公园

七星岩东门广场

星荷路

二广高速公路广宁石涧路段

玑东路“惠民居”经济适用住房

建设中的肇庆市第一人民医院新院

在建的百花中学

在建的肇庆市图书馆（马 进 摄）

全市最大的“三旧”改造试点项目——龟顶新城

2010年12月9日，“肇庆金秋”经贸洽谈会开幕

2010年2月27日晚，肇庆市委、市政府在香港洲际酒店宴会厅举行“2010年肇庆市港澳新春团拜会”

2010年3月10日，《广佛肇金融合作备忘录》签字仪式在佛山市南海区举行

2010年3月18日，召开全市财政工作会议

2010年4月20日，肇庆市政府与省工商联召开共同推进产业转移合作座谈会，签订框架协议（张海峰 摄）

6月30日，2010年广佛肇经济圈—肇庆（广州）投资环境推介会在广州举行

2010年8月16日，以市长郭锋为团长的广东省经贸文化交流团肇庆分团，在台北市举办经贸、文化、旅游、农业合作说明会

2010年8月19日，市长郭锋（右）在台中市桂冠酒店举办的肇庆高新区经贸交流说明会上与客商交换纪念品

2010年10月11日，肇庆市与澳门贸易投资促进局联合在澳门举办经贸旅游文化合作交流会

2010年3月9日，广东发展银行总行董事长董建岳（前排左四）带队拜会肇庆市领导

2010年3月29日，中国银行肇庆分行与肇庆市城建投资开发集团有限公司签订银企战略合作协议

2010年4月17日，肇庆市银行业“迎世博、迎亚运”金融服务系列活动启动仪式在星湖国际广场举行

2010年6月23日，肇庆银监分局举行“送金融知识下乡”活动首批宣传服务站授牌仪式

2010年8月10日，肇庆农信社与市住房公积金管理中心联合推出的公积金住房按揭贷款业务签约仪式在奥威斯酒店举行

2010年10月28日，广东地税统一工作平台肇庆试点正式上线工作启动

2010年10月20日，广东省财政厅在肇庆召开2010年第一期乡镇财政干部培训班

2010年11月28日，肇庆市举行“2010年银行业公众教育日活动”启动仪式

2010年1月27日，省政府在肇庆召开全省普及高中阶段教育工作现场会。图为副省长宋海（左）授予肇庆市广东省高中阶段教育普及市称号（高慧萍 摄）

2010年9月3日，市委书记覃卫东慰问优秀教师代表（高慧萍 摄）

2010年3月11日，市长郭锋（前中）、副市长黄玲（前右）率有关单位负责人，到相关学校调研（高慧萍 摄）

2010年5月10日，肇庆市在市委小礼堂召开创建广东省教育强市动员大会（高慧萍 摄）

2010年5月21日，省科技厅派出专家组，对肇庆市申报创建省部产学研结合示范市进行现场评估

2010年9月8日，省科技厅和市政府在市委小礼堂签署《省市共建“广东省绿色照明示范城市”框架协议》

2010年12月24日，第13期肇庆博士论坛在市科技中心开讲

2010年1月11日，省食品安全整顿工作督查组到肇检查工作

2010年1月16日，副省长、省红十字会会长雷于蓝（右排左5）在覃卫东等市领导陪同下到封开县开展送温暖活动

2010年3月12日，市卫生局召开全市卫生系统纪检监察暨纠风工作会议

2010年8月24日，市政协在卫生局召开重点提案督办座谈会（彭金良 摄）

2010年3月15日，市食品药品监督管理局在星湖国际广场举办食品药品安全宣传咨询活动

2010年3月17日，全省药品安全监管暨药品不良反应监测工作会议在肇庆召开

2010年9月3日，市人大检查组到山东老家餐馆厨房视察卫生情况

（王小华 摄）

2010年11月30日，市卫生局与市食品药品监督管理局相关职能及人员交接仪式在市食品药品监督管理局举行

2010年5月29日，肇庆市政府邀请驻穗领事举行“肇庆旅游推介会”

2010年6月18日，第九届肇庆龙舟赛暨旅游推介会欢迎宴会在奥威斯酒店举行

2010年11月5日，“2010世界（中国肇庆）生态旅游养生大会”在肇庆举行

2010年11月29E，肇庆市在湖南省长沙市举行“肇庆旅游推介会”

2010年1月15日举办的2010年端砚技能大赛颁奖仪式现场（莫学松 摄）

2010年2月10日，肇庆市图书馆举行动工仪式（梁学俭 摄）

2010年8月14～15日，中外散文诗名作家笔会在肇庆碧桂园凤凰酒店举行（梁学俭 摄）

2010年8月19日，市委常委、宣传部部长陈以良（左）向岭南文化宣讲团成员赠送《肇庆文化遗产》（莫学松 摄）

2010年7月21日，肇庆市加快文化强市建设座谈会在市粤剧演艺中心召开（梁学俭 摄）

2010年9月18日，肇庆市举行第一批重点文艺创作生产扶持项目签约仪式（莫学松 摄）

2010年11月4日，肇庆市召开精神文明建设暨创建省卫生村镇、生态文明村工作会议（莫学松 摄）

2010年11月5日晚，“情系岭南”——百场优秀戏剧曲艺作品肇庆地区巡回演出在端州区府礼堂拉开序幕

2010年11月20日，肇庆市粤剧团举办建团50周年文艺晚会

2010年12月8日，肇庆市文化创意大厦动工兴建

2010年12月23日，市委常委、宣传部部长陈以良（中）参加肇庆两广总督府历史文化学术座谈会（莫学松 摄）

2010年12月26日，“争创文明城市，争做文明市民”暨“我爱肇庆一万个理由”红段子大赛颁奖晚会在牌坊广场举行（方小薇 摄）

2010年12月27日，端砚入选“岭南文化十大名片”（莫学松 摄）

2010年1月2日，第三十二届省港杯足球赛（第2回合）比赛在肇庆市体育中心举行

2010年5月10～15日，广东省第十三届运动会“新世界·星湖世家杯”赛艇比赛在肇庆市星湖举行。图为副市长黄玲（右二）为获金牌的肇庆市运动员颁奖

2010年6月18～19日，“光大·锦绣山河杯”第九届肇庆龙舟邀请赛在星湖举行（刘春林 摄）

2010年10月27～28日，加美·肇庆市第三届“政协杯”乒乓球赛在肇庆市体育中心荷花馆举行（沈冬妮 摄）

2010年10月29日，第16届亚洲运动会火炬传递活动在肇庆市举行。图为市委书记覃卫东（左）迎接亚运火种

2010年11月6日，肇庆市举行首届环星湖绿道骑游暨肇庆第二届国际市民徒步大会

以肇庆市女子龙舟队为班底的中国女子龙舟队囊括第十六届亚洲运动会女子龙舟比赛3枚金牌

2010年3月5日，肇庆市召开重大动物疫病防控工作会议

2010年4月21日，市农业局联合肇庆移动分公司开通全国首个三农服务139说客——“农信12316说客”

2010年4月27日，全省林权抵押贷款工作推进会在肇庆市召开

2010年6月25日，省海洋与渔业局和省妇联在高要市白土镇联合举行巾帼鱼病诊所揭牌仪式

2010年11月25日，高要市畜产品展览会在高要市体育中心举行

2010年12月21日，全省绿化委员会办公室主任暨部门绿化工作会议在肇庆召开

2010年12月28日，肇庆市启动新农保三年全覆盖宣传周活动。图为封开县新农保宣传咨询会现场

肇庆市生态文明村——高要市高第村全景

2010年2月25日，市人民检察院举行“恪守检察职业道德 争当人民满意检察官”宣誓签名

2010年9月1日，市司法局组织律师在天宁北路举办法律援助便民服务活动

2010年10月29日，广州亚运火炬肇庆传递当日，2300多名民警在维持秩序

2010年12月14日，省法院执行二处法官回访16名广宁籍省人大代表，就其关注的案件进行答疑释法

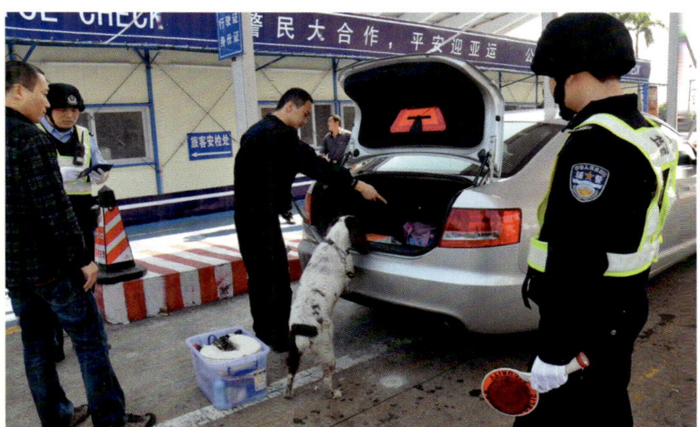


广州亚运会期间，市公安干警在检查站执行检查任务

2010年3月8日，肇庆市纪念“三八”国际劳动妇女节100周年大会在星岩礼堂举行

2010年3月7日，“春游粤港肇·三八姐妹乐”活动暨“国际化旅游休闲之都—肇庆”摄影大赛启动仪式在牌坊广场举行

2010年3月25日，团市委召开“共青团与人大代表、政协委员面对面”座谈会

2010年4月30日，肇庆青年纪念“五四”运动91周年暨表彰大会在市委小礼堂举行

2010年4月30日，肇庆市庆祝“五一”国际劳动节暨劳动模范和先进集体表彰大会在星岩礼堂举行。图为市长郭锋（左一）、市政协主席梁国安（左二）在会前接见劳动模范

2010年7月26日，“低碳经济·时尚生活”广佛肇女企业家论坛暨扶持妇女创业签约仪式在肇庆皇朝酒店举行

2010年8月17日，市总工会举行第四届“希望在明天·工会助你行”百家企业扶百子圆梦助学活动

2010年10月12日，肇庆市纪念中国少年先锋队建队61周年暨表彰大会在百花园小学举行

2010年3月13日，肇庆市“春风行动”暨春季大型人才招聘会在肇庆市体育中心举行

2010年10月21日，肇庆市举行环星湖栈道“迎亚运·健体魄”自行车绿道体验活动

2010年11月25日，2010年肇庆市国际反家庭暴力日宣传活动暨妇女维权热线“12338”开通启动仪式在封开县江滨公园举行

2010年12月5日，肇庆学院青年广场举办“珠三角高校毕业生联合招聘大会肇庆供需见面会”

# 特 载

责任编辑：韦相伍

## 富民强市　建设幸福肇庆
### ——在市委十届十次全会第一次全体会议上的报告

（2011年1月14日）

市委书记　覃卫东

这次全会的主要任务是：以邓小平理论和“三个代表”重要思想为指导，深入贯彻落实科学发展观，认真学习贯彻党的十七届五中全会、中央经济工作会议和省委十届八次全会精神，总结去年工作，谋划“十二五”发展，部署新一年工作，审议《中共肇庆市委关于制定国民经济和社会发展第十二个五年规划的建议》和《法治肇庆建设五年规划（2011—2015年）》，进一步开创我市科学发展、加快发展、和谐发展新局面，富民强市，建设幸福肇庆。

现在，我代表市委常委会向全会报告去年工作，并就科学谋划“十二五”经济社会发展、做好今年工作提出意见，请同志们审议。

### 一、科学发展、争先进位，经济社会发展迈上新台阶

2010年，是我市经济社会科学发展、加快发展、争先进位的一年，是全面完成“十一五”各项目标任务，经济社会取得显著成效的一年。一年来，在省委、省政府的正确领导下，市委坚持以科学发展观为统领，紧紧围绕“两个尽快”、“两个成为”奋斗目标，坚决贯彻落实省委、省政府实施珠三角改革发展《规划纲要》、“三促进一保持”和“双转移”等重大决策部署，狠抓发展第一要务，加快转变经济发展方式，团结带领全市人民抓机遇、谋发展，攻坚破难、锐意进取、真抓实干，推动经济社会发展迈上新台阶，经济快速发展，社会日益进步，人民安居乐业。

**经济综合实力大幅提升。**去年，面对国内外复杂的经济形势，市委总揽全局，审时度势，在巩固应对国际金融危机成果同时，紧紧抓住实施珠三角改革发展《规划纲要》带来的重大发展机遇，调整经济结构，加快转变经济发展方式，坚持工业主战场，促进自主创新，大力推动县域经济发展，加紧重大项目谋划建设，着力扩大内需、稳定外需，经济实现又好又快发展，各项主要指标增幅位居全省和珠三角前列。全市GDP突破千亿大关，预计达1050亿元，增长17%，比2005年翻了一番多。经济结构优化，工业主导地位突出，产业规模壮大，保持快速发展。全市规模以上工业增加值408亿元，增长33.7%，比2005

年翻了二番多，工业对全市生产总值贡献率为42.7%。一批重大项目建成投产或正在建设，有力促进投入，发展后劲增强。全社会固定资产投资总额625.2亿元，增长35.1%，五年累计投入达1900亿元，比“十五”增长2.1倍。发展质量效益明显提高。地方财政一般预算收入达到76.8亿元，增长37.36%，比2005年增长276%。自主创新能力不断提高，高新技术产业产值占规模以上工业总产值比重达到19%。县域经济加速发展，中心区成为经济发展主力军，端州、鼎湖城市经济快速发展，高要、四会财政一般预算收入超10亿元，肇庆高新区升级为国家级高新区，规模以上工业总产值、财政一般预算收入增幅超40%。山区四县发展步伐提速，财政一般预算收入增幅均超40%。

*融入珠三角发展取得重大进展*。加大贯彻落实《规划纲要》力度，制定和实施“五个一体化”专项规划和“四年大发展”工作方案。采取召开现场会等举措，推动各项工作落实。以重点项目为抓手，在交通、产业、教育、环保等方面加强与广佛合作，合作领域、合作层次不断拓展，合作机制不断完善。以“双转移”为抓手，以产业转移园区为载体，以举办“肇庆金秋”等招商活动为平台，全力抓好招商引资，大力承接国内外特别是珠三角核心区产业转移，积极参与珠三角产业分工，有力推动广佛肇经济圈建设。重大项目引进取得新突破，中恒医药物流等一批创税型、科技型、规模型、生态环保型项目落户我市。去年全市实际利用外资9.34亿美元，增长5.2%。东南板块两市两区和高新区充分发挥区位、交通和产业基础优势，发展势头迅猛，成为融入珠三角一体化发展先导区域。山区板块各县充分发挥资源、劳动力和生态优势，加快挺进珠三角发展步伐。全市形成整体“入珠”、“入圈”良好局面。

*基础设施建设成效突出*。以交通为重点的基础设施建设项目规模、资金投入、建设速度创历史最高水平，水陆铁空对接的现代交通综合运输体系加快构建，提升了我市在全省的交通战略地位，成为我市长远发展的有力支撑。二广高速怀集至三水段、珠外环高速高要至江门段、广肇高速二期建成通车。国道321线小湘至马房段升级改造主体工程全面完成。贵广、南广铁路和广佛肇城际轨道等国家、省重大交通项目建设加快推进。西江航道整治工程稳步推进，港口码头快速发展，航运能力大幅提升。电网建设成效明显，生产生活用电有效保障。景丰联围等重大水利设施和城乡防灾减灾工程加快建设。

*城市建设日新月异*。围绕构建“大端州”、“大肇庆”和建设“三个最适宜”城市目标，充分发挥“山、湖、城、江”相融自然生态优势和历史文化资源优势，加强城市战略规划，深入开展“城市建设年”活动，大手笔、大气魄推进城市重点项目建设，形成“东西呼应，南北互动”大城建格局，建设水平明显提高，城市环境大为改善。砚都大道、星湖大道、信安大道、肇庆大道成为拉动城市建设的强力引擎。牌坊广场升级改造，七星岩东门广场、波海公园和星湖绿道快速建成。全面完成省立绿道网建设任务。城市公共配套设施建设加快推进。龟顶新城等重点“三旧”改造项目进展顺利。各县（市、区）中心镇建设水平不断提高，城镇化步伐明显加快。城市建设有力带动城市经济发展，商贸、旅游、饮食、房地产等城市经济日益兴旺。

*新农村建设扎实推进*。把“三农”工作摆在突出位置，抓好各项工作落实，农业增效、农民增收、农村稳定。农村农业基础设施建设得到加强，农业产业化、现代化水平有效提升，特色主导产业发展壮大。推动农村劳动力转移就业，农民增收渠道有效拓宽。预计去年农民人均纯收入7700元，增长15.5%，增幅创历史新高。农村基础设施和公共设施建设不断加强，灾后重建按时完成任务。创建生态文明村和省卫生村、镇成效突出，生产生活环境明显改善。坚决落实省扶贫开发工作部署，结合农村发展实际，抓规划、抓项目、抓投入、抓示范，工作扎扎实实、成效明显。全市投入帮扶资金2亿多元，落实村集体经济帮扶项目855个，55%贫困人口实现脱贫。形成政府主导、部门支持、社会参与、各界关心的“大扶贫”工作格局。

*社会事业加快发展*。坚持以人为本，高度重视民生，加大资金投入，大力推动以“五大民生工程”为重点的社会建设。全市财政投入民生社会事业资金76.27亿元，增长20.27%。坚持统筹城乡就业，农村劳动力新转移就业5万多人，城镇失业率维持较低水平。教育强市建设全面推进，普及高中阶段教育成果不断巩固。教育质量明显提

升，高考本科上线人数大幅增长。职业教育规模继续位居全省前列，高等教育发展水平进一步提高。医疗卫生事业不断推进，公共卫生服务体系逐步完善，乡镇卫生院和村卫生站规范化建设推进有力，常住农业人口参加新农合实现100%。社会保障体系得到巩固加强，城镇基本养老、基本医疗、失业、工伤、生育五大险种参保人数超额完成全年任务。保障性住房建设稳步推进，困难群众住房难问题得到进一步缓解。对口支援汶川县克枯乡灾后恢复重建援建工作提前完成任务。群众体育活动蓬勃开展，肇庆籍运动员在国际大赛中获得佳绩。精神文明建设、民族宗教、人口计生、国防教育、人民武装、外事侨务、党史、老干、慈善事业等各项工作取得新进展。

*文化建设大力推进*。深入贯彻落实省委十届七次全会精神，制定实施文化强市建设《规划大纲》。深入开展社会主义核心价值体系教育，公民思想道德建设得到加强。组织开展各种形式的群众读书活动，有效推进学习型社会建设。公共文化服务体系加快构建，一批重点文化基础设施项目建成和在建，基层文化设施逐步完善。大力打造文化品牌，端砚成为岭南文化名片。加强文化招商，文化产业进一步发展。文化体制改革取得突破性进展，文化发展活力增强。培育良好社会文化氛围，群众文化活动丰富多彩，城乡文化生活活跃。

*民主法治建设富有成效*。加强对人大、政协工作的领导。各级人大及其常委会依法履职，法律监督、工作监督的科学化水平有新提升。召开市委政协工作会议，进一步完善多党合作和政治协商制度。各级政协积极调查研究、参政议政，工作成效明显。各民主党派和工会、共青团、妇联等人民团体围绕中心、服务大局，依照法律和各自章程开展工作，在促进经济社会发展中发挥了积极作用。依法治市深入推进，行政执法行为进一步规范，行政效能和水平不断提高。全面落实“四民主两公开”制度，基层民主政治建设进一步加强。圆满完成“五五”普法任务，公民法制意识有效增强。全面推进“平安肇庆”建设，“三项重点工作”成效明显，社会大局稳定，出色完成亚运安保任务，综治信访维稳各项工作获得中央和省充分肯定。

*各项改革不断深化*。按照中央和省的部署，稳步推进政府机构改革和大部制改革试点，政府职能进一步明晰，服务效能进一步提升。行政审批制度改革基本完成，市级行政许可事项大幅削减，各级政府逐步从行政审批型向公共服务型转变。加快富县强镇事权改革步伐，简政强镇事权改革逐步到位，县、镇政府活力得到增强。国有资产管理、财政、医药卫生等方面的体制改革不断深化，事业单位分类改革稳步推进。农村综合改革力度加大，集体林权制度改革基本完成。行政区划调整工作有效推进。

*党的建设进一步加强*。抓好科学发展观、加快转变经济发展方式等方面教育，推进学习型党组织建设，思想建设进一步加强。坚持正确的用人导向，严格执行《干部选拔任用条例》和四项监督制度，依照德、能、勤、绩、廉选拔领导干部，配强配好各级领导班子。健全县（市、区）党政班子政绩和市直机关绩效考核体系。落实初始提名制度，召开市委全委（扩大）会议，推荐提名2名县（市）长人选。加大从基层生产一线选拔干部力度和招录公务员。去年市委常委会讨论任免干部11次，调整市管干部165人，其中提拔任用97人。按照中央、省委部署，在基层党组织中深入开展创先争优活动，基层组织增强了号召力、凝聚力和战斗力。省委汪洋书记联系点四会独岗村，成为全省创先争优活动的一面旗帜。总结推广封开作风建设经验，实施作风问责，严肃处理不良现象，各级各部门执行力进一步提高。高度重视党风廉政建设，加强党风廉政教育，落实党风廉政建设责任制，着力抓好领导干部廉洁自律，认真查处各种违法违纪案件，反腐倡廉建设取得显著成效。

同志们，去年我市经济社会实现又好又快发展，谱写了科学发展、加快发展新篇章，为“十二五”发展奠定了坚实基础。我市能够取得这样的成绩，是省委、省政府正确领导、关心支持厚爱的结果，是全市广大党员干部、人民群众和社会各界共同努力的结果。在此，我代表市委常委会表示衷心的感谢！

总结去年工作，回顾五年历程，通过实践，我们提高了贯彻落实科学发展观的能力，增强了驾驭经济社会发展大局的能力，加深了对发展第一要务的认识。实践告诉我们，欠发达地区要实现科学发展、加快发展，必须总揽全局，坚定信心。要坚持以科学发展观统领经济社会发展全局，坚持狠抓发展第一要务不动摇，坚定推进肇庆科学发展、加快发展的信心不动摇。必须认清大势，把握机遇。要解放思想，迎难而上，抓实发展机遇，勇于化危为机，牢牢把握发展主动权，大胆突破，争先进位，赢取工作先机，增强工作前瞻性和主动性。必须统筹兼顾，突出重点。要结合实际，创造性地贯彻中央、省的路线方针政策、重要部署，创新工作举措，抓重点、攻难点，统筹兼顾，推动发展。必须以人为本，注重民生。要把改善民生作为改革发展的出发点和落脚点，多办民生实事、好事，让人民群众最大限度共享改革发展成果，充分调动广大群众参与改革发展的积极性。必须加强党建，凝聚人心。要强化党建主业"意识"，不断提高各级党组织领导科学发展的能力，不断增强广大党员推动科学发展的自觉性、坚定性，团结带领全市人民心齐实干、同舟共济，推动肇庆实现科学发展、加快发展。

## 二、抓住主题、把握主线，推动"十二五"经济社会发展再上新台阶

"十二五"时期，是我市加快融入珠三角一体化发展，尽快建设成为名副其实珠三角城市的关键时期，是深化改革开放、加快转变经济发展方式的攻坚时期。去年10月召开的党的十七届五中全会，认真总结"十一五"时期我国经济社会发展的巨大成就，正确分析判断我国当前和今后一个时期经济社会面临的国内外形势，明确了"十二五"时期我国经济社会发展的指导思想、目标任务和重大举措，明确强调"十二五"发展要以科学发展为主题，以加快转变经济发展方式为主线，实现经济社会又好又快发展。去年底召开的中央经济工作会议，深刻总结了2010年及"十一五"时期我国经济发展取得的成就，明确提出了今年经济工作的总体要求、重要原则和主要任务。省委十届八次全会，深入贯彻落实科学发展观，认真学习贯彻党的十七届五中全会精神和中央经济工作会议精神，全面总结了2010年工作，深入分析了形势，明确提出了2011年工作的目标任务，审议通过了《中共广东省委关于制定国民经济和社会发展第十二个五年规划的建议》和《法治广东建设五年规划（2011—2015年）》，是一次科学谋划我省"十二五"发展、进一步开创广东科学发展新局面的重要会议。中共中央政治局委员、省委书记汪洋同志代表省委常委会所作的报告，认真总结省委去年工作，深入分析当前广东面临的形势，明确指出要把"加快转型升级、建设幸福广东"作为我省落实中央关于"十二五"发展"主题主线"的核心任务。明确强调，把握发展主题主线，加快转型升级，建设幸福广东，要统筹处理好"发展速度与发展方式、硬实力与软实力、经济增长与民生福祉、政府与市场、改革发展与稳定"五大关系；要实施"扩大内需、自主创新、人才强省、区域协调发展、绿色发展、和谐共享"六大战略，实现"经济发展方式转变取得显著进展，发展软实力显著提升，民生福祉显著增加，科学发展的体制机制日益完善"的发展目标；要重点抓好"创新驱动、转型发展、区域协调、统筹城乡、改善民生、民主法治、深化改革、扩大开放"八大任务。同时，从思想方法和工作方法的高度，明确提出了做好今年工作五方面工作要求。汪洋书记的报告高屋建瓴、统筹全局，指导性、针对性、操作性都很强，是指导广东"十二五"发展的纲领性文件。省委副书记、省长黄华华同志关于经济工作的讲话，总结了2010年全省经济工作，提出了全省今年经济社会发展的预期目标，强调要抓好"深入实施扩大内需战略和加强科学调控，促进经济平稳较快增长"等九个方面的工作，任务具体，要求明确。特别是省委书记汪洋同志非常关心肇庆的发展，7日下午专门到肇庆组参加讨论，作了重要讲话。汪洋书记的讲话，充分肯定肇庆近几年经济加快发展，社会和谐稳定，政通人和，蒸蒸日上，出现奋发有为的可喜局面。指出肇庆正处于重要战略机遇期，但也面临百舸争流、不进则退、慢进也是退的压力，要求我们发挥战略机遇期和产业梯度优势，走出一条既好又快、又好又快的发展路子；要求我们把上面的精神吃透，把本地的情况吃透，制定出有自己特色的"十二五"规划，并在经济社会发展上抓住几件事，把开局年工作干好、带动全局，并预祝我们取得更好的成绩。汪洋书记的讲话语重心长、期望殷切，给我们极大激励、鞭策、智慧和动力，充分体现汪洋书记对肇庆的关心厚爱，全市各级各部门务必在"十二五"发展中坚决贯彻落实。

市委高度重视贯彻落实党的十七届五中全会、中央经济工作会议和省委十届八次全会精神，先后多次召开常委扩大会议和常委会议，认真学习领会党的十七届五中全会、中央经济工作会议、省委十届八次全会精神，把思想和行动统一到中央和省委对国内外形势的分析判断和重大决策部署上来，为研究部署我市“十二五”规划打下坚实思想基础。市委认为，中央提出“十二五”发展要以科学发展为主题，以加快转变经济发展方式为主线，深刻把握了我国经济社会发展阶段性新特征的根本要求，对我们制定“十二五”发展规划具有根本指导意义，必须努力贯彻。省委十届八次全会结合广东实际，把“加快转型升级，建设幸福广东”作为广东“十二五”发展核心任务，既体现了时代要求与广东特色的统一，又体现了经济发展与社会发展、物质发展与人文发展的统一，还体现了发展路径方向与发展价值取向的统一，对我市制定“十二五”规划，具有很强的现实针对性和长远的指导性，必须坚决落实。市委在认真学习领会中央、省会议精神和汪洋书记对肇庆重要讲话精神基础上，对我市“十二五”发展作了深入研究，并广泛听取各方面的意见建议，研究制定了《中共肇庆市委关于制定国民经济和社会发展第十二个五年规划的建议》（稿）。市委认为，“十二五”发展对肇庆至关重要，科学谋划我市“十二五”发展，要全面贯彻落实中央提出的主题主线和省委作出的“加快转型升级，建设幸福广东”的工作部署，结合肇庆实际，着力贯彻“抓发展、促转变、重民生、强党建，富民强市、建设幸福肇庆”的工作方针，解放思想，改革创新，先行先试，锐意进取，更加奋发有为地开创我市“十二五”经济社会发展新局面。

富民强市、建设幸福肇庆，必须坚定不移抓发展。科学发展观，第一要义是发展。经过“十一五”发展，我市经济综合实力大幅提升，我们已经站在新的发展起点，迈上新的发展里程。但我们必须清醒地看到，经济欠发达、城乡区域发展不平衡仍是我市主要矛盾。经济总量还不大，地区生产总值只占全省的2.3%，人均地区生产总值只有全省人均的一半；经济结构还不合理，支柱产业不突出，科技水平不高；山区发展相对滞后，城乡二元结构还十分突出。可以说是民未富、市未强，与珠三角主体城市地位还很不相称。尤其是周边市比我们发展更快、势头更猛，我市面临更大压力。自己比有进步，比别人要加速。现在是百舸争流，不进则退。我市作为欠发达地区，慢进也是退。因此，抓发展、快发展，是我市“十二五”经济工作主旋律，是富民强市、建设幸福肇庆的第一要务。我们要站在全局和战略高度，以宽广的视野审时度势，增强忧患意识、机遇意识、责任意识，变压力为动力，把“十二五”时期作为加快发展的战略机遇期、作为转变经济发展方式的攻坚期、作为融入珠三角一体化发展的加速期，大力实施“五大发展战略”，奋力推进“十二五”大发展。一是工业强市战略。坚持把工业放在牵动全局的战略地位，以园区为载体，重点发展、集约发展，走新型工业化道路，加大工业投入，发挥工业主导作用，带动全市经济跨越发展。二是一体化发展战略。以融入珠三角一体化发展为取向，加速推进我市在规划、交通、产业、城建、环保等方面全面对接珠三角。加强经济发展中心区一体化发展规划，把经济发展中心区打造成为我市融入珠三角一体化发展的先导区域，辐射带动山区，形成全市融入珠三角一体化发展格局。三是龙头带动战略。坚持抓龙头、促发展。大力打造区域发展龙头、园区发展龙头。大抓龙头产业、龙头项目。通过龙头带动，实现跨越发展。四是科教兴市和人才强市战略。全面落实科技、教育、人才规划纲要，推动科技进步，优先发展教育，培育引进人才，为推动科学发展、加快转变经济发展方式提供科技智力支撑。五是绿色城市战略。在大力推进经济发展的同时，加强生态保护，推进节能减排，实现绿色发展、低碳发展、可持续发展，建设绿色城市。

富民强市、建设幸福肇庆，必须攻坚破难促转变。加快转变经济发展方式是推动科学发展的必由之路，是经济社会领域的一场深刻变革，必须贯穿经济社会发展全过程。要结合我市实际，坚持在发展中促转变，在转变中谋发展，实现经济社会又好又快发展。如何打好转变经济发展方式这场硬仗，我们面临着总量与质量、发展与民生、城乡区域发展不平衡、改革发展与社会稳定等诸多挑战。我们必须攻坚破难促转变，正确处理好“五大关系”：一是正确处理好发展质量与速度的关系。要坚持发展质量与发展速度并重，有质量、有效益、可持续的速度，做到能搞多快就搞多快，坚持“好”字优先，“快”在其中，实现质量、效益和速度的统一。二是正确处理好经济发展与注重民生的关系。坚持在加快经济发展进程中，加大民生投入和保障力度，加快发展以改善民生为重点的社会事业，推进基本公共服务均等化，使发展成果惠及全体人民。三是正确处理好率先发展与协调发展的关系。坚持统筹区域城乡协调发展，坚持先发区域辐射带动后发区域发展，实行城市支持乡村、工业反哺农业。加强对后发区域和乡村发展的指导、扶持，促进区域城乡协调发展。四是正确处理好经济建设与生态建设的关系。生态优势，是我市的最大优势。要坚持集约发展、创新发展、绿色发展，保护生态环境，走可持续发展道路。五是正确处理好改革发展与社会稳定的关系。坚定推进各项改革，构建有利于科学发展的体制机制，高度重视化解改革发展进程中出现的各种矛盾，切实维护社会和谐稳定。

富民强市、建设幸福肇庆，必须以人为本重民生。切实保障和改善民生，是贯彻落实科学发展观的本质要求，是有效应对经济社会发展转型矛盾凸显的治本之策。在“十二五”发展中，要更加注重以人为本，把实现好、维护好、发展好最广大人民根本利益作为一切工作的出发点和落脚点，加快推进以改善民生为重点的社会建设，不断满足人民群众日益增长的物质文化需要，切实做到发展为了人民、发展依靠人民、发展成果由人民共享。结合肇庆实际，在加快发展经济的同时，要大力实施城乡就业、便民廉医、教育均衡发展、全民安居、农村生产生活环境改造、社会保障、扶贫开发、农村公共交通、农村饮水安全、公园绿道建设等十项惠民工程，努力提高人民群众的幸福感和满意度。

富民强市、建设幸福肇庆，必须抓住根本强党建。推动我市“十二五”经济社会发展再上新台阶，加强党的建设是根本保证。要切实加强各级党组织的执政能力建设和先进性建设，提高领导肇庆科学发展、加快发展、和谐发展的能力和水平。要以坚定理想信念为重点，加强思想建设。要以领导班子为重点，加强组织建设。要以密切党群干群关系为重点，加强作风建设。要以教育、制度和监督为重点，加强反腐倡廉建设。

富民强市、建设幸福肇庆，是时代要求、人民期盼。肇庆成为珠三角主体城市，历史方位发生了新变化，时代赋予了新的发展使命，人民寄予了新的发展期盼。富民强市、建设幸福肇庆，是我市“十二五”发展中心任务，抓住这一中心任务，就抓住了肇庆的发展使命和主攻方向，就顺应了全市人民的强烈呼声和追求。为此，我市“十二五”时期经济社会发展要实现以下目标：全市生产总值在2010年基础上接近翻一番，改革开放不断深化，经济发展方式有效转变，经济结构持续优化，产业竞争力加快提升，经济增长质量和效益明显提高，经济综合实力进一步增强；城市规划建设管理不断加强，城乡区域协调发展，城镇化水平日益提高；社会建设明显进步，科技教育卫生等社会事业加快发展，逐步建立完善覆盖城乡居民的基本公共服务体系，文化软实力明显增强；社会主义民主法治更加健全，社会管理制度日趋完善，社会更加和谐稳定；城乡居民收入普遍较快增加，实现居民收入增长和经济发展同步、劳动报酬和劳动生产率提高同步，人民群众得到更大实惠；生态文明建设不断推进，初步建成资源节约型、环境友好型社会，生活幸福指数不断提升，人民安居乐业。为实现这一宏伟目标，各地各部门要切实抓住科学发展主题、紧紧把握加快转变经济发展方式主线，统一思想，坚定信心，开拓创新，真抓实干，全力以赴推动我市科学发展、加快发展、和谐发展，推动我市“十二五”时期经济社会发展再上新台阶。

## 三、统筹兼顾、突出重点，为“十二五”经济社会发展开好局、起好步

今年是中国共产党成立90周年，也是“十二五”时期开局年，是富民强市、建设幸福肇庆落实年，做好我市经济社会发展工作具有承上启下的重要意义。市委常委会对今年工作进行了专题研究，2011年总体要求是：以邓小平理论和“三个代表”重要思想为指导，深入贯彻落实科学发展观，认真贯彻落实党的十七届五中全会、中央经济工作会议和省委十届八次全会精神，以科学发展为主题，以加快转变经济发展方式为主线，加大贯彻落实《规划纲要》力度，坚

持发展第一要务，坚持改革开放，加快推进经济结构调整，加快发展社会各项事业，着力保障和改善民生，促进社会和谐稳定，加强和改进党的建设，努力建设活力肇庆、法治肇庆、文化肇庆、生态肇庆、幸福肇庆，为实现“十二五”规划的宏伟目标开好局、起好步，为把肇庆建设成为名副其实的珠三角城市、成为未来广东发展的新增长极、成为能够代表广东科学发展成果的城市打下更坚实基础。

**（一）调整经济结构，提升产业水平。**

着力调整优化产业结构，增强产业竞争力。要坚持走新型工业化道路。以经济发展中心区为主阵地，加快发展汽车发动机零部件、专用设备、电子专用设备和光机电一体化等先进制造业。加快培育发展以风华高科为龙头的电子信息，以中恒医药物流和星湖科技为龙头的生物医药，以及新材料、新能源等战略性新兴产业。实施自主创新战略，推动技术、管理和商业模式创新。积极培育和引进高新技术项目，大力发展高新技术产业。以新技术新工艺改造提升金属加工、新型建材、林产化工、服装制鞋等传统产业，推动集群集约发展，加快建设传统优势产业转型升级集聚区。支持和引导企业打造一批具有自主知识产权和较强市场竞争力的名牌产品和著名商标。要加快发展服务业。大力发展休闲度假旅游、生态观光旅游、商务会议旅游、健康养生旅游及低碳旅游，建设国际化旅游休闲之都。发挥区位交通优势，加快发展生产性物流业和生活性物流业。提升房地产业发展水平，促进房地产业健康发展。积极培育商务会展、金融保险、信息服务、文化创意、总部经济等现代服务业。要提升农业发展水平。强化强农惠农意识，加大强农惠农政策落实力度。推进农业基础设施建设，提升现代农业装备水平，加强农业科技服务，增强农业综合生产能力。积极培育肇庆特色农业主导产业，扶持发展农业龙头企业，大力推广高产、优质、高效农业品种。加快发展农产品加工业，畅通农产品流通渠道。

**（二）拓展深化合作，建设广佛肇经济圈。**

要认真贯彻落实市实施《规划纲要》实现“四年大发展”工作方案，以建设广佛肇经济圈为重点，积极落实珠三角基础设施、城乡规划、产业布局、环境保护和公共服务五个一体化规划，加快融入珠三角一体化发展。要深化与广佛合作。进一步完善合作机制，扩大合作领域，拓展合作层面，促进互利共赢。积极配合推进广佛肇经济圈发展规划和五个专项规划的制定实施。推进首批重点合作项目建设，尽快启动第二批合作项目。加强与广佛县域、镇域合作，发展壮大县域经济和镇域经济。要积极参与珠三角产业分工。经济发展中心区要发挥区位交通和产业基础优势，加快产业对接，注重统筹协调，大力发展工业经济和城市经济，率先融入珠三角产业体系。山区县要把握二广高速怀集至三水段建成通车和其他重大交通项目谋划建设带来的重要发展机遇，加快产业园区规划建设，积极引资金、引技术、引项目，大力发展资源型产业，大力承接产业转移，加快壮大工业经济。要创新合作发展机制。学习借鉴其他地方的成功经验做法，积极探索园区合作共建模式，建立利益共享机制，谋求共建广佛肇经济合作区和肇庆工业园、中山大涌（怀集）、顺德龙江（德庆）等产业转移园区，增强产业园区吸引力和承载力。

**（三）突出交通重点，加快基础设施建设。**

大力实施《肇庆市基础设施建设一体化规划》，推进交通、能源、水利等基础设施建设，拉动并支撑肇庆经济社会新一轮大发展。要加快建设步伐。积极配合广佛肇城际轨道交通和南广、贵广铁路肇庆段建设，加快二广高速怀集至连州段、珠三角外环高速肇庆至花都段建设，推进西江航道综合整治，打通对接广佛的“断头路”、“瓶颈路”，着力构建连接成网、快速便捷的现代综合交通体系。加快国电大旺热电联产、大唐国际高要金淘热电冷联产等项目建设。全面完成景丰联围达标加固工程等重点水利基础设施建设。要抓紧谋划新项目。加强与国家和省有关部门的沟通联系，争取一批重大基础设施项目列入国家和省的“十二五”项目笼子。力争柳肇铁路和广佛肇高速一期工程年内动工建设，积极谋划肇庆至南沙城际轨道和广肇高速扩建、汕湛高速、汕昆高速、怀罗高速、肇花机场快速干线等建设。力争肇庆电厂、肇庆核电、封开党山抽水蓄能等能源项目谋划建设取得突破，积极谋划水利、信息等重大基础设施项目。要落实工作措施。落实重点项目工作责任制，对重大基础设施建设项目要定目标、定进度、定责任、定奖惩。积极拓宽投融资渠道，争取中央和省对重大基础设施项目的资金支持，加大地方财政和信贷资金对基础设施的投入，鼓励外资民资参与基础设施建设。加强地方政府与重大基础设施项目施工单位的协调配合，切实解决建设过程中遇到的征地拆迁、矛盾纠纷等问题。

**（四）提高招商水平，增强发展后劲。**

坚持把招商引资作为推动经济快速发展的主要引擎，提高招商引资水平，着力引进创税型、科技型、规模型、生态环保型项目，促进转型升级，增强发展后劲。要提高园区建设水平。高新区要以升级为国家级高新区为契机，高起点规划建设，高质量招商引资，高端化建设产业体系，高标准提升自主创新能力，高水平优化园区软硬环境，围绕建设电子信息、生物医药、装备制造、金属新材料四大产业和5000亿产值目标，全力抓招商、抓建设、抓促产、抓效益，建设成为全省示范性产业转移园典范和国内一流高新区。各县（市、区）要加强各园区基础设施建设，明晰功能定位，加大招商引资力度，建设特色产业园区。要着力抓好重大项目引进建设。千方百计引进投资超50亿元、超100亿元的产业关联度大、技术含量高、辐射带动能力强的大企业、大集团，加快打造一批产值超10亿元、超50亿元、超100亿元，税收超亿元、超5亿元、超10亿元的龙头企业。同时，加速亚洲铝业、华润水泥、中恒医药物流等重大项目建设。要围绕培育主导产业抓招商引资。目前，我市电子信息、生物医药、金属加工、汽车零部件、食品饮料、林产化工等主导产业有较好基础，要围绕做大做强主导产业大抓招商引资，培育产业集群，提升产业竞争力。要围绕国资民资抓招商。要拓宽招商引资渠道，在抓好外资、港资、台资引进的同时，大力引进国资和民资。要瞄准国内大国企、大民企进行招商引资。高新区要成为央企、省企落户重要基地。要大力引进珠三角民营企业，落实民营经济扶持政策，推动外来和本地民营企业做大做强，把民营经济打造成为我市内生经济的生力军。

**（五）大力推进城市建设，提高城镇化水平。**

围绕“三个最适宜”城市定位和构建“大端州”、“大肇庆”城市格局，实施“名城战略”，继续开展“城市建设年”活动，进一步推进城市建设，建设“东方日内瓦”。要加大“一江两岸”建设力度。加强“一江两岸”统一规划，科学布局两岸建设，合理配置城市资源，引领南北两岸发展。争取年内动工建设西江三桥，加快两岸建设步伐，形成“东西呼应”、“南北互动”城市建设大格局。要推进城市基础设施建设。全面完成砚都大道、肇庆大道建设，推进西江路、江滨堤路和端州一、二路等城区道路拓宽改造，加快建设过街隧道、立交桥和大冲交通枢纽。加快端州、鼎湖两区以交通为重点的城市基础设施对接，加强旅游酒店、服务业等配套设施建设。进一步抓好城区公园和绿道网建设。进一步完善城市教育、文化、医疗、卫生等公共服务配套设施建设。要加快“三旧”改造步伐。用好用足“三旧”改造政策，完善“三旧”改造总体规划以及控制性详细规划，加快龟顶新城等“三旧”改造项目建设，以点带面推进“三旧”改造全面开展，盘活城市土地资源，腾出城市发展空间。要加强城市城镇管理。加强宣传教育，提高市民素质。加强中心城区交通综合治理，改善交通秩序，抓好环境卫生和市容市貌综合整治，清理违章建筑，规范经营行为，加强道路、广场、公园管理，提高城市净化、绿化、美化、亮化水平。要大力推进中心镇建设。各县（市、区）要以县城和中心镇为重点，加强规划建设管理，大力发展二、三产业，培育专业特色镇，加快城镇人口集聚，落实简政强镇事权改革政策，推动镇域经济加快发展。

**（六）加强社会建设，办好民生实事。**

积极推进以“十项惠民工程”为重点的各项社会事业发展，让全市人民共享改革发展成果。要着力保障和改善民生。实施更加积极的就业政策，统筹解决城乡就业，着力推动农村劳动力转移就业。深化医药卫生体制改革，推进医疗资源向农村、社区倾斜，巩固提高新农合成果，加快市第一人民医院新院建设，切实解决群众看病难、看病贵问题。加大廉租房、公共租赁住房和经济适用房建设力度，切实解决困难家庭住房难问题。加快建设覆盖城乡居民的社会保障体系，推进新型农村社会养老保险，建立健全城乡居民低保标准正常调整机制。各地和有关部门要抓好“十项惠民工程”实施意见的制定实施，明确工作职责，加大资金投入，注重协调配合，强化督促检查，确保取得实效。要加快建设教育强市。重视发展学前教育，巩固提高义务教育和普及高中阶段教育，大力发展职业技术教育，全面提高高等教育质量，加强教师队伍建设。优化义务教育学校布局，促进教育资源向农村和边远贫困地区倾斜。加强人才的引进和培育，建设适应我市经济发展所需的人才队伍。要推进文化强市建设。积极实施文化强市战略，认真落实文化强市《规划大纲》，加快市图书馆和七星岩牌坊广场二期改造扩建工程建设，积极谋划建设市博物馆、文化馆等重要文化设施，加强基层文化场馆建设。以端砚成为岭南文化名片为契机，加强文化资源挖掘和整合，扩大文化宣传和交流合作，增强文化影响力。引进和培育骨干文化企业，发展文化支柱产业，壮大文化产业规模，提升文化软实力。要加强生态环境建设。坚持环保发展、清洁发展。保护良好的自然生态环境、人文生态环境，强化节能减排和污染整治，积极发展循环经济和环保产业，坚持节约集约用地，实现可持续发展。同时，努力抓好人口计生、国防动员、国防教育、人防、外事侨务、民族宗教、党史、老干、体育等工作，全面发展各项社会事业。

**（七）坚持强农惠农，推进新农村建设。**

认真贯彻落实中央农村工作会议精神，高度重视“三农”工作，要按照“生产发展、生活宽裕、乡风文明、村容整洁、管理民主”的要求，扎实推进社会主义新农村建设。要进一步落实各项惠农、强农政策，促进农村经济发展。要加强村庄规划，逐步提高村庄规划编制覆盖率。加强农村水利、电网、沼气建设，加快农村乡村道路硬底化和乡村公交化步伐，加快推进农村危房和泥砖房改造，大力实施村容村貌保洁整治工程，推进生态文明村建设和省卫生镇、村创建，不断改善农村生产生活环境。完善农村社会保障体系，逐步提高保障标准。拓宽农民增收渠道，增加农民生产经营收入和工资性收入。完善农村发展体制机制，促进农村土地承包经营权适度流转，建立完善政策性农业农村保障制度。要加大扶贫开发“双到”工作力度。围绕“力争三年任务两年基本完成、走在全省前列”的目标要求，出实招、扶实贫、求实效，全力打好扶贫开发攻坚战。加大扶贫投入，积极争取省级财政扶贫资金，落实本级财政专项扶持资金，鼓励帮扶单位筹措资金，广泛发动社会力量捐资助贫，加大金融信贷支持力度。落实扶贫项目，坚持“一村一策、一户一法，整村推进”，因地制宜、因户制宜，落实扶贫项目，变“输血”扶贫为“造血”扶贫。抓两头带中间，以抓好示范点建设，以点带面，整体推进。充实调整工作队力量，抓好支部建设，加强督促检查考核，强化工作问责，确保扶贫开发工作落到实处，取得实效。

**（八）积极扩大内需，稳定市场物价。**

扩大内需、稳定物价，是今年经济工作的重要任务。要按照中央、省的要求，切实抓好工作落实。要着力扩大消费。合理调整国民收入分配格局，着力提高城乡中低收入居民收入，增强居民消费能力。加强市场流通体系建设，培育消费热点，大力促进农村消费。积极参与“广货全国行”等大型内销活动，积极拓展内需市场。发挥投资对扩大内需的重要作用，提高投资质量和效益，拉动经济增长。要把扩大投资与促进就业有机结合，把扩大消费与改善民生有机结合，逐步完善基本公共服务体系，形成良好的居民消费预期。要着力稳定市场价格。加强价格监测预警，密切跟踪重要商品市场供求和价格变化，打击哄抬物价行为。严格控制政府提价项目的出台，坚决取消不合理收费项目，降低偏高的收费标准。控制好商品特别是农副产品价格，加强商品货源的组织、调运，确保商品供应充裕。抓好粮食和农副产品基地建设生产，特别是“米袋子”和“菜篮子”工程建设，确保主要农产品有效供给。落实和增加对低收入群体的通胀补贴，尽快建立最低生活保障、失业保险标准与物价挂钩的联动机制，千方百计改善困难群众生活。

**（九）深化各项改革，增强发展动力。**

加大改革攻坚力度，推进各领域改革，为加快抓发展、促转变提供强大动力。要深化经济体制改革。推进国有企业改革，健全完善国有资产监督管理体制，推动国有经济新发展。鼓励非公有制企业参与国有企业改革。推进投融资体制改革，促进金融改革与创新。要深化行政体制改革。推进行政审批制度改革，减少和规范行政审批。加快县（市、区）大部门制改革，推进富县强镇事权改革，大力简政放权，转变县（镇）政府职能，提高行政效能。要深化社会管理事业体制改革。推进文化体制改革创新，加快经营性文化单位转企改制，深化公益性文化事业单位改革。积极稳妥推进科技、教育、卫生、体育等事业单位分类改革。加快户籍管理制度改革，促进人口向城镇集聚。要深化财政体制改革。加快建立适应基本公共服务均等化的公共财政体系。积极配合推进省直管县财政体制改革，按照财力与事权相匹配的原则，进一步理顺各级政府间财政分配关系。完善财政预算编制和执行管理制度。

**（十）加强民主法治建设，维护社会和谐稳定。**

加强民主政治建设和法治社会建设，是推动经济社会发展的重要保证。要加强民主政治建设。支持、保证各级人大及其常委会依法履行职权。充分发挥各级人大代表的作用。认真落实市委政协工作会议精神，支持各级政协围绕团结和民主两大主题履行职能。支持各民主党派在多党合作和政治协商中发挥作用。巩固和壮大最广泛的爱国统一战线。依法依规加强基层自治组织制度建设，扩大公民有序政治参与。大力支持工会、共青团、妇联和工商联等人民团体依照自身章程开展工作。要扎实推进“平安肇庆”建设。全面推进依法行政，落实行政执法责任制，推进政务公开，深化司法体制和工作机制改革，加强司法救助和法律援助，深入开展普法宣传教育。继续推进社会矛盾化解、社会管理创新和公正廉洁执法三项重点工作，努力促进社会和谐稳定。落实综治信访维稳责任制，坚持和健全各级领导干部处理和接待群众来信来访工作制度，完善社会利益协调和矛盾纠纷排查调处长效机制，把各种不稳定因素化解在基层和萌芽状态。健全重大工程项目建设和重大政策制定的社会稳定风险评估机制，积极化解重大项目建设过程中引发的社会矛盾，保证重大项目顺利建设，确保农民利益不受损害。加强社会治安综合治理，健全社会治安防控体系，完善流动人口服务管理机制，依法打击各种违法犯罪活动，提高人民群众安全感。要努力构建和谐劳动关系。加强劳动保障监察执法，完善劳动争议处理机制，保障劳动者合法权益。加强人文关怀，大力开展和谐劳动关系创建活动，建立企业和职工利益共享机制，改善用工环境，构建和谐劳动关系。强化食品、药品、危险化学品、矿山和交通安全等监管，坚决遏制各类重特大安全事故发生。

**（十一）加强党的建设，提高领导科学发展的能力和水平。**

加强党的建设，是富民强市、建设幸福肇庆的根本保证。一要抓学习。坚持和完善党委（党组）中心组学习等各项学习制度，深入学习科学发展观，大力抓好干部培训，推动知识结构转型升级，促进学习型党组织建设，提高科学发展思想水平。二要抓班子。以市县镇领导班子集中换届为契机，坚持德才兼备、以德为先的选人用人标准，培养选拔有能力推动科学发展、促进社会和谐的领导干部进入各级领导班子，加强领导班子建设。尤其要按照汪洋书记提出的要求，创新思想方法和工作方法，在推动我市“十二五”发展中做到：以人为本抓发展、转变作风促落实、集中精力攻重点、改革创新谋突破、示范带头作表率，提高领导科学发展的能力，形成“敢想、会干、为人民”的精神风貌，切实增强执行力。三要抓基层。要进一步深化创先争优活动，以创建科学发展示范村、建设“六好社区”、“党员创业”活动等为载体，加强基层党组织建设，充分发挥基层党组织和广大党员在推动科学发展、促进社会和谐中的战斗堡垒作用和先锋模范作用。四要抓作风。要认真学习领会汪洋书记关于永远和人民群众在一起的讲话精神，研究新形势下群众工作的新情况新特点，牢记党的宗旨，坚持党的群众路线，坚持人民的主体地位，大力弘扬党的优良作风，深入基层，密切联系群众，问计于民、问需于民，察民情、解民忧、惠民生，做好新形势下的群众工作，密切党群干群关系，充分调动广大人民群众投身富民强市、建设幸福肇庆的积极性。五要抓廉政。要坚持标本兼治、综合治理、惩防并举、注重预防方针，完善惩治和预防腐败体系建设，加强反腐倡廉教育，严格落实党风廉政建设责任制，落实领导干部廉洁自律各项规定，加大查办违纪违法案件查处力度。

同志们，过去五年，我们锐意进取，创下不凡业绩；今后五年，我们要奋发有为，迈上更高目标。让我们更加紧密地团结在以胡锦涛同志为总书记的党中央周围，深入贯彻落实科学发展观，坚持以科学发展为主题，以加快转变经济发展方式为主线，继续解放思想，坚持改革开放，借势借力、开拓奋进、艰苦奋斗、真抓实干，为实现富民强市、建设幸福肇庆而努力奋斗！

# 政府工作报告

## ——在肇庆市第十一届人民代表大会第六次会议上

（2011年3月8日）

市长 郭 锋

各位代表：

我代表肇庆市人民政府向大会作工作报告，请予审议。并请政协委员和其他列席人员提出意见。

## 2010年发展成效显著，“十一五”规划目标圆满实现

过去一年，是我市经济社会发展取得显著成效的一年。在省委、省政府和市委的正确领导下，在市人大及其常委会和市政协的监督支持下，市政府深入贯彻落实科学发展观，加快转变经济发展方式，全面实施《珠江三角洲地区改革发展规划纲要》（以下简称《规划纲要》），解放思想，迎难而上，开拓进取，争先进位，全力以赴促发展，坚定不移调结构，扎扎实实惠民生，推动全市经济社会平稳较快发展，全面完成或超额完成了市十一届人大五次会议确定的目标任务。全市呈现出工业经济提速增效，农村经济稳步增长，第三产业繁荣兴旺，城乡区域同步发展，社会事业全面进步，人民生活不断改善的良好态势。突出体现在以下十个方面：

GDP突破千亿大关。围绕尽快实现GDP超千亿元的目标要求，全力推动经济加快发展，各项主要经济指标增速居全省和珠三角前列，实现了GDP超千亿元的目标。完成本地生产总值1065.9亿元，比上年增长（下称增长）17.1%，超过预期目标3.1个百分点，比全省平均增幅高4.9个百分点。

财政收入争先进位。全市地方财政一般预算收入达76.8亿元，增长37.36%，超过预期目标22.36个百分点，比全省平均增幅高13.61个百分点，增速居全省第二位，总量跃居全省第九位。各县（市、区）地方财政一般预算收入呈现良好增长态势，肇庆高新区、四会市和四个山区县增幅均超40%，高要市、四会市总量分别突破13亿元和11亿元，肇庆高新区和端州区均超8亿元。鼎湖区税收收入占财政一般预算收入比重达82.8%，为全市比例最高。

产业结构不断优化。一、二、三产业比例从上年的19.2∶37.1∶43.7变为17∶42.6∶40.4，在2010年度珠三角产业竞争力排行榜中，我市的产业结构升级排名第三。工业主导地位逐渐形成，规模以上工业实现增加值408.15亿元，增长33.7%，超过预期目标11个百分点，增幅居全省第三位。第三产业繁荣兴旺，实现社会消费品零售总额332.9亿元，进出口贸易额43.9亿美元，分别增长21.1%和34.5%；商品房销售额、销售面积分别增长46.1%和22.9%；主要旅游景区（点）接待游客2008.5万人次，旅游收入109.23亿元，分别增长25.3%和37.5%。农业产业化水平提高，实现农林牧渔业增加值181.29亿元，增长6.3%；珍贵树种种植面积、柑桔产业产值居全省首位，集体林权制度改革走在全省前列。

大旺园区成功升级。肇庆高新区经国务院批准升级为国家高新区，被人民网评为中国十大经济活力开发区，荣获省“双转移”特别贡献奖，一批重大产业项目相继落户，亚洲铝业二期建成投产，国电大旺热电联产、中恒生物医药项目正式动工，全区实现规模以上工业总产值361.83亿元，增长41.1%。以肇庆高新区为龙头的各类产业园区迅速崛起，园区的开发和招商引资成效显著。在省产业转移目标责任制考核中，我市“双转移”工作及中山（肇庆大旺）产业转移工业园均获优秀等次。

广贺高速顺利通车。广贺高速（怀集至三水

段）建成通车，结束了我市山区县没有高速公路的历史，大大缩短了与珠三角核心区的距离。同时，321国道小湘至马房段升级改造全面完成，珠外环高速高要至江门段、广肇高速二期建成通车，贵广、南广铁路肇庆段建设加快推进，珠外环高速肇庆至花都段、二广高速怀集至连州段动工建设，广佛肇高速三水至小湘段、怀（集）罗（定）高速等项目前期工作全面启动。全市重点建设项目122项，完成投资244.1亿元，其中列入省重点项目49项。全社会固定资产投资完成625.21亿元，增长35.1%。

*招商引资成果丰硕*。第八届“肇庆金秋”经贸洽谈会签约项目39宗，投资总额406亿元。全年实际吸收外资9.34亿美元，增长5.2%，增幅高于全省平均水平。成功引进投资总额131.9亿元的中恒（大旺）国际生物医药物流产业基地。“双转移”成效显著，引进产业转移项目202个，投资总额444.13亿元；培训农村劳动力3.5万人，转移就业5.09万人。

*县域经济加快发展*。县域（两市四县）生产总值、地方财政一般预算收入、全社会固定资产投资分别占了全市总额的64.3%、57.7%、61.4%，综合实力明显提升。四会市GDP超150亿元，有4家企业列入首批广东省现代产业500强，县域经济综合发展力居全省前三强。高要市GDP超200亿元，产值超亿元工业企业达104家，引进一批投资超10亿元大项目。广宁县实际吸收外资总量列四个山区县首位，特色经济集聚效应突出，成为“省县共建林浆纸一体化产业技术创新示范基地”。德庆县GDP增幅和工业增加值总量居四个山区县首位，农民人均纯收入增幅居全市前列。封开县华润水泥项目首期2条生产线达标达产，第3、4条生产线正式投产，全年上缴税收1.5亿元。怀集县财政综合增长率跃居全省第二，固定资产投资总量和增幅位居四个山区县第一，GDP突破百亿元大关。

*宜居城乡日新月异*。“城市建设年”24项重点项目扎实推进，星湖大道、信安路改造工程和波海公园、牌坊广场、东门广场、砚都大道、肇庆大道等重点市政项目主体工程基本完成，修建绿道500公里，省立绿道105公里建设任务全面完成。启动“三旧”改造项目22个，动工面积2833亩，完成投资36.82亿元，端州龟顶新城示范性工程全面铺开。完成省下达节能减排目标任务，单位工业增加值能耗下降7.65%，单位生产总值能耗下降2.4%，被评为省节能先进市。8个中心镇污水处理厂全部建成。完成省下达削减化学需氧量和二氧化硫排放量目标任务，大气、水体等环境质量稳定达标。被国家住建部授予“中国人居环境范例奖”。

*社会事业全面进步*。全年城镇居民人均可支配收入16832元，增长11.8%；农民人均纯收入7524元，增长19.6%，增幅创历史新高。年末城镇登记失业率为2.3%，创建国家级创业型城市通过省考评。新建教育强镇28个，为全省新创建最多的地级市；建成全省首个市职教公共实训中心，中、高等职业教育在校生规模均居全省前列。制定实施《肇庆市建设文化强市规划大纲》，端砚入选“岭南文化十大名片”。社会保险五大险种实现市级统筹，基本解决关闭破产企业退休人员和困难企业职工的参保问题。37.41万农村居民参加社会养老保险。城乡低保、五保对象实现应保尽保。新医改五项重点改革扎实推进，普通门诊纳入医保统筹，职工医保年支付限额提高到12万元。新型农村合作医疗实现农村常住人口全覆盖，年住院报销封顶线提高到6万元。市紧急医疗救援指挥中心和市疾控中心新大楼投入使用。实现村村有规范化卫生站，创建省卫生村437个，数量全省最多。有34人（次）获第十六届广州亚运会金牌。综治信访维稳三级工作平台建设获省一等奖。扶贫开发“双到”工作走在全省前列，全市已投入帮扶资金2.36亿元，已有149个贫困村、1.6万户贫困户、6.24万人实现脱贫。

*惠民大事扎实推进*。广佛肇高速公路小湘至德庆、封开段可行性报告已上报省交通运输厅；完成29个农贸市场升级改造；牌坊广场改造扩建和环星湖栈道工程已完成并向市民开放；市第一人民医院新院、市图书馆新馆建设完成三分之二主体工程，卫生村和生态文明村创建任务超额完成；正在积极采取措施缓解端州城区交通拥堵问题；百花中学主体工程已经封顶，市一中新校区建设加快推进；七星岩东门广场已建成开放；全市新建廉租住房278套、经济适用住房346套；景丰联围除险加固工程主体建设任务基本完成；农村饮水安全工程超额完成，解决19.33万人饮水不

安全问题。据国家统计局肇庆调查队调查结果显示，市民对市政府2010年实施为民惠民十件大事的总体评价满意率达98.3%。

各位代表，过去一年全市经济社会发展成效显著，为“十一五”发展划上了圆满的句号。五年来，全市人民紧紧围绕建设繁荣活力、文明法治、和谐安康、生态环保肇庆的奋斗目标，以科学发展为主题，抢抓机遇，攻坚破难，真抓实干，圆满完成了“十一五”规划各项目标任务，在科学发展、加快发展、和谐发展的轨道上迈出了可喜步伐。

“十一五”期间，我们大力发展四大主体经济，综合实力不断提升。经济规模不断壮大，五年本地生产总值翻了一番多，年均增长16.2%。地方财政一般预算收入增长2.76倍，年均增长30.3%。五年新增规模以上工业企业421家，规模以上工业增加值增长3.8倍。已有农业龙头企业111家，农林牧渔业增加值增长27.9%。五年间社会消费品零售总额和进出口贸易额分别增长1.3倍和1倍，主要旅游景区（点）接待游客和旅游收入分别增长1.5倍和1.7倍，商品房销售面积和销售额分别增长2.2倍和5.6倍。投资规模不断扩大，累计完成全社会固定资产投资1950亿元，比“十五”时期增长2.1倍。科技创新能力不断增强，全社会研发费用五年增长4.2倍，新认定高新技术企业61家，累计获授权专利1800多件，获得省级以上科技进步奖28项，风华高科获评“广东十大创新企业”。我市荣获“中国城市信息化创新奖”和“中国农村信息化领先地区”称号。金融服务水平不断提高，2010年末金融机构本外币存款余额1072.50亿元，贷款余额652.01亿元，五年分别增长1.2倍和1.8倍。民营经济发展加快，2010年实现规模以上民营工业总产值816.34亿元，个体私营企业实现税收55.69亿元，五年分别增长近4倍和6.4倍。

“十一五”期间，我们抢抓实施《规划纲要》重大机遇，一体化发展逐步加快。完成实施《规划纲要》“一年开好局”目标任务，主动参与省珠三角一体化规划编制，“五个一体化”专项规划和“四年大发展”工作方案正式实施，实现与珠三角城市异地缴存住房公积金贷款，公交等基本公共服务设施互通系统逐步推行。广佛肇经济圈合作加强，与广州、佛山共同签署经济建设合作框架协议和系列专项合作协议，建立市长联席会议制度，编制了《广佛肇经济圈发展规划》，首批37个重点合作项目正在推进，第二批重点合作项目基本确定，广佛肇城际轨道等项目按计划推进。大力加强产业招商合作，我市承接产业转移项目近八成来自广佛地区。车辆通行费年票互通互认，旅游、医保、教育、就业服务等合作全面推进。端州区与海珠区、高要市与高明区、四会市与三水区、怀集县与南海区建立起友好共建关系。

“十一五”期间，我们全力推进城乡协调发展，区域竞争力明显增强。中心区、山区生产总值年均分别增长17%和14.4%，城镇居民人均可支配收入和农民人均纯收入五年分别增长67%和69%。中心区成为推动全市经济加快发展的重要引擎。端州区大力发展现代服务业，人均GDP和人均财政一般预算收入等指标居全市第一。鼎湖区加快交通基础设施等重大项目建设，广新工业园、中储粮物流等大项目相继落户。四会市综合竞争力不断提升，五年内有三年财政综合增长率居全省前列。高要市财政综合增长率2007、2008年连续排名全省第一，生产总值和地方财政一般预算收入居全市首位。山区县成为全市经济发展的新增长点。广宁县林浆纸一体化、再生资源等支柱产业发展加快，2010年财政综合增长率跃居全省第九。德庆县推动工业产业集聚发展，现代农业发展壮大，新农村建设走在全省前列。封开县重大项目谋划建设成效突出，华润水泥项目累计完成投资42.3亿元，实现财政综合增长率从2007年全省末位到2009年排名第一的飞跃。怀集县矿产资源、林木加工、水电产业规模壮大，五年间地方财政一般预算收入增长2.6倍。

“十一五”期间，我们狠抓招商引资和重大项目谋划建设，发展后劲持续增强。产业园区建设迈上新水平，大旺园区成功竞得首批省示范性产业转移园5亿元专项扶持资金，五年投入园区建设资金超100亿元，实际吸收外资15.1亿美元，引进企业超过500家。全市建成3个省级产业转移工业园、2个省级产业集群升级示范区。招商引资成效显著，新引进一批世界500强企业，华润集团、中国国电、北新建材、广新集团、广晟集团、中恒集团、光大集团等大型国企民企投资落户。五年实际吸收外资41.1亿美元，比“十五”时期增长1.5倍。2008年以来，全市共引进产业转移项目617个，计划总投资934.48亿元。重大项目谋划建设加快推进，重点项目五年累计完成投资973亿元。新增高速公路148.4公里、等级公路2501公里。肇庆新港码头正式对外通关开放。

“十一五”期间，我们不断推进宜居城市建设，城乡面貌焕然一新。修编完成《肇庆市城市总体规划》，中心城区规划面积扩大到194平方公里。完成城东新区基础设施建设一二期工程。城镇化水平提高到45.6%。创建省卫生镇5个、省卫生村1910个和省级生态示范镇2个、生态文明村3144个。全面实现“十一五”节能减排目标，单位GDP能耗和化学需氧量分别下降16.5%和9.14%。圆满完成省下达淘汰落后产能任务。肇庆高新区被列为省产业转移循环经济工业园区。全市单位建设用地二、三产业增加值期末比期初增长1.4倍。实现耕地占补平衡，期末耕地保有量266.76万亩。新建污水处理厂18座，实现“一县一厂”目标，城镇污水集中处理率由20%提高到70%。全面完成林业生态县创建工作，森林覆盖率达67.7%。获得“国家环境保护模范城市”和“省绿色照明示范城市”称号。

“十一五”期间，我们努力深化重点领域和关键环节改革，体制机制不断完善。市、县两级政府机构改革顺利完成，县级大部制改革试点工作扎实推进；完成市政府第三、第四轮行政审批制度改革；开展简政强镇事权改革，市政府向各县（市、区）下放行政管理事项197项。事业单位分类改革和人事制度改革有序开展。端州区完成“撤镇设街”工作，“村改居”试点稳步推进。实施端州城区环卫管理体制改革效果良好。鼎湖区管理体制进一步理顺。公共财政体系不断完善，省直管县财政体制改革封开试点工作进展顺利。实施市属政府投资项目代建制。国企改革不断深化，市属国有企业由432家整合为83家，蓝带啤酒、风华集团和星湖科技完成重组并成功引入战略投资者。新增2家企业在A股上市。城信社退市、农信社改革取得阶段性成果。农村土地承包经营权流转进一步规范。集体林权制度改革主体任务全面完成，四会市试点经验在全省推广。医药卫生体制改革、文化体制改革扎实推进。实施农民工积分入户制度，有7579名符合条件的农民工入户城镇。

“十一五”期间，我们加快发展以五大民生工程为重点的社会事业，和谐肇庆建设取得新进展。创建教育强市扎实推进，全面实行免费义务教育，初中三年巩固率排全省第二，提前两年普及高中阶段教育，乡镇中心幼儿园开办率达100%，提前5年实现省定普及15年教育目标。职业技术教育发展速度和规模居全省前列，建成3所“万人职业技术院校”。县（市、区）100%实现中小学教师工资福利待遇“两相当”，符合条件的代课教师100%转为公办教师。文化强市建设力度加大，建成各级公共文化场馆1730个，“农家书屋”775个。列入国家级非物质文化遗产保护项目1项、省级15项。全民健身工作扎实推进，竞技体育屡创佳绩。医疗卫生事业发展加快，公共卫生服务体系进一步完善，重大传染病得到有效防控。覆盖城乡的社会保障体系初步建立，五大社会保险扩面征缴任务全面完成。累计培训农村劳动力17.51万人，实现转移就业27.51万人，城镇新增就业人数21.47万人。多渠道建设保障性住房4540套，完成农村危房改造11693户。完成农村饮水安全工程61宗，帮助50.21万人解决饮水不安全问题。水库移民安居工程完成投资9842万元，2726户搬进新居。完成农村公路硬底化3406公里，具备通车条件的行政村班车通达率达100%。累计投入资金4亿多元，救助灾民80多万人次，帮助9504户受灾家庭重建家园。地质灾害防治投入资金1.07亿元，治理隐患点370处，搬迁1073户。对口援建汶川县克枯乡工作任务全面完成。安全生产形势稳定。应急管理体系不断完善。综治维稳基础不断夯实，连续三届获得“全国社会治安综合治理优秀地市”称号，荣获全国综治“长安杯”，公众安全感居全省前列。完成农业普查、经济普查、人口普查等重大统计任务。国防建设和民兵预备役工作得到加强，顺利完成第二批基层民兵营（连）“四个基本”建设达标任务。民族、宗教、外事、侨务、港澳、妇女儿童、老龄、残疾人、红十字、档案、人防、地方志、气象、地震等工作取得新成绩。

“十一五”期间，我们着力打造为民务实廉洁高效政府，行政效能不断提高。自觉接受市人大及其常委会的监督和市政协的民主监督，主动向市人大常委会报告和向市政协通报政府工作，组织办理人大代表意见批评建议502件、政协提案

881件，答复率为100%，代表和委员均表示满意或基本满意。行政执法监督和行政复议工作不断加强。重大事项社会公示和听证制度得到落实。认真听取各民主党派、人民团体、工商联、无党派人士及专家顾问对政府重大决策的意见建议，网络问政有序开展。全面完成“五五”普法工作任务，法治城市、法治县（市、区）和“民主法治示范村（社区）”创建工作深入推进。全面推行政务公开。实行领导干部定期接访制度。加强效能监察，实施行政问责制和倒逼机制。市政府门户网站连续多年获得国家级奖励，建立“一站式”电子政务服务系统和行政审批电子监察系统，实现网上并联审批。落实党风廉政建设责任制，行政监察、审计监督扎实有效，“行风热线”越办越好。“打假”、“打私”、“打非”工作扎实有效。国税、地税、海关、边检、海事、检验检疫、工商、质量监督等中央、省驻肇单位和金融机构为支持地方发展作出了积极贡献。

各位代表，过去五年，是我市经济发展最快、城乡变化最大、人民受益最多的五年，我们既成功应对了国际金融危机的严重冲击，又紧紧把握住从国家战略层面整体纳入珠三角一体化发展的重大机遇，发展历程令人难忘，发展成就令人振奋。这些成绩的取得，是省委、省政府和市委正确领导的结果，是市人大、市政协监督支持的结果，凝聚着全市上下、社会各界的智慧和汗水。在此，我代表市人民政府，向全市工人、农民、干部职工、外来务工人员、驻肇单位、驻肇部队、武警官兵以及各界人士致以崇高的敬意！向关心和支持我市建设和发展的外来投资者、港澳台同胞、海外侨胞和国际友人表示衷心的感谢！

我们也清醒地认识到，我市经济社会发展还存在不少困难和问题：一是经济总量不大、质量有待提高，重大项目特别是辐射带动能力强的重大工业生产性项目不多，自主创新能力有待增强；二是节能减排压力较大，节约集约用地水平有待提高；三是通胀预期压力加大，企业生产经营成本上升；四是改善民生任务依然繁重，社会保障水平有待提高；五是政府职能转变仍未完全到位，机关作风建设有待加强。我们要高度重视面临的困难和问题，采取切实有效措施认真加以解决。

## 科学谋划“十二五”发展，推动经济社会实现新跨越

“十二五”时期，是我市加快转变经济发展方式的攻坚时期，也是加快融入珠三角一体化发展、尽快建设成为名副其实珠三角城市的关键时期。综观国内外形势，我市既面临重大发展机遇，又面临着不少挑战，总体上正处于实现争先进位、跨越发展的战略机遇期。经济全球化深入发展，世界经济逐步恢复性增长，国际环境总体有利于我国和平发展。我国经济发展长期向好趋势不变，经济结构转型加快，内需市场潜力巨大。省委、省政府作出“加快转型升级，建设幸福广东”的部署，全面实施《规划纲要》，形成了新一轮发展热潮。广佛肇经济圈建设加快推进，为我市充分发挥后发优势，实现科学发展新跨越提供了强大动力。改革开放以来，我市干部群众逐步形成解放思想、团结一致、奋发图强、争先进位的强烈愿望和良好氛围。特别是经过了“十一五”时期的快速发展，我市经济总量不断壮大，综合竞争力大幅提升，发展后劲明显增强，为“十二五”打下了坚实的基础。

但与此同时，当前影响经济增长的不确定因素仍然很多，全球经济复苏动力不强，进程仍将艰难曲折，贸易保护主义不断加剧；随着国家宏观政策的调控，用地、用电、融资、节能减排等方面的压力加大；我市与珠三角核心区发展落差仍然很大，兄弟市发展迅猛、百舸争流，在你追我赶的竞争态势下，我们面临着做大经济总量与提升发展质量的双重任务，面临着实现经济转型升级与提高人民群众幸福感的双重责任，面临着加快经济发展与保护生态环境的双重要求。进入“十二五”时期，我们必须按照市委十届十次全会的决策部署，抢抓机遇，应对挑战，锐意进取，加快转型升级，敢于争先进位，努力开创“十二五”科学发展新局面。

“十二五”时期政府工作的总体要求是：高举中国特色社会主义伟大旗帜，以邓小平理论和“三个代表”重要思想为指导，深入贯彻落实科学发展观，以科学发展为主题，以加快转变经济发展方式为主线，抓住富民强市、建设幸福肇庆这个核心，解放思想、改革创新、争先进位，全

面落实《规划纲要》，积极实施工业强市、一体化发展、龙头带动、科教兴市和人才强市、绿色城市“五大战略”，努力建设活力肇庆、法治肇庆、文化肇庆、生态肇庆、幸福肇庆，为建设成为名副其实的珠三角城市、成为未来广东发展的新增长极、成为能够代表广东科学发展成果的城市打下更加坚实的基础。

“十二五”时期我市经济社会发展主要目标是：全市生产总值按现行统计方式年均增长14%以上，GDP总量比“十一五”期末接近翻一番，人均GDP年均增长13.3%，规模以上工业增加值年均增长20%以上，第三产业增加值占GDP比重提高到47%左右，地方财政一般预算收入年均增长15%，全社会固定资产投资年均增长20%以上，社会消费品零售总额年均增长14.6%以上。万元GDP能源消耗年均下降2.09%以上，全面完成省下达的主要污染物减排目标。城镇居民人均可支配收入年均增长10%，农民人均纯收入增长10%以上，期末城镇登记失业率控制在2.6%以内。

根据上述总体要求，要实现“十二五”规划目标，必须紧扣主题主线，紧紧围绕“推进富民强市、建设幸福肇庆”的核心要求，正确处理好发展质量与速度的关系、经济发展与注重民生的关系、率先发展与协调发展的关系、经济建设与生态建设的关系、改革发展与社会稳定的关系，扎实推进“六个着力”：一是着力发展工业经济，迅速壮大经济实力。坚持走制造与创造相促进、信息化与工业化相融合的新型工业化道路，以园区为载体，以发展壮大主导产业集群为重点，形成以工业为主导的经济结构，增强经济规模实力。二是着力实施《规划纲要》，加快一体化发展。全面对接珠三角，全力打造广佛肇经济圈，把中心区打造成为经济发展先导区域，带动山区全面融入珠三角一体化发展。三是着力实施龙头带动，推动经济跨越发展。大力打造区域发展龙头、园区发展龙头、产业发展龙头和企业发展龙头，以龙头带动经济超常规发展。四是着力抓好科教兴市和人才强市，提高自主创新能力。加强产学研合作，推进人才强市、文化强市、教育强市建设，大力培育和引进人才，不断提升发展软实力。五是着力加强节能减排和生态环保，积极打造绿色城市。加大生态环境保护力度，切实强化节能减排和污染整治，推动产业转型升级，加快建设宜居城乡，努力实现可持续发展。六是着力发展民生事业，加快建设幸福肇庆。全面推进社会民生事业发展，不断提高基本公共服务均等化水平，促进社会公平正义，共建共享幸福肇庆。

各位代表，我市“十二五”发展的宏伟蓝图已经绘就，科学发展、加快发展的春天已经到来。只要全市人民齐心协力、开拓进取，就一定能够开创幸福肇庆的美好明天！

## 扎实做好2011年工作，实现“十二五”发展开门红

2011年是“十二五”开局之年、关键之年。今年政府工作的总体要求是：深入贯彻落实科学发展观，全面贯彻党的十七届五中全会、中央经济工作会议和省委十届八次全会精神，按照市委十届十次全会的部署，紧紧围绕富民强市、建设幸福肇庆这个核心，深入实施《规划纲要》，加快转变经济发展方式，加快重大项目谋划建设，加快壮大经济综合实力，加快区域城乡协调发展，加快宜居城乡建设，加快社会民生事业发展，努力为“十二五”科学发展开好局、起好步。

今年经济社会发展的主要预期目标是：生产总值增长14%，人均生产总值增长13.3%，一、二、三产业增加值分别增长4%、19%和14%以上，其中规模以上工业增加值增长20%；地方财政一般预算收入增长15%，全社会固定资产投资增长20%，社会消费品零售总额增长18%，实际吸收外资增长5%，外贸出口总额增长8%，城镇居民人均可支配收入增长10%，农民人均纯收入增长10%以上，居民消费价格涨幅控制在4%左右；人口出生率和自然增长率分别控制在13‰和7‰以内，城镇登记失业率控制在2.8%以内，全面完成省下达的单位生产总值能耗和主要污染物减排任务。

实现上述目标，必须抓好以下十方面工作：

*一、加快转变经济发展方式，促进经济又好又快发展。*加快调整优化产业结构，积极推动列入广东省现代产业500强项目发展壮大，努力培育我市工业50强、现代服务业30强，壮大龙头支柱产业。推进信息化与工业化深度融合，着力提升工业发展水平，发展壮大先进制造业和高新技术产业，推进省市共建汽车发动机零部件基

地建设，积极谋划汽车整车制造、新能源电动车项目；抓好国家级电子信息产业基地、生物医药和健康产业基地建设，加快发展高端新型电子信息、高端装备制造、生物医药、半导体照明、新材料、新能源、节能环保等战略性新兴产业；改造提升传统优势产业，打造新型建材产业基地、小五金制造和林浆纸一体化省级产业集群、金属压铸产业集群升级示范区，推进传统优势产业转型升级集聚区建设。加快发展现代服务业，推进端州区生产性服务业基地、肇庆新港物流园区、肇庆高新区综合保税区、鼎湖华润建材物流和中储粮物流等项目规划建设；加快建设"国际化旅游休闲之都"和"广东省旅游综合改革示范区"，推进区域旅游合作和星湖景区经营管理体制改革，整合建设一批旅游精品，加快景区景点旅游示范基地创建，打造国际旅游目的地；推进端砚文化村建设，培育发展商务会展、信息服务、文化创意、金融服务、总部经济。积极扩大内需，推行企业工资集体协商制度，引导企业工资正常增长，增强居民即期消费能力；加快实施"万村千乡市场工程"、"双百市场工程"、"农超对接"试点和城乡农贸市场改造；加快规划建设五大（端砚、玉器、五金、建材、柑桔）专业市场；继续推动家电、摩托车下乡和以旧换新，大力实施国民旅游休闲计划，推进"节能产品惠民工程"，发展电子商务、连锁经营和现代物流配送、家庭医疗服务等新兴消费领域；组织企业参加"广货全国行"活动，继续协同办好广佛肇名优产品推介会。

**二、大力发展现代农业，加快社会主义新农村建设。**认真贯彻中央农村工作会议和中共中央、国务院《关于加快水利改革发展的决定》精神，全面落实强农惠农各项政策。加大"三农"投入，提高财政支出用于农业农村的比重。加强以水利为重点的农村基础设施建设，抓好标准农田和标准鱼塘建设，切实提高农业应对自然灾害能力。稳定粮食播种面积，提高粮食综合生产能力。大力发展现代农业，发展壮大农业龙头企业特别是列入省现代农业100强项目，扶持发展现代农业经营组织，加快怀集平原区现代农业示范园、高要国家级现代农业产业园、西江北岸柑桔优质水果产业带、珠三角城市鲜活农产品生产基地建设，推进农业规模化生产、产业化经营和社会化服务，做强做优农业主导产业。扩大珍贵树种种植规模，打造花卉、油茶产业化生产基地。加大优质农产品认证力度，健全农产品质量安全监管体系，加强农业科技创新和推广能力建设，做强农业品牌，提高特色农业竞争力。推进城乡基础设施一体化建设，提高城镇化水平。加快新农村建设，改善村镇人居环境，推进"岭南新民居"建设试点，创建省卫生镇10个以上，新增省卫生村受惠人口10万人。深化农村综合改革，巩固扩大集体林权制度改革成果，推进农村土地承包经营权有序流转，深化农村征地制度改革，推进农村集体经济制度化、规范化管理和公司化改革。全力推进扶贫开发"双到"工作，全面落实挂钩帮扶责任制，确保今年基本完成扶贫开发工作任务。

**三、加快广佛肇经济圈建设，推动区域经济协调发展。**加快实施"五个一体化"规划，全面落实"四年大发展"工作方案，推进"十大工程"项目建设。加强与广佛对接合作，认真落实三市市长联席会议议定事项，推动实施第一、二批重点合作计划项目，谋划共建广佛肇经济合作区。加快与广州铁路新客站、白云国际机场、南沙港对接的交通基础设施以及广佛肇高速公路三水至小湘段工程建设。建立健全区域环境污染联防联治机制，推动教育、医疗、卫生、社会治安和社会保障等公共事务管理深入合作。发挥中心区的区位交通、产业基础等优势，积极参与珠三角现代产业体系分工合作，着力建设现代产业集群，争取把肇庆高新区整体纳入省"十二五"规划的重点发展区域。发挥山区资源优势和生态环境等优势，加强沿江沿路产业园区规划建设，发展壮大新型建材、林产化工、矿产开发和综合利用、林木和厘竹深加工等特色产业，努力把资源优势转化为经济优势。

**四、大力抓好招商引资，发展壮大园区经济。**积极参加省组织的对央企、民企和世界500强招商活动，千方百计引进投资超50亿、超100亿元的重大生产性项目。发挥国家高新区的品牌效应，以创建省产业转移园典范和国内一流高新区为目标，提升肇庆高新区基础设施和配套设施功能，做大做强主导产业，加快建设现代工业城。抓好中山（肇庆大旺）园区扩园和中山大涌（怀集）、顺德龙江（德庆）园区规划调整申报，推动有基础的园区申报设立省级产业转移工业园，加快肇庆新港临港工业园、华润水泥新型建材产业园规划建设，积极承接产业转移。调整优化劳动力培训结构，积极参与全省“百校扶百县”活动，创建国家级和省级农村劳动力转移就业示范县。落实重大招商项目促建促产促效益制度，加强对亚洲铝业、华润水泥、亚洲金属资源再生工业基地等项目跟踪服务，力促项目增资扩产。放宽民营经济准入条件，进一步激活民间投资，促进民营经济加快发展。提高口岸服务水平。拓展对外贸易，推动外贸市场多元化发展，扩大具有自主知识产权、自主品牌和高附加值产品出口，促进加工贸易转型升级。

**五、狠抓重大项目谋划建设，进一步增强发展后劲。**推进中恒生物医药、封开铜钼矿开发、国电大旺热电联产一期、大唐国际高要热冷电联产等项目建设。继续争取肇庆核电厂、封开抽水蓄能电站等项目进入国家相关规划。加快端砚文化特色产业集聚园、玉器文化园、中巴软件园建设。配合建设广佛肇城际轨道肇庆段、贵广和南广铁路肇庆段，力争柳肇铁路肇庆段年内动工建设。加快肇庆火车站东站规划建设。推动广佛肇高速小湘至德庆、封开段立项建设。推进二广高速怀集至连州段、珠外环江肇高速二期建设，全面完成出省、市通道建设和县（市）之间国、省道改造任务。抓紧做好怀（集）罗（定）高速肇庆段、汕湛高速肇庆段前期工作。争取立项建设肇庆至白云国际机场快速干线，配合开展西江航道肇庆至封开界首段综合整治。加快电网、电源和配电工程改造建设。力争完成西气东输二期工程肇庆段、省天然气管网工程肇庆段建设。全面完成景丰联围除险加固达标工程。努力争取更多的重大项目列入国家和省的“十二五”规划。

**六、积极实施“科教兴市”战略，努力提升自主创新能力。**制定支持自主创新政策措施，加大财政扶持力度，引导企业和社会增加投入。发挥肇庆国家高新区龙头作用，建设科技创业园、科技创新中心和科技产业项目孵化器。再组织申报一批省级工程技术开发中心和高新技术企业，完成每百万人口30件专利技术的考核指标。支持企业与高校、科研院所建立产学研战略联盟，建设一批产学研结合示范基地。培育一批省级技术创新示范专业镇，加快建设星火技术产业带。实施人才强市战略，优化人才工作政策和环境，加大创新科研团队和创新创业带头人的引进力度，吸纳50名科技特派员进驻企业。大力实施品牌战略，积极争取更多产品获得省政府质量奖，保护注册商标，再创一批中国驰（著）名商标和名牌产品。加强科普知识教育，提高公民科学知识素质。着力建设教育强市，确保完成省教育强市（区）、教育强镇创建任务；高标准、高质量普及九年义务教育，巩固提高学前教育到高中阶段教育普及成果，推进义务教育均衡发展；加快职教基础建设，加强肇港澳职业技术教育合作，支持职教院校提升办学层次；加快乡镇中心幼儿园和村办幼儿园建设，鼓励扶持民办幼儿园发展；提高高等教育和特殊教育水平；建立专业化教师队伍，全面推进素质教育。

**七、切实加强城乡建设管理，进一步提高宜居城乡建设水平。**加快编制中心城区和县城控制性详细规划，抓好中心镇和村庄规划编制试点工作。做好城市发展战略性规划、区域功能布局规划、产业选择规划，继续开展“城市建设年”活动，切实加大城市管理力度。推进肇庆城区基础设施建设和西江三桥等“一江两岸”、“东扩南连”交通设施建设，积极推进市行政服务功能配套建设，加快建设完善牌坊广场、砚都大道、肇庆大道、大冲广场和东、西调洪湖等重点市政工程，加强星湖水质保护，努力打造“东方日内瓦”。加强端州城区公共交通建设，规划改造江滨堤路、西江路，推进端州路过街隧道建设，进一步缓解交通拥堵问题。加快“三旧”改造步伐，推进端州龟顶新城、城东城市综合体等重点项目建设。加快城区旅游配套设施建设，加强城市地下空间规划利用，扩大完善绿道网，加强绿道网的管理和维护。加大城区市容市貌整治力度，提高城区绿化覆盖率，进一步净化、绿化、美化、亮化城市。提升房地产建设管理水平，促进房地产业健康发展。加大节能预警调控力度，加快淘汰落后产能，加强重点耗能企业、公共机构节能监察，大力推广高效照明节能产品，鼓励企业实施节能技改，加强非工业领域尤其是建筑节能。落实污染减排问责制和一票否决制，强化环保执法监督，推进区域大气复合污染防治和河涌水环境综合整治，督促污水处理厂按期实现“一年60%、三年75%”处理量目标；加强饮用水源地环境监管和污染防治。确保通过国家卫生城市和环境保护模范城市的复查。认真落实耕地保护责任制，继续推进耕地开发补偿，实施差别化供地政策，加大闲置土地处置力度，开展节约集约用地水平量化考核。强化矿山储量动态监管和矿产资源开发督察。提升应对气候变化、防御气象灾害能力，加强地质灾害群测群防，确保人民群众生命财产安全。

八、继续创新体制机制，不断增强发展活力。推进重点领域和关键环节改革，深化行政审批制度改革，推进县级大部制改革。完善富县强镇、简政强镇事权改革和镇、村公共管理，加快端州区“村改居”工作。积极培植税源，支持税务部门强化税源监控和税收征管，规范非税收入征收管理，建立适应基本公共服务均等化要求的公共财政体系。认真落实省调整完善分税制财政管理体制实施方案，配合做好省直管县财政体制改革，完善财政预算编制执行管理、财政投资评审、政府采购和财政支出绩效评价制度，落实政府投资项目代建制。完善国资监管体制，健全国有资本经营预算和收益分享制度。继续推动企业上市发展，力争今年再有2～3家企业上市。推进农村信用社向农村商业银行有序改制，积极开展试点加快设立村镇银行。鼓励支持金融机构加大对重点建设项目、中小企业和“三农”的信贷扶持。吸引更多股份制商业银行落户我市。加快推进政策性水稻、农房等保险试点工作。注重防范地方性金融风险。大力推进医药卫生体制、文化体制改革和科技、教育、卫生、体育等事业单位分类改革。

九、加快发展各项社会事业，促进社会和谐稳定。繁荣发展文化事业，大力发展文化产业，完善市、县、乡镇（街道）、行政村（社区）四级公共文化设施网络，加快市图书馆新馆、市博物馆新馆、市文化馆、市文化艺术中心等重点公共文化设施规划建设，实施广播电视村村通、农家书屋、文化共享、农村电影放映全覆盖等文化惠民工程。加强公民道德素质教育，推进各项文明创建活动。加快市第一人民医院新院建设，力争四会、鼎湖、高要人民医院建设项目纳入中央、省级投资计划。积极发展中医药事业。着力保障和改善民生，多渠道开发就业岗位，落实和完善就业创业政策，加强劳动保障监察执法，保障劳动者合法权益。建设完善覆盖城乡居民的社会保障体系，推进新型社会养老保险，健全全民医保体系，提高社会保险待遇水平。加快推进低保救助标准城乡一体化，把年人均收入低于2200元的农村家庭纳入低保范围，建立城乡特困人员医疗救助制度。加大廉租房、公租房和经济适用房建设，完善住房保障体系。加强国防教育，推进基层民兵营（连）“四个基本”建设，力争今年全部达标，扎实开展拥军优属、拥政爱民，争创国家“双拥”模范城。切实办好市第九届运动会。加强和创新社会管理，提高社区建设水平，建立调处化解矛盾纠纷综合平台，抓好端州区深化社会管理体制改革试点。抓好各级敬老院的规划建设，市儿童福利院建成投入使用，推进社会福利和慈善事业发展。全面做好人口计生工作，稳定低生育水平。加强价格调控监管，切实稳定价格总体水平。加强食品药品安全监管。完善社会治安防控体系，打击各种违法犯罪活动。加大力度打击制假售假、走私贩私、非法传销。加强安全生产，健全安全生产事故预防预警和应急处置体系。创建全国综合减灾示范社区。继续抓好外事、侨务、民族、宗教、人防、地震、统计、档案、地方志、妇女儿童、老龄、残疾人、红十字、殡葬管理等各项工作。

十、加强民主法制建设，全面推进依法行政。自觉接受人大及其常委会的监督，严格执行各项决议决定，定期向人大及其常委会报告工作，积极支持人民政协履行政治协商、民主监督、参政议政职能，切实做好人大代表建议和政协提案办理工作。认真听取各民主党派、人民团体、工商联、无党派人士及专家顾问的意见建议。坚持科学民主决策，完善行政决策程序。积极推进网络问政，扩大公民有序参与。启动“六五”普法教育。加强效能监察，推进政务公开，健全倒逼机制，落实行政问责制，强化政府各部门的执行力。进一步精简会议、文件，严格控制各类评比达标、表彰庆典等活动，切实降低行政成本。继续办好“行风热线”。推进政府廉政建设和反腐倡廉各项工作，加强行政监察和审计监督，强化监督制约，规范权力运行。

各位代表，我们要学习“敢想、会干、为人民”的广州精神，把为人民群众办实事、谋幸福作为各项工作的出发点和落脚点，认真抓好市委十届十次全会确定的十项惠民工程的落实，继续推进市政府2010年为民惠民十件大事，抓紧完成广佛肇高速公路小湘至德庆、封开段立项建设和市第一人民医院新院、市图书馆新馆、市一中新校区、缓解端州城区交通拥堵等工程。在此基础上，市政府今年将继续集中力量办好十件惠民实事：一是向全市困难群众发放临时性价格补贴。建立和完善市价格调节基金，对困难群众实行临时性价格补贴。春节前市财政安排1080万多元专项资金，向全市108045名城乡低保对象、农村五保对象、享受国家抚恤补助的优抚对象、建国前入党的农村老党员每人一次性发放100元临时性价格补贴。二是扩大就业培训和社会就业。全市就业培训69000人，其中农村劳动力培训36000人，城镇新增劳动力及其他培训33000人；全市新增就业88400人，其中城镇新增就业45000人，农村培训转移就业40000人，大学生就业3400人。三是加快蔬菜基地建设。新建3个以上有一定规模的蔬菜基地，启动建设农副产品平价商店，严格控制物价过快上涨。四是加快推进城乡保障性安居工程。全市新建设城镇保障性住房2000套以上，农村危旧房改造1600户。五是加快教育强市建设。全市50%以上的镇创建成为省教育强镇，端州、鼎湖、四会、高要创建成为省教育强区（市）；端州城区分别新规划建设1～2所小学和优质幼儿园。六是启动西江三桥修建工程。加强“一江两岸”对接，加快城市交通基础设施建设。七是继续改善城区交通拥堵。加快端州路过街隧道建设，启动粤运客运站搬迁工作，进一步缓解城区交通拥堵。八是进一步完善景区配套设施。启动鼎湖山新入口规划建设，不断完善环星湖带19公里公共自行车休闲通道。九是改造美化城区出入口环境。实施城区出入口道路及周边环境的改造美化工程，各县（市、区）按属地化管理同步推进。十是切实加强城区主干道管理。落实城区端州路、天宁路、建设路、信安路、星湖大道、砚都大道等主干道交通、门前卫生“三包”、户外广告牌等严管措施，完成10块以上城区空地绿化，进一步绿化、亮化、美化城市环境。市政府将正式发文，明确牵头领导和责任单位，落实目标任务，健全督办机制，定期检查通报落实情况。

各位代表！回顾“十一五”，我们豪情满怀；展望“十二五”，我们信心百倍！加快科学发展、推进富民强市、建设幸福肇庆是时代赋予我们的光荣使命！让我们在中共肇庆市委的正确领导下，深入贯彻落实科学发展观，紧紧依靠全市人民，抢抓机遇，开拓创新，奋发有为，再创辉煌，为把肇庆建设成为名副其实的珠三角城市、成为未来广东发展的新增长极和能够代表广东科学发展成果的城市而努力奋斗！*（2011年3月11日　肇庆市第十一届人民代表大会第六次会议通过）*

星湖禾仙桥

# 专 辑

责任编辑：韦相伍

## 为民惠民十件大事

【基本情况】 2010年初，肇庆市把实施“为民惠民十件大事”写进《政府工作报告》，向全市人民公开承诺预期目标进度。年内，人民群众最关心、最迫切需要解决涉及交通、住房、医疗、教育、卫生、防洪减灾等领域的“十件大事”进展顺利，至年底基本完成任务。1．完成《广佛肇高速公路小湘至德庆至封开段工程可行性研究报告》编制，并报省交通运输厅。6月，成立广佛肇高速公路高要小湘至德庆至封开段工程筹建领导小组，负责协调推进工作。年内，广东省公路勘察规划设计院有限公司和肇庆市公路勘察设计院联合完成《广佛肇高速公路小湘至德庆至封开段工程可行性研究报告》编制。2．完成29个农贸市场升级改造工作。升级改造总面积11万平方米，投资总额8800万元。3．完成牌坊广场改造和星湖栈道一期主体工程，春节前投入使用。牌坊广场改造（一期）总面积7.1万平方米，完成投资5000万元，其中二、三区投入使用，一区除舞台顶棚未完成外，其余已完成。二期建设工程完成土方50万立方米，完成投资4000万元；其中完成停车场工程、桥梁桩基础和码头管理处、龙桥、景观亭的主体工程，公园道路铺砌基本完成，完成树荫广场水泥砼浇筑。星湖栈道工程全长19.1公里，项目总投资9000万元；省属绿道线的环星湖绿道网建设工程竣工，新建环湖绿道9.4公里进入验收阶段；市属绿道线出头村至泮溪段除波海桥未完工外，其余已完成。4．完成市第一人民医院新院、市图书馆建设任务，全市新建卫生村437个、生态文明村414个。市第一人民医院新院总建筑面积19.20万平方米，年内完成12.83万平方米，超过主体工程三分之二的目标任务，其中属第一标段的后勤综合楼封顶，完成建筑面积3.46万平方米；第二标段的住院楼（19层），施工至5层楼面，完成建筑面积2.37万平方米；第三标段肿瘤科楼封顶，医技楼施工至4层楼面，门诊楼施工至首层楼面，共完成建筑面积7万平方米。感染病区项目（4层共6187.5平方米）完成内外墙砌筑，正进行装饰装修及其他后续施工。完成市图书馆地下车库、地下密集书库、一层及多功能报告厅楼板、二层部分楼板和立柱等工程；主体钢筋混凝土投入量占总工程的70%以上，投入资金2803.35万元（占主体工程资金总量的70%），完成三分之二主体工程建设任务。新建卫生村437个，完成率146%，省卫生村累计1910个，连续三年位居全省第一；投入资金7163.7万元创建生态文明村414个，完成率138%。5．缓解城区交通拥堵。年底前完成莲湖中路人行天桥基础架构建设，春节前投入使用。草拟完成牌坊广场东、西两侧、文明路过街隧道、桥北路与端州路立交工程和西江路拓宽改造等治堵畅通工程的施工方案，预计投资2.46亿元。加快推进市汽车总站的搬迁和西江三桥的筹建，确定市汽车总站新站选址，正进行可行性编制；2011年下半年动工建设西江三桥。在城区重点区域内合理设置规模适宜的停车设施，采取整改交通设施、增设指示标志、开辟应急缺口、高峰期交通限行等管理措施，整治各类交通违法行为，有效舒缓交通拥堵。6. 百花中学主体工程封顶，加快推进市一中新校区建设。百花中学教学楼（6层共1.11万平方米）已封顶，正装修外墙，安装供电、给排水等管线；着手推进运动场及学校围墙建设；完成投资1600万元，2011年9月投入使用。市一中新校区建设工作正有序推进。7. 建成七星岩东门广场，春节前开放。11月1日动工，总投资约4000万元，总面积约6.78万平方米。中心广场、下沉演艺场、服务中心、亲水平台、景观等主体工程建设基本完成，正进行收尾施工及绿化，春节前向市民和游客开放。8. 开工建设278套廉租住房和346套经济适用住房，对房源进行公开抽签分配。全市计划新建廉租住房278套（市直111套、四会市42套、德庆县26套、广宁县12套、封开县50套、怀集县37套），新建经济适用住房346套（端州区204套、市国资委96套、鼎湖区20套、怀集县26套），年内全部开工建设，部分完成装修。各地完成对2010年申请住房保障的低收入家庭的资格审核，并采取公开抽签的办法对房源进行抽签分配。至年底，全市保障性住房建设项目完成投资3816.33万元，占计划投资的89.9%，其中廉租住房完成投资2447.64万元，占计划投资的87.2%；经济适用住房完成投资1368.69万元，占计划投资的95.3%。9. 景丰联围除险加固工程按50年一遇标准完成主体工程建设。该工程包括堤防、排涝泵站、截洪渠建设工程，按照50年一遇的标准完成主体工程建设。至年底，工程累计完成投资6.1亿元，占应完成投资的78%。其中，堤防工程43.27公里完成43公里，其中13公里完成验收；截洪渠一期47.17公里完成37公里；8座泵站工程完成石咀、横槎、石溪、广利、菠萝窦等5座泵站的主体工程建设，羚山、罗隐、贝水等3个泵站仍在建设中。10. 超额完成农村饮水安全工程，解决19.33万人饮水不安全问题。全市2010年度农村饮水安全工程建设计划19宗共19.33万人，年底全部完成建设任务并通过省的验收。共完成工程投资8337.32万元，其中中央和省专项资金5543.5万元，市级财政配套资金181.21万元，县级财政配套资金625.53万元，群众自筹资金1987.08万元。超额完成年内解决10万农村人口饮水不安全问题的目标任务。据国家统计局肇庆调查队调查结果显示，市民总体满意率98.3%。

**【主要措施】** *领导重视*　2010年肇庆市为民惠民十件大事，既是一项惠及人民群众的德政民心工程，又是市政府对人民作出的庄重承诺。市委、市政府领导高度重视，召集相关单位研究制订实施方案，到现场指导和协调工作，掌握项目进度，及时协调研究，解决项目在立项、审批、建设过程中遇到的各种具体问题，确保项目建设顺利开展。

*落实责任*　分别成立专项工作领导小组，责任单位成立相应专责小组，落实“一把手”负责制，细化责任分工，明确具体负责科室和责任人。各主办、协办单位按照各自职责，密切配合，牵头单位定期会同相关单位沟通工程进展情况，研究解决存在问题，形成上协调联动机制。各主办单位和建设单位分别抽调业务骨干到项目现场联合办公，坚守工程建设前线，推进工作落实。各相关部门在项目用地、立项审批等方面，简化程序，做好服务，配合推动项目建设。

*倒逼进度*　各责任单位以年底为最后时限制定倒逼时间进度表，倒排工期，根据实际进度与计划进度的变化，调整时间进度表。责任单位抓落实，自加压力，冲刺阶段制定周进度计划，进入最后10天倒计时阶段则以天数为单位制定进度表，全力以赴推进建设。督查部门按倒逼时间进度表定期监督检查，按照时间节点推进工作，根据各时间节点，到现场逐项对照检查，发现滞后情况及时向分管领导汇报，确保任务如期或提前完成。

*督促检查*　市政府定期或不定期到各项目单位和建筑工地了解情况，组织相关单位到各地、各项目现场进行联合督查，适时邀请新闻媒体对项目工程进展情况进行采访报道，发挥社会舆论监督作用，促进工作落实。每两个月对“十件大事”工作进展情况通报一次，对落实工作成效显著的及时总结经验予以推广和表扬，对工作执行不力、造成工作贻误的进行剖析和批评。各责任单位把“十件大事”列入本单位年度重点工作，并将工作落实情况与工作绩效考核挂钩，作为年度考核的重要内容之一。　（市府办）

## 全面完成“十一五”规划

【简况】 “十一五”时期（2006～2010年），肇庆市以科学发展观为指导，贯彻落实《珠江三角洲地区改革发展规划纲要（2008—2020年）》，推进“双转移”和“三促进一保持”，实施“工业主导、重大项目带动、三产旺市、区域协调发展、科教兴市和人才强市”五大战略，发展“工业、城市、县域、港口物流”四大经济，推进重大基础设施建设，深化体制机制改革创新，发展社会各项事业，努力构建社会主义和谐社会，推动全市经济社会实现又好又快发展。

【主要成就】 2010年，全市地区生产总值1085.87亿元，突破千亿元大关，比“十五”期末增长1.1倍，年均增长16.2%；人均生产总值2.80万元；财政一般预算收入76.80亿元，五年年均（简称年均）增速30.3%；规模以上工业增加值410.03亿元，年均增长37.0%；第三产业增加值438.94亿元，占全市GDP的40.4%；现代农业发展成效明显，特色优势农产品种植规模继续扩大，农民收入逐年稳步增长。初步形成“广佛肇一体化”发展格局，区域协调发展进入新阶段。重大项目建设取得明显成效，现代综合交通运输体系初步形成。城乡发展统筹推进，宜居肇庆建设取得新进展。招商引资质量和水平大幅提高。2010年全市实际利用外资9.34亿美元；“十一五”时期共利用外资41亿美元，年均增长9.1%。2008年以来，全市共引进产业转移项目617个，计划总投资934.48亿元；肇庆高新区获省首批“产业转移示范园区”称号，成功升级为国家高新区。2010年全市外贸出口总额25.96亿美元，年均增长12.9%。社会民生事业不断改善，教育强市建设全面推进，医疗卫生事业加快发展，常住农业人口100%参加农村新型合作医疗，“文化名市”建设成效显著，体育事业屡创佳绩，社会保障体系不断完善，计生工作稳步推进。“五大民生工程”扎实推进，“规划到户，责任到人”扶贫开发深入开展，人民生活和生产条件明显改善。居民收入水平持续提升。2010年城镇居民可支配收入及农民人均纯收入1.68万元和7524元，年均分别增长10.8%和9.8%。

（市发改局）

## 贯彻实施《规划纲要》

【全面实施《规划纲要》】 2010年，肇庆市围绕“尽快实现GDP超千亿元、尽快成为名副其实的珠三角城市”的目标，全面实施《珠江三角洲地区改革发展规划纲要》（简称《规划纲要》），把省考核肇庆的36项指标全部落实到牵头部门，并进行年度指标分解，其中23项指标按年度分解至各县（市、区）、肇庆高新区；对84项重点项目按年度分解工作进度，目标任务进一步细化、实化；制订“十大工程”计划，提出具体的贯彻落实方案，成为肇庆实施《规划纲要》实现“四年大发展”的路线图。2月和4月，省和国家考核组及检查组来肇检查实施《规划纲要》工作，省对肇庆实施《规划纲要》考核的36项指标中有35项完成或超额完成任务，被省评定为“良好”等次。

一体化建设取得重大进展 2010年，在珠三角九市中率先编制实施市级的基础设施、产业布局、基本公共服务、环境保护、城乡规划“五个一体化规划”和肇庆市“四年大发展”工作方案；加强区域规划统筹和研究，组织编制《肇庆市城市总体规划（2010—2020）》、《肇庆市城镇化发展“十二五”规划》等区域性规划，编制完成《肇庆市绿道网总体规划》等一系列专项规划，为肇庆市推进一体化建设、加快协调发展奠定基础；参与编制《广佛肇经济圈发展规划》，推动“产业协作共建区、重大设施共享区、边界合作共建区、生态环境共管区”等四类重点合作地区写入《广佛肇经济圈发展规划》；加快编制“交通运输、产业协作、环境保护、旅游合作和教育培训”五个专项规划；初步完成广佛肇共建经济合作区工作方案，启动共建“广佛肇经济合作区”工作。先后与广州市和佛山市签订《广佛肇三市职业教育合作协议》等推进一体化进程的协议5个，开展“广佛肇经济圈——肇庆（广州）投资环境推介会”等交流活动9次。首批广佛肇重点合作37个项目中，8个完成类项目完成或基本完成6个，9个启动类项目全部启动并基本完成1个，20个推进类项目完成2个、推进18个。年内，二广高速怀集县至三水区段、珠外环高速高要市至江门市段、广肇高速二期建成通车；广佛肇城际轨道建设工程按计划推进，广佛肇高速公路一期立项；广佛肇车辆通行费年票实现互通互认；交通卡“岭南通”在肇庆、广州、佛山等5个城市实现互联互通；启动医保定点机构对接，广州（13个）、佛山（8个）、广西（2个）医疗机构纳入肇庆异地定点医疗机构范畴；教育和就业服务资源共享平台开始运作，以打造“华南地区职教基地”为目标推动劳动力转移，充分发挥职教院校、技工学校和劳动力培训中心的作用，年内全市共组织农村劳动力培训3.55万人，转移就业5.09万人，为珠三角输送大批技能人才。发展与广州市、佛山市等地区整车生产基地配套的汽车零部件制造产业，推进三地机械设备、电子专用设备制造等装备制造业和光机电一体化产业。年内全市引进产业转移项目202个，投资总额444.13亿元，比上年增长63.03%，来自广佛地区的占近八成。肇庆市端州区与广州市海珠区、高要市与佛山市高明区、四会市与佛山市三水区、怀集县与佛山市南海区建立友好共建关系。

重点项目建设顺利推进　2010年，全市重点建设项目122项，其中49个项目列入省重点建设项目计划，比上年增加27个。累积完成投资244.1亿元，拉动肇庆工业总产值增长8～10个百分点。列入省现代产业500强的项目共18个，预计总投资285.5亿元；列入省实施《规划纲要》“四年大发展”工作方案的8个重点项目全面推进，贵广、南广铁路肇庆段及广肇城际轨道建设加快；投资超百亿元的中恒医药物流一期已经动工建设；景丰联围除险加固工程主体建设任务基本完成；国电大旺热电联产项目获得国家能源局批复开展前期工作；农村饮水、农村安居工程、农村路网体系、供电网络工程、城镇污水处理工程等项目进展顺利。实施《规划纲要》以来，肇庆列入国家、省重点投资计划项目累计完成投资355亿元。

宜居城乡建设日新月异　2010年，围绕构建“大端州”、“大肇庆”和建设“三个最适宜”城市目标，充分发挥“山、湖、城、江”相融自然生态优势和历史文化资源优势，以“城市建设年”引领宜居城乡建设，扎实推进城市22项重点项目建设，砚都大道、星湖大道、信安大道、肇庆大道成为拉动城市建设的强力引擎；牌坊广场升级改造、七星岩东门广场、波海公园和星湖绿道快速建成，全面完成省立绿道建设任务，绿道建设走在全省前列。市一院新院建设、市图书馆新馆等项目建设进展顺利，城市公共配套设施建设加快推进。星湖湿地公园改造工程被国家住房城乡建设部授予“中国人居环境范例奖”。“三旧”（旧城镇、旧厂房、旧村庄）改造完成投资36.8亿元。森林覆盖率提高到67.7%。8个中心镇污水处理厂全部建成。大气、水体等环境质量稳定达标。获得“国家环保模范城市”称号。各县（市、区）中心镇建设水平不断提高，城镇化步伐明显加快。

民生社会事业全面发展　2010年，全市财政投入民生社会事业资金76.27亿元，增长20.3%。农民人均纯收入增速比城镇居民人均可支配收入高3.6个百分点。农村新转移就业5万多人。教育强市建设有力推进。医疗卫生事业加快发展。社会保障体系不断完善。文化强市工作走向深入。年初制定的“为民惠民十件大事”进展顺利，广佛肇高速二期可行性报告已上报省交通厅；完成29个农贸市场升级改造；牌坊广场改造扩建和环星湖栈道工程已完成并向市民开放；市第一人民医院新院、市图书馆新馆建设完成三分之二主体工程，卫生村和生态文明村创建任务超额完成；采取多种措施缓解端州城区交通拥堵问题；百花中学主体工程已经封顶，市一中新校区建设加快推进；七星岩东门广场已建成开放；全市新建廉租住房278套、经济适用住房346套；景丰联围除险加固工程主体建设任务基本完成；农村饮水安全工程超额完成，解决19.33万人饮水不安全问题。据国家统计局肇庆调查队调查结果显示，市民总体满意率达98.3%。

重点领域改革不断深化　2010年，市、县两级政府机构改革顺利完成，第四轮行政审批制度改革顺利推进，富县强镇、简政强镇改革逐步到位，省直管县财政体制改革试点推行，端州区完成“镇改街”改革，集体林权改革经验在全省推广，四会市、高要市行政区划调整有效推进，为顺利实现“四年大发展”目标任务提供强大的动力。

**【各地实施概况】**　端州区　2010年，端州区围绕建设宜居宜商城市，坚持新区开发与旧城改造并举，城市基础配套设施日臻完善，为加快与珠三角核心区对接、实现广佛肇一体化发展奠定基础。龟顶新城是肇庆市最大的“三旧”（旧城镇、旧厂房、旧村庄）改造项目，2009年3月以来投入16亿元，启动龟顶山以东片区40公顷商住地开发建设，西调洪湖东广场主体工程基本完成，成为全市“三旧”改造示范性工程。年内，端州区被纳入市的重点项目14个，完成投资总额近20亿元；动工建设首期投资30亿元占地25.33公顷的端州区生产性服务业基地；启动城东“城市综合体”项目前期工作；配合市推进砚都大道、肇庆大道、信安大道等项目建设，城东新区交通网络基本形成；配合推进南广铁路、广佛肇城际轻轨征地拆迁，其中南广铁路征地任务完成90%以上，完成广佛肇城际轻轨进入端州城区隧道口的征地拆迁工作，进入施工阶段。投入900万元建成省立端州绿道网13.6公里。

**鼎湖区** 2010年，鼎湖区主动配合肇庆“东扩”战略，做好新火车站地区、新港片区、桂城片区和砚阳湖片区的控制性规划编制，为城市对接与产业发展打好基础。在辖区内建设的贵广铁路、南广铁路、广佛肇城际轻轨、珠外环高速公路、西气东输、景丰联围达标加固工程进展顺利，累计完成投资22亿元。完成国道321线鼎湖段改造项目；按二级公路标准改造的永莲公路，完成投资800万元；凤凰旅游综合线路改造项目完成投资1000万元；启动砚阳大道建设。投入1.15亿元建设城区路网，首期工程基本完成；城区污水处理厂投入运行，莲花污水处理厂、永安污水处理厂铺开基建工程。基本完成景丰联围截洪渠征地拆迁，完成投资2687万元；九坑河水库除险加固工程通过验收；投资6543万元的沙浦围堤防达标加固工程累计完成3372万元。永安22万伏、桂城11万伏、广新工业园11万伏变电站进入施工阶段。在“肇庆金秋”经贸洽谈会，鼎湖有26宗项目签约，合同投资总额111.64亿元，其中包括广新外贸集团投资15亿元的年产40万吨高精度不锈钢板项目，碧桂园集团总投资20亿元的综合商住项目。新增国家级高新技术企业4家，省级民营科技企业10家，新增高新技术产品35个，拥有广东省名牌产品3个；科技进步对经济增长的贡献率达48.5%，高新技术产品产值达11.2亿元。如鼎湖山泉有限公司投资1亿元拓展瓶装水生产基地，生产线实现全自动化作业；中邦化学有限公司开发松香深加二系列产品，年出口总量30多万吨，为全国松香出口总量的十分之一；鸿特精密技术有限公司成为福特、本田、康明斯、马自达等国内外著名汽车生产企业的一级供应商，成为“国家级高新技术企业”、肇庆市十大重点企业。星湖科技增资5亿元建设的年产4000吨I+G项目，入选广东省现代产业五百强；逸舒制药有限公司获广东省高新技术企业称号；投资3.8亿元建设的中储粮食物流项目，将成为华南及大西南重要的粮食物流中转集散地。

**四会市** 2010年，四会市发挥紧靠珠三角核心区的区位优势，以路网建设为突破口，推进与珠三角核心区以及周边县（市、区）交通网络的对接，开展“一港两高两铁四桥四改造”交通大会战，推进马房港、二广高速、江肇高速、贵广铁路、城际轻轨建设和四会大桥、黄田大桥、飞鹅岭大桥、姚沙大桥及道路升级改造项目，二广高速四会段、商业大道、飞鹅岭大桥竣工，启动姚沙大桥、四会大桥建设前期工作。规模以上工业企业新增60家，超亿元产值达32家，超千万税收企业20家，超3000万元税收企业4家；华声吉他销量占世界1/8，互感器应用于航天工业，实力连杆“裂解技术”达到国际先进水平，生料带厂全国销量第三、全省第一，多罗山氟钽酸钾生产总量全国第一。实施“一园八区”建设，建成南江工业园、富溪工业区、东城工业区、龙甫工业区、迳口工业区、下茆工业区、江谷工业区和旺田工业区；江南工业园总规划开发面积40多平方公里，已开发面积22平方公里，入园工业企业350多家；全年园区完成工业产值88亿元，创税3.7亿元。投资70亿元建设亚洲金属资源再生工业基地、志高家电研发产业基地、天海湖旅游度假区、骏马水泥千万吨水泥物流基地、同步化工科技产业园、实力连杆、马房港口物流、多罗山稀有金属、大正铝业、一力药业等10个重点项目。依法关停或转移60多家电镀、漂染、小冶炼企业，万元GDP能耗比上年下降2.6%。60个重点项目完成投资29.6亿元，其中8个省重点和13个肇庆市重点项目完成年度投资任务。全年引进项目110个，计划投资总额139亿元，其中超亿元项目53个。江谷生态旅游度假区、广东（四会）玉器文化产业创意园等商贸项目进展顺利。举办和参加广州市番禺区举办对接广佛产业转移招商会、中国（四会）柑桔玉器文化节暨经贸洽谈会、“肇庆金秋”经贸洽谈会等，引进世界500强ABB集团和美国欧文斯伊利诺斯集团等项目。互感器厂、多罗山等4家企业被列入首批“广东省现代产业500强重点培育项目”，占肇庆市总数的1/4。推进总投资15亿元的城市“三旧”改造项目建设；管道天然气建设和数字电视整体转换工程进度加快；海伦堡、翡翠山河、锦绣棕榈园、碧桂园、盈峰国际等楼盘相继销售。四会市连续五年被评为“中国最具投资潜力中小城市百强”，在全省67个县（市）县域经济综合发展力排名中跃居第三名。

**高要市**　2010年，高要市按照打造“肇庆传统优势产业转型升级重要集聚区、广佛肇经济圈最佳人居城市、肇庆职业技术教育重要基地、国家级现代农业园区”战略定位推进发展。一是交通基础设施对接。推进总里程190.08公里、投资总额24.65亿元的“六纵六横”交通公路项目建设，江肇高速公路高要段、省道272线新江口大桥至高明段竣工通车，南广铁路、珠外环刘村连接线等国家、省重点工程建设项目进展顺利。二是“双转移”与招商引资。加强90平方公里的“六园一带”（金淘、金渡、金盛、西区、白诸、禄步和白金龙工业带）工业载体建设，形成基地化承接平台。引进项目150个，合同投资总额107亿元，包括投资12亿元的广新高要有色金属加工科技产业园、投资20亿元的华润风能及垃圾发电项目、投资30亿元的大唐热电冷联产项目等。全市农村劳动力转移就业7800人。三是产业优化升级。精密压铸、五金制品、新型建材、不锈钢四大特色支柱产业实现总产值131.6亿元，占规模以上工业总产值的33.37%。纳入各类科技计划项目8个，新认定省高新技术企业1家，专利授权量118件，高新技术产业总产值13.5亿元。四是谋划重点项目。纳入省、肇庆市重点项目16个，总投资113.67亿元，完成投资额21.16亿元；华润风电、大唐热电、华塑石化项目开展前期工作，萨米特陶瓷项目被列入省现代产业500强。五是现代农业。有农业企业300多家，其中产值超千万元的龙头企业10家，带动农户10万人。累计有3个产品获广东省名牌农产品称号，41个农产品获国家无公害农产品质量认证，31个生产基地获广东省无公害农产品产地认证。被农业部评为全国粮食生产先进县。六是宜居城市建设。投资1.3亿元推进市政工程建设，完成“大水务”项目的新桥、莲塘供水工程建设，165.2公里绿道投入使用。投资超10亿元，建设金沙咀国际广场、信业·珀丽湾、蔚蓝国际商业中心等房地产项目。

**广宁县**　2010年，广宁县完成广东鼎丰纸业有限公司8万吨技改项目申报审批工作，吉林化纤集团年产10万吨竹浆粕项目可行性研究报告，以及列入省重点建设项目的肇庆华南再生资源产业基地一期建设工程。规划A、B两个区，以发展再生塑料的进口、回收、拆解、深加工为主，可进驻中等规模拆解、加工企业近40家，废旧塑料年加工能力45万吨；年内引进8家企业入园建厂，计划投资1.6亿元；A区全部企业动工建设，5家企业完成基础建设。动工建设县城城防工程，改造黄盆新桥至河口（东乡桥）段堤长23.06公里，工程总投资7074万元。加快县道升级改造和乡村道路硬底化改造，打通与相邻县市区的出口路，实现与珠三角核心地区对接；基本完成220千伏翠竹和110千伏宾亨变电站工程建设。建成列入2009年省重点建设项目的县城区生活污水处理厂建设项目。肇庆市华南再生资源产业基地、高新产业园、太和环保建材产业基地成为广宁承接珠三角产业转移的主阵地，共引进项目23个。其中肇庆璟盛陶瓷公司3条生产线于10月投产；太和环保建材产业基地首期投资20亿元，引资开发园区和项目招商建设同步进行。申报技改创新项目20个，总投资1.12亿元。以房地产开发推进城市建设，百盈花园新开发商品房20万平方米；完成御景国际规划；商业步行街投资4.8亿元，吸引肯德基、中华影业、苏宁电器等30多家知名商家进驻；以朝阳西商贸中心改造为突破口推动“三旧”改造，项目正在完善规划设计。

**德庆县**　2010年，德庆县推进“工业强县、农业富民、旅游旺县”战略，加快融入珠三角一体化发展步伐。德庆贡柑、沙糖桔被评为“亚运推荐名优旅游特产”，种植总面积1.87万公顷，销售收入超20亿元。先后被评为“国家级林业科技示范县”、“全国农产品加工创业基地”、“广东省现代农业科技示范县”，获“广东省旅游强县”、“广东省旅游特色县”、“广东美食旅游之乡”、“中国十大休闲胜地”、“中国全面小康成长百佳县”称号，被评为“广东县域经济综合发展力提升最快前十名县（市）”。

**封开县** 2010年，封开县主抓交通、能源等基础设施建设。220千伏封开输变电工程和广梧高速封开连接线（西江大桥）投入使用，基本完成省道266线维修一期工程，贺江一桥扩建工程合拢，完成西江航道整治工程年度计划。启动怀罗高速、国道321线县城过境路段改道等前期工作；完成110千伏南丰变电站扩建工程，75个项目配网工程完工。大旺海鹰博览中心创AAAA级旅游景区工作按计划推进。杏花宾馆顺利晋升3星级宾馆；按四星级标准建设的贺江半岛酒店开业。碧桂园、和富家园、康怡花园、枫华粤江花园等多个房地产建设进展顺利。基本完成大塘市场和江口中心市场升级改造。开展开源大道、三元路等主干道建设，县城新城区骨干路网逐步形成。重点项目按计划顺利推进，华润水泥项目第1～2条生产线达标达产，第3条生产线实现点火投产；全长8公里的C1段皮带运输廊建设进展顺利，华润集团投资3亿元的花岗岩深加工项目动工建设。列入省2010年重点建设项目计划的南丰园珠山铜钼矿项目正申办采矿权证及完善相关手续。长安党山抽水蓄能电站项目获省能源局建议为“十二五”前期项目。

**怀集县** 2010年，怀集县推进珠三角区域经济一体化工程。二广高速三水至怀集路段建成通车，动工建设贵广快速铁路和怀集至贺州、怀集至连州段高速公路。完成村道硬底化156.6公里，建设村道131公里。“十一五”水电农村电气化县建设通过省检查验收。投入2.87亿元整治江河防洪工程；完成农村饮水安全工程7宗，解决6.59万人饮水不安全。举办”2010中国广东·怀集世界杯攀岩赛暨怀集县经贸洽谈会，参加“肇庆金秋”经贸洽谈会，共签约、动工奠基或投产剪彩项目93宗，投资金额188.12亿元；引进广东广新外贸集团、顺德碧桂园、广浩、广盛等企业（集团）落户怀集；建成“双转移”项目9个，在建项目6个；引进广东温氏公司投资建设的种猪基地5个。引进东莞润丰蔬菜公司建设133.33公顷供港无公害蔬菜基地。打造五大产业基地，全县32项涉及农林业的项目均按要求完成年度任务。

**肇庆高新区** 2010年，肇庆高新区加快与广佛等珠三角核心区的合作。加强规划对接，明确重点发展四大主导产业，努力构建既具地方特色、又与广佛相衔接的现代产业体系。根据《广佛肇经济圈建设合作框架协议》和三市市长联席会议办公室相关文件精神，落实合作事项，组织编报广佛肇经济圈建设合作2009—2010年度重点工作事项，其中佛肇汽车配件及零部件生产基地、大旺至三水一级公路新建工程（含北江大桥2300米）、县道503线六和至青岐大旺段（含大旺大桥扩建工程）、北江区域突发水环境污染事件应急监测演习等事项列入计划；完成大旺大桥维修工程，推进大旺大桥扩建工程、肇花快速干线跨北江大桥工程等对外交通节点的立项建设，协调抓好广贺高速公路、珠外环高速公路、广佛肇城际轨道交通等过境交通设施以及西气东输管网、省天然气管网等项目的建设，加快与广佛在交通等基础设施上的一体化进程。 *（市规划纲要办）*

鼎湖山景观

## 2010年肇庆市落实《规划纲要》重点项目进展情况表

| 序号 | 项目名称 | 牵头单位 | 建设内容及规模 | 规划建设年限 | 项目工程进展情况 | |
|---|---|---|---|---|---|---|
| | | | | | 2010年计划工程进度 | 2010年实际工程进度 |
| 一 | 交通项目 | | | | | |
| 1 | 贵阳至广州铁路肇庆段 | 市交通运输局 | 铁路143.4公里。 | 2008-2014 | 计划完成27亿元。 | 实际完成34.91亿元。 |
| 2 | 南宁至广州铁路肇庆段 | 市交通运输局 | 铁路105.5公里。 | 2008-2013 | 计划完成29亿元。 | 实际完成21.66亿元。 |
| 3 | 广肇城际快速轨道交通工程 | 市交通运输局 | 轨道交通49公里。 | 2009-2013 | 计划完成14亿元。 | 实际完成2.86亿元。 |
| 4 | 珠外环高速江门至肇庆段 | 市交通运输局 | 高速公路49.1公里。 | 2008-2011 | 计划南段完工。 | 南段完工通车。 |
| 5 | 珠外环高速肇庆至花都段 | 市交通运输局 | 高速公路9.33公里。 | 2010-2012 | 计划完成2亿元。 | 实际完成2.08亿元。 |
| 6 | 广佛肇高速公路肇庆段 | 市公路局 | 分二期实施：第一期大旺至高要小湘段，长46.33公里；第二期高要小湘至封开，长约129公里。 | 2011-2015 | 计划一期修编工可，开展前期；二期年内完成工可编制，尽快报省立项。 | 一期正在修编工可，各项前期评估除土地预审和节能评价外全部完成，省已批复本项目为经营性收费项目，正在进行投资人招投标工作；二期工可已报省交通厅并通过专家评审，正开展工可修编和前期评估。 |
| 7 | 二广高速怀集至三水段 | 市公路局 | 六车道全长118公里，其中四会至怀集段设计车速80公里每小时。 | 2005-2010 | 计划年底建成通车，年内要完成路面面层、机电、交安工程的施工。 | 2010年12月10日完工通车。 |
| 8 | 二广高速连州至怀集段 | 市公路局 | 主线全长167.99公里，怀集支线长约19.01公里，项目在肇庆市怀集县境内主线长约58公里，其中怀集县岗坪至怀集南长约30公里为本项目先行工程。 | 2010-2013 | 计划开展先行工程怀集岗坪至怀集南长约30公里高速公路征拆工作。 | 怀集先行段征拆合同已经签订，正在征拆中；先行段土建、监理已进场。 |
| 9 | 广肇高速二期工程 | 市公路局 | 六车道全长5.39公里，设计车速120公里每小时，互通立交1处。 | 2008-2010 | 计划10月开通。 | 2010年9月30日完工通车。 |
| 10 | 西江（界首—肇庆）航道综合整治工程 | 省西江航道局 | 西江界首至肇庆二桥171公里。 | 2008-2011 | 计划完成6845万元。 | XJZY—TJ1标完成水下清礁，清挖覆盖层，C20砼预制块等主体工程量，本年度完成工作量502.21万元；XJZY—TJ2标本年度完成工作量726.83万元；XJZY—TJ3标本年度完成产值707.12万元；XJZY—TJ4标本年度完成工作量1457万元；XJZY—TJ5标完成工作量888.12万元。 |

（续上表）

| 序号 | 项目名称 | 牵头单位 | 建设内容及规模 | 规划建设年限 | 项目工程进展情况 | |
|---|---|---|---|---|---|---|
| | | | | | 2010年计划工程进度 | 2010年实际工程进度 |
| 二 | 高新技术及先进制造业项目 | | | | | |
| 11 | 中恒（大旺）国际医药产业基地 | 肇庆高新区管委会 | 建设医药、保健食品基地以及物流基地。 | 2011-2015 | 计划医药、保健食品基地33.33公顷项目争取年底动工。 | 食品工业项目完成立项，办公大楼、车间完成地质勘探，医药项目落实部分建设用地，物流项目已进行选址、概念性设计、完成可行性报告。 |
| 12 | 中导光电TFT-LCD检测设备产业及TFT-LCD产业链开发工程 | 肇庆高新区管委会 | | | 计划改进3代、4代、6代TFT-LCD自动光学检测设备产品。 | 开发完成第八代TFT-LCD自动光学检测设备产品；装修完成两栋厂房4500平米，建设完成中试中心、生产中心、研发中心和行政中心。 |
| 13 | 新型铝材制造产业集聚升级基地 | 肇庆高新区管委会 | 以亚铝为龙头，策划一批行业前沿项目，引进技术含量高的项目。 | 四年 | 计划年底前亚铝二期投产。 | 亚铝二期投产。 |
| 14 | 汽车配件制造产业基地 | 肇庆高新区管委会 | 汽车零部件生产基地。 | 2010-2015 | 计划完成400公顷填土工程 | 完成400公顷填土工程和部分标段的道路、地下管网，部分项目动工建设。 |
| | | 怀集县政府 | 改造厂房，新建生产厂房1.56万平方米；购置设备，新建9条汽车发动机气门生产线，年产汽车发动机气门2000万支。 | 2008-2012 | 计划完成厂区土地平整，土建、公用工程完成10%，设备购置完成30% | 引进两条生产线，新厂完成购地。 |
| | | 端州区政府 | 建成丰驰精密公司年产规模150～200万件，产值约1亿；骏驰科技公司年产值约1.5亿元。 | 2010-2012<br>2010-2011 | 计划丰驰精密完成首条生产线，骏驰科技动工建设厂房和车间。 | 丰驰精密安装首条生产线；骏驰科技厂房、办公楼建成，2011年全面投入使用。 |
| 15 | 生产性服务园区（肇庆科技信息产业园） | 端州区政府 | 总建筑面积60万平方米，汇集创意研发、服务外包、金融服务、电子信息、软件开发等产业形态，形成产业集群。 | 2010-2015 | 计划开展首期建设，签订5家以上入园协议。 | 完成项目用地拍挂，围墙已报建，正进行前期的施工准备，完成收地工作的70%，所收地块填土量基本完成。在2010“肇庆金秋”经贸洽谈会上，与5家签订入园协议。 |
| 16 | 肇庆新天衣公司高分子材料项目 | 高要市政府 | 建设4条生产线，年产10万吨高分子材料。 | 2010-2015 | 计划完成一期基建。 | 一期厂房正在建设，宿舍楼正在装修；厂房配套设备订购完成。 |
| 17 | 肇庆通产华晶玻璃有限公司项目 | 高要市政府 | 2010年一期2条共8万吨高档玻璃瓶生产线投产；第二期新建设3条生产线，年增产12万吨。 | 2010-2013 | 计划完成1条生产线安装并投入使用。 | 第1条生产线已投产，第2条生产线正在建设。 |
| 18 | 广新高要有色金属加工科技产业园 | 高要市政府 | 总规划用地33.33公顷，建设高端铜箔生产线。 | 2011-2012 | 计划开展前期工作。 | 开展前期工作。 |

（续上表）

| 序号 | 项目名称 | 牵头单位 | 建设内容及规模 | 规划建设年限 | 项目工程进展情况 | |
|---|---|---|---|---|---|---|
| | | | | | 2010年计划工程进度 | 2010年实际工程进度 |
| 19 | 高要市华锋电子铝箔有限公司 | 高要市政府 | 建设10条生产线，年产高压、低压等各类铝箔500万平方米，以及净水剂产品等5万多吨。 | 2010–2013 | 计划动工。 | 完成土地平整，钻探组进场钻探，正在完善相关手续。 |
| 20 | 肇庆市志高家电研发产业基地 | 四会市政府 | 项目规划开发333.33公顷，首期开发133.33公顷。 | 2009–2015 | 预计完成投资2亿元。 | 基本完成40公顷已征地的土地平整及工业厂区的市政给排水、道路管网施工；完成工业园的修建性设计、市政设计和生活配套区的总体建设规划；现正开展第一期约5万平方米的标准厂房的打桩等工作。 |
| 21 | 肇庆市中巴软件园及公共服务平台建设项目 | 市经济信息化局 | 建立实验室、基准平台、软件构件库、实习基地等。 | 2008–2012 | 计划完成肇庆超级计算中心建设、软件技术公共服务平台的搭建。 | 肇庆超算中心建设完成，正进行运营和推广；软件技术公共服务平台的软件构件库、源码库等建设初步建成；园区有26家企业，园区管理机构和人才服务中心、动漫创意工程中心以及电力增容等园区公共设施建设完成，正投入使用中。 |
| 22 | 风华高科电子信息产业升级工程 | 市经济信息化局、广东风华高科技股份有限公司 | 新型片式电容器从年产能800亿只扩至1100亿只，新型片式电阻器从年产能700亿只扩至1000亿只。 | 2010–2014 | 计划投入5000万元，新增电容器、电阻器产能各50亿只/年。 | 按计划完成项目前期筹备工作，并完成部分设备选型采购、安装调试。 |
| 23 | 星湖科技生物医药产业升级工程 | 市经济信息化局、广东肇庆星湖生物科技股份有限公司 | 新增厂房5万平方米，增加相应生产设备，配套动力和公用设施，年新增4000吨呈味核苷酸二钠。 | 2009–2011 | 计划投资2.73亿元完成设备订购和部分设备安装。 | 厂房按计划封顶，部分车间开始进行设备安装，其他各项工作基本按计划完成。 |
| 24 | 星湖科技年产10万吨高精度铝板带项目 | 市经济信息化局、广东肇庆星湖生物科技股份有限公司 | 年产10万吨高精度铝板带，建成后为珠三角首家高端铝板带生产企业。 | 2010–2012 | 计划完成勘探、填土、设备订购、厂房工程设计、设备招投标工作。 | 项目完成可行性研究报告和《广东省企业基本建设投资项目备案证》工作，通过肇庆市环保局环境审批（肇环函〔2010〕59号）；完成填土、勘探，并开展打桩、厂房设计和要设备订购、制造审查等工作。 |
| 三 | **传统优势产业项目** | | | | | |
| 25 | 中山（肇庆大旺）产业转移工业园 | 肇庆高新区管委会 | 900公顷，基础设施建设。 | 2005–2010 | 计划年底建成。 | 全部建设完成。2010年主要为管网升级改造和龙湖大道、大旺大道等路网工程。 |
| 26 | 中山（肇庆大旺）产业转移工业园扩园项目 | 肇庆高新区管委会 | 基础设施建设，承接双转移企业，扩园至98平方公里。 | 2011–2015 | 计划开展前期工作。 | 扩园申请报送省经信委。 |

（续上表）

| 序号 | 项目名称 | 牵头单位 | 建设内容及规模 | 规划建设年限 | 项目工程进展情况 | |
|---|---|---|---|---|---|---|
| | | | | | 2010年计划工程进度 | 2010年实际工程进度 |
| 27 | 中山大涌（怀集）产业转移工业园 | 怀集县政府 | 产业园开发建设733.33公顷。 | 2007-2015 | 计划投入1亿元。 | 水、电、路等基础建设工程铺设到园区，6个在建项目进展顺利，正开展二期的征地和开发建设工程。 |
| 28 | 顺德龙江（德庆）产业转移工业园 | 德庆县政府 | 基础设施建设，规模433.33公顷。 | 2005-2020 | 计划开发80公顷。 | 完成。 |
| 29 | 德庆大亚木业中高密度纤维板生产项目 | 德庆县政府 | 引进年产21万M3纤维板压机生产线及建设一个1000吨级码头。 | 2010-2011 | 计划开展前期，码头项目年底争取启动建设。 | 完成立项各项前期工作，可启动建设。 |
| 30 | 石井水泥生产项目 | 德庆县政府 | 项目拟分四期建设年产1000万吨水泥熟料及水泥生产基地。 | 2010-2012 | 计划二期工程完成，争取三期、四期列入省“十二五”规划重大项目，争取三期在2010年底或2011年在省立项审批。 | 二期工程6月完成投产。 |
| 31 | 华润（封开）水泥生产项目 | 封开县政府 | 分期建设6条日产4500吨新型干法熟料生产线，并配套建设6×9000千瓦纯低温余热发电机组及深水码头。 | 2008-2015 | 计划年底第3、4条生产线建成投产，其中一期2×9000千瓦机组在3月及6月并网发电。 | 年底第3、4条生产线建成投产，其中一期2×9000千瓦机组在3月及6月并网发电。 |
| 32 | 南丰圆珠山铜钼矿开发利用项目 | 封开县政府 | 设计生产规模3.5万吨/年矿石量。 | 2011-2013 | 计划2010年办证。 | 环境影响评价正在审批中，下一步将进入申请办理《采矿许可证》程序。 |
| 33 | 怀集矿产开发利用项目 | 怀集县政府 | 新建升级较大规模铁矿开采企业4个，年采矿产品250万吨；开发蓝钟中型地热水温泉项目。 | 2010-2012 | 计划完成采矿证办理等前期工作。 | 完成采矿证办理及设备投入等。 |
| 34 | 广宁竹浆纤维一体化工程项目 | 广宁县政府 | 新建年产10万吨竹浆粕生产线。 | 2010-2012 | 计划开展前期，争取启动建设。 | 启动项目各项前期工作。 |
| 35 | 鼎丰纸业林浆纸一体化工程项目 | 广宁县政府 | 技改扩建年产8万吨化学木浆生产线。 | 2010-2012 | 计划年底完成项目环境影响评价报告、可行性研究报告等前期工作。 | 省经信委同意该项目开展前期工作。 |
| 36 | 新明珠陶瓷产业升级项目 | 高要市政府 | 对15条生产线升级改造改为宽体窑环保泥再生。 | 2010-2014 | 计划建成节能环保、节省空间及人力的宽体窑8组，改造3条以上生产线。 | 完成建设宽体窑6组。 |
| 37 | 华南再生资源产业基地 | 广宁县政府 | 总规划333.33公顷，首期开发93.33公顷。 | 2008-2012 | 计划完成A、B两区招商，3家以上企业建成投产。 | 园区基础设施基本完备，A、B两区进园企业13家。 |

（续上表）

| 序号 | 项目名称 | 牵头单位 | 建设内容及规模 | 规划建设年限 | 项目工程进展情况 | |
|---|---|---|---|---|---|---|
| | | | | | 2010年计划工程进度 | 2010年实际工程进度 |
| 38 | 肇庆瀚和环保产业集聚基地 | 高要市政府 | 总规划用地133.33公顷，项目建成后计划容纳50家以上高新精细化工企业，实行统一定点，统一规范化管理，统一达标排放。 | 2010-2013 | 计划完成40公顷基础建设，并引进5家企业落户。 | 区域环评报告获批复；公司相关证照已办理，办公人员已到位；区域安评待批复。 |
| 39 | 亚洲金属资源再生工业基地 | 四会市政府 | 占地466.67公顷，年拆解废旧五金类350万吨，建设包括管理区等五大功能区域。 | 2006-2012 | 计划完成一期建设，开始二期建设，完成总投资65%。 | 基地第一期供水、排水、道路全部完成铺设；围墙和绿化、路灯，基地出入口大门、专用监管区电子地磅系统、视频监控系统已完工；10千伏四回路高压走廊架设完毕，污水处理厂和废弃物封闭贮存场、宿舍楼、幼儿园全部建成投入使用；第二期路网、供排水网正在基建。 |
| **四** | **能源项目** | | | | | |
| 40 | 电网建设工程 | 肇庆供电局 | 三年建设输电线路446公里，变电容量486万千伏安，完成投资26.17亿元。 | 2010-2012 | 计划建设输电线路144公里，变电容量159万千伏安，完成投资6.3亿元。 | 糯扎渡肇庆段和溪洛渡肇庆段未开始施工，初步设计的评审工作基本完成，完成线路终勘；500千伏肇庆玉城输变电工程变电站征地完成，“三通一平”进场施工，主设备已订货；220千伏输变电工程投产；110千伏及以下配网输变电工程；12项35千伏、110千伏工程和4项技改工程投产，10千伏及以下配网工程完成。 |
| 41 | 国电肇庆大旺热电联产项目 | 肇庆高新区管委会 | 2×350MW热电联产机组发电工程。 | 2010-2015 | 计划开展前期，一期工程争取年底开工。 | 取得国家“路条”；取得广东省建设厅同意建码头的批文。 |
| 42 | 广东俊富实业有限公司集中供热及热电联产项目 | 市经济信息化局 | 2×75t/h生物质循环流化床锅炉+3×75t/h水冷振动炉+2×C15抽凝式汽轮发电机组+2×B12背压式汽轮发电机组。 | 2010-2012 | 计划完成可研报告、环评，开展报批、融资工作，到位部分设备。 | 完成可性研究报告和生物质资源论证报告，处于环评报批阶段。 |
| 43 | 广东省天然气管道工程肇庆段 | 市经济信息化局 | 建设线路长166.6公里，管径914毫米，设计压力9.2兆帕。 | 2009-2012 | 计划开展征地拆迁工作，办理用地预审，组织整体用地报批材料，完成年度投资3亿元。 | 开展征地拆迁工作，办理用地预审，组织整体用地报批材料，实际完成年度投资2.36亿元。 |
| 44 | 肇庆城区管道天然气建设 | 市城市综合管理局 | 建设门站、LNG气化站各1座，调压站2座，汽车加气站4座；25.3公里高压管网及145.6公里中压输气管网建设。 | 2008-2015 | 计划完成投资1.7亿，建成气化站、加气站各1座，敷设管网90公里。 | 实际完成投资0.57亿元，敷设市政燃气管道70公里。 |

（续上表）

| 序号 | 项目名称 | 牵头单位 | 建设内容及规模 | 规划建设年限 | 项目工程进展情况 | |
|---|---|---|---|---|---|---|
| | | | | | 2010年计划工程进度 | 2010年实际工程进度 |
| 45 | 沼气发电工程 | 市城市综合管理局 | 填埋气收集系统、气体净化系统、燃气发电系统、电气上网系统、控制系统及燃烧系统的建设，一期计划安装2台500KW的燃气发电机，装机容量1MW，年均减少CO2排放约3万吨。 | 2010–2011 | 计划年底前完成填埋气收集系统及发电设备的购买、安装。 | 完成填埋气收集系统安装，购买发电设备。 |
| 46 | 大唐国际热电冷联产 | 高要市政府 | 装机容量4×400MW（F级）。 | 2010–2015 | 计划年底成立筹建机构。 | 成立筹建机构，完成热电联产规划报告并上报省发改委，正等待批复。 |
| 47 | 华润风电项目 | 高要市政府 | 建50台风机，装机容量120MW。 | 2010–2015 | 计划年底安装测风塔。 | 测风塔设备正在安装调试，用地纳入总体规划。 |
| 五 | 生态宜居项目 | | | | | |
| 48 | 端州龟顶新城开发工程 | 端州区政府 | 该项目是全市首个和最大的“三旧”改造试点项目，总建筑面积约250万平方米。 | 2010–2014 | 计划动工建设“四路一湖”工程，启动房地产项目。 | 调洪湖挖湖工程完成95%，东广场建设完成95%，园林建设完成70%，一二期别墅完成75%，高层洋房完成15%，四条路的工程正有序进行，宋城路和大鼎路完成50%以上。 |
| 49 | 城市综合体 | 端州区政府 | 占地面积80公顷，以现代产业园区为核心，兼容各项配套功能。 | 2010年起 | 计划项目前期工作的策划。 | 占地226.67公顷的城市综合体项目经市政府批准实施，启动前期工作。 |
| 50 | 肇庆城东新区基础设施建设工程 | 市城市综合管理局 | （信安路改造工程）全长5700米，道路红线宽度68米。 | 2009–2010 | 计划年底竣工。 | 全面竣工通车。 |
| | | | （东调洪湖建设工程）建设用地面积69.2公顷，其中湖面53.33公顷，纳涝容量约130万立方米。 | 2010–2011 | 计划年底前完成规划设计、征地拆迁等前期工作。 | 完成施工图设计及工程施工招标的前期工作，项目用地完成征用，待收地。 |
| | | | （砚都大道建设工程）全长4200米，道路红线宽度70米。 | 2009–2011 | 计划年底前完成主体工程。 | 端州路至星湖大道段完成道路主体工程，星湖大道至肇庆大道段计划在2011年2月底前完成车行道底层沥青摊铺。 |
| 51 | 高要市江滨新城建设项目 | 高要市政府 | 道路工程9.51公里，排水渠5.42公里。 | 2010–2015 | 计划江滨新城（迎宾大道、环一路、环二路、环三路、环四路、竖一路）完成设计招标，进行施工图纸设计。根据规划调整，增加建设迎宾大道北段（旧江口大桥至海岸路段）及江滨新城东西向60米主干道。 | 勘察完成迎宾大道和环一路2个路段，迎宾大道施工图已完成，正在对环一路施工图进行调整，其他路段等勘察资料完成后制定施工图；江滨新城基础设施BT项目一期工程在12月28日发布招标资格预审公告；迎宾大道北段完成设计招标工作，江滨新城东西向60米主干道完成立项。 |

（续上表）

| 序号 | 项目名称 | 牵头单位 | 建设内容及规模 | 规划建设年限 | 项目工程进展情况 | |
|---|---|---|---|---|---|---|
| | | | | | 2010年计划工程进度 | 2010年实际工程进度 |
| 52 | 城镇污水处理设施和垃圾处理设施工程 | 鼎湖区政府 | 鼎湖区污水处理厂、莲花镇污水处理厂一期工程（BOT）、永安镇污水处理厂一期工程（BOT）。 | 2009-2010 | 计划完成投资，试运行。 | 完工并进水调试。 |
| | | 四会市政府 | 大沙镇污水处理厂一期、地豆镇污水处理厂、江谷镇污水处理厂、南江工业园污水处理厂、四会市城市生活垃圾无害化处理厂。 | 2009-2012 | 计划四座污水厂年底建成投入使用；垃圾无害化处理厂到年底完成项目前期工作，完成总投资0.8%。 | 四会市城市生活垃圾无害化处理厂完成用地的测量和土地预审，正在办理相关许可证和准备招投标；江谷镇污水处理厂完成征地、平土和主要设施建设，2010年底竣工投产；大沙镇污水处理厂一期完成一期污水处理能力1.5万吨/日的工程的建设和一期的管网配套工程，正在试运行；地豆生活污水处理厂年底前完成工程建设，并投入试运行；南江工业园污水处理厂完成主体工程和设备安装，正在调试中。 |
| | | 德庆县政府 | 3万吨/日城镇污水处理设施，生活垃圾卫生填埋场首期土建工程可填埋垃圾总量100万吨。 | 2008-2011 | 计划污水处理经土建和环保验收，垃圾填埋场年底完成土建工程80%。 | 德庆城镇污水处理厂9月12日建成投入运行，德庆城镇垃圾填埋场土建阶段。 |
| | | 封开县政府 | 污水处理厂规划建设管网长度6公里，管材采用钢筋混凝土预制管，管径300～1000毫米。 | 2010-2013 | 计划完成垃圾无害化处理场环评。 | 开展环评等前期工作。 |
| | | 怀集县政府 | 日处理2万吨的县城污水处理厂、生活垃圾填埋场综合整改工程。 | 2009-2015 | 计划县城污水处理厂完工，生活垃圾填埋场综合整改工程开展环评工作。 | 县城污水处理厂完工，生活垃圾填埋场综合整改工程完成可研和环评。 |
| | | 肇庆高新区管委会 | 第一污水处理厂二期工程占地6.67公顷；污水提升泵站3.7万立方米/日；中转站建设面积合计9153平方米。 | 2010-2011 | 计划三号污水提升泵站开工，第一污水处理厂二期工程、垃圾中转站开展前期工作。 | 第一污水处理厂二期工程完成前期工作；三号污水提升泵站完成工程总量57%，累计投资1080万元；垃圾中转站完成招标。 |
| 53 | 城市备用水源工程 | 市水务局 | 建九龙湖水厂（5万立方米／日），建设城区至九龙湖水厂DN800输水管道16公里。 | 2010 | 计划年底完成主体工程。 | 完成备用水源管网二期建设工程，并通水使用。 |

（续上表）

| 序号 | 项目名称 | 牵头单位 | 建设内容及规模 | 规划建设年限 | 项目工程进展情况 | |
|---|---|---|---|---|---|---|
| | | | | | 2010年计划工程进度 | 2010年实际工程进度 |
| 54 | 广东四会玉器文化产业创意园 | 四会市政府 | 总规划用地73.33公顷，建设拍卖场、博物馆及研发中心、五星级酒店、玉器产品加工区、商贸区、大学生创业中心、商铺等。 | 2010–2015 | 计划投资1亿元建设拍卖场一座、办公大楼、展厅、加工厂等。 | 完成建设玉器原石拍卖场、办公大楼、展厅、加工场各一座，并在2010年四会柑桔玉器文化节暨经贸洽谈会期间落成剪彩。 |
| 55 | 肇庆古宋城保护与开发 | 市文广新局 | 总面积约61.82公顷。 | 待定 | 计划概念策划工作。 | 该项目正在概念策划当中。 |
| 56 | 中国砚都（肇庆）文化特色产业集聚园 | 市文广新局 | 占地10平方公里，建设砚洲岛文化生态创意区、端砚文化村景区、西江羚羊峡砚坑景区等。 | 2008–2015 | 计划完成项目各项规划。 | （砚岛）完成砚洲堂文化驿站改建工程，对外营业；6.8公里外堤路硬底化工程完成95%；完成广利、包公楼和原砚洲书院码头及广场的整改工程；完成广利1.07公顷停车场建设；购置一艘98座新游船；委托北京清华城市规划设计研究院对砚洲项目进行总体规划设计。（砚村）端砚展览馆落成。（砚坑）梦幻水城进入最后施工阶段，新增2艘游船，生态文化景观正在建设，端砚遗址修复进入新的详细规划中。 |
| 57 | 星湖风景名胜区保护利用工程 | 市旅游发展局 | 完善星湖风景名胜区总体规划修编等8项工程。 | 2009–2015 | 计划完成东门广场建设、完善星湖名胜区总体规划修编、环湖绿道建设。 | 七星岩东门广场工程建设；星湖风景名胜区总体规划修编；环湖绿道建设工程；牌坊广场一期工程建设；七星岩景区北岸带状公园（波海湖）建设；完善景区周边的截污排污工程。 |
| 58 | 鼎湖凤凰森林旅游休闲度假区 | 鼎湖区政府 | 总规划开发1333.33公顷，其中旅游配套设施建筑面积173.33公顷。 | 2012–2017 | 计划开展前期工作。 | 开展前期工作。 |
| 59 | 四会天海湖旅游度假区 | 四会市政府 | 度假区大门、道路、码头及相关景点设施建设。 | 2010–2012 | 预计完成投资3亿元 | 完成规划第一期26.67公顷建设用地的征地拆迁工作和修建性详细规划设计及市政设计；现正开展码头、接待酒店、餐饮的建筑设计等工作。 |
| 60 | 四会江谷生态旅游度假区 | 四会市政府 | 占地400公顷。 | 2010–2020 | 计划投资5000万元。 | 项目首期建设用地66.67公顷，前期规划设计、可行性分析报告基本完成，正开展办理用地报批、土方评估等工作。 |
| 61 | 德庆盘龙峡热带雨林度假村 | 德庆县政府 | | 2010–2015 | 计划开展前期工作。 | 开展前期工作。 |
| 62 | 广宁竹海大观景区 | 广宁县政府 | 占地面积8.13平方公里。 | 2010–2012 | 计划开展前期工作。 | 开展前期工作。 |
| 63 | 怀集县六祖禅宗文化旅游区 | 怀集县政府 | 建筑面积25.5万平方米。 | 2010–2015 | 计划投资4000万元。 | 用地预审材料已送市国土局，争取获得用地批文。 |

（续上表）

| 序号 | 项目名称 | 牵头单位 | 建设内容及规模 | 规划建设年限 | 项目工程进展情况 | |
|---|---|---|---|---|---|---|
| | | | | | 2010年计划工程进度 | 2010年实际工程进度 |
| 64 | 北回归线森林度假区 | 封开县政府 | 4平方公里。 | 2011–2013 | 计划完成度假区部分基础设施建设。 | 完成20公里景区游览道、600米观瀑栈道、露天泳池、广场。 |
| 65 | 封开县贺江生态旅游度假区项目 | 封开县政府 | 4.76平方公里。 | 2011–2015 | 计划开展前期工作。 | 开展前期工作。 |
| 66 | 大旺海鹰博览中心 | 封开县政府 | 建设规模：60万人次/年。 | 2009–2012 | 计划完成军事装备展览场（馆）等9项场所建设。 | 完成军事装备展览场（馆）、军事演练场、军事体验场、地下军事指挥所、野吹烧烤区、军营餐厅、军营旅馆、特色旅游商品购物场所、生态停车场建设。 |
| 67 | 肇庆大旺龙湖生态旅游开发 | 肇庆高新区管委会 | 开发龙湖生态旅游资源，新建会议中心、体育娱乐中心、六星级酒店、龙湖广场及配套设施。 | 2011–2015 | 计划开展前期工作。 | 开展前期工作。 |
| 六 | 农林水利项目 | | | | | |
| 68 | 城乡防灾减灾工程、农村饮水安全、农村安居工程、农村路网体系等农村基础设施建设 | 端州区政府 | 维修改造农村低保户、困难户住房20户共900平方米；北岭截洪渠除险加固工程。 | 2010–2012 | 计划改造农村低保户2户，年底完成北岭截洪渠除险加固工程。 | 实际完成改造农村低保户2户，完成北岭截洪渠除险加固工程19公里。 |
| | | 四会市政府 | 按五十年一遇标准加固53.1公里堤围；实施饮水工程共14宗，解决14.69万人饮水不安全问题；村路硬底化建设300公里。 | 1998–2020 | 计划堤围加固年底完成全部工程建设，饮水工程累计完成总投资65.1%，路网工程累计完成总投资10%。 | 实际完成村道硬底化33公里；完成加固堤长53.1公里；完成计划内四宗饮水安全工程，石狗镇和威整镇饮水工程招投标等前期工作正在进行中，工程至2010年底累计完成总投资的65.1%。 |
| | | 高要市政府 | 村道硬底化578公里；完成饮水安全工程16宗，解决农村饮水不安全人口16.26万人。 | 2010–2015 | 计划完成100公里村道硬底化；完成4宗农村饮水安全工程的建设任务。 | 实际完成村道硬底化103.6公里，超额完成全年的目标任务；完成白土、白诸镇2宗农村饮水安全工程的施工任务，新桥、蛟塘镇2宗工程正在进行招投标。 |
| | | 广宁县政府 | 按五十年一遇标准加固23.06公里堤围；实施饮水工程共6宗，解决25.88万人饮水不安全问题；危房改造总户数428户；建设县道109公里、村道360公里、新公路270公里。 | 1999–2020 | 计划防洪工程完成投资3200万元，饮水安全工程6宗全部完成；危房改造完成150户，路网建设完成110公里。 | 实际完成堤长16公里；完成潭布、洲仔、横山、五和、北市和石咀等镇6宗农村饮水安全工程建设；完成150户危房改造，改造居住面积1.35万平方米；完成124公里道路建设。 |
| | | 德庆县政府 | 危房改造1322户；实施县乡村道路改造410公里，危桥改造6座；建设县救灾物资储备仓库、回龙镇、德城街道、莫村镇救灾应急避护中心等；气象服务体系建设。 | 2009–2017 | 计划危房改造完成180户，改造县村道90公里、危桥2座，物资仓库和应急中心年底前完成主体工程、室内装修和资金申请。 | 实际危房改造120户，改造县、村道路92公里，危桥改造6座，县救灾物资储备仓库、德城街道、莫村救灾应急避护中心完成60%，回龙应急避护中心完成100%，九市、新圩饮水工程完成100%，正在开展气象服务体系建设。 |

（续上表）

| 序号 | 项目名称 | 牵头单位 | 建设内容及规模 | 规划建设年限 | 项目工程进展情况 | |
|---|---|---|---|---|---|---|
| | | | | | 2010年计划工程进度 | 2010年实际工程进度 |
| 68 | 城乡防灾减灾工程、农村饮水安全、农村安居工程、农村路网体系等农村基础设施建设 | 封开县政府 | 县城江滨堤路工程等9项防洪水库工程；建水陂或泵站、反应沉淀池、滤水、蓄水工程及铺设管路等；危房改造2280户；县道改造33公里，农村公路150公里，新建公路60公里。 | 2010-2012 | 计划完成3项防洪工程；饮水工程完成0.21亿元；危房改造150户；完成县道8公里，村路50公里，新公路20公里。 | 江滨堤一标段镇中至一桥头段未完成，二标段高架桥未完成，三标段基本完成；西山水库主副坝加固基本完成，输水涵、溢洪道加固已完成；大冲水库大坝加固、输水涵管加固已完成，溢洪道加固基本完成农村饮水安全工程完成主体工程建设任务，达到试供水阶段，解决农村2238人饮水不安全问题；农村危房改造完成150户；县道路面硬底化改造8公里，农村公路路面硬底化60公里，新建公路20公里；供电网络全部项目竣工。 |
| | | 怀集县政府 | 按50年一遇标准加固36.91公里堤；完成15条公路改造长265.95公里；建设经济房和廉租房127套共7429平方。 | 2010-2015 | 计划安居工程完成63套3909平方，饮水工程完成8宗。 | 完成堤长4800米，完成土石方开挖20万立方米；完成56套经适房，廉租房166套；饮水工程完成10宗。 |
| | | 肇庆高新区管委会 | 大旺围堤加固工程（大旺段）、华侨新城（安居工程二期）。 | 2009-2010 | 大旺围堤加固工程（大旺段）2009年已完工，计划华侨新城（安居工程二期）竣工。 | 大旺围堤加固工程（大旺段）2009年完工，华侨新城（安居工程二期）2010年5月竣工投入使用；累计完成投资3.7亿元。 |
| 69 | 景丰联围加固工程 | 市水务局 | 按50年一遇标准加固43公里防洪堤，重建和技改排涝泵站8座，按10年一遇设计排洪标准，对围内62.6公里截洪渠进行加固。 | 2010-2011 | 计划基本完成防洪堤主体工程，基本完成5座泵站主体工程，继续推进截洪渠工程。 | 景丰联围43公里防洪堤，主体工程基本完成，正抓紧扫尾工作；有5座排涝泵站主体工程完工，并在2010的5月份发挥排涝效益，正做验收工作；另外，羚山泵站完成主体工程，罗隐泵站和贝水泵站的主体结构正在施工，3个泵站将于2011年4月前具备抽排水能力；截洪渠一期工程接近完工。 |
| 70 | 高要市现代农业园区 | 高要市政府 | 建设研发卵化区、养殖示范区、养殖推广区、产品加工区、科普教育区、综合服务区，面积共约220公顷。 | 2011-2016 | 计划制定实施规划和具体方案，并进行论证。 | 做好宣传发动工作，研究制订详细的实施规划和具体方案，搞好规划设计，进行方案论证及重点项目立项，申报省农业厅。 |
| 71 | 气象灾害监测预警工程 | 市气象局 | 基本建成公共气象服务系统、气象预报预测系统、综合气象观测系统和科技支撑保障系统。 | 2011-2015 | 计划开展前期工作，完善气象决策服务系统，建立支持系统。 | 开展前期工作，完善气象决策服务系统，其余部分子项目取得不同程度进展。 |
| 72 | 沿江防护林工程 | 市林业局 | 防护林建设7000公顷，包括改造、补植和封育提高林分质量。 | 2010-2020 | 计划开展前期工作。 | 开展前期工作。 |

（续上表）

| 序号 | 项目名称 | 牵头单位 | 建设内容及规模 | 规划建设年限 | 项目工程进展情况 | |
|---|---|---|---|---|---|---|
| | | | | | 2010年计划工程进度 | 2010年实际工程进度 |
| 七 | 社会事业项目 | | | | | |
| 73 | 肇庆市第一人民医院迁建项目 | 市卫生局 | 按1800张病床规模进行规划建设，总建筑面积19.2万平方米。 | 2010-2012 | 计划年底完成三分之二主体工程。 | 完成主体工程三分之二。 |
| 74 | 肇庆市第一中学（新校区）项目 | 端州区政府 | 总建筑面积8.85万平方米。 | 2009-2012 | 计划动工建设。 | 筹建方面：完成新校区建设工程立项，征地资金已落实，已掌握地质粗略钻探资料，确定建筑施工招标代理，开始进行图审、编制预算、审核预算等工作。征地方面：由于端州区没国土等相关职能，征地工作由市国土局负责，端州区全力配合市国土局进行征地，征地工作开展阻力较大，推进较为缓慢。东河滩征地河旁村征地工作基本达协议，正抓紧推进沙寮村的征地工作。 |
| 75 | 无线宽带网络工程 | 市经济信息化局 | （移动）通过建设及优化WLAN网络，利用“TD+WLAN”技术优势，实现城市无线宽带的100%覆盖。 | 2009-2012 | 计划投入2100万元。 | 针对肇庆数据业务需求热点区域，建设338个WLAN热点及配套光缆，提升肇庆无线宽带网络服务能力和服务质量。建设的热点主要涉及高校热点、宾馆酒店热点、政府机关热点等，涉及2378个AP，13个AC。 |
| | | | （电信）新增建设512个3G基站，替换升级327个3G基站，300个WLAN热点。 | 2009-2013 | 计划投资2.5亿完成新建226个、升级327个3G基站、150个WLAN热点。 | 新建211个基站，70个直放站，升级290个3G基站，170个WLAN热点。 |
| | | | （联通）新增426个小区宽带接入，IP城域网、骨干网扩容至20G。 | 2010-2012 | 计划投资2450万元。 | IP城域网、骨干网扩容至20G新增设备建设网点9个，家庭宽带接入新增设备线路建设网点80个。 |
| 76 | 肇庆市图书馆 | 市文广新局 | 总用地面积2.67公顷，建筑面积1.65万平方米。 | 2009-2012 | 计划年底完成三分之二主体工程。 | 完成三分之二主体工程。 |
| 77 | 肇庆市博物馆新馆 | 市文广新局 | 占地面积2.8万平方米，建筑面积2万平方米。 | 2010-2013 | 计划开展前期工作。 | 开展前期工作。 |
| 78 | 肇庆市文化馆新馆 | 市文广新局 | 占地面积3.5万平方米，建筑面积2万平方米。 | 2011-2013 | 计划开展前期工作。 | 该项目正在概念策划当中。 |
| 79 | 肇庆城市综合信息门户网站试点工程 | 西江日报社 | 建成新闻资讯、城市综合信息、消费者（读者）及工商企业信息采集、加工、发布的数据库网络平台，网络广告、电子商务等。 | 2009-2012 | 计划搭建必要的硬件平台，建立网站采集、生产、发布系统，以及其他必须的支持系统。 | 项目建设中。 |

（续上表）

| 序号 | 项目名称 | 牵头单位 | 建设内容及规模 | 规划建设年限 | 项目工程进展情况 | |
|---|---|---|---|---|---|---|
| | | | | | 2010年计划工程进度 | 2010年实际工程进度 |
| 80 | 华南职业技术教育基地 | 市教育局 | 建成市级职教公共实训中心、实训基地、“万人职业院校”、省级重点学校等。 | 2009-2012 | 计划建成市级职教公共实训中心、2所省级以上重点学校、1所“万人中职学校”。 | 肇庆市科技学院第一期工程全面完成；肇庆市工商学院扩建宿舍楼、教学楼、实训楼建成投入使用；肇庆医专新校区首期工程竣工投入使用；肇庆市工业贸易学校、肇庆市农业学校、封开县职业学校等省级重点工程项目以及四会、德庆等县（市）中职学校扩建项目进展顺利，部分项目投入或即将投入使用；肇庆市职教公共实训中心建成并投入使用，成为全省首个市级职教公共实训中心；2010年共增加中职学位近5000个。 |
| 81 | 产学研示范基地和创新成果产业化基地 | 市科技局 | 建立产学研结合示范基地10个，产学研创新联盟5个，引进企业科技特派员150个，高校与企业攻克产业发展关键技术和共性技术100项。 | 2010-2013 | 计划完成合作方案，建信息网站，启动宣传建设。 | 共有37名专家进驻肇庆市28家企业担任特派员，产学研结合创新联盟及创新平台、示范基地等有效推进。 |

## 广佛肇经济圈建设2009～2010年度重点工作计划执行情况
## （截至2010年12月底）

| 类型 | 序号 | 工作事项 | 主要内容及目标任务 | 工作进展情况 | 工作建议 | 责任单位 | 备 注 |
|---|---|---|---|---|---|---|---|
| | | | | 一、完成类项目（8项） | | | |
| 重点政策对接 | 1 | 公共卫生服务对接 | 成立广佛肇突发公共卫生事件应急处理专家组，开展首期应急培训，提高应对重大传染病和突发公共卫生事件快速处置能力。 | 完成。（一）共同签署《关于加强广佛肇卫生领域合作的意见》，成立广佛肇重大传染病和突发公共卫生事件联防联控工作疾病预防控制、临床医疗救治、实验室监测等3个专家组。（二）4月27日，广佛肇莞四市卫生部门在广州召开公共卫生及广州亚运会联防联控工作会议，建立四地传染病防控工作情况互相通报制度。（三）5月份举办首期广佛肇三地职业病防治及应急处理技术培训班，三地职业卫生监督和技术服务机构专业人员130人参加。（四）8月份，广佛肇莞联合举办“创文明、迎亚运”突发公共卫生事件应急演练。 | —— | 广州、佛山、肇庆市卫生局 | 2009年12月底前启动，2010年5月底前完成 |

（续上表）

| 类型 | 序号 | 工作事项 | 主要内容及目标任务 | 工作进展情况 | 工作建议 | 责任单位 | 备注 |
|---|---|---|---|---|---|---|---|
| 重点政策对接 | 2 | 调整西江水系饮用水源保护区 | 以西江中泓线为界调整佛山市饮用水源保护区，并上报省政府。 | 滞后。调整西江水系饮用水源保护区已形成可行性研究报告，10月中旬召开专家咨询会，未获通过。正按照专家意见，补充完善相关内容。 | 建议牵头单位加快推进。 | 佛山、肇庆市环保局 | 第二次分管副市长工作协调会将完成时间调整为力争9月底前上报三市审定 |
| 重点联合行动 | 3 | 环境应急监测演练 | 联合开展跨界水环境突发事件应急监测演练。 | 完成。广佛肇环境应急监测演练于9月27日举行。此次演习模拟西江肇庆永安河段水面发生船舶碰撞事故，通过联合成立“广佛肇应急指挥部”、设置6个水质监测点取证监察等，提高联动合作及联合处置突发环境事件的快速反应能力，充分检验三市环保部门应急预案的可行性。 | —— | 广州、佛山、肇庆市环保局 | 2010年10月前底完成 |
|  | 4 | 旅游推介 | 发行“广佛肇旅游一卡通”，扩大加盟单位范围，完善相关优惠、申领及配套服务等工作；策划组织百名记者（旅行社）开展“广佛肇”互访采风活动；举办历史文化名城宣传联展，联手打造精品旅游联线。 | 完成。（一）三地旅游局发行“广佛肇旅游一卡通”50万张，250多个景区（点）及相关旅游接待单位参与。（二）联合组织三地旅游、新闻界代表约200人赴长沙、武汉举办以“高铁一线牵，旅游一家亲”为主题的旅游专场推介会。以“精彩广佛肇，岭南真味道”统一形象参加广州国际旅游展览会，联合开展“百名记者、旅行商广佛肇旅游采风考察活动”，并拍摄“广佛肇”旅游宣传片。（三）6月25~27日，“广佛肇”抱团亮相2010年北京国际旅游博览会暨北方旅游交易会，首次打出广佛肇旅游一体化宣传主题—岭南真味道。 | —— | 广州、佛山、肇庆市旅游局（旅游发展局）、文化广电新闻出版局 | 2010年4月底前完成 |
|  | 5 | 建立重大新闻联合发布制度 | 建立重大新闻发布事前沟通协商和联合发布机制；确定广佛肇专项新闻发言人。 | 完成。（一）2009年，广佛两市先行制订《广佛同城化新闻发布工作方案》，就广佛同城化新闻发布系列问题达成共识。2009年12月24日，广佛两市通过重大新闻发布机制，联合对外发布《广佛同城化发展规划（2008-2020年）》。（二）2010年8月，广佛肇三市共同制订《广佛肇经济圈重大新闻联合发布制度》，并分别确定三市新闻发言人。 | —— | 广州、佛山、肇庆市委宣传部 | 2010年1月底前完成 |

（续上表）

<table>
<tr><th>类型</th><th>序号</th><th>工作事项</th><th>主要内容及目标任务</th><th>工作进展情况</th><th>工作建议</th><th>责任单位</th><th>备 注</th></tr>
<tr><td rowspan="6">重点发展规划</td><td>6</td><td>编制《广佛肇经济圈发展规划》</td><td>确定委托单位，制订编制工作方案，组织规划编写。</td><td>基本完成。制订《广佛肇经济圈发展规划编制工作方案》，经第一次市长联席会议审议通过。委托中山大学开展《广佛肇经济圈发展规划》研究及编制工作，3月份形成规划初稿，6月中旬完成第一轮征求意见，7月份召开专家评审并经第二次工作协调会审议，8月份三市联合专家对文稿进行审改，10月中旬完成第二轮征求意见，12月定稿并送三市政府领导审阅。计划报第二次市长联席会议审议后，以三市政府名义印发执行。</td><td>——</td><td>市长联席会议办公室广州办、佛山办、肇庆办</td><td>按照第二次分管副市长工作协调会精神，工作时间进行调整。原计划2010年5月底调整至12月底</td></tr>
<tr><td rowspan="5">7</td><td rowspan="5">编制交通运输、产业协作、环境保护、旅游和教育培训专项规划</td><td rowspan="5">制订编制工作方案，组织规划编写。</td><td>交通运输专项规划：形成征求意见稿。委托省交通规划研究中心编制，形成征求意见稿。</td><td>建议牵头单位加快编制工作。</td><td>交通运输专责小组</td><td>原计划2010年9月底前完成，按照第二次分管副市长工作协调会精神，统一调至12月底前完成</td></tr>
<tr><td>产业协作专项规划：待审定。委托广州市社科院编制，完成征求意见并通过专家评审，待修改完善后报三市政府审定。</td><td rowspan="4">牵头部门抓紧报审后提交市长联席会议审定。</td><td>产业协作专责小组</td><td>——</td></tr>
<tr><td>环境保护专项规划：待审定。由三市环科院（所）联合编制，完成征求意见，待修改完善后报三市政府审定。</td><td>环境保护专责小组</td><td>——</td></tr>
<tr><td>旅游专项规划：待审定。委托暨南大学编制，形成专项规划送审稿，广州、肇庆方面经分管副市长审定。</td><td>旅游专责小组</td><td>——</td></tr>
<tr><td>教育培训专项规划：待审定。形成专项规划送审稿，广州方面经分管副市长审定。</td><td>教育培训专责小组</td><td>——</td></tr>
</table>

（续上表）

| 类型 | 序号 | 工作事项 | 主要内容及目标任务 | 工作进展情况 | 工作建议 | 责任单位 | 备 注 |
|---|---|---|---|---|---|---|---|
| 重点发展规划 | 8 | 主体功能区划对接 | 三市推进主体功能区划对接。 | 完成。落实《广东省主体功能区规划》，推进形成主体功能区发展格局，广佛两市编制《广佛同城化发展规划》，将区域空间划分为核心提升区、调整优化区、重点拓展区、适度发展区和严格保护区等5类主体功能区。加强广州荔湾—佛山南海、广州番禺—佛山顺德、广州花都—佛山三水—肇庆四会、佛山高明—肇庆高要等交界地区主体功能区划对接，三水—四会、高明—高要签署合作框架协议，芳村—桂城、新客站、金沙洲地区同城整合规划顺利出台。编制《广佛肇经济圈发展规划（2010～2020年）》，明确三市功能定位、主体功能区划和重点协调发展区域。 | —— | 广州、佛山、肇庆市发改局（委） | 2010年12月底前完成 |
| 二、启动类项目（9项） | | | | | | | |
| 重点基础设施 | 9 | 广佛肇快速干线 | 开展佛山一环与华南快速干线三期连接和西延至肇庆市境内的广佛肇快速干线项目前期研究工作，并与省交通厅衔接，争取纳入省的高快速路网建设规划。 | 已启动，进展顺利。该项目更名为广佛肇高速，纳入省高速路建设规划。肇庆段：起于肇庆大旺与佛山三水交界的北江，经四会大沙、鼎湖区、端州区、高要市小湘镇、德庆县、封开县，终点往西延伸接广西的梧州环城高速，全长约160公里。一期肇庆高新区至高要小湘段工可通过省交通运输厅评审，并已完成修改稿上报，项目收费立项已经省政府批复。二期小湘至封开段工可通过省交通运输厅评审。佛山段：起于肇庆高新区广贺高速连接处，经唐家立交接广三高速至广州。广贺高速（佛山段）于12月10日建成通车。广州段：将广佛肇快速干线纳入市“四环十九射”高快速网布局，广和大桥至华南路三期升级改造路段主体工程基本完成。 | —— | 佛山、肇庆市交通（运输）局、规划局，广州市交委、规划局 | 2009年12月底前启动 |
| | 10 | 国道G321线城际间快速化改造 | 完成前期报批手续，稳定设计、投资和实施方案，开工建设。 | 已启动，进展顺利。佛山段：南海狮山—三水段快速化改造工程全长14.2公里，投资7.5亿元，先期进行路面整治，完成投资约8.2%。肇庆段：三水交界（马房）至高要小湘段，全长60.1公里，总投资8.9亿元，2010年11月完工。改造范围不涉及广州。 | —— | 佛山市交通局、肇庆市公路局、广州市交委 | 2009年12月前开工 |

（续上表）

| 类型 | 序号 | 工作事项 | 主要内容及目标任务 | 工作进展情况 | 工作建议 | 责任单位 | 备 注 |
|---|---|---|---|---|---|---|---|
| 重点政策对接 | 11 | 劳动力转移服务对接 | 加强就业服务信息网络连通，开设广佛肇信息专栏，实现就业管理服务信息实时共享，适时发布就业发展形势和人力资源供求状况信息；开展就业困难群体援助服务。 | 已启动。广佛就业服务信息网络于2009年10月实现对接，实现两地就业信息实时共享，开辟“广佛同城—佛山市企业招聘信息专区”，佛山在广州人才市场设立就业服务专窗。三市先后联合举办6次专场招聘会，共组织331家企业，提供2.39万个岗位，促进劳动力有序转移就业。肇庆加入广佛就业服务信息网络工作正在推进，制订广佛肇三地联网方案，因广州举办亚运会，对接工作稍有推迟。 | 建议加快肇庆与广佛两市就业服务对接工作。 | 广州、佛山、肇庆市人力资源和社会保障局 | 2009年12月底前启动 |
| | 12 | 高技能人才培养与评价 | 合作开展高级工、技师和高级技师培训以及社会化考评和高技能人才企业评价工作。 | 已启动，进展顺利。（一）每年定期召开三市合作工作会议。3月3日，第一次工作会议在佛山召开；7月5日，第二次工作会议在广州召开。（二）7月下旬，三市在佛山共同举行全民技能大赛（包括数控车工、数控铣工、中式烹饪、面点师等技能）测试赛。（三）三市在高技能人才培训、题库、专家考评、证书核发、新职业评价体系开发等方面加强合作。 | —— | 广州、佛山、肇庆市人力资源和社会保障局 | 2009年12月底前启动 |
| | 13 | 医保定点医疗机构对接 | 相互选定当地医保定点医疗机构，委托当地医保经办机构代审参保人在异地定点医疗机构就医发生的医疗费用；建立医保经办机构与异地定点医疗机构互联互通的医保费用结算信息系统，实现参保人异地就医直接记账结算。 | 已启动，进展顺利。广州在佛山认定9家定点医疗机构，在肇庆初步预选4家作为定点医院。4月20日，“广佛同城广州在佛山首批医保定点医疗机构签约仪式”举行，正式确定广州参保人员在佛山9家本地医疗机构就医时实时享受医保待遇。佛山在广州认定30家，在肇庆认定8家。肇庆在广州认定13家，在佛山认定8家。 | —— | 广州、佛山、肇庆市人力资源和社会保障局 | 2009年12月底前启动 |
| | 14 | 医疗卫生服务对接 | 探索建立区域内医学检验和医学影像质量控制中心，加强医学检验和医学影像质量评价工作；推进三地医疗机构部分医学检验、影像检查结果在一定条件下互认。 | 已启动，基本完成。1月1日起，广佛肇23家医院实现医学检验、影像检查结果满足一定条件下互认，互认项目涵盖临床检验结果、影像检查结果、内窥镜检查结果和病理活体组织检查结果四个部分，其中医学检验方面包括常规类、生化类检查中的36个项目，医学影像方面包括普通放射摄片、CT、MRI、核医学成像等有摄片记录的主要项目，参加医院主要是三市的市级综合医院和部分专科医院。 | —— | 广州、佛山、肇庆市卫生局 | 2009年12月底前启动 |

（续上表）

| 类型 | 序号 | 工作事项 | 主要内容及目标任务 | 工作进展情况 | 工作建议 | 责任单位 | 备注 |
|---|---|---|---|---|---|---|---|
| 重点政策对接 | 15 | 人才服务对接 | 联合举办高校毕业生供需见面会；建立人事人才信息化公共服务平台；实现专业技术资格评审数据库共享；实现三市地方职业资格互认。 | 已启动，进展顺利。（一）拟订广佛同城化建设人力资源和社会保障合作协议，佛肇两市签订劳动保障合作框架协议。（二）6月8日，三市在广州举办“广佛肇人才一体化大学生专场招聘会”，招聘单位325家，提供岗位近7000个，入场人数达5000人。（三）7月底三市召开职业技能鉴定工作会议，加强职业技能鉴定合作。（四）广佛肇人事人才信息化公共服务平台项目已经立项正在建设，将实现三市职业资格互认、专业技术资格评审数据共享。 | —— | 广州、佛山市人力资源和社会保障局，肇庆市人事局 | 2009年12月底前启动 |
| | 16 | 教育合作共建工程 | 共建教育教学资源库；实现教育城域网互联互通；开展青少年体育、文艺、科技等项目的竞赛活动。 | 已启动，进展顺利。（一）2009年7月广佛开通教学资源共同体网站，2010年8月佛肇教育城域网连通，三地教育资源实现互通共享。（二）共同举办“广佛肇名师面对面”、文艺联谊展演、教育装备展览会、民办教育研讨会、思想政治教育等交流活动。 | —— | 广州、佛山、肇庆市教育局 | 2009年12月底前启动 |
| 重点联合行动 | 17 | 大气污染综合治理 | 统一机动车环保标志管理；率先在全省启动加油站、油库和油罐车油气回收治理。 | 已启动，进展顺利。三市共发放机动车环保标志约227.4万张，整治加油站979座、油库51座和油罐车452辆。广州：完成全市在用汽车的环保标志核发工作，列入整改的514座加油站、13座储油库、388辆油罐车全部完成油气回收治理。佛山：完成环保标志发放工作（93万张），对390座加油站、11座油库和61辆油罐车的油气开展回收治理。肇庆：发放机动车环保标志5.36万张，完成75间加油站、27辆油罐车、3座储油库的油气回收综合治理任务。 | —— | 广州、佛山、肇庆市环保局 | 2009年12月底前启动 |
| | | | | **三、推进类项目（20项）** | | | |
| 重点基础设施 | 18 | 广佛肇城际轨道交通 | 与省发展改革委、省铁投公司衔接，配合完成前期报批手续，稳定设计、投资和实施方案，尽快推进全线开工建设。 | 推进顺利。该项目计划总投资176.3亿元，主要由省部合作推进。广州段：确定利用南广（贵广）铁路通道进入广州流花站的线路方案。佛山段：三水区征拆工作过半，南海区线位还在优化。肇庆段：控制性工程于2009年9月动工，现完成投资7.56亿元，准备进入全线动工阶段。 | —— | 广州、佛山、肇庆市发改局（委） | 佛肇段已开工，正在推进 |

（续上表）

| 类型 | 序号 | 工作事项 | 主要内容及目标任务 | 工作进展情况 | 工作建议 | 责任单位 | 备 注 |
|---|---|---|---|---|---|---|---|
| 重点基础设施 | 19 | 南广铁路工程 | 已开工，组织开展征地拆迁，协助配合施工 | 推进顺利。南广、贵广铁路在肇庆并线后进入佛山、到达广州南站，主要由省部合作推进。广州段：项目已办理用地预审批准，越秀、荔湾和番禺区正全面组织征拆，特大桥关键工程顺利推进。佛山段：征地完成49.8%，拆迁完成5.33%，大镇特大桥、三眼桥车站、跨穗盐路斜拉桥和佛山机场隧道等4个控制性节点基本按时完成征拆任务，满足施工用地要求。肇庆段：全面动工，其中南广铁路征地完成94%，贵广铁路征地完成97%。 | —— | 广州、佛山、肇庆市交通局（委）、国土房管局（国土资源局） | 2012年完成 |
| | 20 | 贵广铁路工程 | 已开工，组织开展征地拆迁，协助配合施工 | | | | |
| | 21 | 广肇高速公路二期 | 已开工，协调加快项目建设。 | 完成。该项目于9月建成通车。 | —— | 省路桥公司，佛山市交通局，肇庆市公路局 | 2010年完成 |
| | 22 | 广贺高速公路 | 已开工，协调加快项目建设。 | 完成。该项目于12月10日建成道车。 | —— | 广贺高速公路公司，佛山市交通局，肇庆市公路局 | 力争2010年完成 |
| | 23 | 肇花高速公路 | 完善前期手续，力争佛山、肇庆关键路段2009年内先行开工。 | 推进顺利。项目西起肇庆四会黄岗接江肇高速，途径肇庆高新区、佛山三水，东止广州花都花山接广清高速、机场高速北沿线，线路全长63 .6公里，总投资约97.2亿元。项目工可报告及施工图评审已完成，先行工程于2010年3月2日在肇庆高新区动工，累计完成工程进度约15.5%。 | —— | 省高速公路公司，广州、佛山、肇庆市交通（运输）局（委） | 2012年完成 |
| | 24 | 江肇高速公路 | 已开工，协调加快项目建设。 | 推进顺利。项目南起江门杜阮镇接江鹤高速，经鹤山、高明、高要、鼎湖，北至肇庆四会接广贺高速，线路全长107.7公里，总投资约87.35亿元，2008年12月6日全线动工。佛山段长24.3公里，于2010年底建成通车。肇庆段长50公里，已完成总工程量的63.66%。 | —— | 省高速公路公司，佛山、肇庆市交通（运输）局 | 2010年完成 |
| | 25 | 区域公路对接工程 | 推进莲金线高明区与肇庆高要市线位衔接、肇珠线高明区与肇庆高要市连接处整治提高、新建大旺至三水一级公路，省道S273高要活道至高明交界一级公路、省道S118广四线四会至佛山交界段。 | 莲金线S362：推进顺利。主要由肇庆接入佛山，佛山段完成改造。肇庆段长17.4公里，双向四车道一级公路，已完成工可报告修编并上报省公路局，正开展前期工作。 | —— | 佛山、肇庆市交通（运输）局、公路局 | 2012年前完成 |

（续上表）

| 类型 | 序号 | 工作事项 | 主要内容及目标任务 | 工作进展情况 | 工作建议 | 责任单位 | 备注 |
|---|---|---|---|---|---|---|---|
| 重点基础设施 | 25 | 区域公路对接工程 | 推进莲金线高明区与肇庆高要市线位衔接、肇珠线高明区与肇庆高要市连接处整治提高、新建大旺至三水一级公路，省道S273高要活道至高明交界一级公路、省道S118广四线四会至佛山交界段。 | 肇珠线S272：完成。主要由肇庆接入佛山，佛山段完成改造。肇庆段进行路面大修工程，长25.2公里，分两段实施，总投资1.58亿元，3月动工建设，2010年10月完工。 | —— | 佛山、肇庆市交通（运输）局、公路局 | 2012年前完成 |
| | | | | 省道S273高要活道至高明交界一级公路：加快推进。主要由肇庆接入佛山，佛山段完成改造。肇庆段进行路面拓宽，投资2.4亿，正在编制工可。 | | | |
| | | | | 大旺至三水一级公路：加快推进。路线长约11.9公里（其中：肇庆境内约10公里，佛山境内约1.9公里），计划接三花公路改造二期，需新建跨北江大桥，主要由肇庆市负责推进。因肇庆段北江特大桥、引桥、水源保护等问题，佛肇两市尚在协商。 | 建议加强协调，尽快落实双方建设责任。 | | |
| | | | | 省道S118广四线四会至佛山交界段：完成。长19公里，总投资3150万元，完成改造。 | —— | | |
| 重点产业协作 | 26 | 加强优势产业协作 | 加强优势产业协作和产业平台建设。 | 推进顺利。引导广州造船业、汽车业在佛、肇建立分公司或工厂，延长优势产业链，广、佛传统优势行业企业主动向肇庆转移，在肇庆投资的佛山、广州企业占肇庆承接珠三角产业转移的七成以上。引导陶瓷、铝材等优势传统产业向肇庆转移，亚洲铝业、新中亚铝业、新明珠等一批工业项目先后落户肇庆。 | —— | 广州、佛山、肇庆市经贸局（委） | 长期 |
| | 27 | 中小企业信用担保体系发展合作 | 利用三市担保机构资源，搭建三市信用担保信息平台，鼓励有实力的担保机构积极设立分支机构，对三市经贸部门审核备案的信用担保机构实行互认。 | 推进顺利。广佛肇三地的担保企业互设分支机构，三市经贸部门审核备案的信用担保机构实行互认，正在探索建立三市信用担保信息平台。 | —— | 广州、佛山、肇庆市经贸局（委） | 长期 |
| 重点政策对接 | 28 | 港口航运协作 | 开展港航资源整合的可行性研究工作；根据航运市场情况适时增加南沙港“穿梭巴士”到佛山、肇庆航班的挂港航班密度；引导和鼓励广州、佛山、肇庆市港航企业联合协作，发展“无水港”，拓展江海联运业务。 | 推进顺利。南沙港区的集装箱驳船航线开通佛山南港支线、勒流支线、容奇支线、三水支线及肇庆三榕支线、高要支线和四会支线，各支线航班密度达到每周2次，基本覆盖佛山肇庆的主要内河集装箱码头。佛山北滘港区、三水港区水上快巴已经完成。 | —— | 广州、佛山、肇庆市交通（运输）局(委)，广州港务局，广州港集团 | 长期 |

（续上表）

| 类型 | 序号 | 工作事项 | 主要内容及目标任务 | 工作进展情况 | 工作建议 | 责任单位 | 备 注 |
|---|---|---|---|---|---|---|---|
| 重点政策对接 | 29 | 交通服务对接 | 合理布局城际道路客运班线、公交线路和接驳枢纽站点，完善常规公交与城际轨道的无缝接驳，扩大公交覆盖网和规模；推动毗邻接壤地区的公路客运公交化改造工作；推行一体化公共交通服务标准；规范广佛肇公交、公路客运票价管理，研究协调公交费用减免政策。 | 推进顺利。（一）公交改造和接驳：广佛接壤地区公路客运公交改造完成，广佛开通公交线路32条、广佛城巴20条和广佛快巴20条，开通大旺至三水南山、大旺至三水西南、金利至三水三条公交线路。（二）交通服务标准一体化：3月31日起，三市实施车辆通行费年票互认，共有53个收费站纳入年票互通，其中广州开放15个，佛山全面开放全市次票收费站，肇庆开放7个，还包括13个高速委托代收次票收费站。（三）一卡通：11月8日起，羊城通、广佛通可通过升级为“岭南通”，实现与肇庆公交卡联网，实现广佛肇区域内一卡通行。 | —— | 广州、佛山市、肇庆市交通（运输）局(委)，肇庆市城市综合管理局，广州、佛山、肇庆市物价局 | 长期 |
| | 30 | 社保服务对接 | 加快实施三市养老、失业保险政策一体化，率先实现养老保险关系和失业保险关系无障碍接续和转移。 | 推进顺利。从2009年1月起，省政府出台《广东省基本养老保险关系省内转移接续暂行办法》，省内养老保险关系已实现无障碍转移。广佛肇三市已就失业保险一体化达成共识。 | —— | 广州、佛山、肇庆市人力资源和社会保障局 | 2012年前完成 |
| | 31 | 水利防灾减灾合作 | 开展跨区堤围统一标准加固达标建设和跨区域河涌联合整治；整合三地防汛抢险队伍和物资，建立防讯应急抢险资源共享机制，加强水利（务）防灾减灾合作。 | 推进顺利。（一）完成广佛河龙溪渡口至花地河段、市桥河、葵蓬涌河涌、汾江河佛山水道、花地河、滘口涌、秀水涌、五眼桥涌综合整治。（二）三地初步建立防汛信息共享机制，互通防汛抢险队伍和物资储备分布、使用情况等信息资料，共享相关水雨情信息。（三）佛山三水与肇庆四会先行开展水利建设合作，争取四会的大兴围、隆伏围和三水的瑞岗围联合向省申报，提高堤围标准。（四）12月8日三市共同在广州举行水务同城化会议，加强对西北江水源保护和监测，实行防汛抢险联动。 | —— | 广州、佛山、肇庆市水利（务）局 | 长期 |
| 重点联合行动 | 32 | 文化交流 | 开展现代及传统文化团体流动演出活动；加强图书馆、博物馆学术互动交流。 | 推进顺利。举办“广佛肇文化交流联谊晚会”、“传承与超越”广佛现代陶艺作品展、“和声飞扬—广佛合唱艺术之旅”、“广佛肇经济圈——肇庆（广州）投资环境推介会”、“中外散文诗名作家肇庆笔会”活动，互派团队参加佛山市“粤剧曲艺私伙局群英会”、虎年生肖作品展、“肇庆市党政军民迎春文艺晚会”等活动。 | —— | 广州、佛山、肇庆市文化广电新闻出版局 | 长期。2009年12月底前组织一次流动演出行动 |

（续上表）

| 类型 | 序号 | 工作事项 | 主要内容及目标任务 | 工作进展情况 | 工作建议 | 责任单位 | 备注 |
|---|---|---|---|---|---|---|---|
| 重点联合行动 | 33 | 开展体育交流活动 | 组织业余体育比赛；相互组队参加重大群众性体育活动。 | 推进顺利。广州、肇庆组队参加佛山汾江河龙舟赛；佛山、肇庆组队参加广州国际龙舟邀请赛，三市市领导参加横渡珠江、领导干部羽毛球赛、新华南方杯广佛肇高尔夫球联谊赛等活动。 | —— | 广州、佛山、肇庆市体育局 | 长期 |
| 重点联合行动 | 34 | 联合开展对外经贸行动 | 联合或与有关机构在境内外共同开展招商引资工作，加强产品对外贸易促进。 | 推进顺利。（一）2009年8月，三市签订广佛肇外经贸合作协议，明确合作8大领域。（二）2009年12月，三地企业香港融资与海外并购策略研讨会在广州举行，共同探讨充分整合香港融资优势，搭建企业“走出去”平台。2010年6月，肇庆在广州举办“广佛肇经济圈—肇庆（广州）投资环境推介会”，签约27个项目，总投资额达217亿元。（三）三市建立公平贸易联合工作机制，组织多场产业安全及贸易救济申述企业培训会，共同应对国外贸易摩擦。 | —— | 广州、佛山、肇庆市外经贸局 | 长期。已签署合作协议 |
| 重点联合行动 | 35 | “三品一械”稽查打假合作 | 开展食品药品监督专项检查，签订《区域打假合作协议》，共同打击涉及药品、保健食品、化妆品和医疗器械违法行为，实现区域间无缝监管。 | 推进顺利。（一）2009年10月，三市签订食品药品安全监管合作框架协议和药品稽查联合工作协议，明确推进主体，建立联络备忘制度。12月底，三市召开联席会议，共同开展稽查执法人员培训。（二）2009年，三市共同开展非药品冒充药品、非法销售盐酸曲马多片、亚运食品安全等专项整治行动，完成“医用一次性防护服”、狂犬病疫苗药品等多次突发事件的应急处置工作。（三）三地联合开展多次打假专项行动，出动执法人员210人次，检查企业45家，查获4家。 | —— | 广州、佛山、肇庆市食品药品监管局 | 长期。已签订合作协议，2009年12月底前开展一次专项检查行动 |
| 重点联合行动 | 36 | 社会治安综合治理 | 加强治安、交通管理等协作，强化交界地区治安整治。 | 推进顺利。（一）2007年广佛签订合作协议，召开三届警务协作会议。2009年8月佛肇签订合作协议。（二）强化接壤区域治安联合整治行动。广佛所有接壤地区分局都签署警务合作协议，接壤派出所建立联席会议制度，初步实现整体作战，佛肇交界区域对接逐渐加强。（三）2010年重点推进亚运安保。4月1日，广佛两市开展公安机关治安管理警务协作联席会议，就创新社会管理和亚运安保进行深入交流，达成多项共识。 | —— | 广州、佛山、肇庆市公安局 | 长期 |

（续上表）

| 类型 | 序号 | 工作事项 | 主要内容及目标任务 | 工作进展情况 | 工作建议 | 责任单位 | 备 注 |
|---|---|---|---|---|---|---|---|
| 重点联合行动 | 37 | 安全生产监督管理协作 | 召开三市安全监管协作会议，共同处置跨区域重大安全突发事件，推动三地应急救援信息资源共享。 | 推进顺利。4月、6月、8月，三市分别在佛山、肇庆、广州召开安全生产工作会议。三市签订《珠江三角洲区域安全生产应急救援协作框架协议》，明确事故救援的协作机制。广州应急救援指挥中心信息平台第一期工程建成，佛山应急救援信息平台基本完成，肇庆正在筹建。三地现有行业的应急救援队伍、物资资源等信息基本实现共享。 | —— | 广州、佛山、肇庆市安监局 | 长期 |

**【广佛肇莞公共卫生及广州亚运联防联控工作会议】** 2010年4月27日，广佛肇莞公共卫生及广州亚运会联防联控工作会议在广州华泰宾馆召开，研究讨论广佛肇重大传染病和突发公共卫生事件联防联控工作。会议就广佛肇重大传染病和突发公共卫生事件联防联控工作达成《关于加强广佛肇卫生领域合作的意见》：广佛肇三地每年召开1～2次卫生行政部门联席会议和2～3次专家会商会议，研究和解决重大传染病防控和突发公共卫生事件应急处置的组织协调和专业性问题；三地业务部门实现信息共享，发生重大突发公共卫生事件时随时互相通报；加强三地专业技术合作和交流，相互接受人员进修学习；建立三地相互支援机制，在发生重大突发公共卫生事件时，根据事发地的请求，在相互协商基础上给予配合和支援。会议还就做好广州亚运会公共卫生保障工作进行探讨，提出从4月起至亚运会期间，广佛肇莞四市每周互相通报疫情，发生重大突发公共卫生事件时随时通报；在亚组委卫生部统筹下做好公共卫生保障团队和专业队伍培训工作。在亚运会前，广佛肇莞四市组织一次联合演习。广佛肇莞四地卫生局主管领导、专家以及省卫生厅有关处室领导参加会议。

**【广佛肇环保合作联席会议】** 2010年6月12日及8月25日，分别在广州和肇庆召开广佛肇环保合作专责小组联席会议。会议通报广佛肇经济圈环保合作进展情况，审议《广佛肇迎亚运整治区域流域污染联合行动计划》、《广佛肇经济圈建设环境保护合作2010年度工作计划》和《广佛肇经济圈生态环境保护和建设规划》编制大纲，并就西江饮用水源地保护和污染防治等工作达成共识。

**【广佛肇三市工作会议】** 2010年10月15日，广州、佛山、肇庆三市联合在广州市召开工作会议，研究解决推动广佛肇经济圈建设、促进广佛肇一体化发展等问题。会议认为，要坚定不移推进广佛同城化、广佛肇经济圈建设，加快三市经济社会发展一体化进程，推动三市经济社会又好又快发展；加大贯彻落实《规划纲要》力度，加大改革开放和融入珠三角、广佛肇一体化发展力度。三市领导达成共识，努力在合作领域纵深发展上取得新突破。省委常委、广州市委书记张广宁，广州市委副书记、市长万庆良；佛山市委书记陈云贤，市委副书记、市长李贻伟；肇庆市委书记覃卫东，市委副书记、市长郭锋及三市有关部门负责人出席会议。

**【广佛肇金融合作备忘录】** 2010年3月10日，中国人民银行广州分行、佛山中心支行、肇庆中心支行在佛山市南海区枫丹白鹭酒店共同签署《广佛肇金融合作备忘录》。根据《备忘录》，广佛肇三地将按照“整体规划、错位发展，先易后难、循序渐进，统筹协调、合力推进”工作思路，在加强金融管理部门沟通协调、推进金融机构跨区域经营、推动区域金融市场平台建设、开展跨境贸易人民币结算业务、统筹规划金融后台服务产业发展及促进金融基础设施共建共享等方面进行合作，形成1＋1＋1＞3的协同效应，把广佛肇经济圈打造成为珠三角区域金融一体化发展的示范区。佛山市副市长王玲出席签字仪式并致辞，珠三角各市中心支行、增城市支行负责人及来自广州、佛山、肇庆市政府金融工作部门的嘉宾出席签字仪式。

**【广佛肇城乡建设合作框架协议】** 2010年3月30日，广州城乡建设委员会、佛山住房和城乡建设局、肇庆住房和城乡建设局主要领导在广州市城乡建设委员会礼堂签署《广佛肇城乡建设合作框架协议》，内容涉及工作目标、合作内容和工作制度三方面。“合作内容”包括：（1）广州、佛山建立市政道路基础设施建设对接机制，推进市政道路互联互通，推进广佛肇城际、贵广、南广铁路等轨道交通建设；（2）实行企业、人员资格统一管理标准和享受同一待遇的制度，在当地办理相关手续即可进入其他两市承接相关业务；（3）实现房地产管理系统信息共享，通过网络查询三地的房地产销售信息、房地产市场信息；（4）建立施工安全应急救援联动工作机制，整合应急救援指挥平台，实现联动救援，提高应急救援水平；（5）逐步建立企业进入市场档案共同确认制度，三市以外企业在其中一市办理有关市场进入手续或被清除市场，其他两市均给予确认。力争年内建立市政道路建设对接机制；三年内消除三市市场壁垒，建立三市企业和人员统一管理机制，实现统一的工程质量安全监督管理模式。

**【广佛肇三市职业教育合作意向书】** 2010年5月15日，广佛肇三市教育局在佛山第二届教育博览会上共同签订《职业教育合作意向书》，主要内容有：指导思想、工作目标、工作原则、工作任务、组织领导等五方面。主要在联合招生、技能大赛、职教研讨、教师交流等方面达成合作意向，包括：安排部分骨干职校进行互招宣传活动，推动互招工作；在广州举办三市首届高等职业学校学生技能大赛和中等职业学校学生技能大赛；在广州举办首届民办教育工作交流会，交流研讨三地加强民办教育规范管理和服务等工作；开展广佛肇教育技术培训交流合作，在佛山市举行粤港澳教育论坛会、佛肇信息技术教学研究交流活动和广佛肇“数码游戏化学习课题研究”交流研讨会。

**【广佛肇安全生产应急救援协作框架协议】** 2010年6月22日，广州、佛山、肇庆安全生产监管协作2010年第二季度联席会议在肇庆市安监局举行。会上，三市安监局局长签署《广佛肇安全生产应急救援协作框架协议》。《协议》分指导思想、适用范围、工作原则、组织体系、联动机制五方面。据此，三市的任何一市如果发生超出事故发生地应急处置能力或跨市级行政区的重特大安全生产事故，将启动应急预案；建立广佛肇三市安全生产应急联席会议制度，建立重特大生产安全事故应急救援专家组，建立健全事故通报及预案启动制度、现场应急救援工作机制等。省安全生产应急救援指挥中心主任章云龙出席会议并讲话。三市安监局处（科）室的负责人40余人出席会议。

**【端州区生产性服务业发展战略合作框架协议】** 2010年6月23日，端州区政府与中国电子信息产业发展研究院、广东浩致集团有限公司签署《肇庆端州区生产性服务业发展战略合作框架协议》。合作三方共同构筑研究院所、地方政府部门和园区运营商协调互动的工业和信息化创新体系，使三方的合作在促进端州区工业和信息化融合发展，推动端州区走新型工业化道路方面发挥重要作用。合作内容包括端州区工业和信息化发展规划编制、重大工程和重点项目策划、园区建设、重点企业发展和招商引资等方面。计划3年内产业基地完成投资16亿元，争取实现入园企业60家，从业人员6000人，年产值18亿元，创税1.5亿元的目标，创建成为国家级生产性服务业产业基地。国家工业和信息化部软件服务业司司长陈伟，副司长郭建兵，广东省经信委党组书记、副主任邹生，肇庆市长郭锋等领导出席签约仪式。

**【广佛肇区域性档案目录中心合作协议】** 2010年8月25日，肇庆与广州、佛山三市档案局的领导在肇庆签订《广佛肇区域性档案目录中心合作协议》。省档案局局长徐大章出席签字仪式。广州档案局局长何伍爱、佛山档案局副局长张永钊、肇庆档案局副局长李爱干在《协议》上签字。协议包括：三方采用各自馆藏档案目录结构进行共享数据的交换，交换时以文字形式详细解释说明档案目录数据结构；交换数据共享范围为市档案馆馆藏目录数据；三方数据交换采用离线方式，使用正版一次性刻录光盘作为数据存储载体等八方面。《协议》的签署，标志着广佛肇三市档案馆3000多万条档案目录信息可共享共用。这是继深圳、东莞、惠州（深莞惠）之后第二个正式签订合作协议的区域性档案目录中心。

**【省市共建“广东省绿色照明示范城市”框架协议】** 2010年9月8日，广东省科技厅和肇庆市政府在市委小礼堂签署《省市共建“广东省绿色照明示范城市”框架协议》。根据协议，肇庆市将在公共照明工程中全面应用LED照明产品，同时获得省科技厅省战略性新兴产业发展专项资金扶持1000万元。肇庆创建“广东省绿色照明示范城市”的总体目标是：到2012年底在全市范围内采用EMC（合同能源管理）模式建立规模化应用示范工程，完成约8万盏路灯的更换和安装，为全省LED（半导体照明）路灯推广工作提供示范。省科技厅厅长李兴华、副厅长叶景图；肇庆市政府领导刘惠祥、孙德，市政府副秘书长陈义，省科技厅、肇庆市直有关单位、各县（市、区）政府、有关企业的领导出席签署仪式。肇庆市科技局局长关键介绍肇庆市创建省“绿色照明示范城市”实施方案。省科技厅副厅长叶景图、肇庆市副市长孙德代表省市签署协议。

**【广佛肇商会合作框架协议】** 2010年12月6日，在佛山举行的首届广佛肇商会合作论坛上，三地商会签署《广佛肇商会合作框架协议》。《协议》分指导思想、机制建设、合作内容、相关工作、协议生效五条。根据协议，三地商会采取“联合主办、轮流承办”形式，定期举办“广佛肇商界合作论坛”，探讨三地合作事宜；建立会员互认制度，共同解决行业共性技术问题，提高经营管理水平；加入三地商会的企业可共享中介、培训、咨询、产品供求等服务，获得跨区域投资、合作的扶持；企业在产业、规划、法律、人才、商标等方面遇到问题，可通过商会间的协调予以解决。

**【珠三角人才及劳务合作项目协议书】** 2010年12月8日，在汕头市举办的广东省第6届“山洽会”上，肇庆市分别与广州、佛山、中山、江门等珠三角地区城市签订人才及劳务合作项目协议书。主要包括人才帮扶、劳务输出、基础建设、智力扶贫、就业安置五方面，达成相互输出劳动力1.90万人、农村劳动力合作培训3500人等合作项目。其中与广州人力资源和社会保障局（简称人社局）约定，双方于2012年12月前完成输入输出劳动力5000人；与佛山人社局约定，双方于2012年12月前完成农村劳动力合作培训2000人，输入输出劳动力8000人。在智力扶贫项目中，约定佛山市于2011—2012年每年为肇庆免费培训1000名农村劳动力并帮助就业；与中山人社局签订的协议书中，约定双方于2012年12月前完成农村劳动力合作培训1500人，输入输出劳动力3000人。与江门市人社局签订的协议书中，约定双方于2012年12月前完成输入输出劳动力3000人；开展各种形式的人才、劳务交流合作活动10场次，在江门市发展20家企业作为帮扶肇庆劳动力转移就业安置基地。

**【各项协议实施情况】** 2010年，肇庆市实施在上年与珠三角其他八市签署的部分合作协议的情况是：（1）三市市长联席会议签署的《广佛肇经济圈建设合作框架协议》各项合作项目进展顺利。年内形成《广佛肇经济圈建设2009—2010年度重点工作计划（第一批）执行情况的报告》；编制广佛肇经济圈建设2010年度第二批重点工作计划；跟踪检查广佛肇经济圈交通运输、产业协作、环境保护、旅游合作和教育培训五个专项规划编制进展情况；做好《广佛肇经济圈发展规划》编制工作。（2）10月9日，编印《肇庆市基础设施建设一体化规划（2010—2020年）》。（3）推进重点项目建设谋划。编制2010年肇庆市重点项目投资计划，安排重点建设项目122项，总投资1359亿元，年度计划投资224亿元；推进“四电四路”八个重大项目的谋划建设：国电大旺热电联产项目获国家能源局批复，并开展前期工作；肇庆电厂项目继续争取进入省能源发展“十二五”规划；肇庆核电厂项目开展各项可研专题研究，项目建议书将由省上报国家；大唐高要燃气热电联产项目的热电联产规划上报省能源局；贵广铁路肇庆段、南广铁路肇庆段、广佛肇城际轨道交通等项目动工建设；柳肇铁路正争取有利肇庆市的线路走向，项目建议书已上报国家发改委（待批）。（4）编制产业布局一体化规划。6月，形成《肇庆市产业布局一体化规划（2010—2020）》（征求意见稿）；6月30日，分别在肇庆、广州召开专家评审会，听取专家对规划的评审意见，修改完善规划。（5）推进承接产业转移。2010年，省产业转移目标责任考评小组对市政府和中山（肇庆大旺）产业转移园2009年度落实产业转移目标责任工作情况进行考核评价，均获优秀等次。（6）广佛肇经贸合作。7月中下旬，肇庆市经信局与广州、佛山经贸部门在赴内蒙古呼和浩特市、辽宁沈阳市举办“广佛肇名优产品专场展销会”。（7）交通基础设施建设。4月，肇庆市政府批复实施2009年12月签订的《广佛肇经济圈建设交通运输合作协议》、《肇庆市公路网规划（2009—2030年）》。2010年，全市交通基础设施建设完成投资107.18亿元，比上年增长42.6%。配合进行二广高速怀集至三水段、珠外环高速公路江门至肇庆段及四会黄岗至花都花山段、广梧高速公路封开连接线、广肇高速公路二期工程、二广高速怀集到连州段（含怀集至岗坪支线）等高速公路建设，加快广佛肇高速公路一、二期工程，汕湛高速公路、怀集至阳江港高速公路各项目前期工作及建设进度。6月30日，广梧高速公路封开连接线通车；9月30日，广肇高速公路二期工程竣工；12月10日，二广高速公路怀集至三水段全线贯通；12月31日，珠外环江肇高速公路一期（江门至高要蚬岗段）举行通车仪式。珠外环高速公路肇庆至花都段、二广高速公路怀集至连州段（含怀集至岗坪段）分别于3月、11月动工建设。广佛肇高速公路一期工程（肇庆大旺至高要小湘）、二期工程（高要小湘至广西梧州交界）工程可行性研究报告通过省交通运输厅组织的专家评审。重要干线公路对接建设加快：国道321线三水交界至高要小湘段路面改造工程、省道272线西江大桥至高明交界段同标准对接及大修工程、省道118广四线四会段大修工程、国道324线高要南岸至云城腰古段路面大修工程基本完成；省道273线高要活道圩镇至高明交界段路面大修工程仍在进行；推进X503改线工程、四会迳口至三水华侨农场等区域对接新建公路项目建设，增加与广州、佛山交通对接出口。按计划完成铁路、轻轨、航道、港口建设工程：至年底，贵广铁路肇庆段累计完成投资51.2亿元，占总投资的35.8%；南广铁路肇庆段累计完成投资33.36亿元，占总投资的57.4%；广佛肇城际轨道肇庆段累计完成投资7.82亿元，占总投资的7.3%；西江（界首—肇庆）航道整治项目累计完成投资1.65亿元，占总投资45.1%；加快肇庆新港港口配套设施、华润水泥码头工程建设和推进三榕港二期工程前期工作。（8）撤并收费站。1月1日撤销高要新桥、四会五马岗、封开封川、德庆德城公路收费站；3月31日零时起，广州、佛山、肇庆三地年票实行互通互认。（9）环境保护。制订《广佛肇经济圈建设环境保护合作2010年度工作计划》；编制珠三角九市首个“环保一体化规划”，即《肇庆市环境保护一体化规划（2010—2020年）》。肇庆负责监测落实的4个指标基本达标：城镇污水处理率达70%；工业废水排放达标率90%；化学需氧量排放量3.18万吨；二氧化硫排放量3.33万吨。（10）教育合作协议。5月，肇庆、广州、佛山三市在佛山市签订职业教育合作协议。是年起，三市中等职业学校招生不受地域限制；肇庆市安排市工业贸易学校及市农业学校首先向广州和佛山招生。（11）住房公积金贷款合作。2009年6月至2010年12月底，肇庆市共受理住房公积金贷款申请197宗，发放贷款金额3732.57万元；“互贷”对象为广州、佛山、珠海、东莞、惠州、江门、中山、肇庆八个城市范围内缴存住房公积金的干部职工；肇庆相关部门均按本地的住房公积金贷款政策进行审批。

*（市规划纲要办）*

## 城市建设年

**【简况】** 2010年是肇庆市“城市建设年”。1月22日，市委书记覃卫东、市长郭锋、副市长郑剑戈等调研城市建设工作，并召开工作会议，拉开“城市建设年”序幕。3月15日，市委、市政府在星岩礼堂召开“城市建设年”电视电话动员大会，市领导覃卫东、郭锋分别在会上讲话，全面部署城市建设工作。围绕“最适宜旅游、最适宜人居、最适宜创业”城市建设定位，加大建设投入，突出建设重点，提高建设水平，加快城镇化进程，努力建设名副其实的珠江三角洲城市，确定2010～2011年22项城市建设重点工作，实现城市建设两年大变样，全市掀起城市建设新热潮。

**【建设情况】** 2010年，涉及市政和宜居环境的22个项目成为肇庆市城市建设重点工程。5月20日，市委书记覃卫东率调研组就“城市建设年”重点项目建设工作进行调研。调研组先后到龟顶山片区“三旧”（旧城镇、旧厂房、旧村庄）改造工程、牌坊广场改造工程、星湖栈道建设和绿化工程、星湖大道改造工程、市图书馆新馆、肇庆大道改造工程、市第一人民医院新院、砚都大道建设工程、信安大道改造工程等项目建设现场，了解工程进展情况，研究解决影响工程进展的困难与问题。是年，投资27亿元新建、改造市政主干道路约28公里。其中，6.77公里的星湖大道和5.7公里的信安大道于年底竣工通车；4.2公里的砚都大道2011年4月底前竣工；11.1公里的肇庆大道改造工程2011年5月底前竣工。是年，新建、改造大型休闲广场3个，约32万平方米。其中牌坊广场7.1万平方米及省立绿道1号线起点广场18.5万平方米，均于年底前投入使用；七星岩东门广场总面积6.78万平方米，绿化面积3.22万平方米，2011年春节前开放。新建公园2个共60万平方米，其中，牌坊公园25万平方米，2011年5月底前建成；波海公园35万平方米，部分年底前投入使用，2011年4月底前全部建成。被列入肇庆市2010年度“惠民为民”十件大事之一的肇庆市第一人民医院新院建设工程，总用地20.33公顷，设计建筑总面积19.20万平方米，投资总额11.21亿元，至12月，三标段共完成建筑面积12.83万平方米。肇庆市图书馆新馆建设项目，总用地面积2.67万平方米，建筑总面积1.65万平方米，总投资1.2亿元，12月完成一层楼面，进入二层板柱钢筋安装，各项工程进度都达到预期目标。筹集资金9700多万元，建成环星湖绿道约20公里。年内动工的“三旧”改造试点项目共25个，总改造面积595.4公顷，实施改造面积214.2公顷，累计投入资金39.8亿元，占全市固定资产投入的6.3%。其中，全市最大的“三旧”改造试点项目——端州区龟顶新城建设项目规划面积7.1平方公里，首期开发面积3.6平方公里，项目预计总投资100多亿元，用3年时间打造可容纳10万人口居住的集商住、旅游、休闲、娱乐于一体，配套设施完善的新城区。至年底，该项目投入16亿元，基本完成西调洪湖和东广场主体工程。（市住建局）

星湖湾住宅区

# 2010年肇庆大事记

责任编辑：吴　才 韦相伍 郭仕佳 金柳仪

## 1月

1日

▲2010年肇庆市“安利杯”全民健身迎亚运万人健康跑活动仪式在市体育中心举行。

▲零时，封开封川、德庆德城、高要新桥、四会五马岗4个一级公路收费站同时撤销。全市实行车辆通行费年票制，保留的收费站（肇庆大桥收费站除外）对肇庆籍车辆不再收取次票费。

▲全省21个地级以上市同时为外来工发放广东省居住证。10位在肇庆参与建设的公民领到首批广东省居住证。他们享有在肇庆申领驾照、办理港澳商务签注，居住5年后子女享受居民入学，居住7年申请入户等公共服务和待遇。

▲是日起，肇庆市职工基本养老保险关系在其跨省就业时可随同转移。

▲是日起，广州、佛山、肇庆部分医学检验和影像检查结果互认通用，主要包括三市的23间市级综合医院和部分专科医院。

2日

▲第三十二届“省港杯”足球赛第二回合在市体育中心进行，广东队以3：2的总比分，重夺时隔3年的“省港杯”。

8日

▲至10日，市民政局、财政局下拨救灾款200万元，向困难群众分送棉被5200件、大衣2000多件。

9日

▲至10日，驻京军队部分全国人大代表视察肇庆经济社会发展、依法行政、公正司法情况。

10日

▲共青团肇庆市第十一次代表大会在星岩礼堂召开。

▲是日起，肇庆城区实行道路交通事故处理快处快赔，机动车发生轻微事故而未造成人员伤亡，且当事人对事实和成因没有争议、单方财产损失不超过2000元的交通事故都在快处快赔范围。

▲省发改委副主任、省工作组副组长朱耀忠，检查肇庆对口援建汶川县克枯乡的入口广场、杂谷脑河护坡堤、滨河路、克枯小学等15个“交钥匙”项目和派出所等2个捐建项目。

11日

▲国家污染减排核查组检查肇庆2009年度污染减排工作情况。

▲德庆县“女性e家园”网站开通，是省内首家县级“女性e家园”网站。

▲市委书记、市人大常委会主任覃卫东主持召开各民主党派和群团组织负责人、专家学者座谈会，听取各方对2009年和2010年经济社会发展意见与建议。

▲全省交通综合执法信息网络建设暨电子监察现场会在肇庆召开。

12日

▲市领导覃卫东、郭锋等会见四川省阿坝藏族羌族自治州政府代表团。

13日

▲至14日，中共肇庆市委十届八次全会在市委小礼堂召开。

15日

▲市委、市政府在星岩礼堂向老干部通报工作情况。

▲国家、省、市先后召开“扫黄打非”工作电视电话会议，部署2010工作。

16日

▲副省长雷于蓝率省市两级红十字会到封开县，开展送温暖活动。

▲市老干部（职工）大学建校十周年庆典在星岩礼堂举行。

18日

▲国家、省、市先后召开安全生产电视电话会议。

▲广东省第一部县域经济综合发展力研究报告在省委党校发布。报告公布“县域经济综合发展力十五强”，高要市、四会市分别排第六和第八位。

▲市委召开全市政法工作电视电话会议。

▲肇庆首个省级抗震示范亭在鼎湖区蕉园村落成。

19日

▲省情调查研究中心发布调查报告，肇庆市政府公共服务总体满意度平均68.11分，排21个地级市第八位。

▲肇庆市和肇庆纪委等一批集体和个人，在全省精神文明建设表彰暨未成年人思想道德建设工作会议上，获广东省精神文明建设先进单位和先进工作者称号。

20日

▲广佛肇旅游（长沙）推介会在湖南省长沙市举行。

▲国家林业局科技司司长魏殿生，到肇庆市北岭山林场和国有大南山林场，调研优良珍贵树种培育试验示范基地和现代林业示范基地建设情况。

22日

▲肇庆高新区悦凯国际五星级酒店举行开业典礼。

▲《5·12——不能忘却的记忆》四川感恩肇庆文艺晚会在星岩礼堂举行，来自四川地震灾区的工人、学生、孤儿等组成的歌舞团为肇庆人民带来精彩的文艺演出，感谢肇庆无私援建灾区。

▲肇庆市首个镇级治安视频监控系统在高要市金利镇启用。

▲由广东电视台新闻频道·南国大地、广州日报报业集团·赢周刊等单位主办的2009首届广佛肇企业战略合作高峰论坛在广州市召开。

23日

▲市委书记覃卫东，市委常委、秘书长张成文率市委学习实践办及市直有关部门负责人到四会市独岗村调研。

▲至24日，国家林业局农村林业改革发展司司长张蕾到肇庆，专题调研集体林权制度改革情况。

▲至25日，广东迅兴拍卖有限公司主办的首届肇庆二手房展在星湖国际广场中庭举行。

24日

▲国家林业局总工程师、计资司司长姚昌恬一行，调研肇庆油茶发展、珠防林建设、珍贵树种发展等。

25日

▲全省国有资产监督管理工作会议在肇庆召开。省委副书记、省长黄华华出席会议并讲话。

▲市委、市政府召开全市深入推进三项重点工作暨公安三项建设动员大会、全市信访工作会议电视电话会议。

▲至26日，中央非公有制经济组织学习实践科学发展观活动第三巡回指导组，到肇检查活动开展情况。

26日

▲全省普及高中阶段教育工作现场会在肇庆市召开。副省长宋海、省教育厅厅长罗伟其等领导及各地级以上市分管教育的领导出席会议。

27日

▲市纪委十届五次全会在星岩礼堂召开。

▲“喜迎广州2010年亚洲残疾人运动会文艺晚会——广东残疾人艺术团巡回首场演出”在市体育中心荷花馆举行。

▲珠三角青年企业家2010年新春嘉年华在肇庆碧桂园凤凰酒店举行。

28日

▲全市宣传工作会议在市委小礼堂召开。

▲中国广东核电集团肇庆核电筹建处成立暨揭牌仪式在奥威斯酒店举行。

▲怀集县下帅壮族瑶族乡成为全省第一个成功创建省卫生镇的少数民族乡。

▲省林业局局长张育文带领考察组，考察肇庆人工种植珍贵树种情况。

29日

▲市住房和城乡建设局举办“2009年廉租住房抽签分配会”，97户低收入住房困难家庭喜获廉租房。

▲召开全市端砚及工艺美术工作会议，表彰近两年来获省级以上“大师”称号的工艺美术家。

是月

▲是月起，全市80周岁以上的农村老年人和城市低收入家庭中无固定收入的老年人，每人每月发放100元高龄津贴；百岁以上老人高龄津贴从原来每人每月150元，提高到200元。

## 2月

1日

▲市政府召开民主党派、工商联、社会团体等各界代表座谈会，征求《政府工作报告（征求意见稿）》修改意见。

▲副市长关鹏率队检查节前食品安全工作。

3日

▲省委常委、秘书长、办公厅主任徐少华率省委、省政府“送温暖”慰问团到封开县慰问。

▲市委副书记、代市长郭锋率领春节送温暖慰问团，到广宁县革命老区排沙镇南石咀村慰问困难群众。市政协主席梁国安率春节慰问团，慰问四会市和肇庆高新区。

▲省、市分别召开深化行政管理体制改革工作电视电话会议。

▲至4日，国家文化部文化产业司副司长李小磊率中央部门联合调研组，调研肇庆文化产业示范基地建设和文化产业发展情况。

4日

▲市委书记覃卫东等领导，在德庆县社会福利院开展“送温暖”慰问活动。

▲市广播电视台在星岩礼堂举行“荧屏溢彩，声韵飞扬”大型文艺晚会，庆祝建台5周年。

▲省政府办公厅副主任、省规划纲要办副主任陈志英，率省实施《珠江三角洲地区改革发展规划纲要》评估考核组来肇庆，评估考核贯彻实施《规划纲要》、推动广佛肇一体化等工作。

▲广宁县召开表彰大会，重奖新农村建设先进单位和个人共500多万元。

▲肇庆国际大酒店通过公共场所A级卫生分级认定挂牌，成为肇庆首批获得卫生A级的旅业单位之一。

▲市政府主办的“2010年肇庆迎春花市”在市体育中心启业，13日（除夕）晚结束。

5日

▲市委书记覃卫东主持召开市委常委会议，传达学习省“两会”精神，部署开展深入学习实践科学发展观活动总结工作。

▲市打假办联合市经贸局、市工商局等多家单位到市区超市、农贸市场等，开展联合打假执法行动。

6日

▲广东一力集团有限公司现代中药提取生产基地在四会市建成投产。

▲至7日，省政府冬季防火工作督察组莅肇，开展冬季防火工作督察工作。肇庆消防安全责任制落实率100%。

8日

▲市委、市政府召开农村工作迎春座谈会。

▲市委、市政府在星岩礼堂举办“虎跃龙腾贺新春——肇庆市2010年党政军民迎春文艺晚会”。

9日

▲开展深入学习实践科学发展观活动总结大会在星岩礼堂召开。表彰一批“红旗党支部”和“党员创业之星”，部署全市进一步巩固和扩大学习实践活动成果的各项工作。

▲市党政军各界人士迎春茶话会在皇朝酒店举行。

10日

▲市图书馆新馆动工建设，址在城东新区96区。图书馆新馆建筑面积1.65万平方米，总投资1.2亿元。广东省文化厅厅长方健宏，市领导覃卫东、郭锋等参加动工仪式。

▲市领导覃卫东、郭锋在牌坊广场为“盛世中华·魅力肇庆”2010年肇庆迎新春大型艺术灯会亮灯。

▲《行游天下之行游肇庆》创刊，是肇庆首本旅游与文化相融合的时尚杂志。

11日

▲市领导覃卫东、郭锋等走商场、“逛”花市，视察城区节日市场商品供应情况。

▲市民政局、市房地产行业协会、市特种设备行业协会、市律师协会在广东省新社会组织深入学习实践科学发展观活动总结表彰会上，被授予“先进单位”称号。

13日

▲至14日（年三十和年初一），市委书记覃卫东和代市长郭锋利用中国移动通信的短信平台，向广大市民发送拜年短信。

14日

▲年初一。市领导覃卫东、郭锋等冒着严寒，慰问节日期间坚守岗位的干部职工。

▲晚，市委、市政府在牌坊广场举办“大华农之春”烟花晚会，吸引数万市民、游客到场观看。

17日

▲至21日，第四届世界华人艺术节在深圳举行。肇庆32名选手获8金11银3铜。

20日

▲《解放军报》头版大篇幅报道肇庆双拥工作的先进事迹和典型经验。

21日

▲市领导覃卫东、郭锋等到市委、市政府机关，向机关工作人员致以新春问候。

22日

▲封开县在人民广场举行迎亚运、贺新春“体彩杯”全民健身步行活动，该县万名领导干部、职工和社会各界群众参与。

23日

▲“广东省肇庆市星湖湿地生态保护与环境整治项目”被国家住房和城乡建设部授予“中国人居环境范例奖”。

24日

▲至25日，新华社、南方日报社、广东电视台、南方网、西江日报社等媒体记者先后到四会市独岗村，采访该村学习实践活动的成效和经验。

25日

▲中共肇庆市委印发《关于加强和改进新形势下党的建设的工作意见》。

▲至26日，市领导覃卫东、郭锋、梁国安带领有关部门负责人，赴港澳参加“2009年肇庆市（港澳）新春团拜会”，分别拜会香港、澳门中联办和外交部驻香港及驻澳门特派员公署。

26日

▲肇庆市“十研堂”国家级制砚大师艺术馆开馆。

27日

▲肇庆市第一家公安微博“平安肇庆”（http：//t.sina.com.cn/gdzqga）开通，这是市公安局首创以发布公安业务、公共信息为主题的微博。

▲市委、市政府在香港举行“2010年肇庆市港澳新春团拜会”。

28日

▲迎亚运·肇庆市龙腾狮跃闹元宵“星湖国际广场杯”舞狮比赛在星湖国际广场举行。

## 3月

1日

▲600多名自行车骑游队员身着统一服装，以自行车骑游方式宣传妇女维权。

▲肇庆交通集团在鼎湖区坑口停车场举行“鼎湖城乡公交一体化”通车仪式。

▲至2日，“2010中国女企业家协会年会暨杰出创业女性表彰大会”在北京举行。肇庆市台商协会常务副会长、肇庆中杰鞋业有限公司董事何玉铃获2009年度“中国杰出创业女性”称号。

2日

▲至5日，中国人民政治协商会议肇庆市第九届委员会第四次会议在皇朝酒店会议中心召开。市政协主席梁国安代表市政协第九届委员会作常委会工作报告。

▲肇花高速公路肇庆段先行工程在肇庆高新区举行开工典礼。肇花高速公路西起肇庆四会市，途径佛山市三水区芦苞镇、大塘镇，广州花都区赤泥镇、狮岭镇，止于广州市花都区花山镇。

3日

▲至6日，肇庆市第十一届人大五次会议在星岩礼堂召开，会议听取和审议《政府工作报告》；选举市十一届人大常委会部分组成人员、

市人民政府市长、市中级人民法院院长、市人民检察院检察长。郭锋当选市人民政府市长。

6日

▲安徽省副省长倪发科率安徽省政府考察团到肇庆，考察与交流推进产学研方面的工作和经验。

▲肇庆餐饮酒店协会成立大会——“西江盛宴”在皇朝酒店召开。

8日

▲肇庆市纪念“三八”国际劳动妇女节100周年大会在星岩礼堂举行。

▲坐落肇庆高要的广东天龙油墨集团股份有限公司，获中国证监会核准为创业板公开发行股票的企业。3月26日，该公司在深圳证券交易所上市（股票简称：天龙集团、股票代码：300063），成为肇庆市第四家上市公司。

▲端州城区龟顶山片区“三旧”（旧城镇、旧厂房、旧村庄）改造项目动工，项目规划总面积7.1平方公里，计划投资100亿多元，为全市最大的“三旧”改造项目。

▲国家财政部、省财政厅派出的联合检查组抵肇，验收现代农业生产发展专项资金项目的执行情况。

9日

▲市委召开全市加强作风建设暨贯彻实施《中国共产党党员领导干部廉洁从政若干准则》电视电话会议。

10日

▲中国人民银行广州分行、佛山市中心支行、肇庆市中心支行在佛山市南海区签署《广佛肇金融合作备忘录》。

11日

▲省水利厅厅长黄柏青抵肇，检查水利防灾减灾工程建设情况。

▲省工商局“3·15”农资监管维权专题宣传活动——“红盾护农促发展”在德庆县文化广场举行。

▲肇庆理工中等职业学校成为广东省首家民办国家重点中等职业学校。

▲至15日，市南拳王武术馆陈建通、林小悦、莫锐3位少年参加在香港举行的第八届国际武术节上各夺三项冠军。

12日

▲市领导覃卫东、郭锋等到羚山，与干部群众一起参加义务植树活动，同时启动中心区8000公顷环城绿化带工程。

13日

▲省政府督查组来肇督查第六次全国人口普查工作。

▲省农业厅副厅长、省扶贫办主任林果先率队到怀集县，调研扶贫开发“规划到户，责任到人”工作。

15日

▲市召开“城市建设年”动员大会。确定2010～2011年22项城市建设重点工作，努力实现城市建设两年大变样。

▲市工商局、市消委会等单位在星湖国际广场举行“3·15国际消费者权益日”大型宣传咨询服务活动。

16日

▲2010年度全市教育工作会议在市委小礼堂召开。

▲召开全市民政工作会议，提出把保障改善民生作为2010年民政工作的首要任务，提高困难群体、特殊群体、优抚群体的保障水平。

17日

▲全市经济和信息化工作会议召开。提出2010年主要目标：规模工业增加值增长22.7%，社会消费品零售总额增长19.5%，单位GDP能耗下降2%。

18日

▲市委、市政府召开全市财政工作会议，围绕2010年“全市地方财政一般预算收入增长15%”的目标，进行具体的工作部署。

▲省、市召开人口和计划生育工作电视电话会议，要求各级政府将流动人口计生工作纳入本地区社会管理和公共服务体系，提供与户籍人口同等服务。

▲至19日，台湾区电机电子工业同业公会“2010广东LED产业考察团”在肇考察光电行业和企业。

▲省住房和城乡建设厅厅长房庆方率该厅有关人员到肇，专题调研绿道网建设。

19日

▲召开全市外经贸工作会议，确定2010年市外经贸工作的预期目标是：合同外资、实际吸收外资分别增长3%以上，外贸进出口增长5%，口岸

大通关有新发展。

▲日本丸红株式会社常务执行董事冈田大介率团抵肇考察访问。

▲广东省首个省级防汛物资储备基地——广东省三防物资储备中心在肇庆市鼎湖区投入使用。

20日

▲为纪念3月23日的"世界气象日"，市气象局、市气象学会在宋城路举行气象咨询服务活动。

22日

▲副省长雷于蓝到肇庆开展重点项目建设工作专题调研。

▲市政府出台《关于深化医药卫生体制改革的实施意见》，提出：建立健全覆盖城乡居民的基本医疗卫生制度。

▲市政绩考评办派出3个考评组赴各县（市、区）和肇庆高新区，考评党政领导班子2009年政绩情况。

23日

▲省政协外事侨务委员会第三次全体委员会议在肇庆召开。

24日

▲肇庆市华雄农牧有限公司的"剑花"等肇庆本地10件商标被省工商局认定为广东省著名商标。

▲至26日，全省中小学体育卫生与艺术国防教育年度工作会议在怀集县召开。

25日

▲全市发展和改革工作暨重点项目工作会议在市委小礼堂召开。市政府与各县（市、区）政府以及相关单位签订2010年重点项目工作责任书。

▲中华全国台湾同胞联谊会副会长、省台联会长陈俊康带领省台联调研组，到肇庆开展专题调研。

▲省医改办调研组莅肇，了解深化医药卫生体制改革工作进展情况。

▲市领导覃卫东、郭锋等会见来访的美国驻广州总领事高来恩等客人。

▲至26日，全省水利规划计划暨推进重点专项工程建设工作会议在肇召开。

26日

▲肇庆大道拓宽改造工程BT项目合同签约仪式在奥威斯酒店举行，肇庆大道BT项目启动，工程总投资7.3亿元。

▲亚铝集团有限公司（AAG）获得国内12家银行组团授予的总额65亿元贷款。签约仪式在广州香格里拉大酒店举行。

▲市长郭锋、副市长黄玲会见到访肇庆的国家外交部驻澳门特区特派员公署特派员卢树民。

▲国家公安部在北京人民大会堂召开"全国公安机关爱民模范"先进事迹报告会。会上，四会市公安局贞山派出所被评为"全国公安机关爱民模范集体"，德庆县公安局官圩派出所民警聂桂清获"全国公安机关爱民模范"称号。

▲市第七中学教师罗建新被广东音乐协会授予年度广东省优秀音乐家奖。

▲省政府派出工作组，检查验收肇庆市建立和完善农村合作医疗保障制度情况。

27日

▲至28日，广州市、佛山市、肇庆市三地旅游局联合组织"中外百名记者、旅行商广佛肇旅游采风活动"，在肇考察旅游产品及线路。

28日

▲召开"为千亿工程立新功、为'双转移'作贡献"劳动竞赛总结推进大会。

▲市妇联、市港澳事务局、香港新界荃湾葵青区妇女会，在皇朝酒店联合举办"肇港妇女同庆三八国际劳动妇女节100周年联欢晚会"。

29日

▲《法制日报》以《肇庆创出化解基层矛盾新招》为题，在头版报道肇庆市政法部门领导到镇街综治信访维稳中心上一天班的创新工作做法。

▲国家农业部总经济师张玉香率春季农业生产工作督导组抵肇，检查指导农业工作。

▲肇庆市城建投资开发集团有限公司挂牌，并举行银企战略合作协议签订仪式。城投集团具有国家建筑一级企业资质。

▲香港伯裘书院和鼎湖区实验中学的200多名中学生，在鼎湖山宝鼎园开展联谊活动，拉开"肇庆2010年华人华侨旅游年"暨"肇港少年教育交流活动"序幕。

30日

▲肇庆市住房和城乡建设局、广州市城乡建设委员会和佛山市住房和城乡建设局在广州签署《广佛肇城乡建设合作框架协议》。

▲第三届广东省"人民满意公务员（集体）"表彰大会在广州召开，市国土资源局的吴龙文、怀集县公安局城南派出所的莫莉获广东省

“人民满意的公务员”称号；市公安局端州分局湖滨派出所被授予“人民满意的公务员集体”。

31日

▲零时起，肇庆、广州、佛山三地机动车年票实行互认互通，往返三地普通公路收费站可免缴车辆通行费。

▲省首期“《规划纲要》大家谈”论坛在肇庆举办，主题为“肇庆纳入珠三角规划纲要一年后的回顾与展望”。

▲市领导覃卫东、郭锋、梁国安、莫友莲为绿道网纪念基石揭幕，全市启动绿道网建设。至12月27日，肇庆建成绿道近400公里，其中“珠三角绿道网”1号、6号线（肇庆段）105公里全线贯通，提前两个月完成省下达的任务。

▲市领导覃卫东、张成文、郑剑戈专题调研加快全市保障性住房建设工作。

▲全省农村青年创业小额贷款工作现场推进会在肇庆召开。

是月

▲鼎湖山泉公司的“一种用自然密滤工艺生产山泉水的方法”获得国家知识产权局《授予发明专利权通知书》。

## 4月

1日

▲2010年广东共青团农村工作会议在肇庆召开。

▲召开全市旅游工作会议暨建设“国际化旅游休闲之都”动员大会。

▲市委办印发《肇庆市创建科学发展示范村活动方案》。

▲市人大常委会副主任、广宁县委书记刘正南被全国绿化委员会授予2009年度“全国绿化奖章”。

▲市作家协会主席何树初被评为国家一级作家，成为新中国成立后肇庆首位一级作家。

▲省、市相继召开效能和电子监察工作电视电话会议。

3日

▲封开县人民法院被广东省高级人民法院评为“全省优秀法院”。

6日

▲市领导覃卫东、郭锋等及市直有关部门领导在肇庆分会场收看在北京召开的“全党深入学习科学发展观活动总结大会”实况。

7日

▲肇庆市对口支援四川省汶川县克枯乡灾后重建援建项目整体交付仪式在克枯乡新建的灯光球场举行，提前一年半完成51个援建项目，总投入1.37亿元，资金到位率排全省第一。

▲市委办转发市纪委《关于深化作风建设提高执行力的实施意见》。

8日

▲端州区被广东省纪委定为2010年全省纪律教育月活动示范点。

▲市领导及市直有关负责人在汶川县有关领导陪同下前往四川省汶川县映秀镇，参观“震中映秀遗址”。

▲肇庆市支援西南（广西、云南、贵州）旱灾区饮用水发车仪式在广东鼎湖山泉水有限公司举行，全市各界捐赠矿泉水108吨。

14日

▲肇庆新港码头通过省级验收；5月20日，省政府批复同意正式启用和对外开放；7月22日，该码头举行对外开放启动仪式；9月28日，正式开通外贸定期航班。

▲凌晨7时49分，青海省玉树县发生里氏7.1级地震。16日，市委、市政府向灾区致慰问电，并捐赠救灾资金100万元；市慈善会发出捐赠倡议书，呼吁各界捐助灾区。截至26日，市慈善会收到捐款126.4万元；至29日，市红十字会收到善款101.94万元，捐赠物资折款32.67万元。

▲西江网《今日关注》揭露端州区睦岗镇宇华电器有限公司用工违反《劳动法》行为。19日下午，在端州区劳动部门的督促下，该公司与每个员工补签劳动合同。

15日

▲市委办、市府办印发《肇庆市立体推进综治信访维稳工作“筛网工程”方案》。

▲市老龄委全体会议拟定《肇庆市80岁以上低收入高龄老人津贴制度》。

▲肇庆市确定第六届深圳文博会肇庆馆标志设计及吉祥物。标志以中国传统的“拓片”形

式表现一方宋式“风”字砚；吉祥物是“裹蒸娃娃”。

▲至17日，驻澳门特别行政区的16个国家领事馆组成领事团访问肇庆。

▲至5月5日，120家企业组成的肇庆分团参加第107届广交会，设展位169个，11大类4000多种产品参展，其中新参展产品180多种。成交总额1.15亿美元，比上届增长8.2%。

16日

▲至17日，国务院研究室综合司司长陈文玲率国家实施《珠江三角洲地区改革发展规划纲要》督促检查组莅肇检查。

▲市委宣传部、共青团市委、市旅游发展局等6个单位联合在星湖国际广场举行开展“我爱肇庆一万年理由”红段子活动启动仪式。

▲至19日，肇庆市组织70家端砚企业赴北京，参加第二十五届文房四宝艺术博览会暨第二届中国文房四宝艺术节；肇庆“十研堂”国家级制砚大师艺术馆被中国文房四宝协会授予“国之宝”奖。

17日

▲第八届“肇庆市少年儿童发明奖”评选暨参赛作品展示会在市科技中心举行，现场展示71件作品。

18日

▲省委常委、省军区司令员辛荣国到广宁县调研国防教育及“双拥”工作。

▲怀集县举行新城区建设、十大项目动工暨优质供水工程的签约、动工、剪彩仪式，总投资46.2亿元，其中签约项目6宗，合同投资额29.8亿元。省委常委、省军区司令员辛荣国，全国人大代表、全国工商联副主席、香港中华总商会名誉会长霍震寰及客商共500多人出席。

19日

▲国务院和省、市政府分别召开电视电话会议，部署开展食品安全整顿工作。

▲中央检查组到肇庆检查扩大内需项目及治理工程建设领域突出问题工作情况，先后检查肇庆医专新校区教学楼、肇庆科技学院高要新校区、景丰联围、南方珍贵树种良种选育与扩繁基地等建设项目。

▲至22日，市领导覃卫东、关鹏率市经贸代表分团随广东省党政代表团赴江西、福建两省学习考察，并参加“广东产品全国行开拓市场”活动。

20日

▲“广东省2010年农业科技下乡暨百日科技服务”活动在德庆县官圩镇启动。

21日

▲全国哀悼日。市内公共娱乐活动停止，机关、企业、学校等降半旗向青海玉树地震遇难同胞志哀。

▲省委统战部副部长、省工商联党组书记杨浩明率省工商联企业家经贸考察团，考察肇庆投资环境，与肇庆市政府签订共同推进产业合作框架协议。

▲《肇庆端砚》一书在广州举办首发仪式。该书由省文联、省民间文艺家协会主编，是广东省民间文化遗产抢救工程系列丛书。

▲封开县西江大桥合龙。该桥位于封开县长岗镇水口村跨西江至平凤镇峡塘冲口，长1407米，宽12米，属特大桥，总投资1.31亿元。

22日

▲副省长林木声率省直有关部门负责人来肇庆检查指导“绿道网”建设。

▲国务院和省、市先后召开紧急电视电话会议，部署农业生产工作。

▲肇庆作为2010年广东省侵权盗版及非法出版物集中销毁分会场之一，有关部门在星湖国际广场现场销毁23万多件侵权盗版及非法出版物。

23日

▲市委、市政府召开座谈会，欢送全国劳动模范梁承华（肇庆理工中等职业学校校长）、肖志权（星湖科技公司生物发酵厂副厂长）、黄玉梅（女，高要市金海岸织厂有限公司制造部经理）、李彩金（女，四会市江谷镇培崀村农民），赴北京参加全国表彰大会。

▲市委、市人大、市政府、市政协分别向玉树地震灾区捐款献爱心，共募集款项24.91万元。

▲第十三届省运会肇庆代表团在市体育中心荷花馆举行成立仪式，市长郭锋向代表团授旗。

▲世界读书日。肇庆启动第五届读书节，向10名低保户代表赠送“肇庆区域图书馆一卡通读者证”；省委宣传部、省文明办、省新闻出版局授予市图书馆“‘书香岭南’全民阅读活动先进集体”牌匾。

▲德庆县万人读经典活动启动仪式在德庆学宫举行。

▲肇庆籍运动员罗娇玲在浙江省宁波市参加2010年全国女子拳击锦标赛，夺得48公斤级金牌，并获优秀运动员称号。

**24日**

▲至25日，“广东县域经济科学发展（高要）论坛”在高要市举办，研讨“高要现象”，推进广东县域经济加快发展。期间，举行全省首部县域经济发展蓝皮书——《广东县域经济发展蓝皮书（2009）》的首发式。

**26日**

▲全省林权抵押贷款工作推进会在高要市召开，肇庆林权抵押贷款总额位居全省第一。

▲省国土资源重点工作检查督导组在肇庆召开全省第七片区（肇庆、佛山、云浮）督导工作会议。

**27日**

▲广东省农村妇女增收致富支持行动工作会议在肇庆召开。省委组织部部长胡泽君，省妇联主席温兰子，肇庆市委书记覃卫东，省政府副秘书长颜学亮及有关部门的领导出席会议。

▲广佛肇莞公共卫生及广州亚运会联防联控工作会议在广州华泰宾馆召开。研究讨论广佛肇重大传染病和突发公共卫生事件联防联控工作。

▲市委、市政府印发《肇庆市事业单位分类改革实施方案》，以社会功能为依据，将事业单位分为行政类、公益类及经营服务类。

**28日**

▲省妇联主席温兰子到德庆县，了解农村妇女学习培训及小额担保信贷等情况。

▲市委宣传部及市人口计生局联合召开人口计生宣教工作会议，动员和部署开展创建人口计生“以宣传教育为先导示范区”建设及各地开展人口计生宣教“一地一品”活动，用3～5年时间形成“魅力肇庆，和谐人口”的肇庆特色人口文化传播品牌工作格局。

▲肇庆市在北京获“2010年中国绿色城市”称号。

**29日**

▲全省农业政策法规工作会议在肇庆市召开，肇庆在会上作经验介绍。

**30日**

▲全市庆祝“五一”国际劳动节大会在星岩礼堂召开，参会的有市领导及各有关单位的干部职工代表共700多人。会上对获得“全国劳动模范（先进工作者）”、“广东省‘五一’劳动奖章”、“肇庆市劳动模范”、“肇庆市先进工作者”、“肇庆市先进集体”的个人和集体进行表彰。

▲肇庆市纪念“五四”运动91周年暨表彰大会在市委小礼堂召开，一批共青团工作先进集体和优秀个人受奖。

▲市长郭锋会见到访的香港华懋集团董事局主席龚仁心等。

▲市纪委、团市委、市教育局联合举办的“清廉薪火行”活动在端州中学启动，“清廉薪火行”将传至各县（市、区）。

▲至5月2日，第九届亚洲龙舟锦标赛在江苏常州市武进太湖湾举行，由肇庆市女子龙舟队组成的中国队获9枚金牌。

▲至5月8日，“在河之洲——2010年肇庆女性美术作品展”在市博物馆（阅江楼）举办，展出作品100幅。

▲至5月16日，市经贸局主办、西江日报承办的2010年“汽车下乡”巡展活动分别在四会市碧海湾广场、怀集县燕城广场及德庆县文化广场举行，有10个品牌50多款汽车参展。

**是月**

▲市纪委及各县（市、区）纪委向社会公布机关作风监督投诉电话号码及邮箱，方便市民和社会各界提出问题、意见及建议，接受社会监督。

▲高要市及封开县获2010年度国家农业综合开发高标准农田建设示范工程项目申报立项资格，项目投资总额4800万元，计划两年内建设2666.67公顷高标准农田。

▲德庆县被全国绿化委员会授予“全国绿化模范县”称号；9月8日，省绿化委员会代表全国绿化委员会向德庆县颁发“全国绿化模范县”牌匾和证书。

## 5月

**1日**

▲广佛肇三地旅游局联合在肇庆星湖名胜风景区举办“年票互通，旅游互动——广佛肇

'五一'大串门暨佛山三水百辆自驾车畅游肇庆"活动。

▲是日起，肇庆市企业职工最低工资标准执行《广东省企业最低工资标准表》中的四类标准，即由原来每月580元调整为710元，增幅22.4%。

3日

▲至6日，市委书记覃卫东、市长郭锋率党政考察团赴北京，就肇庆高新区申报国家高新区等事项，拜访有关国家部委，考察中央企业和世界500强企业。

4日

▲肇庆供电局团委被团中央授予"2009年度全国五四红旗团委"，团高要市委书记张嘉获"全国优秀团干部"称号。

6日

▲牌坊广场改造一期工程动工。10月1日竣工并对公众开放。

7日

▲市委中心组专题学习会暨"肇庆学习论坛"在星岩礼堂举办，广东省社会科学院社会学与人口学研究所所长赵细康作"加快转变经济发展方式"的专题辅导报告。省政府副秘书长、省政府经济研究发展中心主任谢鹏飞，市直有关单位科级以上干部700多人参加。下午，中心组围绕"加快经济建发展方式转变"主题进行讨论。

8日

▲国家科技部副部长李学勇到肇庆高新区了解情况，表示大力支持申报国家高新区。

▲西江日报社在中国人民大学举行的第五届中国传媒创新年会上，被评为"2009—2010中国传媒资本运营创新案例"。

9日

▲西江日报社、肇庆都市报道社、西江网及广东鼎湖山泉有限公司等单位组成的采访慰问团启程，前往四川省汶川开展为期9天的采访活动，报道肇庆对口援建工作。

▲至11日，美国福特沃斯姐妹城市协会代表团访肇。副市长黄玲会见团长梅·费格森女士及代表团成员，就结为友好城市等问题进行磋商。

10日

▲教育强市动员大会在市委小礼堂召开，部署确保2012年建设成为广东省教育强市工作。市长郭锋与各县（市、区）领导签订创建广东省教育强县（市、区）工作责任书。

▲市召开紧急会议，部署三防工作。零时，市三防总指挥部启动防洪Ⅳ级应急响应。

▲即日起，肇庆城区出租车加收燃油附加费每次1元。

▲至14日，省第十三届运动会"新世界·星湖世家杯"赛艇比赛在星湖国家水上运动训练基地举行，肇庆市代表队获18金5银5铜。

11日

▲市委办、市府办印发《肇庆市2010年全面完成文化体制改革任务工作方案》，计划年底前完成全市25家经营性国有文化事业单位转企改制任务。

▲市委宣传部在小岛宾馆召开历史文化资源系列学术研讨活动意见征询座谈会。

▲市政协和市委统战部联合召开市政协委员企业家代表座谈会，围绕落实市委十届八次全会精神，为肇庆实现"两个尽快"建言献策。

▲市政府在市府小礼堂召开防灾减灾工作会议。要求全市建立健全减灾综合协调机构，建立市、县、乡镇、村四级应急响应机制；争取15个社区开展全国综合减灾示范社区活动，到2012年全市150个社区达到全国综合减灾示范社区标准。

▲高要市压铸行业协会组织广东鸿图、鸿泰科技、鸿爱斯等12家企业赴北京参加中国国际铸造博览会。博览会有40多个国家和地区的1500多家企业参展，高要是广东唯一独立参展的市（县）级单位。

12日

▲市双拥工作领导小组全体（扩大）会议在市政府举行。市长郭锋要求实现创建全省双拥模范城"六连冠"，争创全国双拥模范城。

▲至14日，市人大常委会组织部分在肇庆的省、市人大代表，分组到德庆、封开、广宁、怀集等县，专题调研扶贫开发"规划到户、责任到人"进展情况。

13日

▲市党政及肇庆学院副厅级以上党员领导，市直和省驻肇单位党员主要负责人等在肇庆分会场参加省委召开的贯彻落实《中国共产党党员领导干部廉洁从政若干准则》电视电话会议；四会市在会上介绍开展领导干部廉洁从政工作经验。

▲省政府研究中心《研究报告》第2号发表《封开实施大项目带动战略，加快科学发展的经验与启示》文章。

▲市政府在深圳市河东宾馆召开肇庆参加第六届深圳文博会新闻发布会，通报肇庆组团参加文博会以及文化产业发展的情况，近30家媒体到会采访。

▲省航道局在肇庆举行全国劳动模范、全国交通运输系统先进工作者李汉生先进事迹报告会。李是省西江航道局封开分局航标工人。

▲2010年广东省职业技能大赛肇庆选拔赛在市高级技校（技师学院）拉开序幕。

14日

▲肇庆市创建科学发展示范村现场会在四会市独岗村召开，动员全市学习推广“独岗经验”。

▲至17日，肇庆市组团参加深圳“第六届中国（深圳）国际文化产业博览交易会”。“肇庆馆”展馆面积309平方米；签约10个项目，总金额12.33亿元，文化产业招商项目38个；肇庆团获优秀组织奖及优秀展示奖。

15日

▲肇庆、广州、佛山三市在佛山市签订职业教育合作协议。是年起，三市中等职业学校招生不受地域限制；肇庆市安排肇庆工业贸易学校及肇庆农业学校首先向广州和佛山招生。

▲肇庆高新区与中恒保宇公司在高新区悦凯五星级酒店，举行中恒保宇（大旺）健康产业园签约仪式。签约项目总投资141.9亿元。市领导覃卫东、郭锋、刘龙平、黄三和、关鹏、黄新华等及中恒保宇公司董事长许淑清等出席。

▲至16日，粤桂两省（区）在封开县召开松材线虫病联防联治工作会议，提出联防联治工作新要求。

▲至17日，世界旅游可持续发展研究会、中国旅游产业联合会、中国品牌建设协会、中国城乡发展研究会和今日财富报社联合在上海市举办“世博中国年·2010中国品牌颁奖盛典”。期间，肇庆市的“千里旅游画廊”被授予“最受欢迎国内旅游线路”。

▲至25日，“百年雄才纪念活动之黎雄才与当代岭南名家展”在高要市黎雄才艺术馆举行，纪念国画大师、岭南画派巨匠黎雄才诞辰100周年。

16日

▲全国助残日。副市长李天在媒体发表题为《关爱帮扶农村贫困残疾人》讲话。庆祝第二十次“全国助残日”暨“肢残无障碍，万众助你行”——万台轮椅赠送启动仪式在市体育中心举行，主办方将首批3000台轮椅赠送给各县（市、区）贫困肢残人士。

17日

▲启动2010年卫生下乡巡回医疗工作，医疗队分赴封开县、怀集县、德庆县、广宁县、鼎湖区的乡镇，开展为期5天的巡回医疗活动。

▲南广铁路广宁县南街镇首约村龙嘴岗山头施工段发现战国墓葬群。

▲至18日，澳门特别行政区行政长官崔世安访肇，先后到广东国际赛车场、亚洲铝业有限公司和肇庆市职教公共实训中心参观考察。

18日

▲肇庆市启动应急工作“五个一”工程建设，即市确定1个县（市、区）、各县（市、区）确定1个镇（乡、街道）、1个村（社区）、1家企业、1所学校作为示范单位；高要市被定为肇庆“五个一”工程建设示范单位。

▲市科协、市科技局、市工商局、高要市政府联合在高要蚬岗镇举行肇庆市2010年“科技进步活动月”启动仪式暨大型科普集市活动。

▲四会市在广州市番禺区举办对接广佛产业转移招商会，签约30个项目，投资总额67.88亿元，其中超亿元项目22个。

▲至19日，省节能考核组考核肇庆市节能工作。通过听取情况汇报，核查相关节能文件，抽查亚洲铝业节能工作等，宣布肇庆市2009年节能目标责任考核等级初步定为“完成”。

19日

▲市领导覃卫东、郭锋率肇庆市党政代表团赴云浮市考察。

▲公布2009年县（市、区）和肇庆高新区党政班子政绩考评结果：高要市、端州区、德庆县为“政绩突出”；鼎湖区、四会市、广宁县、开封县、怀集县及肇庆高新区为“政绩优良”。

▲“全国青年文明号”揭牌仪式在肇庆粤肇公路有限公司举行，省交通厅、团市委等有关领导出席。自1994年开展“青年文明号”活动以来，肇庆市有5个单位获得“全国青年文明号”，

22个单位获省级“青年文明号”，167个单位获市级“青年文明号”。

▲至20日，省委政法委委员、省检察院检察长郑红到肇庆调研政法、检察和综治信访维稳中心建设工作。

20日

▲市委书记覃卫东率调研组调研“城市建设年”重点项目建设。先后到龟顶山片区“三旧”改造、牌坊广场改造、星湖栈道建设和绿化、星湖大道改造、市图书馆新馆、肇庆大道改造、市第一人民医院新院、砚都大道建设、信安大道改造等项目建设现场，了解工程进展情况，研究解决影响工程进展的困难和问题。

▲市委、市政府出台《关于规划建设肇庆市珠三角区域绿道网（肇庆段）的工作意见》。

▲省公益事业促进会“幸福工程”巡回到肇庆，向全市2000名孤寡老人发放120万元助养金，每人600元。

▲33位来自端砚、歙砚、洮河砚和澄泥砚四大名砚界的砚艺精英，成为亚太地区手工艺大师、中国工艺美术大师黎铿的徒弟，并在端州大酒楼举行收徒、拜师典礼。

21日

▲省科技厅专家组到肇庆，现场评估肇庆市申报创建省部产学研结合示范市情况，通过肇庆申报。

▲在星岩礼堂举办领导干部专题法制讲座，省普法领导小组副组长、依法治省领导小组办公室常务副主任张宇航，应邀作题为《法治社会的心理基础》讲座。

▲端州区城北街道人民调解委员会副主任李海国和广宁县宾亨镇人民调解委员会副主任周世明分别被国家司法部授予“模范人民调解员”称号。

▲至23日，省教育厅派专家组到肇庆，初审评估肇庆科技学院和肇庆工商学院申请升格本科办学。

22日

▲全国人大常委会副委员长、民盟中央主席蒋树声率民盟中央考察团到肇庆，专题调研完善收入分配机制、促进社会和谐发展等问题。

▲至26日，广东省第十三届运动会“新世界·星湖世家杯”皮划艇比赛，在肇庆市星湖国家水上运动训练基地举行，肇庆市代表队获7金6银4铜。

23日

▲第七届中国移动“我爱广东杯”广东广播新闻大赛颁奖大会在肇庆举行。

24日

▲市政协召开九届三十二次主席会议，审议关于对加速全市城市基础设施建设、提高城市发展水平专题调研的方案；通报“光大·锦绣山河杯”第九届肇庆龙舟邀请赛暨旅游推介会的筹备工作情况。

▲在封开县悦封苑（酒店）举行贺江电力发展有限公司收购封开县属水电站转让经营签约仪式，整合东安江、大冲、都尚、红峰等9座国有水电站后，贺电公司总装机容量增至12万千瓦。

▲全市17家企业的18个项目入选广东省现代产业500强项目，投资总额285.47亿元。

▲至26日，四川省汶川县党政代表团访问肇庆。

25日

▲至26日，省政协副主席梁国聚率省政协调研组到肇庆，调研“加强环境治理，促进宜居城市建设”工作，考察肇庆市污水处理三厂、龟顶新城、星湖湾绿道建设现场，要求肇庆合理规划建设，打造宜居城市。

26日

▲市长郭锋参加省委、省政府在深圳召开的珠三角地区贯彻落实《珠江三角洲地区改革发展规划纲要》工作会议。

▲全市推进镇（街道）工会规范化建设现场会在高要市召开。

▲市科协、广宁县政府在广宁县碧翠湖宝锭山景区科普教育基地举行“国家级科普教育基地”授牌仪式。

27日

▲市龙禧小学四年级学生潘晨赴京参加中国少年先锋队第六次全国代表大会。

▲肇庆市金粤创业投资有限公司在奥威斯酒店举行成立仪式。该公司是肇庆首家国有风险投资基金公司，由肇庆市金叶投资发展有限公司与广东省粤科风险投资集团全资子公司广东省科技创业投资公司出资组建，首期注册资本1亿元（其中金叶投资公司出资6000万元）。

▲至28日，广东省残疾人飞镖、象棋锦标赛

在市体育中心荷花馆举行，肇庆市选手夏赞斌获男子轮椅组飞镖冠军。

28日

▲全市“绿道网”规划建设现场会在四会召开；覃卫东、郭锋、梁国安、莫友莲、杜挺等领导为“珠三角绿道网6号线四会起点”碑石揭幕。

▲市人力资源和社会保障局与中华联合财产保险肇庆中心支公司举行高额补充医疗保险签约仪式。中华联合保险成为肇庆2010～2013年新一期高额补充医疗保险的承办单位。

▲5月28日，广东烟草肇庆市有限责任公司工会委员会、广宁县地方税务局工会委员会、中国电信集团工会肇庆市委员会被中华全国总工会授予“全国模范职工之家”称号；肇庆市公路局二塔渡口所工会分会、广东科贸林产化工股份有限公司质检部化验室工会小组获“全国模范职工小家”称号。

29日

▲澳门明德慈善会捐资50万元，资助封开县150名农村贫困学生完成中等职业教育。全国政协港澳台侨委员会副主任、澳门中华总商会副会长、明德慈善会会长马有礼，明德慈善会理事长颜婉明，省委统战部副部长、省工商联党组书记杨浩明等出席捐赠仪式。这是该慈善会第三次在封开设置“明德慈善会希望工程班”。

▲市举行旅游推介会，新加坡、巴基斯坦、古巴、希腊、印度、埃塞俄比亚、比利时等11个国家驻穗领事馆总领事及相关官员参加。

▲市人力资源和社会保障局、市教育局、市总工会、市工商联在市中巴软件园联合举办“全市2010民营企业招聘周”专场招聘会。

▲至30日，全国田径大奖系列赛肇庆站赛在肇庆市体育中心举行，广东代表团获7金6银5铜，其中肇庆运动员夺得1金1银2铜。

31日

▲市领导覃卫东、郭锋、梁国安、吴华钦、莫友莲等在广州与该市领导张广宁、林元等会面，就落实“珠三角地区贯彻落实《规划纲要》工作会议”精神、深化合作、推动广佛肇一体化发展进行研讨。

▲端州区政府承接肇庆市城市综合管理局的中心城区环境卫生保洁管理等相关职能。

是月

▲重庆大学、华南农业大学、仲恺农业工程学院等高校的科技特派员进驻肇庆市相关高新企业。

## 6月

1日

▲市政府召开十一届46次常务会议，审议通过《关于促进以创业带动就业工作的实施意见》，提出争创国家级创业型城市规划：2011年全市新增创业人数2万人，参加创业培训1.8万人，帮助约1.5万名劳动者创业并带动社会就业约8万人。

▲市领导覃卫东、郭锋等会见来访的日本东洋铝业株式会社社长今须圣雄一行。东洋铝业2007年落户高新区，总投资4800万美元，生产太阳能电池专用铝银浆等产品，份额占全球销量的50%以上。

2日

▲全市节能减排工作会议在市政府小礼堂召开。副市长郑剑戈代表市政府与鼎湖区、四会市、高要市政府签订污水处理设施建设责任书。

▲省政府检查组专项检查肇庆市建设现代产业体系、提高自主创新能力工作。

▲至4日，市委、市政府在星岩礼堂举办“深入贯彻落实科学发展观，加快转变经济发展方式”专题研讨班，市委书记覃卫东、市长郭锋分别作专题辅导报告。

▲至4日，澳门旅游局考察团在肇庆考察盘龙峡、七星岩、鼎湖山等景区，探讨区域旅游合作。

3日

▲市委召开常委会议，传达省召开的珠三角贯彻落实《规划纲要》工作会议精神。市委书记覃卫东强调要从“六个着力”加大贯彻力度，加快转变经济发展方式，推动肇庆科学发展、加快发展。

▲全市共青团组织扶贫开发现场动员会在高要市水南镇坑口村举行。

▲受西江上游广西强降雨影响，2010年西江入汛以来首个洪峰通过肇庆。高要水文站在凌晨出现6米的洪峰水位，距警戒水位4.0米，洪峰流

量每秒2.33万立方米。

▲市委办、市政府办印发《关于调整充实肇庆市地方志编纂委员会成员的通知》，市长郭锋为主任，张成文、李天、梁育天、莫优年为副主任。

4日

▲召开全市“三旧”（旧城镇、旧厂房、旧村庄）改造工作会议。全市纳入“三旧”改造规划项目1482个，用地面积1.09万公顷。

▲至5日，市委书记覃卫东等到广宁、怀集专题调研扶贫开发“规划到户、责任到人”工作。

5日

▲国家防总秘书长、水利部副部长刘宁率国家防汛抗旱检查组到肇庆市检查防汛、防旱、防风设施建设情况，到景丰联围达标加固工程、省三防物资储备中心、九坑河水库除险加固工程等建设现场考察。

▲第39个世界环境日。副市长郑剑戈在《西江日报》发表题为《积极推进污染减排 营造绿色美好家园》讲话。

▲省社科联和信息时报、西江日报联合鼎湖山景区管理处、广东鼎湖山泉有限公司发起的“关注自然保护区，保护生物多样性”专家论坛，在鼎湖山自然保护区内举行。

▲市文广新局在城区广百时代广场中庭举行“手机图书馆”建设启动仪式，市民只需拥有一台具备GPS功能的手机，可进入肇庆无线城市网站阅读小说、杂志、漫画。

▲肇庆御荷堂艺术馆进驻广州，其广州馆在T·I·T创意园揭幕，并举行制砚艺术大师精品展和邬邦生、晏任飞国画书法展。

6日

▲市质监局启动“质检邀您看企业，食品安全大家行”活动，邀请人大代表、政协委员、消费者代表共40名组成代表团，走进食品生产企业，见证食品安全。

▲由省海洋与渔业局、市人民政府主办，市农业局、团市委、市渔政支队承办的第三届广东休渔放生节肇庆分会场活动在肇庆段西江边举行，共放生四大家鱼、中华鳖、中华鲟等260多万尾。

7日

▲市委书记覃卫东在广州向中共中央政治局委员、省委书记汪洋汇报肇庆年内经济社会发展情况及贯彻实施《珠江三角洲地区改革发展规划纲要》情况。

▲肇庆市第一间省级中小学教师工作室——丘红慧教师工作室在怀集县实验小学挂牌。

▲中国新闻摄影学会、中国地市报新闻摄影学会联合主办的2009年度中国地市报新闻摄影作品评选揭晓，肇庆市朱健兴、李金泉和刘春林的作品获奖。

▲肇庆学院的27名党员大学生到端州区20个社区挂任社区党支部副书记，开展为期1年的服务社区活动。

▲省航运集团与肇庆市政府就加快肇庆港口物流经济发展达成共识，提出要将西江沿岸港口建设成连接珠江与大西南的节点。

▲市召开“十二五”规划编制工作座谈会，各县（市、区）领导、市“十二五”重点专项规划编制牵头部门领导参加。市委常委、常务副市长刘惠祥部署规划编制工作。

▲高考第一日。全市设14个考场768个试室，2.24万人参加，比上年减少1137人。是年为高考实施新方案、取消选考科的第一年，实行“3+文科综合/理科综合”考试，考期由3天缩短为2天。

▲省政协副主席、省卫生厅厅长姚志彬视察肇庆市第一人民医院新院建设工地。

8日

▲市府办印发《肇庆市政府质量奖评审管理办法（试行）》，设立“肇庆市政府质量奖”。

▲市综治委在封开县召开深入推进三项重点工作暨综治信访维稳“筛网工程”工作会议。封开县委书记范汝雄作经验介绍。

▲市党风廉政建设领导小组召开市直单位反腐倡廉专项任务分工会，把53项任务落实到48个责任部门和专责机构，每个专项任务由一名市领导任责任领导。

▲“罗征祥心血管中心”揭幕暨肇庆市红十字“安心行动”启动仪式在市第二人民医院举行。

▲首个广佛肇人才一体化大学生专场招聘会在广州市的南方人才市场举行。广佛肇三地332家用人单位为进场应聘的数千名大学生提供近7000个岗位。

▲至9日，市长郭锋与市人大常委会副主任陈端、市政协副主席梁伟强、肇庆军分区政委魏辉，到广宁县、怀集县调研“规划到户、责任到

人”、重大项目建设和“三旧”改造工作。

▲至9日，市政协把专委会分成五个大组，围绕“加速我市城市基础设施建设，提高城市发展水平”开展专题调研，为肇庆城市设施建设建言献策。

9日

▲市红十字会召开四届五次理事会，市长郭锋被聘为市红十字会名誉会长。

10日

▲佛山市三水区委书记卢立湃率区党政领导班子，到广宁县螺岗镇螺岗社区了解三水区扶贫点项目建设情况。三水向广宁扶贫开发项目捐赠180万元。

▲市委组织部在韶关市召开的广东省扶贫开发“规划到户、责任到人”工作现场会上作经验介绍。

▲市委宣传部、公安局、教育局、安监局等部门联合举行2009年度省级、市级交通安全文明示范单位授牌、挂牌仪式，全市12个先进集体被授予牌匾。

11日

▲澳大利亚新南威尔士州州长助理王国忠为团长的澳大利亚国际联合总商会考察团访问肇庆。

▲广东首次举行全省统一的“监狱开放日”。肇庆、佛山、中山、云浮等地的各界人士代表和服刑人员家属走进怀集监狱、四会监狱，了解监狱的执法管理，观摩服刑人员的生活、改造情况。

▲广东省“统战工作社会化”理论研讨座谈会在鼎湖山举行。

12日

▲广东省召开“加快转变经济发展方式”电视电话会议。市领导及市直机关各单位负责人出席肇庆分会场的会议。

▲“肇庆·端州包公廉政文化主题公园”揭幕仪式在星湖湾公园举行。

▲至13日，2010年香港房车锦标赛“风云战”之“潜鼎战”在肇庆高新区广东国际赛车场开赛。

▲中国第五个文化遗产日。“砚都藏珍——肇庆首届民间端砚精品展”在市博物馆开幕（7月11日结束）；市文化部门向肇庆市级非物质文化遗产代表项目和传承人颁发牌匾和证书。

13日

▲全国第九个“安全生产月”。全市2010年安全生产月宣传服务咨询日活动在城区星湖国际广场启动，有关单位在现场开展咨询服务，举办法律法规宣传图片和安全生产事故警示图片展览。

▲肇府办发出《关于印发〈珠江三角洲城市年鉴〉（肇庆部分）编纂工作方案的通知》，正式启动该年鉴的编纂工作。

▲至21日，副市长孙德率肇庆经贸代表团随广东省经贸代表团赴俄罗斯、土耳其及香港开展经贸交流，签下总额3.59亿美元的项目7个，签订进出口贸易合同2550万美元。

▲至23日，举行中等职业学校第二届学生技能大赛，600多名参赛选手角逐机械等10个专业类别、数控车等25个项目的竞赛，肇庆市工业贸易学校获团体总分第一名。

14日

▲团市委召开“青年就业创业见习基地”座谈会。肇庆有43个“青年就业创业见习基地”，其中团中央级的“见习基地”11个，提供见习岗位近800个，近400人参加见习，部分人员见习期间直接转业就业。

▲肇庆市首届“端午文化节”启动仪式在星湖国际广场举行。

▲至19日，在第十三届省运会拳击比赛上，肇庆市运动员夺得男子拳击乙组45公斤、54公斤、75公斤和75公斤以上四个级别的金牌。肇庆共派出22名运动员参赛，取得4金3银5铜的好成绩，金牌总数及团体总分均名列全省第二，获“体育道德风尚奖”。

15日

▲市三防指挥部召开紧急会议，部署抗洪救灾工作。14～15日，肇庆市北部普降大到暴雨局部大暴雨，怀集、封开相继出现灾情。

17日

▲国务院和省、市政府分别召开电视电话会议，部署开展强农惠农资金专项清查工作，清查范围包括2007年至2009年3年所有涉及强农惠农资金的使用情况。

▲全省启动“广东扶贫济困日”活动。20日，肇庆市印发《关于在全市开展“广东扶贫济困日”活动的通知》；至28日下午3点，全市捐款总额4660万元，其中到账1587万元，未到账的认

捐数额3073万元。

▲佛肇城际轨道三水段动工。该轨道起于佛山西站，经南海、三水、大旺、四会、鼎湖抵肇庆市区，全长83公里，设计最高时速200公里。

▲至21日，市召开贯彻落实《规划纲要》工作现场会，检阅各地实施《规划纲要》以来成果，研究解决遇到的困难和问题，加快转变经济发展方式。

18日

▲市委、市政府作出《关于创建广东省教育强市的决定》，用3年时间建成省教育强市。

▲市委组织部会同市科技局、市人力资源和社会保障局召开市第九批专业技术拔尖人才评审会，廖钦林等34人通过评审。

▲市领导覃卫东、郭锋、刘惠祥、关鹏等和肇庆中导光电设备有限公司董事长、总裁李波等公司负责人举行会谈，双方就厂房建设改造和产权问题进行磋商，并达成共识。

▲至19日，肇庆市举行“光大·锦绣山河杯”第九届肇庆龙舟邀请赛暨旅游推介活动。英国、美国、香港等国家和地区及广州、佛山、肇庆等地的48支队伍参赛，运动员队伍1200人；其中国外和港澳地区参赛队伍有30多支。

▲至21日，肇庆市组团参加省政府在东莞市厚街镇广东现代国际展览中心举办的第二届广东外商投资企业产品（内销）博览会，成交贸易额2.3亿元，比上届增长4.5%。

19日

▲肇庆市和端州区住房保障部门在市体育中心荷花馆，对2009—2010年度通过“二次公示三级审核”符合申购经济适用住房的360户家庭进行抽签分配住房。

20日

▲市委、市政府在小岛宾馆召开全市开展“广东扶贫济困日”活动工作会议，传达贯彻全省活动工作会议和6月19日市委常委专题会议精神，研究部署全市开展首届“广东扶贫济困日”活动工作任务。

▲中共中央政治局委员、省委书记汪洋就四会市贞山街道独岗村村委书记谢志权的来信给予回复，寄语独岗村要为全省新农村建设提供示范。

21日

▲省委常委、常务副省长朱小丹率省直有关部门负责人，到肇庆高新区调研产业转移和劳动力转移实施工作情况。

▲至23日，省人力资源和社会保障厅副厅长葛国兴率考评组到肇，验收肇庆市创建国家级创业型城市工作。

22日

▲市政府召开第六次全国人口普查工作会议，部署人口普查工作。常务副市长刘惠祥代表市政府和各县（市、区）签订人口普查工作责任书。

▲工业和信息化部软件服务业司主办的信息服务业“十二五”规划编制工作研讨会在奥威斯酒店举行。

▲肇庆、广州、佛山三市安全监管局签订首个广佛肇区域安全生产应急救援协作框架协议。

▲美国六旗集团乔治，广东九洲房地产有限公司董事长高国杰，璟富国际有限公司董事长蔡贵深等在高要市考察投资环境。六旗集团（SixFlags）是美国最大地区主题公园营运公司之一，在美国、墨西哥和加拿大经营20个主题公园。

▲市关工委和市关工委办公室主任陈耀强、怀集县关工委副主任古松青，分别被中国关心下一代工作委员会、中央文明办评为全国关心下一代工作先进集体和全国关心下一代工作先进工作者。

▲至23日，省环保厅厅长李清率检查组检查肇庆市2010年环境保护重点工作完成情况。

23日

▲端州区政府与中国电子信息产业发展研究院、广东浩致集团有限公司在奥威斯酒店签署《肇庆市端州区生产性服务业发展战略合作框架协议》。

▲至25日，第二届中国龙舟文化节在东莞市中堂镇举行，肇庆“砚都”龙舟队获民间龙舟队巡游表演银奖。

24日

▲市委常委、市纪委书记曾超鹏作为全国4个市级纪委书记代表之一，作客“人民网”接受记者访谈，回答网友提问。

▲至25日，怀集县出现强降水天气，部分地区暴雨成灾，副市长李天率市三防、水利等部门的负责人，赶赴受灾严重的梁村、岗坪、大岗等镇指挥抗洪救灾。封开县各地普降大雨到暴雨，造成长安、金装、南丰等10个镇不同程度受灾。

25日

▲“创新广东”信息化扶贫行动之贫困母亲帮扶计划在肇庆开展活动，500名单亲特困母亲、贫困妇女家庭各获赠2000元生产资金和一部爱心手机。

▲高考放榜。肇庆市本科上线7650人，比上年增长15.33%，上线率为34.84%。总分680分以上12人，650分以上186人。

▲肇庆高新区与福建达利集团在悦凯酒店举行签约仪式，合同投资总额22亿元。达利集团是国内食品行业龙头企业，在高新区投资引进4条饮料生产线和1条纯净水生产线，生产“和其正”凉茶、“达利园”优先乳等产品。

▲省海洋与渔业局和省妇联在高要市白土镇联合为广东省首个以女性执业渔医挂帅的鱼病诊所举行揭牌仪式。

26日

▲国际禁毒日。市禁毒委联合市教育局和端州区有关部门在田家炳中学举行“小手拉大手，禁毒建和谐”活动，向全市中小学生发出禁毒倡议书。

▲广宁县启动网络招聘会，定每月10、20、30日为网络招聘日。求职者只要登陆广宁山区信息网，点击劳务招聘专区就可以浏览到网络招聘的相关信息。

28日

▲市委办、市府办及肇庆军分区政治部联合印发《深入开展“向梁成华学习、推动全民创业”学习活动的方案》。

▲四会市召开转变经济发展方式动员大会，提出以“学三水，赶三水，财政收入突破10亿元，建好肇庆东大门”为目标。

▲“中国砚都·名师名砚精品展暨端砚文化推介活动”在广州市高剑父纪念馆举行，展出黎铿、刘演良、张庆明、程文、关红惠等26位肇庆籍端砚大家、名师的91方作品。

▲市长郭锋等领导率市直有关部门负责人专题调研文化强市工作。先后察看梅庵、高要学宫、正东路骑楼街、阅江楼、文昌阁、崇禧塔等端州城区历史文化景区、公共文化服务设施和重点文化产业项目。

29日

▲高要市举行“万把雨伞赠女孩计生关爱进万家”活动。高要是广东省关爱女孩行动、综合治理出生人口性别比偏高问题项目点的（县）市之一。

▲省交通运输厅厅长何忠友率省交通公路部门负责人到肇庆检查指导水毁公路抢修工作。

▲至7月1日，省委常委、纪委书记朱明国率省纪委、省扶贫办有关人员在广宁、怀集县开展扶贫济困活动。

30日

▲肇庆市在广州香格里拉大酒店举行“广佛肇经济圈——肇庆（广州）投资环境推介会”，市长郭锋致辞并作投资环境推介。

▲肇庆市开展“广东扶贫济困日”活动启动仪式在星岩礼堂举行。市领导覃卫东、郭锋等，各县（市、区）和市直单位主要负责人，驻肇部队、爱心企业和学生代表以及扶贫志愿者等800多人参加。

▲端州区首批10个南方报业电子阅报栏在端州区委区政府和部分社区启用，市民只需用手指轻触液晶显示屏，就可浏览《南方日报》、《西江日报》等电子报纸，获知多种民生资讯和政务信息。

▲广梧高速封开连接线通车，全长14.79公里（含封开西江大桥1407米），其中封开县境内长8.16公里，连接线总投资2.1亿元。该线起点位于国道321线封开长岗水口村，终点接广梧高速公路郁南互通立交出口。

▲市城乡规划局编制的《肇庆市城乡规划一体化规划（2010—2020）》通过专家评审。来自中山大学、省住房和城乡建设厅城乡规划处、省城乡规划设计研究院、广州市城市规划勘测设计研究院、肇庆市环境科学研究所等单位的专家参与评审。

▲在广东省珠江文化研究会成立10周年的庆典上，肇庆的“端砚文化”、“端州文化”、“广信文化”和“广竹文化”等被评为首批25个“珠江文化星座”之一。

▲至7月1日，省委第六巡视组到德庆县就社会文化发展和党风廉政建设情况进行调研。

## 7月

1日

▲市委召开座谈会，纪念中国共产党成立89

周年，表彰10位“东亮式”创业致富之星。

▲2009年度广东省群众文艺作品评选结果揭晓，肇庆有6件作品获奖，在全省地级市中名列第七。

▲至8月31日，三茂铁路肇庆客运段共安全运送旅客129.5万人次，比上年同期增21.7万人次，创历年暑运之最。

5日

▲市反腐倡廉暨预防职务犯罪教育基地在市委党校揭幕。

8日

▲省纪委在端州区召开全省纪律教育学习月动员暨示范点现场会，推广端州经验，部署全省纪律教育学习月工作。

9日

▲全市科学技术奖励暨创建省部产学研结合示范市动员大会在市委小礼堂召开。

▲“文明旅游、理性消费宣传进社区下县区”暨2010年肇庆暑期旅游黄金月系列活动在星湖国际广场启动。

12日

▲至13日，省产业转移目标责任考评组对市政府及中山（肇庆大旺）产业转移工业园开展2009年度产业转移目标责任评价。

13日

▲封开县在全省加强社会治安综合治理工作电视电话会议中作“创新综治信访维稳机制”经验介绍。

16日

▲省运会闭幕。肇庆市代表团获84金38银40铜和总分3294.5分，在金牌榜和综合总分榜都排第七位，并获体育突出贡献奖第四名。

21日

▲市委在星岩礼堂召开全市纪律教育学习月活动动员会暨“三纪”教育培训班辅导报告会。

▲省政府副秘书长江海燕莅肇，调研维护散居少数民族合法权益情况。

▲至23日，第二届全国部分旅游景区工商局旅游市场监管联盟会议在肇召开，肇庆市等16个旅游城市工商局签署旅游消费异地维权合作框架协议。

▲至23日，省政协港澳台委视察团莅肇，就实施“双转移”和产业结构调整开展专题调研。

22日

▲市领导覃卫东、郭锋率市党政军拥军代表团到省军区机关慰问。

▲市领导覃卫东、郭锋等会见到访的广东发展银行董事长董见岳、行长利明献等。

▲市确定肇庆市中医院和高要市人民医院为残疾人驾驶人体检定点医疗机构。

23日

▲全市应急救援队伍建设现场会在封开县召开，成立肇庆市综合应急救援支队。

▲国家工商总局市场规范管理司副司长杨洪丰到高要市检查指导农贸市场升级改造工作。

26日

▲肇庆、广州、佛山三地女企业家协会主办的“低碳经济时尚生活”女企业家论坛在皇朝酒店举行。

▲肇庆军分区举行庆“八一”军转干部座谈会。

▲至27日，珠三角绿道网建设工作座谈会在肇召开。

▲至28日，市人大、市总工会和市人保局联合派出2个执法检查组，检查有关单位实施《劳动合同法》和《工会法》情况。

28日

▲市委、市政府在怀集县召开“规划到户、责任到人”工作现场会，市委书记覃卫东强调全市各地要创新帮扶模式。

29日

▲在星岩礼堂举行庆祝中国人民解放军建军83周年暨爱国拥军拥政爱民表彰大会。

30日

▲至31日，中共肇庆市委第十届九次全体会议在市委小礼堂召开，审议通过《肇庆市建设文化强市规划大纲（2011—2020年）》，通过《中国共产党第十届委员会第九次全体会议决议》。

31日

▲至8月1日，代表肇庆参加上海世博会“广东周”展演的唯一表演节目——封开县“五马巡城舞”在上海世博园北环路内博城路踏街巡游表演。

是月

▲市供电局供电量完成10.67亿千瓦时，单月供电量首次突破10亿千瓦时。

▲是月起，市直城镇职工基本医疗保险参保

人，无需额外缴费，增加100元以内的门诊医疗待遇。

## 8月

1日

▲17时34分，省道连大线广宁县古水镇下塝路段发生一宗3车相撞重大交通事故，导致11死2伤。2日，市政府在广宁县召开“8·1”重大交通事故现场会，部署开展全市交通安全专项整治工作。

2日

▲省督查组莅肇检查中小学校舍安全工程情况。

▲肇庆合唱团在“第十届中国国际合唱节”大赛上获成人混声组银奖。

5日

▲召开全市水利工程建设工作会议。

▲至6日，省人大常委会副主任钟阳胜率省人大执法检查组，检查肇庆实施《中华人民共和国中小企业促进法》和《广东省促进中小企业发展条例》情况。

6日

▲1200多人骑自行车在城区举行巡游迎亚运活动。

▲市卫生局与各县（市、区）卫生行政部门签订医改责任状；确定高要市人民医院和怀集县人民医院为市公立医院改革试点。

8日

▲2010年全国汽车飘移系列赛第二站广东肇庆站比赛在肇庆高新区广东国际赛车场落幕。

10日

▲肇庆市首次组队，与广州、佛山组成“广佛肇环保游泳方队”参加广州横渡珠江活动。

▲16时，位于封开县江口镇旧城区东方二路贺江一桥至江口镇实验厂原职工宿舍楼河岸路段发生滑坡地质灾害，8栋居民楼房倒塌落入贺江中，无人员伤亡。13日，封开县公布“8·10”地质灾害受灾群众安置救助方案。

▲肇庆高新区举行校企合作大会，20所高校和22家企业签约。

▲肇庆农信社与市住房公积金管理中心共同推出的公积金住房按揭贷款业务在奥威斯酒店签约。

11日

▲召开全市第三次全国文物普查工作会议，通报各县（市、区）的实地文物调查全部通过省验收，其中15处新类型文化遗产被列入省重要新发现。

▲封开县民兵轻舟分队、怀集县民兵轻舟分队被省政府、省军区授予“2010年广东省抗洪抢险先进民兵轻舟队伍”称号。

12日

▲市总工会成立由46名律师组成的法律服务律师团，为社会各界提供公益法律服务。

13日

▲市委、市政府在市委小礼堂召开全市电视电话会议，部署“创平安迎亚运”工作和推进公正廉洁执法“松竹梅”工程。

▲市长郭锋会见来肇考察的全国工商联副主席、新华联集团主席兼总裁傅军。

14日

▲全市百名青联委员“走进贫困村、关爱留守少年儿童统一行动”拉开帷幕。

16日

▲至22日，市长郭锋率肇庆分团随广东省经贸文化交流团赴台开展“台湾·广东周”活动，肇庆有6个项目在开幕式签约仪式上签约，签约金额1.99亿美元，部分企业与台湾企业签订总金额3亿美元的采购协议。

17日

▲至19日，省政协组织部分委员专题视察肇庆市镇街综治信访维稳工作。

18日

▲省委常委、宣传部部长林雄到怀集县，调研基层人口计生工作和文化建设情况。

▲至19日，省水利厅厅长黄柏青莅肇庆调研水利工程建设情况。

19日

▲省委宣传部、省社科联组织的“广东岭南文化名人巡讲团”在市委小礼堂举行“传承岭南优秀文化，建设广东文化强省”主题巡讲活动。

▲19日晚和20日晚，深圳春秋艺苑、肇庆市粤剧团在市粤剧演艺中心共同举办“春韵秋曲乐端城”曲艺晚会，来自美国、香港、深圳和肇庆的10多位曲艺家同台演出。

20日

▲省交通运输厅在肇召开全省干线公路迎“国检”工作会议。

23日

▲省民政厅发文批复端州区黄岗镇、睦岗镇分别改设黄岗街道办事处、睦岗街道办事处。10月13日，黄岗街道办事处、睦岗街道办事处举行揭牌仪式。

25日

▲肇庆启动“做文明有礼的中国人”网上签名活动。

▲国家教育部、中国残疾人联合会、中国残疾人福利基金会和交通银行共同主办的“交通银行特教园丁奖”颁奖活动在上海举行，肇庆启聪学校教师王萍萍获“交通银行全国特教园丁奖”，并作为广东省获奖代表出席颁奖典礼。

▲广州、佛山、肇庆三市档案局签署《广佛肇区域性档案目录中心合作协议》。

26日

▲肇庆市首届“十大慈善人物”颁奖典礼在皇朝酒店举行。

27日

▲省委常委、组织部部长李玉妹莅肇，调研“创先争优”活动。

▲佛山市委书记陈云贤率佛山党政代表团到怀集县考察佛山—肇庆“规划到户、责任到人”扶贫开发工作。

▲3时左右，西江河道二塔河段一艘中型垃圾船突然爆炸起火，船主夫妇被严重烧伤。

▲至31日，副市长关鹏率团参加在福建省福州市举行的第六届泛珠三角区域合作与发展论坛暨经贸洽谈会。肇庆与泛珠区域9+2省区签订经贸合作项目21个，合同金额17.1亿元。

28日

▲广东金鼎黄金有限公司挂牌，由广东高要河台金矿整体改制而设。

▲肇庆市2010广播新星大赛总决赛结束，来自湖南省的谢晖夺冠。

30日

▲省委书记汪洋到怀集县龙西小学慰问“代转公”教师，并向全省教师致以教师节的问候与祝福。

▲省政协副主席梁国聚率领省政协调研检查组来肇，检查落实《中共中央关于加强人民政协工作的意见》情况。

▲至31日，省委书记汪洋到肇庆就扶贫开发“规划到户、责任到人”、产业和劳动力“双转移”、基层党组织和党员创先争优等进行调研。

31日

▲市委、市政府发文表彰“肇庆市基础教育系统首批教育专家”等一批教育工作者。

▲市府办印发《关于肇庆市开展农民工积分制入户城镇工作的实施意见》。

## 9月

1日

▲是日起，端州区城镇低保标准由每月280元提高至290元，农村低保标准由210元提高至240元。

2日

▲至3日，新华社等10多家媒体组成的采访团，在肇开展“激情亚运绿色广东”和“激情亚运创新广东”系列专题宣传。

3日

▲中国人民抗日战争胜利65周年纪念日。市委书记覃卫东率市委、市政府慰问团走访市直抗日老战士代表。

▲市委书记覃卫东在市委小礼堂主持召开市委常委扩大会议，学习贯彻中共中央政治局委员、省委书记汪洋到肇庆调研重要讲话精神。

▲至5日，肇庆首届汽车文化节在美轮车城举行。

7日

▲全国妇联党组书记、副主席、书记处第一书记宋秀岩莅肇考察妇女工作。

▲肇庆召开深化医药卫生体制改革工作会议。

8日

▲省科技厅和市政府在市委小礼堂签署《省市共建广东省绿色照明示范城市框架协议》。

▲市委宣传部与广东电视台电视剧制作中心等单位签约，25集电视连续剧《砚痴》等10件文艺作品成为肇庆首批重点文艺创作生产扶持项

目，获扶持资金。

▲市政府召开全市产学研结合和知识产权工作会议。

10日

▲肇庆市与广西壮族自治区贺州市在怀集县举行应急管理合作协议签字仪式，建立跨区域应急联动工作机制。

12日

▲中国端砚展览馆举行重修开馆仪式。

13日

▲至14日，省检查验收组检查验收怀集县“创建全国残疾人社区康复示范县”工作，评定为91分，达到“全国残疾人社区康复示范县”工作标准。

14日

▲至15日，全国政协常委、中国科协副主席齐让率全国政协科协界委员近10人莅肇，调研科普惠农工作。

15日

▲全国政协提案委副主任毛林坤，广东省政协副主席徐尚武及来自湖北、湖南、广西、海南、贵州、广东等中南六省（区）的政协领导，专题视察肇庆旅游文化建设工作。

▲市国资委与市委党校校企合作培训签约仪式在市委党校举行，启动全市创新干部教育培训方式、校企合作培训国企干部工作。

▲至16日，国家外交部副部长宋涛莅肇，检查指导广州亚运会、亚残运会的涉外工作。

16日

▲全市深化作风建设、提高执行力现场会在封开县召开。

▲全省水上交通检查站工作座谈会在湖滨大酒店召开。

17日

▲市委召开常委会议，学习贯彻胡锦涛总书记在深圳经济特区建立30周年庆祝大会上重要讲话精神。

▲长江水利委员会副总工程师夏仲平率领国家水利部检查组，莅肇检查扩大内需水利投资和水利工程建设领域突出问题专项治理情况。

20日

▲市各界人士贺中秋迎国庆茶话会在皇朝酒店举行。

▲以“迎接亚运会创造新生活”为主题的肇庆首届“农信杯”农民运动会在市体育中心开赛，近1000名运动员参赛。

25日

▲由10家东南亚华文媒体高层领导组成的采访团访肇，报道肇庆落实科学发展观、贯彻落实《珠江三角洲地区改革发展规划纲要》、加快经济发展方式转变等方面情况。

26日

▲国务院同意肇庆高新技术产业园区升级为国家高新技术产业开发区（国函〔2010〕107号）。

▲市长郭锋、副市长李天带领市直有关部门负责人前往封开、德庆，指导救灾复产工作，并检查“规划到户、责任到人”扶贫开发工作。

▲是日起，施行《肇庆市残疾人就业保障金征缴实施办法》。

27日

▲肇庆高新区与中国电信广东公司签署《信息化战略合作框架协议》。

▲副市长孙德率经贸代表团参加在广州举行的2010广东国际旅游文化节泛珠三角旅游招商会，共签订投资项目4个，投资总额1.43亿美元。

▲肇庆、广州、佛山三市环保局联合举行“2010年广佛肇突发环境事件应急监测演习”，深化三地环保合作。

28日

▲广东省广播电视网络股份有限公司肇庆分公司成立。

▲省委常委、政法委书记、省公安厅厅长梁伟发莅肇，调研亚运安保和县级综治信访维稳中心建设工作。

▲高要市举行“9·28”经贸洽谈会，投产、动工、签约项目共106宗，投资总额152.3亿元。

▲广宁县在佛山市南海区举办招商推介会，签约21个项目，投资总额40.8亿元。

▲“2010中国城市信息化发展论坛暨成果评选”在苏州市落下帷幕。《肇庆市城镇居民基本医疗保险系统》获“2010中国城市信息化服务创新奖”。

29日

▲肇庆市庆国庆迎亚运民兵阅兵暨市国防教育训练基地落成仪式在市国防教育训练基地阅兵

场举行。

▲广东首个区域特色文化邮册《人文肇庆》专题邮册在广州首发，限量3000册。

30日

▲广肇高速公路二期工程正式通车，实现广佛肇高速公路路网“无缝对接”。

▲为期5天的蓝带杯“2010中国武术散打王争霸赛”在肇庆市体育中心闭幕，冷鑫、付高峰、黄磊、王强分获男子75、80、90和100公斤级冠军。10月12日，各级冠军进行无级别总决赛，黄磊卫冕男子“功夫王”，龚金兰成为新中国第一位女“功夫王”。

## 10月

1日

▲市委书记覃卫东在德庆县检查指导救灾复产和扶贫开发工作时提出：力争全倒户元旦前搬新居，确保扶贫开发走在全省前列。

▲市长郭锋到怀集县检查指导救灾复产和扶贫开发工作。

▲四会市公安局马房安全检查站挂牌试运行，负责对从云南、贵州、四川、广西及粤西地区经本境进入广州、佛山的车辆进行检查。

2日

▲市委书记覃卫东到七星岩、鼎湖山景区检查国庆“黄金周”旅游工作，并慰问节日期间坚守岗位的干部职工。

▲市委副书记吴华钦检查景丰联围加固工程，要求工程要在明年4月前完工。

4日

▲至6日，肇庆市国家青少年体育俱乐部芸苑中心的选手，在“首届全球舞王挑战赛（2010香港标准舞、拉丁舞国际公开赛）”获5金6银2铜。

8日

▲省、市先后召开部署集体林权制度改革和森林防火工作会议。全市林权改革主体工作进入冲刺阶段，至9月20日止，第一榜公示完成99.4%，第二榜公示完成96%，内业输入完成88.3%，林地使用权证发证率82.3%，股权证发证率28%。

▲中共肇庆市委组织部举报中心挂牌成立，举报电话：12380。

▲省、市先后召开征兵工作会议，决定11月1日展开征兵工作，征集的主体仍然是各类院校应届毕业生，优先征集大学生毕业生入伍。

9日

▲市委、市政府组织有关部门检查省立绿道网建设工作，部署确保年底前完成省立绿道网建设任务。全市建成绿道近400公里，其中省立绿道网1号线和6号线（肇庆段）105公里全部贯通，投入使用50多公里，比省要求“一年基本建成”提前两个月完成。

▲市政协召开九届二十一次常委会议，就建设文化强市，促进旅游服务业发展进行专题议政。

▲“广佛肇一体化发展”理论研讨会在佛山市委党校召开，三市党校100多名（其中肇庆20名）专家学者与会。

11日

▲市委、市政府召开新的社会阶层代表人士座谈会，通报经济社会发展和落实《规划纲要》情况。

▲市与澳门贸易投资促进局联合在澳门旅游观光塔举办“肇庆—澳门经贸旅游文化合作交流会”。为肇庆市首次在澳门举办大型经贸交流活动，签下投资项目和产业合作项目18宗，投资总额13亿美元。

▲国家公安部治安局局长、亚运安保协调小组社会面防控工作部长刘绍武莅肇，检查亚运安保工作。肇庆市分别在封开、怀集、高要、四会设立亚运安保公安检查站。

12日

▲肇庆海关缉私分局会同市缉私办、市工商局，在四会市查获一个大型地下“红油”脱色加工场，查获运油车2辆、压滤加工机械2台、脱色“红油”71.02吨。

13日

▲省委、省政府召开实施《规划纲要》实现“四年大发展”电视电话会议，通报实施《规划纲要》实现“四年大发展工作”方案主要内容，对下一步工作进行全面部署。市领导覃卫东、郭锋、刘龙平等在肇庆分会场出席会议。

14日

▲市委理论学习中心组学习报告会暨“肇庆学习论坛”2010年第五讲在星岩礼堂举行。会议由市委书记覃卫东主持。中共十七届中央纪委委员、国家文化部党组成员、中央纪委驻文化部纪检组组长李洪峰作《大国崛起的文化准备》辅导报告。

▲市四套班子领导和驻肇部队官兵在星岩礼堂聚会，为即将赴广州参加亚运安保工作的300多位武警官兵举行专场文艺晚会。

▲省高级人民法院院长郑鄂先后到端州区人民法院、高要市人民法院新审判综合大楼建设工地和高要市综治信访维稳中心，就开展“排头兵竞赛达标”活动进行专题调研。

15日

▲肇庆市与广州市、佛山市联合在广州市召开工作会议，共同研究解决推动广佛肇经济圈建设，促进广佛肇一体化发展的重大问题。

▲第五届中国西部文化产业博览会在西安市曲江国际会展中心开幕。肇庆市应邀组团考察观摩，市委常委、宣传部部长陈以良代表肇庆作为主礼嘉宾出席开幕式。

▲市老龄委、市慈善会、端州区老龄委，在湖滨大酒店举行东江纵队、粤赣湘边纵老战士重阳节茶话会，100多名老战士欢聚一堂，共度佳节。

16日

▲肇庆学院1900多名亚运志愿者，在该校青年广场举行“创先争优、服务亚运”宣誓大会。

▲肇庆合唱团在第十届中国合唱节暨第二届星海合唱节中获金奖。

18日

▲至29日，副市长孙德率肇庆经贸分团赴埃及、斯里兰卡和印度开展经贸交流活动，参加省政府在开罗和新德里举行的经贸合作洽谈会，共签订投资项目3宗，总额8650万美元，进出口贸易合同金额6833万美元。

19日

▲市长郭锋主持召开十一届50次市政府常务会议，通过富县强镇、简政强镇事权改革等事项。

▲至20日，全国政法工作会议筹备工作座谈会在北京市召开，高要市与深圳市代表广东省与会，高要在会上作经验介绍。

20日

▲市领导覃卫东、郭锋等会见中国广东核电集团副总经理张炜清一行，双方就肇庆核电项目的有关问题进行会谈。

▲“砚都欢歌——中德合唱友好交流音乐会”在肇庆学院音乐厅举行，德国汉诺威青年合唱团和肇庆合唱团等为观众送上多首中外合唱名曲。

▲市政府出台《肇庆市安全生产重大事故隐患挂牌督办制度》。

21日

▲至22日，市组织开展政风行风民主评议，市经济和信息化局、市科技局获满意等级。

22日

▲中共肇庆市委召开常委扩大会议，传达学习党的十七届五中全会精神和省委常委扩大会议精神，研究贯彻落实意见，科学谋划肇庆“十二五”经济社会发展。

23日

▲香港广佛肇联谊总会第四次筹委会在肇庆奥威斯酒店召开。

▲德庆县解放纪念日。该县在斌山中学集会纪念德庆解放61周年暨举行中共德庆地下党小组旧址揭幕。

▲至24日，中国中小城市科学发展评价体系研究成果发布暨第七届中国中小城市科学发展高峰论坛在湖南长沙市举行，会上发布2010年度科学发展评价体系研究成果，四会市、高要市榜上有名。

24日

▲省委常委、政法委书记、省公安厅厅长梁伟发与肇庆市委、市政府主要领导到东莞市，考察东莞市以纯集团有限公司。

25日

▲全市108个乡镇启动简政强镇事权改革，有30个部门近400项管理权下放到镇（街）。该项工作至12月底前基本完成。

▲省县域经济研究与发展促进会、省委党校省情研究中心在省委党校发布第二部《广东县域经济综合发展力研究报告》，四会市、高要市在2009年广东县域经济综合发展力分列第三和第六位。

▲肇庆市第六次全国人口普查领导小组发布《关于开展肇庆市第六次全国人口普查的公告》。

26日

▲市委召开全市创先争优活动座谈汇报会，总结开展创先争优活动以来的情况，研究部署下一阶段工作。

▲省气象局局长余勇等到肇庆市气象局调研，查看市气象局管理平台，了解防灾减灾气象服务和气象灾害应急体系建设情况。

▲省第十七届“环卫工人节”。端州区给900多名环卫工人发放纪念金和纪念品，送上免费体检等福利。

▲省政府召开深入推进居住证制度工作电视电话会议，要求全省年内完成此项工作。肇庆市于9月中旬已完成任务。

▲市委组织部主办、广宁县委组织部承办的肇庆博士论坛第十二期在广宁县开讲。

27日

▲市青年企业家协会的20多名青年企业家到怀集县诗洞镇中和小学、梁村镇沙田小学，分别为两校“希望家园”揭牌，并向两校赠送1000套课桌椅和一批学习书籍、电脑、体育器材等。

▲至29日，由市人大常委会牵头，市林业局、公安局、卫生局等11家单位组成执法组，检查端州区经营利用野生动物或其产品的场所，查获230多条（只）野生保护动物。

▲至29日，以“农村公路的可持续发展与新农村建设”为主题的第二届世界农村公路大会在山东省济南市举行，肇庆作为广东唯一代表在大会上作题为“积极探索市场化养护模式，提升农村公路养护水平”经验发言。这是肇庆市交通部门首次参加国际性学术研讨会。

▲市政府印发《关于2011年度肇庆市新型农村合作医疗工作的指导意见》。

28日

▲全国政协副主席、民建中央第一副主席张榕明在广东省副省长、民建广东省主委宋海的陪同下莅临肇庆，对民建肇庆市委有关工作开展调研。

▲下午4时许，广州亚运会圣火火种抵达肇庆。29日上午9时，第十六届亚运会火炬第18站（广东省第14站）传递起跑仪式在肇庆市体育中心举行，88名火炬手经过2个小时的传递，抵达终点牌坊广场，沿途有25万市民为火炬手欢呼呐喊。

▲市委、市政府在星岩礼堂举办学习贯彻新《保密法》报告会，邀请省委保密委员会专职副主任、省国家保密局局长张宇作辅导报告。

▲省卫生、安监、人力资源和社会保障、总工会、职业病防治等部门人员组成的省督查组莅临肇庆，督查粉尘高毒物品危害治理专项行动。

▲广东地税统一工作平台在肇庆试点上线。通过平台，全省地税系统管理实现“四个统一”（统一用户管理、统一任务管理、统一信息展现、统一消息管理）。

▲广东省首家中国石化、肯德基自助加油站汽车穿梭餐厅在端州区景山岗加油站开业。

29日

▲“‘转型力量广东探路’——产业转移与升级”论坛在肇庆高新区举行。来自国家、省、市的专家学者、政府官员就如何更加科学有效利用“双转移”，加快经济发展方式转变等问题进行探讨。

▲国家文化部非遗司、国家非遗保护工作专家委员会、中国艺术研究院美术研究所和省文化厅非遗处人员组成的调研组莅临肇庆，调研非物质文化遗产保护工作。

▲至30日，国家人口计生委副主任江帆率督导组到肇庆，召开国家免费孕前优生健康检查项目试点工作专项督导广东省座谈会，调研端州区试点工作。

▲至31日，第七届梧州国际宝石节在广西梧州市举行。肇庆等10个两广地区西江流域城市参加宝石节开幕式和宝石节第三届西江经济发展论坛，签署通过共同发展现代物流业来振兴西江经济的《梧州倡议》。

30日

▲省环境保护厅、省文明办、广州亚组委环境空气质量保障部联合举办的“畅享绿色出行·迎接激情亚运”“绿色穿越”环保公益活动在肇庆市嘉信茂广场举行。

▲国际攀岩联合会主办，国家体育总局登山运动管理中心、省体育局和怀集县政府联合承办的2010中国广东·怀集世界杯攀岩赛暨怀集经贸洽谈会在怀集县举行。

31日

▲全市开始冬季征兵工作。市长郭锋在《西江日报》发表题为《认真做好征兵工作，确保完成征兵任务》文章。

▲国务院国有资产监督管理委员会主任叶祥训，调研封开华润水泥项目建设情况。

**是月**

▲端州区城东清真寺举行"广东省民族团结教育基地"挂牌仪式。是广东省首批三个"广东省民族团结教育基地"之一。

## 11月

**1日**

▲七星岩东门广场项目开工。占地6.78万平方米，总投资4000万元，2011年春节前竣工。

▲是日起，全市政府投资工程项目实行工程承包和工程廉政"双合同"制度。

▲《人民日报》刊发《提升比转移更重要——广东肇庆高新区承接产业转移观察》，剖析肇庆高新区从一个破败农场蜕变为国家高新区、成功承接产业转移的经验。

▲肇庆市与全国同步开展第六次全国人口普查入户登记，11月10日结束。

▲广东邮轮旅游电视频道在肇庆启播，并与肇庆市广播电视台合作，在邮轮频道开设《向肇庆出发》专栏，宣传肇庆旅游资讯。

▲市旅游发展局启用行政服务窗口，地址在端州区古塔南路，市民、游客可以直接到窗口办理星湖门票卡或进行旅游投诉。

▲香港太平绅士黄金池率香港房屋事务经理协会及房屋经理学会扶贫助学团抵达德庆，向该县捐赠29万元善款，用于支持556名特困学生读书。

**2日**

▲市长郭锋与副市长孙德等到第108届广交会，检查肇庆市参展企业对外成交情况。截至是日，肇庆市参展企业对外成交1.38亿美元，比上届同期增长20%。

▲马来西亚广肇联合总会参观考察团抵肇，进行为期2天的考察访问。

▲佛山、肇庆海事部门在西江下游琴沙洲尾水域，举行确保亚运期间西江饮用水源安全的水上溢油应急联合演习。

▲星湖国家水上运动基地为第十六届亚运会中国女子龙舟队举行出征仪式，国家体育总局社会体育指导中心副主任邹积军、副市长黄玲及市体育局有关领导出席。

**3日**

▲市委、市政府发出《关于表彰肇庆市精神文明建设先进单位和先进工作者的决定》，市精神文明建设委员会和市爱国卫生运动委员会作出《关于对肇庆市创建广东省卫生村镇、生态文明村先进集体和先进个人通报表扬的决定》。

▲中央创先争优活动领导小组成员、全国非公有制经济组织创先争优活动指导小组组长、中央统战部副部长、全国工商联党组书记全哲洙，率工作组抵肇调研指导非公有制经济组织创先争优活动。

▲市委、市政府在皇朝酒店设宴，欢迎前来参加"再会星湖"的台北市高要同乡会返乡参访团全体成员。

▲14幢广东"岭南新民居"在德庆县官圩镇沙河冲村动工建设。该村是广东省4个"岭南新民居"建设示范点之一，新村规划用地1万平方米，新民居每幢建筑面积387.74平方米，每户单幢建筑面积189.37平方米。

**4日**

▲全市精神文明建设暨创建省卫生村、生态文明村工作会议在封开县召开，市委市政府、市文明委、市爱卫会联合表彰一批先进集体和个人。

▲省、市分别召开"亚运会"火灾防控工作电视电话会议。

▲国家林业局副局长印红莅肇，调研自然保护区和野生动植物保护工作。

▲全市救灾复产及重建家园工作现场会在德庆县召开，会议要求：争取"全倒户"2011年元旦搬进新居。

▲至5日，市派团前往澳门参加由澳门经济建设协进会主办的"加强澳门与珠三角西部城市经贸文化交流合作研讨会"。

**5日**

▲省委宣传部、省文化厅主办的"情系岭南——百场优秀戏剧曲艺作品巡回演出"在端州区机关会议中心大会堂首演。至本月19日，肇庆各县（市、区）群众免费欣赏14场戏剧曲艺演出。

▲国家、省、市先后召开知识产权保护与执法工作电视电话会议，部署知识产权保护和执法工作。

▲省工商联主席陈丹率经贸考察团考察肇庆高新区、鼎湖区和端州区的城市建设、基础设施

建设和工商企业。

▲2010中国地市报总编辑新闻摄影高层论坛在肇庆半岛酒店举行。来自香港摄影报、人民画报、深圳晚报等全国各地百多家报社的总编辑、摄影记者、图片编辑等300多人与会。

▲市委宣传部组织编写的《人文肇庆》在肇庆湖滨大酒店举行首发式。

▲市政府在市府小礼堂举行表彰会，为在第十三届省运会上取得优异成绩的42名运动员和13名教练员颁奖。

▲2010世界（中国肇庆）生态旅游养生大会在肇庆举行。

6日

▲首届环星湖绿道骑游暨肇庆市第二届国际市民徒步大会在牌坊广场举行，来自21个国家和地区的游客、骑游爱好者、徒步爱好者及肇庆市民共3万多人参加。

▲市领导会见来肇庆参加2010广东国际旅游文化节肇庆旅游嘉年华的领导和嘉宾。

8日

▲肇庆与广州、佛山、江门、汕尾的公交系统实现联网，率先加入到全省公交一卡通“岭南通”的行列，“肇庆通”成为“岭南通”的子品牌。

▲中国第十一届记者节。肇庆市新闻工作者协会、新闻学会在高要市举行2010年肇庆新闻界记者节大会，全市200多名新闻界代表欢聚一堂。

▲市知识界人士联谊会在市委礼堂举行成立大会。

▲德庆县贡柑、沙糖桔海内外产销对接会开幕，共签约柑桔合同10宗，销量1.08亿公斤。

▲市政协主席梁国安到广宁县赤坑镇调研扶贫开发工作。

▲肇庆市第一所台商爱心学校在广宁县江屯镇落成。该校由肇庆市台商协会出资22.8万元修成。

▲市政府召开节能预警应急响应工作会议，研究落实节能预警控制用电工作措施，确保完成全市“十一五”节能减排目标任务。

9日

▲市长郭锋等会见中恒集团董事长、总裁许淑清等，双方就共同关心的问题进行会谈。

▲云南省政协主席王学仁率考察团，在广东省副省长黄龙云陪同下考察四会市玉器加工产业。

▲市属国有经济发展与改革研讨会在高要市凤凰酒店召开，来自中山大学、暨南大学、广东外语外贸大学、肇庆学院、市委党校等院校的专家学者，以及省、市有关部门领导献计国有经济发展与改革。

▲至11日，应肇庆市人民政府邀请，美国加利福利亚州库比蒂诺市副市长黄少雄莅临肇庆。10日晚上，副市长黄玲和黄少雄进行友好会谈。

10日

▲市委书记覃卫东会见《中国日报》总编辑朱灵，表示将加强双方合作，更广泛深入地宣传推介肇庆。

▲成美健身俱乐部在市体育中心举行由全国妇联命名表彰的“全国妇女健身示范站”挂牌仪式，成为肇庆市首个获得该殊荣的全民健身活动场所。

▲五省十市第三届书画联展在市端砚展览馆开幕，共展出书画作品200多件。

▲端州区和平路63号发生火灾，过火面积3720平方米，市消防支队启动灭火应急预案，组织调集周边县（市、区）16辆消防车和123名消防官兵赶赴现场扑救，大火无造成人员伤亡。

11日

▲市政府召开全市外经贸工作分析会。1～10月，全市实际吸收外资、外贸进口和出口增幅均超过全省平均水平。

▲国务院召开电视电话会议部署农田水利基本建设工作，副市长李天和有关部门负责人在肇庆分会场出席会议。

▲来自全国各地百多家旅行社的总经理考察肇庆旅游。

12日

▲在肇庆海事局的清道护航下，武汉创新江海运输公司安排的一艘5000吨级江海直达船“江夏安”号在封开县华润码头靠岸，这是该级海轮首次直达肇庆市港口，刷新海船单船进入西江肇庆段载重吨位纪录。

▲陕西省代省长赵正永访肇，参观七星岩名胜风景区。

13日

▲国家工商总局局长周伯华、省工商局局长卢炳辉到高要市基层工商行政管理部门检查工作。

▲省旅游局、市政府主办的2010年广东国际旅游文化节肇庆旅游工艺品（特产）展在肇庆市

体育中心荷花馆开幕，来自全国各地的近百家企业参展。

▲肇庆市收藏家协会成立大会在湖滨大酒店举行。

14日

▲肇庆运动员顾兵与队友在第十六届广州亚运会上，以65.59分获马术盛装舞步团体项目比赛银牌，是中国马术队首次在亚运会上取得亚军。

15日

▲市台商协会和高要市妇联共同举办“心手相连、爱心助学”见面会，有363名学生得到资助，每人领到500元～2000元不等的助学金，资助总额27.5万元。

▲国务院召开加强和改进工商联工作电视电话会议，部署贯彻落实十七届五中会和《中共中央国务院关于加强和改进新形势工商联工作的意见》精神，肇庆市委、政府、政协领导在肇庆分会场出席会议。

▲省委组织部、省政府办公厅联合举办的“广东省应急管理法制建设研讨班”在鼎湖区开班，为期5天。19日，副省长、省应急委副主任李容根出席研讨班结业典礼。

▲市机构编制委员会召开编委成员会议，市长、市机构编制委员会主任郭锋主持会议并讲话。这是肇庆市编委会成员调整和市编办单独设置后召开的第一次编委会议。

▲市政府发出紧急通知，要求全市开展火灾隐患大排查大整治工作。

16日

▲市长郭锋等会见来访的广东粤海控股有限公司党组书记、董事长、总经理黄小峰，双方就共同关心的水务项目等问题进行会谈。

▲省委常委、宣传部部长林雄到肇庆考察端砚产业发展情况。

▲是日起，根据省委统一部署，省委第十巡视组对怀集县开展为期一个半月的巡视工作。

▲市委在市委小礼堂召开政协工作会议。

▲在广州亚运会男子4×100米自由泳接力决赛上，肇庆籍运动员史润强代表中国队出战，为肇庆夺得本届亚运会首枚金牌。

17日

▲中国伊斯兰教传统节日古尔邦节。肇庆中学370名新疆学生与其他同学一起载歌载舞，欢度节日。

▲至18日，香港特别行政区驻粤经济贸易办事处主任郑伟源在肇庆市考察访问。

18日

▲市政府发出《关于印发肇庆市人民政府向各县（市、区）下放行政管理事项目录的通知》，决定向各县（市、区）下放397项行政管理事项，其中委托各县（市、区）管理的135项，直接放权各县（市、区）实施的196项，服务前移由各县（市、区）代为受理或预审的66项。

▲市长郭锋、副市长孙德等会见美国思科公司大中华区副总裁何达。

▲肇庆籍运动员在广州亚运会水上项目龙舟和赛艇比赛中斩获两金。

▲市府召开实施珠三角《规划纲要》领导小组工作会议，审议《肇庆市实施珠三角实现“四年大发展”工作方案》。

19日

▲市委副书记、市长郭锋到端州区、四会市检查“平安亚运”工作。

▲肇庆高新区、东莞松山湖高新区晋升国家高新区授牌仪式在广州举行。

▲肇庆市运动员曲晓明、郭晓兵与队友在广州亚运赛艇男子八人单桨有舵手决赛中获金牌。

▲肇庆市政协第六届高尔夫球邀请赛“亘泰杯”在肇庆高尔夫度假村举行。广州、佛山、东莞、清远市政协委员、企业家，欧亚华人高协澳门分会和市高协、市直部门、市政协和工商界人士等共100多人同场竞技。

20日

▲市粤剧团举行建团50周年团庆活动。该团历届团友和众多戏剧名家共近500人欢聚一堂。

▲肇庆赴广州调展的147幅美术作品在广东文联艺术馆展出，展示肇庆文化艺术建设的成果。

21日

▲市委书记覃卫东到城区调研城市建设重点项目，强调要保质量抓进度，确保各项重点工程如期完成，让群众早日受惠。

22日

▲中国人民武装警察部队副司令员刘红军，到肇庆视察武警亚运安保等情况。

▲市委书记覃卫东、市长郭锋率队检查肇庆省立绿道建设工作，要求各地、各部门要全力以

赴，确保全市省立绿道年底前全线贯通。

▲肇庆首家“端溪紫玉”形象店启业，作为特色文化旅游产品开发的亮点，“端溪紫玉”正式推向市场。

▲中国女子龙舟队参加亚运凯旋回肇，市政府在皇朝酒店举行庆功宴。中国女子龙舟队在亚运会获3枚金牌。

▲著名画家李平野、吕红英、朱涛作品联展在中国端砚展览馆展出。

▲原市政协副主席、市民革主委刘伟铿逝世，享年67岁。

23日

▲中央政法委、中央综治办督导室副巡视员李炜率中央综治委督导检查组莅肇，检查肇庆综治工作。检查组认为：肇庆市无愧于全国社会治安综合治理优秀地市和“长安杯”称号。

▲大唐广东分公司与广东省天然气管网有限公司在高要市举行广东大唐国际高要金淘热电冷联产项目天然气供应签约仪式，总投资60亿元的大型环保型、效益型项目正式落户高要金淘工业集聚基地。

▲市委书记覃卫东会见中国新闻摄影学会主席、人民日报社原副总编辑于宁。

▲2010年广东社会科学学术年会“地方特色文化与文化强省建设”专题研讨会在波海楼召开，90多名来自省内多所院校与社会科学院的专家学者为建设文化强省建言献策。

▲鼎湖区广利街道砚洲社区举行“全国妇联基层组织建设示范社区”挂牌仪式。

24日

▲华南农业大学、华南理工大学等单位的教授、高级规划师组成的专家评审组，原则通过肇庆市（中心区域）区域绿地规划。市（中心区域）区域绿地规划范围包括端州区、鼎湖区、肇庆高新区和四会市、高要市，辖32个镇，12个街道办事处，总面积3923平方公里。

▲怀集县纪念怀集解放61周年并举行革命烈士纪念馆开馆仪式。原副省长匡吉等曾在怀集战斗过的革命老干部代表以及肇庆市委和各县（市、区）党史部门负责人等200多人参加集会。

▲市政府主办，肇庆市旅游发展局和市旅游协会联合承办的“2010广东肇庆（合肥）旅游推介会”在安徽省合肥市举行，通过“包公文化”的联姻，加强肇庆与合肥旅游业的交流与合作。

▲省编制委员会办公室主任李志红到肇庆调研指导工作，与市长郭锋、副市长关鹏就肇庆机构编制工作交换意见。

25日

▲省委副书记、省长黄华华率省直有关部门负责人莅临肇庆，调研肇庆高新区及肇庆市经济社会发展情况。

▲数字肇庆地理空间框架建设工程设计书通过专家评审，省国土资源厅副厅长李俊祥和副市长郑剑戈分别代表省国土资源厅和肇庆市政府，在奥威斯酒店签署共建共享协议，标志着“数字肇庆”建设正式启动。

▲省女检察官协会第三届第二次理事会在肇庆召开。

▲位于端州三路北侧的市属国资委系统“安居家园”经济适用住房项目落成。252户市属国资系统低收入家庭且住房困难职工成为首个经济适用房项目业主。

▲二广高速公路（二连浩特—广州）连州至怀集段（含支线工程）在怀集县动工建设。二广高速连州至怀集段项目南接二广高速怀集至三水段，北与二广高速湖南段相连，西接广西灵峰至贺州高速公路。

26日

▲市委书记覃卫东、市长郭锋等领导到龟顶新城调研，强调加大力度引进战略投资者，加快城市建设。

▲市政府在南京市金陵饭店举行旅游专场推介会。

▲加拿大温哥华潮州同乡会莅临肇庆参观访问。

27日

▲港澳肇庆同乡会创会25周年暨第九届理事会就职大会在香港九龙湾百乐门宴会厅举行。

29日

▲举行2010“大旺金秋”经贸洽谈会，共签约、奠基、剪彩66个项目，投资总额383.5亿元，其中投资20亿元以上项目5个。

▲省外经贸厅厅长刘耀文抵肇，了解肇庆外经贸发展总体情况，在肇庆高新区召开座谈会。

是月

▲肇庆居民消费价格总指数（CPI）同比上

升4.4%，创2008年9月以来单月最大涨幅，指数升幅面达63%。调查显示，食品、医疗保健和个人用品、居住等基本民生商品价格涨幅明显。

## 12月

1日

▲国务院、省政府、市政府分别召开学前教育工作电视电话会议，贯彻落实《国务院关于当前发展学前教育的若干意见》。

▲全市LED路灯应用推广现场会在德庆县召开，省科技厅副厅长叶景图、肇庆市副市长孙德分别对肇庆市创建“绿色照明示范城市”作部署。

2日

▲市委书记覃卫东检查景福联围应急加固工程，要求2011年汛期前完成主体工程建设。

▲市城市规划委员会召开第十一次会议，通过《龟顶山森林公园详细规划》、《肇庆市城乡规划管理技术规定》、《鼎湖区61区、63区控制性详细规划调整》等议题。

▲省安全监督局局长杨富、党组书记陈建辉率调研组抵肇，调研广东安全培训学校选址问题，就选址定为原肇庆第三技术学校表示满意。

▲省涉亚运会、亚残运会新闻发布会在广州市举行肇庆市专场发布会，肇庆市委常委、肇庆高新区委书记刘龙平作“肇庆国家级高新技术产业开发区经济社会发展情况”介绍，并回答媒体记者的提问。

▲省督导组到肇庆检查实施国家基本药物制度情况。此制度是医改五项重点工作之一。

3日

▲全省唯一的省级产权市场——南方联合产权交易中心在肇庆设立办事处，并在肇庆碧桂园举行揭牌仪式。

▲市委书记覃卫东到广宁县，就贯彻落实党的十七届五中全会精神，科学谋划“十二五”规划展开调研。

▲市长郭锋主持召开市政府常务会议，传达和落实国务院、省政府关于评抑物价及控制通涨会议精神，研究部署全市稳定物价、保障民生工作措施。

▲市残联和高要市、封开县、德庆县残联在全省残疾人服务设施项目省级专项资金竞争性分配评审会上，争取到1500万元省级专项资金。

▲封开县在广州召开2010年经济社会发展恳谈会。省委常委、秘书长徐少华，以及在穗封开藉或在封开工作过的领导应邀出席，共谋封开发展大计。

4日

▲羊城晚报社主办、信业地产协办的“发现洼地价值——探讨珠三角一体化发展下的广佛肇经济圈发展机遇”论坛，在肇庆奥威斯酒店举行。

▲理工国际技术有限公司在肇庆高新区举办“产业升级与新能源发展战略”高峰论坛暨公司上市答谢酒会。中华全国工商联副主席孙安民，国家原外经贸部副部长沈觉人，市委常委、肇庆高新区区委书记刘龙平，副市长关鹏，有关能源专家及企业代表共400多人与会。

5日

▲广州市越秀区、佛山市禅城区、肇庆市端州区联合举办的“同根同声，广府情怀”粤语新童谣大赛总决赛在佛山禅城区举行。端州区6个节目参加决赛，获3个特等奖及3个一等奖。

▲广东五人制职业足球分站巡回赛肇庆站比赛在市体育中心降下帷幕，肇庆立讯代表队在决赛中以8：5战胜佛山志拓队夺冠，立讯代表队的杜智强以9球的入球数获最佳射手称号。

▲第25个国际志愿者日。团市委、市志愿者联合会组织市一院、肇庆医专等10个理事成员单位的1000名志愿者，在康乐国际广场开展主题志愿服务。

▲2010CTCC中国房车锦标赛年度收官决战在肇庆广东国际赛车场降下帷幕。

6日

▲至7日，省纪委常委许泽红带领省检查组，考查肇庆市2010年落实党风廉政建设责任制情况。考查对象是地级以上市的党委、政府领导班子及其成员。

▲以“携手、合作、共赢——新形势下产业发展与升级的趋势和路径”为主题的首届广佛肇商会合作论坛在佛山举行，广佛肇三地商会签定《广佛肇商会合作框架协议》。

7日

▲市委办公室、市政府办公室印发《肇庆市

实施〈珠江三角洲地区改革发展规划纲要（2008—2020年）〉实现“四年大发展”工作方案》。

▲全省宣传文化工作调研座谈会在肇召开，省委常委、宣传部部长林雄主持并作讲话。

▲全市冬季农业生产暨农田基本建设现场会在高要市召开。2011年全市将在冬种期间建立7个千亩高产农产品示范点。

▲至8日，肇庆市第七次归侨侨眷代表大会在星岩礼堂召开。

8日

▲金鹏巴顿酒店开业。是肇庆首家全酒店使用LED照明的“低碳”五星级标准全江景酒店。

▲为期两天的广东省第六届珠三角地区与山区及东西两翼经济技术合作洽谈会在汕头市林伯欣国际会议展览中心开幕。肇庆市在会上签约项目29个，合同金额86.66亿元，并设展厅参展。

▲“广东十大创新人物”和“广东十大创新企业”颁奖典礼在省电视台演播大厅举行。广东风华高科入选“广东十大创新企业”，四会互感器厂有限公司总经理张树华获“广东十大创新人物”提名奖。

▲全市启动村、社区“两委”换届选举工作。按照中央、省的统一部署，明年市、县、镇、村将自下而上进行集中换届。

▲全国未成年人思想道德建设工作视讯会议召开。市委常委、宣传部部长陈以良及有关部门负责人在市委小礼堂分会场观看。

▲市委召开征求意见建议座谈会，向本市省十次党代会代表征求对省委领导班子及其成员的意见、建议。

▲肇庆首个城市地标级文化商务办公项目——肇夫文化创意大厦奠基。项目总投资2亿元，总建筑面积4万平方米，共25层，建筑高度近百米。

▲全市首届手机摄影大赛启动仪式在肇庆工商职业技术学院举行，正式开始网上投票。

10日

▲二广高速公路怀集至三水段通车。全线双向六车道，工程全长118公里，总投资87.35亿元。起于怀集县横洞，接在建的二广高速公路连州至怀集段，经怀集、广宁、四会、大旺，止于佛山市三水区，与广州至三水高速公路并与规划中的珠三角外环高速公路在四会相连。设互通式立交8处，分离式立交20处，服务区3处，中心管理1处。

▲至11日，由肇庆学院和肇庆市社会科学界联合会承办的“第二届利玛窦与中西文化交流学术研讨会”在肇举行。由广东省社会科学联合会、澳门基金会、肇庆市委宣传部主办，来自国内、港澳地区及波兰、法国等地的50多名专家学者围绕“明末清初东西方文化的相互认知与理解”、“利玛窦在中国的历史文化活动及其影响”进行研讨，出版《第二届利玛窦与中西文化交流学术研讨会论文集》。

▲香港广佛肇联谊总会成立暨第一届会董就职典礼在香港会展中心举行。霍震寰任总会主席。

▲至12日，肇庆市首届房车展在市体育中心举行，汇聚宝马、广汽本田等十几个汽车品牌近60款车型。

▲至13日，第十三届广东（肇庆）房地产博览会暨城乡建设成果联展在市体育中心荷花馆举行，成交额1.89亿。

11日

▲2010“肇庆金秋”经贸洽谈会在奥威斯酒店隆重开幕。签约、奠基（开工）和剪彩（投产）共132宗，投资总额845亿元。

▲市文联、市作协主办的《肇庆当代新诗选》首发仪式在湖滨大酒店举行。《肇庆当代新诗选》收入肇庆33位诗歌作者的200多首诗歌。

12日

▲肇庆市年供电量首次突破100亿千瓦时，成为全省第11个供电量超百亿千瓦时的地级市。

14日

▲广东狮子会组织的肇庆80名残疾学生和优秀贫困学生从肇庆启聪（聋哑）学校启程，前往广州赛场观看亚残运比赛。

▲肇庆籍运动员黎明和其他3名队友代表中国队在广州亚残运会夺得赛艇LTA混合四人单桨有舵手决赛金牌。

▲至15日，怀集县洽水镇石莹村委会出现雨夹雪现象，最低气温零下4℃，村庄周围林地上覆盖一层冰雪，省道262线石莹路段结冰。

15日

▲市委召开常委会议，传达学习中央经济工作会议和省委常委会议精神，研究贯彻落实意见，抓好明年经济工作，为“十二五”开好局。

▲市召开表彰大会，对获得“肇庆市第二届优秀中国特色社会主义事业建设者”称号的45名非公有制经济人士和其他新社会阶层人士进行表彰。

▲国务院节能减排督查组先后到肇庆城区星湖味精厂、四会新明达织染厂、广宁造纸企业了解节能减排及落后产能淘汰情况。

▲市政府、端州区政府在星岩礼堂举行2010年度端州城区廉租住房抽签分配大会。203户通过“二次公示三级审核”的住房困难家庭抽中获租廉租新房。

▲至18日，省综治考核检查第九工作组莅肇，对肇庆市进行2009—2010年度社会治安综合治理检查考核工作和综治维稳三级平台建设考核验收。

17日

▲亚洲铝业（中国）有限公司铝板带项目投产庆典仪式在肇庆高新区“亚铝工业城”举行，亚铝公司首期年产40万吨的高端铝板带项目正式投产。

▲市政府在皇朝酒店设晚宴，庆祝肇庆学院建校40周年。

▲省农业厅、肇庆学院联合举办的2010广东柑桔产业可持续发展论坛在肇庆学院开幕。

▲蒙古国伊和扎萨克大学和肇庆学院举行合作交流项目洽谈会，双方签定合作协议。

18日

▲四会市举办柑桔玉器文化节暨经贸洽谈会。签约、奠基、剪彩项目共72宗，投资总额216亿元。2000多名海内外客商参会。

▲肇庆学院在该校体育馆举行40周年校庆庆典。

▲市首个文化艺术主题特色街区——“创意新天地”七星文化街区举行开业庆典，首批进驻项目有市博物馆端砚艺术馆、市美协艺术沙龙、肇庆学院美术学院艺术创作区。

20日

▲省检查考核组在市委小岛会议室，反馈肇庆市党政领导班子2010年党风廉政建设责任制落实检查考核情况，肯定肇庆在该工作取得的成效。

▲肇庆学习论坛第六讲在星岩礼堂开讲，省委宣讲团成员、省社科院副院长李新家应邀宣讲十七届五中全会精神。

21日

▲副省长佟星带队到肇庆高新区督查安全生产。

▲市政府批复市物价局、财政局、民政局联合制订的方案，决定对全市优抚对象、城乡低保对象、农村五保供养对象共10.59万人，发放一次性价格临时补贴。

▲肇庆首届民族宗教界体育运动会在怀集县下帅乡民族中学举行。运动会设篮球、拔河、传情达意、共同奋进等4项，分宗教代表队和下帅民族乡代表队两支代表队进行比赛。下帅民族乡代表队获其中3项冠军，并获团体总成绩第一名。

22日

▲凌晨0时46分，圆圆的冬至满月直射肇庆“出米洞”洞底。国家天文台组织天文历法专家首次前来“出米洞”考察，广州五羊天象馆也组织天文爱好者前往观看。

▲国内200多家车友俱乐部及数十家媒体汇聚肇庆碧桂园凤凰酒店，参加2010全国车友俱乐部（广东肇庆）年会。

23日

▲第三届广东现代农业博览会在佛山开幕，肇庆有5家涉农企业、100多种农产品参展。其中德庆鸿发食品厂与广州市新马泰贸易有限公司签订1.8亿元的柑桔购销合同。

▲市爱国拥军促进会成立。在全省21个地级市中，肇庆是继惠州后第二个成立促进会的城市。

▲“肇庆两广总督府历史文化学术座谈会”在湖滨大酒店举行，60多名专家学者参加。

▲《破解十大难题：德庆社会主义新农村建设探索》研究报告被省社科联评选为“广东省十项优秀决策秩序咨询成果”之一。

24日

▲肇庆在广宁县召开现场会，总结推广该县创建省卫生镇经验。

▲市委组织部主办，市科技局和广州市博士创新研究会协办的第13期肇庆博士论坛在市科技中心开讲。

▲“陈焕章及其思想与当代经济社会”学术研讨会在鼎湖区砚洲岛举行。

25日

▲在肇庆市第三十三期小汽车号牌竞价拍卖会上，“粤H·88888”拍出90万元，为肇庆市小汽车号牌拍卖史上最高价。

▲“广东省华裔留学生圣诞联欢晚会”在肇

庆学院音乐厅举行。来自暨南大学、广东中医药大学等90多名省内高校华裔留学生与肇庆学院师生共度圣诞节。

▲至26日，市委书记覃卫东先后到怀集县诗洞镇调研扶贫开发工作，在高要市检查指导绿道网建设。

27日

▲"岭南文化十大名片"发布典礼在广州星海音乐厅举行，端砚榜上有名。

▲市社科联第四次代表大会在市委小礼堂举行。

28日

▲市紧急医疗救援指挥中心启用。可利用三维地图迅速锁定求助者位置，确定最近的医院，然后点击系统中的"一键通"将相关信息发送到所确定的医院，最快1分钟就能将救护车的派车指令发至就近医院。

▲至29日，广宁县举行第五届广宁竹子节暨招商推介会，共有75个项目签约、奠基、剪彩，总投资额69.8亿元。

29日

▲是日止，四会市2010年实现地方财政一般预算收入11.3亿元，首破10亿大关，同比增收3亿多元，增长39.8%，增量为四年前的总量，完成全年任务的118.5%，各项指标均居肇庆各县（市、区）前列。

▲至30日，香港立法会议员、香港城市大学法学院副院长、博士、鼎湖籍乡亲梁美芬，偕丈夫、香港城市大学法学院院长、教授王贵国回乡省亲，受到市领导接见。

30日

▲市政府召开全市质量强市工作暨首届市政府质量奖评选筹备工作会议，部署质量强市工作，启动首届市政府质量奖评选。

▲至31日，市委召开座谈会，就制订《中共肇庆市委关于制定国民经济和社会发展第十二个五年规划的建议》广泛征求意见。

31日

▲市体育局主办的肇庆市"安利纽崔莱"万人健康跑活动在市体育中心起跑，喜迎新年。

▲江（门）肇（庆）高速公路高要至江门段通车。从江门市至肇庆高要市蚬岗，用时40多分钟，较原来缩短一半。该公路起于江门市杜阮镇接江鹤高速公路，经鹤山市、佛山市高明区、肇庆高要市、鼎湖区，止于肇庆四会市东城街道黄岗村，接二广高速公路，全长107.7公里（其中肇庆段48公里），总投资87.38亿元。

星湖西路园林景观

# 市情概貌

责任编辑：韦相伍

## 自然环境

【位置与面积】 肇庆市位于广东省中西部，西江干流中下游。地理坐标为北纬22° 47′ ~24° 24′ 及东经111° 21′ ~112° 52′ 之间。东部和东南部与佛山、江门市接壤，西南与云浮市相连，西及西北与广西壮族自治区梧州、贺州等市交界，北部及东北部与清远市毗邻。东自肇庆高新区的一村（东经112° 52′，北纬23° 20′），西至封开县平凤镇的古石村（东经111° 21′，北纬23° 19′），东西宽156.50公里；南起高要市活道镇的姚村（东经112° 23′，北纬22° 47′），北至怀集县洽水镇石莹村（东经112° 17′，北纬24° 24′），南北长175.38公里。北回归线横贯封开县、德庆县、广宁县、四会市境域。全市土地总面积1.49万平方公里，占全省土地总面积8.31%。其中，端州和鼎湖两个城区面积664平方公里（端州152平方公里、鼎湖512平方公里），占全市总面积的4.47%；怀集县是全市面积最大的县，总面积3573平方公里，占24.05%。四会、高要、广宁、德庆、封开的面积分别是1091、2071、2380、2257、2723平方公里，肇庆高新区97平方公里。

【地貌】 肇庆市地势西北高，东部和南部较低，以中低山及丘陵为主，平原较少，呈西北往东南倾斜走向，形成山地、盆地、丘陵、冲积平原等形态相间分布的山区地貌。中低山与丘陵占全市土地面积的81%，平原和河川水域占总面积的19%。山地和丘陵主要分布在北部的怀集、东北部的广宁和西部的封开与德庆等县。河谷平原分布在东南部的四会、高要、鼎湖、端州等市（区）。海拔1626米的大稠顶是全市最高山峰。岩溶地形发育较好，形成石林、溶洞、孤峰等地貌，如肇庆城郊的七星岩、怀集县的燕岩、封开县的白石岩等。 *（曾 铭）*

【气候】 肇庆市受南亚热带季风影响，冬半年盛行东北季风，天气较为干冷；夏半年盛行西南和东南季风，高温多雨。境内丘陵、盆地、谷地、台地纵横交错，地形复杂，形成多样化气候。年平均气温22.0℃，年均降雨量1362.5毫米，年均日照时数1683小时。

2010年，肇庆市夏稍热、冬偶寒。年平均气温22.2℃。7月最热，平均气温28.8℃，极端最高气温38.7℃，日最高气温≥35℃的日数为14天。1月最冷，月平均气温13.7℃，极端最低气温-1.0℃。气温日较差不大，年内最大的12月仅8.7℃，最小的4月为6.1℃。

2010年，年降雨量1649毫米，80%集中在雨季的4~9月，又以5~8月为多，均在230~260毫米。年降水日数156天，83%集中在2~9月，其中5~6月最多，约占各月日数的三分之二；10月至次年1月最少，各月平均不超过10天。年暴雨日数（≥50毫米）5.3天，92%集中在雨季期间。一日最大降水量216.3毫米出现在台风季节的9月。年平均相对湿度80%，以5~6月最大，达85%；10

月至次年1月最小，接近75%。雾日很少，年平均仅3天。各月均有雷暴记录，6、7月有近18天雷暴日，几乎和大陆上多雷区的雷州半岛相近。

年日照时数1748小时，集中在夏、秋季的7～10月，各月在190～210小时；2～4月最少，月平均仅64～78小时。年日照百分率为39%，其中7～11月平均都超过50%；3～4月最低，仅20%左右。

年平均风速每秒1.6米，年大风日数约3天。终年盛行偏东风，年内各月风向有交替：大致以5～8月盛行东风，9月至次年4月转为东北风。主要是受西江河谷地形的影响，才出现这种较为稳定的常风。

年有霜日数约4天，年结冰日不到1天。但在冬寒未尽的2月，出现过冰雹记录。

**历年一季度** 1～3月，肇庆市由寒冷的冬季逐渐转为冷暖交替的初春季节。北方冷空气势力逐月减弱，而南方暖湿气流逐渐加强北上，冷暖气团交替较频繁，造成全市天气变化较大。季度平均气温13.8℃～15.5℃，各月平均气温呈逐月上升趋势。各地1月为11.6℃～13.9℃；大多数年份2～3月，各地会出现连续3天或以上日平均气温低于12的低温阴雨天气过程，对农业春种作物，尤其是早稻春播育秧带来不利影响。季度降水量正常年份只占年降水量的11%～16%，约186～290毫米。但年际间差别较大：多的年份可达近900毫米，而少的年份则不足60毫米。季内主要灾害性天气有：低温、霜（冰冻）、春播期低温阴雨天气，少数年份还有干旱、暴雨、强对流天气。

**历年二季度** 4～6月是前汛期，平均降水量：北部700～850毫米，南部650～800毫米。前汛期降水年际间差异较大，丰水年高要站多达1207毫米，枯水年仅220毫米左右。季内平均气温24.5℃～25.3℃，各月平均气温呈逐月上升趋势。前汛期是全市暴雨天气多发季节，每年有2～4天的暴雨，由于4～6月降水量大，土壤中水分极易呈饱和状态，一旦产生暴雨，易引发山洪暴发和低洼地区的洪涝灾害。前汛期也是肇庆雷雨大风、冰雹等强对流天气的多发期。季内主要气象灾害：暴雨、强对流、洪涝灾害。

**历年三季度** 7～9月是后汛期，全市各地历年平均降水量450～610毫米，约占年降水量的40%。7～8月是盛夏季节，高温炎热；7～9月≥35℃的高温天气封开、怀集、德庆年平均有20～24天，广宁、四会、高要10～15天。后汛期是台风、暴雨多发季节。平均每年有3～4个台风影响肇庆，≥25毫米以上的大雨降水有5～8天。受台风影响，各地风雨交加，易引发山洪和低洼地区的洪涝灾害，还有大风灾害。

**历年四季度** 10～12月，肇庆市逐渐转吹东北季风，北方冷空气渐渐加强南压。寒露后气温明显下降。10～12月平均气温呈逐月下降趋势。各地11月平均气温17.4℃～19.7℃，12月平均气温为13.1℃～15.6℃。天气以晴冷干燥为主。9月下旬～10月中旬，出现日均气温低于23℃的寒露风天气，对晚稻抽穗扬花有影响。10月下旬～11月中旬，出现日均气温低于18℃的霜降风天气。12月份，在强冷空气及寒潮影响下，有短时低温霜冻天气，对冬种作物危害较大。10～12月降水量128～168毫米，占全年降水的10%左右，平均降雨日数18～21天。季内主要灾害天气：寒露风、霜降风、低温、霜冻、秋冬干旱。 *（郭娟娟）*

**【水文】** **基本情况** 2010年12月，广东省水文局肇庆分局辖区有水文站9处（其中西江6、绥江3），水位站6处（其中西江2、绥江4），雨量站85处（其中西江45、绥江40），蒸发站5处（其中西江4、绥江1）。辖区水文站网密度为1428平方公里/站（全省平均2282平方公里/站）；雨量站网密度为187平方公里/站（全省平均214平方公里/站）。形成比较稳定的水文基本站网，为了解和探索辖区范围内各江河的水文特性、防汛抗洪、水利开发、水资源利用奠定良好基础。

**降雨量** 2010年，肇庆辖区年度降雨量较2009年略有减少。全年降雨量主要集中在3～9月，约占年总量的83%。辖区降雨主要受西南季候风、锋面雨、台风雨及低压槽影响。西江南面的新兴江、罗定江主要受台风雨影响；绥江、贺江主要受锋面雨影响；西江上游主要受低压槽及锋面雨影响。

2010年度全年平均降雨量1865毫米（含新兴江及罗定江），比近10年平均降雨量1726毫米增加8.1%，属平水年份。西江辖区内平均降雨量1721.1毫米，属平水年份。各站录得的降雨量在1223.5～2629.5毫米之间，降雨很不均匀，降雨量由南部向中部递减，再向北部递增。

## 肇庆分局水文站监测任务一览表

| 站名 | 河流名 | 所辖断面 | 测验项目 | 站类别 | 总雨量观测点个数 | 备注 |
|---|---|---|---|---|---|---|
| 高要 | 西江 | 高要 | 水位、流量、泥沙、降水 | 国家站 | 3 | —— |
| 腰古 | 新兴江 | 腰古 | 水位、流量、降水、蒸发 | 省级站 | 9 | —— |
| 官良 | 罗定江 | 官良 | 水位、流量、泥沙、降水 | 省级站 | 7 | —— |
| 罗定古榄 | 罗定江 | 罗定古榄 | 水位、流量、降水、蒸发 | —— | 9 | 1984年撤销流量项目，2005年恢复 |
| 德庆 | 西江 | —— | 水位、降水 | —— | —— | 德庆雨量归小罗站管理 |
| 小罗 | 渌水河 | 小罗 | 水位、流量、降水、蒸发 | 小河站 | 12 | —— |
| 南丰 | 贺江 | 南丰 | 水位、流量、降水、蒸发 | 国家站 | 5 | —— |
| 古榄 | 贺江 | 古榄 | 水位、降水 | 国家站 | —— | —— |
| 四会 | 绥江 | 四会 | 水位、流量、降水 | 国家站 | 5 | —— |
| 祝州 | 古水河 | 祝州 | 水位、流量、降水 | 省级站 | 10 | —— |
| 古水 | 绥江 | —— | 水位、降水 | —— | —— | 古水雨量归祝州站管理 |
| 大象（二） | 中洲河 | 大象（二） | 水位、流量、降水 | 省级站 | 15 | 三坑委托站有蒸发项目 |
| 怀集 | 绥江 | —— | 水位、降水 | —— | —— | 怀集雨量归大象（二）站管理 |
| 马池 | 桃花水 | —— | 水位、降水 | —— | 10 | 区域代表站 |
| 甘洒 | 凤岗河 | —— | 水位、降水 | 汛期站 | —— | 甘洒雨量归马池站管理 |

西江区最大年降雨量是合水圩站2629.5毫米；年最小降雨量的站点是佐岗站1223.5毫米。绥江区内降雨量集中在4～9月，年平均降雨量2066.5毫米；年最大降雨量的站点是长久站3025.0毫米，年最小降雨量的站点是诗洞站1525.5毫米。属平水年份。

*流量与水位* 2010年度辖区内西江量级最大的洪水发生于6月17日，水位7.14米，流量2.65万立方米/秒。绥江量级最大的洪水发生于6月下旬，其中6月25日怀集（二）站51.82米，属“5年一遇”；6月26日四会站最高水位9.96米，相应流量2310立方米/秒。罗定江带来最大的暴雨洪水发生于9月22日，官良站最高水位32.39米，为“10年一遇”，相应流量2250立方米/秒。9月21日，新兴江腰古（二）站最高水位14.31米，略超“5年一遇”。贺江南丰站量级最大的洪水发生在6月15日，最高水位38.03米，属“5年一遇”。

辖区各江河2010年最低水位与流量：1月29日，绥江四会水文站4.72米；9月19日，贺江南丰水文站33.11米；3月29日；新兴江腰古水文站8.28米；西江高要水文站-0.53米（3月25日），最少流量-2750立方米/秒（3月17日）。 *（叶林泉）*

## 2010年度肇庆市所辖江河湖库水质状况表

| 江河名称 | 第一季度 | | 第二季度 | | 第三季度 | | 第四季度 | |
|---|---|---|---|---|---|---|---|---|
| | 水质类别 | 超标项目 | 水质类别 | 超标项目 | 水质类别 | 超标项目 | 水质类别 | 超标项目 |
| 贺江口 | Ⅲ类 | 粪大肠菌群 | Ⅲ类 | 粪大肠菌群 | Ⅲ类 | 粪大肠菌群 | Ⅲ类 | 粪大肠菌群 |
| 南丰水文站 | Ⅲ类 | 粪大肠菌群 | Ⅲ类 | 粪大肠菌群 | Ⅲ类 | 粪大肠菌群 | Ⅲ类 | 粪大肠菌群 |
| 封开 | Ⅲ类 | 粪大肠菌群 | Ⅲ类 | 粪大肠菌群 | Ⅲ类 | 粪大肠菌群 | Ⅲ类 | 粪大肠菌群 |
| 德庆水位站 | Ⅲ类 | 粪大肠菌群 | Ⅲ类 | 粪大肠菌群 | Ⅲ类 | 粪大肠菌群 | Ⅲ类 | 粪大肠菌群 |
| 九坑河水库 | Ⅲ类 | 总氮 | Ⅲ类 | 总氮 | Ⅲ类 | 总氮 | Ⅲ类 | 总氮 |
| 三榕水厂 | Ⅲ类 | 粪大肠菌群 | Ⅲ类 | 粪大肠菌群 | Ⅲ类 | 粪大肠菌群 | Ⅲ类 | 粪大肠菌群 |
| 高要水文站 | Ⅲ类 | 粪大肠菌群 | Ⅲ类 | 粪大肠菌群 | Ⅲ类 | 粪大肠菌群 | Ⅱ类 | —— |
| 肇庆星湖 | Ⅲ类 | —— | Ⅲ类 | —— | Ⅲ类 | —— | Ⅲ类 | —— |
| 古水水位站 | Ⅱ类 | —— | Ⅱ类 | —— | Ⅱ类 | —— | Ⅰ类 | —— |
| 四会水文站 | Ⅲ类 | 粪大肠菌群 | Ⅲ类 | 粪大肠菌群 | Ⅲ类 | 粪大肠菌群 | Ⅲ类 | 粪大肠菌群 |
| 永安（贝水） | Ⅱ类 | —— | Ⅱ类 | —— | Ⅲ类 | 溶解氧 | Ⅱ类 | —— |
| 怀集水位站 | Ⅰ类 | —— | Ⅱ类 | —— | Ⅱ类 | —— | Ⅱ类 | —— |
| 马房港口 | Ⅲ类 | —— | Ⅱ类 | —— | Ⅱ类 | —— | Ⅱ类 | —— |
| 新兴江口 | Ⅲ类 | —— | Ⅲ类 | —— | Ⅳ类 | 溶解氧 | Ⅱ类 | —— |
| 官良水文站 | Ⅱ类 | —— | Ⅲ类 | —— | Ⅱ类 | —— | Ⅰ类 | —— |
| 六都水厂 | Ⅲ类 | 粪大肠菌群 | Ⅲ类 | 粪大肠菌群 | Ⅲ类 | 粪大肠菌群 | Ⅲ类 | 粪大肠菌群 |
| 腰古水文站 | Ⅲ类 | —— | Ⅳ类 | 溶解氧 | Ⅲ类 | —— | Ⅱ类 | —— |
| 生江 | Ⅰ类 | —— | Ⅱ类 | —— | Ⅱ类 | —— | Ⅰ类 | —— |
| 新兴河头 | Ⅱ类 | —— | Ⅲ类 | 溶解氧 | Ⅱ类 | —— | Ⅰ类 | —— |
| 洍表水库 | Ⅱ类 | —— | Ⅲ类 | 总氮、总磷、粪大肠菌群 | Ⅱ类 | —— | Ⅲ类 | 总氮、总磷 |
| 大河水库 | Ⅲ类 | 总氮 | Ⅲ类 | 总氮、总磷 | Ⅳ类 | 总氮 | Ⅳ类 | 总氮、总磷 |
| 南江口 | Ⅱ类 | —— | Ⅳ类 | 溶解氧 | Ⅱ类 | —— | Ⅱ类 | —— |
| 新兴洞口 | Ⅳ类 | 总磷 | Ⅳ类 | 溶解氧、五日生化需氧量、高锰酸盐指数 | Ⅲ类 | —— | Ⅲ类 | —— |

（省水文局肇庆分局）

【自然灾害】 2010年，肇庆市江河水情为平水偏少，西江干流水位偏低，贺江、绥江等中小河流出现小洪水，局部地区发生洪涝灾害。6月中旬，境内的怀集县以及广西区的贺州市遭受强降雨袭击，导致绥江和贺江水位快速上涨：15日6时怀集站出现超警戒水位50.29米，11时出现51.01米的洪峰水位，超过警戒水位1.01米，16日6时退出警戒水位；因贺江上游合面狮水库紧急泄洪，15日3时南丰站出现35.2米超警戒水位，15日21时出现38.02米洪峰水位，超过警戒水位3.02米，洪峰流量4010立方米/秒，17日10时退出警戒水位，超警戒水位持续时间达55小时。6月下旬，受西南季风与切变线共同影响，肇庆北部普降大到暴雨局部大暴雨，25日20时怀集站出现洪峰水位51.80米，超警戒水位1.8米；25日16时南丰站出现洪峰水位36.36米，超警戒水位1.36米。9月中下旬，受台风“凡亚比”环流带来的强降水影响，22日5时南丰站出现洪峰水位35.53米，超警戒水位0.53米。是年，影响肇庆较大的台风2个，具有来得晚、强度强、影响大的特点。最早登陆的台风“灿都”出现在7月下旬；9月下旬出现的超强台风“凡亚比”影响较大，带来强降水，多个县（市、区）发生较大灾情。全年因洪涝风灾害造成7个县（市、区）75个乡镇12.64万人受灾，倒塌房屋3421间，直接经济总损失2.71亿元，其中水利设施经济损失0.55亿元。

*（市水务局）*

## 建置与区域

【历史沿革】 *简况* 肇庆地处亚热带，气候温暖湿润，物种繁多，适宜人类居住。14万年前境域就有人类生息繁衍，有文字记载的历史2200多年。春秋战国时期为百越地；隋朝开皇九年（公元589年）至北宋元符三年（1100年）设端州；北宋重和元年（1118年）易名肇庆府，意为“开始召来吉庆”。肇庆曾是西江流域政治、经济、文化中心和军事重镇；既是岭南文化的发祥地，也是中原文化与岭南文化、西方文明与中国传统文明最早的交汇处。

*秦朝至清朝* 秦朝前，今肇庆境域属百越地。秦始皇三十三年（公元前214年）平定百越，建南海郡、桂林郡及象郡；时所置四会县为广东省4个最早建制县之一，县域含现四会市、广宁县的全部及怀集县的一部分，隶南海郡。

西汉元鼎六年（公元前111年），境域的广信、高要、端溪、封阳等县隶属苍梧郡；四会县隶属南海郡；统属交州。

东汉建安二十五年（公元220年），行政区划承袭西汉。

三国·吴黄武五年（226年），建置沿袭东汉，大部分属广州，小部分为交州。时北部（即现怀集县）属荆州临贺郡。

西晋太康三年（282年），本区划属广州。四会县隶南海郡；广信、端溪、高要3县隶苍梧郡。

东晋永和七年（351年），四会县隶南海郡；广信、高要2县隶苍梧郡；端溪、都城2县隶晋康郡；统属广州。东晋元熙二年（420年）置封兴县，属晋康郡。

南北朝时期（420～589年）：宋元嘉三年（426年）分封阳县置开建县。其中420～479年今境域设高要、广信、封兴、端溪、都城、乐城、悦城、四会、怀集、开建、永固等38县，分隶南海、苍梧、晋康、新宁、绥建、宋熙（450年改称宋隆郡）、临庆7郡，分属广州、湘州。梁朝初年，析广信县置梁信县。梁普通四年（523年）设成州。502～589年，境域设54县，分属广州、成州、建州、新州、泷州。梁天监六年（507年）九月，高要县升为郡，并置广州都督府于高要郡。

隋开皇九年（589年）置端州，高要由郡降为县，端州辖高要、端溪、乐城、平兴、新兴、博林、铜陵7县。开皇十年，改成州为封州；开皇十八年，改梁信县为封川县。大业三年（607年），隋炀帝废州置郡，改端州为信安郡。大业五年，肇庆境设17县，分属5郡：四会、怀集、化蒙3县隶南海郡；高要、端溪、乐城、平兴、新兴、博林、铜陵7县隶信安郡（治高要县）；泷水、安遂、永熙3县隶属永熙郡（治泷水县）；封川、都城2县隶苍梧郡；洊安、开建2县隶熙平郡（治桂阳县）。

唐武德四年（621年），废郡置州，信安郡复称端州，辖高要、平兴2县。开元二十九年（741年）全境设20县，分属7州：四会、怀集、化蒙、洊安4县隶广州，端溪、晋康、悦城、都城4县隶康州，泷水、开阳、镇南、建水4县隶泷州，高要、平兴2县属端州，封川、开建2县隶封州，新兴、永顺2县属新州，富林、铜陵2县隶属勤州。天宝元年（742年），改端州为高要郡。至德三年（758年）废高要郡，复置端州，仍以高要为治所。

五代十国时期，肇庆境域属南汉，四会、怀集、化蒙、溶水4县隶兴王府；端溪、晋康、悦城、都城4县隶康州；高要县、平兴县隶端州；封川县、开建县隶封州。

宋初，境域仍称端州，属广南东路。开宝五年（972年），废平兴县入高要县；废康、泷、勤等州置端溪（并晋康、悦城、都城入端溪，治今德庆县）、泷水2县，端州辖高要、端溪、泷水3县。熙宁六年（1073年）端溪县从端州分出，复置康州；原属广州之四会县划归端州，端州辖高要、四会2县。元符三年（1100年）改端州为兴庆军。政和元年（1111年），高要县、四会县隶兴庆军；怀集县隶广州；封川县、开建县隶封州；端溪县隶康州；统属广南东路。政和三年兴庆军升为兴庆府。重和元年（1118年），宋徽宗赵佶升兴庆府为肇庆府，仍辖高要、四会2县。绍兴元年（1131年）升康州为德庆府，辖端溪、泷水2县；绍兴七年辖端溪、泷水、封川、开建4县；绍兴十年封川、开建2县还隶封州。

元朝，今境域称肇庆路，属广东道。至元十七年（1280年），肇庆改“府”为“路”，置总管府，隶广西道（二十九年改属广东道）。至顺元年（1330年）设7县，隶2路2州：端溪、泷水2县隶德庆路；高要、四会2县隶肇庆路；封川、开建2县隶封州；新兴县属新州；统属江西等处行中书省（治南昌县）。至元十五年（1278年）怀集县改属湖广等处行中书省贺州；至正二十三年（1363年）属广西行中书省之贺州。

明洪武元年（1368年），复称肇庆府，属广东布政使司。肇庆府领5县1州：高要、四会、新兴、阳春、阳江5县及德庆州（辖封川、开建、泷水3县）。成化十一年（1475年）析高要地置高明县；成化十四年置恩平县。嘉靖五年（1526年）析高要东端部分置三水县；嘉靖三十八年，析四会地置广宁县。万历五年（1577年），划高要西境置东安县；以泷水县改置罗定直隶州，辖东安、西宁2县。万历十年，肇庆府领1州10县：德庆州（辖封川县及开建县），高要、四会、新兴、阳江、阳春、广宁、高明、恩平县。时怀集县属广西布政司梧州府。

清朝沿袭明制。肇庆府为广肇罗道治所，隶广东省。顺治六年（1649年），析广州的新会及新兴、恩平2县地增置开平县。雍正八年（1730年），封川、开建2县改隶肇庆府；雍正十年，析新会、开平2县地增置鹤山县。肇庆府领德庆州及高要、四会、新兴、高明、广宁、开平、鹤山、封川、开建、阳江、阳春、恩平12县。同治六年（1867年），阳江县升直隶州，辖阳春、恩平、开平等县；同治九年，阳江由直隶州升为直隶厅，辖阳春、恩平2县；光绪三十二年（1906年），阳江直隶厅复称直隶州。光绪三十四年，怀集县由梧州府改隶平乐府信都厅。

**中华民国时期** 民国元年（1912年），广东废府设绥靖处，今肇庆地域称肇罗绥靖处。民国3年，广东设六道，其中粤海道驻番禺县，辖30县，属粤海道的肇庆境域设高要、四会、广宁、德庆、封川、开建、新兴、罗定、云浮9县。民国9年，废道设善后督办处，今肇庆境属西区善后督办处（辖地不变，下同）；民国12年改称绥靖处，肇庆属西区绥靖处。民国14年肇庆属地改称西江行政区。民国21年春，设西北区绥靖委员会公署，驻曲江县，在高要县设行署，辖高要、四会、广宁、德庆、封川、开建、新兴、罗定、云浮、郁南10县。民国25年春，改西北区绥靖委员会公署为广东省第三区行政督察专员公署，驻高要县肇市镇（民国24年设），辖区未变。民国27年10月，设西江行署，辖原第一、三行政督察区，驻广宁县，辖区不变。民国36年改称第四专署行政督察区，辖县未改，驻高要县肇庆镇。民国38年5月，广东省重新划分政区，第十一区驻高要县肇庆镇，辖高要、新兴、四会、广宁4县；第十二区驻郁南县都城，辖罗定、云浮、德庆、郁南、封川、开建6县。

民国元年，怀集县属广西省梧州府；民国2年6月，广西废府置道，怀集属苍梧道；民国23年属广西平乐区行政督察专员公署；民国29年隶属广西第一区行政督察专员公署。

**新中国成立后** 1949年10月18日肇庆解放，今肇庆境域属西江专区。11月11日，广东省人民政府设西江行政督察专员公署，驻肇庆镇（11月20日改为县级市）城中路174号（原国民党广东省第十一区行政督察专员公署驻地，即丽谯楼西侧）。西江专区辖肇庆市（县级）和高要、四会、广宁、封川、开建、德庆、郁南、罗定、云浮、新兴、高明（1950年1月划归珠江专区）11县。1950年3月，西江行政督察专员公署改称广东省西江区行政督察专员公署，肇庆市并入高要县改称城关区。同年9月，广东省西江区行政督察专员公署改称广东省人民政府西江区专员公署，辖区不变；城关区改称肇庆镇。1951年5月，政务院批准广西省怀集县委托广东省西江专区代管；1952年3月28日，政务院批准怀集县由广西平乐专区划归广东省粤中行政区。

1952年撤销西江专区，所属县并入粤中行政区，粤中区行政专员公署驻江门市（1955年9月迁至佛山市）。粤中行政区辖南海、番禺、顺德、中山、三水、新会、鹤山、高明、增城、龙门、博罗、东莞、宝安、高要、广宁、四会、新兴、罗定、云浮、郁南、德庆、封川、开建、怀集、渔民25县及三埠镇。5月，封川、开建合并为封川开建县，治封川城；广宁、四会合并为广四县，治会城镇。1954年撤销广四县，恢复广宁县、四会县建制。

1956年1月4日，撤销粤中行政区，分设高要专区和佛山专区；高要专区辖高要、四会、云浮、广宁、新兴、罗定、德庆、郁南、怀集、封川开建10县。高要专区行政专员公署驻高要县肇庆镇城中路193号（今宋城大酒店）。1957年，撤销封川开建县，恢复封川县、开建县建制。

1958年4月8日，恢复肇庆市（县级）；5月，封川县、开建县再度合并为封川开建县；10月3日，广宁、四会两县合并称广四县；11月1日，德庆和封川两县并为德封县，初治江口，后迁德城镇；怀集与开建并称怀建县，未几复称怀集县，治怀城镇；12月，肇庆市并入高要县，复称肇庆镇。1958年12月1日，高要专区更名为江门专区。江门专区除辖原高要专区所属的高要、广四、云新、罗南、德封、怀建6县外，增辖从佛山专区划入的新会、台山、开恩、高鹤4县及江门市（县级）。江门专区行政专员公署驻高要县肇庆镇城中路193号。1960年3月，江门专区机关驻地从城中路193号迁至城中路49号（原两广总督府署遗址，今市政府大院）。

1961年4月，恢复肇庆市（县级）。10月，撤销广四县，恢复四会、广宁两县；撤销德封县，恢复德庆县，设立封开县；江门专区更名为肇庆专区。肇庆专区辖高要、四会、广宁、怀集、封开、德庆、郁南、罗定、云浮、新兴、高鹤、新会、开平、恩平、台山15县和江门、肇庆2市（县级）。肇庆专区行政专员公署驻肇庆市城中路49号。1963年6月，江门市和新会、台山、开平、恩平、高鹤县划归佛山专区。

1967年7月，成立肇庆专区“抓革命促生产”领导小组，辖高要、四会、新兴、云浮、罗定、郁南、德庆、封开、怀集、广宁10县和肇庆市（县级）。

1968年3月，成立肇庆专区革命委员会，取代肇庆专区行政专员公署职能。1970年10月，肇庆专区更名肇庆地区，辖肇庆市（县级）和高要、四会、广宁、怀集、德庆、封开、郁南、罗定、云浮、新兴10县。1979年4月，撤销肇庆地区革命委员会，设立肇庆地区行政公署，肇庆地区所辖县、市不变。

1988年1月7日，撤销肇庆地区，将县级肇庆市升格为地级市，设立端州区和鼎湖区，肇庆市辖端州、鼎湖2区和高要、四会、广宁、怀集、封开、德庆、郁南、罗定、云浮、新兴10县。肇庆市人民政府驻端州区城中路49号。

1992年9月至1993年底，高要、四会、云浮、罗定4县先后撤县设市（县级），由肇庆市代管。

1994年4月5日，罗定市、云浮市、郁南县、新兴县划归新成立的地级云浮市。至此，肇庆市辖端州、鼎湖2区和广宁、德庆、封开、怀集4县，代管四会、高要2市（县级）。1998年4月，设肇庆高新技术产业开发区（省级）。2008年12月，国务院批准《珠江三角洲地区改革发展观划纲要（2008~2020）》，肇庆市被划入珠江三角洲地区。2010年9月26日，肇庆高新区升级为国家高新技术产业开发区。

*（市地方志办）*

**【行政区划】** 2010年，肇庆市辖端州、鼎湖2个区和广宁、德庆、封开、怀集4个县，代管四会、高要2个县级市。8月，端州区的黄岗镇和睦岗镇改为街道办事处。肇庆市人民政府驻端州区城中路49号。截至12月31日，全市设93个镇、1个民族乡、14个街道办事处，有1330个村民委员会、237个社区居民委员会。

*（梁祖光）*

## 2010年肇庆市行政区划统计表

| 项目<br>县市区 | 乡镇（街道）总数（个） | 其中 | | | 乡镇（街道）名称 | 村（居）会总数（个） | 其中 | |
|---|---|---|---|---|---|---|---|---|
| | | 镇（个） | 街道（个） | 民族乡（个） | | | 村委会（个） | 居委会（个） |
| 合计 | 108 | 93 | 14 | 1 | | 1567 | 1330 | 237 |
| 端州区 | 6 | | 6 | —— | 城东街道、城北街道、城西街道、城南街道、黄岗街道、睦岗街道 | 88 | 22 | 66 |
| 鼎湖区 | 7 | 4 | 3 | —— | 桂城街道、坑口街道、广利街道、永安镇、沙浦镇、凤凰镇、莲花镇 | 81 | 53 | 28 |
| 四会市 | 13 | 10 | 3 | —— | 城中街道、东城街道、贞山街道、龙甫镇、大沙镇、地豆镇、罗源镇、威整镇、迳口镇、黄田镇、石狗镇、下茆镇、江谷镇 | 154 | 122 | 32 |
| 高要市 | 17 | 16 | 1 | —— | 南岸街道、河台镇、乐城镇、水南镇、禄步镇、小湘镇、大湾镇、新桥镇、白诸镇、莲塘镇、活道镇、蛟塘镇、回龙镇、白土镇、金渡镇、蚬岗镇、金利镇 | 352 | 324 | 28 |
| 广宁县 | 17 | 17 | | —— | 南街镇、排沙镇、石涧镇、潭布镇、江屯镇、联和镇、螺岗镇、北市镇、坑口镇、赤坑镇、宾亨镇、五和镇、横山镇、木格镇、石咀镇、古水镇、洲仔镇 | 178 | 156 | 22 |
| 德庆县 | 13 | 12 | 1 | —— | 德城街道、新圩镇、官圩镇、马圩镇、高良镇、莫村镇、永丰镇、武垄镇、播植镇、凤村镇、九市镇、悦城镇、回龙镇 | 193 | 175 | 18 |
| 封开县 | 16 | 16 | —— | —— | 江口镇、南丰镇、长安镇、金装镇、白垢镇、莲都镇、渔涝镇、杏花镇、罗董镇、长岗镇、平凤镇、大洲镇、都平镇、大玉口镇、江川镇、河儿口镇 | 199 | 178 | 21 |
| 怀集县 | 19 | 18 | —— | 1 | 怀城镇、连麦镇、中洲镇、洽水镇、凤岗镇、坳仔镇、诗洞镇、桥头镇、大岗镇、梁村镇、岗坪镇、马宁镇、冷坑镇、汶朗镇、甘洒镇、永固镇、闸岗镇、蓝钟镇、下帅壮族瑶族乡 | 322 | 300 | 22 |

（市民政局）

【人口】 2010年末，肇庆市户籍总人口422.41万人，其中男218.19万人，女204.22万人；非农业人口118.76万人，占总人口28.12%；新生儿10.42万人，死亡2.76万人，自然增长人数7.65万人，自然增长率18.30‰。（市公安局）

## 资　源

【土地资源】 2010年，肇庆市土地总面积148.56万公顷，其中林业用地面积110.17万公顷，占全市国土总面积74.16%。全市耕地保有量18.75万公顷，其中带K地类4.06万公顷；市供应土地225宗，面积933.33公顷。经国家、省批准城市建设用地35个批次（含当年度及以前上报数），批准新增建设用地1106.67公顷，其中农用地转用940公顷（耕地127.56公顷）；单独选址用地3宗，新增建设用地33.93公顷，其中耕地12.91公顷。

【矿产资源】 肇庆市有矿产61种，其中探明储量的36种，当中能源矿产3种、金属矿产17种、非金属矿产14种、水气矿产2种。金属矿产有铌、钽、金、铁、铋、钼、锡、铜、钨和稀土等。肇庆是广东的“黄金之乡”，金矿产地35处，主要分布在高要市、怀集县、封开县等，保有储量91吨。非金属矿产有水泥用灰岩、熔剂用灰岩、石膏、饰面用花岗岩、建筑用花岗岩、瓷土、砚石、矿泉水、地热水等。砚石是肇庆特有工艺观赏石矿产，产于羚羊峡东侧的烂柯山端溪畔、七星岩至鼎湖山一带的北岭山，老坑、坑仔岩、麻子坑等处砚石质量最佳，砚石资源远景储量约100万吨。“端砚”是中国四大名砚之首。2004年肇庆市获“中国砚都”殊荣。（曾　铭）

【水资源】 肇庆市境内有西江干流和北江干流，统属珠江水系。水资源较为丰富，多年平均径流量136.20亿立方米。集水面积超过1000平方公里的河流有西江、贺江、新兴江、东安江、北江、绥江、凤岗河；超过100平方公里集水面积的河流50条，属西江及北江干流各25条。西江干流水量在全国各大河流中仅次于长江，高要水文站多年平均径流量是2241.30亿立方米，多年平均流量为7107立方米/秒。西江是沟通两广的重要水道，三千吨位的船只可从下游直通肇庆三榕港码头。

全市水资源总量相对丰富，但水质有逐年下降趋势。辖区内多年平均地表水和地下水资源量分别为136.20亿立方米和49.10亿立方米。水资源时空分布不均匀，降雨主要集中在4～10月的汛期，占年降雨量的80%左右。因境内有西江、绥江、贺江等，来水量大，即便是枯水年份，对全市的生产、生活用水也不会构成威胁。肇庆市水资源人均占有量为3550立方米，若加上入境水资源量，人均拥有量达5.96万立方米。2010年，全市被评价的14个水质断面中，达到Ⅱ类的占28.6%；Ⅲ类占71.4%；无Ⅰ类、Ⅳ类和Ⅴ类水。不达标水质的水质断面是贺江口、南丰、封开、德庆、九坑河水库、三榕水厂、高要、四会，其中九坑河水库超标项目为总氮，其余断面超标项目为粪大肠菌群。（市水务局）

【动植物资源】 肇庆市自然地理条件优越，生物丰富多样，是广东省生物多样性最丰富的地区之一。境内生物物种起源古老，种类繁多，区系复杂，特有种多，植被类型丰富多样，是国际候鸟迁徙的主要停歇地、繁殖地和越冬地。全市的植物类型大部分属南亚热带常绿季雨林，其代表是鼎湖山和黑石顶自然保护区。天然生长和人工栽培的植物近300科、1200多属、2500多种，属国家重点保护植物254种，其中国家一级重点保护植物有银杏、苏铁、银杉等51种，二级重点保护植物有苏铁蕨、格木、降香檀、红豆树、桫椤等203种。全市有陆生野生动物210多种，其中鸟类150种、两栖类11种、爬行类20种、兽类32种和亚种。其中国家一级重点保护野生动物有蟒、巨蜥、云豹、白颈长尾雉、黄腹角雉等8种；二级重点保护野生动物有猕猴、藏酋猴、穿山甲等30种；省重点保护野生动物54种。（赖友明）

【旅游资源】 肇庆市境内山峦秀丽，名胜古迹众多。星湖风景名胜区是第一批国家重点风景名胜区。鼎湖山为“广东四大名山”之一，有“北回归线上的绿洲”之称，是中国第一个自然保护区，被联合国教科文组织列入国际生物圈保护区。最负盛名的溶洞胜景是由“五湖六岗七岩八洞”组成的七星岩景区，湖面530公顷，集

“桂林山、杭州水”于一体，被誉为“岭南第一奇观”；另有封开县的“小桂林”（龙山风景区），怀集县的燕岩、黑岩、朝岩和“花石洞天”。“西江小三峡（三榕峡、大鼎峡、羚羊峡）”和四会奇石河景色如画。湖泊水库景色幽静迷人，如城区的星湖和鼎湖区的九龙湖。温泉有怀集的蓝钟镇双兴温泉和凤岗镇燕峰峡温泉。怀集燕岩、封开龙山是省级风景名胜区。

肇庆市是中国第三批（1994年11月公布）国家历史文化名城，是岭南文化的发祥地。1998年12月，肇庆成为“中国首批优秀旅游城市”。全市有文物古迹300多处，其中梅庵、德庆学宫、肇庆古城墙、七星岩摩崖石刻、悦城龙母祖庙是全国重点文物保护单位；省级文物保护单位27处，县（市）级文物保护单位145处。建于明朝的庆云寺是“广东四大名刹”之一。唐代书法家李邕、日本入唐留学僧人荣睿、佛教禅宗六祖惠能、北宋名臣包拯、意大利传教士利玛窦、中国近代民主革命的先行者孙中山等均在肇庆留下遗迹。

全市有地方特色的旅游资源单体95个，其中属自然资源的58个。主要有：以鼎湖山（风景区）、七星岩、大斑石（封开县）为代表的山岳与地质景观资源；以星湖、西江、贺江为代表的水景观资源；以鼎湖山、黑石顶为代表的森林生态资源；以肇庆古城墙、阅江楼、端砚为代表的历史文化资源；以德庆悦城龙母祖庙、梅庵为代表的宗教与民俗资源；以肇庆高尔夫度假村、广新农业生态园为代表的休闲度假资源等。开发利用的景区景点有城区的肇庆古城墙、“千年古寺”梅庵、“古端州名郡”丽谯楼、包公祠、沿江三峡四塔；与城区紧连的是星湖风景名胜区；西线有德庆学宫、悦城龙母祖庙、金林水乡、三元塔、盘龙峡、花世界；封开龙山、黄岩洞遗址、杨池古村；北线有广宁竹海、宝锭山；怀集燕岩、燕峰峡、世外桃源；东线有九龙湖、奇石河、四会贞山、邓村造纸等。形成以七星岩和鼎湖山为中心，连接四会贞山、广宁竹海大观、怀集燕岩和世外桃源、封开龙山和天下第一石、鼎湖葫芦山和九龙湖、德庆盘龙峡和龙母祖庙、高要广新生态园的“肇庆千里旅游画廊”。

至2010年底，肇庆市建成开放的旅游景区（点）56个，其中年接待游客超100万人次的6个、AAAA级景区5个；各类宾馆酒店、旅馆共1000多家，其中星级酒店33家（四星级3家、三星级18家、二星级11家、一星级1家），申评及待评五星、四星级的酒店共10。旅行社41家，其中可经营出境旅游业务的4家。年内，肇庆被评为“自驾车游客最喜爱休闲城市”；“肇庆千里旅游画廊”被评为“世博中国年·最受欢迎国内旅游线路”，并列入全国首批低碳国土实验区。叶挺独立团团部旧址获评为“广东省红色旅游示范基地”、广东新顺福食品（德庆）有限公司获评为“广东省工业旅游示范基地”、肇庆北岭将军山旅游风景区获评为“广东省生态旅游示范基地”。广宁、怀集、德庆、封开4县和鼎湖区凤凰镇获评为“广东旅游美食之乡”，肇庆华侨大厦等8家企业获评为“粤菜名店”，鼎湖裹蒸等38道菜式入选“粤菜名菜”。　（*童益南*）

## 环境质量

**【大气环境质量】** 2010年，肇庆市空气环境质量达到二级标准，继续保持优良。城区（端州、鼎湖）空气污染指数API在13～145之间，降水pH年平均值4.42，酸雨频率81.2%；空气污染指数小于100的优良天数360天，与上年持平。城区二氧化硫年平均值0.04毫克/立方米、二氧化氮年平均值0.04毫克/立方米、可吸入颗粒物年平均值0.06毫克/立方米，均符合国家二级标准。全市有城区、四会、高要、封开县（市、区）开展降水监测，酸雨频率在54.5%～81.2%之间，酸雨pH均值4.84；除封开县外，酸雨污染状况均比上年有所加重。

**【水环境质量】** 2010年，全市主要江河、湖库水质年际变化不大，仍保持优质水平。西江、绥江、贺江、新兴江等主要河流的21个监测断面中，除新兴江山口段断面为Ⅲ类水质外，其余断面均为Ⅱ类水质，河流水质状况为优；各断面均达到各个功能区水质要求，达标率100%。交界水域水质达标率也是100%。全市饮用水源地与2009年相比，无明显变化，水质仍然保持优质水平。其中城区三榕峡、狮山和九坑河水库3个饮用水水源地各监测项目均符合《地表水环境质量标准》

（GB3838-2002）中的II类标准和补充项目标准限值，水质全部达到Ⅱ类，水质状况为优，达标率100%。星湖水质26个监测项目均符合地表水Ⅳ类标准，水质类别与上年相同，无明显变化，各子湖达到各自功能区水质要求，达标率100%。

【声环境质量】 2010年，肇庆市区域环境噪声平均值53.6分贝，与2009年持平，全市区域环境噪声质量较好。全市有7个县（市、区）开展道路交通噪声监测，道路交通噪声平均值65.6分贝，比去年增加0.1分贝；各地区道路交通噪声环境质量等级均为好。城区区域环境噪声等效声级54.7分贝，属于城市区域环境噪声质量等级中的"较好"等级；噪声源仍以生活和交通类声源为主，城区各类功能区等效声级昼间年均值符合国家相应标准，功能区噪声污染与上年相比变化不大。城区道路交通噪声年均值66.5分贝，符合国家标准。

【生态环境质量】 2010年，肇庆市完成造林面积1.76万公顷，全民义务植树569.75万株，森林覆盖率67.7%。全市划定国家级、省级生态公益林共25.84万公顷，占林业用地总面积的24.4%。中心区8000公顷环城绿化带建设工程启动；全市176个村完成植树绿化，林业生态文明"万村绿"工程年度建设任务完成；完成防护林工程造林833.33公顷、省重点项目生态公益林林分改造233.33公顷。端州区获"广东省林业生态县"称号；鼎湖区创建"林业生态县"工作通过省验收。至年底，全市共建成各级、各类型自然保护区11个，总面积3.82万公顷，形成保护类型较齐全、布局较合理的自然保护区体系。

*（市环保局　市林业局）*

## 交通简况

【交通设施】 肇庆市水陆交通便利，交通运输方式以公路、水路为主，铁路为辅，形成公路、水路、铁路协调互补，快捷高效的综合交通运输体系。广茂铁路、二广高速、广梧高速公路、国道321线、国道324线和规划建设中的珠外环、广佛肇、怀集至阳江港、汕湛等高速公路，以及贵广铁路、南广铁路、柳肇铁路、珠三角城际交通轨道都贯穿肇庆境内。至2010年底，全市公路通车里程1.13万公里，公路密度为75.8公里/百平方公里，其中高速公路190公里，国道及省道共1341公里。内河运输主要依托西江及其支流，内河通航里程544公里；西江航道肇庆段225公里达到国家1、2级标准，占全省同级航道的35.1%。建成港口码头共196个，主要港口有肇庆新港、三榕港、高要港、马房港、大旺港、禄步港、金利港、怀集港等，其中千吨级以上的泊位47个，最大靠泊能力达5000吨级。境内有铁路广茂线营业里程169公里。肇庆市有客运站（场）36个；农村客运线路116条，营运车281辆；各辖区省际线路19条，营运车41辆；各辖区市际线路84条，营运车627辆；各辖区县际线路24条，营运车327辆。经营出租车的企业有肇庆市新阳光汽车运输公司、肇庆市龙安浩旅游运输发展有限公司、肇庆市白云汽车运输有限公司等7家，出租车总量1237辆。农村客运线路通达行政村1199个，农村公交覆盖率91%，受益群众350多万人。年内各种运输方式完成货运量2869万吨、货物周转量38.56亿吨公里，比上年增长8.4%、16.5%；完成客运量6388万人、旅客周转量33.22亿人公里，分别增长6%、13%。港口完成货物吞吐量1597万吨，增长41.1%，其中港口集装箱吞吐量完成44.56万个标准箱，增长28.78%。

【交通建设】 2010年，肇庆市完成交通基础设施建设投资107.18亿元，比上年增长42.6%；其中铁路、轻轨建设共完成投资59.43亿元，公路建设完成投资46.78亿元，港口航道建设完成投资7013万元，客运站场建设完成投资2622万元。完成农村公路硬底化建设515公里；新开农村公路214.7公里/32条；改造县通镇上等级公路共62.9公里/12条；新建或改造农村公路桥梁（含水毁桥）27座/1878.8延米。年内，广梧高速公路封开连接线、广肇高速公路二期、二广高速公路怀集至三水段、珠外环高速公路一期（高要至江门段）、国道321线小湘至四会大沙段文明样板路等先后建成通车。动工建设肇花高速公路肇庆段、二广高速怀集至连州段（含怀集至岗坪支线）；西江（界首至肇庆）航道整治工程累计完成投资1.61亿元；广佛肇高速公路一期工程（大旺至小湘）项目工程可行性研究报告通过省交通运输厅评审；展开广佛肇高速公路二期工程（高要小湘—德庆—封开段）前期工作；怀罗高速公路建设项目获省交通运输厅批复，完成踏勘报告及评审工作。（市交通运输局）

## 语　言

肇庆市主要流行两种汉语方言：一为粤方言，又称广州方言、广府话（俗称白话），分为两部分：第一部分是广府片，分布端州区、鼎湖区、高要市；第二部分是罗广片（又称勾漏片），分布四会市、德庆县、广宁县、怀集县、封开县和肇庆高新区。全市总人口90%以上使用粤方言，但各地又有地方色彩，在语意、词汇等方面存在差异，比如怀集县就有上坊话与下坊话之分。二是客家方言，全市约30多万人使用，以四会市最多，约12多万人。怀集、封开2县部分人使用少数民族语言壮语及标语。使用壮语的主要居住在怀集县北部的下帅壮族瑶族乡和中洲镇的部分村庄，大约有7000多人，属壮语北部方言，因与操粤语的汉族同胞交往密切，故又与壮语北部方言有所区别。全市操标语的约20万人，分布在怀集县的永固、诗洞、桥头、大岗、梁村等镇和封开县的河儿口镇、金装镇、长安镇的一些村寨。改革开放以来，随着外来人口的增多，肇庆语言也发生变化，学校普遍使用普通话教学，普通话逐渐成为公务活动的主导用语，当地百姓可用普通话与非粤方言民众作简单交流。

（市地方志办）

## 民族与宗教

【民族】 2010年，肇庆境内有壮族、瑶族、回族、黎族、土家族、苗族、满族、侗族等46个少数民族类别，少数民族人口2万多，占全市总人口的0.53%。少数民族人数最多且群居的有壮族、瑶族及回族，壮族主要分布在怀集县下帅乡和中洲镇，瑶族集居地为下帅乡，回族主要聚居在端州区。怀集县下帅壮族瑶族乡是广东省7个民族乡之一。

【宗教】 2010年，肇庆市有佛教、基督教、天主教和伊斯兰教四大宗教。宗教团体15个，其中市级5个（市佛教协会、市基督教“三自”爱国会、市基督教协会、市天主教爱国会、市天主教教务委员会），县级10个。寺观教堂和固定活动场所共28个，其中佛教10个、基督教9个、天主教7个，伊斯兰教2个，基本能满足信众过正常宗教生活的需要。有宗教教职人员130多人，佛教和尚、尼姑共90多人，基督教牧师1人、传道10人，天主教神父1人、修女3人，伊斯兰教阿訇1人。信教群众约3万人，其中佛教2.50万人，基督教3200人，天主教2300人，伊斯兰教608人。（市民族宗教局）

## 政治文明建设

【反腐倡廉】 2010年，肇庆市将反腐倡廉任务分成6方面53项工作，具体落实到市党政领导班子成员和48个市直责任部门。检查、考核各县（市、区）和市直单位落实党风廉政建设责任制情况，通报考核结果。通过“一案双查”，追究18名违反党风廉政建设责任制党员干部的责任；对拟提拔任职或拟“评先进评优秀评模范”的1244名干部进行廉政审核，个别因受党纪政纪处分或责任追究被否决。12月初，省对肇庆市2010年党风廉政责任制落实情况进行检查考核，被省考核组评定为“好”等次；在全市问卷调查中，有97.5%的干部群众对市党政领导干部廉洁从政表示满意和比较满意。

2010年，全市纪检监察机关查处商业贿赂案件15件，涉案金额2137万元。严格落实厉行节约各项规定，控制公务支出。鼎湖区纪委及时查处一居委会干部公款集体出国旅游事件；全市清理整改“小金库”36个。

2010年，肇庆市制订《关于治懒治庸、整治用人上不正之风的实施意见》和《肇庆市机关作风问责暂行办法》。在政府投资项目中实行工程承包和工程廉政“双合同”制度，规范政府投资行为。完成肇庆市农村党风廉政信息公开平台（二期）升级改造，全市108个乡镇、620个基层站所、1330个村委会和6852个集体年收入万元以上村小组的党务政务、村务财务、站所事务，均在平台上定期公开和在线监控。市党风廉政信息公开平台建设被评为“肇庆市科学技术二等奖”，获“广东省农村信息化优秀成果”奖。全市国有（集体）及其控股企业、事业单位实行厂务公开率分别达100%、97%。市纪委监察局被评为“全国推动厂务公开民主管理工作先进单位”。

2010年，肇庆市在市委党校组建“反腐倡廉暨预防职务犯罪教育基地”，全市5.5万多名党员干部前往参观学习。邀请中央纪委、省纪委领导为市领导干部“三纪”教育培训班作专题辅导报告；在《西江日报》、市广播电视台开辟解读《廉政准则》专栏或专题节目；把学习《廉政准则》纳入党校（行政学院）培训计划，作为主体班、中青班的必修课；建设包公文化主题公园、清风坛，创作一系列有关包公文化的曲艺节目和动漫短片，打造“包公文化”廉政品牌；推广四会市独岗村廉政文化与文明村、卫生村建设相结合的经验，全市建起93个廉政文化村；封开、德庆县分别开展“百场廉戏（影）送千村”、“纪检监察开放日”活动；全市开展“广佛肇清廉薪火行”传递、“重廉拒礼，我能做到”等活动，推进廉政文化进校园建设。　　*（市纪委办）*

**【政治协商】** 2010年，肇庆市政协领导通过参加市委、市政府召开的的重要会议和重大活动，参与事关全市大局问题的研究讨论，参加市委、市政府主要领导带队开展的“加快转变经济发展方式、建设广佛肇经济圈、推进基础设施建设、加强生态环境保护、推动文化强市建设、办好民生实事”等多项调研和视察，主动协商议政，出谋献策。邀请市委、市政府领导听取政协大会发言、参加委员分组讨论，共商“科学发展、加快发展”计策。　　*（市政协办）*

**【民主法制建设】** 2010年，肇庆市人民政府自觉接受市人大常委会的监督和市政协的民主监督，主动向市人大常委会报告和向市政协通报政府工作，组织办理人大代表议案建议107件、政协提案176件，答复率均为100%，代表和委员满意率均达100%。加强行政执法监督和行政复议工作。落实重大事项社会公示和听证制度。听取各民主党派、人民团体、工商联、无党派人士及专家顾问对政府重大决策的意见建议，有序开展网络问政。不断完善民主决策机制。全面完成“五五”普法工作任务，维护司法公正与社会公平正义，推进法治城市、法治县（市、区）和“民主法治示范村（社区）”创建工作。全面推行政务公开；实行领导干部定期接访制度。　　*（市府办）*

**【依法行政】** 2010年，全市贯彻落实国务院《全面推进依法行政实施纲要》、《关于加强市县政府依法行政的决定》和省政府《关于加强市县政府依法行政的实施意见》，开展依法行政各项工作，提升依法行政工作水平，推进法治政府建设。

*深化行政审批制度改革*　在第三轮共三批行政审批事项调整目录的基础上，制订《肇庆市人民政府第四轮行政审批事项调整目录》。保留行政许可事项132项、非行政许可的行政审批事项38项，列为一般业务管理的事项91项，下放行政审批事项10项，取消行政审批事项15项。市级机构改革全部完成，完成市政府工作部门“三定”方案的审核发布。

*推进富县强镇事权改革*　开展简政强镇事权改革，印发《肇庆市简政强镇事权改革实施意见》和《肇庆市进一步完善和深化事权下放工作意见》，完成鼎湖区广利街道简政强镇事权改革试点工作，逐步向全市铺开。

*完善政府决策制度*　2010年修订《肇庆市人民政府工作规则》、《肇庆市人民政府议事决策规则》、《肇庆市人民政府会议运作制度》、《肇庆市人民政府重大事项报告通报制度》、《肇庆市人民政府投资项目管理暂行办法》、《肇庆市市本级财政资金拨款管理暂行办法》等政府工作制度，坚持重大决策集体研究和合法性审查制度，不断完善重大行政决策专家论证和听取意见制度，聘请律师担任市政府常年法律顾问。

*加强政府规范性文件制定和备案*　修订《肇庆市行政机关规范性文件制定程序管理规定》，制订《开展市政府规范性文件实施情况评估工作方案》。全年市政府制定出台规范性文件13件，全部按规定上报省人民政府和市人大常委会备案，并获审查通过。对各县（市、区）人民政府上报15件规范性文件进行审查备案。

**规范行政执法**　推行行政执法责任制，不断健全行政执法主体资格制度、行政执法过错责任追究、行政执法案卷评查等制度。做好行政执法职权界定，6月下发《关于做好行政执法职权核准界定公告工作的通知》，各行政执法部门重新认真核准、界定行政执法职权，确认行政执法主体，明确岗位职责，向市法制机构报备《行政执法职权依据一览表》、《行政执法职权一览表》，并做好公开工作。各地各部门做到规范执法主体合格，执法人员持证上岗，全市共申领换发《广东省人民政府行政执法证》2155个。

**强化行政监督**　加强对抽象行政行为的监督，对部门起草的规范性文件实行前置审查。全年对9份部门规范性文件进行发布前合法性审查，加强层级监督。修订《肇庆市人民政府行政复议工作规程》，全市各级行政复议机关共收到行政复议申请111件，受理98件，审结89件（含上期结转8件）。接受司法监督，依法做好行政应诉工作和执行人民法院生效判决和裁定，全市各级行政机关共发生行政应诉案件78宗。全年向市人大常委会报告专项工作8次。

**加快电子政务建设**　对“中国肇庆”政府门户网站实行全面改版，新改版政府门户网站内容更丰富和更全面，涵盖政府工作的各方面，重点突出政府信息公开、政务服务、网上办事、效能监察等专栏，新增和逐步完善网上行政审批系统。电子政务建设取得突破性新进展，完成网上联审系统建设，联合审批取代串联审批，进一步提高行政审批效率。

*（市法制局）*

**【政府机构改革】**　2010年，肇庆市完成市政府机构改革。科学制订《肇庆市人民政府机构改革方案》，通过转变政府职能、理顺部门职责关系、调整优化组织结构、完善政府运行机制等措施，提高政府工作效能，推进服务型政府建设。一是按照政企、政资、政事、政府与市场中介组织分开以及“对内放宽、对外放开、对下放权”的原则，向事业单位或社会组织转移职责，加强社会管理和公共服务功能、理顺部门职责，通过增加、加强、划出、划入、下放、取消等方式，调整职责145项，改进政府的越位、缺位、错位问题。召开市水务局与市城市综合管理局的协调会，理顺端州城区供水、用水、节水、排水管理职责；协调市卫生局与市食品药品监督管理局理顺餐饮业、食堂等消费环节监督管理职责；听取、征求市交通运输局和市公路局意见，理顺交通综合执法过渡期公路路政执法职责。二是根据省深化行政管理体制改革工作要求，探索大部门体制改革，整合职能相同、相近部门。市政府机构设置从原来的37个部门合并调整为32个，精简8.7%，其中新组建部门6个、调整管理关系1个、合并3个。初步形成“大水务”、“大交通”、“大农业”、“大经信局”等体制格局，优化政府组织结构和运行机制。三是按“权责一致、有权必有责”要求，明确部门职责388项，理顺部门责任，提升政府部门履行职责的能力。

基本完成县（市、区）政府机构改革。4月，印发各县（市、区）的政府机构改革方案，督促、指导各县（市、区）实施本级政府机构改革。市编委办多次到各县（市、区）检查、跟踪改革进展情况，及时解决改革中存在的各种问题与矛盾。至年底，县（市、区）政府机构改革基本完成，在转变政府职能、明确部门职责、优化组织结构、完善管理体制等方面取得良好成效。

*（市编委办）*

## 2010年肇庆市政府机构改革前后机构设置表

| 机构改革前 | 机构改革后 |
|---|---|
| 市政府办公室 | 市府办公室 |
| 市发展改革局 | 市发展和改革局 |
| 市经济贸易局 | 市经济和信息化局 |
| 市教育局 | 市教育局 |
| 市科学技术局 | 市科学技术局 |
| 市民族宗教事务局 | 市民政宗教事务局（不计入编制数） |
| 市公安局 | 市公安局 |
| 市监察局 | 市监察局（不计入编制数） |
| 市民政局 | 市民政局 |
| 市司法局 | 市司法局 |
| 市财政局 | 市财政局 |
| 市人事局 | 市人力资源和社会保障局 |
| 市劳动和社会保障局 | 市国土资源局 |
| 市国土资源局 | 市环境保护局 |
| 市建设局 | 市住房和城乡建设局 |
| 市交通局 | 市交通运输局 |
| 市水利局 | 市水务局 |
| 市农业局 | 市农业局 |
| 市对外贸易经济合作局 | 市对外贸易经济合作局 |
| 市文化局 | 市文化广电新闻出版局 |
| 市卫生局 | 市卫生局 |
| 市人口和计划生育局 | 市人口和计划生育局 |
| 市审计局 | 市审计局 |
| 市政府国有资产监督管理委员会 | 市外事侨务局 |
| 市广播电视局 | 市政府国有资产监督管理委员会 |
| 市体育局 | 市体育局 |
| 市统计局 | 市统计局 |
| 市物价局 | 市物价局 |
| 市林业局 | 市林业局 |
| 市旅游发展局 | 市安全生产监督管理局 |
| 市政府法制局 | 市旅游发展局 |
| 市政府外事侨务局 | 市城乡规划局 |
| 市城乡规划局 | 市城市综合管理局 |
| 市市政管理局 | 市食品药品监督管理局 |
| 市信息产业局 | — |
| 市府经济研究室 | — |
| 市安全生产监督管理局 | — |

（市编委办）

【行政审批及管理体制改革】 2010年，肇庆市全面清理行政审批事项，制订和实施《肇庆市人民政府第四轮行政审批事项调整目录》。经过第四轮行政审批制度改革，全市的行政许可事项减至170项，减少164项，减幅49%。协同推进富县强镇事权改革，拟订《肇庆市进一步完善和深化事权下放工作意见》和《肇庆市人民政府向各县（市、区）下放的行政管理事项目录》，拟向县一级下放397项行政管理事项，其中委托县一级管理的135项，直接放权县一级实施的196项，服务前移由县一级代为受理或预审的66项，以扩大县镇经济社会管理权限，增强县镇经济社会发展活力和综合实力。推进深化医疗卫生体制改革工作，成立市深化医药卫生体制改革工作领导小组及办公室，抽调工作人员，组织制订市深化医药卫生体制改革的实施意见、医药卫生体制改革近期重点实施方案、城镇医保普通门诊医疗费用统筹实施办法等一系列政策文件，建立健全医改工作责任制，推动全市医改工作取得良好开局。

*（市发展和改革局）*

【定期接访】 2010年，全市县以上党政机关信访部门共受理群众信访总量1.13万件次，其中来访1788批7629人次；市领导接访事项20宗，办结或答复信访人20宗。市领导带头轮值接访，各县（市、区）、镇（乡、街）领导与市领导同步接访，化解一批信访积案。三级党政领导共接访群众1184批4756人次。各级各部门坚持“进家门、问民生、解难题”，探访重复信访户，到矛盾纠纷较多、问题复杂、群众意见多的地方走访群众，帮助解决群众生产生活中的实际困难，进一步密切党群关系。

*（市信访局）*

## 精神文明建设

【简况】 2010年，肇庆市按照“高举旗帜、围绕大局、服务人民、改革创新”总要求，把握“维护好经济发展大局、维护好深化改革大局、维护好社会稳定大局”中心任务，贯彻实施《珠江三角洲地区改革发展规划纲要》，为“加快转变经济发展方式、推动经济社会平稳较快发展”提供精神动力，把精神文明建设摆在重要位置，各项工作保持健康向上的良好态势。

【核心价值体系建设】 2010年，肇庆市开展丰富多彩的实践活动，促进社会主义核心价值体系建设。一是在“春节、清明节、端午节、中秋节”等节日期间，开展“道德春联进农家”、“贺新岁和谐文化进万家”、“送温暖、献爱心”扶危助困、祭奠革命先烈、“端午情浓献爱心”、“迎国庆贺中秋”等活动，弘扬以爱国主义为核心的民族精神。二是利用举办肇庆市第九届龙舟邀请赛、“迎世博迎亚运”之机，开展文明礼仪教育实践活动，拓展“讲文明、树新风”。三是举办以“全民阅读·科学发展”为主题的“第五届肇庆读书节”，推动“学习型家庭、学习型组织、学习型社会”建设。四是发动干部群众参与“广东十大创新人物”和“广东十大创新企业”评选活动，推动“三创”（创造、创新、创业）教育。广东风华高新科技股份有限公司获“广东十大创新企业”；广东四会互感器厂有限公司总经理张树华获“广东十大创新人物”提名奖。五是开展“我爱肇庆一万个理由”红段子创业大赛，宣传“红色文化”。六是通过开展肇庆市“文明观世博 热情迎亚运 和谐迎国庆——做文明有礼的中国人”网上签名寄语活动及举办“做文明有礼的中国人，做文明有礼的肇庆人”文明论坛，引导人们“说文明话，做文明事，当文明人，为文明中国、礼仪之邦增光添彩”，自觉做到“六个文明有礼”：言谈举止文明有礼、公共场合文明有礼、邻里相处文明有礼、行路驾车文明有礼、旅游观光文明有礼、网上交流文明有礼。

【思想道德教育活动】 2010年，肇庆市的思想道德教育以推进未成年人思想道德建设和大学生思想政治教育为主，促进广大青少年精神面貌积极向上。一是推荐由省评选命名的第四批爱国主义教育基地。向省委宣传部推荐端州青少年军校、广宁县博物馆、广宁县烈士陵园等6个爱国主义教育基地。年内，各地充分发挥这些基地的的教育功能，强化未成年人爱国主义教育和思想道德建设。二是召开全市中等职业学校德育工作会议，培训中小学校心理教师，使未成年人心理健康教育工作逐渐形成规范化和日常化。三是建设学校、家庭、社会“三结合”教育网络，进一步形成各类关爱青少年健康成长的社会氛围。四是推进净化社会文化环境工作。全市妇联组织开展“为了明天——母亲网络护卫行动”，共青团组织组成“绿网志愿者”，市关工委派出“网吧监督员”，配合有关部门联合开展整治“网吧”活动。五是开展市直中小学生暑期活动。以“庆世博，迎亚运，平安快乐过暑假”为主题，开展“听一次形势报告、学一点安全知识、搞一次健身活动、玩一项智力游戏、诵一句经典名言、写一篇感悟文章”等活动，市直学校3150名学生参加假期活动。六是整合社会资源，促进未成年人健康成长。市总工会在全市开展“希望在明天，工会助您行”助学圆梦活动；团市委组织“爱在希望家园——关爱留守少年儿童”活动及“关爱农民工子弟志愿服务”行动；市妇联开展“爱心父母牵手困境儿童大联盟”行动；高要市开展“凝聚青少年 永远跟党走”青少年思想道德建设主题实践系列活动；端州区和德庆县举办家庭教育巡回讲座。

**【群众性创建活动】** 2010年，全市围绕“落实科学发展观”和“构建社会和谐”两大主题，调整创建思路、创新载体、拓展领域，不断开拓群众性精神文明创建活动。

创建和谐机关　全市开展创先争优、做“人民满意的公务员”活动。各地各部门围绕加快转变经济发展方式和机关工作作风、促进社会和谐、服务人民群众，把创先争优与文明创建相结合。封开县组织“我承诺、你监督、抓落实、促发展”活动，提升部门单位执行力；四会市市直单位开展“进百家门、问百家事、讲百姓话、办百姓事”，进一步密切党群干群关系；肇庆高新区以“科学发展、创先争优”为主题，打造全省示范性产业转移园典范，顺利晋升为国家级高新区；市总工会开展“七大人文关怀”行动，促进劳资关系和谐；市公安局提出“在保亚运平安中争当先锋”口号，党员干警以高昂斗志投身亚运安保各项工作；教育系统开展“创办人民满意教育、争当教书育人标兵”活动，为创建教育强市打基础。3月30日，在省政府召开的第三届广东省“人民满意的公务员（集体）”表彰大会上，肇庆市国土资源局地质与环境科科长吴龙文及怀集县公安局城南派出所社区民警莫莉（女）获广东省“人民满意的公务员”称号；市公安局端州分局湖滨派出所被授予“人民满意的公务员集体”。

创建和谐企业　2010年，全市以构建和谐劳动关系为核心，开展和谐企业创建活动。以“富士康”科技集团员工跳楼事件和南海本田汽车厂员工停工事件为鉴，在企业中开展送温暖、送探视、送爱心、送保障、送阳光、送清凉、送安康、送法律等“八送”活动，为职工排忧解难，创建“和谐企业”与“和谐工业园”，促进企业和谐发展。

创建和谐社区　全市以“城市建设年”和“三旧”（旧城镇、旧厂房、旧村庄）改造为契机，加强社区硬件建设。把创建优美舒适生活环境，促进人与环境和谐作为和谐社区创建的基础工作，通过加大资金投入，建造一批环境卫生基础设施，创建绿色社区、环保社区；同时引导居民树立生态环保观念，倡导绿色生态方式，使社区成为绿化、美化、亮化的特色社区。

创建和谐镇村　2010年，全市实施农村“清和美”工程。全年创建广东省卫生村437个、生态文明村414个。11月，广东省新农居推广试点工作在德庆县启动。

提高市民文明程度　8月22～24日，中央文明办在肇庆市进行公共文明指数测评。7月19日，市委常委陈以良主持召开会议，动员和部署迎接测评工作。市文明委印发《迎接中央文明办对我市公共文明指数测评实施方案》，落实责任，成立综合协调督查组、宣传组、城区公共环境组、社区调查组、档案资料组5个专责小组，建立协调联动机制。市文明委成员单位和市直及端州区、鼎湖区各部门单位密切配合。端州各社区开展市民文明教育，宣传创建全国文明城市测评体系有关知识；团市委及端州区团委派志愿者上街，做好市民出行劝导工作；市公安局、城市综合管理局、卫生局、文广新局等抓好交通、环境卫生、社会文化环境的整治，提高市民的文明水平。11月4日，召开全市精神文明建设暨创建省卫生村镇、生态文明村工作会议，表彰精神文明建设、创建“两村”先进集体和先进个人。

**【营造建设环境】** 一是开展生态文明村与卫生

村创建情况调查摸底。源于2003年的生态文明村和省卫生村创建工作与珠三角相比，存在“规模少、覆盖人口少”等差距。2010年，市文明办为实现《肇庆市建设文化强市规划大纲（2010—2020）》的目标任务，在全市开展生态文明村与卫生村创建调研活动，筹划下阶段创建的规划和推进措施，为实现‘生态文明村、省卫生村创建由小村创建向大村创建的转变，扩大受益人口覆盖面”奠定基础。

二是改革市文明单位评选办法。市文明委印发《关于申报2010—2011年度肇庆市文明单位的通知》，确定“自愿申报、关口前移、程序公开、量化考核、社会考评、重在建设、注重实效”原则，将申报过程转变为提高部门与干部群众自觉参与文明创建活动、自觉提高文明程度的过程。至年底，市直单位申报市文明单位的积极性明显提高，按通知要求报送创建方案，明确创建计划与目标，自觉按照自定的创建计划和文明单位创建标准开展创建活动。

三是理顺志愿服务领导体制。2010年，肇庆市按照中央文明办《关于深入开展志愿服务活动的意见》和《中共广东省委、广东省人民政府关于进一步发展志愿服务事业的意见》精神，成立志愿服务事业指导委员会。先后开展“文明交通——志愿者百日”行动、“万名志愿者植树造林，为家园添绿”行动、“万人城乡环境卫生清洁”大行动、“朝阳行动——关爱农民工、贫困家庭子女志愿服务”、“迎接世博亚运，创造新生活”等志愿服务活动，进一步提升志愿服务知名度和影响力。

**【问题与困难】** 一是全市各地思想道德建设工作发展还不够平衡，公民的思想道德素质有待提高；二是公共秩序、城乡环境与全国文明城市测评体系的要求存在较大差距，群众性精神文明创建活动的覆盖面还不够广；三是一些地方开展创建省卫生村镇、生态文明村等活动的积极性不够高，长效管理机制有待完善。 （孔德勇）

**附：2010年肇庆市精神文明建设委员会办公室正副主任名录**

主　任：程彦春

副主任：黎建初　赵图强

## 生态文明建设

**【生态示范村创建】** 2010年，肇庆市继续实施可持续发展战略，遵循生态经济学原理，坚持防治污染与生态保护相结合，开展生态示范村创建，改善农村地区的生态环境和人居生活环境质量。全年创建市级生态示范村15个，其中怀集县2个：怀城镇大龙村委会同步四村，怀城镇珠洞村委会黄屋村；广宁县4个：赤坑镇汶水村委会槎高村，赤坑镇旺洞村委会高寨村，赤坑镇雅韶村委会罗木村，江屯镇红旗村委会金鸡笼村；封开县3个：南丰镇思料村委会三车村，南丰镇小玉村委会两合村，江口镇胜利村委会榕木根村；德庆县2个：播植镇植村村委会古调村，播植镇植村村委会长安村；高要市4个：金利镇珠江村委会珠江新村，金利镇小洲村委会姚村，新桥镇沙田村委会林宋村，新桥镇珠江村委会区村。

**【农村生态环境建设】** 2010年，肇庆市围绕农村改革发展大局，切实解决农村饮水安全问题，开展乡村农业生产污染防治，控制农业面源污染，稳步推进农村环境综合整治，深化规模化畜禽养殖治理，农村环境保护整治成效明显。全年新增新农村建设示范点38个，新增生态文明村414个、省卫生村437个、省卫生镇1个，省级卫生村数量连续3年居全省地级以上市第一；广宁县实现村村有省级卫生村。怀集县岗勇村等8个村成为肇庆市首批宜居村庄。完成农村饮水安全工程19宗，解决19.33万人饮水不安全问题。

**【问题与困难】** 第一，缺乏生态示范创建奖励奖金。肇庆市通过“以奖促治，以奖代补”方式开展生态文明村镇创建，由于缺乏资金，无法兑现“对获得验收的示范村、镇给予资金上鼓励”的承诺。第二，缺乏农村环境宣传教育资金。基于地方财力不足，各地投入农村环境宣传教育的资金有限，导致农村环境宣传教育工作薄弱，与建设“生态环保肇庆”的要求有差距，农民环保意识淡漠。 （陈晓红）

**【自然保护区建设】** 至2010年，肇庆市建成自然保护区11个，总面积3.82万公顷，其中国家级1个（鼎湖山），省级4个（黑石顶、大稠顶、三岳区、烂柯山），市（县）级6个（三叉顶、深坑、七星顶、鸡笼顶、十二带、蚬坑）。年内，全市开展“世界湿地日”宣传活动；申报3项省湿地保护工程储备项目；委托省昆虫研究所调查鼎湖水雉现状及芡实种植情况，筹建水雉保护小区。各自然保护区开展巡护、森林防火、有害生物防治，利用“爱鸟周”、“野生动物宣传月”等活动，到周边农村、社区、学校等，宣传自然保护区、野生动物保护和森林防火等法律法规。封开县黑石顶、高要市烂柯山、怀集县大稠顶、德庆县三叉顶等自然保护区，分别与中山大学、华南农业大学、中国科学院华南植物研究所等合作，开展科研宣教活动，其中黑石顶自然保护区成为中山大学和肇庆学院教学实习基地及肇庆市科普教育基地。

（*赖友明*）

## 肇庆市森林生态类型自然保护区名录

| 序号 | 自然保护区名称 | 级 别 | 类型 | 行政区域 | 面积（公顷） | 主要保护对象 | 建立时间 |
|---|---|---|---|---|---|---|---|
| 1 | 鼎湖山国家级自然保护区 | 国家级 | 森林生态 | 鼎湖区 | 1148.7 | 亚热带常绿阔叶林及珍稀动植物 | 1956 |
| 2 | 封开黑石顶省级自然保护区 | 省级 | 森林生态 | 封开县七星镇 | 4200 | 亚热带常绿阔叶林及珍稀动植物 | 1979 |
| 3 | 怀集大稠顶省级自然保护区 | 省级 | 森林生态 | 怀集县洽水镇 | 3761.3 | 亚热带常绿阔叶林及珍稀动植物 | 2002 |
| 4 | 怀集三岳省级自然保护区 | 省级 | 森林生态 | 怀集县蓝钟镇 | 6761.8 | 亚热带常绿阔叶林及珍稀动植物 | 2002 |
| 5 | 烂柯山省级自然保护区 | 省级 | 森林生态 | 高要林场 | 7961.6 | 亚热带常绿阔叶林及珍稀动植物 | 2004 |
| 6 | 德庆三叉顶自然保护区 | 市级 | 森林生态 | 德庆县莫村镇 | 2044.2 | 南亚热带常绿阔叶林和野生动植物 | 2004 |
| 7 | 四会十二带自然保护区 | 市级 | 森林生态 | 四会市江谷镇 | 2252.5 | 南亚热带常绿阔叶林和野生动植物 | 2004 |
| 8 | 封开七星顶自然保护区 | 市级 | 森林生态 | 封开县七星镇 | 4101.5 | 南亚热带常绿阔叶林和野生动植物 | 2004 |
| 9 | 肇庆鸡笼顶自然保护区 | 市级 | 森林生态 | 市属北岭山林场 | 2312 | 南亚热带常绿阔叶林和野生动植物 | 2004 |
| 10 | 广宁深坑自然保护区 | 市级 | 森林生态 | 广宁县北市镇 | 3025.1 | 南亚热带常绿阔叶林和野生动植物 | 2004 |
| 11 | 高要蚬坑自然保护区 | 县级 | 森林生态 | 高要市金渡镇 | 585.9 | 南亚热带常绿阔叶林生态系统及其珍稀动植物、水源涵养林等 | 2009 |
| 合计 | —— | —— | —— | —— | 38154.6 | —— | —— |

（*市林业局*）

## 2010年肇庆市国民经济主要指标完成情况表（1）

| 地 区 | 常住人口 |  | 地区生产总值 |  | 人均地区生产总值 |  | 规模以上工业总产值 |  | 规模以上工业增加值 |  | 农林牧渔业总产值 |  |
|---|---|---|---|---|---|---|---|---|---|---|---|---|
|  | （万人） |  | （当年价、亿元） |  | （元） |  | （当年价、亿元） |  | （当年价、亿元） |  | （当年价、亿元） |  |
|  | 绝对值 | 增长% | 绝对值 | 增长% | 绝对值 | 增长% | 绝对值 | 增长% | 绝对值 | 增长% | 绝对值 | 增长% |
| 全市合计 | 392.22 | 2.2 | 1085.987 | 17.5 | 27987 | 15.7 | 1744.19 | 39.7 | 410.03 | 34.6 | 291.96 | 5.3 |
| 市 直 | 47.98 | 7.3 | 142.277 | 11.1 | 53526 | 7.0 | 115.73 | 11.1 | 32.39 | 6.2 | — | — |
| 端州区 |  |  | 105.29 | 18.5 |  |  | 171.55 | 24.9 | 37.25 | 20.6 | 1.09 | 3.7 |
| 鼎湖区 | 16.49 | 0.9 | 50.06 | 19.5 | 30499 | 17.4 | 108.04 | 37.3 | 26.65 | 36.3 | 18.15 | 5.3 |
| 四会市 | 47.20 | 1.8 | 160.62 | 20.1 | 34328 | 17.9 | 278.67 | 38.1 | 63.82 | 41.3 | 51.03 | 7.8 |
| 高要市 | 75.40 | 3.6 | 215.19 | 18.27 | 29050 | 15.9 | 397.54 | 43.3 | 95.07 | 34.1 | 75.07 | 4.3 |
| 广宁县 | 42.46 | −2.6 | 71.02 | 13.8 | 16507 | 16.5 | 74.31 | 37.3 | 18.64 | 30.4 | 26.12 | 4.9 |
| 德庆县 | 34.16 | 0.6 | 65.92 | 19.1 | 19350 | 19.0 | 100.02 | 43.6 | 23.37 | 18.7 | 25.94 | 7.2 |
| 封开县 | 39.87 | −0.4 | 70.56 | 16.9 | 17657 | 18.1 | 57.7 | 40.3 | 12.66 | 23.8 | 38.10 | 4.7 |
| 怀集县 | 81.54 | 1.5 | 119.07 | 17.3 | 14712 | 17.0 | 81.49 | 57.7 | 18.01 | 32.3 | 54.17 | 5.2 |
| 高新区 | 7.12 | 26.2 | 86.33 | 41.5 | 135317 | 13.5 | 359.14 | 54.1 | 82.18 | 57.9 | 2.29 | 8.1 |

注：1.本表人口为2010年末常住人口数，端州区人口数包括市直人口数；
2.人均地区生产总值按常住人口计算。

## 2010年肇庆市国民经济主要指标完成情况表（2）

| 地 区 | 全社会固定资产投资 |  | 外贸出口总额 |  | 实际利用外资 |  | 财政一般预算收入 |  | 社会消费品零售总额 |  | 农民人均纯收入 |  |
|---|---|---|---|---|---|---|---|---|---|---|---|---|
|  | （亿元） |  | （亿美元） |  | （亿美元） |  | （亿元） |  | （亿元） |  | （元） |  |
|  | 绝对值 | 增长% | 绝对值 | 增长% | 绝对值 | 增长% | 绝对值 | 增长% | 绝对值 | 增长% | 绝对值 | 增长% |
| 全市合计 | 625.21 | 35.1 | 25.96 | 27.9 | 9.34 | 5.2 | 76.80 | 37.4 | 332.89 | 21.1 | 7524 | 19.6 |
| 市 直 | 85.95 | 29.0 | 3.93 | 32.6 | — | — | 13.28 | 27.6 | 26.00 | 15.9 | — | — |
| 端州区 | 60.86 | 48.3 | 6.04 | 13.4 | 1.03 | 2.7 | 8.06 | 37.8 | 80.38 | 21.5 | 12301 | 6.9 |
| 鼎湖区 | 38.05 | 32.4 | 1.23 | 31.7 | 0.59 | 3.9 | 2.77 | 38.1 | 12.83 | 21.2 | 8219 | 29.3 |
| 四会市 | 108.37 | 32.7 | 3.50 | 38.8 | 1.27 | 3.9 | 11.38 | 40.6 | 58.23 | 22.3 | 8679 | 26.9 |
| 高要市 | 108.83 | 39.2 | 4.39 | 24.0 | 1.76 | 6.6 | 13.61 | 26.2 | 52.56 | 22.1 | 9382 | 21.4 |
| 广宁县 | 27.13 | 20.3 | 0.36 | 5.7 | 0.47 | 4.0 | 4.39 | 41.5 | 25.51 | 20.7 | 5992 | 12.6 |
| 德庆县 | 42.91 | 35.8 | 1.13 | 14.6 | 0.35 | 5.7 | 4.72 | 46.3 | 21.67 | 20.7 | 9218 | 33.0 |
| 封开县 | 44.74 | 30.5 | 0.41 | 9.4 | 1.41 | 26.2 | 4.10 | 41.4 | 17.63 | 20.8 | 6138 | 13.4 |
| 怀集县 | 51.78 | 36.2 | 0.30 | 6.1 | 0.22 | 3.4 | 6.14 | 45.0 | 33.19 | 21.1 | 6135 | 18.3 |
| 高新区 | 56.58 | 41.3 | 4.66 | 19.0 | 3.13 | 0.7 | 8.36 | 57.0 | 4.9 | 23.1 | 14238 | 33.9 |

## 2010年珠三角地区主要经济指标（1）

| 地区名称 | 地区生产总值 | | 规模以上工业增加值 | | 地方财政一般预算收入 | |
|---|---|---|---|---|---|---|
| | 1–12月累计（亿元） | 增长% | 累计（亿元） | 增长% | 累计（亿元） | 增长% |
| 珠三角 | — | — | 16477.6 | 16.52458 | 3138.56 | 24.43925 |
| 广州市 | 10604.48 | 13.0 | 3573.32 | 16.4 | 871.73 | 24.07 |
| 深圳市 | 9510.91 | 12.0 | 4092.63 | 13.8 | 1106.82 | 25.7 |
| 珠海市 | 1202.58 | 12.8 | 615.38 | 18.2 | 124.53 | 22.8 |
| 佛山市 | 5651.52 | 14.3 | 3292.35 | 19.4 | 305.96 | 20.13 |
| 惠州市 | 1729.89 | 18.0 | 826.05 | 27.4 | 131.22 | 29.27 |
| 东莞市 | 4246.25 | 10.3 | 1812.86 | 19 | 277.84 | 20.2 |
| 中山市 | 1826.32 | 13.5 | 1027.17 | 18.1 | 139.38 | 26.2 |
| 江门市 | 1550.37 | 14.3 | 829.69 | 23.7 | 104.29 | 24.7 |
| 肇庆市 | 1065.90 | 17.1 | 408.15 | 33.7 | 76.80 | 37.4 |

## 2010年珠三角地区主要经济指标（2）

| 地区 | 全社会固定资产投资 | | 社会消费品零售总额 | | 外贸出口总额（海关口径） | | 实际利用外商直接投资（商务部核定数） | |
|---|---|---|---|---|---|---|---|---|
| 名称 | 累计（亿元） | 增长% | 累计（亿元） | 增长% | 累计（亿美元） | 增长% | 累计（亿美元） | 增长% |
| 珠三角 | 11355.80 | 18.2 | 12613.24 | 16.8 | 4318.07 | 26.3 | 183.47 | 4.8 |
| 广州市 | 3263.57 | 22.7 | 4500.28 | 24.8 | 483.80 | 29.3 | 39.79 | 5.4 |
| 深圳市 | 1944.70 | 13.8 | 3000.76 | 17.2 | 2041.84 | 26.1 | 42.97 | 3.3 |
| 珠海市 | 501.55 | 22.2 | 486.03 | 20.5 | 208.62 | 17.3 | 12.24 | 3.7 |
| 佛山市 | 1719.63 | 16.9 | 1687.13 | 20.1 | 330.39 | 34.4 | 19.68 | 5.0 |
| 惠州市 | 894.02 | 17.8 | 582.53 | 19 | 202.33 | 18.0 | 14.38 | 3.1 |
| 东莞市 | 1114.98 | 1.9 | 1108.06 | 15.9 | 695.98 | 26.1 | 27.32 | 5.3 |
| 中山市 | 660.37 | 21.0 | 648.11 | 18.2 | 225.05 | 26.9 | 6.68 | 9.9 |
| 江门市 | 631.77 | 28.4 | 655.86 | 17 | 104.10 | 31.0 | 11.08 | 6.9 |
| 肇庆市 | 625.21 | 35.1 | 332.89 | 21.1 | 25.96 | 27.9 | 9.34 | 5.2 |

注：以上两个表格的数据为快报数，准确数据以《肇庆统计年鉴（2011）》为准。

## 2009—2010年肇庆市基本建设和社会事业情况简表

| 基本建设 | | | | 教育 | | | | 医疗 文化 体育 | | | |
|---|---|---|---|---|---|---|---|---|---|---|---|
| 项目 | 单位 | 2009年 | 2010年 | 项目 | 单位 | 2009年 | 2010年 | 项目 | 单位 | 2009年 | 2010年 |
| 铁路营业里程 | 公里 | 169 | 169 | 普通高校校数 | 所 | 4 | 4 | 医院和卫生院数 | 个 | 141 | 142 |
| 公路通车里程 | 公里 | 10352 | 11260 | 普通高校在校学生数 | 万人 | 4.60 | 5.56 | 医院与卫生院床位数 | 张 | 8458 | 8930 |
| 其中：高速公路 | 公里 | 96 | 190 | 中职和技校学校数 | 所 | 38 | 33 | 平均每千人口医院和卫生院床位数 | 张 | 2.04 | 2.12 |
| 港口泊位 | 个 | 196 | 196 | 中职和技校在校学生数 | 万人 | 11.47 | 10.82 | | | | |
| 其中：万吨级泊位 | 个 | 0 | 0 | 普通中学学校校数 | 所 | 182 | 174 | —— | —— | —— | —— |
| 内河通航里程 | 公里 | 544 | 544 | 普通中学在校学生数 | 万人 | 32.24 | 32.84 | 群众艺术和文化馆数 | 个 | 9 | 9 |
| 本地电话年末用户 | 万户 | 84.85 | 81.76 | 小学学校校数 | 所 | 1056 | 753 | 公共图书馆数 | 个 | 8 | 9 |
| 移动电话年末用户 | 万户 | 241.2 | 267.9 | 小学在校学生数 | 万人 | 39.65 | 36.82 | 博物馆数 | 个 | 7 | 7 |
| 国际互联网用户 | 万户 | 22.3 | 28.8 | —— | —— | —— | —— | 档案馆数 | 个 | 9 | 11 |
| 电力消费量 | 万千瓦时 | 879219 | 1050827 | 学龄儿童入学率 | % | 99.98 | 100 | 国民体质合格率 | % | 81.3 | 80.8 |
| 商品房屋实际销售量 | 万平方米 | 275.31 | 342.24 | 幼儿园数 | 所 | 505 | 513 | 人均公共体育场地面积 | 平方米 | 1.31 | 1.31 |
| 商品房屋实际销售额 | 亿元 | 93.49 | 140.31 | 在园幼儿数 | 万人 | 11.98 | 12.76 | —— | —— | —— | —— |

（市统计局）

# 2010年肇庆市主要经济指标统计图

## 年末总人口（户籍、万人）

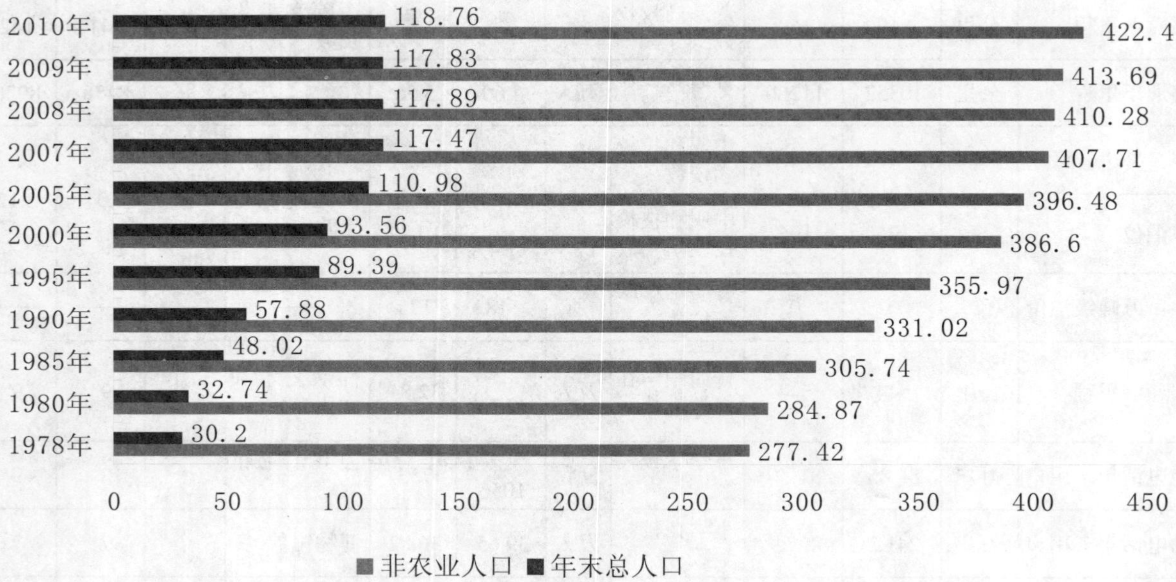


## 国内生产总值（当年价、亿元）

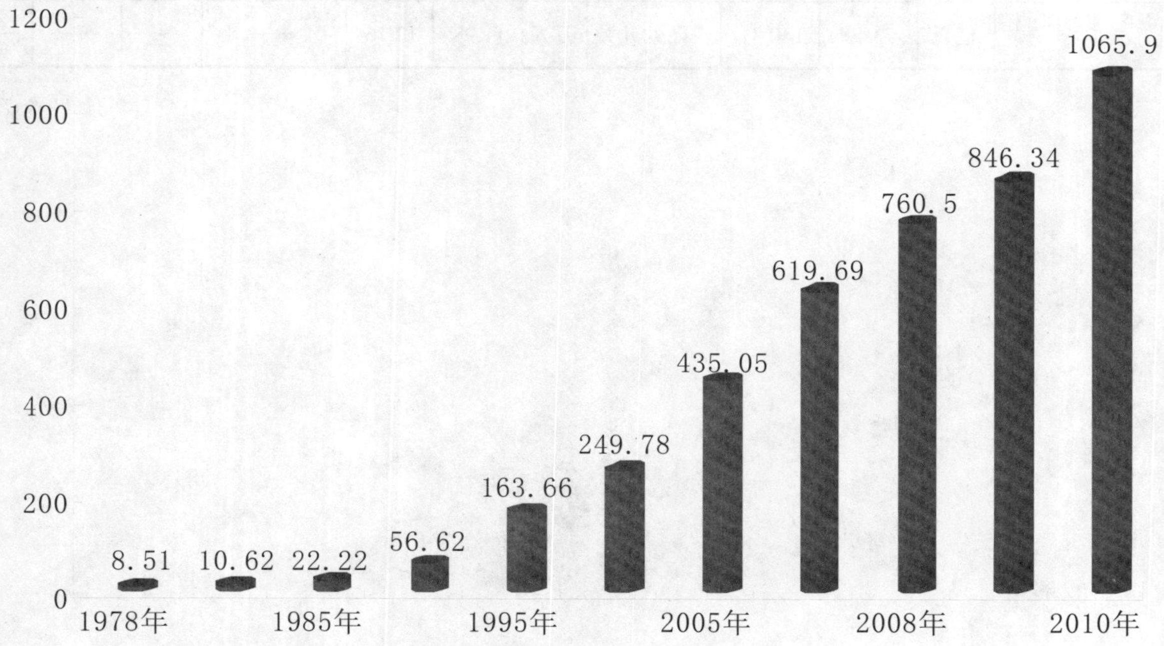

规模以上工业总产值（当年价、亿元）

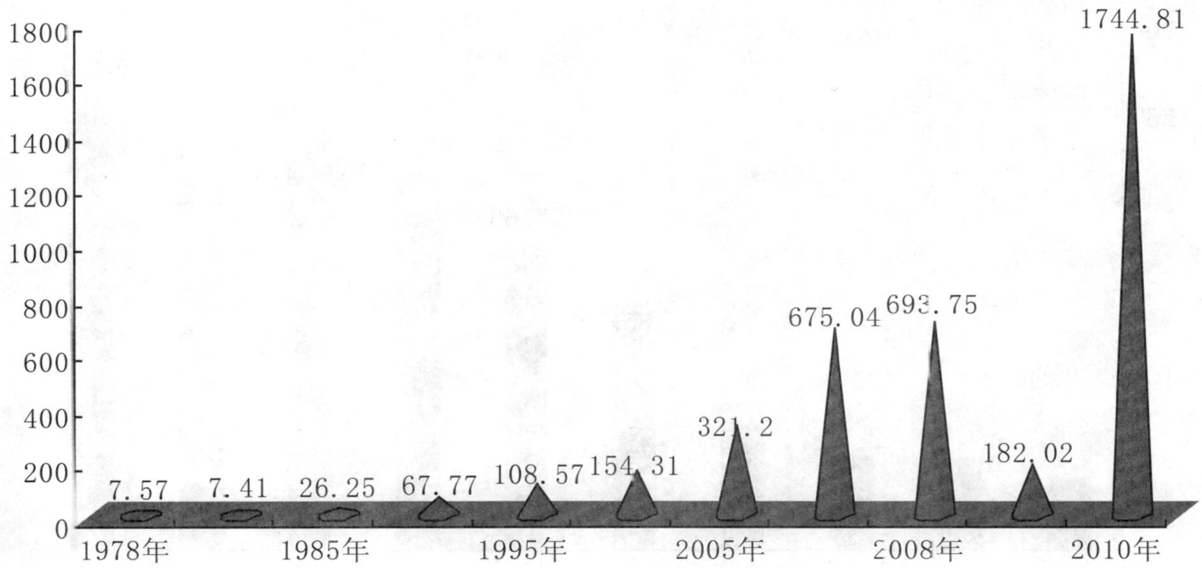


农业总产值（当年价、亿元）

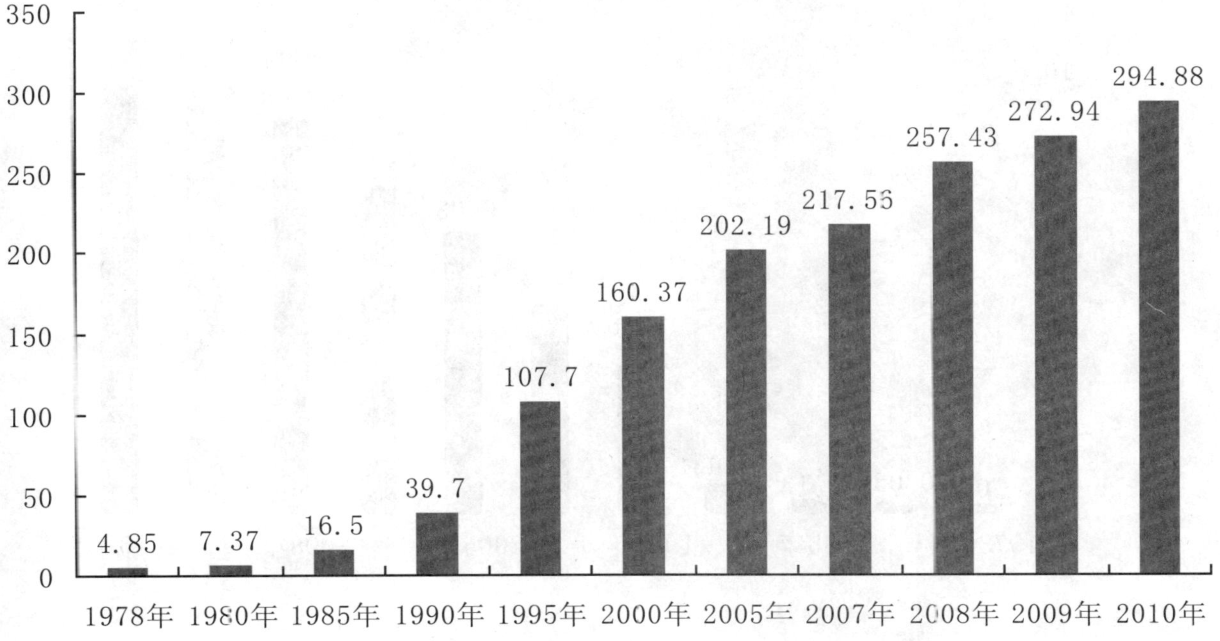

外贸出口总额（亿美元、海关数）

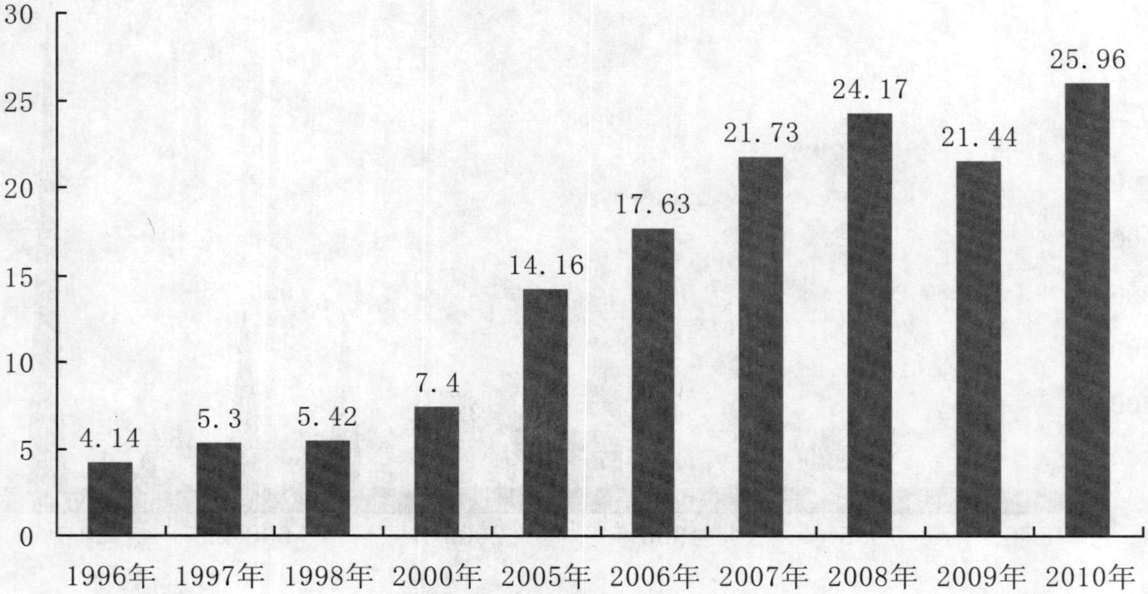


实际利用外资额（亿美元）

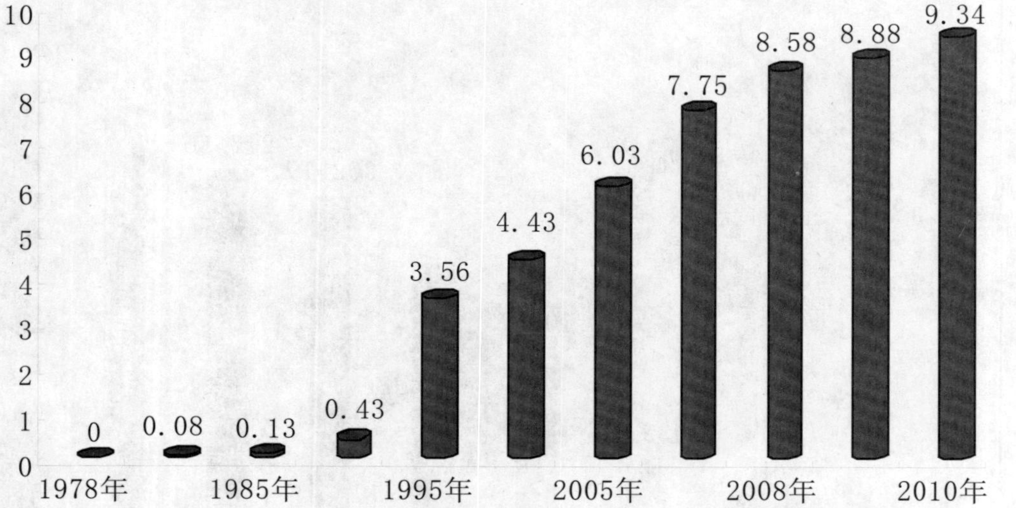

全社会固定资产投资总额（亿元）

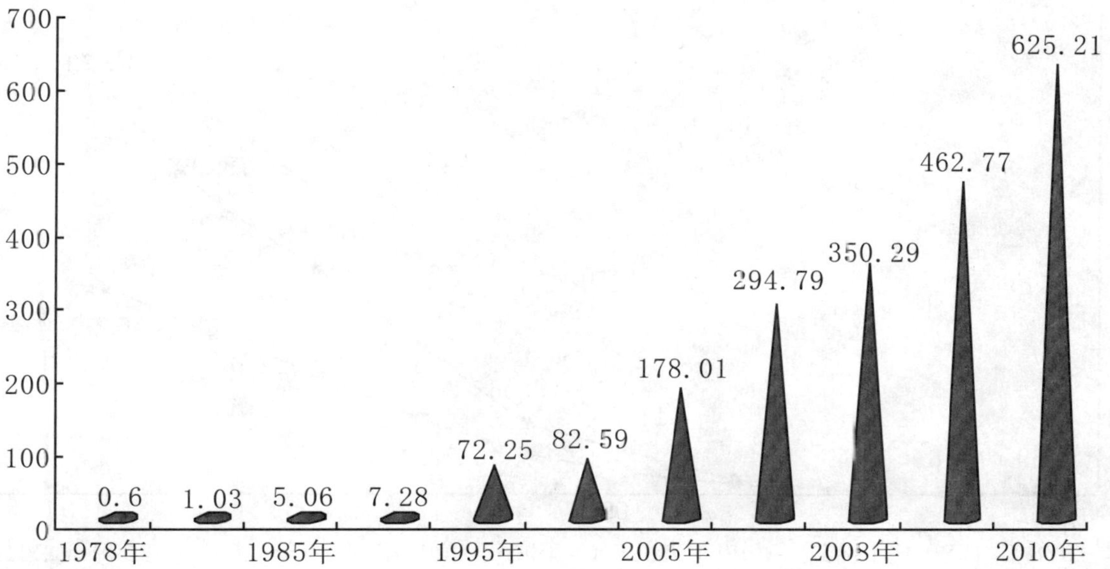


社会消费品零售总额（亿元）

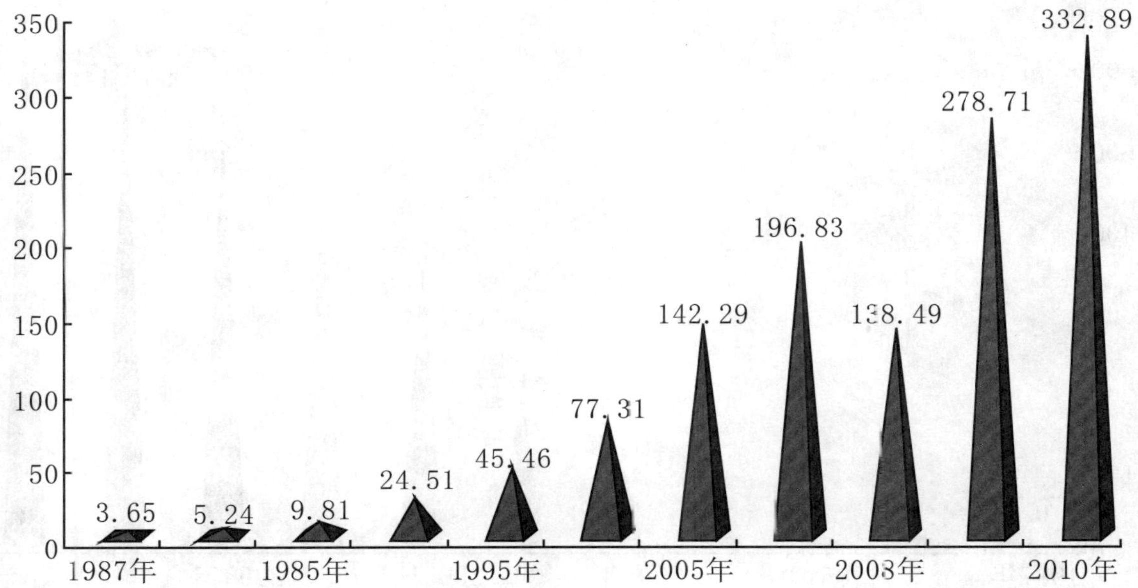

## 财政收支（亿元）

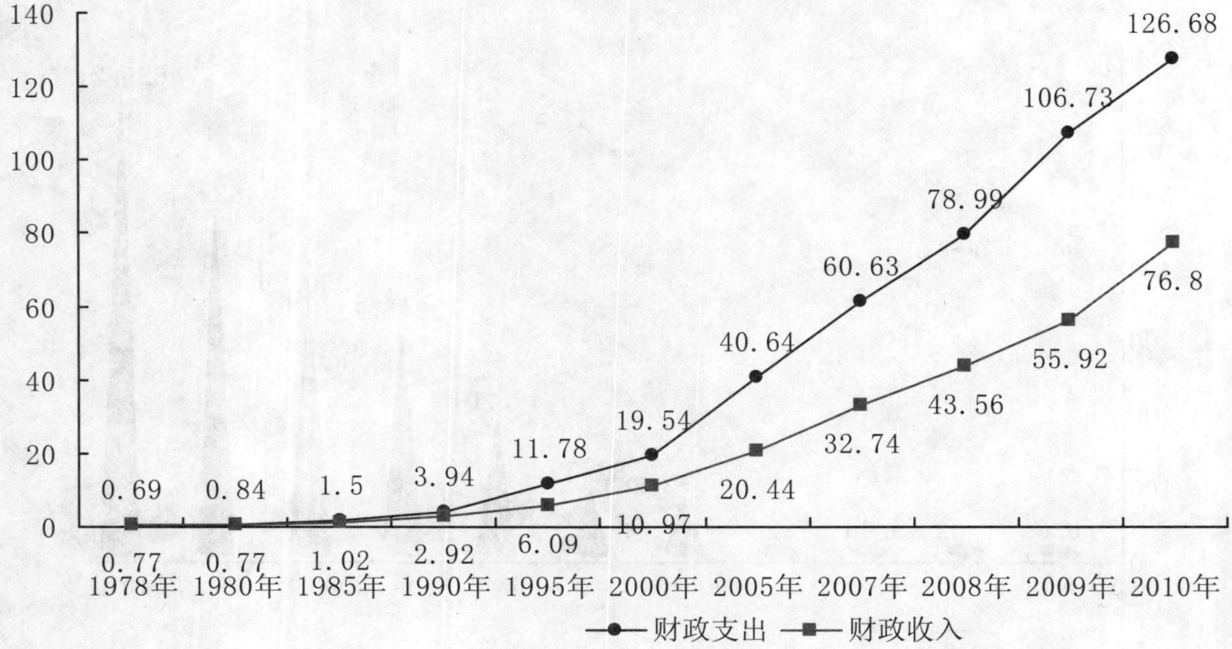


## 城乡居民储蓄存款余额（亿元）

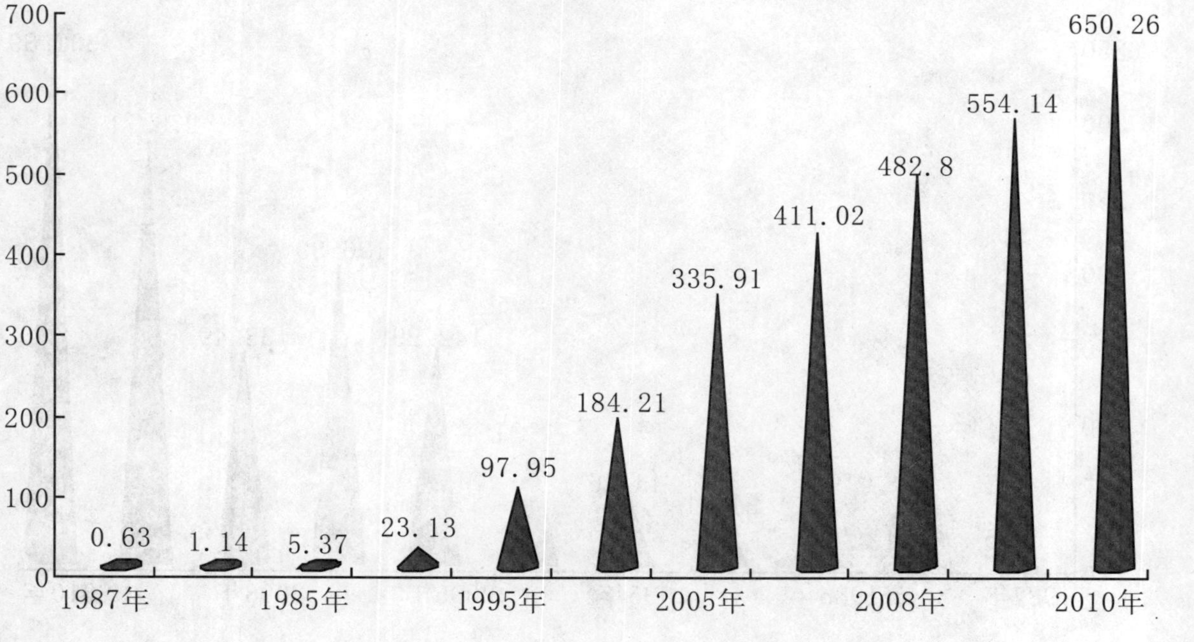

## 居民消费价格指数（以上年价格为100）

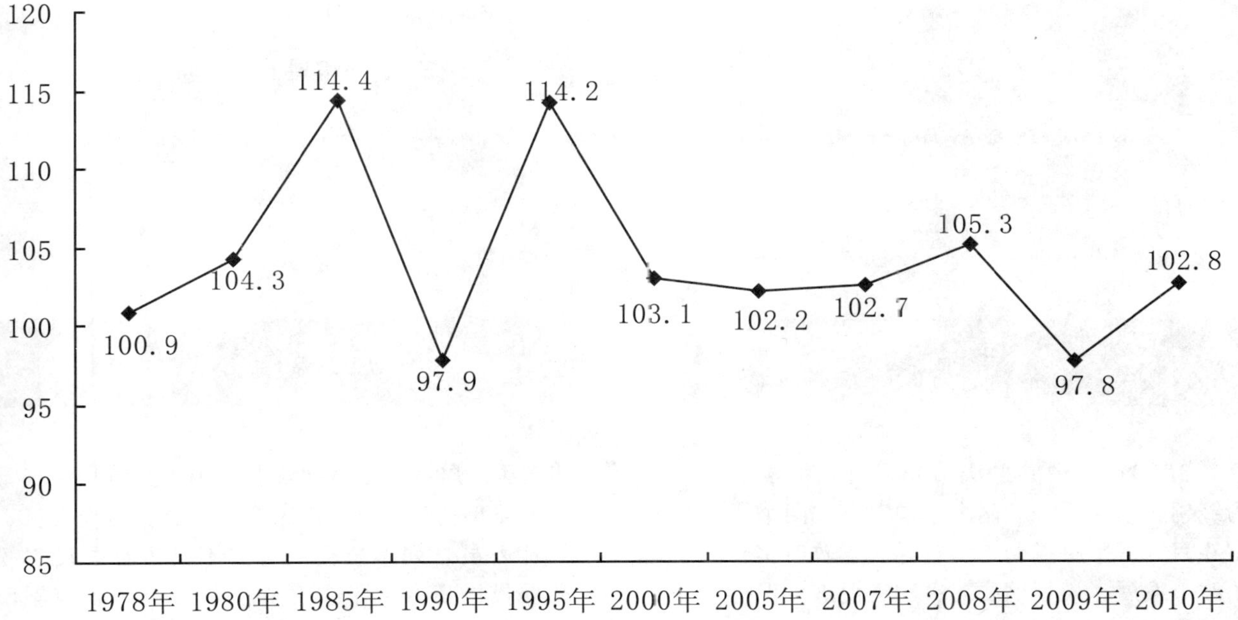


## 城镇居民人均可支配收入及农民人均纯收入（元）

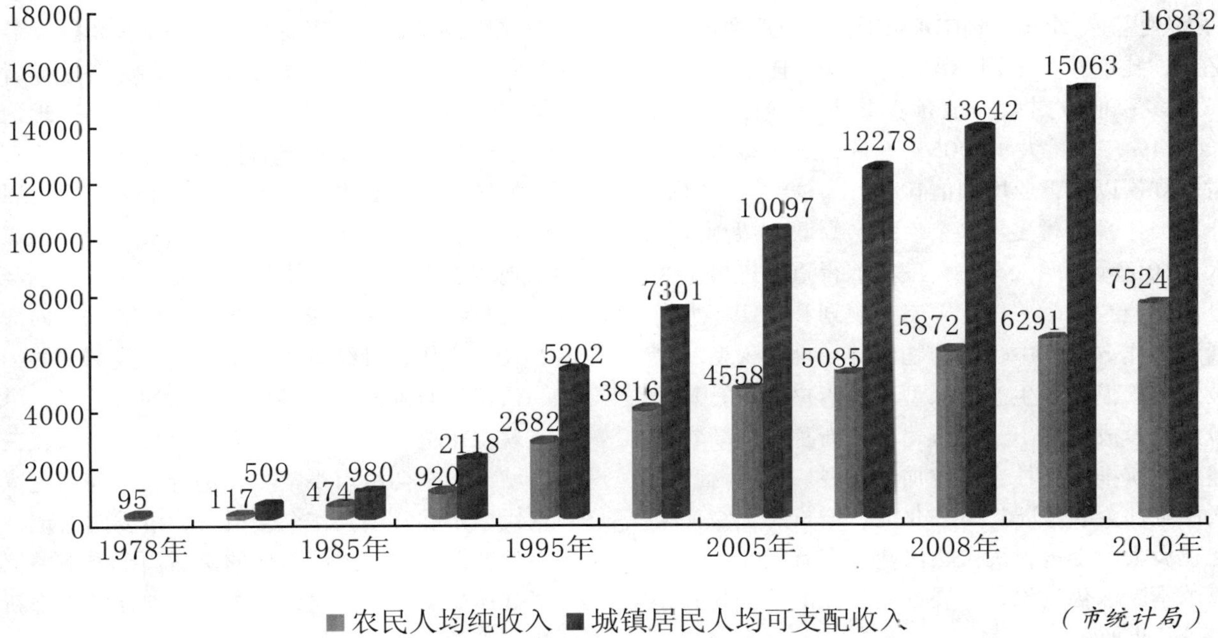


（市统计局）

# 中共肇庆市委员会

责任编辑：叶可道

## 综　述

2010年，中共肇庆市委坚持以科学发展观为统领，紧紧围绕“两个尽快”、“两个成为”奋斗目标，坚决贯彻落实省委、省政府实施珠三角改革发展《规划纲要》、“三促进一保持”和“双转移”等重大决策部署，狠抓发展第一要务，加快转变经济发展方式，团结带领全市人民抓机遇、谋发展，攻坚破难、锐意进取、真抓实干，推动经济社会发展迈上新台阶，经济快速发展，社会日益进步，人民安居乐业。经济综合实力大幅提升。全市实现GDP超千亿元，达到1065.9亿元，比上年（下同）增长17.1%，比2005年翻一番多；地方财政一般预算收入76.8亿元，增长37.4%，增量大于2005年总量，五年接近翻两番；规模以上工业增加值408亿元，增长33.7%，比2005年翻两番多。高要、四会财政一般预算收入超10亿元。融入珠三角发展取得重大进展。制订和实施“五个一体化”专项规划和“四年大发展”工作方案。中恒医药物流等一批创税型、科技型、规模型、生态环保型项目落户肇庆。基础设施建设成效突出，城市建设日新月异，新农村建设扎实推进。社会事业加快发展。全市财政投入民生社会事业资金76.27亿元，增长20.27%。文化建设大力推进，民主法治建设富有成效，各项改革不断深化。深入开展创先争优活动，党的建设进一步加强。 *（林绍雄）*

## 重要会议

**【市委十届八次全体会议】** 2010年1月13～14日在市委小礼堂召开。出席全会的有：市委委员、候补委员。列席全会的有：不是市委委员、候补委员的市人大常委会党员领导、市政府副市长、市政协党员领导，市法院、市检察院主要负责人，市纪委常委，各县（市、区）委书记、县（市、区）长，肇庆高新区管委会主任，市委、市人大常委会、市政府、市政协秘书长、副秘书长，市委各部委办局、市人大常委会各工委会、市政协各专委会、市直和省驻肇有关单位党员主要负责人，市第十次党代表中基层党务工作者、基层党员代表。会议的主题是：以邓小平理论和“三个代表”重要思想为指导，深入贯彻落实科学发展观，认真贯彻落实党的十七大、十七届四中全会、中央经济工作会议、总书记胡锦涛在广东视察工作时的重要讲话和省委十届六次全会精神，总结2009年工作，分析当前形势，全面部署2010年工作，继续解放思想，坚持改革开放，统一认识、明确任务，科学发展、加快发展，尽快实现GDP超千亿，尽快成为名副其实的珠江三角洲城市。全会由市委常委会主持。市委书记覃卫东代表市委常委会作全会报告，市委副书记、代市长郭锋作关于经济工作的讲话。市委副书记吴华钦作关于《中共肇庆市委关于加强和改进新形势下党的建设的工作意见》的起草说明。全会审议通过《中国共产党肇庆市第十届委员会第八次全体会议决议》。大会还进行年度考核工作、干部选拔任用工作“一报告、两评议”和民主推荐市级后备干部人选等内容。

**【市委十届九次全体会议】** 2010年7月30～31日在市委小礼堂召开。出席全会的有：市委委员、候补委员；列席全会的有：不是市委委员、候补委员的市人大常委会党员领导、市政府副市长、市政协党员领导，市法院、市检察院主要负责人，市纪委常委；各县（市、区）委书记、县（市、区）长、宣传部部长、文广新局局长，1名市第十次党代会代表中的宣传文化系统基层单位工作者；肇庆高新区管委会主任、党群办主任；市委、市人大常委会、市政府、市政协秘书长和副秘书长，市委各部委办局、市人大常委会各工委会、市政协各专委会、市直和省驻肇有关单位党员主要负责人。旁听全会第一次全体会议的有：市直部分文艺界知名人士代表、文化企事业单位代表、社会科学界人大代表。会议的主题是：以邓小平理论和“三个代表”重要思想为指导，深入贯彻落实科学发展观，认真贯彻落实省委十届七次全会精神，总结上半年工作、部署下半年工作，审议《肇庆市建设文化强市规划大纲》，明确文化强市建设目标任务、大力推进文化强市建设，努力把肇庆建设成为未来广东发展的新增长极、成为能够代表广东科学发展成果的城市。全会由市委常委会主持。市委书记覃卫东代表市委常委会作全会报告，市委副书记、市长郭锋总结上半年全市经济工作情况，部署下半年经济工作。市委常委、宣传部部长陈以良作关于《肇庆市建设文化强市规划大纲》的起草说明。全会审议《肇庆市建设文化强市规划大纲（2011—2020）》，审议通过《中国共产党肇庆市第十届委员会第九次全体会议决议》。

**【市委全体（扩大）会议】** 2010年，市委召开2次全体（扩大）会议。

7月20日上午在市委小礼堂召开中共肇庆市委全体（扩大）会议。参会人员：市委委员、候补委员；不是市委委员、候补委员的市级领导班子成员，市法院院长、市检察院检察长，市纪委副书记，各县（市、区）、肇庆高新区党政正职，市委、市政府工作部门正职。会议内容：省委组织部、市委组织部分别就肇庆市空缺的4个县（市、区）党政正职职位进行初始提名。

10月26日下午在市委小礼堂召开中共肇庆市委全体（扩大）会议。参会人员：市委委员、候补委员；不是市委委员、候补委员的市领导班子成员，市法院院长、市检察院检察长，市纪委副书记。会议内容：肇庆市公推遴选优秀年轻干部述职测评会。

**【市委常委扩大会议】** 2010年9月3日下午在市委小礼堂召开。参会人员：市委常委、市人大常委会副主任、市政府副市长、市政协正副主席、市中级法院院长、市检察院检察长、市纪委副书记、市政府秘书长、市长助理，各县（市、区）委书记、县（市、区）长、肇庆高新区管委会主任，市直有关部门主要负责人。会议内容：学习贯彻省委书记汪洋到肇庆调研重要讲话精神，深入研究贯彻落实的措施，推动肇庆科学发展、加快发展迈上新台阶。

**【市委常委会议】** 2010年，市委共召开22次常委会议。

1月8日上午，市委书记覃卫东在市委常委会议室主持召开。出席人员：市委常委。列席人员：市人大常委会常务副主任，市政府副市长，市政协主席，市中级法院院长，市检察院检察长，市政府秘书长，市长助理，市纪委1名副书记，市委办、市府办、市委组织部、市委宣传部、市委政研室、市府经研室、市发展改革局、市经贸局、市财政局、市国土资源局、市建设局、市交通局、市农业局、市外经贸局、市统计局等单位主要负责人或相关领导。会议主要内容：传达学习省委十届六次全会精神，结合肇庆实际，研究贯彻落实的意见；讨论审议市委十届八次全会报告以及市委《关于加强和改进新形势下党的建设的工作意见》等全会文件，研究做好市委十届八次全会准备工作；研究做好省对肇庆市党政班子年度考核有关工作等事项；汇报全国、全省政法工作会议精神，研究肇庆贯彻意见。

1月26日上午，市委书记覃卫东在市委常委会议室主持召开。出席人员：市委常委。列席人员：市人大常委会常务副主任，市政府副市长，市政协主席，市政府秘书长，市长助理，市纪委有关领导，市委办、市府办、市委组织部、市委宣传部、市委政研室、市委维稳办、市府经研室、市发展改革局、市经贸局、市财政局、市国土资源局、市建设局、市交通局、市农业局、市外经贸局等单位主要负责人或相关领导。会议主要内容：传达贯彻省纪委十届四次全会精神；传达贯彻全省信访工作会议精神；传达贯彻全省宣传工作会议精神；研究安排当前工作。

2月5日上午，市委书记覃卫东在市委常委会议室主持召开。出席人员：市委常委。列席人员：市人大常委会常务副主任，市政府副市长，市政协主席，市人大秘书长，市政府秘书长，市长助理，市委办、市府办、市委组织部、市委政研室、市学习实践办、市府经研室、市发展改革局、市经济信息化局、市科技局、市民政局、市财政局、市人力资源社会保障局、市国土资源局、市住房城乡建设局、市交通运输局、市农业局、市外经贸局、市统计局、市城乡规划局、市城市综合管理局、市公路局等单位主要负责人或相关领导。会议主要内容：传达学习全省“两会”精神；研究全市开展深入学习实践科学发展观活动总结工作；研究《政府工作报告》（征求意见稿）；研究肇庆市2010年度财政预算（草案）；研究干部人事工作。

2月12日上午，市委书记覃卫东在市委常委会议室主持召开。出席人员：市委常委。列席人员：市人大常委会常务副主任，市政府副市长，市政协主席，市政府秘书长，市长助理，市委办、市府办、市委组织部、市委宣传部、市委政研室、市府经研室、市发展改革局、市经济信息化局、市科技局、市财政局、市人力资源和社会保障局、市国土资源局、市住房城乡建设局、市交通运输局、市农业局、市外经贸局等单位主要负责人或相关领导。会议主要内容：学习胡锦涛在省部级主要领导干部深入贯彻落实科学发展观加快经济发展方式转变专题研讨班上的重要讲话精神，研究肇庆贯彻落实意见。

2月24日上午，市委书记覃卫东在市委常委会议室主持召开。出席人员：市委常委。列席人员：市人大常委会常务副主任，市政府副市长，市政协主席，市人大、市政府、市政协秘书长、市长助理，市纪委1名副书记，市委办、市府办、市委组织部、市委宣传部、市委政研室、市府经研室、市发展改革局、市经济信息化局、市财政局、市国土资源局、市住房城乡建设局、市交通运输局、市农业局、市外经贸局、市统计局、市城乡规划局、市城市综合管理局等单位主要负责人或相关领导。会议主要内容：讨论审议政府工作报告；传达贯彻全省加强作风建设电视电话会议和中央贯彻实施《中国共产党党员领导干部廉洁从政若干准则》电视电话会议精神；研究市“两会”筹备工作；研究“城市建设年”动员大会工作。

3月23日上午，市委书记覃卫东在市委常委会议室主持召开。出席人员：市委常委。列席人员：市人大常委会常务副主任，市政府副市长，市政协主席，市中级法院院长，市检察院检察长，市政府秘书长、市长助理，以及市委办、市府办、市委组织部、市委政研室、市经研室、市发展改革局、市经济信息化局、市教育局、市财政局、市国土资源局、市住房城乡建设局、市交通运输局、市农业局、市外经贸局、市人口和计生局、市统计局、市城乡规划局、市城市综合管理局等单位主要负责人或相关领导。会议主要内容：学习贯彻全国“两会”精神，努力完成全年工作目标任务，实现“两个尽快”；研究市党政领导班子成员分工推进重点项目；研究加强领导干部培训工作；研究创建省教育强市工作；研究推进计生工作，进入省先进行列。

4月26日上午，市委书记覃卫东在市委常委会议室主持召开。出席人员：市委常委。列席人员：市人大常委会常务副主任，市政府副市长，市政协主席，市政府秘书长、市长助理，以及市委办、市府办、市委政研室、市总工会、市府经研室、市发展改革局、市经济信息化局、市财政局、市国土资源局、市住房城乡建设局、市城乡规划局、市交通运输局、市农业局、市外经贸局、市统计局、市纲要办等单位主要负责人或相关领导。会议主要内容：通报国家《规划纲要》督促检查组对肇庆市检查情况；通报省党政代表团赴江西、福建学习考察情况；通报全市第一季度经济工作情况，研究上半年工作任务；研究市领导联系县（市、区）和重点项目工作方案；听取市级劳动模范评选情况、审定市劳模名单。

5月18日下午，市委书记覃卫东在市委常委会议室主持召开。出席人员：市委常委。列席人员：市人大常委会常务副主任，市政府副市长，市政协主席，市中级法院院长、市检察院检察长，市政府秘书长、市长助理，市纪委、市委办、市府办、市委组织部、市委政研室、市直机关工委、市编办、市府经研室、市发展改革局、市经济信息化局、市财政局、市国土资源局、市住房城乡建设局、市交通运输局、市外经贸局、市统计局、市城乡规划局、市城市综合管理局、端州区政府等单位主要负责人或相关领导。会议主要内容：传达省富县强镇工作现场会、省部合作铁路建设工作会议等会议精神；听取县（市、区）政绩考评工作情况，审定考评结果；审定市直考核办关于2009年市直单位绩效考核结果和2010年《考核办法》修改意见的建议；研究讨论《端州城区环境卫生管理体制改革方案》；审定市直单位落实2010年反腐倡廉专项任务责任分工；审定2010年全市重大政务调研课题；部署近期有关工作；讨论安排干部人事工作。

6月3日下午，市委书记覃卫东在市委常委会议室主持召开。出席人员：市委常委。列席人员：市人大常委会常务副主任，市政府副市长，市政协主席，市中级法院院长、市检察院检察长，市政府秘书长、市长助理，以及市委办、市府办、市委政研室、市委政法委、市委维稳办、市府经研室、市发展改革局、市经济信息化局、市公安局、市民政局、市财政局、市国土资源局、市环境保护局、市住房城乡建设局、市交通运输局、市农业局、市外经贸局、市统计局、市城乡规划局、市公路局、市扶贫办、市信访局等单位主要负责人或相关领导。会议主要内容：传达贯彻省委、省政府在深圳召开的珠三角地区贯彻落实《规划纲要》工作会议精神；研究召开贯彻落实《规划纲要》工作现场会有关事项；研究进一步做好“规划到户、责任到人”扶贫开发工作；研究进一步做好维护社会稳定工作。

6月11日下午，市委书记覃卫东在市委常委会议室主持召开。出席人员：市委常委。列席人员：市人大常委会常务副主任，市政府副市长，市政协主席，市中级法院院长、市检察院检察长、市纪委1名副书记、市政府秘书长、市长助理，以及市委办、市府办、市委组织部、市委宣传部、市委政研室、市府经研室、市发展改革局、市经济信息化局、市财政局、市国土资源局、市环境保护局、市住房城乡建设局、市交通运输局、市农业局、市外经贸局、市统计局、市旅游发展局、市城乡规划局、市城市综合管理局、市公路局、市扶贫办等单位主要负责人或相关领导。会议主要内容：学习贯彻省委书记汪洋最近对肇庆工作的重要批示精神；研究做好市委十届九次全会有关准备工作；传达贯彻全省“规划到户责任到人”扶贫开发现场会精神；研究市委、市政府关于加快经济发展方式转变的实施意见；研究七星岩东门广场建设项目方案；研究召开建党89周年纪念座谈会暨十大“东亮式”创业带富之星表彰会事项。

6月19日下午，市委书记覃卫东在市委常委会议室主持召开。出席人员：市委常委。列席人员：市人大常委会常务副主任，市政府副市长，市政协主席，市中级法院院长、市检察院检察长、市政府秘书长、市长助理，以及市委办、市府办、市委组织部、市委宣传部、市委统战部、市直机关工委、市总工会、团市委、市妇联、市发展改革局、市经济信息化局、市教育局、市民政局、市财政局、市人力资源社会保障局、市农业局、市外经贸局、市卫生局、市审计局、市外事侨务局、市国资委、市旅游发展局、市扶贫办、市残联、市慈善会、市工商联（来党组书记）等单位主要负责人或相关领导。会议主要内容：传达贯彻省委、省政府关于开展“广东扶贫济困日”活动通知精神，研究肇庆市开展“扶贫济困日”实施方案。

7月6日下午，市委书记覃卫东在市委常委会议室主持召开。出席人员：市委常委。列席人员：市人大常委会常务副主任，市政府副市长，市政协主席，市中级法院院长、市检察院检察长，市政府秘书长，市长助理，以及市委办、市府办、市委组织部、市委宣传部、市委政研室、市法制局、市府经研室、市发展改革局、市经济信息化局、市民政局、市财政局、市国土资源局、市环境保护局、市住房城乡建设局、市交通运输局、市农业局、市外经贸局、市城乡规划局、市统计局、市扶贫办、人行肇庆分行、肇庆银监局等单位主要负责人或相关领导。会议主要内容：传达贯彻市委书记、市长——城市化与城市现代化专题研讨班精神；研究全市“规划到户、责任到人”扶贫开发工作；研究华泰汽车项目方案；研究召开市委十届九次全会有关筹备工作；研究干部人事工作。

7月19日下午，市委书记覃卫东在市委常委会议室主持召开。出席人员：市委常委。列席人员：市人大常委会常务副主任，市政府副市长，市政协主席，市中级法院院长、市检察院检察长，市政府秘书长，市长助理，以及市委办、市府办、市委组织部、市委宣传部、市委政研室、市府经研室、市发展改革局、市科技局、市财政局、市国土资源局、市环境保护局、市住房城乡建设局、市交通运输局、市农业局、市外经贸局、市文广新局、市国资委、市统计局、市城乡规划局、市城市综合管理局等单位主要负责人或相关领导。会议主要内容：传达学习省委十届七次全会精神，研究肇庆市贯彻落实意见；讨论市委十届九次全会有关文件。

8月11日下午，市委书记覃卫东在市委常委会议室主持召开。出席人员：市委常委。列席人员：市人大常委会常务副主任，市政府副市长，市政协主席，市中级法院院长、市检察院检察长，市政府秘书长，市长助理，以及市委办、市府办、市委组织部、市委宣传部、市委政研室、市府经研室、市发展改革局、市经济信息化局、市财政局、市国土资源局、市环境保护局、市住房城乡建设局、市交通运输局、市水务局、市农业局、市外经贸局、市文广新局、市国资委、市统计局、市城乡规划局、市城市综合管理局、市公路局等单位主要负责人或相关领导。会议主要内容：通报省对肇庆市党政领导班子2009年度落实科学发展观考核情况；讨论肇庆市贯彻落实《规划纲要》五个一体化规划（送审稿）；研究抓好市委十届九次全会精神贯彻落实，努力完成今年各项工作任务。

8月26日上午，市委书记覃卫东在市委常委会议室主持召开。出席人员：市委常委。列席人员：市人大常委会常务副主任，市政府副市长，市政协主席，市中级法院院长、市检察院检察长，市政府秘书长，市长助理，以及市委办、市府办、市委政法委、市委政研室、市委台办、市委党史研究室、市府经研室、市发展改革局、市经济信息化局、市财政局、市人力资源社会保障局、市环境保护局、市住房城乡建设局、市农业局、市外经贸局、市统计局、市旅游发展局、市城乡规划局、市城市综合管理局、市信访局等单位主要负责人或相关领导。会议主要内容：通报广东经贸文化交流团赴台经贸文化交流活动情况；研究肇庆市全力冲刺GDP超千亿元，落实各项有关工作；研究“肇庆金秋”和“澳门经贸活动”有关筹备工作；听取全市党史工作汇报，研究进一步做好党史工作；传达贯彻全省信访专题工作会议精神，研究做好亚运期间维稳工作；研究市直机关科级以下公务员实行按条件享受上一级非领导职务层次工资福利待遇。

9月17日下午，市委书记覃卫东在市委常委会议室主持召开。出席人员：市委常委。列席人员：市人大常委会常务副主任，市政府副市长，市政协主席，市中级法院院长、市检察院检察长，市政府秘书长，市长助理，市纪委副书记，以及市委办、市府办、市委组织部、市委宣传部、市委政研室、市府经研室、市发展改革局、市经济信息化局、市科技局、市财政局、市人力资源社会保障局、市国土资源局、市住房城乡建设局、市交通运输局、市农业局、市外经贸局、市国资委、市统计局、市旅游发展局、市城乡规划局、市城市综合管理局、市保密局等单位主要负责人或相关领导。会议主要内容：学习贯彻胡锦涛在深圳经济特区建立30周年庆祝大会上重要讲话精神；传达贯彻中央组织部举办的地市级组织部长专题研讨班精神；通报省对肇庆市贯彻执行《干部任用条例》和四项制度的检查情况；传达学习省保密委扩大会议精神；讨论部署干部人事工作。

9月30日上午，市委书记覃卫东在市委常委会议室主持召开。出席人员：市委常委。列席人员：市人大常委会常务副主任，市政府副市长，市政协主席，市中级法院院长、市检察院检察长，市政府秘书长，市长助理，市纪委1名副书记，以及市委办、市府办、市委宣传部、市委政研室、市府经研室、市发展改革局、市经济信息化局、市民政局、市财政局、市人力资源社会保障局、市国土资源局、市环境保护局、市住房城乡建设局、市交通运输局、市水务局、市农业局、市外经贸局、市审计局、市国资委、市统计局、市物价局、市安全生产监督管理局、市旅游发展局、市城乡规划局、市城市综合管理局等单位主要负责人或相关领导。会议主要内容：研究做好国庆节前后有关工作安排；传达贯彻部省合作珠三角城际轨道交通建设领导小组会议、省“三旧”改造工作座谈会等会议精神。

10月22日上午，市委书记覃卫东在市委小礼堂主持召开。出席人员：市委常委。列席人员：市人大副主任、市政府副市长、市政协正副主席，市中级法院院长、市检察院检察长，市纪委1名副书记，市政府秘书长，市长助理，以及市委办、市府办、市委组织部、市委宣传部、市委统战部、市委政法委、市委政研室、市直机关工委、市委党校、市委讲师团、市府经研室、市发展改革局、市经济信息化局、市教育局、市财政局、市人力资源社会保障局、市国土资源局、市环境保护局、市住房城乡建设局、市交通运输局、市水务局、市农业局、市外经贸局、市文广新局、市卫生局、市人口计生局、市审计局、市国资委、市统计局、市物价局、市林业局、市安全监管局、市旅游发展局、市城乡规划局、市城市综合管理局、市公路局、市工商局、市国税局、市地税局、人行肇庆市中心支行、肇庆银监分局等单位主要负责人。会议主要内容：认真学习领会党的十七届五中全会精神，结合肇庆市经济社会发展实际，研究全市“十二五”经济社会发展思路和任务。

11月16日下午，市委书记覃卫东在市委常委会议室主持召开。出席人员：市委常委。列席人员：市人大常委会常务副主任，市政府副市长，市政协主席，市中级法院院长、市检察院检察长，市纪委副书记，市政府秘书长，市长助理，以及市委办、市府办、肇庆军分区政治部、市委组织部、市委宣传部、市委统战部、市委政研室、市直机关工委、市府经研室、市发展改革局、市经济信息化局、市民政局、市财政局、市人力资源社会保障局、市农业局、市委机要局、市扶贫办等单位主要负责人或相关领导。会议主要内容：传达贯彻省委常委会议精神，研究进一步做好全市扶贫开发“双到”工作；研究全市网络问政平台建设方案；学习贯彻《中国共产党和国家机关基层组织工作条例》，研究肇庆市实施意见；研究做好肇庆市党政领导班子民主生活会有关准备工作；研究做好省对肇庆市2010年党风廉政建设责任制落实情况检查的准备工作；讨论《关于进一步加强新形势下党管武装工作的意见》；研究市、县（市、区）不驻会人大副主任、政协副主席任职期间岗位津贴问题。

11月30日下午，市委书记覃卫东在市委常委会议室主持召开。出席人员：市委常委。列席人员：市人大常委会常务副主任，市政府副市长，市政协主席，市中级法院院长、市检察院检察长，市纪委副书记，市政府秘书长、市长助理，以及市委办、市府办、市委组织部、市委宣传部、市委政研室、市府经研室、市发展改革局、市经济信息化局、市科技局、市民政局、市财政局、市人力资源社会保障局、市国土资源局、市环境保护局、市住房城乡建设局、市交通运输局、市外经贸局、市国资委、市城乡规划局、市金秋办等单位主要负责人或相关领导。会议主要内容：学习贯彻省委副书记、省长黄华华到肇庆高新区调研讲话精神，研究肇庆市贯彻意见；研究肇庆市加强党风廉政建设责任制工作意见；通报“肇庆金秋”经贸洽谈会筹备工作情况；通报省委组织部召开市县镇换届工作座谈会精神。

12月15日下午，市委书记覃卫东在市委常委会议室主持召开。出席人员：市委常委。列席人员：市人大常委会常务副主任，市政府副市长，市政协主席，市中级法院院长、市检察院检察长，市纪委1名副书记，市政府秘书长，市长助理，以及市委办、市人大办、市府办、市政协办、市委组织部、市委宣传部、市委政研室、市委政法委、市委维稳办、市府经研室、市发展改革局、市经济信息化局、市教育局、市科技局、市公安局、市财政局、市人力资源社会保障局、市国土资源局、市环境保护局、市住房城乡建设局、市交通运输局、市水务局、市农业局、市外经贸局、市卫生局、市人口计生局、市国资委、市统计局、市旅游发展局、市城乡规划局、市城市综合管理局等单位的主要负责人或相关领导。会议主要内容：学习领会中央经济工作会议精神，研究全市贯彻落实意见；讨论《中共肇庆市委关于制定国民经济和社会发展第十二个五年规划的建议》（征求意见稿）；研究布置做好市委十届十次全会和市“两会”筹备工作；研究推动肇庆市省卫生镇创建工作；研究进一步做好全市当前社会稳定工作。

12月30日上午，市委书记覃卫东在市委常委会议室主持召开。出席人员：市委常委。列席人员：市人大常委会常务副主任，市政府副市长，市政协主席，以及市委办、市府办、市委政研室、市府经研室主要领导和有关领导。会议主要内容：研究安排全市元旦前后有关工作。

【专项工作会议】 2010年，市委共召开62次专项工作会议。

**全市政法工作电视电话会议** 1月18日上午在市委小礼堂召开。参会人员：（1）市主会场：市有关领导；市法院院长、市检察院检察长；市委政法委委员；市委政法委副秘书长；市直政法部门班子成员以及内设支队、科、庭、室负责人；市委政法委副处以上干部及各科处室负责人；市直和省驻肇有关单位负责人。（2）各分会场：各县（市、区）党政主要领导，肇庆高新区党委书记、管委会主任；其他参会人员参照市主会场参会人员范围确定。会议内容：贯彻落实全国、全省政法工作电视电话会议精神和市委十届八次全会精神，部署全市政法工作。

**参加收听收看省纪委十届四次全会第二次大会** 1月20日下午在广州召开。参会人员：市委常委，市人大常委会、市政府、市政协党员负责人，市法院院长、市检察院检察长，市纪委常委，市直和省驻肇局以上有关单位主要负责人；各县（市、区）党政主要领导、纪委书记，肇庆高新区党委书记、管委会主任、纪委书记。会议内容：传达贯彻十七届中央纪委五次全会精神，总结全省2009年党风廉政建设和反腐败工作情况，研究部署2010年工作任务。

**全市深入推进三项重点工作暨公安三项建设工作动员大会、全市信访工作会议** 1月25日下午在市委小礼堂召开。参会人员：（1）市主会场：市有关领导，市法院院长、市检察院检察长；市委政法委委员；市委政法委副秘书长；市直政法部门班子成员，市委政法委副处以上干部；市社会治安综合治理委员会成员；市加强信访工作和维护社会稳定协调领导小组成员；市直和省驻肇有关单位负责人；市公安局机关行政直属单位、内设机构主要负责人。（2）各分会场：各县（市、区）、肇庆高新区除参照市主会场范围确定参会人员外，各镇街党委书记、镇街综治信访维稳中心主任参会。会议内容：贯彻落实中办发〔2009〕46号文、全省信访工作会议和市委十届八次全会、全市政法工作会议精神，研究部署全市深入推进社会矛盾化解、社会管理创新、公正廉洁执法三项重点工作和大力推进公安信息化建设、执法规范建设、构建和谐警民关系三项建设工作以及2010年信访工作。

**肇庆市外商代表新年迎春酒会** 1月27日下午在皇朝酒店二楼国际会议中心举行。参会人员：市四套班子有关领导；各县（市、区）人民政府、肇庆高新区管委会分管外经贸工作的副县（市、区）长（副主任）和外经贸局局长及联络员；市直和省驻肇有关单位主要负责人；外商代表200人。会议内容：为进一步加强与外商的沟通联络，密切外商与肇庆市各有关方面的联系。

**全市统战工作会议** 2月2日上午在市委小礼堂召开。参会人员：市有关领导；各县（市、区）党委分管统战工作的负责人、统战部部长、统战部办公室主任，肇庆高新区党委负责人，市委统战工作联席会议成员及市直和省驻肇有关单位分管政工负责人，市直统战系统副科以上干部。会议内容：传达全国、全省统战部长会议精神，总结2009年全市统战工作，研究部署2010年工作。

**参加收听收看全省加强作风建设电视电话会议** 2月21日上午召开。参会人员：市委或市政府1名主要负责人，市纪委常委，市直和省驻肇局以上有关单位主要负责人；各县（市、区）委书记、县（市、区）长、县（市、区）纪委书记，肇庆高新区党委书记、管委会主任、纪委书记。会议内容：总结上年以来省委转变作风抓落实取得的成绩，通报当前全省党员干部在作风建设方面存在的主要问题，对今年全省开展以提高各级领导干部、领导机关“执行力”为主题的作风建设进行动员和部署。

**全市农村工作暨扶贫开发工作会议** 2月24日在广宁县召开。参会人员：市委、市政府有关领导，市人大常委会、市政协、肇庆军分区领导，市直和省驻肇扶贫开发挂钩帮扶单位主要负责人；各县（市、区）长，各县（市、区）党委或政府、肇庆高新区党委或管委会分管农村工作的领导，农办主任、农业局局长，鼎湖区、四会市、高要市、广宁县、德庆县、封开县、怀集县扶贫办主任。会议内容：传达贯彻全省农村工作会议和全省扶贫开发“规划到户、责任到人”现场会精神，贯彻落实2010年中央一号文件精神，肯定成绩，交流经验，分析问题，部署全市2010年和今后一个时期农业农村及扶贫开发“规划到户、责任到人”工作，促进全市农村经济社会又好又快发展。

**民主测评会** 3月8日上午在市委小礼堂召开。参会人员：市委委员、候补委员，不是市委委员的市领导班子成员，市党代会部分党代表。会议内容：省委组织部对肇庆市8位县（市、区）委书记进行民主测评。

**全市加强作风建设暨贯彻实施《廉政准则》电视电话会议** 3月9日上午在星岩礼堂召开。参会人员：（1）市主会场：市委、市人大常委会、市政府、市政协领导，市法院院长、市检察院检察长，市纪委常委，市直和省驻肇单位副处级以上领导。（2）各分会场：各县（市、区）党委、人大常委会、政府、政协领导，法院院长、检察院检察长，纪委常委，直属机关正科级以上领导，各乡镇（街道）党委书记、镇长（办事处主任）、纪委书记；肇庆高新区党委、管委会领导，纪委书记，直属机关正科级以上领导。会议内容：通报全市查处作风建设方面违纪违法案件；播放省、市机关作风暗访专题片；市委书记覃卫东讲话。

**全市城市建设年电视电话动员大会** 3月15日上午在星岩礼堂召开。参会人员：（1）市主会场：市委、市人大常委会、市政府、市政协领导，市法院院长、市检察院检察长；市直和省驻肇单位副处级以上领导；端州区、鼎湖区、四会市、高要市党委书记，端州区、鼎湖区副处级以上干部。（2）各分会场：各县（市、区）党委、人大常委会、政府、政协领导，法院院长、检察院检察长，直属机关正科级以上领导，各乡镇（街道）党委书记、镇长（办事处主任）；肇庆高新区党委、管委会领导，直属机关正科级以上干部。会议内容：以科学发展观为统领，以贯彻落实《规划纲要》为动力，按照市委十届八次全会工作部署，围绕“三个最适宜”城市建设定位，加大城市建设投入，抓好城市建设重点，提高城市建设管理水平，促进城市经济发展，加快城镇化进程，努力建设名副其实的珠江三角洲城市。

**肇庆市2010年度教育工作会议** 3月16日上午在市委小礼堂召开。参会人员：市四套班子有关领导；各县（市、区）人民政府、肇庆高新区管委会分管教育工作的领导及教育局局长；市直有关部门负责人；全市普及高中阶段教育工作先进集体和先进个人代表、有关职技院校和重点中学负责人。会议内容：总结全市2009年教育工作，部署2010年教育工作；通报表彰全市普及高中阶段教育工作先进集体和先进个人。

**参加收听收看省传达贯彻全国人大、政协“两会”精神电视电话会议** 3月16日下午召开。参会人员：市委、市人大、市政府、市政协领导，市法院、市检察院主要负责人；在肇正厅级老干部；各县（市、区）党委书记、县（市、区）长，政协主席，肇庆高新区管委会主任；市直和省驻肇有关单位主要负责人。会议内容：广东省传达贯彻全国人大、政协“两会”精神。

**参加收听收看省、市人口和计划生育工作电视电话会议** 3月18日上午召开。参会人员：（1）市主会场：市有关领导；四会市市长、封开县县长，端州区、鼎湖区、四会市、高要市、德庆县、肇庆高新区分管人口计生工作的领导；端州区城北街道办事处、城东街道办事处，鼎湖区广利街道办事处、永安镇，高要市南岸街道办事处、新桥镇党委书记；市直和省驻肇有关单位主要负责人。（2）各分会场：各县（市、区）党委、人大常委会、政府、政协领导班子成员、肇庆高新区党委和管委会领导班子成员、人口计生领导小组成员、县（市、区）直单位主要负责人和人口计生局正副局长；各乡镇（街道）党委、政府（办事处）主要负责人，分管人口计生工作负责人，计生办主任。省会议内容：总结2009年全省人口和计划生育情况，通报2009年度全省人口与计划生育目标管理责任制、省人口计生委兼职委员单位计生综合治理责任制考核结果，签订2010年人口与计划生育目标管理责任书，部署全省2010年人口和计划生育工作。市会议内容：总结2009年和部署2010年全市人口和计划生育工作；通报2009年度全市人口与计划生育目标管理责任制考核结果，表彰先进单位；市政府与各县（市、区）政府、肇庆高新区管委会和市直单位签订2010年人口与计划生育目标管理责任书。

**全市保密工作会议** 3月24日上午在市委小礼堂召开。参会人员：市委分管领导；各县（市、区）党委和肇庆高新区党委分管保密工作的负责人、保密局长；市直和省驻肇有关单位分管保密工作的负责人和保密员。会议内容：传达贯彻全省保密工作会议精神，总结全市2009年保密工作情况，部署2010年保密工作。

**全市旅游工作会议暨建设国际化旅游休闲之都动员大会** 4月1日上午在市委小礼堂召开。参会人员：市有关领导；各县（市、区）政府主要领导、分管领导及旅游局局长，肇庆高新区管委会主任、分管副主任及经贸局局长；市建设国际化旅游休闲之都领导小组成员；市直和省驻肇有关单位主要负责人。市旅游发展局领导班子成员及直属各单位主要负责人；市内旅游景区、星级酒店、旅行社主要负责人；市旅游协会名誉会长及正、副会长。会议内容：总结2009年全市旅游工作，部署2010年工作，启动肇庆市建设国际化旅游休闲之都，加快推进全市旅游业改革与发展。

**市三防工作会议** 4月7日下午在市委小礼堂召开。参会人员：市有关领导；市委、市政府各1名副秘书长；各县（市、区）党委、政府，肇庆高新区党委、管委会分管三防工作的领导，水利（水务）局局长、分管三防副局长、三防办主任；市三防总指挥部各成员单位；市水务局有关科室、西江防汛机动抢险队、有度汛任务重点工程的有关参建单位。会议内容：传达贯彻省三防工作会议精神，总结2009年三防工作，分析形势，部署今年的防汛工作。

**肇庆市庆祝“五一”国际劳动节暨劳动模范（先进工作者）和先进集体表彰大会** 4月30日上午在星岩礼堂召开。参会人员：市四套班子有关领导；市劳动竞赛委员会成员；各代表团正、副团长，工作人员；市直各工委会主席和有关基层工会主席；受表彰的全国劳模（先进工作者）；省五一劳动奖章获得者（含省创争活动标兵个人）；受表彰的市劳动模范（先进工作者）和先进集体代表；市直历届全国劳动模范和特邀代表；市直、端州区、鼎湖区、高要市干部职工和学生代表；驻肇武警支队官兵代表。会议内容：庆祝“五一”国际劳动节；表彰肇庆市劳动模范（先进工作者）和先进集体；代国务院为全国劳模颁奖；代省总工会颁发省五一劳动奖章；观看文艺表演。

**肇庆市创建广东省教育强市工作电视电话会议** 5月10日上午在市委小礼堂召开。参会人员：（1）市主会场：市有关领导；各县（市、区）人民政府、肇庆高新区管委会主要负责人；市创建广东省教育强市工作领导小组市直成员单位主要负责人；各级各类学校（幼儿园）校（园）长代表。（2）各分会场：各县（市、区）党委、肇庆高新区党委主要领导及分管教育工作的领导；教育局、财政局、人事局、劳动保障局、国土资源局、住房和城乡建设局、城乡规划局主要负责人；各乡镇（街道）党委、人民政府（办事处）主要领导及分管教育工作的领导；各级各类学校（幼儿园）校（园）长代表。会议内容：为进一步提高创建广东省教育强市工作的认识，明确创建教育强市的目标任务，强力推进全市创建教育强市工作步伐，确保实现2012年把全市创建成为广东省教育强市的工作目标。

**参加收听收看全省贯彻落实《中国共产党党员领导干部廉洁从政若干准则》电视电话会议** 5月13日上午召开。参会人员：（1）市分会场：市委常委，市人大常委会、市政府、市政协党员领导；肇庆学院副厅级以上党员负责人；市纪委常委；市直和省驻肇单位党员主要负责人。（2）各分会场：各县（市、区）党委常委，人大常委会、政府、政协党员领导，纪委常委，直属单位党员主要负责人，各乡镇（街道）党委书记、镇长（办事处主任）、纪委书记；肇庆高新区党委委员、管委会党员领导，纪委副书记，直属单位党员主要负责人。会议内容：总结交流全省开展党员领导干部廉洁从政工作和贯彻落实《中国共产党党员领导干部廉洁从政若干准则》的情况，部署下一步工作。

**肇庆市创建科学发展示范村活动现场会** 5月14日上午在四会市贞山街道独岗村召开。参会人员：市委有关领导；各县（市、区）委分管副书记，常委、组织部部长，组织部组织股长，各乡镇（街道）1名村党支部书记；市委宣传部、市委政研室、市综治办、市文明办、市教育局、市民政局、市人力资源和社会保障局、市交通运输局、市卫生局、市农业局、市扶贫办负责人。会议内容：为深入学习贯彻市委十届八次全会精神，巩固扩大深入学习实践科学发展观活动成果。

**参加第六届中国（深圳）文化产业博览交易会** 5月14～17日在深圳市会展中心举行。参加人员：市有关领导；各县（市、区）、肇庆高新区分管领导及有关单位负责人；市直和省驻肇有关单位负责人。活动安排：5月14日上午参加第六届中国（深圳）文博会开幕式和深圳文博会肇庆馆开馆仪式；5月14日下午参加《中国文化产业2010投融资项目手册》发布会暨重点项目招商推介和合作签约仪式。

**肇庆市推进乡镇（街道）工会规范化建设现场会** 5月26日在高要市召开。参会人员：市有关领导；市委1名副秘书长；各县（市、区）党委、肇庆高新区党委分管工会工作的副书记（或常委），总工会主席、常务副主席或分管副主席、业务部门负责人，乡镇（街道）工会主席代表1名；市总工会领导（含调研员）及各部门负责人。现场会安排：上午参观，下午召开会议。

**肇庆市绿道网规划建设现场会** 5月27日召开。参会人员：市有关领导，市政府秘书长，市绿道网建设工作领导小组成员，各县（市、区）党委书记、分管绿道建设工作的领导和绿道办主任，肇庆高新区管委会分管绿道建设工作的领导和绿道办主任，市绿道办成员。现场会安排：上午先后考察星湖休闲栈道示范段、省立1号线端州肇庆学院段和省立6号线鼎湖葫芦山段、四会迳口水库段、四会贞山段，下午在四会市委会议室召开会议。

**全市深入推进三项重点工作暨综治信访维稳工作"筛网工程"会议** 6月8日在封开县召开。参会人员：市有关领导，市委办、市府办、市纪委、市委组织部、市公安局、市人力资源和社会保障局分管领导，市委维稳办、市综治办、市中级法院、市检察院、市教育局、市司法局、市信访局主要领导，市委政法委副秘书长；各县（市、区）、肇庆高新区党委副书记、政法委书记，综治办、维稳办、法院、检察院（室）、公安局、教育局、司法局、信访局的主要负责人。会议内容：学习贯彻省委领导和市委、市政府主要领导关于"三项重点工作"、"筛网工程"的批示精神，研究部署加大推进三项重点工作、综治信访维稳"筛网工程"力度；听取各地政法综治工作情况汇报；分析当前社会治安形势，部署加强校园安全、提高公众安全感等工作。

**肇庆市经济发展中心区贯彻落实《规划纲要》工作现场会** 6月17～18日召开。参会人员：市四套班子有关领导；端州区、鼎湖区、四会市、高要市和肇庆高新区党政主要负责人和分管负责人、各镇（街道）党委（党工委）书记，广宁、德庆、封开、怀集县党委书记；市直和省驻肇有关单位主要负责人。会议内容：传达贯彻省珠三角地区贯彻落实《规划纲要》工作会议精神和省委书记汪洋最近对肇庆工作重要指示精神，总结交流贯彻落实《规划纲要》，加快转变经济发展方式，推动经济社会发展的情况，研究解决碰到的困难和问题，进一步动员各级各部门加大贯彻落实《规划纲要》力度，加快转变经济发展方式，全力推动肇庆科学发展、加快发展。

**肇庆市山区县贯彻落实《规划纲要》工作现场会** 6月20～21日召开。参会人员：市四套班子有关领寻；广宁县、德庆县、封开县、怀集县党政主要负责人和分管负责人、各镇（街道）党委（党工委）书记；市直和省驻肇有关单位主要负责人。会议内容：以科学发展观为统领，以加快转变经济发展方式为主线，认真贯彻落实省珠三角地区贯彻落实《规划纲要》工作会议精神和省委书记汪洋最近对肇庆工作重要指示精神，总结交流贯彻落实《规划纲要》，加快经济发展方式转变，推动经济社会发展的情况，研究解决碰到的困难和问题，进一步动员各级各部门加大贯彻落实《规划纲要》力度，加快转变经济发展方式，全力推动肇庆科学发展、加快发展。

**参加广佛肇经济圈——肇庆（广州）投资环境推介会** 6月30日下午在广州香格里拉大酒店举行。参加人员：市有关领导；各县（市、区）、肇庆高新区有关领导，及外经贸局局长（招商局局长）、经贸局局长；市直有关部门负责人。会议内容：为了更好地贯彻实施《珠江三角洲地区改革发展规划纲要（2008—2020年）》，推动广佛肇经济圈的建设合作，进一步宣传肇庆市投资环境，扩大招商引资，吸引更多珠三角核心地区的产业转移。会议安排：参观肇庆市房地产、端砚及玉器工艺品展示，举行经贸交流、座谈、推介、签约活动。

**肇庆市纪念建党89周年座谈会暨"东亮式"创业带富之星表彰会** 7月1日下午在市委小礼堂召开。参会人员：市委常委、市政协主席、市人大常委会常务副主任、市政府党员副市长；市正厅级离退休老干部；各县（市、区）委组织部长和组织股长，肇庆高新区党群办主任和组织人事科长；市直和省驻肇有关单位负责人；受表彰的十名“东亮式”创业带富之星。会议内容：为隆重庆祝中国共产党成立89周年，进一步弘扬我党的优良传统和作风，树立典型，表彰先进，营造氛围，深入推进全民创业活动。

**肇庆市科学技术奖励大会暨创建省部产学研结合示范市动员大会** 7月9日上午在市委小礼堂召开。参会人员：市有关领导；市科教领导小组成员；各县（市、区）人民政府、肇庆高新区管委会主要负责人，分管科技工作的副县（市、区）长、管委会副主任和科技局局长；市科学技术奖评审委员会委员；市直和省驻肇有关单位、肇庆军分区后勤部及市直科研所主要负责人；2007—2008年度全国县（市）科技进步考核先进县（市）、全国科技进步工作先进个人代表；2009年度广东省、肇庆市科学技术奖获奖项目的代表，市少年儿童发明奖获奖代表；高新技术企业主要负责人。会议内容：传达全省科学技术奖励大会暨国家技术创新工程广东试点工作动员大会精神，表彰2007—2008年度全国县（市）科技进步考核先进集体和先进个人，颁发2009年度省、市科学技术奖，动员和部署创建省部产学研结合示范市工作。

**参加收听收看全省加强社会治安综合治理工作电视电话会议** 7月13日下午召开。参会人员：（1）市分会场：市有关领导，市综治委成员单位负责人，市法院、市检察院、市公安局、市司法局班子成员，市委政法委秘书长、副秘书长，市委维稳办主任、副主任，市综治办主任、副主任，市委政法委机关各科室负责人。（2）各分会场。各县（市、区）、肇庆高新区党委书记，各乡镇、街道党（工）委书记，其他参照省及市参会范围确定。会议内容：传达贯彻中央有关会议和省委常委会议精神，总结全省基层综治信访维稳中心建设的做法和经验，分析存在问题，研究部署进一步完善工作机制、推动社会管理创新的对策措施。

**全市纪律教育学习月活动动员会暨“三纪”教育培训班报告会** 7月21日上午在星岩礼堂召开。参会人员：市委、市人大常委会、市政府、市政协领导；市中级法院院长、市检察院检察长、市纪委副书记；各县（市、区）党委书记、县（市、区）长、纪委书记，肇庆高新区管委会主任、纪委书记；市直和省驻肇单位副处以上领导。会议内容：市委书记、市人大常委会主任覃卫东作纪律教育学习月动员讲话，省监察厅副厅长曾庆荣作关于贯彻落实《廉政准则》专题辅导报告。

**全市扶贫开发“规划到户、责任到人”工作现场会** 7月28日在怀集县召开。参会人员：市委、市政府有关领导，市人大常委会、市政协、肇庆军分区领导；鼎湖区、四会市、高要市、广宁县、德庆县、封开县、怀集县党委书记或县（市、区）长，分管领导及农业局局长、扶贫办主任；市直和省驻肇挂钩帮扶单位主要负责人，市扶贫办主任；佛山市驻广宁县、德庆县、封开县、怀集县工作队队长。会议内容：传达贯彻全省扶贫开发“规划到户、责任到人”现场会精神，总结、通报全市扶贫开发“规划到户、责任到人”工作进展情况，部署下一阶段全市扶贫开发“规划到户、责任到人”工作。

**打造“东方日内瓦”具体建设方案专题会议** 8月10日下午在市委常委会议室召开。参加人员：市有关领导；市直有关部门主要负责人；新华社广东分社有关领导。会议内容：专题研究肇庆市打造“东方日内瓦”具体建设方案。

**市委理论学习中心组学习会暨“肇庆学习论坛”2010年第四讲** 8月17日下午在星岩礼堂举行。参加人员：市委理论学习中心组成员，市人大常委会、市政府、市政协领导；市中级法院院长，市检察院检察长，市纪委副书记；市医药卫生体制改革工作领导小组成员；市直和省驻肇单位副处以上领导及部分科级干部；市直医疗机构领导和管理人员60人。会议内容：北京大学国家发展研究院教授、博士生导师李玲作“医药卫生体制改革形势和发展趋势”的报告。

**参加收听收看全省教育工作电视电话会议** 9月1日上午在广州召开。参会人员：市委常委、市人大常委会常务副主任，市政协主席；市直和省驻肇局以上有关单位主要负责人；各县（市、区）和肇庆高新区党委或政府（管委会）主要领导、分管教育的负责人、教育局局长；市教育局班子成员、各科室负责人；市属各学校负责人。会议内容：贯彻落实全国教育工作会议精神和胡锦涛总书记、温家宝总理重要讲话精神，部署实施《国家中长期教育改革和发展规划纲要（2010—2020年）》，推动全省教育优先发展，科学发展，为全省争当实践科学发展观排头兵提供人才保障和科技支撑。

**肇庆市庆祝2010年教师节座谈会** 9月3日上午在市委小礼堂召开。参会人员：市有关领导；市直有关单位负责人；各县（市、区）及肇庆高新区教育局局长；有关学校负责人；教育专家、名校长、名教师、学科带头人代表。会议内容：为贯彻落实《国家中长期教育改革和发展规划纲要（2010—2020年）》，充分体现党委、政府重视教育、关怀教师，进一步调动广大教育工作者教书育人的积极性，加快推进教育强市建设。

**全市信访维稳工作电视电话会议** 9月6日下午在市委小礼堂召开。参会人员：（1）市主会场：市有关领导；市政府秘书长，市加强信访工作和维护社会稳定协调领导小组成员。（2）各分会场：各县（市、区）、肇庆高新区党委副书记，分管信访工作的领导；加强信访工作和维护社会稳定协调领导小组成员。各镇（乡、街道办事处）党委书记，分管信访工作的领导，综治信访维稳中心主任、副主任。会议内容：传达贯彻全省信访专题工作会议精神，总结全市上半年信访工作，部署广州亚运会期间的信访维稳工作。

**全市军队转业干部安置工作会议** 9月9日上午在市委小礼堂召开。参会人员：市委、市政府、肇庆军分区有关领导；各县（市、区）委常委、组织部部长，组织部分管副部长；肇庆高新区党群办主任、分管副主任；市直和省驻肇局以上有关单位分管人事工作的负责人及人事（政工）科长。会议内容：传达贯彻全国、全省军队转业干部安置工作会议精神，总结全市2009年和部署全市2010年军转安置工作。

**全市深化作风建设提高执行力现场会** 9月16日在封开县召开。参会人员：市委、市政府、市人大、市政协、市纪委有关领导；各县（市、区）委书记、纪委书记、组织部部长、政府分管领导，肇庆高新区纪委书记、党群办主任、管委会分管领导；市直和省驻肇有关单位主要负责人。会议内容：总结推广封开县等地开展深化作风建设提高执行力的经验做法，部署下一阶段全市深化作风建设提高执行力工作。

**参加收听收看省学习贯彻胡锦涛总书记重要讲话精神电视电话干部大会** 9月21日上午召开。参会人员：市委、市人大常委会、市政府、市政协负责人；市法院、市检察院主要负责人；在肇正厅级老干部；市各民主党派主委；各县（市、区）、肇庆高新区党政主要负责人；市直和省驻肇局以上单位主要负责人。会议内容：深入贯彻落实科学发展观，全面开创经济特区发展新局面。

**市委保密委员会（扩大）会议** 9月26日上午在市委小礼堂召开。参会人员：市委保密委员会主任、副主任、委员；各县（市、区）党委和肇庆高新区党委保密委员会主任、保密局局长；市直和省驻肇有关单位分管保密工作的负责人。会议内容：传达学习省委保密委员会全体（扩大）会议暨学习贯彻新《保密法》动员大会精神，动员部署全市学习贯彻新《保密法》。

**共青团工作座谈会** 9月26日下午在市委小岛宾馆会议室召开。参会人员：市委有关领导；市委1名副秘书长；团市委领导班子；各县（市、区）党委、肇庆高新区党委分管共青团工作的领导、团委书记；市直大专院校团委书记、市直有关单位团组织负责人。会议内容：传达学习省委副书记朱明国与团省委机关干部座谈时的重要讲话精神，研究全市贯彻落实意见。

**全市新社会阶层代表人士座谈会** 10月11日下午在市委小礼堂召开。参会人员：市委、市人

10月11日，召开全市新社会阶层代表人士座谈会

大常委会、市政府、市政协领导；各县（市、区）委统战部部长、肇庆高新区工商联驻会副主席；市委统战工作联席会议成员单位、市直和省驻肇有关单位分管政工人事工作的领导；新社会阶层人士代表。会议内容：市政府领导通报全市经济社会发展和落实《珠江三角洲地区改革发展规划纲要》的情况；听取新社会阶层代表人士的意见和建议；市委领导讲话。

**参加“肇庆—澳门经贸旅游文化合作交流会”** 10月11日下午在澳门旅游观光塔四楼大礼堂举办。参会人员：市有关领导；市直有关部门主要负责人；各县（市、区）、肇庆高新区有关领导。会议内容：为了更好地贯彻实施《珠江三角洲地区改革发展规划纲要（2008—2020年）》，进一步宣传肇庆市良好的投资环境，促进粤港澳更紧密合作，加强肇澳两地在经贸、旅游和文化方面的交流合作。

**参加收听收看省实施《规划纲要》实现“四年大发展”电视电话会议** 10月13日上午召开。参会人员：市有关领导；各县（市、区）党政主要负责人和分管负责人，肇庆高新区党委、管委会主要负责人和分管负责人；市直和省驻肇局以上单位主要负责人。会议内容：通报实施《规划纲要》实现“四年大发展”工作方案主要内容，全面部署下一步工作。

**肇庆市简政强镇事权改革动员暨鼎湖现场会** 10月25日上午在鼎湖区召开。参会人员：市有关领导；各县（市、区）党委书记或县（市、区）长1名、编办主任、发展改革局局长、各乡镇（街道）党（工）委书记，市直有关单位负责人。会议内容：总结推广鼎湖区广利街道简政强镇事权改革试点工作经验，动员部署全市开展简政强镇事权改革工作。

**新《保密法》辅导讲座** 10月28日下午在星岩礼堂举办。参会人员：市委、市人大常委会、市政府、市政协领导；各县（市、区）保密委主任以及党委办、人大办、政府办、政协办、纪委办主任和保密局长；肇庆高新区保密委主任以及党委办、管委会办、纪委办主任和保密局长；市直和省驻肇单位副处以上领导及部分科级干部。会议内容：省保密局局长张宇作辅导报告。

**肇庆市精神文明建设暨创建省卫生村镇生态文明村工作会议** 11月3日在封开县召开。参会人员：市有关领导；市精神文明建设委员会、市爱国卫生运动委员会成员单位负责人；各县（市、区）和肇庆高新区分管精神文明建设、卫生村镇和生态文明村创建工作的领导、文明办、卫生局、爱卫办负责人；获表彰的先进集体和先进个人代表；在大会作经验介绍的单位代表。会议内容：总结2008年以来全市各地各单位深入开展“五项和谐创建”、“爱国主义教育”、创建省卫生村镇、生态文明村等群众性精神文明创建活动的新进展、新经验；研究部署下一阶段全市精神文明建设工作和创建省卫生村镇工作，进一步掀起全国文明城市创建工作热潮。表彰一批精神文明建设先进单位、先进工作者，以及创建省卫生村镇、生态文明村工作先进集体和先进个人。

**收看全国加强和改进工商联工作电视电话会议** 11月15日上午召开。参会人员：市有关领导；各县（市、区）党委、政府分管统战、工商联工作的领导，统战部、工商联领导班子成员；肇庆高新区党委领导，工商联领导班子成员；市委统战部、市工商联科级以上干部。会议内容：认真学习党的十七届五中全会精神，深入贯彻《中共中央国务院关于加强和改进新形势下工商联工作的意见》精神，研究部署加强和改进新形势下工商联工作，开创工商联工作新局面。

**中共肇庆市委政协工作会议** 11月16日上午在市委小礼堂召开。参会人员：市委、市人大常委会、市政府、市政协领导；各县（市、区）委书记、政协主席、统战部部长；市直和省驻肇局以上有关单位主要负责人。会议内容：为更好地贯彻落实《中共广东省委政治协商规程（试行）》和《中共肇庆市委政治协商实施细则（试行）》精神，研究部署新形势下进一步加强和改善党对政协工作的领导，推进政协工作的制度化、规范化和程序化建设，总结交流全市各级政协围绕中心，服务大局，促进发展，履行政治协商、民主监督、参政议政职能的成效与经验。

**肇庆市领导干部大会** 11月20日下午在市委小礼堂召开。参会人员：实职正处以上干部［含市人大、市政协副职，市直部委办局、企事业单位及县（市、区）党政正职，肇庆高新区管委会主任，省驻肇有关单位正职］。会议内容：中组部考察市委书记覃卫东。

**肇庆市老区建设工作会议** 11月24日下午在

湖滨大酒店3楼会议室召开。参会人员：市有关领导；各县（市、区）分管老区建设工作的领导；市直和省驻肇有关单位负责人；市老促会理事、顾问；各县（市、区）老促会理事长、副理事长、秘书长。会议内容：传达省政府《关于研究进一步加强革命老区建设工作的会议纪要》、副省长李容根《在听取省老促会工作汇报时的讲话》和2010年省、市老促会会长座谈会精神，交流工作经验，总结全市老区建设工作，研究全市加快老区建设发展的措施。

**全市综治工作专题电视电话会议** 12月2日下午在市委小礼堂召开。参会人员：（1）市主会场：市综治委第一主任、主任、副主任，市综治委成员。（2）各分会场：各县（市、区）、肇庆高新区除参照市主会场范围确定参会人员外，各镇街分管综治工作的党委副书记、镇街综治信访维稳中心专职副主任参会。会议内容：学习贯彻粤委办〔2010〕75号文精神，总结2009—2010年度全市社会治安综合治理工作，分析存在问题，研究部署迎接省综治考核验收工作。

**肇庆市村、社区“两委”换届选举工作领导小组成员会议** 12月7日上午在市委常委会议室召开。参会人员：市有关领导；市村、社区“两委”换届选举工作领导小组成员及领导小组办公室全体人员。会议内容：传达全省村、社区“两委”换届选举工作会议精神，研究部署全市村、社区“两委”换届选举工作。

**全市村、社区“两委”换届选举工作动员大会** 12月8日上午在市委小礼堂召开。参会人员：市有关领导；市村、社区“两委”换届选举工作领导小组成员；各县（市、区）委组织部长、分管副县（市、区）长，组织部分管副部长、干部股长、组织股长，民政局局长、分管副局长、基层政权和社区建设股长；肇庆高新区管委会分管副主任，党群办主任、分管副主任、组织人事科长，社会事务管理局分管副局长、综合科长；市村、社区“两委”换届选举工作领导小组办公室全体人员。会议内容：研究部署全市村、社区“两委”换届选举工作，进一步推动全市基层组织建设。

**2010“肇庆金秋”经贸洽谈会** 12月10～11日召开。参加人员：市委常委，市人大常委会副主任，市政府副市长，市政协正、副主席；肇庆军分区政委；市中级法院院长、市检察院检察长和有关领导；市委、市人大常委会、市政府、市政协正副秘书长；市纪委副书记；各县（市、区）党委、政府，肇庆高新区管委会主要负责人，分管外经贸工作的领导以及经济信息化局、外经贸局负责人；市直和省驻肇有关单位主要负责人；市直部分企业主要负责人。活动内容：10日上午，在市体育中心举行第13届广东（肇庆）房地产博览会暨城乡建设成果展览开幕式，在二广高速四会龙甫服务区举行二广高速怀集至三水段通车仪式；下午在奥威斯酒店举行荣誉市民座谈会；傍晚在奥威斯酒店举行欢迎晚餐会；晚上在星湖牌坊广场举行烟花晚会。11日上午在奥威斯酒店举行大会开幕式，开幕式前省、市领导接见客商代表。

**参加收听收看中央统战部召开“身边的榜样——树立和践行社会主义核心价值体系先进人物事迹报告会”电视电话会议** 12月13日下午召开。参会人员：市有关领导；市委统战部全体干部；各县（市、区）党委分管领导，统战部及全体干部，工商联驻会副主席；肇庆高新区党委分管领导，工商联驻会副主席；市各民主党派主委、副主委、秘书长；市工商联驻会副主席；高校党委统战部部长；无党派人士代表。会议内容：中共中央政治局常委、全国政协主席贾庆林作重要讲话，先进人物作事迹报告，营造宣传先进典型的良好氛围，进一步推动树立和践行社会主义核心价值体系深入开展。

**肇庆市第二届优秀中国特色社会主义事业建设者表彰大会** 12月15日上午在市委小礼堂召开。参会人员：市有关领导；市委统战工作联席会议成员单位、市直和省驻肇有关单位分管政工的负责人；各县（市、区）委统战部部长、工商联驻会副主席，高新区分管统战工作的领导、工商联驻会副主席；评选委员会全体成员、受表彰人士和各县（市、区）非公有制经济代表人士。会议内容：表彰肇庆市第二届优秀中国特色社会主义事业建设者。

**2010年度市党政领导班子民主生活会** 12月22日在市委常委会议室召开。参会人员：市委常委、市政府党员副市长；邀请市人大常委会常务副主任，市政协主席，非党副市长和市长助理列席会议。会议内容：市党政领导班子开展批评与自我批评。

**肇庆市创建省卫生镇工作现场会** 12月24日在广宁县召开。参会人员：市委、市政府、市人大常委会、市政协有关领导；各县（市、区）、肇庆高新区党委书记、党委或政府分管卫生和农业的领导，卫生局、文明办、农办、爱卫办负责人，各乡镇、街道党（工）委书记；市爱卫会成员单位负责人。会议内容：总结近年来全市开展创建省卫生镇工作情况，研究部署下一阶段工作任务，进一步掀起创建高潮，加快全市社会主义新农村建设。

**肇庆市社会科学界联合会第四次代表大会** 12月27日下午在市委小礼堂召开。参会人员：市委、市政府、市人大、市政协有关领导，市直有关单位负责人；市社科联第四次代表大会筹备工作领导小组全体成员；市社科联第四次代表大会代表；大会特邀嘉宾；2008—2009年度市哲学社会科学优秀成果获奖项目代表。会议内容：学习贯彻党的十七届五中全会、省委十届七次全会和市委十届九次全会精神，研究部署文化强市和哲学社会科学工作，选举产生肇庆市社会科学界联合会第四届委员会领导机构，表彰2008—2009年度肇庆市哲学社会科学优秀成果获奖项目。

**县（市、区）领导座谈会** 12月31日上午在市委常委会议室召开。参会人员：市有关领导；各县（市、区）、肇庆高新区党委或政府（管委会）主要领导；各县（市、区）2名镇委书记。会议内容：对全市“十二五”经济社会发展和明年工作的意见建议；对《中共肇庆市委关于制定国民经济和社会发展第十二个五年规划的建议》（征求意见稿），结合本地发展实际，进行认真研究讨论，提出修改意见建议。 *（林绍雄）*

**附：（一）2010年中共肇庆市委领导人名录**

书　记：覃卫东
副书记：郭　锋　吴华钦
常　委：覃卫东　郭　锋　吴华钦　刘惠祥
　　　　曾超鹏　郑针和　张成文
　　　　陈以良（女）　陆洪照
　　　　李水华（4月免）　刘龙平（1月任）
　　　　梁志强（7月任）　黄建勋（7月任）

**（二）2010年中共肇庆市委正副秘书长名录**

秘 书 长：张成文
副秘书长：梁　靖（7月免）
　　　　　黄鉴波　何庆华　陈六合
　　　　　邓广全　邹会雄

**（三）2010年中共肇庆市委办公室正副主任名录**

主　任：梁　靖（7月免）
　　　　黄鉴波（10月任）
副主任：谢先群（2月免）　覃殿养
　　　　洪志勇　张晓兰（女）
　　　　李　胜（7月任）

## 督查与调研

**【督查工作】** 2010年，市委督查室围绕市委十届八次、九次全会和市委常委会等重要会议作出的重大决策部署，按照“在抓落实上见分晓、比高低、论英雄”要求，对各地各部门落实珠三角改革发展《规划纲要》、加快转变经济发展方式、工业经济发展、城市建设、重大项目建设、“双转移”工作、文化强市建设、新农村建设、改善保障民生、党的建设等方面认真开展督促检查，及时向上反馈，切实推动市委重大决策有效落实，较好地完成各项工作任务。市委办公室在省委办2010年度全省党委系统督查工作考核评分中居全省地级以上市第八位，荣获先进单位称号。全年向省委办公厅报送《督查专报》22期，单篇刊发11期，单篇刊发数居全省第一；获汪洋、朱明国等省领导肯定性批示7期，居全省第二；肇庆市《督查专报》报送工作得到省委办的充分肯定，并在省委办《业务通讯》第25期上专门刊发肇庆市的经验做法。全年办理各地各部门报送《督查专报》和报告450多份；编发《肇庆督查》29期；承办省委办督查室交办的专项查办件6件以及市领导批办件40多件，全部按要求办结，反馈率达100%。全年起草向省委、省委办报告24份；起草《市委常委会议纪要》21期；编印《一周要情》50期；形成督查调研报告5份。

*（梁月芸　伦海亮）*

**【调研工作】** 2010年，市委政研室围绕中央、省委和市委关于加快经济发展方式转变、实施珠三角《规划纲要》和推进“双转移”等一系列重大决策部署，积极组织开展重大政务调研，及时向市委建言献策。全年向市委提交重要工作建议3项，上报专题调研报告15份；独立或参与起草市委、市政府文件7份；参与起草领导讲话、重要文稿11份；参与起草、修改2010“肇庆金秋”材料26份；代拟省委办公厅、省委政研室向肇庆市下发的征求意见稿修改意见7份；上报省委办公厅、省委政研室材料6份；起草其他文字材料一批，合计30多万字。主要有：参与草拟《中共肇庆市委关于制定国民经济和社会发展第十二个五年规划的建议》、《关于建立广佛肇（肇庆）特别合作区的建议》和《关于进一步推动我市传统工业转型升级的几点建议》；形成《关于推进肇庆加快经济发展方式转变的调研报告》、《肇庆市镇域经济发展调研报告》、《肇庆市推动传统工业转型升级的调研报告》、《十次党代会以来我市港口物流经济发展情况的调研报告》、《关于当前我市群众反映比较强烈的民生问题的调研报告》、《肇庆市推动农村妇女创业就业的调研报告》、《高要市经济社会快速发展的调研报告》、《肇庆高新区落实〈规划纲要〉出新招实招的调研报告》、《广宁县贯彻落实〈规划纲要〉的调研报告》等材料。通过公开招标、委托研究等形式，动员社会力量开展十大重大政务调研课题研究。协助做好市委十届八次、九次、十次全会和广佛肇经济圈工作座谈会、市中心区和山区县贯彻落实《规划纲要》工作现场会、全省国有资产监督管理工作会议等。出版《肇庆调研》6期，编印《决策参考》2期、《政策动态》12期。

（邓裕初）

**附：2010年中共肇庆市委政策研究室正副主任名录**

主　任：徐金华

副主任：陈宇航

## 新闻与信息工作

**【新闻工作】** 2010年，市委办公室围绕市委决策部署和各时期中心任务，把握正确舆论导向，及时组织市内外新闻单位做好宣传报道工作，为肇庆经济社会发展营造良好氛围。一是把好新闻报道关口。全年草拟、审核市委主要领导新闻稿件68篇，把准领导意图，确保不出偏差，达到传播市委声音和意图的工作效果。二是组织策划对外宣传报道。围绕市委、市政府的重要会议、重要活动、重大政策、重大部署以及社会现实中重要事件进行专题性宣传报道。全年策划组织新闻专题报道9次，其中《南方日报》头版报道肇庆新闻28篇。6月初，积极配合全省就贯彻落实珠三角改革发展《规划纲要》和加快经济发展方式转变的主题宣传报道工作，市委书记覃卫东先后接受南方日报社、羊城晚报社、广东电视台等媒体专访，介绍肇庆市近年来经济社会发展的做法、成效和亮点，阐述下一步工作的目标和重点，取得宣传肇庆、推广肇庆的良好效果。三是积极应对突发新闻事件。在突发事件发生后，与有关部门一起，做到果断介入、态度坚决、依法处理，及时遏制各种谣言和歪曲报道，把不良舆论影响降到最低程度，使事件处理沿着正确的方向发展。9月15日，南方日报刊登《鼎湖山脚下黑水入西江》新闻调查，引起市委、市政府高度重视，主要领导立即召集有关部门听取情况汇报，要求采取切实措施进行整改，解决涉及民生和群众生活的实际问题。仅过一天时间，9月16日南方日报就刊发《禁让一丝污水再流入西江——肇庆成立调查小组全面清查污染源》的追踪新闻，准确报道有关整治行动，进一步树立肇庆良好对外形象。四是探索党委新闻发言制度。按照省的要求，结合肇庆实际，提出贯彻建立党委新闻发言人制度有关精神的具体工作意见。12月30日《南方日报》公布肇庆市党委新闻发言人、新闻助理的姓名和联系方式。五是做好涉及新闻其他工作。做好覃卫东的政务活动新闻报道收集整理工作，完成新闻报道收集整理1200多篇、13万多字；做好上级新闻单位的采访组织和接待安排工作；协助抓好党报党刊的发行工作。

（吴文颂）

**【信息工作】** 2010年，全市各级党委系统信息部门围绕全市“两个尽快”、“两个成为”奋斗目标，准确把握中央、省委、市委和各级党委的信息需求，整合信息资源，拓宽信息渠道，提升信息质量，增强信息影响力，及时、准确、全面、有针对性地向省委、市委报送大量反映肇庆经济建设、政治建设、文化建设、社会建设和生态文明建设以及党的建设等各方面信息，为省、市领导了解情况、掌握动态、研判形势、科学决策和指导工作较好地发挥参谋助手作用。全年各地各部门共向市委办报送信息2万多篇；市委办编发《肇庆工作信息》63期，获市领导批示37条次；上报省委办公厅信息316篇，采用228篇，获省领导批示10条次，采用条数列全省第四位，采用分数列第十位，被省委办公厅评为2010年度信息报送先进单位。全市6个信息直报点也积极发挥作用，成为及时反映基层真实情况的窗口，各信息直报点上报的信息被省委办采用134篇，累计得分760分，怀集县委办、高要市委办、广宁县委办、德庆县委办以及端州区委办等省直报点也被评为信息报送先进单位。　　*（麦鸿波）*

## 组织工作

**【简况】** 2010年，市委组织部贯彻落实党的十七大、十七届四中、五中全会和省委十届六次、七次全会以及市委十届八次、九次全会精神，按照市委覃卫东书记提出“六个坚定不移”、“在六方面取得更大成效”的新要求，以加强党的执政能力建设和先进性建设为主线，以开展创先争优活动为重点，围绕中心、服务大局，深化推进组织工作改革创新，着力提高执行力，全力以赴抓落实，各项工作取得新成效。年内，市委组织部获全省组织系统2009年度信息工作先进单位、2009年全省党内统计全优报表单位、2009年全省公务员统计全优报表单位、2009年度全省组织工作重点调研课题优秀成果二等奖、肇庆市市直机关单位领导班子绩效考核一等奖，2008—2009肇庆市文明单位、肇庆市2009年度人口与计划生育先进单位、肇庆市爱国拥军先进单位等荣誉称号。肇庆市军转办被国务院军转办授予2010年度军转宣传工作先进单位。

**【创先争优活动】** 2010年，全市在378个基层党委、6300多个基层党支部、16万多名党员中深入开展创先争优活动，取得阶段性成效。市委高度重视，精心部署，分类指导，各级党委（党组）成立活动领导小组429个，行业主管单位党组织成立活动指导小组68个，领导干部建立联系点2500多个，深入联系点6100多次。活动突出“四个注重”：（1）注重紧扣中心。围绕转变经济发展方式、促进社会和谐、扶贫开发“双到”工作、服务保障亚运、改进工作作风等中心工作，引导广大基层党组织和党员尽职履职创先进、立足本职争优秀，有效地促进各项工作；（2）注重示范带动。省委书记汪洋的联系点四会市独岗村认真开展“三个一”读书、“百名党员进农户大走访”等活动，在全省率先开展“先进和优秀标准大讨论”，取得明显成效，成为全省创先争优活动的一面旗帜，带动全市创先争优活动深入开展；（3）注重创新载体。广泛开展“我是党员我承诺”、“我承诺、你监督，抓落实，促发展”、“六比六创”、创建科学发展示范村（社区）等活动，增强创先争优的针对性和实效性；（4）注重舆论宣传。利用媒体开设创先争优活动专栏、专题、专版，张贴宣传画报1.2万张、标语横幅5700多幅、编印简报100多期，营造良好氛围。

**【领导班子建设】** 2010年，市委组织部坚持德才兼备、以德为先，选拔一批落实科学发展观态度坚决而又有能力的干部。全年调整市管干部165人，其中提拔97人；调整储备292名县（处）级党政后备干部；加强挂职干部跟踪管理，9名挂任县（市、区）政府副职干部均转任实职；加大干部交流轮岗力度，交流市管干部38人，进一步优化领导班子结构，提高班子整体素质。加强出国（境）人员管理，办理出国（境）人员审查326批341人次。进一步加强市直国有企事业单位领导班子的配备和管理。严格把好领导干部兼任社会团体领导职务的审核关。认真做好省垂直管理单位领导干部协管工作，审核干部调整情况17人次。

**【基层组织建设】** 2010年，抓好学习实践活动整改落实后续工作，建立健全长效机制，各级党员干部为群众办好事实事2.38万多件。在开展9项党建专题调研基础上，市委组织部牵头制订《关于加强和改进新形势下党的建设的工作意见》。大力推广“独岗经验”，全面开展创建科学发展示范村活动，已创建科学发展示范村（社区）100条。深入开展“东亮式党员创业（就业）贷款”活动，落实贷款贴息，累计发放贷款近3亿元，扶持2800多名农村党员创业，帮助党员发展创业项目2500多个，带动就业1.5万人。评选表彰十大“东亮式”创业带富之星。开展《中国共产党和国家机关基层组织工作条例》专题学习培训，制订《实施意见》。加强农村基层组织建设，建立农村基层组织工作经费保障制度，落实农村困难老党员生活补贴；做好第二轮215个村级组织活动场所扩建修缮工作，落实资金73.6万元。加强非公经济组织和新社会组织党建工作。统筹城乡基层党建工作，扎实推进扶贫开发“双到”工作，出台《关于驻村干部选派和管理的意见》。加强党员教育管理，充分发挥县、镇党校培训基地和县、镇、村远程教育培训基地作用；完善党内关怀、帮扶机制，做好关爱服务党员工作，拨付关爱扶助金39万元。稳步推进党内民主建设，全面推行《党员领导干部民主生活会批评与自我评批环节改进办法》，有效提高领导班子民主生活会质量；加大党务公开力度，进一步完善基层党委内部议事和决策机制；增设市委组织部党代表联络工作科，全面开展党代表任期制工作。做好村、社区“两委”换届选举的调研、试点和动员部署等工作。

**【人才工作】** 2010年，加强人才工作力度，严格拔尖人才评审程序，在114名候选人中评选确定34名市管第九批专业技术拔尖人才；优化高层次人才培训、评审、推荐、管理服务，贯彻落实各项人才政策；加大人才激励力度，拟订《肇庆市“西江英才奖”评奖办法》；积极引才引智，成功从清华大学引进1名博士到市住建局任职，引进11名在读博士、硕士到肇庆挂职；积极参与“珠三角人才工作联盟”工作论坛，加强与肇庆学院、广州博士俱乐部合作，“肇庆博士论坛”、“星湖论坛”等引智载体不断拓展。积极研究制订《肇庆市中长期（2010—2020）人才发展规划纲要》和《肇庆市“十二五”人才工作规划》，进一步确立人才强市的发展布局。配合做好教育、卫生人才智力扶持山区以及高校毕业生“三支一扶”工作，加强对省第七批科技副职挂职情况的跟踪联系。

**【人事制度改革】** 2010年，加大竞争性选拔干部力度，选拔一批优秀领导干部，面向全省公开选拔3名市直单位副职，采用“两推荐一述评”方式选拔1名援藏干部和2名援疆干部。公推遴选优秀年轻干部，确定3名优秀处级年轻干部进行培养锻炼。加大从基层一线选拔干部力度，树立重视基层的选人用人导向，从优秀大学生村官中考录9名公务员，从服务基层的大学生中考录5名乡镇机关公务员，从优秀外来务工人员中考录3名基层公务员，从优秀村党支部书记中选拔8名乡镇领导干部。规范干部选拔任用提名制度，县（市、区）党政正职和市直单位“一把手”职位实行全委会提名、票决；对2个县（市、区）长职位进行全委会民主推荐提名、领导干部个别谈话推荐提名、所在地区单位民主推荐提名，进一步扩大提名环节的民主和监督。做好953名处级领导干部年度考核审核工作。认真组织制订2010年县（市、区）党政领导班子和市直机关单位政绩、绩效考评指标，完善考评办法；精心组织2009年政绩（绩效）考评工作，考出压力、动力和水平，形成以科学考核推动科学发展的良好氛围。

10月20日，召开肇庆市选人用人工作示范县创建活动座谈会

【干部监督管理】 2010年，开展深入整治用人上不正之风，进一步提高选人用人公信度工作，对3批87名新任市管领导干部开展任前廉政警示教育；在鼎湖、德庆开展提高选人用人公信度示范县创建活动；对8个县（市、区）的选人用人公信度进行调查测评。加强干部选拔任用工作全程监督，做好市委、县（市、区）委2009年干部选拔任用工作“一报告两评议”工作；成立市委组织部举报中心，构建起电话、网络、信访“三位一体”举报系统。加大从严管理干部工作力度，制订《关于治懒治庸、整治用人上不正之风的实施意见》；加强干部日常管理，进一步抓好领导干部集中报告个人有关事项和收入申报、配偶子女均已移居国境外公职人员的监督管理、领导干部经济责任审计等工作；普遍开展干部层级谈心谈话活动，对5名领导干部进行函询；联合开展深化作风建设提高执行力工作，形成重执行、抓落实、促发展的良好氛围。加大信访举报查核力度，接到反映领导干部的举报106件，接访群众3人次，涉及领导干部45人；市级公示干部103人，收到举报公示对象问题10件，涉及干部5人，对每件举报都进行核查处理；抓好3项省委组织部督办件的核查工作。

【干部教育培训和挂职锻炼】 2010年，坚持以党性教育为核心，以能力培养为重点，立足党校、拓展高校、强化实践，围绕转变经济发展方式大规模培训干部。2010年培训各类干部5.15万人次，其中市级培训干部3.81万人次，举办市委党校主体班13期共710人参训，选送副处以上领导干部126人次参加省以上培训，进一步提高领导干部转变经济发展方式的能力和水平。深化与清华大学“校市合作”，与清华大学合办各类培训班7期、培训干部370人次。拓宽干部培养锻炼渠道，采取上挂、下挂、外挂方式，选派16名乡镇党政领导到长三角、环渤海湾地区挂职学习，选派23名优秀年轻科级干部挂任县（市、区）政法委副书记或乡镇（街道）党委副书记；做好挂职干部接收、安置工作，安排21名外地干部到肇庆挂职；擦亮选调生工作品牌，新招录60名选调生，推荐37名选调生到市直以上单位跟班学习。

【社区和“两新”组织党建】 2010年，全面开展城市基层党组织结对共建活动，全市2000多个驻社区单位与241个社区结对共建，城市社区党员100%纳入党组织管理，累计投入1.62亿元支持社区党建和社区建设，创建3个全国示范社区、48个省级六好平安和谐社区。加强街道社区党员服务中心（站）建设。建立街道社区党建工作基础台账。全市特别是端州区社区党建工作取得显著成效，得到中央、省、市领导的充分肯定。以开展学习实践科学发展观和创先争优活动为契机，抓好非公有制经济组织和社会组织党建工作。全市“两新”组织党组织850多个，党员7500多人，有1名党员以上的“两新”组织100%组建党组织，有3名以上的100%单独建立党组织，实现应建尽建的目标任务。组织全市200多个国有企业党组织、6300多名党员参加争创“四强四优”活动，充分发挥企业党组织的政治核心作用、党支部的战斗堡垒作用和党员的先锋模范作用。

【远程教育】 2010年，制订《肇庆市党员干部现代远程教育终端接收站点考核激励暂行办法》，提高终端接收站点的使用率和管理水平，考核达标以上站点569个。充分发挥远程教育网络阵地作用，抓好封开县人民广场为全市远程教育大型户外示范点建设，开设《时代先锋》专栏以及“创先争优”和“致富技能”等专题，全市播放课件近3万次，收看人数达15万人次，有效地提高党员干部的思想政治素质和创业致富的能力。做好资源库建设，组织摄制反映全市先进基层党组织、优秀共产党员、优秀党务工作者和先进创业典型的电教片21部，库存课件6类368个，在线课件总时长近6000分钟，向省上送课件共9部，参评课件《家在砚洲岛》获全省首届远程教育课件评比三等奖；提前完成全市“大组工网”网络线路三级联调，顺利通过省检查验收。

【军转工作】 2010年，进一步加强军转工作，做好企业军转干部解困工作，维护社会稳定。对2009年度安置的军队转业干部进行岗前培训，23名军转干部以及2名随迁随调家属安置得到落实，达到部队满意、接收单位满意、军转干部个人满意的良好效果。做好企业军转干部的解困和亚运期间维稳工作。

【发展党员】 2010年，按照“坚持标准、保证质量、改善结构、慎重发展”的方针做好发展党员工作。年内全市发展新党员6674名，其中女党员2608名、35岁以下5242名、高中（中专）学历3165名、大专以上学历1632名、生产工作一线党员3355名、“两新”组织党员324名。

【党务公开】 2010年，重点抓好《肇庆市关于推行党务公开的实施意见》、《党务公开内容指引》的落实，区分类别、加强指导、落实检查，全市7000多个基层党组织基本都具备1种以上党务公开载体，党务公开做到程序规范、形式多样、常态及时。

【干部档案管理】 2010年，市委组织部接受新任市管干部档案91卷，收集散件材料3969份，审核整理在职市管干部档案136卷；报送省管干部档案11卷，其中优秀8卷、合格3卷，档案报送工作得到省委组织部通报表扬。

【自身建设】 2010年，市委组织部创建学习型机关和组工干部队伍，广泛开展读书学习活动、讨论交流活动。加大组织部门自身干部人事制度改革，制定全市组织部门统一公开招考选调办法，在全市公开招考、择选选调10名年轻干部进入组织部门；在部机关采用“公开推荐、差额考察”方式选拔4名科长、1名主任科员，对3名科级干部进行交流轮岗。深入开展组织系统“讲党性、重品行、强能力、作表率”，带头创先争优主题实践活动。深入开展结对帮扶活动，到封开袁村开展扶贫开发“新三同”（同吃、同商、同建）活动，部领导进村入户30多人次，机关干部进村入户130多人次，投入帮扶资金近100万元，推动袁村发展，年内有21户85人脱贫，市委组织部开展“新三同”的做法在全省扶贫开发现场会上作经验介绍，得到省委书记汪洋的充分肯定；拨付11万元对怀集桥头镇计划生育工作进行奖励；支持柳园社区开展结对共建、人口普查工作。扎实开展深化作风建设提高执行力工作，《夯实基层党建、提高组织部门执行力》的做法，在全市深化作风建设提高执行力现场会上作经验介绍。

（*郦　飞*）

附：2010年中共肇庆市委组织部正副部长名录

部　长：李水华（4月免）
　　　　黄建勋（7月任）
副部长：杜朝养　谈郁平　梁钧权　程海滨
　　　　欧小鸥（12月任）

## 宣传工作

【简况】 2010年，全市宣传思想文化工作按照高举旗帜、围绕大局、服务人民、改革创新的总要求，围绕改革发展稳定大局，抓住建设文化强市、全面提升肇庆文化软实力、推动社会主义文化大发展大繁荣这一中心任务，着眼于提升宣传思想文化工作科学化水平，理论武装、舆论引导、文明创建、文化建设、队伍建设等各项工作创新发展，为肇庆市实现“两个尽快”、“两个成为”提供强有力的精神文化支撑。市委宣传部被中共广东省委宣传部评为2009年度舆情信息工作中成绩突出单位、2010年度信息工作先进单位；被市委、市政府评为2009年度肇庆市直机关单位领导班子绩效考核一等奖，评为肇庆市2009年度人口与计划生育先进单位；被市委、市政府、肇庆军分区评为肇庆市爱国拥军“先进单位”；被政协肇庆市委员会评为2009年度承办政协提案先进单位；被肇庆市精神文明建设委员会、肇庆市爱国卫生运动委员会评为“肇庆市创建省卫生村镇工作先进集体”。莫学松在2009年度舆情信息工作中成绩突出，受到省委宣传部的表彰奖励。

【理论武装】 中心组理论学习 2010年，市委中心组发挥龙头作用，带动各级党委学理论、议大事、转观念、出思路、建班子。把加快转变经济发展方式列为各级党委（党组）中心组学习的重点，推动各级领导干部认真学习、深刻领会。年内市委中心组集中学习16次，除邀请全国和省知名专家学者来肇庆开设讲座外，市党政一把手亲自为领导干部作辅导。举办“发展低碳经济、转变发展方式”等专题报告会。市和县（市、区）党委中心组共举办专题报告会86场，受众3.6万人次。肇庆高新区党委中心组邀请著名经济学家郎咸平作“2010年中国经济形势分析”专题演讲及举办走进肇庆高新区财经论坛，拓宽领导干部工作视野和工作思路。

**建设学习型党组织**　2010年，下发《关于建设学习型党组织的实施意见》，成立工作协调小组，确定市委办公室、肇庆学院等10个单位为市直机关建设学习型党组织示范单位，总结推广落实“八个环节”、做到“七个到位”、开展“八个一”全员读书活动的经验做法。开展“科学理论和高雅艺术进机关进企业进高校”系列活动。利用“肇庆学习论坛”、“星湖讲坛”、“百课下基层”、“肇庆读书节”等载体，开展省委十届七次全会、市委十届九次全会精神宣讲，承办“传承岭南优秀文化，建设广东文化强省”主题巡讲活动。率先在全省举办珠三角《规划纲要》大家谈论坛，西江日报、市广播电视台举办“肇庆纳入珠三角改革发展规划一年的回顾与展望”、把肇庆建设成为“东方日内瓦”等专题内容的群众论坛。推动理论和形势政策宣传工作向纵深延伸。发表开展“读书强素质，当好排头兵”读书活动的倡议书，在全市宣传文化系统开展“读书强素质、当好排头兵”的“十二个一”读书活动，举办第五届读书节“最美肇庆——本土原创诗文朗诵会”。端州、高要、广宁、怀集举办读书节。四会召开规模大、层次高的领导干部读书经验交流会。德庆万人诵读经典活动声势浩大。

3月14日，肇庆市率先在全省举办珠三角《规划纲要》大家谈论坛

（莫学松　摄）

**理论研究工作**　2010年，市社科界积极承担市委、市政府交办的重大研究课题，组织完成《珠江三角洲地区贯彻落实〈规划纲要〉（肇庆部分）进展报告》重大项目的研究工作；《肇庆城市经济发展调研报告》、《高新区产业发展服务体系的构建》、《产业结构调整过程中肇庆劳动力转移趋势预测研究》等一批针对地方经济社会发展中现实问题的研究，这一系列研究成果获得市政府表彰。《破解十大难题——德庆社会主义新农村建设探索》被评选为“广东省十项优秀决策咨询成果”之一，成为唯一获得此项殊荣的市级研究成果。举办“地方特色文化与文化强省”专场研讨会、“第二届利玛窦与中西文化交流学术研讨会”、“两广总督府学术座谈会”、“陈焕章学术研讨会”等地方特色文化理论研究活动，为肇庆经济社会发展提供理论支持。

**【新闻舆论引导】**　**重大主题宣传**　2010年，坚持团结稳定鼓劲、正面宣传为主，坚持“三贴近”原则，以多角度、宽领域、有策划的理念，组织协调市内外媒体围绕贯彻落实《规划纲要》、加快转变经济发展方式、亚运火炬传递、第六届深圳“文博会”、文化强市建设、市“两会”、肇庆金秋、龙舟邀请赛、城市建设年、扶贫开发、绿道网建设等一系列重大主题进行宣传。西江日报、肇庆广播电视台不断创新新闻报道方式，提升媒体的影响力，提高舆论引导能力。在重要版面、重要时段开辟“贯彻落实《规划纲要》加快转变经济发展方式”等专题报道，大力宣传全市各地贯彻落实中央、省的部署，坚定不移调结构、脚踏实地促转变、冲刺GDP超千亿元的具体措施和成效，集中推出一批加快转变经济发展方式的先进典型。据统计，市外主流媒体全年共发稿（含转载）达4500篇，较上年增长20%。

**新媒体建设**　2010年，西江日报荣膺“中国信息化推进先进单位”。西江网成为全省城市综合信息门户网站试点工程5个试点单位之一，也是广东省为实施数字出版发展战略而启动的重大数字出版示范工程，该项工程列入实施《规划纲要》的重点项目。年内，西江网设置专题和话题页面40多个，频道栏目400多个，发布信息量超过40万条。《今日肇庆》网立足于“肇庆人的网站，了解肇庆的网站”的办网宗旨，年内推出12个系列专题，宣传推介肇庆投资环境。肇庆高新网开通大型的专题新闻企业在线、媒体看大旺等32个专题网页，平均每天点击量2.6万多次。南方日报社、西江日报社联合端州区在肇庆城区共同建立30个社区电子阅报栏，在全国尚属首创。

*先进典型宣传* 2010年，科学发展示范村——四会独岗经验宣传有声有色，独岗村科学发展的做法和经验被《人民日报》等中央媒体刊发。当代优秀转业干部的代表贾东亮、梁承华的先进事迹宣传连贯有力，市委召开向梁承华同志学习动员大会，动员全社会向梁承华这位时代楷模学习。梁承华先进事迹被《人民日报》、新华社、中央电视台等中央媒体集中突出报道。

*应对突发性公共事件* 2010年，针对封开县江口镇8幢居民楼倒塌、拆除三无违章建筑“关公像”、贵广铁路制梁厂鼎湖段员工与当地村民冲突等媒体炒作热点事件，市委宣传部及时组织新闻发布，澄清事实真相，有效开展网上评论引导工作，消除杂音、噪音，形成有利的舆论态势。

**【精神文明建设】** *思想道德教育实践活动* 2010年，做好城市公共文明实地考察和入户调查问卷工作，全力迎接中央文明办组织的城市公共文明指数测评。举办纪念抗战胜利65周年的系列活动，评选首届肇庆“十大慈善人物”；推荐先进典型参加“广东双十创新”的评选，广东四会互感器厂有限公司总经理张树华获“广东十大创新人物提名奖”和广东风华高新科技股份有限公司被评为“广东十大创新企业”；举办“争创文明城市 共创和谐肇庆”暨“我爱肇庆1万个理由”红段子创作大赛，用“红段子”描绘肇庆的秀美山川，解读肇庆的人文积淀，赞颂肇庆人的聪明智慧。以传统节日、重大节庆日为载体，开展首届“端午文化节”、肇庆读书节等一系列内容丰富、形式多样的道德实践活动。进一步丰富思想道德实践活动载体，推荐肇庆市6个单位参评广东省第四批爱国主义教育基地。开展国防教育和双拥共建活动，会同有关部门评选首批12个肇庆市国防教育基地，市委宣传部被市委、市政府授予肇庆市“爱国拥军”先进单位的称号。高要修葺“鳌头抗日自卫队成立旧址”和“首届高要县人民政府成立大会旧址”，建成活道鳌头村革命传统教育基地。

*文明创建活动* 2010年，在党的基层组织和广大党员中开展创先争优活动，各地各部门围绕加快转变经济发展方式和工作作风、促进社会和谐、服务人民群众，把创先争优与文明创建有机统一起来。封开县“我承诺、你监督，抓落实、促发展”活动不断扩大覆盖面，进一步提升部门单位的执行力。四会市直单位党员干部开展的“进百家门、问百家事、讲百姓话、办百姓事”，密切党群干群关系。肇庆高新区以“科学发展、创先争优”为主题，全力打造全省示范性产业转移园典范，顺利晋升为国家级高新区。市总工会开展“七大人文关怀行动”，促进劳资关系和谐。市公安局提出“在保亚运平安中争当先锋”的口号，组织党员干警以高昂的斗志投身亚运安保各项工作。教育系统开展“创办人民满意教育、争当教书育人标兵”活动，为创建教育强市逐步打基础。卫生系统开展“弘扬白求恩精神，争当白求恩式医疗卫生工作者”活动，有效改善医患关系。在非公企业和“两新”组织开展“立足岗位比奉献，锐意创新谋发展”等活动。通过一系列主题突出、内容鲜活的活动，为群众性精神文明创建活动注入生机和活力。

*生态文明村创建活动* 召开2010年肇庆市精神文明建设暨创建省卫生村镇、生态文明村工作会议，总结交流经验，分析存在问题，对省卫生村镇、生态文明村创建进行再动员再部署。以创造新生活、树立新风尚、营造新环境、培育新农民为出发点和落脚点，省卫生村、生态文明村创建工作继续呈现良好发展态势。2010年新创建广东省卫生村437个，生态文明村414个，均超额完成任务。全市累计建成生态文明村3144个、省卫生村1910个、省卫生镇4个，卫生村数量居全省首位。德庆县官圩镇沙河冲村成为全省“岭南新民居”三个试点之一。

*“迎世博、迎亚运，讲文明、树新风”活动* 2010年，市和各县（市、区）先后启动肇庆市“文明观世博 热情迎亚运 和谐迎国庆——做文明

有礼的中国人”网上签名寄语活动和文明论坛，开展“争当信使喜迎亚运——广东欢迎你”书信活动、“文明交通——志愿者百日行动”、“万名志愿者植树造林、为家园添绿行动”、“万人城乡环境卫生清洁大行动”、“朝阳行动”——关爱农民工、贫困家庭子女志愿服务活动、“迎接世博亚运、创造新生活”等志愿服务活动，进一步提升志愿服务的知名度和影响力。在第16届亚运会火炬传递（肇庆站）活动中，肇庆市超过25万市民观看火炬传递。

**【文化强市建设】** 文化发展战略　2010年，市委十届九次全会专题研究部署建设文化强市工作，出台《肇庆市建设文化强市规划大纲（2011—2020年）》、《肇庆文化强市建设十项工程》，明确文化强市的战略定位、发展目标和总体布局。下发《关于实施〈肇庆市建设文化强市规划大纲（2011—2020年）〉的分工方案》，对文化强市进行具体部署，抓好各项任务的落实。针对制约肇庆市文化科学发展的突出问题和文化建设工作的薄弱环节，从组织领导、财政投入、法规建设、落实政策等方面，提出一系列创新性和探索性的做法。其中市文化产业管理服务中心和市文化产业专项扶持资金的建立，走在全省前列，受到省的通报表扬。端州、广宁、德庆、封开、怀集出台《建设文化强县（区）规划大纲》，鼎湖、四会、高要等地也制订相应的实施意见。

文化体制改革　2010年，市电影公司、市新华书店全面完成改制工作。各县（市、区）电影公司的改制工作全面启动。广宁、怀集率先完成县级新华书店改制任务。市广播电视台完成台网分离、网络重组各项工作，成立省广播电视网络股份有限公司肇庆分公司。西江日报与南方日报进入实质性合作阶段，注册成立西江报业传媒有限公司，规划建设西江传媒文化产业园。市歌舞团正式启动改制工作。

文化项目建设　2010年，各级党委政府加大对标志性文化工程的投入和建设。投资1.2亿元的肇庆市图书馆新馆工程建设进展顺利，启动市博物馆、市文化馆的立项申报工作。投资860万元的高要学宫修缮保护工程和投资1.5亿元的文化创意大厦已动工建设；对星湖牌坊广场进行改造扩建，做好“中国砚都”标志物、雕塑园区和文化舞台、大型户外彩屏的规划建设。封开县文化活动中心大楼、四会市“三馆”、怀集县“两馆”、粤桂湘边纵队纪念馆、鼎湖区图书馆等一批县级文化场馆相继竣工。投资3.5亿元的肇庆高新区科技文化艺术会展中心已进行国际招标。

文化惠民工程　2010年，实施广播电视村村通工程，提前完成581个20户以上已通电自然村“村村通”建设任务，解决1.95万户约11万人收听收看多套广播电视节目问题；高要成为全省首个实现20户以上自然村有线电视“村村通”的山区县（市）；实施文化信息资源共享工程，全面完成7个县级支中心建设任务，累计完成8个县级支中心建设任务，并建成514个镇、村（社区）基层服务点；建成“农家书屋”525家（累计建成775家）、“职工书屋”50家（累计建成150家）；完成农村电影放映场次1.61万场，其中数字电影放映场次为7592场，观众人数430万多人次，基本实现一村一月放映一场电影的目标，全年送戏下乡816场，送图书28.21万册（其中流动图书23.71万册），大大丰富了基层群众的文化生活。

文化产业发展　2010年，市委、市政府出台进一步扶持文化产业发展的若干配套政策，从是年起每年安排1000万元作为文化产业发展专项资

肇庆市组团参加第六届中国（深圳）文博会　（莫学松 摄）

金。推荐端砚文化村、广宁竹博园等4个项目申报省的资金扶持。广东省城市综合信息门户网站工程等10个项目获市文化产业发展专项资金扶持。组团参加第25届中国文房四宝艺术博览会，销售额近400万元，创下历史最好记录。继续独立组团设馆参展第六届中国（深圳）国际文化产业博览会，推出68个文化产业招商项目，签约项目10个，签约金额12.33亿元，获“优秀组织奖”和“优秀展示奖”。继续擦亮“中国砚都”城市名片，全市端砚从业人员达1.5万人，综合产值达10亿多元。“中国玉器之乡”品牌效应进一步凸显，玉器从业人员10万人，年产值达50亿元。广宁县新开玉器一条街，形成玉产业集聚效应。肇庆城区成功打造七星文化街区。广东天龙油墨有限公司在深圳创业板上市，成为肇庆市第一家上市的文化类企业。

*文艺精品创作* 2010年，肇庆与广东电视台电视剧制作中心等多个单位签约的电视连续剧《紫云传奇》、广播剧《奋斗——梁承华》、电视专题片《百年雄才》、50集动漫片《七星妹》等10件文艺作品成为肇庆市首批重点文艺创作生产扶持项目。催生30多个文艺创作项目申报第二批资金扶持。修改完成粤剧《包公》剧本，出版发行广东首个区域特色文化邮册和肇庆人文旅游精品图书《人文肇庆》系列。三集广播连续剧《爱国者——彭泽民》获得国家广播剧研究会广播剧专家学者评析金奖。《蔡廷锴将军》、《叶挺独立团》2幅画作入围“百年风云——广东当代重大历史题材美术作品工程”，签约进行正稿创作。各地出台扶持奖励文艺精品创作的措施。如端州设立文化精品创作奖和文化产业发展专项资金55万元，高要市制订《优秀文艺作品和优秀文艺工作者奖励办法》。

*对外文化交流* 2010年，配合上海电视台外语频道完成《冲刺！中国》（肇庆专辑）的拍摄工作。端砚雕刻技艺、《五马巡城》亮相上海世博会，向世界展示肇庆深厚的人文积淀。首届端砚技能大赛成功举办，“历代古砚·国家级大师端砚精品展”、五省十市政协杯书画展等系列活动的举办，不断擦亮端砚这张“岭南文化十大名片”。与省文联、省美术家协会联合在广州举办“砚风丹青”——肇庆美术作品调展；举办黎雄才诞辰100周年纪念活动之“山高水长——黎雄才与当代岭南名家展”、开展“画说肇庆——中国当代油画家作品展”采风创作活动；举行“肇庆是我家·艺术缘砚都”寓肇名家暨肇庆名家书画摄影作品大型展览、中国制砚艺术大师精品珠海展以及肇庆、深圳（盐田）“砚都风·山海情”书法作品展活动；举办中德合唱友好交流音乐会、广佛肇粤语新童谣大赛等多方面的文艺交流活动；肇庆市粤剧团分别到香港、新加坡访问演出，市图书馆与澳门图书馆暨资讯管理协会签署《肇澳图书馆交流合作协议》。

*社会支持文化建设* 2010年，创新民间资本、社会资源办文化的路子。国家级制砚艺术大师艺术馆（十研堂）的落成开馆，开创肇庆端砚界建民间艺术馆的先河。中国砚都·制砚艺术大师作品展暨御荷堂艺术馆（广州馆）开幕，为肇庆端砚“走出去”提供一个高端平台。鼓励社会各界积极参与和支持文化建设，“中国砚都”标志物、牌坊广场LED荧屏、“农信之夜”走进肇庆新农村巡回文艺演出等一批文化设施建设和大型文化活动，得到社会各界的大力支持与参与。建设银行肇庆市分行对全市重点文化建设项目提供信贷申报“绿色通道”和最优惠的资金结算价格。

*文化遗产保护* 2010年，启动高要学宫修缮工程、崇禧塔景区改造工程、古城墙西南段抢修工程、七星岩摩崖石刻保养维护工程、粤桂湘边纵队司令部旧址维修保护等工程。协助省文物考古研究所对广宁龙嘴岗墓地进行考古发掘。全市第三次文物普查实地文物调查阶段工作验收通过率达到100%。全市调查登记不可移动文物总量位于全省第四位，文物普查工作进度位于全省第三位。德庆悦城“龙母诞庙会”申报第三批国家级非物质文化遗产保护进入公示阶段。

**【队伍建设】** *领导班子建设* 2010年，坚持干部“四化”方针和德才兼备、以德为先的用人标准，贯彻落实《党政领导干部选拔任用工作条例》，选好配强市直宣传思想文化战线各级领导班子。调整充实部机关领导班子，做好市社科联和市文联及其所属艺术家协会班子的换届工作。深入开展宣传文化战线的创先争优活动，以奋发有为的精神状态，积极履行职能，努力在加快文化强市建设、提升肇庆文化软实力的各项工作中创先争优。市文广新局获得“全国文化市场十大案件有功集体”、“全省新闻出版产业调查先进单位”的荣誉，市文化市场综合执法大队被国家版权局评为“查处侵权盗版案件有功单位”。西江日报社建立新的绩效考核制度，与南方日报的资产合作运营被“第五届中国传媒创新年会”评为“资产运营创新案例”。市广播电视台以工作创先、业绩争优为目标，深化作风建设，班子决策力、中层推动力、基层执行力不断提高，实现广播电视安全播出零事故。

干部队伍培训　2010年，选送干部参加全国县委宣传部长培训班、2010年全省党委（党组）中心组学习秘书培训班、全省文艺创作培训班和全市公务员职业道德规范和廉政教育培训班以及干部信息能力培训班、科级公务员任职培训班。举办2010年全市乡镇宣传委员培训班、全市乡镇（街道）综合文化站长培训班。推广“部校合作”成功经验，在肇庆学院举办工艺美术培训班，推进校企文化项目合作。全市宣传系统2700多人次参加各类培训。

文化人才培养　2010年，继续实施人才培养工程，抓好宣传文化“十百千工程”建设，突出抓好领军人物、各类高层次专门人才的培养。年内全市获省级以上文艺奖51项，其中国家级文艺奖16项；市级以上文艺家协会会员增至2950人，其中国家级会员79人，省级会员413人，分别较上年增加38名和96名。

**【党报党刊发行】**　2010年，市委宣传部抓好《人民日报》、《求是》杂志、《南方日报》、《南方》杂志、《西江日报》等重点党报党刊发行工作，较好地完成2010年上级下达的发行任务。全市共收订《人民日报》4347份，占计划的101.7%；收订《求是》杂志2393份，占计划的132.9%；收订《经济日报》605份，占计划的100.8%；收订《光明日报》562份，占计划的112.4%；收订《南方日报》30794份，占计划的102.6%；收订《西江日报》34343份，占计划的95.4%。

**【问题与困难】**　理论普及教育和形势教育方式方法有待改进，新闻舆论引导能力亟待进一步提高，深化文化体制改革面临不少困难，文化产业竞争力不强较为突出，文化人才培养有待进一步创新，基层宣传思想文化工作基础有待夯实等问题都需要在推进文化强市建设中加以解决。

（莫学松）

**附：2010年中共肇庆市委宣传部正副部长名录**

部　长：陈以良（女）

副部长：顾兆祺　程彦春（2月任）

刘圣清　陈海源　丰双太（2月任）

## 统战工作

**【简况】**　2010年，全市统战工作部门围绕推动科学发展和促进社会和谐这一主线，创新工作思路，强化工作重点，破解工作难点，提高统战工作科学化水平，发挥统一战线独特优势，全力服务肇庆经济社会发展。市委统战部先后获得“全省统战信息工作先进单位”、“肇庆市政协提案办理工作先进单位”等荣誉。

**【多党合作和政治协商】**　2010年，市委坚持并完善民主协商会、座谈会、通报会“三会”制度，党外人士特约“四员”聘请制度，政府有关部门同民主党派对口联系等制度。7月26日，市委统战部、政法委联合召开党外人士综治维稳工作情况通报会，市委政法委、市法院、检察院、公安局、司法局负责人分别向党外人士通报全市政法综治维稳工作情况，听取市各民主党派、市工商联负责人和无党派人士的意见和建议。8月20日，市委、市政府在市委小礼堂召开情况通报会，向市各民主党派、工商联、无党派人士通报上半年全市经济社会发展情况和下半年工作安排，并听取与会代表的意见和建议。市委书记覃卫东出席会议并讲话。11月16日，市委召开市委政治协商工作会议，市委书记覃卫东、市长郭锋、市政协主席梁国安等出席会议，覃卫东书记就加强和改进政协工作提出明确要求。市委积极建立完善多党合作和政治协商的各项制度。年内，出台《中共肇庆市委政治协商实施细则（试行）》，对政治协商的内容、形式、做法、要求等进行明确和细化。11月，市委组织部、统战部联合制订下发《关于市、县（市、区）不驻会的人大副主任、政协副主席任职期间岗位津贴等问题的意见》，全面解决市、县两级人大、政协不驻会党外副职与中共领导享受同等生活待遇问题。市委统战部积极推荐优秀党外干部给市委组织部考察任用。年内，市安监局、体育局、监察局各配备一名党外副职领导干部。市直32个政府职能部门中有8个配备党外领导干部，党外干部实职安排达到四分之一的政府职能部门领导班子配备党外干部的要求。6月，市委组织部、统战部、党校、市社会主义学院联合举办一期全市统战、党外干部培训班，并组织53名统战干部、年轻党外后备干部赴清华大学进行培训。

**【民主党派建设】** 2010年，市委统战部支持和协助各民主党派加强自身建设，在完成民主党派后备干部人选推荐的基础上，经反复研究，精心筛选，并与民主党派省委会协商，把40多名综合素质好的民主党派后备干部报送省委统战部备案。市委统战部还争取市编委同意在市各民主党派设立专职副主委，明确专职副主委、专职秘书长任职满五年、考核合格的经批准可享受正处、副处级待遇，解决党派机关干部享受晋升级别待遇问题。8月11日，市委统战部组织市各民主党派主委、副主委、秘书长，机关干部职工收看收听中央统战部召开的“社会主义核心价值体系学与行”电视电话会议，引导各民主党派积极开展多种形式践行社会主义核心价值体系活动，进一步巩固多党合作共同思想政治基础。8月23～27日，市委统战部组织市各民主党派负责人赴山东、上海等地，开展“树立和践行社会主义核心价值体系”主题教育活动，各民主党派负责人通过与山东济南统一战线交流学习、参观曲阜“三孔”、上海世博会等，进一步开拓视野，坚定走中国特色社会主义道路的信心和决心。

**【政治学习教育】** 2010年，成立由市委统战部牵头、市工商局、工商联参加的全市非公有制经济组织创先争优活动指导小组，制订具体实施方案。8月起，肇庆非公有制经济组织创先争优活动共有740个党组织（其中党委11个，党总支5个，党支部724个）和3875名党员参加，党员提出合理化建议530多条；同时新成立党组织28个，发展党员350多人。11月3日，中央统战部副部长、全国工商联党组书记全哲洙率工作组到肇庆调研指导非公有制经济组织创先争优活动，在实地参观肇夫理士电源技术有限公司和广东鼎湖山泉有限公司，听取肇庆工作情况汇报后，对肇庆非公企业“创先争优”活动给予充分肯定。

**【“三促进一保持”系列行动】** 年初，市委统战部制订《肇庆市统一战线深入推进“三促进一保持”系列行动工作方案》。各县（市、区）委统战部也参照市委统战部的做法，分别制订工作方案。全市统战部门通过加强组织领导，狠抓督查落实，扩大典型宣传等举措，推动“系列行动”取得成效。全市统战部门积极牵线搭桥，协助党委、政府完成招商引资项目41个，合同投资总额196.2亿元。市工商联加强与省工商联的联系与对接，推动省工商联与市政府签订共同推进产业转移合作框架协议，协助肇庆高新区成功引进投资130多亿元中恒保宇（大旺）健康产业园。年内，市委统战部、市工商联走访民营企业300多家，召开各类座谈会20多场，深入了解民营企业生产经营情况和发展存在的问题，广泛听取企业家意见建议；组织开展“我为肇庆加快经济发展方式转变献一策”等活动，引导统一战线的专家学者围绕肇庆尽快实现GDP超千亿元、尽快成为名副其实的珠三角城市积极建言献策，共收集意见建议200多条。5月22～25日，市委统战部组织民族宗教界人士、工商联会员企业家以及肇庆海外联谊会的港澳热心人士赴汶川克枯乡开展献爱心活动，分别向克枯乡卫生院、克枯乡行政村、克枯小学捐赠一辆救护车、一批办公设备和一批民族服装，总价值50多万元。引导非公经济人士、民族宗教界和海外爱心人士积极开展“送温暖、献爱心”活动，参与以扶贫开发为主题的光彩事业和社会公益慈善事业，捐赠社会各类公益、福利事业等达7800多万元。全市非公经济人士在6月30日肇庆“广东扶贫济困日”活动启动仪式上，积极响应党委、政府号召，踊跃捐款共2880万元。全市落实民族、宗教、对台等方面的应急反应机制，先后依法妥善处理涉及民族宗教领域和民营企业、台资企业的矛盾纠纷20多起，为保持社会和谐稳定发挥积极作用。

**【联谊交流】** 2010年，市委统战部依托肇庆海外联谊会、同乡会等联谊交友平台，坚持“走出去，请进来”，开展海外联谊联络工作，推动肇庆与港澳台、海外地区的交流合作。

*联谊交友活动* 2月27日，市委统战部协助市委、市政府在香港举行“2010年肇庆市港澳新春团拜会”。4月22～29日，受台湾中国民主和平统一策进会的邀请，肇庆海外联谊会组织市民族宗教事务局、各县（市、区）委统战部负责人及民营企业家代表赴台开展交流考察活动，深入了解台湾政党、社团、宗教场所建设和社会经济发展情况，拜会原国民党三军联勤总司令、三军大学校长谢建东上将及台湾工商界代表人士等。年内，市委统战部先后接待“香港观塘及黄大仙区家长教师联会肇庆参观交流团”、“香港西贡区各界人士肇庆访问团”、“澳门经济协进会肇庆经济考察团”、“香港房地产建筑协进会和香港肇庆海外联谊会联合经贸考察团”、“全球谢氏宗亲会肇庆拜访团”等60多个团体共3000多人次。

*香港肇庆海外联谊会成立* 8月7日晚，肇庆海外联谊会周年庆典暨香港肇庆海外联谊会成立大会在港举行，省委统战部常务副部长蒋乐仪，市领导郭锋、吴华钦、谢锦文等，中央驻港联络办社团联络部副部长陈小兵，中央驻港联络办九龙工作部副部长何靖，全国人大代表、香港中华总商会永远荣誉会长霍震寰太平绅士等以及400多名海内外乡亲出席大会。

*港澳肇庆同乡会第九届理事会就职* 11月27日，港澳肇庆同乡会创会25周年暨第九届理事会就职庆典大会在港举行。市领导覃卫东、郭锋、梁国安等，中央驻港联络办九龙工作部副部长余汝文，省委统战部副巡视员陈明以及肇庆、香港、澳门各界嘉宾共300多人出席庆典活动。

*香港广佛肇联谊总会成立* 12月10日，香港广佛肇联谊总会成立暨第一届会董就职典礼在香港会议展览中心新翼三楼礼堂举行。香港特别行政区政务司司长唐英年，中央统战部副部长龙兰田，香港中联办副主任黎桂康，中共广东省委常委、统战部部长周镇宏，广东省副省长刘昆、广东省政协副主席汤炳权等及香港各界精英贤达，广佛肇旅港乡亲共1500多人出席庆典活动。肇庆市领导吴华钦、孙德、谢锦文、李力强等应邀出席典礼。第一届主席由全国工商联副主席、香港中华总商会会长霍震寰担任。

**【服务非公有制经济】** 2010年，市委统战部、市工商联以创新服务为手段，以服务发展为目标，围绕市委、市政府中心工作，努力搭建平台，促进全市非公有制经济健康发展和非公经济人士健康成长。

*解决融资及招工难题* 3月，市委统战部、市工商联先后深入30多家民营企业和金融、税务、工商等部门调研，了解掌握民营企业融资情况，向市政府提交《关于对民营企业融资情况的调研汇报》，获得市政府领导的高度重视。5月11日，市政协和市委统战部联合召开市政协委员企业家代表座谈会，就加快肇庆经济发展方式转变、推动产业结构调整和优化升级、帮助企业发展等主题广泛听取意见和建议，研讨帮助企业解决发展过程中遇到的困难和问题。年内，邀请建行肇庆文明路支行、高要支行等金融机构负责人到肇庆市雪峰制衣有限公司、兴兴五金制品有限公司等工商联会员企业现场办公，帮助相关企业获得贷款资金1000万元。各级统战部门积极牵线搭桥，促进银企对接，拓宽企业融资渠道，帮助民营企业获得授信贷款额度20多亿元。积极培植非公企业上市融资，广东天龙油墨集团股份有限公司于3月成功挂牌上市，成为肇庆第一家上市的民营企业，还有一批民营企业成为上市后备企业。各级统战部门还深入企业开展用工调查，摸清情况，积极与工商、劳动保障等部门和大中专院校协调，举办各类招聘会20多场次，帮助非公企业解决招工难题。

*构建和谐劳动关系* 市委统战部、市工商联先后深入200多家市工商联会员企业一线，开展劳资关系专项调研，全面了解掌握有关情况，及时督促企业解决潜在的、容易激化的劳资矛盾。同时，广泛宣传《劳动合同法》、《社会保险条例》等政策法规，推动企业建立各项劳资制度和人民调解组织，主动与职工签订劳动合同。通过举办座谈会、情况通报会、民营企业家培训班、“劳资合作论坛”等形式，倡导以人为本、合作共赢、和谐发展的理念，引导非公企业积极开展“关爱员工，实现双赢”和“企业家关爱员工，员工关爱企业”等活动，推动非公企业尊重员工，自觉维护员工合法权益。

*表彰优秀人士* 11月，肇庆大华农生物药品有限公司董事长兼总经理陈瑞爱被授予“广东省

第三届优秀中国特色社会主义事业建设者”荣誉称号。年内，市委统战部牵头组织开展肇庆市第二届优秀中国特色社会主义事业建设者评选表彰活动。12月15日，市委、市政府表彰全市45名优秀中国特色社会主义事业建设者，市委书记覃卫东、市长郭锋亲自接见并为受表彰的非公经济人士、新社会阶层人士颁奖。

**【统战基地】** 2010年，市委统战部推荐6个统战阵地参加“广东统一战线基地”评选。其中叶挺独立团团部旧址纪念馆被省委统战部授予“广东统一战线基地”，并于6月10日挂牌。

6月10日，“广东统一战线基地”叶挺独立团团部旧址纪念馆挂牌

**【肇庆市知识界人士联谊会成立】** 11月8日，肇庆市知识界人士联谊会成立大会在市委小礼堂举行。市知识界人士联谊会全体成员和市直有关单位领导130多人参加大会。第一届理事会共有84名成员。市委副书记吴华钦，副市长黄玲，市政协副主席、市委统战部部长谢锦文，市政协副主席、民进肇庆市委会主委董超凤出席会议。吴华钦代表市委对肇庆市知识界人士联谊会的成立表示祝贺。会议通过《肇庆市知识界人士联谊会章程》和《肇庆市知识界人士联谊会第一届一次理事会决议》；选举产生肇庆市知识界人士联谊会第一届理事会，苏炯川当选为会长，朱文钿、陈卫红、李沁、李明端、李丽敏、陆其华、陈瑞爱、陈浩、梁树洪、童海森10人当选为副会长，卢承奕当选为秘书长。第一届一次理事会决定聘请市领导吴华钦、黄玲、谢锦文为名誉会长。

（袁建明）

**【民族宗教事务】** 简况 2010年，全市有少数民族类别46个，人口2万多人，占全市总人口的0.53%。有佛教、基督教、天主教和伊斯兰教四大宗教，宗教团体15个，市级5个，县级10个。寺观教堂和固定场所28个，其中佛教10个、基督教9个、天主教7个和伊斯兰教2个，基本上满足信众过正常宗教生活之需要。有宗教教职人员130多人，佛教和尚、尼姑90多人，基督教牧师1人、传道10人，天主教神父1人、修女3人，伊斯兰教阿訇1人。信教群众约3万人，其中佛教2.5万人、基督教3200多人、天主教2300多人和伊斯兰教608人。年内，全市贯彻落实党和国家的民族宗教工作方针政策和法律法规，促进少数民族和民族地区经济社会又好又快发展，引导宗教与社会主义社会相适应，抵御宗教渗透，为民族团结、宗教和睦、经济发展、社会稳定作出应有的贡献。

民族工作 2010年，民族工作重点是“一乡一城”（即怀集县下帅壮族瑶族乡和端州城区）。市民族宗教事务局注重发挥桥梁纽带作用，帮助下帅民族乡筹集近300万元，建设社会主义新农村示范点，兴办木业制品有限公司；由碧桂园捐资1500万元，三年内用于贫困村、贫困户发展经济、新农村示范点建设、技术培训等；引导鼓励该乡立足本地资源，用活用足少数民族政策，发展种植速生丰产林2000公顷、八角280公顷、厚朴33.33公顷、蚕桑13.33公顷，建成的9个小水电站总装机容量3500千瓦。市民族宗教事务局自2008年启动创建省卫生镇活动起，协助下帅乡多渠道筹集资金800多万元，对道路、自来水厂、下水道、农贸市场、公厕、垃圾中转站等卫生基础设施进行改造和建设，卫生面貌大为改观。2010年1月28日，下帅壮族瑶族乡顺利通过省卫生镇考核验收、率先成为全省第一个成功创建省卫生镇的少数民族乡。

市民族宗教事务局积极组织民族团结进步活动。6月，肇庆市组团参加在广东技术师范学院举行广东省首届少数民族文艺会演，选送的瑶族舞蹈《竹韵》荣获银奖，肇中新疆班表演的民族舞蹈《刀郎麦西来甫》因其鲜明的地域民族特色和浓厚的时代气息受到评委及观众的一致好评。9月，肇庆市组团参加在韶关市举行的广东省第四届少数民族运动会，有毽球、珍珠球、押加、高脚竞速、板鞋竞速、陀螺等项目参加比赛。肇庆市代表团获得“道德风尚奖”和“优秀组织奖”以及1个第二名，1个第三名，2个第四名，5个第五名，4个第六名，1个第七名，4个第八名。年内，肇庆城东清真寺被广东省委宣传部、统战部、民族宗教委评为首批三个“广东省民族团结教育基地”之一。

*宗教事务*　2010年，宗教事务以“管得住，管得好”为目标，科学管理，规范管理。（1）采取四项措施加强寺观教堂的财务监督管理。设立财务监督管理小组，配备财务专员；聘请专业人员，提升财务管理质量；各宗教活动场所的财务收支情况委托审计部门审查，定期向信教群众公布财务收支情况。（2）肇庆市作为全省佛教教职人员资格认定工作3个试点市之一，于12月底前圆满完成佛教教职人员资格认定工作。（3）联合有关部门，有效取缔多起非法违法宗教活动；构筑防线，堵塞漏洞，依靠群众，重在超前，成功制止一宗境外渗透活动。（4）采取“脱产”培训、定期学习、以会代训等形式，加强对宗教界的教育引导，达到“强身健体”、爱国爱教的目的。（5）深入推进“百寺扶千户”活动，筹措50多万元，重点帮扶51户贫困农户发展种养业，提高经济收入、改善生活质量，有23户脱贫；多方筹集善款近200万元，用于青海省玉树地震赈灾、前往四川省汶川县克枯乡开展献爱心慰问活动和其他社会公益事业；成立112人组成的宗教界义工团，开展扶贫济困、宗教服务、绿化环保等活动。（6）对全市民族宗教领域安全隐患进行一次全面排查，规范辖区宗教活动，防止宗教势力借亚运会之机对肇庆进行渗透，及时妥善成功处理多宗涉亚维稳事件，确保全市宗教领域的和谐稳定，服务平安亚运。还组织以“和谐宗教，祝福亚运”为主题的大型祈福活动。

*肇庆市首届民族宗教界运动会*　12月21日，肇庆市首届民族宗教界运动会在怀集县下帅壮族瑶族乡举行。市政协副主席、市委统战部部长谢锦文出席运动会并讲话。市委统战部副部长、市民族宗教局局长黎启聪，市体育局、怀集县相关领导出席运动会。运动会设拔河、篮球、传情达意、共同奋进等4个比赛项目，由市四大宗教团体组成的宗教界代表队与下帅民族乡组成的少数民族代表队展开竞逐。通过健康有益的体育比赛活动，促进全市民族和宗教界加强交流，加深了解，共创和谐，突出展示全市民族宗教领域“团结、协作、和谐、奋进”的精神面貌。

*信息宣传*　8月，与西江日报社共同开展民族宗教重点宣传活动，在《西江日报》刊登专题报道，以图文并茂的方式全方位地介绍肇庆民族宗教的基本情况、历史渊源、发展现状，宣传党和国家的民族宗教政策及相关法律法规，在社会上引起广泛反响。年内，市民族宗教事务局获省“信息先进单位”，1人被评为“优秀信息员”。

*问题与困难*　民族地区经济社会发展缓慢；城市民族工作新情况、新问题凸显，压力大；宗教教职人员素质参差，青黄不接；非法违法宗教活动，宗教渗透时有发生；天主教房产历史遗留问题悬而未决；民族宗教工作部门编制少，人员紧，经费缺。

（陆剑艺）

**【对台工作】**　*肇台经贸合作交流*　2010年，全市新增台资项目3个，台资增资项目3个，合同利用台资1.99亿美元，实际利用台资1.1亿美元。到年底，全市累计台资企业445家，合同利用台资17.2亿美元，实际利用台资13.1亿美元。全市组织赴台进行经贸文化交流共18批138人次，其中市组织的“台湾·广东周”肇庆分团1批59人次，市高等专科学校赴台交流团、市工商联合会赴台经贸考察团、市养猪行业协会赴台经贸考察团等6批66人次，随省团赴台11批13人次。3月18～19日，台湾区电机电子工业同业公会“2010广东LED产业考察团”一行参观考察肇庆投资环境，并举办“肇庆市光电产业说明会暨企业对接洽谈会”，共同探讨肇台光电产业的合作商机。8月16～21日，广东省经贸文化交流考察团肇庆分团在台湾开展经贸文化交流活动——“台湾·广东周”活动。期间，市分团在台北举行“广东肇庆经贸、文化、旅游、农业合作说明会”，150多名客商代表参加说明会，签订合作项目6宗，签约总额1.99亿美元。各县（市、区）相继开展各种交流活动。高要市在台北举办“高要市赴台经贸合作说明会暨高要市台商联谊活动”，120多名新老客商出席活动；肇庆高新区在台中举办“高新区经贸交流说明会”，140多名客商应邀参会。通过说明会，增进台湾同胞对肇庆的了解，搭建台湾客商与肇庆相互了解的平台，增强台湾客商与肇庆加强经贸合作的信心。肇庆分团先后拜会中国国民党副主席蒋孝严先生和台北高要同乡会乡亲，参观台湾新竹科技园区、在全球LED产业中具有关键性地位的光磊科技股份有限公司、台湾LED芯片封装产业龙头企业亿光电子工业股份有限公司和在肇庆投资的桥椿股份有限公司总部。11月3日，台湾知名人士谢建东（原“台湾国防大学”校长、退役上将）为荣誉团长，吴鸿发为团长的台北市广东高要同乡会返乡参访团一行17人开展为期三天的“再会星湖”活动。年内，利用台协指导企业正确解读中央、省、市关于扶持企业自主创新、保持经济平稳较快发展的一系列政策措施，鼓励台资企业运用高新技术、先进适用技术和现代管理改造提升传统产业，培育自主品牌。台资企业宝信公司通过调整产品结构，从生产水暖器转型生产手机和电话机外壳等高附加值的产品，进一步发展壮大企业。

**对台宣传**　2010年，涉台宣传侧重宣传肇庆台商“投资一地、造福一方”活动，市台办联合肇庆广播电视台及西江日报社等媒体对台商协会开展“心手相连”爱心助学活动及广宁台商学校落成典礼进行追踪报道；重点宣传肇庆市政企携手提升肇台经贸合作能力的成功实践，播发《携手共度危机、齐心同促发展，市领导出席2010年重点台商座谈会》、《肇庆台资企业各出招数应对劳工荒》等凝聚和提升台商在肇发展信心的专题报道；对获得“2010年杰出创业女性”称号的中杰鞋业公司董事、市台协常务副会长何玉铃进行广泛宣传。全年印发《台务信息》8期，共计500多份。8月，借助“台湾·广东周”平台大力开展入岛宣传。“台湾·广东周”期间，肇庆市采取制作宣传展板，发放宣传品、宣传光盘等形式在台湾广泛宣传肇庆良好的投资环境、浓厚的历史文化、优美的人居环境和基础扎实的农业产业等情况。肇庆分团台湾之行受到台湾媒体的广泛关注，台湾《中国时报》、《旺报》、《工商时报》先后以“广东黄金之乡 中国砚都 肇庆”专版整体宣传肇庆概况，以“广东最旺投资地 肇庆高新区”专版宣传肇庆高新区便利的地理位置和优良的投资环境，以“国际化旅游休闲之都 广东肇庆”专版宣传肇庆独特的旅游文化资源。台湾中天新闻和东森新闻也连续报道肇庆分团的活动。

**保障权益**　2010年，市台办落实台商投诉协调工作机制，抓好涉台维稳各项工作，全年协调处理台商投诉9宗。组织召开2010年重点台商座谈会，市领导孙德直接听取台商对投资权益保护的意见和建议，现场答复解决有关问题。相关部门会后对台商提出的问题分门别类落实，妥善处理台商提出的意见和建议。配合国台办涉台信访调研组6月到肇开展调研。年内，市台办还注重为台胞、台属服务，向省台联申请拨付专款14600元，协助解决台胞、台属失学穷困、年老多病、下岗残疾等特殊困难。（邓香兰）

**附：（一）2010年中共肇庆市委统一战线工作部正副部长名录**

部　长：谢锦文
副部长：黎启聪　邱显强　谢锦芳
谢志诚（5月任）
涂雄文（11月任）

**（二）2010年肇庆市民族宗教事务局正副局长名录**

局　长：黎启聪
副局长：梁志福

**（三）2010年中共肇庆市委台湾工作办公室正副主任名录**

主　任：冼桂芳
副主任：李石坚　邹小玲（女）

## 机构编制工作

**【简况】**　2010年，市机构编制委员会办公室以建设高效、服务型政府为目标，全力推进市县政府机构改革等各项行政体制改革工作，不断强化机构编制管理，加强和完善机构编制队伍建设，推动机构编制工作迈上新台阶。肇庆市机构编制工作受到省编办的通报表扬。

【机构设置】 2010年，根据《肇庆市人民政府机构改革方案》，肇庆市机构编制委员会办公室从与原肇庆市人事局合署办公调整为单独设置，既是市委工作部门，又是市政府工作部门，列市委机构序列，于2010年6月起独立运作。市编办设5个内设机构（综合科、行政管理体制改革科、行政机构编制科、事业机构编制科、监督检查科），1个直属行政单位为肇庆市事业单位登记管理局，1个下属事业单位为肇庆市政务和公益机构域名注册服务中心。

5月18日,召开全市机构编制工作会议　　（聂玉成 摄）

【市县两级政府机构改革】 **全面完成市政府机构改革** 2010年，实施《肇庆市人民政府机构改革方案》，市政府机构设置从原来的37个部门合并调整为32个，并印发32个政府工作部门的“主要职责、内设机构和人员编制规定”。通过转变政府职能、理顺部门职责关系、调整优化组织结构、完善政府运行机制等措施，提高政府工作效能，推进服务型政府建设。一是按照政企、政资、政事、政府与市场中介组织分开以及“对内放宽、对外放开、对下放权”的原则，加大力度向事业单位或社会组织转移职责、加强社会管理和公共服务功能、理顺部门职责；通过增加、加强、划出、划入、下放、取消等方式，共调整职责145项，进一步改进政府的越位、缺位、错位问题。如多次召开市水务局与市城市综合管理局的协调会，理顺端州城区供水、用水、节水、排水管理职责；协调市卫生局与市食品药品监督管理局理顺餐饮业、食堂等消费环节监督管理职责；多次听取、征求市交通运输局和市公路局意见，理顺交通综合执法过渡期公路路政执法职责。二是根据省深化行政管理体制改革工作要求，积极探索大部门体制改革，对一些职能相同、相近的部门进行整合，初步形成“大水务”、“大交通”、“大农业”、“大经信”等体制格局，优化政府组织结构和运行机制。三是按照权责一致、有权必有责的要求，共明确部门职责388项，理顺部门责任，提升政府部门履行职责的能力。

**基本完成县级政府机构改革** 4月，市机构编制委员会办公室印发各县（市、区）政府机构改革方案。并督促、指导各县（市、区）抓紧组织实施本级政府机构改革，多次到各县（市、区）检查、跟踪改革进展情况，及时解决改革中存在的各种问题与矛盾。年内基本完成县（市、区）政府机构改革。

【简政强镇事权改革】 2010年，围绕“简政”、“放权”，着力推进简政强镇事权改革。选择鼎湖区广利街道作为试点，积累简政强镇事权改革经验。10月，市委、市政府印发《肇庆市简政强镇事权改革实施意见》，明确全市简政强镇事权改革的指导思想和目标任务，将全市108个乡镇（街）分为三类，其中特大镇4个（高要市金利镇、高要市禄步镇、四会市东城街道、怀集县怀城镇），较大镇51个，一般镇53个；对特大镇依法赋予县级经济社会管理权限；规定一般镇设置5个、较大镇设置7个、特大镇设置8个综合性办事机构。10月25日，召开全市的改革动员大会和现场会，动员部署和指导改革工作。加大改革指导力度，解决各地在实施改革过程中遇到的难题，督促各地抓紧组织实施改革工作。12月底前，8个县（市、区）的实施方案均通过审核，并召开动员大会，改革工作基本完成。在改革中，规定乡镇综合性办事机构名称和个数，规范乡镇综合性办事机构的设置。把劳动保障所、安全生产监督管理所等原来上级主管部门派驻乡镇的机构的职责划入镇机关，与镇相应机构进行整合；把工商所、国土所、派出所等按规定设置的派出机构调整为双重管理；除中央和省有明确规定外，设在镇的事业站所，全部调整为镇管理为主，县主管部门对其进行业务指导，调整乡镇派出机构和事业单位管理体制，进一步解决条块分割和责大权小问题。鼓励各地探索建立镇街行政服务中心，完善和延伸行政服务，方便群众办事。同时，按照简政、放权、强镇原则，依法下放给镇街与其经济社会发展相适应的行政许可权、行政执法权以及其他行政管理权，并参照省的规定，借鉴佛山市、东莞市试点经验，结合实际对四会市东城街道、高要市金利镇、禄步镇、怀集县怀城街道等4个特大镇，依法赋予其县级经济社会管理权限，解决困扰镇街经济社会发展权责脱节问题，进一步扩大镇级政府经济社会管理权限，打破镇街经济发展瓶颈制约。肇庆市改革情况受到省编办的充分肯定，并在省编办《行政体制改革专报》上刊登。

**【事业单位分类改革】** 2010年，围绕科学、合理，推进事业单位分类改革。市成立由副市长关鹏任组长的事业单位分类改革领导小组，制订《肇庆市事业单位分类改革实施方案》，召开全市机构编制工作会议对事业单位分类改革工作进行动员部署。根据社会事业发展需要，建立“有设有撤，有增有减”的动态管理机制。对公共服务、公共管理予以加强；对一些多年无运作、名存实亡的单位予以撤销；对设置过于零散、规模过小、服务对象单一但仍有社会需求的予以整合。针对事业单位分类改革涉及面广、影响大的情况，市编办采取分批分类召开座谈会形式，充分听取有关部门意见，对有争议的事项进行沟通交流，促进分类改革稳步推进。年内，完成全市申报行政类事业单位的审核及报批；经审批，印发事业单位分类改革方案8个，撤销机构5个，收回事业编制783个。

**【高要大部制改革试点】** 2010年，省把高要市列为全省25个县（市、区）大部制改革试点之一。根据省的部署，肇庆市积极探索建立符合高要实际的大部门管理体制，指导高要市制订党政机构大部门体制改革方案。一是市编办联合市府办、市纪委、市委组织部、市财政局、市发改局、市人社局等30个部门成立大部门体制改革联席会议，加强组织领导。二是组织人员前往佛山顺德、东莞等地学习考察，借鉴先进经验和做法，并深入相关部门和基层进行调研，获取真实的基础数据，积极探索大部门体制。三是结合高要市实际，与高要市编办反复研究，形成高要市党政机构大部门体制改革的初步方案，做好各项准备工作。

**【机构编制实名制管理】** 2010年，通过先易后难，先机关后事业单位，逐步推进机构编制实名制管理工作。根据中央和省的部署要求，市编办联合市委组织部、市财政局、市人社局印发《肇庆市市直机关事业单位机构编制实名制管理暂行办法》。组织各县（市、区）业务人员到茂名市参加省机构编制实名制管理应用工作培训。年内，已录入38个市直单位的基础信息（党委工作部门10个、已确定“三定”方案的政府工作部门28个），初步建立市直单位机构编制实名制数据库。

**【机构编制督查】** 2010年，做好机构编制日常管理工作，严格把好审核关。一是不断完善机构编制管理，严把进人关。制定下发《关于进一步加强和完善市直机构编制管理的通知》，规范市直各单位编制使用审核、呈批和人员编制登记审核的相关程序，对每一项涉及机构编制的申请依法依规、严谨细致地审核，严格控制机构和编制数量，全年办理入编人员850人。二是严格按照省有关规定做好机关事业单位机构编制设立、调整工作，进一步加强和完善机构编制管理。三是强化机构编制监督检查工作。建立编办的网页，设置12310举报电话和网上投诉举报信息平台，建立健全政务公开的社会监督体系。

**【事业单位登记管理】** 2010年，进一步规范事业单位登记管理，严格抓好事业单位法人年度检查工作，强化依法行政意识，加强对年检资料的审核。年内，市直新设立登记事业单位7个，变更登记45个，注销登记1个；对274个事业单位年检报告进行审查，并全部通过年检。肇庆市事业单位登记管理工作的经验在全省事业单位登记管理工作会议上推介，在国家事业单位登记管理局、省事业单位登记管理局的网站刊登推广。

**【问题与困难】** 各县（市、区）编办单独设置后，人员到位较迟，影响工作的开展；个别地方改革意识不强，缺乏改革主动性，影响改革进度；机构编制管理受"条条干预"现象较严重，深入推进简政强镇事权改革阻力较大；开展机构编制管理研究的能力和水平有待提高。（*聂玉成*）

**附：2010年肇庆市机构编制委员会办公室正副主任名录**

主　任：黄社生

副主任：陆崇尧　崔孟其

## 保密工作

**【简况】** 2010年，全市保密工作按照中央、省委保密委员会和市委、市政府的部署，贯彻落实胡锦涛等中央领导关于加强保密工作的重要指示精神，以新《保密法》颁布实施为契机，重点围绕提高信息化条件下保密管理、依法行政和技术防范能力，着力促进制度建设、保密技术、监督管理、队伍建设上新水平。

**【宣传教育】** 2010年，全市重点组织学习、宣传、贯彻新《保密法》，开展形式多样的保密法制宣传教育活动，扩大教育覆盖面，增强教育实效性。9月17日，市委常委会专题传达学习省委保密委员会全体（扩大）会议精神，部署全市学习宣传新《保密法》活动。9月26日，召开市委保密委员会（扩大）会议，传达学习省委保密委员会全体（扩大）会议暨新《保密法》学习动员会精神，对全市开展新《保密法》学习宣传活动作出部署。会后，各地各单位纷纷采取有效措施，进一步加大学习新《保密法》工作力度，扩大宣传的覆盖面和影响力。10月28日，市委、市政府举办学习贯彻新《保密法》报告会，邀请省委保密委员会专职副主任、省国家保密局局长张宇作专题辅导。市四套班子领导，各县（市、区）委保密委主任、党委办、人大办、政府办、政协办、纪委办主任和保密局长，市直和省驻肇局以上单位副处级以上领导干部及要害部门保密人员500多人参加学习。年内，全市组织开展全国保密承诺书签订人员知识竞赛活动。市保密局向各地各单位发送《保密技术防范常识》（图文本）2780份、竞赛试题3500份、《试题解析》200册。各地各单位采取集中和分散考试相结合，培训讲解与自学吸收相结合多种形式，使广大涉密人员充分认识开展知识竞赛的重要性和必要性。全市组织8068名保密承诺书签订人员参加知识竞赛，进一步增强各级领导干部和涉密人员的安全意识、保密意识、规范意识和责任意识，增强各级党政领导干部执行保密工作责任制的自觉性，提高全市国家秘密信息安全的保障能力和水平。市保密局采取多种样式，扩大保密宣传教育面，营造保密法学习宣传氛围。主要有：在肇庆电视台电视节目中滚动播放学习宣传新《保密法》标语口号，扩大学习宣传的覆盖面；在《西江日报》刊登新《保密法》学习专版；在市保密局网站开设新《保密法》学习专栏，登载重点学习内容并及时更新；10月举办一期"庆祝新修订《保密法》正式实施"的书法、摄影作品展览，共展出书法作品59幅、摄影作品18幅；11月在全市组织一次新《保密法》知识测试活动，举办一次宣传学习新《保密法》征文比赛活动（收到投稿200多篇）。

**【保密检查】** 2010年，根据国家和省的统一部署，全市开展6次保密专项检查工作：（1）开展地市党政"一把手"保密检查工作。收到省国家保密局《关于开展省直（中直）单位和地市党政"一把手"保密检查的通知》，市委书记覃卫东、市长郭锋高度重视，分别作了批示，要求按通知要求抓好落实，做好迎检工作，确保保密工作万无一失。8月17日，省检查组对肇庆市开展地市党政"一把手"保密检查。检查组对肇庆市保密工作给予充分肯定，认为肇庆市党政"一把手"对保密工作高度重视、基础扎实、制度完善、管理规范、总体情况良好。（2）做好电脑远程控制器类产品清查工作。根据省保密局统一部署，市保密局印发《通知》，要求全市各县

（市、区）保密局、市直和省驻肇局以上单位对照文件内容进行一次全面清查，没有发现违规情况。通过检查，加强对各地各单位购买和使用电脑远程控制器类产品的监督管理，严禁购买和使用电脑远程控制器类产品。此外，市保密局还加强与政府采购、信息化等部门的沟通协调，加强对购置此类产品的监督检查，确保国家秘密的安全管理。（3）开展机关单位门户网站保密管理检查工作。根据省国家保密局部署，市保密局及时组织各地各单位进行一次自查，并进一步建立健全保密工作制度，加强信息管理人员培训，加强信息公开保密检查，确保网站的安全运行和规范化管理。据统计，全市开设门户网站共112个，其中64个门户网站的服务器存放在市信息中心，网站信息公布工作由市信息中心统一管理。在自查的基础上，市保密技术检查中心又组织一次门户网站专项保密检查，重点检查肇庆市政府门户网站"中国肇庆"以及肇庆高新区门户网站"肇庆高新"、市人事局"肇庆人事信息网"等机关单位的门户网站保密管理情况和信息发布保密审查情况，没有发现泄密信息和敏感信息。（4）开展涉密载体清理检查工作。市保密局印发《通知》，要求各地各单位严格按照中保委文件的要求，对本地本单位涉密载体清理情况进行认真检查。据统计，全市检查计算机2941台（其中登记在案涉密计算机325台，工作秘密计算机608台，非涉密计算机2008台），U盘1687个，移动硬盘112个，光盘68个。通过检查，进一步健全和完善计算机及网络保密管理制度、涉密和非涉密移动存储介质保密管理制度、涉密计算机管理制度等，并与相关人员签订保密责任书、保密承诺书。（5）开展清理取缔涉密文件资料非法交易工作。按照省国家保密局、经济和信息化委员会、公安厅、工商行政管理局、通信管理局转发《关于进一步做好清理取缔涉密文件资料非法交易工作的通知》要求，市成立2个检查组，重点检查市区旧货交易所，互联网站1777个、IDC7家和电子政务平台上市政府门户网等28个服务器。经过清理检查、搜索、浏览扫描互联网站和政府门户网的所有信息，均没有发现登载交易文件资料信息的情况和交易渠道。9月28日，省检查组对肇庆市开展清理取缔涉密文件非法交易工作进行检查。检查组对肇庆市开展清理取缔涉密文件非法交易工作表示满意，认为市领导对保密工作高度重视，保密工作制度完善、管理规范，总体情况良好。（6）开展全市党政机关信息安全保密检查。10月8～18日，市保密局会同市公安局、市信产局、市密码管理局组成两个检查组，分别对各县（市、区）和部分市直单位进行信息安全保密检查。重点检查计算机、移动存储介质、办公网络使用管理、涉密载体清理和相关制度建设情况，共检查计算机260台，其中涉密计算机38台、非涉密计算机222台、移动存储介质60个。从检查结果来看，各级党政领导干部和涉密人员能从全面落实科学发展观和维护国家安全的高度，认真执行国家有关计算机网络管理的规定，各单位能加强对计算机及移动存储介质使用的管理，建立和完善保密规章制度，规范涉密载体管理。

【监督管理】 2010年，抓涉密事项管理，加强依法行政力度。（1）做好各类涉密考试的保密工作。年内，全市有高考、中考、自学考试、成人高考、公务员考试、卫生考试及司法考试等10次涉密考试。市保密部门积极协助有关业务部门做好相关保密工作，确保试卷安全。特别是全国高考的保密工作，严格按照上级的统一部署，制订工作方案，成立高考保密应急处置领导小组，全面检查高考试卷保密室，指导协助教育部门做好试卷的运送、保密、使用等各项保密工作，确保全市高考保密工作万无一失。（2）进一步规范党政机关定密工作。6月29日，市保密局举办1期"肇庆市定密与信息公开保密审查工作培训班"，邀请省保密局副局长贾穗军授课。各县（市、区）委办、人大办、政府办、政协办、纪委办主任和保密局长，市直和省驻肇局以上单位办公室主任（秘书科长）共180人参加培训班。（3）加强和规范涉密计算机的保密管理。4月初，市保密局对各单位已经投入使用的涉密计算机、内部计算机进行登记备案，填写《广东省涉密计算机备案表》，为涉密计算机的规范管理打好基础。据统计，全市共有涉密计算机845台，其中，绝密级4台，机密级13台，秘密级220台，工作秘密级608台。

【技术防范】 完成保密安全U盘强制配备 2010年，市保密局、市财政局联合下发《关于做好保密安全U盘强制配备工作的通知》，要求全市各地各单位要高度重视，认真做好强制配备工作，确保配备使用到位，有效解决移动存储介质交叉使用、公私混用等重大泄密隐患，提高保密技术防范能力。市财政拨款8万元购置65套保密U盘供市四套班子领导、办公室领导使用。市保密局举办1期由各县（市、区）保密局长及市直和省驻肇有关单位保密安全U盘管理员和计算机技术人员参加的保密安全U盘培训班，邀请广州普欧电子科技有限公司工程师前来讲授保密安全U盘性能等知识。据统计，全市购置配备保密安全U盘460套。

保密场所移动通信安全　6～11月，市保密局联合市经信局、中国移动肇庆分公司、中国电信肇庆分公司、中国联通肇庆分公司等单位到各涉密会议场所现场测试并调整优化信号，保障全市涉密会议（场所）移动通信干扰器的正确使用，确保全市保密会议（活动）场所，重点单位和要害部门的信息安全。

市国家秘密载体销毁中心投入使用　市国家秘密载体销毁中心厂房建设于6月下旬完成并通过验收，12月正式投入使用，解决全市涉密纸介质、磁介质、计算机硬盘和办公设备等涉密载体销毁难的问题，把好保密防线最后一道关口。

【问题与困难】　2010年，制约保密工作的深层次问题和困难有待解决：一是部分单位领导干部保密意识不强，严重影响保密工作开展。二是部分单位的保密管理不够规范，制度不够健全。三是部分单位的保密技术防范薄弱，对计算机的使用管理不到位；个别工作人员的计算机既上互联网，又处理内部资料，存在严重泄密隐患；存储介质管理混乱，使用记录不全，移动存储介质外出无审查记录。四是有的县（市、区）保密局至今没有配备保密技术干部，保密工作岗位补贴不落实，保密工作经费不足等跟不上形势发展的要求。

（邓锐超）

附：2010年肇庆市国家保密局正副局长名录

局　长：刘迪来

副局长：邓锐超

## 档案工作

【馆藏与档案利用】　2010年，全市11个档案馆抓好国家档案资源建设，馆藏档案共63.88万卷3.66万件，照片3.97万张，馆藏资料8.60万册。年内，各档案馆共接收档案3.92万卷5561件，照片745张；接待查阅利用档案2.96万人次、5.54万卷次、428件次，查阅利用资料421人次、959册次。

【综合目标管理】　2010年，加强对机关企事业单位档案工作的宏观管理和业务指导，有效提高档案工作规范化水平。全市国家二级档案馆增至4个，新增22个机关事业单位实现档案综合管理达标升级，其中机关档案综合管理单位省特级13个，省二级4个；企业国家二级4个，省（部）级1个。全市供电、社保部门档案达标升级工作全面铺开并基本完成。

【重大建设项目档案】　2010年，继续加大重大建设项目档案工作力度。除坚持做好项目档案管理工作的监督指导外，还积极建立重大建设项目档案管理台账。肇庆新港工程、高要市金龙高库除险加固工程及封开利水水库除险加固等3个重大建设项目档案工作通过档案专项验收。

【档案信息化】　积极开展馆藏档案数字化扫描处理工作和肇庆市档案目录中心建设工作，正式制定《肇庆市档案目录中心建设工作方案》，并采取定期通报等措施，督促各县（市、区）档案馆加快档案目录数字化建设进程。全市各档案馆共著录案卷级目录27万条、文件级档案目录355万条。

【依法治档与宣传】　2010年，继续开展档案综合管理已达标单位复查工作，组织检查组，对市府办、市国土资源局等15个单位的档案工作进行达标复查，巩固档案工作达标升级成果。

全市档案部门积极利用影像、声音、文字、网络、图片等开展多媒体、多形式的立体宣传，为开展档案工作营造良好的社会氛围。年内全市档案部门举办档案展览16次，接待参观档案展览3720人次。

**【队伍建设】** 2010年，全市档案部门把党员干部理论学习、业务学习和开展“创先争优活动”、“纪律教育学习月活动”有机结合起来，努力提高干部的思想、纪律、作风和业务水平。同时，注重强化档案人员的专业培训学习，年内市档案局举办机关事业单位岗位培训班、重大建设项目档案工作培训班等培训班3期，培训档案业务人员336人次，提高档案人员的业务水平和操作能力。

**【问题与困难】** 有的领导干部档案法制意识薄弱，影响档案工作向社会各领域的纵深推进；档案工作发展不平衡，部分县（市、区）档案工作经费严重缺乏，档案专项经费未纳入财政预算；全市多数档案馆馆库面积偏小，达不到国家标准，档案的安全保管及有效利用受到制约。

（叶青海）

**附：2010年肇庆市档案局正副局长名录**

局　长：余刚林

副局长：李爱千　陈琼珍（女）　张　伟

## 党史工作

**【简况】** 2010年，市委党史研究室围绕中心，服务大局，深入开展党史研究工作，党史资料征集出版实现形式更成熟、内容更充实，党史宣传和革命史迹保护取得新成效。

**【资料征集与调研】** 2010年，市委党史研究室先后组织人员到广东省档案馆等部门征集资料，复印资料2200多份。完成《中国共产党肇庆历史（1949.10～1978.12）》第二稿（全书设4编18章，约32万字）。筹划新中国成立后第一任西江地委书记梁嘉诞辰100周年纪念活动，成立以市委书记覃卫东为编委会主任的征编机构，启动《梁嘉纪念文集》编纂工作，年内完成梁嘉生辰年表编写，收录档案资料30多篇约20多万字，收集图片100多幅，组织撰写纪念文章10多篇。5月中旬起至10月下旬，全市开展民主革命时期肇庆革命历史文化遗址普查工作，普查对象包括重要机构旧址，重要党史人物的故居，重要事件、重大战役战斗遗址。全市有108人参与普查工作，共核实各种重要革命遗址167个，形成普查资料167份，形成普查成果9份（约120万字）。

**【书刊编辑出版】** 2010年，市委党史研究室完成《中共肇庆年鉴（2010）》编辑出版工作，编印《肇庆党史》4期，编写《市委每月大事要览》12期、收录大事498件。鼎湖区于1月和4月先后出版《肇庆市鼎湖区2009年大事记》、《鼎湖革命英烈》。

**【宣传教育】** 2010年，开展党史重大纪念活动，组织人员参加叶挺独立团成立85周年有关活动、活道鳌头革命传统教育基地落成仪式、怀集县纪念怀集解放61周年暨革命烈士纪念馆开馆仪式、郁南县平台镇妙门村党史教育基地落成仪式。为广宁粤桂湘边纵队纪念馆展馆补充、完善实物资料。组织撰写《积极探索社区党建新模式，大力推进城市基层党建区域化》等理论研讨文章7篇。推动党史进机关、进基层、进学校。发送《中共肇庆年鉴（2010）》800册。

**【学术研讨会】** 2010年，加强对县（市、区）革命遗址普查工作的督促、检查和指导，先后3次审核和修改县（市、区）普查成果，并组织质量抽查，汇总全市普查成果。5月，组织召开全市党史工作会议暨开展革命遗址普查工作研讨会，还用半个月时间讨论修改党史二卷，形成党史二卷第二稿修改提纲。

**【问题与困难】** 缺乏专家型人才，人员配置与工作需求不相适应。资政能力和水平离市委要求有一定差距。利用网络宣传党史力度不够。县（市、区）编写党史二卷的进度偏慢，部分县（市、区）未将业务经费列入财政预算。

（易　霓）

**附：2010年中共肇庆市委党史研究室正副主任名录**

主　任：黄鉴波

副主任：杨镜培　李鉴坤（5月任）

## 党校工作

【简况】 2010年，市委党校以党的十七大、十七届四中、五中全会和省市全会精神为指导，深入贯彻落实科学发展观，围绕全市经济社会发展战略目标和干部教育培训规划，深化教学改革，创新培训方式，加强队伍建设，推动干部教育培训工作发展。

【干部教育培训】 2010年，市委党校共举办或协办各类培训班次20期，培训干部1704人次。其中主体班11期，培训干部725人次，分别是县处级领导干部进修班3期、乡镇委（街道党工委）书记轮训班、乡镇长（街道办主任）轮训班、县（市、区）直局长轮训班3期、中青年干部培训班1期、市直科级公务员和机关工作者任职培训班2期、全市乡镇党校理论骨干培训班1期；与市委组织部、市委统战部、市委老干部局、市妇联等部门合作办班9期，培训干部979人次。还承接广东省委党校及兄弟市县党校的主体班校外培训任务。干部教育培训工作重点抓五方面：（1）按需培训，合理安排教学专题。以干什么、学什么，缺什么、补什么为原则，按中央党校提出的“一个中心、四个方面”教学布局，突出以学员为主体，实现干部知识结构的“转型升级”，着眼于提高学员的素质和能力，更加注重课题的针对性，在主体班次安排切合实际的课题共30个。（2）创新模式，确保培训质量。推行“训、练、测一体化”模式，实施教学“四结合”：即课堂教学与学员研讨相结合、理论学习与案例分析相结合、校内学习与社会调研相结合、“请进来”与“走出去”相结合。全年邀请13位名师专家到市委党校授课；安排乡镇委书记班、中青班到清华大学学习，安排县处班、县局班及乡镇长班共6个班到浙江、陕西等地培训，安排乡镇党校理论骨干培训班到肇庆高新区进行现场教学。（3）严格评估，规范教学管理。对担任主体班次的教师进行全程跟踪的教学质量评估，每个专题课完成后都发给学员教学质量评价表，让学员给教师打分，把教学评价得分与教师年度考核结合起来，既了解学员的信息反馈，又促进教师提升自身素质。（4）加强管理，增强党性锻炼。进一步规范学员的学籍、考勤、学习和外出考察等的管理。注重发挥党校党性锻炼的“熔炉”和“渠道”作用，把学员党性锻炼贯穿于学员在党校学习的全过程，精心组织好学员党性修养、参观考察、警示教育、社会公益、文体娱乐等活动，拓宽教育面，实现学员全方位培训。（5）开创培训新形式，校企合作培训国企干部。与市国资委签署校企合作培训协议，开展全市国有企业人才培训工作。

【科研创新】 2010年，市委党校坚持“理论研究和应用研究相结合，国情省情研究和市情研究相结合”的科研导向，完善激励措施，鼓励教研人员多出成果，多出精品。年内参与省科研立项课题4个、市科研立项课题3个、申请参与市“创先争优活动理论研讨”课题4个。教研人员在各类刊物公开发表科研成果64篇，其中核心期刊11篇（其中人文核心期刊2篇，中文核心期刊4篇，经济核心期刊4篇、科技核心1篇）。在省党校科研工作会议上，肇庆市委党校分别获得一等奖1项、二等奖3项、三等奖4项；在“广东县域经济科学发展（高要）论坛”评选中，肇庆市委党校提交的论文《“高要模式”可持续发展的助推力》荣获二等奖；在《肇庆市2008—2009年度哲学社会科学优秀成果》评奖中，肇庆市委党校获得论文类一等奖1项、二等奖1项、三等奖2项。还编辑出版《理论参考》1期、《肇庆干部学刊》2期。

【队伍建设】 2010年，市委党校以主题活动为契机，加强机关作风建设，提高执行力，创建一流机关。开展创先争优活动，推动各项工作发展；做好“四个一”活动，从源头上发现机关作风建设存在的问题，提出整改落实的方案，有效整顿机关作风，提升机关执行力；构建学习型党组织，组织教职工参加各类理论学习，全面提升理论素养；配合市委抓好肇庆市反腐倡廉暨预防职务犯罪教育基地的日常管理，并将反腐教育纳入干部教育培训的必修课程，全年有5.5万多人次到基地参观；做好扶贫“双到”工作，校领导班子成员均到帮扶的广宁县新文村指导工作，为村委和村民出谋划策，并派出两名专职驻村干部，投入15.7万元帮扶该村脱贫致富。 *（杨剑洪）*

附：2010年中共肇庆市委党校正副校长名录

校　长：李水华

副校长：苏金生（常务）　夏芝明

戴春燕（女）

## 老干部工作

**【简况】** 2010年12月底，全市有离休干部1016人，平均年龄84岁，其中享受司局（地专）级政治、生活待遇以上的49人，抗战时期和解放战争时期参加革命的分别是128人和888人，市直单位的459人；另有省驻肇单位离休干部100人。全市有退休干部3.08万人，其中市直5132人，副厅级以上的37人。全年市委老干部局新办干部退休手续238人。

**【落实生活待遇】** 2010年，市委组织部、市委老干局、市社保局、市卫生局、市财政局、市审计局、市物价局共同派员组成检查组，先后到城区5个定点医疗机构检查市直离休干部医药费保障机制情况，发现问题及时指出，并进行情况通报，促进医疗定点机构规范用医用药。开展对市直企业拖欠离休干部一次性接管经费的追缴工作。协调国资部门，深入市供销社、方大汽动等企业，摆情况、讲政策、想办法，共追回缺口资金中的180万元（原总拖欠接管资金700多万元），以利于离休干部医药费保障机制资金正常运作。协调有关部门，解决叶松林等离休干部异地巨额医药费报销问题。跟踪做好企业离休干部遗属困难补助的核发工作。

**【调研与宣传】** 2010年，市委老干部局组织4个专题调研组，先后到各县（市、区）、各联系点、有关乡镇（社区）和市直单位开展调研，并到广州、佛山等地学习取经。落实中组部等九部委《关于利用社区资源做好离退休干部服务工作的意见》，深入社区研究推进企业退休干部“四就近”工作（就近学习、就近活动、就近得到关心照顾、就近发挥作用），总结推广芙蓉社区退休党支部工作经验。把市财政拨给社区的市直企业副处级以上退休干部年人均100元的专项退管经费，落实到端州区各街道办事处。由市财政核拨经费近8万元，落实市直属61个单位老干部党组织班子成员的电话费补贴。以市委老干部局网站、《老干部工作情况交流》等5个自建的宣传载体为主体，宣传老干部工作；利用社会媒体宣传报道老干部工作150多篇次，在《秋光》、《西江日报》刊登宣传专版各1期。

**【学习教育】** 2010年，组织老干部开展4个专题的学习，其中举办专题理论报告会2场，组织市直老干部800多人次学习“后金融危机时期的广东形势与对策”和“社会主义核心价值体系”，由广东外语外贸大学陈伟光教授和省委党校陈创生教授主讲。召开“市委、市政府向老干部通报工作情况会”，市委书记主持、市长作情况通报，700多名处级以上离退休干部参加。分别举行市直老干部党建工作交流会和“全市离退休干部党支部工作骨干培训班”，老干部支部骨干200多人次参加学习和交流。开展“全市先进离退休干部党支部和离退休干部先进个人”的“双先”表彰活动，推选表彰先进党支部35个、先进个人60人。组织原市四套班子老领导及家属53人，分三批赴上海世博园参观学习，透过“世博”认识世界，开拓视野。

**【服务管理】** 2010年，市委老干部局根据离退休干部高龄、高发病期的情况，进一步落实局长接待日等信访制度，“市直单位老干部住院层级探访”等探访制度。全年接待不重复来信来访87件次，组织家访和探望住院老干部1480多人次，向80岁以上离休干部祝寿284人次，上殡仪馆送别去世老干部并慰问其遗属54人，促进老干部队伍稳定。落实经费、制度、组织等有关保障，促进已接管的191名市直企事业单位离休干部日常服务管理工作到位。组织各种学习活动19次，处理医药费报销金额313万元，为严坤、张进保等多名老干部解决实际困难。

**【阵地建设】** 2010年，市老干部活动中心举办各类文体活动48场次，前往参加活动的老干部21万多人次；市老干部活动中心被市委、市政府授予“2008—2009年度肇庆市文明单位”荣誉称号。市老干部体育代表团参加全省第七届老年人运动会获得好成绩，其中市门球队夺得全省团体冠军。市老干部（职工）大学坚持规范化办学和人性化服务，办学规模和教学质量逐年提高，年内开办19个专业40个班，学员由原来812人增至1438人，特别是企业退休职工学员增幅较大。高要市创办老干部大学，并在南岸镇开辟新的老干部活动室。

**【关心下一代】** 2010年1月起，由市人大原副主任谢天聪担任市关工委主任，并新增6名副厅以上老领导担任常务副会长。年内，重点在关爱女青少年、留守儿童和“三失”青少年，开展宣讲教育，开拓校外辅导站，开展扶贫助学和农村青年创业培训等方面发挥“五老”队伍的作用。还组织全市关工组织举行纪念市关工委成立10周年系列活动。6月，市关工委被中国关心下一代工作委员会、中央精神文明办评为“全国关心下一代工作先进集体”，陈耀强、古松青被评为“全国关心下一代工作先进工作者”。

**【队伍建设】** 2010年，市委老干部局组织全市老干部工作政策学习和交流活动。先后召开全市老干部工作会议，举办全市老干部工作政策业务培训班，举办全市老干部工作政策业务知识测验并组队参加全省粤西片区的现场竞赛活动，参加在佛山召开的广佛肇老干部工作研讨会，组织参加全国关于“做好新形势下的老干部工作征文”活动等。其中参加全国征文活动有1篇征文获一等奖，3篇获三等奖。

**【问题与困难】** 一是部分离退休干部包括一些离休干部遗属困难情况较重，亟待建立离退休干部解困帮扶机制；二是离休干部医药费保障机制有待加强，特别是要加大一次性接管经费的追缴力度；三是如何做好离休干部“双高期”、退休干部移交社区后的服务工作需进一步转变新思路、探索新办法；四是老干部活动中心、老干部（职工）大学的场所和经费问题还比较紧张，有的区还未建立老干部活动中心；五是市直单位挪用老干部工作人员编制的现象较严重，影响工作开展。

（*黄菊艳*）

**附：2010年中共肇庆市委老干部局正副局长名录**

局　长：欧小鸥

副局长：黄志荣　谢少文（女，12月退休）　康子文

## 市直机关工作

**【简况】** 2010年，市直机关工委以加强党的执政能力建设和先进性建设为主线，全面推进市直机关党的思想建设、组织建设、作风建设、制度建设和党风廉政建设，进一步增强党的创造力、凝聚力和战斗力，切实转变作风，狠抓工作落实，为确保市直机关各项工作任务的完成提供坚强的思想、政治和组织保证。

**【政治理论学习】** 2010年，市直机关工委重点组织市直机关广大党员干部深入学习贯彻党的十七大精神和省委、市委全会精神，把握加快转变经济发展方式这一核心任务，围绕推进落实《珠江三角洲地区改革发展规划纲要》、“三促进一保持”、“双转移”等一系列重大部署，进一步解放思想、转变观念，把广大党员干部的思想和行动统一到中央、省委和市委的重大决策部署上来，统一到市委、市政府加快实现“两个尽快”和“两个成为”的奋斗目标上来。

**【开展创先争优活动】** 2010年，市直机关各级党组织高度重视在党的基层组织和党员中开展创先争优活动，注重与实际工作相结合，精心组织、扎实推进。重点6个方面：（1）在加快转变经济发展方式中创先争优。市直各单位组织党员干部深入学习贯彻中央和省委、市委精神，把握加快转变经济发展方式主线，组织开展创先争优活动。6月29日，市直机关工委以“加快经济发展方式转变，促进我市经济社会科学发展、加快发展”为主题，在市委小礼堂召开市直机关纪念中国共产党成立89周年座谈会，各直属党组织负责人和市直机关工委、纪工委党员干部共130人参加，市委办、市城乡规划局、市经济信息化局、市公安局、广东星湖生物科技股份有限公司、肇庆职业科技学院等6个单位在会上发言。（2）在

"规划到户、责任到人"扶贫开发工作中创先争优。各级党组织贯彻市委扶贫开发工作部署，想方设法落实扶贫开发工作，坚持领导挂钩联系、干部驻村帮扶，强化帮扶责任。（3）在转变作风抓落实中创先争优。各单位把机关作风建设的落脚点定位在实现好、维护好、发展好人民群众根本利益上，切实把群众呼声作为改进作风、开展工作的第一信号，服务群众、服务基层的意识进一步增强。（4）在建设学习型党组织中创先争优。各单位坚持把学习型党组织建设作为创建先进党组织的首要内容。市直机关工委联合市委宣传部、市委组织部确定市委办公室等10个单位党组织作为市直机关建设学习型党组织示范单位，以示范点的建设带动机关各单位学习型党组织建设，以学习型党组织建设带动学习型机关建设。市直机关工委制订《开展"五个一"读书活动，创建学习型党组织的实施方案》，在党员干部职工中开展"五个一"读书活动。（5）在构建和谐社会保平安中创先争优。各单位充分发挥部门职能作用，积极投身促进社会和谐和"平安肇庆"建设。（6）突出在开展"广东扶贫济困日"活动和服务亚运等中心工作中创先争优。6月30日，是第一个"广东扶贫济困日"，市直各级党组织按照省、市部署，积极开展"扶贫济困、共建和谐"主题活动，广泛开展慰问老党员和生活困难党员活动，结合"广东扶贫济困日"开展献爱心捐款活动，组织市直单位干部职工踊跃捐款。为营造"全民支持亚运"的浓厚氛围，市直机关开展迎亚运的系列活动，组织召开市直机关开展"创先争优迎亚运"活动动员大会暨志愿者队伍授旗仪式，组织市直16支志愿服务队共6000多人，参与亚运火炬传递（肇庆站）志愿者工作。通过开展各种活动，激发机关党组织和党员的活力。

**【基层党组织建设】** *党建调研* 2010年，市直机关工委针对新形势新任务，组织两个调研组深入市直机关事业单位、"两新"组织开展党建工作调查研究，形成《关于市直机关事业单位党建工作调研报告》和《关于市直机关"两新"组织党建工作现状的调研报告》，进一步理清市直机关党建工作思路，提出市直机关单位党组织围绕市委、市政府工作部署，服务和推动科学发展的新办法新举措。

*贯彻《条例》* 6月，中央新修订的《中国共产党党和国家机关基层组织工作条例》颁布实施后，市委组织专门工作班子开展调查研究，制定全市贯彻《条例》的实施意见。通过市委常委会率先学，组织部门和机关工委认真学，党务干部重点学，广大机关党员普遍学，将《条例》贯彻落实到各地各单位。

*换届选举* 2010年，市直机关工委加强指导市直党组织换届选举工作，有186个党组织完成换届，其中党委11个、党总支部6个、党支部169个。

*发展党员* 5月中旬，市直机关工委组织市直570名入党积极分子进行集中培训。年内，有5779人向党组织递交入党申请书。全年发展新党员2858名，2176名预备党员全部按期转正。

*党务管理* 2010年，市直机关工委督促各直属党组织严格依规收缴党费和按时上缴党费，按规定及时向上级党组织上缴党费和向各直属党组织通报党费收缴、使用情况。加强党务统计培训和做好党务统计工作。做好省管四会监狱、怀集监狱党组织隶属关系的接收工作。

*"两新"组织党建* 2010年，市直机关工委以加强"两新"党建工作为重点，坚持"两新"组织发展到哪里，党建工作就延伸到哪里，积极协调、指导市直私企党委和"两新"组织党组织行业主管单位党组织抓好"两新"组织党建工作。

**【市直机关绩效考核】** 2010年，市直机关工委加强调查研究，广泛听取意见建议，不断完善绩效考核工作的方式方法，充分发挥绩效考核的导向和激励、约束作用，促进全市经济又好又快发展。（1）进一步完善科学考评办法和考评机制。经市委、市政府同意，先后下发《肇庆市直机关单位领导班子绩效考核工作目标定量考核办法（试行）》、《关于对〈肇庆市直机关单位领导班子绩效考核办法（试行）〉作进一步修改的建议》。（2）做好2009年度市直机关单位领导班子绩效考核工作。2009年12月至2010年2月，组织对71个市直和省驻肇单位领导班子进行绩效考核，其中"经济管理部门"15个、"社会发展部门"13个、"执法监督部门"14个、"党政群综合部门"29个。经过考核组考核、市级领导和社会各界对被考核单位进行测评，市直单位绩效考核领导小组对考核结果进行多次研究讨论，并向市委提交2009年市直机关单位领导班子绩效考核结果的建议。市委、市政府审定同意市财政局、市地方税务局、市交通局、市建设局、市体育局、市人事局、西江航道局、市公安局、市工商行政管理局、肇庆海事局、市检察院、市委办公室、市政府办公室、市纪委机关（监察局）、市委组织部、市人大机关、市委政法委、市委宣传部18个单位被评为一等奖单位，其余53个单位被评为二等奖单位。并按规定完成2009年绩效考核奖金发放的有关工作。（3）制定2010年各绩效考核单位工作目标。指导各绩效考核单位结合工作职能和上级确定的年度工作任务要求，制定2010年领导班子绩效考核工作目标，确保2010年绩效考核工作顺利进行。

**【党风廉政建设】** 2010年，市直机关工委按照市党廉办《关于市直单位落实2010年反腐倡廉专项任务责任分工的通知》，深入直属党组织调研和指导工作，及时了解市直机关单位党风廉政建设和反腐败工作情况，倡导机关党员干部讲党性、重品行、做表率，推进机关廉政文化建设。加强自身党风廉政建设责任制建设，继续完善《市直机关工委班子议事规则》、《市直机关工委领导班子保持廉洁的规定》等19项制度，形成用制度规范从政行为、按制度办事、靠制度管人的有效机制。

**【构建和谐社会】** 2010年，市直机关工委围绕建设和谐社会，组织各直属党组织开展“进万家门、知万家情、解万家难、暖万家心”的送温暖和慰问特困党员活动，还不定期开展“爱心助学、扶贫帮困”募捐筹款活动，努力解决群众工作、生产和生活的实际困难。春节前，向各直属党组织发出《关于报送困难党员和建国前入党党员情况的通知》，对直属单位特困党员、建国前入党的老党员进行调查摸底，造册登记。对核实符合条件的老党员、困难党员，在春节前组织市直单位慰问，其中建国前入党的党员213名、困难党员180名，共发放慰问金20.37万元，给老党员和困难党员送去党的关心和温暖。还组织市直党员干部职工3.71万人参加“6·30”“广东扶贫济困日”活动，共捐款528.63万元。　*（吕贵德）*

**附：2010年中共肇庆市直机关工作委员会正副书记名录**

书　记：杜朝养

副书记：刘江林　黄东文　陆雄才　冯秋锦

## 机关服务

**【接待工作】** 2010年，市委接待工作全面落实中办、国办印发的《党政机关国内公务接待管理规范》，围绕实现建设节约型机关的目标，坚持有利公务、简化礼仪、务实节俭、杜绝浪费的原则，完善接待制度，改进工作机制，优化资源配置，不断规范公务接待工作，提高保障能力和服务水平，促进接待工作人性化、制度化、规范化、程序化建设。纳入珠三角城市后，肇庆越来越得到各级领导的高度关怀，受到各省市的密切关注，公务活动越来越频繁。全年接待中央、国家、各省、市来肇庆视察、检查、指导工作以及有关会议客人1540批2.24万人次，比上年递增7.1%，接待经费比上年节约10.2%。其中圆满完成接待汪洋、蒋树声、张榕明等党和国家副总理级以上3批287人次；部队将军级以上14批353人次；省部级领导干部159批4555人次；厅级以下领导干部1313批1.66万人次。接待各级各类调研组、检查组、考察团、招商团共51批627人次。参与完成市党政考察团赴北京、四川汶川、东莞等地考察的联络、服务工作；参与完成“肇庆金秋”等招商活动的接待服务。　*（彭剑德）*

**附：2010年中共肇庆市委接待处正副处长名录**

处　长：陈六合

副处长：黄巧真（女）　罗小兵

**【机关服务】** 2010年，市委机关事务管理局围绕市委中心工作，加强机关后勤保障服务，推进市委住宅小区改造，抓好下属实体经营管理，“三服务”工作取得新成效。一是高质量做好后勤保障工作。全年接待大小会议309节2.42万人次，会务服务热情周到；严格执行财经制度，财政经费管理规范，专项经费落实到位；公务用车安全优质，出车9.9万车次，行车198万公里安全无事故；落实三级联防措施，抓好“亚运安保年”各项工作，市委办系统全年无重大治安案件、火灾事故和刑事案件发生；市委大院硬件建设不断加强，设备设施维护良好，全年各类维修2489项（次），配套设施逐步完善，3号办公楼附楼加建工程已立项启动；种植优质树木花卉、改良草坪，加大除“四害”和环境整治力度，绿化美化、净化亮化水平进一步提高；机关食堂服务水平和二幼幼教工作有新提高。二是完善市委住宅小区改造和管理。全面完成小区改造扫尾工程验收、物业移交、图纸资料归档等工作，新区环境和设施配套基本完善；旧区住宅三幢厅级老领导住宅楼梯加建电梯工作正式施工，总体规划改造绿化美化配套，完善周边围墙、防盗铁门和视频监控等安保设施；物业管理服务工作全面铺开有序推进，全面接管小岛物业管理公司，聘请星荷物业管理公司作为市委住宅小区物管顾问，指导提升管理服务水平。三是提高下属实体经营管理水平。3月起由事务局管理波海楼、小岛招待所的日常工作。通过加强班子和队伍建设，完善设备设施，深化制度改革，下属实体经营发展和服务大局、服务机关能力不断增强，经济和社会效益有新提高。 （覃殿养）

庆云寺牌坊

# 市人大常委会

责任编辑：叶可道

## 综　述

2010年，市人大常委会在中共肇庆市委的领导下，以邓小平理论和“三个代表”重要思想为指导，深入贯彻落实科学发展观，认真学习贯彻党的十七大和十七届四中、五中全会精神，紧紧围绕全市改革发展稳定大局，坚持“依法履职、科学服务”，为推进民主法制建设，促进全市经济社会又好又快发展作出应有贡献。

## 主要会议

**【市十一届人大五次会议】** 2010年3月3～6日，肇庆市第十一届人民代表大会第五次会议在肇庆城区召开。会议听取和审议《肇庆市人民政府工作报告》、《肇庆市人民代表大会常务委员会工作报告》、《肇庆市中级人民法院工作报告》、《肇庆市人民检察院工作报告》，书面审查《肇庆市2009年国民经济和社会发展计划执行情况与2010年计划草案的报告》、《肇庆市2009年预算执行情况和2010年预算草案的报告》。会议通过以上报告，批准肇庆市2009年国民经济和社会发展计划以及市本级2010年预算并分别作出决议。会议增选刘正南为市第十一届人民代表大会常务委员会副主任，补选王良华、陈定康、卓水华、黄志坚为市人大常委会委员，郭锋为市人民政府市长，伍建昌为市中级人民法院院长，张平坦为市人民检察院检察长。

**【常委会会议】** 2010年，市人大常委会召开8次会议。

2月8～9日，市十一届人大常委会举行第二十三次会议。常委会副主任陈端主持会议，常务副主任莫友莲，副主任黄三和、吴群养、方建生，秘书长陈伦生，以及委员共27人出席会议。会议主要内容：听取和审议市人民政府关于市十一届人大四次会议代表建议、批评和意见办理情况的报告；审议决定市十一届人大五次会议有关组织工作事项；审议通过市人大常委会关于列席和邀请列席市十一届人大五次会议人员的决定（草案）；讨论通过市人大常委会提交市十一届人大五次会议审议的工作报告（稿）；讨论通过市人大常委会2010年度工作要点；听取和审议人事任免事项；审议市人大常委会个别委员辞职事项。

3月2日，市十一届人大常委会举行第二十四次会议。常委会常务副主任莫友莲主持会议，副主任陈端、黄三和、吴群养、方建生，秘书长陈伦生，以及委员共27人出席会议。会议主要内容：审议通过市十一届人大常委会代表资格审查委员会关于个别代表的代表资格审查报告（草案）；听取和审议人事任免事项。

3月25日，市十一届人大常委会举行第二十五次会议。常委会常务副主任莫友莲主持会议，副主任陈端、黄三和、吴群养、方建生，秘书长陈伦生，以及委员共29人出席会议。会议主要内容：听取和审议市人民检察院关于提请批准任免个别县（区）检察长的报告。

4月23日，市十一届人大常委会举行第二十六次会议。常委会副主任陈端主持会议，常务副主任莫友莲、黄三和、吴群养、方建生、刘正南，秘书长陈伦生，以及委员共28人出席会议。市政府副市长李天、副秘书长何炼生，市中级人民法院、市人民检察院负责人，市直有关部门、市人大机关、各县（市、区）人大常委会负责人及8名市十一届人大代表列席会议。会议主要内容：听取和审议市人民政府关于社会治安工作情况的报告；听取市人民政府关于政务公开工作情况的报告；听取市人民政府关于2009年社会保险基金决算和2010年第一季度预算执行情况的报告；听取市人民政府关于农田水利基本建设情况的报告；听取和审议市人大常委会关于《肇庆市人大代表建议、批评和意见重点处理办法》（草案）；听取和审议市人民政府关于肇庆市城东新区市政设施续建项目贷款问题的议案；审议通过市十一届人大常委会代表资格审查委员会关于个别代表的代表资格审查报告；听取和审议人事任免事项。会议表决通过人事任免事项及有关报告，作出有关决议。

6月24～25日，市十一届人大常委会举行第二十七次会议。常委会副主任黄三和主持会议，常务副主任莫友莲，副主任陈端、吴群养、方建生，秘书长陈伦生，以及委员共28人出席会议。市政府常务副市长刘惠祥、副秘书长曹伟光，市中级人民法院、市人民检察院负责人，市直有关部门、市人大机关、各县（市、区）人大常委会负责人及8名市十一届人大代表列席会议。会议主要内容：听取和审议市人民政府关于2009年市本级决算草案的报告；听取市人民政府关于2009年市本级预算执行及其他财政收支情况的审计工作报告；听取市人民政府关于开展全民健身工作情况的报告；听取市中级人民法院关于清理执行积案工作情况的报告；听取和审议人事任免事项。会议表决通过人事任免事项及有关报告，作出有关决议。

8月26～27日，市十一届人大常委会举行第二十八次会议。常委会副主任吴群养主持会议，常务副主任莫友莲，副主任陈端、黄三和、方建生、刘正南，秘书长陈伦生，以及委员共26人出席会议。市政府常务副市长刘惠祥、副秘书长梁卫东，市中级人民法院、市人民检察院负责人，市直有关部门、市人大机关、各县（市、区）人大常委会负责人及8名市十一届人大代表列席会议。会议主要内容：听取和审议市人民政府关于贯彻实施《劳动合同法》情况的报告；听取和评议市住房和城乡建设局工作情况；听取市人民政府关于2010年上半年国民经济和社会发展计划执行情况的报告；听取市人民政府关于2010年上半年预算执行情况的报告；听取市人民政府关于实施《规划纲要》、推进中心区一体化工作情况的报告；听取和审议人事任免事项。会议表决通过人事任免事项及有关报告，作出有关决议。

10月25～26日，市十一届人大常委会举行第二十九次会议。常委会副主任方建生主持会议，常务副主任莫友莲，副主任陈端、黄三和、吴群养、刘正南，秘书长陈伦生，以及委员共30人出席会议。市政府副市长关鹏、副秘书长陈列，市中级人民法院、市人民检察院负责人，市直有关部门、市人大机关、各县（市、区）人大常委会负责人及8名市十一届人大代表列席会议。会议主要内容：听取和审议市人民政府关于贯彻实施《大气污染防治法》情况的报告；听取和评议市经济和信息化局工作情况；听取市人民政府关于肇庆高新区经济发展情况的报告；听取市人民政府关于贯彻实施《食品安全法》情况的报告；听取和审议人事任免事项。会议表决通过人事任免事项及有关报告，作出有关决议。

12月20～21日，市十一届人大常委会举行第三十次会议。常委会副主任刘正南主持会议，常务副主任莫友莲，副主任陈端、黄三和、吴群养、刘正南，秘书长陈伦生，以及委员共30人出席会议。市政府常务副市长刘惠祥，副市长关鹏、副秘书长何炼生，市中级人民法院、市人民检察院负责人，市直有关部门、市人大机关、各县（市、区）人大常委会负责人及8名市十一届人大代表列席会议。会议主要内容：听取和审议市人民政府关于“十二五”规划编制情况的报告；听取和评议市人民检察院工作情况；听取市人民政府关于救灾救济工作情况的报告；听取和审议市人民政府关于实施珠三角交通设施一体化工作情况的报告；听取和审议市人民政府关于调整

2010年市直财政预算方案的报告；听取和审议人事任免事项。会议表决通过人事任免事项及有关报告，作出有关决议。

## 依法行使职权

【法律监督】 2010年，常委会围绕解决群众关心的热点难点问题，加强对《大气污染防治法》和《劳动合同法》等法律贯彻实施情况进行检查，听取和审议上述法律实施情况的报告；认真抓好对贯彻实施《野生动物保护法》、《档案法》、《广东省突发公共卫生事件应急办法》等的审议意见整改落实的跟踪检查，确保上述法律法规的正确实施。在开展专题调研的基础上，常委会第二十九次会议听取和讨论市政府关于贯彻实施《食品安全法》情况的报告，提出加大法律宣传、执法、监管和整治力度等建议，促进政府食品安全工作的有效开展，确保食品安全。根据《监督法》规定，常委会成立规范性文件备案审查领导小组，对市政府、县（市、区）人大及其常委会报送的7件规范性文件进行备案审查。同时，协助全国人大开展《工会法》执法检查后续监督工作的调研；配合省人大开展《中小企业促进法》、《广东省促进中小企业发展条例》等贯彻实施情况的检查以及开展星湖风景名胜区单项立法、《广东省民用建筑节能条例》、《广东省水文条例》等的立法调研；完成全国和省人大关于《代表法》等14部法律法规的立法征询意见工作。

【工作监督】 2010年，常委会坚持以科学发展观为统领，紧紧围绕“两个尽快”、“两个成为”奋斗目标，全力监督支持政府抓好各项工作。为促进区域协调发展、均衡发展，常委会组织开展专题调研，详细了解全市推进中心区一体化工作情况，听取和讨论市政府关于实施《规划纲要》、推进中心区一体化工作的情况报告，提出建立科学的一体化规划体系、加快中心区一体化基础设施建设、优化中心区产业布局、加强公共服务及环境保护一体化工作等意见建议，市委高度重视，要求市政府认真抓好落实。“十二五”规划编制关系全市全局和长远发展，常委会组织人大代表开展专题调研，听取和审议市政府关于规划编制工作情况的报告，要求市政府从解决全市经济社会发展中最突出的矛盾和问题入手，抓住经济结构调整、转变经济发展方式、自主创新、保障和改善民生等重点，科学制定“幸福肇庆”指标体系，使编制的规划更具前瞻性、可操作性，更符合肇庆市情和人民的意愿。为贯彻落实省、市委关于扶贫开发“规划到户、责任到人”的部署安排，常委会组织省、市、县三级人大代表开展专题调研，充分肯定全市扶贫开发“双到”工作的成绩，深入分析存在问题，建议市政府制定和完善帮扶措施，创新扶贫开发模式，加大扶贫资金投入，加快扶贫项目建设，使扶贫开发工作取得明显成效。同时，常委会围绕加快经济发展的重大决策部署，听取和审议市政府关于2010年上半年国民经济和社会发展计划执行、肇庆高新区经济发展、实施珠三角交通设施一体化等专项工作报告，提出努力培育和壮大经济总量，加快转变经济发展方式，加大引进大项目和向上争取项目力度，高标准规划高水平发展高新区经济等意见建议。市政府加大工作力度，认真落实审议意见，经济发展呈现速度加快、质量提高、后劲增强的良好态势，各项目标任务圆满完成或超额完成，实现GDP超千亿元的目标。听取和审议市政府关于2009年社会保险基金决算和2010年第一季度预算执行、2009年市本级决算草案、2009年市本级预算执行和其他收支情况的审计、2010年上半年预算执行等5个报告，切实加强对财政预算的审批和预算执行的监督。针对审计报告反映的问题，常委会向市政府及有关部门提出强化预算编制和执行的严肃性，加强对各类专项资金、政府债务资金使用情况的审计，充分利用审计成果、加大整改力度等建议。市政府召开专题会议研究，督促有关部门进行整改，取得较好成效。就中央代发地方债券，常委会第三十次会议听取和审议市政府关于调整2010年市直财政预算方案的报告，作出决议同意调整方案。同时，进一步加强人大实时在线财政预算监督系统的建设，实现人大财政预算监督系统与审计部门和纪委电子监察系统的对接，推进县（市、区）人大与财政的联网工作。为进一步贯彻落实监督法，积极探索和完善人大监督工作，常委会年内先后对市住房和城乡建设局、市经济和信息化局以及市人民检察院的工作情况进行评议。评议内容包括服务大局、贯彻实施法律法规、履职工作成效、班子和队伍建设、接受人大和社会监督等方面。通过开展工作评议，督促和支持“一府两院”依法行政、公正司法。听取市中级法院关于清理执行积案工作情况的报告，进一步加强对司法工作的监督。常委会还围绕社会治安、农田水利基本建设、全民健身、食品安全、救灾救济、为民惠民十件大事、学校建设等事关全市国计民生的重大问题组织开展视察、调研、执法检查，听取和审议相关报告。如针对市十一届人大五次会议市政府承诺的为民惠民十件大事，常委会组织人大代表对市第一人民医院新院、市图书馆、百花中学、农贸市场等建设、改造工程进行视察，对创建省卫生村等工作进行专题调研，促进相关工作的开展。

**【讨论决定重大事项】** 2010年4月，为抢抓国家实施积极财政政策和适度宽松的货币政策的机遇，常委会及时听取和审议市政府关于肇庆市城东新区市政设施续建项目贷款问题的方案，作出决议同意市政府提出贷款12亿元的意见，从而使城东新区市政设施续建项目资金问题得以解决，使城东新区的开发建设得以顺利推进。重大的财政预算一直是常委会监督的重点。2010年国务院决定继续由财政部代理发行地方政府债券，肇庆市获上级下达地方政府债券转贷资金2.08亿元，常委会第三十次会议听取和审议了市人民政府关于调整2010年市直财政预算方案的报告，作出决议同意市政府的调整方案。

**【人事任免】** 2010年，市人大常委会按照宪法和法律赋予人大的职责，严格执行《广东省各级人民代表大会常务委员会人事任免办法》的规定，认真协助常委会依法做好人事任免工作，共任免国家机关工作人员14人，其中任命7人，免职3人，接受辞职4人。

**【评议工作】** 2010年，市人大常委会第二十八、二十九和三十次会议分别评议市住房和城乡建设局、市经济贸易和信息化局、市人民检察院的工作。评议内容包括服务大局、贯彻实施法律法规、履职工作成效、班子和队伍建设、接受人大和社会监督等方面。评议前，由常委会组成调研组对被评议单位的工作进行调研，形成初评意见供常委会参考；评议时，常委会会议先听取被评议单位的工作情况报告，后分组进行评议，既充分肯定成绩，又如实指出存在问题；评议后形成书面意见，由常委会办公室反馈被评议单位，被评议单位在规定时间内报告整改落实情况，常委会进行跟踪监督。

**【信访监督】** 2010年，常委会机关信访部门按照全国人大常委会提出“分别受理，综合分析，统一交办，定期反馈，严格督查”的工作原则和“四个百分之百”的工作要求，通过依法受理，积极督办，督促有关部门依法解决一些群众反映强烈的问题，积极化解社会矛盾，维护群众合法权益，促进社会和谐稳定。全年共受理人民群众来信来访345件次，比2009年下降48%。其中受理群众来信242件次，接待群众来访103批366人次（集体访11批216人次）；分别受理全国、省人大常委会转（交）办信访事项12件次和93件次。

## 拓展代表工作

**【代表活动】** 2010年，常委会做好全国及省人大代表出席人代会的组织工作。一是协助组织十一届全国人大代表赴京出席十一届全国人大二次会议；协助组织在肇庆市工作、居住的省十一届人大代表出席省十一届人大二次会议，肇庆市27名省十一届人大代表出席会议，4名十一届全国人大代表列席会议。圆满完成评选、表彰市人大先进代表小组和代表活动积极分子的工作。加强代表培训工作，努力提高代表素质。6、7月，省人大常委会分别在广州市和肇庆市举办2期省人大代表培训班，组织10名省人大代表、38名市人大代表小组长参加培训学习。积极组织代表开展视察、调研及小组活动，为代表履职服务。二是组织肇庆市的全国及省人大代表开展专题调研活动。7月6～8日，组织肇庆市选出的省人大代表及在肇庆市工作、居住的全国人大代表就全市贯彻落实《珠江三角洲地区改革发展规划纲要》及促进就业和再就业工作两个专题开展调研活动。组织省代表小组开展活动，在征求代表意见的基础上，选择省人代会代表建议和当地经济、社会发展重点或十项民心工程实施情况和群众关心的热点问题组织代表开展活动。三是组织肇庆市的省人大代表开展集中视察。11月9~13日，组织在肇庆市工作、居住的省人大代表就全市重点项目建设及农村饮水安全工程建设情况两个专题开展集中视察。四是协助组织代表参加省人大组织的专题调研活动。为每一个到肇庆调研的省、全国代表调研组做好服务工作，并协助组织好当地的省、全国人大代表参加。组织市人大代表赴四川省汶川县克枯乡视察肇庆市援建工程项目进展情况。9月23~25日，由市人大常委会常务副主任莫友莲带队，组织市部分人大常委会委员和人大代表赴克枯乡进行视察。通过视察，人大代表对援建工作组所做的工作给予充分肯定，对援建工程的总体质量、安全和进度表示满意。

**【建议督办】** 2010年，常委会做好代表建议、批评和意见的转办、督办工作。在2月召开的市十一届人大四次会议上，大会秘书处共收到代表提出的建议、批评和意见（简称建议）107件。选举工委和市政府建议提案办公室及时对代表建议进行分类和整理，并通过网络把这些建议分别转交给市政府及有关单位进行办理。经过各承办单位的共同努力，至8月底止，全部代表建议办理完毕。在107件代表建议中，代表反馈意见表示满意的52件，基本满意的55件。

## 理论宣传

**【宣传工作】** 2010年2月22日，召开市委宣传部和市直新闻单位负责人会议，研究部署做好市十一届人大五次会议的宣传报道工作。3月12日，评选出2009年度肇庆市“宣传人大制度好新闻”一、二、三等奖作品共6件。年内出版《肇庆人大》5期。

**【理论研究】** 2010年9月，全市有2篇论文入选在云浮市召开的广东省人大制度研究会第21次理论研讨会议。12月15~16日，肇庆市人大制度研究会在封开县召开第16次理论研讨会，共收到论文60篇，其中47篇入选并参加研讨。肇庆市人大制度研究会还积极参加市社科联和兄弟学会组织的研讨会、座谈会、报告会等社科活动，有多篇论文获选参加研讨或在大会发言。

## 自身建设

**【理论学习】** 2010年，常委会坚持党组中心组理论学习制度，组织学习政治理论、法律法规和业务知识，特别是到肇庆高新区开展“发挥人大职能作用，促进经济发展方式加快转变”专题学习活动，收到较好效果。根据市委的部署，常委会及其机关开展加强作风建设提高执行力活动，在履行监督职能和做好代表服务工作等6个方面开展争先创优活动。

**【调查研究】** 2010年，常委会坚持把调查研究作为人大工作的基本方法，围绕全市工作大局和人大工作重点，结合常委会会议审议的议题，深入基层、深入实际、深入群众，开展范围较广的调查研究，促进常委会会议审议质量的提高。为进一步加强和改进人大代表意见建议办理工作，常委会组织起草并审议通过《肇庆市人大代表建议、批评和意见重点处理办法》。主任会议成员带头深入基层调查研究，机关人人撰写学习调研文章，《关于实施〈规划纲要〉推进中心区一体化的调研报告》等一批质量较高的调研报告，为促进全市经济社会发展提供决策参考。

**【提高机关工作效能】** 2010年，常委会各工委、办事机构积极主动地履行职责，为常委会依法行使职权发挥重要作用。人大机关把绩效考核、文明创建等各项工作紧密结合起来，着力创建学习型、服务型、效能型、廉洁型机关。重视理论研究和信息宣传工作，举办第十六次人大制度研讨会，完成市人大制度研究会的换届；举办全市人大系统信息宣传工作人员培训班，抓好人大网站建设和《肇庆人大》办刊质量，信息报送、宣传报道水平有新提高。扎实开展扶贫开发“双到”工作，通过发动人大代表和机关干部捐款、争取上级专项资金和市直部门支持，落实帮扶资金239万元。发挥机关工、青、妇作用，文娱、体育活动丰富多彩，机关活力不断增强，工作效率进一步提高。

## 依法治市工作

【简况】 2010年，肇庆市依法治市工作在市委、市依法治市工作领导小组和市人大常委会党组的领导以及省依法治省办的指导下，学习贯彻依法治省工作领导小组第十六次会议和省委书记汪洋的重要讲话精神，贯彻落实市委十届历次全会精神，按照《肇庆市2010年依法治市工作要点》要求，围绕加快转变经济发展方式，结合全市两个“尽快”的目标，结合实际，突出重点，创新载体，推进依法治市工作，加快法治肇庆建设，各项工作都有新的进展。市人大常委会充分发挥在依法治市工作中的主导作用，主动代管好依法治市办工作，被评为依法治省先进单位，受到省委的表彰。

【领导小组成员会议】 2010年3月29日，召开依法治市工作领导小组第二十次全体成员会议，传达依法治省工作领导小组会议特别是省委书记汪洋的重要讲话精神，通报上年依法治市工作情况，审议通过《2010年依法治市工作要点》，并初步审议《法治肇庆建设五年规划（2011—2015）》。市委书记覃卫东对今后一个时期依法治市工作任务和目标提出明确的要求。

【提高执政能力】 2010年，重点加强党的建设，提高领导干部依法执政的意识和能力。坚持和完善市委理论中心组学习制度。着重抓好“加快转变经济发展方式”专题的学习，增强各级党政领导干部新时期带领全市人民加快经济社会发展的主动性、紧迫感、责任感。“肇庆金秋”经贸洽谈会签约、奠基和剪彩项目132宗，投资总额845亿。经济社会发展走上快车道，全市GDP可超千亿元，肇庆高新区晋升为国家高新区。不断完善党的领导方式，支持人大及其常委会和政协依法履行职务；推进党务公开，发展党内民主；全面贯彻“领导干部任用条例”，把科学执政、民主执政和依法执政能力这一选人用人标准和考核办法纳入制度化、规范化轨道。加大公开选拔、公开推荐领导干部力度，深化干部人事制度改革，为依法执行提供组织保障。加强基层组织建设，以扶贫开发为载体，强化“双到”工作措施，全面推进基层组织建设，增强基层党组织的法制观念，提高依法执政能力。

【建设法治政府】 2010年，全市各级行政机关贯彻落实《全面推进依法行政实施纲要》和《关于加强市县政府依法行政的决定》，结合实施《珠江三角洲地区改革发展规划纲要》的要求，不断加快法治政府建设。完成县（市、区）政府的机构改革，抓好富县强镇工作。完善向同级人大常委会报告依法行政工作和政府常务会议学法制度。6月，市政府向市人大常委会报告政务公开工作情况，进一步增强政府工作的透明度。坚持办好“行风热线”节目，安排市政府部门主要领导通过新闻媒体与群众面对面沟通交流，现场解答群众的咨询和投诉，接受群众监督，密切政群关系。贯彻《中华人民共和国政府信息公开条例》，发展电子政务，建立完善政府网络，及时向社会公开政务信息，为公民法人和其他组织获取信息提供便利，依法保障公民的知情权、参与权、表达权和监督权。不断提高政务工作效率。高要市、四会市、肇庆高新区等开设重点项目建设“绿色通道”，以最快速度、最低收费标准、最简便手续审批，为有关项目和企业提供优质高效的服务，为经济快速发展提供保障。依法做好行政复议和行政应诉工作。贯彻实施《行政复议法》、《行政复议实施条例》和《广东省行政复议工作规定》，引导公民、法人和其他组织依法表达利益诉求，在法律框架内解决行政争议。

【加强综治信访维稳】 2010年，全市各级部门高度重视社会治安综合治理工作，落实综治信访维稳责任制，建立完善预防和化解不稳定因素的长效机制，健全维稳工作机构和矛盾纠纷排查调处工作网络。开展重信重访专项治理和“干部大下访”活动，建立市、县（市、区）、镇三级党政领导定期公开接访制度，努力解决人民群众的合理诉求，化解社会矛盾，维护社会和谐稳定。

公安机关坚持严打方针不动摇，以“破大案、抓现行、打团伙、追逃犯”为主政方向，深入开展严打整治专项活动，保护人民生命财产安全。为确保亚运安全，封开县和高要市、四会市集中抽调警力，对车辆实行全面严格检查。全市两级法院依法履行审判职能，落实司法为民各项措施。深入开展司法能力建设年活动，强化队伍建设，通过加大力度清理积案、破解执行难和提高民事案件调解率等措施，保护公民、法人和其他组织的合法权益。检察机关强化法律监督职能，坚决查处贪污贿赂渎职等职务犯罪案件，促进廉政建设，为经济建设大局服务。司法行政机关充分发挥法律宣传、法律保障和法律服务的职能作用，加大法律援助和安置帮教工作，切实做好人民调解工作。

**【建设基层民主政治】** 2010年，全面落实“四民主两公开”制度。全市开通、完善农村党风廉政建设信息公开平台。村务、财务管理更加规范、公开、透明，保证村（居）民的知情权、决策权、监督权和参与权。抓好“民主法治示范村”创建活动，深化村（居）民自治工作。德庆县金林、河东两村、端州区出头和封开县旺村等4个村获“全国民主法治示范村”称号，数量居全省地级市前列；高要市长坑村等32个村获省“民主法治示范村”称号，四会市城中街道花街社区等14个社区获“广东省示范社区”称号。开展“民主法治示范村（社区）”创建活动，推动村（居）民主法治进程，为农村和社区自身化解矛盾纠纷和解决问题提供良好的机制，促进社会大局的稳定。

**【完成“五五”普法】** 2010年，全市圆满完成“五五”普法规划，成效主要体现在8个方面：一是广大市民的法治素质明显提高。全市86%以上市民受到普法教育。二是党委的执政能力、政府依法行政能力明显提高。各级领导带头学法用法蔚然成风，民主决策、科学决策、依法执政的观念明显增强。三是公正司法水平明显提升。深化阳光审判、“阳光检务”建设，推进司法公开、透明、维护、促进公正司法。四是社会化管理水平明显提高。五是经济社会发展成效显著。全市各项经济指标稳步快速增长，增幅在全省列名靠前，成为全省第十一个GDP超千亿元的市。六是综治维稳大普法格局初步形成。七是法治城市、法治县（市、区）创建工作开创新局面。八是普法工作获得国家和省的充分肯定。市司法局荣获全国“五五”普法中期检查先进单位称号。全市在中央、省级媒体以及全国普法刊物刊登43份普法活动和经验材料。

**【推进法治创建活动】** 2010年，全市各级法治机构认真履行在创建工作中组织协调、督促指导的职能，市法治创建办负责日常工作。市人大常委会常务副主任莫友莲按照市委常委会工作分工，亲自在四会市抓“民主法治示范点”，市人大常委会副主任吴群养多次到“示范点”指导工作。5月21日召开全市法治创建工作会议，各县（市、区）交流探讨创建工作的情况，市委副书记吴华钦对全市开展创建活动所取得的初步成效予以充分肯定，并对今后的创建工作提出明确的要求。省人大常委会委员、省法治办常务副主任张宇航到会指导会议，对肇庆创建活动的模式（即成立创建办公室负责日常工作，与普法办合署办公，依法治市成员单位抽调人员，创建经费由财政安排）给予较高评价，对全市把评价考核任务分解到责任单位的做法给予充分肯定。年内，全市法治创建工作取得初步成效，封开县被评为首批省法治创建活动先进单位。　*（梁咏春）*

**附：（一）2010年肇庆市十一届人大常委会正副主任、正副秘书长、委员名录**

主　任：覃卫东

副主任：莫友莲（女）　陈　端　黄三和　吴群养　方建生　刘正南（3月当选）

秘书长：陈伦生

副秘书长：麦建平（女）　顾达群（女）　李家峰　周东华（3月任）

委　员：王启超　叶均火　麦建平　杜朝养　杨火雄　岑庆雅　何广兴　陈瑞爱　赵志毅　顾达群　顾兆祺　黄志坚　黄炳贤　梁汉球　梁琼芳　谢冬华（女）　黎大黎　魏　辉　韦锦文　吴敏芝（女）　陈　勇　李家峰　邱显强　王庆凯　陈定康

（二）2010年肇庆市十一届人大常委会机构设置及负责人名录

办公室主任：（缺）

副主任：温杰伟 孔令炬

研究室主任：（缺）

副主任：谢伟成

法制工作委员会主任：梁汉球

财政经济工作委员会主任：叶均火

城乡工作委员会主任：黎大黎（2月辞）

卓水华（2月任）

教育科学文化卫生工作委员会主任：

顾达群（女，3月辞）

黄志坚（3月任）

华侨民族宗教外事工作委员会主任：

杨火雄（2月辞）

麦建平（女，2月任）

选举联络人事任免工作委员会主任：黄炳贤

鼎湖山九龙宝鼎

# 市人民政府

责任编辑：黄方业 金柳仪

## 市政府会议

**【全体会议】** 2010年2月8日上午，代市长郭锋在市府办第一会议室主持召开市政府全体会议，研究和审议《政府工作报告（征求意见稿）》、《肇庆市2010年重点项目计划（草案）》和《肇庆市土地利用总体规划（2006—2020年）（送审稿）》。市委常委、常务副市长刘惠祥，副市长关鹏、孙德、李天，肇庆军分区政委魏辉，市政府秘书长梁育天，市长助理王超锋，市纪委副书记、市监察局局长张水祥出席会议；市人大常委会副主任陈端、市政协副主席龙启江应邀出席会议；市政府副秘书长莫优年、吴奕鹏、黄学武、梁为东、何镜才、陈义、陈列、黎晓华、何炼生、刘石栋和市府直属及省驻肇有关单位负责人列席会议。

**【常务会议】** 2010年，市政府召开9次常务会议。

1月11日下午，代市长郭锋在市府办第一会议室主持召开十一届43次市政府常务会议，审议《政府工作报告（送审稿）》、《郭锋同志在市委十届八次全会上的讲话（送审稿）》、《关于尽快确定2010年我市新型农村合作医疗筹资标准的请示》、《关于安排2009年基本公共卫生服务市级配套经费的请示》、《关于我市调整污水处理费收费标准有关问题的请示》、《关于将“安逸雅苑”项目补交地价款全额安排作77区配套设施建设相关问题的请示》，并布置近期工作。市委常委、常务副市长刘惠祥，副市长关鹏、孙德、黄玲、李天、郑剑戈，肇庆军分区政委魏辉，市政府秘书长梁育天，市长助理王超锋出席会议；市人大常委会副主任陈端，市政协副主席黄新华应邀出席会议；市政府副秘书长莫优年、吴奕鹏、黄学武、何镜才、陈义、黎晓华、何炼生和市直有关单位及端州区、鼎湖区政府主要负责人列席会议。

3月24日下午，市长郭锋在市府办第一会议室主持召开十一届44次市政府常务会议，审议《肇庆市城东新区控制性详细规划》、《肇庆市鼎湖区坑口片区控制性详细规划》、《关于进一步调整入户肇庆市城区户口政策的意见》、《肇庆市闲置土地处理办法（送审稿）》、《全市“三旧”改造规划》，通报《关于肇庆市城东新区市政设施续建工程12亿元贷款的请示》、《关于肇庆中学高中部第三期工程项目投资规模的请示》、《肇庆大道拓宽改造工程立项投资规模和建设内容调整有关问题的请示》、《2010年市政府工作要点》、《2010年市政府办好为民惠民十件大事责任制》、《关于实行2009年全市经济社会发展突出贡献奖的请示》，部署市政府近期重点工作。市委常委、常务副市长刘惠祥，副市长关鹏、孙德、李天、郑剑戈，肇庆军分区政委魏辉，市政府秘书长梁育天，市长助理王超锋出席会议；市人大常委会副主任陈端，市政协副主席黄新华应邀出席会议；市政府副秘书长莫优年、吴奕鹏、梁为东、陈义、陈列、黎晓华、何炼生、刘石栋和市直、省驻肇有关单位及端州区、鼎湖区政府主要负责人列席会议。

4月21日下午，市长郭锋在市府办第一会议室主持召开十一届45次市政府常务会议，研究分析2010年第一季度全市经济形势及部署有关工作，审议《关于落实专项资金加快推进我市绿道网建设的请示》、《关于2010年市直政府性资源收益已实现超收项目支出安排计划的请示》和《关于申请建设我市人防机动指挥所的请示》。市委常委、常务副市长刘惠祥、副市长黄玲、李天、郑剑戈，肇庆军分区政委魏辉，市政府秘书长梁育天，市长助理王超锋出席会议；市人大常委会副主任方建生，市政协副主席黄新华应邀出席会议；市政府副秘书长莫优年、吴奕鹏、梁为东、陈义、陈列、黎晓华、何炼生和市直、省驻肇有关单位及各县（市、区）政府、肇庆高新区管委会的主要负责人列席会议。

6月1日下午，市长郭锋在市府办第一会议室主持召开十一届46次市政府常务会议，审议《关于确定广播电视网络改革重组出资范围的请示》、关于对黄岗、睦岗两镇撤销镇级建制改设街道办事处的请示》、《关于市直机关科级以下公务员实行按条件享受上一级非领导职务层次工资福利待遇的请示》、《关于加强建筑施工领域安全生产监管和拨付安全生产办案专项经费的请示》、《关于促进以创业带动就业工作的实施意见》（送审稿），通报《肇庆市端州城区环境卫生管理体制改革方案》（修改稿）、《关于肇庆高新技术产业开发区产业发展规划（2008—2020）的请示》（修改稿）、《关于落实工行2亿元贷款条件的请示》，传达全省重点项目建设工作会议、全省港澳工作会议和省委、省政府召开的贯彻落实《珠江三角洲地区改革发展规划纲要》工作会议精神。副市长关鹏、孙德、黄玲、李天、郑剑戈，肇庆军分区政委魏辉，市政府秘书长梁育天，市长助理王超锋，市纪委副书记、市监察局局长张水祥出席会议；市委常委、宣传部部长陈以良，市人大常委会副主任陈端，市政协副主席黄新华，市委组织部副部长程海滨和市委宣传部副部长程彦春应邀出席会议；市政府副秘书长莫优年、吴奕鹏、梁为东、余强、陈义、陈列、黎晓华、何炼生、刘石栋和市直、省驻肇有关单位及端州区政府、肇庆高新区管委会主要负责人列席会议。

7月6日上午，市长郭锋在市府办第一会议室主持召开十一届47次市政府常务会议，研究分析上半年工作特别是市政府为民惠民十件大事工作情况，审议《肇庆市国民经济和社会发展"十二五"规划思路的报告》（送审稿）、《肇庆市加快经济发展方式转变的实施意见》（送审稿）、《我市第四轮行政审批事项调整目录的请示》、《肇庆市进一步完善企业职工基本养老保险市级统筹实施方案》（送审稿）、《肇庆市高要学宫修缮保护工程可行性研究报告的请示》、《肇庆市牌坊广场改造（一期）工程的请示》。市委常委、常务副市长刘惠祥，副市长关鹏、孙德、黄玲、李天、郑剑戈，肇庆军分区政委魏辉，市政府秘书长梁育天，市长助理王超锋出席会议；市人大常委会副主任陈端，市政协副主席黄新华，市委宣传部副部长陈海源，市编委办副主任崔孟其应邀出席会议；市政府副秘书长莫优年、吴奕鹏、梁为东、余强、陈义、陈列、黎晓华、何炼生、曹伟光和市直、省驻肇有关单位及各县（市、区）政府、肇庆高新区管委会主要负责人列席会议。

7月23日上午，市长郭锋在市府办第一会议室主持召开十一届48次市政府常务会议，传达全省上半年经济形势分析会精神、传达全省土地管理工作会议精神，听取全市环保工作情况及重点区域整改情况汇报，审议《肇庆市五个一体化规划（2010—2020年）》（送审稿）、《肇庆市建设文化强市规划大纲（2011—2020年）》（送审稿）、《关于提请重新注入砚都南快速干道建设工程项目资本金的请示》、《关于牌坊广场二期工程有关问题的请示》、《关于将带状公园（含绿道蕉园岗—七星岩北门广场段）纳入肇庆大道拓宽改造工程范围的请示》，通报肇庆市环星湖绿道网建设项目情况。市委常委、常务副市长刘惠祥，副市长孙德、郑剑戈，肇庆军分区政委魏辉，市政府秘书长梁育天，市纪委副书记、市监察局局长张水祥出席会议；市委常委、宣传部部长陈以良，市人大常委会副主任陈端，市政协副主席黄新华，市委宣传部副部长程彦春，市编委办副主任崔孟其应邀出席会议；市政府副秘书长吴奕鹏、何镜才、陈义、陈列、黎晓华和市直、省驻肇有关单位及各县（市、区）政府、肇庆高新区管委会主要负责人列席会议。

8月31日下午，市长郭锋在市府办第一会议室主持召开十一届49次市政府常务会议，审议《关于进一步完善我市医疗工伤生育保险市级统筹办法的通知》（送审稿）、《肇庆市落实〈关于建立稳定规范的农村基层组织工作经费保障制度的意见〉具体实施方案》（送审稿）、《关于调整外坑渠北岭三区及肇庆学院区域治污工程投资规模的请示》、《关于呈批肇庆市生活垃圾无害化处理场渗滤液处理厂改造工程可行性研究报告的请示》、《关于理顺蓝塘四路市政道路改造工程的请示》、《关于市第一人民医院新院装饰装修工程量处置问题的请示》、《关于请求审议七星岩东门广场设计方案的请示》，布置近期工作。副市长关鹏、孙德、李天、郑剑戈，肇庆军分区政委魏辉，市政府秘书长梁育天，市长助理王超锋出席会议；市人大常委会副主任刘正南，市政协副主席黄新华，市委组织部副部长程海滨应邀出席会议；市政府副秘书长莫优年、吴奕鹏、梁为东、余强、陈义、陈列、黎晓华、何炼生、曹伟光、刘石栋和市直、省驻肇有关单位及端州区、高要市政府主要负责人列席会议。

10月19日上午，市长郭锋在市府办第一会议室主持召开十一届50次市政府常务会议，审议《肇庆市进一步完善和深化事权下放工作意见》（送审稿）、《肇庆市人民政府向县（市、区）下放的行政管理事项目录》（送审稿）、《关于端州区23区生产性服务业项目国有建设用地使用权拍卖出让有关问题的请示》、《关于请求审批肇庆市儿童福利院工程项目可行性研究报告的请示》、《关于调整市图书馆项目建设规模和投资额的请示》、《关于广肇高速公路一期工程沥青路面大修先行工程招标方式的请示》、《关于规范和调整肇庆市端州城区出租车运价及建立运价与油价联动机制的请示》、《关于调整市公共汽车有限公司公交车票价的请示》、《肇庆市政府投资项目管理暂行办法》（修订稿）、《肇庆市市本级财政资金拨款管理办法》（修订稿）、《肇庆市人民政府工作规则》，布置近期工作。市委常委、常务副市长刘惠祥，副市长关鹏、黄玲、郑剑戈，肇庆军分区政委魏辉，市政府秘书长梁育天，市纪委副书记、市监察局局长张水祥出席会议；市委常委、宣传部部长陈以良，市人大常委会副主任陈端，市政协副主席黄新华，市检察院副检察长唐跃华，市委组织部副部长梁钧权，市委宣传部副部长陈海源应邀出席会议；市政府副秘书长莫优年、吴奕鹏、梁为东、陈义、陈列、黎晓华、曹伟光、刘石栋和市直、省驻肇有关单位及端州区政府主要负责人列席会议。

12月3日下午，市长郭锋在市府办第一会议室主持召开十一届51次市政府常务会议，传达贯彻国务院和省政府常务会议精神，研究部署全市稳定价格消费水平，确保群众生活稳定的措施；传达贯彻省政府节能预警应急响应工作会议精神；审议《关于解决市第二人民医院暨市妇幼保健院业务用房问题的请示》、《肇庆市工业企业50强评定扶持办法（试行）》（送审稿）、《肇庆市进一步完善失业保险市级统筹实施方案》（送审稿）、《关于建设肇庆市安全监管局应急救援指挥中心视频会议系统的请示》、《关于审批肇庆市创建广东省绿色照明示范城市工作方案和肇庆市绿色照明示范城市建设申报书的请示》、《肇庆市绿道缓冲区管理暂行办法》（送审稿）、《肇庆高新技术产业开发区（大旺片区）总体规划（2010—2020）》（送审稿），通报《关于增加七星岩东门广场一期工程项目建设内容及投资额的请示》；市委常委、常务副市长刘惠祥，副市长关鹏、孙德、黄玲、郑剑戈，肇庆军分区政委魏辉，市政府秘书长梁育天，市长助理王超锋出席会议；市人大常委会副主任黄三和，市政协副主席黄新华应邀出席会议；市政府副秘书长吴奕鹏、梁为东、陈列、黎晓华、曹伟光、刘石栋和市直、省驻肇有关单位及鼎湖区、高要市政府、肇庆高新区管委会主要负责人列席会议。

**【工作会议】** 2010年，市政府召开47次工作会议。

1月29日下午，市委、市政府在市府办第一会议室召开专题研究东道物流公司拖欠货款和员工工资事件处置工作会议。市委副书记、政法委书记吴华钦，市委常委、市公安局局长郑针和，副市长关鹏出席会议。会议由关鹏副市长主持，参加会议的有市直有关单位和各县（市、区）政府办公室、肇庆高新区管委会办公室的负责人。

2月4日晚上，代市长郭锋在市委小岛宾馆会议室主持召开市政府工作会议，审议《肇庆市路桥机动车辆通行费年（次）票制试行办法》（送审稿）、《肇庆市2009年预算执行情况和2010年预算草案的报告》（送审稿）。市委常委、常务副市长刘惠祥，副市长关鹏、孙德、黄玲、李天，市政府秘书长梁育天，市长助理王超锋，市政府副秘书长莫优年、吴奕鹏、黄学武、梁为东、余强、陈列、黎晓华、何炼生、刘石栋和市直有关单位负责人出席会议。

2月26日上午，市委常委、常务副市长刘惠祥在市府办第一会议室主持召开务虚会议，讨论缓解端州城区交通拥堵问题。副市长郑剑戈，市政府副秘书长梁为东、何炼生和市直有关单位负责人出席会议。

3月10日下午，副市长关鹏在市府办第一会议室主持召开会议，专题研究广东广新外贸集团有限公司和肇庆星湖生物科技股份有限公司在鼎湖区投资项目建设有关问题。市政府副秘书长陈列和市发展改革局、市经济和信息化局、市国土资源局、市环境保护局、市城乡规划局、广东电网公司肇庆供电局、肇庆星湖生物科技股份有限公司、鼎湖区政府及鼎湖区相关部门负责人参加会议。

3月12日下午，受副市长黄玲委托，副秘书长黄学武在市府办第二会议室主持召开会议，专题研究加快市卫生监督所新业务大楼建设的有关问题。市发展改革局、市监察局、市财政局和市卫生监督所有关负责人参加会议。

3月17日下午，市委常委、常务副市长刘惠祥在办公室主持召开会议，讨论星湖牌坊广场扩建改造搬迁问题。市政府副秘书长梁为东和市直有关单位负责人出席会议。

3月22日下午，市委常委、宣传部部长陈以良，副市长孙德在市府办第一会议室主持召开会议，专题研究加快推进市图书馆新馆工程建设工作。市政府副秘书长陈义及市发展改革局、市经济和信息化局、市监察局、市财政局、市住房和城乡建设局、市文广新局、市城乡规划局、市代建局、市残联、市图书馆、广东电网公司端州供电局等单位的有关负责人参加会议。广东省立中山图书馆原馆长、研究馆员李昭淳，东莞市图书馆馆长、研究馆员李东来及市委老干局、市中级法院有关负责人应邀出席会议。

3月25日下午，市长郭锋在市府办第一会议室主持召开会议，专题研究七星岩东门广场建设问题。副市长孙德，市政府秘书长梁育天，市政府副秘书长陈义、黎晓华、刘石栋和市直有关单位及端州区政府负责人参加会议。

3月31日上午，副市长关鹏在市府办第二会议室主持召开会议，专题研究部署全市农贸市场升级改造工作。市政府副秘书长陈列和端州区、鼎湖区政府，市经济和信息化局、市财政局、市环保局、市住房和城乡建设局、市国资委、市城乡规划局、市工商局、市公安消防局、市市场物业管理总站等单位有关负责人参加会议。

3月31日下午，市长郭锋在市府办三楼会议室主持召开会议，专题研究肇庆市第一中学新校建设问题。市政府秘书长梁育天和市直有关单位及端州区政府负责人参加会议。

3月31日下午，副市长关鹏在市府办第二会议室主持召开会议，专题研究加快推进全市保障性住房建设有关工作。市政府副秘书长陈列和市城镇住房保障工作领导小组成员单位有关负责人参加会议。

4月1日下午，市长郭锋在市府办第一会议室主持召开景丰联围工程建设工作会议，听取景丰联围工程建设进展情况汇报，研究解决影响工程施工有关问题，部署加快工程建设进度工作。市政府副市长李天，市政府副秘书长莫优年和肇庆军分区、市检察院、市发展改革局、市公安局、市监察局、市财政局、市国土资源局、市环保局、市住房城乡建设局、市交通运输局、市水务局、市文广新局、市国资委、市旅游发展局、市城乡规划局、市城市综合管理局、肇庆海事局、肇庆供电局、省西江航道局、市景丰联围管理局以及端州区、鼎湖区、四会市政府等单位的有关负责人参加会议。

5月10日下午，市长郭锋在市三防总指挥部会议室主持召开景丰联围加固工程工作会议。副市长李天，市政府秘书长梁育天和市水务局、市景丰联围管理局有关负责人参加会议。

5月10日下午，副市长关鹏在市府办第二会议室主持召开会议，专题研究广东肇庆星湖生物科技股份有限公司总部大厦筹建工作有关问题。副市长郑剑戈，市政府副秘书长刘石栋和广东肇庆星湖生物科技股份有限公司总部大厦筹建工作小组成员单位有关负责人参加会议。

5月14日上午，市委常委、常务副市长刘惠祥在市国土资源局三楼会议室主持召开会议，专题研究柳肇铁路肇庆城区路段的线位走向及部省合作铁路项目、广佛肇城际轨道交通项目肇庆段的征地拆迁资金等问题。市政府副秘书长、市经济研究室主任吴奕鹏，市政府副秘书长梁为东及市发展改革局、市财政局、市国土资源局、市环保局、市交通运输局、市水务局、市国资委、市旅游发展局、市城乡规划局、市公路局、市交通集团公司、市铁路和城际轻轨项目建设指挥部办公室、端州区政府、鼎湖区政府、四会市政府、肇庆高新区管委会等单位负责人参加会议。

5月19日下午，市委常委、常务副市长刘惠祥在端州区机关会议中心三楼常委会议室主持召开会议，专题研究南广铁路端州段拆迁补偿和隧道施工有关问题。市人大常委会城乡工委会主任、市贵广南广铁路及广佛肇轻轨肇庆段建设指挥部办公室主任卓水华，市政府副秘书长梁为东和市委维稳办、市公安局、市国土资源局、市法制局、端州区委、区政府、端州区睦岗镇政府、南广铁路肇庆段建设指挥部等单位负责人参加会议。

5月20日，市委常委、常务副市长刘惠祥带领市有关部门负责人到二广高速公路怀集至三水段召开现场办公会议，传达贯彻市委书记覃卫东关于加快项目建设，力争尽快通车的指示。专题研究解决加快二广高速公路怀集至三水段项目建设有关问题。市监察局、市交通运输局、市公路局、市物价局及项目沿线有关县（市）政府、肇庆高新区管委会、市广贺高速公路有限公司等有关单位的负责人参加会议。

5月26日上午，市委常委、常务副市长刘惠祥在市府办第一会议室主持召开会议，专题研究加强交通管理，改造端州城区交通道路设施，有效缓解端州城区交通拥堵问题。市委常委、市公安局局长郑针和，副市长郑剑戈，市政府副秘书长梁为东及市直和省驻肇有关单位负责人参加会议；市人大常委会副主任陈端、市政协副主席黄新华应邀出席会议。

6月10日下午，副市长孙德在市府办第二会议室主持召开会议，专题研究推动肇庆新港码头对外开放正式开通运营的有关工作。市外经贸局、鼎湖区人民政府、肇庆海关、肇庆出入境检验检疫局、肇庆边防检查站、肇庆海事局以及肇庆新港码头有限公司有关负责人参加会议。

6月13日上午，副市长关鹏在办公室主持召开工作会议，专题研究加快建设广东省珠宝玉石产品质量监督检验站（四会）问题。市质量技术监督局、市质量计量监督检测所、四会市政府、四会市质量技术监督局、四会市玉器产业管理办公室有关负责人参加会议。

6月28日，市长郭锋主持召开加快文化强市建设工作现场会，专题研究抓好重点文化设施建设、推动文化产业发展、加快文化强市建设等问题。市委常委、宣传部部长陈以良，市人大常委会副主任方建生，市政协副主席董超凤，市政府秘书长梁育天，副秘书长吴奕鹏、陈义、黎晓华，市直相关部门和端州区、鼎湖区政府负责人参加会议。

6月30日上午，市委常委、常务副市长刘惠祥在市委小礼堂小会议室主持召开会议，专题研究加快广佛肇高速公路一期工程（大旺至高要小湘段）和二期工程（高要小湘—德庆—封开段）前期工作。市政府副秘书长梁为东，市政府副秘书长、市金融局局长何炼生及市发展改革局、市国土资源局、市交通运输局、市林业局、市城乡规划局、市公路局、市公路勘察规划设计院等单位的有关负责人参加会议。

7月5日上午，市长郭锋在市府办第一会议室主持召开会议，专题研究解决市城区重点工程在投融资方面的有关问题。市委常委、常务副市长刘惠祥，副市长郑剑戈，市政府秘书长梁育天，市长助理王超锋，市政府副秘书长何炼生、刘石栋和市财政局、市国土资源局、市城市综合管理局、市法制局、市金融局、市土地储备中心等单位主要负责人参加会议。

7月7日下午，副市长郑剑戈在市公路局五楼会议室主持召开肇庆大道（前村路—端州八路段）拓宽改造工程协调会，专题研究解决按照市政道路标准进行肇庆大道拓宽改造设计和施工的有关问题。市城乡规划局、市城市综合管理局、市公路局、市城市规划设计院、市公路设计院有关负责人参加会议。

7月10日，市委常委、常务副市长刘惠祥率市直有关单位负责人到二广高速公路怀集至三水段建设工地召开现场办公会议，专题研究市公安局交警支队高速公路第二大队广宁中队、怀集中队营房建设问题。市委常委、市公安局局长郑针和，市政府副秘书长梁为东及市公安局、市公路局、市广贺高速公路有限公司有关负责人参加会议。

7月26日下午，副市长关鹏在市府办第二会议室主持召开会议，专题研究加快推进市直廉租住房建设有关工作。市政府副秘书长陈列，市直和端州区有关单位负责人参加会议。

7月29日上午，副市长郑剑戈在市府办第二会议室主持召开会议，专题研究加快推进砚都大道北段建设有关问题。市发展改革局、市监察局、市财政局、市国土资源局、市住房城乡建设局、市城乡规划局、市城市综合管理局、市土地储备中心、市建设工程交易中心、市城市规划设计院及佛山市市政设计研究院有限公司有关负责人参加会议。

8月4日下午，副市长关鹏在市府办第二会议室主持召开会议，专题研究部署加快推进全市农贸市场升级改造工作。市政府副秘书长陈列，市直有关单位、各县（市、区）政府和肇庆高新区管委会分管农贸市场升级改造工作的负责人及市场升级改造办负责人参加会议。

8月6日下午，市政府副秘书长陈列在市府办第二会议室主持召开会议，协调解决35千伏端州区睦岗镇港口线、啤酒厂线供电安全问题。市经济信息化局、市住房城乡建设局、市城乡规划局、市安全监管局、广东电网公司肇庆供电局、端州区政府及睦岗镇政府有关负责人参加会议。

8月12日下午，市长郭锋在市府办第一会议室主持召开会议，专题研究加快推进市第一人民医院新院建设有关问题。副市长黄玲、郑剑戈，市政府副秘书长曹伟光，市发展改革局、市监察局、市财政局、市住房城乡建设局、市卫生局、市代建局、市第一人民医院、市建设工程质量监督站、市建设工程施工安全监督站、广州兴华建设监理有限公司有关负责人出席会议。

8月24日下午，市长郭锋在市府办第一会议室主持召开会议，专题研究推进肇庆市“十一五”污染减排有关工作。副市长郑剑戈，市政府秘书长梁育天，市政府副秘书长刘石栋，市发展改革局、市经济信息化局、市监察局、市财政局、市国土资源局、市环境保护局、市住房城乡建设局、市水务局、市统计局、市城乡规划局、市城市综合管理局、市水务集团有限公司及端州区政府有关负责人参加会议。

8月26日下午，副市长关鹏在市府办第三会议室主持召开会议，专题研究广东星湖新材料有限公司年产十万吨高精度铝板带项目招投标问题。市发展改革局、市监察局、市财政局、市住房城乡建设局、市建设工程交易中心、鼎湖区政府和广东星湖新材料有限公司等单位有关负责人参加会议。

8月27日下午，市长郭锋在市府办第一会议室主持召开污染减排工作预警会，对鼎湖区、四会市、高要市污染减排工作进行通报预警，研究部署加快全市中心镇污水处理厂建设和污染减排等问题。市委常委、四会市委书记梁志强，副市长郑剑戈，市政府副秘书长刘石栋，市环境保护局和鼎湖区、四会市、高要市党委、政府主要领导、分管领导及环境保护局主要负责人参加会议。

9月7日上午，受市长郭锋委托，常务副市长刘惠祥在市府办第二会议室主持召开会议，专题研究将军山旅游风景区违建整改有关问题。市人大常委会副主任吴群养应邀出席会议。市政府秘书长梁育天，副秘书长梁为东，市委督查室、市公安局、市监察局、市司法局、市国土资源局、市住房城乡建设局、市林业局、市城乡规划局、市城市综合管理局、市法制局、市政府督查室有关负责人参加会议。

9月15日上午，受常务副市长刘惠祥委托，市政府副秘书长、市金融局局长何炼生在市府办第二会议室主持召开会议，专题研究完善城东新区市政设施续建工程项目东湖路延长线建设工程（即砚都大道北段）融资工作的有关问题。市财政局、市住房城乡建设局、市城乡规划局、市国土资源局、市城市综合管理局、市金融局、市建设工程交易中心、市土地储备中心、市城市发展有限公司、广东发展银行肇庆分行等单位有关人员参加会议。

10月8日下午，受副市长黄玲委托，市政府副秘书长曹伟光在端州区黄岗镇新华小学主持召开工作现场会，专题研究协调新华小学扩建征地工作的有关问题。市教育局、市住房城乡建设局、市国土资源局、市城乡规划局、市城市综合管理局、广东电网公司肇庆供电局黄岗供电所、端州区政府、黄岗街道办有关负责人参加会议。

10月21日下午，市委常委、常务副市长刘惠祥在市城乡规划局二楼会议室主持召开会议，专题研究市城区端州四路、五路人行过街设施建设有关问题。市政府副秘书长梁为东和市发展改革局、市监察局、市财政局、市住房城乡建设局、市城乡规划局、市城市综合管理局、市城市规划设计院有关负责人参加会议。

11月1日下午，市委常委、常务副市长刘惠祥在市府办第一会议室主持召开会议，专题研究2010“肇庆金秋”经贸洽谈会筹备工作。副市长关鹏，市政府秘书长梁育天，市委副秘书长何庆华，市政府副秘书长梁为东、曹伟光，市政协副秘书长陈家康，2010“肇庆金秋”经贸洽谈会各专责小组组长，各县（市、区）、肇庆高新区分管领导和市直有关部门负责人参加会议。

11月3日下午，受副市长李天委托，市政府副秘书长、办公室主任莫优年在市府办第二会议室主持召开会议，专题研究部署落实十一届50次市政府常务会议精神，加快推进肇庆市儿童福利院项目工程建设相关事宜。市发展改革局、市监察局、市民政局、市财政局、市国土资源局、市环境保护局、市住房城乡建设局、市城乡规划局、市公路局、市代建局、市公安消防局、市儿童福利院筹建办、市儿童福利院、市水务集团、鼎湖区政府、鼎湖区供电局有关负责人参加会议。

11月15日下午，市委常委、常务副市长刘惠祥在市府办第一会议室主持召开全市融资平台清理规范工作座谈会，贯彻落实国务院和财政部等四部委关于加强地方政府融资平台公司管理有关问题的文件精神，通报近期全市融资平台清理核实情况，研究部署下一步工作。市政府副秘书长、市金融局局长何炼生和各县（市、区）政府、肇庆高新区管委会分管领导以及市直和省驻肇有关单位、各有关银行业机构、全市融资平台主要负责人参加会议。

11月18日下午，市委副书记、市长、市实施《规划纲要》领导小组组长郭锋在市府办第一会议室主持召开市实施珠三角《规划纲要》领导小组工作会议，通报省对肇庆市2009年实施《规划纲要》工作评估考核结果，审议《肇庆市实施珠三角〈规划纲要〉实现“四年大发展”工作方案》、《肇庆市实施珠三角〈规划纲要〉评估考核办法（试行）》，通报广佛肇经济圈建设进展情况，研究广佛肇共建产业园区相关工作。市委常委、常务副市长、市实施《规划纲要》领导小组常务副组长刘惠祥，副市长、市实施《规划纲要》领导小组副组长关鹏，市委副秘书长邓广全，市政府副秘书长、市经济研究室主任吴奕鹏，市政府副秘书长梁为东，市政府副秘书长、市金融局局长何炼生和市实施《规划纲要》领导小组全体成员参加会议。

11月25日下午，副市长关鹏在市府办第一会议室主持召开肇庆市查处取缔无证无照经营工作联席会议。市政府副秘书长陈列、市查处取缔无证无照经营工作联席会议成员单位和市综治办、市监察局负责人参加会议。

12月7日下午，副市长孙德在市府办第二会议室主持召开会议，专题协调市图书馆可研报告编制工作中的有关问题。市发展改革局、市监察局、市财政局、市住房城乡建设局、市文广新局、市城乡规划局、市代建局及市图书馆可研报告的编制单位深圳国众联评估咨询公司等单位有关负责人参加会议，市图书馆建设总顾问、原省立中山图书馆馆长李昭淳应邀出席会议。

12月8日上午，副市长李天在市水务局十楼会议室主持召开会议，专题研究协调推进龟顶新城暨锦绣山河项目范围内水利设施建设工作。市水务局、市景丰联围管理局、端州区政府、端州区睦岗街道办事处、三榕工业园管委会以及锦绣山河房地产开发有限公司等单位的有关负责人参加会议。

12月21日下午，市委常委、常务副市长刘惠祥在市府小礼堂小会议室主持召开会议，专题研究崇禧塔景区改造工程有关问题。市政府副秘书长梁为东、陈义及市发展改革局、市监察局、市财政局、市住房城乡建设局、市文广新局、市城乡规划局、市代建局等单位负责人参加会议。

12月30日晚，市委常委、常务副市长刘惠祥在市府办第二会议室主持召开会议，研究肇庆城东新区BT（1、2期）项目3.8亿元贷款过渡性抵押担保问题及东调洪湖项目贷款用款手续合法性问题。副市长郑剑戈，市政府副秘书长何炼生和市财政局、市国土资源局、市住房城乡建设局、市城乡规划局、市城市综合管理局、鼎湖区政府、肇庆城市发展有限公司、农业银行肇庆分行主要负责人参加会议。

*（市府办综合科）*

附：（一）2010年肇庆市人民政府正副市长名录

代市长：郭　锋（至3月）

市　长：郭　锋（3月当选）

常务副市长：刘惠祥

副市长：关　鹏　孙　德　黄　玲（女）
李　天　郑剑戈

（二）2010年肇庆市人民政府正副秘书长名录

秘书长：梁育天

副秘书长：莫优年　吴奕鹏
黄学武（3月免）　梁为东
余　强　何镜才　陈　义
陈　列　黎晓华　何炼生
曹伟光（6月任）　刘石栋

（三）2010年肇庆市人民政府办公室正副主任名录

主　任：莫优年

副主任：林洪江　江泽全（1月免）
程广礼（3月任）
陈宇航（6月任）

## 调研工作

【调查研究】 2010年，市政府领导组织市府办、市府经研室等部门开展关于转变经济发展方式、实施《规划纲要》、中心城区一体化建设、“三旧”改造、医药卫生体制改革、扶贫开发等专项工作调研46次。市政府经济研究室积极参与重要政策、文件的制定起草，加强战略性重大课题的调查研究，为决策提供参考。主要有：（1）会同市经信局开展关于市直城区工业企业扩张发展载体的调研，提出异地扩张发展的新思路和政策建议。（2）会同市规划纲要办开展关于深汕特别合作区的调研，深入研究深圳市、汕尾市共建合作的经验，提出市创新区域合作模式、谋划共建广佛肇经济合作区的战略思路。（3）加强对国际、国内宏观经济和政策动态的分析研究，对全市月度、季度经济运行情况和工作推进情况实施监测，并参与关于市GDP冲千亿情况的调研，为进一步明确工作重点难点、促进目标实现提供依据。（4）参与关于市重点交通基础设施项目建设情况的调研，为项目促建工作提出针对性意见建议。（5）牵头组织开展关于星湖风景名胜区管理体制改革的专题调研，全面了解景区管理现状，借鉴各类景区改革经验，明确改革的方向和重点。（6）推进开展关于依托交通网络发展新兴产业集聚区、关于大力发展金融产业支撑肇庆经济发展、关于加快推进市城镇化进程等重大课题的调研，形成阶段性成果。（7）协助省府发展研究中心开展关于市主体功能区规划的课题研究。

【市政府顾问团工作】 （1）组织召开顾问团年会暨2010年市《政府工作报告》意见咨询会。郭锋市长、刘惠祥常务副市长出席会议，中国交通协会常务副会长王德荣、广东省委副秘书长杨桐、中科院广州分院广东省科学院党委书记郭俊、广东省委党校副校长陈鸿宇等20名顾问亲自到会并发言，全体顾问共提出意见建议31条。（2）正式创刊出版《顾问直通车》。以刊物形式加强反映顾问的意见建议、工作动态和研究成

1月15日，召开市政府顾问团年会暨2010年市《政府工作报告》意见咨询会

果等信息，开启顾问建言献策的新平台，已出版报送专刊2期、特刊1期，共报送意见建议11条、专题论文1篇，内容涉及文化强市建设、城市建设管理、低碳经济发展、旅游业发展、科技创新、广佛肇合作等领域。（3）增聘国务院研究室综合司陈文玲司长为市政府顾问，增聘何达、村田明夫为外籍顾问相关工作基本落实，顾问团影响力提升。（4）组织顾问参与重要政策咨询工作。在《肇庆市建设文化强市规划大纲（2011—2020）》等重大政策的制定中均征求和采纳顾问提出的专业意见建议。　*（吴亮）*

**附：2010年肇庆市人民政府经济研究室正副主任名录**

主　任：吴奕鹏

副主任：陈　宇　廖永清（女）

江红平（挂任）　陈剑辉

## 信访工作

**【简况】** 2010年，全市县以上党政机关信访部门共受理群众信访总量1.13万件次，同比上升4.25%，其中来信3681件，同比上升41.2%，来访1788批7629人次，同比批次上升0.8%，人次下降7.44%。群众来访中集体访435批4735人次，同比批次上升22.19%，人次下降10.74%。群众集体越级到省上访10批70人次，同比批次下降41.2%，人次下降71.7%。进京上访2批4人次，同比批次下降55.6%，人次下降44.44%。市领导接访事项20宗，办结或答复信访人20宗；依法复查（复核）信访事项34宗；省立案交由肇庆市处理信访案共30宗，办结29宗，未到期1宗，到期办结率96.67%。

**【矛盾纠纷排查化解】** 2010年，全市各级各部门按照市委、市政府关于《社会矛盾纠纷排查化解工作意见》和《肇庆市开展社会矛盾排查“早春行动”和社会矛盾化解“春暖行动”方案》的要求，加大矛盾纠纷排查化解工作力度。重点围绕容易引发信访突出问题、群体性事件和重大矛盾纠纷的重点行业、重点地域，层级开展排查化解矛盾隐患，把不稳定的因素解决在基层、解决在萌芽状态。全市共排查各类矛盾纠纷4219宗，已调处化解4100宗，调处化解率97%。对涉军、涉企业改革、涉农村村务等信访突出问题，在市委、市政府统一部署下，层级落实专门工作组，及时调处，逐案化解。年初部分参加对越自卫还击战的军队退役人员互相串联、聚集上访，各级党委、政府和维稳、民政、人力资源和社会保障、公安、信访等部门深入分析动态，及时疏导，积极防控，无出现集体越级到省上访，得到上级充分肯定。在处理原市钢铁厂职工上访问题时，市国资派出多个工作组到一线、职工中做政策宣传、解释工作，稳定上访群众。

**【基层基础建设】** 2010年，在全市108个镇（街）全部建立综治信访维稳中心的基础上，着力推动中心向两头延伸。一方面，推进县（市、区）综治信访维稳中心建设，整合相关部门职能，联合调处矛盾纠纷；另一方面，加快综治信访维稳中心向村一级延伸，全市大部分村（社区）已建立综治信访维稳工作站，使各类矛盾纠纷在最基层得到及时调处化解。全市镇（街）综治信访维稳中心共受理群众来信来访事项4496宗，成功调处3812宗，调处率84.8%。

**【层级领导接访】** 2010年，市、县、镇三级党政领导定期接访群众制度进一步完善，市领导带头轮值接访，各县（市、区）、镇（乡、街）领导与市领导同步接访，化解一批信访积案。年内，三级党政领导共接访群众1184批4756人次。各级各部门坚持“进家门、问民生、解难题”探访重复信访户，深入到矛盾纠纷较多、问题复杂、群众意见多的地方下访群众，切实解决群众生产生活中的实际困难，密切党群关系。

**【遏制集体越级上访】** 2010年，各级各部门把遏制化解集体越级上访作为信访的一项重要工作，采取有力措施，及时化解处置。年内群众越级进京上访2批4人次，同比批次下降50%，人次下降55.6%；群众集体到省上访10批70人次，分别下降41.2%和71.1%；群众集体到市上访34批1228人次，同比分别下降18.52%和16.38%。封开县、高新区无群众越级到省进京集体上访。尤其是对涉军集体上访，市和各相关县（市、区）党政主要领导都高度重视，亲自研究部署应对化解措施，切实做好退役人员的教育疏导稳控，确保国家、省“两会”和“八一”建军节等敏感时段，全市没有发生军队退役人员进京上访情况。

**【落实信访责任】** 2010年，按照“属地管理、分级负责，谁主管、谁负责”的原则，各地各部门层级落实信访工作责任制，重大问题一把手亲自抓，具体工作分管领导及时抓。各有关部门对于需要本部门处理的信访问题，认真负起责任，采取措施加以解决，避免信访问题久拖不决而造成更大隐患。

**【亚运期间信访】** 一是落实矛盾纠纷排查化解责任，全市排查出信访突出问题100宗，重点信访人员74人，并落实稳控责任；二是落实信息情报收集研判制度，实行24小时值班制度和信访信息报告制度，编写《广州亚运安保和信访维稳工作动态》31期；三是把确保“平安亚运”作为系统工程，抓好责任落实，各地各部门切实加强领导，整合力量，强化责任，协调联动，确保亚运期间全市社会大局和谐稳定，确保实现“平安亚运”目标。 *（市信访局）*

## 政务督查

**【简况】** 2010年，市政府督查室共开展专项督查33项，发出督查通知237份，进行实地督查106次，向市委、市政府作专题报告16份，编发《肇庆政务督查》简报6期。将《政府工作报告》确定的任务细化为118个子项目，分解到各县（市、区）、肇庆高新区和市直有关部门等36个责任单位，逐项跟踪督查，促进贯彻落实。分办、督办人大建议107件，政协提案176件，全部按时答复办结，代表和委员满意率（含二次办理的建议提案）100%。

**【重点督查】** 2010年，重点督查《政府工作报告》确定的各项工作任务，制定督查计划，实地督查进度，定期通报进展情况，提出工作建议。《政府工作报告》确定的118个子项目中已完成113个，完成率96%。市政府督查室将《政府工作报告》明确提出的为民惠民十件大事作为督查工作的重中之重来抓紧抓实。根据目标任务，明确工作进度计划，落实各层级责任人，建立完善的督查工作台账，逐项跟踪落实，按照各时间节点，定期或不定期到现场逐项对照检查，发现滞后情况及时汇报，为领导决策提供参谋依据。5月开始，每2月进行一次全市通报，连续4期通报所提建议均得到领导同意采纳，将具体工作要求下达到各责任单位，有效推动十件大事的落实。年底十件大事的各项年度目标任务全部完成或超额完成。根据国家统计局肇庆调查队调查结果显示，市民对十件大事的总体评价满意率98.3%。

**【专项督查】** 2010年，对市政府的重大决策、部署和领导批示的23件事项的落实情况进行专项督查。全市文化共享工程县级支中心建设、市与省航运集团及珠江船务公司合作措施的落实情况、市第四轮行政审批调整事项落实情况、端州四路7号电机厂小区围墙严重变形存在倒塌危险处理情况、肇庆城区西排洪渠南段改造工程超概算问题等各项督查工作均得到圆满完成或取得实质性进展。其中，根据市主要领导的批示，市政府督查室对北岭将军山违法建设整改情况进行专项督查，向市直有关部门发出督办、催办通知共23份，采取明督暗查的方式，先后16次到现场调查取证，摄得照片300多张，完成4篇督查报告，及时向市委、市政府反馈有关情况，提出工作建议，促进整改工作的顺利推进。北岭山违章建筑野生动物园内的动物于4月24日全部移交省野生动物救护中心，并拆除笼舍和其余配套的违章建筑物，逐步恢复绿化。10月23日，市政府有关部门依法依规对北岭将军山违建的关公雕像进行拆除。

**【民生热点】** 2010年，完成人民群众高度关注的8个重点建议提案的跟踪督办工作（包括市人大重点建议2件，市政协重点提案6件），制订领导领办重点建议提案方案、督办检查方案等，督促部门落实办理方案和办理措施，有效促进办理工作的落实，重点建议和重点提案均得到代表、委员的满意，取得显著成效。其中市委书记覃卫东亲自牵头督办重点提案《关于巩固普高成果，打造教育强市的建议》，全市全年创建广东省教育强镇28个，比年度计划目标23个多出5个，完成年度创建工作任务的122%，受到省教育厅和省人民政府教育督导室的充分肯定。重点提案《关于提高自主创新能力，实现民营经济大发展的建议》由市长郭锋亲自领衔办理，并会同市政协主席梁国安带领的督办组深入民营企业生产一线进行现场调研督办。年底，全市规模以上民营工业企业703家，比上年增加136家，实现工业总产值816.34亿元，占全市规模工业总产值的46.8%。其余6件重点建议和重点提案也分别由各分管副市长领办，市领导牵头办理重点建议和重点提案，亲自带头办理、亲自审定方案、亲自过问办理进度，亲自审定答复内容，切实提高建议提案办理工作实效。

（梁毅娟　张伟忠）

## 法制工作

**【规范性文件】** 2010年，市政府共发布规范性文件13件，其中重新制订《肇庆市行政机关规范性文件制定程序管理规定》；出台《端州城区户外广告设置管理暂行办法》、《端州城区户外广告设置联合审批暂行办法》、《端州城区户外广告占用公共场地使用权招标拍卖暂行办法》；进行听证后出台《肇庆市路桥车辆通行费年（次）票制试行办法》；出台《关于进一步调整入户肇庆市城区户口政策的通知》、《关于肇庆市开展农民工积分制入户城镇工作的实施意见》；修定《肇庆市闲置土地处理办法》、《肇庆市人民政府投资项目管理办法》等，市政府规范性文件发布后均按照规定报送省政府和市人大常委会备案。全年下级政府上报市政府备案规范性文件15件，对部门规范性文件进行发布前合法性审查9件。

2010年，市政府重新修订《肇庆市人民政府工作规则》、《肇庆市人民政府议事决策规则》、《肇庆市人民政府会议运作制度》、《肇庆市人民政府重大事项报告通报制度》、《肇庆市人民政府投资项目管理暂行办法》、《肇庆市市本级财政资金拨款管理暂行办法》6份政府工作制度。5月，市政府收到市广告协会对《端州城区户外广告设置管理暂行办法》及其两份配套文件违反行政许可法和行政处罚法的投诉，这是市多年来发生的第一宗对政府规范性文件合法性投诉。市法制局约见市广告协会负责人，对文件出台的背景和依据作说明，对提出的问题和要求逐条作详细解释。经市政府同意后由市府办作书面答复，得到市广告协会的认同，妥善解决这起规范性文件合法性投诉事件。

**【行政复议】** 2010年，全市（不含国家、省垂直管理的部门）共收到行政复议案件111件，受理98件。案件类型主要涉及公安、社会保障、林业、国土、住房建设等部门，其中治安处罚和强制隔离戒毒26件，工伤认定25件，山林确权25件，房屋拆迁4件。审结89件（含上年结转8件），其中维持54件，撤销10件，终止14件，确认违法3件，驳回1件，作其他处理7件。其中，市政府共收到行政复议申请25件，受理23件，不予受理的2件。办结23件（含上年结转5件），其中维持18件，撤销3件，终止2件。

**【行政应诉】** 2010年，全市各级行政机关（不含垂直管理部门）参加行政应诉案件78件，一审审结71件（含上年结转2件），其中维持25件，撤销11件，责令履行法定职责2件，确认违法或无效2件，驳回诉讼请求9件，驳回起诉6件，撤诉15件，其他1件。案件主要涉及治安处罚和强制隔离戒毒、工伤认定、山林土地确权、房产登记与拆迁、征收社会扶养费等内容。

**【行政执法与监督】** 2010年6月，市府办发出《关于做好行政执法职权核准界定公告工作的通知》，要求各行政执法部门重新核准、界定行政执法职权，确认行政执法主体，明确岗位职责，向市法制局报备《行政执法职权依据一览表》、《行政执法职权一览表》，并做好公开工作。

**【治理公路“三乱”】** 2010年，全市开展各种形式检查30次，检查辖区内公路站点40个，其中交通（公路）部门设置的15个，公安部门设置的2个，林业部门设置的23个。在明查暗访过程中，纠正不规范执法行为1次。收到公民电话投诉7件（次），这些投诉与公路“三乱”行为无关。根据省对治理公路“三乱”工作的要求，治理公路“三乱”工作9月移交市纠风办负责。

【行政执法证管理】 2010年，行政执法人员的《广东省行政执法证》的审查、发放工作采用纸质文件报送和网络申报、审批相结合的办法，全年办理行政执法证2155个。

【政府专项工作报告】 2010年，审核由有关职能部门起草的市政府向市人大常委会专项工作报告8份。

【仲裁工作】 2010年，肇庆仲裁委员会受案18宗，受案标的总额2945万元，案件和解调解结案率36%。积极开展仲裁宣传工作，“3·15”消费者权益保护日以及“12·4”全国法制宣传日，肇庆仲裁委联合肇庆学院政法系的师生，组织仲裁法律咨询团队，接待咨询近200人次，派发宣传资料几百份；开展非公有制企业民商事纠纷仲裁解决宣传工作；到鼎湖区、四会市等地开展仲裁法律制度宣传，在肇庆高新区外商服务中心设立联络处，向企业以及投资人士宣传仲裁工作。

【问题与困难】 一是各级行政机关工作人员依法行政意识和能力需加强；二是对一些部门重大执法行为未能及早介入，对个别执法人员因水平不高造成违法执法的行为未能及时监督；三是下级政府和市直部门规范性文件的上报备案工作还要加强。 （李慧婷）

附：2010年肇庆市法制局正副局长名录

局　长：徐天茂

副局长：申健生　王富权

## 政务信息工作

【政务信息】 2010年，政务信息工作重点抓4方面：（1）编辑《肇府信息》。全年处理专报信息1050篇，编发《肇府信息》46期，采用375篇，比上年多采用214篇，为市领导及相关部门提供具有参考价值的信息。其中《肇庆居民燃气四大突出问题及对策建议》、《肇庆交通运输业突出困难需引起重视》、《国家取消406种商品出口退税对我市县域经济造成较大影响》等11篇专送信息获市领导批示。（2）上报《肇庆政务信息》。全年向省府办公厅上报《肇庆政务信息》137期，被采用31篇，市府办信息科被省府办公厅评为2010年度报送信息先进单位，两人被评为报送信息先进个人。其中《高要市全面开展城乡环境卫生专项整治活动》、《肇庆市省级卫生村创建工作走在全省前列》等信息被省府办公厅单篇采用，《肇庆高新区借助“双转移”实现快速发展》、《肇庆市出台〈以创业带动就业工作实施意见〉全力争创国家级创业型城市》、《肇庆市德庆县推进学前教育快速发展》等信息获省领导批示或上报国务院办公厅。（3）编辑《市政府一周要情》。对市政府领导重大公务活动、对外交往活动、主要政务活动等内容进行整理，及时、准确报送市委办，全年印发《市政府一周要情》50期。（4）办理《肇庆网络舆情信息》。做好信息收集、报送、交办、处理、反馈等工作，讲究方法，通过弱化官方色彩避免广大网民抵触，使网民对调查所得的事实真相既能了解也能接受，着力解决网民关注的热点难点问题。此项工作已成为政府了解民意、解决民困、汇集民智的一项常态性工作。全年编发《肇庆网络舆情信息》7期，办理网民热议问题24个，办结率100%。 （罗云彩）

【办公自动化】 2010年，做好市府办局域网网络、市府办系统各单位（科室）的电脑设备和电视电话会议系统的日常维护工作。完善计算机设备档案管理，做好计算机病毒防范和办公自动化系统的安全保密工作，确保系统的稳定和数据的安全。对办公业务网系统功能进行升级完善。做好政府门户网站管理的规范化工作。强化办公业务网、信息化的管理，加强应用方面的培训和指导工作。 （余立享）

## 政务公开

【制度建设】 健全领导体制　2010年，建立由市长任组长，常务副市长和市纪委书记为副组长及有关部门负责人为成员的市政务公开工作领导小组。市政务公开办公室配备专门工作人员，负责推进、指导、协调全市政务公开工作。市监察局、市法制局、市人力资源社会保障局、市物价局、市档案局、市保密局、市信息中心等单位按照各自职责积极配合。各县（市、区）、各部门完善以行政一把手挂帅的政务公开工作领导小组，明确本地、本部门具体负责政务公开工作的机构和人员，推进政务公开工作扎实开展，形成党委统一领导、政府主抓、政府办公室组织协调、纪检监察机关监督检查的领导体制和运行机制。

*完善工作制度* 2010年，先后印发《2010年全市政务公开工作要点》、《市政府办公室政府信息主动公开办法》。严格执行《肇庆市政府信息公开保密审查制度》，完善政府信息公开保密审查程序，将政府信息公开保密审查程序与公文运转程序、信息发布程序结合起来。落实政府信息公开登记制度，整个保密审查过程都有书面记录，做到保密有依据，公开有审批，审查过程有记载，违责可追究，防止在信息公开过程中泄密。

*行政审批制度改革* 2010年，肇庆市对行政许可项目和非行政许可审批项目进行新一轮清理，制定《肇庆市人民政府第四轮行政审批事项调整目录》，调整目录保留的行政许可事项132项、非行政许可的行政审批事项38项，列为一般业务管理的事项91项，下放的行政审批事项10项，取消的行政审批事项15项。对决定保留的涉及34个市直部门的170项行政许可事项进行全面公开，包括审批事项的具体名称、主办机构、法律法规依据、审批范围和条件、办事流程、申报材料、办结时限、收费标准、申请表格及获取方式、咨询和投诉电话、受理地址等内容。

**【政府门户网站建设】** 2010年，“中国肇庆”政府门户网站在全面改版的基础上，进一步拓展政府信息公开的深度和广度，网站内容涵盖政府工作的各方面，重点突出政府信息公开、政务服务、网上办事、效能监察等专栏，及时、全面、准确发布社会关注、群众关心的热点问题。逐步完善网上行政审批系统，推行“一站式”电子政务建设，通过“中国肇庆”政府门户网站的链接，社会公众可体验到各县（市、区）人民政府、肇庆高新区管委会、市直和省驻肇有关单位网站的“阳光操作体系”，高效便捷地获取政府信息和政务服务。“中国肇庆”政府门户网站被评为2010年“全国品牌城市门户网站十佳先锋”。

**【主动公开】** *政府网站公开* 2010年，市政府办公室在“中国肇庆”政府门户网站上全面公开《肇庆市人民政府办公室信息公开指南》和《肇庆市人民政府办公室信息公开目录》。公民、法人或者其他组织可以在网上查阅到正、副市长履历、分工；市政府办公室领导分工、内设机构、职责职能、联系方式及负责人信息；市政府工作部门的主要职能及办事指南；以市政府或市政府办公室名义制发的非涉密规范性文件；肇庆市“十一·五”规划纲要、重点专项规划、行业规划；肇庆“十二·五”规划思路；市政府重点工作、重大建设项目情况；2010年政府工作报告、国民经济和社会发展统计信息、财政预算、决算情况；应急管理、政府采购情况、市政府人事任免情况；法律、法规、规章规定需要公开的其他事项等政府信息。全年发布政府新闻信息约7000条。

新闻发布会2010年，组织召开全市性新闻发布会7次，其中有广州亚运会火炬传递肇庆新闻发布会、第九届肇庆龙舟邀请赛暨旅游推介活动新闻发布会、2010肇庆金秋经贸洽谈会新闻发布会、查处北岭将军山违法建筑物新闻发布会，维护政府信息的准确性和权威性，保障公众的知情权、参与权和监督权。

*其他渠道公开* 2010年，《西江日报》、肇庆广播电视台、“今日肇庆”网等新闻媒体及时播发市政府重要会议、市政府领导重要公务活动等政府新闻信息和社会民生信息。9个县级以上档案馆已有4个县级档案馆成功升级为国家二级档案馆，完成档案目录数据约350万条，其中可全文查阅的约1.5万条，供可开放查阅目录约18万条。

*政府信息公开年度报告公布* 2010年，严格按照《政府信息公开条例》规定，编制公布本机关政府信息公开工作年度报告，并督促各地各部门各有关单位按规定时限和要求通过公众网站等方式及时公布年度报告。各县（市、区）人民政府、肇庆高新区管委会、市直部门及省驻肇有关单位编制的本单位政府信息公开工作年度报告及时在“中国肇庆”政府门户网站向社会公布。

**【依申请公开】** 2010年，印发《转发省政府办公厅印发广东省依申请公开政府信息工作规程（试行）》，做好依申请公开工作的有关文件，统一印制《肇庆市人民政府信息公开申请表》等18类受理表格，规范全市政府信息依申请公开工作。12月，正式应用“广东省政府信息依申请公开网上管理系统”，公民、法人和其他社会组织可在“中国肇庆”政府门户网站直接登陆系统向市政府办公室申请所需的政府信息。全年市政务公开办公室收到政府信息依申请公开6件，内容有道路改造拆迁、人事信息和联系方式等，已全部及时答复，没有收取任何费用。市长热线电话12345，没有收到有关政府信息公开的申请。

**【接受监督】** 2010年4月，市政府向市人大常委会作《关于肇庆市政务公开工作情况的报告》，主动汇报近几年全市政务公开工作所取得的良好成效、经验措施、存在问题和下阶段工作重点，受到市人大代表的充分肯定。市政府办公室认真研究市政协委员提出的《关于加强我市政府部门政务公开工作的建议》，对所提意见建议，采取有效措施，认真抓好整改落实，并及时答复提案人，提案人对办理工作表示满意。

（*梁毅娟 张伟忠*）

## 行政服务

**【简况】** 2010年，市行政服务中心受理（办理）审批事项10.48万宗，比上年增长52%（下同，略）；解答咨询8.68万次，增长29%；收取行政事业规费3.98万宗，增长8%；收费金额9740万元，增长69%。有形要素市场完成建设工程招投标、地产交易、政府采购、林权交易共1830宗，增长20%；交易金额39.6亿元，增长8%；有形要素市场交易运作为政府实现增收节支合计6.1亿元，其中节支0.5亿元、增收5.6亿元。中心进驻窗口行政服务继续保持“零投诉”。

**【电子政务建设】** *网上联合审批系统* 6月，市行政服务中心开展“新企业设立”和“建设工程报批”两大网上联合审批系统（简称联审系统）建设，于9月底和12月底分别建成及上线试运行，有21个窗口部门参与应用。这两个联审系统的应用，一是实现一个窗口一次性收件、收费和发证。二是实现申请资料网上同时分发各联审单位在线审阅和一次性反馈受理。三是实现跨部门联审一体化运行，做到牵头部门审批要素自动配置、前后置业务流程优化和紧密对接、同步关系并行办理。四是实现部门之间审批信息共享。五是实现行政审批效率大幅提速。其中，在新企业设立方面，贸易公司审批为3个工作日，外资企业审批为6个工作日，酒店类企业审批为27个工作日；在建设工程报批方面，仅需83个工作日就走完审批全程，两者均比串联式审批提速50%以上。

*履行组织网上联审职责* 一是保障场地和设备。设立网上联审业务专用窗口，购置电脑、高速扫描仪等办公配备。二是保障工作人员。安排业务能力较强的科室人员负责联审窗口业务接办工作。三是保障工作管理制度。制订《中心组织、协调网上联合审批工作暂行管理办法》。四是保障联审系统稳定顺畅运行。成立网上联审系统运行保障小组，专门协调处理联审系统应用过程中出现的问题。在新企业设立网上联审上线运行期间，中心共受理17宗新企业设立联审业务，办结8宗。

**【服务管理】** *创建“文明窗口”* 主要通过制订创建活动方案，重新制定中心工作人员形象建设规范，主动听取社会公众对中心服务工作的改进意见和建议，完善便民措施，坚持文明办公，巩固办公区内禁烟成效，保持办公区域安全、干净、整洁、服务设施完好无缺等工作措施创建“文明窗口”。中心获2008—2009年度“肇庆市文明窗口”称号。

*强化管理措施* 中心草拟《肇庆市“一站式”网上行政审批监察系统建设、应用和管理暂行规定》，对审批监察系统建设、应用和管理具有指导性、实用性和可操作性。中心主动与有关单位主要领导商量业务进驻问题，及时解决办公条件，成功推动国土、民政、产权交易等部门整体业务进驻，提升政府集中服务功能。

*信息公开管理* 中心及时核对25个市直部门共155个事项的政务公开信息并在网站全面更新。分别与市属各县区建设工程交易中心及4家政府采购招标公司签订招投标信息发布协议，规范信息发布的做法要求。全年发布建设工程招投标信息500多条、政府采购信息1600多条。

**开展“领导接办日”活动** 中心重新研究、制定“领导接办日”活动的具体做法和要求，制订和完善相关考勤、现场接访和接办业务登记及情况通报等配套制度，并将接办情况纳入年度工作评比依据，对不重视接办日活动的单位由市监察局进行问责。全年各单位领导共接办接访业务519宗，受到企业和群众的一致好评。

**【绿色审批通道】** 2010年，中心支持市邮政局在全国统一时间内完成机构和业务重组改制工作，切实履行联合审批组织协调职责，召开审批“绿色通道”联席会议，明确由中心成立工作小组提供全程跟踪指导服务，各相关部门办事窗口设定专人负责邮政改制审批办理，最终仅用10个工作日圆满办结所有手续。

**【提案承办】** 2010年，中心承办市人大代表提出的《关于行政服务中心配置摩托车棚的建议》便民服务建议，与市财政局协商，在大院内东北角为外来办事者提供停放点，增加车位数，在大门口两侧设临时停车位，划线指引汽车、摩托车分类停放，方便办事者。 *（黄超毅 傅伟娟）*

## 土地储备

**【土地收储与出让】** 至12月，市土地储备中心在端州区收储土地113.29公顷，鼎湖区征收土地47.66公顷，全市总的在储土地有691.13公顷。中心分别出让103区星湖大道北侧、103区砚都大道西南侧、82区市质监局北侧、126区东岗东路南侧两宗、端州区龟顶新城地块土地使用权，合共出让37.82公顷，创造土地收入8.15亿元。

**【问题与困难】** 土地利用计划指标制约着各县区征地工作的开展。征地补偿标准面临调整使农民对征地的积极性不高。可用于土地储备的融资抵押物不足。 *（麦伟勤）*

## 金融服务

**【机构设置】** 2010年，市金融服务办公室更名为市政府金融工作局，为负责政府金融事务的正处级工作机构，挂靠市政府办公室，内设金融一科、金融二科2个职能科室，人员编制6名；10月，市机构编制委员会批复同意成立肇庆市金融服务中心，为市金融局下属副科级事业单位，核定事业编制4名，主要负责建设与完善市金融服务平台，发挥政府、金融机构、融资担保公司和企业之间的桥梁纽带作用，为企业提供金融配套服务。

**【业务简况】** 2010年，全市有银行业金融机构16家；保险机构21家；证券业金融机构5家（含2家期货公司）；融资性担保公司8家（含分支机构）；小额贷款公司3家，金融从业人员1.19万人。金融业增加值27.3亿元，占GDP比重2.6%，比2005年提高1.6个百分点。年末全市本外币各项存款余额1072.54亿元，比上年增长16.5%（下同，略）；本外币各项贷款余额652.01亿元，增长14.73%；存贷比60.8%，在全省排位第四；全市银行业机构实现本外币利润16.34亿元，增长12.69%。全市21家保险业机构保费总收入21.3亿元，增长20.2%。证券开户数38.96万户，全年证券交易金额1622.26亿元。

**【金融创新与发展】** **四会、德庆获省“金融稳定奖”** 11月，四会市人民政府和德庆县人民政府均获得2010年省“金融稳定奖”；高要市农信联社获得省“金融创新奖”三等奖。

**广佛肇金融合作** 3月，中国人民银行广州分行、佛山中心支行、肇庆中心支行签订《广佛肇金融合作备忘录》；10月28日，广佛肇三地政府金融局（办）召开第一次联席会议，联合签署《广佛肇金融合作工作方案》。三地金融管理协调部门建立金融合作机制，明确合作领域与重点工作，加大力度促进三地金融资源优化配置、协调发展。

**规划建设新金融商务区** 2010年，市金融局提出在城东新区规划建设市新金融商务区的构想，得到市政府领导和规划部门、金融部门的认同和支持。经市政府同意，市城乡规划局已在城东新区96区安排8公顷地规划建设新金融商务区。工行、建行以及中信银行已分别行文向市政府申请在新金融商务区安排用地建设营业办公场所和培训中心。

*引进新的金融机构* 12月27日，市引进的首家外资银行香港东亚银行肇庆支行正式对外营业。新引进的天平汽车保险股份有限公司在辖内设立中心支公司；光大银行将在肇设立分行的申报材料呈送银监会待批；中信银行来肇开展实地调研，其分支机构的设立事宜正在报批；交通银行和兴业银行明确表示2011年将正式启动进驻肇庆设立分支机构的工作。

*农信联社改制为农商行* 2010年，推进市农村信用社改制为农村商业银行工作。端州农信联社的申报材料已得到银监会的批准，高要农信联社筹建农商行的申请已获得省银监局的核准，并上报银监会审批。辖内其他各联社正在按计划做好改制的各项筹备工作。

*推进小额贷款公司试点* 市在德庆县新增1家小额贷款公司。至年底，全市3家小额贷款公司累计投放贷款431笔，金额1.75亿元。

*融资担保行业规范整顿* 10月，市金融局启动全市融资性担保公司规范整顿工作，建立市融资性担保业务监管联席会议制度，促使融资担保行业尽快实现规范经营。全年全市8家融资担保机构（含分支机构）共为中小企业提供贷款担保约6.35亿元。

*试点筹建村镇银行* 积极推进组建德庆县村镇银行的各项筹备工作，5月，组织有关单位到中山市小榄村镇银行实地调研，并制订筹建德庆村镇银行的实施方案，选定办公场所。

*农村金融服务网点全覆盖* 6月，怀集县农信社在闸岗镇开设营业网点并正式对外营业，网点覆盖市最后一个金融机构空白镇，实现辖区农村金融服务网点全覆盖。

*政策性农房保险* 至年底，市农房保险共承保59.35万户，承保面82.09%，报损农户734户，赔付金额240.43万元。

*林权抵押贷款* 2010年，全市林权抵押贷款金额人民币8.7亿元、美元2632万，贷款规模位居全省前列。4月，全省林权抵押贷款现场推进会在肇庆召开，推广肇庆经验。

*股权投资基金* 6月，由市金叶投资发展有限公司与省粤科风险投资有限公司合作组建的肇庆市金粤创业投资有限公司正式成立，投资对象主要是市高新技术产业以及有发展潜力的中小企业。

*推进城信社及信托公司退市* 至11月底，全市城信社退市工作整体完成。城信社资产追收率46.8%，平均债务清偿率30.37%，均居全省前列。市信托投资公司清算退市工作已完成债权申报、核实以及部分资产追收工作。

**【融资与协调服务】** *政府性贷款* 2010年，市本级新增政府性贷款17亿元。年末，市直政府性贷款余额70.34亿元。主要用于市直土地储备，市城区（含高新区）基础设施、民生工程等建设。

*中小企业融资* 年末，全市中小企业贷款余额383.3亿元，比年初增加85.8亿元，增长28.8%。银行业金融机构推出好易贷、好融通、法人按揭贷款业务等新型融资产品，灵活满足中小企业融资需求。银行业金融机构的服务意识增强，变被动营销为主动服务，挖掘优质客户。多家银行为中小企业融资开辟“绿色通道”，简化贷款流程。

*企业上市直接融资* 3月，高要天龙油墨在深交所上市，成为市第四家上市企业，也是市第一家在创业板上市的公司和第一家上市的民营企业。年末，全市4家上市公司总市值201.88亿元，鼎湖鸿特精密公司通过中国证监会创业板IPO审核。

**【问题与困难】** *发展相对滞后* 2010年，肇庆市金融业增加值占全市GDP比重低于全省平均水平；年末本外币各项存款余额和各项贷款余额与珠三角其他城市差距较大；保险深度2.12%，比全省平均水平低1.38个百分点，保险密度542元，比全省平均水平低1096元。

*结构相对失衡* 2010年，银行业、保险业金融机构发展较快，证券业、期货业、创业（风险）投资基金发展缓慢。融资结构不平衡。广宁、怀集、封开、德庆4个山区县的GDP和人口分别占全市的35.5%、53.2%，贷款余额合计占全市各项贷款余额的14.75%，贷款主要集中在肇庆市区及高要、四会市；直接融资与间接融资比例失调，全市只有4家上市公司。

*政府融资形势严峻* 过去市主要依靠政府融资平台向银行贷款，根据现行政策，地方政府融

资平台都面临债务审计和规范整改，很难再从银行获得贷款支持。市政府投融资模式和结构须做出重大调整。

*中小企业融资难*　中小企业融资主要来源于银行的信贷资金，缺少有效的资产抵押难以获得银行贷款，限制企业的快速扩张。市融资担保行业起步晚，发展速度慢，本地的法人机构仅4家，数量全省排名第16位，对缓解中小企业融资难发挥的作用有限。

*县域金融发展水平低*　县域金融配套政策不完善，资金供给渠道有限，金融服务水平有待提高，县域金融对县域经济的推动作用没有充分发挥。除德庆县外，各县（市、区）政府都尚未成立专门的金融局（办）来负责辖内的金融事务。

（潘卫华）

**附：2010年肇庆市政府金融工作局局长名录**

局　长：何炼生

## 应急管理

**【一案三制建设】**　*应急预案*　至2010年底，全市制订各级各类预案8989个，其中，市级总体预案、专项预案、部门预案共168个，各县（市、区）、肇庆高新区制订县级预案1393个，乡镇（街道）应急预案864个，村居委（社区）应急预案1359个，学校应急预案2820个，企业应急预案2385个。

*体制机制法制建设*　2010年，各县（市、区）政府应急办、总值班室基本建立，充实专职人员。全市108个乡镇（街道）已设立应急管理办事机构，在乡镇（街道）党政办加挂应急管理办公室牌子，指定专人负责。市初步搭建起市、县（市、区）、乡镇（街道）、村居（社区）四级应急管理体系。机制建设方面，发挥各级各类应急指挥机构的统一指挥协调作用，完善应急委成员单位间的联动机制。法制建设方面，将学习《广东省突发事件应对条例》列入全市普法教育内容，组织全市公务员学习。

**【基层应急管理】**　2010年5月，印发《关于加快推进应急管理工作“五个一”工程建设的通知》，制订《肇庆市应急管理工作“五个一”工程建设示范单位标准（试行）》，推动应急管理工作向社区、学校和企业单位延伸，完善应急管理日常工作网络，全市37个示范点工程建设工作扎实开展。年底，印发《关于开展应急管理“五个一”工程建设自查自评工作的通知》，对细化量化各项指标，对“五个一”示范单位进行抽查和考评。

**【宣教演练】**　2010年，以农村、社区、企业、学校等基层组织为重点单位，以《中华人民共和国突发事件应对法》、《广东省突发事件应对条例》、各类应急预案、防险避险和自救互救基本技能等为重点内容，开展应急知识宣传教育。8月份，配合省政府在肇庆成功举办“百人百场”应急知识宣讲活动。各地各部门利用广播、电视、报刊等多种媒体，发挥网络资源作用，以世界气象日、全国消防日、防灾减灾日等专题宣传活动为载体，开展主题宣教活动。据不完全统计，全年开展应急知识宣传活动719场次，印发宣传小册子18万本，宣传挂图、单张45万份，开展各类应急演练408场次。

**【值守应急】**　2010年，端州、鼎湖、高要、广宁、德庆、封开、肇庆高新区等县（市、区）政府均建立总值班室，落实3～4名人员实行24小时轮流值班。编印《肇庆市政府总值班室值班工作制度汇编》，明确总值班室的主要职责、值班人员守则、培训、保密制度等有关规定。发展全市基层突发事件信息员6100多。11月，市政府应急办联合市人力资源社会保障局对全市政府系统155名突发事件信息员（值班员）进行为期2天的应急管理专业培训。

**【应急保障体系】**　*救援队伍建设*　2010年，市政府出台《关于进一步加强全市应急队伍建设的意见》。至年底，全市建起各级各类专（兼）职应急队伍527支共有2.8万多人，其中各地各级各类综合性应急救援队伍116支近3600人，专业性应急救援队伍411支近2.5万人。

*专家队伍建设*　各县（市、区）及公安、国土、建设、卫生、水务、质监、安监、气象、地

震等部门均分别成立应急管理专家库和专家组，全市各类应急管理专家1212人，其中市直284人，各地928人。

*物资储备* 市基本建立应急物资储备、紧急调拨和配送制度，在资源使用上初步实现区域共享。据不完全统计，至年底，全市建立应急物资储备库（点）、代储点共77个，其中国家级2个、省级3个、市级10个、县级62个，储备各类应急物资价值金额约2亿多元。

*应急避护场所建设* 依托广场、绿地、公园、学校、体育场馆等公共场所设施，加强应急避护场所基础设施建设。据不完全统计，至年底，全市有应急避护场所128个、占地面积296万平方米、可容纳80万人。

**【突发事件处置】** 2010年，先后成功处置广宁“8·1”重大交通事故、封开“8·10”居民楼滑塌事故、高要小湘镇“11·13”森林火灾事故、对越自卫反击战退役人员串联聚集上访事件、肇庆动力汽配厂员工停工上访事件和鼎湖区永安镇甫草村民与中国水电第十四工程局贵广铁路指挥部甫草制梁场工人冲突事件等突发事件。

**【区域合作】** 一是扩大应急管理区域合作范围。深化“广佛肇”应急管理合作，加强与其他相邻兄弟省市之间的合作。9月及10月，分别与广西贺州市、梧州市签订区域应急联动合作协议。二是完善区域应急联动机制。健全信息通报、联合演练、资源共享、联合处置突发公共事件等应急联动机制，推进与相邻地市之间的应急管理协调联动水平，做好突发事件信息通报工作，及时将涉及跨地区突发事件信息向有关地市通报。

（孔祥鑫）

## 住房公积金管理

**【公积金运营】** *归集情况* 2010年，全市共缴存住房公积金9.35亿元，比上年增31.12%（下同，略），历年累计归集总额41.57亿元，是年缴存余额23.76亿元。全市共有2979个单位，14.70万人参加住房公积金缴存，缴存率56.53%，增10.23%。其中肇庆市直参储单位926个，职工5.20万人，历年累计归集额19.83亿元。

*支取、贷款情况* 2010年，全市有2.21万名职工提取住房公积金共4.56亿元。全市历年累计18.29万人次支取住房公积金，支取总额17.8亿元。全市发放贷款5.47亿元，增4.25%，个贷率61.37%，运用率61.39%，为2901户职工解决购房资金。全市历年累计发放个人住房抵押贷款20.11亿元，解决1.54万户职工的购房资金问题。全市回收资金5.53亿元，贷款余额14.58亿元。

*增值收益* 2010年，实现增值收益3436.62万元，增3.1%，按规定计提贷款风险准备金1372.34万元，计提廉租住建设资金1286.98万元，管理费777.3万元。历年共划拨廉租住房建设资金1542.9万元。

**【调整缴存比例】** 2010年1月1日起，市直机关、财政核拨经费事业单位的住房公积金缴存比例从原来的10%提高至12%。各县（市）区根据自身实际参照确定本级单位的缴存比例，企业和财政核补经费及自收自支的事业单位根据本单位经济情况自行确定缴存比例，缴存比例5%～12%。

**【提高缴存基数】** 2010年1月1日起，市直机关、财政核拨经费事业单位及其个人住房公积金缴存基数由原来按职工本人月基本工资计算调整为按职工本人月工资总额计算。企业和财政核补经费及自收自支的事业单位参照执行，各县（市）区根据本地实际参照确定本级单位的缴存基数。

**【新增业务承办机构】** 2010年，新增中行为住房公积金归集业务承办银行，农信社为住房公积金贷款业务承办银行。

**【问题与困难】** 一是住房公积金缴存率偏低。截止12月底，市应缴住房公积金26万人，实际参加住房公积金缴存14.70万人，缴存率56.53%，在省处于偏低位置。个别县（市）区，部分财政供给单位至今尚未建立住房公积金制度（如教师、公安系统等）。二是需尽快建设住房公积金门户网站。至年底，肇庆市住房公积金中心是全省少数尚未建立网站的管理中心之一。 （卢少媚）

## 反走私综合治理

**【简况】** 2010年，全市共查处各类涉嫌走私贩私违规案件192宗，比上年增长1.6%（下同，略）；案值1.63亿元，增7.2%；涉嫌走私贩私的物品主要是电子产品、“两废”、烟酒、禽畜冻品等。

**【联合行动】** 2010年，开展9次专项联合行动：一是1月1日至3月1日，开展为期2个月打击走私联合行动；二是5月1日至7月1日，以西江流域为重点，开展为期2个月打击成品油走私专项行动；三是6月1日至8月31日，与云浮市联合开展为期3个月以打击禽畜冻品、干果、香烟、洋酒和化工原料等货品走私贩私为主的联合行动；四是8月27～28日，配合省打私办开展以打击走私禽畜冻品为主的过境车辆专项行动；五是9月1～30日，与佛山市联合开展以打击西江、北江水域及其沿岸区域偷运走私成品油为主的专项行动；六是9月15日至10月15日，开展打击水客走私等专项行动；七是10月27～29日，开展野生动物联合执法检查暨打击走私专项行动；八是11月15日至12月15日，开展为期1个月以打击过境车辆走私为主的联合行动；九是参与9月省渔政总队组织开展广东省打击渔船走私成品油及清理取缔“三无”船舶行动。

**【综合治理】** 一是建立健全反走私工作报告制度。各县（市、区）打私办定期向市打私办报告反走私工作情况。重点镇每年书面向县（市、区）打私办报告反走私综合治理工作情况。二是落实基层反走私工作责任制。市政府分别与各县（市、区）政府、市直缉私职能部门签订《打击走私综合治理工作责任书》，各县（市、区）政府与各重点镇、市直主要缉私职能部门与有关责任单位分别签订《反走私工作责任书》。三是健全情况通报制度，市打私办不定时召集各县（市、区）打私办及有关缉私职能部门通报辖区有关反走私动态和查获走私贩私违法违规案件情况。四是建立健全反走私综合治理考评制度。市打私领导小组定期对各县（市、区）反走私综合治理情况进行考评，发现问题，限期整改。五是及时向省打私办汇报辖区反走私工作动态，争取省对市反走私工作支持。六是健全协调联动制度。全市各级打私办与各缉私职能部门之间保持沟通联系，及时查处各种走私贩私违法案件。七是完善反走私信息化建设制度，全面推进各县（市、区）打私办网站建设。年底完成全市9个县（市、区）打私办公众网站建设，并入省打私办公众网站群正式运行。

**【问题与困难】** 一是由于地理位置特殊，过境车辆走私禽畜冻品、烟酒等问题仍然比较突出。二是个别县（市、区）的打私机构建设不够完善，职能作用发挥不明显。三是基层缉私经费保障不足，当地财政对打私经费投入较少，不能满足打私工作对经费投入的需求，且交通工具和通讯设备不能适应打私工作的要求。四是工作办公条件较差。市打私办还没有独立办公场所，与市府办综合科合并办公。 *（詹健全）*

## 机关管理与服务

**【接待工作】** 2010年，市府接待办共接待中央部、省级领导以及兄弟省市考察团和港澳台外宾等客人900余批次，1.6万人次（其中接待省部以上领导36批次）。

参与完成“第32届省港杯足球赛”、“广东省2010年国有资产监督管理工作会议”、“广东省政府发展研究中心来肇举行2010年春节联谊活动”、“2010年肇庆市港澳新春团拜活动”、“安徽省副省长倪发科同志来肇调研”、“肇庆党政考察团到广州增城市考察绿道建设”、“全省水利规划计划暨推进重点工程工作会议”、“亚铝集团银团贷款签约仪式”、“全国政协委员、外事委员会委员、中国驻德国前大使马灿荣来肇调研”、“联合国‘南南合作’组织主席团来肇”、“肇庆市党政代表团赴汶川县克枯乡考察对口援建工作”、“北京市政府参事考察团来肇”、“奥地利等18国驻澳门总领事考察团来肇”、“国家实施珠三角《纲要》督促检查组来肇”、“省工商联来肇开展产业转移合作活动”、“省国土资源重点工作督导第七片区会议”、“ 肇庆市党政考察团赴北京考察”、“科技部党组书记副部长李学勇一行来肇”、“佛山市2010佛山—肇庆扶贫工作联席会议”、“财政部前部长金人庆来肇”、“省建设现代产业体系提高自主创新能力第五检查组来肇”、“广佛肇经济圈—广州投资环境推介会”、“珠三角绿道网建设工作座谈会”、“珠三角9市立法座谈会”、“新华联集团主席傅军（全国工商联副主席、全国政协委员）来肇”、“全国保险监督监管情况通报会”、“原副省长匡吉一行来肇”、“国家信访局副局长张恩玺一行来肇”、“中国—东盟农村信息化研讨会”、“宋海副省长来肇召开务虚与读书活动”、“2010肇庆—澳门经贸旅游文化合作交流会”、“第十六届亚运会火炬传递（肇庆站）活动”、“国家计生委副主任江帆一行”、“台湾‘再见星湖’返乡省亲团体来肇”、“2010广东旅游文化节”、“国家工商总局局长周伯华一行来肇”、“国家档案局副局长李和平一行来肇”、“陕西省代省长赵正永一行来肇”、“全国农村公路管理养护体制改革调研组”、“省应急管理法制建设研讨班及中德合作灾害风险管理项目组来肇”、“武警部队副司令员刘学军中将来肇”、“中科院院士郭雷、卢强、陈翰馥等一行来肇”、“中水集团王彤宙副总经理来肇”、“2010年‘肇庆金秋’经贸洽谈会”、“二广高速怀集至三水段通车仪式”、“上海市副市长胡延照来肇”等活动的接待工作。 *（市府接待办）*

**【小汽车定编管理】** 2010年，市小汽车定编办受理各项定编业务共2426份，其中定编申请210份，重新核编149份，补办批文4份，单位更名50份，单位重组19份，单位注销11份，专项审批62份，许可证725份，定编证756份，使用证19份，过户更新251份，报废更新110份，被盗更新9份，变更申请6份，其他45份。完成定编证年度审验工作。落实中央关于“各级党政机关车辆购置及运行费用支出要在近3年平均数基础上降低15%，严格执行公务用车编制管理规定和配备使用标准”的要求，加强定编小汽车配备和使用的监督管理，严格把好定编关和严格控制超标准小汽车的购买。多次会同市党廉办、市车管所、市财政局对定编单位购车、用车问题进行检查和监督，并对违规购车用车的单位进行查处。配合省小汽车定编办做好定编工作改革调研。 *（朱红宇）*

**【机关事务管理】** 2010年，市政府机关事务局继续完善对市府大院的管理。结合大院整体布局特点，增大绿化面积，丰富植被种类，全年新增绿化面积533.67平方米，新种树木57棵。完成大院办公用房调整，全年调整11个单位的办公用房，面积1895.82平方米，其中市金融局和市信访局办公面积分别增加97平方米和321平方米。以大院第七幢为试点，为办公楼走廊安装光感智能照明系统，所有办公室更换节能灯管，全年照明灯用电量减少50%以上。3月，对大院第十幢部分存在安全隐患及布局不合理的办公室进行维修改造；5月，市府机关新饭堂投入使用，机关饭堂划归机关事务局直接管理，安排专职负责人。6月，为大院西门的应急通道更换新式不锈钢门，在门外安装视频监控和喊话系统，有效解决门外车辆乱停乱放现象，确保应急通道的畅通；并对第一幢的公共卫生间进行全面改造。11月，启动市府小礼堂维修改造工程，完成小礼堂维修改造工程的设计、初步概算和立项工作。年内，市政府机关事务局还抓好其他服务工作，全年公务用车安排调度出车2.97万次，耗油38.24万升，节约燃油2.21万升；将市府招待所整体出租，委托经营提高资产运营效益。在3月将星荷路一、二、四小区移交专业物业管理公司管理，规范市府机关家属区的物业管理。 *（梁凌宇）*

## 地方志工作

**【简况】** 2010年，肇庆市地方志办公室贯彻落实地方志工作法规，加快第二轮修志工作进度，编纂《肇庆年鉴》、《广东年鉴》和《珠江三角洲城市群年鉴》，开展地情研究与服务，建立和完善地情信息网站。年内，市地方志办编纂的《肇庆年鉴（2007）》在“第一届广东省年鉴编纂质量奖”评比中获二等奖；怀集县地方志办主任林昉获“全国地方志系统先进工作者”称号；市地方志学会秘书长韦相伍论文《肇庆市农村老年人问题及其对策》获“肇庆市2008—2009年度哲学社会科学优秀成果奖项目”二等奖；市地方志学会被市社科联评为“2008—2009年度肇庆市哲学社会科学先进单位”，会员韦相伍、陈益民获“2008—2009年度肇庆市哲学社会科学先进个人”称号。

**【落实工作法规】** 2010年，市委办、市府办根据市政府主要领导变动，及时调整充实肇庆市地方志编纂委员会成员，由市委副书记、市长郭锋担任编委会主任，对《肇庆年鉴》编辑部成员也作相应调整。端州区、高要市、封开县和肇庆高新区等及时调整地方志编纂委员会成员，由政府主要领导担任编纂委员会主任。市委从2010年起，将地方志工作列入县（市、区）领导班子科学发展观政绩考核评价指标体系。全市地方志工作机构全部落实参照公务员法管理，地方志工作经费纳入地方财政预算。

**【第二轮修志】** *县区修志进度* 4月，市政府办印发《关于落实省政府办公厅督办的第二轮新方志编修工作的通知》，明确修志工作要求。5月，成立肇庆市县区地方志书复审组，落实复审组5人分别担任5部志书复审主审，组织市地方志书审查委员会成员提前介入志稿评议和复审工作。至年底，全市纳入省政府规划的端州、鼎湖、广宁、德庆、怀集5个县区修志进度基本达到计划目标。《肇庆市鼎湖区志》进入终审；《德庆县志（1979～2000）》和《怀集县志（1979～2000）》正在复审；《广宁县志（1979～2000）》和《肇庆市端州区志》完成市级评议。

*指导部门修志* 市地方志办为市发改局、市公安局编修《汶川特大地震抗震救灾志·灾后重建志》（肇庆部分）和《肇庆市公安志》提供指导和人员培训。全市地方志办参与军事部门修志工作，指导志稿审核修改。年内《德庆县军事志》完成出版，《肇庆市鼎湖区军事志》和《封开县军事志》完成总纂，《四会市军事志》、《高要市公安志》、《广宁县军事志》和《怀集县军事志》正在总纂。怀集县完成对《大岗镇教育志（资料稿）》的编辑，筹划编纂《怀集县卫生志》。做好《广东省志（1979～2000）·人物》肇庆部分的组稿工作，按时上报初稿。

**【综合年鉴编纂与出版】** 3月，组织召开《肇庆年鉴（2010）》暨《广东年鉴（2010）》（肇庆编）组稿会议，对80多名主笔人进行业务培训。市地方志办在编纂《肇庆年鉴（2010）》工作中，增加将印刷样稿退回原组稿单位审核把关的环节。12月，90多万字的《肇庆年鉴（2010）》由中华书局出版。4月按时完成《广东年鉴（2010）》（肇庆编）组稿任务。5月市地方志办完成《中共肇庆市年鉴（2010）》的资料报送任务。参与全省首次跨地区合作编纂年鉴活动，与珠三角其他8市地方志办合作编纂出版《珠江三角洲城市群年鉴》，7月完成《珠江三角洲城市群年鉴》（肇庆部分）的组稿任务；12月，《珠江三角洲城市群年鉴（2010）》创刊号由广东人民出版社出版发行。

《端州年鉴（2008～2009）》、《鼎湖年鉴（2009～2010）》（创刊号）11月送厂排版；《德庆年鉴（2007～2008）》完成第二稿；《高要年鉴（2010）》12月出版发行；《封开年鉴（2005～2006）》11月出版，《封开年鉴（2007～2009）》资料收集正在进行。

**【地情信息网站建设】** 2010年，市县两级地方志办配合省政府地方志办推进市县两级地情信息网站建设，初步建立市县两级地情信息网站。据不完全统计，全市地方志办接待社会各界人士上门或来电查询有关地情资料300多人次；接受外来教授、学者的咨询和报刊记者采访，提供咨询100多人次。

**【对外交流】** 2010年，市地方志办先后与广州、云浮、韶关、梅州、湛江等市地方志办进行业务交流；并与广州市地方志办签订《地情书籍交换协议》，推进地方志资源共享。*（市地方志办）*

**附：2010年肇庆市地方志编纂委员会办公室领导人名录**

副主任：黄方业　叶可道

# 政协肇庆市委员会

责任编辑：黄方业 金柳仪

## 重要会议

【市政协九届四次会议】 2010年3月2～5日，肇庆市政协九届四次会议在皇朝酒店会议中心召开。市委书记、市人大常委会主任覃卫东，市委副书记、市政府代市长郭锋等市领导和市政协主席梁国安，副主席谢锦文、黄新华、陈玉斌、黎维贤、董超凤、李力强、龙启江、梁伟强，党组成员黄福，秘书长吕丽文和382名市政协委员出席会议。会议听取并审议通过梁国安代表常委会所作的工作报告和陈玉斌代表常委会所作的关于九届三次会议以来提案工作情况报告；听取和讨论《政府工作报告》和有关报告；选举黄福为市政协副主席，增选刘剑、吴奕鹏、沈中泽、肖烈明、辛加宁、陈斌、陈深明、梁承华、谢礼明、谢建平等10人为市政协常委，表彰市政协2009年度先进专委会、先进联络处、先进政协委员，优秀提案和承办提案先进单位。会议审议通过市政协九届四次会议决议。2日下午，在市委小礼堂召开市政协港澳委员座谈会，市领导覃卫东、郭锋、梁国安等与参加市政协九届四次会议的80多名港澳委员欢聚一堂，共商肇庆发展大计。会后，市领导梁国安、郑剑戈、谢锦文、黄新华、龙启江，市政协党组成员黄福，秘书长吕丽文率领市政协港澳委员及列席会议的港澳人士一行90多人，视察城东新区规划建设情况。

【常委会议】 2010年，肇庆市政协共召开6次常委会议。

1月25日，召开市政协九届十七次常委会议，协商讨论《政府工作报告》（征求意见稿）和市政协九届四次会议有关事项。市委副书记、代市长郭锋到会对《政府工作报告》（征求意见稿）作相关说明。会议听取并审议通过《政协肇庆市第九届委员会常务委员会工作报告》（讨论稿）和《提案工作情况报告》（讨论稿）以及政协肇庆市第九届委员会第四次会议议程、日程安排（草案）。市政协主席梁国安，副主席谢锦文、黄新华、陈玉斌、黎维贤、董超凤、李力强、龙启江、梁伟强，党组成员黄福，秘书长吕丽文等60名市政协常委出席会议。驻肇省政协委员、各县（市、区）政协主席等列席会议。

3月1日，召开市政协九届十八次常委会议，审议通过罗世旋等13名委员辞去市政协委员职务，同意罗世旋、李锋辞去市政协常委职务，通过增补梁泉绍等31人为市政协委员，审议通过设立市政协高新区联络处的决定，任命陈家康为市政协副秘书长、陈少强为市政协高新区联络处主任。副主席谢锦文作关于辞去市政协委员职务和增补市政协委员的说明。市政协主席梁国安，副主席谢锦文、黄新华、陈玉斌、黎维贤、董超凤、李力强、龙启江、梁伟强，党组成员黄福，秘书长吕丽文及59名市政协常委出席会议。驻肇省政协委员、各县（市、区）政协主席等列席会议。

3月4日，召开市政协九届十九次常委会议。市委常委、组织部长李水华作关于增选市政协副主席、常委的说明。会议审议通过增选市政协副主席、常务委员候选人名单。市政协主席梁国安，副主席谢锦文、黄新华、陈玉斌、黎维贤、董超凤、李力强、龙启江、梁伟强，党组成员黄福，秘书长吕丽文以及59名市政协常委出席会议。驻肇省政协委员、各县（市、区）政协主席等列席会议。

7月6日，召开市政协九届二十次常委会议，听取和讨论市政府副市长郑剑戈关于加速城市基础设施建设，提高城市发展水平情况通报和市政协5个调研组对加速城市基础设施建设，提高城市发展水平工作情况的调研报告，进行专题议政。市政协主席梁国安，副主席谢锦文、黄新华、陈玉斌、黎维贤、黄福、董超凤、李力强、龙启江、梁伟强，秘书长吕丽文等63名市政协常委出席会议。驻肇省政协委员、各县（市、区）政协主席等列席会议。

10月9日，召开市政协九届二十一次常委会议，听取和讨论副市长孙德关于加快文化旅游资源整合开发，大力促进文化强市建设情况通报和市政协5个调研组对建设文化强市，促进旅游服务业发展工作情况的调研报告，进行专题议政。市政协主席梁国安，副主席谢锦文、黄新华、陈玉斌、黎维贤、黄福、董超凤、李力强、龙启江、梁伟强，秘书长吕丽文等70名市政协常委出席会议。驻肇省政协委员、各县（市、区）政协主席等列席会议。

12月29日，召开市政协九届二十二次常委会议，听取和讨论市纪委、市法院、市检察院、市政府办、市公安局领导所作的工作情况通报，学习贯彻中共肇庆市委政协工作会议精神和《中共肇庆市委政治协商实施细则（试行）》，总结市政协2010年工作，部署2011年工作。市政协主席梁国安作会议总结讲话，市委副书记、政法委书记吴华钦出席会议并听取意见。市政协副主席谢锦文、黄新华、黎维贤、董超凤、梁伟强，秘书长吕丽文等78名市政协常委出席会议。驻肇省政协委员、各县（市、区）政协主席、市各民主党派、市工商联代表等列席会议。

**【工作座谈会】** 2010年3月30～31日，市政协在肇庆国际大酒店召开肇庆市、县（市、区）政协主席座谈会，围绕市委、市政府2010年的中心工作，就如何履行政协职能，发挥政协的优势和作用开展研讨，为推动市贯彻实施《规划纲要》和实现“两个尽快”建言献策。梁国安作会议总结讲话。副主席谢锦文、黄新华、陈玉斌、黎维贤、黄福、董超凤、李力强、龙启江、梁伟强，秘书长吕丽文，各县（市、区）政协主席、秘书长，市政协副秘书长、各专委会负责人等出席会议。

**【企业家代表座谈会】** 2010年5月11日，市政协和市委统战部在波海楼会议室召开市政协委员企业家代表座谈会，贯彻落实市委十届八次全会精神，为肇庆市实现“两个尽快”建言献策。市政协主席梁国安主持座谈会。市委副书记、市长郭锋，市委常委、宣传部长陈以良，副市长关鹏会见出席座谈会的委员企业家代表。市委副书记吴华钦出席座谈会并作讲话。市政协副主席谢锦文、黄新华、黄福、龙启江、梁伟强，秘书长吕丽文和各县（市、区）政协主席参加座谈会。

**【市委政协工作会议】** 2010年11月16日，市委在市委小礼堂召开政协工作会议。市委书记、市人大常委会主任覃卫东出席会议并作重要讲话。市委副书记、市长郭锋主持会议。市政协主席梁国安代表市政协党组作工作报告。市委副书记吴华钦作《中共肇庆市委政治协商实施细则（试行）》的说明。端州区、鼎湖区、怀集县党委领导在大会作经验介绍。市四套班子领导，市政协副主席谢锦文、黄新华、陈玉斌、黎维贤、黄福、董超凤、李力强、龙启江、梁伟强，秘书长吕丽文，各县（市、区）、肇庆高新区主要领导及相关领导，市直和省驻肇局以上单位负责人等出席会议。

## 重要活动

**【专题调研视察考察】** 2010年，组织市政协委员1632人次开展调研视察考察活动46批次。5、6月和9月，市政协领导带领部分常委、委员，到全市各地对加速城市基础设施建设、提高城市发展水平和建设文化强市、促进旅游服务业发展的情况进行专题调研，形成10份专题调研报告，形成专题议政报告，提出“大思路、新理念完善修编城市规划，大手笔推进城市建设，高效能提高城市管理水平，多渠道筹措城市建设资金”和“发挥资源优势、打造更具魅力的文化旅游项目品牌，突出文化内涵、促进历史文化与特色旅游融合，部门协调联动、全力推进文化强市建设”等意见建议。

1月5日，主席梁国安、秘书长吕丽文带领经济界委员到肇庆高新区调研，视察广东国际赛车场、福田化工、顺鑫煤化工、华侨新城等项目。1月22日，副主席谢锦文参加省调研组就工商联关于如何为民营企业做好服务等内容的调研座谈会。4月1日，副主席黄新华带队到封开县杏花镇下营村调研“规划到户、责任到人”扶贫开发工作情况。9月7日，副主席黄新华深入封开县南丰镇调研检查“规划到户、责任到人”扶贫开发工作，传达贯彻省委书记汪洋到肇庆调研检查工作时关于做好“双到”工作的讲话精神和市委常委扩大会议精神。11月8日，主席梁国安和副市长郑剑戈到广宁县赤坑镇，检查扶贫开发集体项目和城镇“三旧”改造项目的进展情况。

年内，市政协多次组织政协常委和委员到市发展改革局、市城乡规划局、市住房城乡建设局、市城市综合管理局、市交通运输局、市旅游发展局、市水务局、市工商行政管理局、市卫生局，就全面实施《规划纲要》，加速推进规划、交通、产业、城建与广佛两市对接，加快建设肇庆西江三桥、搞好城市建设和“三旧”改造、城区交通路网布局和生态环境保护、农贸市场升级改造、牌坊广场扩建改造、星湖栈道建设与维护、廉租房和经济适用房建设、景丰联围除险加固达标工程以及市第一人民医院新院建设等重点建设项目进行专题调研和视察，形成报告16份，供党委、政府决策和部门工作参考。有关专委会配合全国政协和省政协对市“生态保护”、“节能减排”、“绿色低碳发展”和“城乡医疗服务体系建设”的情况等开展调研，提出的相关建议得到上级的充分肯定。

**【省领导莅肇调研】** 2010年5月25～26日，省政协副主席梁国聚率领省政协调研组到肇庆就“加强环境治理，促进宜居城市建设”开展专题调研。主席梁国安，副主席黄新华、董超凤，秘书长吕丽文等陪同调研。调研组听取市委副书记、政法委书记吴华钦，副市长郑剑戈对有关情况的汇报，实地考察肇庆市污水处理三厂、龟顶新城、星湖湾绿道建设现场，并召开部分县、区政府领导和干部群众代表座谈会，了解保护生态环境、创建宜居城市工作等情况。6月23日，国家中医药管理局副局长马建中、省卫生厅副厅长彭炜率调研组到市中医院视察工作，副主席李力强陪同调研。8月30日，省政协副主席梁国聚率检查组一行到肇庆调研检查贯彻落实《中共中央关于加强人民政协工作的意见》情况。主席梁国安、副主席谢锦文、秘书长吕丽文陪同调研，并出席在市委小岛宾馆会议室召开的市委、市政府、市政协及市直有关单位负责人座谈汇报会。汇报会后，主席梁国安，副主席谢锦文、陈玉斌、黎维贤、董超凤、李力强、梁伟强，秘书长吕丽文出席同地点召开的市各民主党派、工商联负责人和政协委员代表座谈会。

**【走访委员】** 2010年，市政协领导深入走访联系政协委员，关注在国际金融危机影响下的委员企业以及新经济阶层的投资者。各专委会、联络处定期向市政协领导汇报工作情况，每月召开一次委员座谈会，每半年走访一次委员。市政协在政治上关心委员、工作上依靠委员、事业上支持委员、生活上体贴委员，切实发挥委员在本职工作中的带头作用、在政协工作中的主体作用和在界别群众中的代表作用，对工作成效显著的先进专委会、联络处和委员予以表彰。年内，市政协努力帮助12名委员协调解决在办企业和生产经营中遇到的融资、办证、用电、环保、招工等一些实际问题，激励其增强应对国际金融危机、继续在肇庆投资发展的信心和决心。

**【扶贫捐助】** 2010年，市政协发动政协委员、民营企业家和机关干部关注民生，参与扶贫开发工作和首个“广东扶贫济困日”活动。市政协系统和委员企业家共捐款6357.13万元。邝汇珍捐资2800万元、陈润光捐资1000万元、赵发华捐资286万元、陈明新捐资243 万元、冯毅捐资200万元建设肇庆绿道工程和扶贫助学，赵民忠捐资867.1万元、姚远捐资71.6万元发展科教文卫事业，陈建华捐资117.8万元支持封开灾区改善生产生活环境，周伟锋捐资113.5万元支持四会新农村建设，何业成捐资100万元建设鼎湖实验中学教研楼，黄子显、杨应华、胡建虎、姚啟文、傅月升等共捐资325.6万元改造农村饮水安全工程，黄汉平引资60万元建设德庆悦城敬老院和扩建怀集诗洞中和村小学教学楼。何业成、赵发华获首届肇庆市十大慈善人物称号，陈建华、陈佩珊、周伟锋委员获首届肇庆市优秀慈善人物称号。

**【龙舟邀请赛】** 2010年6月18～19日，由市政府、市政协主办的“光大·锦绣山河杯”第九届肇庆龙舟邀请赛在肇庆星湖举行。竞赛项目包括男、女子250米、500米、1000米、直道竞速6个单项的比赛，共48支龙舟队伍参加比赛。大赛期间还进行“香港杯”龙舟赛决赛，广东光大龙舟队获得男子500米、1000米直道竞速项目冠军，广州市白云区人和六村龙舟队获得男子250米直道竞速项目冠军，广东光大女子龙舟队包揽女子250米、500米、1000米直道竞速项目冠军。市委书记、市人大常委会主任覃卫东，市委副书记、市长郭锋，市政协主席梁国安，市委副书记吴华钦；省体育局副局长甘焯雄、广州市政协副秘书长范松青、佛山市政协副主席杨锡基；广东光大企业集团有限公司董事长陈润光、安徽中烟工业公司营销中心党委书记赵立、广东肇庆星湖生物科技股份有限公司党委副书记柳宪一、澳门龙舟协会理事长钟汉权、香港龙舟联会主席陈镜清以及市委、市人大、市政府其他领导成员，市政协副主席黄新华、陈玉斌、黎维贤、董超凤、李力强、龙启江、梁伟强，市老领导和市有关部门负责人，港澳政协委员和肇庆市荣誉市民，参加旅游推介活动的嘉宾，热心支持本届龙舟赛的赞助商、企业单位代表等参加开幕式。开幕式由市委常委、常务副市长、大会组委会主任刘惠祥主持。

**【第三届“政协杯”乒乓球赛】** 2010年10月27～28日，在市体育中心荷花馆举行，共有14支代表队、73名运动员分别参加主席组单打、委员组男、女子单打和团体赛。高要市政协代表队夺得团体赛冠军，端州区政协何健浩赢得主席组桂冠，端州区政协梁志华夺得男子单打第一名，文教卫体委员会仲唯燕获得女子单打第一名。市政协主席梁国安，市委常委、秘书长张成文，市人大常委会副主任黄三和，市政府副市长关鹏，副主席黄新华、陈玉斌、黄福、龙启江、梁伟强，秘书长吕丽文等出席开幕式。副主席龙启江主持闭幕式。

**【五省十市政协第三届书画联展】** 2010年11月10～20日，市政协承办的五省十市政协第三届书画联展在市端砚展览馆举行，共展书画作品200多件，反映国内不同地域书画作品的风格与风采。云南省政协主席王学仁，广东省政协副主席徐尚武、副秘书长黄绍龙，市委书记、市人大常委会主任覃卫东，市长郭锋，市政协主席梁国安，市委常委、宣传部部长陈以良，副市长孙德，市政协副主席谢锦文、黄新华、陈玉斌、黎维贤、黄福、董超凤、李力强、龙启江、梁伟强，秘书长吕丽文等出席开幕式。无锡市、延安市、嘉兴市、湖州市、宣城市、苏州市、杨州市、徐州市、合肥市政协主要领导以及书画家等参加书画联展活动。

**【“四洲杯”粤港澳粤曲演唱大赛】** 2010年11月18日，在市老干活动中心举行广东省政协第七届“四洲杯”粤港澳粤曲演唱大赛肇庆分赛区（含肇庆、清远两市）复赛，由肇庆、清远两市政协和两市文联主办，市曲协、市群众艺术馆、市老干活动中心协办；中国曲协、省曲协领导以及广东音乐曲艺团专业演员等担任评委。通过复赛，选出市梁恒宇、廖艳红、何晓霞3名选手参加于12月13～15日在广东电视台进行的广东赛区决赛。其中，梁恒宇夺得广东赛区冠军，并在总决赛上再夺金奖；何晓霞获得广东赛区第六名。市政协机关获省政协颁发“广东省政协第七届‘四洲杯’粤港澳粤曲演唱大赛组织奖”。

**【市政协第六届“亘泰杯”高尔夫球邀请赛】** 2010年11月19日，在肇庆高尔夫度假村举行。全国政协港澳台侨委员会副主任蔡东士，省人大常委会原副主任侣志广、黄伟鸿等应邀前来联谊交流。市委书记、市人大常委会主任覃卫东，市政协主席梁国安，市委副书记、政法委书记吴华钦，市委常委、常务副市长刘惠祥，市政协副主席黄新华、陈玉斌、黎维贤、李力强、龙启江等出席活动。广州、佛山、东莞、清远市政协委员、企业家，欧亚华人高协澳门分会和省、市高协、市直部门、市政协委员及工商界人士等共100多人参加比赛。

## 提案工作

【**提案交办**】 市政协九届四次会议期间收到提案189件，其中以党派、团体、专委会、联络处名义提出集体提案48件，占总数25.4%；委员联名提出提案50件，占总数26.5%；委员个人提出提案91件，占总数的48.1%。参与提出提案的委员461人次。提案内容涉及经济发展、城乡建设、环境保护、科教文卫、社会管理等方面，主要有：推进《规划纲要》和“三促进一保持”、“双转移”战略贯彻实施，打造广佛肇经济圈，促进产业升级和集聚发展，扶持发展城市经济，把握机遇推进“三旧”改造，重视发展低碳经济和知识产业，提高企业自主创新能力，促进民营经济发展，推进农村金融服务体系建设，科学引导发展柑橘产业；加强生态环境保护，严格把关产业转移项目，强化污水排放监管保护西江，加强机动车排气污染治理；加强城市规划和执法管理，修复明清两广总督府旧址，加快行政中心迁移带动城东新区开发建设，着力改善端州城区交通，大力发展公共交通，推动地方特色旅游环境配套建设，加强环星湖栈道区域改造和管理，提升城市品位；巩固普高成果打造教育强市，解决流动人口子女入学读书，加强农民科技培训，挖掘历史文化和保护文物古迹，推进文化强市建设；推动广佛肇医保合作，建立健全医疗纠纷调解机制，加强小城镇及农村环境卫生治理；加强经适房廉租房建设，完善城镇低保和困难求助保障制度，促进就业和吸引大学生回乡创业，加强政务公开，改善办税硬件环境，加强社会治安综合治理，加强公益宣传等。经审查，立案158件，立案率83.6%，转作委员建议31件。至年底，交办的提案已全部办复，满意和基本满意率100%。其中提案所提的意见建议已被采纳、问题解决或基本解决的28件，占立案提案17.72%；提案的意见建议已被采纳、并列入计划在今后逐步实施的111件，占立案提案70.25%；提案提出的问题和建议由于政策限制或客观原因未能解决的19件，占立案提案12.02%，承办单位已向提案者作说明；转作委员建议的38件提案，得到有关部门的重视与采纳。

【**市领导领衔督办重点提案**】 2010年8～9月，市委、市政府主要领导、分管副市长和市政协主席、副主席分别带领6个重点提案督办组到市教育局、市经济和信息化局、市发展改革局、市城市综合管理局、市卫生局、市农业局等6个承办单位对《关于巩固普高成果，打造教育强市的建议》、《关于提高自主创新能力，实现民营经济大发展的建议》、《关于解决肇庆市城市中心交通拥堵、发展地下人行隧道的建议》、《关于将市政府迁出城中路49号大院，修复明清两广总督府旧址，加快新行政中心迁移，推进城东新区建设的建议》和《关于加快启动城东新行政中心建设，从根本上解决端州旧城区道路堵塞等问题的建议》（并案）、《关于建立肇庆市医疗纠纷人民调解机构的建议》、《关于进一步推动我市柑橘产业可持续优质发展的建议》等6件重点提案进行督办。市政协将重点提案督办工作情况形成专题报告报送市委、市政府，及时将市委、市政府主要领导关于落实政协提案督办工作的批示转送有关职能部门，并进行跟踪报道，提高提案办理的透明度，推动各承办单位提案办理工作的进度，推动各县（市、区）党委、政府主要领导牵头督办、领办政协提案工作的开展。

【**程序化建设**】 2010年1月，召开全市政协提案工作会议，探索推动提案工作制度化、规范化、程序化，努力提高提案工作科学化水平。市政协加强与承办单位的沟通与协商，探索和改进工作方法，促进提案办理落实。一是对提案反映较集中的问题，把视察、调研与提案办理协商会结合起来，为委员知情议政和与承办单位共商提案办理落实对策提供平台。5月、8月和11月，先后围绕“缓解端州城区交通拥堵问题”、“肇庆大道改造暨321国道城区段新过境公路规划与立项”、“中心城区机动车尾气超标排放治理”，组织委员及相关提案者到市发展改革局、城乡规划局、城市综合管理局、公路局、公安交警支队等单位进行视察、调研和座谈，了解部门工作和提案办理情况，协商解决问题对策，使承办单位更加重视提案办理，委员知情议政、建言献策更具针对性、建设性，增强提案督办的实效。二是加强提案者与承办单位提案办复意见的前期沟通。通过加强相互沟通，承办单位主动上门征求委员意见初步形成制度化，提案者提案意图得以准确了解，提案办理满意率提高。三是加强“不满意”提案再办理工作。针对提案办理第一次答复中3件“不满意”提案，约请承办单位与提案者反复沟通，促成承办单位加大工作力度，进一步了解提案者对提案办理的意见，采取措施进行再办理工作，使提案者对承办单位的工作满意。

## 爱国统一战线

**【统战联盟】** 2010年，市政协支持各民主党派、人民团体和无党派人士参与市重大事务的协商讨论，履行职责开展调研视察。邀请他们参加政协的重要会议和重大活动，重点安排他们在政协各种会议上发言，向党委政府反映建议。市政协党组协助市委为非中共党员的政协副主席落实相关待遇。将民主党派、人民团体提出的重要提案纳入市领导督办的重点提案。定期召开市政协领导与各民主党派、工商联负责人座谈会和市政协与各民主党派、工商联秘书长联席会议，通报政情、协商问题、研讨工作。7月26日，市政协副主席谢锦文、陈玉斌、黎维贤、董超凤、李力强出席由市委统战部、市委政法委联合召开的2010年上半年政法部门向民主党派通报政法工作情况座谈会。8月30日，省政协副主席梁国聚率检查组到肇庆调研检查贯彻落实《中共中央关于加强人民政协工作的意见》情况。市政协主席梁国安、副主席谢锦文、秘书长吕丽文陪同调研并出席汇报会。汇报会后，市政协领导出席市各民主党派、工商联负责人和政协委员代表座谈会。9月20日，市政府、市政协在皇朝酒店联合举行肇庆市各界人士贺中秋迎国庆茶话会。市政协主席梁国安主持会议，市委常委、常务副市长刘惠祥通报市经济社会发展情况。市政协副主席谢锦文、黄新华、陈玉斌、黎维贤、黄福、董超凤、李力强、龙启江、梁伟强，秘书长吕丽文以及市四套班子其他领导，部分副厅以上离退休老领导，市法院、市检察院、市直有关部门负责人，驻肇省政协委员，市政协委员，市各民主党派、工商联、各人民团体，荣誉市民、劳动模范、高级知识分子、驻肇部队代表等共400多人出席茶话会。市政协加强与全国政协和兄弟省市政协的联系与交往，互通信息，研讨工作。全年接待来肇调研视察的全国政协、省政协视察团、调研组及兄弟省市政协领导等共321批6730多人次。

**【文史资料出版】** 2010年，做好征编《肇庆文史（肇庆市各民主党派史料）专辑》和肇庆名城与旅游发展研究会工作，宣传中国共产党领导的多党合作和政治协商制度，挖掘和保护历史文化遗产和民俗民间文化精粹。

**【港澳台侨联谊活动】** 2010年，市政协注重发挥市政协香港、澳门联络处和港澳委员在香港、澳门社会政治事务中的作用，引导港澳委员支持特区政府依法施政，维护香港、澳门的繁荣稳定。密切与港澳台同胞的联系，支持港资澳资台资企业的发展。市政协领导多次出席香港、澳门肇庆云浮各邑同乡会庆典和各种联谊活动，拜访学术有造诣、经济有实力、社会有影响的知名人士，为扩大肇庆的招商引资牵线搭桥。召开港澳委员座谈会，组织视察考察，通报市委、市政府的工作决策部署和市经济社会发展情况及政协重点工作，为他们回肇庆经商办企业、投资发展、办公益善事提供服务。

## 自身建设

**【理论学习】** 2010年，组织委员学习中共十七届四中、五中全会及市委十届八次、九次全会精神，开展多形式的专题讲座和学习培训活动，增强政协领导班子、政协委员和机关干部的科学发展意识、改革创新意识、责任意识和服务意识，求真务实做好政协工作。市政协领导和部分市政协常委、委员分别参加全国政协、省委党校的培训学习，加深对人民政协的性质、地位、职能、作用和任务的认识，提高履行职能、创新工作、促进发展的能力。市政协机关注重加强“学习型机关”建设，把加强政治思想教育、组织理论学习和业务培训作为提高干部职工素质、推进工作开展的一项重要工作来抓，坚持每月一次的机关专题理论学习会制度和开展“纪律教育学习月”活动。

【驻村工作】 2010年，市政协做好“规划到户、责任到人”的挂点驻村帮扶解困工作。市政协领导和机关领导多次深入挂点扶贫村怀集县诗洞镇中和村。成立扶贫开发工作领导小组，落实省、市各项帮扶政策措施，改善驻点村村民的生产生活环境。年内，发动政协委员为市政协办“双到”挂钩点怀集县诗洞镇中和村12户贫困户帮扶发展种养业、改造危房和改善居住环境资金18.87万元，向中和村委会捐赠创建省卫生村启动基金5万元和办公桌椅一批，向49户特困户发送防寒保暖衣物和慰问品，向端州、怀集、广宁等县（区）9所学校捐赠价值共30万元的书包3000个。

【结对共建】 2010年，市政协领导和机关领导多次带队到结对共建单位端州区睦岗镇桂林街社区居委会及封开县金装镇民益村、水石村委会调研，商议帮扶方案，筹集资金支助桂林社区居委会添置居民活动设施，为封开县金装镇民益村、水石村委会改善办公条件。 *（沈冬妮 周海明）*

**附：（一）2010年政协肇庆市第九届委员会正副主席、正副秘书长、常委名录**

主　席：梁国安

副主席：谢锦文　黄新华　陈玉斌　黎维贤
黄　福（3月当选）　董超凤（女）
李力强　龙启江　梁伟强

秘书长：吕丽文

副秘书长：罗世旋（3月免）　张沃林
陈家康（3月任）　李中缨

常　委：罗世旋（3月免）　张沃林
李中缨　陈家康　黄车生
刘青芬（女）　李玉林（7月免）
黎晓华　刘江林　劳伟明　吴水日
潘玉梅（女）　赵民忠　胡建虎
伍润文（女）　赵紫坚　余　坚
李　锋（3月免）　谢锦芳　陈福荣
刘　馨（女）　梁佩阳　谢锦贤
王晓红（女）　石徐金　潘锐波
黄子昱　罗北成　何华庆　伍伯良
林伟强　陈明新　叶德林　陈润光
王金宝　卢奕南　田春生
吕　波（女）　朱文钿　苏炯川
陈丽斐（女）　周文耀　周显光
骆世民　邓广坚　张秋英（女）
李道成　李嘉芳　莫坤宝（女）
郭继光　傅月升　黎启聪　王鹤鸣
陈建华　黄茂雄　吕强光　李国雄
梅应春　曾雪夫　何业成　罗玉麟
邝汇珍　李家祥　林克敏　骆志平
黄醒林　陈荣濂
刘　剑（3月当选）
吴奕鹏（3月当选）
沈中泽（3月当选）
肖烈明（3月当选）
辛加宁（3月当选）
陈　斌（3月当选）
陈深明（3月当选）
梁承华（3月当选）
谢礼明（3月当选）
谢建平（女，3月当选）

**（二）2010年政协肇庆市第九届委员会机构设置及主要负责人名录**

办公室主任：张沃林
副主任：林世敏
提案法制委员会主任：李中缨
副主任：孔志雄
学习文史委员会主任：余　坚
副主任：黄耀关
经济科技委员会主任：陈家康
副主任：朱丽华（女）
文教卫体委员会主任：黄车生
副主任：林碧玉
社会和港澳台侨委员会主任：刘青芬
副主任：苏永刚
端州联络处主任：陈　华
副主任：冯杰康
鼎湖联络处主任：李　昌
副主任：邓福强

四会联络处主任：潘玉荣
副主任：冯　筠
高要联络处主任：赵志强
副主任：黄信初
广宁联络处主任：梁超进
副主任：（缺）
德庆联络处主任：温爱民
副主任：龙庆军
封开联络处主任：黎兆坤
副主任：梁燮楷
怀集联络处主任：梁广枝
副主任：孔繁妹
高新区联络处主任：陈少强
副主任：（缺）
香港联络处主席：黄茂雄
副主席：李国雄　梅应春　曾雪夫
澳门联络处主席：吕强光
副主席：何业成

七星岩景观

# 纪律与监察

责任编辑：叶可道

## 重要会议

【市纪委十届五次全会】 2010年1月27日，市纪委十届五次全会在星岩礼堂召开。会议传达学习十七届中央纪委五次全会和省纪委十届四次全会的精神，以及市委十届八次全会精神，审议通过市委常委、市纪委书记曾超鹏代表市纪委常委会所作的工作报告和全会决议。市委书记、市人大常委会主任覃卫东出席会议并讲话。

【全市加强作风建设暨贯彻实施《廉政准则》电视电话会议】 2010年3月9日，市委召开全市加强作风建设暨贯彻实施《廉政准则》电视电话会议，对全市加强作风建设和贯彻实施《廉政准则》工作进行动员部署，市直和省驻肇单位副处级以上领导干部，县（市、区）和肇庆高新区正科级以上干部共2208人参加或收听收看会议。

【全市廉政工作电视电话会议】 2010年3月23日，国务院和省廉政工作电视电话会议后，市政府接着召开第三次廉政工作电视电话会议。市委副书记、市长郭锋总结2009年市政府系统廉政建设和反腐败工作，并对2010年推进政府系统反腐倡廉建设工作作具体部署。市政府副市长关鹏主持会议。市委常委、市纪委书记曾超鹏，市政府副市长、正副秘书长以及市直有关部门负责人出席会议。各县（市、区）政府领导及有关部门领导在各分会场收听收看会议。

## 党风廉政建设和反腐败工作

【落实党风廉政建设责任制】 2010年，市纪委将全市反腐倡廉工作分解出6方面53项重点任务，落实到市党政领导班子成员和48个市直责任部门，形成“主要领导抓总、分管领导管线、牵头部门抓块、职能部门包项”工作格局，确保责任制各项任务落到实处。认真组织对各县（市、区）和市直单位落实党风廉政建设责任制情况进行检查考核，并通报考核结果，推动工作落实。加大监督检查和责任追究力度，全市通过“一案双查”，对18名违反党风廉政建设责任制的党员干部进行责任追究；对拟提拔任职或拟评先评优评模等1244名干部进行廉政审核，其中有个别因受党纪政纪处分或责任追究被否决。12月初，省检查考核组对肇庆市2010年落实党风廉政责任制和推进惩防腐败体系建设情况进行检查考核，认为肇庆市委、市政府落实党风廉政建设责任制和推进惩防腐败体系建设的各项工作，领导重视，认识到位，职责明确，措施得力，成效明显，考核的情况是好的。在问卷调查中，有82%的干部群众认为市党风廉政建设责任制和反腐倡廉建设抓得很紧；有97.5%的干部群众对市党政领导干部廉洁从政表示满意和比较满意；有99%的干部群众对党委、政府为民办实事表示满意和比较满意。

【深化作风建设】 2010年4月，市出台《关于深化作风建设提高执行力的实施意见》和《肇庆市机关作风问责暂行办法》，并公布市和各县（市、区）纪委机关作风监督投诉电话及投诉邮箱，接受社会公众的广泛监督。在全市开展深化作风建设提高执行力“四个一”活动。各级党政主要负责人围绕提高执行力讲一堂课，开展一次提高执行力“大家谈”活动，面向管理或服务对象集中听取一次意见，以普通群众身份体验一次办事服务。年初，以封开县为示范点，深入开展“我承诺、你监督，抓落实、促发展”活动，尤其是对重大项目建设、重点工作实行公开承诺制和跟踪督查制的做法，得到省纪委书记朱明国的充分肯定，并要求省纪委有关部门注意了解和总结封开做法。9月16日，市委、市政府召开全市深化作风建设提高执行力现场会，总结和推广封开县委等单位做法经验。全市纪检监察机关通过明查暗访加强机关作风监督检查，对36名机关干部上班时间上网看股市、看电影、聊天、玩游戏等行为实施问责。及时核查省纠风暗访小组反映鼎湖公安分局民警涉嫌向游戏机主“通风报信充当保护伞”问题，对4名相关责任人进行问责。怀集县纪委对机关作风综合测评为“不满意”或“基本满意”的10个县直单位班子进行诫勉谈话。市纪委通报7起作风问题的典型案件。开展民主评议，组织对国土、住建、工商和安监等部门开展行风评议“回头看”工作，促进政风行风建设。严格落实厉行节约各项规定，全市公务支出得到控制。鼎湖区纪委及时查处某居委会干部公款集体出国旅游事件。全市共清理整改“小金库”36个。

【查办违纪违法案件】 2010年，市纪委从8个县（市、区）派驻纪检组干部中挑选32人纳入“协助办案工作队伍”管理，充实办案力量。正式启用市纪委办案工作点，为突破大要案和复杂案件提供条件。充分发挥市、县（市、区）纪检监察派驻机构在加强监督和查办案件中的作用。年内，全市纪检监察机关受理群众信访举报2737件，立案查处违纪违法案件202件，其中涉及县（处）级干部7件，乡（科）级干部42件，办结193件，给予党纪政纪处分193人；查处商业贿赂案件15件，涉案金额2137万元。在查办高要土地违法渎职和个别领导干部收受“红包”等案件中，市委、市纪委主要领导态度鲜明、靠前指挥，办案人员讲究策略、协调合力，办案工作取得较好效果。查处广宁县原副县长麦启明涉嫌受贿、收受红包、包养情妇违纪违法案件，该案被评为全省纪检监察系统2007～2010年优质案件。全市8个县（市、区）连续两年实现镇镇有办案。通过调查核实，为325名党员干部澄清是非。

【纠正不正之风】 2010年，全市各级纪检监察机关着力解决群众反映强烈的行风突出问题。市直22个、县直159个涉农收费部门均与本级政府签订减负工作责任书，保证各项强农惠农助农政策执行落实到位。加强对学校收费行为监管，肇庆市和8个县（市、区）均获得广东省教育收费规范市或县（市、区）。全市有148个医疗单位参加省统一药品网上招标采购，采购总额8.65亿元，占医院用药总额的95%，降价幅度17%，让利病患者1.47亿元。市、县两级举办“行风热线”106期，受理群众咨询和投诉1666件，办结1644件，办结率98.6%。查处纠正社保、扶贫、救灾、住房公积等四项资金违纪违规案件，涉及金额840万元。强化公路“三乱”源头治理，肇庆市在全省纠风工作现场经验交流会上作交流。开展工程建设领域突出问题专项治理，重点抽查景丰联围、华润水泥等360个投资500万元以上的工程项目，发现和整改问题470个，立案查处15件违纪违法案件。继续抓好扩大内需政策落实的监督检查工作，深入剖析四会市农机站违反惠农政策案和封开县农技推广中心违规套取政府补贴的案件。

【加强反腐倡廉制度建设】 2010年，完成市政府第四轮行政审批制度改革，保留行政许可事项132项、非行政许可的行政审批事项38项，下放行政审批事项10项，取消行政审批事项15项。制订《关于治懒治庸、整治用人上不正之风的实施意见》、《肇庆市机关作风问责暂行办法》。完善纪检监察重要信访案件领导包案、信访举报工作责任追究、领导参与接待处理重要来访、网络舆情搜索、案件审理听证办法等制度，总结推广高要市纪检监察案件审理“审教相长”工作制度，规范和促进案件审理工作。在政府投资项目中实行工程承包和工程廉政“双合同”制度，规范政府投资行为。建立市政府政务信息共享体系和交换体系的中心数据库，开发建设市行政服务中心网上联合审批系统，实行政府跨部门网上协同办公和联合审批，提高行政审批效率。

【规范廉洁从政行为】 2010年，完成市农村党风廉政信息公开平台（二期）的升级改造，全市108个乡镇、620个基层站所、1330个村委会和6852个集体年收入万元以上村小组的党务政务、村务财务、站所事务，均在平台上定期公开和在线监控。市党风廉政信息公开平台被评为“广东省农村信息化优秀成果奖”、“肇庆市科学技术二等奖”。依托市政府门户网站，建立市工程建设领域项目信息公开平台。推进厂务公开民主管理，全市国有（集体）及其控股企业、事业单位实行厂务公开率分别达100%和97%，市纪委监察局于7月被评为“全国推动厂务公开民主管理工作先进单位”。发挥市、县两级纪检监察信访信息平台作用，加强网络舆情搜索工作，及时核查反馈群众举报信息。加强领导干部监督工作，并在全省监督工作现场经验交流会上作经验交流。配合省委巡视组对高要市、封开县和怀集县开展巡视工作，强化对党政领导班子特别是“一把手”的监督。

【加强反腐倡廉教育】 2010年7月5日，由市纪委监察局、市人民检察院、市委组织部、市委党校共建的“肇庆市反腐倡廉暨预防职务犯罪教育基地”在市委党校揭幕。全年组织5.5万多名党员干部前往基地参观学习。市纪委抓好《廉政准则》的学习宣传，先后邀请中央纪委、省纪委领导为肇庆市领导干部“三纪”教育培训班作专题辅导报告；在《西江日报》、市广播电视台开辟解读《廉政准则》专栏或专题节目；把学习《廉政准则》纳入市委党校（行政学院）培训计划，作为主体班、中青班的必修课；建设包公文化主题公园、清风坛，创作一系列有关包公文化的曲艺节目和动漫短片，打造“包公文化”廉政品牌。全省纪律教育学习月活动动员暨示范点现场会在肇庆市召开，总结推广端州区教育示范点经验。推进廉政文化“六进”工作，推广四会市独岗村廉政文化与文明村、卫生村建设相结合的经验，全市建起93条廉政文化村；封开、德庆县分别开展“百场廉戏（影）送千村”、“纪检监察开放日”等活动。全市开展“广佛肇清廉薪火行”传递、“重廉拒礼，我能做到”等活动，推进廉政文化进校园。与市电视台组织开展“廉政公益广告”征集评选活动，营造良好的廉政教育氛围。

【加强队伍建设】 2010年，全市纪检监察机关以“创先争优”和“做党的忠诚卫士、当群众的贴心人”主题实践活动为载体，组织开展“深化作风建设”学习教育活动，加强干部思想建设、作风建设和能力建设。先后选派64名纪检监察干部参加中央纪委、省纪委和市本级举办的各类培训班。举办全市纪检监察干部摄影摄像专业技术培训班。制定《关于加强县级纪检监察机关建设的意见》，推进市、县两级派驻机构建设，市、县两级纪委严格按上级要求配齐办案装备。全市开展加强制度建设和作风建设为主题的理论研讨活动，共收到论文72篇，评出一、二、三等奖19篇，优秀论文奖15篇。举办第二届全市“纪检监察杯”运动会。 （卢本深）

**附：（一）2010年中共肇庆市纪律检查委员会领导人名录**

书　记：曾超鹏

副书记：朱华娇（女）　张水祥　梁耀钧

常　委：梁超文　胡世斌

曹伟光（5月调出）　陈汝安

张思辉　朱桂芳（女，2月任）

**（二）2010年肇庆市监察局正副局长名录**

局　长：张水祥

副局长：胡世斌　梁　菁（女，5月任）

温树斌（5月任）

**（三）举报专线电话（网站）**

1.市纪委监察局信访举报中心电话：2232520

2.全国纪检监察机关统一举报电话号码：12388

3.市纪委手机短信举报号码：10658585800

4.市政府纠风办投诉电话：2221402

5.市行政监察投诉中心电话：2265865

6.进行举报登陆《肇庆清风网》等网站上的举报栏目发帖

# 民主党派

责任编辑：黄方业 金柳仪

## 民主党派概况

2010年，肇庆市有中国国民党革命委员会、中国民主同盟、中国民主建国会、中国民主促进会、中国农工民主党、九三学社等6个委员会，基层支部（支社、小组）53个（其中民革9个、民盟11个、民建8个、民进7个、农工党11个、九三学社7个）。共有成员932人（其中民革150人、民盟192、民建136人、民进133人、农工党180人、九三学社141人），较上年增加40人。成员主要分布在肇庆城区的教育、科技、医药卫生、文化艺术、新闻出版、经济法律、政府机关、人民团体等行业。成员中担任省人大代表1人、省政协委员5人；市人大代表15人，市政协副主席5人、政协委员68人；县（市）区人大副主任1人、人大代表8人，政协副主席4人、政协委员43人。

## 民革肇庆市委员会

【简况】 2010年，民革肇庆市委员会下设9个支部，有党员150人，主要分布在教育、政府机关、医药卫生、经济等界别。主委梁伟强，副主委岑庆雅、邓广坚。党员担任政协委员20人（其中省政协委员1人、市政协副主席1人、市政协常委2人），人大代表5人（其中市人大常委1人）。

【参政议政与民主监督】 提案工作 2010年，市委会首次就提案课题涉及的法律问题召集律师党员论证把关，确保提案的严肃性、科学性和可操作性。市政协九届四次会议期间，以民革市委会名义提交5件提案，其中《关于加快启动城东新行政中心建设，从根本上解决端州旧城区道路堵塞等问题的建议》、《关于进一步推动我市柑桔产业可持续优质发展的建议》被列为重点督办提案。民革肇庆市委会提交的《关于落实鼎湖区区域高速公路建筑营业税依法征收的建议》，以及党员朱亚伟提交的《关于重视农村基础教育，提高农村人口素质的建议》获2009年度优秀提案奖励。

建言献策 民革党员在中共肇庆市委、市政府及有关部门召开的民主协商会和专题座谈会上，就肇庆市经济建设、文化强市、综治维稳等方面议题积极提出意见和建议。在全市经济社会发展情况通报会上，主委梁伟强提出科学规划和优化中心城区的功能布局和产业结构、加快城市建设的步伐、丰富城市文化内涵的建议。在市委政法委联合召开的党外人士座谈会上，副主委邓广坚提出大力推行“乡村法律顾问”制度、建立律师随党政领导下访接待群众制度、建立民商诉讼律师主持和解制度等建议，得到与会人员的好评。在文化强市调研座谈会上，谢锦贤建议开发利玛窦文化建设项目；将弘扬石头希迁禅文化作为建设文化强市的一项重要工程。在市博物馆新馆建设座谈会上，李玮、冯应坚就选址问题提出建议。

专题调研 市委会专门召开领导班子成员会

议研究调研课题，落实责任人，制定调研计划。梁伟强主委带领调研组到市爱卫办就农村垃圾处理开展调研，形成《关于肇庆市农村垃圾处理情况的调研报告》，并将调研成果上报中共肇庆市委、市政府备参。

特约工作 经市委会推荐，罗群、夏超英分别担任市检察院、市审计局的特邀审计员、检察员。

【思想建设】 践行核心价值体系活动 2010年，按照民革广东省委会的工作部署，市委会将学习践行社会主义核心价值体系活动与参政议政、组织工作相结合，开展思想建设工作。一是加强宣传。及时将民革中央、省委会有关活动的通知、学习资料发送到各个支部，并通过《肇庆民革》刊发上级组织的工作精神与要求；通过“征文选萃”栏目，分期刊登党员撰写的文章，展示学习成果，促进各支部之间、党员之间的学习交流。二是组织落实。市委会组织支部骨干赴广州参加民革广东省委会举办的专题报告会，通过聆听民革中央副主席修福金的报告，认识学习践行社会主义核心价值体系的重要意义。发动党员参加征文活动，并得到多名党员的积极参与。文章内容包括理论研究、结合党派实际情况的思考、综合社会因素对现状的分析以及对先进典型的宣传，帮助党员从多角度理解学习践行社会主义核心价值体系活动的必要性和重要性。三是与党员培训工作相结合。市委会组织30多名党员参观孙中山故居、孙中山纪念馆，开展爱国主义教育。

《肇庆民革》出版 市委会注重提高《肇庆民革》刊物的组稿质量和印刷水平，增强知识性和可读性，全年出版4期。通过《肇庆民革》这一宣传教育平台，宣传党的方针政策，反映民革工作动态和党员心声，展示参政议政成果、理论研究心得、党员企业风采。

【组织建设】 市委委员述职 4月，按照《民革肇庆市委会述职制度》的要求，开展市委委员述职工作，各委员将2009年度履行职责情况形成书面材料上报市委。

基层组织建设 市委会指导、组织各支部开展形式多样的活动。各支部积极报送材料参加省委会开展的先进基层组织和基层工作先进个人推荐活动，通过组织参观学习、扶贫、助学、联谊、探访党员等活动，丰富组织生活，增强党员对社会、对民革工作的责任感，提高团队协作意识和凝聚力。年内，李凤兰获“民革全国优秀女党员”称号，李如喜被评为民革全国基层工作先进个人；从教育、文化、卫生界别和新的社会阶层人士中发展党员15名，具备本科学历的占73%，平均年龄35岁。

加强联系 7月，市委会首次邀请市、区统战部、部分民革党员所在单位负责人召开座谈会，通报市委会的工作情况，加深与会人士对市委会工作的认识与理解；共同研究民革工作，探讨增进党际和谐发展的新途径。

干部培养 8月，市委会推荐2人参加统战干部培训班，前往清华大学学习；梁继超担任民革广东省委会政治理论研究委员会委员。组织机关干部分别参加全市统战干部培训班、公务员培训班和外出学习考察、交流活动。年内新录用1名公务员，充实机关工作力量。

【社会服务】 扶贫募捐 2010年，市委会发动民革党员捐款，共筹款1万多元，一部分资金用于帮助扶贫对象修补房屋。年内，市委会主要领导先后2次上门慰问扶贫对象；市直三支部、鼎湖支部组织党员前往看望贫困户。发动全体党员募集7000多元支持青海玉树抗震救灾。6月30日“广东扶贫济困日”活动期间，市委会共捐资8500元，民革党员参加所在单位的募捐活动共捐款3.46万元。

党员成绩 2010年，李凤兰指导的学生史润强在第16届亚运会男子4×100米自由泳接力赛中，与队友合作力挫日本队，以3分16秒34为市夺得亚运会首枚金牌；龚仁清在田径比赛中被评为“优秀裁判员”。邓广坚在广东省律师协会成立三十周年评优活动中，荣获全省律师行业参政议政杰出贡献奖；禤青荣获全省律师行业公益法律服务杰出贡献奖。肇庆市腾龙科技有限公司负责人陈家良被评为肇庆市养猪协会常务副会长、高要市养猪协会会长。夏超英在第二次全国经济普查工作中，被评为国家级先进个人。朱丽辅导学生参加全国“文明风采大赛”，其中有2名获全国三等奖。龚仁清获肇庆市基础教育第二批名教师奖。梁玉麟著作《韵海留声》获端州区2010年度“四个一工程”二等奖。

孙中山研究会换届 1月16日，举行肇庆市孙中山研究会换届大会，选举产生新一届理事会。6月，市委组织部批复同意梁伟强为肇庆市孙中山研究会第四届理事会会长（兼职）人选。

*文史资料收集*　2010年，市委会机关配合民革省委会做好辛亥革命史迹调研书面调研工作，收集大量的材料，以图文并茂的方式，上报市有关辛亥革命人物和史迹的情况。配合市政协、统战部组织编写《肇庆文史》资料相关工作，整理和撰写民革市委会发展历程、思想建设、参政议政、社会服务、党员风采等材料。（*吴嘉斌*）

## 民盟肇庆市委员会

**【简况】**　2010年，民盟肇庆市委员会下设肇庆学院、鼎湖区、文艺、机关、科技学院等11个支部，有盟员192人，主要分布在教育、文化艺术、科技医卫等界别，中高级以上职称156人，占盟员总数82%。盟员中任各级人大代表、政协委员27人，其中省政协委员1人，市政协副主席1人，市区两级人大常委、政协常委6人。主委黎维贤，副主委王金宝、蔡国亮、叶念乔，秘书长张秋英。

**【民盟中央主席蒋树声访肇】**　5月22日，全国人大副委员长、民盟中央主席蒋树声，民盟中央副主席李重庵、温思美，到广东调研收入分配情况，在肇庆调研期间接见民盟肇庆市委会领导班子，并到肇庆科技学院视察并题词。

**【自身建设】**　2010年，民盟市委坚持走中国特色的政治发展道路，以基层建设为基础，加强自身建设。组织成员学习贯彻中共中央十七届五中全会精神、中共市委十次党代会精神，开展社会主义核心价值体系等专场学习活动；领导班子建设工作富有成效，班子团结合作，提高组织领导能力和协调工作能力，社会影响的正面评价越来越高；新发展盟员13人，其中中高级职称9人，平均年龄36岁；机关建设内强素质、外重服务，完善工作首问责任制，明确责任分工，提高办事效率和服务盟市委、服务参政议政、服务基层、服务盟员的“四服务”工作责任感，其中2名机关干部参加市委组织部、市委统战部组织的党外青年干部学习班到清华大学学习培训；基层组织更有活力和凝聚力，开展组织生活，努力增强盟组织的凝聚力、自觉树立盟组织良好的社会形象。

**【参政议政】**　*高层协商*　2010年，盟市委主要领导参加高层协商会、情况通报会、征求意见会、专题座谈会和调研考察活动十多次，就市中心工作和经济社会发展、重大人事安排等问题，向中共肇庆市委、市政府和有关部门提出意见和建议。

*提案工作*　集体提案《关于加强我市农村灌区改造建设的建议》和陈贤棠个人提案《关于依法整顿我市物业服务行业的建议》获市政协2009年优秀提案奖。政协大会发言《我们对“三旧”改造工作的意见和建议》对市破解土地资源供需矛盾、保障发展用地、拓展城市建设空间等问题进行详细分析，并就把握机遇加快推进肇庆“三旧”改造工作，真抓实干促进市经济社会又好又快发展提出合理化的建议。集体提案《关于将市政府迁出城中路49号大院，修复明清两广总督府旧址，加快新行政中心迁移，推进城东新区建设的建议》被市政协主席会议选为重点督办1号提案。

*展示形象*　在民盟参加市“两会”的14名市政协委员和人大代表中，共有9人受到新闻媒体的关注。市政协副主席、盟市委主委黎维贤在政协常委会和政府工作报告讨论中，关于交通堵塞、提案督办效果等的发言先后被市内的主流媒体登载；省政协委员邹锦慧教授参加省政协会议后，就省“两会”感受等5个方面问题接受市电视台的直播专访；盟市委委员陈贤棠关于土地使用、“三旧”改造工作、物业管理等发言被媒体广泛关注，曾3次在报纸上登载，2次接受电视台采访；盟市委委员蔡国亮就堤路合一的江滨堤路花基拆除问题、余淦新委员就肇庆市旅游产业问题接受《肇庆都市报》记者的专访；市人大代表温树斌关于旅游产业、房价等问题的发言也被《肇庆都市报》转发。

**【服务社会】**　一是发动盟员献爱心，共捐款4.8万元，其中盟市委以集体名义捐款8500元；二是组织盟内医疗专家到高要市活道镇首岭村开展“送医送药”惠民活动；三是共筹集资金近1600元为帮扶贫困户购买生活用品、赠送现金1400多元，达成年脱贫的目标；四是盟员办学成绩突出，盟员叶念乔兴办的肇庆科技学院现已拥有肇庆中专校区和高要高职校区，在校生1.8万人，资产10亿元，10多年共为社会培养各类人才3万多人。

**【盟员成绩】** 2010年，叶念乔获国家教育部中国教师发展基金会“全国民办教育先进工作者”和中共肇庆市委、市人民政府授予“肇庆市劳动模范”称号，当选盟省委教育委员会副主任；周国涛作品获文化部“首届全国戏剧文化奖”；罗建新获中国音乐家协会“中国民歌创作杰出贡献专家”、省音乐家协会“广东省优秀音乐家”和肇庆市“第九批专业技术拔尖人才”称号；梁家劭被亚组委指派为广州亚运会皮划艇比赛的技术官员；罗耀泉书法作品获全国优秀奖并在北京军事博物馆展出；莫旺香担任肇庆市广播电视台广播电视网负责人，成功筹划广播电视网——市首届校园文化节活动；廖伟祥担任肇庆中学2010届高三语文备课组组长，带领科组获得所有科目平均分全市第一等多项好成绩；廖建洪获市委组织部2009年优秀驻村干部表彰；温树斌被聘为市检察院特邀廉政监督员；周小文被聘为市审计局特邀廉政监督员；刘扬华当选市舞蹈家协会副主席；孙新林、黄思源等专业论文在各级刊物上发表；冯海洪、黎凤娴、周二妹等晋升中学高级教师等。盟员实职安排富有成效，彭彪雄当选鼎湖区政协副主席，温树斌调任市监察局副局长，张秋英晋升为副调研员，市老干大学常务副校长黄思源晋升副处级干部。 *（廖建洪）*

## 民建肇庆市委员会

**【简况】** 2010年，民建肇庆市委员会下设机关直属、综合、端州区、鼎湖区、高要市、肇庆学院、退休等8个支部，有会员136人，主要分布在经济、新的社会阶层、政府机关等界别，经济界人士占75%，中高级职称53人。主委何广兴，副主委陈福荣、潘锐波。会员中担任各级人大代表、政协委员34人，其中省政协委员1人，市人大代表4人（其中常委1人），市政协委员10人（其中常委2人）。县（区）政协副主席2人，政协常委3人；县（区）人大常委2人。特约“四员”2人。

**【民建中央和省委领导来肇指导】** 10月8日，民建中央副主席、广东省主委、广东省副省长宋海到民建肇庆市委会指导工作，就自身建设、参政议政、社会服务等工作进行调研。10月28日，全国政协副主席、民建中央第一副主席张榕明在民建中央副主席、广东省委主委、副省长宋海，民建省委专职副主委徐志达等陪同下，到民建肇庆市委会调研、指导工作。

**【庆祝中国民主建国会成立65周年】** 12月14日，民建市委会在皇朝酒店二楼会议中心召开“庆祝中国民主建国会成立65周年大会”。民建广东省委副主委黄庆勇，肇庆市政协主席梁国安，中共肇庆市委副书记吴华钦，肇庆市政协副主席、市委统战部部长谢锦文，市政协副主席黄新华、龙启江，省民建参政议政处处长杨继光、市各民主党派、市工商联负责人、市政协、市委统战部，有民建组织的区县统战部和肇庆学院统战部，民建市委对口联系单位有关领导应邀莅会，民建会员100多人出席。

**【参政议政】** **政治协商** 2010年，市委会领导多次参加中共市委、市政府和市政协召开的座谈会、民主协商会、情况通报会以及各类调研活动，就市的经济、政治、社会发展及“十二五”规划制定和实施等经济社会发展重大方针政策和重要事务、重大人事安排等问题发表意见，提出建议。

**提案工作** 集体提案《关于市政府应加大力度帮助中小企业度难关，促进肇庆经济社会和谐发展的建议》、会员李广宇提案《关于在我市大力发展节能建筑的建议》获市政协九届四次会议表彰为优秀提案，此提案经市省、中央民建整理形成2010年全国政协十一届三次会议上的民建中央集体提案和省政协提案。2010年，提交集体提案6份（其中1份与市工商联联名），题目分别是《关于对我市招商引资和接收产业转移进行严格把关的建议》、《关于解决我市城区交通拥堵的一些建议》、《关于在我市推广应用生物柴油，建设绿色环保公交的建议》等。民建市委会的人大代表、政协委员向各级人大、政协提交提案、建议意见共35份，提案的内容涉及市、区的经济建设、环保、城建等方面，均得到立案。鼎湖区支部提案《关于要求区政府恢复城区文化广场功能的建议》等3件提案被鼎湖区政协评为优秀提案。

*调查研究* 市委会成立领导小组及办公室，组成调研小组参加市委统战系统开展“肇庆实现‘两个尽快’”百日调研活动，就保增长、保民生、保稳定以及加快转变发展方式、推动产业结构优化升级、提高自主创新能力及围绕《珠江三角洲地区改革发展规划纲要》及其配套政策的落实，继续开展“三促进一保持”系列调研。写出《肇庆市推进珠三角环保一体化的调研报告》上报统战部。9月，配合民建中央和暨南大学做好对非公经济企业和人士等情况进行系统的调研工作。鼎湖区支部组织调研组到区外经贸局开展调研，了解鼎湖区招商引资情况以及广佛轻轨等重大项目建设，就有关企业状况、政府对企业的帮扶措施，招商引资发展亮点等内容进行交流。各支部相应开展各种考察调研活动。

**【自身建设】** *思想建设* 以民建成立65周年为契机，开展“弘扬民建优良传统、努力践行社会主义核心价值体系”活动和开展纪念民建成立65周年系列活动。响应民建中央号召，开展追思、学习孙起孟活动，并召开“学习孙起孟同志精神”座谈会，学习民建中央《关于开展“弘扬民建优良传统、努力践行社会主义核心价值体系”系列活动的方案》和《关于开展追思、学习孙起孟同志活动的通知》的精神，各支部会员观看电视剧《黄炎培》，了解多党合作的历史。开展形式多样的纪念民建成立65周年活动，协助民建省委编写《广东民建史》，发动会员参加省民建纪念民建成立65周年征文活动，2篇文章被评为优秀作品。宣传工作方面，加强各支部宣传信息员工作，向民建中央网站、《民讯》和民建省委《会务简讯》、《广东民建》以及《西江日报》、《肇庆统战》、肇庆统战网站等各类媒体、刊物发表各类文章和讯息（图）60多篇，提升肇庆民建知名度和社会影响力。市委会荣获民建广东省委2009年度网络信息工作先进集体三等奖表彰。

*组织建设* 市委会健全领导班子理论学习等制度，市委会领导带头加强学习。坚持贯彻民主集中制原则，重大事情都经集体研究、集体决策。市委会多次召开主委会议和市委委员（扩大）会议，研究市委会各时期的工作，学习民建中央和省委有关文件精神，加强领导班子建设。坚持联系基层支部和会员，参加各支部组织的有关活动并作工作指导。各支部加强班子建设，并按市委会各时期工作要求召开支部班子成员会议，研究支部工作，开展社会调研、社会服务、联谊交流等活动。市委会于1月8日批准成立民建高要市支部。12月16日，被民建中央授予“全国先进基层组织”称号，并受到民建中央网站专访。市委会拨出一定经费给支部，保证支部活动正常开展。

2010年共发展新会员9人，平均年龄33岁。多次召开主委及市委委员会议，推选出符合条件的后备干部，按组织程序提交给有关部门，加强后备干部队伍建设。重视骨干会员的培训学习，派2位会员参加省民建“全省骨干会员培训班”，推荐4位会员参加“全市党外干部培训班”。参加省民建举办的专职干部培训班学习，参加市委统战部及有关部门举办的各项学习和培训。

**【扶贫济困】** 2010年，市委会继续对口扶贫高要市活道镇首岭村明村1贫困户，市委会领导及各支部、机关多次到扶贫户家了解情况，送上扶贫金2500元，慰问金和慰问品约1000元；高要支部送上1000株优质速生桉树苗。市机关直属支部通过肇庆慈善会向西南旱区捐款1700元、捐助瓶装矿泉水7吨，各支部及会员通过各渠道为青海玉树抗震灾捐款捐物约38万元。6月28日，市委会发动会员为“广东扶贫济困日”活动捐款1.96万元。7月，鼎湖区支部从媒体获悉高要乐城金鸡村9岁男孩陆永昌，左小腿骨折处生成“v”字，肌肉萎缩不能行走的情况后，发动支部会员捐助，得到会员杨浩文、邓应尧捐助4万元手术治疗费，联系市第二人民医院为小永昌完成第一期手术。10月16日，重阳节暨广东省第22个老人节，市机关直属支部和端州区支部联合到肇庆市福利院慰问，赠送大米、食油、生活用品等慰问品价值1万多元。鼎湖区支部于9月1日组织参加资助的热心会员到鼎湖中学扶贫助学，对51名高中学生每年每人资助3000元，对9名考上大学的学生每人资助5000～8000元的，共捐助学资金20.3万元。端州区支部继续支助城东区内4名贫困生，共捐助3000元。刘伟麟、李广宇会员参加肇庆市慈善会心连心扶贫助学会活动，资助山区孤儿学生。据不完全统计，年内民建市委会各支部及会员为社会服务等捐款捐物资金约108万元，其中鼎湖支部100.4万元。会员企业帮助再就业和转移农村劳动力约2800人。

**【会员成绩】** 2010年，李广宇被民建广东省委表彰为2009年度参政议政工作优秀个人，梁萍被民建广东省委会表彰为2009年度网络信息工作优秀通讯员，杨浩文被广东省妇联评为全省百名“优秀爱心父母”个人，李德明被肇庆市政府评为“肇庆市精神文明建设先进工作者”、被肇庆市精神文明建设委评为“肇庆市创建生态文明村工作先进个人”，杨浩文、姚远、邓应尧被评为“肇庆市第二届优秀中国特色社会主义事业建设者”，潘锐波、杨浩文被市政协表彰为2009年度先进政协委员，姚远、邓应尧、贺芳、燕秋华被鼎湖区妇联评为“优秀爱心父母”个人。会员企业肇庆恒泰经济发展公司、鼎湖区东源实业公司、肇庆阳光地产置业有限公司、皓明有机硅材料有限公司被鼎湖区妇联评为“优秀爱心父母”集体，姚远被广东省残联推选成为亚残会火炬手。

**【问题与困难】** 理论学习和调研工作需加强，各支部发展会员不平衡，发展高层次会员特别是经济方面的专家学者有一定困难，对外联络工作需加强。

（梁 萍）

## 民进肇庆市委员会

**【简况】** 2010年，民进肇庆市委员会下设7个支部，分别是肇庆学院支部、肇中联合支部、职业学校支部、十二中支部、西区小教支部、十五小支部和黄岗小教支部。有会员134人，88%为教育界人士，其余为出版、医卫和法律等界别人士，具有中高级职称的占90%。主委董超凤，副主委田春生、刘超。有17名会员分别担任新一届各级人大代表、政协委员，其中省政协委员1人，市人大代表2人（含常委1人），市政协委员11人（含副主席1人，常委1人），端州区人大代表1人，区政协委员4人（含副主席1人）。3人分别担任市特约审计员、市特约检察员和市教育督导员。

**【参政议政】** 2010年，市委会领导多次参加中共肇庆市委、市政府、市政协、政法系统和市委统战部召开的各种协商会、座谈会、讨论会、情况通报会和意见征询会等，客观公正地发表自己的意见，为市委、市政府民主决策、科学执政提供依据。8月，市委会主要领导参加省政协到肇庆检查开展《中共中央关于加强人民政协工作的意见》贯彻落实情况的座谈会。市政协九届四次会议期间，市委会向政协提交5件集体提案，内容涉及政治、教育、文化、医疗、民生等社会热点。其中《关于巩固普高成果，打造教育强市的建议》的提案，由中共肇庆市委书记覃卫东、市政协主席梁国安牵头督办，副市长黄玲领办。刘超向市政协的提案《关于抢救肇庆特色工艺花席的建议》，廖洁敏向市人大递交的建议《限行“黄标车”，打造低碳“环保”名城》，均获有关部门采纳；王启超《关于加快市一中新校区和百花中学建设的建议》被人大常委会定为2010年重点督办的专题建议。市委会2009年的提案《关于加快把我市打造成为“中国南方重要的职业技术教育基地”的建议》被评为市政协优秀提案，田春生、平黎明、夏桂兴被评为市先进委员。年内，市委会还召开2010年议政调研课题研讨会，遴选出《肇庆市中心区产业布局分析与对策》等3个重点调研课题并予以立项。根据省、市委统战部要求，发挥统一战线人才智力优势，发动会员参与“我为科学发展献良策”和“百日调研”的活动。

**【服务社会】** 2010年8月7日，市委会按计划第三年到广宁县开展送医送药送法下乡服务。正副主委带领会员中的医疗专家和律师以及高要市人民医院内科、外科、妇产科、儿科、肿瘤科的专家们，到广宁老区潭布镇为二百多名群众和敬老院的老人提供免费医疗服务，送出药品将近2000元，律师们向群众派发100多份的普法学习资料。在首个“广东扶贫济困日”活动中，市委会捐出8500元善款。市委会领导和机关专干多次到帮扶的贫困户家庭慰问，并出资2500元将其住房修缮一新。

**【自身建设】** 组织建设 2010年，吸收4名教育和法律界人士入会，会员的素质、界别和知识结构得到改善。推进后备干部队伍建设制度化、规范化，通过参政议政、社会服务和理论研究的平台，发现、培养、锻炼一批得力的后备干部，为市委会班子2011年换届做好人才准备。上半年组织班子成员和支部主委到湖南、湖北学习，与兄弟组织开展交流活动。

响应会中央开展创建民进全国先进地方组织和先进基层组织活动的号召，各支部制定“创先”计划，做好总结。市委会民主评选出省、市先进支部，其中肇中联合支部和十二中支部被推荐为省民进的先进基层组织，肇中联合支部获得民进“全国先进基层组织”称号。

*机关建设* 通过规章制度建设和学习，推动机关工作规范化。举办大型庆祝活动和各种培训学习活动，提高机关干部的服务意识和工作水平。机关专干分别参加民进省委信息员培训班、民进省委珠三角组织建设研讨会和市委统战部组织的党外干部培训班，到清华大学进行培训学习等活动。

**【问题与困难】** 宣传教育不到位，未能使全体会员加深对中国特色政党制度的认识，一些会员对民进工作不够热心；一些支部活力不足，活动形式单一，缺乏吸引力；组织发展缓慢，会员界别单一的现象有待改变，人才结构与知识结构有待优化；机关工作人员配备不足，影响工作开展。

（胡 颖）

## 农工民主党肇庆市委员会

**【简况】** 2010年，农工民主党肇庆市委员会有党员180人，主要是医药卫生界人士，中高级职称占总人数88%，设10个支部，1个小组。主任委员李力强，副主任委员卢伟强、罗北成，市委委员13人。有党员28人次担任各级人大代表、政协委员，省人大代表1人、市人大代表5人；市政协副主席1人、委员13（其中常委3人）；县、市（区）政协副主席1人、委员9人（其中常委2人）；县、市（区）人大代表1人，特约“四员”6人。

**【参政议政】** *参加会议* 2010年，市委会领导班子参与市重大问题和重大决策的协商，出席中共肇庆市委和市政府组织的情况通报会、民主协商会、座谈会和征求意见会等会议，分别就政府工作、经济工作、重要人事安排等重大问题建言献策。2010年，参加市委、市政府举行的民主协商会、座谈会、情况通报会共6次，如文化强市建设调研座谈会，市各民主党派、工商联负责人、无党派人士代表经济社会发展情况通报会，政府工作报告征求意见座谈会，“十二五”规划征求意见座谈会等，做到知情知政，明确目标，就全市经济建设社会发展中的一些重大问题，及时向市委、市政府提出意见和建议，为推动市委市政府科学决策和全市民主政治建设发挥较好的作用。

*提案、议案工作* 市“两会”期间，农工党员身份的人大代表和政协委员提出多项建议。在市政协九届四次会议上，市委会作题为《妥善处理医患关系，促进和谐社会建设》的大会发言，集体提案1件《关于建立肇庆市医疗纠纷人民调解机构的建议》；个人提案8件，如罗北成《关于做好节能工作的建议》、饶静云《关于加强我市专业陪护管理的建议》、高永宏《关于将我市环境污染实情及时向市民通报的意见建议》等。集体提案《关于加强开展我市食品安全风险评估的建议》被评为2009年市政协优秀提案。

**【服务社会】** 11月11日，市委会组织医疗专家组到高要市活道镇姚村开展一年一度的“国际科学与和平周”暨送医送药下乡活动，进行常见疾病预防知识宣传。共接诊群众400多人，免费发放药物3000多元。7月11日，肇庆医学高等专科学校支部组织近10名医卫专家到德庆县悦城镇开展义诊活动，共为200多名村民提供免费检查和指导。年内，市委会购置一批桉树苗和一批鸡苗，帮扶贫困户发展种养殖业。

**【自身建设】** *思想建设* 2010年，组织党员学习《中共中央关于制定国民经济和社会发展第十二个五年规划的建议》精神，领会中共十七届五中全会精神的基本内涵和精神实质；开展社会主义核心价值体系学习教育活动，号召党员加强认识树立践行社会主义核心价值体系的重要意义。响应农工党中央和省委的号召，开展以向“邓演达纪念园”捐款等形式来纪念农工党成立80周年纪念活动，引导党员了解多党合作和农工党历史，增强接受中国共产党领导的自觉性。市委会共收到党员募捐资金共9040元。

*领导班子建设*　按照农工党中央提出的“政治坚定、作风民主、团结合作、工作有力”的要求，以搞好政治交接为主线，提高班子成员的政治把握能力、参政议政能力、组织领导能力和合作共事能力。市委会注重后备队伍建设，分类建立市委委员、各级人大代表、政协委员、基层组织负责人、高级职称为主的人才数据库，并采用动态管理模式，及时补充，推荐后备干部参加各种培训。6～7月，陈友明、谢春元、梁敏参加由市委组织部、市委统战部、市社会主义学院联合举办的全市党外干部培训班，并组织到清华大学进行培训。

*基层组织建设*　全年发展新党员5人，平均年龄33岁。健全党员数据库，促进日常工作开展。根据需要调整支委人员，市第一人民医院支部进行换届选举，选出马德奎为支部主委，强生廷、彭红霞为支部副主委的新一届支委；高要医院支部进行届中调整，司仪湘任支部副主委。

*机关建设*　市委会组织机关干部开展业务和政治学习，提高自身思想政治素质，发挥参政党职能作用，做好服务、协调、组织、实施工作，保证市委会各项工作顺利开展。配合市政协、市委统战部编纂《肇庆文史》，安排专人负责编纂农工党史。组织党员开展庆祝“三八”国际妇女节、国庆中秋、重阳节和迎新春等活动。坚持平时探望患病住院的党员，慰问过世的党员家属，春节走访老主委和80岁以上的老党员。

**【党员成绩】**　2010年，农工党员被各级组织和单位授予奖励20人次。李力强、梁宏正获肇庆市委、市人民政府授予的“肇庆市第九批专业技术拔尖人才”称号；罗北成获广东省第一次全国污染源普查先进工作者称号；饶静云晋升正主任护师并获年度优秀奖；强生廷任市第一人民医院医务科科长。饶静云《循证护理在肾上腺嗜铬细胞瘤围手术期治疗中的应用研究》获肇庆市科技创新三等奖，《基于护理工作过程的手术室综合技能实训改革研究》通过肇庆市科技成果鉴定；强生廷《食管癌术后肠内营养治疗的临床研究》获肇庆市科技进步二等奖，《支气管袖状切除及支气管成形术临床应用研究》获肇庆市科技进步三等奖；李三元七场古装大戏《六祖传奇》获广东省专业评选入围奖，小品《直觉》获广东省业余评选三等奖。年内，党员发表论文 30篇。其中省级以上报刊和杂志发表18篇。罗北成《低碳经济与环境保护》发表在《人民之声》（省人大刊物）；饶静云改良Kessler钢丝缝合法辅以束间成形术治疗跟腱断裂的效果观察及护理；项目驱动教学法在手术室护理综合技能实训中的效果观察发表在《现代临床护理》。

**【问题与困难】**　参政议政能力和水平需加强，集体智慧需进一步发挥；基层组织活动质量有待提高，市委会对基层组织的指导力度有待加强；社会服务形式比较单一；信息宣传工作较薄弱，通讯员队伍尚需健全。正确处理好本职工作和党派工作的关系有待加强。　　（*谢春元*）

## 九三学社肇庆市委员会

**【简况】**　2010年，九三学社肇庆市委员会下设医疗卫生支社、肇庆学院支社、科技支社、风华支社综合支社、端州区支社和高要支社等7个支社，共有社员141人，其中，具有高级职称26人，中级以上职称125人；研究生以上学历22人，本科学历 77人。社员平均年龄45岁，主要分布于科技、教育、医卫和法律等领域。主委陈玉斌，副主委卢奕南、刘玉勋。社员中有18人担任省、市、区（县）各级人大代表、政协委员，其中，省政协委员1人，市人大代表1人，市政协委员13人，端州区人大代表2人，端州区政协委员1人。年内新发展社员4名。

**【参政议政】**　2010年，市委会主要领导参加高层协商会、情况通报会、征求意见会、专题座谈会和调研考察活动数十次，就市中心工作和经济社会发展的重大问题，向中共肇庆市委、市政府和有关部门提出意见和建议。市委主委陈玉斌参加九三学社中央委员会全体会议，为国计民生献计献策。年内，市委提交集体提案《关于发展知识产业、建设知识城市的建议》，个人提案

11份：《关于加快推进我市加工贸易转型升级的建议》；《关于推进经济中心区城乡公交一体化的建议》；《关于提请市政府加快推进端州新城区公共服务设施的建议》；《关于已建或在建房地产项目预留公共文化场地的建议》；《关于加快我市廉租房和经济适用房建设的建议》；《关于加强交通道路管理、减少车辆拥堵的建议》；《关于在城区禁用高音喇叭的建议》；《关于加宽广东金融学院至仙女湖景区的建议》；《关于东调洪湖周边公共休闲绿地建设的建议》；《关于解决南华集团公司下岗人员社保权益的建议》；《关于解决南华集团公司职工房屋产权的建议》。

**【自身建设】** 9月18日，九三学社肇庆市委举办纪念九三学社建社65周年暨社会主义核心价值体系学与行座谈会，近100位社员参加研讨会。主委陈玉斌作关于社会主义核心价值观的专题讲座，回顾九三学社65年来的传统和历程。通过在“护士节”、“教师节”、“社庆”、“中秋”、“国庆”、“重阳”等重要节日关心成员，丰富成员的组织和业余生活，让社员有更多机会互相交流业务知识及信息，提高业务水平。

**【社员成绩】** 2010年，社员申报项目、发表论文、获得表彰数十项。陈玉斌获九三学社中央“优秀社员”称号。刘玉勋获“南粤优秀教师”称号。班荣鼎获“优秀政协委员”称号；其主持的广东教育科研规划项目“大学生道德养成研究”通过了由教育厅组织的验收鉴定，并被评为优秀等级。闵水平获“肇庆医学高等专科学校优秀兼职教师”。张秋蕙获“市政协优秀提案奖”。蒋长征获“肇庆市基础教育系统名教师”。任志强论文获“肇庆市2008—2009年度哲学社会科学优秀成果”三等奖。杨明伟获“广州日报积极通讯员奖”和“西江日报社优秀报料人”等。廖钦林获“广东省科学技术进步三等奖”和被评为“2010年肇庆市第九批专业技术拔尖人才”。周丽获得“肇庆市2008—2009年度优秀社科成果”一等奖以及“广东省十大优秀决策咨询成果奖”。

**【服务社会】** 2010年，市委会组织人员经常到定点扶贫户活道镇首岭明村村低保贫困户陆桂彬家慰问，帮助解决生活及其子女学习的费用。在“广东扶贫济困日”市委会捐支8500元。

**【问题与困难】** 2010年，市委会机关只有1名专职干部，人员编制偏少，影响工作开展。社员因工作岗位变动流动性增大，如何管理社员和做好服务工作，发挥社员应有的作用成为急需解决的问题。

（郑智敏）

星湖湾一景

# 群众团体

责任编辑：黄方业 金柳仪

## 肇庆市总工会

【简况】 2010年，全市设市及县（市、区）总工会3411家，其中机关事业单位及国有企业1363个，港澳台投资企业253个，私营企业1795个；涵盖独立法人单位2.4万家（含个体工商户），工会会员28万人（含农民工7.92万人）。建立职代会制度的企事业单位1305个；女职工组织、劳动争议调解委员会、经费审查组织的单位分别有1293个、436个和880个。

【荣誉录】 2010年，市总工会先后获全国工会系统“五五普法先进集体”、全国“全民健身先进单位”、全国市级工会财务工作先进单位、全国职工教育培训示范点、全国女职工权益保护专项集体合同先进单位、广东省推动厂务公开民主管理工作先进单位及省、市“体育节”先进单位等一大批荣誉称号，并连续七年被市委、市政府评为“肇庆市文明单位”。

【劳动竞赛】 2010年，各级工会开展“为千亿工程立新功、为‘双转移’作贡献”的劳动竞赛活动，3月28日召开全市劳动竞赛总结推进大会。分别在省总十二届二次、三次全委会上，作关于开展“千亿工程”劳动竞赛的经验发言。积极协办省职业技能大赛和省第五届“省长杯”工业设计大赛肇庆赛区选拔赛，共有3.2万多人参加26个项目的初赛，886人参加市选拔赛，182人参加全省决赛，带动15.8万人岗位大练兵活动。市劳动竞赛委员会荣获“广东省十项工程劳动竞赛优秀组织单位”，是全省首个获此殊荣的地方劳动竞赛委员会。全市有7个集体被授予广东省“工人先锋号”称号，20个集体被授予市“工人先锋号”称号。

推荐全国劳模（先进工作者）5名，省“五一”劳动奖章获得者6名；评选市劳模（先进工作者）83名，市先进集体35个。4月30日市委、市政府召开庆祝“五一”国际劳动节暨劳动模范、先进集体表彰大会，表彰先进。在肇庆理工中等职业学校建立全省第一家“劳模科教（技）创业示范基地”。12月3日，召开肇庆市劳模协会第二次会员代表大会，选举产生新一届市劳模协会理事会。全年为5名荣立个人一等功、158名荣立个人二等功的转业复退军人落实荣誉津贴，发放市直部级劳模市级劳模荣誉津贴18.72万元；争取市委、市政府支持，将享受医疗补助金的困难劳模标准由家庭人均月收入低于500元提高到650元，发放困难劳模各项医疗补助金、生活困难补助金等共27.72万元。

【维权维稳】 2010年，积极应对富士康、南海本田事件影响，全市职工队伍和社会基本稳定。先后参与《肇庆市妥善处置部分企业员工要求加薪停工事件实施方案》、《2009年肇庆市妇女儿童发展规划统计监测报告》、《关于中国妇女发展纲要（2011—2020年）》、《肇庆市医药卫生体制改革实施意见》、《肇庆市法治城市、法治县市区创建活动任务分解表》、《关于深入开展“向梁承华学习推动全民创业”学习活动的方案》、《肇庆市社会工作人才队伍建设联席会议制度》、《广东省企业民主管理条例》等8项涉及职工、农民工切身利益的有关政策法规的制订和修改。市县两级工会参与市人大对《劳动合同法》和《工会法》执法检查工作，充分发挥协调劳动关系三方机制作用，配合有关部门为职工、农民工追讨欠薪39起，涉及663人，追回拖欠工资等待遇253万元。成功调解肇庆市动力配件有限公司200多名员工因高温补助和加班工资问题引发的集体停工事件；积极指导宋城酒店改制和德州牛仔等企业关闭工作。完善以职代会为基本形式的厂务公开民主管理制度，贯标工作拓展到非公企业。已建工会的各类企业95%实行厂务公开民主管理；基层职代会建制率88%，国有及其控股企业职工董事、监事建制率65%。市在全国、全省厂务公开民主管理交叉检查中受好评。市纪委监察局获“全国推动厂务公开民主管理先进单位”，市总等6个单位荣获“广东省推动厂务公开民主管理工作先进单位”，还有16个单位获得“广东省厂务公开民主管理工作先进单位”。

全市建立平等协商集体合同制度企业1999家，其中非公企业1922家，占建会企业96%，续签率98%；签订专项集体合同1027家、3175份。推进工会劳动法律监督工作，加强工会信访和劳动争议调处工作。市县两级工会接待和处理职工来信、来访、来电941件（次），涉及1606人，其中集体性8件（次），涉及414人；调处职工劳动争议案件164件，调处率93%。

将高新区作为全市开展创建劳动关系和谐工业园工作示范点，把创建活动覆盖到更多的非公企业。新增肇庆市劳动关系和谐企业达标企业18家，推荐3家企业参加评选广东省劳动关系和谐企业，推荐高新区为全国劳动关系和谐工业园区。

市总工会定期为困难职工发放粮油

**【组织建设】** 2010年，超额完成省总下达的组织发展指标增5%的任务。全市新发展工会组织253家，累计3411个，净增8%；新发展涵盖单位1357个，累计2.40万个，净增6 %；新发展会员2.69万人，累计28万人，净增10.6%；新发展农民工会员1.19万人，累计7.92万人，净增17.7 %。

2010年，市委办、市政府办转发《肇庆市总工会关于进一步加强新形势下镇（街道）工会规范化建设的意见》，召开全市推进乡镇（街道）工会规范化建设高要现场会，推进和加强工会基层组织规范化建设。全市106个镇（街道）中，56个镇（街道）建立总工会，占52.8%，其中28个中心镇（街道）全部按规范化标准建立总工会，夯实工会工作的基础。端州区总在街道总工会实行代表大会常任制，推进工会群众化、民主化建设。开展“职工之家”、“会员评家”、“双爱双评”等活动。全市建设合格职工之家2803家，合格率达88.7%；开展会员评家1711家，覆盖率54.1%，涌现一批全国模范职工之家和全国模范职工小家。

**【帮扶解困】** 2010年，各县（市、区）帮扶中心服务平台基本实现规范化建设标准。坚持为职工、农民工办好“十送”实事。做好春节慰问老劳模、特困职工等送温暖活动。共协助党政开展职业培训6653人，职业介绍2.58万人，帮助4027名下岗失业人员实现再就业。探视工伤职工、农民工96人。开展第四届“希望在明天，工会助您行”助学圆梦活动，发放助学金238万元，为1652名困难职工、农民工子女解决“读书难”问题。广宁县总与清新县总联合开展爱心帮扶活动，为全省跨区域帮扶工作的首创。组织1.6万人参加职工医疗互助保障计划；在全市开展“炎炎夏日送清凉、人文关怀促和谐”活动，为高温作业职工送清凉饮料、慰问金20多万元。开展“为职工送安康知识”活动，举办讲座23场，6000多职工受训。组织发动110家企业5.8万名职工参加“安康杯”竞赛，一批集体和个人获全国和省表彰。成立肇庆市工会法律服务律师团，全年帮助代理与指导职工维权案件32宗。举行“加强人文关怀、改善用工环境法律咨询活动”。坚持工会干部结对帮扶“一帮一”制度，全年帮扶解困108户。举办全市职工庆“五一”文艺演出和摄影比赛、庆国庆电影歌曲演唱大赛等大型示范性文体活动。开展“情系职工”免费送电影活动，全年为职工、农民工放电影1300多场。

**【培训与调研】** 2010年，各级工会开展“读好十本书”和深化作风建设、提高执行力“四个一”活动。实施全市工会干部“千人培训计划”，全年市县两级工会举办各类培训班31期，培训工会干部2695人次，培训率41.8%。市总工会围绕职工队伍状况、工会维权、工会帮扶等专题，深入开展调查研究，《肇庆市企业加强人文关怀和改善用工环境的调研报告》等优秀论文在全省获奖。全面完成全总、省总和市总三年建设150家“职工书屋”示范点任务，一批职工书屋被命名为全国、省优秀“职工书屋”示范点、建设点和建设者。市总被评为广东省职工书屋建设先进单位。

**【成立肇庆市工会法律服务律师团】** 8月12日，市总工会、市司法局、市律师协会联合成立肇庆市工会法律服务律师团。由社会执业律师、公职律师、法律援助律师共46人组成。团长由邓广坚担任，副团长由陈汉英、姚小飞、谢志贤担任。市总工会、市司法局、市律师协会设立肇庆市工会法律服务律师团领导小组，组长由市总工会党组书记、常务副主席蓝达青担任，副组长由市总工会副主席陈婷、市司法局副局长林金汉担任。成员包括市总工会保障工作部桂娇、市司法局公律科贾世波、市法援处姚小飞。领导小组下设办公室，办公室设在市总工会保障工作部，负责律师团日常管理工作。

**【问题与困难】** 一是为职工说话办事的能力不足，办法手段不多，效果不明显；二是构建和谐劳动关系工作任重道远，一些企业没有组建工会，一些职工没有加入工会，相当部分工会组织作用不理想；三是一些工会干部联系职工群众不够密切，作风有待改进。　　（刘晓霞）

**附：（一）2010年肇庆市总工会正副主席名录**

主　席：方建生

副主席：蓝达青（常务）　郭继光　陈广俊　陈锡友　陈　婷（女）

**（二）2010年获省以上表彰的个人名录**

2010年全国劳动模范（先进工作者）：

李汉生（广东省西江航道局封开分局党支部书记）

梁承华（肇庆理工中等职业学校校长）

肖志权（肇庆星湖生物科技股份有限公司生物发酵厂副厂长）

黄玉梅（女，高要市金海岸织造厂有限公司制造部经理）

李彩金（女，四会市江谷镇培崀村农民）

2010年广东省五一劳动奖章获得者：

黄德仰（广东风华高新科技股份有限公司党委书记）

汤小华（广东电网公司肇庆供电局纪委书记、工会主席）

陈友华（广东高要河台金矿副矿长）

张红梅（女，肇庆市公安局刑警支队技术大队科员）

王春燕（女，肇庆爱龙威机电有限公司物料部经理）

2010年广东省创争活动标兵个人（同时授予广东五一劳动奖章称号）：

魏水华（广宁县信息中心主任、工程师）

2010年全国工会系统“五五”普法先进个人：

方建生（肇庆市人大常委会副主任、市总工会主席）

谢志贤（肇庆市司法局公职律师）

2009年度广东省十项工程劳动竞赛先进个人（同时授予广东省五一劳动奖章）：

钟克辉（华润水泥〔封开〕有限公司总经理）

2008至2009年度广东省职工互助保障工作先进个人：

何欢燕（女，肇庆市总工会）

徐　娟（女，广东省职工保障互助会肇庆代办处）

2009年度全国“安康杯”竞赛活动广东省优秀组织者：

蔡泽革（肇庆市安全生产监督管理局）

### （三）2010年获省以上表彰的单位名录

2010年全国工会系统“五五”普法先进单位：

肇庆市总工会

肇庆市广播电视台工会

肇庆银监分局工会

肇庆市公路局工会委员会

2009年度全国推动厂务公开民主管理先进单位：

肇庆市纪委监察局

2009年度全国“安康杯”竞赛优胜企业：

广东电网公司肇庆供电局

广东四会互感器厂有限公司

广东肇庆星湖生物科技股份有限公司

2009年度全国“安康杯”竞赛优胜班组：

肇庆大华农生物药品有限公司禽流感疫苗生产组

广东三茂铁路股份有限公司肇庆线路巡护队

2009年度广东省工人先锋号：

肇庆市第一人民医院特需病区

中国移动通信集团广东有限公司肇庆分公司市场部

肇庆市志成气动有限公司精密数控加工班组

广东一力集团制药有限公司产品工艺攻关小组

德庆县广播电视台银视数字电视营业大厅

华润水泥（封开）有限公司项目部

广东省怀集县财政局预算股

2009年度广东省推动厂务公开民主管理先进单位：

肇庆市总工会

肇庆市地方税务局

封开县教育局

高要市总工会

德庆县纪律检查委员会

广宁县厂务公开领导小组

2009年度广东省厂务公开民主管理先进单位：

肇庆市交通集团有限公司

肇庆市环境卫生管理处

肇庆市皮肤病医院

肇庆蓝带啤酒有限公司

中国农业银行股份有限公司肇庆公司

中国电信股份有限公司肇庆分公司

肇庆市塑料三厂有限公司

肇庆市鼎湖区农村信用合作联社

广东四会实力连杆有限公司

四会市公路局

肇庆高要珠江物流有限公司

广东电网公司肇庆广宁供电局

德庆县香山中学

封开县江口镇中心小学

怀集县实验小学

广东肇庆爱龙威机电有限公司

2009年度全国“安康杯”竞赛广东省优胜企业：

肇庆市粤运汽车运输有限公司

广东省西江林业局

2009年度全国“安康杯”竞赛广东省优胜班组：

广东电网公司肇庆德庆供电局输电班

2009年度全国“安康杯”竞赛活动广东省优秀组织单位：

肇庆市总工会

2008至2009年度广东省职工互助保障工作先进集体：

广东省职工保障互助会肇庆代办处（二等奖）

## 共青团肇庆市委员会

**【简况】** 2010年，全市有青年（14～35周岁）110.2万人，其中共青团员（14～28周岁）24.8万人；有团组织7516个，其中基层团委823个，团（总）支部6693个；有少先队组织4000个，少先队员40万人；全市配备专职团干部78名，兼职团干部2.76万名。

**【重要会议】　共青团肇庆市委第十一次代表大会**　1月10～11日，在星岩礼堂召开。市领导覃卫东、郭锋、梁国安、吴华钦、莫友莲、刘惠祥、曾超鹏、陈以良等出席开幕式，市委书记、市人大常委会主任覃卫东讲话，市委常委、常务副市长刘惠祥作经济形势报告。会议审议并通过团市委书记王良华代表第十届团市委常委会作的题为《把握时代机遇，谱写青春篇章——为推动肇庆科学发展而努力奋斗》的工作报告，选举产生团市委十一届委员、候补委员和书记、副书记，王良华当选为共青团肇庆市第十一届委员会书记，蔡验霞、唐莹当选为副书记。

**珠三角青年企业家2010年新春嘉年华**　1月27日，在肇庆碧桂园凤凰酒店举行。来自港澳以及佛山、珠海等珠三角地区的青年企业家参加。

**肇庆市青年企业家协会三届四次理事会**　1月27日，在肇庆碧桂园凤凰酒店召开，大会增补新会员、新理事、新副会长。大会选举陈广宇为市青年企业家协会新一届会长。

**县级团委工作目标考核述职会**　1月28日，团市委召开2009年肇庆市县级团委工作目标考核述职会，对2009年各县（市、区）共青团工作进行综合考评。团高要市委获得第一名，团四会市委、团德庆县委分获二、三名。

**肇庆市农村青年创业工作会议**　3月12日，在德庆县召开。是深化“农村青年创业行动”、促进农村青年创业和农村经济发展的专题会议。

**“共青团与人大代表、政协委员面对面”座谈**　3月25日，团市委组织开展，团市委书记王良华提出要不断拓展“倾听青少年声音”的渠道和努力探索反映青少年诉求的新途径。

**肇庆青年纪念“五四”运动91周年暨表彰大会**　4月30日下午，在市委小礼堂召开，市领导吴华钦、陈端、关鹏、龙启江出席大会，为2009年度市共青团工作先进集体和优秀个人颁奖。300多名团员青年代表参加大会。

**肇庆市“两新”组织团建工作推进会**　7月27日，在湖滨大酒店召开，并举办“两新”组织团建指导员培训班。会议听取各县（市、区）团委的“两新”组织团建工作汇报，布置下一步工作方案。

**肇庆市青年发展现代农业促进会成立大会暨第一次会员大会**　8月19日，在市委小礼堂召开。市委副书记、政法委书记吴华钦出席会议并讲话。团省委青农部部长冯永忠、团市委书记王良华、各县（市、区）团委书记、肇庆市青年发展现代农业促进会全体会员、贫困户青年创业代表共150多人参加成立大会。

**市志愿者联合会一届三次理事会议**　9月21日召开，选举产生市志愿者联合会主席、秘书长，增补4名副主席和20名理事。

**全市共青团工作座谈会**　9月26日召开，传达学习省委副书记、省纪委书记朱明国8月17日到团省委机关调研时的讲话精神，研究部署抓好贯彻落实，开创肇庆共青团工作新局面。市委办、市委组织部有关领导，各县（市、区）、肇庆高新区党委分管领导、团委书记，市直大中专院校团委书记，市直有关单位团组织负责人共50多人出席会议。市委副书记吴华钦出席会议并讲话。

**少先队先进集体、个人表彰大会**　10月12日下午，由团市委、市教育局、市少工委主办的纪念中国少年先锋队建队六十一周年暨少先队先进集体、个人表彰大会在百花园小学举行。市委副书记吴华钦出席并讲话。

**全市共青团宣传工作会议**　11月10～11日，

11月7日，共青团肇庆市委和中国移动广东公司肇庆分公司联合举办“创新广东·第三届希望工程南粤会亲——肇庆会亲”活动

在城区召开，会议学习党的十七届五中全会和团省委电视电话会议精神，研究市分类引导青年思想工作，部署下阶段市宣传工作及志愿者工作。市直团委、各县（市、区）团委宣传工作负责人、市直大中专院校团委书记共30人参加会议，团市委副书记唐莹出席会议并作讲话。

**【实施《规划纲要》】** 2010年，重点从三方面推进《规划纲要》的实施。一是推进青年提高素质工程。结合肇庆市农村青年科技文化活动月活动的开展，做好"百万农民学电脑"、"农科网络大讲堂"、"农村青年培训"等工作。年内，全市农村青年参加就业创业培训2490人。加强共青团"青年就业创业见习基地"对接工作，全市各级团组织共建见习基地37个，提供见习岗位1500多个，1270名青年到岗见习，其中535人通过见习实现就业。加强进城务工青年农民工"订单式"技能培训工作，举办"订单式"技能培训班20期（次），培训963人，通过培训实现就业470人。二是深化青年就业创业行动，深化农村青年创业小额贷款工作。年内，联合农信社、邮储银行、农业银行等三家金融机构，累计发放青年创业贷款635笔共4357万元；其中农业银行230笔共3400万，农村信用社348笔共787万，邮政储蓄57笔共170万。联合人民银行、农业银行等部门，开展"金融知识进社区"、"金融知识进乡村"等活动，组建"金融知识宣讲团"和"金融服务专家团"，到基层普及农村金融知识。联合市教育局、市科技局、市科协、市学联等单位共同举办首届"肇庆大中专学生创业计划竞赛"。活动共收到120多件参赛作品，表彰50多件进入决赛的作品。三是落实扶贫开发"规划到户、责任到人"工作，组织全市共青团组织投身扶贫开发"186"工程，安排团组织、市以上"青年文明号"单位和青年企业家协会会员单位与全市186条贫困村进行对口帮扶。计划用三年的时间，开展青年提升素质转移就业、农村青年创业脱贫助贷项目、大学生志愿服务队、健康直通车、爱在"希望家园"、"青春绿千村"等活动。至年底，全市各级团组织建立"希望家园"25家，投入资金66.85万元；服务留守儿童1206人次；放农村小额贷款421万，172人，带动就业人数360人；培训农村青年1130人次；开展健康直通车活动26次，服务农村群众2936人次。团市委积极做好与高要市水南镇坑口村的结对帮扶工作，累计投入资金及物资64万余元，购买商铺发展村集体经济，帮助贫困户发展种养，并引资50万元建设镇中心小学综合楼。

**【基层组织建设】** 2010年，继续建立健全县（市、区）团委书记向团市委常委会述职制度。推进乡镇、街道团组织格局创新试点工作，四会贞山街道、广宁排沙镇、封开罗董镇3个试点单位配齐配强兼职团干部队伍。推动市、县、镇三级青年发展现代农业促进会工作，已建立6个县级青农会，20多个镇级青农会；全市各级青农会会员共1800多人，其中市级青农会会员109人；各级青农会基本成立团组织。编制《肇庆市两新组织团建工作指导手册》、《肇庆市"两新"组织企业建团指引》和《肇庆市"两新"组织建团基本知识和工作程序》等制度，市已建立团组织的两新组织268家，覆盖35岁以下青年2.79万人，团员1.50万人。全市年内推优入团25430人，推优入党数1177人。

**【思想道德教育】** 2010年，先后组织开展"肇庆读书节——全民读书"、"保护母亲河——肇庆休渔放生节"、"清廉薪火行——廉政文化进校园"、做文明有礼的中国人、争当"四好少年"等主题活动教育青少年。举办2期"团长与青年聚网论道"——网络青年论坛，近2000名青少年通过网络与市、县两级团委书记直接对话，探讨《规划纲要》实施的机遇与挑战、青年在加快转变经济增长方式中的作用、大学生就业、青少年心理健康等社会热点问题。联合市委宣传部、文明办、移动营运商开展"我爱肇庆一万个理由"红段子创作活动，发动市直大中专院校过万名青年学生参与红段子创作活动。围绕争当"四好少年"的主题开展各类队日活动，组织中小学团队参加"飞扬的红领巾"主题队日竞赛活动，引导少年儿童树立以"雏鹰奖章"为导航的前进方向。

**【青年文明号】** 2010年，市组织5个单位参加省级青年文明号评选，其中有3个单位获得省级青年文明号。

**【志愿者服务】** 青年志愿者行动　2010年，开展"肇庆市志愿服务月"、"城市文明劝导"、

"迎国庆讲文明促和谐"志愿服务统一行动日等行动。"志愿服务月"期间，全市各地共举办青年志愿者志愿服务活动超过40场（次），累计动员志愿者超过8000人次，共为社会提供志愿服务1万小时。开展以关爱农民工子女和农村留守儿童为核心内容的"朝阳行动"——青年志愿者关爱农民工子女专项行动，组织青年志愿者2000多人，投入资金10万元，结对帮扶农民工子女100名。在市公开招募、选拔10名亚运会赛会志愿者为亚运比赛场馆服务，其中7人获得"每日微笑服务之星"荣誉。

社区志愿者服务　2010年，市城区已按标准建立的社区志愿服务站33个，占端州区66个社区的50%。有社区志愿者3000多人，其中党员志愿者1400人．建立社区志愿服务队伍298支。

**【关爱农民工】**　4月28日，团市委联合肇庆星湖科技股份有限公司、团端州区委在星湖绿道举办肇庆各界青年迎"五四"暨关爱农民工文艺晚会，来自全市城市建设一线的砚都大道A4项目部、星湖大道工程项目部、市山毛建筑专业劳务公司、以及星湖科技公司、风华公司的600多名青年外来工前往观看。

**【中越青年联欢】**　受团省委委托，8月24～29日，团肇夫市委书记王良华率领广东代表团共30人赴广西南宁、百色两市参与"中越友好、青春携手、世代相传"为主题的联欢活动，与300名越南青年代表开展建设"中越青年手印墙"、种植友谊树、参观交流等各种活动。

**【问题与困难】**　服务青年的能力和手段需继续加强。尤其是在服务加快转变经济发展方式中，还存在青年转变意识培养和转变技能培训有待加强，青年创业、转型、加快发展的资金亟需解决，扶持的政策、项目等信息需要整合等问题。教育引导青年的方式方法亟待改进。一些团组织未能完全适应新形势新要求，把握不同年龄段青少年的身心特点和成长规律，并采取行之有效的方式有针对性地进行教育引导。维护青少年合法权益工作需加强。尤其是面对青少年权益意识增强、维护权益需求增多的情况，还存在维护青少年合法权益的制度性安排不够，体制机制不健全，组织化渠道的作用还没充分发挥出来等问题。团的基层组织建设任务依然艰巨。共青团工作的难点主要表现在基层，基层团组织无钱办事、无人办事的现象十分普遍，基层组织之间、地区之间、城乡之间、行业之间发展不平衡的现象十分突出。（梁卫敏）

**附：（一）2010年共青团肇庆市委员会正副书记名录**

书　记：王良华

副书记：蔡验霞（女）　唐莹（女）

**（二）2010年获省以上表彰的单位和个人名录**

全国五四红旗团支部：

四会市消防中队团支部

广东共青团"最具执行力"奖：

共青团肇庆市委员会

广东省五四红旗团支部标兵：

高要市国家税务局团支部

广东省五四红旗团委：

共青团排沙镇委员会

共青团肇庆科技职业技术学院委员会

共青团高要市新桥中学委员会

共青团肇庆市国税系统委员会

共青团怀集县教育局委员会

共青团四会市城中街道委员会

广东省五四红旗团支部：

共青团封开县公安局交警大队支部委员会

共青团高新区国家税务局支部委员会

共青团睦岗街道桂林街支部委员会

共青团广东萨米特陶瓷有限公司支部委员会

共青团肇庆金龙水谷食品饮料有限公司支部委员会

共青团四会市中医院支部委员

共青团德庆国家税务局支部委员会

广东省青年文明号集体：

怀集县公安消防中队

广东省四会监狱五监区

四会市公安局治安大队出入境管理中队

广东省青年文明号优秀组织奖

共青团四会市委员会

广东省少先队工作先进单位：

少先队肇庆市端州区工作委员会

广东省少先队红旗大队：

肇庆市第一小学少先队大队

四会市城东小学少先队大队

高要市第二小学少先队大队

德庆县实验小学少先队大队

广东省少先队先进中队：

鼎湖区广利街道办事处中心小学六（4）中队

肇庆市大旺区中心小学四（3）中队

高要市第二小学五（1）中队

四会市下茆镇马陂东霖学校五（2）中队

广宁县南街第一小学六（4）中队

德庆县实验小学六（1）中队

封开县金装镇中心小学四（2）中队

怀集县大岗镇白鹤小学三（2）中队

“广东省少年儿童平安活动”优秀组织奖：

共青团广宁县委员会

广东省“十佳”团县委书记：

张帮繁（共青团四会市委书记）

广东省优秀共青团员：

陈冠幸（封开县长岗镇党政办科员、信访办主任）

冯文胜（肇庆医学高等专科学校团委总支部学生书记）

何春晖（端州区国家税务局团支部书记、办公室科员）

黄钰荃（广宁中学教师）

李　娟（女，肇庆高新区大旺中学团委副书记）

李　容（女，肇庆学院教育学院青年网站长）

梁　健（女，肇庆中学高二级学生）

马诗桦（女，怀集一中高三（E1）班班长）

蒙建权（肇庆市青农会常委高要市青农会副会长）

彭希彤（女，肇庆市第四中学学生）

阮敏健（怀集县公安局城东派出所民警）

夏诗颖（女，肇庆市体育运动学校学生）

谢志颖（女，肇庆市鼎湖中学学生）

徐金文（德庆县青农会马圩镇分会副会长、团支部书记）

徐玉简（女，四会中等职业学校学生）

杨少侠（星湖生物科技股份有限公司核苷酸厂班长）

郑晓丹（女，肇庆市第一人民医院内科团支部书记）

广东省“百佳”团支部书记：

官西全（四会市贞山街道独岗村团支部书记）

黄艳玲（女，广宁县城乡建设规划局团支部书记）

梁广强（高要市白土镇初级中学团支部书记）

广东省优秀团干部：

陈德润（团封开县委办公室主任）

梁国权（鼎湖区桂城街道办事处团委书记）

方　晶（女，肇庆职业学校团委副书记）

符黄良（肇庆市工程技术学校团委书记）

潘艺诗（女，德庆县德城街道团委书记）

吴雨果（共青团肇庆高新区委副书记）

杨志欣（女，广东电网公司肇庆供电局团委书记）

陈勇瑞（广宁县排沙镇编外团委副书记）

广东省少先队先进工作者：

刘浩宁（端州区少先队总辅导员）

第十一届“广东省十佳少先队员”：

谢　宁（女，端州区端城小学小六（5）中队）

广东省优秀少先队员：

张衍力（肇庆市第一小学小五（5）中队）

覃　月（女，端州区奥威斯实验小学小三（1）中队）

邹雨彤（女，肇庆市第十五小学小五（4）中队）

李垚莹（女，鼎湖区鼎湖逸夫小学小三（3）中队）

陈希雯（女，鼎湖区桂城中心小学小三（1）中队）

吴宛洋（女，四会市城东小学小三（4）中队）

梁乃敏（女，四会市东城中心小学小五（2）中队）

陈静怡（女，广宁县南街第一小学小五（1）中队）

朱　江（广宁县中华西小学小五（4）中队）

韦　敏（女，德庆县实验小学小五（4）中队）

黄　潇（女，封开县金装镇中心小学小五（1）中队）

陈洁琳（女，封开县江口中心小学小五（4）中队）

谭旭康（怀集县实验小学小三（1）中队）

罗承昕（肇庆高新区大旺中心小学小六（2）中队）

梁颖楠（女，肇庆高新区大旺中心小学小五（2）中队）

第六届“广东省优秀少先队辅导员”：

邓兴华（肇庆市第十五小学少先队大队辅导员）

杜冬梅（女，肇庆市第十六小学少先队中队辅导员）

梁鲁波（怀集县怀城镇第六小学少先队大队辅导员）

“广东少年儿童平安行动”好队员：

徐文韬（肇庆市第十六小学）

袁志聪（鼎湖区坑口迪村中心小学）

张智翔（四会市城中街道中心小学）

杨　晨（广宁县南街镇第一小学）

“广东少年儿童平安行动”贡献奖：

江锦权（德庆县实验小学）

梁夕云（女，怀集县怀城镇第三小学）

2009年“红领巾共促和谐行动”优秀组织奖：

少先队端州区工作委员会

少先队广宁县工作委员会

少先队怀集县工作委员会

2009年“红领巾共促和谐行动”先进集体奖：

肇庆市龙禧小学少先队大队部

肇庆市第六小学少先队大队部

鼎湖区桂城街道办事处中心小学少先队大队部

四会市城中街道中心小学少先队大队部

广宁县南街镇第一小学少先队大队部

德庆县德城镇第一小学少先队大队部

封开县江口镇实验小学少先队大队部

怀集县怀城镇第五小学少先队大队部

肇庆市大旺区中心小学少先队大队部

2009年度“广东少先队手拉手好队员”：

宾奕婷（女，肇庆市第十五小学）

邓星辉（鼎湖逸夫小学）

严芳瑜（女，四会市东城街道冯云小学）

李杏婕（女，四会市城中区城东小学）

周奉献（高要市第一小学）

梁婉儿（女，广宁县南街第二小学）

何雨荷（女，德庆县德城镇第一小学）

宾锐诗（女，封开县江口镇封川小学）

何英萍（女，怀集县怀城镇第六小学）

何英剑（肇庆市大旺区中心小学）

2009年度“广东少先队环保小卫士”：

罗诗羽（女，肇庆市第四小学）

江颖颐（女，肇庆市第六小学）

梁锦慧（女，鼎湖区迪村中心小学）

吴　锷（四会市东城街道周开泉小学）

张颖琪（女，高要市金渡镇沙头小学）

罗学怡（女，德庆县德城镇中心小学）

侯恒冰（女，封开县南丰镇中心小学）

张学华（封开县江口镇中心小学）

江晓枫（广宁县中华西小学）

陈佳宁（女，怀集县冷坑镇中心小学）

郭雪慧（女，肇庆市大旺区中心小学）

2009年度“广东省优秀少年志愿者”：

欧丹琳（女，肇庆市第一中学）

江欣彤（女，鼎湖区沙浦镇中心小学）

邓志超（四会市实验学校）

麦　迪（女，广宁县新城小学）

龙栩谊（女，广宁县北市镇中心小学）

陈锡聪（德庆县德城第一小学）

高鸿宇（封开县金装镇中心小学）

梁湛浜（女，怀集县怀城镇第三小学）

黄鸿才（肇庆市大旺区中心小学）

2009年度“广东省少先队先进工作者”：

梁槐初（团怀集县委副书记、县少工委主任）

## 肇庆市妇女联合会

**【参与经济社会发展】** 农家女金钥匙创业贷款　2010年，争取市财政局将“农家女金钥匙创业贷款”贴息资金纳入预算，推动封开、鼎湖、怀集等县落实财政贴息资金。年底，市妇联协调市及县级财政落实贴息资金120多万元，以确保肇庆市“农家女金钥匙创业贷款”活动的顺利推进。全市累计为609个创业项目提供创业贷款1419万元。

**支持农村妇女增收致富**　一是促进农村妇女技能培训和转移就业。通过把45岁以下的农村女

9月8日，全国妇联党组书记、副主席、书记处第一书记宋秀岩（左一）考察肇庆市妇女工作

劳动力全面纳入“农村青年技能培训工程”、“农民工技能培训计划”，依托妇女学校开展各类农业实用技术培训等渠道，农村妇女培训面90%。二是培育妇女创业基地和专业合作组织。全市共创建省级“巾帼创业示范基地”、广东省南方大豆种植示范基地巾帼示范林基地6个，市级“巾帼示范村”13个、“巾帼创业示范基地”10个，妇女农村经济合作组织15个。三是联合市气象局建立农家女气象信息员队伍并举办9期培训班，全市1366名农村女气象信息员遍布在102个乡镇的1366个乡村，在帮助农民及时获得准确的气象预报信息，提高抗御各类气象灾害能力、降低生产风险方面发挥作用。

巾帼文明岗创建活动 2010年，全市新创建全国巾帼文明岗4个、省级25个、市级40个。开展“百岗联百村，共建新农村”活动，全市100个“巾帼文明岗”与村（居）妇代会结对帮扶，促进城乡妇女发展共赢互进。

**【家庭文明建设】** “女性·家庭学礼仪”活动 2010年，动员市民家庭参与创建全国文明城市，结合“讲文明、树新风、迎亚运”和“文明观世博，热情迎亚运，和谐迎国庆——做文明有礼的中国人”等活动，开展“女性·家庭学礼仪”活动，通过专题讲座、电视课堂和发放礼仪宣传手册等，普及礼仪知识，引导大家文明出行、文明交往、文明娱乐。

家庭节能减排行动 开展“低碳家庭·时尚生活”活动，以组织参加征文比赛和知识竞赛、发放宣传资料和读本、举办论坛等形式，普及低碳知识，倡导低碳生活方式。

表彰“五好文明家庭”、“五好文明家庭”纳入市委、市政府常规表彰内容，20个“五好文明家庭”受到市表彰。树立一批“好父亲”“好母亲”典型，其中16人入选广东省“百名好父亲、好母亲”。各地举办“十大书香家庭”评比等活动，推动阅读走进家庭、融入生活。

家庭教育工作 以家庭道德教育宣传实践月活动为载体，发挥家庭教育讲师团的作用，利用“家教通”网上家长学校、多媒体远程教学资源、电视、手机等媒介，使家长足不出户就能享受到优质的家庭教育资源。在父亲节前夕，联合肇庆电视台在《星湖会客厅》栏目举行“怎样才是一个好父亲”大讨论活动，引导广大家长重视父母角色的塑造。全年共开展各种家教普及活动65场（次），受教育家长3.5万多人。

**【妇女维权工作】** 创建妇女维权站 推进县、镇、村妇女维权中心、站、点进驻综治信访维稳中心、工作站，妇女组织纳入综治信访维稳中心、工作站成员单位，妇女信访案件由中心统一受理，统一排查和分流调处，统一协调化解，统一督办，统一建立工作台账。全市108个镇（街）均创建妇女维权站，全部进驻当地综治信访维稳中心、工作站；100%的村、社区的妇代会主任为村（社区）“中心”、“工作站”成员。

平安家庭创建 利用“11·25”反家暴日、“三八”妇女节等纪念日，开展自行车骑游等宣传活动，营造遏制家庭暴力，共创平安家庭的良好氛围。发挥四会、端州、德庆、封开四个县级示范点的先行作用。在全市基层妇女干部培训班开设“心理辅导方法与技巧”课程；推动家暴防治知识纳入公安干警培训课程，强化公安干警履行职责、依法调处家暴案件的意识与能力。推进《肇庆市妇联进一步加强家庭暴力社会综合防治工作方案》的实施。全市创建县级家暴庇护站4个、家暴伤情鉴定中心5个，家庭暴力投诉点1298个。发挥妇女"四禁"自治组织、帮教小组等巾帼志愿者队伍作用，开展禁毒、拒赌、防治艾滋病宣传和刑释解教人员安置帮教工作。深化"平安家庭"创建活动，创建广东省"平安家庭"创建活动先进示范镇1个，示范社区1个。至年底，全市创立"平安家庭"县级示范点2个，镇级示范点16个，村级示范点216个，"平安家庭"39.27万户。

*妇联信访工作* 2010年，市妇联12338妇女维权热线开通至县（市、区）妇联。全市妇联系统处理群众来信、来访、来电和网上咨询1558宗，办结率96.5%。完善市妇联"心言工作室"建设，免费为妇女群众提供专业法律、心理咨询服务，在全市妇联系统推广创建经验，推动四会、德庆、封开、怀集4个县（市）组建。参与人民调解、行政调解、司法调解三位一体的"大调解"工作体系，配合党和政府依法按政策妥善处理妇女群众反映的突出问题。对部分农村出嫁女重信重访问题，协调、推动端州区法院首次受理及实体审理黄岗镇14名出嫁女维权纠纷案件，全部作出"应落实村民待遇"判决，年内对13名出嫁女案件强制执行完毕，解决历时10年的纠纷。实施第四期"中国妇女法律援助行动"，帮助妇女获得赔偿和追讨欠薪近50万元。

*妇女普法宣传* 2010年，开展"百万妇女懂法律，家庭平安促和谐"主题活动，利用"三八"妇女节等纪念日，以宣传《妇女权益保障法》、《广东省实施〈妇女权益保障法〉办法》、《劳动合同法》等与妇女群众利益密切相关的法律法规为重点，推进妇女法制宣传进乡村、进社区、进工厂。全市各级妇女组织共举办各类法制宣传活动55场，发放宣传资料19万份；媒体宣传报道71篇；举办培训班96期（次），参加培训人员4203人，座谈会7场，拉挂宣传标语、横额2250条。

**【妇儿发展规划工作】** 2010年，市妇儿工委召开全市推进肇庆市妇女儿童发展规划全面达标工作会议，对各县（市、区）实施妇女儿童发展规划重难点目标监测数据工作进行综合评估，并根据2009年的监测数据发出初步预警通报。市妇联牵头召开新规划编制筹备工作会议，成立编制工作领导小组和编制起草组，制订工作方案，明确目标任务，推进新规划编制工作。深入调研，把握妇女儿童发展的新情况、新问题，为新规划目标指标设定提出建设性和切实性意见建议；加强与有关部门沟通，推动妇女儿童发展重要指标和内容纳入市"十二五"规划。

**【帮扶困难妇女儿童】** 2010年，全市妇联先后组织开展形式多样的行动帮扶困难妇女儿童。（1）启动"'创新广东'信息化扶贫行动之贫困母亲帮扶计划"，争取省妇联、省扶贫基金会、中国移动广东分公司100万元帮扶资金和500台手机及赠送话费30万元，援助市500户单亲特困母亲、贫困妇女家庭发展生产。（2）组织"爱心父母牵手困境儿童大联盟"行动，全市有454个单位、9256名"爱心父母"与2.80万名贫困儿童结对开展助学、助养、助教，送出帮扶款283.82万元，帮扶困境儿童人数居全省首位。（3）与中国儿童少年基金会等共同实施"我的第一个书包"公益项

6月25日，市妇联、中国移动广东公司肇庆分公司举行"'创新广东'信息化扶贫行动之贫困母亲帮扶计划"生产资金、爱心手机发放仪式

目，为市500名一年级的贫困儿童赠送书包、文具等用品。（4）开展“单亲特困母亲安居房活动”，争取省妇联30万元和市级配套资金，援建母亲安居房30套。（5）开展“农村儿童流动图书室”送书活动，丰富农村儿童课外生活，优化农村儿童的学习、生活环境。（6）组织病患儿救治工作，配合省做好先天性心脏病、唇腭裂患儿救治工作。全市共有24名先天性心脏病、唇腭裂患儿得到减（免）费或优惠治疗资金共31.1万元。（7）启动农村妇女“两癌”防治试点工作。年内，选定市及广宁、德庆县妇幼保健院等医疗机构作为试点，制订《肇庆市农村妇女“两癌”检查项目实施方案》，部署全市工作的开展。开展宣传、培训、组织动员工作，扩大育龄妇女“两癌”防治知识覆盖面。结合妇科常见病普查普治，联合有关部门开展“珍爱生命、关爱女性”妇科病免费检查活动。1～10月，全市有6782名农村妇女免费接受“两癌”检查，其中乳腺癌检查5319人次，宫颈癌检查1463人次。德庆县作为国家医改乳腺癌检查项目实施县，已为4003名农村妇女进行免费乳腺癌检查。

**【组织建设】** 2010年，全市乡镇（街道）妇联和村、社区妇代会组建率100%，全市各级成立机关事业单位、大中专院校、新经济组织妇委会301个，各类巾帼志愿者人数8.47万人。抓好村、社区“妇女之家”创建工作，争取到省妇联11万元和市级配套资金投入，按时完成省妇联下达的年底前全部挂牌成立的工作任务。做好2011年村（社区）换届选举中推进女性进“两委”工作。举办乡镇、街道妇联干部培训班和市、县直妇委会干部培训班，全市乡镇（街道）妇联干部和县直妇委会干部257人参加培训。依托省、市各类培训机构，市妇联机关干部职工实现全员培训。年内，市妇联荣获“全国维护妇女儿童权益先进集体”、“肇庆市文明单位”等荣誉称号。

**【联谊交流】** 2010年，市妇联、市旅游局与香港新界荃湾葵青区妇女会联合举办“肇港妇女文化交流三天游”活动，“春游粤港肇，三八姐妹乐”活动。由广佛肇三地妇联发起、三地女企业家协会举办的“低碳经济·时尚生活”广佛肇女企业家论坛暨扶持妇女创业签约仪式，吸引220多名女企业家热议发展低碳经济。

**【妇女宣传工作】** “三八”期间，围绕“平等·发展·和谐”主题，在肇庆电视台、电台、《西江日报》分别开设“百年三八话发展”专题。首次印制5000份“男女平等基本国策”宣传书签和发行5000份纪念百年“三八”邮资封，向全市党政领导、人大和政协两会的代表、委员及社会各界代表宣传男女平等基本国策。结合市创建创业型城市和全民创业活动，借助肇庆电视台《创业者故事》栏目，宣传25名巾帼创业带头人事迹。全年在各类媒体发表200多篇文稿。

**【问题与困难】** 各级妇联特别是基层组织现有人力及工作资源不能满足妇女的发展需求；妇联组织的工作机制和工作方式需创新；妇联参与社会管理和公共服务的途径需拓宽。　（陈莹莹）

**附：（一）2010年肇庆市妇女联合会正副主席名录**

主　席：孙小华（女）

副主席：谢冬华（女）　梁佩卿（女）　庞志坚（女）

**（二）2010年获全国表彰的先进集体和个人名录**

全国城乡妇女岗位建功先进集体：

鼎湖区农业局

全国维护妇女儿童权益先进集体：

肇庆市妇联

端州区农业局

全国基层组织建设示范乡（镇、街道）：

四会市东城街道

第七届全国五好文明家庭：

李意东家庭 鼎湖区鼎湖中学教师

全国维护妇女儿童权益先进个人：

姚小飞（肇庆市法律援助处主任）

全国城乡妇女岗位建功先进个人：

黎　晓（高要市白诸镇镇长）

徐月芳（怀集县冷坑镇水口村女能手）

中国“杰出创业女性”：

何玉铃（高要中杰鞋业有限公司董事长）

**（三）2010年获省表彰的先进集体和个人名录**

广东省“三八”红旗集体：

肇庆市工商行政管理局端州分局登记服务大厅

肇庆市端州区地方税务局办税服务厅

广东省巾帼文明岗：

肇庆市房产档案馆

中国电信股份有限公司肇庆分公司10000号客服中心

中国电信股份有限公司肇庆城区分公司蓓蕾营业厅

中国联合网络通信有限公司肇庆市分公司客户服务部

肇庆市中心血站体采科

端州区城西街府前东路社区居民委员会

端州区城西街城中路社区居民委员会

端州区城西街西江南路社区居民委员会

肇庆市第六小学

端州区农村信用合作联社营业部

端州大酒店饮食服务有限公司餐饮部

鼎湖区农村信用合作联社营业部

中国移动通信集团广东有限公司四会分公司金丽苑服务厅

四会市图书馆

中国联合网络通信有限公司四会市分公司中豪服务厅

四会市农村信用合作联社营业部

四会市白沙水电站

德庆县机关第二幼儿园

广宁县人民医院妇产科

怀集县交通局交通行政服务中心

广东省抗震救灾妇女先进集体：

肇庆市第一人民医院抗震救灾专用病房护理组

广东省妇联系统信息工作先进单位：

肇庆市妇联

广东省“平安家庭”创建活动先进示范村：

德庆县马圩镇上彭村

广东省“三八红旗手”：

程茂红（肇庆市广播电视台播音员）

杨晓凌（高要市计划生育服务中心主任、副主任医师）

邓秀梅（广宁县人民医院副院长）

赵永芳（怀集县第一中学德育处副主任）

广东省抗震救灾妇女先进个人：

郭赐阢（肇庆市疾病预防控制中心副主任）

何玉铃（高要中杰鞋业有限公司董事长）

广东省第六届南粤“巾帼十杰”提名奖、广东省“三八”红旗手：

蔡玉婵 肇庆市中艺名砚厂经理

广东省妇联系统优秀信息员：

陈莹莹 肇庆市妇联

广东省“自主创业十大女杰”、广东省“三八”红旗手：

谢跃辉（中房集团肇庆百花园有限公司董事长）

广东省“科技创新十大女杰”、广东省“三八”红旗手：

谭帼英（肇庆华锋电子铝箔股份有限公司董事长）

广东省“慈善奉献十大女杰”、广东省“三八”红旗手：

何玉铃（高要中杰鞋业有限公司董事长）

广东省“优秀女企业家”：

谢建平（肇庆市工商职业技术学院董事长）

## 肇庆市工商业联合会（总商会）

**【简况】** 2010年，全市有县级工商联组织9个，基层商会53个，行业商会14个。到目前为止，全市工商联共有会员6290名（其中企业会员2220名，个人会员4015名，团体会员55名、原工商业者255名）。担任县级以上人大代表、政协委员共513人（其中全国人大代表3人，省人大代表7人，市人大代表50人，县人大代表69人，省政协委员1人，市政协委员67人，县政协委员315人）。

**【广佛肇商会合作论坛】** 12月6日，首届广佛肇商会合作论坛在佛山举行，主题是“携手、合作、共赢——新形势下产业发展与升级的趋势和路径”，论坛上三地工商联签订战略合作协议。市政协副主席、市委统战部部长谢锦文率领20多位民营企业家出席这次论坛。

**【服务社会】** 2010年，上报省工商联和市委统战部信息41篇，其中《新粤商》登载5篇，省工商联网站登载7篇。配合统战部等11个部门，联合举办肇庆市第二届优秀中国特色社会主义事业建设者评选活动；与西江日报社共同开展肇庆市首届十大经济人物评选活动。在首个"广东扶贫济困日"活动中，全市工商联系统捐款2880多万元；捐助学校、医院7所870多万元。年内，全市工商联系统会员参与各项社会公益事业，扶贫济困、救灾复产等捐款捐物3900多万元。

组织110多家会员企业参加省三方"企业加强人文关怀、构建和谐劳动关系先进经验宣讲团"宣讲活动。引导会员企业进一步提升企业品位，丰富、加快民营企业文化产业发展，弘扬企业文化。市工商联合会积极开展非公经济组织创先争优活动，受到全国工商联党组书记全哲洙的充分肯定。

**【参政议政】** 调查研究 联合市建设银行向市政府撰写《关于对民营企业融资情况的调研汇报》的报告，向市委撰写《关于对县级工商联组织和机关建设的调研情况汇报》及向省工商联撰写《关于我市民营企业招工难情况分析及对策》的调查报告，市委、市政府领导对两份报告都作批示。年内，全市工商联系统向当地党政机关和省工商联报送调研材料、情况反映等信息共95份，初步完善"企业会员数据库"、"非公代表人士数据库"。各级工商联会员向人大提出建议101份、政协提案123份，向省工商联推荐建议、提案3份。其中工商联会员提出的《关于提高自主创新能力，实现民营经济大发展的建议》政协提案被列为重点提案，得到市委、市政府重视，市长郭锋亲自领办。

产业转移服务 4月，省工商联与肇庆市政府签订共同推进产业转移合作框架协议，省工商联先后组织两次考察活动。年内，市工商联组织会员企业参加各种经贸活动305场次；协助政府招商引资，引进项目8个，资金146.16亿元，其中成功引进投资131亿元的肇庆中恒医药产业园项目。

**【与省工商联签订合作框架协议】** 4月20日，省委统战部副部长、省工商联党组书记杨浩明，省工商联主席、广东恒兴集团有限公司董事长陈丹率领省工商联180多名企业家组成的经贸考察团，莅肇考察投资环境。市政府与省工商联在奥威斯酒店举行共同推进产业转移合作座谈会，双方签订以肇庆三个省级产业转移工业园为主体，通过整合资源、实现优势互补，创新合作模式，共同就招商引资、企业帮扶、民营经济发展以及产业转型升级等为合作内容的框架协议。

**【表彰活动】** 12月15日，市召开大会，表彰获得"肇庆市第二届优秀中国特色社会主义事业建设者"称号的45名非公有制经济人士和其他新社会阶层人士。

获表彰人员合影 （张海峰 摄）

**【服务企业】** 组织企业参加招聘活动 9月，市工商联合会与相关部门联合举办"2010年肇庆市民营企业综合型招聘会"。亚铝、侨兴等60多家会员企业以及广佛肇周边，共吸引110家企业进场"招贤纳才"，提供1746个就业岗位。

组织会员企业学习培训 9月，为200多名会员举办"2010泛珠三角投资热点分析会"。年内，全市工商联系统举办座谈会、讲座、培训班共58场，4090人次参加。

会员维权 协助省工商联做好劳资关系协调和投诉维权调研活动。年内，全市工商联系统维护会员合法权益9起，挽回经济损失1870多万元。

对外交流 2010年，全市工商联系统组织出外考察、交流活动24个，参加人数1287人次。主要有：组织部分民营企业家到肇庆工商职业技术

9月10日，肇庆市工商联在市奥威斯酒店举办“2010泛珠三角投资热点分析会”　（张海峰　摄）

学院开展校企合作交流，与深圳、清远、贵州黔东南州工商联合作，组织全市工商联系统负责人赴阳江参观交流，组织企业家代表16人赴黔东南州工商联考察。

【问题与困难】 参政议政工作有待加强，为会员服务工作有待加深，对乡镇商会和行业商会工作的开展要加强指导，工商联自身建设有待提高。

（张海峰）

附：2010年肇庆市工商业联合会正副主席名录

主　席：黄子显

副主席：邱显强　温振鹏

## 肇庆市科学技术协会

【简况】 2010年，肇庆市科协被肇庆市委、市人民政府评为“五一劳动模范”先进集体、肇庆市文明单位。

【中国科协副主席齐让来肇调研】 9月14～15日，全国政协常委、中国科协副主席、党组副书记齐让及全国政协科协界委员一行，先后到高要市蚬岗镇蔬菜基地、肇庆市肇实基地、肇庆农大园艺场等地考察，了解科普惠农工作。齐让一行认为肇庆科普惠农工作惠及面广，做得好、做得实，特别是“百会扶百村”、实施市一级科普惠农兴村计划等工作，经验值得推广。

【科普工作】 **帮扶企业** 组织220多名专家到20多家企业开展科技咨询和论证活动，为企业提出意见60多条，推广新技术30多项，帮助企业节能减排，为企业实现新增产值3000多万元。如组织了环保、制药、质检、质量、机械、化工等方面的专家10多人，到肇庆市梁剑波保健品有限公司，围绕“生产设备蒸发温度偏高，难以调控”和“管道蒸发结焦问题”两大难题开展座谈、论证，帮助企业解决实际问题。联合市政协组织科技届政协委员到四会互感器厂，围绕转变经济发展方式，提高企业自主创新能力开展调研活动。联合端州区科协组织气动专家到肇庆方大气动有限公司和肇庆市志成气动有限公司，开展科学研究、新产品研发、技术服务、人才培养等活动。

**“讲理想、比贡献”活动** 组织肇庆市志成气动有限公司开展“讲、比”竞赛活动，科技人员成功研发“气动双作用执行机构的研制及产业化”等项目。高要市科协围绕“以矿为主，多元发展”的战略，在广东金鼎黄金有限公司开展“讲、比”竞赛活动。全市科协系统参加“讲、比”活动的科技工作者1530人次，提出科学建议120多条，促进企业研发新产品6项，改进新技术8项，为企业带来经济效益1500多万元。市科协学会部部长夏建珍被中国科协评为全国“讲、比”活动优秀组织者。

**建立院士工作站** 四会互感器厂有限公司建立全市首个院士工作站，为市企业聚才引智、创新发展服务。

**“百会扶百村”活动** 组织有关学会分别在鼎湖、端州、高要等地创建“百会扶百村”工作示范点。全市参与“百会扶百村”活动科技专家600多人次，开展现场技术指导80多场次，派发技术资料3000多份，科普挂图1500多套，帮助130多条村发展经济，建立科普示范基地150多个，引进推广新技术60多项、新品种30多种，为农业创造产值1.2亿元。

**推广柑桔病虫害综合防治技术** 全市推广应用“以螨治螨”柑桔病虫害综合防治技术1.33万公顷，为柑桔种植户增收6000多万元。

**培育科技型龙头企业** 全市科协系统培育龙头企业6个，有效带动现代农业的发展。封开县益信农业有限公司，在市县两级科协的指导下，构筑种、养、加、销一条龙框架，通过“企业+协会+基地+农户”运行机制，逐步向规模经营、产业化经营的高层次发展，成为科技型的龙头企业。现有母猪2300头，年产仔猪总量3万多头，为农户提供种猪购进、管理、用料、用药及批量成猪回收服务，为当地农民增加收入200多万元，促进区域性养猪业的发展。怀集县福盛药业有限公司通过中药材规范种植示范与推广，建立“公司＋基地＋农户”的生产模式，形成优良中药材种植的生产、收购、销售产业链，带动甘洒、闸岗、凤岗等19个乡镇，980多户农户种植中草药666.67公顷，年产值5000多万元，年创税利100多万元，为农户增加收入近2000多万元。

**科普惠农** 四会市养猪协会和南方农村报联合举办“养猪科技直通车”，邀请国内知名专家，围绕疾病防治、市场信息问题，现场为300多名养猪大户支招，帮助养猪户认清市场形势，降低饲养成本，提高疾病防控能力。高要市蚬岗镇建立蔬菜试验示范基地，从2004年的800公顷，发展到1666.67公顷，辐射到周边各镇，带动全市无公害农产品快速发展。鼎湖区农大园艺场，依靠自身科研力量开展优良品种培育，培育无病毒种苗20类80多个品种以及檀香、降香黄檀名贵树种，其中柑桔和油茶良种1000多万株，优质橄榄苗4万株，种苗销售到广西、福建、台湾等10多个省份和地区，单无毒种苗一项，产值6000多万元。鼎湖区科协的科普惠农得到中国科协充分肯定，被邀请出席全国农技协会议并作经验介绍。广宁县冯达修获得中国科协表彰奖励，德庆县柑桔协会、封开县杏花鸡养殖科普示范基地获得省科协的表彰奖励。

**培养技术人才** 怀集县科协实施“党建富民工程”、“新型农民科技培训工程”、“农村劳动力转移培训工程”、“农业科技入户示范工程”等，全县共举办各类培训班150多期，培训农民工2.8万人次。高要市科协开展农村中学毕业生就业培训工作，共培训农村青年和应届毕业生900多名。封开县科协联合劳动保障部门开设会计班、电脑班、公司文员班等，免费为3000多名18至35岁的青年开展技术培训，发放结业证书。2010年全市科协系统共培训新型农民4万多人次。

**“科技成果推广应用奖”评审** 全市有推广科技成果并已经申报的项目29个，其中工业类11个，为社会贡献新增产值2.53亿元；农业类15个，为社会贡献新增产值7.82亿元。

**“食品保鲜”项目结题验收** 完成“新型食品保鲜技术的研究及开发”项目结题验收工作，科研成果得到评审专家组一致肯定，认为该产品投入使用后，将能解决当前市农产品保鲜难问题。

**节能减排** 一是加大节能减排的科普宣传。二是指导企业通过技术创新为节能减排。三是积极推广使用低耗能、环保型新产品。向社会推广应用空气能节能热水器和紧凑型荧光节能灯，受到企业和群众好评。

**百项技术（项目）进百企、进百村** 组织北京、省有关科研机构和市直各学会推广100项技术（项目）进百企、进百村。有5项技术签约。

**科普宣传** 5月18日，在高要市蚬岗镇举行2010年“科技进步活动月”启动仪式暨大型科普集市活动。开设医疗保健、种植、养殖、农机、地震、知识产权等科技咨询活动点30多个，参与科技专家及科普志愿者200多人，来自蚬岗镇的干部群众和学生约1500多人参加活动。开展全国科普日活动。围绕“节约能源资源、保护生态环境、保障安全健康”主题，倡导低碳生活，在肇庆城区启动全国科普日活动，全市各中小学均组织科普活动，参与学校50多间，学生10多万人次。开展专题科普活动。市气象学会在世界气象日期间，在宋城路开展以“世界气象组织——致力于人类安全和福祉的60年”为主题的防震减灾等应对自然灾害知识宣传活动。市预防医学会向市民大力宣传“手足口”、艾滋病、禽流感等疾病防治知识，免费派发资料18万多份，发放宣传短信11万多条。全市举办各类科普集市、科技下乡、科技报告会等800多场次，参与科技专家1800多人次，参加群众16多万人次。

**科技培训** 四会、高要、德庆、广宁等地科协分别举办农民科技培训。四会市科协举办“水稻机械化插秧技术”、“微耕机操作技术”、

"现代林业"等培训班32期，共培训村干部、农户等6800人次。德庆县科协联合农学会、畜牧兽医学会举办培训班4期，培训人员1200人次，现场技术指导10次，派发技术资料2500份（册），参加科技人员41人次。全县发展果园养猪户275户。全市科协系统共举办各类培训班280多场次，培训农民2万多人次，有1300多人通过培训成为当地种养能手和种养大户。怀集县科协联合县组织、人事部门加强公务员"初任培训、任职培训、更新知识培训、专门知识培训"，全县共培训公务员1.5万人次。高要、鼎湖等科协均开展领导干部和公务员的科技教育培训工作。市质协共举办新时期劳动关系协调技巧和广东省信息化与工业化融合巡回讲座等各类型讲座和培训班5期，参加培训人数1000多人次，总课时5000小时。市建筑学会举办行业技术培训班7期，培训科技人员1180多人。市水产学会分别在四会、高要、鼎湖等地举办各类水产养殖技术培训班5期，培训技术人员600多人次。全市学会共举办各类专业培训120多期，参加培训人数2万人次。

科普进社区　联合广东院士联络中心、广东科技报社、端州区科协、端州区城西街道办事处，在百花园社区举办"广东院士讲坛"进社区活动，邀请中国科学院院士姚开泰为现场的500多名社区居民作"防癌与健康"的科普报告。高要市科协联合党政有关部门，举办科普讲座9场次、播放科普影视16场次，并开展科普展览、科普文艺演出等活动。

科普示范村创建　2010年全市创建科普示范村17条，涌现一批科普带头人，培育一批农村专业研究会和科普示范基地。封开县平凤镇范村支部书记、主任陈国垣，种植5.33公顷柑桔，年收入40多万元，带动全村130多户村民种植柑桔，其中0.67公顷以上100多户。高要市回龙镇旺洞村支书苏乃锋承包6.67公顷鱼塘发展养鹅业，带动全村110户农民养鹅，全村单养鹅年收入8600多万元。

搭建宣传平台　联合广东科技报社和肇庆市工艺美术行业协会，在《广东科技报》开设"端砚文化"系列报道专栏，共出版74期。利用"两台一报"及网络等媒体宣传科协工作及科技工作者事迹，共发表新闻信息110多条。

科普阵地建设　5月27日，市第一个"全国科普教育基地"——广宁县宝锭山科普教育基地挂牌。先后为肇庆市第一中学科普特色学校、端州区中小学综合实践活动教育基地、肇庆市地质科技馆和怀集福盛药业有限公司等地"肇庆市科普教育基地"举行授牌仪式。加强"站、栏、员"建设。全市科协系统已建成科普活动室200多个，新增科普宣传栏220多个，培养科普员3560多人。

【青少年科技教育】　科技竞赛　1月20～26日，举办第25届肇庆市青少年科技创新大赛，收到参赛作品510件（篇），评出一等奖56件（篇）、二等奖83件（篇）、三等奖125件（篇），优秀科技教师18名，基层赛事优秀组织奖10所学校。4月9～11日，市选送43个优秀项目参加第25届广东省青少年科技创新大赛，市代表队获26个奖项。获一等奖1项，二等奖7项，三等奖14项；广东肇庆中学潘海姚被评为优秀科技教师；3个单位获优秀组织奖。7月2～6日，参加广东省信息学竞赛，取得优异成绩，其中广东肇庆中学朱健维同学获得一等奖第4名，于7月31日至8月6日代表广东省队赴山东烟台参加全国决赛，是市十三年来第一次进入全国决赛。全国决赛上，朱健维获二等奖（银牌），现场与复旦大学签免试保送招生协议。11月20日，市选手在第十五届全国青少年信息学（计算机）奥林匹克联赛中取得历年来最好的成绩，其中获全国一等奖12名，获二等奖7名，获三等奖6名。肇庆中学有5名学生取得大学保送生资格。

征集论文　4～6月，开展青少年科技辅导员论文征集活动，全市收到12份优秀论文参加全国比赛，其中获全国三等奖1篇，获省二等奖3篇、三等奖8篇。

青少年科技教育协会换届　9月28日，肇庆市青少年科技教育协会第六次全市代表大会在肇庆市半岛酒店召开，通过《肇庆市青少年科技教育协会第五届理事会工作报告》，选举产生肇庆市青少年科技教育协会新一届理事会领导机构，梁戈飞当选理事长。

科普进校园　先后有26间中小学开展"科普大篷车联合行动"，参加活动专家167人次，科普志愿者704人，向学校赠送系列科普书籍达5000多册，科普宣传挂图800多张，科普展板10多套，接受科普教育的青少年学生3.5万人次。开展"院士进校园”活动，邀请中国工程院徐大懋院士作“能源与电力”专题科普报告。开展“大手拉小手”科技传播行动，组织科技专家、科技辅导员开展各类主题校园科普活动30多场次，参加学生6万多人次。

天文科普活动　6月14日，市科协与广东天文学会、广州市五羊天象馆等单位联合举办肇庆“出米洞”太阳直射洞底科普活动。

【学会工作】 2010年，市科协定期到各学会了解情况，听取学会工作意见。建立所属各学会学术交流活动项目登记、社会团体年度检查登记制度。关心学会的创新发展，帮助学会开展活动，安排部分资金支持学会开展论坛活动。发展新的学会组织，成立肇庆市养生研究会。

完善制度　坚持走访科技工作者制度，上门拜访科技工作者60多人次，探病16次，电话访谈80多次，接待科技工作者100多人次。组织召开科技工作者迎春座谈会、科协全委会和常委会。为科技工作者进行免费体检。四会市科协每年11月为45岁以上的科技工作者进行身体健康检查。为市科技工作者无偿提供法律服务。

搭建平台　举办“肇庆科协论坛”、承办“广东院士论坛”等高层次论坛活动。开展“科技成果推广应用奖”活动。组织全市科技工作者1500多人次进农村、进企业、进社区参加科普宣传、百会扶百村、百项技术（项目）推广等活动。推荐优秀科技工作者就业，支持科技工作者创业。表彰“科普惠农兴村计划”先进单位和个人以及肇庆市科普示范村，市科协常委、四会科协主席张树华获得“广东十大创新人物”提名。肇庆学院赵则海科研论文《缠绕密度对五爪金龙化感潜力的影响》获得第二届南粤科技创新优秀学术论文三等奖。

【学术交流】 举办“肇庆科协论坛”。4月21日，邀请中国工程院院士刘人怀作题为“创新路上的感想”的报告。全年举办各学科论坛6期，参加人数3000多人。组织市直各学会秘书长与广西梧州科协及学会开展交流。市水产学会、气象学会等分别承办全省的交流会议。各学会积极参与省第八届学术活动周活动，市医学会、护理学会、水产学会、计算机学会、质量管理协会、建筑学会、气象学会、预防医学会等学会分别在其专业领域各自举办学术交流活动、专题学术报告会。

【问题与困难】 各县（市、区）科协发展不平衡；科普经费不足；科普资源开发和服务能力有待提升。　（梁连清）

附：2010年肇庆市科学技术协会正副主席名录

主　席：孔进棠

副主席：陈玉斌　梁戈飞　陈　伟

## 肇庆市社会科学界联合会

【法规机制】 2010年，市社会科学界联合会组织对市政府1998年印发的《肇庆市社会科学优秀成果奖励办法》进行修改。10月25日，市政府发出《关于印发肇庆市哲学社会科学优秀成果奖励办法的通知》。

【学术活动】 2010年，市社科联主要是承办“地方特色文化与文化强省”专场研讨会和举办“第二届利玛窦与中西文化交流学术研讨会”。11月23～24日，由省委宣传部、省社科联主办，市社科联和肇庆学院承办的2010广东社会科学学术年会，地方特色文化与文化强省建设专场研讨会在肇举行。研讨会共收录论文97篇。12月10～12日，市社科联与肇庆学院联合举办“第二届利玛窦与中西文化交流学术研讨会”。研讨会共收录论文80余篇。

【决策服务】 2010年，市社科联与市《规划纲要》办及肇庆学院，制订《肇庆市落实〈规划纲要〉进展报告工作方案》。年内，《肇庆市贯彻落实〈珠江三角洲地区改革发展规划纲要（2008—2020）〉进展报告》中的主题报告篇、综合发展篇、专题研究篇、县域发展篇4个部分全部完成，被收入广东省社会科学院组织编写的《广东省贯彻落实〈规划纲要〉蓝皮书》。

【成果评奖】 2010年，市哲学社会科学评审委员会组织肇庆市2008—2009年度哲学社会科学优秀成果评审工作，共收到2008年1月1日至2009年12月31日期间编撰并正式出版的专著，公开发表的论文以及被县（市、区）党委、政府和市直处以上单位采纳的调研咨询报告等成果105项。评选出2008—2009年度出版和发表的著作、调研报告、论文三大类优秀成果45项。其中一等奖6项，二等奖13项，三等奖26项。

## 2008～2009年度肇庆市<br>哲学社会科学优秀成果奖获奖项目

**一、研究报告类**

| 一等奖（1项） | |
|---|---|
| **成果课题** | **作者及发表情况** |
| 肇庆城市经济发展研究 | 肇庆市政策研究学会 市社科2008年研究课题 |
| **二等奖（1项）** | |
| 成果课题 | 作者及发表情况 |
| 肇庆市推进农村青年创业贴息贷款行动调研报告 | 龙镇辉、王良华、周菁、陈志忠、张永雄、蔡验霞、陈前《肇庆调研》2009年第8期 |
| **三等奖（2项）** | |
| **成果课题** | **作者及发表情况** |
| 实施“双转移”破解肇庆发展“两大难题” | 黄荣 《炎黄大观》2009年第3期 |
| 运用现代信息技术构建城乡一体化惩防腐败体系的实践与思考 | 梁耀钧、梁超文、刘祖武 《肇庆纪检监察研究》2009年第3—4期 |

**二、著作类**

| 一等奖（2项） | |
|---|---|
| **成果课题** | **作者及发表情况** |
| 高新区产业发展服务体系的构建：基于肇庆高新区的探索与实践 | 丁孝智、周丽、龙镇辉、刘玉勋 中国经济出版社 2009年12月 |
| 鲁迅与陈独秀 | 王福湘 三秦出版社 |
| **二等奖（2项）** | |
| **成果课题** | **作者及发表情况** |
| 《刘伟铿史学文集》 | 刘伟铿 汕头大学出版社 2009年4月 |
| 认知语用研究：词汇转喻的理解 | 江晓红 中国社会科学出版社 2009年5月 |
| **三等奖（3项）** | |
| **成果课题** | **作者及发表情况** |
| 四会十品 | 陈清、邹卫无 南方日报出版社 2008年12月 |
| 大学之道<br>——高校学生道德养成的理论与实践 | 班荣鼎 人民出版社 2009年12月 |
| 大学城的理想与困惑<br>——大学、大学城、大学园区的教育经济学反思 | 胡海建 汕头大学出版社 2008年11月 |

（续上表）

三、论文类

| 一等奖（3项） | |
|---|---|
| 成果课题 | 作者及发表情况 |
| 产业结构调整过程中肇庆劳动力转移趋势预测研究 | 韩银娥 《中国商界》2009年第12期 |
| 粤西传统音乐文化研究（系列论文） | 范晓君、平黎明、陈华丽、孙家国、王伽娜 《肇庆学院学报》2008年第4、6期 2009年第1期 |
| 肇庆广府古村落景观格局特点及其保护研究——以蕉园村为例 | 钟国庆 《城市规划》2009年第4期 |
| 二等奖（10项） | |
| 成果课题 | 作者及发表情况 |
| 人力资源会计对象的缺陷分析 | 刘玉勋 《财务与金融》2008年第5期 |
| 肇庆市农村老年人问题及其对策 | 韦相伍 《广东史志视窗》2008年第4期 |
| 因地制宜 拓宽思路 在欠发达地区扎实推进省级卫生村建设 | 张粤 《肇庆论丛》2008年第6期 |
| 强化燃气市场监管促进科学协调发展 | 顾培根 《肇庆论丛》2009年第4期 |
| 产业政策与地方经济发展 | 陶永勇 《肇庆论丛》2009年第6期 |
| 龙母传说的文化考察 | 刘雪梅、欧清煜 《文化遗产》2008年第2期 |
| 从封开《五马巡城舞》看非物质文化遗产保护的困境 | 程红、吕海燕、李宪芳 《文化遗产》2008年第4期 |
| 肇庆古村落与新农村建设 | 孙重维 《肇庆论丛》2008年第1期 |
| 肇庆市公共文化服务体系建设的思考 | 谢凤云 《法制与社会》2009年第12期 |
| 明代户部财政决策权新探 | 刘利平 《史学月刊》2009年第7期 |
| 三等奖（21项） | |
| 成果课题 | 作者及发表情况 |
| 珠三角城市金融辐射力的实证分析 | 方茂扬 《南方金融》2009年第7期 |
| 科学发展观是当代中华民族发展进步的一面爱国主义旗帜 | 汤婉文 庆祝建国六十周年《肇庆论丛》特刊 2009年9月 |
| 亚洲电影文化身份研究（系列论文） | 陈明华 《电影文学》2008年6～8月 |
| 明清时期土地四至的确定及界址的纷争 | 任志强 《求索》2009年第10期 |
| 三等奖（21项） | |
| 成果课题 | 作者及发表情况 |
| 论文化贸易中的比较优势 | 刘晓旭 《江西社会科学》2009年第2期 |
| 校内生产性实训基地：高职院校实践教学场所建设的新方向 | 李玉春 《广东技术师范学院学报》2009年第1期 |
| 基础教育公私合作伙伴关系模式：问题与启示 | 原青林、单中惠 《教育研究》2009年第9期 |
| 复活的城：革命语境下的中国新诗都市话语分析 | 鲍昌宝 《社会科学研究》2008年第5期 |
| 南宋遗民词中的佛教文化阐释 | 丁楹 《内蒙古师范大学学报》2008年第2期 |
| 基于“产学研”结合的地方高校专业实验室建设策略 | 冯小燕 《实验技术与管理》2009年第8期 |
| 发展观的演变与“以人为本”价值目标的确立 | 李佩环 《现代哲学》2008年第5期 |
| 禁止集体建设用地使用权进入房地产市场的正当性质疑 | 王菊英 《西南政法大学学报》2009年第3期 |
| 广东青铜文化的研究及相关问题 | 杨杰 《华南师范大学学报》2008年第3期 |
| 粤剧源流新探——以“江湖十八本”为考察对象 | 黄伟 《学术研究》2009年第3 |

（续上表）

| 三等奖（21项） | |
|---|---|
| 成果课题 | 作者及发表情况 |
| 实施医德考评归档制度 着力构建医院管理的长效机制 | 程玉坤、钟嘉莉、钟志耕 《中国保健》2008年第14期 |
| 农产品现代流通服务体系的优化：广东柑桔产业证据 | 盛革 《改革》2009年第1期 |
| 怀集县实施"旅游旺县"战略的调研报告 | 陈飞鹏 《肇庆论丛》2009年第6期 |
| 对打造肇庆旅游节庆城市的思考 | 郑时广 《中国旅游报》2008年10月 |
| 肇庆市社会工作发展的若干思考 | 李建文 《肇庆论丛》2009年第6期 |
| 广东省农村教师专业发展取向的调查研究 | 文雪、綦容勋、陈姝娟、蒋菊 《教育导刊》2009年第7期 |
| 小议"不和谐的童声" | 谢华辉、周少强《广东省群文论文集》花城出版社 2009年8月 |

【社科品牌】 在市委宣传部支持下，市社科联联合肇庆学院、市广播电视台、市老干局等单位联合举办"星湖讲坛"。3月18日，邀请广东外语外贸大学财经学院院长陈伟光在星岩礼堂作"后金融危机时期的广东：形势与对策"专题报告，市直离退休老干部共300余人参加。4月25日，邀请河南大学文学院博士生导师高有鹏在肇庆学院图书馆学术报告厅作"十一世纪世界最繁华的地方——宋代风俗与文化生活"专题讲座。5月13日，邀请省社科联副主席在肇庆学院学术报告厅作"中国禅宗发展路线图"专题讲座。10月5日，邀请澳门中国语言研究会会长容成理在肇庆学院学术报告厅作"新课程与教材改革"专题讲座。10月12日，邀请体育与健康学院教育博士马忠利在肇庆学院图书馆学术报告厅作"青年与素质拓展漫谈"专题讲座。《肇庆论丛》编辑出版理论文章140余篇，100多万字。

【社科普及】 8月19日上午，在市委小礼堂举办"传承岭南优秀文化，建设广东文化强省"主题演讲活动。省社科院副院长温宪元研究员，省政府参事室参事黄树森，省政府参事室副主任余庆安，广东砚文化研究基地主任骆礼刚分别围绕"文化软实力与发展硬道理"、"岭南文化的特质和优势"、"广东文化建设的困惑和前景"、"开发地方特色文化与创建文化品牌"等主题进行宣讲，解读《文化强省规划纲要》和当前省文化建设的形势与任务，分析岭南文化的内涵和发展优势，300余人参加。12月，举办"2010广东社会科学普及周暨肇庆市第六届社会科学普及周活动"，推出科普惠民巡讲及科普进校园、"岭南特色文化广东发展成就图片展、星湖讲坛人文社科系列讲座、社会科学优秀图书展、地方特色文化与文化强市专场研讨会、社科知识进基层、社会科学学术年会等7项活动。省市县相互联动。怀集县在县博物馆举办"怀集发展之路"和"怀集风云"专题图片展，开展社科普及系列活动；封开县开展一系列"科普进校园活动"，向中小学生宣传普及文化强县知识；肇庆学院、肇庆工商职业技术学院等高校还分别举办多场学术讲座和专题研讨会。

【组织建设】 12月27日，肇庆市社科联第四次代表大会暨第十届社科优秀成果政府奖颁奖大会在市委小礼堂举行。会议选举产生肇庆市社会科学界联合会第四届委员会领导机构，王中生当选为主席，张华新、周春辉当选为专职副主席；通报表彰2008—2009年度肇庆市哲学社会科学优秀成果获奖项目。

【学会工作】 9月7～10日，在吉林省延吉市召开的"全国大中城市社科联第二十一次工作会议"上，市公路职工政研会、市人口学会、市民政学会获"全国先进社科学术团体"称号。开展第十次肇庆市（2008—2009年度）哲学社会科学先进单位和先进个人评选活动。经过精心组织，评选出端州区社科联等13个单位、贾穗南等36人为肇庆市2008—2009年度社会科学先进单位和先进个人。

（周春辉）

**附：2010年肇庆市社会科学界联合会正副主席名录**

主　席：王中生

副主席：陈恕平（12月免）

张华新（专职，12月任）

周春辉（专职，12月任）

## 肇庆市文学艺术界联合会

**【简况】** 2010年，完成市文联和市各文艺家协会的换届工作。开展“广佛肇”等文艺交流活动。开展各种文艺创作与展演活动，举办“肇庆是我家，艺术缘砚都——寓肇名家暨肇庆名家书画摄影作品邀请展”、“国际化旅游休闲之都——肇庆”等专题摄影大赛及展览、“砚风丹青——肇庆美术作品赴穗调展”、“园丁之美——肇庆市中小学美术教师作品展”、“七彩生活，童画世界”——四会儿童（8人）线描写生作品展、“在河之洲——2010年肇庆女性美术作品展”、“蔡印龙画展”等展览和“探古寻幽——叶可晃山水画作品品赏”。在深圳举办肇庆、深圳（盐田）“砚都风，山海情”书法作品展；编辑出版《肇庆当代新诗选》并举行首发仪式。举办“肇港澳曲艺欣赏大赛”、2010年广佛肇“黄振龙杯”岭南粤韵新星粤曲大赛、广东省第七届“亚洲杯”粤港澳粤曲演唱大赛肇庆（含清远）赛区复赛等文艺展演活动。

**【文艺交流】** 2010年，组织文艺家到深圳参观第六届文博会，引导文艺家走市场化的路子。组织文艺家赴广州、佛山市开展文化交流活动，推动文学、美术、书法、民间艺术等艺术门类的交流与发展，推进广佛肇文化一体化建设。组织省美术家协会创作中心名画家到肇庆采风。邀请中国当代著名风光摄影家王建军来肇作《越过海洋的握手——中美西部风光摄影讲座》。组织部分书画家赴天津举办书画展览。

**【文学创作】** 2010年，市作协组织作家开展《肇庆人文》丛书的采写并出版发行。作家何初树创作报告文学《陈焕章》，青年作家钟道宇获得广东省首届青年文学奖。编辑出版《肇庆当代新诗选》并举办首发仪式。两名作家加入广东省作家协会。

**【艺术创作】** 美术　姜甲夫的国画《十九路军的将士们——记抗日名将蔡廷锴将军》和鲁力的油画《西江晨曦——记叶挺独立团在肇庆成立》两件作品签约“广东近当代重大历史题材美术作品创作工程”。邬邦生入展北京纪念徐悲鸿诞辰115周年全国中国画艺术展、广东省美术作品调展等展览。梁善的《对话》、罗秋帆的《重披新装》两幅水彩画分别入选“广东省第五届水彩水粉画展”。谢曙光中国画《太行春雨》入选2010年中国美协主办的山水画展。

书法　张清标书法作品入选“全国首届篆刻书展”；在广东省第三届中青年书法篆刻作品展中，李刚获得金奖，陈良、唐红卫等9人9件作品入选。晏任飞小楷手卷《唐宋论书诗九首》、陈良楷书《湖南长沙天心阁》长联入展中国书协主办的当代书坛名家系统工程·全国五百家书法精品展，并被中国文字博物馆永久收藏。

摄影　7人10幅摄影作品入选23届广东省摄影作品展，其中时鲁东的《又见桃花一年春》获广东省第23届摄影展览艺术类（自然风光组）银牌。10人入选国际国内各类摄影大赛。其中梁钜球的《无臂当自强》获第十二届全国当代艺术摄影邀请赛金奖；黄擎雄的《高原风》入选首届中国国际网络摄影大赛（中国摄影家协会主办）；何异能《城乡纽带》获上海第十届国际影展入选奖、《行“色”匆匆》获上海第十届国际影展入选奖 。

民间文艺　张庆明、陈金明、梁玉玲、莫汉东等11人的工艺美术作品获得第六届深圳文博会金奖；11人获得银奖：2人获得铜奖。肇庆龙舟队获第二届中国龙舟文化节巡游表演银奖。

曲艺　梁恒宇获广东省政协第七届“四洲杯”粤港澳粤曲演唱大赛广东赛区总决赛第一名，并在总决赛中（三地共九名选手参加）荣获金奖。何晓霞等获得2010年广佛肇“黄振龙杯”岭南粤韵新星粤曲大赛银奖和铜奖。

音乐　罗建新两首音乐作品获得全国群众创作歌曲大赛金奖。

舞蹈　《龙舟新曲》获得全国中老人艺术汇

演表演金奖。5名少儿舞手参加广东“小荷风采”舞蹈比赛获金、银奖各一项。　　（陈炳文）

**附：2010年肇庆市文学艺术界联合会正副主席名录**

主　席：叶清森

副主席：叶可晃（专职）

## 肇庆市残疾人联合会

**【简况】** 2010年，肇庆市有24.5万残疾人，占全市总人口的6.31%。其中视力残疾者占15.53%；言语残疾者占0.97%；肢体残疾者占20.63%；智力残疾者占1.46%；听力残疾者占37.14%；精神残疾者占5.83%；多重残疾人占18.45%。年内，开展残疾人康复、教育、就业培训、扶贫、社会保障、基层组织、宣传、文体和维权信访等工作，11月省下发《关于广东省2010年残疾人服务设施项目省级专项资金竞争性分配的通知》，市在省竞争中获得市级组第一名，高要、封开、德庆分别获县级组第二、三、四名，全市共争取到省专项资金1500万元。

**【康复工作】** *视力残疾康复* 依靠各级卫生资源和各类社会慈善机构开展白内障复明手术，实施“百万贫困白内障患者复明工程”，全年共施行白内障复明手术3797例，其中免费的2094例，为40名低视力患者进行助视器验配和视力康复训练，为48名视力残疾人提供定向行走训练服务。

*0～6岁残疾儿童康复机构建设* 为把市残疾人康复中心聋儿语训部建设成为全省14个欠发达地区的聋儿康复示范基地，市残联投入200多万元将市聋儿语训部改扩建成使用面积2500平方米，能收训100多名聋儿的康复机构，把高要、广宁、德庆聋儿康复机构撤并整合，由市聋儿语训部承担；继续扶持广宁县脑瘫儿童康复中心和怀集县孤独症儿童康复中心，扶持端州区小海龟儿童潜能培训中心和天使乐园儿童康复训练中心2间民营孤独症儿童康复机构建设，发挥市级康复中心的资源优势，指导高要市、封开县弱智儿童康复机构，广宁县、四会市、封开县脑瘫儿童康复机构、封开县、怀集县聋儿康复机构规范化建设。2010年，全市残疾儿童康复机构共为405名残疾儿童提供康复训练，其中聋儿80名，弱智儿童116名，脑瘫儿童125名，孤独症儿童84名。

*精神病防治康复* 端州区、鼎湖区继续巩固和加强精防工作，按精神病医院—社区一体化的标准开展工作，为贫困精神病患者提供免费的康复救助；四会市、高要市按照“十一五”精防工作要求，加大精防工作力度，协调市第三人民医院和复退军人医院，派出专家深入基层为精神病患者开展筛查确诊工作，指导基层精防工作人员开展社区发药防治工作。全市共救助贫困精神病患者4000人次，其中社区服药3000多人次，住院治疗100多人。

*社区康复* 在巩固和完善社区康复示范区建设的基础上，推广示范区建设经验，在512个社区开展创建残疾人社区康复示范区，为近2万人次残疾人提供康复服务。全年培训374名基层的社区康复协调员。怀集县按照创建全国残疾人社区康复示范县的工作要求，积极有序地开展创建工作，获“全国残疾人社区康复示范县”称号。

*假肢装配及辅助器具适配* 继续协助省假肢装配中心和市民政局开展“爱心助行惠万家”活动，为68名缺肢者免费装配假肢，开展“长江新里程”大小腿假肢装配活动，为32名肢残者装配假肢；开展“肢残无障碍、万众助你行”募集万台轮椅第二期活动，募集社会善款150多万元，为3000名贫困肢残者赠送了轮椅。开展辅具供应，全市共供应残疾人辅助器具近4000件，为400多名肢体残疾者开展训练。开展居家无障碍改造工程，免费为40户残疾人家庭开展居家无障碍改造。

**【特殊教育】** 2010年，把残疾儿童少年的义务教育纳入基础教育事业的规划之中，进行统一部署、统一实施、统一检查，把残疾儿童少年的入学率作为普及九年义务教育的评估标准之一。继续完善特殊教育、特教班、随班就读并举的特殊教育发展模式。与教育部门联合发文对在校残疾学生进行摸底调查，建立残疾学生数据库。鼓励和支持残疾学生报考大中专学校，为18名考取中高等院校的残疾学生提供2000～3000元资助。争取人力资源和社会保障部门支持，将符合条件的农村贫困残疾人纳入“智力扶贫”计划，并接受专业技工学校教育。全市有特殊教育学校7间，在校“三残”儿童少年共1916人，入学率96%；推荐符合条件的12名残疾学生报读省培英中专学校；共有21名残疾学生参加高考，其中18人进入录取分数线。

【就业培训】 *就业措施* 一是加大就业年审的宣传力度。市残疾人就业服务部在《西江日报》刊登《残疾人就业年审通告》。二是10月开始实行残疾人就业保障金地税代征。三是规范残疾人就业保障金的征缴和减免。严格执行用人单位按在岗职工总数1.5%的比例安排残疾人就业，对达不到安排残疾人就业规定的用人单位按统计部门公布的上年度职工收入的80%缴纳残疾人就业保障金，对一些当年严重亏损或破产的用人单位，需办理减免就业保障金的，由用人单位向残联和财政部门提出申请审批后才能给予减免。四是加大对市残疾人集中就业培训（小湘）和（封开）基地的管理力度，建立完善各项规章制度，开设更适合残疾人的生产项目，帮助更多的残疾人实现就业、融入社会。2010年市直年审用人单位1002个，比上年增加12个，按比例安排残疾人就业379人。全市按比例安排残疾人就业900多人，集中安排就业400多人。

*职业技术培训* 依托社会培训资源聘请师资为残疾人开展美容美发、电脑操作、企业手工、盲人按摩等培训服务。全市共举办残疾人职业技能培训11期，培训残疾人400多人次。

*种养殖技术培训* 2010年，全市8个县（市、区）都建立扶贫培训基地，通过“基地＋农户”的形式大力开展农村种养技术培训，扶持农村残疾人发展生产。全市共举办种养技术培训班25期，培训残疾人2416人次。

*扶持自主择业创业* 7月，市残联制订《肇庆市扶持残疾人自主创业和个体经营就业暂行办法》，对有志自主择业，自主创业的残疾人给予每人5000元的扶持，各地残联争取当地政府的支持，筹集资金扶持残疾人创业。全市共扶持29名残疾人创业，投入扶持资金近15万元。

【社会保障与扶贫】 *残疾人保障体系建设* 一是实施市委21号文要求，协调卫生和人社部门抓好农村残疾人免费参加新型农村合作医疗和城镇残疾人参加城镇居民基本医疗保险的优惠政策的落实；二是积极协调人社部门，在封开和鼎湖开展农村养老保险试点工作时，确保农村重度残疾人和一户多残的残疾人能免费参保；三是协调卫生部门，将聋儿、脑瘫、弱智、孤独症儿童的门诊纳入新农合医保范围，帮助残疾人得实惠。

*危房改造和扶残助学* 市各级残联争取政府扶贫部门支持，将残疾人危房列入优先安排改造。各级残联多渠道筹措经费，对残疾人房改造户给予资助。协调财政和教育部门完善残疾学生助学办法，对义务教育阶段的贫困寄宿生的生活费给予一定补助，对接受职业教育、普通高级中等以上教育的贫困学生提供助学金，各地发动社会力量，开展助学活动。是年全市共残疾人危房改造100户，资金20万元；资助1200多名残疾学生，金额60多万元。

*扶贫工作* 全年累计投入73万元，为13户76人贫困残疾人购买新型农村合作医疗，支持贫困户群众发展养鸡、养猪、养羊、种植杉树等，帮助3户贫困户建造新房；扶持茶岩村发展集体经济——建水电站项目。

【组织建设】 *基层组织建设* 一是多次到村（社区）调研，摸清各地的基本情况，为下一阶段全面开展基层残疾人组织建设打基础。二是召开全市残联理事长会议、残联工作会议，贯彻落实上级工作部署。三是草拟《肇庆市关于进一步加强和规范基层残疾人组织建设的实施意见》，内容包括组织机构建设、残疾人干部选拔培养、开发残疾人公益性岗位、专职委员队伍教育培训等方面。四是组织3个工作组分别到各地对基层组织建设进行督察。五是市残联投入30多万元支持镇、村基层残疾人组织规范化建设。全市108个镇（街道），1572个村（社区）全部选聘残疾人专职委员，村（社区）残协建设逐步完善，全面完成规范化建设任务。

*二代证核发证* 2010年，在全省21个地级市中，肇庆市二代证核发总数为3.2万份，位居第七。高要市残联被省授予“二代证核发先进集体”，端州区残联的巫晓芬、德庆县残联的徐燕萍获省“二代证核发先进个人”称号。

*残疾人节日活动* 全国“助残日”期间，开展“肢残无障碍，万众助你行”大型轮椅捐赠活

动启动仪式，共收到社会各界爱心善款150万元，并募得义卖书画60余件，当场向1000多名肢残人免费赠送轮椅，并向盲人赠送声讯电话120台。盲人节期间，召开盲人代表座谈会，并免费赠送图书资料，听取盲人代表对协会提出的意见。聋人节期间，聋协组织聋人演员外出活动，增强他们之间的联系和沟通。

*志愿者助残活动* 2010年，市残联落实《广东省助残志愿者行动实施方案》，推动志愿者助残活动。在全国助残日和省飞镖、象棋锦标赛在肇庆举办期间，市残联组织并培训100多人次大学生扶残助残志愿者，探索建立助残志愿服务长效机制，促进志愿者助残工作向制度化、经常化、日常化方向发展。

**【宣传工作】** *媒体宣传* 一是做好亚残运会期间的宣传工作。组织西江日报、肇庆电视台、肇庆电台和今日肇庆网等媒体对自强、助残先进个人和集体进行典型宣传报道，作品有《用单桨划出光明——记我市残疾人赛艇运动员黎明的备战实况》、《身残志坚 奋发图强——记自强不息的肢体残疾人张泉道事迹》、《残疾人运动健儿进驻亚运村献艺迎亚残运》等。二是推选自强模范和优秀残疾人演员参加省自强模范报告团和文艺巡演。三是配合《广东省残疾人》杂志社，做好肇庆市残疾人“两个体系”建设成果的宣传报道，宣传“十一五”期间残疾人事业取得的成就，营造全社会都来关心残疾人、支持残疾人事业的社会氛围。四是在“全国助残日”、“盲人节”、“聋人节”期间，开展各类活动吸引社会的关注，配合媒体集中报道，营造良好的宣传效果。五是围绕全市残疾人事业主要业务，组织新闻媒体，对残联系统召开的重要会议、残疾人就业保障金征收改革等重大活动进行专题报道。2010年，《西江日报》共刊发残疾人事业发展稿件113篇，电视台和电台播出新闻80余条，肇庆网站和省残联网站发表有关消息130多条。省、市、县各类媒体全年共刊发496条有关肇庆市残疾人事业发展情况的新闻。

*残疾人事业好新闻评选* 举办2010年度肇庆市残疾人事业好新闻评选活动，评出特等奖1个，一等奖6个，二等奖11个，三等奖11个，优秀奖10个。肇庆好新闻作品《聋哑人唱大戏 观众乐开怀》获“广东省2009年好新闻评选”电台类二等奖，该作品送至中残联，代表广东省参加2009年度全国残疾人事业好新闻评选。8月，邀请广东省残疾人杂志社主编董淼章和全国新闻摄影一等奖获得者梁钜球为全市残联新闻宣传骨干进行写作和摄影的集中培训。

**【文体服务】** *文艺* 1月，举办“喜迎2010年亚运暨广东省残疾人艺术团巡回首场演出”。市残疾人艺术团8名演员参加9月3日在省委礼堂举行的“迎亚残运倒数100天文艺汇演”，得到省委书记汪洋接见和慰问。12月11～17日，这8名演员进驻亚运村，为来自世界各地的参加亚残运的运动健儿进行慰问演出。12月13日，肇庆市编排舞蹈《心向远方》，成为广东省唯一代表，与中残联艺术团同台献艺。

*体育* 为备战省残疾人各项体育赛事，市残联集中运动员在市体育中心、端州体育馆和西江体育场开展飞镖、象棋、田径、游泳、聋人篮球、举重等运动项目的训练，参训队员83人。5月，肇庆市承办省残疾人飞镖、象棋锦标赛，肇庆市选手夏赞斌摘得男子轮椅组飞镖金牌。8月，在惠州举行的省第六届残疾人运动会中，肇庆市夺得金牌10枚、银牌26枚、铜牌38枚，团体总分414分，居全省第八，有2名运动员在田径和游泳两项目中6次打破省残运会记录，聋人篮球夺得全省第三名。覃小俊成为亚残运会火炬手，到北京参加火炬传递，在广州参加亚残运会开幕式，并成为护旗手。亚残运会后被评为全省自强模范，参加全省巡回演讲。黎明在广州亚残运会上获得赛艇LTA混合四人单桨有舵手金牌。年内，全市选拔残疾人运动员394人，建立肇庆市残疾人运动员数据库。其中在省集训的自行车运动员4人，聋人篮球3人，射箭2人，国家队集训划艇运动员1人。

**【信访维权】** 一是有效解决外来残疾人困难，维护其合法权益，做好本级各种转介工作，坚持“属地管理”原则，做好对信访件所属地的督办工作和回访工作。二是对省、市领导亲自批办的，残疾人反应强烈的重点信访事件，及时调查，现场督办，并跟踪解决信访问题，保证一事一结，避免出现群体上访事件。三是严格执行党中央、省政府关于亚运会期间维稳工作部署，制订在亚残运会期间的《维稳工作方案》、《信访工作应急预案》，与各县（市、区）签署《维稳工作责任书》，摸清本地区存在的各种信访突出问题及可能引发群体性的矛盾纠纷，对亚运期间可能引发越级上访的苗头性、倾向性问题，进行重点排查，及时疏通劝导，确保把矛盾化解在基层，化解在萌芽状态，为亚运期间安保工作的顺利进行提供有力的保障。四是以人为本，拓宽领域，创新权益保障服务。市残联积极拓宽为残疾人提供的权益保障服务领域。从最初的临时救济、追讨工资等扩展到子女教育、就业服务、社会保障、无障碍设施、社会帮扶等方面。创新维权工作方式，加大工作力度，强化管理职能，提升服务质量。

**【问题与困难】** 部分残疾人生活十分困难，扶持、救助机制还需健全。残疾人返贫现象时有发生，残疾人看病难、读书难等问题仍然存在。残疾人受身体、文化等因素限制，竞争上岗能力弱，就业形势严峻。康复服务难以满足残疾人需要，有关部门为残疾人服务的认识需加强。康复经费不足，一些残疾人得不到有效康复，由于缺少编制，康复专业人才招不来、留不住，影响康复水平的提高。基层残疾人组织建设经费落实和政策配套问题突出；地区之间残疾人事业发展不平衡，有些优惠扶持措施未真正落实到位。残疾人平等参与社会的环境还不理想，残疾人受歧视的现象时有发生，企事业单位按比例安排残疾人就业工作不到位，残疾人在求职中受到不公正的待遇；全社会关爱、扶助残疾人的氛围需加强。残疾人就业保障金地税代征有关工作需进一步宣传。无障碍设施建设覆盖面不宽，管理不到位、监督明显滞后。残疾人社会保障与服务体系不完备，城乡差别较大，服务设施和专业人才队伍匮乏。

（周　雯）

**附：2010年肇庆市残疾人联合会正副理事长名录**

理 事 长：黄　伟

副理事长：陈柏洪　潘仲南

## 肇庆市归国华侨联合会

**【简况】** 2010年，肇庆市有归侨8700多人，主要集中在大旺华侨农场；归侨侨眷和港澳眷属70多万，其中侨眷47万，港澳眷属26万；旅居海外的华侨华人和港澳同胞70多万，其中港澳同胞28万，海外的华侨华人41万，分布在全世界57个国家和地区。全市有侨联组织41个，其中市级侨联1个，县（市、区）侨联8个以及肇庆高新技术产业开发区侨联和肇庆学院侨联；镇（乡）级侨联23个，村（街道）级侨联4个和肇庆市侨联青年委员会、四会市侨联青年委员会和南方大学归侨校友会。

**【为侨服务】** *节日慰问*　春节、中秋节，市侨联举办“2010年肇庆市归侨侨眷新春团拜会”和“2010年肇庆市归侨侨眷贺中秋迎国庆茶话会”，与归侨侨眷共贺佳节，期间开展“献爱心、送温暖”活动，上门慰问困难归侨侨眷80户，发放慰问金3万多元，棉被50床，为部分行动不便的归侨发放49张轮椅。

*免费健康检查*　8月，市侨联争取广东省侨界仁爱基金会的资金支持，在高新区开展“现代兰丝带慈善援助计划”，组织近两百名困难归侨侨眷妇女赴广州现代医院进行免费疾病检查，并对妇女疾病等开展健康咨询。

*维护侨益*　12月，市侨联在肇庆市第七次归侨侨眷代表大会上，专门聘请肇庆市君鼎律师事务所副主任陈坚新为常年法律顾问，免费为归侨侨眷提供法律咨询和帮助。年内，市侨联收到来信来访3件，主要是涉及家庭困难和借款被骗的问题。对家庭困难的张先生，市侨联上门慰问，给予帮扶。对美籍华人梅先生反映其钱财被骗的来访，市侨联依据事实去函端州区公安分局要求协助调查处理，获立案侦察。

**【海外联谊】** 2010年，接待美国、加拿大、澳大利亚、新西兰、马来西亚、港澳台等国家和地区的侨领嘉宾和海外乡亲150多人次。充分发挥侨联组织的桥梁和纽带作用，主动参加各种联谊活动，做好海外华侨华人及其社团的来访接待工作。参加在香港、马来西亚等国家和地区举办的联欢活动，拜访当地同乡会和社团，密切与海外乡亲的联系；在8月赴马来西亚、新加坡出访活动期间，为广宁县与马来西亚诗巫市缔结友好城市牵线搭桥，促进两地的交流与合作。与港、澳、台地区和海外120多个侨（社）团建立友谊，与海外华侨华人知名人士密切联系。春节期间，市侨联共向海外重要侨领、客商和侨界社团等发送贺年信（片）300多件（封），并用电子邮件、手机短信拜年。在肇庆市第七次归侨侨眷代表大会上，通过聘请海外侨胞、港澳同胞担任荣（名）誉主席、顾问等荣誉职务，增进友谊，拓展海外联谊的广度和深度。

【**服务经济**】 2010年，市侨联发挥自身优势，建立沟通平台，推进“双转移”工作和山区经济崛起。4月，肇庆市金利丰钻石有限公司第二期扩建项目在怀集县梁村镇大成岗工业园区正式奠基，该项目是市、县两级侨联自2008年年底开始跟踪服务投资客商的成果。项目投资1亿多元、占地面积2.5万多平方米、规划两年内建成投产钻石加工项目，项目建成投产后可解决2500多人就业，年创税1000多万元。

【**文化宣传**】 2010年，市侨联先后编印《肇庆侨联三十年画册》，从多个角度、不同层面反映全市和各基层侨联组织的发展历程和新貌，以及归侨侨眷、港澳同胞、海外侨胞在改革开放中的历程。出版《肇庆市第七次归侨侨眷代表大会特刊》，加强对侨联换届宣传。出版《肇庆侨刊》（11～14期），内容上增加反映海内外侨团举办的各类精彩活动报道以及新移民在国外深切感受的文章，扩大侨刊乡讯的“侨”味。肇庆侨刊被纳入《肇庆市建设文化强市规划大纲（2011—2020年）》。《肇庆侨刊》编辑部积极参加各类交流探讨会，与全省各地侨刊乡讯社的社长、主编互相交流办刊经验。3月，市侨联在“广东侨刊乡讯捐赠仪式暨学术研讨会”上，向暨南大学图书馆捐赠《肇庆侨刊》创刊至今的期刊一套，被暨南大学图书馆收藏；10月，《肇庆侨刊》主编应邀参加全省侨刊乡讯工作会议暨侨刊乡讯主编培训班。

12月7日，肇庆市第七次归侨侨眷代表大会在星岩礼堂召开

【**侨青委工作**】 *交流学习* 2010年，市侨青委开展形式多样的活动，到阳江市侨联参加侨青委成立仪式，学习交流开展新生代侨青工作思路；到广东省侨联参加座谈会，与全省各地的侨青委研讨工作和交流经验，听取省侨青委对全省侨青工作提出的意见和建议；参加香港广东社团总会青年委员会成立七周年联欢晚会，与200多名会员和嘉宾交流经验，加强香港和内地侨界青年的交流。

*奉献爱心* 2010年4月青海省玉树藏族自治州玉树县发生7.1级强烈地震后，市侨属企业广东逸舒制药有限公司董事长、侨青委常务副会长黄庆文主动向侨青委委员发出倡议，开展向灾区献爱心捐助活动，组织企业员工加班，加量生产大批灾区急需的抗生素等药品。在4月举行的捐赠仪式上，广东逸舒制药有限公司为灾区民众送去一批价值17万元的药品和侨青委委员的爱心善款近1万元，由市侨青委转给市红十字会送往灾区。

【**第七次归侨侨眷代表大会**】 12月7～8日，肇庆市第七次归侨侨眷代表大会召开，全市各县（市）区的201名归侨侨眷代表以及来自美国、加拿大、澳大利亚、新西兰、马来西亚、香港、澳门等国家和地区的侨领嘉宾，市直相关部门和各人民团体领导等共500多人参加。中国侨联副主席、广东省侨联主席王荣宝，肇庆市政协主席梁国安，市委副书记、政法委书记吴华钦，市人大常务副主任莫友莲，市人大副主任黄三和，副市长黄玲，市政协副主席、市委统战部部长谢锦文，市政协副主席龙启江等领导到会祝贺并出席开幕式。会议聘请吴华钦、黄三和、黄玲、谢锦文、龙启江等四套班子领导共15人为荣誉主席，陈灼刚等23人为名誉主席，甘卓英等88人为顾问，表彰一批肇庆市侨联系统先进集体、先进个人和信息工作先进集体。

**【问题与困难】**　一些重点侨乡的镇、村（社区）的基层侨联组织有待成立；侨联干部队伍整体素质还有待提高。（*胡丽华*）

**附：2010年肇庆市归国华侨联合会正副主席名录**

主　席：黄志坚

副主席：谢跃红（女，12月任）

## 肇庆市红十字会

**【简况】**　2010年，全市各级红十字会开展赈灾募捐、扶残助学、济困助医等系列活动，市红十字会募集款物1880多万元；救助受灾群众、孤寡老人、低保群众以及支持基层医疗卫生单位等发出款物约1880万元。市红十字会、怀集县红十字会、肇庆学院分别获“广东省红十字先进集体”称号；市红十字会永远名誉会长苏东霖被评为“肇庆市首届十大慈善人物”；市红十字会“造血干细胞捐献项目”被评为“慈善项目创新奖”；徐志坚、刘少勇获“广东省红十字先进工作者”称号；陈亮宇、陈妍君获“广东省优秀红十字青少年”称号；陈善生、潘伟华获“广东省红十字先进志愿工作者”称号。

**【募捐救灾】**　*支援青海玉树抗震救灾*　4月14日，青海省玉树自治州玉树县发生7.1级地震。15日，市红十字会相继在电视台、电台、西江日报等新闻媒体发布捐助地震灾区的倡议。启动应急预案，实行工作人员值班制度，组织红十字志愿者参与赈灾募捐工作。16日，市红十字会首批救灾物资1300床棉被启运地震灾区，是全省最早发运救灾物资到玉树地震灾区的地级市。怀集、广宁、德庆、端州等地红十字会通过举办活动、设置募捐箱等形式开展募捐赈灾工作。至6月10日，市红十字会收到各界支援玉树抗震救灾捐款337.31多万元，善款如数通过省红十字会拨往灾区；直接向灾区发送物资15万多元。

*支援西南抗旱救灾*　市红十字会开展“抗旱救灾——我们一起行动”捐助旱灾地区的活动，筹集款物约20万元，全部直接向省对口支持的广西百色灾区发送矿泉水、大米、食用面等6车（次），帮助缓解3条村6000多人饮水难问题。市红十字会支援百色抗旱工作受到当地群众的欢迎，百色市红十字会向肇庆市红十字会回赠感谢信和证书。

**【人道救助】**　*送温暖活动*　在元旦春节、中秋重阳等节日，市红十字会通过多渠道多形式筹集款物，针对“孤寡残困”弱势群体开展送温暖活动。元旦春节期间的“红十字博爱送万家”活动得到省政府、省红十字会以及市委、市政府的重视。1月16日，省政府副省长、省红十字会会长雷于蓝率领慰问团到市封开县开展红十字送温暖活动，为该县长岗镇孤儿、五保户、孤寡老人和残疾人等126名困难群众送上棉被、大米和食油等物资及慰问金，同时，支持50万元建博爱卫生院，支持县人民医院2台无创呼吸机。副市长、市红十字会会长黄玲多次率领慰问团或委托市红十字会赴封开、高要、端州、鼎湖等地开展送温暖活动。市2010年红十字送温暖活动共发出款物折合人民币近100万元，惠及困难群众5000多人。

*朝阳行动*　2010年，香港福慧慈善基金会向市红十字会捐赠31万多元，用于开展助学扶残活动。其中，10万元资助市肇庆中学、市第一中学、鼎湖中学贫困学生共100人，每人获助1000元。21万多元购买轮椅共400台，分发到端州、鼎湖、四会、封开、高新区等地残疾人手中。中国红十字基金会在四会黄田学校、高要禄步中学分别设立“红十字书库”，配套各类图书。

*红十字安心行动*　该项目得到肇庆市建安集

团100万元的支持，对市贫困心脏病手术患者每位资助1万元，并联合定点医院减免部分费用，使得贫困心脏病患者在参加合作医疗的情况下无需支付或支付小部分费用就可以解除病痛。2010年，该行动共救助52名贫困心脏病患者。此外，为救助市风湿性心脏病患者，市红十字帮助风心病患者申请省红十字会“风心病救助行动”的救治。

救助唇腭裂患儿　2010年，市红十字会携手封开县中医院举办“微笑行动”，免费救治140名兔唇儿。“微笑行动”从启动至是年，已举办3期，成功为377名唇腭裂患儿进行矫治手术。

红十字博爱卫生院（站）建设　一是争取到省红十字会以及中国红十字基金会共50万元的资助，以冠名“红十字博爱卫生院（站）”的形式，分别援建封开县莲都镇卫生院，帮助改善当地医疗卫生条件，为贫困病患者提供义诊、减免费用等帮助。市共有4间红十字博爱卫生院（站），可缓解4个镇（村）7万余人“看病就医”问题。二是赠送医疗设备及药品。争取到上级红十字会的支持，赠送给怀集县人民医院价值500万元的海扶刀一台，主要为贫困肿瘤病患者提供免费诊断治疗；同时，申请减免20多万元帮助怀集、德庆等县购置13辆救护车，帮助该县实现城乡医疗卫生急救网络全覆盖；争取到省红十字会200万元药品的支持，并分发到怀集、广宁、德庆、四会等地基层医疗单位，用于开展义诊、送医送药等活动。

**【应急救护培训】**　2010年，市红十字应急救护培训工作继续“进厂企、进医院、进校园、进社区”。一是进厂企。中国移动肇庆分公司、市供电局等企业组织一线技术人员到市红十字会参加应急救护培训，针对行业特点，在重点学习心肺复苏的基础上，选择与本行业相关的触电抢救、骨折创伤等进行学习。此外，派出师资到高要、四会、肇庆高新区等对厂矿企业员工、一线人员开展培训。二是进医院。8月25～27日，联合市卫生局举办红十字应急救护培训班，对全市170多个基层医疗单位共240名医务人员进行培训。重点讲授心肺复苏新概念以及农药中毒、溺水、蛇咬伤等的预防与处理。三是进校园。结合学校红十字工作开展，继续与肇庆学院、肇庆医专、肇庆工商学院等院校合作，对新生分期分批的培训。四是进社区。市红十字会多次到端州区立新居委社区等举办应急救护讲座，为居民们讲授煤气泄漏等防病避险知识及传授创伤包扎等技能。广宁县红十字会到潭布镇水寨卫生村对在家的100多名群众和学生开展应急救护知识和防病知识宣传。2010年，市红十字会举办应急救护培训班20多期，普及人数4000多人次，其中，救护员培训1854人。

**【志愿服务】**　市红十字志愿者工作委员会工作多次组织红十字志愿者开展志愿服务工作，开展节日送温暖、社区探访、募捐箱善款收缴、赈灾献爱心。在南方旱灾、玉树地震、舟曲泥石流赈灾工作中，市红十字志工委通过QQ群呼吁献爱心，志愿者们自发捐款赈灾，协助市红十字会做好赈灾救助工作，开展义卖、拍卖、街头募捐等活动。2010年市红十字志愿服务活动共64次、595人次参加、服务工时4301个小时。

造血干细胞及遗体（器官）捐献　积极宣传推动捐血献髓和遗体（器官）捐献工作。2010年，市怀集籍的华农在校学生邓小燕成功捐献造血干细胞，挽救1名白血病患者的生命，开创市捐献造血干细胞之先河；100多名志愿者捐献造血干细胞血样；8名志愿者登记遗体（器官）捐献。

无偿献血　市红十字无偿献血义工队的志愿者们参与并宣传无偿献血，感召更多人无偿献血。义工队在肇庆学院、肇庆工商学院、肇庆科技学院、广东金融学院肇庆校区成立4支分队。组织志愿们赴深圳、广州等地与红十字无偿献血志愿者开展交流活动。

**【组织建设】**　完善组织建设　一是第四届理事会得到充实。2010年，市红十字会四届五次理事会聘请市长郭锋为市红十字会名誉会长。聘请中移动肇庆分公司总经理尹启禄任名誉副会长。在党委、政府部门负责人担任市红十字会理事的基础上，四届理事会聘请包括新闻单位、国有企业、房地产企业、旅港肇庆籍热心人士等社会各界担任理事会职务。二是筹建市红十字会备灾救灾中心。市红十字会利用省彩票公益金100万元的资助，在端州城区购买总面积750平方米的1栋三层建筑作为备灾救灾中心（仓库），解决中心城区无救灾备灾仓库的问题。以备灾救灾仓库为中心，在西江、绥江分设封开、广宁分库，完善红十字会系统备灾救灾网络。三是完善档案工作。市红十字会晋升为“省特级机关档案综合管理单位”，成为全省第一个地市级红十字会档案特级管理单位。

**理顺管理体制**　端州、鼎湖、德庆、四会相继召开红十字会会员代表大会，选举产生新一届理事会，落实编制、经费和财务账号以及办公场地，专职工作人员也到位。截至2010年底，广宁、怀集、德庆、鼎湖、端州、四会6个县（市、区）红十字会能够独立自主开展工作。此外，为帮助已理顺管理体制的县顺利开展红十字工作，市红十字会争取市财政局的支持，帮助怀集、广宁两县红十字会分别申请到2009年广东省彩票公益金50万元的资助，用于备灾救灾等工作。

**【问题与困难】**　一是救灾救助款物的募集渠道不多，救灾救助款物总量不高，救助能力不强；二是普及应急救护知识广度不够；三是随着红十字工作的深入开展，人员编制少、经费紧缺等问题突出，制约市红十字事业的发展。　*（庞倩娟）*

**附：2010年肇庆市红十字会正副会长名录**

会　长：黄　玲（兼）

副会长：陈伟雄（常务）

## 肇庆市青年联合会

**【开展活动】**　2010年，市青联开展“共青团与人大、政协代表面对面”、“纲要行动，青年作为——青联主席与青年网络互动”，“清廉薪火行”和“做文明有礼中国人”、肇庆市首届大中专学生创业计划竞赛、青少年红段子大赛、MM百万青年创业计划进校园等系列活动，引导青年投身市委“两个成为”的战略部署，凝聚到建设“幸福肇庆”的目标上来。

**【服务社会】**　8月14日，市青联组织开展“投身‘双到’扶贫 牵手留守儿童”——肇庆市百名青联委员走进贫困村关爱留守少年儿童统一行动。据不完全统计，是年，青联委员共走访400多户贫困家庭，捐助价值600多万元的书籍和设施。资助弱势学生2000多人次，1500多万元；援建希望小学1所；建设希望家园25个。

**【服务青年】**　2010年，为青年提供全方位就业创业服务，树立肇庆星湖生物科技股份有限公司、华润水泥（封开）有限公司、广宁华扬肥料有限公司等37个市级青年就业创业培训基地。开展争创青年文明号活动，涌现出四会监狱、怀集消防队、四会供电局等5个省级青年文明号，38个市级青年文明号，推进文明肇庆建设。

**【自身建设】**　2010年，借助“肇庆青年网”的网络优势，青联委员通过网络推荐和选择自己喜爱的活动作为青联重点铺开的项目。加强与各地青联组织的联系，两年共接待湖南、广西、香港等地23个来访团，以团长单位组织参与“中越青年大联欢”，扩大与外地青年的交流和合作。

*（梁卫敏）*

# 政 法

责任编辑：叶可道

## 综 述

2010年，全市政法机关围绕中心，服务大局，开展社会矛盾化解、社会管理创新和公正廉洁执法三项重点工作，推进三级综治信访维稳平台建设，全面提升政法工作水平，提升公众安全感，推动肇庆科学发展，促进社会和谐稳定，保障人民群众安居乐业。各级政法、综治和有关部门进一步完善维护稳定机制，推进排查调处工作的规范化和工作责任制的落实，做到定期排查、及时报告、限期解决、加强督办，有效防止出现大规模的群众集体上访和聚众闹事事件。政法部门切实解决涉法涉诉信访问题，上级督办的涉法涉诉案件全部得到妥善解决。政法和有关部门全警动员、上下联动、紧密配合，全力以赴投入亚运安保工作，积极开展严打整治、反恐防破坏工作，依法惩治犯罪，确保全市社会大局稳定。全市破获刑事案件7998宗，同比上升3%，严重影响群众安全感的抢劫、抢夺案件同比分别下降17.7%和27.8%。全市检察机关受理提请审查批捕案件1775件2641人，同比下降4.9%和9.9%，批准和决定逮捕1679件2474人，同比下降3.6%和8.9%。全市法院受理各类刑事案件1837件，办结1835件，结案率99.9%。司法行政机关深入开展司法行政干部和人民调解员“到一线化解纠纷服务群众”活动，不断拓展基层法律服务工作。扎实开展平安建设，促进社会治安综合治理各项措施的落实。继续抓好人防、物防、技防治安防控体系建设。加大对危爆物品和重点行业的监管力度，落实大型活动和警卫任务的安保措施，加强道路交通防范管理以及消防管理工作，全年没有发生造成较坏影响的重大治安灾害事故。有关部门继续抓好刑释解人员安置帮教、流动人口服务和管理、预防青少年违法犯罪、铁路护路联防等专项工作。加强中小学校和幼儿园安全工作，进一步健全校园安全机制、强化安全措施、落实安全责任，全市没有发生侵害师生人身安全的案件。

## 社会治安综合治理

**【简况】** 2010年，各级党委、政府和综治部门抓住影响社会和谐稳定的源头性、根本性、基础性问题，精心谋划、扎实推进三项重点工作，不断深化平安肇庆建设，有力维护全市社会大局持续和谐稳定。全市全年未发生较大规模群体性事件，未发生暴力恐怖事件，未发生恶性刑事案件，未发生重大治安灾害事故，未发生重大安全事故，群众安全感不断增强，在全省公众安全感调查中，肇庆市成绩进入前五名。全市共排查各类社会矛盾纠纷4201宗，调处4056宗，调处成功率96.5%。群体性事件同比下降25%，到省集体上访批次和人次同比下降36.8%和19.4%，进京非正常上访批次和人次同比下降80%和78.6%，全国、省和肇庆“两会”期间，没有发生越级到省进京上访案件。广州亚运会、亚残运会期间没有群众到省上访。推进平安建设，促进社会治安综合治理各项措施的落实。加强治安防控体系建设，提升安全防范水平。做好综治专项工作。加强和创新刑释解教人员安置帮教工作，建立纵向到底、横向到边、覆盖全市的安置帮教体系，突出对刑释解教人员的衔接管理、动态监管和解决就业等重点环节，有效地预防和减少刑释解教人员重新违法犯罪。全面推行流动人口服务管理居住证“一证通”制度，以管好流动人口租住房屋和务工就业两个关键环节为重点，以建设流动人口服务管理信息平台为依托，努力掌握流动人口底数和动态。推进流动人口和出租屋规范化管理。全面推进综治信访维稳县、镇、村三级平台建设，全市建立县级综治信访维稳中心7个、109个镇街全部建立综治信访维稳中心；1568个村（居）全部建立工作站，综治基层基础进一步夯实。肇庆市再次被确认为广东省社会治安综合治理“长安杯”称号。

**【创新综治信访维稳机制】**　2010年，封开县作为全省五个“强综治、创平安、促发展”先行点之一，创新“十个统一”的综治信访维稳工作规范化运作模式，即统一办公用房布局、统一标识、统一办公设施配置、统一成员单位、统一人员岗位牌、统一佩戴工作证上岗、统一工作台账模式、统一工作制度模式、统一配置工作用车、统一普法科教设施，为全省“创建”工作提供成功的示范。各县（市、区）建立健全新的综治信访维稳工作机制，全面推进镇街综治信访维稳中心建设，在镇街一级建立以综治办为牵头，以司法所为基础，实现综治办、信访办、司法所等部门集中办公，整合综治、信访、司法、公安、法庭、纪检、民政、城管、国土、劳动、文化、交通、安监、林业、社会事务、流动人口和出租屋服务管理等部门力量，统筹人民调解、行政调解、司法调解三大调解资源，各职能部门既依法履职、各负其责，又密切配合、协调联动，形成统一受理调处群众信访及矛盾纠纷、开展社会治安综合治理的大综治大调解工作平台，通过“中心”平台形成工作合力，强化源头治理、落实前端防范，实现“六提高六减少”目标，即提高化解各种矛盾纠纷水平，减少群体性事件；提高防范打击犯罪水平，减少违法犯罪案件；提高禁毒禁赌禁黄水平，减少毒赌黄危害；提高信访工作水平，减少非正常越级上访；提高网吧管理水平，减少网吧负面影响；提高打击防范邪教工作水平，减少邪教活动和邪教人员。

**【中央综治委督导检查组来肇】**　2010年11月23日，由中央政法委、中央综治办督导室副巡视员李炜率队的中央综治委督导检查组对肇庆市社会治安综合治理工作进行检查，听取肇庆市禁毒、校园安全和刑释角教人员安置帮教等工作汇报，检查肇庆市戒毒劳动康复基地、高要市综治信访维稳中心，认为肇庆市委、市政府对综治工作高度重视，综治工作亮点纷呈，工作措施保障到位，人民群众安全满意率较高，社会政治和治安持续稳定，无愧于全国社会治安综合治理优秀地市和“长安杯”称号。

**【严打整治斗争】**　2010年，全市加大严打整治力度，维护治安大局稳定。全市立刑事案件1.57万宗，比上年上升1.2%；侦破各类刑事案件7998宗，同比上升3.0%。立命案47宗，破案51宗（其中破积案5宗），破案率达97.9%。全市破毒品案件486宗，同比上升46.9%，缴获毒品一批。查处赌博刑事案件74宗，抓获涉赌人员1.11万名，其中赌博犯罪嫌疑人353名。查破涉枪案件25宗，抓获犯罪嫌疑人51名，收缴各类非法枪支248支、子弹炸药一批，从源头压减涉枪等暴力案件的发生。全市检察机关受理提请审查批捕案件1775件2641人，同比下降4.9%和9.9%，批准和决定逮捕1679件2474人，同比下降3.6%和8.9%。全市法院受理各类刑事案件1837件2148人，办结1835件。

**【禁毒工作】**　2010年，全市围绕深入推进《禁毒法》的实施和深化禁毒人民战争、“创平安、迎亚运”的工作主线开展工作。全市破获毒品案件486宗，完成省下达全年破案任务的108.48%，比上年增加46.95%，抓获涉毒犯罪嫌疑人582名，比上年增加59.01%，缴获各类毒品8.79万千克。全市强制隔离戒毒吸毒人员1979名，完成省下达全年收戒任务的116.41%。各级禁毒职能部门认真按照省禁毒委部署开展为期一年的深入推进娱乐场所及其他公共服务场所涉毒问题专项治理行动，全市查处涉毒歌舞娱乐场所37间，抓获涉毒人员263名，吊销营业执照2间，停业整顿3个月以上的6间，取缔1间。全市创建“无毒镇”4个、“无毒社区”656个，占全部社区总数的46%，“无毒社区”巩固率达85%以上；创建禁毒教育示范学校43间。

【涉法涉诉信访处理】 2010年，全市积极开展集中清理涉法涉诉信访积案活动、案件评查活动、办案安全防范工作专项检查三项行动，各级党委政法委和政法机关处理群众来信934封，接待来访群众1209人，督办案件34件、协调案件23件，核查案件15件，责任查究3人，完成中央交办涉法涉诉信访案件4宗，省交办涉法涉诉信访案件2宗，清理化解交办涉法涉诉信访积案30宗，协调有关部门帮扶特困信访人153.1万元，没有发生办案安全事故。

【治安防控网络建设】 2010年，全市落实治安防控体系经费和工作措施，着重抓好“五张网络”建设。一是巡防网络。各地强化以“110”为龙头、以巡警为依托、多警种联合作战的快速反应机制，建立以城镇治安岗亭为依托的巡逻防控体系，最大限度地把警力摆上街面和治安复杂部位，基本形成点、线、面结合，相互呼应的巡逻防控网络，及时打击和遏制社会面上的犯罪。二是群防群治网络。市区、县城、镇街建立由财政供养的各类群防群治队伍160支2569人，分布在全市各个单位以及城市居民小区和农村，充分发挥群防群治的作用。三是社区警务网络。社区建立警务室，实现警务工作在社区的全方位渗透和延伸，在预防和打击犯罪方面发挥重要作用。全市已建立警务室357间，全部城镇社区均完成建设任务。四是特种行业监控网络。进一步完善旅业入住人员登记核对系统，以及金融行业、二手手机市场、旧货交易市场等特种行业的监督管理网络，有效堵塞各种治安管理漏洞。五是社会治安视频监控网络。各地共投入资金2595万元进行监控系统建设，在社会面重点部位建立409个视频监控点，基本覆盖各城区主要路口、“两抢”多发路段、重要场所等。

【平安建设】 2010年，全市按照市委、市政府发出《关于开展平安和谐创建活动深化平安建设的通知》和《肇庆市立体推进综治信访维稳工作“筛网工程”的方案》的部署，全面推进综治信访维稳工作创新和平安建设。推进镇街综治信访维稳中心上下延伸，建成7个县级中心、109个镇（街）中心、1568个村（社区）工作站及部分规模企业、学校、医院工作站组成的综治工作网。使大量矛盾纠纷化解在基层和萌芽状态，有效预防和减少治安问题，较好实现小事不出村，大事不出镇，难事县（市、区）终结。积极开展平安创建，全市创建平安和谐社区147个、平安和谐村781个、平安和谐企业138个、平安单位3233个、平安家庭39.27万户、安全文明校园593个。无传销社区（村）736个、无毒社区（村）548个。

【问题与困难】 面对影响社会稳定因素增多、社会治安不断出现新问题的形势，解决问题的能力有待进一步提高，工作思路要进一步开拓创新；全市治安防控的科技含量和社会化程度还不高，治安防范网络建设发展不够平衡；“两抢一盗”等多发性侵财型犯罪较突出；人财物等各项保障措施投入仍需进一步加大。 *（杨平生）*

附：2010年中共肇庆市委政法委员会领导人名录

书　记 吴华钦
副书记 郑针和　李　天　莫锡凌
秘书长 莫锡凌
副秘书长：陈　斌　蔡雁池　邓锦棠
孙桂涛　黄　鸿

## 审判工作

【简况】 2010年，全市法院深入践行“人民法官为人民”主题，以创先争优活动为载体，加速推进排头兵达标竞赛及“三创”活动，扎实推进“三项重点工作”，办案质量、效率和效果取得突破性进展。全市法院受理各类案件2.67万件，办结2.65万件，结案率为99.4%，同比分别上升13.7%、12.3%、2%，比2005年分别上升10.4%、26.2%、12.5%。解决诉讼标的总金额38.6亿元。其中市中级法院受理各类案件7178件，审结7145

件，结案率为99.5%，同比分别上升5.9%、7.6%和1.5%。市中级法院达标竞赛综合成绩名列全省第七名；1人被最高法院授予“全国优秀法官”称号；2个集体、3名个人被省高院记二等功；2个单位被授予“全省法院调解工作先进集体”称号，3人被授予“全省法院调解能手”称号。封开县法院被省高级法院授予“全省优秀法院”称号。

**【省高院院长郑鄂来肇调研】** 2010年10月13～15日，广东省高级人民法院院长郑鄂，在肇庆市委副书记吴华钦陪同下，调研指导肇庆两级法院工作，先后到市中级法院、四会市法院、端州区法院、高要市法院、德庆县法院，对全市两级法院“加速推进排头兵达标”竞赛活动情况进行调研，听取两级法院的工作汇报，就如何解决法官断层、如何提高法官优先调解案件的积极性、法院受理案件增加的主要原因和案件类型等问题进行专门调查，对工作中遇到的问题进行专门指导，并看望慰问法院干警。调研期间，郑鄂分别会见肇庆市委书记覃卫东、市长郭锋及部分县、区的党政领导。

**【刑事审判】** 2010年，全市法院受理刑事案件1837件，审结1835件，结案率为99.9%，同比收、结案数均下降2.1%、结案率上升0.2%。判处罪犯2418人，被判处五年以上直至死刑的罪犯327人，重判率13.5%。其中市中级法院受理214件，审结213件，结案率为99.9%。继续保持对严重暴力犯罪、黑恶势力犯罪的高压打击态势，审结一审故意杀人、故意伤害、强奸、绑架、涉黑等犯罪案件267件。加大对毒品、“两抢”、“两盗”等多发性犯罪的打击力度，审结此类案件670件。严厉打击渎职犯罪，审理22件23名干部职务犯罪案，其中原高要市国土局局长伍福元犯受贿、私分国有资产等5项犯罪，一审被判处有期徒刑20年。注重抓好大案要案的审理工作，积极稳妥地办结由公安部督办，涉及吴创洪等26名被告人，涉案价值1146万元的生产假烟案等一批社会影响较大的案件。充分贯彻宽严相济刑事政策，做到宽严有度，对591名被告人判处缓刑，非监禁刑的适用率达27%。

**【民（商）事审判】** 2010年，全市法院受理各类民商事案件1.30万件，审结1.29万件，结案率98.9%。解决诉讼标的金额26.4亿元。其中市中级法院受理1252件，审结1225件，结案率97.8%，同比分别上升5.3%、7.1%和1.5%，解决诉讼标的金额10.1亿元。依法调处涉及金融危机、农村改革发展和调结构、促转变等纠纷，共审结此类案件3189件。依法调处婚姻家庭矛盾纠纷，突出保护妇女、儿童、老人合法权益，共审结此类案件1844件。加大对合同纠纷的调处，依法维护交易安全、促进诚信社会建设，共审结此类案件7015件。依法妥善审理涉及交通、能源基础设施、征地补偿等案件214件，加快推进全市基础设施合理化建设。

**【行政审判】** 2010年，全市法院受理各类行政案件353件，审结351件，结案率99.4%。其中市中级法院受理86件，审结86件，结案率100%。履行司法监督职能，坚持监督与支持并重，正确处理行政相对人与行政机关的矛盾纠纷，及时纠正违法行政行为，促进行政机关规范执法，推进法治建设。突出依法审理好涉及人民群众基本生产生活的山林、劳动、城建、计生、土地权属等类行政案件共157件。

**【执行工作】** 2010年，全市法院受理各类执行案件6029件，执结6009件（其中终结本次执行1443件），执结率为99.7%。执结到位标的额12亿元。其中市中级法院受理各类执行案件188件，执结183件（其中终结本次执行115件），执结率为97.3%，执结到位标的额5.4亿元。年内，妥善执结贵广铁路工程指挥部第二项目部申请先予执行、封开县华信纸业有限公司149名下岗职工62万经济补偿金等一批社会影响较大的案件。以全面推行主动执行、建设执行指挥中心、构建执行申诉信访新机制三项工作为重点，开展创建无执行积案先进法院和委托执行案件专项清理活动，清理执行积案和委托执行案件452件。依托党委政法委统筹领导的执行联动机制，建立两级法院执行案件信息查询、管理体系。

**【审判监督】** 2010年，全市法院完善案件质量管理机制，将审判质量纳入工作业绩考评体系，对合格率、改判率等设置考核指标。加强司法统计管理，建立指标数据管理通报、审判运行动态分析制度。全年办理减刑假释案件5336件。开展“百万案件评查”工作，共评查案件3451件，优秀良好率达92%，评选出优秀法律文书70篇，其中2篇被评为“全省法院优秀法律文书”。

**【司法为民】** 2010年，全市法院加强服务型司法建设，由市委办向全市转发《强化服务型司法，保障经济发展方式转变的意见》。总结运用应对金融危机形成的司法经验，帮助企业解决涉法问题。加强对涉及本地区提高自主创新能力、产业转型升级的各类纠纷案件的审理执行。在审判工作中推行上门立案、巡回立案、主动调查、上门调解等措施，收效明显。

全市法院贯彻“调解优先、调判结合”原则，坚持全面、全程、全员调解。通过诉讼调解与人民调解、行政调解、行业调解等诉讼外调解的对接和参与综治信访维稳中心调解工作，推进“大调解”格局建立。全市法院通过调解、撤诉结案的民商事案件8196件，民事一审调撤率为72.1%，同比提高17.2%。成功调解涉黔进京上访的刘杰与四会市和生染整有限公司劳动争议等案件。一、二审行政和解撤诉率为62.75%，同比提高52.5%。

全市法院继续开展立案、信访文明窗口建设活动，制定加强立案信访窗口建设的实施意见，重点抓好“充实窗口内容、延伸窗口服务、拓展窗口功能、强化窗口管理、完善信访工作机制”五方面工作。强化涉诉信访工作，全市法院接待群众来访703人次，处理来信216件，信访投诉率为0.3%，同比下降1.7%。继续推动司法救助基金建立，为经济特别困难的申请执行人、刑事被害人及其家属以及部分涉诉信访人员提供司法救助，全市有330万元救助资金到位，对32宗案件的上述人员发放救助款120万元；对经济确有困难的当事人，缓、减、免交诉讼费用达382.4万元。依法为77名符合法律援助条件的刑事被告人指定律师出庭辩护。

全市两级法院“一把手”落实市委的要求，到镇街综治信访维稳中心上一天班。推行领导带案下访工作机制，院领导直接面对当事人调处涉诉信访。选派法官就近挂点全市109个综治信访维稳中心，参与、指导纠纷化解，提高基层组织化解社会矛盾能力。加强对特殊人群管理，派出法官到四会、怀集监狱对服刑人员回访帮教，与相关部门配合，建立、完善缓刑和社区矫正制度。落实教育为主、惩罚为辅的法律原则，依法对212名未成年人罪犯中的102人判处非监禁刑。

全市法院实施主动执行制度，主动执行的案件573件。与人行肇庆市支行建立共享信用信息合作机制，将600名恶意欠款、逃避执行的“老赖”列入银行征信系统“黑名单”，起到较大的威慑作用。

**【基层建设】** 2010年，全市法院构建以党组为核心，以党支部为主体，把支部建在法庭上的组织模式，开展“支部建在庭上，党旗插到基层”活动，受到最高法院政治部领导的充分肯定。全市法院已建立50个党支部，使党建工作与审判工作做到同部署、同检查、同奖惩，党员的核心作用得到充分发挥。年内，有1个人民法庭被省高院记“集体二等功”，6名基层法官受到省以上表彰。市中级法院分3年统筹调配基层法院部分干部指标，统一招录干部，下派到基层法院工作，逐步解决山区法院法官断层问题，年内将2名统筹招录的干部派到封开和广宁法院工作，时间为5年。还下派2名优秀的年轻法官到乡镇挂职锻炼。

全市两级法院内部专网开通使用，审判流程实现电脑化管理，数字化法庭建设全面展开。全省法院综合业务系统正式投入使用，数字身份认证和电子签章系统同步部署。远程提讯、远程开庭、远程培训等视频应用效果显著，成功通过视频越洋开庭审理案件，大大节约诉讼资源。

**【问题与困难】** 基层法院法官队伍断层严重，法官平均年龄偏高，无法满足当前审判工作的迫切需要；个别审判工作指标还未达到上级法院要求，审判质量和效率有待进一步提高；长期困扰法院工作的“执行难”问题仍然没有得到完全有效破解；少数干警素质不高、作风不佳，特别是队伍廉政建设方面还有薄弱环节；山区法院经费保障不足问题仍然突出。　（*任建新*）

**附：2010年肇庆市中级人民法院正副院长名录**

院　长：伍建昌

副院长：张志勇　黄京生　郑招祥（女）

## 检察工作

【简况】 2010年，全市检察机关以深入推进社会矛盾化解、社会管理创新、公正廉洁执法三项重点工作为载体，不断强化法律监督，强化自身监督，强化高素质检察队伍建设，充分发挥打击、监督、预防、保护等职能作用，为全市经济社会发展提供有力的司法保障。

【刑事检察】 2010年，全市检察机关坚持依法严厉打击严重刑事犯罪，保障社会安定有序和人民群众安居乐业，营造良好的社会治安环境。履行批捕、起诉职责，严厉打击黑恶势力犯罪、严重暴力犯罪、毒品犯罪、“两抢一盗”等多发性侵财犯罪及严重危害公共安全犯罪，全年批准逮捕各类刑事案件2474人，同比下降8.9%。提起公诉2542人，同比下降8.3%。其中批捕故意杀人、放火、强奸、绑架等严重暴力犯罪嫌疑人353人，起诉398人。落实宽严相济刑事政策，对未成年人、老年人、初犯、偶犯、过失犯中犯罪情节轻微的人员，依法适度从宽处理，全年对35人作出相对不起诉处理。探索实施刑事和解制度，全年办理刑事和解案件22件，最大限度地减少不和谐因素，促进社会和谐稳定。对不服检察机关作出不捕、不诉、不抗诉的案件，进一步完善说理机制，通过加强文书说理、举办听证会等形式，加强对当事人的释法说理工作，进一步增强检察工作的透明度和释法说服力，做到息诉服判，案结事了。

【贪污贿赂、渎职侵权检察】*查办贪污贿赂犯罪* 2010年立案侦查贪污贿赂犯罪案件45件58人。其中大要案33件，为国家挽回经济损失900余万元。严肃查办群众反映强烈、社会普遍关注的案件，继续推进商业贿赂专项治理，深化涉农职务犯罪和工程建设领域突出问题专项治理，共立案24件36人。查办了广宁县原副县长麦某明利用分管财政、城建工作职务上的便利，贪污受贿312万多元等案件。

*查办渎职侵权犯罪* 重点查办国家机关工作人员妨碍市场经济秩序的渎职犯罪和侵犯公民人身权利、民主权利的犯罪，深入开展查办危害能源资源和生态环境渎职犯罪专项工作，参与对重大安全生产事故和严重危害人民生命财产安全的案件开展同步调查。2010年立案侦查渎职侵权犯罪案件20件22人，为国家挽回经济损失1900余万元。

【预防职务犯罪】 2010年，全市检察机关深入预防职务犯罪，促进反腐倡廉建设。一是加强对事关国计民生的重点工程建设项目开展专项预防，为城东新区基础设施重点建设项目、市第一人民医院新院建设工程等多个重点工程建设项目开展同步预防工作。二是对国土资源、金融、国资等重点行业开展系统预防。三是加强对典型个案、类案的特点、规律和原因的分析，综合运用检察建议、警示教育、法律咨询等措施，协助发案单位，抓好防控治理措施的制定和落实。四是加大预防职务犯罪教育宣传力度。市院与市纪委、市委组织部和市委党校共同建立反腐倡廉暨预防职务犯罪教育基地，组织市委党校干部培训班学员开展以上一堂职务犯罪预防教育课等“五个一”活动，全市有4万多名党政干部、企事业单位工作人员到基地参观学习。开展“举报宣传周”活动，通过《西江日报》记者专访、在报纸宣传举报知识、在街道设点接受群众咨询举报、向全市手机用户发送预防职务犯罪宣传短信等方式，开展预防职务犯罪宣传工作。

【诉讼监督】 2010年制定《肇庆市人民检察院关于认真贯彻〈广东省人民代表大会常务委员会关于加强人民检察院对诉讼活动的法律监督工作的决定〉的意见》，切实履行对诉讼活动的法律监督职责，推动诉讼监督工作取得新进展。

*刑事诉讼法律监督* 坚持打击犯罪与保障人权并重，重点加强对有罪不究、以罚代刑、超期羁押、不该立案而立案、刑讯逼供、暴力取证和量刑畸轻畸重等问题的监督。进一步完善监督机制，通过提起抗诉、检察建议、量刑建议和检察长列席法院审判委员会等途径，增强监督实效。依法纠正违法侦查取证5件次，发出书面《要求说明不立案理由通知书》21件，督促侦查机关立案9件，纠正不应当立案而立案9件，追加逮捕8人，追加起诉22人，不批捕162人，不起诉50人，对认为确有错误的刑事判决、裁定依法提出抗诉。认真开展量刑建议工作，共提出量刑建议690件948

人。按照“抓安全、抓办案、抓基层、抓应对、抓规范”的要求，加大对刑罚执行和监管活动、刑事诉讼羁押期限的监督，维护在押人员合法权益和监管场所秩序。审查执行机关提请减刑、假释、暂予监外执行案件4606件，其中减刑4441件、假释153件、暂予监外执行12件。有效纠正暂予监外执行和假释不规范行为，起诉重新犯罪2件2人，确保刑罚正确执行。

民事审判和行政诉讼法律监督 依法受理和及时审查不服人民法院生效判决、裁定的申诉，重点加强对侵害群众利益、因司法工作人员贪赃枉法导致司法不公等案件的监督。共受理不服法院已生效判决、裁定的民事行政申诉案件137件，对认为确有错误的民事、行政裁判，依法建议提请抗诉、提请抗诉、提出抗诉。加强和解工作，化解社会矛盾，共促成民事和解14件；做好息诉服判工作，共办理息诉服判78件，收到较好效果。加强建立检法联动机制，探索执行监督，缓解执行难题，办理一批效果好、影响较大的案件。

**【检察技术】** 稳步推进鉴定技术工作。肇庆市人民检察院司法鉴定中心，加强与云浮、清远、韶关市检察机关沟通、协调，鉴定技术工作稳步推进。2010年办案10宗，其中法医鉴定4宗、笔迹鉴定2宗、司法会计鉴定4宗；受理文证审查46宗，其中法医43宗、文检2宗、声纹1宗。

开展同步录音录像工作，严格实行审录分离，对办案工作进行有效监督。年内，市人民检察院进行同步录音录像75次，录制时间300多小时，平均每工作周两次；技术人员会同纪检监察部门对各基层院的同步录音录像工作开展情况进行检查，保证基层院同步录音录像工作的开展。发挥视频会议的作用，利用视频会议系统进行刑检业务、自侦业务、监所业务、公文写作以及办公室的统计知识和司法考试培训，以及上党课、召开各种会议等，全年召开视频会议52次。

利用省院技术处将市人民检察院作为地级市院案件管理中心建设试点单位的机会，通过市院的案管中心建设和案管软件的应用，促进全市检察信息化建设。市人民检察院更新全部网络办公设备和更换机房交换、防毒设备，并为办案部门配备相应的办案辅助设备。建成阳光检务互联网站，扩大检察宣传和影响。

**【基层建设】** 2010年，通过年终考核力促基层院全面履行法律监督职责，推进基层院执法规范化、队伍专业化、管理科学化和保障现代化建设。加强与地方党委、政府的协调，基本落实公用经费保障标准，加快基层院“两房”、案件管理中心、自侦案件同步录音录像、三级检察专线网建设步伐。加大对基层院执法办案的领导、指导和服务力度，运用督办、提办、指定管辖等方式，全力支持基层检察院依法办案。落实上级检察院领导联系基层检察院、业务部门对口指导等制度，缓解基层工作实际困难，促进基层队伍素质和执法水平的提高。

**【社会矛盾化解和社会管理创新】** 2010年，全市检察机关围绕社会治安综合治理的总体要求，不断推进社会矛盾化解和社会管理创新，促进公正廉洁执法。一是抓好涉检信访积案化解工作。开展社会矛盾排查“早春行动”，社会矛盾化解“春暖行动”，“化矛盾、保平安、迎亚运”清理涉法涉诉信访积案和“百万案件评查”等专项活动，落实检察长接访、首办责任制和执法办案信访风险评估预警机制，做好案件信访人的教育疏导和稳控工作。通过举行答询会终结长达10年的原市自动化仪表有限公司个别职工的举报上访案。二是参与综治信访维稳“筛网”工程建设，努力把矛盾纠纷化解在基层，化解在萌芽状态。三是全面推行在重点镇街设立检察联络室，制定《关于在全市基层人民检察院推行重点镇（街）建立检察联络室工作的意见》，得到市委的肯定，并转发全市贯彻执行，全市8个基层院已在重点镇街建立29个检察联络室，聘请检察联络员59名。四是在市委政法委组织开展的检察长到镇街综治信访维稳中心上一天班活动的基础上，将活动引向深入，开展“两级院领导班子成员到镇街综治信访维稳中心上一天班”活动，全市检察机关班子成员以带案下访、约访等形式到综治信访维稳中心上一天班共163人次，切实解决群众诉求，化解了一批社会矛盾，有效维护社会和谐稳定。五是坚持办案分析制度，对执法办案中发现社会管理方面的问题和漏洞，及时提出检察建议79份，促进相关部门提高管理水平。六是贯彻落实《关于加强我省检察机关社区矫正法律监督工作的意见》，建立监外执行罪犯监督考察制度，加强刑满释放解除劳教人员安置帮教工作，社区矫正法律监督工作取得新进展。

【省检察院检察长郑红来肇调研】 2010年5月19～20日，省检察院检察长郑红、副检察长欧名宇等领导莅临肇庆，调研“三项重点工作”和检察机关参与综治信访维稳中心建设工作情况，实地考察高要市莲塘镇综治信访维稳中心、莲塘镇综治信访维稳中心波西村工作站和广宁县检察院。市委书记覃卫东，市委副书记、政法委书记吴华钦，市人大常委会副主任、广宁县委书记刘正南，市政府副市长李天、市检察院检察长张平坦以及高要市、广宁县主要领导参加调研活动。

【省女检察官协会理事会在肇召开】 2010年11月25～27日，广东省女检察官协会第三届第二次理事会在肇庆召开，来自全省的女检察官们共聚一堂探讨工作。市委副书记、政法委书记吴华钦，省检察院政治部主任李小东，市检察院检察长张平坦等出席会议。广州、肇庆等地女检察官分别作经验交流介绍，大会通过选举增补理事和常务理事，并举办“女检察官心理调适”等专题讲座。

11月25日，广东省女检察官协会第三届第二次理事会在肇庆召开

【问题与困难】 部分山区基层检察院人才外流以及检察官断层；检察宣传工作不够广泛，仍需加强；诉讼监督力度有待进一步强化。

【案例选介】 高要市人民检察院于2009年8月12日接肇庆市人民检察交办的线索材料，反映高要污水厂厂长谢某成涉嫌职务犯罪问题。经依法派员初查，于2009年12月30日以涉嫌贪污罪对犯罪嫌疑人谢某成立案侦查，2010年3月2日将其抓获并依法拘留，同年3月16日依法逮捕。在侦查中发现尹某平有涉嫌行贿的事实，于2010年3月2日对其立案侦查，3月3日依法拘留，3月16日依法逮捕。

经查明，2007年6月，谢某成、尹某平伙同原肇庆市污水净化处理厂（简称肇庆污水厂）水运行车间副主任陆某文（另案处理）经密谋后，由陆某文代表高要污水厂，冒用其侄子陆某龙的签名与代表太尔公司的尹某平签订《废水委托处理协议》，每月与太尔公司结算处理费的单价是人民币200元／吨，由谢某成向本厂谎报处理费单价是人民币50元／吨，并私下商定差额部分的分配方案，即谢某成占人民币60元／吨、陆某文占人民币40元／吨、尹某平占人民币50元／吨。签订协议后，太尔公司预付协议约定的押金给高要污水厂，高要污水厂出具预收太尔公司污水处理技术协调款人民币8000元的收据。此后，陆某文通过苏某文个体经营的高要市南岸文发塑料包装购销部和高要市新桥启文塑料包装厂，开具盖有公章印文“高要市文发塑料包装厂”、“高要市新桥启文塑料包装厂”的商品销售统一发票，利用陆某文及陆某龙的银行账户，以人民币200元／吨的单价结算每月收取该公司支付的废水处理费，并按商定的分配方案，将高要污水厂及谢某成的份额以现金的形式交给谢某成，将尹某平的份额存入尹某平在建行及邮政储蓄银行开立的账户。至2009年7月，高要污水厂共处理太尔公司工业废水合计4204.085吨，该公司先后支付废水处理费到陆某文及陆某龙银行账户共计人民币840817元，除了由谢某成以人民币50元／吨的单价将共计人民币210180元交回单位私设的“小钱柜”外，余款人民币630637元由谢某成、尹某平和同案人陆某文共同侵吞，其中谢某成分得赃款人民币329256元（后退回陆某文人民币20000元）、陆某文分得赃款人民币245281元、尹某平分得赃款人民币56100元。谢某成和陆某文各自所分得的上述赃款中，含尹某平于2008年

2月离开太尔公司、无参与侵吞2月份之后所截留及由谢某成和陆某文平分的废水处理费共人民币168551元。

2006年5月，尹某平伙同陆某文经密谋后，由陆某文代表肇庆污水厂，尹某平代表太尔公司签订《工业废物处理协议》，每月与太尔公司以人民币200元/吨的单价结算处理费，并私下商定分配方案，即厂方及陆某文占人民币160元/吨、尹某平占人民币40元/吨，由陆某文向本厂谎报处理费单价是人民币50元/吨。然后，陆某文通过苏某文个体经营的高要市南岸文发塑料包装购销部和高要市新桥启文塑料包装厂，开具盖有公章印文"高要市文发塑料包装厂"、"高要市新桥启文塑料包装厂"的商品销售统一发票，利用其在中国银行开立的个人账户，以人民币200元/吨的单价结算每月收取该公司支付的废水处理费，并按商定的分配方案，将尹某平的份额存入被告人尹某平的个人账户。至2007年5月，肇庆污水厂共处理太尔公司的工业废水1931.68吨，陆某文共收到污水处理费人民币386336元，肇庆污水厂仅收到污水处理费人民币73100元。陆某文和被告人尹某平截留了本属肇庆污水厂应收的污水处理费公款人民币293919.20元，其中送给厂长伍某文好处费人民币23000元，尹某平分得赃款人民币74730元，陆某文分得赃款人民币196189.20元。

2010年3月19日全案侦查终结，移送公诉部门审查起诉，同年6月4日，由高要市人民检察院向高要市人民法院提起公诉，2011年1月13日，高要市人民法院认定谢某成与尹某平结伙利用其担任高要污水处理厂厂长职务上的便利，共同侵吞公款，判处谢某成犯贪污罪有期徒刑七年，判处尹某平犯贪污罪有期徒刑三年六个月，一审判决后，谢某成、尹某平不服，提起上诉，2011年3月29日市中级人民法院作出维持原判的终审判决。

（市检察院）

**附：2010年肇庆市人民检察院正副检察长名录**

代理检察长：张平坦（至3月）

检 察 长：张平坦（3月任）

副检察长：宋 伟 唐跃华 戴照华

# 公安工作

**【简况】** 2010年，全市各级公安机关以"平安肇庆"为目标，以"平安亚运"安保工作为契机，扎实推进政法"三项重点工作"、公安"三项建设"和"六项创新"工作，狠抓维护国家安全、社会稳定与治安平稳各项措施的落实，有效维护全市社会政治稳定和治安大局平稳，为全市平安建设和经济社会发展作出积极贡献。

**【第一家公安微博"平安肇庆"】** 2010年2月起，肇庆市公安局相继开通新浪、人民网、腾讯等3个"平安肇庆"系列微博。至年底，3个微博共发博文7616条，"粉丝"84.31万个，收到评论3.65万条，发出评论4.66万条，为民办实事1864件。只要在百度搜索引擎中键入"平安肇庆"的字眼，就会弹出近80页多达800多条与该微博相关的新闻或信息。因其强大影响力，先后被中央、各省、市及港、澳、台媒体报道180多次。11月6日，《中国日报》美国版刊登题为《"平安肇庆"引起了一场中国警务革命》的文章，引发新一轮报道热潮，让"平安肇庆"微博的字眼首次在国外亮相，成为全球政府微博的佼佼者。

**【亚运安保工作】** 2010年，按照省公安厅统一部署，全市公安机关严密组织各项亚运安保工作。一是相继开展"创平安、迎亚运"、"治安重点整治"、"反恐防范"等专项行动。破获刑事案件4374宗、打掉犯罪团伙163个、抓获犯罪嫌疑人2368名，及时堵塞安全漏洞；二是周密部署亚运火炬（肇庆站）传递安保工作。全市出动2290余名公安民警和武警、消防官兵在圣火传递沿线全面布防，市委常委、公安局长郑针和及县（市）区公安局长亲临一线指挥协调，确保整个火炬传递活动全程安全顺利；三是建设怀集闸岗、封开封川、四会马房、高要蚬岗4个公安检查站。在10月10日至12月25日的各级勤务响应任务中，4个公安检查站共检查车辆287.03万架次，检查过往人员337.68万人次，抓获违法犯罪嫌疑人1372名，其中在逃人员61名，吸贩毒人员785名，追回被盗抢机动车45辆，收缴仿真枪175支、管制刀具1127

把，缴获毒品86克及其他违禁物品一大批；四是建立跨区域联勤警务机制，有效保障亚运会和亚残运会期间安保勤务跨区域协作的顺利进行，发挥亚运安保“护城河”和打击犯罪“新屏障”的作用，圆满完成亚运会亚残运会安保任务。

【重要会议】 2010年1月22日召开全市公安工作电视电话会议，总结2009年工作情况，研究分析全市治安动态和队伍思想状况，部署2010年工作任务。2月9日召开全市公安机关作风建设工作电视电话会议。5月19日召开进一步推进全市公安机关社会管理创新工作会议。7月30日召开全市公安机关迎接社会管理创新工作珠三角片会电视电话会议。8月24日召开全市公安机关“创平安、迎亚运”誓师动员大会。9月28日召开全市公安机关2010年度执法规范化建设工作推进会。10月19日召开亚运圣火在肇传递安保工作会议。

【维护社会政治稳定】 2010年，全市各级公安机关始终将维护社会稳定和服务经济发展作为头等大事来抓，不断加大不稳定因素的排查力度，及时、妥善处置各类群体性事件。全年排查掌控不稳定因素237起，群体性事件起数比上年下降25%，没有发生影响特别大的群体性事件。高度重视信访工作，认真办理信访案件。加强网上维稳工作，净化网络信息环境，及时发现和预防有害信息的发布和扩散，切实维护社会政治大局持续稳定。

【打击犯罪】 2010年，全市公安机关围绕“四上升（侦破‘两抢一盗’、电信诈骗、盗抢销汽车、涉枪案件破案数同比上升）、三达到（现行拐卖案件破案率达到100%，现行命案破案率达到90%，户籍地逃犯抓获率达到40%）、两确保（确保对编造、故意传播虚假恐怖信息案件的快侦快破，确保对涉疆涉维案件的有力打击和妥善处置）、一查清（坚决查清涉枪刑事案件的枪支来源）”工作目标，全警动员，全力以赴，扎实推进“粤安10”、“创平安、迎亚运”、“平安亚运十大行动”等一系列专项工作，严厉打击突出犯罪，取得明显成效。年内，全市破获刑事案件7998宗，同比上升3%，其中命案立47宗破46宗，破案率97.9%；破“两抢一盗”案件6196宗，同比上升0.8%；破获毒品案件486宗，比省公安厅禁毒局下达448宗的破案指标多38宗，同比增长51.9%；收戒吸毒人员1979名，比省公安厅下达1600人的收戒指标多379名。

【安全防范管理】 2010年，全市各级公安机关创新管理模式，提高信息化管控能力，强化安全防范工作。一是全市建成社区（农村）警务室422个，配备社区民警594人，广泛开展警民互助活动，密切警民关系，及时化解各类矛盾纠纷，维护社会稳定和谐；二是加强金融机构安全防范工作，对全市银行系统各营业网点的人防、物防、技防等设施严格审核和验收，确保万无一失；三是强化旅馆业治安管理信息系统的监督和检查，系统信息录入量大幅提升，全年抓获各类网上逃犯101人；四是积极开展“百日排查”行动，重点清查流动人口、出租屋、特种行业等，全市社会治安状况明显改善；五是落实校园安保“五防一排查”、“五无”整治工作，消除校园及周边路段各类安全隐患394宗，全市1775间学校幼儿园没有发生安全问题。

【治安行政管理】 2010年，全市公安机关围绕“创平安、迎亚运”六项重点工作，开展重点地区突出问题专项整治行动，全市查处治安案件3.42万宗，查处违法人员1.85万人次。加强民爆、剧毒物品审核及检查，推广应用剧毒化学品治安管理信息系统，取得“三个全省第一”（第一个完成系统建设，第一个成功运行系统，第一个发出电子凭证），实现高危物品的信息化安全管理。创新印章业信息化管理，实现刻制印章审批、制作、存储、使用、查询、比对等全过程计算机网络管理。

【户政管理】 按照上级的工作部署，全市于2010年5月19日至9月30日开展第六次人口普查户口整顿工作，全市投入警力1585人、普查工作人员1.15万人，入户核对117.38万户，核对414.95万人，登记人户分离10.03万人；登记常住户口待定人员8.06万人，其中政策外生育人口6.68万人，已解决3.16万人落户；核对暂住人口16.17万人，新登记暂住人口2.69万人；核对境外人员1607人，新登记境外人员199人；登记应销未销9983人，其中死亡未销8815人；变更更正户口项目2.58万个；纠正公民身份号码重错号275个，装订门楼牌1163个，清理废弃地址268个，发现"三非"人员31人，户口整顿工作取得明显实效。全市累计受理居住证18.78万份，实际制作居住证18.02万张，提前完成省公安厅下达的任务。

【出入境管理】 2010年受理出入境证件26.91万人次，同比上升24%，其中办理往来港澳通行证24.78万人次，因私护照1.7万本，办理赴台证件2331人次，批准单程赴港澳地区定居758人，办理外国人签证、居留许可577人次，台胞签注643人次。全年查处"三非"外国人19人，查获冒用他人资料骗取出入境证件16人，双重国籍5人。

【交通安全管理】 2010年，公安交警部门以"迎亚运，保安全，促和谐"为中心，深化"三基"工程建设和"三项建设"，坚持以信息主导警务，用科技管理交通，用创新破解难题，用制度落实责任，全力推进各项工作，有效地净化交通环境。全年发生道路交通事故947宗，死亡224人，受伤1162人，直接经济损失279.9万元，四项指数分别比上年上升1.72%，下降7.44%、2.60%和15.57%。全市没有发生公路"三乱"现象。

12月7日，肇庆市高速公路二大队揭牌成立

【省市两级交通安全文明单位授牌】 2010年6月10日，市委宣传部、市公安局、市教育局、市安监局等4部门联合举行2009年度省级、市级交通安全文明示范单位授牌、挂牌仪式，对端州区黄岗小学、高要市明珠花苑、肇庆高新区伟成鞋业、怀集县镇兴村、粤运汽车运输有限公司肇庆客运总站等5个省级交通安全文明示范单位；四会市大沙镇大布村、广宁县石涧镇马坳村、端州区市供电局小区、广东鸿图科技公司、粤肇公路公司、封开县封川小学、德庆粤运公司等7个市级交通安全文明示范单位授予牌匾。

【消防安全管理】 2010年，全市消防部门围绕"平安亚运"目标，深入开展以易燃易爆单位、人员密集场所、消防产品和建筑消防设施、三小场所、中小学校舍安全等为重点的火灾隐患专项治理行动，出动联合检查组112个，出动检查人员2956人次，检查各类场所、单位2874家，责令"三停"4家，处罚单位51家、罚款71万余元，发现整改火灾隐患1907处，开展各类宣传教育培训活动100余次，培训教育近10万人。年内，全市发生火灾事故127起，死亡4人，无人员受伤。与上年相比，火灾起数上升64.57%，死亡和受伤人数与上年持平，直接财产损失上升56.6%。

【网络安全管理】 2010年，公安网络安全管理部门以实现"平安肇庆"、"平安亚运"为目标，以推进社会管理创新工作为契机，着力构建全市"大网安"工作格局，加强信息监控、舆情导控、侦察打击和管理控制工作，推进技术手段建设和网安队伍建设，构建网上综合防控体系，全面提升全市互联网安全管理水平，圆满完成以"上海世博会"、"创平安、迎亚运"为中心的各项安全保卫任务，为全市创造和谐的网络环境。年内，侦破各类刑事案件62宗（其中利用手机网站传播淫秽色情牟利案4宗），行政案件4宗，抓获违法犯罪嫌疑人144人。侦破省公安厅督办案件5宗，侦破命案6宗，抓获CCIC网上逃犯34人。

【110报警服务】 2010年，全市公安机关110报警

服务台共接报群众报警求助有效电话20.80万个，受理刑事案件1.68万起、治安案件1.12万起、治安灾害事故52起、交通事故3.83万起、火灾事故923起、求助1.49万起、其他11.10万起、为基层单位或群众提供查询或咨询2.24万起，救助危难市民1.32万人。通过110及时接处警，破获各类案件2565宗，抓获违法犯罪嫌疑人1559名。

【科技强警】　一是深入推进视频监控系统建设。2010年，全市公安机关建成监控镜头512个，利用视频监控系统直接破案38宗，协助破案57宗，处理交通事故85宗，抓获违法犯罪人员210多人；二是科技强警示范县（区）建设工作取得可喜成绩。肇庆市公安局信息通信科和四会市公安局信息通信大队获“科技强警示范县（区）建设工作先进集体”称号，四会市公安局3名干警获“科技强警示范县（区）建设工作先进个人”；三是研发应用管理系统，提供便民服务。研制出应用于公安检查站的亚运安保快速检测管理系统，共协助办证1500多张、查询数据600多次，没有出现一次故障；四是坚持信息主导警务，探索构建信息化时代下的社会管理创新体系。不断创新公安警务“大情报”工作平台、互联网“大网安”工作格局、打击犯罪“网上作战”工作举措、流动人口“一证通”工作制度、队伍管理“工作执法一网考”工作载体和警民关系“服务措施一网办”工作途径等六个范畴，推动公安工作和队伍建设上新台阶。

【培训基地建设】　2010年，全市公安机关围绕“平安亚运”这一中心任务，按照“大教育”、“大培训”工作要求，继续抓好全市9个县级公安机关实战训练基地建设，落实新警初任必训、警衔晋升必训、基层一线实战必训“三个必训”。年内，肇庆市人民警察学校共举办各类培训班48期，受训人数1729人。

【案例选介】　2010年1月26日，迅速破获鼎湖“1·25”抢劫出租车杀人案件，抓获犯罪嫌疑人1名。3月11日，成功摧毁一个特大盗销摩托车犯罪团伙，抓获犯罪嫌疑人5名，缴获作案工具江淮瑞风商务汽车1辆，缴获被盗摩托车3辆，审破盗窃摩托车案件40多宗。7月29日，肇庆市公安机关会同东莞警方成功摧毁一个武装制贩毒团伙，抓获团伙成员11人，摧毁制毒工场1个，缴获毒品摇头丸2.5千克、麻古300克、冰毒50克、冰毒半成品2千克、制毒原材料、器皿等工具一大批和枪支4支、子弹41发，扣押毒资人民币63万多元，作案车辆3辆。8月27日，成功侦破省公安厅督办的“2010·7·31”假冒警察特大抢劫冻肉案，抓获犯罪嫌疑人5名，涉案总价值达30多万元。12月31日，侦破涉案金额达65万元的四会市“12·21”利氏果业特大入室抢劫案，抓获犯罪嫌疑人7名。

【问题与困难】　一是维稳工作任务艰巨。由人民内部矛盾引发的不安定因素仍大量存在，虽然全市群体性事件的数量近年持续下降，但社会矛盾的关联性、敏感性、对抗性明显增强，处置难度加大。二是刑事案件发案总量仍在高位运行，并伴随上升的趋势，一些地方突出治安问题虽经多次整治但仍有反复。三是公安队伍建设仍存在一些突出问题和薄弱环节，情报信息的预警、预知能力不够，预防和处置重大突发事件水平有待提升、基层基础工作仍较薄弱，打击刑事犯罪的破案攻坚能力也有待加强。

（张学锋）

附：（一）2010年肇庆市公安局正副局长名录

局　长：郑针和

副局长：梁冠光　于正一　陈卓立

崔国任　王　军

（二）2010年肇庆市公安消防局正副局长名录

局　　长：赵少雄

政治委员：罗元亮

副局长：杨和顺　刘保华

## 2010年肇庆市交通事故统计表

| 项目 | 次数 | | | 死亡人数 | | | 受伤人数 | | | 直接财产损失（万元） | | |
|---|---|---|---|---|---|---|---|---|---|---|---|---|
| | 数量 | 比上年同期增减 | 增减百分比 | 数量 | 比上年同期增减 | 增减百分比 | 数量 | 比上年同期增减 | 增减百分比 | 数量 | 比上年同期增减 | 增减百分比 |
| 合计 | 947 | 16 | 1.72% | 224 | –18 | –7.44% | 1162 | –31 | –2.60% | 279.92 | –51.63 | –15.57% |
| 第一大队 | 114 | –1 | –0.87% | 21 | –3 | –12.50% | 117 | –7 | –5.65% | 41.58 | –0.14 | –0.34% |
| 第二大队 | 48 | –7 | –12.73% | 21 | –3 | –12.50% | 51 | –9 | –15.00% | 10.77 | –9.08 | –45.74% |
| 高要大队 | 208 | –10 | –4.59% | 38 | –5 | –11.63% | 236 | –29 | –10.94% | 37.33 | –0.12 | –0.32% |
| 四会大队 | 237 | 67 | 39.41% | 34 | –3 | –8.11% | 332 | 102 | 44.35% | 57.74 | 26.41 | 84.30% |
| 广宁大队 | 21 | –12 | –36.36% | 30 | 10 | 50.00% | 15 | –24 | –61.54% | 46.89 | –51.87 | –52.52% |
| 怀集大队 | 90 | –2 | –2.17% | 30 | –3 | –9.09% | 93 | –4 | –4.12% | 11.39 | –1.01 | –8.48% |
| 封开大队 | 77 | –12 | –13.48% | 17 | –5 | –22.73% | 102 | –22 | –17.74% | 7.69 | –7.16 | –48.22% |
| 德庆大队 | 148 | –7 | –4.52% | 28 | –2 | –6.67% | 208 | –32 | –13.33% | 51.54 | –9.12 | –15.03% |
| 高速第一大队 | 4 | 0 | 0.00% | 5 | –4 | –44.44% | 8 | –6 | –42.86% | 15 | 0.50 | 3.45% |
| 高速第二大队 | 0 | 0 | 0.00% | 0 | 0 | 0.00% | 0 | 0 | 0.00% | 0 | 0 | 0.00% |

## 2010年肇庆市火灾情况表

| 县市区 | 2010年 | | | | 2009年 | | | | 对比 | | | |
|---|---|---|---|---|---|---|---|---|---|---|---|---|
| | 次数 | 死 | 伤 | 损失（万元） | 次数 | 死 | 伤 | 损失（万元） | 次数 | 死 | 伤 | 损失 |
| 合计 | 127 | 4 | — | 1848.45 | 45 | 4 | — | 802.31 | 64.57% | 平 | — | 56.6% |
| 市直 | 7 | — | — | 1078.23 | 2 | — | — | 11.88 | 71.%0% | — | — | 98.8% |
| 端州 | 63 | — | — | 140.10 | 9 | 1 | — | 59.59 | 85.7% | -100% | — | 135.1% |
| 鼎湖 | 5 | — | — | 39.70 | 1 | — | — | 0.83 | 80% | — | — | 97.89% |
| 广宁 | 3 | — | — | 3.65 | 2 | — | — | 30.20 | 33% | — | — | –64.5% |
| 怀集 | 4 | — | — | 6.74 | 2 | — | — | 0.53 | 50% | — | — | 92.1% |
| 封开 | 6 | — | — | 49.13 | 3 | 2 | — | 99.00 | 50% | -100% | — | -101.5% |
| 德庆 | 13 | — | — | 52.66 | 5 | — | — | 25.86 | 61.5% | — | — | 50.8% |
| 高要 | 13 | — | — | 468.25 | 16 | — | — | 561.10 | 0.23% | — | — | –19.8% |
| 四会 | 12 | 4 | — | 9.88 | 5 | 1 | — | 13.35 | 58.3% | 75% | — | –35.1% |

## 2010年肇庆市机动车保有量统计表

单位：辆

| 区域 | 汽车 | 摩托车 | 机动车保有量 |
| --- | --- | --- | --- |
| 全市 | 148022 | 729705 | 880255 |
| 端州区 | 54704 | 124140 | 178844 |
| 鼎湖区 | 8372 | 20867 | 29239 |
| 肇庆高新区 | 2153 | 5371 | 7524 |
| 高要 | 31880 | 156309 | 188189 |
| 四会 | 20529 | 102635 | 123164 |
| 广宁 | 7780 | 87082 | 94862 |
| 怀集 | 9670 | 98301 | 107971 |
| 封开 | 5373 | 71154 | 76527 |
| 德庆 | 7561 | 63846 | 71407 |

*（市公安局）*

# 司法行政工作

**【简况】** 2010年，全市司法行政机关深入推进三项重点工作，参与构建综治信访维稳平台，充分发挥职能作用，为促进肇庆经济社会发展营造良好的法制环境和社会环境。劳教（强戒）工作连续11年实现“四无”，被司法部劳教局评为“四无”劳教所；矛盾纠纷排查调处工作连续10年实现市政府提出的目标；普法、法治创建工作积极推进，圆满完成“五五”普法工作任务并通过省的检查验收；围绕促进经济平稳较快发展、保障和改善民生，法律服务取得新成效；加强刑释解教人员安置帮教工作，社区矫正工作全面试行；基层司法行政工作进一步加强，规范化建设取得新突破；司法行政队伍整体素质不断提高。全市司法行政系统有5人受到部级表彰，有4个集体、14人受到市厅级表彰。封开县被全国普法办授予首批“全国法治县（市、区）创建活动先进单位”。

**【劳教与强制隔离戒毒】** 2010年，市劳教（强戒）所积极开展“平安大队和谐所区”创建活动，加强对“三大现场”管理，落实事故防控、隐患排查、应急处置、领导责任四个机制建设，及时消除化解不安全因素和隐患，确保场所持续安全稳定。抓好劳教人民警察执法大培训岗位大练兵活动，提高干警队伍执法管理水平和执行能力。把提高教育矫治质量作为劳教（强戒）工作的中心任务，适应收容方式上的转变，在工作重点上以劳教人员认罪认错教育为主向以强戒人员戒毒脱瘾为主的转变。年内，市劳教（强戒）所收容收治劳教（强戒）人员773人，其中劳教14人、强戒759人。

**【矛盾纠纷排查调处】** 2010年，全市各级司法行政机关积极开展社会矛盾排查“早春行动”和社会矛盾化解“春暖行动”，深入推进社会矛盾排查化解。年内，全市排查各类矛盾纠纷4201宗，调结4056宗，调处成功率96.5%。部署开展司法行政干部、人民调解员到基层一线排查化解矛盾纠纷活动，组织司法行政干部、律师、公证员、基层法律服务工作者积极参与综治信访维稳工作“筛网工程”，深入基层一线重点攻坚化解复杂疑难纠纷。各级司法行政机关领导积极参加到镇街综治信访维稳中心“上一天班”活动，实现矛盾排查化解工作靠前、关口前移。组织开展校园安全排查活动，全市司法行政系统开展拉网式涉校矛盾纠纷排查调处，以及对社区服刑人员和安置帮教对象进行走访和专项排查活动，集中开展（见一次面、谈一次话、进行一次法纪教育）“三个一”活动，落实重点管控、重点管理，最大限度消除安全隐患。完善人民调解机制，推进人民调解与司法调解、治安行政调解、劳动争议调解以及与综治、信访工作的“三衔接两结合”，整合各部门资源把矛盾纠纷化解在初始阶段，建立人民调解以奖代补激励机制。建设调解工作网络，全市已建立1927个人民调解委员会，调解员8407名；人民调解组织向行业延伸，全市197家300人以上企业已建立调委会170个，占86%，促进构建和谐企业。

**【“五五”普法通过省检查验收】** 2010年7月14～15日，省检察院副厅级检委会委员盛瑾带领省“五五”普法检查验收工作组，到肇庆市检查验收“五五”普法工作。市委副书记、政法委书记、市普法领导小组组长吴华钦代表市委、市政府向工作组作专题汇报，副市长李天主持汇报会，市人大常委会副主任吴群养，市检察院检察长张平坦，市委副秘书长邹会雄，市政府副秘书长、办公室主任莫优年，市司法局局长、市普法领导小组常务副组长谢桓昌等出席汇报会。省检查验收组对肇庆市“五五”普法工作给予充分肯定和高度评价，通过省检查验收。

**【法制宣传教育】** 2010年，全市司法行政机关深入推进法制宣传教育，发挥法制宣传教育在社会矛盾化解、社会管理中法治导向的重要作用，深入宣传宪法和与经济社会发展、社会和谐稳定、群众生产生活密切相关的法律法规，在全社会树立依法办事观念，引导群众依法有序表达利益诉求。把法治城市、法治县（市、区）创建工作纳入市委、市人大议事日程，抓好创建示范点工作。11月24日，封开县被全国普法办授予首批“全国法治县（市、区）创建活动先进单位”。积极开展与基层自治、治安管理、城市管理、流动人口管理等密切相关的法律法规宣传，为推进社会管理创新，推动文明法治建设营造良好环境。年内，全市发放法制宣传资料86万份，举办各类法律培训班566期共11万人次参加，上法制课2135场次共83万人次参加学习。

**【法律服务】** 2010年，律师和基层法律服务工作者主动开展政府法律顾问工作，参与涉法事务处理和行政执法活动，为基础设施建设、土地征用、产业转移等重点领域、重点工程和重点项目提供法律服务，为政府部门依法行政、依法管理提供法律支持。引导法律服务工作者在党委、政府主导下参与涉法涉诉信访案件处理，为有关部门处理突发事件和群体性事件提供法律服务，做好敏感案件的依法处理工作。参与公益法律服务，发挥专业优势。8月12日，市总工会、市司法局、市律师协会联合成立由46名社会执业律师、法律援助律师、公职律师组成的肇庆市工会法律服务律师团，为各级工会组织和职工提供公益法律服务，构建和谐劳动关系。完善律师行业管理，市律协换届首次由律师代表直选产生并由专职律师担任律协会长，律师行业自律管理上迈出实质性的一步。年内，全市律师事务所共担任法律顾问525家，代理诉讼案件2406件，办理非诉讼法律事务1.86万件。全市公证处共办理各类公证1.42万件。全市基层法律服务所担任法律顾问1207家，办理诉讼代理712件，非诉讼代理1566件，见证6349件。

7月6日，市律协召开全市第六次律师代表大会

**【法律援助】** 2010年，全市各级法律援助机构继续深入开展"法律援助便民服务"主题活动，畅通渠道，简化程序，以农民工、零就业家庭、下岗职工、孤寡老人、残疾人等为重点服务对象，帮助困难群众依法解决切身利益问题。全市法援机构办理困难群众申请的法援案件胜诉率（调解成功率）达90%，人民法院指定辩护的刑事法援案件承办率达100%。全市法援机构共办理各类法援案件822宗，受援人1010人，追讨欠薪或索赔1156万元，接受群众法律咨询1.16万人次。

**【社区矫正和安置帮教】** 2010年，社区矫正工作完成"五类"对象的全部接收管控，接收工作实现覆盖到全市镇街的目标。全市健全市、县、镇三级社区矫正工作机构，组织人员业务培训，完善管理措施、应急处置预案等制度，推进社区矫正工作的制度化、规范化。市、县两级司法局增设社区矫正科（股），专职工作人员逐步落实。全面试行社区矫正工作，建立社区矫正对象周报到、月面谈汇报、定期走访、与村组责任人结对帮教等制度，组织社区矫正对象义务植树、打扫公共场所卫生等公益劳动，增强矫正对象的社会责任感。全市累计接收社区矫正人员563人，解矫88人，因严重违反社区矫正制度被收监1人，年内在册475人。

安置帮教工作以预防和减少重新违法犯罪为目标，防止脱管漏管。全市建立安置帮教基地（点）11个（市级1个、县级10个），为刑释解教人员安置就业提供条件。年内，全市接受回归社会刑释解教人员840人（其中刑满释放人员728人、解除劳教人员112人）；帮教率100%，安置率95%。

**【基层基础建设】** 2010年，抓好司法所规范化建设，全面规范司法所各项业务工作。各级司法行政机关主动参与综治信访维稳工作，为全市获得全省三级综治信访维稳工作平台建设一等奖作出突出贡献。基层司法行政工作保障水平不断提高，四会、怀集、广宁、德庆县司法局落实每年人均2.8～3万元的公用经费。广宁县、德庆县、怀集县落实司法助理员岗位津贴。广宁县司法局业务用房列入2011年中央预算内投资计划。

**【司法鉴定和国家司法考试】** 2010年，全市4家司法鉴定机构共接受委托鉴定案件785件，采信率达98%以上。圆满完成2010年度国家司法考试（肇庆考区）组织工作，肇庆考区（含云浮市）报考857人（其中肇庆608人、云浮249人）；肇庆实考541人，合格110人，合格率20.3%，同比上升4.2%。

**【司法行政亚运安保】** 2010年，全市各级司法行政机关以突出"场所安全稳定、重点人员管控、社会矛盾调处、信访积案化解"为重点，全力构建亚运安保"护城河"工程。劳教（强戒）场所先后开展防所内非正常死亡、"防脱逃、查隐患、堵漏洞"等专项整治活动，加快安防体系建设，组织应急演练。加强对各种矛盾纠纷风险的研判，深入开展"迎亚运，保平安，人民调解化解矛盾纠纷专项攻坚活动"、"平安亚运百日大会战活动"，化解大量矛盾纠纷。围绕"法律六进"抓普法，开展"平安亚运，法治同行"主题法制宣传活动，营造良好的和谐稳定环境。加强亚运期间刑释解教人员和社区矫正人员教育管控，严管严控，推动教育改造与安置帮教工作双延伸。亚运会期间，全市劳教、强戒人员无一脱逃和非正常死亡，社区矫正人员和刑释解教人员无一发生涉亚事件。

**【队伍建设】** 2010年，全市司法行政机关开展公正廉洁执法"松竹梅"工程和"强执行、抓落实，持廉守正铸铁军"主题活动，提高队伍执行履责能力。参加"行风热线"上线工作，促进政风行风作风建设。在司法行政系统三支

4月7日，市司法局上线"行风热线"节目

队伍中开展创先争优活动，勤思进律师所党支部作为广东省律师事务所的唯一代表，参加司法部召开的律师行业创先争优活动推进会并作经验介绍。继续深化劳教人民警察、律师、法律援助队伍主题教育实践活动成果。进一步规范劳教、强制隔离戒毒所外就医、所外执行和社区矫正等程序和标准，完善法律服务职业规范，提升执法执业公信力。

【问题与困难】 司法所的人员配备、工作经费与所承担的工作任务不相适应；社区矫正和安置帮教工作中各有关部门的衔接配合有待完善。

（吴宇锋）

附：2010年肇庆市司法局正副局长名录

局 长：谢桓昌

副局长：裴同印 潘玉梅（女） 林金汉

## 2010年肇庆市律师事务所一览表

| 名 称 | 联系地址 | 邮 编 | 电 话 | 主 任 |
|---|---|---|---|---|
| 广东安达信律师事务所 | 肇庆市和平路1号3楼 | 526040 | 2268008 | 冼锡光 |
| 广东余黎张律师事务所 | 肇庆市工农北路38号1幢5楼 | 526040 | 2239363 | 黎 明 |
| 广东天量律师事务所 | 肇庆市棠岗路天籁之星 | 526060 | 2739274 | 伍思扬 |
| 广东网际律师事务所 | 肇庆市天宁北路75号发展广场19楼01-02 | 526040 | 2313236 | 禤 青 |
| 广东西江律师事务所 | 肇庆市工农北路38号1幢6楼 | 526040 | 2287092 | 陈 锴 |
| 广东君鼎律师事务所 | 肇庆市古塔中路22号北2楼 | 526040 | 2203106 | 陈坚新 |
| 广东融晖律师事务所 | 肇庆市和平路50号 | 526040 | 2758556 | 文志海 |
| 广东勤思进律师事务所 | 肇庆市端州四路13号雅图商业城西座8楼 | 526040 | 6811345 | 张文辉 |
| 广东端庆律师事务所 | 肇庆市前进路10号联通大厦11楼 | 526040 | 6816138 | 林成棣 |
| 广东曜政律师事务所 | 肇庆市和平路4号4楼 | 526040 | 6819289 | 邓广坚 |
| 广东开信律师事务所 | 肇庆市和平路60号祥贵楼二层201之一 | 526060 | 6191380 | 郭生平 |
| 广东端信律师事务所 | 肇庆市端州三路9号A幢3楼 | 526060 | 2723512 | 俞伟洪 |
| 广东七星律师事务所 | 肇庆市工农北路9号第一幢3楼 | 526040 | 2820202 | 古励妍 |
| 广东安鼎律师事务所 | 肇庆高新区御景台花园B幢负一层南侧第一卡 | 526238 | 3641921 | 郭鹏志 |
| 广东振中律师事务所 | 肇庆市跃龙路78幢401房 | 526060 | —— | 赵建安 |
| 广东刚阳律师事务所 | 肇庆市跃龙路78幢301号 | 526040 | 2229913 | 蒋汇波 |
| 广东衡和律师事务所 | 肇庆市古塔中路6号 | 526040 | 2233715 | 唐炳容 |
| 广东祥麟律师事务所 | 肇庆市古塔中路13号首层之一 | 526040 | 2744826 | 许慈武 |
| 广东正大联合（肇庆）律师事务所 | 肇庆市芙蓉路27号联合担保大厦318室 | 526040 | 2559798 | 何 川 |
| 广东浩业律师事务所 | 鼎湖区坑口新城司法局大楼 | 526070 | 2621148 | 李秀全 |
| 广东高诚律师事务所 | 高要市南岸镇府前大街80号 | 526100 | 8392679 | 李明佳 |
| 广东景行律师事务所 | 四会市城中区朝阳街13座1号 | 526200 | 3318293 | 曾凡岳 |
| 广东兴会律师事务所 | 四会市城中区海边坊9座1号 | 526200 | 3332051 | 廖国华 |
| 广东圣禾律师事务所 | 四会市清塘大道11座201房 | 526238 | 3169928 | 苏 力 |
| 广东国政（四会）律师事务所 | 四会市城中区朝阳街13座1号司法局2楼 | 526200 | 3323884 | 张全新 |
| 广东博通律师事务所 | 广宁县南街镇车背洞聚宝路56号司法局2楼 | 526300 | 8663148 | 杨建中 |
| 广东天誉律师事务所 | 怀集县怀城镇国泰路75号 | 526400 | 5534148 | 汤满意 |

（续上表）

| 名　称 | 联系地址 | 邮　编 | 电　话 | 主　任 |
|---|---|---|---|---|
| 广东怀城律师事务所 | 怀集县怀城镇国泰路23号 | 526400 | 5526841 | 邓少艺 |
| 广东溶江律师事务所 | 怀集县怀城镇向群路111号 | 526400 | 5524875 | 梁东枝 |
| 广东斑石律师事务所 | 封开县江口镇贺江1路96号4楼 | 526500 | 6663007 | 宾　勇 |
| 广东正熙律师事务所 | 封开县江口镇贺江1路96号4楼 | 526500 | 6666221 | 莫新权 |
| 广东康州律师事务所 | 德庆县德城镇朝阳西路49号 | 526600 | 7765759 | 邓伟刚 |
| 广东新风律师事务所 | 德庆县德城镇朝辉路文化公园内 | 526600 | 7762571 | 李炳球 |

## 2010年肇庆市公证处一览表

| 名称 | 联系地址 | 邮编 | 电话 | 主任 |
|---|---|---|---|---|
| 广东省肇庆市震东公证处 | 肇庆市十字路14号之一 | 526040 | 2226015 | 梁健伟 |
| 广东省肇庆市端城公证处 | 肇庆市跃龙路78幢2楼 | 526040 | 2200196 | 陈　敏 |
| 广东省肇庆市鼎信公证处 | 鼎湖区坑口新城司法局大楼 | 526070 | 2621656 | 伦桂好 |
| 广东省高要市公证处 | 高要市南岸镇府前大街80号 | 526100 | 8398082 | 梁　芳 |
| 广东省四会市公证处 | 四会市城中区朝阳街13座1号 | 526200 | 3311162 | 严金洪 |
| 广东省广宁县公证处 | 广宁县南街镇车背洞聚宝路56号 | 526300 | 8668571 | 叶晴云 |
| 广东省怀集县公证处 | 怀集县怀城镇国泰路75号 | 526400 | 5530054 | 黄丽玲 |
| 广东省封开县公证处 | 封开县江口镇贺江1路96号4楼 | 526500 | 6663312 | 梁超明 |
| 广东省德庆县公证处 | 德庆县德庆大道县政府办公楼215室 | 526600 | 7781626 | 甘晓浩 |

## 2010年肇庆市法律援助处一览表

| 名称 | 联系地址 | 邮编 | 电话 | 主任 |
|---|---|---|---|---|
| 肇庆市法律援助处 | 肇庆市景泰路1号市司法局3楼 | 526060 | 2723004 | 姚小飞 |
| 端州区法律援助处 | 肇庆市二塔路28号 | 526060 | 2727148 | 张志民 |
| 鼎湖区法律援助处 | 鼎湖区坑口国兴街 | 526070 | 2621148 | 伦桂好 |
| 四会市法律援助处 | 四会市城中区朝阳街13座1号 | 526200 | 3341148 | 张家祥 |
| 高要市法律援助处 | 高要市南岸镇府前大街80号 | 526100 | 8390148 | 卢凤荷 |
| 广宁县法律援助处 | 广宁县南街镇车背洞聚宝路56号 | 526300 | 8663148 | 杨建中 |
| 德庆县法律援助处 | 德庆县德城镇朝辉路9号 | 526600 | 7762571 | 李炳球 |
| 封开县法律援助处 | 封开县江口镇红卫路23号 | 526500 | 6660148 | 梁超明 |
| 怀集县法律援助处 | 怀集县怀城镇国泰路75号 | 526400 | 5534148 | 李杉元 |

（*市司法局*）

# 地方军事

责任编辑：叶可道

## 肇庆军分区

【简况】 2010年，肇庆军分区以争创山区武装工作排头兵为目标，扎实打基础、全面求发展、整体促提高，党管武装工作、部队思想政治建设、党委班子能力建设、部队核心军事能力拓展，部队正规化建设、民兵营连“四个基本”建设进一步加强，后勤和装备综合保障能力不断提高。圆满完成征兵工作任务。成功举办“八一”民兵训练尖子比武、“十一”阅兵和军警民联合实兵演习，严密组织亚运安保和抗洪抢险工作，在省军区军事评估考核取得优秀成绩；肇庆市国防教育训练基地建成投入使用；军政军民关系更加融洽，肇庆市和德庆县先后成立“爱国拥军促进会”，双拥工作社会化走出一条新路。

【上级来肇指导】 2010年7月19日，省军区副政委张志国率领省军区工作组到肇庆，对全市民兵营（连）“四个基本”建设和部队安全稳定等工作开展专题调研。期间，张志国听取军分区政委魏辉代表军分区所作的汇报，与军分区党委班子成员座谈；视察建设中的肇庆市国防教育训练基地，检查端州区人武部、睦岗镇武装部，点验民兵应急分队，并视察部分基层民兵营（连）。8月17日，广州军区检察院检察长周明华、广东省军区副政委黄善春带领两级军区工作组到肇庆军分区进行党员干部作风纪律整顿情况调研，先后到军分区机关和端州区人武部就部队全面建设形势、党员干部队伍作风纪律建设情况等问题进行座谈。8月22日，省军区副司令员倪善学率工作组莅临肇庆调研，对县级人民武装部建设情况进行抽样检查，并参加军分区民主生活会，对军分区全面建设进行指导，还到肇庆高新区人武部、广宁县人武部、四会市人武部调研。9月29日，省委常委、省军区司令员辛荣国莅肇出席肇庆市庆国庆迎亚运民兵阅兵和市国防教育训练基地落成仪式，并检阅来自全市各县（市、区）的民兵分队。

【重要会议】 2010年1月18～19日，中国共产党肇庆军分区第八届委员会第三次全体会议召开。全会传达学习两级军区党委全会精神，总结军分区2009年工作，表彰先进单位和先进个人，部署2010年工作。军分区司令员陆洪照代表军分区党委作工作报告，军分区政委魏辉对如何做好2010年度的工作提出具体要求。市委书记、军分区党委第一书记覃卫东出席全会并讲话。

【思想政治建设】 2010年，肇庆军分区主要通过开展主题教育活动，加强部队思想政治建设。一是抓好“创建和培育活动”。按照省军区的安排，采取深入基层调研、专题动员部署、突出抓好学习、精心组织培训、严格实行考核等方法开展活动。为全区官兵职工集中购买书籍，为参加函授、自学考试人员解决不少于50%的学费，有效激发学习动力，形成全区官兵争做学习型、知识型、创新型军人的风气。高要市人武部部长黄兴被省军区树为“理论学习先进个人”典型。二是深入开展主题教育活动。3月，肇庆军分区被省军区赋予核心价值观主题教育试点先行任务后，重点在进入官兵思想、强化精神支柱，融入部队中心工作、增强打赢本领，关爱官兵、促进官兵全面发展等方面开展教育，全区官兵进一步坚定理想信念，强化使命职责意识，牢固树立战斗队思想，提高拒腐防变能力，确保为省军区提供有指导意义的先行经验，肇庆军分区的经验做法被省军区转发。三是推进创先争优活动。肇庆军分区党委科学筹划，精心部署，各级成立活动领导小组，军分区党委常委、团级单位党委班子成员分别与基层建立挂钩联系点，实施具体帮带和全程指导；把创先争优活动与“创建和培育”、国庆阅兵、“迎亚运树形象”、“双到”扶贫、民兵营（连）“四个基本”建设等活动结合起来开展。在基层党支部开展“五比五创”活动，党员干部争当“五标兵”，战士职工党员争当“五星”。坚持典型引导，重点宣传端州区人武部党委廉政勤政事迹和高要市人武部部长黄兴学习成才的先进事迹；肇庆军分区的做法被省军区和战士报转发推广；德庆县人武部副部长兼军事科长王上月、高要市人武部副部长兼军事科长黎兆盛被评为“省军区优秀共产党员”。四是贯彻落实五中全会精神。党的十七届五中全会召开后，肇庆军分区及时召开常委会进行专题学习和全区干部大会传达学习，组织各级集中时间重点学习胡锦涛两次重要讲话和《“十二五”规划建议》，为高标准完成年度各项任务夯实思想基础。

**【军事工作】** 2010年，肇庆军分区以军事斗争准备为牵引，深入贯彻“大训、大比、大考”要求，重点抓尖子比武、阅兵系列活动、迎接省军区评估考核、组织军地联合实兵演习4项大活动，不断提高部队核心军事能力和遂行多样化军事任务的能力。一是坚持大训大比。8月1～2日，举行全市民兵军事训练尖子大比武，120多名民兵军事训练尖子，参加3000米军事越野、56式冲锋枪射击、游泳、投弹、军事理论等8个项目的比武竞赛，有3个项目刷新军分区民兵军事考核的纪录。9月29日，组织“迎亚运、庆国庆民兵阅兵活动暨国防教育训练基地落成仪式”，内容包括民兵阅兵和9个表演项目。这两项活动准备时间长达半年，全市8个县（市、区）民兵预备役和市人防、交战专业队伍1700多人全程参训。二是严格按纲施训。严格按大纲要求抓好步兵分队、应急分队、专武干部、民兵骨干、人防和交战专业队的基础课目训练，全年完成训练4400多人次，参训率达100%。针对西江流域可能出现洪涝灾害的情况，及早完善相关应急预案、做好器材储备、组织轻舟分队训练演练，做好抗大灾抢大险的准备。全区共组织9支轻舟分队、600多队员进行复补训。9月，联合地方经济动员、交通战备、人民防空等部门，以参加大规模对台作战为背景，以重要目标防卫行动为课题，组织军地联合实兵演习，重点演练行军输送、道路抢修、野战救护、防化、维稳和目标防卫等内容，进一步健全军地联合应急指挥机制，提高部队应急应战能力。鼎湖区人武部部长林玉远被评为省军区军事训练优秀教练员。三是坚持以考促训。以省军区评估考核为契机，突出抓好首长机关、干部骨干、应急分队及专业技术分队训练。3月，参加省军区动员（人武）参谋业务基础集训，取得考核评比团体总分第六名。5月中旬，肇庆军分区对8个人武部7个军事课目进行考核，全部达标。6月4～5日，省军区联合考核组对肇庆军分区机关军事斗争准备和军事训练的14个科目进行检查考核，军分区均取得好成绩。11月，组织全区通信骨干参加省军区民兵无线电台通信演练，提高技战术水平。

**【党管武装】** 2010年，肇庆军分区不断完善军地双向兼职、地方党委议军、武委会例会、军分区与人武部党委第一书记任职仪式、县镇两级党管武装工作述职、基层国防动员和武装工作先进表彰等制度，将“党管武装工作落实”列入县级党政领导班子考核内容。11月16日，中共肇庆市委常委会议对《关于进一步加强新形势下党管武装工作的意见》进行研究审议。

**【后勤装备】** 2010年，肇庆军分区重视后勤和装备保障工作，加大投入力度，确保正规有序、保障有力。坚持党委集体理财，严格落实军分区机关和人武部公务卡结算和报销制度，实行人武部经费由军分区集中支付，坚持人武部经费开支实行由纪委书记、副部长审核把关、主官联审双签制度。贯彻两级军区接待工作会议精神，规范接待工作程序，严格落实接待标准，力求让每位客人满意而归。年初，组织全区装备保管员进行业务培训，协调公安部门对全区仓库职工进行政审，严格落实干部住库值班、警卫值勤、技术检查等制度，提高全区装备管理水平。严格按规定对报废弹药加封单垛管理。进一步完善民兵武器装备仓库基础设施建设，加大监控、避雷、供电等设施设备的改造，高标准迎接军区民兵武器装备仓库建设和管理达标活动检查。

【双拥工作】简况 2010年，肇庆军分区把支援地方建设作为提高完成多样化军事任务能力的实践和检验平台，积极组织民兵预备役人员成建制地参加社会主义新农村建设，军分区和各人武部都建有军民共建新农村示范点。贯彻全省和省军区扶贫开发工作部署，军分区机关和各人武部重点帮扶9个贫困村党支部和60户贫困家庭，落实种植养殖、职业培训、推荐就业、技术帮扶和助学扶贫等措施。"全国模范军队转业干部"梁承华被评为全国劳动模范，被中宣部定为全国重大双拥典型，中央级各大媒体大篇幅报道其事迹。市委、市政府和军分区从党管武装、国防教育、扶贫帮困、抢险救灾、参建维稳等方面加大双拥工作力度，争创全国"双拥模范城"。

封开怀集民兵轻舟分队获省表彰 6月，封开、怀集部分乡镇多次发生严重内涝，500多户被洪水围困的村民急待救援。两县立即启动抗洪抢险救灾紧急预案，民兵轻舟分队在当地军地领导组织下火速赶往现场展开救援，经过连续奋战，被洪水围困的群众全部得到安全转移。据统计，两县民兵轻舟分队共出动人员700余人次、车辆60余台次、冲锋舟33艘次遂行应急救援任务，共运送救灾物资20多吨，安全转移群众1700多人，挽回经济损失2700多万元，被当地群众誉为"生命之舟"。8月1日，省政府、省军区联合下发《关于表彰广东省抗洪抢险先进民兵轻舟队伍的通报》，封开、怀集2县抗洪抢险民兵轻舟分队获表彰。

全国首个县级爱国拥军促进会挂牌 7月23日上午，德庆县爱国拥军促进会举行挂牌仪式，为全国首个县级爱国拥军促进会。广州军区原副司令员兼广州军区空军司令员刘鹤翘，广东省爱国拥军促进会高级顾问、武警广东省总队原政委邓祖选，广东省爱国拥军促进会名誉会长、全国政协委员、广州空军原副参谋长岳喜翠，广东省爱国拥军促进会会长、省民政厅原副厅长范俊龙以及肇庆市副市长李天等参加挂牌揭幕仪式。

肇庆市爱国拥军促进会成立 12月23日下午，肇庆市爱国拥军促进会举行成立大会。省军区原副司令员、全球华人老将军文化联谊活动组委会主任岑华，毛泽东原警卫员、副军级干部李连庆，肇庆市委书记覃卫东、副市长郑剑戈，肇庆军分区政委魏辉，省爱国拥军促进会会长范俊龙，省双拥办副主任张汝文等出席大会，市委副书记、政法委书记吴华钦主持会议。市委书记覃卫东代表市委、市政府对促进会的成立表示热烈祝贺，为新当选的肇庆市爱国拥军促进会会长莫优年颁发证书。

【国防动员】 2010年3月，肇庆军分区按照国发17号文件和省军区下达的任务，结合国庆民兵阅兵活动，组织市级人防专业队和交战专业队现地拉动点验，先后3批次点验12个应急分队、1000人次，受到省军区首长的高度赞扬。4月，军地联合完成全市动员潜力调查核对工作，围绕大规模作战需求完善动员保障方案。5月，指导交战办完成交通战备保障方案评审。7月，对全市经济动员工作进行综合考评。9月，市人防应急指挥中心落成使用。年内，全市征兵工作继续以提高高学历青年入伍率和兼洁征兵为重点，认真落实国务院和中央军委作出的政策调整要求，针对性地宣传发动，完善相关激励措施。市县两级征兵办都在媒体向社会公开举报电话接受社会监督。军分区党委常委分头带工作组到各县（市、区）进行检查调研，及时了解各单位征兵宣传发动及高学历兵员征集、体检站设置、体检组织及管理等情况，并多次进行现场指导。市征兵办指导协调各级兵役机关，为应届毕业生提供"绿色通道"，最大限度确保体检合格人数中高学历青年比例。是年高学历青年入伍率达到89%，比上年提高近20%。

【国防教育训练基地投入使用】 2010年9月29日，肇庆市国防教育训练基地第一期工程建设完工投入使用（基地占地16.87公顷，投资4100万元，首期建筑面积1.50万平方米，可一次性容纳训练800人），并在阅兵场上举行庆国庆迎亚运民兵阅兵和市国防教育训练基地落成仪式。省委常委、省军区司令员辛荣国，市领导覃卫东、郭锋、梁国安、曾超鹏、郑针和、张成文、陈以良、陆洪照、刘龙平、莫友莲、陈端、黄三和、刘正南、李天、黄新华、陈玉斌、黎维贤、董超凤、龙启江、梁伟强，军分区政委魏辉、副司令员刘梅，以及市委、市政府和市直机关各部门领导，各县（市、区）主要领导、人武部军政主官，驻肇部队、武警、边检、消防官兵代表，模范功臣代表，受阅民兵共2000多人参加活动。阅兵总指挥由市委常委、军分区司令员陆洪照担任，军分区政委魏辉主持活动。省、市和部队领导辛荣国、覃卫东、郭锋、陆洪照、魏辉共同为肇庆市国防教育训练基地落成投入使用剪彩；辛荣国和覃卫东共同为“肇庆市爱国拥军促进会”的成立揭牌。在覃卫东、郭锋、陆洪照、魏辉的陪同下，辛荣国检阅全市民兵分队。

**【正规化建设】** 2010年，肇庆军分区牢固树立安全发展理念，以贯彻新条令为契机，以落实军区“桂林集训”精神为目标，重点开展“四个整一整”活动，全面推进部队正规化建设。肇庆军分区根据年初检查基层时发现内务秩序、政治环境、门面形象、军容风纪等方面存在的问题，及时下发《组织团级单位开展“四个基本”建设回头看、开展“四个整一整”活动的指示》，组织全区整治营院环境、工作“模块”、军人形象和学习规范，提高人武部在地方干部群众中的威信形象，提升部队凝聚力战斗力，促进部队正规化建设。各级对照省军区《关于县（市、区）人武部“四个基本”实施细则》，组织“回头看”，查漏补缺、固强补弱、全面提高。年内，全区新装修接待会议室5个、餐厅4个，整治公用卫生间20个、杂物房14间，新更换英模灯箱42个、营门电动闸门4个等，整治活动取得初步成效。各单位还协调地方党委政府批准专项经费列入地方财政预算。新条令颁布后，肇庆军分区组织部队集中学习，通过组织学用新条令板报展评、条令知识竞赛，对新改动内容进行统一规范，增强条令意识。组织开展“大发动、大排查、大整治、大检查”和“迎亚运、严军纪、树形象、作贡献”活动，促进工作落实。按照“严于平时、紧于平时、高于平时”的标准要求，强化内部管控，从严掌控部队，确保亚运安保工作扎实有效。军分区党委还利用集体回访各县（市、区）、主要领导到各人武部宣布主官任职命令和工作组下部队等时机，调研检查发现问题。7月，针对军分区到各单位检查时发现的存在问题，军分区党委及时指导帮助各单位研究制定整改措施，并多次检查督促，跟踪落实。10月底，由军分区主官带队，组织机关和各单位1名主官组成联合工作组交叉检查验收，通过“四个整一整”活动，达到“学得规范、办得严谨、吃得放心、住得舒适、用得干净、穿着得体、乐有场所”的要求，促进部队正规化建设和安全稳定。年内全区部队没有发生严重违规违纪和被上级纠察通报的人和事。　（朱　舟）

**附：2010年肇庆军分区领导人名录**

司 令 员：陆洪照
政治委员：魏　辉
副司令员：刘　梅
参 谋 长：吴建刚
政治部主任：黄家忠
后勤部长：郭勤辉
副参谋长：李　键
政治部副主任：罗世辉

## 武警肇庆市支队

**【简况】** 2010年，武警肇庆市支队按照“打造一流支队”目标和“坚持标准搞建设，全面规范抓落实，提能蓄势促发展”的思路，抓好各项工作，部队经受住复杂形势和艰巨任务的严峻考验，高标准实现“两个确保”，部队建设稳步推进。先后有2人荣立二等功、45人荣立三等功，10个单位和21人受到总部、总队通报表彰。市支队被总部评为“连续7年预防事故案件工作先进单位”，连续6年被总队评为落实《纲要》“先进支队”，市支队党委连续7年被总队党委评为“先进党委”；高要中队连续10年被评为“标兵中队”，并荣立集体三等功；一中队、端州中队、德庆中队被评为“先进中队”。

**【刘红军视察肇庆】** 2010年11月22～23日，武警部队副司令员刘红军在广东省军区副司令员倪善学、总队队长何宏成、副总队长吴庭富、副政委王维城的陪同下，到肇庆市支队视察亚运会期间留守部队执勤教育管理工作。

【思想政治建设】 班子建设 2010年，市支队党委坚持把建设“学习型党委”作为引领部队科学发展的政治任务，开展“读书思廉”活动和风气建设教育整顿，坚持深入一线摸实情，揭短亮丑求发展，跟踪问效抓落实，党委把关定向、统筹协调、科学抓建、破解难题能力进一步提升。贯彻民主集中制，严格议事程序，依法科学决策，严格按程序和规定处理重大事项和敏感问题，部队风气进一步好转。党委班子成员带领部队出色完成总部现场会、广州亚运安保、部队正规化现代化建设等重大任务，并争取市委市政府下发《关于加强我市武警部队现代化建设的意见》，受到总队首长高度评价。在涉及干部提拔使用、立功受奖、战士入党考学、选送技术学兵等重大问题上，严格按照程序要求，坚持以公开求公正，加强教育引导，官兵满意度高。

队伍建设 2010年，市支队根据80、90后年轻官兵的思想特点，围绕坚定理想信念和端正价值取向开展思想政治工作，确保官兵头脑清醒、立场坚定、思想纯洁。先后开展“增强事业心责任感，有效履行职能使命”、“崇尚先进、拒腐防变”等主题教育，强化干部事业心责任感。坚持开展每天“两个半小时”集中学习活动和饭前“一分钟演讲”活动，创办《砚都卫士报》，引导战士进行自我教育，增强思想工作实效。“一分钟演讲”的做法在《武警政工》上刊发，做好新兵思想工作的经验被总队转发。严格落实思想汇报、分析、谈心和政治考核等制度，建立平时思想工作落实情况量化评分档案，每月评选优秀干部，每季评选优秀股室，半年表彰10名“爱岗敬业”干部，并对精神状态不昂扬、工作成绩不明显的，进行诫免谈话。注重一人一事思想工作，及时解开官兵思想疙瘩；筹措8万元缓解家庭受灾和亲人病危等官兵的实际困难，解决3名干部家庭就业，12名干部子女入学等问题，稳定官兵思想。坚持每月一堂法纪教育课，建立法律援助热线，开展“法律服务到基层”活动，妥善解决7名官兵家庭涉法问题。投入8万元完善心理活动室，开展群体性心理干预活动，该经验做法被总队转发。市支队还重视宣传工作，先后在中央电视台、新华网、人民武警网等省级以上媒体发稿39篇，在西江日报发稿45篇。反映端州中队官兵照顾自梳女事迹的专题片《心灵密码》在中央七台《和平年代》栏目播出后，受到社会各届好评。有2个文艺作品分获总队一、三等奖。

【战备执勤】 2010年，市支队按新大纲要求，狠抓战备执勤工作，严密组织新兵训练、专勤专训、勤训轮换以及“百日大练兵”活动，全力备战亚运安保，部队遂行多样化任务能力明显提高。开展三规化执勤等级评定和“三优一红”评比活动，规范“三员一兵一组”组勤模式，执勤秩序更加正规。投入60多万元整治执勤隐患37处，提高目标安全系数，固定目标执勤连续12年安全无事故。投入兵力1560余人次，出色完成火车站春运执勤、“肇庆金秋”安保及鼎湖沙浦群体性事件处置等临时勤务160起，受到驻地党委政府和人民群众好评。分3批举办以技术、战术和执勤技能科目为重点内容的勤训轮换，以及首长机关“迎亚运、强素质、做表率”封闭式集训；开展冲锋舟驾驶、游泳和打捞技能训练并进行方案演练，有效提高部队遂行亚运安保执勤、处突和反恐作战任务能力。精心组织亚运会、亚残运会安保工作，成功处置各类违法事件113起，抓获吸毒、涉案人员338人，查获违禁物品4373件。亚运安保执勤三中队和市支队长刘兴鸣分别被总部评为“亚运安保”先进单位和个人；市支队和亚运安保执勤四中队被总队评为“亚运安保先进单位”，3人被总队评为“亚运卫士”；教导队教员邓兆辉被总部评为“优秀教练员”，吴海杰被评为“训练标兵”。

【正规化建设】 2010年，市支队严格落实条令条例和正规化管理规定，加大检查督导力度，规范基层营区环境、库室设置及登记统计，进一步正规部队秩序。采取试点先行、分步推进的方式升级改造肇庆、端州、高要等3个中队信息化设施，新建多功能训练馆，正规化建设基本达标。组织“治三松、严纪律、保安全”教育整顿和“迎亚运百日安全”竞赛活动，有效预防事故案件发生。紧盯倾向性问题防范治理，严肃处理违纪人员。开展“军械法规制度学习月”活动，及时为所有军械库、兵器室安装指纹门禁系统，确保枪弹绝对安全。落实“五位一体”联管责任制，加强对驾驶员队伍和车辆的管理，没有发生大小事故。

**【后勤保障】** 2010年，市支队围绕全面建设现代化后勤目标，积极推进后勤科学管理，推动后勤建设向更高层次发展。发动官兵自力更生，发展农副业生产，增加生产收益，改善官兵伙食。着眼遂行多样化任务需要，立足最大规模抽组兵力，抓好应急保障建设，规范后勤战备物资储备，确保战备物资处于良好状态。完善各类后勤战备方案，提高应急保障能力。抓好规范化建设，组织观摩学习，指导基层有计划、分步骤推进后勤规范化建设。先后投入120多万元，完善五中队、教导队生活设施，维修封开中队营房，加固怀集中队围墙，使后勤基础设施更加完善。做好卫生防病工作，抓好官兵及家属体检、疫苗接种、心理测查、咨询、治疗等工作；加强卫生队和中队卫生室建设，提高医疗保障质量。严格经费管理，强化监督机制，严格执行经费审批程序，强化重大物资集体采购制度，抓好机关行政消耗性费用管控，经费保障难的问题得到较好解决。严格车辆管理，落实“五位一体”联管责任制和“六安”机制（教育警安、制度立安、管理保安、训练强安、科技创安、奖惩促安），查找整改车辆安全隐患；开展驾驶员作风纪律教育整顿，组织驾驶员进行复训；严格车辆动态管理，运用信息技术随时掌握车辆所在位置、技术状况等情况。严格枪弹管理，落实管控措施，完善考评机制。按照“一人取不出，外部盗不走，动用能感知，应急有保障”的要求，严格落实“三防”、“五控”措施。严格物资和空余房地产管理，修订完善《武警肇庆市支队集中采购管理实施细则》，每季度组织开展一次空余房地产安全检查。

**【机动备勤】** 2010年1月2日15时，第三十二届“省港杯”足球赛广东队主场比赛在肇庆市体育中心举行。市支队派出32名兵力，担负机动备勤任务。备勤过程中，执勤官兵依法、文明执勤，高标准完成备勤任务，受到主办单位的高度赞誉。6月18～19日，“光大·锦绣山河杯”龙舟邀请赛在肇庆星湖举行。市支队和五中队共65名官兵担负比赛现场的安全保卫及机动备勤任务。执勤中，带队领导靠前指挥，执勤官兵精神振作，以良好的形象赢得市政府领导和人民群众的好评。11月，广州亚运会期间，市支队科学谋划，加强领导，严密组勤，圆满完成自行车轮滑极限运动中心等3个场馆的安保任务和大学城火炬传递、开闭幕式广州塔周边机动备勤等任务；先后成功处置冲闯事件2起，制止涉台事件1起，处置传递违规物品55起，调解群众纠纷46起，制止盗窃事件29起，协助公安人员抓获犯罪嫌疑人9人；妥善处置11月3日、12日晚广州塔西侧、南侧大量人群聚集拥堵事件，高标准实现“三个确保、一个展示”的目标。12月10日，市支队派出兵力42人担负“肇庆金秋”烟花晚会现场安全保卫任务。在担负任务中，各级指挥员科学部署兵力，严密组织勤务，灵活机动处置各种情况，维护良好形象，圆满完成任务。 *（杨文武）*

**附：2010年武警肇庆市支队领导人名录**

第一政治委员：郑针和
支 队 长：刘兴鸣
政治委员：陈金治
副支队长：何文辉　高金雄
副政治委员：李荣新
参谋长：易其豹（4月免）
　　　　王国强（4月任）
政治处主任：陈建华
后勤处处长：李小平

# 人民防空

**【简况】** 2010年，全市各级人民防空部门按“准军事化”要求，注重提高人防队伍整体素质，通过平战转换盘活人防资产，启动县域人防补助资金推动县域人防工程建设。年内，肇庆市人防办被省人防办评为“全省人防系统工作目标考核达标单位。”

**【应急指挥与通信警报建设】** 2010年9月，市人防应急指挥中心建设竣工验收并正式投入使用，县域人防应急指挥中心也全面启动。市人防机动指挥所建设进入招标阶段，县域防空袭方案完成修订。县域警报统控系统全面得到改善，全市8个县（市、区）提前完成统控目标；新增市区防空警报器，开展“9·18”防空警报试鸣；举办警报通信、工程建设、宣传教育培训班。

**【工程建设与管理】** 2010年，市人防办与市规划局联合编制《肇庆市城区人防地下工程与城市地下空间利用规划》，并通过专家评审。各县（市、区）也启动编制《人防工程规划》。3月起，按省人防办《关于明确新建民用建筑修建防空地下室标准的通知》，执行新标准。年内，举办全市人防工程技术培训班及《县级人防工程规划》编制学习班，培训各县（市、区）和肇庆高新区人防办主管工程领导和工程业务人员。全年人防工程建设管理安全无事故。

**【宣传教育】** 2010年，市人防办利用人民防空创立60周年及第六次全国人民防空会议在北京召开之机，大力营造人防氛围，人防宣传教育进机关、进学校、进社区、进企业、进家庭，全市公务员进行人防知识与技能培训并通过考核。市人防办编印《居民防空防灾小知识》手册下发到镇、街、社区，组织电视台、广播电台、西江日报等媒体广泛宣传人防知识，中学生“三防”知识受教育学校51所，645个班级受教育学生3.87万人，受教育率100%。

**【队伍建设】** 2010年，市人防办进一步健全各项规章制度，定期检查党风廉政建设落实情况；与军分区定期召开联系会议，推动人防机关“准军事化”建设；安排人员参加省人防办组织的信息化与电子政务培训等各类专业培训70多人次。

（王忠良）

**附：2010年肇庆市人民防空办公室正副主任名录**

主　任：谭日贵（3月任）

副主任：苏钟晴（1～3月主持全面工作）

邱昌黎　陈儒芳（兼）

七星岩一景

# 经济管理与监督

责任编辑：吴　才

## 发展和改革管理

**【简况】** 2010年，肇庆市坚持以科学发展观统领经济社会发展全局，贯彻落实党的十七大精神和省委十届六次、七次全会以及省委书记汪洋在珠三角现场会肇庆站的重要讲话精神，按照市委十届八次、九次全会的工作部署，全面实施《珠江三角洲地区改革发展规划纲要（2008—2020年）》（以下简称《规划纲要》），继续推进"三促进一保持"，狠抓发展第一要务，坚定不移调结构，脚踏实地促转变，扎扎实实惠民生，经济发展呈现速度加快、质量提高、后劲增强的良好态势，GDP突破千亿元大关，各项主要经济指标增速居全省和珠三角前列，完成或超额完成肇庆市十一届人大五次会议确定的任务。

**【经济增长】** 2010年，肇庆市完成地区生产总值1085.87亿元（绝对值按现行价，对比按不变价，下同），比上年增长17.5%，超过年度计划3.5个百分点，比全省平均增速高5.1个百分点，增速在珠三角地区中排名第二，在全省地级市中位居第五；其中第一产业增加值增长5.4%；第二产业增加值增长30.8%；第三产业增加值增长11.4%；三大产业结构优化为17.5∶42.1∶40.4。地方财政一般预算收入完成76.8亿元，比上年增长37.36%，比年度计划高22.36个百分点，增幅居全省第二位，珠三角地区中排名第一，收入总量实现争先进位。国税系统税收收入54.29亿元，比上年增长24.5%。地税系统税收收入50.91亿元，比上年增长27.6%。市直（含高新区）地方财政一般预算收入21.64亿元，增长37.6%，其中市直城区地方财政一般预算收入13.28亿元，增长27.6%。地区生产总值增幅高于全市平均水平的县（市、区）有：高新区41.5%、四会市20.1%、鼎湖区19.5%、德庆县19.1%、高要市18.7%、端州区18.5%。

**【广佛肇经济圈建设】** 2010年，广佛肇经济圈首批37个重点合作项目总体执行情况良好，交通基础设施对接工程扎实推进，广佛肇城际轨道建设按计划进行，广佛肇高速公路一期已立项，车辆通行费年票实现互通互认，旅游一卡通应用范围扩大，医保定点机构启动对接，教育和就业服务资源共享平台已经运作，初步开创出规划共制、交通共联、产业共兴、生态共建的广佛肇经济圈合作新格局。

**【重点项目建设】** 2010年，全市有49个项目列入广东省2010年重点建设项目计划，比上年增加27个。全市安排重点项目122项，年度投资计划224亿元，实际完成投资244.1亿元，完成年度计划的109%。在重大项目带动下，全社会固定资产投资完成625.20亿元，比上年增长35.1%，比年度计划目标高出15.1个百分点，增幅位居全省第四。

**【规划工作】** 2010年9月初，正式开始编制《肇庆市国民经济和社会发展第十二个五年规划纲要（草案）》，经过编写组成员认真编制，反复征求各县（市、区）、各部门意见，召开由专家学者、人大代表、政协委员等参加的多场意见咨询会，根据反馈意见修改完善等各项程序，形成较高质量的规划文稿，经市人代会审议并高票通过。《肇庆市国民经济和社会发展第十二个五年规划纲要（草案）》认真总结"十一五"经济社会发展成就，客观分析"十二五"的发展形势，科学提出"十二五"的发展目标，全面谋划"十二五"的发展任务和重点建设项目，是一份指导肇庆市"十二五"时期经济社会发展的纲领性文件。

**【固定资产投资】** 2010年，肇庆市全社会固定资产投资完成625.20亿元，比上年增长35.1%。按三次产业投资划分，第一产业投资增长最快，完成投资额37.78亿元，增长81.6%；第二产业投资稳步增长，完成投资额258.04亿元，增长20.4%；第三产业拉动力最强，完成投资额329.38亿元，增长44.7%，对全社会固定资产投资的贡献率为62.6%，拉动增长22个百分点。

**【产业转移】** 2010年，肇庆市引进产业转移项目202个，计划投资444.13亿元，完成总投资额38.96亿元，其中建成投产项目22个，完成投资8.63亿元；在建项目114个，完成投资30.33亿元；签订合同项目56个，合同总投资额246.53亿元。中山（肇庆大旺）、顺德龙江（德庆）、中山大涌（怀集）3个省级产业转移工业园共引进项目24个，计划投资176.93亿元，比上年增长12.56倍；实现规模以上工业增加值74.63亿元，增长56.7%，占规模以上工业增加值的18.20%。

**【招商引资】** 2010年，全市实际吸收外资9.34亿美元，比上年增长5.2%，增速高于全省平均水平；成功引进投资总额131.9亿元的中恒（大旺）国际生物医药物流产业基地，华润水泥二期和亚洲铝业二期建成投产，华润建材物流、中储粮物流项目等正抓紧建设；成功举办第八届"肇庆金秋"经贸洽谈会，其中签约项目39宗，投资总额406亿元。

**【重大专项工作】** 2010年，国电大旺热电联产项目获得国家能源局批复开展前期工作，正在开展项目核准的相关工作；大唐高要燃气热电联产项目的热电联产规划已上报省能源局。贵广铁路肇庆段、南广铁路肇庆段、广佛肇城际轨道交通等项目，已全面动工建设；柳肇铁路正在争取有利于肇庆市的线路走向，项目建议书已上报国家发改委待批。二广高速怀集至三水段、珠外环高速高要至江门段、广肇高速二期建成通车，321国道小湘至马房段升级改造全面完成。珠外环高速肇庆至花都段、二广高速怀集至连州段动工建设。

**【粮食管理】** 2010年的主要工作：编制全市粮食供需总量平衡计划；全面完成全市地方粮油储备规模指标，7.8万吨地方储备粮和700吨地方储备油已全部完成实物入库，100%完成省下达肇庆市的地方粮食储备考评指标任务；做好储备粮轮换工作，全年全市共轮换地方储备粮4.08万吨原粮，为本地市场提供大批粮源，发挥稳定粮食市场的作用；针对全国大部分地区粮油价格快速上涨的情况，采取有效措施，确保肇庆市粮油价格的平稳运行。

**【国民经济动员】** 2010年，开展经济动员潜力调查，抓好经济动员需求任务落实。继续完善经济动员预案体系建设，加强应急动员专业保障队伍建设，全面贯彻落实应急作战动员任务。加强"军民兼容产品企业"授牌管理，落实军区军事需求任务。开展动员中心建设可行性调查研究，推进经济动员中心建设。搞好经济动员组织机构、经济动员基础工作和经济动员信息化建设，推动全市经济建设与国防建设取得协调发展。

**【援建克枯乡】** 2010年，按照对口援建工作"三年任务一年半基本完成"的新目标，及时调整完善对口援建方案，加快落实援建项目建设计划，整体工程在第一季度已经完成。4月7日，肇庆市在汶川县克枯乡举行"新克枯，新发展——广东省肇庆市对口支援汶川县克枯乡灾后恢复重建援建项目整体交付仪式"，标志着肇庆市对口援建工作顺利完成。各项援建后续工作扎实推进，认真编制克枯乡产业发展规划；收集材料撰写《重建志》；认真做好资金物资监管和审计检查，肇庆市援建资金使用无出现违规现象。

【问题与困难】　科技创新能力不足，产业集聚力不强；经济结构有待优化，区域发展不平衡问题仍然突出；通胀预期压力加大，企业综合成本上升；节能减排压力较大，节约集约用地水平有待进一步提高；部分重大项目的谋划还没有实质性进展等。　（冼艺杰）

附：2010年肇庆市发展和改革局正副局长名录

局　长：梁　驹

副局长：陈　鹏　黄　平　林永红

## 国有资产监督管理

【简况】　经营实绩　2010年，累计实现销售收入30.2亿元，比上年（下同）增长27%；实现利润1.2亿元，增长87%；实现税金1.3亿元，增长128%；上缴国资收益和股权出让专项收入合计1.1亿元，市属国有企业对市直经济贡献实现“三个超亿元”的突破，圆满完成保障性住房建设和市场升级改造两项政府性任务。

调整经济结构　一是力促重点企业发挥集聚优势，实现主业带动。完成水务集团、交通集团、城投集团、贺江公司等企业的整合扩产，生产规模逐步扩大，国有资本在供排水、公共交通、城市建设、电力生产等方面的影响力不断增强。二是加快中小企业国有资本的退出。完成肇庆高尔夫发展有限公司12%国有权益、新港码头有限公司20.54%股权、深圳航空大酒店25%股权和四会加油站的转让等，进一步优化企业产权结构和生产结构。三是加快企业内部优势资源整合。如金叶公司将能源实业、美科装备属下8家企业股权资源整合到本公司，将鑫华公司特陶项目整合到羚光公司等，合理调整企业资源配置。

固定资产投资　2010年，共批准投资项目47个，增加22个，金额8.3亿元，增加6.43亿元，增长3.4倍；批准投资立项项目14个，金额5.12亿元。年末，10家直管企业总资产53亿元，净资产20亿元。

与央企省企战略合作　2010年，对央企、省企的招商力度加大，为企业战略发展夯实基础。如，交通集团与华润集团共同出资组建“肇庆市润庆航运有限公司”，承接华润（封开）公司货物的水路运输；城投集团与省建工集团建立战略合作伙伴关系，参与肇庆市重大城市基础设施建设；金叶公司与省粤科创业投资集团共同出资组建金粤创业投资公司，对中小企业开展风险投资业务；肇庆市产权交易中心与南方联合产权交易中心共建肇庆产权交易平台，设立南方联合产权交易中心肇庆办事处等。

资本运营　一是以债转股方式增加金叶公司注册资本金至2.1亿元，通过有效资本运作，基本解决因风华集团重整而形成的3亿元债务危机，处置市直城信社债权包回收资金4900万元；二是与省粤科创业投资集团共同出资1亿元组建肇庆市首家国有创投基金公司，当年投资2800万元开展风险投资业务；三是增加市中小企业担保公司注册资本金至1.06亿元，与5家银行合作提高授信总额到7.5亿元，是年为全市30家中小企业提供融资性担保共1.28亿元，非融资性担保7007万元；四是金叶公司联合水务集团、星湖科技及7个自然人共同发起设立小额贷款股份有限公司，填补小额贷款空白。

国企改革　一是面上中小企业改革全面完成。2010年对18家企业实施批复，其中政府考核有5家，超额完成市政府考核任务；完成2010年批复实施改革的14家企业扫尾工作。至此，按改革规划需转制退出的企业改革已全面完成。二是启动企业产权多元化改革。通过引入投资者或内部管理层参股等方式改善国企产权结构。如，水务集团引入战略投资者实施产权多元化改革；完成食出公司第一阶段股份制改革等。

国资监管　一是完善法人治理结构。按照公司法人治理要求，充实和加强企业领导班子建设。完成城投集团班子组建工作；调整新联公司、贺江公司经营班子主要领导及部分二级企业的主要领导；清理不符合规定的企业领导人兼职现象；进一步完善监事会工作机制。二是完善企业经营业绩考核体系。优化考核指标，设置“一票否决”，体现刚性约束；合理设定加减计分方法，完善分值内容，引导企业规范经营；改革企业领导人的薪酬管理，突出业绩与薪酬挂钩。三是完善财务监管机制。修订和出台企业出租发包国有资产、全面预算、内部审计等多项工作制度和办法，降低预算偏差率；在直管企业全面启动网上银行和财务结算中心建设，提高财务管理水平；健全总监工作制度；推行企业实物资产造册登记，强化动态监管。四是进一步规范产权交易和投资管理。依法依规审批企业产权转让项目，防止国资流失；严格执行国有产（股）权交易进场规定；逐步完善评估、拍卖、工程造价等中介机构的基本信息库，积极推进产权交易平台建设。全年进行公开交易处置成交的产权交易项目共37项，总成交金额4.46亿元。同时加强投资项目前、中、后期监督管理，完善工程预结算投资审核机制。

国企党建工作　一是全面推进党的建设。以“创先争优”活动为契机，加强党建各项工作。完善党组织建设，及时调整健全各级党组织架构，配备人员，发挥党组织在工作中的作用；完善制度建设，认真落实各项党建工作制度，推动实现制度化和规范化；加强思想作风建设，大力开展创建“四好班子”、争创“四强四优”活动，改进工作作风；加强精神文明建设，鼓励和支持创建特色企业文化，树立国资队伍的良好风貌。二是加强党风廉政建设。认真贯彻落实《领导干部廉洁从政若干准则》、《国有企业领导人廉洁从业规定》，完善和实施岗位目标管理责任制、重点项目和重要工作专责制，落实“三重一大”相关等制度，把问责贯穿于决策、执行、监督全过程，确保政令通畅。组织国资系统参观反腐倡廉专题教育基地，邀请市检察院作市直国资系统预防职务犯罪专题讲座，增强广大干部职工的廉洁意识。2010年共接受信访举报案件29件，已核查处理21件。制定和实施《肇庆市国资委直管企业效能监察暂行办法》，把效能监察融入企业生产经营管理各个环节中。2010年各直管企业效能监察共立项16宗，提出监察建议6条，提出整改意见22条。组织开展企业“小金库”自查自纠阶段性工作，加强对企业的督促检查，及时整治存在问题，认真贯彻实施国资系统工程建设中产生问题的治理。

维稳工作　一是加大信访维稳工作力度。积极开展社会矛盾排查“早春行动”和社会矛盾化解“春暖行动”等，以“下基层、察民情、解积案、纾民困”为主题，完善领导包案、专责包案、信息收集、应急反应以及上门探访、带案下访和基层巡访等制度，不断完善化解和处置矛盾纠纷工作机制。2010年市直国资系统共排查出信访维稳问题47宗，其中列入2010年解决的37宗，共涉及金额7348.4万元、人数7629人。2010年投入资金2858.41万元，已解决或基本解决34宗，完成年度任务的92%。全系统无发生重大信访事件和重大治安、安全生产事故，为维护社会大局稳定、确保“平安亚运”作出重要贡献。二是妥善处理历史遗留问题。（1）努力筹集资金，解决拖欠的社保费120万元、离休人员统管费282万元；落实蓝带啤酒企业440名无房职工173万元住房补贴；完成动力配件公司职工反映的企业改革和住房补贴问题“三级”信访程序；已制定解决市工贸集团集资款方案。（2）着重推进保障性住房建设，解决职工群众反映的热点难点问题。全年共完成交付使用经适房350套，动工建设经适房542套。

扶贫开发工作　加强组织领导和调查研究，制定明确帮扶计划，启动各具特色的帮扶项目，加大资金投入，使各项工作有序有效开展，并取得阶段性成果。2010年全系统累计投入资金730万元，启动项目37项，年内185户809人实现脱贫，占总任务的65%。

主要荣誉　2010年，市水务集团被评为“广东省文明单位”，市金叶公司被评为“广东省和谐劳动关系先进单位”，市水务集团被广东省企业联合会、广东省企业家协会评为广东省最具核心竞争力企业和企业创建学习型“优秀单位奖”，市交通集团董事长钟焯权获“广东省2010年度企业生产工作先进个人”称号。

问题与困难　一是经济堆头不大，企业发展壮大的基础还需进一步做强做实。二是国资监管机制和体制仍需进一步完善。三是历史遗留问题较多，维稳任务依然艰巨。特别是企业改革后职工住房问题，解决的难度较大。四是国企高素质人才缺乏，与加快发展不相适应。这些问题需引起高度重视，采取有效措施加以解决。

（赵海燕　朱志钢）

**附：2010年肇庆市国有资产监督管理委员会正副主任名录**

主　任：洪海雄

副主任：李伟权　黄照明　李子骞

【肇庆市新联国有资产管理有限公司】 *简况* 肇庆市新联国有资产管理有限公司是肇庆市人民政府批准，由肇庆市国有资产监督管理委员会出资，于2008年12月26日成立的国有独资有限责任公司。

*经营管理* 2010年，根据市委、市政府的部署和市国资委下达的完成改革扫尾，解决历史遗留问题维护企业稳定和资源整合三大任务，不断加强企业管理，整合企业资源，拓宽经营渠道，实施财务、资产、人员、办公统一管理和扁平化管理，筹集大量资金用于企业改革和维护企业稳定工作。2010年新联公司实现总收入2.14亿元，（其中生产经营收入3696万元），比上年增长98.85%，入库税金786万元。为安置企业职工，维护企业稳定提供有力的支持。

*企业改革* 首批划入管理的181户企业至2010年12月31日已完成或经批复视同完成改革程序的企业167家。2010年支付改革总成本约11731.45万元，安置职工108人。

*维护稳定* 2010年，公司筹集资金2406万元息诉罢访民生信访问题19宗，涉及人员2417人。成立维稳工作领导小组，制订民生信访工作方案，不断提高新时期做好群众工作的能力，及时化解各种矛盾纠纷，维护社会和谐稳定。省督办的重大维稳案件嘉隆公司职工股权诉求已基本解决。上访十多年的自动化仪表公司关于转制前工资基金余额问题已解决，职工息诉罢访。

*民生工程* 利用自有土地投资建设经适房安置企业原职工取得明显成效。总投资1003万元，建筑面积7320平方米的金马宿舍区经适房“马安住宅新区”第一期工程于2010年12月27日竣工并交付使用，解决马安煤矿96户原职工的住房问题；总投资为2929万元，总建筑面积1.67万平方米的“安居尚苑”于2010年7月26号动工建设，预计2011年8月竣工交付使用；总投资4327万元，建筑面积2.31万平方米的“安居雅苑”290套经适房建设于12月28日开始动工建设，预计2011年12月竣工交付使用。（何小梅）

【肇庆市交通集团有限公司】 *经营实绩* 2010年，实现营业收入1.42亿元，为年计划的113.7%，比上年增加55.15%；实现利润882万元，为年计划的110.30%，比上年增加27.51%；净资产收益率5.7%；为年计划的102.46%，比上年增长5.3%；入库税金1028万元，为年计划的140.24%，比上年增加46.75 %；完成上缴国有资产收益任务。

*业务发展* 第一，公共交通：2010年投入1235万元购置42辆公交车，从而加大自营量，自营公交线路增至13条，占线路总量的52%；3月1日开通肇庆城区至鼎湖、广利、永安等营运线路，9月肇庆城区至贝水的25路线开通，标示鼎湖区城乡公交一体化全面完成。第二，水路运输：交通集团有限公司与华润公司航运合作项目有条不紊推进；加快港澳线运力结构调整，投资317万元，购买2艘千吨级集装箱船舶。第三，公路工程：年内，完成公路工程施工总承包资质由三级提升到二级，并投资30多万元购置沥表机一台，发展自营工程，中标工程量大幅增加。第四，其他业务：投入资金103万元，购置3辆营运客车投入肇庆—云浮线运营进行自营，使营运客车自营数量增至6辆；肇庆市轨道交通发展有限公司和肇庆市列管车辆卫星定位监控中心以及肇庆市列管车辆卫星监控有限公司成立，并正式运作；根据省交通厅的部署，交通集团有限公司认股3%成为全省公交一卡通发起股东之一，从11月8日起，肇庆与广州、佛山、江门、汕尾的公交系统已率先实现联网，加入到全省公交一卡通 “岭南通”的行列。2010年，完成固定资产投资1600多万元。

*党群工作* 2010年，集团公司组织开展“创先争优”和纪律教育学习月等活动，完善企业“三重一大”，效能监察等工作制度，加强廉政建设。以党建带群众组织建设。航运公司、工程总公司、检测公司先后召开职工、工会会员（代表）大会，建立工会组织。11月26日集团公司召开团代会，建立公司团委。同时，进一步健全集团公司女工委员会。

*扶贫“双到”工作* 2010年，公司仍挂点帮扶德庆马圩镇旺岗村，在“双到”扶贫开发工作中，共帮扶23户贫困户，到位资金15.89万元（户均6863元、人均2255元），到位帮扶资金超计划完成；贫困户人均年收入超过当地农民收入水平。帮扶村集体到位资金141.8万元，年末村集体纯收入达到3.38万元，超额完成省制定的达标任务。

*主要荣誉* 是年，集团公司企务公开民主管理工作获省先进单位；集团公司董事长钟焯权荣获省2010年度企业安全生产工作先进个人；集团

公司计生工作获得市人口与计划生育先进单位；安全生产方面获市安全生产先进单位；交通集团工委会获市总工会“一等奖工委会”称号；交通集团女职工参加市总工会举办的“移动杯”“魅力三八”女子健身舞（操）大赛活动，获得一等奖。

（何庆祥）

**【肇庆市七星旅游集团有限公司】** 经营实绩 2010年，七星旅游集团销售总收入2.01亿元，比上年增长64.52%；净利润853万元，比上年增长15.74%；入库税金1459万元，比上年增长43.32%。

经营管理 一是裹蒸、土特产经营稳定发展。“华大月饼”实现销售收入1056万元，利润总额368万元；成功开拓冷冻食品以及食用油经营项目，年底在人民中市场开设冷冻食品销售点。食用油销售逐步铺开，市场份额日益增加。二是利用南康金泽制衣有限公司扩产后生产能力的提升，扩大生产规模，全年制衣工业实现营业收入9147万元，利润总额453万元。三是加强原材料集中采购，严格控制成本费用，节支增收。

新项目推进 一是上半年南康金泽制衣有限公司扩产。二是9月底动工兴建华大食品加工场综合楼，年底大楼封顶，计划2011年7月份投入使用。三是以BT方式建设肇庆学院G3、G4幢学生公寓，12月底G3幢学生公寓动工兴建，计划2011年8月份交付使用。四是肇庆学院国际学术交流中心的建筑规划基本完成。五是七星街项目建筑方案报批工作完成。六是鼎湖山凤凰森林旅游休闲度假区概念性规划方案基本完成。

党建及效能监察 一是开展“创先争优”、“四强四优”和“四好”班子创建活动。二是培养入党积极分子8名，发展党员14名。三是抓好新办企业的建章立制和完善二级企业制度，落实“三重一大”制度。四是强化重点工程和重大经营业务效能监察，将华大月饼、点心加工场建设工程，华大消防整改、中央空调维修，北干道截洪渠党校双边配套围栏工程、肇庆学院国际学术交流中心工程、直饮水工程项目，鼎湖山凤凰森林旅游休闲度假区等纳入监察范围，规范项目监管。年内，七星旅游集团工会委员会获市总工会举办的工会财务工作竞赛一等奖。

企业改革 2010年，对肇庆德州牛仔快餐有限公司实施关闭；对肇庆星湖旅游汽车出租有限公司实施转制改革；通过公开挂牌，依法依规完成肇庆旅游贸易发展总公司持有深圳航空大酒店25%股权的转让。

扶贫开发工作 年内主要工作：通过出资扶持怀集县洽水镇小江村委入股兴建洽水镇大岭背水电站，发展村级集体经济项目；扶持贫困农户开办小商店、发展养牛业；协助贫困人口外出务工；实施智力帮扶；帮助贫困农户家庭成员购买农村合作医疗保险；协助贫困村完善各项基础设施建设；以及重大节日上门慰问等帮扶方式，扶贫开发“双到”工作取得明显成效。全年集团公司累计投入帮扶资金29.13万元（不含省、市下拨帮扶资金），年末14户贫困农户人均纯收入比上年增长45%，其中6户贫困农户实现初步脱贫。

（黄仲华）

**【肇庆市水务集团有限公司】** 经营情况 2010年供水量1.03亿立方米，比上年增长5.2%，首次突破1亿立方；污水处理量4315万立方米，比上年增长12%；销售收入2.04亿元，比上年增长27.4%，首次突破2亿元；实现税利2480万元，比上年增长6.8%，其中利润1339万元，比上年增长14.2%。

业务状况 一是年内收购广宁县自来水公司，新增供水能力每日3万立方米，新增供水面积23平方公里。二是完成城区备用水源管网二期工程，铺设DN800供水管10公里，实现端州、鼎湖区管网全连接，使应对水污染突发事件的能力得到提高；完成封开县江口、河南两区管网连通工程，建设封开县长岗管网工程，供水区域由封开县城扩大至周边镇村；实施广宁县城南大道至荔洞工业园（高新产业园）供水管网建设等三大主体工程，受惠群众4万多人，该工程为广宁县2010年十大民生工程之一。三是自主完成第二污水处理厂升级改造，排放标准由原一级（B）提高到一级（A）；第三污水处理厂通过环保验收。四是年内新装DN80以上供水管道7.68万米，DN65以下管道13.13万米（其中配合过境公路改造工程，过境公路新装DN1200管1254米，DN800管2814米；封开县江口、河南两岸联网铺设DN400管430米、DN250管612米，长岗镇供水工程新装DN300管16000米；广宁县城南大道至荔洞工业园新装DN400管7517米，东南路新装DN600管1532米）。

五是新建端州区睦岗营业服务中心，对端州区城东收费网点和封开县城、广宁县城收费网点进行改造，推出客服代表制等新举措，2010年用户综合满意度95.6%。六是自主研发北岭山加压站、永安水厂自动化系统；新开发水质检测项目20项，2010年水质检测能力131项，提前年半达到新国标要求；自主开发供水营运综合管理系统并向番禺水司输出，实现首次对外技术转让。

*企业管理* 推进精细化管理，单位供水电耗比上年下降4.3%，单位矾耗下降13.8%，污水处理总电量下降20.4%，絮凝剂单位耗量下降26.2%。在封开、广宁供水分公司导入ISO9001质量管理体系。

*主要荣誉* 被广东省雇主工作联席会议评为“2010年度广东省雇主责任示范企业”；被广东省企业联合会、广东省企业家协会评为“广东省诚信示范企业（2005—2009连续五年）”；被中国城镇供水排水协会评为“全国供水排水行业东西部对口支援工作先进单位”；被广东省委、省政府授予“广东省文明单位”称号。（唐 吉）

**【肇庆市贺江电力发展有限公司】** *简况* 2010年，公司全年累计发电量4.45亿千瓦时，比上年增长66.15%；实现营业收入1.88亿元，比上年增长69.72%；入库税金3496万元。

*经营管理* 2010年，公司顺利完成对封开县9座总装机容量为1.6万千瓦的国有小水电站的收购工作，使公司总装机容量上升至12万千瓦，水电产业总体实力进一步增强；机电设备安装维修、高低压线路安装维护等对外承包工程不断拓展，竞争能力不断提高；人力资源和岗位改革方案制定并实施；股份结构进一步调整，为深化国有企业改革，实现国有资产保值增值创造有利条件。

（王稳博）

**【肇庆市城建投资开发集团有限公司】** *简况* 2010年3月29日，肇庆市城建投资开发集团有限公司正式挂牌成立，是市国资委属下一家集城市建设、土地综合开发、保障性住房建设等职能为一体的国有投融资和建设实体。集团资产规模达8亿多元，具有一级土地综合开发职能和房屋建筑工程施工总承包一级资质，是市属国有经济优先发展梯队企业，力争用三年左右的时间，发展成为一个资产规模超25亿元，主业突出，产业链完整的新型现代国有骨干企业，打造成为由资产经营逐渐向资本运营转变的城市建设投资服务运营实体。

*经营情况* 2010年，集团营业收入6.54亿元，比上年增长33.41%，创税利超过8000万元，净利润达3588万元。城投集团各项经济指标呈现快速增长，为企业跨越发展实现开年红。此外，集团公司还积极履行国企社会责任，建成保障性住房252套，弥补经适房政策性亏损1300多万元，“双到”扶贫开发工作成效显著，获得省、市考评组的充分肯定。（张佳斌）

**【肇庆市市场物业管理服务总站】** 2010年，市市场物业管理总站实现年初经营预算目标，完成所属市场的升级改造任务，正式启用位于市棠岗路的新办公楼。

*市场改造* 2010年，升级改造农贸市场是市政府十大“为民惠民”工程之一。按照要求，市场物业管理总站年内须完成黄岗、桥东、中心、二马路、厂排和鼎湖区的坑口等6个市场的升级改造任务，是市场物业管理总站2009年完成人民中市场和石咀市场作为全市的试点任务后，首次较大规模对所辖的市场进行升级改造。市场改造措施有：一是在明确相关工作领导小组成员分工的基础上，层级签订和落实责任制，将目标、任务、责任落实到人。二是4月起至7月8日，报请立项、设计招标、图纸设计、招标价控制、工程招标、监理招标等法定的程序和必要的工作全部完成，工程如期进入施工阶段。三是该站在市政府的统一协调下，主动争取市和区有关部门的积极配合、大力支持，打造办事“绿色通道”；全体干部职工在抓好日常经营管理，以保证几十万市民日常消费需要的同时，全力以赴抓好市场升级改造。四是该站特别注意工程建设的质量及安全等问题，突出工程项目施工这个核心和关键环节，全站动员、全员参与，创造性地开展对工程项目的监管工作。三是该站与相关银行充分沟通、合理统调，实现资金投放与用资时间的有效衔接。经过8个多月的努力，至12月19日，上述黄岗等以及计划外的龙安市场共7个市场的升级改造全部完成，涉及面积3.05万多平方米，总投资约3000万元。至此，该站管辖的12个市场，有9个完成升级改造。

*生产经营* 2010年，该站面临市场升级改造

时间跨度长、涉及面广的问题，仍能确保生产经营正常进行。该站以"抓紧两头、力保中间"的思路（即是在上半年突出抓好施工队入场前的生产经营，突出抓好升级改造后的招标工作；稳定升级改造期间经营户的经营，力求经营户和租金"两不流失"），稳步推进相关工作。全年收入约1711万元，比上年升17.24%，超额完成年初物业站1600万元的预算目标。主要抓好以下工作：一是完善临时安置经营点的水电设备设施，加强安置点清洁卫生工作，合理疏导现场交通；加强保安特别是晚上的巡防工作。二是主动联系工商、城监、卫生等单位和部门，加大整治市场外部"乱摆乱卖"和市场周边"占道经营"等现象。三是各管理所注意加强与经营户沟通，突出宣传市场升级改造后的效果，提升经营户留场经营的信心。四是原空置的人民中市场北楼二楼及柑园南综合市场二层中段成功出租。二马路市场二、三、四楼也整体出租。五是开展"安全生产年"活动，加强各大节假日安全生产管理。

*党建和其他* 一是以作风建设为突破口，推动和确保党组织在企业工作的决策、指挥和领导作用，提高执行力。二是在廉政教育方面，该站特别注重抓好宗旨和警示两个教育，力求构筑好思想道德防线。三是按照肇国资的要求，开展"小金库"专项治理工作。物业站本部、鸿展览博公司和开发建设公司进行全面的开展自查。四是举办每年一度的花市，从招标到场所的整体布局、环境卫生、治安管理等方面，均得到广大市民的肯定。五是按照"规划到户、责任到人"的要求，抓好挂钩联系点小湘镇九源村调研，谋划脱贫措施，帮扶发展村级集体经济和贫困户脱贫。六是关心群众生活和维护职工权益，广泛开展献爱心捐款活动；切实抓好计划生育工作。

*问题与困难* 一是未能完成上级下达的优秀值经济指标任务。二是在市场的开发建设方面未取得历史性的突破。三是还贷压力加大。随着市场升级改造的推进，还贷压力随之加大。四是三项费用增加。财务费用、折旧费用的增加；升级改造过程除了纳入工程预算的管理费用外，经营安置费用、协管费用、办公费用同时增加。五是市场周边的乱摆卖行为，严重影响市场经营的稳定。

（*植杰光*）

**【肇庆市金叶投资发展有限公司】** *简况* 截至2010年12月，肇庆市金叶投资发展有限公司注册资本2.12亿元、总资产6.72亿元，拥有参控股企业22家，托管企业1家，筹建企业1家，员工有285人。

*经营业绩* 2010年，公司全年累计销售达1.36亿元，比上年增长78.52%；净利润达7693万元，比上年增长46.2%；实现入库税金1348万元，比上年增长111.62%；实现工业总产值8188万元，比上年增长106.51%。

*业务发展* 2010年，公司的发展情况：一是公司注册资本金增至2.12亿元，扩大公司经营规模，提升资本运作能力；二是与省属大型风险投资公司省粤科创业投资集团共同出资设立注册资本1亿元的肇庆市金粤创业投资有限公司，开展面向创新型中小企业开展风险投资业务；三是肇庆市中小企业担保有限公司的注册资本金增至1.05亿元，获得工商行、农行、中行、建行、发展行等五大银行给予授信额度7.5亿元，单笔业务的规模1000万元，在保金额超过1亿元，获得中小外贸企业融资担保专项资金615.52万元；四是出资3000万元，联合水务集团、星湖科技等单位以及7名自然人发起设立注册资本1.5亿元的端州区润泽小额贷款股份有限公司，有关申请设立资料已报送至省金融办审批；五是通过引入机构战略投资者和实现管理人员持股完成公司增资4150万元，培育羚光公司上市融资的战略工作取得阶段性进展；六是做好债权包的经营运作，累计顺利追收债权超过4900万元；七是筹措资金依约偿还省广晟公司的3亿元贷款负债，有效化解债务风险；八是启动并完成集团财务管理信息化工作，提升资金运作效率；九是稳妥推进新股认购等低风险短期投资业务，累计获得收益超过596万元。

*党建及维稳工作* 2010年，公司党委下设公司本部、羚光公司等6个党支部，共有党员109名，培养入党积极分子2名，发展预备党员3名；完成下属健华公司的职工安置工作，安置职工人数73人，自筹安置费用210万元；落实公司计生工作目标任务，计生工作经肇庆市人口和计划生育目标管理责任制考核办公室考评达标。

*主要荣誉* 2010年，公司被广东省人力资源和社会保障厅、省总工会和省企业联合会评为"广东省和谐劳动关系先进企业"；被中共肇庆

市市委、肇庆市人民政府授予“肇庆市先进集体”、“文明单位”称号；被肇庆市工商行政管理局授予为肇庆市工商行政管理局直通车联系服务重点企业。（陈大叠）

【广东省肇庆土产进出口有限公司】　经营业绩　2010年，在外贸经营环境未有实质性好转和公司资金缺口增大的情况下，经营绩效达到预期。年度进出口总值（海关统计数）1.6亿美元，比上年增长3.23%，其中出口1.31亿美元，比上年增长15%，广交会签约4019万美元，比上年增长5%；销售总额14.79亿元，完成考核指标值的112.08%，比上年增长33.47%；净利润155万元，完成考核指标值的103.33%，比上年增长26%；净资产收益率11.74%，完成考核指标值的102.62%。

*经营管理*　一是抓好资金运筹，利用自有优势谋划融资策略，争取授信融资额度有足够保障。二是利用好广交会平台，采取加大投入、选准产品、提高洽商水平、创新商贸方式等措施和办法争取订单。三是在人民币升值预期强烈的趋势之下，选择金融工具锁定成本，抵御汇率风险。四是调整经营布局，综合平衡，实行进出口和内销结合、自营和代理结合，商品经营和资本经营结合，主营业务和资产经营结合等。五是有针对性地加强报关、合同和财务外派监管专项管理，提高经营信誉度和防范经营风险。

*改革整合*　2010年，公司投资839万元持股肇庆食品进出口公司，持有股权50%。整合后，接管食出公司增资扩股改制工作并在人、财、物上给予全力支持，促进食出公司改制顺利完成。8月6日，“广东省肇庆食品进出口有限公司”挂牌运作，年底该公司走上正轨，经营止亏。

*信访维稳*　2010年，共排查矛盾纠纷3起，全部调处成功。食出转制期间，公司先后投入2600多万元用于食出改制补偿和解决水改电改、归还货款、返还集资款等历史遗留问题，保证大局的稳定和改制的顺利完成。重视涉及肇庆土出公司的信访事件，配合信访部门对有关事件进行调查、走访、核实并如实报告情况提供依据。对合理的诉求接纳意见，进行纠正；对无理要求做过细的工作并积极促成对方尊重历史，正视现实。

*主要荣誉*　2010年，公司获肇庆市“扩大出口先进单位”、连续四年获“守合同重信用”企业、肇庆市基层工会“工作考核特等奖”称号。（李　虹）

## 国土资源管理

【简况】　2010年，肇庆市国土资源局设有10个职能科室：办公室、人事科、财务科、土地规划与耕地保护科、土地利用管理科、地籍管理科、矿产资源管理科、地质勘查与环境科、测绘管理科和执法监察科（加挂肇庆市国土资源执法监察大队牌子）；下属事业单位6个：市地产交易中心（肇庆市矿业权交易中心）、土地开发中心、测量队、肇庆市地质环境监测站、市辖区地质矿产管理站和市国土资源信息中心（加挂档案馆牌子）；4个正科级派出机构：鼎湖、大旺国土资源分局，黄岗、睦岗国土资源所。

【“数字肇庆”地理空间框架建设工程】　数字肇庆地理空间框架建设项目是利用现代地理信息技术，整合城市信息资源，建设数字城市。建设内容包括基础地理信息数据库、地理信息公共服务平台、5个应用示范系统及政策机制建设等。数字城市地理空间框架建设是“数字中国”、“数字广东”建设的基础工作，其中的地理信息公共平台建设更是纳入省人民政府对珠江三角洲地区城市政府的年度考核。3月中旬，纳入市人民政府工作日程。4月底得到市政府常务会议同意，确定市财政拨付建设经费1200万元。向省国土资源厅递交纳入向国家测绘局推荐数字城市地理空间框架建设试点和推广城市名册申请。7月，经国家测绘局批准，肇庆市被列为国家测绘局2010年数字城市地理空间框架建设推广城市。年底，广东省数字肇庆地理空间框架建设工程设计书通过专家评审，省国土资源厅和肇庆市政府的有关领导分别代表双方签署共建共享协议，标志着数字肇庆建设正式启动。

【土地规划】　新一轮土地利用总体规划修编工作进展顺利。2010年，市级土地利用总体规划已经编制完成并上报省政府审批；各地县级土地利用总体规划已经编制完成并上报省政府审批；全市

105个镇级规划已全部完成专家评审，待修改完善后上报肇庆市政府批准实施。按照规划，到2020年，全市耕地保有量指标为18.63万公顷，基本农田任务15.63万公顷，建设用地总规模为8.54万公顷，占全市土地总面积的5.68%；大旺华侨农场的镇级土地利用总体规划通过市政府批复实施。

土地利用计划指标执行情况良好。2010年，省国土资源厅分配给肇庆市新增建设用地599.27公顷（其中：2009年耕地开发奖励指标153.93公顷，2010年年度计划指标386公顷，10月份追加指标59.33公顷），其中农用地转用465.4公顷（耕地319.4公顷）。2010年累计安排使用新增建设用地539.24公顷，其中农用地转用460.58公顷，耕地81.28公顷，未利用土地转用78.66公顷。分别占省下达的年度计划指标的89.98%、98.96%、25.45%、58.76%。

**【耕地保护和农地开发】** 一是全市自筹资金开发新增耕地面积3776.79公顷，全部通过省级抽查，并通过市级验收确认；二是开展市级补充耕地储备指标收储工作，2009年收储全市各地补充耕地储备指标228.9公顷；三是督促各地加快国家级、省级土地整理项目工程进度，部分项目已按质按量完成。

**【土地利用】** 2010年，全市供应土地225宗，面积933.33公顷，征收土地价款31.26亿元。经国家、省批准城市建设用地35个批次（含当年度及以前上报），批准新增建设用地1106.67公顷，其中农用地转用940公顷（耕地127.56公顷）；单独选址用地3宗，新增建设用地33.93公顷，其中耕地12.91公顷。

**【地产市场】** 2010年，全市招拍挂出让用地185宗，面积626公顷，成交价款23.66亿元，其中出让工业用地97宗，面积370.76公顷，成交价款7.07亿元；商服用地16宗，面积68.34公顷，成交价款4.13亿元；其他用地用地72宗，面积184.07公顷，成交价款12.46亿元。

**【矿产管理】** *监督管理* 2010年，全面开展矿产资源开发利用储量动态监测工作，全市持证矿山285个，未发现超层越界开采行为；开展稀土等矿产资源开发专项整治，取缔无证非法开采点24宗，拆除厂（寮）棚31间，没收拆除采矿设备13台（套），没收矿产品350吨，遣散人员270多人次。

*矿业权实地核查* 2010年，肇庆市负责核查的221个采矿权完成实地测量和数据库建立工作并通过省、部两级验收。同时，对核查中存在问题的147个采矿权进行分类处理和换证、数据备案工作。

*资源开发整合* 2010年，完成高要、广宁、德庆等县（市）瓷土矿等矿产资源开发整合和怀集县东坑铁矿区的开发整合，受到省政府矿产资源开发整合工作验收组的充分肯定。

*出让采矿权* 2010年，全市有偿出让采矿权30宗，成交价款2. 31亿元。其中，怀集县四村铁矿以2.02亿元成交（评估价1619.32万元），超出评估价的12倍。

*编制《肇庆市矿产资源规划》* 2010年8月，肇庆市第二轮市级编制的《矿产资源规划》上报省政府审批．因省政府要求补充环评报告，力争在2011年5月底前完成市级第二轮“规划”的编制工作。

**【地质勘查与环境】** *地质勘查管理* 2010年共办理探矿权转让1宗，延续、变更6宗，全市有探矿权项目67个。2010年度探矿权年检工作：全市应检项目66个．实际参加年检64个，年检率97%；年检合格率（含二次复检）100%。

*地质灾害防治* 2010年，全市发生崩塌、滑坡、地面塌陷等地质灾害50宗，安全撤离617人，无人员伤亡，直接经济损失985万元。

*防治与管理* 一是全面落实防灾责任制。市、县（市、区）、镇国土资源主管部门逐级签订地质灾害防治工作责任书。二是完成广宁、四会、怀集、高要、封开等5个县（市）地质灾害防治规划的编制和报批工作。三是《肇庆市2010年地质灾害防治方案》于2010年4月4日由市政府印发。四是完成高要、四会、怀集三个县（市）地质灾害群测群防“十有县”建设，并上报省厅确认。五是加强预报预警和群防群测工作。全系统共出动巡查、检查2058人次，巡查隐患点644个，设置警示标志牌347个。发布3级以上地质灾害预报预警12次，成功预报地质灾害4宗，避免49人伤亡和60万元财产损失。建立监测预报小组191个，重点监测点111个，参与群测群防人数1468人。新

发放“防灾避险明白卡”3374份，“防灾避险工作卡”55份。开展应急调查23处，提交应急调查报告20个。六是开展汛期地质灾害隐患再排查工作。全市共出动2085人次，排查隐患点742个，编制、完善重大隐患点应急预案21个。七是加大地质灾害隐患点治理工作力度。全市投入地质灾害防治资金2945多万元，搬迁治理地质灾害隐患点129个（威胁100人以上地质灾害隐患点10个），搬迁35户137人，超额完成上级下达的计划任务。八是加强矿山地质环境管理工作。地质灾害危险性评估报告备案6个、矿山地质环境影响评价报告备案19个、矿山地质环境保护与治理恢复方案审查5个。完成怀集多罗山钨矿、四会石膏矿阶段性矿山地质环境治理工作。九是4月22日上午，由省国土资源厅和肇庆市人民政府主办，市国土资源局承办，在市区牌坊广场开展第41个“世界地球日”大型宣传咨询活动，省国土资源厅杨林安总工程师、市长助理王超锋等领导及干部群众师生共500多人参加宣传咨询活动；开展国土资源所地质灾害防治“五到位”宣传培训工作，全市乡（镇）国土资源所全体干部职工和地质灾害高发区乡（镇）、村委会有关干部及责任人共1493人参加培训。

**【测绘管理】** *测绘资质复审换证*　2010年，按照省国土资源厅的统一部署，8月底前要完成对测绘单位测绘资质复审换证的工作，其中丁级资质单位的复审换证由市级测绘管理部门负责。肇庆市国土资源局克服测绘资质申报系统应用、文档数据、申报资料收集等困难，本着依法行政，严格按照国家对测绘资质管理的各项要求，顺利完成全市11个丁级测绘单位的复审换证工作，向符合规定的丁级测绘单位核发新的测绘资质证书。

*年度测绘质量监督检查*　2010年，组织专门的技术力量，对辖区内所有的测绘单位开展质检，通过检查，发现各级测绘资质单位作业的质量比往年有提高，测绘成果合格率大大提升，这是严格执行质量管理制度和普遍采用合格的高精度测量仪器设备作业所取得的成果。

*地图市场执法*　年初，发现并处置一批由肇庆平安人寿保险公司印制并派发的中国版图内容不全的“问题地图”台历，经严肃批评和责成该单位采取措施，及时将印有“问题地图”台历全部销毁，挽回由此对我国版图曲解造成的影响。经抽查端州城区地图市场销售的各种类型地图，无发现违规违法现象。

*宣传《测绘法》*　2010年，在《中华人民共和国测绘法》施行十一周年之际，国土资源管理部门组织《测绘法》宣传日活动。通过在报纸、电视、广播等新闻媒体和采取悬挂横幅的方式，向广大市民宣传测绘法以及测绘管理方面的政策。

**【执法监察】** 肇庆市2009年度国家卫片监测时间为2008年10月～2009年12月，监测宗地439宗，监测总面积806.67公顷。其中，合法用地85宗，面积192.61公顷（含耕地39.44公顷）；违法用地218宗，面积383.25公顷（含耕地93.94公顷）；实地伪变化图斑点136个，总计面积231.49公顷。

全市违法用地总量383.25公顷，列全省第5位；违法占用耕地面积占新增建设用地占用耕地总面积70.4%，排全省第3位；扣除省和国家重点工程后，违法用地面积10.23公顷，排全省第13名，违法占用耕地面积占新增建设用地占用耕地总面积3%，排全省第7位。经国家2009年度卫片执法检查出来的违法违规用地的立案率都达到100%。

（曾　铭）

**附：2010年肇庆市国土资源局正副局长名录**

局　长：陈建中

副局长：曾坤然　顾立仁　吴叙生

## 物价管理

**【市府平抑物价会议】** 2010年12月3日下午，市长郭锋主持召开市政府常务会议，传达和贯彻落实国务院和省政府关于平抑物价、控制通涨的会议精神，研究部署肇庆市稳定物价、保障民生的工作措施。郭锋指出，各级政府和各有关部门必须高度重视，多措并举，齐抓共管。各相关部门要履行职责，负起责任，落实措施，稳定商品价格总水平，确保人民群众生活稳定。一要努力保障重要商品生产和市场供应。要认真落实“菜篮子”行政首长负责制，大力发展重点农副产品生产，确保市场供应。加强农产品储备设施建设，做好商品储备，稳定农产品价格。二要切实降低农产品流通成本。要按照中央和省的统一部署，从12月1日起全面落实完善农副产品绿色通道政策，立即着手开展规范和降低集贸市场摊位费、超市进场费工作。三要规范和调整市场流通秩序。进一步规范农产品批发市场、集贸市场的经营主体资格准入和交易行为。迅速开展农副产品等生活必需品价格和化肥、农药、农膜等重要生产资料价格检查。加大力度重点查处恶意囤积、哄抬价格行为，以及变相涨价、串通涨价、价格垄断、掺杂使假等违法行为。四要加强价格监测预警。加强价格走势的分析和预警，必要时依法启动重要生活必需品价格临时干预。五要做好特定群体基本生活保障。今年年底前，各地要对优抚对象、城乡低保对象和农村五保供养对象分别发放价格临时补贴。按照隶属关系，增加对大中专院校家庭经济困难学生和学生伙食补贴。六要严格控制政府提价项目出台。近期不得出台政府提价项目，原拟定的调价项目包括调整市城区公交车票价和出租车起步价等暂缓执行；坚决取消不合理的收费项目，降低偏高的收费标准，研究出台面向中低收入群体的价格惠民措施。七要依法征收价格调节基金。尽快完善肇庆市价格调节基金制度，积极发挥价格调节基金在稳定物价、保障民生中的作用。

**【对困难群体发放补贴】** 2010年，经市政府同意，市物价局会同财政局、民政局制定对优抚对象、城乡低保对象、农村五保供养对象发放价格临时补贴方案，对全市困难群体共计106.6万人发放一次性补助金额108.73万元，2011年1月底全部发放到补贴对象手中。

**【价格变动】** 2010年，居民消费价格指数为102.8，控制在合理的幅度内。5月10日，经市政府同意，决定端州城区出租车从是日起按每车次1元的标准向乘客收取燃油附加。年内，农副产品价格异动，肇庆市物价部门迅速调整工作思路，在积极落实国务院、省政府"扩内需保增长"、"三促进一保持"、"稳定消费价格总水平保障群众基本生活"的各项工作部署的同时，进一步加强应对价格异常波动，维护市场价格稳定。

**【电价管理】** 2010年，市物价局落实电力价格政策，服务民生、服务企业。主要工作有：一是帮助德庆县金辉罗洪水泥厂取消执行差别电价，按正常电价执行，年可降低企业生产成本300多万；二是争取省物价局支持，对肇庆市星湖科技等6家企业自备电厂确认免征政府性基金及附加，年可减少近2000万的电费支出；三是还原贺江电力发展有限公司上网电价为不含税上网结算电价，规范小水电上网电价统一收购，统一结算；四是理顺高要市白诸镇"肇庆市佳禾食用菌有限公司"电价，甄别该企业用电属于农业生产用电，使企业从低适用电价类别；五是理顺市社会福利院电价，取消原非普工业用电标准，按居民用电执行，年可减少电费支出约6万元。

**【价格调控监测】** 2010年的主要工作：一是加强价格监测和预警分析，密切跟踪重要商品市场供求和价格变化，加大对价格上涨较多商品的价格巡查、检查力度。将与群众消费密切相关的农产品价格全部纳入监测目录，并实行一日一报和每天市场巡查，同时加强价格监测预警和信息发布，引导生产消费。1至12月累计向省局上报监测数据380笔，发送监测分析信息26篇，发布价格监测信息2500余条。二是完善价格调节基金制度，扶持农副产品生产和供应。修订《肇庆市价格调节基金征集使用管理办法》，明确价格调节基金征收项目，规范使用程序；及时组织上报市直、各县（市、区，封开县直接向省申请）申请使用省级价格调节基金项目共16个，争取省级价格调节基金220万支持肇庆市规模化蔬菜种植基地大棚建设、农产品批发市场冷库等储备设施建设和平价门店建设等。

**【收费管理】** 2010年，各地物价部门及时出台相关价格政策，并开展系列清费减负和惠民行动，确保社会和谐稳定。第一，严格控制政府提价项目的出台，加大清费降价工作力度。原拟定的调价项目包括水价、公交票价、出租车起步价、管道天然气等暂缓执行；提高中小学校服价格、幼儿园保教费等上调价格的申请未获批准，防空地下室易地建设费收费标准按最低标准征收。第二，贯彻落实省级产业转移园企业的经营服务性收费优惠政策，对防雷检测收费、建筑工程质量检测费等8项实行减半收取，年可减轻企业负担179.2万元；贯彻落实省和国家关于进一步完善鲜活农产品运输绿色通道政策，年可减轻该类农产品运输车主负担约1496.5万元。第三，制定《物业服务收费管理实施细则》，规范物业和机动车停放收费管理；制定新的汽车客运运价规则，督促客运企业上报和公示新的运价。第四，要求经营企业全面落实城区孤寡老人每月免费供水5立方米，低保、特困家庭每月免费供水10立方米的优惠政策。第五，推进广佛肇交通一体化发展，3月31日零时起实行广佛肇年票互认互通。第六，进一步推进污水处理费改革，4月1日起全市8个县（市、区）及肇庆高新区污水处理费已全部达到合理盈利水平。

**【价格听证】** 2011年，按法定程序组织召开"调整市公共汽车公司公交票价"、"调整城区出租汽车运价及建立油价运价联动机制"、"制定《肇庆市燃气价格管理办法》"、"市城区自来水价格改革"4个听证会。一是8月10日上午召开"调整市公共汽车公司公交票价价格听证会"，对市公共汽车公司各公交线路票价作有升有降的结构性调整，加快建立端州、鼎湖、高要城乡公交一体化的公共服务运输体系。二是8月10日下午召开"调整城区出租汽车运价及建立油价运价联动机制价格听证会"，调整端州城区出租车起步价，取消燃油附加，建立油价、运价联动机制，进一步化解油价、运价矛盾。三是9月15日召开制定"《肇庆市燃气价格管理办法》听证会"，进一步促进燃气行业持续发展，规范燃气定价行为。四是11月19日召开"市城区自来水价格改革听证会"，推行自来水价格改革，城区居民用水拟实行阶梯式水价，水价分类拟增设特种用水，拟在调整平均综合水价的基础上推进全市用水同城同网同价。

**【物价检查】** 一是先后组织开展涉农价格与收费、农副产品价格、电力价格、涉企收费、教育收费、迎亚运餐饮业明白消费等专项检查。2010年共出动130个检查组，出动执法人员521人次。二是开展市场价格巡查。先后组织开展节假日市场价格、稳物价应急、道路客运价格等市场价格巡查，共出动143个巡查组，出动执法人员585人次。三是创新价格监督检查方式，提高价格检查效率。为及时化解价格矛盾，构建多层次、全方位的监管机制，物价部门综合运用提醒、告诫等形式，推进价格监督检查工作关口前移。2010年分别召开停车收费、商品房销售明码标价提醒告诫会，行业协会、质量监督检验检疫、教育收费自查自纠布置警示会等。肇庆市羽毛球协会酝酿羽毛球馆联合涨价，肇庆市物价局及时介入和叫停这一涉嫌价格垄断的行为，使消费者的合法权益得到保障。全年查处价格违法案件19宗，实施经济制裁金额231.28万元，其中退还用户2.19万元、没收违法所得229.06万元、罚款0.03万元。

**【价格服务】** 2010年，全市各级价格主管部门创新服务方式：一是开展价格服务进万家活动。1月，市物价局会同肇庆市经济和信息化局等10家单位在高要市金渡镇沙头社区联合主办惠农政策进千万农户、惠农政策咨询、涉农价费检查三项活动启动仪式，副市长关鹏出席会议。随后全市物价部门开展为期三个月的涉农价费检查，并将惠农手册送至所有农村地区的每一户家庭，派发"惠农政策进千万农户"手册50多万份，促进农民增收减负，维护农民群众的合法权益。二是3月"广东医药价格改革论坛"在肇庆市成功举办，共同研讨如何运用医药价格政策促进医药行业健康发展，并以论坛为契机，吸引中恒集团、辉瑞制药、强生医疗、三九等国内外50多家知名医药企业来肇研讨、考察、投资，其中广西梧州中恒集团股份有限公司已于5月签约，计划投资70亿元设厂。三是完成二广高速、广肇高速二期立项收费评估和报批工作，促进二广、广肇按时通车。四是打造广东价格话语权工作取得进展。全市7家企业登上广东价格指数平台，更好地发挥价格对资源配置的调节作用。五是服务于全市的刑事、行政及价格争议纠纷调解等工作，全年完成价格鉴证案件177件，鉴定标的总值3877万元。

**【价格举报】** 2010年，全市价格投诉举报中心共受理价格举报案件697件，办结692件，办结率99.28%，查处价格违法案件5宗，经济制裁金额0.86万元，其中退还用户0.79万元、没收违法所得0.03万元、罚款0.03万元。及时向群众解惑释疑，化解矛盾，做到了"事事有着落，件件有回音"。

【服务窗口建设】 2010年，全市价格综合服务窗口共受理业务5871件次，其中价格咨询举报电话465件，受理价格业务5406件。办理价格争议调解1428宗，价格鉴证8121宗，鉴证总值3.2亿元。市行政服务中心服务窗口全年申领或换发收费许可证140个。

【问题与困难】 在价格改革中调控市场、稳定价格的手段有待完善；价格监测平台、价格公共服务还有待进一步提高。 （邱 剑）

附：2010年肇庆市物价局正副局长名录

局 长：刘锐金

副局长：余日焕 陈进荣 植炜柏

## 工商行政管理

【荣誉录】 2010年，肇庆市工商局先后获“肇庆市2009年度市直机关单位领导班子绩效考核一等单位”、“2006-2010年全国工商行政管理系统法制宣传教育先进集体”、“肇庆市文明单位”等称号；市局登记注册窗口被评为“广东省文明窗口”、“肇庆市先进办事窗口”。

【市场主体平稳增长】 2010年，依法放宽企业名称、住所、经营范围、注册资本、出资方式等限制，营造宽松的准入环境，各类市场主体保持稳定增长。全市新登记注册内资企业490户、外资企业71户、私营企业1869户、个体工商户1.82万户。年底，全市有各类市场主体12.77万户，比上年增长5.84%。其中内资企业6013户、注册资本185.8亿元，户数比上年减少1.44%、注册资本增加7.41%；私营企业1.08万户、注册资本192.7亿元，分别比上年增长13.9%、34.39%；外资企业1967户，注册资本61.57亿美元，分别比上年增长1.4%、2.4%；个体工商户10.86万户，从业人员24.5万人，分别比上年增长5.07%、3.18%；农民专业合作社346户，出资总额7629.54万元，分别比上年增长30%、37.9%。

【服务方式转变】 2010年主要措施：第一，制定《肇庆市工商行政管理局关于服务我市加快经济发展方式转变若干意见》，从放宽市场准入、支持产业转移、促进结构调整、产业优化升级、鼓励商标兴市、服务消费拉动战略等方面加强引导。第二，支持小额贷款公司和信用担保企业创立，拓宽企业融资渠道，发展担保公司48户，注册资本11.82亿元，比上年分别增长33.3%和168.6%；办理股权质押业务91宗，融资额96.73亿元。第三，服务重点企业（项目）发展，年内出台《肇庆市工商行政管理局重点企业（项目）直通车联系服务实施办法》，选定肇庆市金叶投资发展有限公司等100家生产经营规模较大、产品科技含量较高、管理水平较先进、诚信守法经营的骨干企业作为“肇庆市工商行政管理局直通车联系服务重点企业”，积极为重点企业提供优质、直接、快速的业务申请、咨询、指导、监督及投诉受理等直通车联系服务。第四，服务社会主义新农村建设，培育服务“三农”市场主体，新登记农民专业合作社80户；各级工商部门选定23家涉农企业开展创建“农资市场监管示范点”、“订单农业示范点”活动，促进农民增收；专项整治农资市场，全力维护农民合法利益，全市系统查处农资案件286宗，查获不合格农资8460公斤。第五，围绕“国家创业型城市”创建目标，出台《以创业带动就业实施意见》，在法律允许的范围内继续放宽市场准入条件，落实“住改商”、注册资本“零首期”、登记管理“零收费”等优惠政策。全市落实登记管理“零收费”优惠政策770户，办理“住改商”505户，办理延期出资148户。

【实施商标发展战略】 2010年，引导11家企业申报省著名商标，指导3家企业申报中国驰名商标，帮助13家省著名商标企业及时办理延续认定手续。全年新增省著名商标8件。年末，全市有中国驰名商标2件，省著名商标50件，原产地证明商标5件，注册商标6065件。

【农贸市场升级改造】 2010年，市政府把农贸市场升级改造作为为民惠民十件大事，9个县（市、区）共计划完成25个农贸市场升级改造。全市各级工商部门履行政府赋予的牵头组织职责，强化协调督导，全年实际完成29个。农贸市场升级改造后，通过推行规范化管理，市场环境和食品安全监管得到显著改善。

【体制机制改革】　在2009年基础上，以深化完善行政审批、执法办案、巡查监管机制体制改革为重点。首先，进一步完善“一个窗口许可”改革。通过再调整、再规范，全市系统“多点受理、一个窗口许可”的行政许可模式得到不断完善，并得以全面铺开。2010年底，全市设办事窗口10个，工商所受理点23个，较整合前减少29个。登记注册、企业年检、食品流通许可、动产抵押、广告经营许可、工商信息咨询等业务全部集中到窗口办理。行政许可的相对集中促进了办事窗口工作的规范和执行标准的统一。其次，进一步健全“一支队伍办案”执法机制。全面铺开“一支队伍办案”执法体制机制改革，进一步明确市、县、工商所三级执法机构的职责权限，成立行政执法指挥中心统筹开展执法工作，形成“统一指挥、反应快捷、高效协调、有机互动”的执法办案机制，有效解决多头执法、推诿执法、执法扰民等问题。第三，修订《肇庆市工商行政管理系统基层网格监管巡查工作标准、工作规范和工作流程》。是年底，全市共划分162个监管网格，设置144个网格监管小组，配置AB角监管人员474人。网格化监管机制的完善，有效地提升了“查无”综合治理工作的效果。全市工商系统组织检查各类经营主体5.03万户次，引导办照1430户，立案查处无照经营案件1248宗，取缔无照经营610户。

【全面推进行政指导工作】　2010年，市工商行政管理局出台《行政指导工作规定》，在企业注册登记、市场监管、商标广告管理、流通领域食品安全管理、执法办案、消费维权等业务中广泛开展行政指导工作，增进工商行政管理机关与行政管理相对人之间的相互理解和沟通。全市系统开展行政指导累计1.78万宗，其中行政提示1.27万宗，行政告诫4234宗，行政建议663宗，行政调解126宗，发布行政指导信息80条。

【规范市场经济秩序】　2010年，全市工商系统立案查处各类经济违法案件2588宗。其中查办不正当竞争案165宗，制售假冒伪劣商品案483宗，企业监管类案件1022宗。主要措施：一是加强旅游市场监管。积极创建“旅游市场监管示范点”，强化旅游消费引导和教育，营造良好旅游消费环境。成功组织第二届全国部分景区工商局旅游市场监管联盟会议，建立16市旅游消费异地维权工作机制，受到国家总局刘凡副局长及与会代表的一致好评。二是加强流通领域食品安全监管。全面推行“三合一”台账管理制度（即集销售台账、销售凭证、送货台账于一体的“食品流通凭账”），全程跟踪监控食品来源及去向。加强食品质量检测和食品安全日常监管。全市系统组织抽检食品234批次，食品包装材料90批次，出动执法人员1.24万人次，检查食品经营户2.94万户次，查处食品经营违法案件348宗，取缔食品无照经营户81户。三是进一步确立广告市场监管新机制。建立广告监管联席会议成员单位信息通报和执法协作机制、虚假违法及不良广告责任追究机制、广告经营主体退出市场机制。是年，全市工商系统共向各类媒体单位发出责令改正通知书77份，立案查处广告违法案件55宗。四是打击传销继续保持高压态势。全市系统出动执法人员7360人次，车辆1970台次，检查出租屋5830间次，捣毁传销窝点19间次，教育、遣散传销人员153人次，解救被骗人员14人，对传销窝点采取断水断电强制措施16间次。五是打击侵犯知识产权和制售假冒伪劣商品专项行动取得初步成效。10月份以来查处假冒商标案件10宗，商标侵权案件11宗，制售假冒伪劣商品案件11宗，案值近20万元。

【消费维权】　2010年，开展以“消费与民生”为主题的“3·15”系列宣传活动，接受咨询6万多人次，受理投诉160宗，发放宣传资料5万多份，销毁假冒伪劣食品、香烟、药品、农药、化肥、保健品等货值约115万元。利用宣传媒体开展消费维权知识宣传，增强消费者自我保护意识。扎实推进消费维权进社区（农村）工作，强化“一会两站”建设，创建“12315”维权联络站102个。是年，全市各级“12315”投诉举报中心和消委会共受理消费者咨询、投诉、举报13134件，调解成功率达95%。

【基层规范化建设】　一是加强思想动员。11月开始，开展为期三个月的基层规范化建设大讨论活动。通过开展“我为基层规范化建设建言献策”、“名言警句征集”等活动，共征集到规范化建设名言警句227条、学习体会132篇、征文97篇。二是规范业务建设。全面加强市场准入、监管、执法和维权等工商业务建设，以“一个窗口许可”、网络化监管、“一支队伍办案”、行政指导等为重点，加快监管资源整合，规范监管行为。三是规范基本设施建设。优化工商所布局，将辖区原51个工商所整合为44个工商所，并规范机构设置和岗位职责；同时，按照国家工商总局《工商行政管理系统标识规范方案》的具体标准，统一内外标识。四是规范队伍行为。修订《工商所规范汇编》和《机关规范化建设制度汇

## 2010年肇庆市获得广东省著名商标名单

| 企业名称 | 品牌商标 | 认定商品或服务项目 |
|---|---|---|
| 广东一力集团有限公司 | | 片剂（复方感冒灵片、复方丹参片） |
| 肇庆星湖制药有限公司 | | 中成药（复方黄芩片） |
| 广东大鹏铝业有限公司 | 傲翔牌 AO XIANG PAI | 铝合金型材 |
| 肇夫新中亚铝业有限公司 | | 铝合金型材 |
| 四会市生料带厂有限公司 | 封 王 | 接头用密封化合物 |
| 肇庆市俏佳人织业发展有限公司 | 俏佳人 | 丝袜 |
| 肇庆市皇中皇裹蒸粽有限公司 | 皇中皇 | 裹蒸粽 |
| 德庆县仙罗果业有限公司 | xianluo 仙罗 | 柑橘（贡柑） |

（市工商局）

编》，以制度规范行政行为和日常公务行为；编制《工作指引》，明确公文收发、食品流通许可审批、案件核审等59项重点业务工作流程和工作标准，促进业务规范化和行政行为规范化。11月13日，国家工商总局局长周伯华在市委书记覃卫东、副市长关鹏的陪同下视察肇庆市工商系统基层规范化建设，周伯华对全市工商系统的基层规范化建设给予充分肯定。

**【队伍建设】** 2010年6月开始，市局机关组织5个支部104名党员开展“创先争优”活动，建立“创先争优”领导联系点9个，公开承诺办好事实事18件；开展全员大培训，开展工商行政管理应知应会知识培训、专业培训、计算机技能培训。先后组织各类培训班138期，培训人员5300人次；创新干部交流方式，推行机关干部到基层挂职锻炼、基层骨干到机关跟班学习以及工商所副所长跨区交流机制，组织跨区、跨岗交流锻炼62人次。先后组织全系统500多名干部参加对口岗位业务培训10期，顺利完成法制员岗位资格考试和认证工作；年内，抓好《廉政准则》的学习和贯彻执行，扎实开展纪律教育学习月活动，抓好行风评议“回头查”各项工作落实，开展廉政风险点防范管理，有效防范廉政风险和监管风险。加强日常督察，发现并纠正各类问题56宗。 *（胡　凝）*

**附：2010年肇庆市工商行政管理局正副局长名录**

局　长：吴日裕

副局长：钟桂安　叶桂文　庞建强

## 审计监督

**【简况】** 2010年，全市审计机关共完成审计（调查）单位216个，占年度审计项目计划的118.68%，审计查出违规金额4.08亿元、管理不规范金额23.88亿元。查出违规金额中应上交财政8305万元，已上交财政3165万元；应归还原渠道资金849万元，已归还原渠道资金96万元；应调账处理金额2.17亿元，已调账处理金额1.89亿元。移送纪检监察机关、司法机关和有关部门4件，涉及金额67万元。通过审计，提出审计建议345条，被采纳342条，提交审计专题、综合性报告和信息250篇，被批示采用236篇，向社会公告审计结果1篇，完成交办、协办事项65件。

**【财政审计】** 2010年，审计机关对36个预算执行、10个地方税收征管、10个财政决算项目进行审计。揭露并查处各类违规及管理不规范行为金额19.1亿元，并提出相应的审计意见和建议，促进有关部门规范预算管理、落实财政改革措施、提高财政资金绩效。肇庆市人大常委会听取并审议2010年的审计工作报告，对市审计局在突出民生热点、认真履行职责、如实揭露问题、促进整改落实等方面取得的显著成绩给予充分肯定。市审计局根据市人大常委会的审议意见，向社会公告市本级预算执行的审计结果。各县（市、区）预算执行审计工作也得到地方人大的好评。

**【专项资金审计】** 2010年，审计机关围绕重大民生热点问题和促进党委、政府惠民政策措施的贯彻落实，采取提前介入、动态监督、全程跟踪的审计方法，突出抓好扩内需投资资金、玉树抗震救灾款物、汶川克枯乡51个援建项目、中小学校舍安全工程项目、“广东扶贫济困日”活动捐赠款物、解决中小学教师“代转公”和待遇“两相当”问题等事关重大民生事项的审计。审计（调查）单位95个，审计资金总额203 亿元，查出违规及管理不规范金额3.23亿元。审计机关对审计发现的个别项目建设进度缓慢、配套资金未足额到位、未执行基本建设程序、项目管理不完善等突出问题及时提出审计建议，促进各有关单位迅速整改，维护资金的安全完整和有效使用，推动党和政府各项惠民政策的贯彻落实。

**【经济责任审计】** 2010年，市审计机关走出经济责任与财政决算、部门预算、工程投资以及绩效审计相互结合、相互渗透的结合型审计新路子，采取推行审前公示制度，加大任中审计力度等措施。全市共完成61名党政领导干部和企业领导人经济责任审计（任中审计对象28人，离任审计对象33人）。揭露基建项目超概算超规模、违规处置国有资产、挤占挪用专项资金、非税收入未缴财政、违规收费等问题，涉及违规金额7135万元、管理不规范金额1.93亿元。

【政府债务审计】 2010年，根据国家审计署的统一部署，以摸清地方政府性债务总体情况，揭示存在的主要问题与运行风险，促进地方政府规范债务管理，防范政府性债务风险，建立健全债务风险责任制度为目标，对2009年全市各级地方政府性债务情况开展专项审计调查。揭露地方政府性债务管理中存在的突出问题，分析成因，向政府及相关部门有针对性地提出29条审计建议，促进各级政府进一步规范政府性债务和政府融资平台的管理和监督，保障财政安全和金融安全。

【审计整改】 2010年，市审计局围绕实现“审计—整改—规范—提高”的目标，一手抓审计一手抓整改，实行审计结果跟踪落实责任制及整改结果报告制，由于措施有力，责任到位，审计整改取得明显成效，市本级审计工作报告中反映的违规和管理不规范问题绝大部分得到整改。全市审计整改工作在省政府召开的专门会议上作经验介绍。

【内部审计】 2010年，全市有内部审计机构206个（专职机构51个），内审人员849人（专职人员162人），完成审计项目2609个，增加经济效益1330万元，被采纳的审计意见和建议847条。肇庆市和高要市加强对农村集体经济审计指导的先进经验在全省进行交流，得到与会者的好评。

【问题与困难】 基层审计机关任务重与审计力量不足的矛盾仍然十分突出；审计的广度、深度和力度有待进一步拓展；审计工作效率、质量以及审计队伍整体素质有待进一步提高。

（闲建中　彭　程）

附：2010年肇庆市审计局正副局长名录

局　长：江军洲

副局长：周敏华（女）　苏汉中

谢秋萍（女）

## 质量技术监督

【质量强市工作】 *政策支持* 2010年，肇庆市政府先后印发《关于开展质量强市活动的意见》、《肇庆市政府质量奖评审管理办法（试行）》、《关于进一步加强我市地理标志产品保护工作的意见》和《批转市质监局关于我市实施技术标准战略意见的通知》，召开全市质量强市暨首次市政府质量奖评选筹备工作会议，各县级政府也积极推进质量强县活动，德庆县和封开县出台质量强县活动相关工作意见，广宁县设立政府质量奖。

*财政支持* 2010年，市、县两级政府在财政较为困难的情况下，将打假工作等经费纳入财政预算或追加打假经费，落实食品抽样检验专项经费。四会市玉器检验站获得市政府100万元和四会市政府200万元资金支持。市政府将技术标准战略资金、政府质量奖奖金纳入政府财政预算。

*统筹协调工作* 2010年，肇庆市政府的统筹部署打击违法改造液化石油气“螺丝瓶”专项整治工作，捣毁违法改造“螺丝瓶”黑窝点2个，查获违法改造或待改造“螺丝瓶”2076只，强制破坏性处理报废气瓶4633只，其中“螺丝瓶”2557只；取缔瓶装液化石油气违法经营点18个，立案查处案件37宗，刑事拘留犯罪嫌疑人3人，其中判刑2人。又如市政府组织有关部门和单位召开专题会议，研究解决四会玉器站建设资金和场地问题并使相关问题得到落实解决。

【落实“五个转变”】 *完善宏观手段* 2010年，举办由肇庆、云浮两地共50家名优企业代表参加的粤西地区“技术性贸易壁垒协定与企业建立跟踪技术性贸易措施应对机制”研讨班，推荐12个产品申报广东省名牌产品，获评10个，其中首次获评3个。推动设立政府质量奖，并提出首届市政府质量奖评审委员会成员名单提交市政府审批，编制《肇庆市质量奖评审委员会议事规则》等配套文件，并面向社会公开征求肇庆市政府质量评审专家库人选，举办质量奖专题培训班，邀请深圳卓越绩效推进会资深专家讲解评审细则和《卓越绩效评价准则》等标准内容。建立实施质量状况分析制度，市局每季度、县局每两个月对辖区的质量状况进行分析。

*加大管理企业力度* 2010年，各地积极指导企业建立健全质量管理、计量检测、标准化体系，加强对企业的日常巡查，督促企业落实台账登记、原材料进厂检验、产品出厂检验三项制度，实施食品安全责任人制度。

突出工作重点　2010年，肇庆市局党组将实施技术标准战略、保障“三大安全”、质量提升等工作作为重点工作抓紧抓好，实施技术标准战略取得突破性进展：年初市政府建立实施技术标准战略工作联席会议制度，加强对技术标准战略工作的领导；向各县（市、区）政府、市直各有关部门印发《批转市质监局关于我市实施技术标准战略意见的通知》，明确肇庆市2010—2015年标准和标准化工作的指导思想、工作目标、主要任务及保障措施，为各级政府和有关部门、企业推进技术标准战略提供政策支持。与此同时肇庆市政府在财政较为困难的情况下，将实施技术标准战略专项扶持资金纳入市级财政预算，从2011年起每年安排50万元，主要用于资助或奖励企事业单位参与制修订标准、承担各级专业标准化技术委员会秘书处工作、参与重大标准化活动以及开展标准科研、宣贯、培训、推广等工作。

加强事前预防工作　2010年，对糕点、饮料、非发酵性豆制品、糖果、蜜饯、烘焙等行业使用食品添加物质进行大检查，对43家不按规定使用食品添加剂的企业已要求其按规定使用，及早发现安全风险，消除食品安全隐患。对气瓶充装检验单位，旅游景区、大型商场及超市等人流密集场所，重点监控设备单位等实施重点检查，对事故易发的重点部位、关键环节进行全面排查，加大对重点建设项目、重大工程工地如南广铁路、贵广铁路、城际轻轨、江肇高速公路、321国道改造工程、亚洲铝业、大旺顺鑫煤公司等项目的提前介入，做到防范于未然。

提升技术机构能力　2010年，省检测站建设步伐加快，广东省玉器产品监督检验站（四会）的资金和场地问题得到解决。肇庆市节能监测技术服务中心被省经信委批准为第三批广东省节能技术服务单位。投入200多万购置检验检测设备，顺利通过国家实验室第三次监督评审和检验资格核准，建标扩项321项。向省局申报2项科技项目，其中“高效液相法同时测定食品中安赛蜜、苯甲酸、山梨酸、糖精钠和脱氢乙酸的技术研究”的项目，经省局专家组评审列为2010年省局10项科技项目之一，科技攻关能力进一步提高。

【质量安全管理】　抓宣传　2010年，通过315、安全生产月、质量月、标准化日、计量日等法制宣传日以及组织“质检邀你看企业、食品安全大家行”以及实验室开放日等活动进社区、进广场、进学校、进企业，广泛宣传质监各项工作职能；通过举办宣贯班全面解读宣传《食品安全法》、《特种设备安全条例》、《广东省实施〈中华人民共和国计量法〉办法》以及生产许可证管理、食品安全标准、食品添加剂使用、产品检验制度、特种设备安全管理、强化企业产品责任等方面法律法规，共举办免费培训班52期，培训人员2337人次。与此同时创新宣传方式，如在气瓶专项整治中，在气瓶充装、检验单位和废品收购站悬挂宣传横额，及向废品收购单位、液化石油气瓶代充点和气瓶用户派发《致全体废品收购单位的公开信》、《液化石油气钢瓶代充点安全管理须知》和气瓶安全使用知识等宣传资料。在“质检邀您看企业，食品安全大家行”活动中，组织人大政协代表、新闻媒体记者、高校师生、消费者等社会各界人士245人观摩监督饮用水、乳制品、食用植物油、粮食加工品等21家生产企业。

抓服务　2010年，重点在特种设备方面，肇庆局实施提前介入，对肇庆市高新区企业逐家上门了解特种设备安全状况，对企业存在的问题提出整改意见，指导企业完善特种设备安装前告知、监督检验、办理使用登记、办理作业人员证等手续，切实为企业解决实际困难。食品安全监管方面，肇庆市局对城区河粉小作坊进行帮扶服务，指导加强软、硬件设施的整改，以达到获得食品生产许可证的条件。年内城区4家河粉小作坊已全部获证生产。

抓整治　2010年，开展气瓶、水煤气发生炉、游乐设施、商场电梯、工业锅炉、起重机械等专项整治，严厉打击各种违法违规行为，全市共出动特种设备安全监察人员2843人次，检查单位1264家次，发出监察指令书491份，发现安全隐患1846宗，督促整改隐患1733宗，整改率93.88%。开展乳制品、蜜饯、大米、酒类、肉制品、食用植物油、糖果制品、饮料、袋用茶、食品包装材料和容器、化妆品等专项整治，共查处食品企业违法行为171宗，涉案货值17.38万元，已整改规范企业145家。

【“质量提升年”活动】　2010年，以开展“质量提升”年活动为抓手，全力服务企业加快发展。主要工作有：一是肇庆市局一把手带领相关人员走访肇庆高新区管委会，在服务帮扶、标准制订、检测平台建设、名牌培育等方面与高新区管委会达成共识，在装备制造和新材料产业园首先试点推行技术标准领航战略，共建质量提升合作机制。二是继续坚持推行领导挂勾帮扶制度，肇庆市局领导共挂勾重点企业38家，先后走访四会多罗山公司等重点挂勾企业，了解企业有关生产经营、质量管理等方面的情况及困难，帮助企业解决生产许可、检验检测等问题50个。针对陶瓷、混凝土排水管、眼镜等企业产品抽查合格率偏低的情况，召开产品质量分析会，邀请省、市质量专家开展义诊活动，帮助企业寻找质量提升对策。三是对全市51家重点耗能企业能源计量器具配备情况进行监督检查，并对用于能源计量工作的2842台（件）计量器具进行登记备案，联合市经济信息部门免费举办重点用能企业节能管理人员培训班，培训节能工作人员和重点用能企业节能管理人员共220多人。进一步强化特种设备节能减排工作，开展锅炉房节能宣传教育286家，开展锅炉能效测试达标2家，开展锅炉用水监测605台，进行锅炉节能技改8台，全年共计节约标准煤0.5万吨。四是打击各种质量违法违规行为，全年共出动执法人员6310人次，检查生产企业3123家次，检查各类商场、超市及销售门店952家次，查处假冒伪劣商品货值620.69万元，共办理现场处罚案件37宗，立案案件545宗，销毁物品货值80.30万元。

**【质量监督管理】** 2010年，重点抓监督检验及后处理工作，严格市场准入。全年组织对全市铝型材、水泥、化肥等9大类33小类共106种工业产品开展定期监督检验1712批次，检验合格为1488批次，合格率达91.30%，发出限期整改通知书118份，发出复查通知书124份，移送查处15宗，后处理率达到100%。全市定期、不定期监督检验食品2721批次，合格2230批次，合格率82%。对抽检不合格的企业全部发出整改通知书，监督抽查后处理到位率100%。全年受理194家企业申证、换证，现场核查194家次，获证企业数累计515家，食品生产加工小作坊579家（比上年下降6.01%）。

**【标准化工作】** 2010年，组织市内企事业单位申报承担筹建广东省战略性新兴产业标准化专业委员会取得成效，“广东省电子设备用阻容元件标准化技术委员会”正式获得批准由风华集团牵头筹建。共制订和批准发布《黑松香》等联盟标准5项，采用国际标准和国外先进标准产品数量38个，6家公司通过标准化良好行为企业省专家组的评审。申报《广东省虫子鸡标准化示范区》等3个省级示范区项目和怀集县《地理标志产品“怀集茶秆竹”》1个省级农业地方标准项目，《封开油栗种植规范》广东省农业地方标准2010年3月由省质监局正式发布。制定2项广东省地方标准《旅游安全管理‘旅游景区（点）”》和《生态农业旅游区生态环境保护规范》。

**【计量工作】** 2010年，开展“推进诚信计量建设和谐城乡”活动，在全市遴选20个单位开展“诚信计量示范单位”创建活动，为集贸市场免费检定在用衡器658件。聘请华农大教授宣贯新标准DB44/T678—2009《机动车安全技术检验操作规程》，组织安检机构开展检验能力比对试验，提升检验能力，联合公安部门对安检机构安全技术检验开展专项整治工作，对检查中发现的问题，及时发出整改指令责令整改。开展计量保证体系确认，全市质监系统共开展计量保证体系确认195家，其中二级确认30家，三级确认165家。

**【自身建设】** 党风廉政建设 2010年，组织机关及直属机构干部职工120多人到“肇庆市反腐倡廉暨预防职务犯罪教育基地”接受教育；举行党风行风作风专题辅导报告；深入开展纪律教育学习月活动，强化正反面警示教育。

队伍建设 2010年，全市系统共公招公务员1人，转任公务员5人，事业单位接收13人；市局机关共提拔6名知识层面高、工作能力强的年轻干部为中层领导干部；制定《肇庆市质监系统2010年干部队伍培训教育计划》，并按照计划组织培训，进一步提高干部职工整体素质。

技术机构建设 2010年，有2个技术机构经济收入继续保持平稳较快增长：市质计所，实现经济收入1388万元，比上年增长15.6%；市特检所经济收入1458.4万元，比上年增长16.01%。组织开展技术机构专项整顿，通过自查自纠、检查考核、总结验收和整改提高，检验检测行为进一步规范。特种设备检验检测新办公大楼建设进展顺利，已完成立项等前期工作，总平面图审批和地质勘探等工作正在密锣紧鼓进行。召开市县技术机构资源整合工作会议，破解发展中遇到的问题，县级技术机构加快发展，业务总收入660万元，比上年增长约18.8%。

**机关建设** 2010年，加强财务管理、核算和预算管理，严格执行“收支两条线”的规定，财务管理进一步规范；开展文明单位创建活动，连续第四次获得市文明单位称号；文娱体育活动有效开展，举办全市系统第四届迎春杯运动会，组织节目参加省系统廉政建设文化汇演并获得语言类三等奖，组织“三八”妇女节、纪念党成立89周年等活动，丰富和活跃干部职工文体生活；扶贫开发工作取得初步成效，投入30多万元，入股该合作社26.67公顷黄栀子种植项目，促村集体经济增收，解决三坑村无办公场所、村民看病难等问题。

（黄文青）

**附：2010年肇庆市质量技术监督局正副局长名录**

局　长：李康廷

副局长：梁其尤　冼伟文

曾笑晓（12月免）　岑小绵

胡德庆（12月任）

## 2010年肇庆市广东省名牌产品（工业类）名单

| 编 号 | 产品名称 | 商 标 | 企业名称 | 所属地市 | 备 注 |
|---|---|---|---|---|---|
| GD2010-070 | 汽车发动机连杆 | 实力牌 | 广东四会实力连杆有限公司 | 肇庆 | 复评 |
| GD2010-094 | 树脂绝缘干式电力变压器 | SH图形 | 广东四会互感器厂有限公司 | 肇庆 | 复评 |
| GD2010-111 | 互感器 | SH图形 | 广东四会互感器厂有限公司 | 肇庆 | 复评 |
| GD2010-243 | 普通硅酸盐水泥 | 石 井 | 广州石井德庆水泥厂有限公司 | 肇庆 | 新评 |
| GD2010-251 | 普通硅酸盐水泥 | 骏马牌 | 四会市骏马水泥有限公司 | 肇庆 | 新评 |
| GD2010-269 | 铜版纸 | 彩虹牌（图形） | 广东江南纸业有限公司 | 肇庆 | 复评 |
| GD2010-320 | 电 阻 | FH图形 | 广东风华高新科技股份有限公司 | 肇庆 | 复评 |
| GD2010-321 | 电 阻 | 图 形 | 广东风华高新科技股份有限公司 | 肇庆 | 新评 |
| GD2010-332 | 铝电解电容器 | FH图形 | 广东风华高新科技股份有限公司 | 肇庆 | 复评 |
| GD2010-373 | 脂松香 | 华林牌 | 广东华林化工有限公司 | 肇庆 | 复评 |

（市质监局）

# 安全生产监督管理

**【简况】** 2010年，肇庆市继续深入开展“安全生产年”活动，以预防为主、加强监管、落实责任为重点，深化安全生产“三项行动”和“三项建设”各项工作措施，有效防范和坚决遏制重特大事故，继续降低事故总量和伤亡人数，促进全市安全生产形势的持续稳定好转。

**【“安全生产月”活动】** 2010年，根据国家、广东省有关开展“安全生产月”活动的相关部署，肇庆市结合“安全发展，预防为主”这一主题，开展一系列宣传教育活动：6月1日，市政府副市长、市安委会主任关鹏在《西江日报》刊发题为“安全发展 预防为主 推动我市安全生产工作迈上新台阶”的署名书面讲话。6月13日，肇庆市人民政府、端州区人民政府联合在星湖国际广场举办“2010年肇庆市安全生产月宣传咨询日”大型户外宣传咨询活动，社会各界群众约3000人参加活动。6月17～22日，全市开展“安全生产执法监察警示”活动。各地围绕“重点打击安全生产非法违法行为，落实企业安全生产主体责任”的活动主题，通过现场检查和核查资料等方式对高危行业的安全生产标准化建设情况、生产经营单位的应急救援预案落实情况、生产经营单位劳动防护用品配用情况、隐患排查整治情况和重点工程建设项目安全生产制度落实情况等进行重点检查，促使企业自觉落实安全生产主体责任。此次活动共检查企业429家，出动执法人员1225次，发现隐患155处，发出整改指令书28份，播出新闻报道68条。

**【挂牌督办制度】** 2010年9月，肇庆市根据《中华人民共和国安全生产法》、《安全生产事故隐患排查治理暂行规定》（国家安全监管总局第16号令）、《国务院关于进一步加强企业安全生产工作的通知》、《广东省安全生产条例》和《肇庆市安全生产事故隐患排查治理监管工作制度》等法律、法规和规章制度，制定《肇庆市安全生产重大事故隐患挂牌督办制度》，从《制度》开始实施，到12月31日止，全市未发现重大事故隐患。

**【安全生产形势】** 2010年，全市发生安全事故1093起，死亡251人，受伤1180人，经济损失2870.71万元。分别比上年上升10.96%、下降1.18%、下降1.42%和上升111.56%。其中道路交通事故发生947起，死亡224人，受伤1161人，经济损失279.92万元，分别比上年上升1.72%、下降7.44%、2.68%和15.57%（统计时间：2009年12月21日至2010年12月20日）；火灾事故发生126起，死亡4人，经济损失1848.45万元，分别比上年上升182.2%、持平和上升130.39%；工矿商贸企业发生事故19起、死亡22人，受伤19人，经济损失742.45万元，分别比上年上升137.5%、175%、375%和263.77%；水上交通伤亡事故共发生1起，死亡1人。全年发生3起较大事故（全部为道路交通安全事故），1起重大道路交通安全事故。

**【安全生产会议】** 2010年，肇庆市政府以每季度防范重特大安全生产事故工作会议为平台，组织市安委会成员单位提交影响人民群众生命财产安全和社会稳定的重大安全隐患议题，把安全生产协调联动机制落到实处。年内安全生产会议共通过4个议题：一是以建筑施工、道路交通、消防、供电、学校、特种设备、职业危害防治等行业（领域）为重点，制作安全生产宣传动漫公益广告，突出预防为主，加强企业的安全基础管理，进一步提高人们群众安全生产意识；二是建立安全生产联合执法机制，提高安全生产执法效果，减少对企业安全生产重复执法，综合整治企业存在的安全生产隐患；三是强制推广应用带有卫星定位功能的汽车行驶记录仪，加强道路运输安全管理；四是建立肇庆市安全生产重大隐患挂牌督办制度，加强对重大隐患的监控。

**【应急管理】** 2010年，制定印发《关于贯彻落实广东省实施〈生产安全事故应急预案管理办法〉细则的意见》和《肇庆市安全生产监督管理局生产安全事故应急预案备案程序》，成立肇庆市安全生产应急预案评审专家组，第一批专家组成员80人（其中综合类16人、机械矿山类16人、化学化工类16人、工商贸类17人、水电建筑类15人）。年内全市有17家企业通过预案评审，评审不通过的2家，5家企业通过预案备案，并在全市作为试点范本进行推介。4月1日，肇庆市安全生产应急管理经验在广东安全生产应急管理综合试点现场会暨全国安全生产应急管理工作会议上作介绍。6月，肇庆市与广州市、佛山市签订《广州、佛山、肇庆区域安全生产应急救援协作框架协议》，加强应急区域协作。开展应急预案演练，11月16日在广东省四会石膏矿由市安委办、四会市安委办联合举行2010年非煤矿山水灾害应急救援演练。

**【安全生产责任制】** 年初，对县（市、区）政府、高新区管委会及市直有关部门安全生产责任人2009年度履职情况组织考核并公布结果，同时配合省对肇庆市安全生产责任制考核，推动安全生产责任制的落实。3月，市政府在全市安全生产工作会议上，与各县（市、区）政府、高新区管委会及有关职能部门签订安全生产责任书，把2010年安全生产控制指标合理分解落实到各地、各有关部门，建立健全安全生产目标管理体系。年内，加强对注册安全主任日志制度和企业日常安全的检查，督促企业落实好安全生产责任。

**【隐患排查与整治】** *非煤矿山* 一是尾矿库深化治理和整治。3月市安全监管局会同市发展改革局、市经济信息化局、市国土资源局、市环境保护局、市财政局联合制订《肇庆市尾矿库隐患综合治理方案》，督促各级政府、有关职能部门和尾矿库企业切实履行安全生产主体责任。截至2010年底，全市原有11座尾矿库中，有3座尾矿库取得安全生产许可证，6座已由当地政府依法关闭销号，2座尾矿库正在完善安全评价、闭库设计、闭库建设及竣工验收等闭库程序。全市各类检查督查尾矿库28次，出动人员126人次。二是“三同时”项目落实。根据“设计建设合法、开采工艺先进、排土有序规范、安全管理到位”的原则，全市有43家非煤矿山企业正在严格履行非煤矿山建设项目设施设计“三同时”手续。三是对输石油、天然气管道隐患排查治理。根据省局《关于做好2010年输油气管道违章占压预防和清理工作》精神，对肇庆市辖区内进行一次输油气管道违章占压的预防和清理摸底工作，没有发现以上类似事项。

*危险化学品生产经营企业* 2010年，肇庆市结合危险化学品企业日常安全监管工作计划及广州亚运安保工作部署，开展危险化学品企业日常督查工作。全市开展隐患排查治理行动25次，检查企业1316家次，发出整改指令书351份，涉及安全隐患985项，并落实专人负责，督促企业落实整改，做到市检查县100%，县检查企业100%、相关企业自查100%，重大隐患100%得到整治。

*烟花爆竹生产经营* 2010年，贯彻落实全省烟花爆竹批发企业安全整治及安全标准宣贯会议精神，组织专家对照新规范对全市7家烟花爆竹批发经营仓库进行排查，检查发现安全隐患56项，发出限期整改指令书7份，同时与7家批发经营公司签订承诺保证书。

*道路交通* 一是市安监局参与市政府和市交通、公路等职能部门牵头组织的公路、路桥安全隐患专项查处工作，整治一批公路、路桥安全隐患。与交警、农机等部门一起在全市范围内对农用拖拉机安全生产进行联合整治。并与市农业局开展第二批全国“平安农机”示范县（市、区）考评，7月7日省农业厅和省安全监管局对第二批全国“平安农机”示范县广宁县进行检查和复评。二是针对道路交通安全存在的突出问题，市局草拟《肇庆市开展道路交通安全专项治理督查工作方案》，并下发各地、各相关单位。此外，市安监局会同市公安局、交通局、公路局、城管局、农业局等对全市道路交通安全专项整治情况进行督查，督促各地落实各项整治措施，努力消除道路交通安全隐患。

*水上交通* 年初，市安全监管局、肇庆海事局、肇庆渔政支队召开的水上安全生产监管工作协调会，要求从2010年起，由市安委办协调，肇庆海事局、肇庆市安全监管局、肇庆渔政支队参加，每季度开展一次水上安全生产联合执法行动。年内“两局一支队”每季度都开展联合执法行动，确保辖区水上安全形势稳定。

**【重大危险源普查】** 2010年底，全市有189家重大危险源企业，241处重大危险源。其中：待审核4家，灌区137家143处，库区37家38处，生产场所9家13处，压力管道2家3处，锅炉1家5处，压力容器12家37处，煤矿0家0处，尾矿库2家2处，金属地下矿山0家0处。

**【专项整治】** *露天矿山安全生产专项治理* 2010年3～4月和10～11月，市安监局专门加强露天采石场和瓷土场的边坡管理力度，2次组织有关人员对全市已换领安全生产许可证的部分非煤矿山企业进行“回头看”检查，检查出一般隐患239项，已整改214项。

*地下矿山安全专项治理* 4～5月，市安监局开展地下矿山隐患排查，制订《肇庆市开展金属非金属地下矿山安全生产大检查工作方案》，主要针对地下矿山采空区、安全出口、提升系统、通风系统、排水系统、火灾防范、顶板边帮管理、爆炸物品使用等方面进行全面检查，查出一般隐患18项，督促企业按照要求进行整改，7月全部完成治理。11月，市安监局组织各县（市、区）、肇庆高新区安全监管局有关人员参加《金属非金属地下矿山企业领导带班下井及监督检查暂行规定》的宣贯视频会议和学习《关于金属非金属地下矿山安全避险“六大系统”安全使用和监督检查暂行规定》文件精神。

*尾矿库安全专项治理* 3月，市安全监管局会同市发展改革局、市经济信息化局、市国土资源局、市环境保护局、市财政局联合制定《肇庆市尾矿库隐患综合治理方案》，督促当地政府、有关职能部门和尾矿库企业切实履行安全生产主体责任。至年底，全市原有11座尾矿库中，有3座尾

矿库取得安全生产许可证；6座已由当地政府依法关闭销号；2座尾矿库正在完善安全评价、闭库设计、闭库建设及竣工验收等闭库程序。全市各类检查督查尾矿库28次，出动人员126人次。

*瓶装燃气市场专项整治* 为加强燃气市场安全管理，规范市场经营秩序，市安委办组织市城市综合管理局、质监局、工商局、公安局、消防局对端州城区及高要市开展瓶装气经营市场专项整治。市整治瓶装燃气市场安全管理工作组分别于7月30日、8月13日和10月27日出动联合检查人员100多人次，对端州城区瓶装燃气市场进行联合执法检查。其中查获违法违规经营“黑点”12个，发出停止违规经营通知5份，扣查违规经营气瓶214个，查收违规经营设备一批。通过联合执法检查，端州和高要瓶装燃气市场得到初步治理，基本杜绝非法充装燃气现象。

*强制推广应用带GPS的汽车行驶记录仪工作* 2010年，根据省八厅（局）的布署和要求，在年底前，广东省所有八大类列管车辆全部安装和使用符合广东省地方标准（GB—44）的卫星定位汽车行驶记录仪。多次召开多部门联席会议，多次组织相关部门到中山等地参观学习。9月，市政府正式授权由肇庆市交通集团负责组建“肇庆市列管车辆卫星定位一级平台监控中心”，并负责今后平台的运营和管理。11月，肇庆市列管车辆GPS监控中心平台基本搭建完成。肇庆市一级平台监控中心的数据服务器通过盈通光纤专网与市信息中心相连，并将数据传送到市信息中心的前置机数据服务器中，再由市信息中心通过政府专网与省信息中心相连通，将数据传送到省信息中心的数据交换平台上。各安全监管部门和车属单位都可以通过该网络实时收集到安装了车载设备的列管车辆的动态数据，为交通安全管理工作提供很好数据基础，真正达到信息数据资源共享。肇庆市GPS监控中心数据的对接和传输工作走在全省的前列。

*危险化学品专项整治* （1）完成危险工艺自动化改造。一是市安全监督管理局组织专家对全市19家涉及氯化、氧化、电解、蒸馏、异构化、聚合6种工艺企业的生产装置自动化控制措施进行调查摸底，查找存在的缺陷和隐患，经核查确认，全市有11家企业的危险工艺自动化控制及安全联锁装置欠缺或不全。二是邀请有自动化设备安装经验的专家深入到11家企业进行技术指导，协助企业解决危险工艺改造过程中遇到的难题。三是做好验收材料备案工作。全市危险工艺自动化控制改造投入资金约50万元，改造工作全部完成，验收相关材料已报当地和市安全监管局备案。（2）组织公安、安监、工商、质监及乡镇政府，在辖区多次开展打击非法生产经营烟花爆竹行动，收缴大批烟花爆竹，确保春节、清明期间烟花爆竹安全。年内全市开展打非行动805次，出动人数2537人次 ，行政拘留8人，查处非法运输、经营、储存的烟花爆竹4602箱，折合人民币约63.65 万元。

**【标准化管理】** 2010年3月，肇庆市相继印发《肇庆市生产经营单位安全生产标准化建设实施方案》、《肇庆市安全生产规范化管理工作实施方案》，明确按照“统筹规划、突出重点、分类指导、典型引路、分步推进、全面实施”的基本原则，开展安全生产标准化达标建设，引导相关生产经营单位落实安全生产主体责任，规范安全生产行为，改善安全生产条件，扎实推进危险化学品、金属非金属矿山和水泥、机械制造、家具制造、陶瓷和商贸等行业标准化达标建设。至12月，全市水泥行业18家企业、陶瓷行业20家企业100%完成的安全生产规范化管理评级评估（其中水泥行业A级3家、B级15家，陶瓷行业A级4家，B级16家）；机械制造行业3家企业完成国家二级认证；非煤矿山领域2家企业完成国家三级认证；危险化学品行业1家企业通过国家二级认证；商贸行业2家企业通过省级优良评定。

**【危险化学品安全监管】** *安全许可* 2010年，全市获安全许可的企业有：加油站269家，危险化学品乙种经营企业82家，危险化学品生产企业77家，烟花爆竹经营（批发）企业7家，烟花爆竹零售店553家，烟花爆竹经营（零售）临时许可证120家，剧毒化学品经营企业3家。

*日常监管* 2010年，市安全监督管理局组织专家对全市74家危险化学品生产企业进行危险度评定，确定企业危险度分值，划定企业类别，并制定和下发《肇庆市危险化学品生产企业督查工作计划》，逐级落实安全监管责任。市局根据年初制定的计划，结合上海“世博”、广州“亚

运”期间安全生产工作部署，先后4次组织专家对全市危险化学品生产企业进行日常安全督查。

*加油站许可* 2010年3月1日起，加油站经营单位危险化学品经营许可证审批权下放到市级。由于时间紧，任务重，市局立即组织各县（市、区）安全监管局分管副局长召开动员部署，并及时制定和完善加油站许可的有关程序和事项，落实专人负责，确保加油站许可工作依法有序实施。年内，全市新发加油站经营许可证17家（包括换证），变更经营许可证8家，对逾期未提出换证申请的52家加油站已责令停业，并收回危险化学经营许可证。

*涉爆易制毒化学品管理* 2010年，全市28家非药品类易制毒化学品生产经营企业的基本信息已录入完毕，录入率达到100%。结合危险化学品生产、经营许可，对生产经营涉及非药品类易制毒化学品企业，督促及时备案，并要求各地将备案情况报市局，同时抄报当地公安、工商，全市28家非药品类易制毒化学品生产经营企业均已完成备案工作。配合公安机关对涉及生产经营高锰酸钾、硫酸、盐酸、丙酮涉爆及非药性易制毒品企业进行安全检查，从严把好所有四种涉爆及易制毒化学品的出库关、出厂关，从源头上防止流入非法制爆制毒渠道。

*加强宣传培训教育* 2010年，市安全监督管理局通过媒体、悬挂横幅、张贴标语、印发宣传材料等形式，把宣传工作做到村、做到户，形成政府组织、部门负责、全民参与、群防群治的工作格局。全市出动宣传车480车次，悬挂宣传横额651条，张贴宣传标语3567幅，派发宣传单张2.40万份，使烟花爆竹安全知识家喻户晓，营造打击“私炮”的高压态势。全市还举办7期烟花爆竹主要负责人、销售人员培训班，培训人员1047人，提高经营者安全意识。

**【镇（村）级安监】** 2010年，根据《中华人民共和国安全生产法》、省人民政府《关于进一步加强安全生产工作的决定》和《广东省乡镇安全生产监督检查员管理办法》，制定《肇庆市加强乡镇（街道）安监机构建设管理办法》，在组织领导和机构建设、装备建设和业务经费、监管职责和制度建设、委托执法和监督检查、档案管理、绩效考核和奖惩机制等六个方面作出明确规定。

**【培训教育】** 2010年，全市开展特种作业、注册安全主任继续教育、生产经营单位主要负责人和管理人员安全教育等培训28期次，累计培训人员1.04万人，其中特种作业上岗培训3709人，受理特种作业复审申请3908人；注册安全主任培训3期，培训人员392人，注册安全主任继续教育10期，培训人员951人；非煤矿山主要负责人和管理人员继续教育培训班2期，培训人员295人；危险化学品主要负责人和管理人员安全教育培训班2期，培训人员173人；非高危行业主要负责人和管理人员安全教育培训班1期，培训人员240人。

**【来信来访】** 2010年，收到群众来信27封、举报电话11个、来访10人次，主要反映安全隐患、职业危害及不服处罚等内容。肇庆市安全监督管理局对每宗投诉、举报、建议都派人专门跟踪落实。

*（姚文河 黎思源）*

**附：2010年肇庆市安全生产监督管理局正副局长名录**

局　长：吴晓荣

副局长：蔡泽革　陈锦洋　王晓红（女）梁亮庭

## 食品药品监督管理

**【体制改革】** 2010年，全市食品药品监管系统顺利完成体制改革移交工作。1月26日，广东省食品药品监督管理局与肇庆市人民政府进行市食品药品监管局人员、档案和国有资产的移交。5月25日，市食品药品监管局与肇庆市各县（市）人民政府进行各县（市）食品药品监督管理局人员、档案和国有资产的移交。11月30日，市食品药品监管局与市卫生局进行职责和人员编制的划转；12月1日起，双方按各自“三定” 方案履行职责：（1）将食品药品监督管理局综合协调食品安全、组织查处食品安全重大事故的职责划给卫生局；（2）将卫生局餐饮业、食堂等消费环节（以下简称消费环节）食品安全监督管理的职责划入食品药品监督管理局；（3）食品药品监督管理局增加消费环节餐饮服务许可的职责。

【荣誉录】 2010年，肇庆市食品药品监督管理局被评为2010年度全省品药品监督管理系统政务信息工作先进单位，在2010年全省品药品监管系统公众网站评估中，肇庆市食品药品监督管理局公众网站位列21个地市第三名；2006—2010年肇庆市法制宣传教育先进单位、2010年度肇庆市人口与计划生育先进单位、2010年度肇庆市社会治安综合治理工作考核优秀单位、2010年肇庆市市直计划生育综合治理先进单位，2010年度肇庆市市直工委会、基层工会考核一等奖，局办事窗口连续8年被评为“先进办事窗口”，还被市委市政府评为2010年度“肇庆市文明窗口”。市食品药品监管局局长魏毅麟获“2006—2010年广东省法制宣传教育先进工作者”称号。

【落实《规划纲要》】 *加大稽查打假合作力度* 2010年，广佛肇三市食品药品监管部门在案件协查联动、联合查处跨区域大案要案、开展联合专项行动、突发事件应急联动、及时互通相关信息等方面开展稽查区域合作。三市食品药品监管部门共同组织、互相参与业务交流7次，先后开展节假日销售假冒伪劣滋补类药材和保健食品查处行动、珠三角七市打击假冒知名品牌违法“三品一械”专项行动、亚运会期间药源性兴奋剂和成瘾性药品清查行动，肇庆市食品药品监管局对25家违法企业立案查处。

*初步构建药品流通电子监管网络* 1月19日，广佛肇三市药品流通监管合作研讨会在广州召开。年内，肇庆市食品药品监管局完成全市药品流通领域电子监管全品种数据上传省局数据库，为下一阶段药品流通领域电子监管打下良好基础。6月起，开始不定期进行药品和药师流动信息互换交流，初步建立起广佛肇三市药品经营企业购销信息通报机制和药品零售企业药师信息数据通报机制。

【食品放心工程】 *食品安全整顿* 2010年，市食品药品监管局牵头制订具体实施食品安全整顿工作方案，组织全市开展整顿工作，规范食品市场秩序，严厉打击制售假冒伪劣有毒有害食品的违法行为，切实解决问题乳粉、“毒豇豆”、“地沟油”等食品安全突出问题，保障人民群众饮食安全。全市出动执法人员1.90万人次，检查种植养殖和食品生产经营单位3.41万家次，检测食品及相关样品5.91万批次、5.82万批次合格，无害化处理病害猪3631头，查获违规肉品1.08万公斤，查处违法案件545宗，涉案金额约437.42万元，处罚金额约268.61万元。

*问题乳及乳制品清查行动* 2010年，成立专项工作领导小组，迅速制订专项工作方案，层级签订工作责任状，严格落实各级政府和各有关部门的监管责任，通过肇庆电视台、西江日报、主要网站发布问题奶粉清缴公告，先后3次在全市集中开展乳制品及含乳食品清查专项行动，整顿规范乳制品和含乳食品市场秩序，消除问题乳制品及含乳食品安全隐患。全市出动执法人员1.41万人次，检查奶牛养殖场、奶站、食品生产经营企业以及医疗保健机构、托幼机构等单位2.18万家次，抽样检测乳制品及含乳原料样品78批次，封存无包装标识或标识不全乳制品11.7公斤，有效避免问题乳及乳制品流入市场。

*“地沟油”专项整治* 2010年，召开市食品安全委员会专题工作会议，研究讨论“地沟油”整治措施，制订具体整治工作方案，落实监管部门职责分工，在全市范围内对“地沟油”进行围剿。专题研究出台“地沟油”举报奖励办法，畅通投诉渠道，发动全社会力量参与“地沟油”围剿行动。开展“地沟油”食品安全宣传教育活动，通过中联通和中移动公司免费发送手机宣传短信，并组织肇庆电视台、西江日报、肇庆都市报道等主要媒体对“地沟油”进行系列报道，广泛宣传“地沟油”危害性。成立由工商、卫生、质监、公安等多部门组成的联合执法队，严厉打击制售“地沟油”违法行为。全年受理群众投诉举报15宗，组织联合执法6次，取缔“地沟油”黑窝点2个，规范废弃油脂回收加工场7家，依法处理“地沟油”2000多斤。

*食品安全法贯彻实施* 2010年，主要抓好五方面工作：一是抓组织领导，统筹部署各项贯彻实施工作；二是抓机构改革，理顺食品安全监管体制；三是抓学习宣传，营造良好社会氛围；四是抓热点问题，切实消除食品安全隐患；五是抓整顿治理，规范食品生产经营企业行为。10月25日，市食品药品监管局局长魏毅麟代表市政府向市人大常委会十一届二十九次会议作《食品安全法》贯彻实施情况工作报告。会议认为，市食品

药品监管局充分发挥政府“抓手”作用，做好食品安全综合监督和组织协调工作，全面组织开展整顿工作，两年来全市无重大食品安全事故发生。

**食品安全联合检查**　在春节、端午节、中高考、中秋等重大节日和特殊时期，以市食安办名义下发通知要求各地各有关部门全力做好节日和特殊时期食品安全保障工作，同时组织经贸、农业、畜牧、卫生、工商、质监部门深入开展食品安全联合大检查，对端州区、鼎湖区、高新区的食品种植养殖、生产加工、流通、消费等各个环节的有关情况进行深入检查，进一步消除食品安全隐患和堵塞监管漏洞，确保群众食品安全。

1月12日，省食品药品监管局副局长陈德伟（前右二）率省食品安全整顿工作督查组到肇检查工作

**餐饮服务食品安全监管**　12月1日，市食品药品监管局正式履行餐饮服务监管工作职能，通过做好四个方面工作，顺利实现餐饮服务监管工作的无缝对接。一是加强组织领导，成立餐饮服务监管工作领导小组，切实加强组织领导，统筹部署开展餐饮许可、日常监管、投诉处理、打击无证专项整治、“肇庆金秋经贸洽谈会”食品安全监督等各项工作，确保餐饮服务监管工作开好局、起好步。二是完善工作制度，制定《肇庆市餐饮服务许可工作程序》及《申办须知》、《肇庆市餐饮服务建设项目选址审查、食品安全设计审查和竣工验收工作程序》及《申办须知》等一系列制度，确保餐饮许可工作顺利有序开展。三是广泛开展宣传公告。通过肇庆电视台、西江日报、门户网站、手机短信向社会发布承接餐饮服务监管工作职能通告，宣传食品药品监管部门的新职能，同时加强与市行政服务中心、市监察局的沟通协调，通过其网站和窗口公开办理餐饮服务许可申请的条件要求、工作程序、审查规范、办事指南等内容，方便群众办事。四是做好服务工作。积极协调卫生部门在办事窗口贴出通告，告知群众到食品药品监管部门办理餐饮服务许可申请等相关事项，实现餐饮许可申请受理工作的无缝对接。

**【保健品与化妆品监管】**　**保健食品经营许可**　2010年，以规范保健食品生产经营秩序、保障保健食品安全为目标，严格把关保健食品经营企业卫生许可证的核发工作。对新办企业，在现场验收过程中加强法律法规知识的考查，加大对企业经营品种合法性的抽查核实，不符合条件一律不予行政许可。对到期换证的企业，以群发短信形式分批提前告知，避免出现扎堆办证现象。对逾期不办理换证续期工作或主动申请注销的企业，在局网站上定期公告。全市核发保健食品经营企业卫生许可证270个，发布注销公告13期，注销保健食品经营企业卫生许可证205个。

**引入化妆品生产企业退出机制**　2010年，对全市登记在册的13家化妆品生产企业引入企业退出机制，通过约谈、现场核查等方式对企业化妆品生产企业卫生许可证和国产特殊用途化妆品批准证书的有效性定期进行跟踪落实，检查是否存在转让、伪造、倒卖许可证或特殊用途化妆品批文的违法行为。是年，发现2家企业停产，责令其复产必须备案；发现2家企业生产场地已丧失生产条件而未办理相关迁址或注销手续，已报请省局注销其化妆品生产企业卫生许可证；发现1家企业在国产特殊用途化妆品批准证书过期情况下继续生产相关特殊用途化妆品，交由稽查部门对其违法行为进行立案查处。

**推进保健食品安全整顿**　2010年，按照国家和省食品药品监督管理局关于保健食品安全整顿工作部署，结合保障亚运保健食品安全的工作实际，市食品药品监管局制订具体实施方案，严厉打击在保健食品中违法添加药物的行为，重点整治“集会性”非法推销保健食品行为，全面整顿保健食品说明书、标签存在的虚假、夸大宣传等违法行为。通过专项整顿，规范保健食品经营企业购销行为，企业守法意识显著提高，保健食品市场秩序趋于良性发展。

**【药品与医疗器械准入】** *药品生产准入* 2010年，肇庆市有16家药品生产企业的药品生产许可证和2家医疗机构的医疗机构制剂许可证有效期满。在换证工作中，有14家药品生产企业、2家医疗机构提出换证申请，2家药品生产企业未申请换证。通过资料审查、现场检查，初审上报，16家申请换证单位均取得省食品药品监督管理局的换证许可。年内，肇庆辖区内取得药品生产许可证的药品生产企业18家，其中新办企业3家，未换证而取消生产资格的企业2家，比上年增加1家；取得医疗机构制剂配制许可证的医疗机构2家。在药品生产企业中，制剂、原料生产企业6家，中药饮片生产企业6家，医用氧气生产企业2家，药用辅料生产企业4家。全市药品生产企业有药品批准文号237个，医院制剂品种41个。

*药品经营准入* 2010年，全市有药品批发企业38家，零售连锁企业4家。年内，新成立肇庆市国民大药房连锁有限公司，全市到期重新认证的批发企业2家，连锁企业1家，已全部通过GSP（药品经营质量管理规范，下同）认证。到期换领药品经营许可证的批发企业4家，已全部完成换证工作，完成率达100%。全市有药品零售企业1581家，其中市直三区372家，各县（市）1209家。全市新开办药品零售企业148家，其中市直三区44家，各县（市）104家。全市通过换发许可证等注销药品零售企业药品经营许可证485家，市直三区注销企业28家，各县（市）注销457家。

*医疗器械准入* 2010年，医疗器械准入完成行政审批事项142宗，其中新办医疗器械生产企业6家，换证1家，注销1家；新办医疗器械经营公司11家，变更12家，换发3家；新办医疗器械经营门店66家，变更42家，注销7家；产品注册方面：产品标准复核2个，重新注册2个，注销一类医疗器械注册证书3个；不予行政许可2家。全市医疗器械生产企业11家，医疗器械批发企业62家（含专营36家），医疗器械零售企业234家。

**【药品与医疗器械市场整治】** *药品安全专项整治* 2010年，对“三品一械”生产企业、医疗机构制剂室、药品批发企业以及保健食品批发企业日常检查覆盖率达100%，对药品经营企业GSP跟踪检查以及对保健食品零售企业日常检查覆盖率超30%，按质按量完成2010年《政府工作报告》有关目标任务。各县（市）局通过多种方式深入推进药品安全专项整治，广宁县局联合县卫生局组织医疗机构开展创建“放心药房”活动，高要市局开展查处取缔无证无照经营行为专项行动，四会市局建立8小时外巡查机制并开展对含磷酸可待因止咳水联合整治。是年，监测药品广告2941次，移送工商行政管理部门处理违法药品广告36宗。全市立案291宗，涉案“三品一械”货值金额27.84万元，没收违法所得15.16万元，罚款64.84万元。

*亚运期间药品安全保障* 2010年，开展兴奋剂专项治理，对辖区内4家生产含兴奋剂药品的药品生产企业和对蛋白同化制剂、肽类激素经营企业完成100%覆盖检查，对药品零售企业、医疗机构进行抽查，未发现辖区内有违法生产经营兴奋剂的行为。亚运期间，食品药品监管局在《西江日报》开辟“反兴奋剂”宣传专栏，提高兴奋剂专项治理工作的社会关注度和市民参与度。完善《药品和医疗器械突发性群体不良事件应急操作手册》，制定《肇庆市食品药品监督管理系统2010年亚运会（残亚运会）食品药品安全突发事件应急预案》，严格执行24小时领导带班工作人员值班制度，肇庆市实现“三品一械”安全保障工作“零差错、零事故、零投诉”。

*基本药物生产工艺和处方核查* 2010年，根据上级部署组织开展基本药物生产工艺和处方核查工作，按照核查准备、自查整改及资料上报、资料审查及现场核查、风险评估、汇总报告五个阶段，完成核查任务。全市药品生产企业有58个药品品规列入国家基本药物目录，44个药品品规列入广东省基本药物增补目录，共涉及4家药品生

产企业，其中22个为常年生产品种。全市有4家企业提出24个品规基本药物生产工艺和处方核查申请，其中国家基本药物13个，省增补药物11个。市食品药品监管局对24个品规进行检查，并出具现场核查报告和意见表。核查结果：13个品规能按原注册的生产工艺和处方进行生产；5个品规生产工艺处方发生变更，其中1个品规进行药品注册补充申请，4个品规被责成按规定进行药品注册补充申请；暂无责令停止生产的品规。

“三品一械”监督抽验　2010年，全市实施“三品一械”抽样1545份，完成检品中发现不合格产品31批次。一是药品抽样方面：全年完成1180批次（评价性抽验480批次，监督抽验700批次），其中基本药物品种335批次（生产企业7批次、流通使用环节328批次），完成检品中发现不合格药品30批次，其中基本药物品种3批次；二是医疗器械抽样方面：全年对24家医疗机构的25批次医疗器械进行监督抽样，其中一次性使用输液器8批次，一次性使用无菌注射器（针）7批次，医用脱脂纱布（块）10批次，未发现不合格医疗器械；三是保健食品抽样方面：全年对12个保健食品经营企业的23批次保健食品进行监督抽验，其中缓解体力疲劳类10批次，减肥类10批次，改善睡眠类3批次，未发现不合格产品；四是化妆品抽样方面：全年对4个生产企业、19个经营企业的80批次化妆品进行抽验，其中评价性抽验50批次，监督性抽验30批（宣称有祛痘功能的化妆品15批次，染发产品5批次，洗护发水10批次）。

【农村药品安全监管】 2010年，利用药品经营许可证换证和GSP重新认证的契机，进一步规范农村药品经营秩序，淘汰一部分不符合药品质量管理规范要求的村级药品零售企业，促使村级药品零售企业的经营管理水平逐步提高。全市换发村级药品经营许可证664家，323家农村药店重新申请GSP认证，撤销农村药品经营企业418家。分别举办多期的农村药品义务协管员培训班，通过学习培训，协管员的监督水平有所提升，报送信息的数量和质量有所增加，年内全市协管员报送药品监督信息44条，利用信息立案查处5宗。

【药品流通监管】 药品流通电子监管　2010年，全市批发及零售连锁公司中需要全品种上传的企业，已实现全品种数据上传，完成省局下达的全品种数据上传试点任务，在全省食品药品监管系统处于领先地位；全市通过招标采购的乡镇卫生院以上医疗机构药品购进实现全面电子监管，将对稽查打假、药品安全事件应急处置、有效应对灾情疫情等产生积极作用。

特殊药品监管　2010年，组织市内18家特殊药品经营企业的特药管理人员，参加省局举办的特殊药品管理及监控系统使用操作培训班，提高企业管理人员的监控网络操作能力，为新版特殊药品管理及监控系统的顺利使用打好基础。通过成立易滥用药物专项整治领导小组，制订方案，分片分组，开展含可待因复方口服溶液等易滥用药物经营、使用环节专项检查行动，对市直三区药品经营企业进行地毯式的检查，重点检查学校、网吧、酒吧、娱乐场所周边以及城乡结合部的药品零售企业、诊所、卫生站、超市、便利店等场所，对易滥用药物购进渠道是否合法，销售流向是否清晰、依照法规进行彻查。整治行动对含可待因复方口服溶液、盐酸曲马多片（胶囊、注射液）、丁丙诺啡舌下含片、安定片（注射液）、阿普唑仑片、三唑仑片等易滥用药物列入重点检查范围。结果未发现有违法购销含可待因复方口服溶液等易滥用药物的行为。在开展专项整治行动的同时，召开药品批发企业以及零售企业负责人会议，增强经营人员第一责任人意识，重申含可待因复方口服溶液的经营管理规定，并与药品经营企业签订诚信守法经营承诺书。全年对11家麻精药品经营企业，2家医疗用毒性药品经营企业，13家蛋白同化制剂、肽类激素经营企业进行现场检查。

“三品一械”综合监督　2010年，市直三区有药品、医械和保化企业586家，医疗机构397个，按三年全覆盖的任务分配，需完成检查药品、医械和保化企业274家，医疗机构112个。至年底，共检查药品经营企业（含批发）277家（其中82家为换证和GSP认证企业），保健食品（专营）零售企业50家（其中16家为换证企业）、纳入建档管理的化妆品零售企业9家，医疗器械（专营）零售企业23家，医疗机构116家，全面完成《肇庆市食品药品监督管理局综合监督工作实施方案》规定的工作目标，其中发出责令整改书99份，警告41份，立案查处10宗。

【药品生产经营质量认证】 药品生产质量认证 2010年，全市6家制剂、原料生产企业，6家中药饮片生产，2家医用氧气生产企业均通过GMP（药品生产质量管理规范）认证。市食品药品监管局对18家药品生产企业、1家药包材生产企业和2家医疗机构制剂室进行日常检查，覆盖率达100%；对5家药品生产企业实施GMP跟踪检查，发出责令改正通知书5份。

药品经营质量认证 2010年，对GSP认证工作改进方式，试行把药品零售企业GSP认证资料初审、受理的工作委托各县（市）局完成，并通过网络将受理资料报送市局工作站技术审核，符合要求的由工作站组织认证，既调动各县（市）局工作的积极性，又减少来回递交资料产生的行政成本，使认证工作更具时效性和可操作性。全年有591家企业通过GSP认证，其中新开办企业认证167家，重新申请认证企业389家，复查企业35家。出动检查人员1182人次。

【医疗器械监管】 医疗器械生产监管 一是制定《肇庆市2010年医疗器械生产企业监督检查计划》，对全市的医疗器械生产企业进行全面检查，覆盖率达到100%，重点检查是否在质量管理体系有效运行下组织生产，具体包括原材料采购环节是否对供应方进行评估、收集其有关资质证明材料并进行原材料进货检验，过程控制方面尤其是在特殊过程及关键工序上是否制定作业指导书并对生产过程的各个工艺环节进行记录，产品出厂检验方面是否按照产品标准制定出厂检验规程、具备专职检验人员并配齐必备的检测设备及仪器，出厂检验记录的数据是否真实并且项目齐全等。检查中发出责令改正通知书2份，责令其按照相关要求整改。二是对于注册证已经过期但未重新注册、难以为继、已经停产或无心继续生产的企业，约谈其企业法人（负责人）耐心解释医疗器械监管的有关政策，对其进行劝退。对于日常监管中根据其医疗器械生产企业许可证登记的注册地址和生产地址无法找到并无法联系的生产企业，根据省局有关文件规定，上报予以公告注销。三是构建长效监管机制。贯彻执行《广东省医疗器械生产企业质量信用分类监管工作意见》，根据日常监督检查的结果以及企业的整改情况，对全市医疗器械生产企业的生产状况诚信度进行分类分级，评定出2家质量信用A类生产企业，诚信度高的减少监管次数，质量体系运行良好的企业在一段时间内予以豁免现场监督检查。

医疗器械经营监管 2010年，按照《肇庆市2010年医疗器械经营企业监督检查计划》，通过对高风险产品和橡胶避孕套的市场监督检查，整顿和规范医疗器械市场秩序，查处违法违规行为，保障流通环节医疗器械的质量。对医疗器械经营企业的监督检查采用现场检查和书面检查并举的方式进行。全年检查现场共检查医疗器械专营企业19家，出动检查人员57人次，其中城区18家、四会1家，填写医疗器械经营企业日常检查项目和记录表19份，发出责令改正通知书2份，返回整改报告2份，主动注销许可证15家，上报省局公示注销1家。检查中发现普遍存在的问题是专业技术人员没有在职在岗、购进验收记录欠缺规范完整、仓储环境混乱、仓储设施缺失、供应商家资质材料收集不全、忽视验收仓管人员健康检查或擅自改变办公场所、仓库的注册地址或用途等。

医疗器械使用监管 2010年，制定《肇庆市2010年医疗机构在用医疗器械监督检查计划》。以一次性使用无菌医疗器械、植入材料和人工器官、介入器材、体外循环及血液处理设备、第三类医用电子仪器设备（如心脏起搏器）、第三类手术室、急救室、诊疗室设备及器具、婴儿培养箱、医用分子筛制氧设备、使用十年以上的大型设备（购进时整套设备单价在20万元人民币以上的）等高风险医疗器械产品为切入点，以检查在用医疗器械来源为重点，重点突出对医疗机构高风险医疗器械的购进、保管养护等关键环节的监管，进一步规范医疗机构使用医疗器械行为。全年检查医疗机构103家，检查覆盖率达到26%，合格76家，责令或警告27家，主要存在问题：一是供货商和业务员资料不齐全；二是购进票据信息简单、难以达到追溯要求；三是设备类的维修使用记录不全等问题。

**【药品及医疗器械技术监督】** *药品抽验* 2010年，市药品检验所投入147万元添置原子吸收分光光度计、液相色谱仪、高分子杂质测定仪等先进检测设备。对477家涉药单位（企业）实施药品监督抽验，包括生产企业6家、批发企业23家、零售药店319家、医疗机构129家；完成药品检验1180批次，其中，评价性抽验480批次，合格率98.5%，日常监督抽验700批次，不合格56批次，不合格率8.0%；抽验国家基本药物458批次，不合格6批次，不合格率1.3%。其中包括“监督抽验、基本药物抽验”233批次，不合格4批次，不合格率1.7%；“评价抽验、基本药物抽验”225批次，不合格2批次，不合格率0.9%。

*药械安全性监测* 2010年，广东省药品不良反应监测中心肇庆工作站收到147家单位上报的药品不良反应监测报告2068份，其中新的严重的药品不良反应报告453份，每百万人口报告数551.5份，全省排名第五；收到国家基本药物目录品种不良反应报告668份，其中新的严重的药品不良反应报告178份；亚运期间收到药品不良反应报告38份，其中新的严重的药品不良反应报告5份。收到全市医疗器械不良事件监测报告122份，比上年增长62.6%，医疗器械不良事件监测报告数在全省排名第七。

**【问题与困难】** 机构改革增加餐饮监管职能，市食品药品监管局增设行政许可科、鼎湖办事处和肇庆高新区办事处，监管责任加大，而面临的工作对象餐饮服务行业，数量多、规模小、管理乱、卫生差、素质低的现象比较突出，现有监管力量未能与监管任务相匹配。基础设施建设薄弱，技术支撑水平有待提高。《食品安全法》出台后，餐饮服务监管和保健食品监管等方面的规章和规范性文件滞后，影响监管工作开展。

（*黎一斐*）

**附：2010年肇庆市食品药品监督管理局正副局长名录**

局　长：魏毅麟

副局长：梁立机　赖世辉　李家琼

## 统计工作

**【GDP超“千亿”】** 2010年，肇庆市实现地区生产总值（GDP）1085.87亿元，跨越“千亿”关，比上年增长17.5%，增速高出全省5.1个百分点，位居全省第五、珠三角第二。其中，第一产业增加值190.26亿元，增长5.4%；第二产业增加值456.67亿元，增长30.8%；第三产业增加值438.97亿元，增长11.4%。

**【经济运行分析研究】** 2010年，全市统计系统撰写各类统计分析报告160多篇。其中，《肇庆市“十二五”工业节能减排面临的问题及对策》的分析报告，获广东省统计局全省能源统计分析报告一等奖，《完善机制，加快产业转移（工业）园区发展》获全省工业统计分析三等奖，《创造有利条件，提升我市零售企业竞争力》获三等奖。

**【出版统计资料】** 2010年，肇庆市统计局编辑出版《肇庆市各县市区主要经济指标完成情况（快报）》11期、《肇庆统计月报》12期、《西江统计》30期、《肇庆统计年鉴（2010）》。

**【专项工作】** 2010年，肇庆市统计局配合市委组织部完成《2010年度肇庆市县（市、区）党政领导班子落实科学发展政绩考核评价指标》制定工作；配合有关部门做好2010年肇庆市名牌（驰名商标）审核工作。2010年审核同意广东风华高新科技股份有限公司、广东四会实力连杆有限公司等16家规模以上企业（产品）的名牌（驰名商标）的申报，占申报单位的100%；配合市外经贸局、市国税、地税等7个部门，全面完成对全市1069家外商投资企业的网上年检工作；配合市旅游局完成2010年肇庆市假日旅游统计协调工作，协同市旅游局建立健全“黄金周”旅游信息及统计预报制度，共同指导和督促下级旅游及统计部门认真贯彻执行；配合有关部门完成全市20家重点商贸流通企业的跟踪调查工作；配合有关部门完成2010年肇庆市各县（市、区）节能降耗目标年度考核和减排考核工作。与市经信局、发改局一起，完成对

9个县区（含肇庆高新区）节能目标责任的考核，并发布通告；配合市经信局完成2010年全市重点耗能企业能源利用状况审查报告工作，对“50家重点耗能企业”能源利用状况进行考核，并发布公报。预计完成全市年度万元GDP能耗目标任务；完成第二次R&D资源清查、农村住户抽样调查2010年度工作。

**【统计执法】** 2010年，各级统计部门对能源、贸易、建筑业、工业、农业、房地产、投资、劳动工资等专业共271个单位进行统计执法检查，重点检查2008年以来统计活动中是否存在统计违法行为，包括检查统计基础建设，统计数据质量，是否存在虚报、瞒报、伪造、篡改、拒报、屡次迟报统计资料以及拒绝、阻碍统计调查和检查等违法行为，统计人员是否持有统计从业资格证等四方面内容。在检查的271个单位中，有3个单位存在统计违法行为，对3家存在瞒报、屡次迟报统计资料等统计违法行为的单位进行查处。

**【统计服务】** 一是做好统计资料的整理与提供服务。2010年编发《肇庆统计月报》11期、一期《2009年特刊》、《西江统计资料》34期，向社会复函90多份，答复的来人来电需求难以统计。二是根据市委市府的特殊需要，及时整理、提供相关资料。与市委市府建立县（市、区）的月通报制度，肇庆市统计局根据要求每月在13日前整理好县（市、区）经济运行情况上报给市委市府。三是及时更新网页资料，向社会公布主要经济数据与统计分析等资料。四是按照市委市府的要求，肇庆市统计局每月按时整理、上报维稳有关资料，按质按量完成市维稳办交办的各种工作。五是完成《肇庆统计年鉴（2010）》、《长江和珠江三角洲及港澳特别行政区统计年鉴》、《肇庆年鉴》和《珠江三角洲12市（区）经济社会主要指标统计资料（2009）》等刊物的资料收集、整理、审核、编辑工作。

**【自身建设】** 一是根据《国家统计局关于布置2009年统计年报和2010年定期统计报表制度的通知》的要求，对统计方法进行大幅调整，主要情况如下：调整批发和零售业、住宿和餐饮业统计原则和统计标准。批发和零售业、住宿和餐饮业法人企业按法人经营地原则统计，即按法人企业主要经营活动所在地进行统计，其所属全部产业活动单位（含异地）由法人企业统一组织填报；非批发和零售业、住宿和餐饮业法人企业所属的批发和零售业、住宿和餐饮业产业活动单位按单位经营地的原则统计。将原抽样调查中符合限额以上标准的批发和零售业、住宿和餐饮业个体经营户纳入全面统计范围。二是加强对统计从业人员的从业资格认证管理。年内有282人参加统计从业资格培训与考试，其中 248人通过考试，合格率达到87.94%。有642人参加继续教育培训和考试，全部取得合格。3人报名参加高级统计师考试。继续加强和落实统计数据层级负责制，努力提高数据水平。

肇庆市统计局综合核算科和农村社会经济统计科在广东省统计局2010年度全省统计工作考核评比中荣获一等奖；能源统计科荣获二等奖。法规教育科在广东省统计局2010年度，全省统计教育培训考核评比荣获三等奖，全省统计法制工作考核评比荣获三等奖。

**【问题与困难】** 一是统计数据、统计分析的质量有待进一步提高；二是基层统计队伍建设有待继续加强；三是统计人员的业务素质和责任心有待提高；四是基层信息化水平普遍较低。 *（卜晓婷）*

**附：2010年肇庆市统计局正副局长名录**

局　长：王荣华

副局长：王杰华　欧建军

# 工业　商业　信息产业

责任编辑：吴　才

## 工　业

【简况】 2010年，肇庆市经济和信息化部门紧紧围绕省委、省政府"三促进一保持"工作要求和市委、市政府"工业主导"、"三产旺市"发展战略，抢抓实施《珠江三角洲地区改革发展规划纲要》和"双转移"重大战略机遇，突出保增长、扩内需、调结构、促融合、增后劲，发挥职能作用，狠抓措施落实，有力推动全市工业商贸和信息化工作平稳较快发展，为肇庆市加快实现"两个尽快"、"两个成为"目标作出贡献。

【产业规划一体化】 一是编制《肇庆市产业布局一体化规划（2010－2020）》。2010年6月，《珠江三角洲地区产业布局一体化规划》经省政府常务会议通过后，市委、市政府要求肇庆市对应做好本地的产业布局一体化规划工作。市经济信息化局在原来编制工作的基础上，邀请相关研究机构、有关高校、行业协会专家学者参与，充分借鉴省的规划编制经验，结合实际对规划进行认真细致的修改和完善，形成《肇庆市产业布局一体化规划（2010－2020）》（征求意见稿）。为充分吸取各方面的意见和建议，确保规划的前瞻性、指导性、可操作性和科学性。6月13日，市经济信息化局将征求意见稿印发至各县（市、区）政府、肇庆高新区管委会和市直20个部门征求意见；6月30日，分别在肇庆市、广州市召开专家评审会，听取6位专家对征求意见稿的评审意见。市经济信息化局对收集到的意见进行充分研究，并对规划作进一步修改完善，形成《肇庆市产业布局一体化规划（2010－2020）》（送审稿），并于7月23日提交市政府常务会议讨论，获得通过印发。

二是编制《广佛肇经济圈产业协作规划（2010－2020年）》。2010年，市经济信息化局会同广州市、佛山市经贸部门就《广佛肇经济圈产业协作规划（2010－2020年）》（以下简称《协作规划》）编制工作进行协商，议定做思路和方法：（1）市经信局牵头组织发改、科技、交通、农业、外经贸、文广新、教育、人力资源和社会保障、环保、金融工作等局和有关市（区）提供编制《协作规划》所需材料，并已提供给委托单位参考。制订《协作规划》编制工作方案，并就三地产业协作的基础、重点领域、重点区域、措施等方面进行深入调研。（2）为加快推进《协作规划》编制工作，6月上旬，广州市、佛山市经贸委（局）到肇庆市召开三市产业协作小组牵头单位碰头会议，专门研究《协作规划》的编制工作。三市就委托方式、规划主要内容、委托单位等方面达成共识。（3）按照三市就规划编制达成的共识，由广州市经贸委牵头立即开展规划编制的委托工作，经筛选考量和三市共同决定，委托广州市社科院进行编写，《协作规划》已完成初稿。广州市社科院将在编制广佛同城化产业协作规划的经验基础上，加快《协作规划》的编制步伐。

【工业经济】 2010年，全市完成规模以上工业总产值1744.19亿元，比上年增长39.7%；实现规模以上工业增加值410.03亿元，比上年增长34.6%，增速排在全省第三位、珠三角地区第一位。全市区域经济良性发展，规模以上工业增加值增幅高于全市平均水平县（市、区）：肇庆高新区57.9、高要市43.3、德庆县43.6、封开县40.3、怀集县57.7。

【电力建设与运行】 电网建设情况 根据肇庆市发改局《关于下达肇庆市2010年重点建设项目计划的通知》，肇庆供电局2010年计划投资为11.10亿元，其中属南方电网超高压公司建设投资2.56亿元。2010年完成投资9.83亿元，完成计划投资的88.56%。重点电网建设项目糯扎渡送电800千伏高压直流输电工程1项（建设单位为南方电网超高压公司），溪洛渡500千伏同塔双回直流输电工程1项（建设单位为南方电网超高压公司），220千伏输变电工程3项，110千伏及以下输变电工程一批，减除南方电网超高压公司建设投资2.56亿元，肇庆供电局是年计划投资为8.53亿元，实际完成投资9.79亿元，完成计划投资的115%。35千伏及以上项目投产17项（含技改项目），10千伏及以下项目全部完成。前期预备项目500千伏肇庆玉城输变电工程总体完成情况受控。

电力运行情况 2010年，全市用电量累计105.08亿千瓦时，用电量首次突破100亿千瓦时，成为全省第11个超百亿千瓦时的地级市，比上年增长（下同）19.5%。省网供电量85.14亿千瓦时，增长14.6%，占81%；地方小水电供电量18.85亿千瓦时，增长56.7%，占17.9%；地方小火电上网电量45万千瓦时，减少66.7%；其他不上网电量1.09亿千瓦时，减少30.9%，占1%。第一产业用电量为2.89亿千瓦时，增长3.4%，占全市用电量的2.7%；第二产业用电量为80.11亿千瓦时，增长21.7%，占全市用电量的76.2%，其中工业用电量完成78.33亿千瓦时，增长20.8%，占全市用电量的74.5%；轻、重工业用电增幅分别为23.4%、19.8%，轻工业用电增幅比重工业高3.6个百分点；第三产业用电量为10.94亿千瓦时，增长16.8%，占全市用电量的10.4%；城乡居民生活用电为11.15亿千瓦时，增长12.4%，占全市用电量的10.6%。

2010年，全市新增用电容量60.81万千伏安，增长10.2%；其中大工业用户新增用电容量41.3万千伏安，增长97.8%；全市用电负荷累计12次创历史新高，最高用电负荷高达172.3万千瓦，增长17.8%；用省网负荷6次创历史新高，最高达138.6万千瓦，增长5.3%，超用省分配负荷指标8.6万千瓦；全市日供电量9次创历史新高，最大日供电量达3640万千瓦时，增长20%。

【节能减排】 2010年，肇庆市先后启动三级和一级节能预警应急响应，努力遏制“两高一资”和产能过剩行业过快增长。实施有保有压措施，重点调控高耗能企业用电。全面完成小水泥、小火电、小钢铁和造纸、味精、印染等行业落后产能淘汰任务，其中淘汰全部落后水泥产能471万吨，超额完成“十一五”任务。2010年新增省清洁生产企业9家，累计达24家。全市单位工业增加值能耗下降7.65%，超额完成省下达下降5.5%的目标任务；单位地区生产总值（GDP）电耗回落至2.58%以内，单位GDP能耗下降2.41%，全面实现年度和“十一五”节能目标。肇庆市被评为2009年度省节能先进地区。

【企业技术进步】 2010年，全市完成工业投资255.2亿元，比上年增长（下同019.4%；完成工业技术改造投资51亿元，增长83.3%。实施建设现代产业体系技术改造滚动计划，列入计划项目共82项，合计总投资23.98亿元，全部项目达标达产后，预计年新增销售收入52.12亿元、税金3.33亿元、利润6.63亿元，至年末，已完工项目共21项。广东四会互感器厂有限公司被评定为广东省工业设计示范企业；有14个工业类项目进入广东现代产业500强项目名单；广东风华高新科技股份有限公司和广东四会互感器厂有限公司公司进入广东省自主创新100强企业名单；广东风华高新科技股份有限公司被认定为广东省战略性新兴产业骨干企业。

肇庆市经济和信息化局联合肇庆市财政局、肇庆市国家税务局、肇庆市地方税务局和肇庆海关共同颁布《肇庆市市级企业技术中心管理暂行办法》，并开展市级企业技术中心的认定工作，首次认定肇庆中导光电设备有限公司等4家企业技术中心为市级企业技术中心。广东华林化工有限公司、肇庆理士电源技术有限公司等2家企业技术中心被认定为省级企业技术中心。

【名牌带动战略】 2010年，广东风华高新科技股份有限公司的“电阻（压敏电阻）”等3个产品首次获得“广东省名牌产品”（工业类）称号；肇庆星湖制药有限公司的“康乐＋图形”等8件商标首次获得“广东省著名商标”称号。年底，全市拥有中国名牌产品2个，国家驰名商标2件；广东省名牌产品（工业类）72个，著名商标54件。

【企业类型】 2010年，全市规模以上工业企业1131户，比上年增加66户。按投资主体分：内资企业820户，港澳台资企业213户，外资企业97户。按轻重工分：轻工业477户，重工业653户。按企业规模分：大型企业10户，中型企业129户，小型企业991户。

【应对国际金融危机】 运行监测和协调服务 一是推行“大运行”工作机制，完善落实跟踪联系企业制度，每年重点抓好一批投资规模较大、可在近年发挥拉动增长作用的新建、续建、技改、增资扩产重点工业项目建设。二是加强煤电油等生产要素供给，确保对企业正常、有效供给，为经济增长提供有力保障。三是加强对信用担保公司的指导和管理，推进担保融资发展

园区建设和产业招商 一是全市建立起中山（肇庆大旺）、顺德龙江（德庆）、中山大涌（怀集）等3个省级产业转移工业园和32个产业集聚基地。二是组织园区和企业参加国家和省、市举办的经贸洽谈和招商引资活动，大力承接国内外资本和产业的转移。三是进一步加强与珠三角核心区的产业对接。

技术进步和名牌创建 一是申报和跟踪落实技术改造和技术创新项目。二是开展技术中心、产业集群升级示范区、工业设计示范企业“三项培育”。三是实施名牌带动战略。

预警调控和低碳发展 一是实施有保有压措施，重点调控高耗能企业用电。二是推进节能技术进步。三是完成小水泥、小火电、小钢铁和造纸、味精、印染等行业落后产能淘汰任务

市场建设和市场开拓 一是继续推动家电下乡和家电以旧换新、汽车摩托车下乡和汽车以旧换新工作。二是继续推进“万村千乡市场工程”项目建设。三是积极推动区域经济协作与市场开拓。四是加大商贸流通市场监管力度。

【企业上市】 2010年，肇庆市在推进企业上市和上市再融资方面取得突破性进展。3月26日，广东天龙油墨集团股份有限公司成功挂牌上市；10月，广东鸿图科技股份有限公司成功非公开发行股票1500万新股，实现上市后首次再融资3.7亿元人民币；12月7日，广东鸿特精密技术股份有限公司通过中国证监会创业板发行审核委员会IPO（首次公开发行）审核。

【山区工业】 2010年，全市山区县（广宁、德庆、封开、怀集）规模以上工业总产值累计完成303.58亿元，比上年增长（下同）47.96%，占全市总数的17.4%；规模以上工业增加值累计完成74.99亿元，增长39.4%，占全市总数的18.37%。其中，德庆县规模以上工业总产值和增加值分别为98.52亿元、25.68亿元，分别增长37%、36.7%；封开县规模以上工业总产值和增加值分别为57.62亿元、13.43亿元，分别增长35.2%、36.5%；怀集县规模以上工业总产值和增加值分别为75.72亿元、17.54亿元，分别增长33.4%、35.1%；广宁县规模以上工业总产值和增加值分别为71.72亿元、18.34亿元，分别增长26.7%、26.2%。

【工业园区建设】 2010年，中山（肇庆大旺）产业转移工业园正式投产企业111家，投资额186.5亿元；在建企业26家，预计投资额39.1亿元，已签订正式协议项目14家，预计投资额为163.6亿元；园区实现工业总产值约296.8亿元，比上年增长（下同）51.4%；工业增加值66.3亿元，增长47.6%；实现工业税收3.33亿元，增长10.77倍；解决就业人数超7.9万人。德庆县、怀集县依托顺德龙江（德庆）、中山大涌（怀集）2个省级产业园，加快园区基础设施建设，累计引入产业转移项目56个，计划投资总额44.05亿元。高要市整合提升金淘、金盛、金渡、西区、白诸、禄步和白金龙工业带。四会市打造金属加工制造业、先进制造业、金属加工、家电研发、电子、精细化工、机械装备等八大产业集聚地，促进产业集群化和多元化发展。

【"双转移"工作】 2010年，全市引进产业转移项目202个（含意向），计划总投资444.13亿元，其中合同总投资额246.53亿元；3个省级产业转移工业园合计引进项目24个，计划总投资176.93亿元，比上年增长（下同）12.56倍；实现规模以上工业增加值74.63亿元，增长56.7%，占全市规模以上工业增加值的18.28%。

2010年，全市免费培训农村劳动力3.55万人，转移农村劳动力5.09万人，分别完成省下达目标任务的101.4%，110.6%；其中输出到珠三角地区就业3.14万人，市内产业转移园吸收农村劳动力6523人。按照《肇庆市农民工积分制入户城镇的指导意见》和《肇庆市开展农民工积分制入户城镇工作办法》，完成农民工积分制入户城镇7579人，为年度任务的126.3%，超额完成省下达的目标任务。

【问题与困难】 一是发展基础不够稳固，经济总量不大、规模偏小，地域、行业、企业之间发展不平衡。二是发展后劲有隐忧，缺乏有力拉动增长的大项目，企业总体实力不强，大型企业不多，综合竞争力较弱。三是产业结构不够优化，缺乏具有较强核心竞争力和创新能力的支柱产业、龙头企业，尚未形成比较完整的产业板块和上下游配套的产业链。四是节能降耗压力越来越大。随着越来越多工业项目投产或达标达产，对能源需求量大增，必然导致节能降耗压力的增大。

（陈 治）

## 商 业

【简况】 2010年，肇庆市继续组织实施"家电下乡"、"家电以旧换新"等一系列扩大内需、拉动消费的政策，推动区域经济协作与市场开拓，确保全市商贸经济继续保持平稳较快增长。是年，全市实现社会消费品零售总额332.89亿元，比上年增长21.1%，创下历史新高。其中，城镇实现社会消费品零售总额249.79亿元，比上年增长21.1%；乡村实现社会消费品零售总额83.10亿元，比上年增长20.9%。

【批发零售业】 2010年，全市批发零售业成为肇庆市消费品市场的主导力量，共实现零售额293.49亿元，比上年增长21.9%，占全市总量的88.2%，拉动全市消费品零售总额增长19.2个百分点。其中零售业实现零售额279.68亿元，比上年增长24%，对全市社会消费品零售总额拉动作用明显。

【生猪屠宰管理】 2010年，全市共执法816次，出动执法人员4908人次，检查屠宰场187家次，农贸市场810家次，集体食堂单位943家次，超市749家次，检查车辆3895台次，查处违规猪肉经营户2家，取缔私屠滥宰点1个，没收未经检疫猪肉12456公斤，缴获病害肉1050公斤，销毁病害肉1050公斤，全部作无害化处理。

【酒类流通管理】 2010年，全市新办酒证200家，自动取消注册或者不符合年审条件的150家，酒证年审、换证800家，协助酒类生产企业年审、换证33家，责令酒厂限期整改的10家。全年出动执法人员280多人次，检查单位500多家，立案4宗，没收各种走私酒及假冒伪劣产品12424支，涉案金额达700多万元，行政处罚100万元。

【万村千乡市场工程】 2010年，肇庆市组织实施"万村千乡市场工程"项目建设，努力推动农村市场建设。全市建立配送中心14个，农家店805个，其中镇级180个，村级625个，镇级和村级农家店覆盖率分别达到100%和47%。申报省级配送中心3个，申报国家级配送中心2个，申报国家级农家店121家。

【市场拓展】 4月8～12日，肇庆市组团参加在西安市举办的第十四届中国东西部合作与投资贸易洽谈会，肇庆市与西北五省签订的合同项目共11个，合同金额合计1.64亿元，合作领域包括医药原料、电子原材料、汽车配件、林化产品以及农产品等。4月19～22日，肇庆市经贸代表分团随省经贸代表团赴江西省、福建省参加考察暨开拓市场活动。期间签订合同项目15个，合同金额5亿元。合作领域包括电子产品、机械配件、林产化工、建材陶瓷、高档香料以及商务酒店等。7月16～18日，肇庆市与广州市、佛山市联合组团参加在呼和浩特市举办的2010第四届中国民族商品交易会和7月22～26日在沈阳市举办的2010中国（沈阳）食品博览会，并在展会设“广佛肇名优产品专场展销会”。广佛肇三市在广佛肇名优产品（沈阳）展销会上共同举办经贸合作项目签约仪式，肇庆市与辽宁（沈阳）地区签订经贸合作项目10个，合同金额2.93亿元，项目合作领域包括食品饮料、农产品、汽配、其他工业制造等。

**【家电以旧换新】** 2010年，全市备案家电以旧换新销售网点36个，备案回收网点26个。全市回收旧家电7.33万台，以旧换新销售新家电7.57万台，销售金额2.60亿元，已补贴7.13万台，补贴金额约1959万元，补贴兑付率为94.17%。

**【成品油销售】** 2010年，全市销售柴油58.67万吨，汽油28.96万吨，合计成品油销售87.63万吨。主要由中石化广东肇庆石油分公司、中石油肇庆销售分公司、中油碧辟石油有限公司、高要市荣泰燃化有限公司、广东省肇庆市能源交通贸易有限公司及各加油站销售。

**【问题与困难】** 肇庆城乡居民收入均处于较低水平，制约消费水平提升；流通业仍存在重复投资、恶性竞争现象，而特色和个性化消费市场尚未形成；整顿和规范市场经济秩序仍存在相关人员不足、职能交叉等问题；再生资源回收行业无统一管理，资源浪费严重；餐饮、住宿、批发、零售等行业管理缺乏有效手段。（陈　治）

**【食盐专卖】** *碘盐状况* 2010年，肇庆盐业总公按照年初制订的工作计划和目标任务，狠抓“食品安全”监管，加强食盐专营，维护食盐市场稳定。碘盐覆盖率达到99.43%，碘盐合格率达到98.85%，合格碘盐食用率达到98.28%。

*计划管理* 2010年，总公司对市场供应计划和食盐安全工作进行安排和部署，要求下属各经营、销售部门要切实关注市场动态，加强市场预测，及时上报销售、库存情况，根据各类用盐需求实际情况及时调整各类用盐的库存数量，保证盐产品的合理库存，确保全市盐产品的市场保障供应和食盐安全。

*食用碘盐宣传* 2010年，采取多种形式宣传食用碘盐的重大意义。如印制简单易懂的宣传单张，积极开展“5·15”消除碘缺乏病日活动，在当地疾控部门的协助下，深入各乡镇进行广泛宣传，提高群众食用碘盐、食盐安全的认识，使食用碘盐知识和食盐专营政策家喻户晓，提高市民食用碘盐的自觉性。

*市场管理* 2010年，市盐务局盐政执法人员积极应对盐业市场出现的新变化和新问题，统一思想，明确目标，坚决执法，注重实效。实现重心下移、关口前移、重点突出，点面结合，加大对市场监管的力度和深度，同时加强宣传，普及盐业法规和培养消费者食用碘盐的意识。市盐务局通过加强与各职能部门的沟通和联系，深入各县、市区开展盐业市场巡查，有效打击走私盐和假冒盐进入市场，切实维护食盐专营，确保肇庆盐业市场稳定。（李惠萍）

**附：2010年肇庆盐业总公司正副总经理名录**

总 经 理：许奕雄

副总经理：陈建平　张天宝

杨锦河（11月任）

**【烟草专卖】** *简况* 2010年，肇庆市烟草专卖局、广东省肇庆市有限责任公司组建于1988年，隶属于广东省烟草专卖局（公司），下辖6个县（市）烟草专卖局（分公司），在职在岗员工总数为658人。是年，肇庆市局（公司）荣获全国总工会授予的“全国模范职工之家”称号。

*销售情况* 2010年，全市累计完成卷烟销量11.67万箱，比上年增长4.89%；销售收入为21.7亿元（含税），比上年增长17.49%；实现税利4.28亿元，比上年增长了15.7%。其中实现利润总额为2.39亿元，比上年略降1.91%。

*行政执法* 2010年，破获卷烟销售网络案件2个，捣毁制假窝点2个，缴获制假烟机2台（套），抓获犯罪嫌疑人21人，公安机关依法逮捕18人，网上追逃1人，判刑39人（含2009年6·18制售假案件判刑26人，3·25卷烟销售网络案件判刑7人）。查处“三烟”案件1790宗，涉案“三烟”2689.59万支（其中假烟1527.88万支，走私烟案件282宗，走私烟294.48万支），上缴罚没款104.36万元。

*队伍建设* 2010年，肇庆市局（公司）以开

展创优争先活动为契机，不断加强思想建设、组织建设、制度建设、能力建设、作风建设，开展学习《廉政准则》、观看警示教育片以及重温入党誓词等一系列活动，取得较好的成效；大力推进企业文化体系建设，不断加强文化的宣贯落地工作。举办行业文艺汇演、文化宣讲等活动，进一步活跃企业文化氛围；持续加大企业科技创新的力度。加大了科技创新活动的资金投入，充实科技人员队伍，全年共5个科技项目完成了省科技厅科技查新，有3个2009年立项项目在肇庆市社科联鉴定并取得优秀等次；加强党风廉政建设工作力度。以完善惩防体系为重点，继续加大反腐倡廉工作力度，推行“明示与承诺”制度。

（闵　锐）

附：2010年肇庆市烟草专卖局（公司）领导人名录

局长、总经理：罗春华

副总经理：黄飞业

副局长：欧镇军　吴银英（女）

**【供销商业】**　简况　2010年，肇庆市供销社系统实现商品经营总额38.1亿元，比上年增长10.82%；商品购进18.3亿元，增长10.9%；商品销售19.6亿元，增长11.34%；实现利润增长19.7%。肇庆市供销合作联社在全省市级供销社系统综合业绩考核中获得优胜单位二等奖；高要、四会、广宁、怀集、鼎湖等5个县级社在全省县级供销社系统综合业绩考核中获得优胜单位一等奖，德庆县供销社获得二等奖；广宁县古水供销社被授予“广东省供销合作社系统改革发展先进基层供销社”的荣誉称号。

机构改革　一是市政府于2010年4月14日召开全市供销社工作会议，贯彻“两文一会”（《国务院关于加快供销合作社改革发展的若干意见》、《转发国务院关于加快供销合作社改革发展若干意见的通知》和2010年全省供销合作社工作会议）的意见，明确一系列支持供销社改革发展的政策和措施。二是全系统7个县级社中有6个县级社体制得到理顺，已列为当地政府直属事业机构，经费纳入当地财政预算。三是历史遗留问题得到进一步化解，为供销社的加快发展扫除障碍。

流通网络建设　2010年，全系统县镇超市发展到47个，连锁门店1300个，连锁企业销售额9.9亿元，比上年增长11.2%。全系统9家农资配送企业发展网点860个，全年销售农资商品7.5亿元，比上年增长7.1%，其中销售化肥28万吨，比上年增长11.3%；日用消费品网点发展到975个，其中农家店520家；在确保全市烟花爆竹安全经营的前提下，全年实现烟花爆竹销售1亿多元，比上年增长12.5%。

社有企业改革　一是组建四会市天禾农资配送有限公司和四会市天禾农资农化配送有限公司，并跨区域联合在新兴组建新兴县天禾农资配送有限公司，这既是省、市、县三级供销社在肇庆市供销社系统联合与合作的新发展，也是加快构建新农村现代经营服务网络的又一新举措。二是全面推进市直供销社企业新一轮授权经营责任制落实，并有效地推动肇庆市百汇再生资源回收有限公司等5个企业的合并重组。三是股份制改革有新成效。年底，全系统社有企业共79家，其中有限责任制公司51家，股份制企业23家，年销售2000万元以上的骨干企业24家，年销售5000万元以上的龙头企业8家。

农民专业合作社　2010年，全系统累计发展

8月18日，四会市天禾农资农化配送有限公司、四会市天禾农资配送有限公司举行开业庆典

各类农民专业合作社203家，带动农户1.41万户，联结基地面积1233.33公顷，帮助农民实现收入9500多万元。累计创办各类行业协会23个，会员总数1826个。累计注册商标6个，生产的品牌系列产品18个，获得“广东省名牌产品”称号1个。此外，高要市乐城镇金佛手农产品专业合作社等32家专业合作社被评为全省供销社系统示范专业合作社。

问题与困难　一是个别县级社改革发展滞后。二是经济堆头小，经营业态落后，经济实力和竞争力不强。三是部分社有企业和基层社重新创业没有新的突破。四是打造五大流通服务网络平台滞后，畅通的新农村现代流通服务网络尚未建立起来。五是队伍的素质不适应改革发展的新形势。（谭桂花）

**附：2010年肇庆市供销合作联社正副主任名录**

主　任：谢锦标

副主任：李学联　李活金　林济广

## 中小企业管理

**【中小企业局】** 2010年，全市工商登记注册的私营企业1.08万户，比上年增长（下同）13.9%。其中规模以上民营工业企业703家，比上年增加136家，实现工业总产值816.34亿元，占全市规模工业总产值的46.8%，增长41.6%，高出全部规模工业总产值8个百分点，对工业的贡献率为53.4%。从各经济类型企业的增长及对工业的增长贡献情况来看，民营企业增速最快、贡献最大。民营商贸流通业也同步发展，2010年全市批发零售业和住宿餐饮业营业额为519.18亿元，增长20.8%。

**【自主创新】** 2010年，全市民营企业共有省级企业技术中心13家、市级企业技术中心4家，省市级企业工程中心14家，市级工程中心25家、博士后工作站2个，省级民营科技企业87家，市级民营科技企业14家。

**【中小企业融资】** 至2010年底，全市有担保企业42家，经中小企业管理局备案的信用担保机构有14家，属国有控股的有3家，注册亿元及以上的有9家（含分支机构6家），总注册资本20.02亿元（含分支机构15.62亿元），其中属肇庆市工商登记的注册资本4.4亿元。2010年为395家企业担保贷款11.3亿元，比上年增长95.6%。

**【问题与困难】** 尚未形成规模较大的产业集群，行业分布未尽合理，山区板块显得尤为突出；产品科技含量低，自主创新能力较差，技术力量相对薄弱，产品档次较低，名牌产品和终端产品较少；企业的融资渠道单一，制约企业发展，土地、能源、环保压力明显，限制民营经济发展；民营企业仍存在人才缺乏、管理水平较低，企业主自身素质不高，随着经济的复苏重新出现“招工难”现象，不同程度影响劳动生产率。（陈　治）

## 信息产业

**【简况】** 2010年，肇庆市信息化工作得到国家和省的充分肯定，获得2010中国城市信息化服务创新奖1项、省农村信息化优秀成果2项。2010年全市互联网普及率、家庭宽带普及率、无线宽带网络覆盖率分别达51.5%、49%和43%。

**【城市信息化建设】** 在“2010年中国城市信息化发展论坛暨成果评选”活动中，“肇庆市城镇居民基本医疗保险网络系统”荣获“2010中国城市信息化服务创新奖”。肇庆市社保系统整合全市养老、医疗、工伤、生育、失业“五保合一”社会保险信息，为市民群众提供更优质高效的服务。全市医保联网工作正在不断扩大和完善，年内已在全市联网400多家定点医院和药店。

**【电子与信息产业】** 2010年，肇庆市着力构建以先进电子信息制造业为主体的电子信息产业体系，发展高端新型电子信息产业。形成以风华高科和端州电子信息行业为骨干的研发生产片式电子元器件、电子专用材料、电子专用设备、高性能电池及材料、光机电一体化信息设备、通信设备及器材、计算机及相关设备、视听器材及产品等系列化发展格局。全市电子信息制造业规模以上企业共44家，实现工业总产值115.5亿元，比上年增长30.2%，实现工业增加值27.99亿元，比上年增长30.1%。

**【软件产业基地】** 2010年，肇庆中巴软件园区肇庆超级计算中心服务平台已上线运行，可以提供园区动漫企业的渲染服务，企业网站托管服务、超级计算中心云服务等应用。中巴软件园的入园企业有26家。5月，中巴软件科技园被肇庆市人民政府确认为肇庆市创业带动就业孵化基地。12月，“中巴软件园动漫游戏创意产业集聚区”被省发改委初定为首批省级现代服务业集聚区。另外，中巴软件园（文化创意产业园）被纳入2010年肇庆市建设文化强市规划大纲，成为十大重点文化产业发展项目。

**【农村信息化】** 2009年12月，在“中国农村信息化工作年度峰会”上，肇庆市获国家农业部授予“2009中国农村信息化领先地区”牌匾，是广东唯一获此殊荣的城市。年内，高要市农业信息视频点播系统和在全市各个乡镇、村广泛使用的党风廉政信息公开平台荣获广东省农村信息化优秀成果奖，党风廉政平台同时荣获2010年市科技进步二等奖。德庆县的张海燕和高要市的张焕朝被国家工业和信息化部、科技部、农业部、商业部、文化部联合授予“全国优秀信息员”奖章。

**【电子政务】** 2010年，肇庆市统一征信平台作为社会信用体系建设的重点工程，由市金融局、市信息中心、人行肇庆市中心支行等单位共同建设，该项目荣获2010年广东省科技进步三等奖。5月28日，“肇庆市工程建设领域项目信息公开和诚信体系平台”首次上线试运行，对促进肇庆市工程建设领域突出问题专项治理，构建公开、透明的工程建设交易市场体系等方面发挥重要的作用。

肇庆市新企业设立和建设工程等两个网上联审系统已分别于9月底和12月底上线试运行。这2个网上联审系统的建成与启用，使肇庆市成为全省推出网上联审服务的先行市。

8月23日，经广东省国土资源厅批复，国家测绘局正式将肇庆列入“数字城市地理空间框架建设推广计划”城市，标志肇庆市“数字城市”建设正式启动。肇庆市地理空间框架建设选择市国土资源局、城乡规划局、林业局、卫生局等开展典型应用示范，以部门和业务应用为主导，建立肇庆市国土资源管理系统、市规划成果公示系统、市森林资源信息管理系统、市120急救指挥系统和数字肇庆地理信息公众服务网站，并总结应用模式，进行全面推广应用。11月25日，广东省数字肇庆地理空间框架建设工程设计书通过专家评审。省国土资源厅副厅长李俊祥和肇庆市副市长郑剑戈分别代表省国土资源厅和肇庆市政府签署共建共享协议。项目建成后，将成为肇庆市权威、唯一和通用的地理空间框架体系，在政府决策、公共服务、民生需求等方面发挥作用。

9月，市政府正式授权由肇庆市交通集团负责组建“肇庆市列管车辆卫星定位一级平台监控中心”，并负责今后平台的运营和管理。11月，肇庆市列管车辆GPS监控中心平台搭建完成，并完成信息录入。各安全监管部门和车属单位都可以通过该网络实时收集到安装车载设备的列管车辆的动态数据，为交通安全管理工作提供数据基础，真正达到信息数据资源共享。该中心为广东省第一例按省标准建成的市一级监控中心。

**【现代信息服务业】** 2010年6月23日，端州区政府与中国电子信息产业发展研究院、广东浩致集团有限公司签署《肇庆端州区生产性服务业发展战略合作框架协议》。计划3年内产业基地完成投资16亿元，实现年产值18亿元，创税1.5亿元的目标，创建成为国家级生产性服务业产业基地。9月，广东风华高新科技股份有限公司申报的“基于支计算架构的协同制造执行系统及其在电子元器件制造业中的示范应用”和高要市信息中心申报的“五金产业集群公共技术服务平台”项目获得2010年省现代信息服务业发展专项资金，每个项目获得150万元，合计300万元项目资金支持。

**【企业信息化】** 在2009年广东省信息化与工业化融合“4个100”示范工程及信息技术创新服务平台示范评选中，肇庆市有4家企业的6个项目被认定为省两化融合“4个100”示范工程。

2010年，全市有8家企业的8个项目被评为省两化融合“4个100”示范工程，1家企业被认定为两化融合“4个100”示范工程行业标杆企业。广东风华高新科技股份有限公司（新型元器件生产流程数字化改造工程）、广东肇庆德通有限公司（德通公司生产信息化应用改造项目）被认定为工业企业生产流程数字化改造示范；四会互感器厂有限公司（ERP系统在装备制造互感器行业应用）、广东鸿图科技股份有限公司（集成化压铸信息处理系统）被认定为装备制造数字化改造示范；肇庆市水务集团有限公司（V型滤池自动过滤系统）被认定为节能减排信息技术应用示范；肇庆华锋电子铝箔股份有限公司（生产线计算机控制系统）、广东鼎丰纸业有限公司（制浆工段增设漂前二段氧漂）、四会市东升电镀有限公司（五金电镀清洁生产管理系统）被认定为清洁生产信息技术应用示范。广东风华高新科技股份有限公司被认定为工业企业生产流程数字化改造标杆示范企业。

**【无线电管理】** 2010年，核发电台执照994台（个），办理新增设备765台，查处干扰9次，共监测3250小时。全市的移动通信用户总数有279.77万，台站总数是8871个，其中3G台站总数是1604座，GSM是2767座，PHS是1789座，对讲机是2426台。

**【问题与困难】** 一是电子信息产业主要集中在中心区，4个山区县十分薄弱；二是软件产业尚处于起步阶段，产业链较短，核心竞争力还不够强，市场抗风险能力比较脆弱，规模以上软件企业数量不多；三是现代信息服务业在全市经济总量中所占的比重偏小、竞争力不强，缺少有实力的信息内容服务机构和应用服务提供商；四是企业信息化技术服务支撑体系不够完善，企业信息化水平和层次不高，整体效果还不明显；五是信息化发展存在体制性障碍，资源整合和共享存在困难，导致资源开发利用效率不高。　*（陈　治）*

**附：2010年肇庆市经济和信息化局正副局长名录**

局　长：黄　靖

副局长：伍尚贵　王志坚　欧鉴明　关永清　梁锦芳　王　哲　王民侠

星湖湾公园一角

# 农　业

责任编辑：吴　才

## 综　述

【实施《规划纲要》】　“四年大发展”指标完成　2010年，第一产业增加值190.26亿元，增长5.4%；农村居民人均纯收入7524元，增长19.6%。农村居民人均纯收入高于全市平均水平的有：高新区33.91%、德庆县33%、鼎湖区29.3%、四会市26.9%、高要市21.4%。

特色主导产业发展加快　粮食：2010年全市创办14个水稻高产示范点，示范面积6666.67公顷。全市农作物总播面积33.65万公顷，粮食生产面积20.24万公顷（其中水稻16.71万公顷，优质稻达92%），粮食总产量110.51万吨，全市粮食考评达标。柑桔：全市柑桔面积6.33万公顷，产量78.23万吨，比上年增7.22万吨，产值超30亿元，产业规模居全省首位。蔬菜：全市蔬菜种植6.85万公顷，产量187.08万吨。畜牧业：全市肉类总产量43.02万吨，增长5.64%，全市畜牧业产值88.68亿元，增长5.2%。渔业：全年水产养殖3.13万公顷，水产品总产量32.89万吨，比上年增长3.3%，渔业总产值31.46亿元，增长5.3%。花卉：高要市、端州区、鼎湖区建设花卉园艺走廊，花卉园艺面积3333.33公顷。

五大农业服务体系建设　一是农业技术推广。是年组织农业科技下乡，发放科技资料3万多份；举办肇庆市第五届农业良种示范展示会，展示新良种1100多个，推广蔬菜新品种18个。主要农作物优良品种覆盖率达93%，畜牧业良种覆盖率达到85%以上，水产养殖业良种覆盖率为80%。二是农业信息化建设。年内进一步完善各级农业信息服务网络，加快建设市、县农业信息资料数据库，推进与实施“金农”工程，不断提高信息技术服务“三农”水平。三是农产品检测监督。年内开展禁用农药残留、兽药及兽药残留、饲料及饲料添加剂、农资产品质量专项治理，确保全市农产品生产质量安全。四是动物防疫监督。2010年，重点抓春、秋两季动物防疫工作，确保防控的免疫密度和质量。做好重大动物疫病监测工作和甲型H1N1流感防控工作，确保公共卫生安全和畜禽的卫生养殖。全市没有发生重大动物疫情。五是农机化建设。2010年，全市拥有农机专业合作社12家，比上年增加3家；合作社拥有社员295人，拥有农机344台（套），合作社作业面积4.5万亩，比上年增加1倍，合作社经营收入453.7万元，增长2.4倍。新增插秧机78台，是上年的2.3倍；新增旋耕机、微耕机等耕整机械4501台，是上年的1.5倍；新增联合收割机61台、增氧机3525台、滴渗灌机械133套、水果分级机7台。全市农机户数5.67万户，比上年增长13%，其中农机专业户1.1万户，增长16%；全市农机作业收入9.5亿元，增长18%。

【农村经济】　2010年，全市农、林、牧、渔总产值291.96亿元（现行价），增（比上年，下同）5.3%。其中农业产值133.09亿元、增4.6%，畜牧业产值88.68亿元、增5.2%，渔业产值31.46元、增5.2%，农林牧渔服务业产值2.66亿元、增7.4%。

农民人均纯收入7524元，增19.6%。各县（市、区）农、林、牧、渔总产值增幅达到或超过全市平均水平的有：高新区8.1%、四会市7.8%、德庆县7.2%、鼎湖区5.3%。

**【农业产业化进程】** 2010年，全市有年产值500万元以上的农业龙头企业111家，其中省级9家、市级42家、县级60家。带动农户22.76万户，农户从事产业化经营增加收入4.44亿元，户均年增收1952元，较好地体现企业的辐射带动效能。全市在工商部门登记注册的农民专业合作社达342家，辐射带动农户近13.69万户，联结基地面积8666.67公顷。拥有117个各类农村专业经济协会，农民专业合作经济组织总数达459家。农民专业合作社在辐射带动广大农民发展生产，提高农民的市场组织化程度，增强农民的抗击市场风险能力等方面发挥很好的作用。

**【农业标准化与信息化】** *农业标准化* 2010年，肇庆市取得绿色食品认证农产品1个，无公害认证种植业产品8个，申报绿色食品认证5个，申办无公害认证种植业产品17个。全市在认证有效期内的绿色食品共有5个，无公害产品60个。

*农业信息化* 一是办好农业信息网。2010年，发布信息近1万条，其中1000多条本地资讯被广东省农业信息网采用；解答农民提出的柑桔种植、禽畜饲养、水稻管理、农产品销售等问题96条；通过网站发布农副产品价格共1万4千多条。二是确保“12316”三农服务热线畅通。为农民在农业生产前、种养中及流通销售等环节上共发布“12316”电话语音150条，接受“12316”电话咨询、投诉87条，回复率100%。三是拓展农业信息服务。开展“农信通”本地化栏目短信服务，向30万农信通手机用户发布农业技术知识短信800多条，在柑桔销售季节期间，每天向农信通用户发布柑桔价格行程245条；与电台共同开办田园风景线12期，共邀请10名农业专家，为农民解决农业问题200多个。四是肇庆农业信息中心被中国电子商务协会、中国互联网协会评为“2010年度中国农村信息化杰出贡献单位”。

**【农产品质量管理】** 2010年，加强农产品生产基地日常监管，强化农产品检测工作和农业投入品市场的巡查力度，从源头上保障农产品的质量安全。全年抽检蔬菜样品1.22万个，合格率94.72%；水果样品123个，合格率100%。按照《广东省食用农产品标识管理规定》，重点抓好端州区、封开县在两试点地区的标识牌制作，与农贸市场、超市、农产品批发市场等食用农产品经营单位、经营者紧密合作，指导经营者亮牌经营；与工商部门联合，指导经营者建立健全食用农产品进销货台账，健全食用农产品可追溯制度。

**【名牌产品】** 2010年，肇庆市华雄农牧有限公司剑花牌4314大猪预混合饲料、广宁县创展农业科技有限公司第一桔牌有机沙糖桔分别被评为广东省名牌产品。全市累计有14个省级农业名牌产品。

**【依法治农】** 一是组织开展农业行政许可审批事项清理，简政强镇。二是为保障广大群众的知情权、参与权和监督权，凡涉及农业农村的重大事项（除保密事项）、政策法规、机构设置、办事指南、许可事项、收费依据、收费标准、服务承诺等有关政务信息，分别在办公场所或“肇庆农业信息网”上公开告示。市农业局与市政府行政服务中心建立“一站式”电子政务网上农业行政许可审批和监督管理机制，强化对农业行政许可的监督，提高农业行政许可审批的效率和透明度。全年没有行政许可审批“红黄灯警示”的现象。三是扎实推进农资打假工作。农业部门出动执法人员4100人次，检查农资批发企业、经营门店1440个，重点检查农药、种子、肥料等农资产品，立案调查违法案件237宗，依法查处抽检不合格、假冒、无登记证或擅自修改标签内容的农药、肥料，货值126.1万元，处罚没金额124.4万元，挽回经济损失616万元。辖区没有发生农产品质量安全责任事故，农业综合执法工作居全省前列。四是全市104个镇1397个村委会（经济联社）全部实行“会计代理制和选聘制”；全市5865个村民小组（经济社）的集体财务由镇或村代理（约占村民小组总数30%）。

**【科技兴农】** 2010年，全市培训县、镇级农技人员45期，参加培训人员2250人次；全市举办科技集市18场，参加活动农民3.86万人次；举办农技培训班509期，参加培训的农民4.36万人次。

派发农业科技丛书（小册子）2.8万本、资料12.5万份，每场培训结束后，专家还到现场解答农民生产上的技术问题。同时，对高要、德庆两县（市）各1000名县、乡两级农技推广机构中从事农业技术推广工作的技术骨干集中在市农业学校进行不少于5天的培训。

【农业对外经贸】 2010年，全市农业招商引资项目13个，投资总额7.5亿元，实际投入资金1.57亿元。组织怀集县桥头镇永发纯燕燕窝商行等12家企业，40多个产品参加第八届中国国际农产品交易会；在农交会广东交易团经贸合作项目签约仪式上，肇庆市有2个项目成功签约，共计1.3亿元，分别是怀集县燕窝购销合作项目，签约金额5000万元；德庆柑桔购销合作项目，签约金额为8000万元。组团参加第三届广东现代农业博览会。全市8个县（市、区）选送30多种名优农产品参展，组织德庆联发公司等4家企业进行名优农产品展销，市场反应热烈。

【农村沼气】 2010年，全市完成农村户用沼气建设2056户，其中：广宁县408户、德庆县115户、怀集县600户、封开县865户、高要市18户、四会市50户。“十一五”期间各级财政投资建设农村沼气建设资金共计1954万元，农村沼气建设促进新农村建设进程。

【基层人才】 2010年，全市拥有各类农村实用人才6.36万人，其中男性5.22万人，女性1.14万人；规模种植户2.12万人，规模养殖户8162人；农村专业合作组织负责人297人；农产品流通经纪人1338人，村级畜禽防疫员1135人；植物保护机防员1142人；农机作业驾驶员1.04万人；农村能源建护员445人；农业生产资料经营者2077人；农村生活资料经营者8615人；农村劳务经纪人352人；村级金融保险员28人；农村社区民政人才556人；农业产业化经营职业经纪人288人；农民企业家3369人；农村能工巧匠4133人；农村文化艺人240人。学历结构：小学1万人，占15.8%；初中3.32万人，占52.2%；高中（中专）1.88万人，占29.5%；大专以上1544人，占2.4%。

【减轻农民负担】 2010年，全市进一步加强涉农收费工作的监督管理，加强对涉及农民负担文件出台、项目公示的审核，及时清理废止已取消的涉农收费项目，各级涉农收费部门能严格执行政府及物价部门规定的收费项目及收费标准，并能注意做好涉农收费的公示。各地农村照明生活用电均实行城乡同网同价，农业灌溉用电及农排（涝）用电方面则都能本着为农业生产服务的宗旨，按农业用电收费价格。对村集体收费方面，注意抓好村集体为村民办事而违规收费方面的管理，防止村集体在办理土地承包、转包、合同签定等方面进行乱收费。全年没有发生村集体为村民办理外出务工、计生、建房、户口迁移等事宜的相关证明时而收费的现象。实行农村筹资筹劳“一事一议”制度，全市农村筹资筹劳共 371宗，涉及自然村283个，筹资金额267.87万元，筹劳16.65万人次，主要用作农村修路、水利维护及生态文明村建设等集体公益性项目，全市没有发生因筹资筹劳而引发农民投诉、上访的现象。年内，全市累计发放各项农业补贴资金达2.03亿元，其中种粮直补1.80亿元、农机购置补贴1373.5万元、渔船燃油补助1563艘，补助410.6万元、农村沼气建设补贴528万元。村级财政性补助资金方面，没发现村干部财政性补助工资不能兑现的情况。对符合政策征用的农村集体土地，严格有关征用报批手续程序，同时做好有关征用土地造册登记工作，确保被征地的农村集体及农民的各项补偿费能足额拨付和全部兑现。

【农村扶贫】 “双到”工作　一是肇庆市是全省较早实现“双到”基础工作“四个百分百”的地级市之一。2010年，全市投入帮扶物资资金2.91亿元，有149个贫困村集体经济纯收入达到3万元以上，有1.6万户共6.24万人实现人均纯收入达到2500元以上，分别占贫困村、贫困户、贫困人口总数的80.1%、55.2%和55.0%。二是全市186个贫困村的贫困户累计发展水果1733.33公顷、经济林1200公顷、新养殖禽畜35万多只，种养项目商品率达90%以上，种养项目预期收入稳定。全市贫困户新增转移就业12865人。三是各帮扶单位帮助贫困村发展集体经济，2010年新增村集体经济项目855个，其中农业项目685个、工业项目60个、商贸旅游项目86个、招商引资项目24个，部分项目已发挥效益。四是农村“一保五难”问题得到较好解决。全市农村低保标准不断提高，低保线最高的县（市、区）已达每年2500元以上，最低的也提高到2200元。是年全市贫困村新修建硬底化道路277公里，100%实现镇到村和300人以上大自然村通硬底化道路；全面完成省下达的735户危房改造任务；新增解决饮水安全2689户；新增贫困户参加农村合作医疗4318户，贫困户100%参加新型农村合作医疗；贫困户适龄子女普及义务教育入学率达100%，没有发生因贫困辍学情况。建成文化卫生设施165宗，新增农田水利建设受益面积1001.8公顷。五是坚持扶贫、党建“两手抓、两促进”，落实“三个为先”（以思想扶持为先、以解决班子问题为先、以抓开发思路为先），调建立健全村级组织工作制度，明确扶贫开发工作责任。六是探索了一批有效的扶贫工作模式。如各级干部分片包干、包村包户、示范点带动、抓两头促中间、结对子新三同、观念扶贫、产业扶贫、智力扶贫、创业就业扶贫、保障民生扶贫、全民参与扶贫等工作模式。七是中共中央政治局委员、省委书记汪洋于8月30日深入广宁县、怀集县就扶贫开发“规划到户、责任到人”等方面工作进行调研。期间，汪洋对肇庆市扶贫“双到”工作给予充分肯定。全省2010年度扶贫开发“双到”工作考评中，肇庆市获“优秀”等次。

**“大禹杯”工程**　2010年，肇庆市“大禹杯”竞赛项目共覆盖5个山区县（市）6个乡镇的7个村委，包括高要市活道镇首岭村重新建设水利陂头，受益农田36.67公顷，受益人口1650人；广宁县石涧镇宜洞村建设长4200米农产品运输道路工程和在联和镇河口村建设长1850米道路硬底化工程；德庆县武垄镇播荫村委会文榜口原草木陂附近修建浆砌石混凝土水陂；封开县大玉口镇群星村建设长15米，宽4米的钢筋混凝土桥梁工程，并进行农田水利综合治理设施建设工程，建设一个长10.4米，高2.3米水陂头，渠道清淤2000米，浆砌渠道200米；怀集县连麦镇万坪村开展中心渠综合治理工程，建设三面光硬底化排灌渠650米，治理中低产田33.33公顷。2010年5个“大禹杯”竞赛项目的实施使7个村委约5900户农户、2.6万人受益。其中修建小型桥梁1座，农产品运输道路工程4200米，村道硬底化建设1850米，修建陂头3宗，新建三面光硬底化排水渠0.85公里，渠道维修疏通清淤2公里，改造治理中低产田52公顷，有效解决近120公顷农田的旱涝保收，3个贫困村731户3369人行路难、出行难问题。

**农村安居工程**　根据粤财农〔2009〕514号文精神，肇庆市将省财政下达的735万元农村安居工程建设专项资金，按照每户补助1万元的标准，确定全市危房改造735户，市、县共投入配套财政资金301.35万元，其中市级财政资金154.35万元，县级财政资金147万元。肇庆市严格按照“因地制宜、统筹规划、整村推进、分类指导”工作原则，坚持规范运作，抓好宣传发动和项目工程的常态管理，把好资金发放关和检查、验收关，做到资金专款专用，省补助每户1万元资金一分不少发放到735户农户手中，扶持平均每户的市、县两级财政资金超过0.3万元，资金到位率100%、资金支出效果率100%。至年底，全面完成改造735户贫困户危房改造任务，项目总投资金3151.09万元，新建面积5.74万平方米，平均每户建设资金4.28万元，建设面积78.03平方米。

**智力扶贫**　一是坚持采取长期与短期相结合、集中室内授课与田头讲解相结合、办班与派发资料相结合，多方式、多渠道实施培训，不但提高农民的生产技术水平，而且促进农村贫困人口劳动力转移，大大增强其脱贫致富能力。实施输送贫困家庭子女到职业或技工学校免费接受三年技能培训学习计划，2010年有7508名贫困家庭子女受惠。二是高要市、广宁县、怀集县、封开县、德庆县在2010年共举办实用技术培训班41期，印发技术资料1.02万份，参加培训的贫困劳动力7909人，转移就业614人。其中省扶贫培训基地举办培训班2期，印发资料200份，培训农村贫困劳动力201人，转移就业196人，转移就业率97%，基本完成省下达的年度培训转移任务。

**【农业综合开发】**　肇庆市2010年国家农业综合开发项目涉及的项目区分别是高要市莲塘镇、封开县渔涝镇和怀集县梁树镇。2010年国家农业综合开发高标准农田建设示范工程项目涉及的项目区分别是高要市白土镇和封开县长安镇、金装镇。2009年度农业综合开发项目涉及的项目区分别是四会市地豆镇、广宁县洲仔镇和德庆县播植镇。

**土地治理项目**　一是2009年度国家农业综合开发土地治理中低产田改造项目，部分建设工程结转到2010年继续实施，至年底全部完成结转任务，共完成改造中低产田面积1333.33公顷，完成投资2055.68万元，其中财政资金1692.2万元，自筹资金363.48万元（其中投工投劳折资289.23万元）。工程任务完成情况：（1）水利措施投资1423.61万元：开挖疏浚渠道159.03公里，衬砌渠道68.13公里，修建渠系建筑物231座。（2）农业措施投资381.23万元：改良土壤1493.33公顷，修建机耕路43.67公里。（3）科技推广措施投资153.74万元：进行技术培训2450人次，购置仪器设备3台，示范推广340公顷。（4）其他支出：包括项目管理费、工程管护费。

1.改造中低产田项目：2010年度国家农业综合开发土地治理项目计划改造中低产田1900公顷；高标准农田建设示范工程项目1333.33公顷。合计项目总投资6026.9万元，其中中央财政资金2544万元，省级财政配套资金2035.2万元，地方市级财政配套资金254.4万元，县级财政配套资金254.4万元，自筹资金938.9万元（其中投工投劳折资692.75万元）。其中：2010年度国家农业综合开发土地治理项目计划改造中低产田1900公顷，总投资3356.9万元，其中中央财政资金1344万元，省级财政配套资金1075.2万元，地方市级财政配套资金134.4万元，县级财政配套资金134.4万元，自筹资金668.9万元（其中投工投劳折资480.98万元）。

工程完成投资情况：至年底共完成改造中低产田面积1186.67公顷，完成投资1923万元，其中财政资金1552.94万元，自筹资金370.22万元（其中投工投劳折资264.62万元）。工程任务完成情况：（1）水利措施投资1706.5万元：开挖疏浚渠道120.83公里，衬砌渠道79.98公里。（2）农业措施投资208.16万元：改良土壤886.67公顷，修建机耕路15.44公里。（3）其他支出：包括项目管理费、工程管护费。部分工程建设任务结转到2011年继续实施。

2.高标准农田建设示范工程项目：项目计划建设高标准农田1333.33公顷，总投资2670万元，其中中央财政资金1200万元，省级财政配套资金960万元，地方市级财政配套资金120万元，县级财政配套资金120万元，自筹资金270万元（其中投工投劳折资211.77万元）。完成投资情况：至年底，共完成高标准农田建设示范工程面积520公顷，完成投资982.46万元，其中财政资金892.16万元，自筹资金90.3万元（其中投工投劳折资76.02万元）。

工程任务完成情况：（1）水利措施投资837.11万元，其中①开挖疏浚渠道14.38公里，投资76.02万元；②衬砌渠道37.92公里，投资756.49万元；③修建渠系建筑物5座，投资4.6万元。（2）农业措施投资14.28万元，其中改良土壤366.67公顷，投资14.28万元。（3）田间道路措施投资115.27万元，其中干道8.53公里，投资115.27万元；（4）科技推广措施投资7.8万元，其中进行技术培训800人次，投资6万元；购置仪器设备3台，投资1.8万元。部分工程建设任务结转到2011年继续实施。

二是省级农业综合开发土地治理项目2008年度项目结转任务已全部完成；2009年度项目计划任务完成73%，部分工程建设任务结转到2011年继续实施。

计划任务：2009年度省级农业综合开发土地治理项目计划改造中低产田633.33公顷，项目总投资1137万元，其中省级财政资金920万元，地市级财政配套资金108.5万元，县级财政配套资金108.5万元。

建设工程任务为：（1）水利措施计划投资1041.63万元：开挖疏浚渠道3.82公里，衬砌渠道53.35公里，修建渠系建筑物24座。（2）农业措施计划投资55.59万元：修建机耕路9.88公里。（3）其他支出：项目管理费39.78万元。

完成投资情况：1、2008结转任务截至2010年12月底已全部完成，共完成改造中低产田面积386.67公顷，总投资701.34万元。建设工程任务为：（1）水利措施计划投资613.47万元：开挖疏浚渠道7.04公里，衬砌渠道36.15公里，修建渠系建筑物5座。（2）农业措施计划投资63.33万元：修建机耕路9.92公里。（3）其他支出：项目管理费24.54万元。2、2009年度项目计划任务至年底，共完成投资832.33万元，占计划投资的73%。建设工程任务为：（1）水利措施计划投资772.71万元：开挖疏浚渠道3.06公里衬砌渠道38.4公里，修建渠系建筑物3座。（2）农业措施计划投资39.36万元：修建机耕路6.67公里。（3）其他支出：项目管理费20.26万元。部分建设工程结转到2010年继续实施。

*产业化经营项目*　计划任务：2010年，广宁县种养基地扩大生产贷款贴息项目总投资816万元，其中中央财政贷款贴息16万元，银行贷款500万元，自筹资金300万元。完成情况：1、广宁县种养基地扩大生产贷款贴息项目全部完成，投资816万元。2、2009年度肇庆高要市国家农业综合开发产业化经营1500吨冻罗非鱼片加工改建项目，至年底已全部完成结转任务。完成投资168.37万元，其中财政资金44万元，自筹资金124.37万元。固定资产完成投资140.4万元：生产厂房144平方米，生产设备6台（套）。

*效益分析*　经济效益：（1）通过土地治理项目的实施，进一步健全推广普及优质稻高产规范化栽培技术，带动周边地区发展优质稻生产。2010年土地治理项目区改造后年新增优质粮食584.38万公斤，直接受益农户2.17万户、8.05万人，直接受益农民纯收入增加总额2041.25万元。同时，项目区还可通过产业结构调整，发展蔬菜、马铃薯、水果等经济作物，提高农业效益，增加农民收入。（2）通过产业化经营项目的实施，带动养殖和农产品加工的发展，年新增加工转化农产品150万公斤，年新增总产值达3225元，年新增加收入值451.96万元，年新增利税360.26万元，年新增就业人数150人，直接受益农户1573户、6292人，直接受益农民纯收入增加总额1573元。

社会效益：项目的实施，提高和完善项目区的农业生产条件，消除影响农业生产的障碍因素，使项目区扩大良种种植面积380公顷，优质农产品种植面积2980公顷。同时，解决农业劳动力就业不足的问题，增加农民的经济收入，为当地带来显著的经济效益。此外，通过对项目区农民进行优质水稻新品种及栽培技术推广的科技培训，提高农民的科技意识、生产管理及机械化的应用，为提高项目区农业经济收入开发打下了基础。

生态效益：通过对项目区的综合整治，有效地控制水土流失，减低土壤酸化，改善土地结构，加上采取冬种绿肥、增施有机肥等有效改良土壤，修筑机耕路、配套农业机械等，改善农田自然环境和生态环境，提高耕作水平和劳动生产率。新增和改善灌溉面积3300公顷，新增和改善除涝面积2373.33公顷，新增节水灌溉面积2193.33公顷，年节约水量653.67万立方米，有效地确保项目区农业生产的可持续发展。

**【老区建设】**　2010年，4个山区县（市）8个镇7个老区村的村道硬底化和饮用水安全问题得到解决。其中高要市活道镇政府为沙岗村修建一条长250米的混凝土村道；广宁县将项目资金安排到5个镇，包括石涧镇横迳社区饮水工程、南街镇城南村连塘坪村道建设项目、扶持螺岗镇螺源村村道硬底化建设项目、江屯镇江合村村道硬底化建设项目、潭布镇严垌村建设自来水工程；德庆县高良镇石龙坑村修建一条长1.1公里村道；怀集县扶持洽水镇革命老区饮用水安全配套设施工程项目。项目实施共新建硬底化村道8.25公里，解决5个村19个自然村4140人行路难问题；扶持建设饮水工程3宗，协助解决1个镇和5个自然村的饮水难问题，受益人口3万多人。

**【农村改革发展】**　2010年，端州区黄岗镇、睦岗镇分别改设黄岗街道办事处、睦岗街道办事处。农村土地林地流转扎实推进，每个县（市、区）基本建立一个以上的镇级土地承包经营权流转中心，全市经登记的农村土地流转面积近1.2万公顷，占家庭承包经营耕地面积10%。集体林权制度改革全面铺开，林权改革进度、林权抵押贷款总额均居全省第一。政策性水稻保险实现“零”的突破，投保面积81.2公顷。农村住房保险覆盖八成以上。农村社会养老保险试点逐步铺开，德庆县作为全省第一批试点进展顺利，鼎湖区、封开县正式开展新农保试点工作，全市农村居民参加新型农村养老保险29.53万人。农民工积分制入户城镇工作大力推进，全年全市共办理农民工积分制入户城镇7579人。印发简政强镇事权改革实施意见，推进富县强镇事权改革。

**【农村人居环境】**　2010年，全市新增生态文明村414个，省卫生村437个，省卫生镇1个，累计建成生态文明村3144个、省卫生村1910个，省卫生镇5个。省卫生村数量连续3年居全省地级以上市第一，广宁县实现村村有省级卫生村。怀集县岗勇村等8个村为肇庆市第一批宜居村庄。

**【农村社会事业】**　2010年，城乡基本公共服务均衡发展。农村低保对象实现动态应保尽保，新型农村合作医疗制度不断完善，实现常住农村人口100%覆盖。完成农村公路硬底化建设515公里，

300人以上大自然村道路硬底化扎实推进。完成农村饮水安全工程建设计划19宗，惠及19.3万人。实施“双转移”战略，开展农村劳动力免费就业创业技能培训，免费培训农村青年劳动力35506人、农民工技能提升培训14687人、智力扶贫2090人。农村科教、文化、计生、气象、信息等各项事业稳步发展。镇街综治、信访、维稳及矛盾调处工作机制不断完善，全市农村继续保持平安和谐稳定局面。

**【新农村示范建设】** 2010年，按照《中共肇庆市委、肇庆市人民政府关于加快农村改革发展开创农村工作新局面的实施意见》的要求，以建设新农村示范点为载体，从提高农民生活质量入手，实行农业生产发展与村庄环境整治、公共服务建设等相结合，突出地方特色，注重引导扶持，进一步巩固扩大新农村建设示范面，市级财政安排300万元社会主义新农村建设补助资金，全年新增新农村建设示范点38个。

**【问题与困难】** 一是农业企业品牌意识不强。农产品品牌发展不快，特别是省级名牌产品，随着省级名牌产品准入门槛的提高，肇庆市够条件申报省级名牌产品的企业越来越少，甚至有些名牌产品企业自动放弃复审。二是对农业产业化工作认识不足，投入少，甚至没投入。市、县财政都没有设立农业产业化资金。没有明确的任务目标和工作职责，推进措施不力。三是农业龙头企业上规模、上档次、科技含量高、辐射带动力强的数量不多。企业与农户的“缔结”还不够紧密，松散型较多。农业园区建设十分缓慢，农业社会化服务滞后。四是农村人才培训经费不足。由于受到培训经费不足制约，现在农业技术培训，都是短期的操作技能培训，要进行系统知识培训，时间长，经费开支增大而难实施，使农民接受现代农业技术培训减少，技术老化，缺乏创新。五是农村大中型沼气工程建设跟不上形势的发展。随着珠江三角洲产业转移，肇庆市成为全省重要生猪养殖基地。而众多规模养殖场的建设，大大地加重农村环境的污染。因此，各级政府要加大对大中型沼气工程建设的资金补助力度和广度，引导和鼓励养殖户进行大中型沼气工程建设，从而从源头上防止污染农村环境，为建设“幸福广东”添砖加瓦。

（江 丽）

## 种植业

**【生产情况】** 2010年，肇庆市全面完成种植业各项指标，粮食生产呈现“三增”态势。农业总产值133.09亿元，比上年增长4.6%。全市农作物总播种面积33.55万公顷，比上年增加122.8公顷。粮食生产面积20.24万公顷，比上年增加600公顷。粮食总产量110.51万吨，比上年增0.1%。其中全年水稻播种面积16.71万公顷、单产385公斤、总产量96.43万吨；经济作物种植面积5万公顷，比上年增加600公顷。其中油料作物种植面积2.51万公顷，产量6.99万吨，比上年增2%；蔬菜（含菜用瓜）种植面积6.85万公顷、产量187.08万吨，比上年同期增4.9%；水果种植面积8.1万公顷、产量103.87万吨，比上年增8.5%。

**【主要特点】** *优质稻种植与农产品展销* 一是优质稻种植面积稳中有增，2010年优质稻种植面积15.37万公顷，使种植优质稻的比例上升到92%，同时大力推广种植超级稻1.33万公顷。二是引入东莞市润丰国际蔬菜交易中心投资5000万元，建立肇庆市名优农产品展销中心（天天农展会），建立肇庆市名优农产品加工配送中心和建设供港优质蔬菜生产基地3333.33公顷，整合肇庆市名优农产品资源，有效拓展名优农产品销售市场，做大做强名优农产品品牌。7月，农产品加工中心正式营运；9月28日，“天天农展会”对外营业。

*粮食生产稳步发展* 一是年内迅速将省下达的粮食考评任务分解到各县（市、区），各地抓好任务的落实，是年全市粮食考评达标。二是落实各项惠农政策。抓好种粮综合直补、种粮直补、中央水稻良种（早造）补贴汇总、核实、申报工作，配合好财政部门做好各项种粮补贴发放，做到公开、公平、公正。2010年全市发放种粮补贴约1.8亿元。三是在高要、德庆、封开、怀集、四会、广宁等6个产粮大县，以粮食创高产活动为契机，结合科技入户活动、新品种展示、优质稻工程等项目，开展粮食创高产活动。2010年，在高要市、封开县、怀集县创办6个666.67公

项国家级水稻高产创建示范区，在德庆县、四会市、广宁县各创办1个省级333.33公顷水稻高产创建示范区。

*生产动态监测与灾后复产*　一是根据农业生产进度，及时掌握生产进度和生产情况，为领导决策和指导生产提供依据。二是加强灾前监测。加强与气象、三防等部门的协作，对可能出现的自然灾害提前预测预报，加强灾前预警信息的搜集与发布，及时提出灾前防御措施。三是根据灾害发生情况，及时组织相关业务部门会商，研究制定抗灾救灾措施，指导农民开展灾后生产自救。

**【两个主导产业】**　*优质蔬菜基地*　2010年，引入东莞市润丰国际蔬菜交易中心投资5000万元，建立肇庆市名优农产品展销中心（天天农展会），建立肇庆市名优农产品加工配送中心和建设供港优质蔬菜生产基地3333.33公顷，新增农业产值5亿元，成为2010年农业招商的一大亮点。带动全市优质蔬菜种植面积1.33万公顷，全年全市蔬菜（含菜用瓜）种植面积6.85万公顷、产量187万吨，比上年增4.9%；

*柑桔产业*　一是扩大完善无病毒优质种苗繁育（怀集）基地，年产优质种苗100万株。二是完善高要市、德庆县、封开县、四会市、广宁县和怀集县建立“以螨治螨”、综合防治示范基地，示范基地面积333.33公顷，通过几年的实践证明发现有效减少柑桔木虱，防止柑桔黄龙病的发生。全年全市柑桔种植面积达6.33万公顷，产量78.23万吨，比上年增7.22万吨。

**【农田水利建设】**　2010年，是“十一五”农田项目建设的最后一年，市、县政府投入资金8000万元，实施农田水利基本建设议案项目、基本农田整治项目、基本农田保护示范区项目、改造中低产田项目，整治大中型基本农田约3200公顷。据统计，“十一五”期间全市整治农田1.01万公顷，建设小陂头75个，共投入资金1.99亿元。

**【“土肥”工作】**　2010年，根据省土肥总站的要求，对所有申请肥料登记的有机肥生产企业进行生产条件和质量保证体系考核，对不符合生产条件的企业责令其限期整顿。做好改造中低产田项目的规划、申报、监督管理和项目验收工作，通过争取项目资金120万元建设示范点100公顷，带动群众改造中低产田1333.33公顷。做好测土配方施肥工作，争取项目资金225万元，带动全市推广测土配方施肥面积8000公顷。

**【科技推广】**　2010年，与省果树所、华农大等对口科研机构合作，举办全市黄龙病防控技术培训班，培训技术骨干150人。联合市科技局、团委和柑桔协会，开展送科技下乡活动，举办柑桔、蔬菜、马铃薯高产栽培等一系列的科普培训班68班（次），参与农民达2万多人次，派发各类培训资料3万多份。以农业良种展示会为载体，展示良种近1140个，同时展示适合本地的实用农业机械。推动科研单位、种业企业与农业生产者的紧密合作，为优良品种推广应用和农业科技普及搭建实时平台。在作物生长关键时期，各级农业科技人员深入生产第一线开展不同形式的技术服务，帮助农民解决新品种、新技术的引进、试验、示范、推广和病虫害的综合防治等方面的难题。

**【植物保护】**　2010年，农业科技人员及早了解全市各地虫情，根据病虫发生情况及禾苗生长进度提出防治策略和防治意见，有效地控制病虫害的蔓延，为水稻安全生产提供保障。继续做好农情信息工作，按要求做到情况明了、信息及时、数据准确。全年共报送农情信息170多份，农情信息成为各级领导掌握农业生产动态、了解情况的主要渠道。

**【冬种生产】**　2010年，肇庆市把冬种生产作为一造农业生产来抓。12月初召开全市冬种生产工作会议，及早研究和部署冬种生产规划，在高要市、怀集县、德庆县建立市级冬种马铃薯示范基地3个，建立县级冬种马铃薯示范基地4个共333.33公顷，辐射带动周边农户发展冬种马铃薯2000公顷。此外，高要市、德庆县、怀集县突出发展1.33万公顷优质蔬菜和3333.33公顷出口型马铃薯，封开县、广宁县、四会市、鼎湖区重点发展1万公顷优质蔬菜、3333.33公顷鲜食玉米和666.67公顷优质番薯生产，以上基地辐射带动周边适宜冬种区域，进一步扩大生产规模，优化结构布局，在全市形成专业化水平高、区域布局合理、特色鲜明、优势明显、竞争力强的冬种生产格局。

【问题与困难】 一是粮食补贴与粮食涨价尚不足以确保粮食效益提高。近年来，国内粮食市场价格虽然呈上涨之势，农民收入有所提高，但受粮食产量受自然环境影响较大、产量存在不确定性、农资价格上涨等因素影响，农民种粮收入增长缓慢，还不足以调动种粮积极性。二是柑桔黄龙病正迅速扩散蔓延，严重地威胁全市柑桔产业的发展。（李兰芬）

## 畜牧业

【简况】 2010年，肇庆市积极推进发展方式转变，精心谋划“十二五”，有效克服年初畜产品价格低迷及原材料价格上涨等不利因素的影响，全市畜牧业保持平稳健康发展的良好势头。2010年，全市畜牧业产值88.68亿元，比上年增长（下同）5.2%。

【牧业生产】 2010年，全市生猪出栏404.37万头，增长3.3%，年末存栏238.03万头，减少5.4%；牛出栏3.83万头，增长3.5%，年末存栏22.17万头，减少0.5%；羊出栏8.23万只，增长3.1%，年末存栏3.66万只，与上年持平；家禽出栏8394.79万只，增长0.4%，年末存栏2386.76万只，增长2.5%；肉鸽出栏540万只（部门提供的数据）。全市肉类总产量43.02万吨，增长5.6%。

【结构调整】 2010年，肇庆市畜牧兽医局结合编制全市畜牧业发展“十二五”规划工作，加快谋划和推进畜牧业结构调整，在进一步发展生猪、家禽、肉牛、肉羊、奶牛等现有产业的基础上，积极挖掘地方特色优势畜禽品种资源，提出今后要大力发展肉鸽、珍稀畜禽等两个产业的工作思路。

【规模养殖】 至2010年底，全市生猪养殖场中，年出栏量1000头～1万头（不包括本数）的有541家，1万头以上的35家；肉鸡饲养场中，年出栏量1万～10万只（不包括本数）的458家，10万～50万只的8家，100万只以上的4家。2010年，广宁县广三保养猪有限公司成为第一批16个国家生猪核心育种场之一；8家养殖企业跻身全国第一批畜禽标准化示范场行列，占全省总数的11%；广东华红饲料科技有限公司的现代养猪业及其产业化项目入选广东省现代产业500强项目；3家畜牧类企业被评为省重点农业龙头企业；省重点生猪养殖场再添11家，累计达20家，总数位居全省第二。

【品牌创建】 2010年，广东华红饲料科技有限公司的“剑花”牌大猪预混合饲料获得省名牌产品称号；肇庆大华农生物药品有限公司的高致病性禽流感油乳剂灭活疫苗通过省名牌产品的复审。全市畜牧业的省级名牌产品数量增至5个。通过无公害认证的畜禽产品累计达到24个，通过无公害产品产地认定的畜牧类企业累计达到33家。

6月6日，农业部兽医局局长李金祥（左）到市种畜繁育场调研

【畜牧产品行情】 生猪、肉鸡、肉鸭价格前低后高。一是生猪行情。年初，受供应增加的影响，生猪价格持续下滑，最低跌至每公斤9元，比年初的每公斤11元下跌22%；5月中下旬开始，随着国家冻肉收储和季节性消费等因素影响，猪价反弹，6月下旬起明显回升，到7月下旬生猪出栏价已接近每公斤14元，8、9月份，生猪价格超过每公斤14元，最高达到每公斤15元以上。年底，生

猪的价格基本稳定在每公斤14元左右，养猪的经济效益恢复到正常水平。二是肉鸡行情。受天气和通胀预期等因素影响，上半年家禽生产效益较差，大部分家禽养殖企业处于亏损状态。其中，快大鸡的价格在每公斤9元上下浮动，春节前虽然曾升至每公斤9.4元，但3月份后价格又回落到每公斤8.8元；三黄鸡的价格除春节前后曾一度达到每公斤14元左右外，其余时间都在每公斤10元～11.2元之间徘徊。下半年以来，肉鸡行情迅速升温。其中，快大黄鸡的价格升至每公斤13元；三黄鸡的价格也突破每公斤14元的盈亏平衡点，6月中下旬开始更是达到每公斤15元～16元，养殖效益进一步提高。三是肉鸭行情。是年第一季度，肉鸭价格处在每公斤7元的养殖成本线以下。4月份起肉鸭价格不断上涨，5月达每公斤9元～10元，养殖效益明显好转。四是肉鹅产销两旺。2010年，著名的地方品种——乌宗鹅市场走俏，价格始终维持在每公斤15元～20元的水平，肉鹅养殖户的生产积极性普遍高涨。五是鸡蛋行情持续火热。是年，受农产品价格上涨、天气、省外运输成本上升等多种因素的影响，鸡蛋价格一直维持在较高水平，上半年平均价格为每公斤8元，年底前已达到每公斤11元～12元的高位。

【重大政策（项目）】 2010年，畜牧业累计获得各类政策项目资金4886万元。其中，国家生猪调出大县奖励资金2175万元，生猪标准化规模养殖场（小区）建设项目资金1675万元，中央预算内投资动物防疫体系建设项目资金245万元，政策性能繁母猪保险保费补贴资金548.3万元，畜禽良种补贴资金167.7万元，省肉鸡标准化养殖扶持项目资金75万元。

【饲料生产和管理】 2010年，全市饲料总产量52万吨，比上年增长87.1%，其中配合饲料产量45.1万吨，比上年增长122%。主要工作：第一，继续深入开展饲料及添加剂专项整治行动，全市共出动950人次，累计检查饲料生产企业22家、饲料经营门店550家，检查抽样共2500批次，检测合格率为100%。第二，实施饲料产品质量安全监测计划，全年抽样送检饲料样本47个，检测合格率为97.87%。第三，指导饲料生产企业做好免税抽样送检工作，全市完成85个品种共255个样本的免税抽样送检。第四，开展饲料产品标签大检查，累计检查饲料和饲料添加剂生产企业27家，检查产品数量186个，饲料产品标签合格率为96.6%。

【重大动物疫病防控】 2010年，全市各级财政共安排疫苗采购经费538万元，采购禽流感疫苗9489万羽份，猪口蹄疫疫苗508.5万头份，牛羊口蹄疫32.32万头份，猪蓝耳病疫苗390.5万头份，猪瘟疫苗404.2万头份，全市四种强制免疫重大动物疫病的平均免疫密度全面超过100%。肇庆市兽医实验室顺利通过省级计量认证，成为全省第5家获得认证的实验室。8月起各县（市、区）独立开展血清学监测，县一级的动物疫病预警预报能力得到显著提升。畜禽免疫抗体监测方面，是年全市对212个猪场、198个鸡场、113个鸭场、59个鹅场进行监测，共监测鸡血清6068份、鸭血清1507份、鹅血清609份、猪血清7619份，通过及时有效的监测，增强各地免疫工作的针对性和实效性。四会市、封开县等公路动物防疫监督检查站全年检查畜禽运输车辆1.37万车次，累计检查牲畜392.56万头、家禽137.25万只，为肇庆市乃至广东省阻隔外源性动物疫病提供有力屏障。全市年内共检疫生猪398.68万头，其中产地检疫246.12万头，屠宰检疫152.56万头；检疫耕牛12.69万头。专门制定相关应急管理办法，规范应急物资储备；按照快速反应、科学处置的原则，明确各级应急预备队内部的分工，并坚持节日期间应急值班制度。年底，市级应急库共储备禽流感疫苗30万毫升、猪瘟疫苗10万头份、牲畜口蹄疫疫苗5万毫升、猪蓝耳病疫苗3万毫升、消毒灵2800公斤、消特灵280箱、防护服960套、防护口罩980只、防护靴340双、防护眼罩300只、动物扑杀器1套。全市年内没有发生重大动物疫情。

【问题与困难】 一是畜牧业发展的资源环境约束趋紧，产业波动的诱因越来越多，市场风险和自然灾害风险等各种影响因素日趋复杂。二是生产方式总体还比较落后，标准化程度和生产效率不高；信息监测预警比较薄弱；影响安全的因素众多，畜产品质量安全隐患长期存在，保障肉蛋奶供给和畜产品质量安全的压力越来越大。三是自然灾害频发使得防控形势更加严峻；全球范围动物疫情加重，周边国家疫情频发，境外疫情威胁难以有效缓解。四是饲料等生产投入品价格不断上涨，进一步提高养殖成本，影响畜禽养殖效益。

（吴碧军）

## 渔 业

【简况】 2010年，全市水产养殖面积3.13万公顷，比上年新增755公顷，养殖面积保持基本稳定。全市水产品总产量32.89万吨，比上年增1.05万吨，增长3.3%；水产加工品总量为5.07万吨，比上年增0.13万吨，增长2.7%，渔业总产值31.46亿元，增长5.2%。

【渔业管理】 *推广渔业品牌化生产* 2010年，全市罗非鱼养殖面积发展到7333.33公顷、罗氏沼虾面积2333.33公顷，四会市桂花鱼2000公顷、怀集县的四大家鱼、封开县贺江网箱等特色养殖生产也有较快发展，全市累计获国家农业部无公害水产品认证8个，获省无公害水产品产地认定15个。高要市继2008年获“中国罗非鱼之乡”之后，振业水产有限公司“振业牌冻罗非鱼片”获广东省名牌产品称号。

*抓好养殖证制度建设实施* 2010年，全市新增核发养殖证680本，核发面积2243公顷，全市累计核发水域滩涂养殖证1272本，核发养殖面积1.12万公顷，发养殖证面积占总水产养殖面积39.3%，占应发证面积63%。其中高要市发展较快，已发证面积占总水产面积的83.4%，占应发证面积的92.6%。

*建立建全渔业柴油补助档案* 2010年，市渔政支队按照省市主管部门要求，对2009年以来省、市财政部门下达肇庆市渔用柴油补助资金410.6万元进行清算，建立通报制度，进一步完善岗位责任制，建立以船为单位将渔船所有权人基本信息、渔船相关许可证件及历年油补资料集中建档，全市实现渔业柴油补助资料一船一档管理。

【执法检查】 *水产品质量安全专项整治* 2010年，肇庆市组织水产技术推广部门及渔政机构人员170人次，对98个养殖单位（其中养殖场70个，苗种场18个）进行专项检查。通过专项整治，全市水产苗种场、出口原材料注册场、无公害水产生产基地、一般养殖场和水产品批发市场均纳入监管范围，三类基地进一步建立和完善生产、用药、销售记录档案等生产质量安全自控措施，养殖生产单位监管率达98%。

*“亚运安保备战月”活动* 根据省“亚运安保备战月”部署，制订亚运安保备战与宣传活动实施方案，全市开展打击和取缔“三无”渔船、渔船临检与渔船安全隐患排查专项整治，市渔政支队、市海事局、市安监局联合实施“迎亚运、保安全”的联合执法行动，实施临船检查，派发《防止运输船与渔船碰撞航行作业指南》、《乡镇农（自）船不得非法载客》等宣传单张，查处与纠正未按规定放置救生设备、灯号渔船，通过专项整治，密切部门之间处置水上安全隐患的联动机制，进一步地提高渔民安全生产防范隐患意识，为广州亚运会提供安全、稳定、和谐的大环境。

【科技兴渔】 *推广良种良法* 2010年，建立市、县级试验示范基地15个，示范推广面积1666.67公顷，其中推广养殖澳洲宝石鲈面积33.33公顷，新增产值达225万元；主推的罗非鱼防寒综合养殖技术示范与推广面积1400公顷，新增亩产值2750元，新增总产值达5775万元，该项目同时还获2010年肇庆市农业技术推广一等奖。此外，市水产技术推广部门大力实施科技入户工程。

*从业人员培训* 2010年，市水产技术与市渔政支队密切合作，承办政府农村劳动力转移培训阳光工程，培训渔业从业人员980人（其中渔业船员540人、渔农440人），渔业船员以渔业船舶驾驶与安全、渔农培训以养殖技术、防病与规范用药为主，提高渔业从业人员持证上岗率和安全生产技术水平。市水产技术推广中心承办由省海洋与渔业局、省妇联联合举办的广东省首期“水生生物防治员”妇女培训班，来自肇庆市及云浮市的50多名妇女参加培训学习，并取得由国家农业部颁发的“水生生物病害防治员”职业资格证书，成为广东省首批具“水生生物病害防治员”职业资格的妇女。

*第三届广东“休渔放生节”肇庆分会场活动* 2010年，肇庆市首次倡议并实施发动社会团体、人士参加“休渔放生节”活动，团体和人士纷纷认捐鱼苗放生。活动放生水产种苗460多万尾（其中各

界社会人士150多人踊跃捐款1.5万元，鱼苗160多万尾）。通过“休渔放生节”活动，进一步提高人们对生态环境保护意识和促进人与自然的和谐发展。

**【水产品加工与流通】** 2010年，全市水产品加工生产企业发展到11家，水产加工能力9.5万吨／每年，水产冷库10座，总冷藏能力7900吨／每次。2010年水产加工品总量5.08万吨，比上年增1324吨，增长2.7%；水产品加工流通产值4.5亿元，其中出口创汇5000万美元。

**【问题与困难】** 一是由于全市中、低产鱼塘偏多，名优鱼养殖比例尚低。二是水产养殖中心区加工与出口企业发展较快，而其他山区县缺少水产品加工企业的龙头带动，水产养殖规模相对较小。三是各地对水产种苗场许可证管理及生产记录还不够健全，一般水产养殖者对生产、用药、销售等安全追塑制度建设认识还不足，相应制度建设不够规范等。　　*（钟光棣）*

## 农业机械化

**【简况】** 2010年，各级农业（农机）部门紧密结合贯彻落实科学发展观以及中央1号文件和省农业厅关于切实加快推进农业机械化发展的精神，以提高水稻生产机械化综合水平为重点，不折不扣地落实农机购置补贴政策，大力引进和推广先进适用的农业机械，有效地推动农业机械化持续、快速、健康发展，促进全市粮食增产、农业增效和农民增收。

**【农机拥有量】** 2010年，全市农机总动力为139.13万千瓦，比上年（下同）增长8.8%；农业机械原值8.27亿元，增长10.56%，净值5.03亿元，增长10.55%。全市拥有拖拉机2.49万台，增长3.32%，动力22.46万千瓦，拖拉机配套农具2.04万台套；排灌动力机械3.04万台，增长5.56%，动力21.75万千瓦；农产品初加工动力机械3.32万台，增长3.75%，动力18.15万千瓦；农用运输车0.92万台，增长3.37%，动力30.45万千瓦；畜牧养殖机械1.19万台，增长22.68%，动力7.9万千瓦；农田基本建设机械0.07万台，增长1.37%，动力3.99万千瓦；渔业机械3.56万台，增长15.96%，动力5.22万千瓦，其中鱼塘增氧机3.05万台，增长15.97%；水稻联合收割机646台，增长12.94%；水稻插秧机136台，比上年增加92台，增长209.09%。

**【农机作业水平】** 2010年，全市水稻播种面积16.82万公顷，机耕面积14.67万公顷，机耕水平87.2%，比上年（下同）提高13.46个百分比；机播（插）面积2650公顷，机插水平1.58%，提高1.27个百分比；机收面积7.30万公顷，机收水平43.38%，提高13.85个百分比。全市水稻耕、种、收综合水平为48.37%，增长9.89个百分比。机电灌溉面积12.64公顷；机械植保面积10.22万公顷；农机跨区作业面积2.70万公顷；农田机械节水灌溉面积1120公顷；机械化秸秆还田面积3.13万公顷；机械脱粒粮食83.44万吨；机械加工粮食208.2万吨；农机运输作业量2.7亿吨/公里。

**【落实补贴政策】** 2010年，市、县农业（农机）部门通过广播、电视、报刊等宣传媒体、互联网和结合农业科技下乡、安全生产月等活动，加大对农机购置补贴政策的宣传力度。主要工作：一是购插秧机实行县级累加补贴。高要市年内投入22万元，对购置前15台高速插秧机每台补助5000元，前15台手扶式插秧机每台补助1000元，补助秧盘13万元。德庆县出台政策，要求各乡镇购置2台插秧机，县级财政实行累加补贴，全县下半年购置插秧机21台。全市插秧机数量达到136台，比上年增92台。二是采取便民措施，方便农民购机。是年省下达给肇庆市的中央财政农机购置补贴资金继续增加，且审批权限下放到县一级，县级农机部门的工作人员经常加班加点，为了方便群众购机，高要市、广宁县将工作重心下移至乡镇，趁圩日到乡镇现场接受农民购机申请。

**【农机推广与培训】** 2010年，市、县两级农机管理部门通过举办农机演示会和培训班，提高农民对农机购置补贴政策和各种农机具性能的认识和了解。3月，市人民政府分别在封开县举行向农民赠送100台微耕机仪式，在高要市举办5000亩机插现场会，省农业厅领导、市政府分管领导参加赠机仪式和现场会。9月、11月，市农业局、市农机技术推广站联合举办农业装备演示会、冬种农机生产演示会和农机装备展示会，均收到很好的培训宣传效果。各县（市、区）围绕推广机械化育插秧、水产机械化、冬种机械化等工作，在春耕和双夏、秋收期间组织各类型现场演示会和培训班共39场，现场会既可让农民看得见、摸得着先进适用农业机械，又可以即时咨询农机购置补贴政策和农机使用、维护知识，群众反映热烈，效果明显。

【社会化服务体系】 2010年，全市农机户5.85万户，比上年（下同）增长16.5%，其中农机化作业服务专业户1.12万个，增长16.67%；从业人员1.29万人；农机化作业收入8.91亿元，其中农机运输收入5.74亿元。全市拥有农机专业合作社13家，比上年增加8家；合作社拥有社员288人，拥有农机344台（套），合作社作业面积3000公顷，比上年增加1倍，合作社经营收入453.7万元，增长2.4倍。农机维修厂及维修点739个，从业人员2008人。乡镇农机管理服务、各种农机化作业服务专业户和农机人员活跃在农业生产第一线，使农机经营服务体系和农机社会化服务加快发展，促进农村劳动力向第二、三产业转移，有效地增加农民收入。

【农机安全生产】 年初，市农业（农机）主管部门与各县（市、区）农业（农机）部门签订农机安全生产责任书，明确各级工作责任，确保农机安全生产常抓不懈。年内工作：一是做好农机的注册登记入户、年检审、安全检测等工作，规范农机安全管理，全市共核发驾驶证1.52万份，其中2010年全年核发驾驶证948人、增驾164人；全市农机注册登记1.47万台，其中2010年510台（拖拉机489台，收割机21台），年检审农机4951台，为推行农机手持证上岗制度、规范拖拉机和联合收割机等大型农业机械的管理打好基础。二是开展“农机安全生产年”活动。市、县两级制订活动实施方案和应急预案，开展创建农机安全示范县、示范村活动和农机安全生产宣传活动，全年悬挂宣传标语664条，派发宣传单张2万多份，开展咨询活动16次，参加咨询的农民群众4060人。6月9日，省农业厅在广宁县江屯镇举办2010年“广东省农机安全生产宣传咨询日活动”，省、市农机主管部门的领导和农机推广、监理等工作部门的领导出席宣传活动。三是加强联合执法检查，做好事故隐患的排查工作。市农业局作为市安委会的成员单位，每个季度参加市安委会召集的安全生产分析会，通报工作情况，查找问题，提出下一阶段工作计划。市农机安全监督管理所联合公安交警部门，对全市拖拉机上道行驶情况进行联合整治，排除安全隐患。各县（市、区）农机部门在重要的节假日、农忙季节组织开展农机安全生产大检查，狠抓农机安全生产各项防范措施的落实，发现问题，及时提出整改措施。全年共开展专项执法活动175次，出动执法人员1178人次，排查安全隐患771项，查出无牌无证从事生产经营活动416起。2010年，广宁县被国家农业部、国家安全监督总局评为“平安农机示范县”称号；市农机安全监督管理所、四会市农机监理站被省农业厅定为农机安全监理办证示范窗口；封开县大洲镇东坡村被评为农机安全村。全市全年没有发生农机安全事故。

【实施省人大《扶持农业机械化发展议案》】 2010年，落实购机补贴政策。全年使用农机购置补贴资金1373.55万元（含历年结余数），比上年增加324万元，增长30.8%，带动全市农民投入7593.34万元，全年补贴机具1.08万台（套），比上年增加2201台（套），增长25.6%，其中新增插秧机92台，全市插秧机总数达到136台；新增旋耕机、微耕机等耕整机械7905台，比上年增长29.8%；新增联合收割机74台、增氧机4195台、节水灌溉机械189套、水果分级机7台。抓好议案项目的实施。全年省下达肇庆市建设区域性农机推广站资金150万元、农机示范基地建设资金60万元、农机培训资金47万元，由于省项目资金在年底才下达，预计项目在2011年6月份将全面完成。全年中央和省下达肇庆市的农机化扶持资金1547万元，其中，中央购机补贴资金1085万元，比上年增加60万元，省农机购置补贴205万元；农机化项目资金257万元。

【问题与困难】 一是农机服务体系不完善，产业化服务领域不宽，农机化作业水平较低，技术储备、技术创新能力不足，未能适应日益增长的农机作业市场的要求。二是全市农机化发展不均衡，主要表现在“三快三慢”：中心区农机化发展较快，山区县发展相对较慢；水稻种植中机耕、机收发展较快，机插发展较慢；水稻机械化发展较快，水果、养殖业、农产品加工机械化发展较慢。三是农机安全生产形势不容乐观，尤其是随着拖拉机数量不断增加，无牌无证驾驶现象比较突出，人货混载、超载超速等交通违法行为时有发生。四是农机行政管理队伍建设有待加强。

（冯新华）

**附：2010年肇庆市农业局正副局长名录**

局　长：刘燕初

副局长：江世华（1月任）　李国华　卢锦汉　冼树聪（8月任）　张伙明（8月免）　陈浩扭（1月免）

星湖湾公园景观

## 2010年肇庆市种植业生产情况表

| 项目 | 播种面积（亩） | 总产量（吨）/数量 | 项目 | 播种面积（亩） | 总产量（吨）/数量 |
|---|---|---|---|---|---|
| 一、农作物总播种面积 | 5047433 | — | 二、水果 | 1215050 | 1038656 |
| （一）粮食作物 | 3036116 | 1105139 | （1）柑 | 205298 | 184988 |
| 1、稻谷 | 2506288 | 964265 | （2）桔 | 743701 | 597273 |
| 其中：糯稻 | 33885 | 11926 | （3）橙 | 45118 | 37614 |
| （1）早稻 | 1259159 | 472826 | （4）香（大）蕉 | 59018 | 103362 |
| （2）晚稻 | 1247129 | 491439 | （5）菠萝 | 6013 | 4508 |
| 2、小麦 | 115 | 22 | （6）荔枝 | 27022 | 22191 |
| 3、旱粮 | 176895 | 44898 | （7）龙眼 | 30672 | 15769 |
| 其中：玉米 | 145482 | 39819 | （8）梨 | 10956 | 9676 |
| 4、薯类（五折一） | 321390 | 91000 | （9）柿子 | 13103 | 13097 |
| 5、大豆 | 31428 | 4954 | （10）李子 | 28153 | 19228 |
| （二）经济作物 | 749256 | — | （11）番石榴 | 6826 | 7518 |
| 1、甘蔗 | 23175 | 103744 | （12）芒果 | 4696 | 3303 |
| 其中：糖蔗 | 10887 | 51083 | （13）柚子 | 10455 | 9296 |
| 2、油料作物 | 375841 | 69905 | （14）杨桃 | 5987 | 4068 |
| 其中：花生 | 375096 | 69854 | （15）其他杂果 | 18032 | 6765 |
| 3、麻类 | 349 | 54 | 三、茶叶 | 30636 | 5315 |
| 4、烟叶 | 17204 | 2753 | （1）绿茶 | — | 4580 |
| 5、木薯 | 239291 | 283054 | （2）青茶（乌龙茶） | — | — |
| 6、药材 | 24188 | — | （3）红茶 | — | 166 |
| 7、其他经济作物 | 69208 | — | （4）黄茶 | — | — |
| 其中：席草 | 4520 | 1825 | （5）其他茶 | — | 569 |
| （三）其他作物 | 1262061 | — | 四、桑叶 | 11972 | 20619 |
| 1、蔬菜（含菜用瓜） | 1027448 | 1870828 | — | — | — |
| 2、瓜类（果用瓜） | 86308 | 180595 | — | — | — |
| 3、青饲料 | 102035 | 119525 | — | — | — |
| 4、绿肥 | 27479 | — | — | — | — |
| 5、其他 | 18791 | — | — | — | — |

## 2010年肇庆市渔业生产情况表

单位：吨

| 单位 | 水产品总量 | 淡水产品 | 鱼类 | 优质鱼 | | | | | | | | | | | 其他鱼类 | | | | | | 甲壳类 | | | | | 贝类 | 其他类 |
|---|---|---|---|---|---|---|---|---|---|---|---|---|---|---|---|---|---|---|---|---|---|---|---|---|---|---|---|
| | | | | | 生鱼 | 桂花鱼 | 加洲鲈鱼 | 淡水白鲳 | 鳗鱼 | 青鱼 | 罗非鱼 | 鲮鱼 | 鲫鱼 | 鲂鱼 | 其他 | 鲩鱼 | 鳙鱼 | 鲢鱼 | 鲤鱼 | 其他 | | 优质虾 | 其他虾 | 优质蟹 | 其他蟹 | | |
| 肇庆市 | 328957 | 328957 | 311294 | 130899 | 3281 | 10197 | 1593 | 1948 | 787 | 3935 | 80722 | 16459 | 10190 | 1618 | 169 | 180395 | 72121 | 52813 | 27978 | 22968 | 4515 | 15450 | 14878 | 264 | 269 | 39 | 1600 | 613 |
| 端州区 | — | 2256 | 2236 | 390 | 20 | — | — | — | — | — | 250 | 70 | 50 | — | — | 1846 | 450 | 800 | 280 | 130 | 186 | 20 | 20 | — | — | — | — | — |
| 鼎湖区 | — | 27147 | 26960 | 9879 | 252 | 1985 | 120 | 449 | 19 | 86 | 2390 | 3147 | 1388 | 43 | — | 17081 | 8061 | 4981 | 1724 | 2279 | 36 | 99 | 99 | — | — | — | — | 88 |
| 大旺区 | — | 3966 | 3895 | 1821 | 55 | 726 | — | — | — | — | 622 | 1 | 417 | — | — | 2074 | 875 | 839 | 238 | 122 | — | 71 | 8 | 63 | — | — | — | — |
| 高要市 | — | 149637 | 135316 | 83345 | 424 | 1303 | 544 | 1265 | 383 | 1075 | 71584 | 2104 | 3977 | 686 | — | 51971 | 20591 | 16868 | 6336 | 5386 | 2790 | 14206 | 14001 | — | 176 | 29 | — | 115 |
| 广宁县 | — | 6125 | 5591 | 843 | 215 | 9 | — | — | — | 44 | 197 | 192 | 158 | — | 28 | 4748 | 2367 | 1032 | 526 | 496 | 327 | 254 | 99 | 117 | 38 | — | 280 | — |
| 四会市 | — | 79452 | 78489 | 26275 | 2002 | 6145 | 515 | 180 | 125 | 735 | 4083 | 9206 | 3053 | 231 | — | 52214 | 18920 | 14954 | 10911 | 6916 | 513 | 383 | 383 | — | — | — | 170 | 410 |
| 德庆县 | — | 14597 | 14427 | 1093 | 8 | 6 | 5 | 54 | — | 9 | 512 | 157 | 261 | 81 | — | 13334 | 5072 | 4673 | 1146 | 1954 | 489 | 170 | 170 | — | — | — | — | — |
| 封开县 | — | 24813 | 24499 | 5407 | 100 | 23 | 260 | — | 260 | 1476 | 674 | 1515 | 573 | 385 | 141 | 19092 | 9235 | 3895 | 2919 | 2869 | 174 | 247 | 98 | 84 | 55 | 10 | 67 | — |
| 怀集县 | — | 20964 | 19881 | 1846 | 205 | — | 149 | — | — | 510 | 410 | 67 | 313 | 192 | — | 18035 | 6550 | 4771 | 3898 | 2816 | — | — | — | — | | — | 1083 | — |

## 2010年肇庆市各县（市、区）畜牧业生产情况表（1）

| 单位 | 牲畜年末存栏情况 | | | | | | | | | | | | |
|---|---|---|---|---|---|---|---|---|---|---|---|---|---|
| | 大牲畜年末存栏（头） | | | | | | | | | | | | |
| | 1、牛 | （1）役用牛 | 能繁殖母畜 | 当年生仔畜 | （2）肉用牛 | 能繁殖母畜 | 当年生仔畜 | （3）奶牛 | 当年生仔畜 | 2、山羊年末存栏（只） | 能繁殖母畜 | 3、生猪年末存栏（头） | 能繁殖母畜 |
| 肇庆市 | 221726 | 132339 | 47810 | 18561 | 84979 | 6446 | 2187 | 4408 | 100 | 36582 | 9820 | 2380348 | 194565 |
| 端州区 | 223 | 100 | 4 | 4 | 53 | — | — | 70 | — | — | — | 10024 | 398 |
| 鼎湖区 | 5409 | 112 | — | — | 959 | 54 | 27 | 4338 | 100 | 2214 | 202 | 249545 | 26710 |
| 大旺区 | 211 | — | — | — | 211 | 51 | 27 | — | — | 286 | 82 | 136869 | 16958 |
| 高要市 | 10383 | 5638 | 1807 | 448 | 4745 | 1964 | 682 | — | — | 2051 | 75 | 328190 | 43519 |
| 广宁县 | 17080 | 11099 | 3104 | 1189 | 5981 | — | — | — | — | 2725 | 714 | 201355 | 9575 |
| 四会市 | 16213 | 7611 | 3535 | 1070 | 8602 | 1606 | 426 | — | — | 2778 | 1153 | 640430 | 58575 |
| 德庆县 | 14682 | 9541 | 4559 | 1901 | 5141 | — | — | — | — | — | — | 117092 | 5541 |
| 封开县 | 45579 | 29619 | 9902 | 3672 | 15960 | — | — | — | — | 15172 | 3292 | 207057 | 1863 |
| 怀集县 | 111946 | 68619 | 24899 | 10277 | 43327 | 2771 | 1025 | — | — | 11356 | 4302 | 489786 | 31426 |

## 2010年肇庆市各县（市、区）畜牧业生产情况表（2）

| 单位 | 牲畜年末存栏情况 | | | | | 牲畜当年出栏情况 | | | | | | | | | | |
|---|---|---|---|---|---|---|---|---|---|---|---|---|---|---|---|---|
| | 4、家禽年末存栏（只） | （1）鸡 | （2）鸭 | （3）鹅 | 5、兔年末存栏（只） | 1、出栏肉猪（头） | 2、出售和自宰肉牛（头） | 3、出售和自宰肉羊（只） | 4、出售和自宰肉狗（只） | 5、出售和自宰肉家禽（只） | （1）鸡 | （2）鸭 | （3）鹅 | （4）鸽 | （5）其他家禽 | 6、出售和自宰肉兔 |
| 肇庆市 | 23867649 | 14457202 | 6273794 | 2291006 | 132495 | 4043690 | 38301 | 82277 | 212754 | 83947873 | 50694199 | 24570833 | 6721402 | 1057410 | 904029 | 431033 |
| 端州区 | 108000 | 63700 | 43000 | 1300 | — | 24649 | — | — | — | 229005 | 125880 | 99736 | 3389 | — | — | — |
| 鼎湖区 | 1168984 | 484581 | 392113 | 125477 | — | 527959 | 792 | 783 | 561 | 4875561 | 2823983 | 880239 | 276383 | 604460 | 290496 | 2001 |
| 大旺区 | 167770 | 127943 | 34550 | 3320 | — | 111737 | 65 | 275 | 763 | 439240 | 117440 | 318535 | 3265 | — | — | — |
| 高要市 | 5683982 | 2733518 | 1372659 | 1312290 | 18813 | 743450 | 1899 | 4943 | 29293 | 18768876 | 10265310 | 4623833 | 3284047 | 229194 | 366492 | 55270 |
| 广宁县 | 2466144 | 1827289 | 268071 | 114446 | 10216 | 203835 | 1887 | 5254 | 28310 | 7780633 | 6097275 | 1185789 | 429817 | 15200 | 52552 | 15526 |
| 四会市 | 3712016 | 1767247 | 1403829 | 540940 | 7294 | 1141573 | 3573 | 2185 | 21904 | 16371102 | 8144387 | 5987567 | 2167024 | 67282 | 4842 | 16958 |
| 德庆县 | 3196103 | 2218047 | 815411 | 162645 | — | 139868 | 1874 | — | — | 6233888 | 4477246 | 1421781 | 245708 | 7090 | 82063 | — |
| 封开县 | 3318313 | 2446872 | 707010 | 9407 | 27593 | 215713 | 12905 | 13288 | 81893 | 10345548 | 7919622 | 2242749 | 20123 | 55470 | 107584 | 40148 |
| 怀集县 | 4046337 | 2788005 | 1237151 | 21181 | 68579 | 934906 | 15306 | 55549 | 50030 | 18904020 | 10723056 | 7810604 | 291646 | 78714 | — | 301130 |

## 2010年肇庆市各县（市、区）畜牧业生产情况表（3）

| 单位 | 畜牧业主要产品产量（吨） | | | | | | | | | | | | | | | | | |
|---|---|---|---|---|---|---|---|---|---|---|---|---|---|---|---|---|---|---|
| | （一）肉类总产量 | 1、猪肉产量 | 2、牛肉产量 | 3、羊肉产量 | 4、家禽肉产量 | （1）鸡肉产量 | （2）鸭肉产量 | （3）鹅肉产量 | （4）鸽肉产量 | （5）其他家禽肉产量 | 5、兔肉产量 | 6、其他肉产量 | （二）奶类产量 | （三）兔毛产量 | （四）蜂蜜产量 | 蜂蜡产量 | （五）禽蛋产量 | （六）蚕茧产量 |
| 肇庆市 | 430233 | 302105 | 4546 | 1489 | 115852 | 56182 | 41732 | 17526 | 286 | 126 | 1874 | 4367 | 10080 | 14 | 2126 | 924 | 28533 | 868 |
| 端州区 | 1873 | 1639 | — | — | 234 | 110 | 117 | 7 | — | — | — | — | 90 | — | — | — | 48 | — |
| 鼎湖区 | 46129 | 39597 | 95 | 12 | 6401 | 3254 | 1936 | 964 | 199 | 45 | 10 | 14 | 9990 | — | 130 | — | 2539 | — |
| 大旺区 | 9061 | 8328 | 7 | 4 | 708 | 135 | 568 | 5 | — | — | — | 14 | — | — | — | — | 68 | — |
| 高要市 | 81742 | 55446 | 219 | 82 | 25485 | 11733 | 6332 | 7361 | 29 | 30 | 99 | 411 | — | 14 | 1023 | 687 | 9243 | — |
| 广宁县 | 27043 | 15284 | 210 | 96 | 10946 | 7011 | 2493 | 1047 | 5 | 30 | 35 | 472 | — | — | 496 | 134 | 915 | 158 |
| 四会市 | 110226 | 85389 | 421 | 37 | 23897 | 8961 | 8732 | 6182 | 21 | 1 | 44 | 438 | — | — | 54 | 15 | 8962 | — |
| 德庆县 | 19113 | 10350 | 223 | | 8540 | 4985 | 2757 | 786 | 2 | 10 | — | — | — | — | 104 | 28 | 1579 | 619 |
| 封开县 | 33926 | 16141 | 1537 | 242 | 13793 | 9102 | 4597 | 69 | 15 | 10 | 195 | 2018 | — | — | 224 | 35 | 1550 | 55 |
| 怀集县 | 101120 | 69931 | 1834 | 1016 | 25848 | 10891 | 14200 | 742 | 15 | — | 1491 | 1000 | — | — | 95 | 25 | 3629 | 36 |

（市农业局）

# 林业 水务 气象

责任编辑：吴　才

## 林　业

【森林资源】 2010年，全市林业用地面积110.17万公顷，占全市国土总面积74.16%，有林地面积101.12万公顷，森林覆盖率67.7%；活立木蓄积量4731.38万立方米，年生长量220.5万立方米。全市划定国家级、省级生态公益林25.84万公顷，占林业用地总面积的24.4%。

【造林绿化】 2010年，完成造林面积1.76万公顷，其中迹地更新1.60万公顷、低产林改造1100公顷、封山育林500公顷。新增珍贵树种种植面积2300公顷。至年底，珍贵树种人工林面积达7800公顷，比2005年净增7700公顷，超额完成市政府提出的“十一五”期间发展6700公顷以上珍贵树种的目标任务。全民义务植树活动深入推进，共完成全民义务植树569.75万株，参加义务植树人数158.27万人，尽责率86.7%，人均3.6株。

【生态公益林体系建设】 2010年，肇庆市中心区8000公顷环城绿化带建设工程启动；林业生态文明“万村绿”工程年度任务超额完成，176个村完成植树绿化，是省下达任务的110%；完成新增国债投资防护林工程造林833.33公顷、省重点项目生态公益林林分改造233.33公顷。创建林业生态县工作取得新的进展，端州区被省政府授予第七批“广东省林业生态县”称号；鼎湖区创建林业生态县工作顺利完成，于12月25日顺利通过省的验收。

3月12日，覃卫东、郭锋、梁国安等市领导参加义务植树活动

【林业产业化发展】 2010年，林业产业总产值118.19亿元，其中第一产业37.47亿元，第二产业77.38亿元，第三产业3.34亿元。木材产量107.12万立方米、竹材4623.23万根、人造板55.54万

立方米、木竹地板22.54万平方米、木片4.19万立方米、松香类产品10.26万吨、松节油类产品0.53万吨、木竹浆板10.2万吨。森林生态旅游人数191.65万人次，收入3.23亿元，直接带动其他产业产值9.96亿元。

11月4日，国家林业局副局长印红(右三)考察肇庆星湖湿地公园

**【资源林政管理】** 2010年，省下达肇庆市商品材采伐指标136.89万立方米，经省批复另外增加及结转工业原料材指标65万立方米，实际采伐量171.78万立方米。全市办理使用林地183宗，面积1345.03公顷，全部经林业主管部门审核，审核率为100%。

**【森林资源保护】** *森林防火* 2010年，全市发生森林火灾2宗，受害森林面积19.53公顷，森林火灾受害率0.02‰；森林火灾发生率0.21次每10万公顷有林地。森林火灾发生率和受害率均没有突破省的“双控”指标，达到有火不成灾，不发生重、特大森林火灾和人员伤亡事故的森林防火工作目标。

*森林病虫害防治* 2010年，全市林业有害生物发生面积2.85万公顷，无公害防治率93.57%，成灾面积为0。松材线虫病防治取得新的进展，基本拔除封开县江口、都平、白垢、罗董、大洲等5个镇的疫点小班，全面完成省下达的防治目标任务，顺利通过省的验收。

*野生动植物保护* 2010年，组织开展“鸟节”、“爱鸟周”、“野生动物宣传月”活动，组织团体到星湖观鸟；组织野生动物禁猎宣传；联合市打私办等单位将查没的野生动物放生及死体销毁；开展专项执法检查，对野生动物养殖场所、集贸市场、超市、宾馆酒楼、药店、交通站场及物流站点进行一次全面的联合执法检查，出动执法人员96人次，派发宣传资料200多份，查处野生动物行政案件13宗，查获国家保护野生动物487只（条），行政处罚19人次。

*林区治安* 2010年，全市各级森林公安机关先后组织开展“春季行动”、“绿粤行动”等专项行动，严厉打击破坏野生动植物和林地资源等违法犯罪行为。全年各级森林公安机关共受理各类森林案件655宗，破获查处632宗，破案率96.5%。收缴非法木材5248立方米，收缴国家保护野生动物3894头（只），挽回直接经济损失403.76万元。2004～2010年，肇庆市分局连续7年被省森林公安局评为执法质量考评优秀单位。

**【集体林权制度改革】** 2010年，全市各地通过再动员再部署，林改各项工作指标基本达到省的验收标准。全市集体林地确权面积94.21万公顷，确权率96.5%；完成林地所有权发证93.87万公顷，占96.2%，使用权发证55.73万公顷，占93.3%；完成股权证发证55.73万公顷，发证率96.0%；全市落实林改工作经费2478.5万元，包括中央和省下拨1466.8万元，各地自筹1011.7万元。市及四会、德庆、广宁、封开和怀集分别建立林权交易服务中心，并开展相关的业务，办理林地、林木抵押贷款项目185宗，抵押贷款8.64亿元；全市“两站”（林业站、木材检查站）及部分事业站743名工作人员全部纳入财政供养。

**【林业普法】** 2010年，组织市林业局、市森林公安分局、市国有林业总场、市林科所、市濒危野生动物救护中心的人员共120多人参加全市普法学习和考试。着重加大对集体林权制度改革、山林纠纷、森林防火、野生动物保护等方面的法律法规宣传力度，为保护森林、确保肇庆市林业持续健康协调发展创造良好的法制环境，并圆满完成“五五”普法工作任务。组织开展行政审批事项清理、行政执法职权的核准、界定工作。开展林业执法检查，促进行政执法行为规范化、标准化。加强木材检查站基础设施建设，完善管理制度，强化监督，加强治理公路“三乱”，全市林业系统实现无公路“三乱”。

**【林业科研】** 2010年，全市林业系统有3个科研项目获奖，1个科研项目通过成果鉴定，其中肇庆市林业总场承担的《桉树优良无性系品种选育研究与推广》获2010年肇庆市农业技术推广一等奖，新岗林场《红豆杉人工引种及高效种植示范与推广》获2010年肇庆市农业技术推广三等奖。6个科技项目通过验收，包括1个国家级项目、3个省级科技项目、2个市级科技项目。组织申报各级科技项目16个，获项目扶持资金205万元。2个省级现代林业示范区（基地）建设稳步推进，北岭山优良珍贵树种培育示范基地建设累计完成665.27公顷；大南山现代林业试验示范基地累计完成造林663.6公顷。

**【林业建设资金】** 2010年，全市投入林业建设的中央、省和市财政资金1.40亿元，主要用于生态公益林效益补偿、集体林权制度改革、林业重点生态工程及林业减灾防灾工程及林业科技推广项目等。同时，按照“慎用钱”的要求，依照事权财权划分原则，明确责任主体，建立责任制，加强林业资金管理和稽查，确保林业资金安全运行。

**【国有林场】** 2010年，肇庆市国有林业总完成造林1340公顷，占计划的116%。高标准营造三大基地：累计完成珍贵用材林基地2386.67公顷、城市绿化苗基地2500公顷、速生桉基地6973.33公顷，顺利完成“十一五”规划建设任务。经营总收入再创历史新高，超额完成年度经营目标，是年实现经济总收入8460万元，比上年增收2600万元，增幅44.3%。

**【问题与困难】** 随着林权制度的深入推进，林业市场经济发展滞后问题日益突出，还没有形成完善和规范的森林资源资产评估体系；林业支撑服务体系还需要进一步健全，林产品行业协会、各类林业经济合作组织发展缓慢；林业基础设施建设比较脆弱，抗御自然灾害的能力不够强；生态公益林地利用率低下，经济效益难以发挥；个别地方乱砍滥伐林木、违法占用林地等破坏森林资源的行为还时有发生。（*赖友明*）

**附：2010年肇庆市林业局正副局长名录**

局　长：李少芬

副局长：吴汉东　邓和大　陈立和　朱　明

## 水务管理

**【机构改革】** 2010年，根据2009年印发的《肇庆市人民政府机构改革方案》，撤销市水利局，设立市水务局，为市人民政府的工作部门。11月1日，市政府印发《肇庆市水务局主要职责、内设机构和人员编制规定》，正式确定市水务局的职能、内设机构和人员编制。根据市政府印发的“三定”方案，市水务局的职能由原市水利局的15项变为17项，新增加的和强调要加强的职能有3项：（1）将原市市政管理局供水、用水、节水、排水、污水处理的行业管理职能划入市水务局；（2）加强水资源的节约、保护和合理配置，保障城乡供水安全，促进水资源的可持续利用；（3）加强防汛防旱防风和防低温雨雪冰冻工作，减轻水旱灾害损失，提高抵御自然灾害应急应变能力。11月24日，市水务局举行挂牌仪式。年内，全市水利工程建设主要有6大类，即城乡水利防灾减灾工程、农村饮水安全工程、病险水库加固工程、农田水利重点县工程、机电排灌工程和水库移民安居工程。完成水利建设投资11.067亿元。

**【实施《规划纲要》】** 2010年，由市水务局牵头承担的落实《珠江三角洲地区改革发展规划纲要》的重点项目有2项：一是城市备用水源工程，建九龙湖水厂（5万立方米每日），建设端区城区至九龙湖水厂DN800输水管道16公里。项目计划分两年建设，其中2010年度要完成的计划投资3230万元。至年底，投资建设任务顺利完成，完成备用水源管网二期建设工程，并通水使用。二是景丰联围加固工程，按50年一遇标准加固43公里防洪堤，重建和技改排涝泵站8座，按10年一遇到设计排洪标准，对围内62.6公里截洪渠进行加固。概算总投资为10.30亿元。其中2010年度计划完成投资3.0亿元，实际完成投资3.44亿元。景丰联围43公里防洪堤主体工程已基本完成，年底前抓紧扫尾工作；有5座排涝泵站主体工程完工，并在5月份发挥排涝效益，年底前正在做验收工作；另外，羚山泵站完成主体工程，罗隐泵站和贝水泵站的主体结构正在施工，这3个泵站将于2011年4月前具备抽排水能力。截洪渠一期工程接近完工。

**【国家防总莅肇检查工作】** 2010年6月5日，国家防总指挥部秘书长、水利部副部长刘宁率领国家防总防汛抗旱检查组，在省水利厅厅长黄柏青的陪同下，对肇庆防汛抗旱工作进行检查。检查组先后检查景丰联围加固建设情况和鼎湖区九坑河水库除险加固情况。

**【省水利厅厅长黄柏青来肇调研】** 2010年3月11～12日，省水利厅厅长黄柏青莅临肇庆视察水利、三防工作。先后视察景丰联围除险加固工程、鼎湖区九坑河水库除险加固工程、怀集县县城防洪工程、怀集县小型农田水利工程和广宁县县城防洪工程等5宗水利工程建设的施工现场，并听取肇庆市水利工作汇报。

**【农村饮水安全工程】** 肇庆市农村饮水安全工程从2007年起至2013年分年度实施，要解决农村饮水不安全人口为96.5万人。2010年，肇庆市全部完成国家安排的年度计划，工程19宗、解决农村饮水不安全人口19.33万人。超额完成市政府年初工作报告提出解决10万人饮水问题的任务。省已下达计划而中央尚未下达计划的2010年度的14宗工程项目也已全部完成初步设计审批，年底陆续开工建设。

**【全市水利工作会议】** 2010年，以市政府名义召开4次全市性水利工作会议：（1）1月21日在怀集县召开的全市冬修农田水利基本建设现场会，市政府部署农田水利基本建设工作。（2）2月8日在市政府小礼堂召开的全市水利工作会议，传达全省水利工作会议精神，总结上一年度全市水利工作和部署新一年水利工作，并要求抓好7项工作：一是贯彻省市有关会议和文件精神，理顺水务管理机制；二是确保安全度汛，夺取三防工作的全面胜利；三是全力以赴推进水利工程建设；四是全面加强水政执法工作；五是加强水资源管理和节约保护工作；六是抓好水库移民和安全生产工作；七是全面加强全市水务系统的自身建设。（3）8月5日在高要市召开的全市水利工程建设工作会议，会议主题是加快水利工程建设，市政府要求：一是必须高度重视；二是必须明确要求；三是必须突出重点；四是必须落实责任；五是必须强化管理；六是必须协调联动。（4）12月28日在四会市荔枝湾酒店召开的冬修水利暨水利工程建设现场会，会议总结上一年度的冬修水利工作情况和水利工程建设情况，并要求抓好3项工作：一是切实抓好冬修农田水利建设；二是抓好在建各类水利工程建设；三是认真抓好全市水利普查工作。

**【污水处理厂建设】** 2010年，污水处理设施建设重点转移到中心镇的污水处理厂建设上来，全市实施的污水处理厂建设项目有8宗，分别位于肇庆中心区的8个中心镇，即鼎湖区的莲花镇、永安镇，高要市的新桥镇、金利镇、白土镇和四会市的大沙镇、江谷镇、地豆镇。工程进展情况：（1）鼎湖区莲花污水处理厂总投资3000万元，工程建设采取BOT模式，设计日处理污水能力为1.5万吨。该项目于2009年12月29日动工建设，至本年度末已基本完成建设任务。（2）鼎湖区永安镇污水处理厂采用BOT模式，总投资998.63万元，设计日处理污水能力为5000吨。该项目10月初开工，至年底主体工程仍未完成，网管也未铺砌。（3）四会市大沙镇污水处理厂工程总投资5897万元，设计日污水处理能力为3万吨。该项目8月底完成施工招投标。（4）江谷镇污水处理厂工程总投资340万元，设计日污水处理能力为3000立方米，项目于9月底完成施工招投标。（5）地豆镇污水处理厂工程总投资850万元，设计日污水处理能力为2000立方米，项目于8月底完成施工招投标。12月17日，四会市大沙、地豆和江谷等3个镇的污水处理厂同时举行主体工程竣工庆典仪式。（6）高要市金利镇污水处理厂规划总规模为日处理能力5万吨，其中第一期建设规模为2万吨，配套管网长7.60公里。（7）白土镇污水处理厂建设规模为日处理能力2万吨，配套管网长10.88公里。（8）新桥镇污水处理厂建设规模为日处理能力1万吨，其中第一期建设规模0.5万吨。全市3家污水处理厂均采用BOT模式进行建设，由广东中天恒基环保投资有限公司建设及营运；这几个建设项目均在8月份开工建设，年底均完成主体工程并开始铺设管网。2010年度肇庆城区第二污水处理厂完成升级改造，使排放标准由原一级（B）提高到一级（A）。3月21日，肇庆市环境保护局对肇庆市区第三污水处理厂首期工程建设项目进行竣工环境保护验收，认为该厂在工程建设和环境保护“三同时”中较好地落实环评报告的要求，试运行情况良好，工程整体符合环保验收标准，同意通过环保验收。第三污水处理厂的顺利验收，使肇庆端州城区的日污水处理能力由原来的11万立方米增至16万立方米。

【城乡水利防灾减灾工程】　肇庆市于2003年底开始实施，有15宗省城乡水利防灾减灾工程，概算总投资20.99亿元。2010年底，已到位的资金20.01亿元，其中地方配套资金9.80亿元。全市有4宗工程通过省水利厅的销号验收。怀集县城市防洪工程、高要市城防工程和联金大堤的金安围和联安围加固工程4宗项目是利用BT模式进行建设，由于资金充足到位，年内建设进度进一步加快。至年底，全市城乡水利防灾减灾工程累计完成投资13.79亿元，占总投资的65.65%。

【景丰联围加固工程】　景丰联围除险加固工程一直是近年省、市的重点基本建设工程。整个工程的规划建设期限是从2008年至2010年，建设内容是：按50年一遇标准加固43公里防洪堤，重建和技改排涝泵站8座，按10年一遇到设计排洪标准，对围内62.6公里截洪渠进行加固。概算总投资10.30亿元。其中2010年度要求完成计划投资3.0亿元，实际完成投资3.44亿元。形象进度方面，防洪堤工程全长43公里，项目中主体工程土方填筑、水下抛石、混凝土护坡基本完成，年底抓紧扫尾工作；石咀、横槎、石溪等5座泵站主体工程完工，5月份已具备自排和抽排功能，发挥排涝效益，年底做好扫尾工程和验收工作；8月，羚山泵站、罗隐泵站、贝水泵站全面开工，至年底，羚山泵站完成主泵房、副厂房和管理房的主体工程，正在进行压力涵、自排涵、压力水箱和主泵房机组等的安装施工；罗隐泵站基础处理工作基本完成，副厂房、主泵房、压力涵、自排涵等正在进行砼结构施工；贝水泵站的基础处理工作基本完成，副厂房、主泵房、压力涵、自排涵等主体砼结构正在施工。景丰联围加固工程基本完成年度建设目标任务。

【病险水库加固工程】　2010年度是此类工程建设的最后一年。至年底，中央专项规划的水库除险加固工程全面完成。省专项实施的大中型病险水库除险加固工程共8宗，完成投资接近80%的有6宗，其中主体工程基本完工的有2宗。全市省专项实施的大中型病险水库除险加固工程累计完成投资1.13亿元，占总投资的72.72%。另外，全市列入省专项实施的小型病险水库除险加固工程65宗，年内已全部开工建设，其中已完成投资50%～80%的有17宗，完成投资80%以上的有14宗，已完工的有31宗。全市65宗省专项实施小型病险水库除险加固工程总投资7208万元，至年底累计完成投资5970万元，占总投资的82.82%。

【机电排灌工程】　2010年，机电排灌工程建设主要是大江大河沿线的重要泵站的重建和改造。由于国家加大对基础设施的投资力度，肇庆市景丰联围沿线8宗泵站、高要市金利泵站和宋隆泵站共10宗大泵站列入中央投资计划。年内景丰联围有5处（波罗窦、石咀、广利、横槎、石溪）已基本完成，在建工程3宗（罗隐、贝水、羚山），可在2011年汛期前完成。高要市金利泵站和宋隆泵站已经完成可行性研究报告初步审查并已经上报省发改委审批。同时，在建的大旺区白沙泵站主体工程已基本完成，水泵已完成安装4台，其余4台水泵和电气安装计划在2011年1月中旬完成，计划在2011年2月中旬试运行。鼎湖区沙浦电排站已完成施工招标等前期工作。

【水电工程】　2010年，新建成投入使用的小水电站有3宗，在建的小水电站只有1宗，即怀集县的莫湖水电站。至年底，全市小水电装机容量67万千瓦，本年度发电总量15亿千瓦时。中央项目电气化县建设顺利完成。怀集县作为全国“十一五”水电农村电气化县建设项目，完成电源建设34宗3.85万千瓦，完成投资2.85亿元；完成电网建设或改造7宗11.75万千伏安，建设输电线路569.5公里，完成电源电网建设总投资为4.07亿元。12月中旬，怀集县项目顺利通过省级验收。

【三防工作】 2010年，肇庆市三防工作实现“无一堤防崩溃，无一水库垮坝，无一人员伤亡”的三无目标。全年因洪涝风灾害造成全市7个县（市、区）75个乡（镇）12.64万人受灾，倒塌房屋3421间，直接经济总损失2.71亿元，其中水利设施直接经济损失0.55亿元。主要抓好6方面的工作：

*及早准备，夯实基础* 市委市政府主要领导年初就作出重要批示，要求全市各级各部门及早准备，全面做好防汛各项工作，确保安全度汛，确保人民生命财产安全。春节刚过，市委副书记吴华钦亲自带队检查景丰联围、大旺围、大湾围等重点工程的备汛情况。2月初，市防总发出通知，督促各地加快在建工程建设进度，要求相关单位修改完善度汛方案和应急预案。2月下旬，副市长李天主持召开2010年防汛形势会商会，要求充分认识全市防汛形势的严峻性，按预防大洪水的情况来做好防汛备汛工作。3月中下旬，市委、市政府派出检查组到各地检查。4月上旬，召开全市三防工作会议，部署全年三防工作。6月上旬，市防总举办防汛责任人培训班，提高各级防汛责任人的组织指挥、科学决策和应急处理能力。

*高度重视，靠前指挥* 全市各级党政领导和相关职能部门负责人，身先士卒，靠前指挥，周密部署，应对各种汛情、险情、灾情。市委书记覃卫东、市长郭锋和市委副书记吴华钦、副市长李天对每次汛情、风情都作出批示，或通过异地视频会议等形式，提出具体工作要求，并多次亲临灾区现场指挥抗洪救灾工作。为切实做好救灾复产工作，年内全市相关职能部门取消端午节和国庆节休假，市委、市政府主要领导亲自带领相关部门负责人深入灾区慰问受灾群众，指导当地开展救灾复产工作。同时，市防总各成员单位和各县（市、区）领导认真履行职责，在防汛抗洪工作中发挥关键作用。

*明确职责，落实责任* 首先，根据相关单位领导分工变化情况，市防总及时调整充实市三防指挥部，并增加市纪委作为成员单位。各县（市、区）三防指挥部相应进行调整充实。其次，市防总各成员单位进一步明确职责，分清责任，形成上下各方密切配合、协调联动机制。再次，市与各县（市、区）之间、各县（市、区）政府与各工程责任人逐级签订防洪工程安全责任书，将行政首长负责制、分级责任制、分部门责任制、技术人员责任制、岗位责任制向下延伸到镇、到工程、到具体单位（部门）、到个人岗位。

4月14日，市防总在《西江日报》公告全市中型水库、万亩以上堤围防汛责任人名单，接受社会各界和人民群众的监督。

*突出重点，严密防范* 首先，全市522座水库防汛责任人全部签订责任书。在日常工作中特别是台风或强降雨到来之前，严密监控各个电站和水库，不留死角。对病险水库，实行控制运用，存在危及水库安全问题的，坚决放空运行。对超汛限水位的水库，坚决降低水位。开展汛期地质灾害隐患再排查行动，切实做好地质灾害的防范工作。其次，肇庆市派出4个检查组对所有可能存在地质灾害隐患的人员集中地区进行实地拉网式排查，落实监测人、负责人，并对群众开展地质灾害防灾减灾宣传教育及应急避险培训。做好低洼地段、容易发生积水地段的重点防范工作。再次，建立和完善应急预案，确保一旦出现危险情况，能立即转移群众。抓好五保户、危房群众的安全防范工作，加强了城区工地、工棚、高楼广告牌的安全防范。督促有关部门落实好江河湖库的河面及上山作业人员安全防范各项措施，确保水上船只安全和禁止暴雨期间上山作业。

*依法防汛，科学调度* 2010年，启动应急响应25次（其中：市级5次，县级20次）。在防御5月、6月强降雨和洪水工作中，市防总严格执行三防应急预案，启动3次防洪Ⅳ级应急响应；防御热带风暴“灿都”和“狮子山”的工作中，分别启动了防风Ⅳ级应急响应。在防汛抗洪工作中，市防总按规定及时派出211个防汛抢险工作组（其中：市级派出23个，县级派出188个），调拨防洪包、杉桩等防汛物资数批价值61.7万元，投入防汛抗洪资金1068.6万元。充分发挥好水利工程防洪调度作用。在抗击洪水中，怀集县三坑水库、下竹水库、广宁县花山水库提前泄洪，封开县贺江和广宁县绥江的梯级电站提前开闸泄流，确保沿江堤防安全，减轻下游压力，减免灾害损失。

*广泛动员，全民防汛* 2010年，针对肇庆市地形特点，加大防御山洪、地质灾害等知识宣传教育，及时采用气象预报、水文快报、三防短

讯、电子荧屏和电视台、电台、报纸等多种方式，发布有关信息和防御工作动态。在确保安全前提下，充分发动群众，科学组织群众参与防汛抗洪工作。

【河道采砂管理】 2010年，市水政监察队伍在省水政监察局的统一指挥下，先后17次与省水政监察局、西江流域管理局、云浮市水务局开展联合执法行动，确保西江肇庆市辖区采砂秩序的正常。同时，多次向市政府申请开展多部门联合执法行动，先后3次由市水务局牵头组织海事、公安等部门参与开展联合执法行动。市水政支队还适时组织全市各水政大队参加联合执法，加强辖区内省管、市管河道的执法管理，通过周密的部署，利用法律、行政、宣传等手段，集中查处违法采砂、违法占用河道等水事违法案件。全年出动执法人员1500多人次，检查运砂船1200多艘，处理河道采砂违法案件8件，罚款79.3万元，还配合省水政监察局及西江流域管理局查获违法采砂船6艘。没有出现行政诉讼败诉和行政复议撤销、变更案件。同时，加强与周边地区的联系，解决边界采砂等问题。肇庆市各级水政监察队伍注重节假日及夜间河道的监控；在巡查上采取定期巡逻与突击检查相结合、全线巡查与重点部位布控相结合、明查与暗查相结合等多种方式进行巡查。同时加大联合布控力度，整合全市执法资源，对全市所有重点河道实行严密的监控；在执法手段上，针对群众的举报和我们所掌握的情况，特别是晚间，主动采取预灵活的战术，对非法采砂不法分子实施有效打击。

【水政执法】 一是开展“水政执法能力建设年”活动，对水政执法人员培训，受训人数59多人，配置100万元的水行政执法装备。二是加大河道采砂管理执法力度，组织17次与省水政监察局、西江流域管理局、云浮市水务局的联合执法行动，全年出动执法人员2500多人次，检查运砂船2200多艘，处理河道采砂违法案件4宗。另外，在市景福围范围内查处违反水利法规行为21宗，其中乱搭乱建5宗，面积240平方米；乱堆乱放余泥、垃圾7处；乱挖乱填4宗；乱垦种各种作物5处，面积1.5亩。三是以“世界水日”、“中国水周”等重大宣传活动为载体，开展水法律法规的宣传。沿市景福围堤段张贴（发放）清障“通告”、“通知”18份，制作（翻新）横幅、标语、宣传牌16条（块）。

【水土保持工作】 一是市政府印发市水务局的《关于加强开发建设项目水土保持方案申报审批工作的意见》，进一步规范开发和基建领域的水土保持监管行为。二是组建市级开发建设项目水土保持方案评审专家库，开展开发建设项目水土保持方案技术评审工作，年内全市审批开发建设项目44宗，其中市级审批方案15宗，县级审批方案29宗。三是做好小流域综合治理和中小河流治理工作。完成面上水土流失治理面积12.49平方公里；广宁县贝洞和德庆县桃村小流域已全面完成治理任务，共完成治理面积10.74平方公里，建设谷坊96座，拦沙坝13座，沟洫工程15.4公里，营造水保林240.4公顷，经果林146.6公顷，建设基本农田40公顷，封禁治理772.4公顷，完成工程量土方25.91万立方米，石方0.88万立方米。

【水利规费征收】 2010年，肇庆市在国内国际经济仍受金融风暴影响、全球经济不景气的大环境影响下，水利规费征收仍较理想。全年市本级水资源费征收实现900万元，堤围防护费征收3380万元，河道采砂管理及采砂权出让收入1035万元，超额完成年度征收计划任务。

【应急备用水源工程】 2010年9月，主体工程建设基本完工。至此，一旦城区发生水质污染事件，就可启动九坑河水库或西江备用水源，通过连通管道进行供水，从而确保城区的基本生活饮用水供应，达到端州区、鼎湖区水源互为备用的目的。

工程历史：2006年，市政府将九坑河水库设置为肇庆市城区的备用水源，启动应急备用水源建设项目。2007年底开始，投入资金2900多万元，对备用水源鼎湖城区水厂进行扩容扩建，2008年工程竣工正式投入使用，其生产能力由原来的2万立方米扩大到5万立米。铺设连接鼎湖区和端州的应急备用水源管网，供水管径为DN800，全长5.8公里。2008年10月工程管网工程竣工，端州城区应急供水能力达到每日5万立方米。2009年，启动应急备用水源管网二期工程建设，投资2900万元，主要建设内容是更新改造鼎湖城区向端州城区应急供水管网（新增一条管道），供水管径为800毫米，全长10.5公里，施工期间不影响应急供水。

【水环境整治工程】 *河涌及其周边环境整治* 年内主要是高新区独水河环境综合整治工程。该项目总投资10.19亿元，采取污染企业综合整治、建设污水处理厂、截流、改道、生态用水补偿、清淤、生态修复和绿化等工程措施进行整治。其中四会市负责的独水河环境综合整治工程，总投资3.70亿元，完成沿线污染企业整治工程，企业废水全面达标排放；建成中水回用设施11套，中水回用率达到60%；独水河改道入绥江工程，四会市负责辖区内改道用地的征用补偿工作已于2009年5月完成；调整改道出口河段水源保护区范围及水环境功能区划报批工作已于2009年11月下旬完成（待省府审批）；马房水厂吸水口迁移工程已完成。四会市污水处理厂二期工程已于2009年9月投入正式运营；污水截流工程已于2010年8月20日完成工程建设并通水；城市生活污水处理率达76%；生态修复与绿化工程，待改道工程完成后实施。高新区负责的独水河环境综合整治工程，总投资为6.50亿元，完成污染企业整治工程，企业废水排放达标率达100%；重点企业完成中水回用设施建设，回用率达60%；推进独水河改道入绥江工程，是年完成渠道开挖3.5公里。自2007年以来，高新区全面推进第一污水处理厂收集范围的配套管网工程，于2009年完成建设，实现全区的工业废水与生活污水100%收集处理；高新区第一污水处理厂首期工程于2009年9月通过肇庆市环保局环保竣工验收，实现城市生活污水处理率100%的目标；同时，高新区正在抓紧落实尾水深度处理工程，年底已委托设计单位编写环评报告。

*河流两岸生态景观整治* 2010年，为巩固2009年城市河段两岸窝棚、违章建筑清理整顿成果，防止反弹，市水务部门加大对城市（镇）河段两岸环境的监督检查。肇庆市完成水源林等建设任务1067公顷，其中护林工程造林833.33公顷，林分改造233.33公顷；低产林改造1120公顷；封山育林460公顷；建成国家级自然保护区1个、省级自然保护区4个、市级自然保护区5个、县级自然保护区1个；全市森林覆盖率稳定保持在67.7%。全市有规模化畜禽养殖场205间。其中猪场163间，牛场1间，鸡场39间，鸭场2间，均不在禁养区范围。在205间规模化畜禽养殖场中，多数养殖场采用立体种养的模式，基本上实现污染物的零排放管理和废污物的再生综合利用。全市建成无公害农产品生产基地54个（其中种植业31个、畜牧业23个），成立市（县、区）农产品安全监督检测中心（站），建立起农产品质量安全监督体系，对降低农业使用农药量和减轻农业面源污染起到促进作用。

【问题与困难】 一是水利工程建设所需资金巨大，全社会筹措水利基础设施建设资金的能力仍有待加强；二是全市水务一体化管理工作才刚起步，依法管水、依法治水的能力仍需提高；三是水利信息化建设仍然比较落后，水利现代化建设任重道远。 （何国龙）

附：2010年肇庆市水务局正副局长名录

局　长：梁大盛

副局长：林志强　梁全荣　谢桂坤　李志光

## 气象事业

【简况】 2010年的主要工作：一是台站建设。1月1日起，封开气象局新地面观测场正式观测；7月8日，西江流域（肇庆）气象灾害监测预警中心落成；12月20日起，德庆气象局新地面观测场试运行；四会市气象预测预警中心和省气象资料备份中心顺利落成。基层台站建设改变长期以来落后于全省的局面，跃升至先进行列。二是综合业务平台和专业实用型业务系统建设。市气象台安装DVB-S卫星接收处理系统，配备高性能计算机与服务器，建成多功能省—市会商系统、预警信息发布系统为一体的现代化预报值班室。建立气象灾害预测预警人机交互处理系统的新一代业务平台（Micaps），建成和完善《肇庆市气象局业务综合平台》、《西江防洪决策服务系统》、《肇庆气候诊断监测系统》、《西江流域短时强对流业务系统》、《肇庆市暴雨预报专家系统》、

《森林火险监测系统》、《全市突发性灾害天气预警短信发布平台》等一批适应防灾减灾需要的预报预测业务系统。三是基础业务。地面气象观测、农气观测和酸雨观测错情率均保持0.0‰；气象观测资料、产品上传及时率99.9%；自动站资料上传率99.0%以上。市气象台短期6项、中长期14项预报质量均远超考核标准。2010年全省短期预报比武，市气象台获全省第二名，自2006年以来连续四年预报比武保持优异成绩；4名预报员个人比武成绩进入全省前20名，其中1人获全省第一名。有2人被中国气象局授予“质量优秀测报员”称号。四是公共气象服务表现出色，服务效益特别是重大天气过程服务效益显著。五是亚运会、亚残运会气象保障服务。年内完成亚运会火炬传递活动的精细化预报保障服务任务。派出1名预报员赴广州中心气象台协助开展亚运会、亚残运会气象保障服务。亚运会、亚残运会开闭幕式期间人工消（减）雨工作中，肇庆市8个作业点成功实施多次火箭作业，发射火箭弹90枚，为保障开、闭幕式的顺利进行做出应有贡献。 *（陈海燕）*

**【实施《规划纲要》】** 2010年，市气象局围绕《珠江三角洲地区改革发展规划纲要》的发展要求，配合广东省气象局进行“珠江三角洲中小尺度气象灾害监测预警中心”项目建设，2008年开始筹备，成立专门小组进行研究，至2010年初步建成集现代化9210气象资料卫星接收系统、地面气象观测系统、每镇一站的自动气象站组成的气象综合监测站网、天气预报视频会商系统、灾害性天气预警预报服务系统、灾害性天气预警信息发布系统为一体的中小尺度气象灾害监测预警中心，基本实现全市的精细化气象灾害监测、预警预报和应急服务，初步实现对农业、水利、林业、交通、电力、地质等行业的专业化、精细化服务。肇庆市中小尺度气象灾害监测预警中心的建成全面提升城市精细化气象服务能力，在2010年广州亚运会、亚残运会气象保障服务中发挥重要作用。 *（彭 端）*

**【省气象局局长余勇莅肇调研】** 2010年6月3～4日，省气象局局长余勇先后到高要市、四会市和肇庆市气象局调研。在四会市气象灾害预测预警中心建设工地现场，余勇局长听取四会市气象局关于四会市气象灾害预测预警中心建设的基本情况和工程进度情况介绍，对工程建设表示满意，要求肇庆市局要加强指导、四会市局要把好关，特别是要在气象业务平台建设上下足功夫，确保圆满完成四会市气象灾害预测预警中心建设。在肇庆市气象局，余勇局长深入各个科室、直属单位，亲切看望慰问干部职工，详细了解各部门运作情况，提出工作希望和要求。

在肇庆市气象台实地察看业务平台建设情况后，余勇局长对市气象台的预报服务工作、业务平台建设及一系列自主开发的预报业务系统给予高度评价。认为近年来肇庆气象事业实现科学、加快发展，呈现出目标方向明、业务质量高、服务效果好、发展势头猛、精神面貌好五大亮点。

就肇庆市气象局在完成西江流域（肇庆）气象灾害监测预警中心建设和新旧业务系统业务切换后，如何进一步做好气象工作，谋划新一轮发展，余勇局长提出殷切希望，要求肇庆局珍惜新环境，用好新平台，立足新起点，树立新形象，创造新辉煌，重点要抓好8方面的工作：一要继续全力以赴做好气象预报服务；二要突出特色，因地制宜，切实加强“三农”气象服务；三要倍加珍惜来之不易的大好发展形势，牢记“两个务必”，艰苦奋斗，谦虚谨慎；四要进一步融入地方经济社会发展，加强与地方政府及有关部门的沟通联系，加强宣传，了解需求，争取支持，为气象事业发展营造和谐氛围；五要不断强化科学规范管理；六要坚持以人为本，关心改善干部职工工作生活条件；七要认真总结“十一五”发展经验，以加强软实力建设为重点，及早谋划“十二五”发展；八要进一步抓好党风廉政建设和精神文明建设工作。

10月26日，市长郭锋与来访的省气象局局长余勇，副局长林献民、梁建茵到市气象局调研，察看市气象局气象管理平台，详细了解肇庆市防灾减灾气象服务和气象灾害应急体系建设情况。郭锋指出，西江流域是洪涝、风灾频发地区，气象预警非常重要。市气象台通过手机短信、互联网、报纸、电视，把气象信息及时准确地传递给公众，为地方社会经济发展和防灾减灾作出很大的贡献。 *（邹志强）*

**【气候特征】** 2010年，肇庆市各县（市）年平均气温为20.8℃～22.4℃，接近常年，较历史平均偏高0.3℃；年积温7593.4℃～8176.0℃，除怀集县同比偏低46.6℃外，其余偏高50.0℃～289.5℃。年内气温变化起伏大，阶段性偏高或偏低显著，1～3月各月月平均气温偏高1℃以上，而4月和6月则偏低1℃以上。各县（市）年降水量在1419.6～1797.2毫米之间，与常年基本持平。时空分布明显不均，1月、9月分别偏多达9成、1.1倍，3月、11月分别偏少达6成、8成。年日照时数介于1316.9～1533.2小时，比常年偏少1～2成。年内主要气候特点是：气温略偏高、降水量正常、汛期暴雨频、台风影响大、入冬寒潮早、局地灾害重是主要气候特点。

春播期（2~3月）：全市平均气温16.4℃~18.1℃，比常年偏高1.3℃～2.2℃。其中，2月肇庆市月平均气温15.3℃～16.8℃，同比偏高1.6℃～3.3℃。气温起伏大，呈大冷大热状态。上旬平均气温17.8℃～20.1℃，同比异常偏高5.3℃～7.3℃；中旬8.3℃～10.0℃，异常偏低5.2℃～6.0℃；下旬20.9℃～21.6℃，异常偏高6.0℃～7.6℃。8至11日白天，受暖湿气流影响，阴天间多云，间中有小雨，早晚有雾或霾，天气明显回暖，最高气温高达28℃～33℃。春节期间（12～19日）全市平均气温为7.7℃，与常年同期相比偏低7.0℃，为历史同期最低值。下旬冷空气减弱，暖湿气流强盛，气温逐日攀升，最高气温高达29℃～33℃。3月平均气温17.3℃～19.4℃，同比偏高0.6℃～1.7℃。上旬平均气温17.4℃～19.8℃，明显偏高1.7℃～2.9℃；中旬16.6℃～19.0℃，正常到偏高1.0℃；下旬18.0℃～19.9℃，偏高0.6℃～1.2℃。月内最低气温为1.4℃～6.1℃，出现在10日早晨，怀集和广宁有霜冻。

2月主要冷空气过程有两次，出现在上旬前中期（中等偏弱）和中旬（强冷空气持续影响）。由于北方冷空气频繁南下影响，春节期间（12～19日）肇庆市持续8天出现阴雨寒冷天气，使得整个春节假期非常寒冷，历史同期少见。期间全市平均气温7.7℃，与常年同期相比偏低7.0℃，为历史同期最低值。全市6个县（市）平均气温破历史同期最低记录。全市平均气温低于10℃且超过8天为历史罕见，是继1996年春节以来最长。肇庆市还出现持续降雨天气，最大单日降水量为16.6毫米，出现在四会市（2月18日）。整个春节期间仅在2月19～20日，天气由阴雨转多云间晴，20日早晨最低气温北部2℃～4℃，南部和肇庆城区为4℃～6℃。这一天气过程具有持续时间长，降水较频繁和昼夜温差小等特点。

3月主要冷空气过程有3次，出现在上旬后期（强冷空气）、中旬中期（中等强度）和下旬前中期（中等偏强），均为肇庆市带来降水和明显降温。6日下午开始强冷空气自北向南影响肇庆市，各地先后转偏北风3到4级，阵风5到7级。7日早晨8时肇庆市各地气温急剧下降到9℃～13℃，24小时降温幅度达到8℃～12℃，并伴有分散小雨。其中最低为封开县测站9.5℃，高要市和肇庆城区仅12.9℃。8～9日冷空气补充，肇庆市气温再度走低，10日晨出现过程最低气温，全市87个镇出现5℃以下的低温，北部部分地区有霜冻。其中怀集县1.4℃，封开县1.9℃，广宁县2.6℃，德庆县5.1℃，四会市3.4℃，高要市和肇庆城区6.1℃。肇庆市各级气象台站提前发布寒冷橙色、黄色预警信号。11日白天开始气温逐渐回升。24日下午开始较强冷空气自北向南影响肇庆市，傍晚前后影响肇庆城区，各地先后转偏北风3到4级，阵风5到7级，全市普降小到中雨，局部雨势较大，全市有36个镇录得大雨以上降水，其中四会市、封开县出现雷雨。25日8时肇庆市各地气温急剧下降到11℃～12℃，比前一天下降10℃左右，肇庆市气象台发布寒冷黄色预警信号。

2～3月各地总降雨量40.0～129.5毫米，同比显著偏少3～7成。2月肇庆市各地降雨19.8～56.8毫米，同比偏少2～7成。降水主要集中在上旬中期及中旬。6～7日受高空槽影响，肇庆市各地普降小到中雨局部大雨。春节期间肇庆市受强冷空气影响，出现连续性阴雨寒冷天气，12～22日共11天时间内，每天都以小雨降水为主。最大降水出现在18日8时到19日8时，南部普降中雨，北部小到中雨。3月肇庆市各地降雨11.8～72.7毫米，同比显著偏少3～8成，降水主要集中在上旬后期、中旬前中期和下旬中期。降雨日数6～10天，同比偏少7～10天。24日，受冷空气和切变线影响，全市普降小到中雨，局部雨势较大，四会市、封开县出现雷雨，其中四会市日雨量48.5毫米，达到开汛标准。

前汛期（4～6月）：总降雨量为701.0～945.3毫米，除高要市和肇庆城区略少外，其余偏多

1～3成。4月22日开汛以来，降水主要集中在5～6月，其中5月雨量偏少4.4%，6月偏多26.3%。前汛期共出现14次强降水过程，其中4月5次，分别出现在1～2日、7～8日、15～17日、21～22日和29～30日；5月6次，分别出现在6～7日、9～10日、14～15日、19～20日、22～23日和28 ～29日；6月3次，分别出现在1～2日、9～10日和24～27日。

各次降水过程均呈现降水分布不均、局地雨强大、灾害重的特点。降水空间分布上除东南部（四会市、高要市和肇庆城区）较常年同期偏少1成左右外，其余地区大部分正常到偏多2成，其中广宁县、德庆县偏多最明显，为24%。

降水过程导致的局地洪涝和地质灾害现象严重。其中，5月9～10日，受低槽和切变线影响，肇庆市出现入汛以来最强暴雨，各地普降暴雨到大暴雨，部分地方伴有短时雷雨大风。这次降水过程具有“范围广、强度强、时间长、雷雨频繁”的特点。据统计，9日8时至10日8时累积雨量有73镇暴雨，12镇大暴雨。其中最大出现在德庆县、怀集县、广宁县一带。德庆县观测站出现1小时79.8毫米雨量，刷新1971年6月18日该站的1小时雨量最大值（71.7毫米），24小时累积雨量达201毫米（大暴雨，为全省最大累积降雨），是该站同期24小时雨量极值（德庆5月历史最大24小时雨量为122.4毫米）。受高空槽与切变线共同影响，6月24～27日肇庆市自北向南遭逢连日强降雨。24～25日北部的怀集县、广宁县、封开县普降大雨到暴雨，局部大暴雨，25～27日南部的肇庆城区、鼎湖区、高新区、高要市、四会市先后出现大雨到暴雨。24日8时至27日8时累计雨量达100毫米以上的自动站点有24个，其中200毫米以上的有5个，局部地区出现8级左右短时雷雨大风。

后汛期（7～9月）：各地雨量为481.4～675.0毫米，除广宁县、高要市偏少1～2成外，其余正常到偏多近4成。2010年高温主要发生在7～9三个月。高温日数以7月最多，高温日数11～19天，同比偏多0.6～10.4天，出现持续15天的高温晴热天气。除怀集县仅有5.2毫米雨量外，其余测得微量降水，各地最高气温达36.6℃～38.0℃。8月高温日数3～14天，除封开县、高要市同比偏少2.3～2.7天外，其余偏多1.5～6.3天。上半月受副热带高压控制，阳光强烈，日照时长，高温日数占全月的7成以上。9月高温日数4～11天，同比明显偏多2.9～9.6天。16～20日受台风“凡亚比”外围下沉气流影响，肇庆市天气晴热，各地最高气温达35.7℃～36.5℃。高温天气导致用电负荷明显上升。

年内影响肇庆的热带气旋3个，其中“凡亚比”造成一定的灾害。台风“灿都”7月22日在吴川沿海登陆，为2010年初台，较常年偏迟27天，是2010年唯一登陆广东的热带气旋。“灿都”具有“风雨猛烈、近海加强、路径曲折、影响面广”的特点。受其外围环流影响，22～23日肇庆市南部普降大雨到暴雨，北部大雨局部暴雨。22日8时至23日8时有57个镇出现25毫米以上的大雨降水，7个镇暴雨，最大雨量为德庆县回龙镇72.1毫米；全市有个71镇测得6～8级以上（局部10级）的瞬时大风，最大出现在封开县长安镇，为27.8米每秒。强热带风暴“狮子山”9月2日登陆福建省漳浦，在广东省停留超过51个小时，具有“路径诡异、强度多变、持续时间长、影响范围广、累计雨量大”的特点。受其减弱低压环流影响，3至4日肇庆市东部和南部普降大雨到暴雨局部大暴雨，其余中雨到大雨。3日8时到4日8时，有50个镇出现25毫米以上的大雨降水，其中32个镇出现50毫米以上的暴雨降水，4个镇出现100毫米的大暴雨，最大雨量为四会市罗源镇139.9毫米。超强台风“凡亚比”9月19日登陆台湾地区花莲县沿海、20日在福建省漳浦再次登陆，自东向西严重影响广东省。受台风“凡亚比”影响，20日20时至22日8时，肇庆市普降暴雨到大暴雨，过程累积雨量全市有102个镇的自动气象站录得大于50毫米降水，其中有59个镇超100毫米，2个镇超200毫米，最大累积降雨出现在怀集县桥头镇233毫米，德庆县官圩、沙旁镇222毫米，最大1小时降雨出现在德庆县沙旁镇为86毫米。截至25日14时止，全市有5个县27个乡镇出现不同程度的灾情，受灾人口2.87万人，转移人口3041人，淹浸农田2.02千公顷，倒塌房屋402间，直接经济损失0.282亿元，无收到人员伤亡。

2010年，低温天气出现在1～3月和12月。2、3月肇庆市出现2次较大范围的低温阴雨天气过程，对农业生产造成较严重不利影响。12月中旬的寒潮导致全市出现35年来（1975年）历史同期（12月上中旬）的最低气温，全市各地最低温度全部下降到5℃以下，其中大部分乡镇气温达0℃

以下。其中最低气温0℃以下有72个镇，0到2℃有25镇，其余乡镇都在4℃以下；最低出现在封开县七星镇深六村-4.1℃，并出现大范围的霜（冰）冻天气，使种植业遭受损失。

2010年，西北太平洋仅14个编号热带气旋生成，约为常年（27.3个）一半，其中登陆或严重影响广东4个（灿都、狮子山、凡亚比、鲇鱼），登陆仅1个（常年3.8个）。对肇庆市有影响的热带气旋有3个（“灿都”、“狮子山”、“凡亚比”），初台出现在7月22日，比正常年份迟16天；终台为9月20日，属正常年份。 *（郭媚媚）*

【灾害性天气预报】 5月9～10日暴雨降水预报 8日下午，市气象局对外发布《重大气象信息快报》中指出：9到10日我市将有大到暴雨局部大暴雨，请注意防御城乡内涝和地质灾害。自8日起至10日期间，共发布《重大气象信息快报》6份，《地质灾害专题预报》2份，决策服务短信1.27万人次，同时通过4期预警发布平台向移动联通电信广大用户发布4次应急服务短信。所有预报内容均一致强调这次强降水是全市大范围的暴雨局部大暴雨，建议市委市政府及有关部门重点做好2方面的防御工作：①今年局地极端灾害天气时有发生，需及早做好防御准备，特别是雷暴大风等强对流天气对西江航运、交通、建设工地、农村的影响。②注意加强防御由强降水引发的城乡积涝、局地山洪、泥石流和山体滑坡等地质灾害。

由于这次过程预报预警服务做到“早、准、快”，为全市各级党委政府提供科学防汛的重大决策依据，为全市人民提供全方位滚动的气象预警预报信息服务，将暴雨造成的损失降至最低限度，得到各级党政领导和广大群众的高度肯定和赞扬。

台风“凡亚比”暴雨天气预报 9月18～22日，市气象局向各级政府、领导发布重大气象信息快报6期、天气报告2份，预测“‘凡亚比’将于20日夜间起到22日给我市带来暴雨、局部大暴雨降水过程及4到6级大风”，并且建议“注意防御由台风环流引起的强降水引发的城乡积涝、局地山洪、泥石流和山体滑坡等地质灾害；注意做好西江航运的交通安全工作。”

另外，市气象局还发送决策服务短信11份共计1万余人次，各类预警信号4次，地质灾害专题预报2份，固话语音1次，同时充分利用“12121”、气象网站、电视等向广大公众发布台风、暴雨预警信息和地质灾害预报，并和移动联通合作为公众免费提供手机短信服务。

12月中旬寒潮天气过程预报 12月13日，市气象台发布重大气象信息快报，预测：“强冷空气将于15到17日给我市带来较明显的降水和剧烈降温的寒冷天气，风力将加大到3～4级，过程降温幅度达8℃～10℃，过程最低气温将出现在17日早晨，北部低至0℃～3℃，有霜冻或冰冻；南部3℃～5℃，局部有霜冻。本次强冷空气具有降温剧烈、北风强劲、湿冷开始、干冷结束的特点，请做好防寒防冻措施和水陆交通安全”。

12月14日，根据《肇庆市气象灾害应急预案》有关规定，市气象局从12月14日10时30分起启动“气象灾害寒冷Ⅲ级应急响应”，并通知各市县气象台站做好预报服务，请各有关单位做好防御。16时42分肇庆气象台发布寒冷黄色预警信号，同时各县站先后也发布寒冷黄色预警信号。14日下午，市气象局通过肇庆电视台采访节目向公众发布寒潮消息，提醒广大民众及有关部门迅速做好防御竻御工作。

12月15日，市气象局向市委、市政府、市人大、市三防办、海事局、安监局、农业局等部门报送题为“寒潮主体将今天夜间起影响我市”的《重大信息快报》，预计“今晚到17日我市雨转多云到晴天，气温继续下降，由湿冷转干冷，各地日平均气温将比寒潮来前下降8℃～12℃，此次寒潮过程的最低气温将出现在17日早晨，北部最低温度在0℃～3℃，南部3℃～5℃；部分山区最低气温在0℃以下，全市将出现大面积的低温霜（冰）冻。18日早晨北部地区低温霜冻仍将维持。请有关单位继续做好防寒防冻工作。”15日下午，怀集县、广宁县、封开县、德庆县、四会市发布寒冷橙色预警信号。12月16日早晨，肇庆城区和高要发布橙色寒冷预警信号，下午怀县集、广宁县、封开县发布寒冷红色预警信号。

13～17日，市气象局共发布重大信息快报4份，天气报告2份，群发手机决策短信服务4092人次。肇庆市气象台通过肇庆电视台采访节目向公众发布寒潮消息，提醒广大民众及有关部门迅速做好防御防御工作，同时也通过肇庆广播电台、西江日报、气象网站等新闻媒体渠道向公众发布此次寒潮消息，得到各级领导的肯定和公众的一致好评。

【专题天气预报】 *春播期气象专题服务* 1月30日，市气象局按时发出春播期天气趋势预报，预报“2010年2～3月份我市大部分地区总降雨量偏少，平均气温较常年平均值偏高，最低气温2℃～4℃，肇庆城区5℃～6℃。”提出“今年我市发生严重低温雨雪冰冻灾害的可能性较小，但可能会出现阶段性强降温过程。低温阴雨属中等年景；北部有轻度倒春寒。日平均气温低于12℃的主要时段，大致出现在2月中旬后期至下旬前期（5～7天），2月下旬后期到3月上旬前期（3～4天），3月上旬后期到中旬前中期（3～5天）。”并提出以下建议：现逐渐进入春季，冷空气活动较频繁，天气冷暖变化大，请有关方面注意做好春播春种的防寒保暖工作；要抓住有利降水时机尽早安排春耕春种工作。由于预报与实况相符，降水趋势、气温趋势预报准确，有效地指导春播期的农业生产。

*春运和春节假期气象专题服务* 1月22日和2月1日，市气象局向市委、市府、军分区、市人大、市政协、市三防、春运办、安监局、海事局、交通局等有关单位以《重大气象信息专报》的形式发出题为《入冬以来我市气候特点及成因分析及春运天气趋势预测》以及《2010年春运期间天气展望》。

2月11日上午，市气象台召开春节期间天气展望新闻发布会。2月11日（年廿九）上午肇庆电视台、市广播电台，2月18日（年初五）上午《肇庆都市报道》分别对市气象台作专题采访。又通过广东联通肇庆分公司、广东移动肇庆分公司向广大手机用户发出春运的专题天气预报，并在“12121”天气答询系统、肇庆气象网页、固定电话语音系统作春运天气逐日滚动预报，有效地向手机用户和广大市民作正面宣传。

春运以及春节期间，市气象局通过手机短信群发平台向市领导、各服务单位、交通局、旅游局、海事局、春运办、交警支队等部门主要负责人发布春节天气的趋势信息，并捎去节日的祝福和问候。市气象台全体业务人员坚守值班岗位，按时发送各项预报，并做好各级台站的预报指导和预警信号的发布工作，做到春运期间以及春节期间黄金周预报准确、及时、主动、周到、细致，确保全市春运期间的交通和外出游玩市民的安全，得到各级政府和广大市民的一致好评。

*清明节气象专题服务* 4月2日，市气象局分别向市委、市府、军分区、市人大、市政协、市三防、安监局、海事局、交通局等单位以《重大气象信息专报》和《天气报告》的形式发出清明小黄金周的专题预报：“清明节假期前期清凉，后期气温回升，有阵雨或雾天气为主。”并通过广东联通肇庆分公司、广东移动肇庆分公司向广大手机用户发出专题天气预报。同时，在“12121”天气答询系统、肇庆气象网页、固定电话语音系统作滚动预报。气象部门主动准确的系列气象服务，得到肇庆市委、市政府领导以及群众的一致好评。

*第九届肇庆龙舟邀请赛气象专题服务* 市气象局高度重视这次“光大·锦绣山河杯”第九届肇庆龙舟邀请赛的气象保障服务，早在6月13日开始，就做好工作部署，成立专门的气象服务工作小组，每天以重大气象信息专报的形式提供未来3天的滚动预报共3份，并充分利用手机短信发布平台进行精细化的临近、短时预报服务。市气象台作出“18日下午到19日，以多云天气为主，天气较炎热，大部分时间光照强烈，局部有短时阵雨。开幕式期间无明显雷雨，对比赛影响不大”的精确预测，确保“龙舟赛”开幕式和群舟竞渡表演的顺利进行。这次气象保障服务及时、精细、到位，确保了大型活动的顺利进行，得到组委会的肯定。

*高考气象专题服务* 6月5～7日，市气象台密切监视天气的最新变化，每日以《高考天气专题预报》的形式，向市委市政府及各级教育部门提供高考期间天气预报，并及时做好补充订正预报工作，通过多种渠道（网站、12121、手机短信、电台、电视台等）向公众发布最新的天气情况，提醒有关部门和考生仍需注意做好防雷防雨等措施，预早做好应考准备。获得教育部门和广大考生的一致好评。

*国庆黄金周气象专题服务* 9月29日上午，市气象局以《重大气象信息专报》的形式向市政府、市委、市旅游局、市交通局等有关部门报送国庆黄金周专题预报，指出：“总体而言，天气较好，适宜出游；天气干燥，请注意森林

防火”。并在12121、网页、手机短信、固话语音、电视天气预报节目中做好相应的服务。为黄金周假期市政府等重要部门举办的各项大型欢庆活动、各地商家的促销活动、市民的出游等提供有力的保障。另外，还主动联系广播电台、电视台、西江日报等各媒体，它们对肇庆市气象台进行3次专题采访，对“十一国庆黄金周”作专题的新闻发布会以及宣传报道。

*广州亚运火炬传递气象专题服务*　10月29日，广州亚运火炬到肇庆市传递。为做好此次火炬传递气象服务，市气象局成立和制订火炬传递气象保障服务领导小组和实施方案，并把“早部署、早预测、早行动”作为火炬传递的气象服务宗旨。10月20日，市气象局提前启动火炬传递气象保障服务方案，预报员除做好值守班和天气会商外，还密切跟踪和监视天气变化情况，并正式向组委会提供第一份预报材料。10月23日开始，每天2次向省局亚运服务小组、肇庆市委市政府、亚运火炬传递肇庆站组委会报送《肇庆市亚运会火炬传递气象服务专报》，提供当天至10月29日的天气、气温、风向风力等预报预测，并与火炬传递组委会达成沟通共识，及时、准确地把预报信息通过短信平台发送到组委会成员手中，以滚动形式向组委会成员订正并发布最新天气动态。22日，为做好火炬传递期间气象信息宣传工作，市气象局邀请肇庆电视台、《西江日报》、《肇庆都市报道》等媒体的记者，通报火炬传递期间天气信息，特别提醒29日上午天气清凉，紫外线指数高，火险级数高，市民观看火炬传递时要注意添衣保暖和防晒。10月28日，还增加相对湿度、能见度的预报以及3小时精细化预报、城市间交通气象条件预报等，并对火炬传递和转场天气进行客观而详细的分析，进一步为组委会的科学决策提供有力的依据。（唐　洁）

**【雷电灾害防御】**　2010年，市属各县（市）雷暴日数平均为77.2天，比上年均值增加9.9天，其中怀集县雷暴日数为83天，广宁县79天，封开县80天，德庆县76天，四会市73天，高要市（端州区）72 天。随着全球气候变化，近年来肇庆市强对流等极端天气频繁发生，雷击灾害带来的经济损失和人员伤亡等情况时有发生。

是年，全市出现雷击事故29宗，无人身事故；大批办公、家用电子电器设备受损，直接经济损失约57.53万元。今雷灾个案中因直击雷受损的有4宗，综合防雷的有25宗，占个案总数的86.2%。综合防雷安全（包括直击雷、侧击雷、感应雷）事故仍然占较大比例，防雷安全意识薄弱仍是肇庆市防雷安全隐患最为显著的问题。

发生雷灾的原因：第一，没有安装防雷装置，农村地区和自建民宅尤为突出；第二，电子设备防雷安全保护意识不足，特别是线路布置比较混乱；第三，人们缺乏防雷安全意识，存在麻痹思想和侥幸心理，自我防雷知识匮乏。

年内肇庆市气象局继续加强防雷安全宣传教育，增大防雷安全的监察执法力度。分别于3月21日和6月13日派员参加“3·23”世界气象日气象宣传和全市“安全生产月”开幕式活动。通过展示典型雷电灾害事故图片、通过在公共场所设立咨询点、解答社会咨询、现场派发材料等形式，开展气象（防雷）法律法规和相关知识的宣传普及；对新建、改建、扩建建（构）筑物的防雷工程验收质量严格把关，对已装有防雷设施的公共场所及人员密集场所实施不定期的防雷安全检查。

（黎镜森）

**【气象科研】**　一是肇庆市气象局建立以天气预报人机交互处理系统（Micaps）为基础的、以肇庆主要灾害预测预警为主的新一代业务平台，改进完善《肇庆市气象局业务综合平台》、《西江防洪决策服务系统》、《肇庆气候诊断监测系统》、《西江流域短时强对流业务系统》、《肇庆市暴雨预报专家系统》、《森林火险监测系统》等多个具有较高实用价值的预报业务系统，并投入使用，在气象预报服务工作中发挥重要作用。二是科研年度计划的组织与实施，年内科研课题《肇庆市柑桔气象灾害监测系统》获广东省气象局预报与科技处立项、有3人被选入广东省气象局立项课题《广东省地市级预报服务业务平台建设 》和《广东省灾害性天气（台风、暴雨）历史个例库查询和检索系统》的课题组成员。同时，市气象台预报员在市局立项课题《突发公共事件预警信息发布系统》、《西江防洪应急服务系统》、《地质灾害监测预警系统》、《暴雨历史天气个例》、《灰霾天气的监测与预报》、《公共气象服务惠农信息系统》等方面进行技术攻关，配合推进肇庆市气象“十二五”规划项目的建设。三是科研成果。年内全市气象科研人员完成科技论文和技术总结文章40余篇，涉及观测、预报、农气、防雷等多个领域；在核心刊物发表的文章有3篇，在一般刊物发表的论文有5篇，并有4篇获得中国气象学会、广东省气象学会年会宣读交流，数篇获得肇庆市科协颁发的优秀自然科学技术论文奖；市气象局科学技术委员会还将对年度优秀论文进行表彰。（彭　端）

**【人工影响天气】** 2010年9月25日，在肇庆市人民政府第二会议室召开亚运会、亚残运会开闭幕式肇庆市人工消（减）雨工作协调小组第一次会议，市府副秘书长莫优年、各县政府、市军分区、公安局等部门参加会议，会上明确各单位的职责和分工。

11月10日至12月20日，市气象局按照省人影办的部署，在河源市气象局的协助下，在肇庆市8个作业点同时实施多次地面火箭作业，发射增雨火箭弹100余枚，确保亚运会开闭幕式和亚残运会开闭幕式广州市区良好的天气状况，受到广州亚组委和省长黄华华的高度评价。（孙云智）

**【气象信息服务】** 2010年，市气象局向市委市府及其有关部门发布《重大气象信息快报》、《重大气象信息专报》、《天气报告》、《森林火险气象等级专题预报》、《地质灾害专题预报》等决策气象服务材料162期；“12121”气象咨询电话拨打量约28万人次；气象短信手机用户约60万户；市气象台发布暴雨、雷雨大风、森林火险、台风等各类气象灾害预警信号95次，其中开展临近预报和强对流天气警报139次；共发布灾害性天气预警短信信息2000万余条次，其中通过决策服务平台向市、县、镇、村各级领导发送决策气象服务短信近52万人次，会同市国土部门联合发布地质灾害预警信息12次，服务对象达2.16万人次，并首次与国土资源局联合发布防治地质灾害的紧急应急通知，发送对象多达1802人；市气象局与当地广播电视部门合作良好，电视天气预报制作水平明显提高，实现天气预报节目网络传输，各县（市）局均自主开展电视天气预报节目制作。（莫伟元　吴国锐）

**【气象窗口】** 2010年，市气象局派驻市政府行政服务中心气象窗口，按照市政府的要求，继续做好电子政务的深化和推广应用。首先，做到所有气象行政审批事项100%通过《一站式电子政务系统》实现网上审批，100%按规定时限或提前办结，压缩时限较上年有明显进步。其次，向服务对象宣传、推广《肇庆市人民政府行政服务中心门户网》的应用，鼓励服务对象充分利用门户网，根据所需办理业务选择相关部门，自行了解有关业务的办理，自行下载表格，进行网上申报，网上查询业务办理情况等，充分利用、享受门户网优质、方便、快捷的服务，年底前，气象窗口的服务对象基本上学会利用市政府门户网站查询、办理有关气象行政许可业务。（梁绍强）

**【问题与困难】** 一是气象预报预测准确率和精细化水平还不能满足肇庆市科学防灾减灾的需要；二是公共气象服务引领事业发展的作用能力还不适应需求；三是科技和人才保障事业发展的体制机制还需完善；四是气象法制工作有待继续加强；五是气象事业发展保障机制滞后，制约气象事业的又快又好发展。（市气象局办公室）

**附：2010年肇庆市气象局正副局长名录**

局　长：凌汉强

副局长：李明汉　温坚培

# 城乡建设

责任编辑：金柳仪

## 城市建设

【简况】 2010年，开展“城市建设年”活动。加强建设工程质量安全管理，开展创建省、市优良样板工程和省、市安全生产文明施工样板工地活动。推动政府投资非经营性代建项目的建设，自2008年至2010年底止，列入代建管理的项目共19项，总建筑面积43.6万平方米，总投资16.2亿元。全市保障性住房建设完成投资6836.79万元。

全市完成建筑业总产值84.24亿元，占全年目标的115%，（与上年同比，下同）增35%；全市房地产投资91.14亿元，增50.2%，其中住宅投资增42.2%，占全部房地产开发投资73.4%；商业营业用房投资增117.8%，占10.4%。商品房销售建筑面积342.24万平方米，销售总额140.31亿元，分别增22.9%和46.1%。

市住房和城乡建设局获“《广东建设年鉴》（2009）编撰工作先进单位”、“肇庆市先进集体”、“2008—2009年度肇庆市直机关单位领导班子绩效考核一等奖”、“肇庆市建设学习型党组织示范单位”、“2006—2009年度广东省群众体育先进单位”、“广东省住房和城乡建设系统精神文明建设示范单位”等称号。

【机构改革】 2009年11月，根据《中共肇庆市委、肇庆市人民政府关于印发〈肇庆市人民政府机构改革方案〉的通知》，组建市住房和城乡建设局。将市建设局（市房产管理局）的职责划入市住房和城乡建设局，不再保留市建设局（市房产管理局）。市住房和城乡建设局内设10个职能科室，辖18个直（下）属单位（含2个临时机构），指导4个行业协会（学会）的工作。 （张 允）

【实施《规划纲要》】 2010年3月30日，肇庆市住房和城乡建设局主要领导与广州市、佛山市建设主管部门的主要领导在广州市签署《广佛肇城乡建设合作框架协议》。制定《肇庆市住房和城乡建设局〈实施珠江三角洲地区改革发展规划纲要（2008-2020年）〉实现“四年大发展”目标任务责任分工表》。加大对有形建筑市场、建筑市场、房地产市场、房地产交易市场的监管力度，关注民生，为推动广佛肇经济圈建设创造良好的政务、服务和投资环境。 （朱 丹）

【创建宜居城乡】 5月11日印发《肇庆市宜居城乡建设工作联席会议制度》；8月10日实行《肇庆市创建宜居城乡工作绩效考核办法（试行）》。推荐42个社区向广东省申报2010年广东省第一批宜居社区；高要市回龙镇黎槎古村落特色文化保护和发掘项目、德庆县金林水乡生态保护和城市绿化建设项目、广宁县“御景国际”高级商住社区项目符合申报广东省宜居环境范例奖的条件和要求，以肇庆市政府的名义向省住房和城乡建设厅申报。2月，肇庆市“星湖湿地生态保护与环境整治项目”被住房和城乡建设部评为“中国人居环境范例奖”。 （张 允）

【“三旧”改造工程】 2010年，全市已动工的“三旧”改造试点年项目25个，总改造面积595.4公顷，正改造214.2公顷，累计投入资金39.8亿元，为同期全市固定资产投入6.3%。其中，端州区龟顶新城建设项目规划面积7.1平方公里，首期开发面积3.6平方公里，项目预计总投资100多亿元，计划用3年时间建成可容纳10万人口居住的集商住、旅游、休闲、娱乐于一体、配套设施完善的新城区。3月8日，该项目动工，至年底投入16亿元，基本完成西调洪湖和东广场主体工程。 （陆彩华）

【全民安居工程】 2010年，符合住房保障条件的1008户家庭的“住房难”问题得到解决，完成年目标154%；通过廉租住房方式解决“住房难”的家庭425户，其中实物配租395户，租赁补贴30户；年内新增经济适用住房保障家庭583户。全市保障性住房建设完成投资6836.79万元，其中，廉租住房完成投资4617.10万元，经济适用住房完成投资2219.69万元。年内，全市新开工保障性住房624套，其中廉租住房278套，经济适用住房346套，全面完成对申请保障性住房的住房困难家庭资格审批，公开抽签办法分配房源。12月15日，举行2010年度端州城区廉租住房抽签分配大会，203户家庭参加；12月24日，举行2010年度端州城区经济适用住房抽签分配大会，375户家庭参加。 （黄健文）

【建筑市场管理】 *建筑市场状况* 2010年，肇庆市报建工程559项，建筑面积558.48万平方米，升23.8%；工程总造价75亿元，升23%；收取端州城区城市基础设施配套费6418.33万元，占年目标256.73%。

*建设工程质量安全管理* 2010年，开展集中打击建筑施工违法违规专项行动，加大对涉及深基坑、高支模、高层外脚手架、地下暗挖等危险性较大的分部分项工程以及建筑起重机械安装拆卸的违法违规行为的查处力度。是年，市获广东省建设工程金匠奖1项、省优良样板工程2项、省安全生产文明施工样板工地10个；创市优良样板工程16项，创市安全生产文明施工工地36个。全市受监工程竣工验收合格率100%，受监工程无重大质量安全事故发生。全市共办理建筑“平安卡”系统153套，培训人员1.04万人，新办建筑“平安卡”1.03万张。自2009年开始实施至2010年底，全市有209项商品房住宅楼项目实行住宅工程质量“分户验收”，验收面积331.7万平方米。 （苏少玲）

【建筑节能设计标准】 2010年，市完成建筑节能项目审查346项，建筑面积531.38万平方米，新建建筑设计阶段建筑节能强制性标准执行率100%。在市第四次工程勘察、设计项目评优活动中，共评出21个优秀工程勘察、设计项目。 （陆韶文）

【工程招标投标】 2010年，全市完成建设工程招标投标项目584项，招标预算总造价56.50亿元，中标价54.26亿元，节省建设资金2.24亿元，中标价比预算价平均下浮3.96%，分别增29.49%、6.22%、7.14%、-12.09%、-17.33%。市建设工程交易中心加强和完善计算机抽取专家、计算机辅助评标、企业IC卡管理系统，向各县（市、区）全面推广，年底，高要市、四会市、鼎湖区和肇庆高新区完成投标企业IC卡报名系统的采购工作，2011年1月可正式使用；做好工程招投标网上报名、资格后审的试行工作，年底，有7个符合要求的房建和市政项目应用网上招标系统，其中6个完成网上报名、资格后审。 （刘 刚）

【房地产市场】 2010年，全市有房地产开发企业313家，其中城区（含端州、鼎湖）158家，高新区15家，高要市37家，封开县16家，德庆县19家，广宁县21家，怀集县11家，四会市36家。二级资质企业4家，三级资质企业44家。全市商品房销售平均价格4100元/平方米，商品住宅销售平均价格3906元/平方米。

【房地产行业管理】 *全面清理预售商品房项目* 4月底开始至5月底，肇庆市住房和城乡建设局组织检查组前往各县（市、区），对4月1日至4月20日已准予预售许可的商品住房项目开展全面清理，摸清每个项目已批准预售但目前未售的房源状况，对于经批准预售商品房项目中已签订预购协议或认购书等的商品房，督促其在限期内签订商品房买卖合同。

*规范商品房预售* 一是要求房地产开发企业申报商品房开发项目预售许可时，均需按土地和规划部门规定的法定用途申报，不得擅自变更用途。商品房项目必须按商品房预售许可证上的楼盘名

称进行推广和预（销）售。二是要求房地产开发企业在申请商品住房预售许可时提交商品住房预售方案，预售方案应当包括项目基本情况、建设进度安排、预售房屋套数、面积预测及分摊情况、公共部位和公共设施的具体范围、预售价格及变动幅度、预售资金监管落实情况、住房质量责任承担主体和承担方式、住房能源消耗指标和节能措施等。预售方案中主要内容发生变更的，房地产开发企业要及时报房地产主管部门备案并公示。

调整端州区普通住房标准　9月1日起，端州区享受优惠政策的普通住房标准应同时满足以下条件：住宅小区建筑容积率在1.0以上、单套住房套内建筑面积120平方米以下或单套住房建筑面积144平方米以下。

房地产博览会　4月23～26日，组织企业参加在广州举行的第二届泛珠三角区域和行业交流促进博览会。12月10～13日，第13届广东（肇庆）房地产博览会暨城乡建设成果联展在市体育中心举行。

第13届广东（肇庆）房博会开幕　（黄子莹　摄）

【商品房建设】　2010年，全市商品房施工面积1100.93万平方米，增46.1%，其中住宅874.3万平方米，增39.1%；商品房新开工面积540.89万平方米，增68.6%，其中住宅421.05万平方米，增65.9%。（陆秋霞）

【产权登记】　2010年，市直完成房屋发证3.10万件；建筑面积591.43万平方米。其中房地产权登记发证1.58万件，建筑面积182.13万平方米；他项权登记发证6381件，建筑面积137.77万平方米；预告登记发证4222件，建筑面积51.72万平方米；抵押权预告登记发证4308件，建筑面积53.5万平方米；商品房确权登记发证111件，建筑面积73.68万平方米；在建工程抵押登记发证205件，建筑面积82万平方米。（林　青）

【解决“办证难”问题】　至2010年底，完成“办证难”商品房的核件登记发证2912套（卡），占应办数2946套（卡）的98.85%；尚未完成34套（卡），占应办数1.15%。（伍小兵）

【物业管理】　2010年，全市共有物业服务企业101家，其中二级资质2家，三级资质56家，临时资质43家；端州区共有物业服务企业68家，其中二级资质2家，三级资质37家，临时资质29家。

增强从业人员法律意识　市住房和城乡建设局、市房地产行业协会举办物业服务从业人员培训班，共173人通过参加培训持证上岗。举办《业主大会和业主委员会指导规则》及相关物业管理法律法规学习班，共425人参加。

物业管理示范小区考评　市住房和城乡建设局联合市房地产行业协会开展物业管理示范小区考评活动。中源名都、乐欣华庭、祈福海岸、新世界花园新湖苑B、C区、星湖湾等5个物业管理项目获市物业管理示范项目称号。

住宅专项维修资金　至2010年底，端州区共归集住宅专项维修资金9650万元。（陆秋霞）

【城市房屋拆迁管理】　2010年，城区发出房屋拆迁许可证6个，受理房屋拆迁裁决申请7宗，受理后经调解达成协议3宗，作出行政裁决书4宗。市住房和城乡建设局受理城市房屋拆迁信访件7宗，均及时处理。（梁宇峰）

【房产交易管理】　2010年，全市办理商品房交易共计建筑面积154.28万平方米，增40%，交易金额50.40亿元，增50%。其中肇庆城区（含端州区、鼎湖区）办理商品房交易共计建筑面积104.05万平方米，交易金额38.04亿元。全市办理二手房交易共计建筑面积102.63万平方米，降9.6%，成交金额17.92亿元，增23.3%。其中肇庆城区二手房交易共计建筑面积58.47万平方米，成交额8.98亿元。

**【商品房预售管理】** 2010年，全市办理商品房预售备案共计建筑面积187.65万平方米，降7%，预售成交金额72.70亿元，增6.2%。肇庆城区实行商品房预售合同网上签约实时备案信息管理，办理商品房预售共计建筑面积91.21万平方米，预售成交金额42.72亿元。对端州城区100家房地产开发企业的130个开发项目实行商品房预售款监控管理，按工程进度共拨付预售款35.8亿元，增20%。

**【房地产中介管理】** 2010年，市住房和城乡建设局对持有《房地产评估机构资格证书》的5家评估机构（二级资质2家、三级资质3家）的评估业务备案管理；对城区28家房地产经纪服务机构登记备案，254人参加培训，领取《经纪人资格证书》。（石冠文）

**【房屋租赁管理】** 2010年，全市共办理房屋租赁备案登记779宗，建筑面积4.54万平方米。其中，市直办理房屋租赁备案登记30宗，建筑面积约0.15万平方米。玑东路安居工程"惠民居"，2010年入住146套0.84万平方米、出租商铺9卡0.02万平方米，是年共收缴租金21.73万元（其中住宅12.33万元，商铺9.40万元）。（陈巧珑）

**【房屋安全鉴定】** 2010年，市城市房屋安全鉴定所共完成房屋安全鉴定27幢，减39%；完成房屋安全鉴定建筑面积4.64万平方米，增211%；鉴定费4.06万元，增53%。

*突发事件处理* 2月13日（除夕），端州区城西沙街发生火灾，市城市房屋安全鉴定所技术人员赶赴现场，对受灾的房屋进行安全鉴定并提出处理建议，有关方面采纳该所意见。8月10日下午4时许，封开县江口镇贺江西岸发生塌楼事故，沿岸8栋楼房整体倒塌坠江，市城市房屋安全鉴定所会同其他房屋安全鉴定公司对事故现场房屋的险情排除提出可行意见，对需要作出安全鉴定的房屋提出建议。10月11日凌晨2点左右，端州区城中路60号房屋发生火灾，房屋倒塌，影响到东邻的城中路58号房屋。市城市房屋安全鉴定所于11日上午到达火灾事故现场对受灾房屋进行全面安全检查，就受灾房屋的险情排除作出《关于城中路60号火灾现场险情排除意见》。

*房屋白蚁防治管理* 2010年，市城市房屋安全鉴定所受理房屋白蚁防治合同备案79宗，增36%；房屋白蚁防治面积342万平方米，增144%。

（梁宇峰）

**【住房制度改革】** *货币分房* 至2010年底，市实行住房货币分配451个单位1.29万人，发放住房补贴资金2.02亿元。其中市直单位实行住房货币分配294个单位7030人，发放住房补贴资金1.48亿元。

*房改房上市* 至2010年底，全市核批房改房上市申请1.08万宗，合计建筑面积84.26万平方米。

*出售存量公有住房* 至2010年底，全市单位呈报出售存量公房501套，合计面积2.45万平方米。

（陈晓晖）

**【建筑节能】** 2010年，市新建建筑设计阶段建筑节能强制性标准执行率100%，增2.3%，施工阶段建筑节能强制性标准执行率95.1%，增20%。开展国家机关办公建筑和大型公共建筑能耗统计工作，对肇庆市70栋办公建筑和部分大型公共建筑2009年度能耗（水、电）情况进行统计并在当地主流媒体公示。开展建筑节能宣传周活动，组织建筑节能专题培训258人次。

**【新型墙材和散装水泥推广应用】** 2010年，采取创建新型墙材生产基地及引导原墙材企业实心粘土砖生产线进行技术改造措施，促使本地新型墙材生产企业发展。推广蒸压加气混凝土砌块和烧结页岩多孔砖的应用，设立示范工程，为施工企业提供技术指导。端州城区新建建筑新型墙材的使用率85%。发展散装水泥，推广应用预拌混凝土和预拌砂浆。全市共有散装水泥生产企业4家，预拌混凝土生产企业10家，预拌砂浆生产企业1家。是年全市完成供应散装水泥量276万吨，增80%；预拌混凝土生产量122万立方米（未包括交通建设专项工程混凝土使用量），增61%；预拌砂浆使用量0.51万吨，实现零的突破。（谭一华）

【行业技术培训】 2010年，举办两期全国监理工程师继续教育培训班和一期登高架设特殊工种的复审培训。承办市高级技工学校在读生参加土建施工员岗位培训、考证班。举行建筑节能专题培训、深基坑、脚手架、高支模专项施工方案编制要点培训、新造价员学习广东省2010工程计价通则和新综合定额等技术类培训。全市举行11期行业培训班，培训1200人次，包括全国注册监理工程师、土建施工员、工程造价员、安全生产技术骨干等人员。 （穆占欣）

【房地产企业名录】 2010年，肇庆市房地产二级资质开发企业4家：肇庆市七星发展公司、肇庆市中鑫房地产实业有限公司、广东省肇庆市第二建筑工程集团有限公司、肇庆市侨兴实业发展集团有限公司。

三级资质开发企业44家：肇庆市城市建设开发有限公司、肇庆市端州房地产开发有限公司、肇庆市建业房地产综合开发公司、肇庆市建设实业总公司、肇庆市端州龙基房地产开发有限公司、肇庆市华英实业集团有限公司、肇庆市文明房地产有限公司、中国房地产开发集团肇庆百花园有限公司、肇庆市宏志建设有限公司、肇庆市进南房地产开发有限公司、肇庆市东景华府房地产有限公司、肇庆市星汇实业有限公司、肇庆市好世界房产发展有限公司、肇庆市肇南房地产实业开发有限公司、肇庆市星湖雅苑房地产有限公司、肇庆市汉一房地产开发有限公司、肇庆市新中源房产开发有限公司、肇庆市鼎湖城建房地产有限公司、肇庆市建设房地产有限公司、肇庆市茂盛房地产开发有限公司、肇庆市高新区万都房地产开发有限公司、肇庆联德房地产开发有限公司、肇庆市星湖雅苑房地产有限公司、肇庆市星奥投资发展有限公司、肇庆新世界房产发展有限公司、肇庆市华基房地产开发有限公司、肇庆星湖名郡房地产发展有限公司、肇庆广物房地产开发有限公司、肇庆市华生投资发展有限公司、肇庆市城建投资开发集团有限公司、肇庆市鼎湖绿洲房地产有限公司、肇庆市百花园工业城东苑房地产开发有限公司、广东臻汇园置业发展有限公司、肇庆阳光地产置业有限公司、德庆县广德恒基实业拓展有限公司、德庆县新超越置业有限公司、四会市雅风实业有限公司、四会市鼎城房地产开发有限公司、高要市房产开发公司、高要市碧颐房地产开发有限公司、高要市祈福海岸房地产有限公司、肇庆市瑞兴房地产有限公司、高要市长兴实业有限公司、怀集县腾业实业发展有限公司。

外资房地产开发企业19家：肇庆市东景华府房地产有限公司、肇庆市星汇实业有限公司、肇庆市新中源房产开发有限公司、肇庆新世界房产发展有限公司、肇庆市中州房地产有限公司、肇庆市星湖雅苑房地产有限公司、肇庆濠江名庭房地产开发有限公司、肇庆方利房地产有限公司、肇庆市德庆太古实业有限公司、肇庆达和房地产开发有限公司、肇庆鸿益房地产发展有限公司、肇庆市侨城豪苑开发有限公司、肇庆宏通置业有限公司、肇庆市亘泰商务港置业有限公司、肇庆市新黄河置业有限公司、肇庆金世纪建设发展有限公司、四会市凤山房地产开发有限公司、高要市华澳置业发展有限公司、封开奔辉花园房地产开发有限公司。 （陆秋霞）

附：2010年肇庆市住房和城乡建设局正副局长名录

局　长：孟广生

副局长：梁伟雄　陈灼坤　谢少迪　区汉聪　凌　云（11月任）

## 2010年肇庆市商品房销售均价走势表

单位：元/平方米

| 月份 | 商品房销售均价 | 月份 | 商品房销售均价 |
|---|---|---|---|
| 1～2月 | 4011 | 8月 | 3531 |
| 3月 | 4021 | 9月 | 4025 |
| 4月 | 4181 | 10月 | 4034 |
| 5月 | 4041 | 11月 | 4405 |
| 6月 | 3951 | 12月 | 4252 |
| 7月 | 4116 | — | — |

# 城乡规划

【城镇体系】 2010年底，肇庆市下辖端州、鼎湖2区和广宁、德庆、封开、怀集4县以及肇庆国家级高新技术产业开发区，代管四会、高要2市，共有108个乡镇（街），其中街道14个，中心镇19个，建制镇74个，民族乡1个。在108个乡镇（街）中，已建成特大镇（街）4个，分别是高要市金利镇、高要市禄步镇、四会市东城街道、怀集县怀城镇；较大镇（街）51个，一般镇（街）53个。

【实施《规划纲要》】 *融入广佛肇经济圈* 完成《肇庆高新技术产业开发区（大旺片区）总体规划（2010—2020）》的编制，强化肇庆高新技术产业开发区作为现代化工业新城的职能，突出城市公共服务中心建设及完善的公共服务配套，发展高新科技产业及现代服务业；加快编制《四会市城市总体规划》等规划，将四会城区北部城镇作为肇庆市发展产业转移园的重要组成部分；开展《鼎湖区高新产业园控制性详细规划》编制工作，谋划建设鼎湖新产业园和新城区。

*跨区域项目规划* 推动佛肇城际轻轨、广东省天然气管网工程等重大跨区域项目的规划建设。广佛肇城际轨道交通项目肇庆段长48公里，其中大旺至大冲段于2009年10月29日正式开工，北江特大桥、青岐涌特大桥、羚山隧道等控制性工程项目全线开工；广佛肇高速公路一期工程完成可行性研究，二期工程正在开展相关论证工作。

【规划研究与编制】 2010年，完成《肇庆市城市总体规划（2010—2020）》、《肇庆市历史文化名城保护规划》等23项编制项目，正在进行《肇庆市城区综合交通规划（端州、鼎湖）》、《肇庆市城市特色研究》等33项规划编制项目。其中《肇庆市城市总体规划（2010—2020）》于7月21日经省政府批准实施；《肇庆市端州区太和路东侧地块控制性详细规划》于3月25日、《肇庆市城东新区控制性详细规划》和《肇庆市鼎湖区坑口片区控制性详细规划》于4月2日、《肇庆市端州城区户外广告规划》于5月12日、《肇庆高新技术产业开发区产业发展规划（2008—2020）》于7月26日、《高要市金淘工业集聚基地及邻近区域热电联产专项规划》于12月3日经市政府批准实施；完成《肇庆市桥北路—端州七路地段（35区）控制性详细规划》、《七星岩东门广场规划设计》、《肇庆市龟顶山森林公园修建性详细规划》、《肇庆市城乡规划管理技术规定》等的编制；开展《肇庆市城区公共服务设施布点规划》、《肇庆市端州区北岭片区控制性详细规划》等规划的编制。

*宜居城乡规划编制* 完成牌坊广场改造、环星湖栈道工程、广东省立绿道1号线蕉园岗起点广场及驿站、波海公园、七星岩东门广场等设计方案的编制；抓紧肇庆市端州区主要出入口详细城市设计、鼎湖山新出入口修建性规划设计、城区绿地系统规划等的编制；启动编制《肇庆市城区综合交通规划》。

【绿道建设】 2010年3月11日，成立绿道网规划建设领导小组，领导小组办公室设在市城乡规划局。由市监察、发改、财政、审计、市政等部门组成绿道网建设监督小组，由市财政局成立绿道网建设经济核算领导小组，各县（市、区）和肇庆高新区党委、政府成立相应机构。肇庆市绿道网由省立绿道、城市绿道和社区绿道组成，规划总长1130公里，其中省立绿道1号线和6号线（肇庆段）105公里，市立绿道500公里。年内，省立绿道105公里全线贯通，绿化工作全面完成；市立绿道完成建设441.1公里，新增绿化326.9公里；完成与佛山市交界面建设；结合绿道建设建成波海公园、七星岩东门广场，改造牌坊广场、碧莲湖公园、贞山风景区等；已建成的绿道全部启用统一的绿道网标识系统，并划定绿道缓冲区；省立绿道沿线建成14个驿站和几十个休息点，配建停车场、自行车租赁、餐饮、卫生、安保等服务设施；制定《肇庆市绿道管理暂行办法》、《肇庆市绿道缓冲区管理暂行办法》和《肇庆市绿道工程建设任务达标验收暂行办法》，其中《肇庆市绿道缓冲区管理暂行办法》已实施。

【城乡一体化规划】 2010年，完成《肇庆市城乡规划一体化规划（2010—2020）》的编制，促进高要、四会撤市设区，构建区域中心城市，推动端州、鼎湖、四会、高要一体化发展；强化中心区域协调发展的规划研究，首次将肇庆高新区纳入规划区范围进行统一规划布局。

结合广肇城际轨道以及肇庆铁路新客站的选址，编制区域公交廊道控制、区域公交枢纽规划，要求各县根据轨道交通站点以及重大基础设施建设等变化适时开展总体规划修编，将轨道交通站点周边地区纳入城市总体规划；根据《肇庆市城市总体规划（2010—2020）》及“三旧”改造规划，编制“城中村”改造规划，完善“三旧”改造总体规划以及控制性详细规划，完成“三旧”改造年度实施计划。

**【村镇规划】** 2010年，完成《肇庆市城镇化发展“十二五”规划》的编制。广宁县完成木格、北市、石咀等6个镇总体规划的编制。高要市、怀集县和广宁县实现建制镇的总体规划全覆盖；怀集县、高要市和四会市启动新一轮总体规划修编工作，怀集县城市总体规划成果报市人民政府审批，高要市和四会市分别组织编制规划修编实施评估报告，向省人民政府申请开展总体规划修编工作。

开展“空心村”及村办工厂改造和整治工作，控制村庄规模，挖掘潜在土地资源，改善村貌和人居环境。分别在德庆县和广宁县开展各1个市级中心镇控制性详细规划编制试点工作，选取高要市金利镇西围村委会梓星二村等10个村庄作为市村庄规划编制试点，申报鼎湖区永安镇双布村委会双渔洲村等120条村庄作为省级村庄规划编制试点。

**【市城市规划委员会会议】** 2010年，召开市城市规划委员会会议3次，听取和审议《肇庆高新技术产业开发区（大旺片区）总体规划（2010-2020）》等21项议题；召开市建筑与环境艺术专业委员会会议2次，听取和审议《星湖牌坊广场改造扩建中意综合方案》等7项议题。6月底，市城市规划委员会部分委员到上海世博园及苏州、杭州等地考察。

**【规划管理】** 2010年，《肇庆市城乡规划管理技术规定》通过市城市规划委员会审议。至年底，肇庆城区（端州、鼎湖）共核发“建设用地规划许可证”（含重核、补办）1181宗，总用地面积1145.1公顷；核发“建设工程规划许可证”（含私人住宅）1023宗，总建筑面积430.3万平方米；核发“临时建设工程规划许可证”160宗，总建筑面积19.5万平方米；核发市政管线“建设工程规划许可证”181宗，批出管线147宗，线路总长253.71公里（包括供水、供电、燃气、通信、有线电视），批出道路红线23宗，道路长度55.76公里。

**【规划执法】** 2010年，配合开展肇庆城区违法建设、抢种抢搭建和非法采石取土等“三清理”及工程建设领域突出问题专项治理。加强规划执法日常巡查，整治乱搭乱建，严肃查处各类违法建筑，至年底，共发出检查通知书、停止建设通知书及整改通知书共677份；立案174宗，结案159宗，处理率91%；完善“立案呈批报告制度”，坚持“违建必查，露头就打”的方针，遏制新增违法建设；加强批后管理，保持对违法建设的高压态势，坚持现场办公，及时研究解决发展难题，确保规划实施不走样；强化竣工验收，严肃查处违规行为，2010年共验收大型的房地产项目86栋，私房验收363宗。

**【信息公开与交流】** 信息公示 2010年，共实施规划项目公示96宗。7～11月，在报纸、网站开展“肇庆市绿道网景点征名活动”，对城区部分绿道景点面向社会公开征名，共征集到600多个名称。至年底，共通过肇庆市城乡规划信息网及短信平台上传规划动态信息97篇；收到“局长信箱”来信86封，群众通过短信平台建议或投诉11条，规划局电子邮箱来信建议或投诉20封，回复率100%。

电子政务建设 2010年，投入约350万元进行市城乡规划信息化系统第一期建设。建立规划管理办公自动化子系统，实现图文一体、二维三维一体化业务办理；建设基础地理信息子系统和基础空间数据库，实现空间信息共享利用和管理维护；建立城市三维仿真与决策支持子系统。

**【问题与困难】** 中心城区控制性详细规划还未实现全覆盖，直接影响到城市建设用地的调整和使用；各县（市）尤其是封开、德庆、四会有近20个乡镇未编制完成总体规划，专项规划与控制性详细规划的编制滞后，城乡建设和管理缺乏有效的法定依据。城镇化水平为46%左右，离2020年城镇化水平80%的目标较远。机构改革后各县（市）城乡规划部门基本并入新成立的住建部门，急需理顺城乡规划管理相关职能与配备专业人员；城乡规划执法人员的业务水平和运用法律法规水平需提高；城乡规划执法缺乏有效的联合执法机制，单一部门执法成效不大。（区惠怡）

附：2010年肇庆市城乡规划局正副局长名录

局　长：刘卫红

副局长：刘振广（5月免）　汪国齐

# 市政管理

【简况】 2010年，完成道路、排水、路灯、园林绿化等市政基础设施建设22.97亿元。

【城区环卫体制改革】 2010年，市城区环境卫生多年来沿用分级管理体制，市直部门与端州区分管不同区域，中心城区由市环卫处负责，黄岗、睦岗两镇由端州区负责，“一个城区几把扫帚”，事权不清，责任不明。6月1日起，实施端州城区环境卫生管理体制改革，除保留市垃圾场由市城市综合管理局管理外，将原由市环卫处负责的城区环卫保洁工作整体移交端州区政府，撤销市环卫处，成立端州区环境卫生管理局。市城市综合管理局负责生活垃圾填埋场运营建设和管理。组建市垃圾无害化处理场，确保垃圾场正式独立运营；完善垃圾进场收费制度，变更收费主体，扩大收费范围；落实垃圾场安全生产责任制，对垃圾渗出液采取工程式治理。

【园林绿化】 2010年，实施“绿色肇庆工程”，配合321国道改造，迁移胸径18～30厘米的荫香1000多株，补植端州大道、西江北路和桥北路等主干道；完成信安路A6标、星湖大道A1标和环星湖绿道网绿化工程，完成波海湖公园、叠翠路、棠岗路以及豪景新城周边道路等路段绿化改造工程。全年新植乔木4000株，新增绿化面积5.8万平方米，改造绿化面积8.3万平方米，增加城区绿化覆盖面积10万平方米。

【城建监察】 2010年，城管部门对市民反映强烈的跃龙中路、柑园南路、芹田路、黄塘西路、康乐中路、星湖大道岩前入口、厚岗市场路口等占道经营“黑点”进行重点整治，依法取缔占道扰民的饮食大排档；规范城区“跳蚤市场”，依法拆除西江北路建材市场、梅庵路啤酒城、石牌狮岗村、牌坊广场滋味馆和西江北路东蕉园岗北侧片区违章建筑；完成忠勇路、独立营等内行巷违章经营整治，清理取缔城南路斜坡“天光墟”，配合农贸市场升级改造工程，专项整治石咀街市场和桥东市场周边内街。全年查处各类违章案件1.15万宗，拆除违规拉挂广告、横幅700多幅，配合完成城区流浪人员、乞讨人员和精神病患者清理收容工作。配合肇庆龙舟邀请赛及第16届亚运会火炬传递活动肇庆站传递等活动，维护市容。

【路灯照明】 2010年，完成环星湖绿道网庭院灯、星湖大道、信安路、肇庆大道路灯安装工程及牌坊广场一期路灯改造工程，共安装路灯1290基、5777盏，亮灯率和路灯设施完好率98%。完成湖东房地产小区侧支路、濠景新城小区周边及旧城区内街小巷等“百姓灯”安装工程。路灯照明自动化监控，防盗措施提高，标号管理，分片负责，维修及时到位，确保道路照明正常；推进路灯节能降耗，控制路灯运行与开关时间。

【城市燃气安全管理】 2010年，全市有燃气企业35家，其中管道液化石油气企业3家，管道液化气用户4.5万户，液化石油气站29个，瓶装液化气用户30万户，液化石油气储气能力4591吨。天然气企业3家，管道天然气用户约4万户，液化天然气储气能力168万立方米。全年城区居民液化石油气用量3.7万吨。

安全整治　宣传贯彻新《广东省燃气条例》，组织市质量技术监督局、市工商局、各县（市、区）燃气主管部门和全市各燃气企业召开宣传贯彻会议，规范燃气行业管理。年内处理燃气投诉100多宗，出动执法人员650人次，取缔违规经营燃气“黑点”70多个，查处违规气瓶一批。

管道天然气管网建设　年内建成天然气汽车加气站1座，敷设中、高压天然气管网18公里，完成大桥路、绿荷路、鼎湖民乐大道、端州七路等路段的管网敷设，用气范围覆盖大唐盛世、臻汇园、恒裕海湾等居住区及美亚金属、力大鞋厂、星湖大酒店等工商业用户，天然气供气能力8万户，全年完成投资6000万元。

【城市道路与排水】 2010年，"百姓路"工程完成理工学校南侧道路、古塔南支路、新园路至龙亿花园及景德路和景泰路之间市政道路建设、安装进水井防蚊闸工程等16项。完成维修车道（含沥青路面）1.34万平方米，人行道6764平方米，更换井盖922件，维修进水井、检查井678座。整治星湖大道岩前村村民住宅区地势低洼水浸现象，砌设32立方米集水池、安装两台潜水泵、敷设49米排水管，将污水排入星湖大道主渠。年内共清疏渠道4138米，完成城区端州七路、星湖大道及柑园南路等多条道路排水渠清疏，定期监测、疏通城区多个排水"瓶颈"位置，解决了端州三路检察院前、端州四路旧电机厂宿舍区及大桥路与端州七路西江桥脚的水浸黑点。

【市政重点工程】 *星湖大道、信安路通车* 2010年12月实现全线通车。其中星湖大道完成工程投资5亿元，信安路完成工程投资3.06亿元，共改造路面64.1万平方米，改造绿化5.2万平方米，新增绿化3.79万平方米，新装路灯420基、840盏。

*砚都大道、肇庆大道建设* 2010年，砚都大道完成工程投资8.67亿元，完成桥梁、市政管线、花基砖、侧平石以及水泥级配碎石基层施工。肇庆大道（前村路—端州八路）市政化升级改造完成工程建设1.7亿元，完成道路清表、绿化迁移和波海公园水稳层透水砖铺筑以及起点广场大树种植、排水渠改道工作。

*东调洪湖、城东排污管网建设* 2010年，东调洪湖完成立项、环评、用地批复融资工作及景观方案评审等前期工作。城东排污管网建设完成环评、可研报告编制并通过评审和立项批复，完成管网铺砌、抽排设施和泵房设计，开展工程报规、报建工作。

*牌坊广场改造* 2010年，牌坊广场（一期）完成投资5000万元，主体工程基本完成，改造面积7.1万平方米，广场重新铺装5万平方米，铺设花岗岩大理石2.1万平方米，配置绿化景观2万平方米，完成音乐喷泉改造；完成牌坊广场（二期）树荫广场铺设、文明北路沿线排水工程及雕塑挡土墙与城雕基础施工，完成土方量40万立方米。

*环星湖绿道网建设* 至2010年底，全长19.1公里的环星湖绿道网提前全线贯通，年内完成投资8950万元，其中新建环湖栈道9.4公里，铺装栈道5.15万平方米，安装沿湖路灯654盏，改造绿化6.6万平方米，实现"一年基本建成"目标。

*垃圾填埋场扩容、渗滤液处理厂改造* 2010年，市生活垃圾填埋场扩容工程（一期）完成土石方开挖工程、道路工程及填埋库区平整和垃圾场淤泥清理，完成填埋库区渗滤液收集管网及防渗膜的敷设，新增库容80万立方米，服务范围覆盖端州区、高要市、鼎湖区和大旺高新区，四地生活垃圾处理实现一体化。市垃圾场渗滤液处理厂改造工程开展项目设计施工总承包招标工作，启动垃圾渗滤液治理工程，确保垃圾渗滤液排放达标。

【问题与困难】 一是工程建设土地征用难度大。二是拆迁补偿不够规范。征地拆迁补偿项目繁多琐碎，有的项目没有补偿标准。三是端州区中心区城管执法工作由城监大队负责，黄岗、睦岗街道办事处负责辖区范围及内街小巷的监管工作，存在多头执法、职能不清、责任不明等问题，群众投诉多。市组建城市管理综合行政执法机构工作未获省编委批复，制约综合执法的开展。 （罗　欢）

**附：2010年肇庆市城市综合管理局正副局长名录**

局　长：王　岩

副局长：顾培根　詹钟玮　元小忠　陈永文

# 环境保护

【简况】 2010年，城区环境空气质量优良360天；西江、绥江、贺江等肇庆河段总体水质优于Ⅱ类标准，城市饮用水源、主要江河、跨市河流交接断面水质达标率均为100%；星湖水质达到Ⅳ类水环境功能标准。

全市城镇生活污水集中处理率70.54%。完成省下达的淘汰落后产能任务；严把环保准入关，全市共受理通过项目环评1011个，否决一批不符合环保法律法规，不符合市规划和国家、省有关产业政策的项目，占审批项目5%以上。至年底，全市化学需氧量比"十五"期末下降10.57%，二氧化硫排放量得到有效控制。

全市无出现重大污染事故。对81台锅炉实施整改或关停淘汰；完成95间加油站、27台油罐车、

3座储油库的油气回收综合治理任务。全面推行机动车环保标志管理制度，至年底，全市共发放各类汽车环保标志5.36万个。加强城区公交车尾气治理，推广节油减排车辆，更新客运车辆195辆，出租车160台；加大建筑和道路施工扬尘污染控制力度。城区空气环境质量稳定达到国家大气环境质量二级标准要求。开展“保亚运、管好放射源”专项行动，共收贮31枚废旧放射源，收贮率100%。

8月25日，广佛肇经济圈环保专责小组联席会议在肇庆市举行

“十一五”期间，全市共创建省级生态示范镇3个，省级生态示范村8个、市级生态示范村36个。生态示范区的居民饮用水卫生合格率100%，建成区生活垃圾清运率100%。

（余丽珍）

**【实施《规划纲要》】** 2010年，实施《肇庆市环境保护一体化规划（2010—2020年）》。初步建立广佛肇区域污染联防联治机制，从实施源头联合防控、过程联合治理、执法联合行动、信息资源共享等多方面防止区域流域污染。对西江饮用水源地的保护达成共识。参与《广东省清洁空气行动计划》、《广佛肇迎亚运整治区域流域污染联合行动计划》、机动车环保标志管理工作，完成全市95间加油站、27辆油罐车、3座储油库的油气回收综合治理任务。9月27日成功举办西江水环境应急监测演练。（冯爱坤）

**【环境监测】** 2010年，城区大气自动监测系统运行正常，按要求上报“肇庆市城区空气污染指数日报”。西江三榕峡水质自动监测站运行正常，实行周报制度。各县（市）进行常规大气连续监测，环境空气质量周报正常开展。全市各监测部门对饮用水、地表水、噪声、降尘、酸雨、各类污染源、噪声达标区等进行监测，获各类监测数据近19万个。

**【环境影响评价】** 2010年，市环境科学研究所为企业编制“建设项目环境影响报告书（表）”230份，其中环境影响报告书29份，报告表201份。

（监测站）

**【环保宣传】** *专题宣传* 2010年，在《西江日报》开设时长1个月的“保护肇庆青山绿水 建设生态环保肇庆”专题。专版发布《肇庆市2009年环境状况公报》以及纪念“6·5”世界环境日的市长署名文章。在《赢周刊》专版报道“推进低碳减排、营造绿色生活”专题。在电台开设时长1个月的《肇庆环保时空》环保专题节目。“12369环保热线”专题节目受市民欢迎。在“6·5”宣传月新闻时段滚动播出环保公益宣传短片，并在星湖国际广场荧屏播放。在广东《环境》杂志刊登两版“肇庆宜居宜业的家园”专题文章。

*及时报道环保新闻* 2010年，及时组织媒体报道各地污染减排、污水厂建设、珠三角规划实施、广佛肇环保一体化合作（如在《珠江环境报》刊登“广佛肇联手保障亚运环境”、“肇庆“三个对接”推进环保一体化”专题文章）、保亚运应急演习、机动车尾气整治行动、四会铁扫行动、四会盛源重大违法行为等情况。及时回应《南方日报》对鼎湖环境污染的报道。共报道近百条新闻。

*接受大型媒体采访* 就保亚运会环境安全问题接受中央、省、市三十多家媒体采访，接受保亚运环境监测应急演练采访、广佛肇一体化专题采访以及聚焦广东、活力肇庆专题采访。

*创建“绿色学校”* 2010年，新创建市级绿色学校8间；全市有5间学校申报省级绿色学校，并通过省专家的评估、验收。

（黄向文）

**【污染减排】** *完成省下达的任务* 2010年，全市化学需氧量比上年减少排放1500吨，二氧化硫上升

10月30日，“畅享绿色出行，迎接激情亚运”系列环保公益活动在星湖国际广场举行

1500吨。化学需氧量减排项目25个，二氧化硫减排项目11个，完成省下达的2010年减排任务。

环保基础设施建设　“十一五”期间，全市投资16.82亿元，新建成19座生活污水处理厂，新增设计处理能力36万吨/日，配套管网146.44公里。2010年，新增设计处理能力22万吨/日，8个中心镇污水处理厂年底基本建成主体工程；年底全市有污水处理厂21座，污水处理能力47万吨/日，是2005年11万吨的4.27倍，全市城镇生活污水处理率70.54%。

关停高耗低效企业　“十一五”期间，完成关停4间小火电淘汰任务，装机容量为20.04万千瓦，完成省下达的“十一五”关停小火电任务；关停高要市华辉水泥有限公司等19家落后水泥企业（生产线），淘汰落后机立窑生产能力共437万吨，超额完成省下达的关停小水泥90万吨的任务。其中，2010年关停广宁县东乡水泥有限公司、高要市金禄水泥厂等6家落后水泥企业（生产线），淘汰落后机立窑生产能力113万吨；关停广东肇庆星湖生物科技股份有限公司肇庆味精厂等工艺落后的企业。

强化监管　2010年，全市出动环保专项执法1.76万人次，检查企业（矿点）6265家，立案查处违法企业239家，罚款526.7万元。四会污水处理厂、盛源电镀废水处理厂、福龙电镀废水处理中心等3家被国家环保部挂牌督办的企业完成整改，12月13日通过环保部的摘牌。全市有国控重点污染源24家，需安装27套在线监控系统已全部建成，验收率100%。开展污染源普查动态更新调查工作，为“十二五”减排规划提供准确的基础数据。（谢　茹）

【污水处理厂建设】　2010年，高要市金利镇污水处理厂（2万吨/日）、高要市新桥镇污水处理厂（原规划建设处理量1万吨/日，动工后改为0.5万吨/日）、高要市白土镇污水处理厂（2万吨/日）、鼎湖区莲花镇污水处理厂（0.5万吨/日）、鼎湖区永安镇污水处理厂（0.5万吨/日）、四会市大沙镇污水处理厂（1.5万吨/日）、四会市江谷镇污水处理厂（0.3万吨/日）、四会市地豆镇污水处理厂（0.2万吨/日）、南江工业园污水处理厂（1.5万吨/日）等9座污水处理厂分别于2010年12月31日前建成并投入试运行。9月，鼎湖区污水处理厂正式运行。（苏　铭）

【信访工作】　2010年，来信来电1881宗，其中投诉废水污染的285宗；投诉废气污染的1098宗；投诉噪声污染的475宗；投诉固体废物污染的5宗；投诉其他污染的16宗。城区内来信来电632宗。全年信访处理率100%，办结率98%。（严丽群）

【问题与困难】　一是经济发展与环境保护的矛盾突出；二是独水河等沿西、北江城市内河涌污染问题亟待解决；三是局部地区空气质量不稳定，受到新闻媒体和群众的高度关注；四是医疗废物、生活垃圾无害化等处理处置设施建设滞后；五是生态破坏与农村环境问题日益凸显；六是各县（市、区）大部分环保管理机构人员不足，素质偏低，设备落后，环境管理能力和执法能力较薄弱。（余丽珍）

**附：2010年肇庆市环境保护局正副局长名录**

局　长：严威盛

副局长：潘锐波　杜金良　孔繁德　陈金銮

## 2010年肇庆市各地“三废”排放及治理情况表

| 地区 | 废水排放总量（万吨） | 其中：#工业废水（万吨） | 生活废水（万吨） | 工业废水排放达标率（%） | 废水中COD排放总量（吨） | 其中：#工业COD（吨） | 生活COD（吨） | 废水中氨氮排放总量（吨） | 其中：#工业氨氮（吨） | 生活氨氮（吨） | 废气排放总量（亿标立米） | 工业废气（亿标立米） | 二氧化硫排放总量（吨） | 其中：#工业二氧化硫（吨） |
|---|---|---|---|---|---|---|---|---|---|---|---|---|---|---|
| 全市合计 | 22778.54 | 8844.25 | 13934.28 | 98.03 | 31792.81 | 9219.03 | 22573.78 | 3541.36 | 399.01 | 3142.36 | 557.38 | 557.38 | 33202.57 | 31419.57 |
| 端州 | 6780.59 | 1874.92 | 4905.67 | 99.59 | 6990.29 | 2500.90 | 4489.39 | 512.55 | 113.06 | 399.49 | 18.79 | 18.79 | 2118.03 | 2019.03 |
| 鼎湖 | 1687.16 | 1091.66 | 595.50 | 98.87 | 2951.18 | 992.33 | 1958.85 | 214.64 | 31.10 | 183.54 | 78.42 | 78.42 | 3856.32 | 3712.32 |
| 高新 | 1376.35 | 659.49 | 716.86 | 100.00 | 2353.56 | 1263.76 | 1089.80 | 53.90 | 24.51 | 29.39 | 5.03 | 5.03 | 2574.17 | 2496.17 |
| 广宁 | 1866.82 | 1297.79 | 569.04 | 97.05 | 2906.74 | 1077.81 | 1828.93 | 396.28 | 37.51 | 358.77 | 16.31 | 16.31 | 2510.26 | 2054.26 |
| 怀集 | 1150.27 | 349.28 | 800.99 | 95.54 | 2652.99 | 375.66 | 2277.33 | 594.03 | 33.53 | 560.51 | 19.31 | 19.31 | 2184.04 | 2064.04 |
| 封开 | 919.84 | 475.05 | 444.79 | 97.50 | 2007.64 | 463.90 | 1543.74 | 370.97 | 44.33 | 326.64 | 41.41 | 41.41 | 3349.87 | 3339.87 |
| 德庆 | 924.26 | 287.52 | 636.74 | 96.87 | 2060.19 | 267.82 | 1792.37 | 276.58 | 20.95 | 255.63 | 114.88 | 114.88 | 2198.83 | 2105.83 |
| 高要 | 3233.70 | 1817.72 | 1415.98 | 96.95 | 5347.59 | 1422.73 | 3924.86 | 701.71 | 35.00 | 666.71 | 139.12 | 139.12 | 8808.04 | 8491.04 |
| 四会 | 4839.55 | 990.84 | 3848.71 | 97.55 | 4522.63 | 854.12 | 3668.51 | 420.70 | 59.02 | 361.68 | 124.11 | 124.11 | 5603.00 | 5137.00 |

（续上表）

| 地区 | 生活二氧化硫（吨） | 工业二氧化硫排放达标率（%） | 烟尘排放总量（吨） | 工业烟尘排放量（吨） | 生活烟尘（吨） | 工业烟尘去除率（%） | 工业烟尘排放达标率（%） | 工业粉尘排放量（吨） | 工业粉尘去除率（%） | 工业粉尘排放达标率（%） | 工业固体废物产生量（万吨） | 工业固体废物排放量（吨） | 工业固体废物综合利用率（%） | 工业固体废物处置率（%） | 污染治理资金（万元） |
|---|---|---|---|---|---|---|---|---|---|---|---|---|---|---|---|
| 全市合计 | 1783.00 | 94.91 | 33508.15 | 32040.15 | 1468 | 84.14 | 97.74 | 5746.99 | 99.28 | 96.75 | 191.94 | 5795 | 72.05 | 18.31 | 2922 |
| 端州 | 99.00 | 95.54 | 1549.97 | 1429.97 | 120 | 6.46 | 97.23 | 312.00 | 82.76 | 100 | 7.89 | 0 | 86.59 | 13.31 | 712 |
| 鼎湖 | 144.00 | 99.55 | 92.41 | 9091.34 | 150 | 89.45 | 99.17 | 0 | 0 | 0 | 19.63 | 0 | 99.98 | 0.02 | 950 |
| 高新 | 78.00 | 100.00 | 938.30 | 899.30 | 39 | 56.31 | 100 | 0 | 0 | 0 | 1.24 | 0 | 82.52 | 17.48 | 530 |
| 广宁 | 456.00 | 96.03 | 1812.44 | 1726.44 | 86 | 84.93 | 97.93 | 480.00 | 81.98 | 100 | 12.64 | 3700 | 36.88 | 57.11 | 730 |
| 怀集 | 120.00 | 97.24 | 857.80 | 768.80 | 89 | 28.57 | 70.58 | 1173.82 | 88.31 | 96.38 | 74.09 | 95 | 76,37 | 0.01 | 0 |
| 封开 | 10.00 | 66.55 | 1058.65 | 1054.65 | 4 | 42.19 | 93.12 | 2066.05 | 99.71 | 93.03 | 0.41 | 2000 | 51.68 | 0.00 | 0 |
| 德庆 | 93.00 | 98.86 | 1306.86 | 1273.86 | 33 | 0 | 98.32 | 459.52 | 0.00 | 100 | 1.99 | 0 | 77.39 | 22.61 | 0 |
| 高要 | 317.00 | 100.00 | 10914.88 | 10840.88 | 74 | 86.12 | 99.99 | 1140.00 | 95.05 | 100 | 62.63 | 0 | 58.54 | 41.46 | 0 |
| 四会 | 466.00 | 95.84 | 5827.90 | 4954.90 | 873 | 73.27 | 94.93 | 115.60 | 99.69 | 100 | 11.41 | 0 | 79.62 | 2.01 | 0 |

（市环保局）

# 交通 邮电

责任编辑：金柳仪

## 交通行政管理

**【实施《规划纲要》】** 2010年，广佛肇三市签订交通一体化框架合作协议及《广佛肇经济圈建设交通运输合作协议》，共同编制《广佛肇交通基础设施衔接规划》。开通3条跨市公交线路：大旺—三水南山、大旺—三水西南、高要金利—三水。保留普通公路收费站8个。3月31日零时起，广佛肇三地年票实行互通互认。11月8日起发卡试行使用“岭南通”，使用范围涵盖广州、佛山、肇庆、江门、汕尾五市。

**【省交通运输厅厅长来肇指导】** 3月30日，调研高速公路建设情况；6月29日，检查水毁公路抢修工作；9月30日，指导广肇高速公路二期工程通车典礼；11月25日，指导二广高速公路怀集至连州段（含支线工程）动工仪式。12月10日，指导二广高速公路怀集至三水段通车典礼。

**【全省会议在肇召开】** 8月20日，省交通运输厅在肇召开全省干线公路迎“国检”工作会议。9月16日，全省水上交通检查站工作座谈会在肇庆市召开。

**【首次参加国际性学术研讨会】** 10月28日，以“农村公路的可持续发展与新农村建设”为主题的第二届世界农村公路大会在山东济南召开。肇庆作为广东唯一代表在会上作题为“积极探索市场化养护模式，提升农村公路养护水平”的经验发言。

**【交通参数】** 2010年，各种运输方式完成货运量2869万吨、货物周转量38.56亿吨公里，同比分别增长8.4%、16.5%；完成客运量6388万人、旅客周转量33.22亿人公里，同比分别增长6%、13%。港口完成货物吞吐量1597万吨，同比增长41.1%，其中集装箱完成44.56万个标箱，同比增长28.78%。

**【农村交通网络建设】** 2010年，完成农村公路硬底化建设515公里，占年计划的147%；新开农村公路214.7公里/32条，占年计划的143%；改造县通镇上等级公路共62.9公里/12条；新建或改造农村公路桥梁（含水毁桥）27座/1878.8延米，占年计划的116%；续建镇养中心道班11个、新建（改建）中心交管站8个、乡镇客运站9个、候车亭107个。

**【交通基础设施建设】** 2010年，全市交通基础设施建设累计完成投资107.18亿元，增42.6%；其中铁路、轻轨建设完成投资59.43亿元，公路建设完成投资46.78亿元，港口航道建设完成投资7013万元，客运站场建设完成投资2622万元。

**【十大工程】** 一是二广高速公路怀集至三水段累计完成投资90.67亿元，占计划投资的107%，12月10日通车；二是珠外环高速公路江门至肇庆段改造累计完成投资35.44亿元，占计划投资的89%，其中一期（高要至江门段）于12月31日通车；三是广梧高速公路封开连接线累计完成投资2.55亿元，6月30日通车；四是广肇高速公路二期工程累计完成投资6.5亿元，占总投资的111%，9月30日通车；五是肇花高速公路肇庆段于3月2日动工，完成投资2.08亿元，占总投资的17%；六是二广高速怀集至连州段（含怀集至岗坪支线）项目于11月25日动工，累计完成投资5.4亿元；七是西江（界首—肇庆）航道整治工程累计完成投资1.61亿元；八是国道321线小湘至四会大沙段文明样板路创建工程全面完成，累计完成投资3.5亿元；九是广佛肇高速公路一期工程（大旺—小湘）项目工程可行性研究报告（工可）通过省交通运输厅组织的专家评审，省政府批复同意项目收费立项。广佛肇高速公路二期工程（高要小湘—德庆—封开段）前期工作展开，完成工可编制。十是怀罗高速公路获省交通运输厅同意开展路线踏勘等前期工作，已完成踏勘报告及评审工作（评审专家建议怀集至罗定高速改为怀集至阳江港高速），正在编制工可。汕湛高速公路清远清新（经肇庆）至云浮新兴段项目工可通过省组织的专家评审。

**【交通市场管理】** *工程质量监督* 2010年，全市共受理监督公路工程560.68公里/244项，总投资16亿元。全市公路工程质量监督覆盖率100%，受监工程质量总体合格率95.8%。

*执法检查* 2010年，全市共出动执法人员5.61万人次，检查车辆3.51万台次，查处违规车辆5337台次。其中出动治超执法人员1.59万人次，检查车辆3668台，查处超限超载车辆1791台，卸载货物69.4万吨，罚款342.07万元。

1月10日在肇召开"全省交通综合行政执法信息网络建设暨电子监察现场会"，省交通运输厅充分肯定市交通综合执法信息网络建设的做法与经验。完成综合行政执法局第一、二批执法人员过渡，分两期对全市145名执法人员进行岗位培训。

*行业管理* 2010年，贯彻实施《广东省出租汽车管理办法》，制定上报《肇庆市出租汽车客运管理办法》、《肇庆市出租车经营权招标投标办法》和《肇庆市出租汽车客运企业质量信誉考核办法》等管理规定。推广GPS卫星定位系统、道路运输车辆维护检测信息系统和驾驶员培训管理信息系统，对营运车辆安全、二级维护检测和驾驶员培训等实施网上有效监管。

省交通运输厅将市列入全省推进农村客运基本服务均等化工作试点市。印发《肇庆市推进农村客运基本服务均等化工作方案》，争取到省厅首批补助资金1921.5万元。

**【"春运"工作】** 2010年春运从1月19日起至2月27日止，全市投入春运的公路客运车辆1482辆、4.96万个座位。全市公路运输共发送班次19.56万班、运送旅客280.05万人次，分别下降6.5%、9.2%。春运期间，运输市场秩序良好，没有出现旅客滞留现象。

**【铁路轨道工程】** 2010年，交通局协助"市贵广铁路、南广铁路及广佛肇城际轻轨肇庆段项目建设指挥部"办公室开展相关工作。至年底，贵广铁路肇庆段累计完成投资51.23亿元，南广铁路肇庆段累计完成投资33.36亿元，广佛肇城际轻轨累计完成投资7.82亿元。

**【安全生产】** 2010年，全市水上辖区无船舶交通事故，道路运输行业发生死亡事故7宗，死亡7人，事故宗数升17%、死亡人数降22%。交通基础设施工程建设无发生重大事故。年内，排查出一般安全隐患890项，已整改853项，排查出重大隐患43项，已列入治理整改33项，共投入专项整治资金5.89亿元；投入1600万元对48个渡口、68艘渡船、6座桥梁进行更新改造。悬挂宣传横幅、标语800余条，印发交通规章宣传资料1200份，派发宣传手册632份。

**【创建文明行业】** 2010年，继续开展文明样板路、GBM工程和"先进单位（集体）"等文明行业创建活动。全年创建地方公路平安畅通工程90公里、绿色通道65.42公里、GBM工程35.84公里。全市交通行业1人次受交通运输部表彰，共8个单位、9人次受到省、市级表彰。

**【道路养护】** 2010年，全市地方公路养护总里程9462.85公里，其中省道82.74公里、县道1145.41公里、乡道6914.24公里、村道1320.47公里。完成省道年末好路率85 %，年平均好路率85 %；县道年末好路率82%，年平均好路率82%；省、县优等路里程490公里；乡道年平均良好路面率82%；乡道晴雨通车率97%，各项指标均超过省下达的任务。

**【问题与困难】** 一是征地拆迁等问题导致个别交通基础设施建设项目无法按计划推进；二是配套资金严重短缺等问题影响交通基础设施建设的顺利推进；三是各县（市、区）没有将交通规划纳入当地总体规划，对公路建设用地、道班班房和乡镇站场建设用地等没有做好预留，导致交通基础设施建设难以实施，影响地方公路养护机制改革和农村客运推进。

（贺广玲）

**附：2010年肇庆市交通运输局正副局长名录**

局　长：吴　生

副局长：全海华　冯　初　徐澎涛　周泽英

## 肇庆城巴公交站点一览表

（2011年6月28日）

| 线路 | 起点 | 途经站点 | 终点 |
|---|---|---|---|
| 1 | 火车站 | 蕉园岗、蕉园、西江装饰材料城、风华路口、体育中心、端州七路、西江南路、肇庆女子医院、披云楼、汽车技校（南门）、新街码头、天宁南路、天宁中路、天宁北路、牌坊东、市车站、星湖大道南、景山岗、岩前、肇庆电视台、仙女湖、中源名都、蓝塘北路口、东岗新村、东岗村口、东岗路北、肇庆学院、向阳村口、大坪路口、金融学院（→七星大道东、→七星大道中→七星大道西）、党校路口、站前东路 | 火车站 |
| 2 | 东堤湾 | 前进南路、市公安局、前进中路、城东公园北门、古塔中路、华佗医院、和平西路、友谊路口、工农南路、大柑园、中心市场、豪居路（潮流站）、北门、披云楼、康乐中路、康乐市场、康乐北路、体育中心南门、体育中心、风华路口、西江装饰材料城、蕉园、蕉园岗、火车站、肇杰鞋厂（往东堤湾单边） | 长途客运站 |
| 3 | 汽车技校（南门） | 新街码头、天宁南路、天宁中路、天宁北路、牌坊东、市车站、端州三路、消防局、城东车场、二塔路、市四中、黄岗、市三医院、端砚文化村、红树湾家具、梅亭、蓝塘、工贸学校、端州一路（志盛门控公司）、马头岗、外语学校、大冲、军人复退医院、苏村、苏村二、民乐桥、鼎湖检测站、管桩厂、鼎湖森邻、万福东路、万福西路、鼎盛中路、鼎湖坑口、农科所、水坑一、南大街、东大街、水坑二、水坑二市场（往凤凰单边）交警二大队、凤凰镇路口 | 九龙湖景区（凤凰镇） |
| 4 | 黄岗 | 市四中、二塔路、城东车场、消防局、端州公安分局、市电大、端州区府、大花坛、大柑园、中心市场、天宁中路、天宁南路、新街码头、汽车技校（南门）、市一医院、西门、石桥亭、沙街市场、西江南路、梅庵路口、桥西车场、裕宝家具中心、铁路桥、下三村、太和路、睦岗、八中、棠下、城西客运站、三榕港、三榕水厂、黄禁、小湘 | 西江船厂 |
| 5 | 端州工业城 | 红树湾家具、端砚文化村、市三医院、黄岗、市四中、二塔路、城东车场、消防局、端州三路、市车站、牌坊东、天宁北路、豪居路（潮流站）、北门、人民中市场、人民路、端州六路、梅庵路口、桥西车场、裕宝家具中心、铁路桥、下三村、太和路、睦岗、八中、棠下、城西客运站、三榕港、三榕水厂、黄禁、小湘、大龙、小湘军校 | 小湘水泥厂 |
| 6 | 二塔 | 市工商局、市二医院、前进南路、城东一区、城东三区、大花坛、大柑园、中心市场、天宁中路、睦民路、十字路、人民南路、市一医院、西门、石桥亭、市技校、白沙公园、市制药厂、食品厂、真空泵厂、厂排、包公祠 | 白沙龙母庙 |
| 7 | 明珠路 | 明珠路口、大花坛、大柑园、中心市场、天宁北路、宝月公园、人民路、端州六路、端州七路、体育中心、风华路口、西江装饰材料城、蕉园、蕉园岗、火车站 | 长途客运站 |
| 8 | 牌坊 | 市车站、工农北路、友谊路口、工农南路、大柑园、中心市场、天宁中路、天宁南路、新街码头、汽车技校（南门）、市一医院、西门、石桥亭、沙街市场、西江南路、梅庵路口、大湾路口、鹅仓、商业大厦、艺术馆、康宁路、南兴一路、文峰路、高要二小、高要社保局、明珠花园 | 碧桂园 |

（续上表）

| 线路 | 起点 | 途经站点 | 终点 |
|---|---|---|---|
| 9 | 科技学院 | 华英名都、惠民居、风华公司、桥北路、百花园、体育中心南门、康乐北路、康乐市场、人民路、人民中市场、北门、豪居路（潮流站）、中心市场、大柑园、工农南路、友谊路口、工农北路、端州三路、消防局、城东车场、景泰路、圣地名轩、民福新村、电力大楼（行政中心、市法院） | 电力大楼 |
| 10 | 裕宝家具中心 | 桥西车场、桥北路、黄塘花园、体育中心南门、康乐北路、康乐市场、人民路、人民中市场、北门、豪居路（潮流站）、天宁北路、牌坊东、市车站、星湖大道南、景山岗、岩前、肇庆电视台、仙女湖、中源名都、蓝塘北路口、东岗新村、东岗村口、东岗路北 | 肇庆学院 |
| 11 | 桥西车场 | 梅庵路口、端州六路、人民路、宝月公园、牌坊东、市车站、端州三路、消防局、城东车场、前进北路、城东公园北门、古塔中路、市电大、端州区府、大花坛、大柑园、中心市场、天宁中路、睦民路、十字路、人民南路、市一医院、西门、石桥亭、沙街市场、西江南路、梅庵路口 | 桥西车场 |
| 12 | 铁路区 | 铁路五局三处、上外坑、大洲、外坑、肇杰鞋厂、火车站、蕉园岗、蕉园、西江装饰材料城、风华路口、百花园小学、风华路、桥北路、桥西车场、梅庵路口、西江南路、沙街市场、石桥亭、西门、市一医院、北门、豪居路（潮流站）、天宁北路、牌坊东、市车站、端州三路、消防局、景德路 | 市二技校 |
| 13 | 大冲 | 外语学校、马头岗、端州一路（志盛门控公司）、工贸学校、蓝塘、梅亭、红树湾家具、端砚文化村、市三医院、黄岗、市四中、二塔路、城东车场、消防局、端州三路、市车站、牌坊东、宝月公园、人民路、端州六路、端州七路、体育中心、风华路口、西江装饰材料城、蕉园、蕉园岗、火车站、肇杰鞋厂、外坑、大州、商业学校、杰斯曼糖果、化纤厂 | 城西客运站 |
| 14 | 市二医院 | 前进南路、市公安局、前进中路、前进北路、城东车场、消防局、端州三路、市车站、牌坊东、宝月公园、人民路、端州六路、梅庵路口、大湾路口、鹅仓、南兴三路、铁路桥西站、锦纶街口、高要交警大队、大田村、旧村、高要二中、中杰鞋厂、青湾基、马安镇、定江村、新江一村 | 马安大道 |
| 15 | 黄塘花园 | 端州七路、端州六路、人民路、宝月公园、天宁北路、天宁中路、天宁南路、阅江楼、柑园市场、崇禧塔、口岸码头、大花坛、城东三区、城东一区、市公安局、前进中路、前进北路、二塔路、市四中、黄岗、市三医院、端砚文化村、红树湾家具、梅亭、蓝塘、工贸学校、端州一路（志盛门控公司）、马头岗、外语学校、大冲、复退军人医院、苏村、民乐桥、加石焦厂、鼎湖检测站、管桩厂、港口路东、港口路中、港口路西、鼎盛路南、鼎盛路中、鼎湖山坑口、鼎湖广场、鼎湖区府、罗隐路口、星湖科技、鼎湖山泉、砚洲路、桂城车站、广利路口、鼎湖中学、鼎湖艺校、桂城办事处、广利工业园、龙塘桥路口、广利派出所、罗园路口、广利镇 | （广利）砚洲码头 |
| 16 | 二塔 | 市工商局、市二医院、前进南路、市公安局、前进中路、城东公园北门、古塔中路、华佗医院、和平西路、工农北路、市车站、牌坊东、宝月公园、人民路、端州六路、梅庵路口、桥西车场、裕宝家具中心、铁路桥、下三村、太和路、睦岗、八中、棠下 | 城西客运站 |
| 17 | 端州一路（志盛门控公司） | 工贸学校、蓝塘、梅亭、红树湾家具、端砚文化村、市三医院、黄岗、市四中、新仓、和平市场、和平东路、前进中路、市公安局北门、城东公园南门、友谊路、跃龙桥、友谊路口、工农南路、大柑园、中心市场、豪居路（潮流站）、北门、人民中市场、宝月公园、星荷南、星荷北、翠星东路、翠星西路、体育中心东门、星荷湖畔 | 绿荷路 |
| 18 | 科技学院 | 华英名都、惠民居、风华公司、风华路、百花园小学、体育中心、端州七路、西江南路、肇庆女子医院、披云楼、北门、豪居路（潮流站）、中心市场、大柑园、大花坛、、端州区府、市电大、古塔中路、城东公园北门、前进北路、城东车场、景泰路、圣地名轩、棠岗南、天籁之星、棠岗北、肇庆电视台、仙女湖、中源名都、肇中新校、蓝塘北路口、东岗新村、东岗村口、东岗路北 | 肇庆学院 |
| 19 | 端砚文化村 | 市三医院、黄岗、市四中、新仓、和平市场、和平东路、前进中路、市公安局、城东一区、城东三区、大花坛、大柑园、中心市场、天宁北路、星荷南、星荷北、伴月湖、出头小学、出头、星湖名郡、波海楼、仙掌岩 | 七星岩西门 |

（续上表）

| 线路 | 起点 | 途经站点 | 终点 |
|---|---|---|---|
| 20 | 市高技 | 大冲村、大冲村路口、大冲、外语学校、马头岗、端州一路（志盛门控公司）、工贸学校、蓝塘、梅亭、红树湾家具、端砚文化村、市三医院、黄岗、市四中、二塔路、城东车场、消防局、端州三路、市车站、牌坊东、宝月公园、人民路、端州六路、西江南路、沙街市场、市技校、白沙公园、市制药厂、食品厂、真空泵厂、厂排、包公祠 | 白沙龙母庙 |
| 21 | 人民南路 | 人民中市场、宝月公园、牌坊东、市车站、端州三路、消防局 、城东车场、二塔路、市四中、黄岗、市三医院、端砚文化村、红树湾家具、梅亭、蓝塘、工贸学校、端州一路（志盛门控公司）、马头岗、外语 学校、大冲、复退军人医院、苏村、苏村二、民乐桥、焦园村、鼎湖山坑口 、市工程学校（市农校） | 鼎湖山 |
| 22 | 肇庆行政服务中心 | 电力大楼、民福新村、圣地名轩、景泰路、城东车场、消防局、端州三路、市车站、牌坊东、宝月公园、人民路、端州六路、梅庵路口、大湾路口、鹅仓、高要中医院、高要市府、高要华侨中学、国荞公园、江口小学、江口村、坦场村、察步村、科技学院高要校区 | 祈福海岸 |
| 23 | 鼎湖坑口 | 鼎盛路南、鼎盛路中、港口路西、鼎湖建设局、鼎湖供电局、鼎湖中行、鼎湖区府、氧吧名轩、明珠酒店、莲花路口、桂香园、同兴路口、砚洲路口、宝鼎路口、创业路口、鼎湖电信局、水坑一居委、南大街、水坑二、交警二大队、凤凰镇路口、肇庆医专分校、山田村、枫湾桥、院主坑头、院主、院主二、新港路口、罗水、罗水地堂口、田心村、旧爆竹厂 | 肇庆新港 |
| 24 | 古塔北路 | 消防局、城东车场、二塔路、市四中、黄岗、市三医院、端砚文化村、红树湾家具城、梅亭、蓝塘、工贸学校、端州一路（志盛门控公司）、马头岗、外语学校、大冲、复退军人医院、苏村、苏村二、民乐桥、蕉园村、鼎盛路南、鼎盛路中、鼎湖山坑口、农科所、水坑一、南大街、东大街、水坑二、水坑二市场、交警二大队、凤凰镇路口、肇庆医专分校、山田村、枫湾桥、院主坑头、院主、院主二、新港路口、水谷山谷水厂、桥林村、富新村、富廊生态园、富廊牌坊、布基村、罗布村、蔗村、南田村、古遗村、莲花广场路口、永安路口、永安旧路口、六桥村、大布村、大布砖厂、南塘村、彭东州、岐溪村、崖州、苍南村、黄竹园路口、联裕工业园、猪仔岗、埔草一、双布、蒲草村、泮迳村、中江村、中文村 | 永安镇 |
| 25 | 鼎湖坑口 | 农科所、水坑一、南大街、水坑二、交警二大队、凤凰镇路口、肇庆医专分校、山田村、枫湾桥、院主坑头、院主、院主二、新港路口、水谷山谷水厂、桥林村（往肇庆单边）、富新村、富廊生态园、富廊牌坊、、布基村、罗布村、蔗村、南田村、古遗村、莲花广场路口、永安路口、莲塘、依坑、黄村、莫村、富溪工业园、贝水路口、贝水新圩（以下站点不报站：陶瓷城路口、龙湾村、新村、鹤田村、脉地村、长冲村、五南村、麦家村、贝水旧圩） | 贝水新圩 |

（肇庆市交通集团有限公司）

## 公路建设与管理

**【道路状况】** 2010年，境内公路通车总里程1.13万公里，其中国、省道里程1441.60公里，增96.17公里；省养公路通车里程1604.93公里。全市高速公路190公里，一级公路392.91公里，二级公路926.89公里，高速及一、二级公路占公路通车总里程的13.4%。年内，平均优良路率71.26%，其中国省道优良路率76.08%；年末优良路率75.35%，其中国省道80.11%；年末优等路里程452.577公里，其中国省道优等路里程384.84公里。

**【广佛肇车辆年票互认】** 2010年3月31日零时起，广州、佛山、肇庆三市实施车辆通行费年票互认。全市设立7个年票征收所，4月1日起征收肇庆籍车辆本年度路桥车辆通行费年票。

**【公路建设与改造】** 二广高速公路怀集至三水段 12月10日通车。该项目全长116.87公里，总投资90.58亿元，2007年全面动工，其建成通车，结束肇庆高新区、四会市和广宁、怀集两个山区县没有通高速公路的历史，缩短肇庆与珠三角核心区的距离。

二广高速怀集至三水段高架桥

广肇高速公路二期工程 9月30日通车。该项目长5.38公里、总投资6.50亿元，2008年动工。其建成使广佛肇高速公路路网实现“无缝对接”。

国道321线三水交界（马房）至高要小湘段 11月底交工验收。全长60.1公里，总投资8.9亿元。实现市国道与佛山同标准对接。

二广高速连州至怀集段（含岗坪支线） 11月25日动工。该项目南接二广高速公路怀集至三水段，北与二广高速湖南段相连，西接广西灵峰至贺州高速公路，是省、市主要的出省通道之一。项目全线约168公里，肇庆境内长约58.96公里，估算投资56.17亿元。

广佛肇高速公路肇庆段 该项目肇庆境内全长约176.54公里，总投资概算171.93亿元，分两期实施。一期工程肇庆大旺至小湘段长46.5公里、估算投资49.96亿元，年内工程可行性研究报告通过省交通厅评审，进入修编阶段。二期工程高要小湘至封开江口段长130.04公里、估算投资121.97亿元，是2010年市委、市政府十大惠民工程之一。年内完成编制工可行性研究报告。

省道272线高要至高明段同标准对接工程 3月开工，12月建成。项目长约33公里，投资2.2亿元，按一级公路技术标准进行改建和大修。

【公路养护】 2010年，完成省道118线、263线、264线、265线、266线、349线以及部分县乡道等路面大中修项目共72.3公里、投资1.35亿元；新增省道262线、263线、264线、265线、266线、349线以及县道415线、418线、422线、425线等路面大修、中修工程计划159.5公里，投资1.86亿元。抓好公路小修保养日常管理，完成GBM工程23.1公里，完成四、五类危桥加固和改造任务3座、投资571.34万元，全年省、市批复水毁工程总投资316.3万元，完成公路安全保障工程2273.59万元。

全市省养国省道1166.60公里，2010年年末公路技术状况指数（MQI）为84.31，优良路率80.51%，路况水平在全省的排名稳步提高。

【路政管理】 2010年，市、县（市、区）级公路局均设置行政服务窗口，全市办理行政许可75宗。维护路产路权，全年拆除违章建筑50间、840.4平方米，拆除违章广告、招牌263块、1360平方米，清理各类障碍物1.16万立方米，处理损坏公路及公路设施案件832宗，收取损坏公路及公路设施赔（补）偿费285.2万元。治理超限超载车辆，全市辖区范围内共设置2个固定检查点和1个省际临时检查点，建设一支流动巡查治超队。累计出动公路执法人员1860人次，检查运输车辆3105辆，查处超限超载车辆680辆，卸载超限超载车辆677辆，卸载货物9593.8吨。

【规费征收】 2010年1月1日起，全市范围内试行路桥车辆通行费年票制，同时撤销境内国道321线德庆德城、封开封川，国道324线高要新桥及省道263线四会五马岗等4个一级公路收费站，保留小湘、悦城、长岗、沙头、西江大桥、白土、马房大桥、肇庆大桥等8个普通公路收费站。2010年全年过路（桥）费（包括高速公路代收次票费）以及过渡费总收入3.92亿元，完成年度目标108.16%。

【问题与困难】 公路融资难度加大；公路等级标准与珠三角核心区仍有差距，路网结构有待优化；公路养护管理和服务水平有待提高；车辆超限超载运输对公路桥梁仍存在较大威胁；建设管养资金缺口大，历史债务沉重以及人才结构不完善等影响公路行业的科学发展。（方楷昭）

附：2010年肇庆市公路局正副局长名录

局　长：钟士杰

副局长：梁　根　莫玉生　余　泽　徐俊辉

## 海事管理

【简况】 2010年，辖区进出港船舶14.9万艘次；货物吞吐量7860.7万吨；水上交通事故1宗，死亡1人。

【5000吨级海轮首进西江】 2010年，肇庆海事局完成市政府《海船进江课题研究》，并把研究成果作为指导5000吨级海船进入西江的基础理论。11月12日，5000吨级的"江夏安"轮成功靠泊华润水泥厂码头，装载3700吨水泥熟料离港，安全到达揭阳港。5000吨江海船在西江试航成功。

【肇庆与佛山海事应急演练】 2010年11月2日下午，佛肇两地海事部门在西江下游琴沙洲尾对开水域举行保护西江饮用水源水上溢油应急联合演习。演习分事故船舶救助、溢油应急处置、敏感区域保护3个场景，围绕搜救溢油应急地区合作、失控船舶应急拖带、水面溢油围控清除、岸线溢油防控清除4个科目进行演练。

【安全监督管理】 优化海事处管理结构　2010年，把西江的220公里分为四段，在贝水、端州、关塘、长岗等重点航段上分别布上4艘工作趸船。把工作人员和船舶、装备整合到趸船上，合理安排工作人员24小时轮值。

信息化建设　2010年，在工作趸船、重点航段和码头建设21个工业电视系统（CCTV）采集点，在工作趸船建设4个甚高频（VHF）通讯基站，建立海事动态管理信息平台，创新制订船舶航行西江VHF报告制，较全面掌控航行西江船舶，对重点船舶跟踪管理效果更明显，提高船舶对危险天气和危险航段的预防预控能力，实现把浓雾航段、台风动态、雷雨大风信息、洪水险段、枯水浅段等安全信息，24小时向航行西江的所有商船发布。

【问题与困难】 一是随着西江通航环境的改善、华润水泥厂二期和三期工程项目的建设投产，西江航行船舶将向大型化发展，船舶的密度和海船进江的数量将增加，对大型船和海船管理需要加强研究。二是西江河砂资源越来越少，争夺河砂资源开采，管理难度增加。三是西江船舶溢油风险逐年增加，对海事的预防预控能力要求高。四是渡船质量差、渡工素质低、渡船安全运输风险仍然存在。五是航运企业和船员对海事公平执法、提供优质服务的诉求逐年上升。（张　爽）

附：2010年肇庆海事局正副局长名录

局　长：王继洪

副局长：郭作全　李志浩　梁小聪

## 航道维护与管理

【航道维护】 2010年，辖区航道、航标、船闸、船舶养护质量持续优质，辖区航道水深保证率、航标维护正常率、航标质量合格率、船闸通航时间年保证率以及船舶完好率和优秀率均为100%。2月23日，西江江口航道站水位低至0.55米（该站建站以来录得的历史最低水位）。西江航道局加强浅滩航道现场监管，采取"守滩"、引航、揭示水深、调标改槽、截停超吃水船舶等措施，确保航道的安全畅通。自2009年枯水期至2010年4月，封开分局共"守滩"184天，为同期正常工作日的108%，创枯水期"守滩"时间最长纪录。西江航道局全年共发送水情传真2500多份，协助船舶有序通过浅滩1094艘次，协助船舶脱浅54艘次，完成浅滩疏浚9.70万立方米。按时完成6艘船舶的上排维修任务，并完成粤道工305船技改工程、粤标巡302柴油快艇技术改造工程。10月29日，绥江牛岐船闸复航工程顺利通过省交通运输厅组织的竣工验收。

【航道基本建设】 2010年，完成西江重点浅滩应急疏浚及高明河、绥江、贺江、罗定江部分航段浅滩疏浚，绥江部分石坝维修，高明河碍航礁石清除，绥江、新兴江部分航道测量，广宁站、高明航道站简易码头维修、建设等专项工程。

【航道公共安全监管】 2010年，加强辖区航道正在施工的建筑物、航道通航水域的桥梁、码头、电站枢纽、取水口、输油（气）管道平台、油（气）船（趸船）管道等构筑物的助航标志日常维护和监督管理，向上述经营、建设单位发函48份，落实助航标志设置4处。

【航道整治】 至2010年底，西江（界首至肇庆）航道整治工程总体进展顺利，4个主体标段基本完工，疏浚、站房码头工程全面开工。全年共完成投资5763万元，累计完成投资约1.66亿元。肇庆市政府落实地方配套资金600万元。年内，该工程先后两次接受交通运输部检查组检查，工程施工管理工作受到充分肯定。西江下游航道整治工程C14肇庆站场和码头工程于11月重新施工，至年底累计完成投资1003万元。

【行政管理】 2010年，坚持航政巡查和现场监管，发挥三级管理体制作用，加强对辖区通航水域水上、水下施工作业和跨、临、拦（过）河建筑物的监督管理。履行航道行政审批现场监督责任，坚持审批与监管同步进行。西江航道局完成行政审批42宗，行政许可17宗，全部在规定的时限内完成，审批正确率100%，实现零投诉。根据广东省人民政府关于开展交通综合行政执法改革的要求，该局于11月向市交通运输局移交航道行政执法工作。

【机构改革】 2010年，西江航道局原有4个航道分局和局航道工程与测量队全部撤销，新设立的4个航标与测绘所于年底挂牌运作。

【李汉生先进事迹报告会】 5月13日，省航道局在肇庆市召开全国劳动模范李汉生先进事迹报告会。李汉生以“做航道人，我一生无悔”为题，介绍自己投身航道事业40年来的工作体会。

（朱俊杰）

附：2010年广东省西江航道局正副局长名录

局　长：林桂强

副局长：黄东星

## 铁路运输

【简况】 2010年，广东三茂铁路股份有限公司在肇庆市辖区内拥有铁路正线81.5公里，沿线有大沙、依坑、永基、水坑、鼎湖、肇庆、高要、新桥镇共8个火车站。肇庆铁路地区设有肇庆车务段、肇庆客运段、肇庆信号水电段、肇庆工务段。

【肇庆车务段】 机构设置 2010年，肇庆车务段管辖广州西站至茂名东站（含云浮支线的初城、云浮、大降坪三站，马电段的高州、池洞、信宜、潭头、旺科5站）52个车站，1个乘务室，段机关设立行政办公室、安全科、客货科、职教科、技术统计科、人力资源科、财务计划科；党群部门设党群办公室。

职工队伍 2010年，职工总数2131人，其中干部280人（在岗213人，非在岗67人），工人1851人（在岗1762人，非在岗89人）。2010年度进行工人技师聘用27人，接纳分配大专、本科生8人，参评铁路工程职称评审9人，参加全国统一的经济、会计类的职称考试4人；车务段在岗职工中硕士研究生9人，其中在读研究生6人。本科学历63人，大专学历219人，中专学历306人，中技学历180人。62个班组被评为集团“自控型班组”。

固定资产 2010年，固定资产总值1.83亿元，其中线路22万，信号设备219万，房屋9029万，建筑物4057万，机械动力设备105万，运输设备1855万，传导设备93万，仪器仪表738万，工具器具315万，信息技术设备1825万。机械动力设备10台，其中轻型载重汽车8台，轻型客车30台，设备完好率100%。

管辖任务 2010年，负责全段范围的客货运输和运转作业。管辖东起广州西站下行进站信号机（K1+337m），西至茂名东站上行进站信号机（K360+689m），全长543.53公里（含云浮支线32.6公里，马电段151.6公里）。跨广州、佛山、肇庆、云浮、阳江、茂名、梧州共7个地级市。

## 2010年度肇庆车务段各项任务指标完成情况表

| 项目 | 单位 | 年度计划 | 完成情况 | 完成年度计划（%） | 与上年同比（%） |
|---|---|---|---|---|---|
| 三茂客运收入 | 万元 | 14600 | 14409.6 | 98.7 | 9.3 |
| 三茂货运收入 | | 39460 | 35328.4 | 89.5 | 5.3 |
| 三茂收入合计 | | 54060 | 49738.0 | 92.0 | 6.4 |
| 客运总收入 | | 71990 | 91519.9 | 127.1 | 38.8 |
| 货运总收入 | | 104270 | 109184.9 | 104.7 | 16.9 |
| 运输总收入 | | 176260 | 200704.7 | 113.9 | 25.9 |
| 发送人 | 万人 | 320 | 344.9 | 107.8 | 8.5 |
| 装车数 | 车 | 113150 | 123449 | 109.1 | 15.5 |
| 发送吨 | 万吨 | 640 | 711.3 | 111.1 | 15.0 |
| 静载重 | 吨/车 | 56.6 | 57.6 | 101.8 | –0.5 |
| 卸车数 | 车 | 273750 | 315791 | 115.4 | 15.7 |
| 到达吨数 | 万吨 | — | 1877.6 | — | 15.4 |
| 停时 | 小时 | 16.0 | 16.4 | 97.6 | 4.5 |
| 中时 | 小时 | 4.1 | 4.7 | 87.2 | 20.5 |

**安全生产**　截至2010年12月31日18点，实现无责任一般C类以上铁路交通事故1222天。

**【肇庆客运段】**　2010年，主要担负广州至重庆、广州至成都、茂名东至汕头、肇庆至吉首、肇庆至岳阳旅客列车的客运乘务和车辆运用维修工作。

**机构设置**　设行政办公室、党群工作办公室、人事劳资科、计划财务科、安全调度科、车辆技术科、乘务科、收入科、职工教育科、质检科等10个科；下设8个车间（车队）：肇吉车队、广重车队、广成车队、客车运用车间、货车运用车间、动态监测设备车间、整备车间（客运）、旅服车间。

**职工队伍**　年末职工总数1778人，其中干部114人、正式工790人、劳务工873人；文化程度：大专以上245人，中专426人，技校132人，高中644人，初中以下331人；年龄25岁以下440人，26～35岁520人，36～45岁592人，46～55岁210人，55岁以上16人。

**运输生产**　2010年完成运输收入4.92亿元。其中：管外清算收入4.72亿元，车补收入1963.2万元。客车走行8.98万千辆公里。安全运送旅客713.6万人次。2010年全年运送行包9.14万批/39.34万件，运送公文1.37万封。工附业全年完成营业收入1378.77万元，实现利润50.11万元。

**客车设备**　2010年配属客车166辆（4辆车为救援列车），其中空调客车99辆，非空调客车67辆，空调车占配属数的59.6%。按车种分YZ81辆、YW43辆、RZ10辆、RW10辆、CA10辆、KD8辆、XL4辆。按车型分22型客车44辆，占配属总数26.5%；25型空调客车86辆，占配属总数51.8%；25B型非空调客车36辆，占配属总数21.6%。

**机械动力设备**　2010年共计138台，固资原值1030.5万元。主要设备：桥式起重机7台，固定式空气压缩机5台，电动落轮机2台，制动试验设备17台，汽车19台。

**红外线轴温探测系统**　23个探测站32个方向；车号识别系统9套；脱轨器10台（5股道）。其中，洛湛线马电段（马路圩—电白）THDS–A型红外线统型机8个探测站8个方向；更新三水西、春湾车号AEI设备5套。

**安全生产**　围绕春运、暑运、调图、世博会、亚运安全保卫等关键工作，开展客车和设备春运前及春季、秋季大整修，安全专项整治，安全评估检查等专项活动，确保运输生产安全稳定。截至12月31日，实现无责任行车一般C类及以上事故1736天，无职工责任重伤及以上事故1736天。

乘务工作 2010年，担负肇庆—广州5426次、广州—重庆K811/2次、茂名东—汕头K9115/6次、广州—成都K827/8次、肇庆—吉首K9068/7次、肇庆—岳阳K9080/79次共5.5对列车的旅客运输任务。

职工教育 2010年，举办各类培训班57期，培训2.85万人次；委外培训45期，培训211人次；工班长（列车长）送培27人，270人天；举办技术讲座2期，482人天；学历培训51人，102人天。组织3个工种59人参加职业技能鉴定考试，合格率81%。

科技成果 2010年度注册QC小组32个，活动率100%，成果率100%，共有230多人参加QC小组活动，普及率15.3%，客车运用车间三机班QC小组发表的《空调中修现场检测台位的制作》成果先后被评为“段一等奖”、“部优”；货车运用车间QC小组发表的《缩短调整17号车钩的高度时间》成果先后被评为“段二等奖”、“集团优”；货车运用车间QC小组发表的《减小列车制动机试验未完成列数》成果先后被评为“段二等奖”、“集团优”。

**【肇庆工务段】** 机构设置 2010年，设安调科、技术科（含房建）、人劳科、职教科、计财科、材料科、行办、党群办8个职能科室；现场设车间14个，其中线路车间8个，桥梁车间2个，房建车间1个，检查监控、重点维修、综合机修车间各1个；设有工区（班组）111个，其中线路工区71个、桥梁工区17个、其他工区（班组）23个。负责三茂股份公司管内工务及房建设备大维修生产及安全维护。

员工构成 2010年，全段定员1803人，在岗现员1535人（职工1008人，劳务工527人），线路工种715人，桥梁工148人，其他人员672人，缺员268人。干部定员153人，在岗干部122人，缺员31人，其中生产技术干部定员35人，现员20人，缺员15人。其中工务专业人员150人，占总人数10%。

管辖设备 2010年，管辖的既有线路正线420.99公里（其中广茂正线368.31公里）、到发线117.53公里、其他站线89.02公里、段管线17.19公里、特用线1.38公里、专用线44.32公里；道岔745组，其中正线和道发线423组、其他260组、专用62组；曲线337个、延长153.75公里，其中半径≤600米99个、延长46.52公里；钢梁特大桥4座，隧道35座/11.25公里。担负646.11公里（含代维修部分）线路设备、约48万换算平方米房屋建筑物设备大维修生产及安全维护任务。

2010年，新增益湛铁路马电段K798+721～K950+344。该区段正线全长151.62公里，到发线13.10公里，其他站线2.91公里；正线道岔24组，到发线道岔8组，其他站线道岔6组，均为砼枕道岔；共有桥梁106座，共3.02万延长米，占线路全长的19.9%。其中特大桥10座8583延长米，大桥76座1.98万延长米，中桥20座1802延长米；涵洞490座1.28万横延米；最长桥梁为小东江特大桥K941+709，全长1.72公里；隧道52座共2.42万延长米，占线路总长度15.9%。全线最长的隧道为古榄隧道K801+331，长度为3.57公里；路基正线总长97.29公里，占正线总里程的60.2%。

支援东环 完成支援海南东环线精测精调任务，得到集团领导的肯定，锻炼出一支属于自己的能够执行高铁设备维护任务的技术力量和施工队伍。

开通新线 12月31日如期开通使用152公里岑茂线工务设备，适应三个客观发展新变化：一是线路设备由既有的有缝和无缝并存，向全线跨区间高等级无缝线路转变；二是列车通过允许最高时速由广茂线既有的120公里，向岑茂线逐步达到140公里转变。三是低标准向高标准转变。线路允许最高时速每提高20公里，相应的生产组织和安全管理，就必须相应地提升一个等级，为接管高铁设备奠定基础。

工务生产 2010年，线路综合维修完成正线99.32公里、站线66.63公里、道岔392组；重点完成道岔大修、更换曲磨轨和III型砼枕、以“一站三曲”为主的站场设备专项整治、道岔达标专项整治、曲线专项整治、道口达标专项整治、以曲线为主的广茂正线集中分级修理等生产任务。重点完成广三线岔区无缝化改造33组（包括2组交渡道岔）、电白站站改、更换曲磨轨10.60公里、更换III砼枕2305根、引进大机对广茂正线191多公里线路精调精捣等施工。桥隧设备，全年完成钢梁维修0.96座/1.02公里，圬工梁维修42.91座/4.42公里，隧道维修9座/3.25公里，涵渠维修425座/7.26公里。汛期清理天沟4.84公里/231条，清理侧沟17.08公里/625条，清理吊沟1.20公里/78条，砍伐危树（竹）9015棵；全年完成防洪工程2件，预抢工程6件（含桥梁2件），水害复旧工程14件（含桥梁4件）。全年累计更换重伤钢轨516根、叉心229个、尖轨27根，伤损夹板524块。

线路质量　2010年，集团公司轨检车共检测广茂线15次（含3次平推检查），检测线路合计5456公里，每公里平均扣13.92分，优良5132公里，优良率94.05%，合格324公里；IV级扣分和失格公里得到消灭，分别比上年减少6个和8公里；III级扣分5个，比上年减少44个；合格率100%，全年平均扣分比2009年降低13.25分，全年平均优良率比上年提高8.04%。

经营管理　2010年，固定资产约28亿元。采取成本控制措施，在公司下削减维修成本140万元情况下，把资金用在改善设备、保证安全上。完成公司下达上缴工附业利润140万元的任务。

安全生产　2010年，防止道口机动车肇事、水害危及行车安全隐患等35件，确保防洪、防胀、防断以及施工、道口的季节性、关键性和重点性安全生产，圆满完成春运、“两会”、世博、国庆、亚运及亚残运等特殊时期安保任务，实现行车安全稳定可控。发生“11·11工责任死亡事故1件。

**【肇庆信号水电段】**　机构设置　2010年，设2室8科8车间：行政办公室、党群工作办公室；人事劳资科、计划财务科、信号技术科、水电技术科、安全调度科、职工教育科、业务科、材料科；佛山信号水电车间、三水西信号水电车间、肇庆信号水电车间、检修车间、新兴信号水电车间、阳春信号水电车间、茂东信号水电车间、三水车载设备车间；41个班组。

职工队伍　2010年，有职工人数698人，其中女职工132人。干部126人，其中副高级2人，中级30人。工人590人，其中高级技术工人161人，中级技术工人106人，高级技师1人，技师33人。

运营情况　2010年，固定资产总值2.61亿。主要运营广茂线信号、水电业务，全长574.14公里，共有55个站（场），其中53个设备站，2个简易驼峰场。信号设备轮修完成3689台，中修完成810.81换算道岔组数，信号设备维修合计完成4156.34换算道岔组数，完成年计划的100%，综合合格率98%。全年供电量2645万千瓦时，供电回收率93.6%。供水量181万吨，供水回收率82.8%。维修电力线路754.95公里，发变配电设备812台面座，给水管路115.65公里，水道设备及水处理设备426台座，机械动力及其他318台座次。

信号设备　信号设备换算道岔6273.13组，联锁道岔647组，轨道电路区段1149个，信号机1305架，道口数量38处，机车信号59套。列车调度指挥系统（TDCS）18个站（在建34个站）、列车运行监控装置72套，轨道车监控装置9套。

水电设备　高压配电所11个，低压配电所10个，给水所15个，给水管路138公里，电力线路870.95公里，变配电设备815台面座。

设备改造　2010年公司安排信号水电更新改造项目计划18项。主要项目：广三线8站正线换岔施工、佛山站信号设备大修施工、佛山站信号设备大修电力配套项目、三水西机务段低压配电所及线路改造、茂东货场给水管路改造。

安全管理　2010年，实现无行车一般D21类及以上事故、无职工轻伤及以上事故，全年共发生信号水电行车设备故障9件，减少63%，其中1、2、5、6月零故障。　　（柳静慧）

# 三茂铁路肇庆站旅客列车时刻表（2010年4月26日起实行）

| 始发站 | 北京西 | 九龙 | 厦门 | 广州 | 广州 | 广州 | 上海南 | 深圳西 | 广州 | 广州 | 广州 | 广州 | 郴州 | 吉首 | 娄底 | 汕头 | 广州东 | 厦门 | 广州 |
|---|---|---|---|---|---|---|---|---|---|---|---|---|---|---|---|---|---|---|---|
| 终到站 | 三亚 | 肇庆 | 昆明 | 昆明 | 三亚 | 昆明 | 三亚 | 成都 | 重庆 | 成都 | 重庆北 | 遵义 | 佛山 | 肇庆 | 肇庆 | 茂名东 | 成都 | 南宁 | 南宁 |
| 车次 | T201 | T805 | K231 | K365 | K407 | K483 | K511 | K587 | K811 | K827 | K837 | K841 | K9049 | K9067 | K9079 | K9115 | 1221 | 1233 | 2571 |
| 发到站 | 北京西开 | 九龙开 | 厦门开 | | | | 上海南开 | 深圳西开 | | | | | 郴州开 | 吉首开 | 娄底开 | 汕头开 | 广州东开 | 厦门开 | |
| | 18:16 | 10:42 | 15:37 | | | | 9:41 | 10:31 | | | | | 13:18 | 18:58 | 17:00 | 9:14 | 17:49 | 22:41 | |
| 广州 | 15:01 | | | | | | 6:36 | | | | | | 17:31 | 10:40 | 5:18 | 16:27 | | | |
| | 15:16 | | | 14:02 | 21:20 | 21:06 | 6:56 | | 20:25 | 19:22 | 12:30 | 13:48 | 17:45 | 10:52 | 5:30 | 16:40 | | | 16:52 |
| 佛山 | 15:40 | 13:22 | 8:02 | 14:35 | 21:47 | 21:33 | 7:29 | 13:43 | 20:52 | 19:49 | 12:57 | 14:24 | 18:12 | 11:19 | 6:01 | 17:07 | | 13:56 | 17:19 |
| | 15:42 | 13:26 | 8:06 | 14:37 | 21:54 | 21:37 | 7:32 | 13:45 | 20:58 | 19:53 | 13:00 | 14:27 | — | 11:21 | 6:06 | 17:12 | | 14:03 | 17:22 |
| 三水 | | | | | | | | | 21:27 | | | | | 11:50 | 6:52 | 17:41 | | | |
| | | | | | | | | | 21:31 | | | | | 11:53 | 6:54 | 17:58 | | | |
| 肇庆 | 16:54 | 14:29 | 9:44 | 16:19 | 23:05 | 22:48 | 9:11 | 15:04 | 22:31 | 21:15 | 14:45 | 16:05 | | 13:00 | 8:18 | 18:43 | 20:23 | 15:33 | 19:18 |
| | 16:57 | — | 9:46 | 16:22 | 23:07 | 22:54 | 9:15 | 15:09 | 22:36 | 21:26 | 14:48 | 16:07 | | — | — | 18:45 | 20:25 | 15:41 | 19:23 |
| 新兴县 | | | | | | | | | 23:14 | | | | | | | 19:23 | | | 20:02 |
| | | | | | | | | | 23:16 | | | | | | | 19:25 | | | 20:04 |
| 春湾 | | | | | | | | | | 22:36 | | | | | | 19:59 | | | |
| | | | | | | | | | | 22:38 | | | | | | 20:01 | | | |
| 阳春 | | | 11:34 | 17:59 | | | | 16:53 | 0:16 | 23:07 | | | | | | 20:30 | | | 21:16 |
| | | | 11:45 | 18:02 | | | | 16:55 | 0:19 | 23:09 | | | | | | 20:36 | | | 21:18 |
| 茂名东 | 19:35 | | 13:03 | 19:48 | 1:58 | 3:13 | 12:19 | | 2:34 | 0:37 | | | | | | 22:04 | | | 22:44 |
| | 19:37 | | 13:09 | 20:09 | 2:01 | 3:21 | 12:24 | | 2:41 | 0:46 | | | | | | — | | | 22:49 |
| 茂名 | 19:48 | | 13:20 | 20:20 | 2:12 | 3:32 | | 18:39 | 2:52 | 0:57 | 18:06 | 19:27 | | | | | 0:14 | 19:11 | 23:00 |
| | 19:50 | | 13:28 | 20:28 | 2:14 | 3:38 | | 18:54 | 3:04 | 1:08 | 18:25 | 19:35 | | | | | 0:25 | 19:23 | 23:08 |
| 发到站 | 5:12 | | 8:41 | 15:15 | 12:39 | 23:23 | 22:17 | 23:20 | 5:49 | 11:17 | 19:23 | 17:30 | | | | | 10:58 | 5:00 | 6:35 |
| | 到三亚 | | 到昆明 | 到昆明 | 到三亚 | 到昆明 | 到三亚 | 到成都 | 到重庆 | 到成都 | 到重庆北 | 到遵义 | | | | | 到成都 | 到南宁 | 到南宁 |

（续上表）

| 始发站 | 三亚 | 肇庆 | 昆明 | 昆明 | 三亚 | 昆明 | 三亚 | 成都 | 重庆 | 成都 | 达州 | 遵义 | 佛山 | 肇庆 | 肇庆 | 茂名东 | 成都 | 南宁 | 南宁 | 肇庆 |
|---|---|---|---|---|---|---|---|---|---|---|---|---|---|---|---|---|---|---|---|---|
| 终到站 | 北京西 | 九龙 | 厦门 | 广州 | 广州 | 广州 | 上海南 | 深圳西 | 广州 | 广州 | 广州 | 广州 | 郴州 | 吉首 | 娄底 | 汕头 | 广州东 | 厦门 | 广州 | 广州 |
| 车次 | T202 | T806 | K232 | K366 | K408 | K484 | K512 | K588 | K812 | K828 | K838 | K842 | K9050 | K9068 | K9080 | K9116 | 1222 | 1234 | 2572 | 5426 |
| 发到站 | 到北京西 | 到九龙 | 到厦门 |  |  |  | 到上海南 | 到深圳西 |  |  |  |  | 到郴州 | 到吉首 | 到娄底 | 到汕头 | 到广州东 | 到厦门 |  |  |
|  | 6：34 | 18：49 | 9：18 |  |  |  | 5：42 | 7：33 |  |  |  |  | 12：37 | 14：18 | 11：47 | 21：45 | 9：46 | 21：22 |  |  |
| 广州 | 9：48 |  |  | — | — | — | 8：57 |  | — | — | — | — | 8：26 | 22：32 | 23：29 | 14：42 |  |  | — | — |
|  | 9：26 |  |  | 12：05 | 15：35 | 19：55 | 8：33 |  | 6：02 | 7：50 | 5：00 | 12：18 | 8：16 | 22：22 | 23：20 | 14：30 |  |  | 6：52 | 18：42 |
| 佛山 | 9：01 | 16：13 | 18：35 | 11：23 | 14：57 | 19：17 | 8：06 | 4：49 | 5：32 | 7：00 | 4：33 | 11：51 | 7：40 | 21：51 | 22：53 | 14：03 |  | 5：09 | 6：22 | 18：15 |
|  | 8：55 | 16：11 | 18：31 | 11：18 | 14：51 | 19：12 | 7：56 | 4：44 | 5：29 | 6：53 | 4：31 | 11：44 |  | 21：35 | 22：51 | 13：59 |  | 5：03 | 6：20 | 18：10 |
| 三水 |  |  |  |  |  |  |  |  | 5：02 |  |  |  |  | 20：59 | 22：24 | 13：22 |  |  |  | 17：43 |
|  |  |  |  |  |  |  |  |  | 4：59 |  |  |  |  | 20：57 | 22：18 | 13：19 |  |  |  | 17：40 |
| 肇庆 | 15：54 | 15：10 | 17：09 | 10：09 | 13：21 | 17：37 | 6：31 | 3：35 | 4：14 | 5：43 | 3：22 | 9：45 |  | 19：58 | 21：23 | 12：34 | 7：04 | 3：49 | 5：08 | 16：55 |
|  | 7：52 |  | 16：54 | 10：07 | 13：15 | 17：35 | 6：25 | 3：31 | 4：12 | 5：37 | 3：18 | 9：36 |  |  |  | 12：32 | 6：59 | 3：47 | 5：04 |  |
| 新兴县 |  |  |  |  |  |  |  |  | 3：32 |  |  |  |  |  |  | 11：53 |  |  | 4：24 |  |
|  |  |  |  |  |  |  |  |  | 3：30 |  |  |  |  |  |  | 11：51 |  |  | 4：22 |  |
| 春湾 |  |  |  |  |  |  |  |  | 2：55 |  |  |  |  |  |  | 11：16 |  |  |  |  |
|  |  |  |  |  |  |  |  |  | 2：53 |  |  |  |  |  |  | 11：14 |  |  |  |  |
| 阳春 |  |  | 14：03 | 8：02 |  |  | 4：45 |  |  | 3：59 |  |  |  |  |  | 10：27 |  | 2：07 | 3：21 |  |
|  |  |  | 14：01 | 7：59 |  |  | 4：43 |  |  | 3：56 |  |  |  |  |  | 10：19 |  | 1：31 | 3：19 |  |
| 茂名东 | 5：12 |  | 12：25 | 6：40 | 10：14 | 13：07 | 3：24 |  | 0：43 | 2：37 |  |  |  |  |  | 9：00 |  |  | 2：00 |  |
|  | 5：09 |  | 12：07 | 6：37 | 10：12 | 12：48 | 3：18 |  | 0：40 | 2：32 |  |  |  |  |  |  |  |  | 1：55 |  |
| 茂名 | 4：58 |  | 12：56 | 6：26 |  | 12：37 | 3：07 | 23：48 | 0：29 | 2：21 | 23：14 | 6：05 |  |  |  |  | 2：53 | 22：36 | 1：44 |  |
|  | 4：52 |  | 11：48 | 6：13 |  | 12：27 | 3：02 | 23：35 | 0：21 | 2：12 | 23：00 | 5：59 |  |  |  |  | 2：40 | 22：26 | 1：34 |  |
| 发到站 | 19：28 |  | 16：10 | 11：50 | 23：55 | 17：31 | 16：50 | 20：40 | 20：25 | 12：36 | 18：18 | 13：08 |  |  |  |  | 16：59 | 15：30 | 19：12 |  |
|  | 三亚开 |  | 昆明开 | 昆明开 | 三亚开 | 昆明开 | 三亚开 | 成都开 | 重庆开 | 成都开 | 达州开 | 遵义开 |  |  |  |  | 成都开 | 南宁开 | 南宁开 |  |

（三茂铁路公司）

## 邮政事业

**【简况】** 2010年，全市邮政收入增22.94%，其中邮政企业增15.11%，银行增32%，速递物流公司增18.31%。市邮政局被市委、市政府授予“肇庆市文明单位”称号。

**【《人文肇庆》专题邮册在广州首发】** 2010年9月29日，《人文肇庆》专题邮册首发揭幕仪式在广州珠岛宾馆玉堂厅举行。《人文肇庆》专题邮册共28个版面，水墨淡彩钢笔速写和邮票相结合，以七星岩、鼎湖山、端砚、宋城墙、四会造纸、高要八卦村、德庆龙母庙、封开杨池古村、广宁竹海、怀集燕岩以及肇庆绿道网景观等具肇庆特色的文化元素为题材。邮册配有七星岩、鼎湖山、端砚等肇庆题材的邮票，以及一枚刻有七星岩五龙亭、牌坊的彩银纪念章。

9月29日，《人文肇庆》专题邮册首发揭幕仪式在广州珠岛宾馆举行

**【邮路网络】** 2010年，全市拥有邮政局所和服务网点132处，其中设在农村90处，网点平均服务面积112.55平方公里，平均服务人口3.03万人；共有邮政通信生产用车88辆，摩托车87辆，省内干线邮路2条，农村邮路42条，全长3358公里，其中农村邮路长度2074.5公里。

**【邮政服务】** 2010年，全市受理函件83.51万件，受理包裹9.15万件，受理机要邮件1.4万件；免费寄递义务兵邮件1.3万件、免费寄递爱心包裹及盲人读物173件。是年，市邮政在全省率先开通青海玉树灾区爱心包裹和捐款免费邮寄绿色通道，共免费寄递爱心包裹和捐款93笔。年底，在德庆县成功试办“新型农村社会养老保险”（新农保）的基础上，延伸拓展服务范围，在鼎湖区和封开县开办“新农保”项目，全年全市累计受理“新农保”项目15.25万人，发放社保金1202万元。年内，全市创建“一星级窗口”1个，“二星级窗口”6个，“三星级窗口”3个，以及“一星级投递部”1个，用户满意度94.58分。

**【业务发展】** 2010年，邮务类业务增12.01%；金融业务全市邮储余额72.4亿元，增19%；速递物流类业务增18.36%。依托邮政“金融网”、“实物网”、“信息网”三网合一优势，加快县域邮政经济发展；举办“文化中秋珍品鉴赏暨客户答谢会”，弘扬集邮文化。

**【邮政建设】** 营业网建设　2010年，完成城区厚岗、德庆悦城、高要金利、广宁赤坑、广宁新城、四会大道北和市局机要场地、高要速递场地等的整治工程，完成全市13个网点LED显示屏的建设，网点布局和服务环境优化。

信息网建设　2010年，完成全市106个储蓄网点和速递生产场地及ATM机的监控整改工程，推进远程监控功能应用；开发一批辅助生产类软件；全市新增一批存取款一体机、ATM取款机、自助终端等。

投递网建设　开展投递人员沟通技巧、职业素养培训班，举办投递练功比赛，提高投递人员综合素质和操作技能。

教育培训　2010年共举办各类培训班256期，参培1.09万人次，人均7次以上。

【企业改革】 2010年，按省公司的统一部署和规定程序，落实中层人员、管理人员的选聘、竞聘工作，确保机构改革顺利完成。6月29日，广东邮政速递物流有限公司肇庆市分公司挂牌。

【企业管理】 2010年，在全市邮政系统开展网点损益核算工作。按照“职能部室—直属单位—县（市）局”的思路，逐步推行财务月度预算制度。全面实施“双定”新标准，控制用工数量。理顺工程建设流程，强化工程管控，确保工程质量和时限。调整优化投递等作业组织，使《广州日报》、《羊城晚报》的投递时间比原来提前1小时到达。推进农村投递网改革，通过合理设置投递机构、优化投递班期和段道、优化整合邮路、委代办等措施，提升投递质量。实施商函制作分拣前置，减少中间分拣环节，提高商函处理速度。

（李月梅）

附：2010年肇庆市邮政局正副局长名录

局　长：曾俊健

副局长：朱海靓　赵建雄　陈东胜

## 电信事业

【简况】 2010年，肇庆市电信业务总量92.53亿元，比上年增长25.8%。

【中国电信股份有限公司肇庆分公司】 肇庆分公司获评为省公司2010年度先进绩效单位，分公司工会获“全国模范职工之家”称号。

*业务发展* 2010年，肇庆分公司连续第二年被评为省公司先进绩效单位。全年经营收入增4.60%，全面完成年度预算目标。非话收入占比54.5%，同比提升7.9个百分点。是年全业务客户120万户，其中固定电话用户69万、宽带用户27万、移动用户24万。

*市场运营* 2010年，3G用户稳步增长，完成年度目标的120%，3G用户渗透率10.99%，比全省高0.89个百分点。宽带业务市场份额84.7%。与市卫生局达成区域卫生信息化平台建设的合作意向。与教育局签订教育信息化合作框架协议。通过发展农村融合套餐拉动移动放号，固移融合捆绑实现固话保存与拉动新装固话。

*网络建设* 2010年，宽带投资占比49.8%，通过推进光纤化转型，宽带普遍提速，推进FTTH薄覆盖改造与新建区域规模化应用FTTH/FTTB，城区4M带宽满足率93.5%，12M带宽覆盖63.15%；实现行政村100%通光缆。开展全市铜退专项工作会战，共建节点407个，宽带端口4.2万线，割接5.6万窄带用户，故障申告率由8%降至1.7%。

*网络运营* 2010年，继续推进装维外包，维护外包人员新增61人，共108人。综合调度能力和装维效率提升，宽带故障修复及时率99.7%，政企客户业务保障及时率100%。市场反映与技术支撑迅速及时，项目支撑完成时限由上年60天降为40天。

*MBOSS系统上线* 2010年12月1日上线。系统上线后，首次以项目管理方式对工程进行统筹安排；实现套餐清理率70%，套餐总数下降到上线前的74%；营业受理效率提升14%；资源清理率100%，三户资料准确率99.97%，自动配线、配设备率均提高18个百分点；同时通过MBOSS上线集中办公3260人/日，举办培训班25期。

*电信在高新区发展* 2010年4月29日在肇庆高新区正式成立高新区信息化推进办公室，9月27日肇庆高新区与中国电信广东公司双方签订信息化战略合作框架协议，投入1500万元，完成基础网络建设和教育信息化项目，分公司在高新区的收入增长率48.26%。（肖　军）

【中国移动通信集团广东有限公司肇庆分公司】 *业务发展* 2010年，客户规模突破212万户，净增用户26.04万户，累计话务量1.85亿ERL，同比增长20.13%；定制终端销量6.63万台，完成目标的102%。

*发展客户* 2010年7月28日，通信客户数超过200万，个人市场累计净增市场占有率83.0%。在家庭市场，推出一线通产品，累计成员14.4万户。在政企市场，集团客户数同比增长4.2%，集团成员同比增长46.3%。累计净增全球通客户1.85万户。动感地带用户净增0.56万户。累计净增神州行客户23.62万户。TD运营方面，是年发展

G3用户超过5.36万户，完成目标的114.5%。新增渠道点110个；完成19个自营厅G3专区改造。创新开发渠道管理PBOSS系统、数据业务BtoM系统等交叉营销模式。客户投诉量、投诉占比持续“双降”。基站总数1461个，其中2G基站1128个，TD基站333个。

*网络建设* 2010年新建基站 101个、载频2746块、传输9459皮长公里。全面开展“网络领先大整治”，实施“拆弹138”行动、网络安全系列工程，完成“跨越200万，移动更精彩”、亚运火炬传递等各类应急通信保障50余次。单位业务耗电量下降6%，每载频通信基站耗电量下降约8%。共建共享工作累计完成10个基站、3座铁塔的共建，实现基站共享率40.9%、铁塔共享率47.1%。推动3G网络建设，全面启动TD三期建设，实现在端州、鼎湖城区深度覆盖，在其他各县城区全面覆盖。TD网络质量提升，TD语音接通率提高，TD语音掉话率持续下降。推进“万楼光纤计划”、“WLAN热点覆盖计划”，为集团客户、楼宇提供管道预接入。

*荣誉录* 2010年，肇庆分公司第一次在广东省质量管理小组活动中，获得“优秀企业”称号；至善网络QC小组的“研究TD网络室内高密度大容量的规划优化方法”荣获“南粤之星”发表赛银奖。肇庆移动公司四会综合楼服务厅被授予全国巾帼文明岗称号；肇庆移动公司市场经营部服务管理室，四会大沙、高要禄步、高要白土、广宁万丰、封开建设北营业厅被授予广东省巾帼文明岗称号；肇庆移动公司获得企业档案工作目标管理国家二级、广东名优企业数据库—优秀企业、广东省工人先锋号（市场部）、肇庆市建设学习型党组织示范单位等荣誉。

（庄中华）

**【中国联合网络通信有限公司肇庆市分公司】** *简况* 2010年，完成省公司下达的通信服务收入指标，比上年增长15.8%，整体利润、利润率、EBIDTA率等均位列广东联通三类地市之首，被省公司评为“利润改善奖”单位。自有营业厅20间，合作营业厅56间，卡类销售网点1180家。在网客户85.3万户。

*企业运营* 2010年，推出包含以数据业务为主的A计划、以语音为主的B计划的新资费套餐。年末，以“超计划”降低3G门槛，正式推出3G基本套餐C，起步价46元。推出战略终端“预存话费送手机”补贴、“购机入网送话费”等优惠政策。2G业务推出市话优惠型、长途优惠型、流量优惠型、合账优惠型等产品。新春期间，组织“缤纷好礼话新春”主题营销活动和“漫游欢乐送”、“消费欢乐送”、“购机欢乐送”、“入网欢乐送”四个系列活动。推出多种数字应用服务和融合产品套餐，推广宽带+2G业务的“沃，宽乐讲”和宽带＋3G业务的“沃·宽乐网”融合套餐。

*技术支持* 2010年，整改本地网线路隐患，落实亚运干线重保工作，线路故障发生次数下降率70%。实施全网“多元化”优化工程，保证肇庆业务区3G基站和大容量的数据固网业务顺利开通。完善BSS、ESS系统功能，提升对3G产品、营销政策和赠款管控的支撑能力。全年平均无故障率99.58%；完成DCN骨干网升级改造项目、本地网络结构优化和ERP系统上线等项目。推出依托先进的WCDMA网络技术的移动办公、物联网应用及电子商务三大重点领域的行业应用产品，包括企业无信息化应用、商务办公应用，眼神融合型产品，无线网卡、集团短信通等，展示联通提供特色行业应用的差异化服务能力，并依托自身的技术和资源优势，为客户提供更具竞争力的信息化解决方案。

*荣誉录* 分公司客户服务部、四会分公司中豪营业厅获2010年省“巾帼文明岗”称号。年末，分公司客户服务部获中国联通集团公司2010年“巾帼文明岗”称号。市场销售部移动业务中心获广东联通“学习型班组”称号。（岑冰燕）

# 对外经济贸易　口岸

责任编辑：金柳仪

## 对外经济贸易

【简况】　2010年，全市新批外商投资项目112宗，合同外资额16.3亿美元，（比上年，下同）增7.24%；实际吸收外资9.34亿美元，增5.2%。进出口贸易总额43.9亿美元，增29.96%，其中出口贸易26亿美元，增21.27%；通过肇庆口岸进出口货物总量170.7万吨，增8.7%；进出口货物总值35.4亿美元，增23.2%；海关征收税款11.5亿元，增3.2 %。市外经贸工作连续第十三年获得省政府和省外经贸厅的表彰，在吸收外资、外贸进出口、口岸通关建设和承接产业转移等方面共获得省政府8项表彰奖励。

【实施《规划纲要》】　招商引资　2010年，举办和参加各类招商活动和经贸活动12场，包括举办港澳新春团拜活动、广佛肇经济圈—2010肇庆（广州）投资环境推介会、肇庆—澳门经贸旅游文化合作交流会、2010肇庆金秋经贸洽谈会，参加省组织的赴俄罗斯、埃及、印度开展的经贸合作交流活动、“台湾·广东周”活动、2010粤港经济技术贸易合作交流会等。积极向世界500强、跨国公司、现代服务业和先进制造业招商，承接珠三角特别是广佛地区的产业转移，成功引入世界500强企业瑞士ABB集团到肇庆市投资。

转变外贸发展方式　2010年，重点扶持有自主知识产权、自主品牌和附加值高的产品出口，严格控制高耗能、高排放和资源性产品出口。支持现有加工贸易企业增强设计研发能力和品牌营销能力，延伸产业链，引进跨国公司技术含量和增值率高的加工制造环节，促进加工贸易转型。

推进产业转型升级　2010年，提升中山（肇庆大旺）、顺德龙江（德庆）、中山大涌（怀集）等省级产业转移园区的承接能力。主动承接珠三角特别是广佛地区的产业转移，重点引进金属加工、汽车配件、家电家具等产业，形成产业集群。

推动港口物流经济发展　2010年，完善口岸大通关协调联动机制，加快肇庆新港工程配套设施建设和查验部门验收进场进度。7月22日，肇庆新港口岸码头正式开放。高新区大旺港被列入省“十二五”口岸扩大开放重点建设项目，并上报国家批准。

【吸收外资】　项目规模　2010年，全市投资总额超千万美元的新批项目和增资项目共59个，其中新批超千万美元项目31个，投资额7.4亿美元，占全年合同投资总额的38.1%，增资超千万美元项目28个，投资总额8.99亿美元，占全年合同投资总额的46.3%。

引资结构　2010年，第一产业实际吸收外资3695万美元，占全市实际吸收外资总量的3.96%；第二产业实际吸收外资7.93亿美元，占84.94%，增8.8%，工业项目在整个引资结构中占主导地位，其中建筑业、专用设备制造业、化学原料和化学制品制造业分别增747.5%、136.3%、27%；

第三产业实际吸收外资1.04亿美元，占11.1%，降28.8%。

**招商引资成效** 2010年，实际投资额前十位的国家和地区依次为：香港、英属维尔京群岛、阿联酋、萨摩亚、日本、澳门、台湾、澳大利亚、巴哈马、美国。其中，港澳地区的实际投资额6.2亿美元，占总量66.5%，增9.2%，增长较快的有巴哈马、台湾、阿联酋等，分别增476%、114%和68%。

**区域分布** 2010年，全市新批合同外资额的区域性分布为：市直（含高新区，下同）4.45亿美元、端州区3.45亿美元、鼎湖区8637万美元、四会市1.61亿美元、高要市3.02亿美元、广宁县7972万美元、德庆县7255万美元、封开县8243万美元、怀集县5322万美元。实际吸收外资额区域性分布为：市直3.13亿美元、端州区1.03亿美元、鼎湖区5908万美元、四会市1.27亿美元、高要市1.76亿美元、广宁县4733万美元、德庆县3450万美元、封开县4098万美元、怀集县2223万美元。

**【主要商贸活动】** **第107届广交会（春交会）** 4月15日～5月5日在广州举行，市组织120家出口企业参加，参展商品共有11大类4000多种，签订出口贸易合同总值1.15亿美元，比上届增长8.2%。主要成交商品以建材、五金、机电产品、餐厨用具、家具、家居用品、礼品及赠品、纺织服装、鞋等为主，约占成交总额的95%。欧美市场成交有恢复性增长，比上届增长10%，中东、非洲、东欧及南美洲等市场成交额稳中有升。对外成交较活跃的参展企业有哈伊马角（高要）陶瓷有限公司、肇庆土产进出口有限公司、肇庆德通有限公司、广东欣会铝业公司、肇庆卓业打火机有限公司、肇庆昆庆毛绒厂等，上述企业对外成交额占肇庆分团成交总额38%。

**赴俄罗斯、土耳其系列经贸活动** 6月13～21日，市经贸代表团参加省组织的赴俄罗斯、土耳其经贸活动。6月16日，在俄罗斯莫斯科举行的“2010中国（广东）—俄罗斯经贸合作洽谈会”签约仪式上，肇庆市有1个项目签约，投资额500万美元。市经贸代表团分别拜会俄罗斯威莎威斯控股集团公司、俄罗斯威特—百尔特公司、索斯纳布工贸集团公司、卡杰斯克（俄罗斯）鱼产品有限公司和土耳其土耳曼集团公司等企业和客商。市经贸代表团共签订经贸合作项目3宗，合作金额1250万美元；进出口贸易成交合同2550万美元，其中出口贸易成交2000万美元，进口贸易成交550万美元，超额完成省下达的任务。

**第二届广东外商投资企业产品（内销）博览会** 6月18～21日，市组织28家外商投资企业参展，展位54个，参展商品主要是服装和家用纺织品、家具、玩具和体育用品以及日用品等，成交贸易额2.3亿元，比上届增长4.5%。其中美亚（肇庆）金属制品有限公司参加开幕式大会签约仪式，成交金额1.3亿元。

4月19日，市长郭锋(右二)在市外经贸局负责人的陪同下，到107届广交会检查肇庆参展企业对外成交情况

**2010粤港经济技术贸易合作交流会** 6月22日，市经贸代表团赴港参加，共接洽客商300多人次，签订投资项目4个，合同投资总额3.47亿美元。其中由广东华云铝业发展有限公司和嘉宇金属材料（香港）有限公司合资3亿美元在高新区兴建的高精度铝板带箔项目在大会签约仪式上签约。期间，市经贸代表团参加全面

落实《粤港合作框架协议》深化粤港合作高层论坛、对口洽谈及政策咨询等活动。

**广佛肇经济圈—肇庆（广州）投资环境推介会**　6月30日，市委、市政府赴广州参加，签下27宗合同项目，投资总额217亿元，涵盖电子科技、机电设备、汽车配件、生物化工、物流、服务业及房地产开发等领域。上台签约项目16宗，投资总额199.5亿元；其中外资项目2宗，总额15.5亿元；国内企业项目14宗，投资总额184亿元。

**赴台湾系列经贸文化活动**　8月16～22日，省经贸文化交流团赴台开展"台湾·广东周"活动，肇庆市经贸考察团共签订合作项目6宗，签约总额1.99亿美元；签订贸易成交合同3亿美元。市经贸考察团在台北举办"广东肇庆经贸、文化、旅游、农业合作说明会"，邀请150多名客商参加。各县（市、区）相继开展交流活动。高要市在台北举办"高要市赴台经贸合作说明会暨高要台商联谊会活动"，共120多名新老客商出席；肇庆高新区在台中举办"肇庆高新区经贸交流说明会"，140多名客商参会。

**第二届粤港华沙时尚生活汇展**　9月21～23日，省外经贸厅与香港贸发局在波兰首都华沙联合举办。市组织7家进出口企业参加，参展商品主要包括电子产品、体育用品、五金器皿、纺织服装、日用产品等5大类200多个品种，接待客商1500多人次，派发产品宣传资料1000多份，签订出口贸易合同、意向35宗，出口成交额650多万美元。

**2010广东国际旅游文化节暨泛珠三角旅游招商会**　9月27日，在广州举行。市共签订旅游投资项目4宗，合同投资总额1.43亿美元。其中由新加坡泰华珠宝玉器有限公司投资5000万美元在四会市开发的广东四会玉文化创意项目在大会上签约。

**肇庆—澳门经贸旅游文化合作交流会**　10月11日，在澳门举行，签订投资及旅游、文化合作项目18宗，投资总额13亿美元。

**第108届广交会（秋交会）**　10月15日～11月4日在广州举行，肇庆市组织120家外向出口型企业参展，共对外签约成交1.38亿美元，比上届增长20%。主要成交产品为建材、五金、家电用电器、电子消费品、家具、餐厨用品、轻工日用、礼品、鞋、纺织及服装等，占总成交额的95%。欧盟、中东、东盟、美国成为出口成交主要市场，出口成交额占成交总额的7成左右；非洲、南美、东欧地区等新兴市场保持增长。成交额较大的企业有：哈伊马角（高要）陶瓷有限公司、肇庆土产进出口有限公司、广东欣会铝业公司、广东高登铝材公司、肇庆市骏鸿实业公司、肇庆德通有限公司、四会市国耀铝业公司、肇庆科艺金属制品有限公司、德庆大一家具、广东卓业打火机及高要荣源龙制衣等，上述企业对外成交额占肇庆分团成交总额的42%。

**赴埃及、印度系列经贸活动**　10月20日，由省政府和埃及投资部共同主办的"2010中国（广东）—埃及经贸合作洽谈会"在埃及开罗举行，市经贸代表团共签订总额3579万美元的贸易成交合同，其中肇庆市食品进出口有限公司和埃及加拉斯工业公司总值600万美元的贸易合同在大会上签约。10月27日，"2010粤港—印度经济技术贸易合作交流会"在印度新德里举行，市经贸代表团共签订项目投资合同3宗，投资总额8650万美元，以及总额3254万美元的贸易成交合同，其中肇庆市骏鸿实业有限公司增资3000万美元兴建的高性能轮胎项目在大会上签约。

**"2010肇庆金秋"经贸洽谈会**　12月10～11日，市举办"2010肇庆金秋"经贸洽谈会，大会签约、奠基（动工）和剪彩（投产）项目共132宗，投资总额845亿元；其中签约项目39宗，投资总额406亿元；奠基（动工）项目42宗，投资总额194亿元；剪彩（投产）项目51宗，投资总额245亿元。项目涵盖工业制造、高新技术产业、交通、能源、旅游、房地产、酒店、物流等行业。

**【进出口贸易】**　**出口贸易区域分布**　市直（包括肇庆高新区）8.59亿美元、端州区6.04亿美元、鼎湖区1.23亿美元、四会市3.50亿美元、高要市4.39亿美元、广宁县3630万美元、德庆县1.13亿美元、封开县4062万美元、怀集县3020万美元。

**企业出口比重**　民营企业出口4.4亿美元，增47.6%；三资企业出口18.2亿美元，增25.6%；国有企业出口3.4亿美元，增18.9%，三类企业出口的比重为17：69.8：13.2，非公有制经济占肇庆出口的主导地位。

**加工贸易占出口主导地位**　全市加工贸易出口13.4亿美元，增23.3%，占全市出口总值的51.5%；

一般贸易出口12.6亿美元，增33.3%，占48.5%。

【肇庆市贸易促进会】 *发挥联络作用* 2010年，组织市20家商品流通企业（包括市内各大超市）和6家企业分别参加台湾（东莞）名优博览会及中国广州国际低碳产品和技术展示洽谈会。全年接待来自台北、香港、山东等10个工商界团组共计90人次。

*出证认证* 2010年，共签发《中华人民共和国出口货物原产地证明书》6038份，《国际商事证明书》813份，代办领事认证203份，出口货物FOB总值2.13亿美元，代办区域优惠原产地证17份。组织全市99家出口企业的137名签证人员参加出证认证业务培训。

*法律信息服务* 2010年，共向企业提供13次法律咨询。利用珠江三角洲地区九市贸促会搭建的“珠三角贸促网”信息网平台，及时向企业发布经贸信息、出展出访信息、出证认证信息和重要培训信息。全年为企业提供信息查询约630次，为20多家中外企业提供产品推介服务。

*会务工作* 2010年，加强与省贸促会、珠三角地区贸促会及市属各贸促会、国际商会的联系和合作，全年接待上级和兄弟市贸促机构人员6批，到辖下县级国际商会调研5次，指导、协调各县（市、区）国际商会完善组织建设。全年共吸纳与国际经贸业务相关且有一定影响力的13家企业成为新会员。

【问题与困难】 世界经济前景不确定，外经贸面临技术竞争、产业竞争、市场竞争更为激烈，国际贸易保护主义重新抬头，国内外竞争压力增大。汇率风险仍然存在，人民币长期升值压力增大，部分新兴市场如东欧、东南亚、印度、巴西等国家的货币对人民币相继贬值，削弱出口商品竞争力。全市服务贸易发展滞后，投资贸易便利化仍有待提高，吸收外资后劲乏力的问题仍然存在。

（李雅静）

**附：2010年肇庆市对外贸易经济合作局正副局长名录**

局　长：唐海洲

副局长：辛加宁　陈泽强　刘　方　林伟文　陈宣群（女）

# 口　岸

【简况】 2010年，通过肇庆口岸出入境旅客3.58万人次，比上年增30.18%（下同），其中入境旅客2.06万人次，出境旅客1.53万人次，分别增35.53%和24.39%。通过肇庆口岸进出口货物170.7万吨，增8.7%，其中进口货物88.9万吨，降4.1%，出口货物81.8万吨，增27.3%；进出口货物总值35.4亿美元，增23.2%。

【肇庆新港码头对外开放】 2010年5月20日，肇庆新港码头正式开放，能停泊5000吨江海轮。7月22日举行对外开放启动仪式。新港码头位于鼎湖区广利街道办，属国家二类水路对外开放口岸，是交通部确定的全国28个内河主要港口之一，也是连接珠三角与大西南的枢纽节点。新港码头通过进港大道与321国道连接，周边环绕三茂铁路、贵广铁路、南广铁路及规划中的珠外环高速。

【口岸建设】 2010年，调整口岸布局：一是设立高新区大旺港。该项目被列入省“十二五”口岸扩大开放重点建设项目，并获得国家批准，计划总投资2.13亿元，码头主要靠泊500吨级船，规划年吞吐量130万吨，集装箱3.91万标箱。二是根据国家五部委对原保留运作的二类水运口岸就近并入一类口岸的指示，制订《整合方案》并经省人民政府同意批复，由省口岸办上报国家口岸办确认备案。

【口岸管理】 一是健全口岸协调领导小组，及时发现、研究和处理口岸工作的热点、难点问题。二是建立口岸预防突发事件应急机制，落实各项保证措施，做到组织、人员、责任三落实。三是定期对港口、车站（场）进行安全检查，督促经营单位安全生产、安全运输以及“三防”工作，加强卫生检疫监控，防止病虫害通过口岸传播。

【问题与困难】 一是受后金融危机的影响，口岸综合效益仍未完全复苏；二是口岸的发展不平衡，地处市经济中心区域的口岸发展较快，山区县域口岸相对发展较慢。三是口岸运作经费缺口较大，部分口岸设施落后，办公场地年久失修。

（李雅静）

【肇庆海关】 *简况* 2010年，肇庆海关共征收税款11.5亿元，增3.21%；监管进出口货物170.7万吨，增8.7%；进出口货物总值35.4亿美元，增23.2%；肇庆地区外贸总值43.90亿美元，增29.9%，全年累计贸易顺差为8.02亿美元。

*探索实行“园区申报，园区验放”模式* 在四会亚洲金属资源再生工业基地实行，将进口废金属的申报验放从口岸转移至企业生产园区，使通关时间节约超过60%，减少企业物流成本，吸引更多企业在园区形成产业集聚。全年海关在园区监管验放进口废五金12.22万吨，增8.2倍；总值2.61亿美元，增10.1倍；征收海关税款2.78亿元，向地方缴纳税款1.2亿元。

*恢复四会港海关业务* 2010年，该港累计进出口货物43.5万吨，增75.7%，其中进口14.8万吨，增1.2倍，出口24.56万吨，增60.34%。

*进驻肇庆新港码头* 2010年，肇庆新港码头内海关监管场所设施启动使用，设立新港监管科，开通海关对外业务，使外贸通关与肇庆新港口岸同步对外开放，协调肇庆新港经营方、各船务公司、报关公司等部门的通关运作。

*构建综合保税服务平台* 协助申请在大旺进出境货运车辆检查场内设立出口监管仓库和进口公共保税仓；运用暂时进口保税功能，为肇庆高新区内广东国际赛车场解决赛车物资的进出境通关问题，在赛车场内设立监管点现场进行开柜检验和开展日常监管，支持中国房车锦标赛等赛事。2010年共驻场监管涉外（香港）赛事4站8场次，监管货值1904万港元。

*亚运安保服务* 加强对涉亚运突发事件风险隐患的日常监控，开展涉亚运突发事件风险隐患集中排查，加大对枪支、爆炸物、剧毒化学品、违禁印刷品的查缉力度，亚运期间，旅客通关“零投诉”。全年查处报废子弹8批次，旅客通关3.6万人次，增33.3%。

*文明执法* 全年共立案查办走私、违规案件74宗，案值7719.24万元，全部依法处置。会同市打私办查获案件55宗，案值约980万元，查获冻品400多吨及洋酒、香烟、化工原料等物品一批，捣毁地下储存“红油”窝点5个，查扣走私“红油”155吨。

*通关服务* 一是实行“5＋2”、预约通关服务，全年共办理审批事项1.15万项，备案加工贸易合同621份，备案金额32亿美元，办理报关单位新注册登记104家。二是帮助企业用好用足国家有关减免税政策优惠，全年共审批《进出口货物征免税证明》91份，审批总货值2254万美元，减免关税1164万元，减免增值税217万元，办理抵押贷款业务7宗，抵押货值5.2亿美元。全年完成14家企业适用A类管理申请。三是对适用“事后交单”通关方式的企业实施不同风险货物分类处置，关区报关单通道验放率90%以上。四是试行大企业管理制度，选取5至6家关区大型重点企业，量身定做在快速审单、低比例查验、留样复核、担保验放等方面的服务措施，让企业从守法管理中得到通关便利。五是实施上门执法、到厂查验，对部分生产型企业，查验加工贸易进口的可再生资源货物，直接后置到工厂内，加快通关时效、减少货物损耗。六是对守法可再生资源货物加工贸易企业实施较低查验率，选取部分信誉良好的固体废物加工贸易企业进口料件在口岸降低查验率。七是引入专业机构对加工贸易企业进行核查，便利加工贸易内销，全面推行内销征税的网上审批，实行预归类、预审价。八是探索实施保税中后期核查与企业稽查、减免税核查整合，消除对企业后续监管的多头执法，提高海关对企业的管理引导效能。

（肇庆海关）

**附：2010年肇庆海关正副关长名录**

关　长：谭　武

副关长：黄一新　麦伟民　秦慰雄　杨晓飞

【肇庆出入境检验检疫局】 *简况* 2010年，检验检疫进出口货物5.14万批、货值26.63亿美元，分别增3.10%和17.79%，其中出境4.05万批、货值14.71亿美元，分别增3.19%和12.63%，入境1.10万批、货值11.92亿美元，分别增2.80%和24.86%；实施出入境人员查验6.18万人次，增15.41%，其中出境人员查验2.67万人次，增8.61%，入境人员查验3.52万人次，增21.16%；实施出入境人员健康检查976人次，降20.97%；艾滋病监测972人次，降10.58%，实施对船舶的卫生检疫3163艘次，降25.38%，其中出境1325艘次，降33.48%，入境1838艘次，降18.20%；实施对火车的卫生检疫7300节，增8.28%；实施对汽车的卫生检疫8838辆，降2.86%，其中出境7947辆，增0.47%，入境891辆，降25.00%；实施对集装箱的卫生检疫17.37万个，降17.99%，其中出境8.97万个，降20.11%，入境8.40万个，降15.60%；签发普惠制产地证7735份，降1.82%，货值2.08亿美元，增3.10%；签发一般原产地证书4440份，增4.47%，货值1.72亿美元，增24.21%；实施出口货物包装鉴定1789批次，增15.05%；截获有害生物151批次92种。

**质检服务** 一是在广东检验检疫系统首个实施“口岸申报，园区验放”模式，加快通关速度。二是组织“企业满意窗口”、“服务标兵窗口”、“青年文明号”等活动，编写《创建文明窗口手册》。深化“国检护航”工程，推出在“5＋2”和24小时预约检验检疫服务、开通“绿色通道”、“快速核放”和实行分级分类管理制度。三是加强科研攻关，破解三聚氰胺检测、大米和米制品的转基因检测等难题。

**提高综合检测能力** 一是加强卫生检疫类、动植物检疫类、轻工机电产品类、食品检验类、化矿金产品类等检验检疫实验室建设，投入200万元新增设备。二是经过“2合1”评审，通过CNAS认可的项目由原来29类商品、97个项目增加到42类商品、158个项目。三是开展检测工作整顿和检测技能比赛活动。四是参与实验室能力验证和比对实验，加强检测质量控制。五是开展水产品药物残留检验，已开展孔雀石绿类、硝基呋喃类、喹诺酮类和氯霉素类这4类药物残留的检测，为本地罗非鱼出口企业提供技术支持。

**进口废物原料检验检疫监管** 一是建立进口废物风险预警系统；二是建立周报制度；三是定期组织业务人员学习，传达上级监督管理政策和信息，统一执法尺度；四是加强巡查工作；五是对每柜货物的包装、装柜状况、货物外观与品质等项目现场统一规范检验、记录；六是加强与海关和港口沟通协调工作；七是提高进口可用作原料的固体废物国内收货人注册登记工作的有效性。

**检管大宗进口成套设备和敏感进出口商品** 一是加强对大型进口成套设备检验检疫；二是加强对供港鲜牛奶检验；三是加强对熟鸡、鲜牛乳、排米粉、姜制品等的检验，实施对农残、药残、转基因等项目的年度监控计划，未发现不合格产品；四是推动建立供港澳蔬菜基地与加工出口检验检疫监管协作机制；五是加强对禁用偶氮染料含量、金属附件镍释放量、镉含量、五氯苯酚含量等项目的检测。突破欧盟各国对我国出口的鞋类产品设置的技术壁垒，帮助四会金宝利鞋厂、四会市豪杰鞋厂等企业解决生产与出口中遇到的问题。六是保证输美玩具符合新法规要求，提高检验监管质量。七是做好涂料及油漆、陶瓷类、出口水泥、进口石材等的检验监督管理，落实进口非法检矿产品放射性检测检管工作，督促企业做好放射性检测超出正常水平的进口钽铌矿的安全防护工作，促使企业制定运输、堆放、使用等的安全防护管理措施和制度。

**业务移交** 9月底，将肇庆出入境检验检疫局在云浮市辖区内辖管检验业务：出口铁矿、日用陶瓷、水泥、桂油，进口废物原料、石材、冰鲜（冻）鸡、冻水产品（以罗非鱼为主）等移交到云浮出入境检验检疫局相关科室。

**新兴市场工业产品检验监管** 落实国家质检总局与埃塞俄比亚、塞拉利昂、埃及等国家签署的质检合作协议，加大对出口企业有关国外技术法规和标准的培训力度，到企业现场进行监装，落实出口商品的检验、核价。

**专项整治食品安全** 加强对食品源头、生产过程、产品的监管，健全出口企业分类管理制度和重点检验项目动态调整机制。加强对出口食用动物饲料备案生产企业、出口饲料和饲料添加剂注册生产企业、出口非食用动物产品、供港澳食用水生动物注册养殖场、供港澳活禽注册饲养场、出口其他活动物注册饲养场、供港澳活畜（猪、牛）注册饲养场、进口非食用动物产品定点加工存放企业和出境动物源性食品备案原料基地的审核，推行“公司＋基地”的出口食品生产管理模式，健全疫病疫情防控体系和药残监控体系。做好供港澳活猪甲型H1N1流感防控工作，确保注册场安全和供港澳活猪卫生质量。

**出口农产品源头管理** 一是加强监督辖区内

注册果园有害生物的防治。二是清查整顿与注册登记相结合，加强对出口水果注册登记果园、包装厂的监督管理。三是加强与农业主管部门和外经贸部门的联系。四是加大柑桔采收前和出口前抽样比例和剖果检查，严格执行对出口水果保鲜、消毒药剂的申报制度。五是关注出口水果在国外通关、检验检疫等情况。

*口岸监测*　加强对口岸范围内的公共场所和食堂卫生监督，对口岸的病媒昆虫、啮齿动物的监测防治。加强口岸检疫除害处理设施建设，在口岸辐射区域开展检疫性实蝇、杂草等监测和防控，防止疫病疫情与有毒有害物质的传播。

*企业分类管理*　对企业的管理制度、人员培训、检测水平、原料验收、供应商管理、质量管理体系运行、企业应对产品被预警、索赔、退货及投诉的能力等方面进行评审，提出整改意见。完成企业分类管理评审100多家，占需要进行评审的企业90%以上。

*亚运安保*　成立亚运检验检疫工作领导小组，与肇庆市委、市政府签订亚运会安保责任书。加大对出入境人员、交通工具、货物特别是废五金的放射性监测和旅客行李及携带物的查验力度。加强与海关、边检、外经贸局、口岸经营单位的协调，优化通关口岸环境。增资5万元新置一批公共卫生突发事件急救药械。

*旅检口岸卫生检疫建设*　在旅检现场负压医学隔离室、排查室、办公室以及保健中心实验室的改造工程完成后，及时配备、调整各种设施、设备、药械、用品等。

*打击违法违规行为*　一是全面开展打击伪造买卖出入检验检疫收费收据专项检查行动。二是开展打击伪造贩卖假证书专项行动，引导企业依法办理检验检疫业务。　*（肇庆出入境检验检疫局）*

**附：2010年肇庆出入境检验检疫局正副局长名录**

局　长：李恩培

副局长：邓伟彬　梁星传　叶方明

**【肇庆边防检查站】**　简况　2010年，检查出入境人员7.28万人次，出入境交通运输工具4052次，出入境人员同比增加7.3%。

*提高服务水平*　增设外国人出入境自助卡片打印系统，开通网上报检系统；邀请证件研究专家进行辨伪培训，开展案例分析活动；抽查执勤监控录像、核对梅沙系统验放记录，利用旅客满意度评价系统和监控系统，培养服务定式。

*安保管控*　参与肇庆市“平安亚运十大行动”，排查化解口岸辖区不稳定因素；修改完善处突预案，购置处突装备一批，成立处突尖刀分队，开展处突实战演练；组织召开世博、亚运安保协调会3次，与口岸经营单位签订安保协议书，形成联勤联防、群防群治的口岸管控体系。

*基础建设*　一是完成二、三级网改造，投入25万元，完善口岸、重点部位视频监控系统建设；举办信息化技能运用培训16次，推动使用办公一体化平台。二是投入80万元，为基层一线配备执勤装备，改善维护营房、车辆、绿化，完善警营网吧。三是制订年度执法规范化建设实施方案，专题研究部署“杭州会议”精神，完善执法责任制度和执法过错责任追究办法；开展执法专题授课2次、执法培训班2期、执法办案培训班1期，配齐执法办案人员。四是开展岗位技能练兵，严格落实责任制，开展评比竞赛。五是各级签订安全责任书，严格装备车辆管理使用，加强安全排查防范，精细行政管理，营门哨位配强防卫装备，加强营区保卫应急防护，加强密码保密工作，落实部队安全教育和制度，提高官兵安全意识。

*推进警地和谐*　全站官兵先后为河源紫金县榴坑村、德庆县武垄镇播荫村、青海玉树灾区4次捐款3.7万元；出资8.5万元帮扶德庆县武垄镇播荫村逐步脱困；提供出入境法律咨询和政策宣传；组织义务植树、义务献血活动；与黄岗镇双东北社区、中国移动肇庆分公司等开展支部、警地共建活动，融洽警民关系。　*（肇庆边防检查站）*

**附：2010年肇庆边防检查站领导人名录**

站　　长：唐　荣

政治委员：魏山祥（6月调离）

　　　　　黄敏冬（6月任）

副 站 长：梁小星　陈卫国

副政治委员：许海燕（女）

# 旅游事业

责任编辑：金柳仪

## 综　述

【简况】 2010年，全市旅游景区（点）共接待游客2008.5万人次，比上年增25.28%，比2005年增154.8%；实现旅游收入109.23亿元，比上年增37.47%，比2005年增187.4%。肇庆市被评为“自驾车最喜爱休闲城市”；“肇庆千里旅游画廊”获评为“世博中国年·最受欢迎国内旅游线路”，并列入全国首批低碳国土实验区。

【行业规模】 2010年底，全市开放的旅游景区（点）56个，其中年接待游客超100万人次的6个、4A级景区5个；各类宾馆酒店、旅馆1000多家，其中星级酒店33家（四星级3家、三星级18家、二星级11家、一星级1家），正在申评和待评五星、四星级的酒店共10家；旅行社41家，其中可经营出境旅游业务4家。

【全市旅游工作会议】 4月1日上午，2010年全市旅游工作会议暨建设“国际化旅游休闲之都”动员大会在市委小礼堂召开。会议提出，全市旅游业发展要强化规划管理、改革创新、项目建设、宣传推介、队伍建设；推动发展理念由“景区旅游”向“城市旅游”转变，发展格局由“各自为战”向“一体化”大旅游转变，发展模式由“粗放型”向“集约型”转变，产品结构由“单一观光旅游”向“休闲度假旅游”转变，发展主体由“政府主导型”向“市场主导型”转变，管理方式由“管理型”向“服务型”转变。

4月1日，召开全市旅游工作会议暨建设“国际化旅游休闲之都”动员大会

【旅游行政服务窗口启用】 2010年，市旅游发展局将临街铺位改造成旅游行政服务窗口，分设旅游政务窗口、星湖门票卡办理、旅游质量投拆、导游培训考试4个办事窗口，10月启动。

【领导视察】 3月6日，安徽省副省长倪发科到七星岩景区考察；9月15日，全国政协提案委员会副主任毛林坤到鼎湖山景区视察；9月15日，国家外交部副部长宋涛到七星岩、鼎湖山景区考察；10月3日，省委常委、省纪委书记朱明国到七星岩景区视察；11月12日，陕西省委副书记、常务副省长赵政永到七星岩景区参观；11月13日，国家档案局副局长李和平到鼎湖山景区考察。

## 旅游经济

【简况】 2010年，全市旅游总收入109.23亿元，比上年增37.47%（下同，略），其中旅游外汇收入8.45亿元，增53.08%。全市旅游景区（点）共接待游客2008.54万人次，增25.28%；城市接待旅游者人数1787.8万人次，增25.67%；城市住宿设施接待旅游者人数1055.69万人次，增25.6%（其中过夜外国游客139.45万人次，增24.15%；国内游客916.25万人次，增25.83%）；“一日游”游客732.1万人次，增25.77%。纳入全市统计的宾馆酒店的客房平均出租率62.46%，增0.56个百分点。

【国内旅游】 2010年，全市接待国内游客1551.69万人次，增25.9%；其中过夜国内游客916.25万人次，增25.83%。国内旅游收入100.78亿元，增36.32%；“一日游”国内游客635.44万人次，增26%。

【入境旅游】 2010年，全市接待入境游客236.11万人次，增24.20%，其中过夜入境游客139.45万人次，增24.15%。

【出境旅游】 2010年，全市出境游组团社共组织出境游客2.66万人次，增20.36%（其中，组织港澳游2.08万人次，增20.93%；组织出国游0.58万人次，增长18.37%）。

【假日旅游】 春节旅游黄金周全市共接待游客168.5万人次，增17.2%，占全年游客接待量的8.4%。其中接待入境游客22.3万人次，增19.9%；接待国内游客146.2万人次，增14.9%。从游客的过夜情况看，接待过夜旅游者99.5万人次，增15%；“一日游”游客69万人次，增13.7%。

“五一”假期（5月1～3日）全市共接待游客103.3万人次，增18.6%，占全年游客接待量的5.1%。其中接待入境游客13.65万人次，增32.14%；接待国内游客89.67万人次，增16.82%。从游客的过夜情况看，接待过夜旅游者61.01万人次，增18.54%；“一日游”游客42.31万人次，增18.78%。

“十一”旅游黄金周全市共接待游客193.27万人次，增26.9%，占全年游客接待量的9.6%。其中接待入境游客25.53万人次，增23.04%；接待国内游客167.74万人次，增27.51%。从游客的过夜情况看，接待过夜旅游者114.13万人次，增26.67%；“一日游”游客79.14万人次，增27.23%。

春节、“十一”两大黄金周共实现旅游收入7.71亿元，增26%，占全年旅游总收入的7.1%。其中国际旅游（外汇）收入780万美元，增26.1%；国内旅游收入7.18亿元，增26.2%。

## 宣传促销与节庆活动

【国内旅游宣传促销】 媒体宣传 2010年2月10日，肇庆市首本综合性旅游杂志《行游肇庆》首发，介绍肇庆的历史文化、旅游资源和旅游业发展情况。春节期间，与南方卫视合作举办“肇庆旅游虎年欢乐会”。“十一”前，连续一个多月在《中国旅游报》推出系列肇庆旅游专版；举办文岃鲤开渔节。“十一”期间，在南方卫视推出20分钟的“广东旅游天使肇庆采风”旅游专题片，在香港亚洲电视推出30分钟的“岭南文化之旅肇庆旅游”专题片。

联合宣传 2010年，联合广州、佛山市在长沙、武汉举行“广佛肇旅游推介会”，开发武广高铁客源市场。构建“广佛肇旅游”区域品牌，与广州、佛山市合作联手对外宣传，组织“中外百名记者、旅行商广佛肇旅游采风活动”，联合布展参加2010广州国际旅游展览会，联合制作《缤纷广佛肇，欢乐过大年》宣传册。

推介会和旅游优惠 2010年，组团赴安徽合肥市、江苏南京市、浙江湖州市、湖南长沙市举行肇庆旅游推介会。各个节假日针对特定的群体推出多项旅游优惠措施。

**【国际旅游宣传促销】** 2010年，借肇庆龙舟邀请赛之机举行旅游推介会，邀请香港旅游业议会组织其180多个会员单位前来考察，在香港旅游业界引起良好反响。在"台湾·广东周"期间，联合江门市力推"台澳江肇"黄金旅游线路，与台湾弘泰旅行社签订合作协议。组团赴马来西亚考察，为筹办2011年肇庆旅游（马来西亚）推介会做准备。赴香港、澳门拜会两地旅游业界领导，推动肇庆的旅行社与港澳旅行社合作。

**【旅游节庆活动】** 春节期间，以"欢乐请柬——请到肇庆过大年"为主题推出节庆旅游文化活动；"三八"期间，策划为期一个月的"春游粤港肇、三八姐妹乐"系列活动；"五一"、端午节期间，以乡村体验、森林探险、生态养生等为主题，推出多条休闲旅游线路；6月启动暑期旅游黄金月系列活动；"十一"黄金周，以绿色低碳游、星湖绿道休闲游为主打，推出鼎湖山绿色低碳养生游、游广东最美的星湖绿道等项目。

与亚太旅游联合会、世界生态旅游养生大会、国际市民体育联盟合作举办"2010世界（中国肇庆）生态旅游养生大会"、"首届环星湖绿道自行车骑游大会"和"第二届环星湖国际市民徒步大会"以及"百家报社聚焦肇庆"摄影采风活动，吸引20多个国家和地区的游客、骑游爱好者、徒步爱好者和市民共3万多人参加，境内外130多家新闻媒体记者报道。筹划"中国文化旅游年"、"广东华人华侨旅游年"系列活动，与香港新界荃湾葵青区妇女会联合举办"肇港妇女文化交流三天游"活动；联合市外事侨务局举行"肇庆市2010年华人华侨旅游年"启动仪式暨肇港青少年教育交流活动。

## 资源开发与景区（点）建设

**【规划编制与实施】** 2010年，市级及各县（市、区）分别编制完成旅游业发展"十二五"规划；《星湖风景名胜区总体规划》修编和修建性详细规划前期工作完成。

**【景区（点）与基础设施建设】** 2010年，四会天海湖度假区项目建设进展顺利，四会江谷生态旅游度假项目进入实质性筹建阶段；德庆县加快建设五大休闲旅游度假基地，抓好金林水乡至盘龙峡的绿道建设；怀集岳山温泉全面开工；端州端砚文化村升级改造动工；高要端砚世界文化谷、石洞农场文化旅游休闲产业园等项目前期规划完成。

*星湖风景名胜区* 2010年，省绿道1号线以七星岩为起点，在七星岩西北侧建设起点广场，修建全长19公里的环星湖绿道（栈道），串联起牌坊广场、波海公园、泮月公园、牌坊公园、东门广场。七星岩水月堤除险加固工程、鼎湖山消防管网和供水系统工程全面竣工。

*鼎湖区* 2010年，砚洲岛累计投入3000万元完成首期立项，改造一批市政、公共基础配套和旅游设施，完成包公楼景区和旧厂房第一期改造，砚洲堂文化驿站投入使用，推进岛上绿道建设、环岛外堤路硬底化建设和广利码头、包公楼码头、包公楼区域及沙滩项目改造。九龙湖风景区按照创4A级景区要求改善旅游交通和邮电服务，完善游览功能和综合管理。

*封开县* 2010年，七星度假区项目开发进展顺利。北回归线度假区完成景区规划，建成石板徒。登山道20公里及溯溪步级栈道，"十一"黄金周前投入试营运。大旺海鹰博览中心完成创4A景区前期工作。

*广宁县* 2010年，新竹海大观景区投入约1.2亿元完成首期和二期升级改造，更新修葺原有项目，增加参与性娱乐项目，完善各项配套设施，完成餐厅、牌楼、竹排的修复翻新。

**【第三届肇庆旅游工艺品（特产）展】** 11月13～17日在肇庆市体育中心荷花馆举办，共设展位88个，市及省内外众多旅游商品企业组织丰富的旅游工艺品和特产参展。

**【旅游扶贫工程】** 2010年，鼎湖藏龙沟风景区、高要金钟山景区、四会大贞山旅游区、封开大旺海鹰博览中心、广宁古水河风景区5个项目共获省旅游扶贫专项资金200万元。鼎湖区同古山居、鼎湖区凤凰山庄、鼎湖区农家乐庄园、广宁县碧翠湖渡假村、广宁县万家乐酒店、封开县新亮点休闲度假村、德庆县盘龙峡山菜馆7个项目获批为广东省旅游扶贫星级农家乐项目，共获旅游扶持资金75万元。

## 旅游行业管理

【市场监管】 2010年，肇庆市假日旅游协调领导小组开展联合执法和综合执法，整顿和规范旅游市场秩序，清理整治旅游景区（点）不法燃香活动。查处关闭无证经营旅行社门市部1家，督促整改违规操作旅行社6家，给予口头警告处罚旅行社3家。市旅游质监所受理旅游投诉61宗，处理率100%，为46名游客追回赔（补）偿24万多元。

【旅行社管理】 2010年，贯彻执行《旅行社条例》及《实施细则》，加强对新设立旅行社的审批和旅行社投保责任险的监管，全年新设立旅行社1家，撤销旅行社3家。年底，全市有旅行社41家，参加旅行社责任保险统保示范项目的22家。

【导游员管理】 2010年，继续规范和管理导游服务行为，加大导游IC卡检查力度。全年检查导游员47人次，其中无证带团6人。组织一年两次的全国导游人员资格考试，506人次参加考试，183人通过，合格率36%。年底，全市共有导游员2184人。组织导游岗前培训和导游年审教育培训。

【旅游饭店管理】 2010年，执行新版《旅游饭店星级的划分与评定》，完成对全市36家星级酒店的复核工作，对2家达不到星级标准的酒店取消星级资格；封开杏花宾馆晋升三星级，高要碧桂园凤凰酒店启动创五星，新肇庆国际大酒店、德庆新丽都大酒店、广宁华侨大厦启动创四星。

【旅游安全管理】 2010年，成立专门的安全生产检查组，到各县（市、区）督导旅游安全工作，特别防范旅游道路交通、游船、旅游游乐设施等方面的重大事故以及饭店、餐馆、游客聚集场所的火灾、食物中毒等事故的发生。举办安全管理培训班和消防安全标准化及酒店安全管理培训班，全市旅游业单位安全负责人和安检员共129人次参加。市旅游发展局与属下各单位签订安全生产责任书。联合有关部门协助肇庆市中国旅行社处理好“3·17”特大旅游交通事故。

## 教育培训与行风建设

【精神文明建设】 2010年，开展“文明旅游、理性消费”宣传进社区下县区活动。鼎湖山观光车公司获“广东省用户满意明星企业”称号。组织导游职业技能大赛，市旅游服务中心导游员蔡艳梅获得广东省职业技能大赛导游员技能大赛总决赛导游专业组第一名，并获“广东省技术能手”称号和“广东省五一劳动奖章”。

【教育培训】 2010年，开展旅游系统党风廉政建设教育，抓住“2010旅游服务质量提升年”契机，开展旅游职业技能培训，约1000名导游员参加年审教育培训，129名新入职导游员参加岗前培训。

（童益南）

**附：2010年肇庆市旅游发展局正副局长名录**

局　长：郑时广

副局长：李达标　房宇文（女）　郑向平
张丽文（女，11月免）
刘伯明（12月任）

## 肇庆市星级饭店一览表

| 单位名称 | 星级 | 通讯地址 | 联系电话 |
| --- | --- | --- | --- |
| 星湖明珠大酒店 | ★★★★ | 肇庆市端州四路37号 | 2211888 |
| 皇朝酒店 | ★★★★ | 肇庆市端州五路9号 | 2238238 |
| 醉然居假日酒店 | ★★★★ | 德庆县青云路县政府背后 | 7781111 |
| 肇庆华侨大厦 | ★★★ | 肇庆市天宁北路90号 | 2226366 |
| 新松涛宾馆 | ★★★ | 肇庆市七星岩景区西门 | 2302288 |
| 肇庆市波海楼 | ★★★ | 肇庆市星湖西路 | 2224582 |
| 新长讯宾馆 | ★★★ | 肇庆市康乐北路38号 | 2818388 |
| 湖滨大酒店 | ★★★ | 肇庆市天宁北路82号 | 2225981 |
| 南粤苑度假中心 | ★★★ | 肇庆市星湖万松岗 | 2283238 |
| 荔枝湾度假村 | ★★★ | 四会市东城区四会大道南 | 3286888 |
| 贞山宾馆 | ★★★ | 四会市贞山旅游区 | 3308319 |
| 广宁华侨大酒店 | ★★★ | 广宁县南街镇南东一路37号 | 8636688 |
| 新时代大酒店 | ★★★ | 德庆县德城镇康城大道 | 7788888 |
| 新丽都大酒店 | ★★★ | 德庆县文兰北路 | 7799501 |
| 登云酒店 | ★★★ | 德庆县康城大道中 | 7787777 |
| 怀集腾业大酒店 | ★★★ | 怀集县怀城镇西区 | 5519933 |
| 怀集新世界大酒店 | ★★★ | 怀集县解放北路 | 5518888 |
| 裕龙大酒店 | ★★★ | 肇庆市西江南路23号 | 2819188 |
| 肇庆高尔夫渡假村 | ★★★ | 高要市回龙镇 | 8162018 |
| 德庆君悦大酒店 | ★★★ | 德庆县龙母大街 | 7797777 |
| 封开杏花宾馆 | ★★★ | 封开县江口镇河堤一路 | 6688168 |
| 蓝宫宾馆 | ★★ | 肇庆市天宁北路76号 | 2283330 |
| 金叶大厦 | ★★ | 肇庆市工农北路6号 | 2221338 |
| 文化假日酒店 | ★★ | 肇庆市天宁北路43号 | 2291818 |
| 粤高宾馆 | ★★ | 肇庆市端州六路8号 | 2833983 |
| 花园酒店 | ★★ | 肇庆市建设三路46号 | 2290838 |
| 鼎湖避暑山庄 | ★★ | 鼎湖山景区内 | 2621668 |
| 封开宾悦大酒店 | ★★ | 封开县江口镇大塘一路 | 6668888 |
| 封开江滨酒店 | ★★ | 封开县江口镇河堤二路 | 6688833 |
| 封开封州宾馆 | ★★ | 封开县江口镇建设一路 | 6688818 |
| 四会东南大酒店 | ★★ | 四会市城中区汇源路 | 6826600 |
| 怀集新世界宾馆 | ★★ | 怀集县环城西路25号 | 5523782 |
| 四会华侨大厦 | ★ | 四会市新风路8号 | 3322232 |

## 肇庆市旅行社（旅游公司）一览表

| 单位名称 | 通讯地址 | 联系电话 |
|---|---|---|
| 肇庆市中国旅行社有限公司 | 肇庆市天宁北路90号 | 2288034 |
| 肇庆星湖国际旅行社 | 肇庆市天宁北路82号 | 2230511 |
| 肇庆市活力国际旅行社有限公司 | 肇庆市翠星路鸿福新村E栋5—7卡 | 2816984 |
| 肇庆市青年国际旅行社有限公司 | 肇庆市城北路110—111号财联大厦九楼 | 2201887 |
| 封开县青年国际旅行社 | 封开县江口镇河堤一路30号 | 6662596 |
| 四会市旅游有限公司 | 四会市新风一巷5号之二 | 3320202 |
| 肇庆市国泰国际旅行社有限公司 | 肇庆市前进南路鼎湖新村三区一栋 | 2728327 |
| 肇庆鼎湖旅行社 | 肇庆市鼎湖山景区内 | 2281188 |
| 怀集县中国旅行社 | 怀集县解放中路78号 | 5536038 |
| 肇庆市龙之旅旅行社有限公司 | 肇庆市翠星路11号12-13卡 | 2228817 |
| 肇庆通联旅行社有限公司 | 肇庆市莲湖中路7号 | 2260243 |
| 肇庆市职工旅行社 | 肇庆市天宁北路76号 | 2267736 |
| 肇庆市肇之旅国际旅行社有限公司 | 肇庆市新元西路5号 | 2201112 |
| 肇庆金世纪国际旅行社有限公司 | 肇庆七星岩旅游度假区瑞士花园 | 2761811 |
| 肇庆市铁路旅行社 | 肇庆市站北路17号 | 6163918 |
| 肇庆市新时代国际旅行社有限公司 | 肇庆市肇庆大道1号月圆花园北苑8栋第10卡 | 2760606 |
| 肇庆市教育旅行社有限公司 | 肇庆市端州四路2号第三栋首层 | 2326610 |
| 四会市美丽华旅行社有限公司 | 四会市体育路九座首二层 | 3396818 |
| 肇庆市锦绣东方旅行社 | 肇庆市康乐花园E4栋首层 | 2811829 |
| 肇庆环球商务国际旅行社有限公司 | 肇庆市前进南路东堤湾11栋107号 | 2727106 |
| 肇庆市环宇国际旅行社有限公司 | 肇庆市端州六路芙蓉西一街7号首层101 | 2838683 |
| 肇庆市风光旅行社有限公司 | 肇庆市柑园南路1号中原翠筑2楼 | 2208877 |
| 肇庆神州旅行社有限公司 | 肇庆市八一路十一卡 | 2919568 |
| 肇庆市广之旅国际旅行社有限公司 | 肇庆市建设三路10号 | 2790155 |
| 肇庆市凤凰国际旅行社有限公司 | 肇庆市塔东二路东景华府首层 | 2289662 |
| 肇庆市南湖旅行社有限公司 | 肇庆市天宁北路天宁广场首层A115B卡 | 2317111 |
| 肇庆市华厦国际旅行社有限公司 | 肇庆市人民中路20号 | 2292548 |
| 肇庆市山水国际旅行社有限公司 | 肇庆市阅江路阅景花苑西座首层第17卡 | 2325011 |
| 肇庆市四海国际旅行社有限公司 | 肇庆市端州六路上瑶南一巷 | 5976007 |
| 肇庆市西江旅行社有限公司 | 肇庆市文明路32号 | 2206798 |
| 肇庆市阳光国际旅行社有限公司 | 肇庆市星荷路星荷豪苑D栋28卡 | 2808277 |
| 肇庆市江南国际旅行社有限公司 | 肇庆市翠星路北一街13号 | 2867966 |
| 肇庆市中达国际旅行社有限公司 | 肇庆市建设三路七号之一柑园北路第一栋第二卡商铺 | 6810223 |
| 肇庆市精彩假期旅行社有限公司 | 肇庆市建设二路13号第三幢A座十层1003房 | 6191683 |
| 肇庆市和平国际旅行社有限公司 | 肇庆市蓓蕾路10号盛泽明苑第八卡商铺 | 2252316 |
| 肇庆市天下行旅行社有限公司 | 肇庆市芙蓉西一街联合担保大厦6楼07室 | 6199977 |
| 广东中旅（肇庆）旅行社有限公司 | 肇庆市端州五路2号时代广场首层第1—18卡 | 2298052 |
| 肇庆遨游天下国际旅行社有限公司 | 肇庆市端州区伴月路4号 | 2161133 |
| 广州广之旅旅行社肇庆分公司 | 肇庆市端州五路广百时代广场CD街铺C09号 | 2295522 |
| 中国金桥旅游总公司肇庆分公司 | 肇庆市和平路44号 | 2841971 |
| 肇庆市奥威斯旅行社有限公司 | 肇庆市端州区星湖大道奥威斯酒店 | 2888888 |

（市旅游局）

# 财政 税务

责任编辑：金柳仪

## 财政收支与管理

【收入与支出】 一般预算收入 2010年，全市地方财政一般预算收入累计完成76.80亿元，完成年度计划119.44%，比上年增37.36%（下同），其中市本级（包括市直城区和肇庆高新区，下同）21.64亿元，完成年度计划的114.09%，增37.58%；市直城区13.28亿元，增27.65%；肇庆高新区8.36亿元，增57.01%；端州区8.06亿元，增37.78%；鼎湖区2.77亿元，增38.12%；高要市13.61亿元，增26.24%；广宁县4.39亿元，增41.53%；四会市11.38亿元，增40.61%；德庆县4.72亿元，增46.27%；封开县4.10亿元，增41.44%；怀集县6.14亿元，增45.05%。

一般预算支出 2010年，一般预算支出累计完成126.68亿元，完成年度计划154.79%，增18.69%，其中市本级34.30亿元，为年度计划161.92%，增9.10%；市直城区25.23亿元，增26.53%；肇庆高新区9.07亿元，降21.12%；端州区10.61亿元，增37.08%；鼎湖区4.39亿元，增31.63%；高要市18.72亿，增16.48%；广宁县9.97亿元，增22.89%；四会市14.70亿元，增21.04%；德庆县9.50亿元，增24.84%；封开县9.19亿元，增20.59%；怀集县15.29亿元，增20.86%。

【区域发展特点】 2010年，中心区总量大幅增加、山区县发展加快。其中高要市及市直城区一般预算收入分别超过13亿元，四会市超过11亿元，高新区、端州区超过8亿元；4个山区县的收入增幅全部在40%以上，均高于全市平均增幅；怀集、四会、广宁财政综合增长率进入全省前十，分别位居全省67个县（市）的第二、第六和第九位。

【支持地方经济建设】 加大投入 2010年，市财政分别安排1000万元招商引资资金、700万元促进民营经济发展资金、845万元重点企业扶持资金、921万元旅游发展资金、500万元促进外贸扩大出口资金、500万元城市公交发展资金、200万元产学研合作资金、200万元促进港口物流经济发展资金、220万元科技型中小企业技术创新资金。

扩大内需 2010年，国家共安排肇庆市新增中央投资项目92个，总投资13.40亿元，其中地方财政配套安排1.30亿元，带动信贷资金、企业资金和社会资本投入9056万元；在落实家电（汽车、摩托车）下乡、以旧换新政策方面，各级财政累计发放财政补助资金7583万元，共有16.23万人次享受补贴，带动家电（汽车、摩托车）销售8.12亿。

关注三农 2010年，通过种粮直补、农资综合直补等9个涉农政策项目，累计向农民个人发放财政补贴资金2.15亿元。另外重点投入农田基本建设议案和标准农田示范区建设项目资金4423万元、投入生态公益林项目资金5311万元；投入怀集梁村平原优质稻产业带和西江北岸特色水果产业带资金1.17亿元。

争取资金 2010年，获得省财政一次性专项补助32.63亿元（比上年增加3.1亿元）、省财政预算超调资金3.1亿元、地方政府债券转贷资金2.08亿元，这些资金投入市基础设施建设、企业扶持、技术创新、节能减排、环境保护等领域。

**【基本公共服务均等化投入】** 公共教育　2010年，市财政安排1.58亿元资金，支持各地教育创强工作；投入资金2.83亿元，落实城乡免费义务教育补助政策，全市61万名中小学生享受免费义务教育；投入资金5427万元，落实普通高校、中职（中技）及高中阶段家庭经济困难学生资助政策，健全非义务教育阶段学生助学体系，全市有3.8万名学生获得资助；支持保障中小学教师待遇，确保教师队伍稳定；落实职教基地、师资培训、布局调整、教育信息化和肇中新校第三期建设等专项补助政策。

公共卫生　2010年，市财政投入1830万元，对市中医院、第三人民医院、第一人民医院建设给予补助、贴息，投入285万元，支持未达标乡镇卫生院及村卫生站规范化建设，对社区卫生人员全科护士培训给予支持，健全基层医疗卫生服务体系；投入1525万元，对健康教育、预防接种等9大项基本公共卫生服务及为贫困白内障患者开展复明手术等重大公共卫生服务项目实施补助。

公共文化体育　2010年，市财政安排3532万元，支持市图书馆建设；安排200万元，设立市文化产业发展专项资金；投入250万元，用于崇禧塔景区改造及粤剧演艺中心建设；投入1421万元，支持建设525家农家书屋、实施农村电影放映“2131”工程；投入560万元，支持市体育代表团参加省第十三届运动会。

公共交通　2010年，市财政通过上级补助、本级安排等方式多渠道筹集资金，累计拨付交通建设财政专项资金6.76亿元，支持全市297.36公里国省道、310.2公里县道、433.63公里农村公路、6座县道桥梁（共886米）和58座农村公路桥梁（共2356.06米）建设。

生活保障　2010年，全市各级财政投入低保资金3828万元、向低收入家庭增发临时性生活补贴736万元；投入2423万元，推动德庆县新型农村养老保险试点，建立农村社会养老保险制度；投入4600万元，兑现石油价格补贴政策；按时足额发放养老、失业、医疗、工伤和生育保险资金20.62亿元。

就业保障　2010年，以推进国家级创业型城市创建、做好促进大学生、农民工就业以及稳定困难企业就业局势等为重点，安排1089万元财政资金，实施更积极的就业政策。发挥失业保险基金促进就业的作用，对符合条件的企业给予社保补贴和岗位补贴。

医疗保障　2010年，市财政投入4791万元，将经济欠发达地区城镇居民医保和新农合的补助标准提高到每人每年120元，对难以负担医疗费用的城乡低保对象、五保户等特困人员给予救助。落实资金，建立补偿机制，推动国家基本药物制度在肇实施。

住房保障　2010年，市财政投入2160万元，支持城区411套廉租住房和经济适用房建设；按照每户2000元的标准，对农村泥砖住房改造给予补助；投入477万元，帮助1411户受灾“全倒户”重建家园。

重点民生　2010年，市财政多渠道筹集资金，累计向“城市建设年”建设项目投入8.31亿元，其中投入牌坊广场改造、绿道网等22个重点城建项目4.5亿元。市县两级财政投入2380万元，带动机关事业单位、企业、个人投入2.12亿元，推进市扶贫开发“双到”工作。各级财政累计落实资金10.4亿元，支持“为民惠民十件大事”有效实施，其中农村饮水安全工程共落实财政资金5024万元，19宗饮水安全工程扎实推进，惠泽群众19万人。

**【财政管理与监督】** 完善收入管理制度　2010年，推进财税库银税收收入电子缴库横向联网系统建设，国税收入全面纳入系统运行，地税收入选择四会市开展试点，税收征缴效率提升。非税收入电子管理系统建设扎实推进，市级上线覆盖范围扩大，县级非税系统开展试点调研，委托银行代收款工作改进，各项非税收入及时、足额缴入财政专户，非税收入“收支两条线”管理趋规范。

健全支出管理平台　2010年，国库集中支付改革开通财政直接支付业务，铺开至市本级所有符合条件的216个预算单位，政府调控资金能力增强，全市批复用款计划60.98亿元，实际支出56.24亿元，结余在国库的资金4.74亿元，结余率7.77%。公务卡结算试点在市本级预算单位全面推开。全市政府采购预算37.96亿元，实际采购36.58亿元，节约1.38亿元，节约率3.62%。财政投资评审、基建资金集中监管制度全面落实，全市完成政府投资评审项目595个，评审金额25.3亿元，核减金额4.2亿元，核减率16.7%。财政支出绩效评价指标体系发展，建立项目数据库，重点核查和评价一批备受关注的项目。

财政监管 2010年，预算执行动态监控系统投入使用，财务核算集中监管系统覆盖市本级所有一级部门预算单位，财政支出监管平台初步形成。财政资金检查的密度和范围加大，抓好强农惠农政策及省市财政专项资金项目、会计信息质量的检查。推进“小金库”专项治理，对党政机关事业单位治理情况实施“回头看”，对社团和国企实施自查自纠和重点检查，依法依规及时处理检查发现的问题。

**【荣誉录】** 高要市财政局被财政部评为“全国财政系统先进集体”，成为全省唯一获此荣誉的县（市）级财政部门。

**【问题与困难】** 财政总量不大、收入质量不高、收支矛盾突出、基层财政运作困难，财政工作与发达地区相比、与公共财政科学化精细化管理的要求相比，存在不少差距。 *（苏亦文 张文颖）*

**附：2010年肇庆市财政局正副局长名录**

局　长：刘惠明

副局长：梁寿元　唐建明　刘小良　钟国祥

## 国家税务

**【税收收入】** 2010年，全市国税收入累计完成54.3亿元，比上年增长24.5%（下同），增收10.7亿元。其中国内税收收入完成43.9亿元，增长30.7%，增收10.3亿元，完成省国税局下达任务的120.2%，超收7.37亿元。各县（市、区）国税收入完成情况：市直18.97，增3.9%；端州区5.21亿元，增19.4%；鼎湖区2.34亿元，增22.6%；四会市7.55亿元，增41.92%；高要市8.80亿元，增30.0%；广宁县1.86亿元，增60.8%；德庆县1.89亿元，增48.1%；封开县1.46亿元，增92.4%；怀集县3.12亿元，增72.9%；高新区3.09亿元，增56.5%。

**【依法治税】** 2010年，共审批办理固定资产进项税额抵扣4.1亿元，落实各项税收优惠5.1亿元。市国税局向市政府报送《国家取消406种商品出口退税对肇庆的影响及对策建议》以《政府工作通报》印发全市。

**【税收征管】** 2010年，开展税源专业化管理试点，按行业、规模等科学分类，制定陶瓷制造、水泥制造、进口废物（拆解）加工和瓷土采掘等4个行业全市管理指引，各县（市、区）国税局陆续出台33个行业管理指引。制定全市信息管税工作意见，抓好征管辅助系统应用。转变小水电增值税征收方式；强化企业所得税源管理，依法科学运用核定征收方式；利用第三方信息加强非居民企业所得税管理；健全指标体系，突出重点行业评估；发挥稽查职能作用；推动来料加工企业转型升级；通过这些措施增收。2010年小水电增值税、企业所得税、非居民企业税收分别增长3.1倍、59.1%和48.9%，拉动国内税收增长10.2个百分点，查补税款入库6798万元，全市有5户来料加工企业实现转型，产生直接税收600多万元，免抵税额700多万元。

**【税收服务】** 2010年，纳税人综合满意度97%。推进办税服务厅规范化建设，全市初步完成改造任务。国税网站升级改版，在全省地级市网站评测中总分排名第三。启动重点企业直通车服务，落实人员、政策、办税、交流“四个直通”。全面应用储蓄扣税方式，简化纳税申报和缴税程序。出口退（免）税审核由原来5级减少为3级，减少审批环节4个，减少纳税人报送资料6种，办理出口退税缩短10个工作日。推行办税“免填单”服务，全市5000多纳税人受益。全年以网络学堂、视频讲座、实体教学等形式，定期、免费举办51期各类涉税业务培训，参加培训人员8000多人次。开展“万名纳税人问卷调查”活动，了解纳税人需求。 *（覃 勇）*

**附：2010年肇庆市国家税务局正副局长名录**

局　长：冼少强

副局长：陈耀光　梁悦南

邓国庆（12月任）　张庆方

2010年肇庆市各种税收入情况图

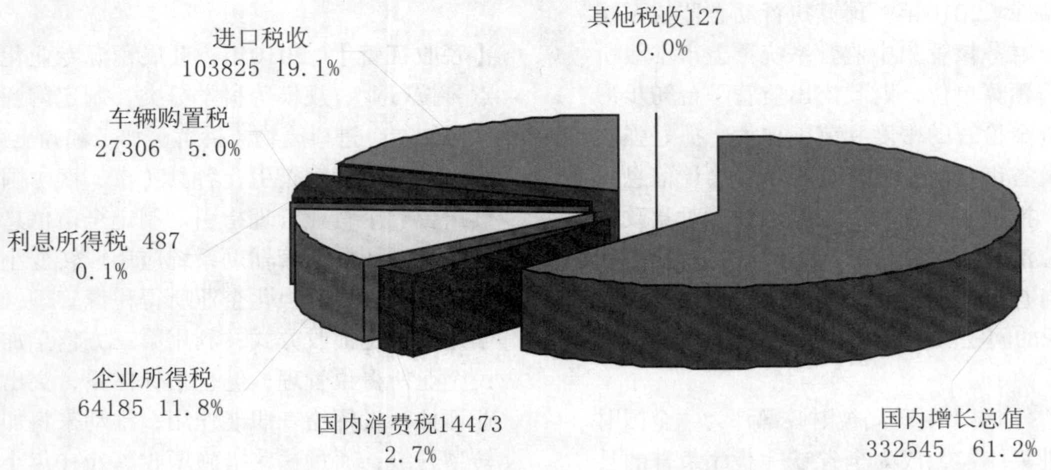


## 地方税务

**【税收计划执行情况】** 2010年，全市地税系统完成各项税费收入74.93亿元，比上年增24.42%（下同），其中税收收入50.91亿元，增27.75%，完成省局年初下达任务116.74%，完成年度目标105.24%，基本与市经济发展水平相匹配（是年市GDP增长16.5%），收入总量在全省排第10位（不含深圳市），增幅在全省排第5位；社保费21.37亿元，增14.56%；教育费附加1.25亿元，增长25.97%；堤围费收入1.29亿元，增117.14%；其他收入（含文化事业建设费和罚没收入）967万元，增27.07%。另外，自10月8日成功征收第一笔残疾人就业保障金起，全市地税系统年内共征收残保金126万元。

各县（市、区）地税收入情况：端州区21.43亿元，增31.58%；鼎湖区2.24亿元，增40.56%；高新区3.40亿元，增50.55%；四会市7.15亿元，增39.14%；高要市7.59亿元，增18.03%；广宁县2.03亿元，增23.76%；德庆县2.33亿元，增13.91%；封开县1.94亿元，降17.18%；怀集县2.80亿元，增28.44%。

**【征收特点】** 2010年，全市税收收入呈现前低中高后平稳的增长态势，增收近11亿元，年增收额首次超过10亿元。

由于两个所得税的较快增长和上年中央级收入低增幅，2010年中央级收入增长较快，全年收入8.18亿元，增31.17%；省级收入由于营业税等税种收入增长较快而增幅较大，省级全年收入14.39亿元，增31.56%；市县级收入受制于地方各税种，全年市县级收入28.34亿元，增24.62%，增幅相对偏低，占总税收比重由上年的56.86%降到是年的55.67%。

封开县局因为华润水泥税收收入的锐减，成为全市唯一一个减收的征收单位。

**【税源分析】** *税种特点* 2010年，全市地税系统负责征管的10个税种有6个增幅超过20%。营业税、企业所得税和个人所得税分别增27.79%、27.75%和31.05%，三税种共增收8.08亿元，税收增收贡献率73.44%。其中营业税收入增长较快，主要原因是房地产成交量和成交价格不断上升，拉动地方税收增长；贵广铁路、南广铁路和城际轻轨工程项目等项目建设铺开，产生新税源。小税种方面，土地增值税由于提高最低预征率和从严清算，全年收入4.52亿元，增55.41%，增收1.61亿元；土地使用税、印花税和车船税受上年查补入库形成高基数的影响，是年增幅均低于10%。

*产业税收特点* 2010年，房地产业、建筑业、制造业、金融业、住宿和餐饮业、批发和零售业是全市地方税收主要来源，占总税收比重75.72%，其中建筑业和房地产业税收共占总税收50.25%。全市房地产业税收收入14.16亿元，增40.07%；建筑业税收收入11.43亿元，增30.94%，两大支柱产业税收增收贡献率61.39%。

*企业缴税情况* 2010年，全市年纳税额超过1000万元的重点企业85户，比上年增加40户，累计入库税收17.67亿元，占税收总量34.71%，增118.86%。江肇高速建设工程项目累计入库税收3596万元，增31.48%；贵广铁路建设工程项目入库税收1.13亿元，增5.9倍；南广铁路建设工程项目入库税收3778万元，增1249%；广贺高速建设工程项目入库税收3758万元，降36.41%；华润水泥项目入库税收4345万元，降52.65%；是年开工建设的城际轻轨工程项目全年累计入库763万元。

**【省地税统一工作平台在肇上线】** 2010年10月28日，广东地税统一工作平台试点上线启动暨部署动员会在肇庆召开。肇庆市地税局作为第一个试点上线单位，实现统一用户管理、统一任务管理、统一信息展现、统一消息管理。上线至年底，运行顺畅。

**【机构建设】** 2010年3月23日，市公安局、地税局联合执法办公室成立。8月，全市地税系统撤销纳税人服务中心，内设纳税服务科；设立规费服务中心，为公益一类事业单位。

**【业务发展】** 2010年6月9日，全市首张旅店业、饮食业、娱乐业（简称“三业”）《广东省地方税收通用发票（电子）》（打孔式）在广宁县成发海鲜城开出。10月8日，全市地税系统正式实施地税代征残疾人保障金，端州区局办税大厅通过“大集中”系统征收第一笔残疾人就业保障金，并划解入库，肇庆地税代征残疾人就业保障金上线成功。10月12日，端州区局所管辖的纳税户肇庆市某公司利用省局的网上报税系统成功申报缴纳包括全部险种在内的社保基金，标志着肇庆市区纳税人今后足不出户便可一并申报缴纳税收和社保基金。

**【新系统运行】** 2010年3月，建安和房地产行业税源控管系统在肇庆顺利上线。6月30日，全市首个设有24小时自助办税服务功能的新型办税服务厅在四会市局正式启用。8月23日，全省地税系统TIPS业务率先在四会市局成功上线，实现税（费）款征缴信息在财政、税务机关、国库、商业银行（含信用社）通过电子网络系统共享的缴库模式。8月28日，财税库银横向联网系统在四会市局正式进入纳税期运行。11月，市局“协同办公式固定资产信息管理系统”及四会市“房地产行业税收控管实时业务协作平台”，列入2010年度广东省地方税务局信息化试点项目。12月，发票在线应用系统税务机关代开电子发票模块上线。

**【税收法制建设】** 2010年，严格执行税收行政执法责任制考核；成立执法检查专业队，对下级单位实施执法检查面100%，将考核结果与“评优”、“评先”挂钩，是年全系统执法过错总数量23件，降82%，其中有6个县级单位实现税收行政执法责任考核零过错。

**【税收征管】** 一是顺利上线应用“两业”税源控管系统，实行税源分类管理。二是全面开展行业专项纳税评估，加强专业评估队伍建设。全年累计评估纳税户3094户，评估收入2.41亿元，占税收收入的5%。三是全面推广发票在线应用系统。至12月31日，全市开票户数3605户，开票份数206.57万套，累计开票金额211.47亿元。四是落实娱乐业营业税新税率，抓好企业所得税汇算清缴，加大土地增值税清算力度，抓好“五大重点工程项目”税收征管。

**【科技兴税】** 2010年，高新区局开发出有地方特色的房地产业监控系统，高要市局土地使用税管理推行“三方确认”机制。广东地税统一工作平台率先在肇庆试点上线并成功运行，广东地税

12366系统在肇庆成功切换上线，全省地税系统财税库银联网系统（TIPS）率先在四会成功上线，省局信息化试点项目的四会市"房地产行业税收控管实时业务协作平台"正式运行。端州区局办税服务厅通过"大集中"系统成功征收残疾人就业保障金，市区参保户成功实现网上申报缴纳社保费。

**【税收执法】** 2010年，检查纳税户50户，组织企业自查1070户，查补入库和自查入库8828万元，占全年稽查任务135%，查补收入入库率100.52%，选案准确率94%，案件查结率100%，提前2个月完成查补收入考核目标；包括市局在内7个单位成立税警联合执法办公室，参与全市联合打击假发票行动6次，检查场所10个，收缴假发票5637份，涉税金额1385万。

**【再就业税收优惠】** 2010年，肇庆市办理再就业税收优惠1317户，惠及下岗失业人员1641人，减免税额216.98万元。

**【税收服务】** 一是形成《肇庆市地方税务局关于促进经济发展方式加快转变的税收优惠政策》。二是调整城镇土地使用税税额标准，为123户困难企业减免税收638.92万元；在配合商务部应对美国反倾销反补贴核查过程中，表现出色，商务部办公厅专门发来感谢信。三是完成《促进肇庆GDP尽快实现超千亿元目标的税收职能作用研究》，开展肇庆地税"十二五"规划调研，编写《肇庆地税税收发展研究报告》。四是做好迎接耕地占用税和契税划转的相关工作，组织人员培训"两税"业务知识，编印"两税"法律法规汇编。五是维护全市地税系统在亚运期间的良好秩序。

*办税服务厅建设* 1月，《中国税务》杂志在"办税服务厅探访录"中，专题报道市办税服务厅。各地新型办税服务厅投入使用，向省局推荐产生高要市局城区分局、德庆县局城区分局和四会市局等3个"广东地税一级办税服务厅"。《中国税务》杂志对高要、怀集办税服务厅进行专题报道。全市共有5个县（市、区）局共设立6个24小时办税服务厅，全市9个县（市、区）局共购置27台自助办税终端，均实现补打完税证明功能。

*网站建设* 全年新开专栏5个，市局门户网站累计点击率276万人次，增50%。发票抽奖有效发票网上录入量54万张，增10%。及时受理咨询、举报、投诉和建议4.36万宗，回复率100%。

*服务方式* 肇庆地税门户网站开设网上办税服务厅，供纳税人进行税收及社保费的申报、缴纳、查询，网上发票开具以及报表报送及凭证打印。肇庆地税设有12366纳税服务热线，提供24小时语音服务。高要市局实行"先批后核服务"，高要市局和端州区局对多项业务实行纳税人免填单业务，印制多种宣传手册，怀集县局推出"同县通办"的新型纳税服务。各地办税服务厅推出延时服务、短信提醒、"二次优先"、预约服务等方式。

*税收宣传* 4月7日，开展"地税开放日"活动。利用高速公路广告牌、户外LED大屏幕广告等方式开展"有了您的纳税就有肇庆的辉煌"系列宣传活动。与共青团肇庆市委联合举办纳税志愿服务活动。在《西江日报》开设税法、社保费宣传专栏，开展纳税信用等级评定活动。开展纳税人培训辅导、"税法进企业"、"税法进校园"和"税法宣讲会"等活动，全年累计组织纳税人培训辅导等活动95场次，培训人数超

9月2日，省地税局党组书记王南健(右三)到高要地税城区办税服务厅调研

1万人次，其中市县两级联合举办的“税法进企业”专题大型讲座7场，举办税收辅导咨询日活动12场；编印《2009年度所得税汇算清缴辅导资料》。

【问题与困难】 税收收入上，国内国际经济大环境将制约全市税收收入增长。政府支出将持续保持刚性，但包括增值税扩围在内的财税体制改革及其可能带来的地税征管范围调整、全市房地产市场不明朗、连年拔高的收入基数、管理增收空间逐渐收窄等因素影响，税收收入持续较快稳定增长压力越来越大。费（金）征管上，随着社保费全责征收全面推行、“两税”征管职能划转、地方教育费附加开征以及堤围费、残疾人保障金、价格调节基金、工会费等陆续代征，2011年地税部门组织的费（金）收入将接近税收收入的一半。执法风险上，随着纳税人维权意识的增强，监督力度的加大，税收执法要求提高，执法风险增加。

（李 滨）

附：2010年肇庆市地方税务局正副局长名录

局 长：梁友平

副局长：何 蜀 周国政（7月免）

乔伟建 陈明兴

## 2010年肇庆市地方税收收入分税情况表

单位：万元

| 项 目 | 本年入库 | 去年入库 | 增长% | 增减额 |
|---|---|---|---|---|
| 一、税收收入合计 | 509148 | 399190 | 27.55 | 109958 |
| 其中：中央级收入 | 81812 | 62372 | 31.17 | 19440 |
| 省级固定收入 | 22447 | 17455 | 28.60 | 4992 |
| 省级共享收入 | 121454 | 91921 | 32.13 | 29533 |
| 市县级收入 | 283435 | 227442 | 24.62 | 55993 |
| 1.营业税 | 229864 | 179876 | 27.79 | 49988 |
| 2.企业所得税 | 67923 | 53170 | 27.75 | 14753 |
| 3.个人所得税 | 67567 | 51558 | 31.05 | 16009 |
| 4.资源税 | 7691 | 5698 | 34.98 | 1993 |
| 5.土地使用税 | 36871 | 33957 | 8.58 | 2914 |
| 6.城市维护建设税 | 25891 | 20858 | 24.13 | 5033 |
| 7.印花税 | 6236 | 5862 | 6.38 | 374 |
| 8.土地增值税 | 45217 | 29096 | 55.41 | 16121 |
| 9.房产税 | 15874 | 13266 | 19.66 | 2608 |
| 10.车船使用税 | 6014 | 5849 | 2.82 | 165 |

（市地税局）

# 金融业

责任编辑：金柳仪

## 银行业

【中国人民银行肇庆市中心支行】 金融运行 2010年，肇庆市金融运行平稳。年末全市金融机构本外币各项存款余额1072.54亿元，首次超过千亿元，比年初增长16.50%，其中本外币储蓄存款余额657.31亿元，比年初增长17.08%。全市金融机构本外币各项贷款余额652.01亿元，比年初增长14.73%，其中本外币中长期贷款余额562.45亿元，比年初增长19.88%。

货币信贷管理 一是按季召开全市经济金融形势分析会。二是加强存款准备金管理，召开全市存款准备金管理工作会议。三是开展中小企业和房地产信贷政策导向效果评估工作，强化货币政策效应监测分析。四是联合市金融工作局、肇庆银监分局出台《肇庆市金融业支持地方经济社会发展的指导意见》。

金融机构改革 一是肇庆市农信社改革继续推进，高要和端州两家农信联社向农村商业银行改制的各项工作进展顺利。二是首家进驻肇庆的外资银行——香港东亚银行肇庆支行于12月28日开业。三是完善肇庆市农村金融机构组织体系，德庆县泰生小额贷款公司于9月成立。

金融风险防范 一是推行金融业重大事项及重要信息报告制度，制定肇庆市金融机构金融稳定联系人制度，建立金融稳定信息台账，加强对银行、保险、证券行业整体运行情况的监测分析和稳健性评估。二是对部分金融机构的金融市场业务、国库会计业务、人民币账户管理、金融统计和征信等业务开展综合执法检查。三是引导金融机构认真履行反洗钱职责，继续推进“广东省护航2009暨亚运会反恐融资专项行动”。

金融生态建设 一是深化农村信用体系建设，引导金融机构开展农户信用档案和信用村建设工作，建成27个信用村，联合地方文化部门在全省率先建立以“农家书屋”为载体的农村征信宣传教育基地。二是推进地方金融法治建设，召开全市金融执法情况通报会。三是联合市中级人民法院召开清理积案执行威慑与诚信体系建设工作促进会，推进积案清理。人行肇庆市中心支行被中共广东省委政法委、广东省高级人民法院联合授予“全省集中清理执行积案工作先进单位”称号。

金融服务 一是成功开发“肇庆市中小企业融资超市”在线服务系统。二是拓展“肇庆市征信统一信息平台”在信用信息共享、查询、征信宣传和融资服务等方面的功能，是年，该平台获得第六届广东金融科学技术进步三等奖。三是成功创建“玉器刷卡无障碍专业市场”，协助人民银行广州分行顺利举办广东省改善农村支付服务环境暨银行卡农村受理市场建设推进会。四是拓展财税库银横向联网系统业务范围，并通过该系统实现社保基金直缴入库，全年共办理社保基金直缴入库业务8395笔、金额9511万元。五是增强“肇庆缴费通金融服务平台”功能，至12月末，该平台累计办理代收付业务477万笔、金额21亿元。

8月25日，市领导覃卫东、刘惠祥等莅临人民银行肇庆市中心支行调研指导征信体系建设工程

外汇管理与服务 2010年，肇庆市外汇收支呈现恢复性快速增长态势。按银行结售汇口径统计，全市累计结汇收入22.91亿美元，比上年增40.65%（下同）；累计售汇支出7.86亿美元，增63.43%；结售汇顺差15.05亿美元，增31.10%。主要工作：一是成立肇庆市人民币结算试点工作领导小组，全面推进跨境贸易人民币结算业务，至12月末，全市累计发生跨境贸易人民币结算业务293笔，金额14.1亿元。二是拓展简化异地付汇手续试点业务范围。三是开发"资本市场外汇管理信息系统"，探索开展外汇业务主体监管实践，做好国际收支核查和外商投资企业年检工作。四是制订《肇庆市外汇业务专业人才库实施方案》，共认定34人为全市外汇业务人才库首批成员。五是加强对跨境资金流出入监测，严厉打击外汇非法行为。是年，外汇局肇庆市中心支局被广东省公安厅、外汇局广东省分局联合授予"2008—2009年破获重大外汇违法犯罪案件有功单位"。

签署《广佛肇金融合作备忘录》 3月10日，中国人民银行广州分行与人民银行佛山市中心支行、人民银行肇庆市中心支行共同签署《广佛肇金融合作备忘录》。

12家银行组团授予亚铝65亿元贷款 3月26日，12家国内银行组团授予亚铝集团有限公司总额65亿元贷款的签约仪式在广州香格里拉大酒店举行。贷款分为两部分，其中亚铝集团的铝型材项目获得24.5亿元贷款，铝板带项目获得40亿元贷款。（陈海波）

附：2010年中国人民银行肇庆市中心支行正副行长名录

行　长：刘云华

副行长：陈可辉　刘　锋

【肇庆银监分局】 简况 截至2010年12月31日，辖内银行业各项存、贷款余额分别为1046.19亿元和660.4亿元，分别比年初增长15.27%和15.76%；不良贷款余额16.3亿元，不良贷款率2.47%，分别比年初减少6.1亿元和下降1.46个百分点。

金融监管 一是围绕落实贷款新规的情况、政府融资平台贷款以及票据业务情况等开展现场检查，同时根据各机构不同时期暴露的风险点，开展贷款偏离度、理财产品销售合规性以及企业社保基金等风险排查。二是拟制"大型银行十大贷款客户"及"房地产十大贷款客户"等监控表格，重点关注集团客户和房地产企业的贷款风险。加强对农信社大额贷款和农户贷款以及债券投资等有关数据及资料的收集和分析，全面监控农信社的经营风险情况。三是清理规范地方政府融资平台贷款。开展对地方政府平台公司授信及风险状况的现场检查和调研，做好监测与防范、控制工作。肇庆银监分局与肇庆银行业协会多次联合召开肇庆市地方政府融资平台规范清理统一会谈的准备会议和专题协调会议，统一各债权银行认识，取得显著效果。四是成立由分局及各被监管机构负责人组成的肇庆市银行业金融机构贯彻落实"三办法一指引"领导小组。与各机构签订《肇庆市银行业金融机构执行贷款新规承诺书》，并指导肇庆市银行业协会与各机构签订《遵守"三办法一指引"自律公约》。

识别、计量与控制 一是开展银行业金融机构"内控和案防制度执行年"、枪支弹药管理和网点安全达标及邮储银行、农信社营业网点业务库安全情况的现场检查，督促银行业加强安保工作。编制《肇庆市银行业金融机构信息科技重大事故报告格式》及《肇庆市银行业金融机构信息科技重大事件报告表》。制定《信访工作制度》和《分局领导干部接访日制度》。二是督促辖内

## 2010年肇庆市金融机构人民币信贷收支情况表

单位：万元

| 项目 | 年末余额 | 比年初增加 | 项目 | 年末余额 | 比年初增加 |
|---|---|---|---|---|---|
| 一、各项存款 | 10573523 | 1477851 | 一、各项贷款 | 6420440 | 876934 |
| 1.企业存款 | 1954108 | 102732 | （一）境内贷款 | 6420440 | 876934 |
| （1）活期存款 | 1682294 | 231969 | 1.短期贷款 | 781653 | 28169 |
| （2）定期存款 | 271814 | −129237 | （1）个人贷款及透支 | 138100 | −26163 |
| 2.财政存款 | 471049 | 154231 | 其中：个人消费贷款 | 14586 | −956 |
| 3.机关团体存款 | 686162 | 44944 | （2）单位贷款及透支 | 525693 | 36813 |
| 4.储蓄存款 | 6502334 | 960966 | 其中：经营贷款 | 510805 | 31316 |
| （1）活期储蓄 | 3518486 | 703503 | 固定资产贷款 | 14888 | 5497 |
| （2）定期储蓄 | 2983847 | 257463 | （3）普通并购贷款 | —— | —— |
| 5.农业存款 | 562324 | 78909 | （4）银团贷款 | —— | —— |
| 6.信托存款 | —— | —— | （5）贸易融资 | 117860 | 17519 |
| 7.委托存款 | 267 | 136 | 2.中长期贷款 | 5624539 | 932591 |
| 8.其他存款 | 397279 | 135934 | （1）个人贷款 | 1565391 | 354280 |
| 二、金融债券 | —— | —— | 其中：个人消费贷款 | 1064229 | 268250 |
| 三、应付及暂收款 | 189922 | 61284 | （2）单位贷款 | 3396137 | 353184 |
| 其中：应付利息 | 73700 | 2782 | 其中：经营贷款 | 1159869 | 80791 |
| 四、同业往来（来源方） | 86512 | −10178 | 固定资产贷款 | 2236268 | 272393 |
| 其中：境外同业往来 | —— | —— | （3）普通并购贷款 | 2610 | 2610 |
| 五、行内资金往来（来源方） | —— | —— | （4）银团贷款 | 660402 | 222517 |
| 六、各项准备 | 86266 | 14677 | （5）贸易融资 | —— | —— |
| 其中：贷款损失准备 | 81991 | 14017 | 3.信托贷款 | —— | —— |
| 七、所有者权益 | 288756 | −15897 | 4.融资租赁 | —— | —— |
| 其中：实收资本 | 61967 | −2 | 5.委托贷款 | —— | —— |
| 八、其他 | −1540607 | −118380 | 6.票据融资 | 14248 | −83826 |
|  | —— | —— | 其中：贴现 | 14248 | −83826 |
|  | —— | —— | 7.各项垫款 | —— | —— |
|  | —— | —— | （二）境外贷款 | —— | —— |
|  | —— | —— | 二、有价证券及投资 | 214071 | 61223 |
|  | —— | —— | 三、应收及预付款 | 38193 | −15893 |
|  | —— | —— | 其中：应收利息 | 24552 | 1973 |
|  | —— | —— | 四、同业往来（运用方） | 100 | —— |
|  | —— | —— | 其中：境外同业往来 | —— | —— |
|  | —— | —— | 五、行内资金往来（运用方） | 2745953 | 458439 |
|  | —— | —— | 六、金银占款 | —— | —— |
|  | —— | —— | 七、外汇占款 | −235 | −345 |
|  | —— | —— | 八、固定资产 | 134321 | 8950 |
|  | —— | —— | 九、库存现金 | 131530 | 20050 |
|  | —— | —— | 十、投资性房地产 | —— | —— |
| 资金来源总计 | 9684374 | 1409358 | 资金运用总计 | 9684374 | 1409358 |

*（肇庆银监分局）*

银行业金融机构主动强化房地产行业贷款管理，严格防范房地产行业贷款风险。对辖内房地产开发贷款、按揭贷款进行现场检查，了解房地产市场变化情况，及时进行风险提示。三是防范大额授信和集团贷款风险。分局召开银团贷款贷后管理工作督导会，要求相关银行业金融机构密切关注贷款项目建设进展情况、资金运用情况、市场变动情况等。对重点银团贷款项目及新建项目进行跟踪监控。

*改革和业务创新* 一是创建在全省分局中首创研发“银行业高管任职资格测试系统”，12月正式运行。二是定期召开银行业金融机构内审年度工作会议，建立银行业金融机构内审资料报告制度。定期召开监管经验交流会，开设“工作心得”专栏。三是组织银行业金融机构签订《银行同业监管统计数据信息共享协议》和客户风险信息共享承诺书，建立分局与辖区人行、银行业金融机构的监管统计数据信息共享机制。四是建立现场检查前“观摩培训”制度，制定完善的检查工作表，首次运用银监会EAST系统进行现场检查。

*金融服务* 一是创建肇庆辖内“送金融知识下乡”宣传服务站30家。银行业金融机构在网点设立宣传栏、咨询台等，举办各类业务咨询会、专题讲座和座谈进行金融知识宣传。二是银行业公众教育服务日活动于11月28日启动，全辖区160个银行机构网点开展宣传咨询活动，参与现场咨询的银行员工约900人，现场派发宣传资料2万余份。三是辖内银行基本成立小企业金融服务专营机构，改善中小企业信贷政策、产品创新、业务流程，拓宽中小企业融资渠道。分局督促银行落实“六项机制”，并联合肇庆市银行业协会组织开展“迎世博、迎亚运”金融服务系列活动，举办政银担企交流会，建立中小企业融资供需信息发布平台。至10月末，辖内中小企业贷款356.31亿元，占全部贷款的54.54%，比年初增长19.77%。四是做好农村金融服务。怀集县农信社在闸岗镇的营业网点于6月下旬正式对外营业。肇庆辖内农行、邮储银行、农信社等银行业金融机构开办的林权抵押贷款，至10月末共发放361笔，累计贷款金额5.62亿元，贷款余额4.77亿元，位居全省前列。4月在高要市召开的广东省林权抵押贷款推进会上，肇庆经验作为大会发言在全省推广。

*荣誉录* 2010年，肇庆银监分局被评为肇庆市2008—2009年文明单位；被广东银监局、肇庆市、广东省总工会推荐参加“全国金融系统职工代表大会制度建设示范单位”、“全国银监会系统先进集体”、广东省“五五”普法先进单位、“全国工会系统五五普法先进单位”的评选。

（*黄金燕*）

**附：2010年肇庆银监分局正副局长名录**

局　长：陈深明

副局长：王　钢　孙艳红（女）

**【中国农业发展银行肇庆市分行】** 2010年末，全行各项贷款余额25.88亿元，比年初增加8168万元，增3.26%；各项贷款月均余额25.20亿元，比上年增加5.03亿元，增幅24.95%。全年累计发放传统政策性粮油贷款3.18亿元，准政策性贷款3675万元；成功营销政策性中长期贷款项目9个，贷款金额6.33亿元，发放贷款1.27亿元；营销商业性贷款36笔，发放金额3.35亿元；贴现4笔，金额1424万元。信贷支持的范围涉及农村路网、水网、医疗教育、堤围防护、城镇污水处理和土地储备整理等多个领域。各项存款余额（含同业存款）8.01亿元，比年初减少4.78亿元，降37.35%；日均余额11.11亿元，比上年减少1806万元，降1.6%；中间业务收入54.61万元，同比增加16.75万元，增44.72%；不良贷款余额814万元，比年初降40万元，不良贷款比例0.31%，比年初降0.03个百分点，保持“双降”；账面盈利6863万元，同比增盈914万元，增15%。（*黄蔚坚*）

**【中国工商银行股份有限公司肇庆分行】** *存款业务* 本外币各项存款余额188.01亿元，比年初增加31.22亿元。其中本外币对公存款余额85.51亿元，比年初增加15.32亿元；本外币储蓄存款余额102.5亿元，比年初增加15.9亿元。

*贷款业务* 本外币各项贷款实际余额114.93亿元，比年初净增29.3亿元。其中重点项目贷款、房地产贷款等投放12.79亿，净增10亿元；中小企业贷款累放81.86亿元，净增14.37亿元；个人类贷款累放15.9亿元（其中6.75亿元投放给微型企业和工商个体户），比年初净增8.37亿元（其中3.44亿元为微型企业和工商个体户净增）。贸易融资累放63.75亿元，其中转卖方式累放14.03亿元，境外

代付5848万美元。

中间业务　全年实现中间业务收入1.31亿元，同比增长32.1%。通过发展全产品营销，保险、理财等产品平稳发展。通过发展国内保理、国内信用证和卖方融资业务，增加利息收入，带动人民币结算量，增加交易增加收益。

信用卡业务　信用卡比年初新增3.67万张，同比增长33.32%。信用卡直接消费额12.09亿元，同比增长89.56%。收单特约商户交易额77.53亿元，同比增长71.08%。

电子银行业务　全年企业网银证书客户净增524户，同比增长23.88%；个人网上银行新开3.29万户，同比增长0.02%；个人网银证书版新开1.23万户，同比增长30%；网上银行交易额2179亿元，同比增长170%。

渠道建设　2010年，新增贵宾理财中心5个，共11个，占全辖网点的33.3%。增加ATM机18台，其中存取款机17台，开通中石化肇庆景山岗加油站、城中加油站两个离行ATM点。

机构建设　7月12日，工农分理处从肇庆市工农北路35号迁至端州区端州四路莲湖中二街3号莲湖湾畔A幢5、6卡，更名为“中国工商银行股份有限公司肇庆星湖湾支行”。7月22日，大旺支行由肇庆高新开发区政德街尚林苑B幢1—2卡迁往端州区豪居路71号，更名为“中国工商银行股份有限公司肇庆宋城路支行”。7月22日，第二支行由端州区市豪居路71号迁往肇庆高新区政德街肇庆市兆强电机科技实业有限公司生活楼1楼，更名为“中国工商银行股份有限公司肇庆高新区支行”。10月29日，工行肇庆分行与肇庆市国峰科技有限公司合作，推出城卡通联名灵通卡，联名卡为PBOC标准的银联芯片卡。　（吴　嘉）

**【中国农业银行股份有限公司肇庆分行】**　业务发展　2010年，全行各项存款余额151.4亿元，净增21.96亿元；人民币各项贷款余额110.33亿元，净增17.79亿元；实现中间业务收入9572万元，剔除投行收入，传统中间业务收入同比增加1945万元，增幅31.77%。4月2日，肇庆农行成功办理该行首笔跨境人民币结算业务。10月22日，肇庆高新支行成功办理肇庆农行首笔国内信用证业务。

机构设置　2月9日，四会碧海湾支行（原为四会龙江支行）开业。2月12日，肇庆分行营业部集群式自助服务区投入使用。6月1日，睦岗支行开业。6月21日，肇庆古塔支行开业。12月30日，肇庆农行个人信贷业务经营中心揭牌。

服务“三农”　落实“一县一策”县域发展措施，支持县域城镇化基础设施建设项目，通过“农村党员就业贷款”、林权抵押贷款、小企业贷款等方式，推进农村产业金融业务发展。以新农合、团委组织平台、供电供水代收、财政直补等项目带动惠农卡批量发放，总结怀集惠农医保卡推广的成功经验，向其他5个县（市）推广。全年以怀集新型农村合作医疗项目带动惠农卡开卡64万张，新增惠农信用卡2950张，新增农户小额授信3970户，新增贷款9970万元。

荣誉录　肇庆分行先后被总行、省行、广东省总工会、肇庆市政府评为“中国农业银行第五届精神文明建设单位”、“广东省分行文明单位”、“广东省厂务公开先进单位”、“肇庆市文明单位”等，6个县域支行分别获得省行以上和地方政府颁发的荣誉称号23项。

（黄永丽）

10月29日，工商银行肇庆分行举办城卡通联名卡首发仪式

**【中国银行股份有限公司肇庆分行】**　公司业务　2010年，通过搭建政银企合作平

3月17日，农行肇庆分行营业部举办“春天行动”之“体验金e顺”营销宣传大联动 （陆彦玲 摄）

台，加大融资力度。联合四会工商局在四会片区率先推出“工商验资E线通”业务。至年底，全年本外币企业存款余额近35亿元，对公授信余额近47亿元。

*个人业务* 推动个人中高端客户快速增长；柜台营销和批量批展相结合，第三方存管、个人网银以及保障卡客户规模扩大；推动重点大客户的维护跟踪，扩大客户份额。至2010年底，本外币储蓄存款余额近58亿元，零售贷款余额21亿元。

*中间业务* 发展中小企业贸易融资、票据贴现等与授信相关的业务，推动跨境人民币业务等新业务，推广“个投”新产品。拓展代收付业务，加强个人理财产品和代销业务营销，帮助企业加快通关速度。

*业务动态* 3月26日，肇庆中行与亚铝集团签订总授信额为3亿元的银团贷款协议。3月29日，肇庆中行与肇庆市城建投资开发集团有限公司签订银企战略合作协议。

*荣誉录* 端州六路支行被中国银行业协会评为2010年度“中国银行业文明规范服务千佳示范单位”，成为肇庆市金融机构中唯一获得此荣誉的机构。市分行连续第二年被评为建行广东省分行“安全年”活动先进单位，并被授予“肇庆市建设学习型党组织示范单位”称号。市分行肖烈明行长被授予“肇庆市精神文明建设现金工作者”称号。

（刘素冰）

**【中国建设银行股份有限公司肇庆市分行】** 经营业绩 2010年末，全口径存款余额162.15亿元，比年初新增18.83亿元；各项贷款余额117.16亿元，比年初新增21.83亿元；实现中间业务收入1.11亿元，同比增幅32%；实现经营利润同比增幅26%，实现经济增加值同比增幅51%；不良贷款率比年初下降0.19个百分点，比全省建行平均水平低0.66个百分点，比肇庆市银行业平均水平低2.31个百分点。

*存款业务* 坚持存款立行理念，促进各项存款提升。抓源头与抓服务并重，拓宽对公存款增存渠道，制定《市分行个人高端客户维护工作实施细则》，加大对顶端、高端和潜在客户的维护力度。

*贷款业务* 是年，累计投放优质大项目20个，投放金额26.5亿元；累计授信小企业信贷客户148户，发放小企业贷款7.83亿元，投放量是上年的1.8倍；累计发放个人类贷款7.76亿元。

*中间业务* 对公条线中间业务、个人条线中间业务和房改金融中间业务持续发展，中间业务收入创历年最高水平。

*业务动态* 2月2日，市分行与中国进出口银行深圳分行联合牵头成功组建亚洲铝业（中国）有限公司铝板带项目40亿元银团贷款。3月29日，市分行与广东建工集团、肇庆城投集团签订三方战略合作协议，达成“三旧”改造项目30亿元贷款意向。是年，完成创新项目4个，计划完成率400%；完成创意11条，计划完成率110%。

*内部建设* 4月12日，市分行在个人金融部下设电子银行部，属二级部编制，对口省分行电子银行部，负责该部门职责范围内全分行电子银行业务运行的组织和管理。7月6日，市分行在财务会计部下设资金结算部，属二级部编制，对口省分行资金结算部，负责该部门职责范围内全分行资金结算业务运行的组织和管理。12月3日，市分行在中小企业部下设小企业经营中心，负责全分行小企业业务的管理、营销和组织。

*荣誉录* 1月20日，市分行被中共广东省委、广东省人民政府授予2009年度“广东省文明单位”称号。辖属芙蓉支行被建行广东省分行授予

"女职工文明示范岗"荣誉称号；辖属文明路支行、高要支行、端州四路分理被评为"2010年度广东省银行业迎亚运文明规范服务示范单位"。市分行连续第二年被评为建行广东省分行"安全年"活动先进单位，并被授予"肇庆市建设学习型党组织示范单位"称号。市分行行长肖烈明被授予"肇庆市精神文明建设先进工作者"称号。

（李炳森）

**【广东发展银行股份有限公司肇庆分行】** 业务发展　2010年，实现全年"零案件"的目标。整体业务实现净利润9131万元，完成计划任务的292%；中间业务收入4194万元，完成计划任务的115%；管理工作进一步优化和规范，不良贷款比例下降到0.03%，在总行信贷检测指标考评中名列全系统第一。

政银合作　2010年，116家肇庆的中小企业成为广发银行的重点融资对象。肇庆分行为城区基础设施建设、高新区园区建设、土地储备、国电热点联产项目等提供存款、结算、授信等金融服务。设立专项资金，支持市"三旧"改造工作。向总行申请专项额度向市珠外环交通道路网之一的东湖路延长线建设发放1.15亿元项目贷款。1月12日，参加德庆县金融推介会，分行与德庆县政府签订5亿元的政银合作项目协议。3月15日，分行与端州区中小企业局联合举办政银企融资业务洽谈会，10家企业当场与分行达成融资意向，融资金额近1亿元。4月15日，分行与四会市中小企业局联合举办政银企融资业务洽谈会，分行推广"好融通"业务，19家企业现场达成2.3亿元融资意向。

个人业务　2010年，推出"好融通"融资产品、"薪加薪"12号和13号产品、油卡通、国内首套全系列白金信用卡、"丰收"外汇—优利存款、"薪加薪15号—黄金挂钩人民币理财计划"、NDF等新业务、产品。推出个人网上银行批量转账功能。推出"瞬时通"手机短信通知服务优化升级版本。推出"自助存取·广发有礼"营销活动，推广自助设备业务；推出网上银行Key盾减免费用优惠活动，推广网上银行服务。新增便利店自助还款、快钱网站还款等多种信用卡还款渠道，增加"信付通"自助还款终端。举办广发信用卡家装节，开展刷信用卡分期付款促销活动和新开万事达真情卡刷卡赠礼活动。开通手机短信还款、"拉卡拉"便利店自助还款、快钱网站还款渠道，信用卡还款渠道增加到20多种。在社保IC卡上增加基金定投功能。

公司业务　推出"好融通"融资业务产品，全年发放"好融通"授信12亿元。为市进出口贸易生产型企业提供人民币跨境结算、NDF（无本金远期套汇业务）等新型结算产品服务。是年，肇庆分行累计投放贷款31亿元。

荣誉录　分行营业部、高新区支行、西江支行获"2010年度广东银行业迎亚运文明规范服务示范单位"称号。分行工会获2010年度肇庆市直单位工会工作特等奖，分行1名员工获肇庆市银行业机构2010年柜员"服务之星"称号。（巢智敏）

11月25日，建行肇庆分行举行获"广东省文明单位"揭牌仪式

**【广东省农村信用社联合社肇庆办事处】** 业务状况　2010年末，全市共有8家县级农村信用合作联社，227家营业网点，在职员工3100多人。各项存款余额298.10亿元，比2009年末增加49.47亿元，增长19.90%，约占

全市金融机构存款市场份额28.19%，各项贷款余额195.38亿元，比2009年末增加25.37亿元，增长14.92%，约占全市金融机构贷款市场份额30.43%，存贷款余额连续多年位居肇庆市金融机构之首。涉农贷款余额占全市金融机构涉农贷款市场份额90%。年内实现经营利润5.27亿元，同比增长52.72%。省农信联社肇庆办事处创办的东亮式党员创业贷款获全省农村合作金融机构信贷产品创新二等奖、农家女金钥匙创业贷款获三等奖。12月，高要联社获广东省政府颁发的“金融创新奖”三等奖。

*农村商业银行改制* 2010年末，端州联社筹建农村商业银行的申请得到银监会批准，高要联社正式向银监会提出筹建农村商业银行的申请。其他6家联社，基本完成银监会制定的三年规划达标工作目标。

*金融服务* 9月13日，全市农信社数据系统顺利接入全省农信社数据大集中系统。按照银监会“2010年末消灭金融服务空白网点乡镇”工作要求，5月，在怀集县闸岗镇设立信用分社营业网点，开办存、贷款、汇兑、结算、代收代付等业务，并安装ATM机1台提供24小时金融服务。

*业务拓展* 一是做实“东亮式”党员创业贷款、农村青年创业贷款、“农家女金钥匙”创业贷款等特色品牌。12月末，全市农村信用社涉农贷款余额135.01亿元，同比增加28.02亿元，涉农贷款增量和占比均高于2009年、增速高于一般贷款。二是在封开联社推广“好易贷—农村信用社+担保商会+中小企业”融资模式。12月末，中小企业贷款余额131.70亿元，同比增加23.58亿元。三是8月与肇庆市住房公积金管理中心签约，共同推出个人住房公积金贷款业务；10月，联合市财政局、民政局推出复退军人创业贷款，拓展“个人银行卡自助循环贷款”等新业务；9月，全市农信社数据大集中系统成功运行。四是拓展创新型中间业务，加大ATM及自助终端的投放和银联POS商户的拓展；拓展“网游E家”网上银行、手机银行、支付宝卡通、银行卡自助循环贷款等电子银行业务，做好“安贷宝”品牌业务；与深圳发展银行联合开办“证券保证金第三方存管业务”，与太平洋人寿保险肇庆分公司合作开发“银保通”系统。2010年实现中间业务手续费收入6900多万元，比2009年增加2200多万元。（黄永健）

**【中国邮政储蓄银行有限责任公司肇庆分行】** *业务状况* 截至2010年12月31日，个人储蓄存款72.4亿，比年初增加10.4亿，市场占有率 11.14%，比上年底提高 0.15个百分点。对公存款2.83亿元，比上年末净增1.27亿元。累计发放贷款5296笔，放贷金额4.1亿元。逾期率1.36%，不良率1.16%。全年回收不良贷款110万元。6月1日，正式开办网上银行业务，截至年底共注册用户9842户。

*服务三农* 封开、德庆、高要、怀集、广宁等支行分别在部分行政村挂牌。分行营业部、怀集县支行、广宁县支行创建城市零售信贷示范行经总行验收过关。做好小企业贷款筹备工作，组织“百姓创富”活动。推广四会试点林权抵押贷款经验。两年来累计放贷近万笔，放款金额6.7亿元。4月9日，省分行正式批复肇庆分行在四会市支行试点开办林权抵押个人商务贷款业务。年初启动新农保项目，德庆成为第一批试点，11月，封开、鼎湖成为第二批试点，3个县（区）累计办理参保手续11.4万人，累计代收参保款1300万元，累计待遇发放39万人次，代发金额2142万元。

（张建飞）

## 保险业

**【保险机构】** 2010年，肇庆市有保险主体22家，其中财产保险公司14家（新增天平财险公司），人寿保险公司8家；县（市、区）各级保险支公司、营销服务部115家（其中新增5家）。保险（中介、经纪）代理公司9家（新增加神华、均邦、瀚诚、辉信、北京联合等5家保险代理公司）。全市96个乡镇设有250多个专（兼）职保险代理服务网点，其中新增兼业（汽车流通企业、汽车维修企业）保险中介代理公司65家；保险从业人员5500多人（其中专职保险营销员4000多人、各行业兼职保险代理人1500多人）。

**【业务发展】** 2010年，市保险业总保费收入21.3亿元，比上年增17.9%（下同），其中人寿保险业务保费收入14.85亿元，增18.2%；财产保险保费收入6.45亿元，增25%。赔（给）付各类人身、财产保险5.1亿元，其中赔付各类企业、种养殖农户、家庭财产、车辆及第三者责任2.3亿元，增15%；赔（给）付各种人身、医疗、意外伤亡、养老保险2.8亿元，增30%。

*产险业务* 2010年，各产险公司拓展农业保险和非车险业务，产险业务增幅保持20%以上，家庭企业财产、公众责任、农业保险增长明显。人保、平安、太平洋、阳光等公司业务增长幅度较大。大部分公司经营状况改善，成本管控能力增强。

*寿险业务* 2010年，业务结构调整成效显著，银邮趸缴中介业务调整幅度大。寿险业务增18%。个险业务保费收入5.23亿元，增21.25%；新单期缴业务平衡增长，全年新单业务保费收入1.26亿元，增31.38%；寿险银邮新单期缴业务占比大幅度攀升；短期效益型人身保险业务和传统性保障型寿险业务发展增幅增大。全市寿险业务没有出现大退保的市场风险，保费恢复正常增长。平安、太平人寿、人保人寿、友邦、合众人寿等五家公司业务增长较好。

**【肇庆市保险行业协会】** *沟通协调* 2010年，协会向市委、市政府作题为《调结构、促增长、防风险、保稳定、开创我市保险业科学发展新局面—肇庆市保险业改革发展情况报告》。协会组织召开三次全市保险行业工作会议；加强与农业、林业、畜牧、财政、安监局等部门联系，多次召开专题会议研究落实《肇庆市政策性农业保险试点方案》。是年共受理上门和信函投诉50多宗。协调公司之间的关系，新老机构人员流动和业务竞争引发的矛盾增多，协会定期召开产、寿险协调工作会议，发挥各县（市）、区会员公司协调小组的职能作用。

*行业自律* 市协会10多次召开产、寿险协调工作会议，签署几项产、寿险自律公约（协议），维护保险行业会员公司和消费者利益。

*宣传活动* 2010年，配合新《保险法》的宣传和市政府《意见》的实施，开展行业依法诚信经营宣传，开展“3·15咨询服务活动周”和贯彻新《保险法》宣传活动，利用本市电台、报刊等新闻媒体配合宣传。开展“保险知识进社区、进农村”活动。

*队伍建设* 2010年，组织6300多人，430场次（包括市各商业银行保险中介业务员）参加全国保险从业人员资格考试，其中国寿、平安、太平洋、泰康、太平、合众、人保人寿等几家公司2010年招聘本市下岗职工重新培训就业上岗人员1500多名。9月，成立“肇庆市推动保险代理制营销员社会保障领导小组”，了解全市4000多名专业保险营销员相关情况，争取当地政府和社保部门支持，抓紧落实。

*（肇庆市保险行业协会秘书处）*

**【中国人民财产保险股份有限公司肇庆市分公司】** 2010年，公司保费收入2.03亿元，首次超过两亿元，完成年度任务106.42%，增21.16%，占当地产险市场份额31.24%。综合赔付率57.54%；综合成本率92.66%；应收保费率1.32%，利润完成率128.45%。上缴国家和地方各项税费1454.76万元。抓好车险优质业务续保工作，稳定大型车队业务、政府公务用车招标项目。开展政策性农房保险，实现承保面80%，配合政府相关部门开展政策性水稻保险的试点工作。 *（谭 舒）*

**【中国人寿保险股份有限公司肇庆分公司】** 2010年，总保费收入7.98亿元，净增加1.2亿元，增16.56%。公司市场份额52.5%。

个险渠道，扩展营销员队伍规模，提升管理水平和市场开拓能力；拉动业务增长，在重点区域针对竞争对手的动态，重点投入资源进行遏制和超越。银保渠道，稳定与各代理机构的合作关系，抢占优质代理网点，争取更多的排他性网点资源；推动银邮代理业务转型，加大期交业务的发展力度。团险渠道，以短期险和企业年金为主业，以员工福利计划为基础，以兼业代理渠道、计生保险等渠道业务为突破口，实现短期险适度增长，加强对公渠道业务力度。

*（中人寿肇庆分公司）*

**【中国太平洋人寿保险股份有限公司肇庆中心支公司】** 2010年，总保费收入4940万元，其中新保期缴保费收入514万元，短期意外险保费收入460万元。

营销条线紧抓队伍建设，加大培训力度，提高销售能力；银保条线加快条线业务发展，探索新的销售模式，促进银保业务发展；团险条线达成率在分公司全省排名第一，完成全年目标任务，在农信社系统开通“信保通”系统，实现“安贷宝”在线出单操作；续期条线加强续期渠道专业化队伍建设，继续率提升。公司目前开办160多个险种，覆盖人寿保险、年金保险、意外伤害保险等领域。（黄 辉）

**【中国平安财产保险股份有限公司肇庆中心支公司】** 2010年，保费收入1.37亿元，增43.29%，超越市场增长15.75%，保费市场占比22.32%，居肇庆地区第二位，经营业绩达到建司以来的最峰值。新设代理业务部；组织多场培训；落实集团、产险总公司反洗钱内控规章制度；执行保监会制度政策，严格执行保险协会签订的自律协议。（练群英）

**【中国平安人寿保险股份有限公司肇庆中心支公司】** 2010年，公司设7个管理部门，辖四会、广宁、怀集、德庆4个营销服务部和鼎湖营业部，从业人员719人。保费总收入1.31亿元，增35.49%；其中个险新增保费3734.8万元。受理个险赔付案件772件，支付赔款456.7万元；其中伤亡赔付205万元；医疗赔付251.7万元。（王敏文）

**【中华联合财产保险股份有限公司肇庆中心支公司】** 2010年，中心支公司全年保费收入4359万元，超额完成年度任务。成功续标取得肇庆市城镇职工补充医疗保险，并增加城镇居民补充医疗保险项目。在全市开展理赔质量年活动。综合赔付率降14.58%，第一现场查勘率升12.57%，车险及时立案率98.68%，升12.68%，未决存量率降45%，结案同期缩短12天。（李志强）

**【永安财产保险股份有限公司肇庆中心支公司】** 2010年，签单保费5617万元，保费收入总量同比增长19%；其中车险5115万元，财产险351万元；人身险151万元。满期赔付率、综合成本率、利润率等指标均控制在分公司指标之内，市场占有率居肇庆地区第四位，市场占有率9%以上。有高要、四会2家营销服务部，7个内设团队，员工70余人。（朱国荣）

**【天安保险股份有限公司肇庆中心支公司】** 2010年，下辖一区四县及二市基层结构，分别在端州区、封开县、广宁县、德庆县、怀集县、高要市、四会市设有营销服务部。保费业务超额完成上级公司下达的任务。（天安保险肇庆支公司）

**【泰康人寿保险股份有限公司肇庆中心支公司】** 2010年，保费总收入1.92亿元，其中营销个险渠道总保费5018万元，新契约保费1453.25万元；中介渠道保费收入1.31亿元；团体保险保费收入811.69万元。个险渠道摒弃万险能业务，回归到传统寿险销售上来；银保渠道主抓期缴业务，期缴业务保费收入增202.6%。年内，四会一客户病逝，中支在10个工作日内完成调查、理赔工作，将30万赔款支票送客户家中，该赔案是迄今肇庆中支个险渠道最大理赔案件。（程洁群）

**【安邦财产保险股份有限公司肇庆中心支公司】** 2010年，保费总收入1469.12万元，增20.62%。年内，按照产寿联动、银保联动、车险联动的商业模型，开展交叉销售、全员销售，每个在编员工做好本职工作的同时，完成本人工资六倍的业绩指标。加大对信用险业务发展力度，开拓如汽车渠道、电销、法人代理等业务。（黎桂中）

**【太平财产保险有限公司肇庆中心支公司】** 2010年，保费收入2386万元，历年制赔付率62.99%。公司主抓合规管理，提升业务品质，做好服务支持，强化风险管控，树立责任意识，优化资源配置，加强员工考核机制。（李倩莹）

**【太平人寿保险有限公司肇庆中心支公司】** 2010年，保费总收入6827万元，增18.25%。寿险业务成长迅速、月度平台突破增长，银保业务在政策调控中创新经营，新开拓中行合作渠道，工行渠道单笔趸交保单保费130万，超历史记录40万。寿销产业务完成230万。理赔速度提高，鼎湖电热水器漏电致一死一伤案件六天快速理赔10万；其客户当天申请当天理赔。（聂 颖）

**【都邦财产保险股份有限公司广东分公司肇庆营销服务部】** 2010年，首次实现全年度承保盈利。调整业务结构，优化品质，细化各项承保政策，谨慎风险定价，理性甄别业务。强化目标考核，注重过程管控，完善销售管理，加强控制成本费

用，实现降本增效。（李子斌）

【华安财产保险股份有限公司肇庆中心支公司】 2010年，保费总收入1147.2万元，增83.48%。公司规范经营，完成上级公司下达的任务指标。成立反洗钱工作领导小组，制定华安保险肇庆中心支公司反洗钱内控制度及工作计划。实行“见费出单”制度，取消现金交易。提升销售、承保、理赔、资金结算等环节的监管力度。（李志敏）

【美国友邦保险有限公司广东分公司肇庆营销服务部】 2010年，累计总保费1056.04万元，其中新单保费收入601万元。公司共有11名内勤员工和221名保险营销员，4400名客户。年底，友邦保险启动Agency2.0项目，巩固和发展营销员渠道。完善保险营销员的事业培训体系，提升保险营销人员的专业素质。（黎　迪）

## 证券业

2010年，肇庆市证券业金融机构有广发证券股份有限公司肇庆业务总部、国信证券有限责任公司西江北路证券营业部、安信证券股份有限公司肇庆营业部3家，另有2家期货公司：珠江期货有限公司肇庆营业部和广发期货有限公司肇庆营业部。年内全市证券开户数38.96万户，比上年增加23.51万户；全年证券交易金额1622.26亿元，比上年增加141.45亿元。（潘卫华）

七星岩景观

# 文 化

责任编辑：韦相伍

## 综 述

【简况】 2010年，制定《肇庆市建设文化强市规划大纲（2011—2020）》，确立文化强市建设目标。肇庆市文化事业和文化产业快速发展：市图书馆新馆、市文化创意大厦、高要学宫修缮保护等工程动工；实施广播电视村村通、文化共享工程、农家书屋工程、农村电影放映等文化惠民工程；举办第五届肇庆读书节、市粤剧团50周年团庆、中外散文诗名作家笔会等活动；继续开展“文化创作年”活动，推出《走进肇庆古村落》等一批文化精品；落实文化遗产保护，考古发掘广宁龙嘴岗墓，完成第三次全国文物普查第二阶段任务。开展砚洲岛生态文化创意产业园、端砚文化村、中巴软件园等文化产业项目建设；组团参加第六届深圳文博会。加强报刊出版管理和文化市场管理；成立肇庆市广播电影电视协会和肇庆市收藏家协会；继续推进企业使用正版软件工作，设立版权登记代办点和基层版权工作站。市文广新局分别获“全省新闻出版产业调查先进单位”、广东省“2009年度文化系统信息工作先进单位”、“肇庆市文明单位”、“肇庆市创建生态文明村工作先进集体”、“肇庆市舆情信息工作先进集体”等称号；市文化市场综合执法大队被国家版权局评为2009年度“查处侵权盗版案件有功单位”。市文化广电新闻出版局的邓杰被国务院第三次全国文物普查领导小组办公室授予“第三次全国文物普查实地文物普查阶段突出贡献个人”称号；市文化广电新闻出版局的唐泽民获“2009年度查处侵权盗版案件有功个人”三等奖。

【实施《规划纲要》】 2010年，肇庆市积极参与珠三角文化共建共享工程，配合实施广东数字图书馆建设，建成肇庆数字文化网、肇庆市数字图书馆网、肇庆市少儿数字图书馆网、肇庆读书节专题网等四个一级域名网站，并在各网站添加“广东省文献资源共建共享协作网”、“珠江三角洲数字图书馆联盟”、“联合参考咨询与文献传递网”链接，完成肇庆区域图书馆“一卡通”管理系统业务平台建设；参与全省演艺联盟，配合省委宣传部、省文化厅联合举办“情系岭南——百场优秀戏剧曲艺作品巡回演出”；参与举办广佛肇三地“粤语新童谣大赛”；市粤剧团建团50周年晚会邀请广州、佛山等地名演员同台演出；组织“红色记忆——叶挺独立团史迹”宣讲活动走进惠州等珠三角地区城市。市博物馆网站与广东省博物馆、广州博物馆、佛山市博物馆、广东石湾陶瓷博物馆的网站进行友情连接。全市开展文物调查及数据采集，将文物数据进入省级数据库，实现全省文物数据统一储存、统一备份和整合共享。贯彻《关于加强珠三角地区文化市场行政执法协作工作的意见》和《珠三角地区文化市场行政执法协作两年规划》，参与建立珠三角地区文化市场行政执法的立案协作、案件协办、联合执法、交流合作等，推进珠三角地区文化执法尺度统一化。

【建设文化强市】 2010年7月，市委十届九次全会审议通过《肇庆市建设文化强市规划大纲（2011—2020）》（简称《大纲》）。提出用10年时间把肇庆建设成为广东文化强省建设重要城市、公共文化服务体系创新城市、展示岭南特色文化重点城市、探索社会主义先进文化发展的先行城市、能够代表广东科学发展成果的城市，把市图书馆、博物馆、文化馆、文化艺术中心、肇庆大剧院、中国砚文化博物馆、中国砚都（肇庆）端砚文化特色产业集聚园、古宋城保护与开发项目、市文化创意大厦等18个文化建设项目纳入《肇庆市国民经济和社会发展第十二个五年规划纲要》。年内，启动市图书新馆、市文化创意大厦建设；市粤剧演艺中心、市群众艺术馆环境改造工程，正东路骑楼街整治修复工程，封开县文化广播活动中心大楼、四会市“三馆”、怀集县“两馆”、粤桂湘边纵队纪念馆、鼎湖区图书馆等相继竣工；市博物馆新馆、市文化馆以及市文化艺术中心、肇庆高新区科技文化艺术会展中心、封开县博物馆、德庆县“三馆”等进入规划阶段。推进广播电视村村通、文化信息资源共享、农家书屋、农村电影放映等四大文化惠民工程，完成20户以上通电自然村“村村通广播电视”工程建设，建成文化信息资源共享工程市级中心1个，县级支中心8个，乡镇（街道）基层中心65个，村（社区）基层服务点561个；建成农家书屋525家。独立组团参加第六届深圳文博会，获优秀组织奖和优秀展示奖，签约10个文化产业项目，总额达12.33亿元。端砚文化村、砚洲岛生态文化创意产业园、中巴软件园、广宁竹博园、封开广信文化园等文化产业项目进展顺利；文化旅游业、工艺美术业、休闲养生业、动漫网游业、文化会展业、体育休闲业、文化用品制造业、印刷复制业、艺术培训业等各门类文化产业稳步发展。《大纲》决定，从2011年起，全市文化产业扶持资金由每年200万元提高至1000万元。

【首届“端午文化节”】 2010年6月14～16日，为提升肇庆特色节庆文化的吸引力和感召力，在城区星湖国际广场举行以端砚、裹蒸为主题的首届“端午文化节”，活动内容包括传统文化展示、民俗风情表演、传统舞狮表演、武术表演、舞蹈表演等，以及肇庆传统裹蒸制作、星湖民俗摄影展览、文化灯谜会和陆上龙舟游戏等。

【珠江文化星座】 2010年6月28日，广东省珠江文化研究会评出首批“珠江文化星座”25个，其中肇庆市的“端砚文化”、“端州文化”、“广信文化”、“广竹文化”入选。

【首届广府文化艺术节】 2010年6～10月，肇庆端州、广州越秀和佛山禅城三地联合举办首届“广府文化艺术节”。艺术节以“弘扬广府文化精髓、彰显广府文化魅力”为主题，通过表演、比赛、评选、展示等形式，挖掘广府文化内涵，促进广府文化建设和发展。端州区以端砚为核心，打造砚都文化大讲堂、《砚都文化》期刊、《砚都大观园》电视栏目等文化平台，承前创新，推动端砚文化为主的特色文化建设，扩大“中国砚都”品牌效应，促进端砚文化产业发展。

【广佛肇粤语新童谣大赛】 2010年12月5日，肇庆端州区、广州越秀区、佛山禅城区三地宣传部、文化、教育部门在禅城区金马影剧院联合举办“同根同声·广府情怀”粤语新童谣大赛。端州区参演的6个节目包揽本次总决赛的特等奖和一等奖，其中情景剧《砚村童趣》、表演唱《肇庆观光》和《端砚谣》获特等奖，情景剧《砚语》、表演唱《我踩车仔游端州》、舞蹈《星湖又荡舟》获一等奖，《砚村童趣》获全场最高分。

【岭南文化十大名片】 2010年12月27日，省委宣传部组织的“岭南文化十大名片”评选（起于4月15日，经过专家提名、网络投票、专家初选、媒体公示、最终评审等环节）结果揭晓：中国四大名砚之首的端砚以87.79万票成功入选。

【公共文化服务】 2010年，肇庆市围绕建设城市“十分钟文化圈”和农村“十里文化圈”的目标，构建公共文化服务体系，建成农家书屋525家，建成文化共享工程市级中心1个，县级支中心8个；建成文化信息共享资源工程基层服务点658个，其中乡镇（街道）基层中心65个，村（社区）基层服务点561个，学校服务点14个，部队服务点6个，事业单位服务点9个，企业服务点3个；提前完成581个20户以上通电自然村“村村通”

建设任务，解决1.95万户约11万人收听收看多套广播电视节目问题；完成农村电影放映1.61万场次，其中数字电影放映7592场次，观众430万多人次，惠及316.93万农村人口。全年送戏下乡816场，送图书28.21万册（其中流动图书23.71万册）。

**【《西江日报》创刊60周年】** 2010年是《西江日报》创刊60周年。《西江日报》创刊于1950年4月1日，是肇庆地方党组织的机关报。12月30日，西江日报社在湖滨大酒店举行纪念《西江日报》创刊60周年座谈会暨诗文书画笔会，来自市文学艺术联合会、书法家协会、美术家协会、作家协会及文化爱好者欢聚一堂，共庆《西江日报》60华诞。

**【文化体制改革】** 2010年，稳妥推进市直文化体制改革工作，通过资产拍卖，妥善安置人员。8月，市电影公司被市工商局注销，历时5年的市电影公司改革全面完成，原电影公司地块由深圳德业基投资集团有限公司投资1.2亿元兴建肇庆市文化创意大厦。12月29日，召开市歌舞团体制改革工作会议，部署改革任务，成立工作机构，启动该团体制改革工作。年内，市图书馆、市博物馆、市群众艺术馆按照"增加投入、转换机制、增强活力、改善服务"原则，推行聘用制，落实岗位目标责任制，实行绩效挂钩的分配制度，基本完成内部机制改革。

**【文化产业】** 2010年，继续实施《肇庆市关于进一步扶持文化产业发展的若干配套政策》，设立肇庆市文化产业发展专项资金，决定从2011年起，文化产业扶持资金由每年200万元升至1000万元。4月，肇庆市中砚旅游休闲产业开发有限公司开发的位于砚洲岛的砚洲堂文化驿站投入使用，"环岛游"项目正式实施；5月，在第六届中国（深圳）国际文化产业博览交易会上，肇庆市推出68个文化产业招商项目，其中实现签约项目10个，合同金额12.33亿元，占全省的一半；9月，中国端砚展览馆对外开放。年内，成功申请到省文化产业发展专项资金800万元，其中砚洲岛生态文化创意产业园获专项补助600万元，中巴软件园文获专项补助200万元。全年文化产业增加值占全市地区生产总值的3.2%。

**【文艺精品】** 2010年，肇庆市继续深化"文化创作年"活动，开展文艺创作，呈现一批文艺创作精品。在广东省综治信访维稳中心建设第二督导片区文艺汇演中，肇庆的情景剧《心中的中心》获一等奖，小品《赛龙舟》获二等奖，小品《乡里乡亲》获优秀奖。在"二十一世纪华人音乐奖"全国大型音乐展评活动中，肇庆创作的歌曲《走进肇庆古村落》和《想起曾经》获一等奖；在"感动中国——第四届新创歌曲、歌词大赛"中，肇庆创作的歌曲《杏花烟雨》获一等奖，歌曲《我是你的红绿灯》和《童年的回忆》获二等奖；市歌舞团创作的舞蹈《竹韵》获广东省首届少数民族文艺会演二等奖。在全省广播电视节目奖评比中，肇庆创作的电视专题片《端溪砚》获二等奖，《生命，在大爱中续航》、《林改——打开肇庆百万林农致富的"希望之门"》和《肇庆金秋——走进大型企业之走进华润》等10件电视作品获三等奖。

**【问题与困难】** 一是文化基础设施建设仍较薄弱，市、县、镇三级文化设施普遍存在标准较低、设备不全等问题。二是文化工作队伍年龄老化、学历偏低、非专业人员门类不全、空编缺员较为严重；缺乏在文艺领域具有重要影响的领军人物，缺乏懂得经营、善于管理、掌握高新技术的人才；文化从业人员在数量、质量和结构上未能适应全市经济与文化发展的需要。三是文化产业起步慢，未形成产业优势，有竞争力的文化企业和文化产品较少；挖掘、整合和利用丰富的文化资源方面做得不到位，一些潜在的资源优势尚未转化成现实的产业优势和竞争力优势。

## 新闻出版管理

**【简况】** 2010年，肇庆市有《西江日报》、《肇庆学院报》、《肇庆学院学报》、《西江文艺》、《南方声屏肇庆荧声》、《肇庆侨刊》等6家国内统一刊号公开发行的报刊，连续性内部资料出版物有《肇庆教育》、《肇庆论丛》、《肇庆宣传》、《肇庆文化》等14家。全年出版报纸3200万印张、刊物270万册，报刊经营收入2500

万元。全市有印刷企业530家，其中出版物印刷企业12家，包装装潢印刷企业161家，其他印刷品印刷企业156家，排版、制版、装订专项企业1家，“三印”（打印、复印、影印）企业200家；从业人数8100人，年总产值11.60亿元，产品增加值2.38亿元。光盘复制企业2家，其中1家为只读类光盘复制企业（广东创科科技有限公司），年总产值4845.9万元；另1家为可录类光盘复制企业（广东洽丰文化科技有限公司），年总产值2599万元。全市有出版物发行单位619个，其中图书及报刊发行单位393个，音像发行单位214个，电子出版物发行单位12个；从业人员1257人，资产总额3800万元，年发行量4500万册（盒），年营业收入5920万元。

**【新闻媒体管理】** 2010年，肇庆市坚持正确舆论导向，规范新闻媒体管理，开展报刊年检，整治报刊广告，规范广告经营行为。清查内部资料出版物，未发现重大违规行为。制定《肇庆市审读管理工作制度》，发挥3名专职审读员的作用，加强出版物审读管理，全年共编印4期《出版物审读简报》，提高办刊办报质量。

**【出版物市场管理】** 2010年，肇庆市严守“属地管理”原则，开展出版业市场专项检查整治行动。对照检查市直及各县（市、区）200多家印刷企业；加强音像制品出版复制、包装印刷、发行单位、企业的监管，全市出动执法检查人员（含公安、工商等部门）2.89万人次，检查音像制品经营单位4540家次，收缴盗版音像制品3.98万件。4月22日，在城区星湖国际广场开展销毁侵权盗版等非法出版物暨法规宣传咨询活动，现场销毁侵权盗版及非法出版物共23万件。

## 广播电视管理

**【行业管理】** 2010年，肇庆市加强广播电视安全播出管理，重点抓“上海世博会”和“广州亚运会”期间的安全播出，确保全市广电安全播出和安全传输不出问题。年内成立肇庆市广播电影电视协会，单位会员32个；开展净化广播电视社会文化环境、整治互联网低俗之风，针对全市各级广播电视播出机构存在的节目低俗化、播出虚假的有奖互动类节目、播放涉性广告、虚假医疗广告、广告超时违规播出、境外电视插播广告等问题，进行定期或不定期检查，发出整改通知6份，停播违规节目4个，处理违规行为5次；还对全市重点网络视听节目、视频网站、手机视频网站开展宣传教育和检查，及时清除低俗网络视听节目。

## 文学与艺术

**【简况】** 2010年，肇庆市开展群众文艺创作，推出一批文学与艺术精品力作；组织形式多样的文化活动，满足群众精神生活需求；分别到香港、澳门、新加坡等地举办对外文化交流活动，提升肇庆文化影响力和知名度；深化农家书屋建设和农村电影放映等文化惠民工程，丰富民众文化生活。

**【对外文化交流】** 2010年2月25～27日，肇庆市在香港洲际酒店举办“2010年肇庆市港澳新春团拜会（香港）文艺演出”，市歌舞团、粤剧团及属社会文艺团体的蓝谣乐队等参加演出。6月20～22日，市歌舞团的群舞《竹林唱花》、肇庆中学高中部新疆班的维吾尔族舞蹈《刀朗热西来甫》，在广州举行的“广东省首届少数民族文艺汇演”上表演。7月28日至8月2日，市粤剧团赴香港新光戏院演出《黄飞虎反五关》、《钟馗》、《狮吼记》等剧目。7月31日至8月1日，组织“五马巡城舞”及端砚工艺参加上海世博会，在“广东周”大舞台上展现岭南文化。8月13～16日，举办以“激扬文采·魅力肇庆”为主题的中外散文诗名作家笔会，菲律宾、香港、北京等地的60多位中外著名散文诗作家参加，《散文诗世界》杂志把笔会上有关肇庆的散文诗予以刊载。8月25日，在珠海市举办“中国砚都·国家级大师端砚精品展”。10月11～12日，市歌舞团赴澳门参加“肇庆—澳门经贸旅游文化合作交流会”文艺演出；市图书馆与澳门图书馆暨资讯管理协会签署《肇澳图书馆交流合作协议》，为肇澳两地图书馆交流搭建平台。11月26～28日，市粤剧团赴新加坡牛车水人民剧场参加“粤港澳红伶慈善倾情夜晚会”，表演折子戏《钟馗——喜上路》、《白龙关下卷》、《月夜观潮》等剧目。

【文化上山下乡】 2010年，全市各级文化部门发挥专业演出团体和“私伙局”作用，开展“文化上山下乡”活动。全年完成农村电影放映1.61万场次，其中数字电影放映7592场；观众达430万多人次，基本实现“一村一月放映一场公益电影”目标。送戏下乡816场，送图书28.21万册（其中流动图书23.71万册）。

【业余创作】 2010年，肇庆市继续鼓励和支持业余文艺爱好者开展文艺创作。全市业余文艺爱好者创作《追梦天地间》（音乐）、《回眸》（油画）、《轻吟花舞梦醒时》（国画）、《亲情如何算计》（小品）等各类作品100多件。在“第四届加拿大中华诗书画大赛”中，肇庆市文艺爱好者创作的书法作品《红枫醉染诗书画》获二等奖；在全省群众文艺作品评选中，《菜花的爱情故事》获小品类一等奖，《冒名顶替》、《梁山伯与祝英台》、《应聘》分获小戏、小品类的二等奖，《瓜田喜事》、《直觉》分获小戏、小品类的三等奖。2010年全市群众文艺创作在全省排第十一名。

【文艺活动】 2010年，在肇庆市境域举行的主要文艺活动包括：1月8日，肇庆市第六届少儿艺术花会；2月25日，肇庆参加第四届世界华人艺术节（2月19～23日于香港）获奖者汇报演出晚会；4月23日，“最美肇庆”——本土原创诗文朗诵会；4～6月，第五届肇庆读书节；“5·18国际博物馆日”和“文化遗产日”活动；5月29日，举办驻穗领事肇庆旅游推介会文艺演出；6月5日，“移动杯”网络阅读知识现场竞赛；6月19日，“光大·锦绣山河杯”第九届肇庆龙舟邀请赛祭水表演；9月28日晚，“强综治、创平安、促发展”广东省综治信访维稳中心建设第二督导片区文艺汇演；11月20日晚，市粤剧团50周年团庆等活动；11月，“农信之夜”走进肇庆新农村巡回文艺演出；11～12月，“情系岭南”——百场优秀戏剧曲艺作品肇庆巡回演出。

【公共图书馆】 2010年1月1日起，肇庆市图书馆免收读者证管理费。年内，市图书馆举办第五届肇庆读书节、图书馆服务宣传周、暑期青少年“六个一”、迎国庆贺中秋、全民读书月等，开展信息服务、送书下乡、流动图书服务点建设及图书漂流活动；新增市中医院、大旺分馆2个流动图书服务点。图书馆全年接待流通读者阅览35万人次，书刊文献外借2万册次，新办理图书借阅证2600个，电子阅览室接待上网读者近1万人次。全年开展各类读书活动55项，5万人次参加。市图书馆被广东省委宣传部授予“‘书香岭南’全民阅读活动先进集体”称号。

4月23日，举办第五届肇庆市读书节暨“最美肇庆——本土原创诗文朗诵会”启动仪式　（莫学松 摄）

【肇庆市图书馆建设】 2010年2月10日，肇庆市图书馆新馆举行动工仪式。省文化厅厅长方健宏，市领导覃卫东、郭锋、梁国安、陈以良等出席动工仪式。至年底，完成主体工程三分之二的建设任务。

【非物质文化遗产保护】 2010年，肇庆市继续开展非物质文化遗产保护工作。6月12日上午，市文化部门在阅江楼举办“中国文化遗产日”宣传活动。是年，“悦城龙母诞”项目被列为第三批国家级非物质文化遗产名录推荐项目；杨焯忠、程均棠、马建邺等3人列入端砚制作工艺项目省级非物质文化遗产传承人。

**【文化信息资源共享工程】** 至2010年底，肇庆市建成由1个市支中心、8个县（区）支中心、658个基层服务点组成的文化信息资源共享工程，基层服务点包括乡镇（街道）基层中心65个、农村（社区）基层服务点561个、学校服务点14个、部队服务点6个、事业单位服务点9个和企业服务点3个。是年，市支中心广泛开展文化共享工程进学校、进军营、进社区活动；组织举办“共享工程肇庆市支中心技能培训班”5期；新建肇庆市委党校、肇庆市中医院、大旺分馆3个基层服务点；开展网上联合参考咨询服务，解答读者各类咨询7442人次共7209条，远程传递文献14817篇，上传附件2448件，读者反馈“很满意”5312条，占总反馈评价的73.7%。

**【农村电影放映工程】** 2010年，省、市和县三级财政分别给全市投入农村电影放映资金143.15万元、70万元和31.79万元，完成农村电影放映1.61万场次，其中数字电影放映7592场，占总场次的47.28%；观众人数430.03万人次，超额96场完成年度的放映任务，基本实现“一村一月放映一场公益电影”目标。

**【农家书屋建设工程】** 2010年，肇庆市继续实施农家书屋建设工程，全年投入1500多万元（其中省支助价值1050万元图书设备），建成“农家书屋”525家，累计建成775家，有效解决农民群众读书难、看报难问题。

## 文物 博物

**【简况】** 2010年，肇庆市按照“保护为主，抢救第一，合理利用，加强管理”方针，继续开展文物修缮工作。年内，动工修缮高要学宫，完成肇庆古城墙西南段抢修工程；完成第三次全国文物普查第二阶段工作任务；开展珠江三角洲外环高速公路黄岗至花山段及广佛肇高速公路肇庆段一期等建设项目文物考古调查、勘探，抢救性发掘和收集一批文物和标本。四会市博物馆新馆等建设顺利。举办“5·18国际博物馆日”和“6·12文化遗产日”纪念活动；开展以“红色记忆——叶挺独立团史迹”为主题的“纪念馆进军营”、“纪念馆进校园”系列宣讲活动。全市完成文物调查及数据库管理系统建设项目任务，初步建成馆藏文物数据库管理系统。

**【博物宣传】** 2010年5月18日是第三十四个国际博物馆日。全市文物部门和博物馆围绕“博物馆致力于社会和谐”主题，结合文化遗产保护工作实际，组织举办“5·18国际博物馆日”纪念活动，宣传普及《文物保护法》，展示肇庆文化遗产保护成绩；各地博物馆举办文物知识讲座、书画展、发放宣传品、免费文物鉴定，举行有关陈列展览，免费向社会开放。

**【文物保护】** 2010年，肇庆市文物部门先后完成崇禧塔旧厂房维修，真武阁修建和环境整治，七星岩、鼎湖山摩崖石刻翻新维养，肇庆古城墙西南段抢修等工程。11月，动工建设高要学宫修缮一期工程，该项目市政府投入资金500万元，省文化厅支持80万元。实施粤桂湘边纵队司令部旧址维修保护和崇禧塔景区王泮生祠后殿重建工程。

**【肇庆市收藏家协会成立】** 2010年11月13日，肇庆市收藏家协会成立大会在湖滨大酒店举行，选举产生第一届领导机构。中共肇庆市委常委、宣传部部长陈以良被聘为名誉主席，云浮市原市委书记吴驹贤，市人大代表、肇庆中顺盈腾信用担保有限公司总裁陈建光分别当选为创会主席和主席；亚太地区手工艺大师、中国工艺美术大师黎铿，广东古玩副会长钟兴财，省文物鉴定会副研究员许建林和国家级鉴定家陆少明被聘为特别顾问。80余名收藏爱好者成为首届会员。

**【肇庆市第五批文物保护单位】** 2010年12月，肇庆市人民政府根据《中华人民共和国文物保护法》有关规定，公布27处具有重要历史文化、建筑艺术价值或革命纪念意义的不可移动文物为第五批肇庆市文物保护单位。

## 第五批肇庆市文物保护单位名单

| 序号 | 名 称 | 年 代 | 地 址 |
|---|---|---|---|
| 1 | 七星岩白端石材开采遗址 | 元代至民国 | 市星湖风景名胜区七星岩景名内 |
| 2 | 宋丰济仓包公井 | 宋 | 端州区城西街道办事处城中居委米仓巷内 |
| 3 | 东禺梁氏宗祠 | 清雍正九年（1731） | 端州区黄岗街道办事处下黄岗一村委会东禺村内 |
| 4 | 光耀李氏宗祠 | 清咸丰九年（1859） | 端州区黄岗街道办事处沙湖村委会沙头村内 |
| 5 | 湘柱俞公祠 | 清 | 端州区睦岗街道办事处大龙村委会外迳村内 |
| 6 | 水松根郑氏宗祠 | 明~清 | 端州区睦岗街道办事处睦岗村委会水松根村内 |
| 7 | 赵善欢故居 | 民国 | 端州区睦岗街道办事处睦岗村内 |
| 8 | 冯誉骥故居 | 清 | 端州区城东街道办事处光明居委会五经里内 |
| 9 | 吴大猷旧居 | 民国 | 端州区城东街道办事处光明居委会五经里内 |
| 10 | 七星桥 | 民国24年（1935） | 市星湖风景名胜区七星岩景名内 |
| 11 | 两广总督府肇庆遗址 | 明~清 | 肇庆市城中路 |
| 12 | 中山公园牌坊 | 民国16年（1927） | 端州区天宁北路 |
| 13 | 天柱阁 | 1958年 | 市星湖风景名胜区七星岩景名内 |
| 14 | 衙鹰楼 | 民国 | 端州区城西街道办事处城中居委会十字路 |
| 15 | 七星岩牌坊 | 1958年 | 端州区端州五路与天宁北路交汇处 |
| 16 | 半山亭 | 清顺治年间 | 市星湖风景名胜区鼎湖山景名内 |
| 17 | 补山亭 | 清康熙年间 | 市星湖风景名胜区鼎湖山景名内 |
| 18 | 大布门楼 | 清咸丰三年（1853） | 鼎湖区莲花镇大布村委会大布村内 |
| 19 | 甫草梁氏大宗祠 | 清嘉庆十六年（1811） | 鼎湖区永安镇甫草村委会甫草村内 |
| 20 | 水坑一陈氏祖祠 | 明 | 鼎湖区桂城街道办事处水坑一村委会内 |
| 21 | 何真人祠 | 清 | 鼎湖区沙浦镇桃二村委会内 |
| 22 | 瑞垣家塾 | 民国24年（1935） | 鼎湖区广利街道办事处砚洲居委会内 |
| 23 | 蝠鼠井 | 明 | 鼎湖区桂城街道办事处水坑二居委会内 |
| 24 | 蕉园不竭泉 | 明 | 鼎湖区坑口街道办事处蕉园居委会蕉园村内 |
| 25 | 羚羊峡口抗日碉堡 | 民国9年（1920） | 鼎湖区坑口街道办事处后沥居委会内 |
| 26 | 沙浦农民协会旧址 | 民国15年（1926） | 鼎湖区沙浦镇沙二村委会内 |
| 27 | 双坑渡槽 | 1973年 | 鼎湖区凤凰镇白石坑村委员会双坑村内 |

**【设施建设】** 2010年，肇庆启动市博物馆新馆规划选址工作，多次召集有关部门领导、专家学者召开专题会议讨论选址问题，制订《肇庆市博物馆新馆规划建设方案》报市政府审议。各县（市）博物馆新馆建设进展顺利：四会市博物馆新馆按国家三级博物馆标准规划立项建设，该馆占地面积4680平方米，建筑面积3650平方米，投入资金578.29万元，进入内部装饰阶段，2011年可投入使用；6月，怀集县新博物馆大楼建成使用；封开县博物馆新馆完成立项和设计等前期准备工作，规划占地面积1998平方米，建筑总面积4462平方米，总投资1706万元，计划2013年对外开放。

【业务培训】 2010年，肇庆市采取“走出去、请进来，跟班作业、参观见习、相互辅导”等方式，组织全市1800多名文物普查人员分期分批参加文物普查培训和观摩学习，提高普查队员的文博基本知识和业务能力。5月，肇庆市与广东省考古研究所联合举办田野考古业务培训班；省考古所副所长、研究员邓宏文在培训班上讲授“考古基础理论与田野考古工作规程”，贵广铁路广宁段考古队长刘锁强讲授“考古发掘技术与工作规程”；期间，培训班学员参加广宁龙嘴岗墓地发掘实践。培训班结束后，全市选拔7名文博单位业务骨干继续参加广宁龙嘴岗墓地考古跟班学习。

【考古发现】 2010年，肇庆市文物部门密切配合珠江三角洲外环高速公路黄岗至花山段、西气东输二线（广东段）管道、广佛肇高速公路肇庆段一期、广宁县官步初级中学和贵广铁路（广东段）及巷口小学拆迁等建设工程，开展文物考古调查和勘探工作，抢救性发掘和征集到一批文物和标本。贵广铁路（广东段）工程文物考古调查勘探成绩尤为显著，共考古发掘清理墓葬17座，灰坑1座，出土随葬品石器、陶器与青铜器等300余件，其中青铜器近200件，绝大多数为战国晚期遗物，青铜器数量及种类为近年全省配合基建考古发掘项目所少见，对研究粤西乃至整个岭南地区战国秦汉时期社会历史具有极其重要的科研价值。年内，各地还征集流散文物、革命回忆录手稿、端砚、书画作品等一批，进一步丰富全市的文物藏品。

【全国第三次文物普查】 2010年，肇庆市第三次全国文物普查实地文物调查阶段通过省验收。至5月底，全市实地普查乡镇（街道、民族乡）108个、行政村（社区）1568个，普查覆盖率达100%；登录不可移动文物2721处，其中新发现2271处，复查450处。文物普查的覆盖率、总调查数、总登录数、新发现数量、参加人数和信息上报数量均位居全省前列；有11处新发现文物点被列入广东省“百大新发现”，位居全省地级市之首。12月，市第三次全国文物普查办公室编印出版大型画册《肇庆·文物新发现》，画册从2721处新发现文物点中选择198处的有关内容编纂成书。

【文物利用】 2010年，肇庆市根据“合理利用”的文物工作方针，编制《肇庆市城区三大历史文化景区规划》，公布“七星岩白端石材开采遗址”等27处不可移动文物为第五批肇庆市文物保护单位。全市博物馆全部实行免费开放，推出一系列陈列展览，如“独立铁军一雄团”、“砚都瑰宝”、“谢志峰藏古端砚馆”、“端砚精品馆”、“粤桂湘边纵队纪念馆”等，拓展文物陈列展览功能，提升文物陈列展览水平，全年接待观众100多万人次。梅庵、阅江楼、丽谯楼、德庆学宫、悦城龙母祖庙、三元塔、周其鉴故居、广宁县农民协会旧址等文物景点，接待参观人数近3000万人次。

【博物馆工作】 2010年，肇庆市有市、县两级文物保护专门机构9个，其中博物馆8个，文物管理所1个。所有博物馆实行免费开放；全市博物馆征集一批流散古文物、革命文物、端砚、书画作品等。各地博物馆通过运用声、光、电等先进技术，改造馆藏文物的陈列展览，如“独立铁军一雄团”、“砚都瑰宝”等展览馆；利用新征集的文物和新建的文博设施，建造“谢志峰藏古端砚馆”、“端砚精品馆”、“粤桂湘边纵队纪念馆”等陈列展览馆，提升陈列展览水平。开展文物调查及数据采集，完成文物调查及数据库管理系统建设任务，全市共采集珍贵文物数据2101条，上报珍贵文物数据2097条，其中一级文物11件（套），二级文物202件（套），三级文物1884件（套）；图片数1.43万张；总文字数据4026.2KB，总图片数据103.7GB，初步建起馆藏文物数据库管理系统。

【文化遗产宣传】 2010年6月12日，是全国第五个“文化遗产日”。全市各地开展以“文化遗产，在我身边”为主题的“文化遗产日”宣传活动，提高全社会的文化遗产保护意识。市文广新局在阅江楼举办非物质文化遗产代表项目和传承人的颁奖仪式，举行“肇庆市首届民间藏砚精品展”和端砚收藏座谈会等活动；四会市和封开、怀集2县分别举办第三次全国文物普查图片展、文物知识咨询和文物鉴定等活动。

【学术研讨】 2010年，肇庆市博物馆开展市立项的《肇庆城区骑楼街保护与利用》科研课题研究，成立课题组，到城中路、正东路及相邻的街巷，调研骑楼街的建筑、经济、政治和文化等；至年底，完成该课题的相关工作。年内，市博物馆陈羽著述的《端砚民俗考》、市博物馆系列丛书《梁子峰端砚作品集》、市文物普查办编印的《肇庆·文物新发现》和李护暖著述的《历代端砚广辑及注释》相继出版；市博物馆有10篇论文在省级或市级刊物上发表。市文广新局组织市历史文化名城与旅游发展研究会、肇庆学院、市规划局等单位的专家，调研高要市禄步、新桥、白土、金利等圩镇的骑楼街，探讨肇庆现存历史文化街区的保护开发与利用等问题。

## 文化市场

**【简况】** 2010年，肇庆市有文化市场经营单位617家，其中歌舞娱乐场所165家、游艺娱乐场所118家、网吧经营场所278家、艺术品经营单位17家、其他文化娱乐经营单位39家。以“一手抓管理，一手抓繁荣”为原则加强文化市场管理，把社会效益放在首位，贯彻“日常监管与专项整治、社会监督与行业自律、严格执法与正面引导”相结合的工作方针，依法行政、科学管理。年内全市检查经营单位3.56万家次，责令停业整顿37家，行政处罚207家，取缔无证照经营场所11家；罚没款项27.59万元，吊销《文化经营许可证》3家，收缴其他非法设备一批，推动文化市场规范、有序、健康发展。全市审批文化市场娱乐场所31家，其中卡拉OK歌舞娱乐场所16家，外来务工人员上网场所8家，游艺娱乐经营场所5家，演出团队2家。

**【网吧市场管理】** 2010年，肇庆市通过举办法律法规学习班、发挥行业协会和网吧义务监督员的作用，增强网吧经营业主守法经营自觉性；运用“净网先锋”加强网上监控，过滤封堵有害信息，净化网络文化环境。开展网吧专项整治，强化市场宏观管理：全市检查网吧1.09万家次，出动检查车辆1107辆次，出动执法人员8785人次，查处接纳未成年人的76家网吧，其中责令停业整顿的16家，共罚款27.39万元，提出警告46家。

**【音像市场管理】** 2010年，肇庆市按照《关于开展打击盗版音像制品专项行动的通知》要求，开展打击盗版音像制品专项行动，清查音像市场，收缴各类盗版音像制品，查处出版、制作、销售盗版音像制品经营行为。全市出动版权执法3.56万人次，检查音像经营单位5111家次、电子出版物经营单位482家次，收缴侵权盗版音像制品5.32万张（盒）、电子出版物3411张（盒）；立案处罚196宗，警告61家，取缔无证照经营店（档）353家。

**【演出市场】** 2010年，全市有文艺表演团体13个（其中3个为促销艺术团），全年在省内外演出1081场，观众133万人次。进入肇庆各县（市）区演出的各类文艺表演团体36个，演出143场，观众约8.4万人次，表演形式有演唱会、音乐会、歌舞、粤剧、木偶剧等。主要有香港特别行政区艺人方力申、邓丽欣在市体育中心荷花馆的演出，台湾歌星卓依婷在广宁演出，奥地利维也纳节日爱乐乐团在星岩礼堂演出等。市演出公司统一安排属下的舞蹈演员1173人次，在市辖区娱乐场所演出共903场次。7月28日至8月2日，肇庆市粤剧团应香港神鹰娱乐有限公司邀请赴香港新光戏院演出，演出剧目有《钟馗》、《黄飞虎反五关》和《狮吼记》等，观众约1万多人。

**【娱乐市场管理】** 2010年，肇庆市印发《肇庆市游艺娱乐场所管理实施意见》，为重新开展新的游艺娱乐场所审批工作提供政策依据。完善场所从业人员登记和场所营业日志登记制度；在显眼位置悬挂“未成年人禁入”警示牌，在点歌系统中安装禁毒宣传软件，要求娱乐场所与每位从业人员签订守法责任书和禁毒责任书；查处容纳消费者超过核定人数、违规接纳未成年人、在规定禁止时间内营业、未悬挂未成年人禁入标志等违规行为；加强日常巡查，做好场所安全防范，确保场所重大事故零发生率；举办法律法规培训班，邀请消防、禁毒、社会治安综合治理等部门领导授课，组织经营业主外出参观学习，提高场所管理人员的法律意识，促进娱乐市场健康有序发展。

【电影市场】 2010年，肇庆市城区有4家电影院，共有银幕17块，座位3421个，放映影片3.22万场次，观众人数70.63万人次，票房收入1990.31万元，比上年增长128.07%。 （谈植秀）

## 2010年肇庆市文化市场基本情况统计表

| 序号 | 经营单位 | 间（个） | 从业人员（人） | 固定资产（万元） | 经营面积（万平方米） |
|---|---|---|---|---|---|
| 1 | 网吧 | 278 | 1655 | 17815 | 12.90 |
| 2 | 歌舞娱乐场所 | 165 | 5831 | 17143 | 7.79 |
| 3 | 游艺娱乐场所 | 118 | 775 | 9951 | 2.37 |
| 4 | 演出团队 | 13 | 389 | 201 | —— |
| 5 | 演出场所经营单位 | 21 | 388 | 1084 | 0.54 |
| 6 | 艺术品经营单位 | 17 | 78 | 162 | 0.22 |
| 7 | 业余文化艺术培训经营单位 | 5 | 31 | 73 | 0.11 |
| 8 | 合计 | 617 | 9147 | 46429 | 23.93 |

**附：2010年肇庆市文化广电新闻出版局正副局长名录**

局　长：欧荣生

副局长：唐泽民　郑　琼（女）　梁道泮　邱建华

# 报 刊

【《西江日报》】 2010年，西江日报社坚持正确的舆论导向，凭借“两报一网”新闻平台，跟上时代传媒业发展步伐，提升肇庆媒体传播能力和文化软实力，进一步确立《西江日报》为肇庆政治经济的主流媒体地位。是年，《西江日报》出版365期，总发行量1331万份。

宣传工作 2010年，《西江日报》以专题策划、系列报道、深度解读、关注民生、注重时评和采取多媒体联动协作方式，全面报道肇庆改革发展事业。一是围绕市委、市政府中心工作，开展宣传报道。开辟专题、专栏，全面立体报道贯彻实施《规划纲要》、城市建设年、亚运火炬传递、回顾“十一五”、规划“十二五”、高新区升国家级等重大事件。二是把握热点难点，推动文明进步与社会和谐。以大专题、大视角等形式，推出250多篇（个）涉及民生、法治、理论、政策解读等的精品文章、版面和专题，开辟“热点大家谈”栏目，选登读者来电来信。比如：10月配合市政府拆除将军山违章建筑关公像行动，及时报道工作进展，组织《将军山关公像必须拆除》等3篇时评文章，用舆论配合政府的整治行动。三是策划专栏专题，关注社会民生。通过刊载《员工投诉宇华公司违反劳动法》、《三大门槛规范快递行业》、《广东首例食品“QS”认证官司开打》、《拆迁新政五大亮点更趋公正化》、《擅减旅游项目须赔》、《老人缘何走上法庭》、《网购应先验货再签收》、《车祸后，赔偿责任如何分》等专题新闻，反映民生热点，发挥舆论引导、监督作用。年内，西江日报社共获“广东新闻奖”、“中国地市报新闻奖”、“中国城市党报好新闻评选”等省以上新闻奖14篇。

组建西江传媒 2010年，西江日报社与南方日报社启动深化合作，双方按比例出资1200万元组建的西江报业传媒有限公司7月正式运作，迈进全面对接、更加紧密的合作目标。西江日报社同时持有南方户外广告有限公司股份，实现报纸传媒、户外传媒、网络传媒等全媒体发展，拓展两报在肇庆传媒市场、文化产业以及相关领域的合作，中央级的《传媒》杂志、《中国报业》杂志对此进行专题介绍，称之为“南北模式”之一。是年5月，两报社资产合作运营被“第五届中国传媒创新年会”评为“资产运营创新案例”。

完善西江网门户网站 2010年，西江网（www.xjrb.com）投入200多万元进行软硬件建设，增加1000平方米办公用房，建设100平方米的视频直播室，更换全新的CMS系统（含博客系统、邮箱系统、图库系统、微博系统、电子商城、论坛系统以及手机WAP系统等），网站一级频道增加至40个，专题和话题页面发展为40多个，频道栏目增至400多个，每天资讯更新量过千，网站全年发布信息量超过40万条，初步完成城市综合信息门户网站软硬件设施的搭建工作，成为肇庆区域内资讯量最大的综合网络门户网站。年内，西江网围绕民生、城市管理、“双转移”等热点问题，邀请市人大代表、市政协委员和专家学者接受视频直播访谈，举办“代表委员面对面”、“‘规划纲要’大家谈之肇庆打造东方日内瓦”、“做文明有礼的中国人”等系列网络访谈，策划“宇华血汗工厂”系列报道、本地网络热点“撞车门”事件报道、肇庆公交票价调整听证会专题、本土乐队“西江纵队”视频专访、“恒裕物业社保风波”系列报道等，相关新闻和视频被土豆网、新浪网等转载。至年底，西江网总访问量达4800万人次。

**【肇庆十大新闻评选】** 评选活动由西江日报社主办。该报社把《西江日报》刊载的2010年发生的重大新闻事件作汇总，初评出30件重大新闻为候选名单，刊登在2011年1月20日的《西江日报》和西江网，由广大市民投票选出。2011年1月31日，2010年肇庆市十大新闻揭晓：（1）肇庆2010年跨入GDP千亿元俱乐部；（2）端砚高票入选岭南文化十大名片；（3）“国家高新区”金字招牌花落肇庆；（4）全市扶贫累计投入超2亿元；（5）肇庆提前一年半完成三年对口支援克枯乡51项援建项目；（6）肇庆捧中国人居环境范例奖；（7）二广高速怀集至三水段通车；（8）十项惠民工程件件落实；（9）“城市建设年”硕果累累，绿道建设赢口碑；（10）肇庆将军山巨大关公塑像拆除。

**【新闻及经济年度人物评选】** 2010年11月，西江日报社联合肇庆市工商界联合会举办2010年肇庆市新闻及经济年度人物评选活动，依托西江网网络平台，以群众直接投票的方式，选出2010年新闻及经济年度人物。60万人次参与评选活动。2011年3月18日，在皇朝酒店举办颁奖仪式。2010十大新闻人物——聂桂清：德庆县官圩派出所沙旁社区民警，“全省优秀警察”、“肇庆市十佳卫士”；林观金：两度赴海地地震灾区的维和使者，联合国“和平勋章”获得者；张靖：肇庆学院古筝艺术中心古筝培训师，中国民族管弦乐学会会员、中国高校音乐教育学会会员；谢建平：获“广东省十佳民办高等院校”、“广东省高校竞争力20强”、“改革开放三十年中国民办高校十强”的肇庆工商职业技术学院创办人，肇庆市政协委员、肇庆市女企业家协会副会长、肇庆市工商联副主席；梁彩凤：肇庆市社会福利院院长；夏诗颖：年仅13岁的2010年亚运会的金牌得主、中国女子龙舟队鼓手；黄桂华：高要市公安局刑事侦查大队大队长，“广东刑侦能手”、“广东省优秀人民警察”；吴木生：广东鼎湖山泉有限公司董事长，第十一届全国人大代表、全国轻工业劳动模范、“肇庆市劳动模范”、“改革开放30年感动肇庆人物”、“肇庆市首届十大慈善人物”；邓少维：端州区睦岗出头村村委会主任，肇庆市劳动模范、“全国民主法治示范村”、“肇庆生态文明村”守护者；罗文星：怀集县星楼矿冶化工有限公司董事长，肇庆市工商联副主席、市人大代表、“广东省建设社会主义新农村优秀民营企业家”。2010十大经济人物——尹启禄：中国移动肇庆分公司总经理；肖烈明：建设银行肇庆分行行长；冯毅：广东天龙油墨集团股份有限公司董事长，中国油墨协会副理事长，广东省人大代表、肇庆市政协委员、省青年企业家协会委员，“广东省第二届优秀中国特色社会主义事业建设者”；陈诗国：广宁船用水泵制造有限公司总经理；陈明新：福加德投资控股有限公司董事长；黄绍华：广东白云清洁科技有限公司董事长，广州市人大代表、广东省工商联常委、广东省优秀中国特色社会主义事业建设者；苏惠隆：广百百货肇庆分公司总经理；张铭锋：广东鼎丰纸业有限公司总经理；程玉成：广宁县建设房地产发展公司总经理；钟耀新：广宁中盛纸业有限公司董事长，广宁慈善会副会长。

**【《肇庆都市报道》】** 2010年，《肇庆都市报道》以编辑主导、采编一体化的办报模式，全面启动市场化运作，倡导以读者和市场为导向，关注民生，注重报纸本土性、通俗性、娱乐性和服务性，围绕城区“肠梗塞”、水费、公交听证、二广高速、的士拒载、龙泉酒店“地沟油”

事件、城区开通“救命水源”等公众关注的事件和专题，解读读者关心的热点难点问题。“教师节”前后策划专题报道，到偏远山村采访“肇庆版一个都不能少”的蓝治球老师、“血贴”解决全省代转公的龙剑喜老师以及坚持执教一生的陆桂霞老师，通过3个代表性教师的采访，折射出3类教师群体的生存现状。以“走进读者，贴近民生”宣传报道方式，使产品从“可读”升华到“必读”，拥有一个较大的读者群和较稳定的零售购买群体。年内，《肇庆都市报道》出版156期，发行量156万份。（林雅哲）

**附：2010年西江日报社领导人名录**

社长、总编辑：朱英中

副社长：张华新（11月免）

副总编辑：康　伟　余月华（女）

郑　君（挂职，12月免）

罗国安

**【《西江文艺》】** 1961年10月创刊，肇庆市文学艺术界联合会主办。国内外公开发行的文艺半月刊，16开80页，国内刊号：CN44-1045/1，国际标准刊号：1005-7978；联合征订代号：LD441045。2010年，《西江文艺》出版24期，发表文艺作品近600万字。（陈炳文）

**【《肇庆学院报》】** 1980年创刊，国内统一刊号为CN44-08361/（G），月刊。主要栏目有：校园新闻、学院论坛、大学时代、文艺副刊。2010年共出版10期，发行量5.00万份。是年参加“广东省高校校报好新闻评选”活动，共获9个奖项：《好大学》、《教师的快乐》获言论类二等奖；《满园芳菲迎学子 五千新生入校门》获消息类二等奖，《服务亚运 成就光荣》获消息类三等奖；《市长夸奖我们的学生子呢》获图片类二等奖，《亮相第六届文博会 绽放志愿者真风采》获图片类三等奖；《在追梦的路上，我们拥有一双隐形的翅膀》获标题类二等奖，《不辞长劳为学问 厚积深处现真知》获标题类三等奖；第261期第一版获版面类三等奖。

**【《肇庆学院学报》】** 刊号为ISSN1009-8445，双月刊。设置栏目有：文学研究、哲学研究、新农村建设探索、史学研究、经济学研究、语言学研究、艺术学研究、教育学研究等；2010年增设“池田大作研究”、“利玛窦与中西文化交流”栏目。全年共出版6期，发行9000册，发表文章137篇，其中人文社科类91篇，自然科学类46篇。（廖　勇）

## 肇庆市广播电视台

**【简况】** 2010年，肇庆市广播电视台按照“高举旗帜、围绕大局、服务人民、改革创新”的总要求，以“改革、创新、发展、稳定”为主线，坚持正确的舆论导向，全面完成“新闻宣传、机制创新、安全播出、事业建设、经营创收、网络改革重组、作风建设和队伍建设”等各项工作任务。

**【宣传】** 主题宣传报道　2010年，市广播电视台重点抓主题宣传报道，把握正确舆论导向，以团结稳定鼓劲、正面宣传为主，坚持“三贴近”原则，发挥广播电视主功能作用，围绕“实施《规划纲要》、党的十七届四中及五中全会、加快转变经济发展方式、文化强省和文化强市建设、创先争优、扶贫开发、上海世博会、广州亚运会、亚残运会”等主题，为全市实现“两个尽快”、“两个成为”摇旗呐喊，为维护改革发展稳定大局营造良好氛围。全年开设《贯彻落实〈规划纲要〉，加快转变经济发展方式》、《迎亚运、讲文明、树新风》、《创先争优在行动》等新闻专栏75个，其中广播新闻27个，电视新闻48个。全国（省、市）“两会”、青海玉树地震灾区抗震救灾、“城市建设年”活动、建设国际化旅游休闲之都、肇庆龙舟邀请赛暨旅游招商推介会、“肇庆金秋”经贸洽谈会等宣传报道亮点纷呈。6月，在广东电台推出《肇庆打造大交通建设》等有关加快转变经济发展方式的广播系列报道稿件5篇；配合广东电视台连续在《广东新闻联播》栏目播出7条“肇庆转型系列报道”电视新闻；10月，“肇庆高新区转变经济发展方式的报道”在中央电视台《新闻联播》播出。年内，市广播及电视节目还开设《迎亚运、讲文明、树新风》、《聚焦亚运》、《火炬手故事》、《快乐肇庆·亚运智多纷》等栏目。10月29日，16届亚运火炬传递活动在肇庆举行，市广播电视台推出广播特别节目《激情盛会，亚运火炬肇庆情》，16名节目主持人和记者对火炬在城区传递盛况进行现场连线报道；完成火炬传递电视录播任务，当晚电视《肇庆新闻》和《民生007》节目报道传递盛况，节目收视率分别达2.4%和7.5%，市场份额达23%，创历史纪录。

新闻与节目改版　3月28日，市广播电视台推出广播新版面，收听调查数据显示，广播FM92.9及FM90.9两个频率的收听率和市场份额在肇庆可收听到的多个频率中分别名列第一、第二位。7月28日，电视《肇庆民生007》节目进行第二次改版扩版，该栏目在首播档的收视率和市场份额均比改版前提高100%以上。电视《星湖会客厅》栏目采取“请进来”和“走出去”相结合形式，把录制现场搬到四川省汶川县克枯乡、搬到四会市独岗村，或把权威专家请进演播厅；与市委宣传部合办的“《规划纲要》大家谈”群众论坛，受到10多家国家级和省级媒体记者关注。

公益宣传及专题片制作　2010年，市纪委、市委宣传部与市广播电视台联合举办“2010年肇庆市电视公益广告创作评选”，收到本台和高要、四会、高新区等参评作品近60条，评出优秀作品18条；这项工作在全市宣传工作会议上被列为肇庆市精神文明建设的一项重要内容。在“广东省第十七届广告优秀作品汇展暨自由创作大赛”中，市广播电视台有4件作品获奖。全年广播播出各类公益宣传3.52万次，电视播出公益广告和宣传片共1.09万次。完成内容涉及绿道建设、扶贫开发、普法工作、双拥模范建设、肇庆高新区、支援汶川建设等多项电视专题片制作任务；制作电视《亚运城市故事》专题片、肇庆风貌画面及亚运宣传片，及时向中央台、省台和新华社广东分社传送播出。

对外宣传　1~12月，被中央台采用广播新闻稿件31篇，被省台采用212篇；被省台采用电视新闻稿件323条，被中央电视一台及新闻频道采用稿件11条，其中全国新闻联播2条。肇庆、佛山两地电视节目实现对等接入当地网互传，拓宽肇庆电视的传播覆盖面，密切广佛肇广电媒体合作。

新媒体建设　2月2日，肇庆市开通肇庆广播电视网站，大批网民通过网站实时收听收看肇庆台的广播电视节目，点击率逐月上升。全年网站共发布本台广播新闻3050多条，音频节目3000多条，视频节目2400多条，网站的点击率为24.92万人次。

精品创作　2010年，市广播电视台创作的作品获省级以上奖励24件，其中广播作品16件，电视作品8件；电视文艺专题片《岭南雄才》和广播剧《奋斗》入选肇庆市第一批重点文艺创作扶持项目；广播少儿栏目《天记乐园》获国家优秀广播少儿节目的扶持资金。

【获奖情况】　2010年，市广播电视台有42人次获市以上先进称号或奖励，其中广播中心程茂红获“广东省三八红旗手”称号，广播中心苏庆腾被评为“南方传媒集团2009—2010SMC十大金牌主持人”。市广播电视台被评为“2008—2009年度肇庆市文明单位”、2010年度肇庆市“创建生态文明村工作先进集体”、2010年度肇庆市“爱国拥军、拥政爱民先进单位”、肇庆市“建设学习型党组织示范单位”、肇庆市“2010年度优秀新闻工作先进集体”；获2010年度市直基层工会工作考核特等奖；获南方广播影视传媒集团“2010年度广播电视安全播出奖”。北岭微波中心获“2010年度全国广播电视技术维护先进台站（集体）”称号。

【安全播出】　2010年，肇庆市广播电视台安全播出、安全生产实现零事故。是年，市广播电视台严格执行有关规定，强化安全播出的领导和管理，采取“技防”、“人防”、“联防”相结合，健全各项制度，落实安保措施，确保全年安全播出。一是按省、市有关部门部署，落实安全生产和安全播出的检查与治理。开展安全检查8次以上，落实责任，堵塞漏洞。二是提高技术防范能力。加强设备维护和检测，及时更换或升级老化设备，完善广播电视信号传输体系、播控系统、信号源主备系统、供配电系统的建设。三是完善值班制度，开展应急演练，保证值班到位、责任到位。完成全国“两会”、抗震救灾特别节目转播、上海世博会开幕式、国庆、广州亚运会、亚残运会等重要保障期的安全播出，实现广播电视安全播出零事故。

【事业建设】 2010年，市广播电视台筹措资金1342.5多万元（包括归还银行贷款本息约900万元）投入事业建设，是建台以来投入较多的一年，先后完成广播音频工作站、广播固态发射机、《行风热线》专用直播室、广播交通户外直播室、广播流动直播车、电视编辑系统升级扩容、电视与各县（市、区）台新闻传输联通的数据传输平台、北岭广播电视发射机房综合改造、移动多媒体广播电视（CMMB）发射机、国家地面数字电视设备安装等工程和项目的建设；购置两辆采访车，购买一批数字高标清摄像机、非编系统、移动编辑系统和办公设备；争取到广东电视台价值600多万元的舞台演播车的保管使用权，为广播电视宣传主功能的发挥和产业发展打下良好基础。

【台网分离】 2010年，肇庆市广播电视台完成台网分离、网络重组工作。根据广东省委办公厅、省人民政府办公厅《关于组建广东省广播电视网络股份有限公司的通知》精神和市的部署，2月成立省网络公司肇庆分公司筹建办，配合完成法律尽职调查资料提供、清产核资、资产评估、资产审计、出资审计和验资等。3～8月，先后签订《发起人协议》和发起组建单位《谅解备忘录》、办理相关报审报批手续、妥善处理历史债务和人员安置等。9月26日，广东省广播电视网络股份有限公司肇庆分公司成立，并投入运作。涉及台网分离、网络重组改革的净资产1亿多元，占省网络公司总资产的1.8%；涉及人员118人，其中留台7人，安置到分公司111人。

9月26日，广东省广播电视网络股份有限公司肇庆分公司揭牌庆典暨市广播电视台、省网络公司肇庆分公司资产人员交接仪式在市广播电视台举行　　（莫学松　摄）

【问题与困难】 一是部分干部职工的思想观念与改革创新需要有差距；二是节目创优和品牌建设力度还不够大，舆论引导和内容宣传的手段、方法还有待创新；三是各中心（部门）有时未能完整准确传达贯彻市广播电视台班子的决策和决定，大局意识有待加强；四是经营创收方面竞争加剧，在开启思路、开拓市场、做大产业等方面需要作更大的努力。　（何广明）

【广播中心】 简况　2010年，肇庆市广播电视台广播中心，围绕全年目标任务，以“改革创新、发展稳定”为主线，坚持正确舆论导向，按照建设“运转高效、和谐稳定、持续发展、竞争有力的广播电视现代传媒”总体要求，完成“新闻宣传、事业发展、安全播出、队伍建设”等工作任务。

宣传主题　2010年，广播中心的宣传工作围绕学习贯彻十七届五中全会精神、广州亚（残）运会等主题开展，提高舆论引导能力，营造健康向上的舆论氛围，为肇庆的建设提供强有力的舆论支持。全年开办新闻专栏27个，播出新闻稿件1.51万篇，被中央台采用稿件31篇，被省台采用212篇，FM92.9资讯广播、FM90.9音乐广播两个频率共播出各种公益宣传3.52万次。宣传主题主要有：学习贯彻十七届五中全会精神、加快转变经济发展方式、贯彻实施《规划纲要》、文化强市建设、全市第二批学习实践科学发展观活动、扶贫开发、创先争优活动、青海玉树地震灾区抗震救灾宣传、城市建设年和建设国际化旅游休闲之都、上海世博会、广州亚（残）运会等。

**获奖项目** 2010年，广播中心的15件作品获省级以上奖励：短消息《十万铁骑过境返乡，肇庆交警热情护送》及专题《“掉头，去春水！”——记肇庆国土资源管理局地质勘察与环境科科长吴龙文》获2010年度广东省广播电视节目广播新闻二等奖；新形态节目《亚运神雕侠侣》获2010年度广东省广播电视节目广播文艺二等奖；短消息《汪洋书记专程看望“代转公”老师龙剑喜》、连续报道《千钧一发——封开县江口镇8·10地质灾害抢险救灾启示录》和消息《肇庆学生拾获“国宝”主动交公》获2010年度广东省广播电视节目广播新闻三等奖；长篇连播节目《ZQ758之行走之城》获2010年度广东省广播电视节目广播文艺三等奖；广播公益类《街头防骗》、《爱国卫生公益宣传除四害篇》分获广东省第十七届广告优秀作品汇展暨自由创作大赛金、银奖；专题《回归十年澳门印象》、广播剧《王老虎招亲》、片花《妈妈，我爱你》、戏曲粤曲《江楼浩气》、广播剧《回家》及片花《婚检公益》获2010年度广东省广播节目录制技术质量奖三等奖。

**节目改版** 3月28日，广播中心实施广播新闻和节目改版，进一步加强新闻和节目的组织策划，突出节目的信息量和新闻的时效性。新闻方面：《民生直通车》栏目并入《肇庆广播新闻》，使《肇庆广播新闻》内容更为充实，增强可听性；强化《记者视角》栏目的策划组稿，增强时效性，使之成为深度报道的新闻品牌栏目。节目方面：重点突出929时政、资讯，909音乐、综艺的频率定位；FM92.9频率的《929关注》、《民生无小事》等栏目采用主持人直播＋记者连线等播报方式，节目信息更快捷，形式生动、内容丰富；FM90.9频率重点打造以播报交通消息为主的线性节目《车路视》；9月与市公安局交警支队联合开办交通资讯节目，在交警支队开设户外直播室，每天及时播报全新的本地交通资讯情况。根据赛立信媒介研究有限公司肇庆辖区广播收听率调查报告显示，肇庆电台两大频率的平均收听率与市场占有率均居辖区前列，其中909金曲广播的平均收听率与市场占有率名列第一，929资讯广播名列第二。

**事业建设** 2010年，投入250多万元，购置和更新一批广播设备。其中投入120万元购置一辆广播直播车；投资35万元更换音频工作站自动播出系统；用31万元购置两台全固态发射机；投入15万元安装《行风热线》专用直播室；用25万元购置一辆采访车；还购置一批广播录制发射配套设备，更新部分办公电脑和办公设备；开通肇庆广播电视网站，发挥广播电视宣传业务的补充、延伸作用。

**问题与困难** 一是新闻、节目创新意识还有待增强；二是经营创收成绩未尽如人意，节目的市场化意识还需加强，营销策划能力有待提高，创收途径尚需拓宽；三是个别工作人员思想意识及业务水平有待提高。（何志晖）

**【电视中心】** **简况** 2010年，电视中心唱响主旋律，以正面宣传为主，坚持正确的舆论导向，以贯彻实施《规划纲要》为重点，围绕市委、市政府的中心工作，完成“电视宣传、事业建设、安全播出、经济创收、内部管理、队伍建设”等各项工作任务。

**唱响主旋律** 2010年，电视中心在《肇庆新闻》开设48个小栏目，播出新闻5200条，播出《午间新闻》1600条，《民生007》栏目播出民生新闻2180条；被中央电视台采用新闻11条，被广东电视台和南方电视台共采用新闻稿件323条。肇庆综合频道和肇庆公共频道共播出电视剧16部466集（含重播）；播出专题节目（不含自制）1460集；播出《星湖会客厅》26期，播出《创业者故事》52期、《惊奇十分》48期、《行风热线》26期、《肇庆警讯》52期、《地方视线》312期；播出《快乐肇庆·亚运智多纷》63期3210分钟；录制、播出晚会及大赛共114台；播出公益广告和宣传片1.09万次；综合频道和公共频道实现安全播出分别是6570小时和5892小时，监看空间转播4015小时。

**获奖情况** 2010年，电视中心有8篇（条）作品获省级以上奖励：电视文艺专题《百年雄才》获2010年度广东省广播电视节目奖电视文艺类二等奖；短消息《全国首家“警察微博”开通》、电视新闻专题《从昔日农场到国家级高新区——大旺传奇启示》、电视系列报道《二广高速怀集至三水段建设系列报道》及电视新闻访谈《走进汶川克枯乡》获2010年度广东省广播电视新闻类三等奖；电视广告节目《廉政铸就和谐公益宣传片》获2010年度广东省广播电视节目奖专题类三等奖；电视娱乐节目《快乐肇庆·亚运智多纷晋级赛》获2010年度广东省广播电视节目奖电视文艺类三等奖；电视播音作品《肇庆美景自天成，一城山水皆诗意》获2010年度广东省广播电视节目奖电视播音主持奖三等奖。

*节目调改*　2010年7月，改版扩版《民生007》栏目，由20分钟扩版至30分钟，节目版块由3个增至5个，主持风格等方面也进行改版，突出“内容为王”的定位。改版扩版后的第一个月，晚上首播收视率达1.6%，比改版前的7个月平均收视率上升129%。

*事业建设*　2010年，电视中心完成北岭微波发射机房搬迁整改，协助北岭发射中心完善总体方案设计。年初投入46万元装修新闻编辑区，并完善新闻编辑网系统；第三季度投资67万元，购置数字高标清摄像机、非编系统、移动编辑系统。通过租用中国电信光纤专线，构建起电视中心编辑区直接与全市各县（市、区）广播电视播出机构新闻传输联系的数据传输平台，实现电视中心每天24小时可直接调用县级播出机构上传新闻素材目标。是年，还通过代管的形式，取得舞台车、化妆车各一辆的使用权。

*问题与困难*　一是受经济大环境及国际金融危机的影响，自身经营创收困难，导致事业建设投入资金不足，阻碍电视中心的创新；二是存在特殊岗位人才难留、人才紧缺、机制滞后、干部职工积极性有待提高、节目制作能力不高等问题，在一定程度上制约着电视事业的发展。

（*蔡之明*）

**【网络分公司】**　*简况*　2010年，按照省委办公厅和省政府办公厅《关于组建广东省广播电视网络股份有限公司的通知》精神，原市广播电视台网络传输中心从市广播电视台分离出来；9月26日，广东省广播电视网络股份有限公司肇庆分公司（简称分公司）挂牌成立。分公司是一家以经营广播电视网络、其他通讯网络规划建设以及广播电视与信息设备的研制、开发、生产、销售、代理和租赁等业务的网络运营公司。分公司设综合管理部、数字技术部、网络工程部、网络维护部、市场拓展部、市场营业部、客户服务部、安全播出部等8个部门，有员工108人。至年底，分公司拥有有线电视用户12多万户，传送电视节目62套；有线电视网络覆盖范围包括肇庆城区及黄岗、睦岗两个镇，完成肇庆市区至各县的光纤联网，为开展全市的数据及增值业务奠定基础。

2010年，分公司以“启动网络重组改革、开展经营创收、推动数字电视整转”为工作重点，采取一系列行之有效措施，使分公司在“改革重组、经营创收、安全播出、内部管理、网络建设”等方面均取得明显成效，完成全年各项任务。

*安全播出*　2010年，分公司成立安全播出领导小组和指挥中心，采取加强设备检测和信号监控、加大网络维护和巡查力度、完善安播设施设备、健全管理制度、落实层级责任制、加强员工思想教育、提高员工安全防范意识、不定期组织相关部门人员重温安全播出应急预案和突发事件处置流程等措施，实现全年安全播出和安全生产无事故，确保全国“两会”、“4·21青海玉树地震遇难同胞全国哀悼日”、“上海世博会”开幕式、“8·15甘肃舟曲泥石流遇难同胞全国哀悼日”、“广州亚运会与亚残会”等重点保障期的安全播出和安全生产。

*业务拓展*　2010年，分公司对数字电视整体转换有关筹备工作的具体要求和责任分工进行部署；重新修改、完善和细化《肇庆城区有线数字电视整体转换实施方案》；《数字电视前端机房升级改造技术方案》及该项目的招标文件通过专家技术论证和省公司的审批；与有关厂商加强联系，派相关人员参加有关数字电视技术和数字电视整转的学习培训及技术交流；组织有关人员到省内部分兄弟单位进行数字电视整转等方面业务学习和交流。

（*麦婷婷*）

# 教 育

责任编辑：韦相伍

## 综 述

**【简况】** 2010年，肇庆市教育工作以创建广东省教育强市（简称创强）为重点，各项工作顺利发展，成效显著。全市有28个镇成为广东省教育强镇，是年内全省创建教育强镇最多的地级市。继2009年实现普及高中阶段教育后，2010年肇庆比省定目标提前5年普及从学前到高中阶段15年教育；全市学前三年毛入园率达88.6%，比2005年提高23.2个百分点；小学学龄人口入学率100%，在校生辍学率0.03%；初中学龄人口入学率98.9%，在校生辍学率0.85%，初中三年巩固率94.33%；高中阶段教育毛入学率92.51%，比2005年提高41个百分点。全市通过省一级幼儿园复评的幼儿园5所，创建省一级幼儿园1所、市一级幼儿园31所；通过广东省国家级示范性普通高中初期验收学校2所、广东省普通高中教学水平优秀学校评估学校5所，有10所学校被确定为“广东省现代教育技术实验学校”。全市各类学校有教职工5.31万人，其中专任教师4.64万人。全省首个市级职教公共实训中心投入使用，肇庆理工学校成为全省首所国家级民办职业学校，肇庆科技学院和肇庆工商学院初步建成“万人职业学院”，职业教育“双师型”教师比例达45.2%。怀集县教育局和端州区教育局分别被教育部评为“全国阳光体育先进县”和“全国学校艺术教育工作先进单位”。举办全市第二届基础教育教学科研成果奖评审，评出一等奖2项，二等奖9项，三等奖28项。普通高考上三B线率84.37%，其中本科上线率34.83%。全市录用“代转公”教师1465人，录用率达63.6%，高于全省14个百分点，另有379人被聘为教辅人员。年内有29所中小学校成为“肇庆市廉政文化建设示范学校”。 *（办公室）*

**【实施《规划纲要》】** 2010年，肇庆市完成广佛肇三市教育信息化资源共享平台搭建，促进三市各级各类教育教学和管理资源、应用系统的高效运用，实现教育城域网互联互通；建立标准统一、特色互补的广佛肇教育信息资源库；建立广佛肇三市电教部门联席会议制度，召开广佛肇教育信息资源共建、共享研讨会。制订《广佛肇三市教育人才合作与交流实施方案》，实施广佛肇三市教学研究合作，开展中小教师继续教育资源的共建共享。签订《广佛肇三市职业教育合作意向书》，确定联合招生、技能大赛、职教研讨、教师交流等方面的合作意向和内容。安排部分骨干职校开展互招宣传，推动开展互招工作。在广州举办广佛肇三市首届高等职业学校学生技能大赛和中等职业学校学生技能大赛。在广州举办首届民办教育工作交流会，交流研讨三地加强民办教育规范管理和服务等工作。开展肇港职业技能人才培养合作，组织首批肇庆市职业院校校长赴港学习交流。肇庆市商业旅游学校与香港酒店业协会达成携手共育人才协议，市商业旅游学校聘请香港酒店业协会会长胡珠为名誉校长；学校应港方要求，每年培养输送一批粤菜厨师、广式点心等专业毕业生到香港酒店业协会成员单位就业。开展广佛肇青少年体育、文艺、科技等合作项目的竞赛活动，承办广佛肇三市中学生乒乓球比赛；组队参加第二届教育博览会艺术联合展演和广州市第十一届中学生合唱节活动。

（办公室 职成科）

3月11日，市长郭锋、副市长黄玲观摩学生手工艺制作（高慧萍 摄）

【普高教育现场会】 2010年1月27日，广东省普及高中阶段教育工作现场会在肇庆召开，总结全省普及高中阶段教育、发展职业技术教育工作的情况，交流各地经验和做法，研究存在困难与问题，部署下阶段工作。2009年，全省高中阶段教育在校生377.9万人，毛入学率达79.9%。肇庆、惠州、中山等6个市（区）的代表在会上介绍高中阶段教育工作经验。省政府副秘书长李捍东主持会议。副省长宋海，省教育厅厅长罗伟其、副厅长叶小山，肇庆市委副书记、代市长郭锋，副市长黄玲，省直有关部门负责人，各地级以上市政府分管教育工作的领导及教育局负责人等出席会议。副省长宋海对肇庆在困难条件下发展高中阶段教育给予高度评价。肇庆、惠州2市提前普及高中阶段教育，被省政府授予“高中阶段教育普及市”称号。（办公室）

【教育工作会议】 2010年3月16日，肇庆市2010年教育工作会议在市委小礼堂召开，总结2009年的工作，部署2010年全市教育工作，明确力争尽快实现创建广东省教育强市目标。市委书记覃卫东在讲话中指出，各级各部门要把教育工作重点转到全面推进创建广东省教育强市上来，重点抓好“加大投入力度，进一步改善办学条件；加快建设速度，全力打造我国南方重要职教基地；加强培养力度，建设高素质专业化教师队伍；深化改革程度，全面提升教育教学质量”四个方面工作，力争尽快实现创建教育强市目标。市长郭锋和副市长黄玲就全市教育工作和创建广东省教育强市工作作部署。一批在2009年普及高中阶段教育工作中作出突出贡献的集体和个人受到表彰奖励。（办公室）

【中小学体卫与艺术国防教育会议】 2010年3月24～26日，广东省中小学体育卫生艺术与国防教育年度工作会议在怀集县召开。省教育厅体卫艺处处长莫宝光主持会议。会议总结2009年全省中小学体卫艺与国防教育工作情况，部署2010年各项工作。广州市教育局、肇庆市教育局、澄海区教育局、怀集县教育局作经验介绍；获广东省第三届中小学生艺术展演奖项的集体及获艺术论文奖项的个人在会上受奖。期间，与会人员参观怀集县中小学卫生保健所、怀集一中天湖校区。国家教育部体卫艺司司长杨贵仁，省教育厅党组成员、巡视员李小鲁，肇庆市副市长黄玲，全省各地级市教育局分管体卫艺工作的副局长及体卫艺科长、部分中小学卫生保健所所长参加会议。（王红洁）

【创建教育强市动员会】 2010年5月10日，肇庆市创建广东省教育强市工作动员大会在市委小礼堂召开。会议提出：2012年要把肇庆创建成为广东省教育强市，初步建立起人民满意、特色鲜明、和谐发展、充满生机与活力的现代国民教育体系和终身学习体系，充分满足人民群众多样化的学习需求。其中到2011年底，端州、鼎湖2区和高要、四会2市要建成广东省教育强区（市）；2012年7月，德庆、封开2县建成广东省教育强县，广宁和怀集2县50%以上的乡镇成为广东省教育强镇。市委书记覃卫东强调五方面工作：一是明确目标，统筹谋划创建教育强市工作；二是真抓实干，大力推进义务教育均衡发展；三是整体推进，全面提升各类教育发展水平；四是强师振教，着力打造高素质教师队伍；五是深化改革，不断提高教育教学质量水平。市长郭锋与各县（市、区）人民政府、肇庆高新区管委会主要负责人签订创建广东省教育强县（市、区）工作责任书；省教育厅副厅长朱超华对肇庆市“创强”工作提出要求和意见；高要市、封开县的代表分别发言，畅谈工作设想、措施和建议。（办公室）

**【创建广东省教育强市】** 2010年，全市贯彻落实《中共肇庆市委、肇庆市人民政府关于创建广东省教育强市的决定》和《肇庆市创建广东省教育强市工作实施方案》，推进广东省教育强镇创建工作。至年底，全市投入资金3.33亿元，创建广东省教育强镇28个，比年初下达的创建目标多创建5个，完成年度创建工作任务的122%。广宁县、四会市、高要市均超额完成年度工作任务，完成率分别为200%、150%和120%。肇庆市成为年内广东省创建教育强镇最多的地级市，为2012年实现创建广东省教育强市目标奠定坚实基础。（创强办）

**【教育均衡发展工程】** 2010年，肇庆继续实施免费义务教育政策，普及九年义务教育各项指标均达到或超过国家的要求。全市各地坚持把义务教育规范化学校建设、校舍安全工程和推进教育信息化有机结合，以实施义务教育学校“三室一场五有”工程为重点，改善中小学校的办学条件。全市新建（扩建）校舍87幢，建筑面积11.09万平方米；维修（改造）校舍243幢，面积29.50万平方米；建成400米标准跑道田径运动场4个，200米标准跑道田径运动场57个，标准篮球场60个；新装备学生电脑室55个，添置图书资料120.39万册；新添置常规教学仪器设备和信息化教学设备总值达6938万元。全市67所独立建制的义务教育学校全部建成广东省义务教育规范化学校；9.49万名中小学生从2010年秋季学期开始，享受到优质教育资源。全市开展申报2009年度广东省经济欠发达地区义务教育规范化学校奖补资金竞争性分配，其中高要市回龙镇、德庆县马圩镇、广宁县江屯镇、封开县莲都镇、怀集县岗坪镇中标，共获省财政支持资金1900万元。（王巨华）

**【教育资源下乡】** 2010年，全市建设初中理化生实验室62间、电脑室71间、小学科学实验室19间，配备教学仪器及图书资料一批，建成远程多媒体互动教学平台1038个。全市90%的农村小学配备电脑，70%建成“村小信息直通车”，实现省市教育专网接入，“教育专网”进“村小”工作位居全省前列。10所学校被确定为“广东省现代教育技术实验学校”。（黄国洪）

**【职业技术教育基地】** 2010年，全市投入职教基地建设资金1.5亿元，落实中心城区职业院校新建、扩建用地37.87公顷（肇庆工商学院26.93公顷、肇庆市工业贸易学校4.27公顷、肇庆市外语职业学校6.67公顷）。2010年，完成肇庆市科技学院第一期工程；肇庆市工商学院扩建宿舍楼、教学楼、实训楼投入使用；肇庆医专新校区首期工程竣工。肇庆理工学校成为全省首所国家级重点民办职校；肇庆科技中等职业学校创建成为省级重点职业学校，“汽车运用与维修”专业创建成为省级重点专业。肇庆市工贸学校机电专业、肇庆市农业学校会计、汽修、畜牧兽医专业及肇庆理工学校印刷技术专业共获得国家和省950万元实训基地设备专项经费支持；全市职业教育优质学位扩大到63%以上，高于全省平均水平。肇庆科技学院、肇庆工商学院建设“万人职业学院”初成规模。全市37所职业院校以不同层面和深度落实校企合作办学。肇庆市外语外贸中等职业学校并入肇庆市农业学校，肇庆市蓝星中等职业学校并入肇庆理工学校。6名校长到珠三角地区知名职校挂职学习；15名骨干教师参加省或国家级研修培训；“双师型”教师（具备教师资格，有教师职称，同时又具有中级以上职业技能等级证书的教师）比例达45.2%，居全省第四位，高出全省平均水平10个百分点。（刘其全）

**【经费投入】** 2010年，肇庆市教育经费投入43.03亿元，比上年增加9.13亿元，增长26.93%。其中预算内教育经费33.74亿元，增加7.40亿元，增长28.09%；教育费附加收入1.18亿元，增加0.19亿元，增长19.19%；事业收入7.57亿元，增加1.48亿元，增长24.30%；社会捐资和集资办学经费共0.12亿元，增加0.04亿元，增长50%；校办产业、勤工俭学及社会服务收入用于教育的经费0.007亿元，比上年减少0.001亿元，减少12.5%。（陈任强）

【职教公共实训中心】 2010年1月，肇庆市职教公共实训中心投入使用，成为全省首个市级职教公共实训中心。全年举办全市职业院校师资培训班7期，培训专业教师352人；开展学生公共实训25期，培训学生3000多人；举行两场职业教育发展改革大型讲座，全市近200名骨干教师参加培训；开展职业技能鉴定2500人；举办肇庆市第二届中职学生技能大赛。

【首所国家级重点民办职业学校】 2010年3月，经国家教育部批准，肇庆理工中等职业学校成为广东省首家民办国家重点职业学校。该校由“全国模范军转干部”、“改革开放30年中国民办教育十大杰出人物”梁承华创办于1995年，位于肇庆市西江北路，是经教育部门审批备案的有独立颁证资格的中等职业学校。2010年在校生近7000人，教职工300人，其中专任教师196人；学校占地面积12公顷，校舍建筑面积10万平方米，设有印刷技术、美术设计、物流等专业15个。2006年12月成为广东省重点中等职业学校；次年，该校的印刷技术专业被定为广东省重点建设专业。

（刘其全）

【校园安全防范】 2010年，全市投入2000多万元，落实校园安全工作的6项具体措施（即配备和充实保安力量、购置一批防护器械、组建一支校卫队、开展一次应急演练、上一节安全防范常识培训课、安装一套报警系统）。中小学校和幼儿园基本配备警棍、钢叉等必要的防护器械；659所学校安装视频监控系统；镇中心小学以上的学校均在门卫值班室安装紧急报警系统；1100多所学校配备专业保安；全部学校成立校卫队。市教育部门制订《肇庆市学校安全防范工作指引》及《肇庆市学校及周边环境综合治理工作制度》，促进学生安全管理及校园周边环境管理逐步实现规范化和制度化。（麦才旺）

【校舍安全工程】 2010年，肇庆市制订《肇庆市2010年和2011年中小学校舍安全工程实施规划》和《2010年中小学校舍安全工程规划明细表》，有序推进校舍安全工程项目建设。全市开工建设校舍项目248个，建筑面积28.58万平方米。其中加固改造项目151个，建筑面积12.02万平方米；重建项目97个，建筑面积16.56万平方米。（何德昌）

【高考成绩】 2010年，肇庆市2.19万人参加高考，比上年减少817人，总上线人数1.85万人，上线率84.37%。其中上本科线7648人，增长15.30%，上线率34.83%；上三A线人数1.25万人，增长3.48%；三B线增长5个百分点。680分以上12人，650分以上186人。体艺类考生第一批本科上线人数增长34.38%，三A上线总人数增长8.02%。

（郭志勇）

【强师振教工程】 2010年，参加全市各级各类学校教师4.5万人次参加培训，其中参加省教育技术能力中级培训的教师1.2多万人，是全省参训人数最多的地级市。17人被省政府审批认定为第八批特级教师；3人被选为省中小学“名校长”、“名教师”工作室主持人；评定为市教育专家，第二批名校长、名教师、学科带头人共164名，其中教育专家3名、“名校长”10名、“名教师”42名，学科带头人109名。招聘引进教师2233人。采取“代转公”考试、转岗录用、辞退补偿、组织培训等办法，妥善安排经核定的代课教师2302人，其中1465人录用为公办教师，379人转岗为教辅工作人员，260人录用为工勤人员，198人依法依规辞退并给予经济补偿。8个县（市、区）及肇庆高新区为教师购买医疗保险，端州、鼎湖、四会、高要、德庆、肇庆高新区为教师缴交住房公积金。

（宋沛廷）

【农村学前教育】 2010年，全市创建市一级幼儿园31所，其中参加乡镇中心幼儿园28所；怀集县机关幼儿园通过省一级幼儿园评估，成为肇庆市山区县第2所省一级幼儿园。各地利用中小学布局调整后富余的校舍资源发展农村学前教育，全市新办幼儿园23所。至年底，全市有341个行政村办起村级幼儿园，农村学前三年幼儿入园（班）率84.7%。

（吕坚坚）

## 基础教育

**【学前教育】** 2010年，肇庆市贯彻落实《国务院关于当前发展学前教育的若干意见》，实施《肇庆市学前教育三年行动计划（2011—2013年）》。全市有幼儿园513所，比上年增加8所；开设学前班的小学621所；在园（班）幼儿12.76万人，增加7762人，增长6.47%。每万人口在园（班）幼儿数308.37人。学前三年儿童入园（班）率为88.6%，其中农村学前三年幼儿入园（班）率84.7%。学前一年在园（班）幼儿5.13万人，入园（班）率为99.5%。全市100%的乡镇建成中心幼儿园，有341个行政村办起村级幼儿园；市一级以上幼儿园61所，是2009年的2.10倍。全市有学前教育教师（含园长）8865人，整体学历合格率96.77%，专业合格率72.87%。 *（吕坚坚）*

**【义务教育】** 2010年，全市有小学753所，比上年减少303所；在校生36.83万人，减少2.82万人；初级中学144所，在校生23.94万人，增加1131人。小学学龄人口入学率100%，在校生辍学率0.03%；初中学龄人口入学率98.9%，在校生辍学率0.85%。全市有33个广东省教育强镇。 *（胡世森）*

**【普通高中教育】** 2010年，全市有普通高（完）中30所，其中广东省国家级示范性普通高中有肇庆中学、四会中学、高要市第一中学、江口中学、香山中学、鼎湖中学6所。招生3.06万人，完成省下达的普通高中招生任务的98.0%；在校生8.90万人，每万人口在校生215.17人；实际毕业生2.38万人。高中阶段学校在校生20.06万人，高中阶段教育毛入学率达92.51%，比上年增加6.21个百分点。

2010年，全市投入2.44亿元新建扩建高中阶段学校、添置各类教学仪器及实训设备；新增高中阶段学位8000个。德庆孔子高级中学二期、高要二中高中部扩建、怀集一中高中部扩建和四会市中等职业学校扩建等工程陆续投入使用。实行“初中送生、高中招生”，“一送一招、紧密对接”办法推行中职阳光招生，规范招生工作秩序，提高高中阶段招生工作效率。全市高中阶段教育招生7.32万人，完成全年招生任务的101.6%。

*（王巨华）*

**【特殊教育】** 2010年，肇庆市有特殊教育学校7所，全市‘三残”儿童少年总人数为1983人，入学1916人，入学率96.62%。肇庆启聪学校在校学生262人，其中小学部177人，初中部59人，高中部26人。10月，市教育局组织肇庆市特殊教育名师、学科带头人、各县（市、区）教育局主管特殊教育的行政干部、各特殊教育学校校长和骨干教师代表等15人，到南京特殊教育技术学院进行实效性培训。 *（鲍松青）*

## 高等教育

**【普通高等教育】** 2010年，肇庆市有普通高等院校4所，其中公办2所（肇庆学院、肇庆医学高等专科学校），民办2所（肇庆科技职业技术学院、肇庆工商职业技术学院）。全市普通高等院校招生1.99万人（含成人教育，下同，略），在校生5.56万人，比上年增长15.2%；毕业生1.18万人。教职工3028人，其中专任教师2095人；正高职称145人，副高（高级讲师）职称612人，中级职称760人。4所高校占地面积225.68万平方米，校舍建筑面积106.08万平方米；藏书313.01万册，电子图书3524.87GB；固定资产总值14.80亿元，其中教学仪器设备2.15亿元。

**【成人高等教育】** 2010年，肇庆有成人高等教育院校1所（广东肇庆广播电视大学），其中在各县（市、区）设电大分校6所。年内招生4456人，在校生1.02万人；教职工412人，其中专任教师208人，有副高（高级讲师）以上职称25人，中级职称208人。学校占地面积23.86万平方米，校舍建筑面积9.76万平方米；藏书31.5万册，电子图书27GB；固定资产总值8819万元，其中教学仪器设备2896.28万元。 *（肖 亮）*

## 职业教育

**【高职教育】** 2010年，肇庆市有高等职业技术教育院校2所（肇庆科技职业技术学院、肇庆工商职业技术学院），招生9073人，在校生2.43万人，比上年增长9.7%。有教职工1453人，其中专任教师994人，正高职称52人，副高（高级讲师）职称238人，中级职称173人。学校占地面积121.54万平方米，校舍建筑面积47.24万平方米，藏书162.29万册，电子图书1718GB；固定资产总值7.44亿元，其中教学仪器设备总值8576万元。

**【中职教育】** 2010年，全市有中等职业技术学校33所（含技工学校，下同，略），其中国家级重点中等职业技术学校7所，省级重点中等职业学校5所；省级实训中心5个，省级以上重点建设专业8个。全年招生3.91万人，比上年下降19.4%；在校生11.15万人，下降2.8%，毕业生2.98万人，毕业生就业率98.3%。有教职工4777人，其中专任教师3702人，正高职称6人，副高（高级讲师）职称322人，中级职称1805人。学校占地面积250.65万平方米，校舍建筑面积133.16万平方米；藏书198.96万册，电子图书35820GB；固定资产总值13.54亿元，其中教学仪器设备总值3.03亿元。

**【社会办学】** 2010年，全市有社会力量办学机构56所，其中高等职业技术院校2所，中等职业学校10所，非学历培训学校44所；在校生6.67万人，其中高职大专学生2.43万人，中等职业学生3.35万人，非学历教育学生8862人。该类中职学校在校学生占全市中职学校学生总数的30%；此类高职学校在校学生占全市高职高专学校学生总数的78.8%。　　*（肖　亮）*

## 成人教育

**【农村成人教育】** 至2010年底，全市有104个乡镇（街道）创办成人文化技术学校，其中省级示范性学校9所；有乡镇成人教育督导员100人。全年组织农民参加学习47.64万人次，推广农业技术188项。参加职业技术培训的农村普通中学应届初、高中毕业生共7.8万人，培训率96.68%。

**【职工教育】** 据2010年抽样统计显示，全市有职工教育培训机构123所，专职管理人员160人，专职教师311人。全年参加培训6.55万人次，其中岗位培训4.39万人次，非学历继续教育培训1426人次，其他培训2.02万人次。职工教育总经费实际支出1314.69万元，占职工工资总额的1.79%。

*（肖　亮）*

**【成人高考】** 2010年，全市报名参加成人高考5735人，比上年减少2524人，其中专科起点升本科1656人，高中起点升本科7人，高中起点升专科4072人。总录取人数5409人，减少1026人，其中专科起点升本科1558人，高中起点升本科7人，高中起点升专科3844人；录取率94.4%。

**【自学考试】** 2010年，全年进行4次自学考试，全市报考人数共1.14万人，比上年减少217人，报考2.23万科次，比上年减少1438科。设置考场有：市辖考场、端州区考场、怀集监狱考场和四会监狱考场。2010年，全市有473人毕业，其中专科118人，本科355人。　　*（罗启恩）*

**【问题与困难】** 一是教育欠债沉重。至2010年底，全市基础教育累计欠债9亿多元，其中义务教育负债5亿元，普通高中负债4亿多元，严重影响教育事业科学发展。二是教育事业发展不均衡。县域之间、城乡之间教育资源配置还不够均衡。三是师资队伍专业化程度不高，结构不够合理，教育质量还有待进一步提升。　　*（李吉涛）*

**附：2010年肇庆市教育局正副局长名录**

局　长：谭锦添

副局长：罗永通　杨　干　黄红敏（女）

## 肇庆学院

**【简况】** 肇庆学院是广东省和肇庆市共建的地

方综合性大学。2000年3月，经教育部批准原西江大学和肇庆教育学院合并成立本科层次的肇庆学院。至2010年12月底，肇庆学院规划用地面积110.33公顷，校园实际总面积79.73公顷，校舍建筑面积41万平方米；藏书125万册，电子图书32万册；固定资产总值5亿元，其中教学仪器设备价值1亿元。

2010年，肇庆学院计划招生5447人，其中本科计划4940人（本科插班生150人、普通高考生4790人），专科507人；实际录取5640人，其中本科生4987人（本科插班生181人，普高4806人），专科生653人。超额完成招生计划193人。全日制本（专）科在校生1.72万人，另有成人类学生7493人。学院面向广东、广西、湖南等16个省（市）招生，还兼招留学生和港、澳、台学生；全年招收留学生和港、澳、台学生共15人。

**【建校40周年活动】** 2010年是肇庆学院建校40周年。12月18日上午，庆典大会在体育馆举行。教育部原副部长周远清，广东省教育厅副厅长魏中林，肇庆市市长郭锋，学院的领导郑彬涛、和飞等，以及省内外各高校代表、各界嘉宾、历届校友和师生代表共4000多人参加纪念活动。12月27日晚，在肇庆学院体育馆举办建校40周年暨2011年新年文艺晚会。建校40年来，校园面积由10.67公顷扩展至近80公顷，在校生人数由200多人增加到1.7万人，教师队伍由不足100人增加到800多人；学校设置45个本科专业，涵盖法学、文学、理学、工学等9个学科门类；学校为社会培养和输送10.3万名毕业生。

**【党员大学生挂职社区】** 2010年，肇庆学院党委与端州区委联合启动在校党员大学生挂职社区的党建活动形式，挂职时间为1年。1月及6月，两批共41名学生党员在端州区芹田等20社区挂职锻炼，挂任社区党组织副书记或社区志愿服务站副站长，协助社区开展以志愿服务为主要内容的社区精神文明建设、管理社区党务和开展基层党组织结对共建活动。

**【专业设置】** 2010年，肇庆学院下设经济与管理学院、政法学院、教育学院、体育与健康学院、文学院、外国语学院、音乐学院、美术学院、数学与信息科学学院、化学化工学院、生命科学学院、电子信息与机电工程学院、计算机学院、软件学院、旅游学院、思想政治理论课教学部等15个院（部），设立45个本科专业，涵盖经济学、教育学、历史学、管理学等9大学科门类。

**【师资队伍】** 2010年，肇庆学院有专任教师858人，其中教授等正高职称人员78人，副教授等副高职称人员282人，副高以上职称的教师占教师总数的41.96%；教师队伍中有博士118人，硕士443人，拥有硕士以上学位的教师占教师总数的65.38%。

**【科研工作】** 2010年，肇庆学院共获得各级各类科研项目93项，其中纵向项目77项，横向项目12项，合作项目4项，经费总计674.23万元，其中纵向经费581.25万元，横向经费81.98万元，合作经费11万元。“国家柑桔产业技术体系肇庆柑桔综合试验站”经农业部批准，获国家柑桔产业技术体系建设经费225万元；“广东西江流域柑桔产业技术应用与创新研究中心”成为中央财政支持地方高校建设项目；“广东德庆社会主义新农村建设——破解农村发展十大难题”获“纪念广东省社会科学界联合会成立50周年优秀决策咨询成果”奖，成为广东省社科界50年来为党政决策服务的10大优秀成果之一。

**【教学管理】** 2010年，肇庆学院围绕提高教学质量，开展教学模式改革研究，立足应用型、复合型、学术型人才培养，改革教学覆盖面大、涉及专业面广的课程，推进实践教学体系建设，新建教育实习基地12个。推进课程建设，完善教学管理，在课程建设管理中引入竞争机制；建设“精品课程”和“通识课程”，培养和考核优秀教学团队带头人、优秀教学骨干，完善“辅修专业、双专业、双学位教育”管理，提高教学水平，培养复合型人才。在总结力行书院管理模式经验的基础上，学校增设两个书院——厚德书院和明智书院，使“学科专业学院制、生活社区书院制”管理模式得以推进。全校入住书院的学生达1万多人，每个书院聘任6名导师，按1：40比例配置书院导生，书院设置相关办公场所及学生素质拓展活动场所，为发挥学生第二课堂作用搭建良好的成长平台。

【素质教育】 2010年，肇庆学院举办科技文化艺术系列讲座80多讲，先后邀请中国工程院院士和北京大学、清华大学的教授等专家学者及社会知名人士前来授课，讲学内容涉及人文、哲学、艺术等领域，听众达2万人次；学院学生在全国和全省的电子设计、数学建模、英语演讲、物理化学实验技能、计算机软件设计、大学生艺术展演和定向越野等重要竞赛活动中均取得优异成绩。学院合唱团在第十届中国合唱节暨第二届星海国际合唱节比赛中获金奖。

11月11日，中国移动肇庆分公司和肇庆学院联合共建的“大学生MM创业计划办公室”在肇庆学院揭幕

【对外交流】 2010年，学院副院长王忠先后访问美国北伊利诺斯大学，双方签署合作协议；访问美国埃奇伍德学院，商谈硕士合作项目；访问美国海勒姆学院，签署学生与教师交流协议；访问德克萨斯大学泛美分校，建立友好学校关系（学院与国外建立友好合作关系的学校达13所）。学院外国语学院老师夏笑娟赴姐妹学校美国阿诺卡·莱蒙斯社区学院进行为期1年的交流学习；外国语学院老师张虹完成在美国肯塔基州克里丝丁县中学的教学工作重返教学岗位；外国语学院田珂老师继续在佛得角从事对外汉语教学工作；文学院老师徐天云和陈爱锋完成印度尼西亚亚洲友好学院汉语教学工作，返回肇庆。

【中德合唱友好交流音乐会】 2010年10月20日晚，肇庆市委宣传部、广东省合唱协会和肇庆学院共同主办的“砚都欢歌——中德合唱友好交流音乐会”在肇庆学院音乐厅举行。来自德国的汉诺威青年合唱团，与肇庆市合唱团、肇庆市端州区海韵童声合唱团及肇庆学院合唱团同台演出。

【签订合作协议】 2010年12月17日，肇庆学院院长和飞在学院行政楼第五会议室，会见来自蒙古国伊和扎萨克大学副校长苏任·丹姆查苏任一行，双方就合作办学和人员交换等议题展开交流，并签署相关协议。《协议》规定：以互利合作方式进行“1+4”和“2+2”模式实施教育合作；互派教职员工、学生进行交流，在教材、科学和学术领域开展交流；双方共同为四年级学生实施海外专业领域进行实践培训；通过开展暑期游学、联合会议、体育和特定文化活动，提高教师和学生的科研创新能力。

【圣诞联欢晚会】 2010年12月25日晚，广东省侨办与肇庆学院音乐学院联合主办的“2010广东省华裔留学生圣诞晚会”在学院陈熹音乐厅举行，来自中山大学、暨南大学、广东中医药大学等高校的泰国、菲律宾、印度尼西亚籍90多名留学生，与肇庆学院的师生代表齐聚一堂，欢度圣诞，加深彼此间的情感与文化交流。参加活动的留学生白天还参观了德庆学宫和悦城龙母祖庙。

（廖　勇）

**附：2010年肇庆学院正副院长名录**

院　长：和　飞

副院长：曾桓松　周苏平　王　忠

# 科学技术

责任编辑：韦相伍

## 综 述

【简况】 2010年，肇庆市科学技术工作继续以实施《珠江三角洲地区改革发展规划纲要（2008—2020年）》（简称《规划纲要》）和建设广佛肇经济圈为契机，提高自主创新能力，实施“三促进一保持”战略，建设创新体系和科技服务体系，集聚、优化和升级传统优势产业，推动高新技术产业集群，为全市转变经济社会发展方式提供科技支撑。全年实施省级以上科技项目92项，争取项目资金4824.5万元。

### 2010年肇庆市获省级以上科技计划项目汇总表

| 序号 | 项目编号 | 项目名称 | 承担单位 | 安排经费（万元） |
|---|---|---|---|---|
| 1 | 340 | 以高致病性猪蓝耳病活疫苗为首的猪重大疫病疫苗的产业化 | 广东大华农动物保健品有限公司（主管部门：肇庆市科技局；项目负责人：陈瑞爱） | 50 |
| 2 | 348 | 异育银鲫“中科3号”南引繁育及养成关键技术集成与应用 | 肇庆学院（主管部门：省教育厅；项目负责人：陈学年） | 50 |
| 3 | 2010CZ009 | 新型油烟净化设备 | 广东肇庆德通有限公司 | 30 |
| 4 | 2010B050100009 | 电子产品先进制造网格平台 | 肇庆软件国际化中心有限公司 | 20 |
| 5 | 2010B050400004 | 中小尺寸液晶屏自动光学检测设备的研制和应用 | 肇庆中导光电设备有限公司 | 20 |
| 6 | 2010B050100010 | 清洁高效薄膜电阻磁控溅射镀膜关键技术的研制及产业化 | 广东风华高新科技股份有限公司 | 30 |
| 7 | 2010A040202018 | 肇庆金利五金产业支撑服务平台建设 | 肇庆市生产力促进中心 | 20 |
| 8 | 2010B060100005 | 面向信息资源整合的科技服务协同工作平台建设 | 肇庆市科技中心 | 15 |
| 9 | 2009B020202014 | 优质高效杏花鸡饲养配套技术的应用示范和推广 | 封开县智诚家禽育种有限公司 | 20 |
| 10 | 2010A040304002 | 融合短信、话音、WAP方式的贡柑产业信息服务系统开发 | 德庆县生产力促进中心 | 15 |
| 11 | 2010A040209003 | 非人灵长类的新药评价服务平台建设 | 高要市康达实验动物科技有限公司 | 20 |
| 12 | 2010B010700013 | 智能电网中数字变换器的研发 | 广东四会互感器厂有限公司 | 8 |
| 13 | 2010B010600012 | 基层医院信息管理系统的开发与应用 | 四会市妇幼保健院 | 8 |

（续上表）

| 序号 | 项目编号 | 项目名称 | 承担单位 | 安排经费（万元） |
|---|---|---|---|---|
| 14 | 2010B010800014 | 不锈钢光亮线冷拉新工艺的研发应用 | 广东亚太不锈钢制品有限公司 | 8 |
| 15 | 10C26214402685 | 环保型耐高温手机锂电池 | 肇庆市迅佳科技开发有限公司 | 计划60<br>本次42 |
| 16 | 2010CY133 | GX-2050A光学镀膜机 | 肇庆市振华真空机械有限公司 | 20 |
| 17 | 2010CY134 | 环保、节能的超声波通过式皮革染色机 | 肇庆市宝利达机电设备有限公司 | 20 |
| 18 | 2010B020417006 | 农产品商贸物流信息管理系统及综合服务平台 | 肇庆漫通文化科技有限公司 | 5 |
| 19 | 2010B031600031 | A型肉毒毒素不同浓度治疗偏侧面肌痉挛多中心随机双盲交叉对照研究 | 肇庆市第一人民医院 | 4 |
| 20 | 2010A030100021 | 具解毒功能的新型中药饲料添加剂在罗非鱼中的应用研究及产业化 | 肇庆超凡生物科技有限公司 | 10 |
| 21 | 2010A030100020 | 大宗抗病毒南药南板蓝根规范化立体种植关键技术研究及示范 | 怀集福盛药业有限公司 | 8 |
| 22 | 2010B070300014 | 科普基地对基层乡镇中小学校科普教育活动有效形态探究 | 鼎湖山国家级自然保护区管理局 | 2 |
| 23 | 2010B020417002 | 多功能微型耕耘机研究开发推广 | 广宁县木格镇农业机械加工厂 | 5 |
| 24 | 2010B020417004 | 油茶标准化种植技术 | 高要市水南镇人民政府 | 5 |
| 25 | 2010B091102004 | 产学研结合肇庆示范市 | 肇庆市人民政府（预算单位：肇庆市科技局） | 100 |
| 26 | 2010B091103007 | 产学研结合高要示范区 | 高要市人民政府（预算单位） | 60 |
| 27 | 2010B090400381 | 集成式连杆裂解、上螺栓设备研制 | 广东四会实力连杆有限公司（预算单位）、广东工业大学 | 60 |
| 28 | 2010B090400378 | 柑橘产业技术支撑平台建设 | 德庆县仙罗果业有限公司（预算单位）、华中农业大学、肇庆学院 | 35 |
| 29 | 2010B090400380 | 汽车发动机周边复杂冲压件成型工艺理论、数字化与优化技术开发 | 肇庆市骏驰科技有限公司（预算单位）、湖南大学 | 30 |
| 30 | 2010B090400382 | 汽车发动机气门自动图象检测线研发 | 怀集登云汽配股份有限公司（预算单位）、广东工业大学 | 30 |
| 31 | 2010B090400383 | 新型高固体分含环酸酐羟基丙烯酸树脂的合成及超快干汽车修补清漆的研究开发 | 广东同步化工股份有限公司（预算单位）、华南理工大学 | 25 |
| 32 | 2010B090400379 | 豆粕、菜粕、棉粕发酵技术研发及其在养殖业中的应用 | 肇庆市益信农业发展有限公司（预算单位）、暨南大学 | 25 |
| 33 | 2010B090400438 | 适用于贴片式铝电容器化成铝箔 | 西安交通大学、肇庆华锋电子铝箔股份有限公司（预算单位） | 20 |
| 34 | 2010B090400384 | 苯丙树脂型高分子乳化剂的合成及在水性油墨乳液中的应用 | 广东天龙油墨集团股份有限公司（预算单位）、肇庆学院 | 20 |
| 35 | 2010A090200058 | 基于sip集成技术的汽车轮胎压力感应器的研发及应用 | 广东风华高新科技股份有限公司 | 100 |
| 36 | 2010A090200060 | 新型耐高温高矫顽力钕铁硼稀土永磁材料的产业化关键技术及示范应用 | 肇庆三环京粤磁材有限责任公司（预算单位）、广州有色金属研究院、华南理工大学 | 100 |
| 37 | 2010A090200059 | 大功率压电陶瓷及微型压电扬声器产业化关键技术 | 肇庆捷成电子科技有限公司（预算单位）、清华大学、肇庆九五电子科技有限公司、清华大学深圳研究生院、华南理工大学、合肥工业大学 | 100 |

（续上表）

| 序号 | 项目编号 | 项目名称 | 承担单位 | 安排经费（万元） |
|---|---|---|---|---|
| 38 | 2010B090301023 | 高品质油墨用松香酚醛树脂制备关键技术的突破与产业化 | 德庆县银龙实业有限公司（预算单位）、暨南大学、广东省测试分析研究所 | 30 |
| 39 | 2010B090300060 | 广东特色水果贮运销保鲜配套技术集成研究及产业化应用 | 肇庆市科创农业科技有限公司（预算单位）、中国科学院华南植物园 | 20 |
| 40 | 2010B090301022 | 新型移动靶多功能磁控溅射镀膜设备研究开发 | 广东中环真空设备有限公司（预算单位）、中国建筑材料科学研究总院 | 20 |
| 41 | —— | 关于建立广东科技人才基地（肇庆）的请示 | 肇庆高新技术产业开发区创业服务中心（委托肇庆市科技局管理） | 30 |
| 42 | 2010B070701004 | 广东风华高新科技股份有限公司组建研究开发院 | 广东风华高新科技股份有限公司 | 50 |
| 43 | 2010B070801038 | 百花园社区“两坛两进”科普行动计划 | 肇庆市端州区百花园社区居民委员会 | 6 |
| 44 | 2010B070801039 | 机器人创新竞赛 | 肇庆市实验小学 | 5 |
| 45 | 2010B070801040 | 农业节水技术科普教育与示范 | 高要市广新农业生态园 | 7 |
| 46 | 2010B070801041 | 鳄鱼科普资源网络平台与电视课件的开发 | 广东贞山鳄鱼养殖有限公司 | 5 |
| 47 | 2010A090100030 | 基于机器视觉的TFT-LCD/OLED质量智能检测关键技术及设备的研究 | 肇庆中导光电设备有限公司（预算单位）、广东工业大学、中科院长春光学精密机械与物理研究所 | 120 |
| 48 | 2010B050100025 | 掌上游戏机用方形锂离子电池的研制 | 肇庆市风华锂电有限公司 | 20 |
| 49 | 2010B060100044 | 鼎湖区产学研服务平台建设 | 肇庆市鼎湖区科学技术局 | 15 |
| 50 | 2010B060100045 | 高要金科网络升级改造及设备更新 | 高要市科技局 | 10 |
| 51 | 2010B050500007 | 皱纹型粉末涂料研究与开发 | 肇庆市羚至化工有限公司 | 30 |
| 52 | 2010B060100043 | 怀集县金科网络平台升级改造 | 怀集县科技局 | 15 |
| 53 | 2010B020417007 | 越南黄檀良种选育及高效栽培 | 肇庆市国有林业总场大水口林场 | 5 |
| 54 | 2010B050900014 | 双控温高精度NTC温度传感器研制与应用 | 肇庆市金龙宝电子有限公司 | 30 |
| 55 | 2010B060200006 | 华南药用植物种质资源保护园建设 | 鼎湖区国家级自然保护区管理局 | 15 |
| 56 | 2010B080703018 | 猪高热病综合防控技术研究 | 封开县江口镇新科牧业养殖场 | 20 |
| 57 | 2010B050300023 | 新型无汞高功率电池浆层纸 | 广东肇庆明珠纸业有限公司 | 20 |
| 58 | 2010A020507001-58 | 沙糖桔优质栽培集成技术示范 | 肇庆学院果树研究所（主管部门：肇庆市科技局） | 0.5 |
| 59 | 2010A070600013 | QGS系列纺织机械用推筒气缸的产业化技术开发 | 肇庆市志成气动有限公司 | 10 |
| 60 | 2010A070500017 | 民营科技园玉器特色产业创新服务平台建设 | 四会市工艺美术协会 | 25 |
| 61 | 2010A070600014 | 智能电网中信号传输与处理技术的研发 | 广东四会互感器厂有限公司 | 10 |
| 62 | 2010A020504002 | 怀集县现代农业科技应用及综合示范 | 怀集县科技局 | 50 |
| 63 | 2009B020503008 | 西江北岸优质果品星火技术产业带建设 | 肇庆市科学技术局 | 20 |
| 64 | 2010A020506016 | 独岗无公害蔬菜种植示范基地 | 四会市贞山街道独岗村民委员会 | 8 |
| 65 | 2010B080201006 | 肇庆柑橘专业镇创新联盟建设 | 肇庆市科学技术局 | 40 |
| 66 | 2010B080203046 | 闸岗专业镇生态养猪标准化示范与推广 | 怀集县闸岗镇农业办公室 | 30 |
| 67 | 2010B080203045 | 南街专业镇沙糖桔生产标准化示范（编号：0815） | 广宁县顺广沙糖桔专业合作社 | 30 |
| 68 | 2010B080202015 | 官圩旅游双提升示范专业镇建设 | 德庆县官圩镇人民政府 | 40 |

（续上表）

| 序号 | 项目编号 | 项目名称 | 承担单位 | 安排经费（万元） |
|---|---|---|---|---|
| 69 | 2010B080203047 | 高要金渡压铸工业创新中心 | 高要市金渡镇经济建设办公室 | 30 |
| 70 | 2010B080202014 | 玉器加工产业升级与产业合理布局创新示范 | 四会市东城街道办事处 | 30 |
| 71 | 2009B080400088 | 广东省高性能磁性材料及器件工程技术研究开发中心 | 广东肇庆微硕电子有限公司 | 20 |
| 72 | 2009B080400087 | 广东省汽车发动机连杆工程技术研究开发中心 | 广东四会实力连杆有限公司 | 20 |
| 73 | 2010B020417005 | 倒刺鲃规模化育苗关键技术研究 | 广东省肇庆市水产科学研究所 | 5 |
| 74 | 2010B020417003 | 肇庆市鼎湖区香蕉健康种植技术研究及推广示范 | 肇庆市鼎湖区沙浦镇农业服务中心 | 5 |
| 75 | 2010A040200003 | 肇庆高新区科技服务业发展示范基地 | 肇庆高新技术产业开发区创业服务中心 | 100 |
| 76 | 2010CY150 | 巴洛沙星 | 广东逸舒制药有限公司 | 20 |
| 77 | 2010CY151 | 耐候抗老化浸塑型工程粉末涂料 | 肇庆市羚至化工有限公司 | 20 |
| 78 | —— | 褐煤中含氧化合物的预处理与化工加工 | 肇庆市顺鑫煤化工科技有限公司、深圳清华大学研究院 | 300 |
| 79 | —— | 肇庆高新区科技服务公共支撑平台 | 肇庆高新技术产业开发区创业服务中心 | 100 |
| 80 | —— | 肇庆高新区低碳经济发展规划（2011-2020） | 肇庆高新技术产业开发区管理委员会 | 100 |
| 81 | —— | 中巴软件园动漫产业共性关键技术服务平台 | 肇庆软件国际化中心有限公司 | 50 |
| 82 | 2010B090500041 | 风华高科特派员工作站 | 广东风华高新科技股份有限公司、中国科学院上海硅酸盐研究所、深圳先进技术研究院、中科院长春光学精密机械与物理研究所、中科院广州地球化学研究所、电子科技大学、哈尔滨工业大学、湖南大学 | 40 |
| 83 | 2010GA780042 | 基于“龙芯”计算机的“农医通”信息服务平台 | 肇庆软件国际化中心有限公司 | 0 |
| 84 | 2010GH011496 | MgCuZn叠层片式电感器及其材料产业化示范 | 广东风华高新科技股份有限公司 | 0 |
| 85 | 2010GH021512 | 精氨酸 | 广东肇庆星湖生物科技股份有限公司 | 0 |
| 86 | 2010GRE00015 | NPO绿色环保片式多层陶瓷电容器 | 广东风华高新科技股份有限公司 | 0 |
| 87 | 2010GRE00016 | 低功耗高抗直流叠加双重特性锰锌软磁PG232B材料 | 广东肇庆微硕电子有限公司 | 0 |
| 88 | 2008GA780015 | 基于有线电视网络的村用计算机技术应用开发 | 肇庆软件国际化中心有限公司 | 50 |
| 89 | 2009GJE00028 | 可编程在线模拟IC检测装置 | 科威（肇庆）半导体有限公司 | 20 |
| 90 | 2010A081002010 | 交流-直流（AC-DC）转换大功率LED智能驱动芯片及其封装的研制和产业化 | 广东风华高新科技股份有限公司 | 1000 |
| 91 | 2010A081004005 | 肇庆市绿色照明示范城市建设 | 肇庆市市政管理局、肇庆市科学技术局 | 1000 |
| 92 | 2009GJE00028 | 可编程在线模拟IC检测装置 | 科威（肇庆）半导体有限公司 | 20 |

注：2010年，肇庆市获省级以上立项项目92项，共下达经费4824.5万元。其中国家级项目11个，下达经费250万元；省级项目80个，下达经费4574.5万元。其中重大专项11项（100万元以上项目）。

**【实施《规划纲要》】** 2010年，肇庆市投入科学技术研究经费7.74亿元，占地区生产总值比重为0.6%；实现高新技术产品产值348.41亿元，比上年增长53.15%，占规模以上工业总产值的19.98%；年发明专利申请量为40件/百万人口。均完成《规划纲要》下达给肇庆市的考核指标任务。

**【第13期肇庆博士论坛】** 2010年12月24日，肇庆市委组织部主办，肇庆市科技局、广州市博士创新研究会协办的第13期肇庆博士论坛在肇庆市科技中心开讲。论坛主题是“我国汽车产业的发展趋势”。广州市博士创新研究会博士团成员、华南理工大学机械与汽车学院专家博士石柏军、姜立标、曲杰、王红民分别讲授汽车整车、零部件基于新材料和新工艺的制造方法，新能源汽车研究，汽车及机械相关制造技术、结构优化设计，汽车动力总成新技术等方面的内容，并与参加论坛的汽配企业代表就相关技术和项目开发进行互动。市委组织部、市科技局、市经信局、广州市博士创新研究会有关领导及各县（市、区）分管科技的领导、科技局长、有关企业代表等共100多人出席论坛。

**【科技部领导调研高新区】** 2010年5月8日，国家科技部党组书记、副部长李学勇一行到肇庆高新区调研。李学勇等先后在肇庆大华农生物药品有限公司、亚洲铝业工业城、肇庆高新区创业服务中心及国际企业孵化基地、临江工业区参观考察，听取汇报，了解高新区高新技术产业发展情况。李学勇肯定肇庆高新区的发展，希望高新区继续提升自主创新能力，注重科学成果的产业化发展，创造更大的发展空间和更好条件，引进更多一流技术人才，打造高端人才聚集地，把高新区建成和谐绿色园区，尽快成功申报国家级高新区，实现年产值5000亿元发展目标。省科技厅厅长李兴华，市领导覃卫东、郭锋、刘龙平、关鹏、孙德等陪同调研。

**【创建省部产学研示范市】** 2010年6月23日，省科技厅同意将肇庆市纳入产学研结合示范市建设计划。建设省部产学研示范市，将优化肇庆产学研合作环境和氛围，推进肇庆市产学研合作，构建以派驻企业科技特派员为点、以建设产学研创新联盟为线、以建立产学研结合区域示范基地为面的“点线面”结合的产学研合作推进体系，完善产学研相结合的技术创新体系，集聚国内外优势创新资源，培育一批战略性新兴产业，促进产业的转型升级，为肇庆加快转变经济发展方式、调整产业结构“保驾护航”，形成适应肇庆实现“两个尽快”和“两个成为”，推动全市发展方式转变的“政府为引导、企业为主体，市场为导向、产学研结合”的技术创新体系。

**【高校科技特派员进驻肇庆高新企业】** 2010年，共有37名高校和科研院所的专家、教授进驻肇庆市28家科技型企业担任科技特派员。至年底，全市累计接纳科技特派员86人次。科技特派员进驻企业，对提高肇庆的支柱产业及重点企业的自主研发能力、培养企业高素质研发人才起到带动作用。

**【民营科技】** 2010年，肇庆市骏驰科技有限公司、肇庆市东源实业有限公司、肇庆市贝来得经济发展有限公司、广东维诺珠光颜料有限公司、高要市金美莱塑胶五金制品厂、四会市领军新建材科技有限公司、广东省广宁船用水泵制造有限公司7家企业被认定为省级民营科技企业；怀集福盛药业有限公司和肇庆市宏华电子科技有限公司被认定为市级民营科技企业。至年底，全市有民营科技企业121家，其中省级104家、市级17家；省级民营科技企业的从业人员1.9万人，总产值97.56亿元。

**【科技投入】** 2010年，全市地方财政投入科技事业总额2.30亿元，比上年增加0.14亿元；其中市本级8701万元，端州区2159万元，鼎湖区616万元，高要市4379万元，四会市1999万元，广宁县657万元，怀集县1617万元，德庆县1684万元，封开县1155万元。

**【科技政策】** 2010年，经市政府同意，市科技局与市财政局联合制订《肇庆市科技型中小企业技术创新专项资金管理暂行办法》，明确每年划拨的市级科技资金中含不少于300万元用于扶持肇庆市科技型中小企业技术创新项目的专项资金。

**【问题与困难】** 肇庆市的科技工作跟不上经济社会发展步伐。一是存在科技创新能力不足、产业集聚力不强、创新载体数量及规模较小等问题，全市高新技术企业占规模以上工业企业比例偏小，在新能源及节能技术和资源与环境技术等战略性新兴产业缺乏竞争力。二是大部分企业规模小、抗风险能力弱、自主创新能力和创新意识均有待提高；产业特色不够鲜明，龙头带动和集聚力不足。三是全市专利申请及授权量较前两年快

速增长，增幅居全省前列，但绝对数偏小，占全省总量很少，发明授权量占授权总量比例较全省水平偏小。　（廖　强　麦伟男）

## 高新技术产业

**【简况】** 2010年，肇庆市认定高新技术企业16家，全市累计认定高新技术企业61家，总量在全省21个地级市继续排位第九。全市高新技术产品产值348.41亿元，比2009年增长53.15%。

**【肇庆高新区升级】** 2010年9月26日，国务院批复肇庆高新区升级为国家高新区。11月20日，肇庆高新区升级为国家高新区授牌仪式在广州举行。肇庆高新区按国家高新区的要求，打造孵化体系、科技服务体系、产学研示范基地和技术创新平台。至年底，肇庆中导光电设备有限公司等企业进驻高新区国际企业孵化基地；肇庆理士电源技术有限公司建立广东省工程技术研究开发中心；肇庆大华农生物药品有限公司建成广东省重点实验室；亚铝二期项目投产。年内，肇庆高新区被“人民网”评为“中国十大经济活力开发区”。

**【产学研合作】** 2010年，肇庆市和高要市被省科技厅纳入产学研结合示范市建设计划。“汽车零部件省部产学研创新联盟”制订肇庆汽车发动机关键零部件产业技术路线图，参与广汽集团自主品牌汽车零部件的研发和配套。广东鸿图科技股份有限公司培育创建精密压铸产学研结合创新联盟，广东风华高新科技股份有限公司（简称风华高科）组建信息功能材料与器件联合研发中心，广东四会互感器厂有限公司创建50～100万伏级特高电压技术研究开发技术创新平台；肇庆大华农生物药品有限公司培育创建动物疫苗产学研结合示范基地，广东鼎湖山泉有限公司建立山泉水深度处理技术及全自动化生产控制产学研结合示范基地，肇庆市志成气动有限公司组建气动液压元器件特色产业基地；市科技局组织24家企业赴清华大学开展技术交流、技术洽谈和成果转化对接活动，其中15家企业的25个科研项目与清华大学达成初步的合作意向：风华高科与清华大学联合申报国家级创新联盟，广东肇庆星湖生物科技股份有限公司与清华大学化学工程系生物化工研究所的合作项目实现产业化生产，肇庆捷成电子科技有限公司与清华大学深圳研究生院联合申报省部产学研合作重点项目。全市50多个项目申报省部（院）产学研结合计划项目，其中17个项目获省科技厅立项，获915万元财政资金扶持。

**【工业科技计划项目】** 2010年，肇庆市27项工业项目获上级科技部门立项，获国家和省科技资金974万元支持；其中国家新产品计划项目1项、国家火炬计划项目2项、国家重点新产品计划项目2项、高新区引导专项5项、高新技术产业化项目—工业攻关3项、省国际合作项目7项、省工程中心建设项目2项、国家及省创新基金项目5项。

**【工程中心建设】** 2010年，肇庆市羚光电子化学品材料科技有限公司、广东鸿特精密技术股份有限公司、肇庆理士电源技术有限公司、广东同步化工股份有限公司4家企业组建市级工程技术研究开发中心；推荐肇庆市志成气动有限公司、肇庆理士电源技术有限公司2家企业组建省级工程技术研究开发中心。推荐申报广东省企业重点实验室建设项目2项，其中依托肇庆大华农与华南农业大学、中国农业大学、华南理工大学、中山大学等高校联合组建的广东省兽用生物制品生物技术研究与应用企业重点实验室于11月中旬通过省科技厅组织的专家现场论证。8月，组织有关专家对到期验收的11家市级工程技术研究开发中心进行材料审查和综合评估，全部通过验收。　（何　志）

## 农业科技

**【简况】** 2010年，肇庆市农业科技工作成效显著。加强各类农业科技创新平台建设，推进农业支柱产业关键共性技术的研究攻关和农业科技服务。农业领域科技计划项目获立项59项（属重大科技专项2项），其中国家级2项，省级20项；获上级支持经费2800多万元。

**【重大科技专项】** 2010年，省科技厅开展省级重大科技专项申报活动，其中肇庆市城市综合管理局承担的《肇庆市绿色照明示范城市建设》和风华高科承担的《交流—直流（AC–DC）转换大功率LED智能驱动芯片及其封装的研制和产业化》被列为省级重大科技专项，各获项目经费1000万元。

**【富民强县计划】** 2007—2010年，肇庆市有3个项目获科技部富民强县专项行动计划立项。其中，高要市人民政府承担的《建筑五金新产品开发与快速成型技术的推广应用》项目和德庆县人民政府承担的《西江流域优质贡柑标准化种植与产业开发》项目进入项目结题验收阶段。

**【农业科技创新中心建设】** 至2010年底，肇庆市有5家省级农业科技创新中心。其中广东省农业（生态肥业）科技创新中心及广东省农业（肉鸽产业）科技创新中心，按项目实施的要求期限超额完成工作任务，达到预期效果，经专家组评审进行结题验收。

**【星火技术产业带项目建设】** 至2010年底，肇庆市在建的星火技术产业带6条，分别是林产化工、果品、南药、竹业、蚕桑和水产星火技术产业带。其中，《广东省林产化工星火技术产业带》项目及《广东省南药星火技术产业带》项目通过省科技厅组织的结题验收。省科技厅仍以结转项目方式扶持《西江北岸优质果品星火技术产业带建设》项目建设。肇庆市根据农业支柱产业的发展状况，通过组织科技计划项目、推广科技研究成果、构建产学研平台、推动产业集群等措施，继续推进星火技术产业带的建设。

**【技术创新专业镇】** 肇庆市专业镇建设始于2000年。至2010年，全市有省级技术创新专业镇18个，市级技术创新专业镇41个，成为肇庆社会经济发展的重要载体。结题验收2008年前立项的47个省、市级专业镇建设项目，调研专业镇有关数据，总结专业镇建设10年工作经验，根据“一镇一策”原则，规划各专业镇的转型升级。年内，肇庆6个项目获省级科技计划专业镇专项立项，获200万元经费支持。

**【“直通车”工程】** 2010年，肇庆市农村信息“直通车”工程按照“平台上移、服务下延”原则，开展信息服务站建设，把信息服务站作为信息上传下运的中继平台；开展科技信息服务的市场化运作模式尝试，为农村信息“直通车”工程的可持续发展探索经验。全市7个申报信息“直通车”服务站建设项目获批，共获支持经费60万元。

（曾　帆）

## 成果管理

**【简况】** 2010年，肇庆市获省级科技奖6项，比上年翻一番，全国少年儿童发明奖实现零的突破；市科学技术奖评审工作首次引入网上评审系统，提高评审工作效率和质量。

**【鉴定与登记】** 2010年，肇庆市81项科研成果通过省、市科技成果鉴定，其中省级成果鉴定19项，市级鉴定62项；办理科技成果登记99项，其中省级科技成果登记13项，市级登记86项。

**【科技奖励】** 2010年，广东风华高新科技股份有限公司（第三完成单位）的“多层陶瓷电容器用钛酸钡基介电陶瓷材料的产业化关键技术及应用”获2010年度国家科技进步二等奖；获2010年度广东省科学技术奖二等奖1项、三等奖5项；评出2010年度肇庆市科学技术奖获奖项目59项，其中一等奖6项、二等奖14项、三等奖39项。

**【科技服务】** 2010年，肇庆高新区创业服务中心申报成为全省首批五个“广东省科技服务业发展示范基地”之一；组织10个项目申报广东省促进科技服务业发展专项计划，其中3项获批立项。

**【技术市场管理与创新计划】** 2010年，肇庆市登记点认定登记技术合同2宗，涉及技术交易额734.17万元，比上年增加345.19万元。肇庆市共组织三批次参与科技创新计划项目评审，共批准立项163项。

## 肇庆市获2010年度广东省科学技术奖项目

| 序号 | 项目编号 | 项目名称 | 完成单位 | 奖励等级 | 备注 |
|---|---|---|---|---|---|
| 1 | B04-0-2-03 | 高效除油除氧吸附式氢气在线净化装置 | 广东省肇庆化工机械厂 | 二等奖 | 第二完成单位 |
| 2 | B04-0-3-01 | TYD110/220型高压电容式互感器 | 广东四会互感器厂有限公司 | 三等奖 | 第一完成单位 |
| 3 | B08-0-3-02 | 氮化镀铬复合表面处理发动机气门集成技术创新与产业化 | 怀集登云汽配股份有限公司 | 三等奖 | 第一完成单位 |
| 4 | B08-0-3-07 | 胀断连杆生产技术开发与应用 | 广东四会实力连杆有限公司 | 三等奖 | 第一完成单位 |
| 5 | B09-0-3-04 | L518系列镁铝锌改性无毒复合稳定剂 | 肇庆市森德利化工实业有限公司 | 三等奖 | 第一完成单位 |
| 6 | B10-0-3-08 | 高叠加高饱和磁通密度低损耗MnZn铁氧体材料研发和产业化 | 广东肇庆微硕电子有限公司<br>广东风华高新科技股份有限公司 | 三等奖 | 第一、二完成单位 |

## 2010年度肇庆市科学技术奖项目

一等奖（6项）

| 序号 | 项目名称 | 主要完成单位 | 主要完成人 |
|---|---|---|---|
| 1 | 生物发酵生产L-脯氨酸的研究及产业化应用 | 广东肇庆星湖生物科技股份有限公司 | 李文锋　吴敏芝　郑明英　刘玉光　王秀旭　莫汝烘　陆　可　谢畅丰　廖瑜玲　李志坚　李志飞　李　舟　黄志坚 |
| 2 | 新一代移动通信超小型厚膜片式电阻器研制和产业化 | 广东风华高新科技股份有限公司 | 张远生　莫雪琼　张　俊　梁建银　杨晓平　赖燕琼　麦　俊　廖伟强　王勇华　陈剑彬　李　晔 |
| 3 | 山脚横向生物防火林带营造技术研究与应用 | 肇庆市国有林业总场北岭山林场 | 刘群开　潘志明　莫洪荣　陈伟明　杨秀淦　伍时荣　李永富　邓肇聪　巫雄汉　莫浩汉　邓昭华　黄小雄　汪　燕　李英杰 |
| 4 | 铝合金汽车发动机盖罩类压铸件的研究和应用 | 广东鸿特精密技术股份有限公司 | 李四娣　苏建强　邢敏儒　李维明　刘春生　张金荣　罗金祺　何树燊　陆文兴　成健强　钟　健 |
| 5 | JDQXF-220W2电磁式电压互感器 | 广东四会互感器厂有限公司 | 张树华　蒋豪贤　左先桃　陈东生 |
| 6 | 高精度温控软磁铁氧体材料PT100、PT90 | 广东肇庆微硕电子有限公司<br>广东风华高新科技股份有限公司 | 王京平　叶绍均　胡春元　蒋胜勇　王　宏　周　锋　胡永清　赖永学　廖晓舟　淦海平　林庆培　姚木有　周　芸　练炜科　陶　超 |

二等奖（14项）

| 序号 | 项目名称 | 主要完成单位 | 主要完成人 |
|---|---|---|---|
| 1 | 不同攀援行为五爪金龙化感作用及入侵潜力的研究 | 肇庆学院 | 赵则海　陈雄伟　段志芳　莫灿坤　徐锦海　梁　廉 |
| 2 | 鸟苷发酵过程优化研究及应用 | 广东肇庆星湖生物科技股份有限公司 | 李文锋　徐　达　陈双喜　陈　武　陈华强　李丰耀　刘　剑　王秀旭　莫文滔　顾振东 |
| 3 | 1000V-3000V高压Ni电极X7R型片式多层陶瓷电容器 | 广东风华高新科技股份有限公司 | 陈长云　黄必相　祝忠勇　唐　浩　张　尹　卢艺森　李筱瑜　安可荣　宋子峰　黎清乐 |
| 4 | 废聚酯瓶片的高清洁度再生与产业化技术研发 | 肇庆天富新合纤有限公司 | 谭亦武　王青春　李晓妹　谭耀波　张国华　许国雄　孙晋伯　凌赳如 |

（续上表）

| 二等奖（14项） | | | |
|---|---|---|---|
| 序号 | 项目名称 | 主要完成单位 | 主要完成人 |
| 5 | 低血糖生成指数饮食的体重控制模式研究 | 肇庆医学高等专科学校 | 阳　艳　张学思　夏克言　肖婷婷　甘灏云　杜红宇　李红颜　冯爱仪　李泽锋　潘瑞华 |
| 6 | 降纤治疗超急性期颈内动脉系统脑梗死随机对照研究 | 肇庆市第一人民医院 | 李又佳　钟志耕　古志辉　黄　燕　岑丽莲　林　本　李福祥　潘小兰 |
| 7 | 经肝动脉化疗栓塞联合瘤内注射碘油化疗药物乳剂肿瘤间质治疗肝癌临床研究 | 肇庆市第一人民医院 | 全　毅　陈郁芬　全高荣　林志芳　何宝贞　李祥厦　李凯滨　蔡悦成 |
| 8 | 高压氧治疗对颅脑损伤患者C-反应蛋白和血糖影响的研究 | 肇庆市第一人民医院 | 殷万春　李展鹏　高忠恩　周怡兴　苏亿年　彭立基　岑庆君 |
| 9 | 内镜微创保胆治疗胆囊结石 | 肇庆市中医院<br>肇庆市第一人民医院 | 吴志扬　马德奎　唐志良　陈向清　卢德光　陈　明　曾锦涛　关宇锋　刘亚荣　韩连中 |
| 10 | 肇庆市端州区学童视力家庭健康行为干预措施的研究 | 肇庆市疾病预防控制中心<br>肇庆市第十五小学<br>肇庆市实验小学 | 梁碧绿　叶　坚　蔡健生　郭赐provisional　江瑞清　关玲玉　麦　炜　林绍良 |
| 11 | 化痰消咳片的研究开发与产业化（新工艺、新标准的研究与应用） | 广东逸舒制药有限公司 | 黄庆文　黄庆雄　杨鹏飞　邓　军　曹　华　史　敏　陈显双 |
| 12 | 乳化炸药胶体的大产能高安全等级制备工艺技术产业化应用研究 | 高要市南虹化工有限公司 | 宋　强　罗　坚　曾开亮　赖健英　王万勇　杨红红　潘海雄　潘强盛　张宝山　陈靖宇 |
| 13 | 黑石顶省级自然保护区苔藓植物资源特征及其对全球氮沉降变化的响应 | 广东封开黑石顶省级自然保护区管理处<br>中山大学生命科学学院<br>赣南师范学院化学与生命科学学院<br>台州学院生命科学学院 | 雷纯义　刘蔚秋　区升华　梁旭柱　刘滨扬　戴小华　王　江　王永繁　张以顺 |
| 14 | 杆端电阻焊气门新产品的推广应用 | 怀集登云汽配股份有限公司 | 林德平　罗华欢　邹天敖　罗天友　罗　鹏　谢少华　梁兴杭　李东平　骆善德　王飞华 |

| 三等奖（39项） | | | |
|---|---|---|---|
| 序号 | 项目名称 | 主要完成单位 | 主要完成人 |
| 1 | 气相色谱-质谱联用技术在芳香植物挥发油化学成分研究的应用 | 肇庆学院 | 汪洪武　刘艳清　鲁湘鄂 |
| 2 | 核苷抗病毒药物利巴韦林清洁生产关键技术 | 广东肇庆星湖生物科技股份有限公司 | 李健军　矢雁青　黄志权　温荣斌　姚达章　关　军　曾令权 |
| 3 | 绿色环保型照明专用长寿命铝电解电容器 | 广东风华高新科技股份有限公司 | 赵勇刚　周庆波　陈明杰　刘丽霞　梁秋妮　钟远容 |
| 4 | 高功率锂离子电池的研究与开发 | 肇庆市风华锂电池有限公司<br>鑫满华科技有限公司 | 刘会冲　韩建国　廖钦林　陈爱东　刘亚明　王朝琛　谢根胜 |
| 5 | QS型氢化粉碎装置的技术应用 | 广东省肇庆化工机械厂 | 黎援朝　梁汉昌　苏　励　谢志雄　梁学雄　黄可坚　谢华贵 |
| 6 | 生化分析仪在血凝测定中的应用研究 | 肇庆医学高等专科学校<br>遵义医学院第五附属（珠海）医院<br>高要市人民医院 | 林德健　梁耀荣　梁国明　范兰凤　吴文奇　蔡肇丽 |

（续上表）

| 三等奖（39项） | | | |
|---|---|---|---|
| 序号 | 项目名称 | 主要完成单位 | 主要完成人 |
| 7 | 伤科祛瘀片质量标准的制定研究 | 肇庆医学高等专科学校<br>肇庆市中医院 | 刘　燕　姚伟生　唐铁鑫　吴美珠　谭雄斯<br>邱新华　甘柯林 |
| 8 | 肺心病急性加重期病人部分床上活动对心肌耗氧量的影响 | 肇庆市第一人民医院 | 梁焕兰　江月娥　陈少娟　赵来嫦　邹天士 |
| 9 | 非小细胞肺癌血清SGF、TSGF和CEA的表达及意义 | 肇庆市第一人民医院 | 李成德　李南洋　申学基　李海珠　梁莉红 |
| 10 | 频率适应性起搏器对老年病态窦房综合征患者运动贮量的影响 | 肇庆市第一人民医院 | 刘　明　王树源　陈伟芳　梁玉珍　李金兰<br>冯散香 |
| 11 | 婴幼儿轮状病毒肠炎并心肌、肝脏损害临床研究 | 肇庆市第一人民医院 | 林　才　李　前　莫伟雄　李南洋　张明真<br>杨美霞 |
| 12 | 甲氨蝶呤治疗系统性红斑狼疮的研究 | 肇庆市第一人民医院 | 胡学军　梁鸿健　关日邦 |
| 13 | 临床护理路径在脑出血患者护理中的应用 | 肇庆市第一人民医院 | 王金兰　陈玉霞　彭红霞　陈　莹　黄　燕<br>李又佳　吴振梅 |
| 14 | 早期床上体操减轻妇科腹腔镜术后不适的护理研究 | 肇庆市第一人民医院 | 陈伟月　黄敏莲　伍雪梅　梁　平　李旭茹<br>余勇妙　梁志群 |
| 15 | 眼轮匝肌缩短泪小管支撑物端缝扎治疗泪小管断裂 | 肇庆市第一人民医院 | 谭荣强　许维强　张　蕾　刘　姣　丁　琼<br>郑春昌　吴林彬 |
| 16 | 穴位皮下埋线治疗面肌痉挛的临床研究 | 肇庆市第一人民医院 | 叶立汉　黎健红　蓝琼好　覃丽红 |
| 17 | 基层医院卒中单元对初次脑梗死后生存质量的影响 | 肇庆市第二人民医院<br>广东医学院附属医院<br>肇庆市第三人民医院 | 文秀雄　陈煜森　陈　怡　卢奕南　张广智 |
| 18 | 基层医院如何规范院前急救程序的探讨 | 肇庆市第二人民医院 | 刘红丽　马艳青　汪兴玲　邓庆中　江国文<br>韩　东　唐汉媛 |
| 19 | 脑CT灌注成像在急性缺血性脑血管病的临床应用 | 肇庆市中医院 | 陈进军　李力强　彭妙瑚　叶丹晓　易咏希<br>梁宇豪　梁洪生 |
| 20 | 筛选与确诊试验在检测香港海鸥菌中的应用研究 | 肇庆市疾病预防控制中心 | 谭海芳　谭翰清　萧金长　丁丽娜　林　凤<br>区良钰 |
| 21 | 沙糖桔功能保鲜剂的研制及推广应用 | 肇庆市科创农业科技有限公司<br>中国科学院华南植物园 | 段学武　谢　毅　屈红霞　蒋跃明　李月标<br>罗跃兵　梁志雄 |
| 22 | 并联型气液增压缸（增力缸）的工艺技术研发 | 肇庆市志成气动有限公司 | 陈礼才　林世星　陈敬才　邓伟高　夏澳平<br>张思芳 |
| 23 | 磁致伸缩位移传感器液压缸 | 肇庆市通用气液元件有限公司 | 王肇智　黄承亚　吴建设　周炳良 |
| 24 | HDPH168型高效膨化机 | 肇庆市鑫源机械发展有限公司 | 廖文权　朱飞良　侯　敏　黎业忠　彭耀栋<br>王荣凯 |
| 25 | ST-10型集成电路分选机及其应用开发 | 科威（肇庆）半导体有限公司 | 布伟麟　布发楷　李洪贞　林志奋　周怡波<br>顾益民　庄惠帜 |
| 26 | 腹腔镜输尿管切开取石术 | 端州区人民医院 | 程德志　郭文邦　陈丽萍　杨志坚　杨玉兰<br>叶建俊　曾凡志 |
| 27 | 汽车发动机节温器总成生产技术的研究和应用 | 广东鸿特精密技术股份有限公司 | 李四娣　苏顺斌　邢敏儒　李维明　刘春生<br>张金荣　罗金祺 |

（续上表）

| 三等奖（39项） | | | |
|---|---|---|---|
| 序号 | 项目名称 | 主要完成单位 | 主要完成人 |
| 28 | PET吹瓶设备在瓶装水生产线上的全自动化应用 | 广东鼎湖山泉有限公司 | 吴木生 梁宪成 曾主宾 黎伟文 曾宪波 林晓鹏 |
| 29 | A8300连杆总成 | 广东四会实力连杆有限公司 | 黄压西 扬志刚 刘赞丰 鲁光辉 何善开 吴修芬 叶灿明 |
| 30 | 机动车雨刮用连续冷轧不锈钢支条的研制及应用 | 广东亚太不锈钢制品有限公司 | 朱增余 马洪祥 罗国伟 吴国洪 李华君 郑福明 张国栋 |
| 31 | 肉鸽产业化新模式关键技术研究与示范 | 肇庆市贝来得经济发展有限公司<br>华南农业大学 | 王修启 梁 聪 詹 勋 辛其兴 周秀文 束 刚 吴立新 |
| 32 | 经皮穿刺颈椎间盘摘除术的临床应用 | 高要市人民医院 | 李启中 赵汝平 吴 坚 |
| 33 | 持续鞘内输注止痛在治疗晚期癌痛的临床研究 | 高要市人民医院 | 陆汉荣 吴欣期 柴 锐 吴耀滨 张忠勤 叶小霞 赵汝平 |
| 34 | 术中内镜检查的临床应用 | 广宁县人民医院 | 曾庆记 蓝金新 曾海平 |
| 35 | 能有效防止气胀和漏液的碱性无汞钮扣电池及其制造方法 | 新利达电池实业（德庆）有限公司 | 何永基 陈伟成 谢冠雄 戴庆文 梁超方 肖正武 |
| 36 | 大功率高速欧Ⅳ柴油机气门新产品研制 | 怀集登云汽配股份有限公司 | 傅文兰 黄立勋 廉绍玲 林德平 孔志坚 谢少华 骆善德 |
| 37 | 利用彩色多普勒伪像诊断输尿管结石的研究 | 怀集县人民医院 | 黄 爱 温天奋 卢树觉 邓广初 |
| 38 | 瑞士EMS三代碎石清石系统治疗肾结石的临床研究 | 怀集县人民医院 | 何志新 彭晓东 杨春梅 温天奋 陈明华 |
| 39 | 基于虚拟显示技术开发的显示装置 | 硅芯（肇庆）光电科技有限公司 | 李红深 李守林 汤尚宽 赵国光 陈育涛 刘凤达 周如生 |

**【儿童发明奖】** 2010年5月，肇庆市科技局与市教育局联合举办第八届“肇庆市少年儿童发明奖”评选暨参赛作品展示会，40项作品获奖，其中一等奖5项，二等奖10项，三等奖25项；组织奖5个，园丁奖10名。推荐45项优秀作品参加第八届“广东省少年儿童发明奖”评选，获一等奖1项，二等奖8项，三等奖3项；专利申请鼓励奖（实用新型）9项；组织奖4个；有9人被评为优秀辅导老师。推荐8个作品参加第七届全国宋庆龄少年儿童发明奖评审，获铜奖和创新奖各1个，实现零的突破。

**【发明协会】** 2010年4月，肇庆市发明协会召开第三次会员代表大会，选举产生新一届理事会成员；全国人大代表、肇庆大华农生物药品有限公司董事长陈瑞爱当选理事长。 （罗小林）

## 知识产权

**【简况】** 2010年，肇庆市全年专利申请量759件，比上年增长37.75%，其中发明专利161件、实用新型专利334件、外观设计专利264件；专利授权量550件，增长67.17%，其中发明专利31件、实用新型专利285件、外观设计专利234件。

**【宣传与培训】** 2010年5月18日，肇庆市在高要蚬岗镇开展“科技进步活动月”活动，宣传知识产权法律知识，现场为市民提供专利咨询服务，派发《中国知识产权报》、专利知识等宣传资料300份。5月28日，市知识产权局在风华高科举办“2010年肇庆市企业知识产权战略讲座”，邀请深圳市同洲电子股份有限公司知识产权部部长李富山，讲授知识产权保护，企业知识产权资产化与商品化，知识产权管理模式等内容，对企业知识产权方面的问题作剖析和指导；风华高科介绍开展企业知识产权工作的经验。全市重点企业代表100多人参加座谈，现场派发《知识产权工作实务指南》等书籍。

【专利执法】 2010年，肇庆市的专利行政执法工作，以宣传知识产权法律、法规和指导企业如何运用知识产权战略等为主，提高专利权人的专利保护意识，维护权利人的合法权益；加强专利行政执法与刑事执法相协调的沟通机制，增强与市公安局、市工商局等部门的联络和协调。11月，根据国务院的统一部署，全市加强“双打”（打击侵犯知识产权、打击制售假冒伪劣商品）行动的组织和领导，推进“双打”各项工作。主要措施：（1）加强领导，精心部署。市政府印发《肇庆市打击侵犯知识产权和制售假冒伪劣商品专项行动实施方案》，成立“双打”领导小组，办公室设在市知识产权局。（2）明确目标，突出重点。集中力量做好重点地区、重点领域和重点产品查处工作。（3）部署迅速，实施有效。各地主要领导亲自抓，分别成立领导小组，落实责任，制订详细工作方案，建立上报案件及信息制度。（4）加强联系，强化沟通。强化各地、各部门的沟通联系，各地定时汇报“双打”行动开展情况、上报简报，及时反馈“双打”行动中遇到的重点、难点问题，寻求有效的解决方法。

【专利管理】 2010年，肇庆市继续实施知识产权区域发展战略，促进全市知识产权工作走上法制化轨道。主要措施：（1）实施专利专项资金计划，促进专利工作上新台阶。2010年起，市财政设立每年100万元的专利专项资金，实施专利战略。市知识产权局制订《肇庆市专利专项资金管理办法》，组织专利实施计划、专利申请资助及肇庆专利奖等项目的申报、受理、评审和上报。（2）抓好专利申请量，确保持续快速增长。通过对企业的面对面宣传，将知识产权工作与科技管理工作有机结合，采取政策倾斜、重点指导引导发明专利申请等措施，确保全市专利申请量保持快速增长态势。（3）抓重点，为全市知识产权工作的全面发展提供保障。促进全市专利技术实施项目、市级知识产权试点企业及试点区域、市级知识产权优势企业的培育工作，抓住重点企业，形成一批上规模、上水平的企业知识产权生力军；树立典型，以点带面，推广重点骨干企业经验，引导和帮助其他企业实施知识产权战略。（4）加强知识产权队伍建设。强化专利行政管理，加强队伍的政治思想教育和业务培训，组织各级科技人员参加省知识产权局举办的县域知识产权管理业务培训活动；指导和规范专利服务机构开展服务，主动引入专利代理机构来肇庆市开展业务。

（胡淑妍）

## 防震减灾

【简况】 2010年，肇庆市继续贯彻《中华人民共和国防震减灾法》，开展《肇庆市防震减灾“十二五”规划》编制，规范地震机构设置，加强地震应急避震演练。肇庆市地震局获全省地级市以上防震减灾工作综合评比二等奖；四会市地震办获全省县级防震减灾工作综合评比二等奖。

【法制建设】 2010年，肇庆市根据《国家防震减灾规划（2006—2020年）》和《关于印发广东省防震减灾“十二五”规划的通知》等文件精神，开展反复调研，编制《肇庆市防震减灾“十二五”规划》；年内根据部分领导职务的变动情况，及时调整市防震抗震救灾工作领导小组成员。

【机构建设】 2010年，肇庆市贯彻落实《关于加强我省市县地震工作管理机构建设的意见》精神，开展地震工作管理机构改革。市地震局申请成为行政类事业单位，建制为正处级，编制16名，按时上报市编委待批；各县（市、区）也相继进行地震机构改革的有关工作。

【应急避震演习】 2010年9月16日，肇庆市在端州中学举办“地震应急避震演习暨防灾减灾知识宣传”活动，省地震局副局长钟贻军和市政府副秘书长、市府办主任莫优年观摩演习并作讲话。年内，全市共组织避震演习11场，参加演习人数超1.1万人，同时开展防震减灾知识讲座和防火、医疗急救演习等活动。

【监测预报】 2010年，肇庆市协助省地震局在德庆县开展中国地震背景场探测工程项目选址，完成市、县用地预审；完成宝月公园、城东公园强震台的报建、基建、设备安装，与省地震局进行联通试验。

【地震知识宣传】 2010年5月11日，肇庆市召开全市防震减灾工作会议。市委副书记吴华钦要求各部门，本着"宁可千日不震，不可一日不防，宁可有备无震，不可有震无备"要求开展工作，切实加强地震监测预报、震灾预防、紧急救援三大工作体系建设，建立健全地震灾害管理体系，提高全市的综合防震减灾能力。5月18日，市地震局与市科技局、市科协在高要市蚬岗镇举办"肇庆市2010年科技进步活动月启动仪式暨科普集市"活动，开展地震科普知识有奖竞猜及现场咨询，派发奖品350多份。6月23日，市科技局、市科协、市地震局、端州区法院、端州五路社区在时代广场中庭联合举办"科普法律进社区、共享文明新生活"活动，通过播放防震减灾宣传片、有奖知识问答、现场咨询等形式开展科普宣传，派发资料1000份。9月7日，市地震局与市委党校在党校礼堂联合举办防震减灾知识专题讲座，省地震局副局长梁干作专题报告；县处级领导干部、乡镇委书记（街道党工委书记）、中青年干部培训班学员和市委党校全体教职工共200多人参加座谈。

【安全农居建设】 2010年7月28日，在四会市举办"安全农居建房抗震知识培训班"，邀请省地震局震害防御处科长李宏志授课。旨在增强农民群众防震减灾意识，提高农村民居抗御地震灾害的能力，普及建房抗震知识。来自各县（市、区）科技局、肇庆高新区科技局分管地震工作的副局长、股长、安全农居示范村助理员和群测点辅导老师共50多人参加培训。 （陆剑勇）

## 科技中心

【简况】 肇庆市科技中心成立于2008年5月，同年10月开馆并对外服务。科技中心大楼高15层，总建筑面积1.10万平方米，其中科普展区面积3000多平方米，由4D影院、儿童类展示厅、基础类展示厅和临时展厅等4部分组成，展品65件。科技中心开馆后，围绕科技服务、科技培训、科普展览三大职能，有计划、有重点地开展服务工作，实现科普展览上档次、科技服务有内容、科技培训有质量的目标。

【科普展览】 至2010年底，展厅共接待学校、团体参观247批次1.59万人次，接待社会公众2.82万人次。建成电子手工实验室并对外服务，与教育和共青团等部门合作，举办科技小制作和征集展品解说词等活动，推动学校、社区科普活动的开展。

【科技服务】 2008—2010年，引入5家省级科技服务机构在肇庆设立服务窗口，与省内及香港地区10多家服务机构合作，整合科技服务资源，拓展服务内容。相继开展科技型中小企业技术创新基金、科技金融、科技中介、知识产权、产学研合作等服务项目，取得初步成效。开发肇庆市综合科技业务管理系统，开始试运行，在2010年度肇庆市级科技奖励评审工作应用。2010年7月，科技中心网站投入使用。

【科技培训】 2008—2010年，科技中心配合科技局各科室，引进香港生产力促进局、工信部电子第五研究所的专家及北京理工大学教授，举办面向企业的专业培训4场。利用中心作为CEAC国家计算机教育认证肇庆唯一授权点和15楼培训课室先进的电教及办公设备的优势，开展CEAC考证培训及职业资格认证培训。两年有700多人次参加考证培训，资格认证培训480多人次。 （阮健芳）

**附：2010年肇庆市科学技术局（市知识产权局）正副局长名录**

局　长：关　键

副局长：黄　强（6月免）　徐培春

　　　　陶烽英（女）　　谢炳权

# 卫 生

责任编辑：郭仕佳

## 综 述

【简况】 2010年，全市卫生部门围绕市委、市政府中心工作和卫生工作计划，以深化医药卫生体制改革为主线，集中精力抓好新医改5项重点工作，整体推进其他各项卫生工作，基本完成全年工作任务。

【医药卫生体制改革】 2010年3月22日，市委印发《中共肇庆市委 肇庆市人民政府关于深化医药卫生体制改革的实施意见》；同月24日，市政府下发《关于印发肇庆市医药卫生体制改革近期重点实施方案（2009—2011年）的通知》，对肇庆深化医药卫生体制改革工作进行部署。按照市委、市政府的部署和要求，市卫生局年内重点抓好5项重点工作，即是进一步完善新型农村合作医疗制度，实施基本药物制度，健全基层医疗卫生服务体系，推进基本公共卫生服务均等化，稳妥开展公立医院改革试点，加快发展民营医疗机构。2010年，全市实现农村人口基本医疗保障全覆盖，筹资标准提高到每人150元以上。制订下发《肇庆市国家基本药物制度近期实施方案（2009—2011年）》及《肇庆市基层医疗卫生机构实施国家基本药物制度补偿办法（试行）》，年内全市60%的公立基层医疗机构实施国家基本药物制度。落实国家、省规定的公共卫生服务项目市级配套经费，制定《肇庆市基本公共卫生服务项目财政补助资金管理暂行办法》，明确补助项目、补助标准、预算管理、资金拨付管理和考核监督等内容。参观学习深圳市、珠海市实施公立医院改革的经验做法，草拟《肇庆市公立医院改革实施方案（2010—2012）》，全市共确定9间二甲以上医院作为市、县两级公立医院改革试点单位，探索公立医院管理体制和运行机制改革的有效实现形式。从2010年11月1日起，全市实行“病历一本通”。

11月19日，市人大调研组到卫生局调研“十二五”规划编制情况

【实施《规划纲要》】 2010年，市卫生局把握“科学发展、先行先试”的核心，按照抓改革、强基础、促发展、上水平的工作思路，结合深化医药卫生体制改革，推进《规划纲要》的贯彻落实。一是推进广佛肇卫生交流与合作。根据三市卫生局签署的广佛肇卫生领域合作意见，从1月起，三地法定传染病监测常规信息每月互相通报一次，发生重大突发公共卫生事件时，随时互相通报。4月27日，三地卫生局在广州举行第一次联席会议，5月，联合在肇庆市举办职业病防控和应急处理培训班，130人参加培训。8月，联合举办“创文明·迎亚运”2010年广佛肇莞突发公共卫生事件霍乱疫情应急演练。二是全面完成《规划纲要》规定考核的两项重要指标任务。年内，卫生部门以全面推进“妇幼安康工程”为抓手，抓住实施新医改9项基本和6项重大公共卫生服务项目的有利契机，推进乡镇卫生院产科改造和农村住院分娩，强化“两个系统”管理，提高妇女儿童整体健康水平。2010年，全市婴儿死亡率4.48‰，孕产妇死亡率9.07／10万，均实现广东省妇儿发展规划和《规划纲要》提出的2010年工作目标。

【机构、床位与人员】 2010年，全市有各类卫生机构（不含村卫生站）675个，其中医院39个（按类别分，有综合医院22个、中医医院9个、专科医院8个；按级别分，有三级医院2个、二级医院19个、一级医院8个、其他10个），卫生院103个（其中乡镇卫生院96个），社区卫生服务机构25个，妇幼保健院（所）7个，其他（包括门诊部、厂矿医务室等）466个。医疗机构床位总数9712张（其中，医院床位6808张，卫生院床位2122张，妇幼保健、疗养机构等782张），与2009年相比，增加526张（其中县及县以上医院床位增加400张，乡镇卫生院床位增加72张，妇幼保健、疗养机构等增加54张），平均每千人口拥有医院和卫生院床位达2.12张（按2010年底户籍人口422.41万人计算）。全市卫生人员1.89万人（比上年增加967人）；卫生技术人员1.49万人（比上年增加936人），其中执业和助理执业医师4762人，注册护士5240人；平均每千人口拥有卫生技术人员3.52人，执业（助理）医师1.13人，注册护士1.24人。

【便民廉医工程】 各级政府和卫生行政部门加强组织领导，继续深入实施便民廉医工程。新型农村合作医疗制度不断完善。2010年度，全市参合人数达到302.62万人，占全市农业总人口的99.51%，占常住农业人口的100%。乡镇卫生院和村卫生站建设成绩明显。有23所乡镇卫生院（其中5所中心卫生院）开展业务用房扩建改造，到年底有13所基本完工，有53所乡镇卫生院开展设备配套。全市1328个行政村全部设立规范化村卫生站，实现村村有规范化卫生站的目标。到年底，全年共有社区卫生服务中心10个，社区卫生服务站15个。

【市第一人民医院新院】 2009年12月第一标段正式动工。2010年3月，第二标段（住院大楼，建筑面积约71000平方米）、第三标段（门诊楼、医技楼、肿瘤科楼、氧疗中心、洗衣房等，建筑面积约8.63万平方米）均动工建设。到年底，在保证质量和安全的前提下，完成3个标段主体工程量的三分之二，达到市委、市政府确定的目标进度。

【公共卫生服务体系】 *疾病预防控制体系建设* 2010年，总投入6615万元、建筑面积达3.28万平方米的市、县两级疾控中心新改扩建项目全面完成，办公条件大为改善，实验室用房、仪器设备、人才三配套建设得到加强。完善实验室质量管理体系，抓好各级实验室质量考核和评审，提高各级疾控中心实验室检测能力。市疾控中心新实验室正在加紧建设，县级疾控中心全部新建或扩建了实验室并通过了计量认证复审。年内启动疾控系统绩效考核工作，推动管理规范化、科学化。

*卫生监督体系建设* 2010年，各地卫生监督所建立健全规章制度、岗位职责、业务工作程序，完善卫生监督工作内部约束机制，发挥内部稽查和外部监督作用。市卫监所优化流程管理，推行科室工作量化管理模式，规范各项管理与监督执法行为，提高工作效能。继续推行乡镇级卫生监督协管员培训考核和聘任工作制度。年底，四会市、广宁县、怀集县、封开县和高要市等地在辖区各镇全面开展卫生监督协管员的聘任，完成包括服装、证件、培训在内的各项工作，乡镇卫生监督队伍正式运作，弥补基层卫生监督力量的不足，市、县、乡镇的三级卫生监督网络体系

逐步建立。

卫生应急体系建设　2010年，全市8个县（市、区，不含高新区）均设立卫生应急机构，政府分管领导任应急指挥部总指挥，当地卫生行政部门设立突发公共卫生事件应急处理办公室，落实专（兼）职人员负责卫生应急工作，保证卫生应急工作常态化。2010年，市卫生应急办制订《地震应急避难场所卫生应急救治预案》、《肇庆市核事故与辐事故卫生应急预案》、《肇庆市洪涝灾害卫生应急预案》和《肇庆市自然灾害卫生应急预案》等4部市级预案，组建市级专家组9个，市级卫生应急救援队伍19支共197人，卫生应急机制进一步完善。举办市级卫生应急骨干学习班2期142人参加，演练2期130人参加，卫生应急处理水平得到提高。加强卫生应急物资储备，到年底，全市防控应急物资储备达390多万元，卫生应急救治的物资储备达2500多万元。

医疗救治体系建设　2010年，市卫生局制订下发《肇庆市城区医疗急救体系近期建设方案（2010—2011年）》，市紧急医疗救援指挥中心（120）建成并于12月28日正式运作。

【药品招标采购】　2010年，坚持“公开、公正、公平”和质量第一的原则，全面推进药品阳光采购工作。2010年，全市药品“阳光采购”网上招标工作扩大到乡镇卫生院，参加省统一药品网上招标采购的单位（县及县以上医疗机构以及所有乡镇卫生院和社区卫生服务机构）148个，全年采购药品9.02亿元，让利群众1.53亿元。

【社区卫生服务】　2010年，继续完善城市社区卫生服务网络。全年新建成社区卫生服务中心、社区卫生服务站各2个。至年底，全市有社区卫生服务中心10个，社区卫生服务站15个。社区卫生服务机构全年开展基本诊疗55万多人次，建立健康档案26.17万份，开展儿童预防接种29.07万人次，开展健康教育咨询活动19万多人次。

【行业作风建设和精神文明建设】　2010年，全市卫生系统开展“深化作风建设，提高执行力”、“创先争优”（创建先进基层党组织、争做优秀共产党员）、“两好一满意”（质量好、服务好、群众满意）以及卫生系统“十佳健康卫士”评选等主题学习实践活动，各单位共查摆出存在问题30多项，并结合实际落实相应措施，解决群众反映强烈的热点难点问题8项。加强药品采购的监督管理，推行“阳光采购”制度，加大处方监管力度，推进“阳光用药”，端州区华佗医院安装“阳光用药”电子监控系统并投入使用。开展收受医药“回扣”专项治理工作，加强对卫生部门重点项目、重大资金的监管，有效防止虚报、截留、挪用等行为的发生，确保各项专项基金的安全和合理使用。市卫生局办证窗口简化办事手续，继续实行下岗工人、残疾人及大中专毕业生自主创业优先受理、审核、发证“绿色通道”和收费减免政策，一年来共减免群众费用近万元，被评为“肇庆市文明窗口”。

7月22日，市卫生局召开全市卫生系统创先争优活动动员大会

（彭金良 摄）

【问题与困难】　一是卫生人才总量不足，整体素质较低。全市每千人口拥有的卫生技术人员数、执业（助理）医师数和注册护士数均低于全省平均水平，卫生技术人员中，高学历、高职称比例较低。二是卫生事业发展不平衡，医疗卫生资源布局不合理。全市卫生资源总体质量不高，分布和配置不合理，医疗卫生服务的公平性、可及性较低。三是卫生投入不足，保障机制未有完善。

市、县两级医疗卫生机构的运营和发展基本靠自筹资金解决，疾病控制机构、妇幼保健机构和县级卫生监督机构的建设经费、人员经费和业务经费未得到较好落实，影响工作开展。四是公共卫生服务体系建设滞后。卫生应急体系有待完善，公共卫生服务亟待加强。五是城乡爱国卫生工作存在薄弱环节。城区卫生基础设施建设滞后，城市长效管理机制不够完善，农村无害化卫生厕所普及率仍低于全省平均水平，创建省卫生村的受益人口覆盖率不高。六是卫生信息化建设滞后。卫生信息化建设各自为政，缺少协调合作，行业规范不健全，技术标准不统一，数据交换和资源共享困难。

## 医 疗

**【医疗质量管理】** 2010年，肇庆市卫生局组织开展“医疗质量万里行”检查督导工作，按照卫生部医疗质量万里行督导检查标准的7大项（医院管理、临床工作、护理工作、药事管理、医院感染、临床检验、医院后勤）内容，对市一医院、市二医院和各县（市、区）人民医院以及全市8间民营医院医疗质量安全情况进行督导检查，促进各医院医疗质量的持续改进。市卫生局还下发《关于进一步加强医疗质量管理保障医疗安全的通知》，并以市政府名义召开肇庆城区医疗安全工作会议，总结分析城区医疗单位医疗质量管理情况。加强医院感染防控。全年举办全市院感与消毒规范培训班，500多人参加培训。举办全市血液透析医疗安全培训班，各县（市、区）卫生局和全市开展血液透析业务的医疗机构的领导以及业务管理人员等60多人参加培训。组织市疾控中心、市卫监所有关专家，对城区18间医疗机构的微生物实验室备案情况进行检查，下发检查情况通报，并举办全市实验室生物安全管理培训班，150多人参加培训。加强药事管理。市卫生局会同药监、计生部门召开全市药品不良反应工作会议，下发《关于进一步加强我市麻醉药品和精神药品管理的通知》，加强和规范麻醉药品和精神药品的管理。

**【民营医疗机构管理】** 2010年，不断加强民营医疗机构监管，组织开展全市民营医疗机构基本情况调查，开展民营医疗机构校验工作。会同市药监部门查处部分诊所的“医托”问题，并召开城区民营医疗机构负责人会议，通报全市民营医院医疗质量检查情况及部分机构“医托”处理情况。

**【医疗服务信息公示】** 根据《肇庆市医疗服务信息公示制度》，分别于1月、7月对市第一人民医院等10个市属、县属医疗单位2009年下半年和2010年上半年部分医疗服务信息予以公示。2010年，全市医疗机构诊疗1674.7万人次（其中，医院诊疗780.74万人次），比上年增加162.32万人次；医院住院20.04万人次，比上年增加2.60万人次。全年医院病床使用率73.65%，出院者平均住院7.70日，与2009年相比，医院病床使用率提高1.78个百分点，平均住院日增加0.10日。2010年，本市政府办非营利性医院平均每诊疗人次医疗费106.08元，住院病人人均医疗费6106.44元。与2009年相比，平均每诊疗人次医疗费增加9.57元，增幅9.91%；住院病人人均医疗费上升502.57元，增幅8.96%。平均每诊疗人次医疗费中，药费占52.74%，检查治疗费占32.45%；住院病人医疗费中，床位费占5.13%，药费占38.73%，检查治疗费占31.90%，手术费占9.22%。

**【护理工作】** 2010年，市卫生局分别召开全市护理部主任研究会、全市护理工作研讨会暨纪念护士节座谈会，总结交流各地开展护理工作的经验。在全二级以上综合医院开展“优质护理示范工程”，确定市一医院、高要市人民医院为省卫生厅的定点联系医院，开展“优质护理示范工程”试点工作。举办全市护理骨干培训班，200多名护理骨干参加培训。

## 农村卫生

**【乡镇卫生院改造建设】** 2010年，全市有5所中心卫生院和18所一般乡镇卫生院开展工作用房扩建改建，计划投入资金1985.2万元，总建筑面积1.89万平方米。到年底，全部项目均已动工，其中有13所基本完工。另有53所乡镇卫生院进行设备配套，采购设备365台（件），金额254.4万元。

【新型农村合作医疗】 2010年度，全市参合人数302.61万人，占本市农业总人口的99.51%，占常住农业人口的100%，实现农村人口基本医疗保障全覆盖。筹资标准提高到每人150元以上，全市共筹得新农合基金总额4.56亿元（不包含救助金）。参合人员在镇、县、县外住院报销比例达到70%、60%、45%；年住院报销封顶线提高到6万元以上。全年全市参合受益人数达355.31万人次（含医疗救助），平均受益率超过100%，补偿总金额4.61亿元，为减轻群众看病就医负担发挥重要作用。2010年，实施新农合支付方式改革，制订《肇庆市新型农村合作医疗支付方式改革试点方案》，推荐四会市为支付方式改革省试点单位，确定端州区、高要市和广宁县为市级试点单位，德庆县和封开县主动实施支付方式改革，有效地控制医疗费用的过快增长。新农合经办能力进一步加强。鼎湖、德庆出台经办机构建设方案，广宁县成立县级新农合结算中心。探索和开展村卫生站信息化建设试点。怀集县采取与农业银行合作，将农行金融信息系统、新农合信息管理系统以及各医疗机构信息系统有机地整合起来，建立村卫生站以上医疗机构诊疗与即时补偿结算平台，在全省率先实行诊疗与补偿"一卡通"服务，工作效率和服务水平明显提高。

【农村卫生站建设】 2010年，继续按照市委、市政府实施"便民廉医工程"的部署和《肇庆市村卫生站建设实施方案》要求，加大村卫生站规范化建设力度。至年底，全市共建成规范化村卫生站1999个，覆盖全部1328个行政村，实现"一个行政村一个规范化村卫生站"的目标。同时，加强村医考核培训，提高服务能力和水平。

【卫生支农】 2010年，继续抓好卫生支农工作，提高帮扶水平。确定市一医院、市中医院、市二医院、市三医院、端州区人民医院、端州区红会医院、端州区华佗医院、鼎湖区人民医院、高要市人民医院、高要市中医院、四会市人民医院、广宁县人民医院、怀集县人民医院、怀集县妇幼保健院、德庆县人民医院、德庆县妇幼保健院、封开县人民医院、封开县第二人民医院等21间县级以上医院对口扶持37间卫生院或社区卫生服务机构。全市派出下乡医疗队219支（其中市直卫生系统组建5支巡回医疗队），下乡医务卫生人员2318人次，培训基层医务卫生人员9026人次，诊治农村病人4.57万人次，开展手术332例，赠送医疗器械和设备价值约38.77万元，赠送药品价值42.49万元。

## 预防保健

【疾病防控】 2010年，抓好艾滋病、手足口病、甲型H1N1流感、狂犬病等重大传染病防控工作。年内全市未发生手足口病局部暴发疫情，成功应对甲流疫情，全市无发生死亡病例，肇庆市艾滋病疫情上升趋势趋缓，感染率低于全省平均水平。做好免疫规划工作。全市"六苗"报告接种率均达90%以上，连续保持17年无脊灰、18年无白喉的纪录，麻疹疫苗强化免疫接种率达到98.10%，超额完成省下达接种任务。慢性病、地方病防治成果进一步巩固。2010年度，全年报告传染病发病率786.22／10万，死亡率2.03／10万。

【麻风病防治】 2010年，全市各地按照《肇庆市麻风病监测工作方案》的要求，通过完善三级防治网，落实主动监测、病人早期发现、规则管治等综合防治措施，有效巩固基本消灭麻风病工作成果。全市新发现麻风病人10人，现症病人共12例，全市麻风病患病率0.48／10万。

【妇幼保健】 2010年，加强妇幼保健服务体系建设，全市有3间县级妇幼保健院进入等级评审筹备阶段，有97间设产科的医疗机构开展地中海贫血筛查工作。继续抓好以防范孕产妇、婴儿死亡为重点的母婴安全工程，通过狠抓农村住院分娩，强化孕产妇保健管理和产科质量建设，建立畅通有效的急危重症孕产妇优先抢救绿色通道，降低孕产妇和婴儿死亡率。全市农村孕产妇住院分娩率达98.41%，孕产妇死亡率和婴儿死亡率分别下降至9.07／10万和4.48‰。

【农民健康促进行动】 2010年，开展农民健康促进行动示范点建设工作，提高农民群众健康意识和自我保护能力。广宁县赤坑镇成为肇庆首个农村健康促进示范镇。开展卫生系统禁烟工作，全市各级卫生行政部门、二级以上医院、所有妇幼保健院、疾病预防控制中心、卫生监督所、慢性病防治站（中心）、健康教育专业机构年底前均实现全面禁烟，建设“无烟单位”。

【卫生救灾防病】 2010年9月，德庆县、封开县等地遭受台风“凡亚比”袭击。市卫生局组织开展卫生救灾防病，卫生系统共向灾区派出医疗卫生防疫队11支45人，救治伤、病人员100多人，消毒面积8.7万平方米，发放宣传资料3000多份，灾区没有发生疫情和食物中毒事件。10月，台风“鲇鱼”登陆后，市卫生局及时组建3个工作组、4支医疗应急救援队、6支卫生防疫监督队，并随时待命，充分做好应应急准备。同时，继续做好对口支援汶川县克枯乡灾后恢复重建工作。 6月完成灾后重建志资料收集和编辑，11月下旬，市卫生局组织医疗卫生防疫队到汶川县克枯乡开展义诊送温暖活动，与克枯乡卫生院签订卫生交流合作意见，建立卫生发展帮扶的长期机制，受到汶川县和克枯乡的欢迎。

## 爱国卫生

【城市卫生】 为巩固肇庆城区“国家卫生城市”创建成果，迎接2011年全国、省爱卫会的复查，2010年4月8日，市迎接国家卫生城市复查指挥部召开专题工作会议，通报2009年全国爱卫办暗访和全市自查情况，部署下一阶段的整改、巩固工作。会后，采取一系列措施，完善经常化、制度化的工作机制。一是充实调整由市长任总指挥的“迎接国家卫生城市复查工作指挥部”成员单位，加大组织领导力度。二是按照“市、区一体化”和“以块为主，条块结合，整体联动”的工作机制，修订《肇庆市巩固发展国家卫生城市创建成果责任分工表》，再次明确各级职能部门的责任，并将迎检工作纳入市政府对部门年度政绩考核内容。三是成立市督查专责组，加强对各项整改工作落实情况的督促指导，及时将督查情况及存在问题以简报形式发到各有关部门。

【农村改水改厕】 2010年，按照省爱卫办的部署，组织开展农村饮水工程水质监测，组织实施中央农村改厕项目。年内全市投入农村改水改厕资金7446.77万元，新增自来水受益人口2.96万人，农村自来水普及率达到93.69%，比上年度提高0.92个百分点，继续保持全省中上游水平。全市卫生厕所普及率达到92.37%，比2009年提高4.47个百分点；使用无害化厕所的农户新增4.72万户，无害化卫生厕所普及率达74.16%，比上年提高5.77个百分点，首次超过全省平均水平。

【卫生村镇创建】 2010年，全市创建437个省卫生村，超额完成市政府提出的创建300个省卫生村的任务。至年底，全市的省卫生村数量累计1910个，占全省总数的38.24%，连续3年位居全省第一，累计受益人口覆盖率11.57%。肇庆创建省卫生村工作形成“投入少、见效快、效果好、群众欢迎、适合经济欠发达地区推广”的模式，得到省委、省政府及上级有关部门的高度评价，省政府《粤府信息》（2010年第122期）向全省各地专题推广本市的经验做法。

【城乡除“四害”】 2010年，坚持“以环境治理为根本，组织管理措施与综合技术措施相结合，经常性与突击性活动相结合，专业部门与群众参与相结合”的方针，做好病媒生物防制工作。一是建立健全经常化、制度化的灭害工作机制，年内组织开展“迎新春”、“爱卫活动月”、“迎中秋、贺国庆”为主题的全民爱国卫生运动，对城乡环境卫生进行集中整治和投药灭害活动，有效控制病媒生物的孳生繁殖。二是肇庆城区每季度开展“四害”密度监测和蚊蝇孳生地、卫生死角的调查处理，定期和不定期地进行除“四害”检查、指导。三是加强和规范对PCO行业管理，大力推行病媒生物防治的社会化有偿服务，做好符合条件的公司资质备案工作。

## 卫生监督执法

**【医政执法】** 2010年，全市继续抓好对医疗机构尤其是个体诊所和民营医院的监管工作，开展打击非法行医、非法采供血专项行动和预防接种专项检查，共检查各类医疗机构343户次，取缔“黑诊所”6家，维护正常的医疗秩序。在消毒管理上，重点督促医疗机构落实消毒隔毒措施，防止院内感染；加强对消毒企业、消毒产品的监管，开展查处假冒伪劣消毒产品、卫生用品专项行动。

**【卫生监督管理】** 2010年，按照“标本兼治、着力治本”的原则，实施相关法律法规，开展对餐饮服务业、生活饮用水、公共场所等与人民群众健康密切相关的重点行业、重点场所的卫生监督检查和专项整治行动，全面完成省、市公共卫生重点监督检查及抽检工作任务。全年出动卫生监督员2.67万人次，检查各类经营单位3.48万户次，实施行政许可6095户（其中餐饮服务类3487户、生活饮用水52户、公共场所2504户、放射诊疗许可52户），查处卫生违法行为3119户次，实施行政处罚153宗，行政罚款12.67万元。完成广东国际旅游文化节等72次重大活动的公共卫生安全保障工作，全年餐饮业、集体食堂无发生食物中毒事件。

## 中医工作

**【简况】** 2010年，贯彻落实国务院《关于扶持和促进中医药事业发展的若干意见》，围绕深化医药卫生体制改革和实施《规划纲要》，推进中医各项工作。推动中医药参与新医改工作，把中医工作作为深化医药卫生体制改革实施意见和实施医疗卫生事业发展规划的重要内容，发挥中医药在疾病预防控制、应对突发公共卫生事件、医疗服务中的作用。组织开展中医医院管理年检查评估，对中医医院发挥中医药特色优势、中医药配备、中医药文化建设等6大重点工作进行督导。

**【农村中医】** 2010年，加快农村中医工作先进镇建设进度，启动新一批农村中医工作先进镇创建工作。加强分类管理和检查指导，年内有14个镇通过农村中医工作先进镇检查验收。

**【中医院建设】** 2010年，召开全市中医医院管理年工作总结会，总结和推广市中医院、端州区华佗医院、德庆县中医院等单位加强医院管理年工作的经验和做法，推动全市中医医院管理年活动深入开展。加快中医医院等级评审工作。制订完善中医医院分级管理工作相关文件，加强对创建单位的技术指导和帮扶，抓好医院内涵建设和科学管理，突出中医药特色优势，四会市中医院成功创建为二级甲等中医医院。肇庆市中医院成为南方医科大学非直属附属医院。推进中医专科建设和“治未病”服务试点工作。高要市中医院被确定为全国农村医疗机构针灸理疗康复特色专科建设单位。端州区华佗医院建成中医“治未病”中心。

**【中医科技】** 2010年，加强中医药“治未病”科普宣传，全面推行中医非药物治疗方法。实施省名中医、市名中医、市中医优秀人才、省五类人才培养项目，培训人数达到500多人。完成中医住院医师规范化培训考试任务，做好全市中医类别医师资格考试中医实践技能考试工作，考生达780多人。

## 无偿献血和血液管理

**【无偿献血】** 2010年，全市贯彻落实《献血法》和《肇庆市无偿献血管理办法》，以确保全市医疗临床用血的需要和安全，争创“全国无偿献血先进城市”为目标，完善无偿献血管理工作机制，推进自愿无偿献血工作，促进无偿献血工作持续健康发展。全年招募无偿献血人数3.32万人次，比上年增长10.2%；全血献血量3.94万单位，比上年增长12%。全市医疗用血100%来自自愿无偿献血，全年没有发生采供血质量安全事故，血液质量得到保证，较好地满足全市临床用血的需要和安全。

【血液安全管理】 2010年，市中心血站加强基础建设和管理，投资170多万元新购置一套全自动生化分析仪和一辆新型采血车，改善血液检测和献血员的献血条件。开展《血站质量管理规范》和《血站实验室质量管理规范》培训和管理，完善血站质量管理体系建设，组织开展优质服务活动，强化质量控制管理。血站检验科继续参加全行业室间质评，全年共检测样本3.32万份，从中筛查出2196份不及格血液，确保血液质量安全。全年全市没有发生因输注市中心血站提供的血液制品而引起的输血传播性疾病，保证临床用血安全。

## 医学科研与教育

【医学科研】 全市卫生系统获“2009年度肇庆市科学技术奖”二等奖2项，三等奖29项，占全市获奖成果的47.6%。省卫生厅、省财政厅下达2010年度广东省医学科研基金立项课题，肇庆市第一人民医院、肇庆医学高等专科学校各有一项课题获省立项，分获课题资助金1万元。

【医学教育】 2010年，市卫生局召开全市继续医学教育工作研讨会，总结全市“十一五”期间继续教育工作，部署下一阶段工作，肇庆市第一人民医院、高要市卫生局、四会市卫生局在会上作经验介绍。首次申报省级继续教育项目，肇庆医专申报《医疗服务品质控制及医院评审》及《医院危机管理》，市一院申报《病历书写与管理》。举办全市住院医师规范化培训考试，全市有279人参加。市卫生局会同市红十字举办全市应急救护培训班，共有200多名基层医护人员参加培训。

【学会工作】 2010年，市医学会、预防医学会、中医药学会等学会利用自身资源优势，促进学术交流、知识传播和技术推广，全年组织开展多种形式的学术研讨会、交流会、学术讲座和适用技术培训班共43场次，参加人员1.07万人次。

市医学会坚持民主办会原则，加强学会专科建设。在专科分会管理中有效实施学会章程和专科分会管理规定，完善专科分会换届改选程序、选举会议程序，促进专科分会健康发展。办好《肇庆医学》期刊，为医务人员晋升职称创造条件。全年出版4期，发表论文123篇，印刷1000多册。组织会员参加市科协组织的科普宣传和咨询义诊活动。认真履行职责，公平公正开展医疗事故技术鉴定。2010年共受理医疗纠纷案件61例（其中10例为2009年未鉴定案），办理完毕55例。做好预防接种异常反应鉴定的筹备工作。

市预防医学会动员组织各会员单位开展创先争优活动，推进肇庆预防医学事业又好又快发展；积极参与卫生科普知识宣传，提高广大群众的卫生防病意识；开展“科普惠农一百会扶百村”活动，普及科学卫生知识和生活方式；开展学会第一届优秀学术论文评审活动，共收到论文32篇，评出一等奖2篇，二等奖4篇，三等奖6篇。

市中医药学会积极支持肇庆市中医院课题组完成《梁剑波名医中医学术经验集粹》的结题、编辑工作，学会副会长梁宏正主任医师主编的《岭南中医药名家梁剑波》一书由广东省科技出版社出版。参与全市“十一五”中医人才培养工程项目，为制订《肇庆市中医人才培养项目培养对象结业考核标准》和加快名中医培养、优秀中医人才培养项目的实施发挥作用。2010年9月，学会被广东省中医药学会评为先进市级学会。

（李远难）

**附：2010年肇庆市卫生局正副局长名录**

局　长：盘其彬

副局长：伍润文　欧忠荣　张　明

# 体 育

责任编辑：郭仕佳

## 综 述

【简况】 2010年广州亚运会上，肇庆市参赛的17名运动员共获6金2银1铜，金牌总数全省第四；34人次获得金牌，获金牌人次名列全省第一，创历史最好成绩，是肇庆市参加亚运会人数最多、获得金牌和奖牌最多的一届。在第13届省运会上，全市运动员获84金38银40铜的好成绩，名列金牌榜第七位。体育彩票销售再创新纪录，2010年销售量达1.53亿元。肇庆市获"广东省体育突出贡献奖"、"广东省第13届运动会体育道德风尚奖"和"广东省体育贡献奖"。

【问题与困难】 一是公共体育设施场地比较欠缺，部分县（市、区）还没有建成"一场一馆一池"和全民健身广场；二是市内竞技体育"尖子不多，尖子不尖"，缺乏高水平专业技术人才。后备人才训练基地和项目布局比较单一，重点项目不多，优势项目还比较薄弱，后劲不足；三是体育产业规模有待巩固提高；四是全民健身网络管理体系建设有待加强。

## 亚运与肇庆

【简况】 2010年10月29日，举行第16届亚运火炬传递（肇庆站）活动，火炬传递路线贯穿肇庆市中心城区，沿途经过古城墙、披云楼、朝天门等名胜古迹与市内繁华街道宋城路、建设路、端州路以及城东新区和星湖风景区。约有25万市民观看火炬传递活动，1.5万多名干部职工、志愿者、学生、演员在火炬传递沿路为火炬手加油、为亚运喝彩，得到第16届亚运会火炬传递运行中心领导的高度评价，认为"肇庆市第16届亚洲运动会火炬传递活动秩序最好，气氛最热烈，参与人数最多"。

【火炬传递】 10月29日上午9时，市委书记、市人大常委会主任覃卫东宣布火炬传递活动开始，第16届亚洲运动会火炬传递（肇庆站）活动拉开序幕。从第1棒火炬手、多哈亚运会两枚金牌得主肇庆籍运动员刘海涛开始，至第80棒火炬手、中共十七大代表贾东亮抵达牌坊广场收火仪式现场，在市委副书记、市长郭锋迎接火炬的仪式中，亚运会火炬传递肇庆站活动取得圆满成功。

第16届亚运火炬传递（肇庆站）活动，筹委会采取各种措施，使活动有序开展。一是抓好各项筹备工作，从火炬手的选拔，到路线的确定，到宣传氛围的营造，到后勤服务的保障等都做认真细致的准备。二是抓好安全保卫工作，整条火炬传递路线，组织2300多警力参与防卫，确保安全、畅顺，使火炬传递活动井然有序。三是广泛发动，群众参与热情高涨，自觉为亚运争添光彩。本次火炬传递活动，筹委会采取形式多样的宣传方式，充分利用电台、电视台、报纸、杂志、网络、手机等媒体工具，有效提升市民参与亚运、支持亚运的积极性和主动性，营造浓厚的氛围。约有25万市民观看火炬传递，1.5万多名干部职工、志愿者、学生、演员参与其中。广大出租车司机也积极响应，严格遵守交通秩序，部分车上加插国旗和亚运旗帜。

**【肇庆籍运动员成绩】** 第16届广州亚运会，17名肇庆籍运动员（其中男6人，女11人）参加6个大项、12个小项的比赛，参赛人数以及参赛项目为肇庆市历史之最。运动员在广州亚运会上的成绩为：14人共获6枚金牌，2人次获2枚银牌，1人获1枚铜牌，1人获第五名，1人获第六名，1人获第七名，其中16名运动员获得本届亚运会奖牌。

**【组织志愿者】** 2010年，肇庆学院有4000多名大学生符合条件参加选拔，经筛选，有1900多名成为亚运志愿者。其中10名志愿者成为亚运竞赛项目志愿者，参加11月在广州举行的亚运竞赛全过程的志愿服务，40多名师生参加亚运会开幕式的演出。1800多名志愿者参与亚运火炬传递肇庆传递整个过程的志愿服务，80多名师生参加亚运火炬传递肇庆站的收火仪式的表演。

## 群众体育

**【全民健身】** 2010年，抓好全民健身场地、组织、活动和服务“四大网络”。一是完善全民健身活动场地。年内利用体育彩票公益金，投入300多万元，建设农民健身工程、各县（市）区全民健身广场以及市城区各大全民健身场所配套或更新健身器材设施。二是抓好全民健身活动工作的组织。2010年，通过加强与有关单位和各体育协会的沟通联系，推动全民健身工作。1月18日举办广佛肇领导干部羽毛球巡回赛、高尔夫球联谊赛；6月4日举办肇庆市第九届龙舟邀请赛；9月21日举办首届农民运动会；11月26日举办肇庆市“集美居”男子篮球公开赛；12月20日民族宗教运动会。三是结合第16届亚运会，开展各类大型群众体育活动和比赛。抓好“体育节”系列体育活动，并以“全民健身日”和广州亚运会火炬传递为契机，开展丰富多彩的全民健身活动，每年全市性群众体育活动达450次以上，经常性参加体育活动人数占总人口的48%以上，比2005年的40.3%提高近8个百分点，超额完成2010年达到45%的目标。今年参加人数较多、规模较大的群体活动还有“安利杯”迎亚运元旦万人长跑活动、7月11日第11届体育节启动仪式、8月8日“全民健身日”千人骑游迎亚运活动、9月21日肇庆市首届“农信杯”农民运动会等，并首次组队参加8月10日在广州举行的横渡珠江活动。此外，自2009年国务院颁布《全民健身条例》以来，肇庆市便着手抓好宣传工作。共购买3万多册《全民健身条例》发至有关部门，举办18个相关座谈会，拉标语、横幅1100条，推动全市全民健身活动的开展。四是做好群众体育活动的服务工作。进行第三次群众体育现状调查和开展第三次全市国民体质监测工作，做好群众体育的指导和服务工作，举办社会体育指导员培训班，全市的社会体育指导员已超过4000人。

**【学校体育】** 2010年，继续贯彻落实中共中央、国务院《关于加强青少年体育增强青少年体质的意见》精神，开展青少年体育工作，举行“阳光体育运动”。全市有7家国家级青少年体育俱乐部，分别是德庆体育中心、端州中学、奥威斯小学、封开县体育中心、四会中学、肇庆中学、肇庆市体育中心。有5所学校向社会开放体育场馆：肇庆市端州中学、肇庆职业学校、肇庆市黄岗中学、肇庆市实验中学、四会市华侨中学。肇庆市体育运动学校和四会市少年儿童业余体校被命名为“国家高水平体育后备人才基地”。

**【农村体育】** 2010年，肇庆市投入200多万元建设农民健身工程。全市1330个行政村全部建有公共体育设施。9月21日举办肇庆市首届“农信杯”农民运动会，约1000人参与。

**【社区体育】** 2010年，继续健全群众体育组织，整合社区健身场地，加强社区体育工作，以“迎亚运”为契机，广泛组织具有地方特色的群众体育活动和体育表演，增强群众体质，社区体育蓬勃开展。端州区城西办事处荣获国家体育总局“2010年度全民健身活动先进单位”称号。

## 竞技体育

**【竞赛成绩】** 2010年，肇庆女子龙舟队在第九届亚洲龙舟锦标赛上夺得14枚金牌中的9枚，又在澳门国际龙舟邀请赛上夺得女子2000米直道赛冠军。第16届广州亚运会，14人夺6枚金牌，2人次获2枚银牌，1人获1枚铜牌，1人获第五名，1人获第六名，1人获第七名，其中16名运动员获得本届亚运会奖牌。拳击运动员罗娇玲获2010年全国女子拳击锦标赛48公斤级冠军。

**【承办省级以上比赛】** 2010年1月2日，举办第32届“省港杯”足球赛；5月29～30日，举办2010年全国田径大奖赛系列赛，队伍33支，参赛人数934人；5月10～15日，承办广东省第13届运动会赛艇比赛，参加单位9个，参加人数260人；5月22～26日，承办的广东省第13届运动会皮划艇比赛，参加单位11个，参加人数219人；9月27～30日，承办2010中国武术散打功夫王争霸赛擂主赛和总决赛（10月12日），该赛事观赏性强、奖金高、明星多，吸引全国各路媒体蜂拥而来云集肇庆追踪报道，全国有数十家电视台同时转播。

## 业余训练

2010年，肇庆市围绕培养“一专多能”适应社会需要的高素质体育新型人才，全面推进素质教育，落实《肇庆市运动队目标管理责任制》，经常对教练的训练进行抽查，检查是否做到训练有质量、有计划、有成果，定期进行考核评比，对不能达到要求的教练进行相应的处罚，并与每月岗位补贴挂钩，奖，罚分明，提高运动员和教练员积极性和主动性。2010年，市体育运动学校开设拳击、举重、柔道、武术、田径、皮划艇、激流回旋、击剑、游泳9个体育项目，全年投入训练经费453.87万元，在训人数224人，教练员21人，向省输送优秀人才12人。

## 设施建设

2010年，肇庆市利用体育彩票公益金，投入300多万元，建设农民健身工程、各县（市）区全民健身广场以及市城区各大全民健身场所配套或更新健身器材设施。至年底，端州区、高要市、封开县、德庆县等均建起一个标准的体育馆，各县（市）区均有一个健身器材设施齐全的全民健身广场（苑）。2010年，怀集县兴建体育馆和体育场。全市拥有10个规模大、设施完善的“全民健身广场”，人均体育场地面积达1.31平方米。全市1330个行政村全部建有公共体育设施。

## 体育产业

2010年，肇庆市以体育彩票发行为龙头拓展体育产业。开发县级体彩销售尤其是乡镇体彩市场，增机扩点，让体彩销售进超市、进小区。全年销售体育彩票1.53亿元，创历史新高。市体育中心继续发挥体育中心地利优势和“磁场集聚效应”，通过建立健全招标、经营租赁、物资采购等现代管理制度，力促体育场馆管理从低端向高端转变，推动体育产业发展，加大市体育中心的经济创收。抓好市体育中心场馆的开发和利用，提高场馆利用率。抓好东门店铺的升级改造工作，将其打造成为肇庆有特色、有品牌的健身、休闲购物商业街，已完成工程建设并发挥效益。进一步发展体育中心的广告资源，努力拓展体育竞赛表演市场，较好地挖掘体育的有形资产和无形资产，利用优越的场馆资源，并利用体育各项比赛冠名挂杯，打造各类体育商品，发展体育经济和体育赛事经济。全市新增体育彩票销售网点213个；全年增加个人偶然所得税155万元，筹集体彩公益金1133万元。　（傅金明）

**附：2010年肇庆市体育局正副局长名录**

局　长：徐　权（3月免）

　　　　黄学武（3月任）

副局长：夏燕庆（女）　张　鹏　周文耀

## 2010年肇庆市获全国以上级别比赛冠军统计表

| 队别 | 姓名 | 性别 | 比赛名称 | 小项 | 所属区 | 备注 |
|---|---|---|---|---|---|---|
| 花泳 | 魏 艺 | 女 | 全国锦标赛 | 集体自由自选 | 高要市 | |
| 龙舟 | 夏诗颖 | 女 | 第9届亚洲锦标赛 | 女子200米 | | |
| | | | | 女子500米 | | |
| | | | | 女5000米环绕赛 | | |
| | | | | 小龙舟女200米 | | |
| | | | | 小龙舟女500米 | | |
| | | | 第16届亚运会 | 女子250米 | | |
| | | | | 女子500米 | | |
| | | | | 女子1000米 | | |
| 游泳 | 王立勋 | 男 | 全国冠军赛 | 4×100米自由接力 | 四会市 | |
| 赛艇 | 张国林 | 男 | 第16届亚运会 | 男轻双双 | | |
| | | | 国家队带入水运会暨全国锦标赛成绩 | 男2000米轻四单 | | |
| | 唐婵娟 | 女 | 水运会暨全国锦标赛 | 女轻四双 | | |
| 皮划艇 | 谢伟勇 | 男 | 国家队带入水运会暨全国锦标赛成绩 | 男1000米单划 | | |
| | | | 全国春季冠军赛 | 男12000米划艇 | | |
| 龙舟 | 王玉婷 | 女 | 第9届亚洲锦标赛 | 混合组200米 | | |
| | | | | 混合组500米 | | |
| | 王玉婷<br>黄换换<br>伦金仪<br>宋艳冰 | | | 女子200米 | | |
| | | | | 女子500米 | | |
| | | | | 女5000米环绕赛 | | |
| | | | | 小龙舟女200米 | | |
| | | | | 小龙舟女500米 | | |
| | 伦金仪<br>宋艳冰 | 女 | 第16届亚运会 | 女子250米 | | |
| | | | | 女子500米 | | |
| | | | | 女子1000米 | | |
| | 赵艳娜 | 女 | 第9届亚洲锦标赛 | 小龙舟混合组200米 | 端州区 | |
| | | | | 小龙舟混合组500米 | | |
| | 刘雪莲<br>赵艳娜 | | | 小龙舟女子200米 | | |
| | | | | 小龙舟女子500米 | | |
| | 屈 雪<br>刘雪莲<br>赵艳娜 | | | 女子200米 | | |
| | | | | 女子500米 | | |
| | | | | 女5000米环绕赛 | | |
| | | | | 混合组200米 | | |
| | | | | 混合组500米 | | |
| | | | 第16届亚运会 | 女子250米 | | |
| | | | | 女子500米 | | |
| | | | | 女子1000米 | | |

（续上表）

| 队别 | 姓名 | 性别 | 比赛名称 | 小项 | 所属区 | 备注 |
|---|---|---|---|---|---|---|
| 游泳 | 史润强 | 男 | 第16届亚运会 | 男4×100米自由接力 | 端州区 | |
| | | | 全国冠军赛 | | | |
| | | | | 男4×100米混合接力 | | |
| 海模 | 伍锐彪 | 男 | 第四届体育大会暨全国锦标赛 | FSR–03.5 | | |
| | | | 第四届体育大会 | FSR–03.5 | | |
| 赛艇 | 李存明 | 男 | 国家队带入水运会暨全国锦标赛成绩 | 男单人双桨 | | |
| | 郭晓兵 | 男 | 2010年第16届亚运会 | 男八单有舵 | | |
| | | | 国家队带入水运会暨全国锦标赛成绩 | 男四单无舵 | | |
| | 曲晓明 | | 2010年第16届亚运会 | 男八单有舵 | | |
| | | | 国家队带入水运会暨全国锦标赛成绩 | | | |
| 拳击 | 徐远光 | 男 | 全国男子锦标赛 | 男48公斤级 | | |
| | 罗娇玲 | 女 | 全国女子锦标赛 | 女48公斤级 | | 与军队双计 |
| | 黎家赵 | 男 | 全国男子冠军赛 | 男49公斤级 | | |
| 皮划艇 | 张子豪 | 男 | 水运会暨全国锦标赛 | 男1000米四皮 | | |
| 龙舟 | 黄　漪 | 女 | 第9届亚洲锦标赛 | 混合组200米 | 怀集县 | |
| | | | | 混合组500米 | | |
| | | | | 女子200米 | | |
| | | | | 女子500米 | | |
| | | | | 女5000米环绕赛 | | |
| | | | 第16届亚运会 | 女子250米 | | |
| | | | | 女子500米 | | |
| | | | | 女子1000米 | | |
| 马术 | 顾　兵 | 男 | 全国锦标赛 | 盛装舞步团体 | 德庆县 | |
| 田径 | 陈燕梅 | 女 | 全国冠军赛暨大奖总决赛 | 女400米 | | |
| | | | | 女4×400米 | | |
| | | | 全国锦标赛暨亚运选拔赛 | | | |
| 滑水 | 秦晓辉 | 女 | 第四届体育大会 | 女子回旋滑 | 市体育局 | 破全国记录 |
| | | | 水运会暨全国锦标赛 | | | |
| 说明 | 共有26人在10个大项中获得48个单项全国以上级别比赛冠军 | | | | | |

（市体育局）

# 社会生活

责任编辑：郭仕佳

## 城市居民收入与支出

【基本情况】 2010年，市委、市政府采取一系列促发展、保民生措施，肇庆经济进入新一轮的发展时期，市民收入支出均呈上升趋势，生活水平不断提高，肇庆城市居民人均可支配收入1.68万元，同比增长11.7%；人均消费性支出1.22万元，增长10.3%。

【收入】 简况 2010年，肇庆城市居民人均工资性收入1.18万元，同比增加1244元，增长11.8%；人均离退休养老金收入3614元，同比增加652元，增长22.0%。两项收入合计占家庭总收入增加额的90.5%，拉动家庭总收入同比增长11.6%。城区居民人均转移性收入4603元，增长28.6%；人均财产性收入109元，增长68.0%；人均经营净收入1896元，下降10.3%。

增收原因 2010年，肇庆市经济发展提速增效，就业形势保持稳定。政府积极创造就业机会，实行农民工培训、农村劳动力培训转移就业，全市城镇新增就业4.98万人，年末全市城镇登记失业率为2.27%，比上年末下降0.12个百分点，高校毕业生就业率达93%。同时，政府加强对民生关注，完善社会保障体系，实施改善民生的相关措施，企业退休人员过渡性养老金标准和低收入困难群体保障标准逐步提高。

【支出】 简况 2010年，随着居民收入的稳步提高，居民消费信心得到进一步提升，消费支出持续攀升，消费亮点不断涌现。居民平均消费倾向0.72，八大类支出呈“七升一降”：人均食品消费支出5169元，同比上升6.5%；人均衣着类消费支出726元，同比增长24.1%；人均居住支出1221元，同比增长13.8%；人均家庭设备用品及服务消费支出698元，同比增长12.3%；人均教育文化娱乐服务消费支出1157元，同比增长1.3%；人均交通和通信支出2127元，同比增长27.2%；人均其他商品和服务消费支出387元，同比增长8.9%；人均医疗保健支出680元，同比下降6.6%。

食品支出增长 2010年，肇庆城市居民人均食品消费支出5169元，同比上升6.5%。其中，粮油、肉、蛋、干鲜瓜果、酒和水产品消费支出分别增长11.7%、7.0%、11.5%、18.7%、5.1%和5.6%。肇庆城市居民恩格尔系数为42.5，同比下降1.5。

衣着服饰档次提升 追求时尚化、个性化、品牌化成为居民衣着消费的趋势，市民对服装类消费需求增多，对服装质量也有了更高层次的要求。2010年，肇庆城区居民人均衣着类消费支出726元，同比增长24.1%。其中服装消费支出555元，增长23.1%；鞋类消费支出136元，增长11.0%。

美化家居热情高涨 受前年购房热影响，市民掀起装修新房、美化家居的热潮，刺激住房相关消费升温。2010年，人均居住支出1221元，同比增长13.8%；其中包括房屋装潢支出在内的住房支出增长70.2%。同时，随着新型现代小区越来越多，小区配套物业公司收费普遍较以往旧式小区高，使物业管理费消费支出增长7倍。

家政服务渐入百姓家　伴随肇庆经济发展增速，社会节奏加快，面对工作和身体等各方面压力，市民能用于处理琐碎家事的时间和精力都在减少。与此同时，居民的收入水平在不断提高，有能力购买各种家政服务的家庭越来越多，家政服务渐渐走进肇庆普通家庭中。2010年，肇庆居民人均家庭设备用品及服务消费支出698元，同比增长12.3%。其中家政服务消费支出38元，增长89.1%，成为一大消费亮点。此外，耐用消费品和家庭日用杂品消费支出分别增长3.8%和26.6%。

健身热持续升温　2010年，肇庆城区居民人均教育文化娱乐服务消费支出1157元，同比增长1.3%。其中健身活动消费支出37元，增长4.5倍。主要是由于健康生活方式理念受到重视，市民越来越注重身体健康，加强锻炼身体。另外，政府加大教育保障支出的力度，市民的教育费用负担得到减轻。2010年肇庆城区居民人均教育消费支出458元，下降2.3%；其中，教育费用消费支出402元，下降9.8%。

医疗保健消费更理性　2010年，肇庆城区居民人均医疗保健支出680元，同比下降6.6%。其中滋补保健品支出37元，下降39.0%，主要是因为城市居民自我保健意识增强，对保健品有了科学认识，消费观更为理性。同时，肇庆医疗保障体系不断完善，医保人群不断扩大，可报销药物费用比例也在不断提高，更多市民从中受益，使药品费支出降低1.1%。

交通工具消费活跃　随着市政道路日益完善和配套消费品全面进入普通市民生活，肇庆交通工具消费市场更显活跃。2010年，肇庆城区居民人均交通和通信支出2127元，同比增长27.2%。交通工具增势明显，其中汽车支出660元，增长3.6倍，成为拉动交通支出增长的主要力量。摩托车支出增长也超过1.3倍。

拓展服务消费市场　随着居民消费能力增强和消费观念转变，普通衣食住行的消费已不能满足居民对高质量生活的追求，高档次消费品和享受日渐成为新的消费热点，2010年，肇庆城区居民人均其他商品和服务消费支出387元，同比增长8.9%。其中，服务消费支出183元，增长48.5%，服务消费市场进一步拓展。

## 2010年肇庆市城市居民人均消费性支出情况表

| 项　目 | 人均支出（元） | 比上年增长（%） | 占消费性支出比重（%） |
|---|---|---|---|
| 消费性支出 | 12163.85 | 10.28 | 100 |
| 一、食品 | 5169.12 | 6.48 | 42.50 |
| 二、衣着 | 726.29 | 24.08 | 5.97 |
| 三、居住 | 1220.87 | 13.79 | 10.04 |
| 四、家庭设备用品及服务 | 697.78 | 12.28 | 5.74 |
| 五、医疗保健 | 679.58 | –6.58 | 5.59 |
| 六、交通和通讯 | 2126.78 | 27.20 | 17.48 |
| 七、教育文化娱乐服务 | 1156.87 | 1.34 | 9.51 |
| 八、其他商品和服务 | 386.56 | 8.94 | 3.18 |

## 2010年珠三角城市居民人均可支配收入和消费性支出排序表

| 城 市 | 排 序 | 人均可支配收入（元） | 城 市 | 排 序 | 人均消费性支出（元） |
|---|---|---|---|---|---|
| 东莞 | 1 | 36350 | 东莞 | 1 | 25733 |
| 深圳 | 2 | 32381 | 广州 | 2 | 25012 |
| 广州 | 3 | 30658 | 深圳 | 3 | 22807 |
| 佛山 | 4 | 27245 | 佛山 | 4 | 21995 |
| 珠海 | 5 | 25382 | 珠海 | 5 | 20370 |
| 中山 | 6 | 25357 | 惠州 | 6 | 19741 |
| 惠州 | 7 | 23565 | 中山 | 7 | 18833 |
| 江门 | 8 | 21153 | 江门 | 8 | 15561 |
| 肇庆 | 9 | 16832 | 肇庆 | 9 | 12164 |

**【存在问题】** 主要是居民家庭高、低收入差距仍较大。2010年，肇庆城区居民收入总体增加较快，但据调查数据显示，高、低收入阶层差距较大，居民收入增长仍不平衡。

肇庆城区居民家庭各项收入中，高收入家庭人均可支配收入5.19万元，低收入家庭人均可支配收入只有5935元，高收入家庭是低收入家庭的8.7倍；低收入家庭人均可支配收入仅为平均水平的35.3%。而在工资性收入、经营净收入、财产性收入和转移性收入上，高、低收入家庭差距分别达到2.01万元、1.18万元、907元和1.57万元。

居民收入的不平衡，对消费支出的增长有直接的影响。据调查数据显示，肇庆城区高收入家庭与低收入家庭消费支出呈不同增长态势：2010年肇庆城区居民家庭平均消费支出1.22万元，其中，高收入家庭消费性支出3.24万元，分别比低收入家庭消费性支出高出1.5倍和5.7倍。而从消费结构层次来看，低收入家庭在食品上花费比例较大，恩格尔系数达到61.9%，高收入家庭仅为29.5%。在教育文化娱乐和其他商品和服务消费支出方面，低收入家庭也远远落后于高收入家庭，仅为190元和22元，分别只占高收入家庭的5.6%和1.5%。可见，低收入家庭由于收入的约束，主要还是维持基本生活必需温饱型的消费，在享受型的商品和服务领域的消费支出很少。

## 2010年肇庆城区最高、最低10%居民家庭可支配收入比较

单位：元

| 项　目 | 平均水平 | 低收入家庭 | 高收入家庭 |
|---|---|---|---|
| 可支配收入 | 16832 | 5935 | 51921 |
| 工资性收入 | 11818 | 4855 | 24980 |
| 经营净收入 | 1896 | 652 | 12440 |
| 财产性收入 | 109 | 0 | 907 |
| 转移性收入 | 4603 | 1266 | 16972 |

## 2010年肇庆城区最高、最低10%居民家庭消费性支出比较

单位：元

| 项　目 | 平均水平 | 低收入家庭 | 高收入家庭 |
|---|---|---|---|
| 消费性支出 | 12164 | 4878 | 32441 |
| 食品 | 5169 | 3019 | 9578 |
| 衣着 | 726 | 147 | 2521 |
| 居住 | 1221 | 770 | 2015 |
| 家庭设备用品及服务 | 698 | 78 | 2405 |
| 医疗保健 | 680 | 157 | 1777 |
| 交通和通信 | 2127 | 495 | 9319 |
| 教育文化娱乐服务 | 1157 | 190 | 3370 |
| 其他商品和服务 | 387 | 22 | 1457 |

【对策与建议】　继续提高中、低收入者收入水平　收入水平是影响居民消费需求最直接、最根本的因素，对居民的消费层次和消费结构产生重大影响。建议有关部门通过3方面提高居民收入水平：一是继续提高机关、企事业单位工资标准。建议建立工资与经济增长联动机制，逐步提高职工工资收入水平；二是发展第三产业，创造就业岗位，拓宽就业渠道，加强就业技能培训，尤其要注重解决低文化素质人群就业问题；三是提高企业离退休人员基本养老金标准，提高低保对象的最低生活保障标准，提高低收入群体的收入水平，逐步缩小居民收入差距。

完善社保制度，提高消费信心　只有在充分的社会保障下，居民才能放心消费，居民的消费潜力才能被充分激活。2010年，肇庆城区居民仅在住房、教育和医疗上的开支就占总消费支出的10.1%，制约了其他消费领域支出比例的提高。政府部门应扩大社会保障的覆盖面，不断完善社会保障制度，加强社会救济力度，完善救助体系，做到应保尽保，解除居民的后顾之忧，促进消费。

建立健全监管机制，保证良好消费环境　促进居民消费，还需要建立和完善生产服务领域和销售市场领域的长效监管机制。政府有关部门应加强消费品安全监管工作，防止有毒、有害、假、冒、伪、劣产品生产和销售，让消费者更加放心地消费。

（程　翀）

## 2010年肇庆城市居民人均收支主要指标

| 项目 | 计量单位 | 2009年 | 2010年 | 增长% |
|---|---|---|---|---|
| 家庭人口数 | 人/户 | 3.28 | 3.18 | −3.05 |
| 人均居住面积 | 平方米 | 26.66 | 26.66 | 0 |
| 家庭总收入 | 元 | 16332.49 | 18426.53 | 12.82 |
| 可支配收入 | 元 | 15062.97 | 16832.37 | 11.75 |
| （一）工资性收入 | 元 | 10574.17 | 11818.22 | 11.76 |
| （二）经营净收入 | 元 | 2113.03 | 1896.06 | −10.27 |
| （三）财产性收入 | 元 | 65.07 | 109.3 | 67.97 |
| （四）转移性收入 | 元 | 3580.23 | 4602.95 | 28.57 |
| 家庭总支出 | 元 | 13077.93 | 14905.02 | 13.97 |
| 消费性支出 | 元 | 11030.28 | 12163.85 | 10.28 |
| （一）食品 | 元 | 4854.59 | 5169.12 | 6.48 |
| 其中：在外饮食 | 元 | 1153.22 | 1146.52 | −0.58 |
| （二）衣着 | 元 | 585.35 | 726.29 | 24.08 |
| （三）居住 | 元 | 1072.96 | 1220.87 | 13.79 |
| 其中：水电燃料及其他 | 元 | 938.61 | 998.64 | 6.40 |
| （四）家庭设备用品及服务 | 元 | 621.49 | 697.78 | 12.28 |
| 其中：耐用消费品 | 元 | 292.94 | 304.08 | 3.80 |
| （五）医疗保健 | 元 | 727.42 | 679.58 | −6.58 |
| （六）交通和通讯 | 元 | 1672.06 | 2126.78 | 27.20 |
| 其中：交通 | 元 | 876.95 | 1300.72 | 48.32 |
| 通信 | 元 | 795.11 | 826.06 | 3.89 |
| （七）教育文化娱乐服务 | 元 | 1141.57 | 1156.87 | 1.34 |
| 其中：教育 | 元 | 468.93 | 458.01 | −2.33 |
| （八）其他商品和服务 | 元 | 354.85 | 386.56 | 8.94 |

（国家统计局肇庆调查队）

附：2010年国家统计局肇庆调查队正副队长名录

队 长：李曼丽（女）

副队长：梁建文

## 民政事务

**【简况】** 2010年，肇庆市民政工作围绕市委、市政府中心工作，求真务实，锐意进取，不断提高公共服务水平和民政执行力，各项工作取得新成效。市民政局被授予“中国人保—全国防灾减灾知识大赛优秀组织奖”，被中共肇庆市委、肇庆市人民政府被为“文明单位”称号、被省民政厅授予“全省福利彩票销售组织领导一等奖”。

**【实施《规划纲要》】** 2010年7月，印发肇庆市履行《民政部 广东省人民政府共同推进珠江三角洲地区民政工作改革发展协议》实施方案（2010—2020年），成为推动肇庆市民政事业跨越发展、科学发展、尽快融入珠三角的政策性指导意见。

**【慈善会】** 2010年3月，组织开展支援西南旱灾救灾活动，发出“开展抗旱救灾社会捐赠活动的倡议书”，协调爱心企业向灾区捐赠矿泉水90多吨。4月，发出“开展玉树抗震救灾社会捐赠活动的倡议书”，组织300多名义工上街募捐，接收支援玉树地震捐款806.53万元。继续开展“大爱救心”、“重大疾病救助工程”、“助孤工程”、“助老工程”等慈善项目，成功救助先天性心病患者29名，以“一对一”、“一对多”等形式筹集60多万元帮助500多名孤儿解决上学及生活上的困难问题，每名孤儿得到每年1200元的经济资助。11月13日，肇庆市慈善会心连心助学分会组织“点亮一盏灯，和谐全社会”为主题的走进深圳爱心活动，让200名孤儿学生感受社会关爱。全年市慈善会募集各项善款1.21亿元，支出9252.25万元，被市委、市政府评为“文明单位”称号。

**【首届“十大慈善人物”评选】** 2010年，市委宣传部、市民政局、市慈善会、市红十字会联合开展首届“肇庆十大慈善人物”评选活动。8月26日，在皇朝酒店举办“首届肇庆市十大慈善人物颁奖典礼”，授予卢学永、苏东霖、何玉玲（女）、何业成、严宽祐、吴木生、罗文星、赵发华、黄月美（女）、黎汉光为“首届肇庆市十大慈善人物”；授予朱国胜、李肇殷（女）、林文滨、陈佩佩（女）、陈广宇、陈建华、陈政、陈浩、周信锋、程玉成为“肇庆市优秀慈善人物”。授予龙禧（已故）“慈善荣誉奖”；肇庆市慈善会心连心扶贫助学分会“助孤工程”，肇庆市红十字会“造血干细胞捐献”，中国农业银行股份有限公司、广东南湖国际旅行社有限责任公司“金穗龙母慈善卡”3个项目为“肇庆市慈善项目创新奖”。

**【社会福利】** 2010年，抓紧实施“社会福利机构建设蓝天计划”。10月，市政府常务会议审议通过市儿童福利院建设项目，发展和改革局同意批复《肇庆市儿童院工程项目可行性研究报告》。继续实施“孤残儿童康复明天计划”，4名残疾孤儿进行手术康复。开展“重生行动—全国贫困家庭唇腭裂儿童手术康复计划”，为10名具有手术适应症的贫困家庭唇腭裂儿童送往汕头大学医学院第二附属医院免费进行手术康复治疗。

全市社会福利企业7间，社会福利企业年销售收入1.09亿元，为福利企业协调退税464.9万元；有职工689人，其中安排残疾职工234人，残疾职工年人均收入8880元。

**【社会救助】** 低保救助 2010年，端州区、鼎湖区、四会市、高要市及肇庆高新区把家庭年人均收入低于2520元，广宁县、德庆县、封开县和怀集县把家庭年人均收入低于1920元的困难群众纳入低保范围。全市享受低保救助对象3.74万户8.49万人，比上年增加2977户6576人；其中城镇0.41万户0.96万人，农村3.32万户7.53万人；年平均低保标准城镇3024元、农村2424元，均比上年提高300元和408元；城乡人均月补差分别为144元、87元，均比上年提高5元和2元。全年发放低保资金8364万元。

## 2010年12月肇庆市各地低保标准表

| 县（市、区） | 最低生活保障标准（人·月/元） | |
|---|---|---|
| | 城镇 | 农村 |
| 端州区 | 290 | 240 |
| 鼎湖区 | 280 | 210 |
| 四会市 | 250 | 210 |
| 高要市 | 250 | 210 |
| 广宁县 | 225 | 160 |
| 德庆县 | 220 | 170 |
| 封开县 | 230 | 160 |
| 怀集县 | 230 | 160 |
| 肇庆高新区 | 300 | 300 |

## 2010年肇庆市各地五保供养标准表

| 县（市、区） | 机构集中供养 | | 分散供养 | |
|---|---|---|---|---|
| | 人数（人） | 标准（人·月/元） | 人数（人） | 标准（人·月/元） |
| 端州区 | 12 | 500 | 15 | 430 |
| 鼎湖区 | 69 | 420 | 37 | 320 |
| 四会市 | 658 | 342 | 322 | 342 |
| 高要市 | 542 | 480 | 1260 | 390 |
| 广宁县 | 391 | 300 | 1610 | 200 |
| 德庆县 | 476 | 300 | 1097 | 200 |
| 封开县 | 434 | 300 | 1497 | 200 |
| 怀集县 | 780 | 300 | 3289 | 260 |
| 肇庆高新区 | 2 | 1087 | — | — |
| 合 计 | 3364 | — | 9127 | — |

*分类施保*　2010年，按照“应保尽保、特困重保、超标退保”原则，对低保对象中的“三无”人员、重度残疾人、重病患者、65岁以上老人、单身家庭未成年或在读子女等特殊困难低保对象分别按每月10元～30元的标准，为2.32万人分类救助对象增发补助金381万元。

*五保供养*　2010年，全市有五保供养对象1.25万人，其中分散供养9127人，集中供养3364人，落实五保供养经费3260多万元，比上年同期增加320多万元。五保人年平集中供养标准3600元～13000元，分散供养标准2400元～5160元。继续实施“敬老福星工程”，资助28个乡镇敬老院改扩建上等级上水平工作，新增床位500张，新增入院人数360多人。

*医疗救助*　2010年，全市资助城镇低保对象参加城镇居民医疗保险8082人，资助资金64万元；资助低保、五保户参加新型农村合作医疗8.86万人，资助金额230万元。开展对患重大病的困难群众实施医疗救助，为1.69万人次实施医疗救助，其中：大病救助2117人次，门诊救助1.47万人次，全市支出医疗救助资金432万元。

**【启动“广东扶贫济困日”】**　2010年6月20日，肇庆市召开全市开展“广东扶贫济困日”活动工作会议，下发《关于在全市开展“广东扶贫济困日”活动的通知》，全面开展“广东扶贫济困日”活动。6月30日上午，市委、市政府在星岩礼堂举行肇庆市“广东扶贫济困日”活动启动仪式，市四套班子领导、肇庆军分区领导和部分爱心企业代表、社会各界人士800多人参加仪式并现场捐款。截至12月31日，全市接收社会各界扶贫济困善款1.22亿元，居全省同类城市前列。

**【优抚安置】**　2010年6月，出台《肇庆市复退军人创业贷款活动方案》，由政府提供贴息贷款，帮助和鼓励复退军人自力更生、勤劳致富。7月，市委市政府印发《关于进一步做好复退军人优抚工作的意见的通知》，积极构建物质保障和精神抚慰相结合的优待抚恤服务机制。8月，继续组织开展“关爱功臣送医送药”活动，组织2支医疗队到全市各地，为2235多名优抚对象免费诊治，送出医疗药品折款50多万元。全市建立重点优抚对象医疗保障机制，实施住院和门诊医疗补助制度，端州区、鼎湖区、四会市、高要市、广宁县、德庆县和肇庆高新区实现优抚对象医疗费“一站式”结算服务。

2010年，优抚对象抚恤优待增长机制不断完善，各类重点优抚对象抚恤补助标准进一步提高。全市享受抚恤补助的优抚对象1.07万人，发放抚恤补助金5867多万元，评定优待对象3199户

（人），发放优待金1500多万元，义务兵家属优待面100%。接收2009年冬季退役士兵1300人，应安置185人，安置率100%；申请自谋职业179人，自谋职业率98%，发放一次性自谋职业补助金380.56万元。全年910名退役士兵报读退役士兵免费职业技能培训，其中，报读3年免费职业技能培训13人，报读2年免费职业技能培训897人。完成军队离退休人员房改工作任务，59名军休人员参加房改，房改补贴资金595万元。开展“十百千万关爱功臣”工程，投入资金130万元对肇庆复退军人医院和鼎湖区、广宁县、德庆县、怀集县4座烈士陵园进行升级改造，提升全市优抚事业单位的服务管理水平。全年圆满完成过往部队和新老兵接待供应任务。依法做好部分复退军人稳定工作，化解参战人员上访苗头，维护社会大局稳定。

星湖湾公园景观

## 2010年肇庆市各类优抚对象抚恤优待标准统计表

单位：人·月/元

| 项目 | 烈士军人遗属 | | | 因公牺牲军人遗属 | | 病故军人遗属 | | 参战涉核退役人员 | | 在乡复员军人 | 孤老在乡复员军人增发补助 | 带病回乡退伍军人 | “五老”人员 | 非在职残疾军人生活补助 | | | | 1～4级残疾军人护理费 | 抚恤标准自然增长机制（%） | 义务兵家属优待（元/年/户） | |
|---|---|---|---|---|---|---|---|---|---|---|---|---|---|---|---|---|---|---|---|---|---|
| 县（市、区） | 农村 | 城镇 | 孤老增发补助 | 农村 | 城镇 | 农村 | 城镇 | 生活补贴 | 门诊医疗补贴 | | | | | 1～4级 | 5～6级 | 7～8级 | 9～10级 | | | 农村 | 城镇 |
| 省标准 | 502 | 792 | — | 484 | 712 | 472 | 678 | 210 | — | 407 | — | 260 | 130 | 233 | 188 | 158 | 148 | — | — | — | — |
| 端州区 | 642 | 1059 | — | — | 908 | — | 805 | 210 | 40 | 500 | 563 | — | — | 270 | 270 | 250 | — | 522 | 5 | 5500 | 5500 |
| 鼎湖区 | 517 | — | 672.5 | — | — | 472 | — | 210 | 40 | 407 | 530 | — | — | 238 | 188 | 158 | — | 300 | 5 | 4147 | 4147 |
| 四会市 | 584 | 982 | 744 | 558 | — | 535 | — | 227 | 40 | 456 | 570 | 328 | 166 | 233 | 188 | 158 | 148 | 796 | 5 | 4940 | 4940 |
| 高要市 | 517 | 1001 | 1001 | 494 | 798 | 472 | — | 210 | 40 | 407 | 492 | 407 | 130 | 233 | 188 | 158 | 148 | 400 | 4 | 5430 | 5430 |
| 广宁县 | 502 | 795 | 843 | 484 | 733 | 472 | 678 | 210 | 40 | 407 | 529 | 300 | 130 | 233 | 188 | 158 | 148 | 788 | 2 | 3300 | 3300 |
| 德庆县 | 570 | — | 716 | — | — | 512 | — | 223 | 40 | 439 | 563 | 327 | 206 | 233 | 188 | 158 | 148 | 582 | 3 | 5545 | 5545 |
| 封开县 | 527 | 827 | — | 509 | 747 | 497 | 713 | 210 | 40 | 432 | 561 | 318 | 230 | 233 | 188 | 158 | 148 | 577 | 2 | 3500 | 3500 |
| 怀集县 | 545 | 863 | 1094 | 521 | — | 492 | — | 223 | 40 | 419 | 514 | 315 | 197 | 233 | 188 | 158 | 148 | 548 | 3 | 3310 | 3310 |
| 肇庆高新区 | — | — | — | — | — | — | — | 246 | 40 | 485 | — | — | — | — | — | — | — | — | 10 | 4800 | 4800 |
| 全市平均 | 551 | 921 | 845 | 513 | 797 | 493 | 732 | 223 | 40 | 439 | 540 | 333 | 177 | 238 | 198 | 170 | 148 | 564 | 4 | 4497 | 4497 |

（市民政局）

【双拥工作】 2010年，印发《肇庆市创建第九届全国、省级双拥模范城活动方案的通知》，全面开展创建双拥模范城（县）活动。春节、“八一”期间向人民子弟兵、抗战老战士和困难优抚对象赠送慰问金（物品）933.85万元。安置随军家属20人，安置率100%。7月29日，召开肇庆市庆祝中国人民解放军建军83周年暨爱国拥军、拥政爱民先进单位和模范个人表彰大会，命名96个双拥模范单位及80名模范个人。9月29日，筹备成立肇庆市爱国拥军促进会，省委常委、省军区司令员辛荣国少将、市委书记覃卫东为肇庆市爱国拥军促进会揭牌。9月30日，肇庆市向省双拥工作领导小组申报肇庆市及德庆县、广宁县建为全国双拥模范城（县），肇庆市及端州区、四会市、高要市、广宁县、德庆县为全省双拥模范城（县）。12月23日，肇庆市爱国拥军促进会正式成立。

【老龄工作】 2010年，落实企业退休人员每月增发100元过渡性养老金，企业退休人员月人均收入1060.26元，同比增长20.37%。全市1.2万多名困难老人纳入低保范围。全市开展10多场老年人维权咨询活动，发放老年维权宣传资料5万多册，调解老年人各项纠纷50多件，减免上诉费30多万元。重阳节期间启动“敬老月”活动，投入20多万元慰问困难老人，举办门球赛、柔力球赛等文体活动。市老龄工作办公室被全国老龄委授予“全国老龄工作先进单位”称号。

【基层政权建设】 2010年12月，在全市选择3个村（社区）启动第五届村民委员会、第四届社区居民委员会试点选举工作。制订《肇庆市村级组织规范化建设试点工作方案》，落实资金20万元启动4个村级组织规范化建设试点建设。端州区、高要市、德庆县、封开县被广东省人民政府命名为“广东省村务公开民主管理示范县（市、区）”。提前完成3个村务公开民主管理“难点村”治理任务。

【社区建设】 2010年10月，41个社区被省命名为“六好”平安和谐社区。至此，全市150个社区被省命名为“六好”平安和谐社区，占社区总数的62%，提前完成省下达60%的“六好”平安和谐社区创建任务。全年完成34个社区办公用房建设，全市242个社区全部实现社区办公用房80平方米以上目标。全市有156个村委会开展农村社区建设实验工作，德庆县创造以“文化大户”提升农村社区服务水平的做法得到省的肯定。启动实施“强居促和谐、强村促稳定”计划，落实资金70万元资助5个社区、27个村按照全国城乡和谐社区标准开展建设。

【婚姻登记】 2010年，全面完成县级婚姻登记机构规范化建设。11月，鼎湖区民政局、四会市民政局、封开县民政局和怀集县民政局被民政部命名为“全国婚姻登记规范化单位”。全市共办理结婚登记41363对82726人，其中国内结婚登记41233对82466人，涉外结婚登记130对260人；离婚登记5296对，其中国内离婚登记5271对，涉外离婚登记25对。婚姻登记合格率100%。

【社会组织管理】 2010年1月，印发《中共肇庆市委办公室 肇庆市人民政府办公室贯彻落实〈中共广东省委办公厅 广东省人民政府办公厅关于发展和规范我省社会组织的意见〉的实施意见》。9月，出台《肇庆市社会组织评估实施办法》，启动社会组织评估试点工作。建立健全社会组织党工委工作制度，新组建社会组织党支部5个，应建尽建率100%。加大行业协会、城乡基层社会组织、公益慈善类社会组织和民办非企业单位等四类组织的培育发展力度，其中行业协会、城乡基层社会组织和民办非企业单位年增长率达到10.3%，全市培育发展社会组织69个，其中社会团体29个、民办非企业单位40个。8家市直经济类社会组织兑现扶持经费24万元。组织全市943个社会组织、25个党组织1562名党员深入开展创先争优活动，有12个社会组织和5名党员被表彰为先进组织和先进个人。全市社会组织参检率为98%，参检合格率为99%。

【救灾济困】 灾害救助 2010年6月，配置市、县两级救灾应急专用车，提高救灾应急处置能力。5～9月，肇庆市大部分地区遭受暴雨洪涝和强台风“凡亚比”等自然灾害，全市受灾群众12.2万人，紧急转移安置2.9万人，倒塌居民住房1411户4420间，损坏房屋613间，农作物受灾1.18万公顷，直接经济损失2.03亿元。全市下拨救灾救济资金860万元，救济灾民和冬令春荒困难群众4.59万人，救济口粮80多吨，发放衣被6000多张（套）；筹集重建资金1亿多元，帮助1411全倒户完成重建家园任务。市民政局协助市金融办、财保公司实施政策性农村住房保险制度，全市60万户农村居民参加住房保险，办理理赔900多宗，理赔金额250多万元。

防灾减灾　2010年5月，全市组织开展全国第二个“防灾减灾日”活动，张挂悬挂宣传挂图横额标语2万多条，派发宣传单张10万多份，播出专题节目100多期，新闻稿件500多篇，组织演练及讲座150多场（次），参加防灾减灾日宣传咨询活动20多万人次。制订创建全国综合“减灾示范社区”工作方案，组织19个社区开展全国综合减灾示范社区活动。鼎湖区、德庆县、广宁县成立减灾委员会，加强防灾减灾机构建设。投入280万元建设四会市、广宁县和德庆县救灾物资储备仓库。

**【区划地名】**　2010年8月，省政府批复同意端州区黄岗镇、睦岗镇撤镇设立街道办事处，推进城镇化建设。2010年，完成省、市、县、乡镇4级行政区域界线第二轮年度联检工作任务和4级签约委托管理工作；完成县级政府驻地镇的地名设标和《中国地名故事·广东卷》肇庆篇2集拍摄工作。审批端州城区建筑物住宅区命名20宗，审核道路命名10宗。

**【殡葬管理与服务】**　2010年4月，以“优质殡仪服务月”为契机，市民政局联合交通、林业、消防、司法、工商行政、市政管理等部门印发《关于做好清明节安全保障等有关工作的通知》，建立协调联动机制，加强集中拜祭场所检查指导，清除安全隐患，确保清明节祭祀活动安全、文明、有序。5月，全市6家经营性公墓通过省民政厅、国土资源厅、工商局年检验收工作。其中，四会聚福宝华侨陵园被评为优良公墓，肇庆市常青仙乐园、肇庆市五福墓园、肇庆市葫芦山福禄陵塔园、高要市南岸长乐墓园、德庆县悦城圣地先人骨灰宝塔被评为合格公墓。12月，四会市殡仪馆被民政部授予全国殡葬管理工作先进单位称号。

2010年，积极实施殡葬公共设施建设“祥安计划”，申报等级殡仪馆设施设备改造1家、新建镇（村）公益性骨灰楼2座、镇（村）公益性生态墓地13座。全市火化遗体2.38万具，火化率100%。全市为特困户、低保户、五保户等困难群众减免殡葬基本服务费60多万元。肇庆高新区率先建立《肇庆高新区丧葬补贴暂行办法》，对辖区内无丧葬补贴居民实行3000元的定额补贴制度。

**【彩票销售】**　2010年，全市实施市派出县级福利彩票管理员制度，发行销售福利彩票2.44亿元，同比增长8800多万元，增幅56.6%。筹集福利彩票公益金7152万元，其中市级福利彩票公益金2493万元。

**【收养登记】**　2010年，肇庆市依法办理收养登记123宗，其中国内收养103宗，港、澳、台收养共13宗，涉外送养7宗。

**【救助管理】**　2010年，做好春节、夏季期间极端气候以及广州亚运会期间流浪乞讨人员的应急庇护工作，发挥救助管理系统在特殊情况下应急庇护的作用。继续推动救助管理机构规范化建设，申报肇庆市救助管理站为全国救助管理机构规范化建设单位。全市接待求助人员1161人，依法实施救助978人，比上年减少353人。

**【社工队伍建设】**　2010年，印发《肇庆市社会工作人才队伍建设试点工作方案》，建立肇庆市社会工作人才队伍建设联席会议制度，建立起“组织部门牵头抓总、民政部门具体负责、各有关部门自觉配合、社会各界积极参与”的管理体制和工作机制。投入资金60万元抓好肇庆市社会福利院、德庆县民政局、德庆县社会福利院、肇庆复退军人医院、端州区城西街道西江南社区、四会市龙甫镇敬老院、德庆县新圩镇大同社区社会工作人才队伍建设试点工作，开发民政事业单位社工岗位3个。启动建设全市首个社工服务站端州区城西街道西江南社区。全市考取社会工作师职称20人，其中助理社会工作师15人，社会工作师5人。

**【问题与困难】**　一是民政事业费投入机制不够完善，还未建立财政自然增长机制，制约全市民政事业加快融入珠三角一体化发展步伐。二是民政基础设施相对滞后，导致发展后劲不足。三是民

政政策法规和制度建设仍然滞后，民政信息化建设水平还未能适应形势发展需要。　（梁祖光）

**附：2010年肇庆市民政局正副局长名录**

局　长：劳伟明

副局长：王　雁　周梅声（11月免）

罗毅刚　廖作明　李建文

## 人力资源和社会保障

**【简况】** 2010年度，肇庆市人力资源和社会保障工作，贯彻“民生为本、人才优先”主题，以机构改革为抓手，优化资源整合，发挥原人事和劳动保障部门的人才和政策优势，真抓实干，奋力拼搏，全面完成各项工作任务，为“十一五”画上圆满的句号，为全市的发展作出新的贡献。

**【实施《规划纲要》】** 2010年，加快全市人力资源和社会保障工作与珠三角核心区的成功对接。实施“双转移”战略，农村劳动力转移就业5.09万人，完成年度目标任务的110.65%，其中输出到珠三角核心区就业3.3万人；将广州13间、佛山8间和广西梧州2间医疗机构纳入肇庆市异地定点医疗机构范畴，完善流动就业人员医保关系转移接续和异地就医结算服务；推动广佛肇三地共享评审数据库工作；成功举办珠江三角洲九城市、广佛肇人才服务一体化大学生专场招聘会，推动“广佛肇”一体化就业服务信息网建设；深化与珠三角核心区的“校镇合作”、“校企合作”，推动订单式技能人才培训机制。

**【劳动力转移】** 2010年，肇庆市培训农村劳动力3.55万人；农村劳动力转移就业5.09万人，其中输出到珠三角核心地区就业3.3万人，本地转移产业园区吸收农村劳动力6523人。出台《关于肇庆市开展农民工积分制入户城镇的实施意见》，有7579名农民工通过积分制入户城镇。在广宁县古水镇建立农村劳动力培训转移示范基地，该镇1.7万名农村劳动力转移就业1.13万人。开展“春风行动”、“千万农民工援助行动”等活动，举办人力资源市场招聘会616场，提供25.69万个就业岗位，23.77万人进场求职；举办全市被征地农民就业专场招聘会12场，进场招聘单位502家（次），提供岗位1.13万个，进场求职5683人次。联系跟踪用工200人以上的企业，实行定人定点挂钩了解企业劳动用工、岗位工种技能需求情况和劳动关系状况。

12月5日，肇庆市“情系农民工·共筑南粤梦”农民工电影月系列活动启动仪式在肇庆国家级高新区涞馨影剧院举行。副市长关鹏、市府副秘书长陈列出席启动仪式

**【人才服务】** 2010年，主要工作措施有：一是拓宽渠道加快人才向高层次发展。贯彻实施《肇庆市引进和培养高层次人才实施办法》，引进经济社会发展急需的复合型、创新型高层次人才。向省推荐3名候选人申报“广东省领军人才”，1人顺利通过初审。向国家外专局申报引进国外技术2项、管理人才1名。推荐3名候选人参评享受国家特殊津贴，推动人才向高层次发展。二是搭建平台加快人才流动。加强高校毕业生就业指导，构建“用人单位—人才市场—高校”运行机制，合理引导毕业生就业流向；接收省派遣到肇庆市参加今年“三支一扶”的大学生93人；举办春季大型人才招聘会等大型人才招聘会和人才专场招聘会，全年举办36场周六招聘会，计有512家次用人

单位参加，共提供就业职位4230个次，参加择业人数超过5300人次。充分发挥“肇庆人才网”的网络招聘优势，努力为各类人才和用人单位搭建交流平台。全年共引进各类人才3890人，其中，博士26人，硕士452人，本科1542人；副高以上职称4人、中级职称4人。

**【公务员管理】** 2010年，肇庆市继续抓公务员法和配套法规的实施，规范公务员队伍管理。年内公开招录公务员和工作人员职位428个，实际招录388人。推进考录改革，提高录用具有2年以上基层工作经历人员的比例。开展从乡镇企事业单位工作人员考试录用乡镇机关公务员，会同市委组织部开展从优秀外来务工人员中选拔基层公务员、从优秀村党组书记担任乡镇领导干部和优秀大学生村官中招录乡镇公务员、从农村基层选拔乡镇领导干部和公务员工作。组织全市交通、国土资源体制改革人员进行录用资格考试。做好第三批参公管理单位工作人员登记工作，规范公务员管理。抓好科级以下工作人员年度考核和表彰奖励工作。联合市委组织部出台《市直机关科级以下公务员享受上一级非领导职务层次工资福利待遇实施方案》，经申报审核年内有488名公务员符合条件，该办法的实施有效解决部分公务员任职时间长、待遇偏低的实际问题，对调动科级以下公务员的工作积极性起到重要作用。

7月12日，肇庆市举办公务员职业道德和廉政教育全员培训

**【事业单位人事管理】** 2010年，制定实施《肇庆市事业单位岗位设置管理实施意见》，做好全市事业单位岗位设置和人员聘用工作，至12月底共审核批复314个事业单位1.11万个岗位设置方案。组织市直50个事业单位面向社会招聘职位140个，考察录用254人。创新事业单位招聘面试模式，针对不同岗位采取不同的专业科目考试和面试方式。审核、批复全市第二次“代转公”教师共852人，基本解决历史遗留问题。

**【教育培训】** 2010年，以提高党的执政能力和建设服务型政府为目标，抓好公务员培训。全市共举办公务员培训班109期培训1.84万人次。以需求为核心，抓好专业技术人员的继续教育工作。全市举办专业技术人员继续教育培训班168期培训2.43万人次；举办非强制性培训班7期培训662人。做好专业技术人员继续教育公需课培训证书验证工作。

**【工资福利】** 一是推动企业工资正常增长机制。制订并公布2010年肇庆市企业职工工资指导线：从5月1日起，全市企业职工最低工资标准调整为每月710元。继续实施“工资集体协商三年行动计划”，加强对企业开展集体协商的分类指导。二是工资收入分配制度改革在稳慎推进。继续巩固和规范公务员津贴补贴工作；制订实施《肇庆市市直义务教育学校绩效工资实施办法》，实施后市直教师收入水平为市直公务员的98.8%、退休教师为机关退休人员的101%，教师工资与公务员工资待遇在制度上和机制上形成联动，符合“两相当”和实施绩效工资的要求，教师队伍保持稳定；召开全市性工作会议，全面启动公共卫生与基层医疗卫生事业单位实施绩效工资工作。

**【专业技术人员管理】** 2010年，贯彻执行《肇庆市专业技术人员聘用管理暂行办法》，办理1170人的专业技术职务聘任。开展专业技术资格评审工作，有4751人取得新的专业技术资格。召开全市传统工艺美术专业技术资格研讨会，修改完善传统工艺美术的职称评审资格，服务全市特色产业发展。进一步完善专业技术人才库建设。

**【职业技能培训】** 2010年，继续发挥以市高级技工学校（技师学院）为基地的"基地化运作，一校多点"的培训网络，推进五大民生工程，全市免费培训6.31万人。其中下岗失业人员再就业培训3287人、农村青年劳动力培训3.55万人、农民工技能提升培训1.47万人、创业培训6355人、退役士兵职业技能培训1210人、智力扶贫2090人。实施职业技能鉴定导航计划和高技能人才培养计划，年内新增技能人才3.01万人。实施全民技能提升计划，组织开展省职业技能大赛肇庆市选拔赛，历时6个月，全市约有19万人次参与26个项目竞赛，其中1068人参加省、市决赛，其中获省2个第一名，1个第三名，1个团体第三名。

5月13日，肇庆市启动2010年广东省职业技能大赛肇庆市选拔赛活动。副市长关鹏出席启动仪式

**【就业与创业】** 2010年，城镇累计新增就业4.98万人，下岗失业人员再就业1.59万人，其中就业困难人员再就业3533人，分别完成年度目标任务的110.6%、105.82%和141.32%。全年创业培训6355人，成功创业3887人，带动就业1.98万人，带动就业率为1∶5.1。扎实推进国家级创业型城市建设，经省考评组考评达到国家级创业型城市第一阶段的考评标准。农村劳动力转移就业5.09万人，完成年度目标任务的110.65%，其中输出到珠三角核心区就业3.3万人，本市转移产业园区吸收农村劳动力0.65万人。年末全市城镇登记失业率为2.3%，高校毕业生就业率达93%，就业局势继续保持稳定。

**【劳动执法和权益保护】** 一是建立12333电话咨询服务中心。投入30万元建设市人力资源和社会保障12333电话咨询服务中心，中心设4个坐席，人员、设备、场地均已落实到位，同时编印人力资源和社会保障政策咨询问答和人力资源和社会保障法律法规选编，进一步加强人力资源和社会保障公共咨询服务工作，使社会公众能更便捷地了解人力资源和社会保障的有关政策法规和熟悉办事程序，及时反映并解决工作生活中的实际问题，更好地维护自身合法权益。二是积极推动劳动人事争议调解仲裁工作。年内共处理劳动争议案件2680宗，其中案内处理劳动争议案1002宗，集体劳动争议案件13宗，共涉及标的约1956.7万元。劳动争议案件当期结案率达到98.5%，其中案内调解结案率30.2%，基本达到快立、快调、快审、快结处理劳动争议的目标。三是劳动保障监察执法力度不断加大。年内全市劳动保障监察机构共检查用人单位3653家，涉及34.29万人，处理劳动保障监察案件1873宗，为3.36万名劳动者追发工资等待遇2676万元。四是执行建筑施工领域工资保证金制度。年内全市共有6560多万元保证金存入账户。

**【技工教育】** 2010年，全市技工学校共招生1.32万人（含春季招生1190人，比去年同期增加210人），完成全年省下达任务的100.05%。市技工教研会组织属下的教学督导组，对全市8所技工学校近年来国家助学金发放管理工作情况进行检查指导，完善和规范国家助学金发放管理工作操作程序、资料收集和台账建立，得到前来检查的省厅国家助学金发放管理工作检查组的肯定。

**【社保扩面征缴】** 2010年末，全市城镇基本养老、基本医疗、失业、工伤、生育五大险种参保人数分别达到54.84万人、87.94万人、32.53万人、32.66万人、27.79万人，分别完成年度任务的105.05%、105.82%、105.61%、114.19%和117.27%，分别比上年增长10.5%、7.94%、7.89%、20.65%和22.21%。

## 2010年肇庆市社会保险五大险种进度表

| 单位名称 | 城镇养老保险 | 失业保险 | 城镇职工医疗保险 | 城镇居民医疗保险 | 工伤保险 | 生育保险 |
|---|---|---|---|---|---|---|
| | 2010年年度参保人数（人） | 2010年年度参保人数（人） | 2010年年度参保人数（人） | 2010年年度参保人数（人） | 2010年年度参保人数（人） | 2010年年度参保人数（人） |
| 全市 | 548367 | 325286 | 455178 | 424263 | 326585 | 277928 |
| 市直 | 160744 | 99732 | 163837 | — | 107746 | 92741 |
| 端州区 | 54929 | 34704 | 57128 | 80400 | 39701 | 36292 |
| 鼎湖区 | 19460 | 10411 | 17160 | 30000 | 14132 | 12644 |
| 肇庆高新区 | 22509 | 14346 | 22018 | 136 | 33742 | 15216 |
| 广宁县 | 46702 | 25742 | 28861 | 50011 | 17406 | 15068 |
| 怀集县 | 50172 | 30345 | 34289 | 73371 | 17518 | 14092 |
| 封开县 | 40218 | 21958 | 21423 | 40056 | 24094 | 19873 |
| 德庆县 | 33952 | 16732 | 21790 | 40268 | 10386 | 14316 |
| 高要市 | 64349 | 37393 | 52560 | 55015 | 36480 | 34942 |
| 四会市 | 55332 | 33923 | 36112 | 55006 | 25380 | 22744 |

**【社保管理】** 2010年，全市城镇基本养老、基本医疗、失业、工伤、生育社会保险五大险种实现市级统筹。全面落实社会保险关系省内转移接续工作。全面清理回收被挤占挪用的社会保险基金，全市已全部清理回收挤占挪用社会保险基金1040.1万元。充分发挥社会保险的功能，降低企业养老保险单位缴费费率和阶段性下调失业、工伤、生育四个险种缴费比例，减轻企业负担，稳定就业局势。为企业和个人减负1.58亿元（企业1.41亿元，个人1691.68万元），其中：企业养老保险少缴1.05亿元，失业保险少缴3956.15万元，工伤保险少缴804.93万元，生育保险少缴480.11万元，受益企业户数达8950户，受益人数达25.4万人。

**【养老保险】** 2010年末，全市参加城镇基本养老保险54.84万人，增长10.5%，其中参保企业职工36.69万人，增长11.8%。从2010年1月1日起，对企业（含参加企业职工基本养老保险的其他单位）退休人员基本养老金作出调整。企业退休人员月人均增加养老金138元（最低的也达到135元），调整后，全市企业退休人员月平均基本养老金达到1151.35元，惠及全市84119名企业退休人员。

**【失业保险】** 2010年末，全市参加失业保险32.53万人，增长7.89%。从2010年5月份起失业保险标准调整为每月568元，比调整前增加34.4元。扩大失业保险基金使用范围，支付企业岗位补贴2家，受益人数为558人，金额为297.7万元，支付社会保险补贴1家，受益人数为83人，金额为53.5万元。

**【医疗保险】** 2010年末，全市参加基本医疗保险87.94万人，增长7.94%，其中参加城镇职工医疗保险人数45.52万人，参加城镇居民医疗保险人数42.43万人。将困难企业退休人员纳入城镇职工基本医疗保险保障。在试点的基础上，全面开展普通门诊统筹。凡参加城镇基本医疗保险，并按时按规定缴纳医疗保险费的参保人，无需另外缴费，即可在原有住院医疗费用报销待遇的基础上，增加门诊费用报销待遇。基本医疗保险待遇水平逐步提高。3月开始，城镇职工医保、城镇居民医保的最高支付限额分别由原来的6万和5万调整为10万和6万，7月1日起，最高支付限额提升至12万和8万。城镇职工医保住院报销比例在职职工统一按85%比例报销，退休人员统一按90%比例报销，治疗恶性肿瘤的在职职工统一按90%比例报销，退休人员统一按95%比例报销；城镇居民医保住院报销待遇提高到65%。全市实行医疗费用即时结算办法。参保人住院时只需交纳属个人自付部分费用，其余属于统筹基金支付部分由社保经办机构与定点医疗机构记账结算。完善流动就业人员医保关系转移接续和异地就医结算服务。

**【工伤保险】** 2010年末，全市参加工伤保险32.66万人，增长20.65%。

**【生育保险】** 2010年末，全市参加生育保险27.79万人，增长22.21%。

**【农村养老保险】** 2010年，德庆县作为全省第一批新型农村社会养老保险试点进展顺利，封开县、鼎湖区第二批试点开局良好。被征地农民基本养老得到保障。全市农民参加社会养老保险40.27万，其中参加新型农村社会养老保险29.86万，参加被征地农民2.53万，参加城镇职工基本养老保险7.88万。农民参加社会养老保险率达到18.22%，超额完成省下达10%的目标任务。

**【问题与困难】** 一是人才队伍发展未能跟上经济社会发展的步伐，就业形势仍然严峻。全市人才队伍总量不足，高层次人才短缺，基层人才外流严重，劳动者的技能水平与岗位需求不相适应。二是社会保障体系建设压力增大，社会保障水平仍需提高。社会保障长期资金平衡问题未有根本改善，社会保险扩面和覆盖范围需要加大，参保率和保险基金征缴率需要提高。三是人力资源和社会保障公共服务体系有待完善，服务经济社会发展的能力仍需加强。肇庆高技能人才公共实训基地、市创业带动就业孵化基地和市农村劳动力转移就业职业技能培训示范基地等多项民生项目建设步伐有待加快；全市人力、人才资源大市场格局尚未成型，服务效能需要提高。四是劳资关系不和谐因素增多，维护劳动者合法权益任务繁重。当前全市劳动关系总体和谐平稳，但劳动争议和侵害劳动者合法权益的违法案件有所上升，维护社会和谐稳定责任重大。 （*黄 妍*）

**附：（一）2010年肇庆市人力资源和社会保障局正副局长名录**

局　长：谈郁平

副局长：陈焕基　郑伟雄　刘兆忠　廖选文　元　勇　邝汝平（女）

**（二）2010年度获高级专业技术资格人员名录**

高级工艺美术师：

麦锐添　梁佩阳　杨智麟　莫桂生
罗建泉　罗建强　张玉强　黄伟洪
莫裕雄　马志东　梁炽洪　黄超洪
莫汉东　梁鉴棠　龙海球　黄炳强
张森才

高级工程师：

尹凯雄　刘茹飞　黄宏才　黄伟旭
简梓洪　谢秋红　冯超安　曾亚镜
何建华　黄桂生　刘建华　燕赫男
李超洪　张永翠　欧剑辉　石振涛
谢伟锋　邓建红　邓金珠　何良汉
罗建东　张百在　陈　刚　李　区
黄志弘　何展球　陈志欢　谭　华
卢宜敢　黄国强　贾　豫　何　杰
黎智英　周君贵　黎振宇　梁玉莲
李爱平　黄　颇　刘燕芬　霍　伟
李世伟　冼　军　黎志荣　李伟良
曾　平　丘　卫　刘　宏　林靖宇
谭源沾　邱小明　伍卫国　罗建伟
罗铁牛　裫顺文　潘志明　江国志

高级讲师：

邓兆华　余　军　叶鉴深　韦灵丽
魏渝燕　何宁芝　杨曼璐　陈　华
李　荣　黄丰盛　蔡锦文
王小乔　麦培立

二级演员：

李秋元

教授：

马　娅　班荣鼎　邵　玲

副教授：
李　晖　俞　乐　赵肇雄　钟一兵
肖俊霞　陈贵楚　侯　军　李广才
吴利欢　梁玉玲　韩　靖　韩朝晖
孔丽英　杨红军　白伟华　刘利平
李志伟　谢凤云
高级实验师：
白生君
高级实习指导教师：
林建丰　刘友葵　谢庆武
研究馆员：
范雪梅
副研究馆员：
樊五妹　温小玲　朱肇芳
高级审计师：
杨智勇
主任（中）医（药、护、技）师：
姚伟生　谭荣强　吴爱芳　黄丽云
吕启让　叶立汉　何红燕　符钻英
饶静云　石秋连　卢向莉　何莲珠
蓝琼好　黄文焰　贾　冰　徐梓榕
夏林虎　李启中　黄绍贤　童　滨
覃　文　李炬英　李泽锋
副主任（中）医（药、护、技）师：
钱志强　姚梓坚　丁珊昌　容令新
李海燕　张　蕾　陈少君　林　才
乡杰祥　邓叶芬　何义华　钱彩凤
陈宇基　张勤海　向　进　梁宏业
陈　静　梁海真　梁雪梅　杨彩虹
卢启颖　梁成霞　李　芳　莫春梅
贝国珠　陈　华　姚艺雄　陈金梅
苏军霞　陈笑瑜　何志伟　陆汉荣
周惠明　何永消　陈永回　刘东辉
何卓文　叶之毅　温天畚　何燕飞
林雪梅　李桂花　苏支政　李信健
邝宁锋　孙继良　欧文森　李银娇
陈伙辉　吴海宾　龙杰文　曾庆记
周德亮　陈叶海　余伟强　梁世东
黄英虎　黎馨贤　苏智友　何树发
李晓莉　叶金辉　明志红　刘遂弢
陈玉妹　梁玉连　林秀芳　李凤云
万红春　梁冬梅　何惠兰　李云玲
李华连　史秋莲　莫惠霞　欧阳文博

中学高级教师：
张军和　粟顺阳　陈桂华　孔伟萍
邓志前　严燕妹　徐金光　陈　琼
梁琼欢　何兴林　黄德珩　伦志强
李志海　李佩丽　梁秀连　冯海洪
梁汉辉　刘冠杰　叶美园　李意东
区志聪　陈凤好　陈洁英　韩秀芬
何玉霞　苏群丽　陈　莉　谢奖雄
梁信华　练荣焕　黄灿标　梁焕好
黄桂霞　罗志坤　周二妹　赵樱梅
梁毅强　陈杰成　黎凤娴　符少容
李　娴　赵爱萍　王　艳　黎小婵
孔翠媚　钟建华　何乔旋　黎　蕾
黎闽芳　李　颜　黄海燕　林俊丽
杜伟基　张金艳　陈海英　李永华
张永刚　苏丹雄　冯振磊　陈洁兰
范工强　麦少芝　邓沛英　谢　燕
宋小婷　朱晓玛　欧伍娣　李伟佳
黎金辉　倪国强　王　玫　温结梅
郑小鹏　周映茵　陈泳兰　蓝向荣
林伟琼　王美红　林肇宁　谢文颂
陈伟宁　马　玲　莫建华　梁秋菊
伍　涛　莫忠生　聂哲夏　植锡标
罗灼青　刘石海　钟美娟　谭新军
徐国后　罗汉庭　蔡建全　夏维金
刘银海　彭　坚　区方志　李蔚君
张五昌　植品学　胡家雄　冼进帮
杜月英　苏沛玲　陆伟强　李永忠
何肇群　余桂霖　廖国荣　伍思斌
钟卓洪　莫肇琼　李芳华　陈　雯
覃燊林　胡婉玲　贺德强　黎　莹
罗　兰　周　良　李鸿斌　周正辉
姚素华　樊金红　陈荣驹　颜定贤
尤探春　冯锦源　钟蔼华　刘木火
陈桂玲　梁燕平　陈礼求　曾启波
邓健恒　黄君萼　范广初　吴少玲
江绍泉　陈文亮　朱彰星　张君安
何汉荣　钟沛宏　叶学坚　温顺全
谢信棠　杨宝均　莫桂清　黄美芬
林靖宇　梁少强　张清梅　梁年胜
赵崇芳　廖　绮　冼锐雄　何炳瀚
黎庆权　钟柱运　梁志芬　孙水胜
周圣军　赖振娇　赵汝能　吴焕豪

张昌福 陈业源 高庆西 邓仕楚
邓剑芳 黄亚梅 莫贞贤 李少娣
王宝娟 李广泽 罗庆兆 郭裕星
谭满汉 罗尚珍 陶荟华 严艳红
郭以拉 李丽容 岑原伟 郑炜烽
李繁俏 李国辉 黄兆锋 冯 红
刘桂云 谢婷婷 张凤华 金 杰
粟峻青 韩 慧 何自珊 田俊良
韦 刚 潘海虓 麦丽华 李建华
王 红 杜展屏 刘达华 张国栋
何彩珍 伍仕洋 刘凤梅 冼明开
麦东梅 刘 君 郑艳萍 罗志明
肖嘉祥 梁玉莲 段湘玲 曾伯钧
薛三妹 周志平 陈兰秀 胡新萌
罗伟明 严红芳 陈少容 邱 杰
张国源 林爱云 谭术明 余崇伦
李桃梅 郭永华 杨雄飞 欧阳晓辉

小学高级教师（副高级）：

黄杰平 杨晓红 祝发新 李观女
严子良 廖小容 卢少延 梁胜波
胡 笳 宋小群

## 人口和计划生育

**【简况】** 2010年度（即2009年10月1日至2010年9月30日），肇庆市贯彻落实《人口与计划生育条例》，推进“两无”〔即无政策外多孩出生镇（乡、街道）、无政策外出生村（社区），下同，略〕活动，完善人口计生例会制度，推进层级动态管理和工作重心下移，加强挂钩帮扶工作，人口计生工作取得明显成效。全市完成省下达的2010年度人口计划，其中端州区、鼎湖区、高要市、四会市、德庆县等受到省委、省政府表彰，封开县晋升省一类地区。

**【数据分析】** 2010年度，全市出生4.88万人，其中政策内出生4.66万人，人口出生率11.72‰，人口自然增长率6.20‰，分别比省下达的计划低0.78个千分点和1个千分点；符合政策生育率95.64%，同比提高0.53个百分点，达到所辖县（市、区）类型平均值以上，比全省平均水平高0.48个百分点。

**【层级管理】** 2010年，完善以党政主要领导亲自抓、负总责为核心的人口计生层级责任制。3月23日，市委书记覃卫东主持召开市委常委会议，研究如何推进全市人口计生工作，提出年内“力争全市人口计生工作进入全省先进行列”目标。市委、市政府分管领导和其他挂钩联系三类镇的市四套班子领导成员定期深入基层，为基层解决实际困难和问题。市直挂钩帮扶单位做到领导重视、责任到位、措施有力，成效明显。各地制定人口计生工作包干责任制和阶段性责任制，实行“每月一任务、一考核、一奖惩、一公布”制度，切实推进层级管理责任制落实。

**【贯彻例会制度】** 2010年，全市各地把落实人口计生例会制度，作为人口计生层级动态管理责任制的核心内容，县、镇、村3级坚持每月召开人口计生例会，推进工作重心下移。

**【“两无”活动】** 2010年度，全市无政策外多孩出生镇（乡、街道）90个，占全市镇（乡、街道）总数的82.57%，同比上升14.68个百分点；全市上报无政策外出生村（社区）1057个，占全市村（社区）总数的67.45%，同比上升9.80个百分点。

**【奖励政策】** 2010年，出台城镇独生子女父母计划生育奖励政策，确保符合条件的对象获得奖励。各地在贯彻落实省、市农村部分计划生育家庭奖励办法及市“节育奖”、计划生育“优惠卡”、计划生育家庭特别扶助等制度的同时，结合自身实际，探索多种有利于计划生育家庭的优惠政策，对计划生育家庭给予优待和优先照顾。

**【流动人口计生管理】** 2010年，各地各部门将流动人口计划生育服务管理纳入经常性工作范畴，成立流动人口管理站和出租屋管理中心，提供与户籍人口同等服务，做好流动人口计划生育区域“一盘棋”工作。

2010年度，全市流动人口总数62.63万人，其中流出人口39.52万人，当中流出育龄妇女17.65万人，流出人口发证率95.63%，信息反馈率96.36%，“三查”率96.02%，符合政策生育率96.48%；流入人口23.11万人，当中流入育龄妇女8.37万人，流入人口持证率97.58%，信息录入率99.98%，“三查”

率90.26%，信息通报率99.17%，符合政策生育率87.15%。

【综合治理】 2010年，肇庆市建立党政负责、部门配合、群众参与的综合治理出生人口性别比偏高问题工作机制。2010年度，全市出生人口性别比为108，稳步下降并逐步趋向正常水平。

【宣传教育】 2010年，肇庆市委宣传部、市人口计生局联合在全市开展创建人口计生“以宣传教育为先导示范区”活动，打造“一地一品”具有肇庆特色的人口文化品牌，提升服务水平。其中，高要市、广宁县、怀集县有关项目获2010年度省人口计生宣教创新项目奖。

【优质服务】 2010年，市、县、镇、村4级完善人口计生技术服务网络，总投资1754万元、建筑面积5352平方米的市计划生育服务中心大楼顺利竣工，形成“市以指导为主、县以技术为主、镇以孕检为主、村以访视为主”的人口计生技术服务新模式。10月30日，国家免费孕前优生健康检查项目试点工作专项督导广东座谈会在肇庆市召开，国家人口计生委江帆副主任出席会议。端州区被列为首批国家免费孕前优生检查试点单位；四会市、德庆县被评为“全国计划生育优质服务先进单位”，端州区人口和计划生育服务站被评为“全国计划生育优质服务示范站”；鼎湖区、高要市、广宁县被评为“全省计划生育优质服务先进单位”。

10月29～30日，国家人口计生委副主任江帆率领督导组到肇庆召开国家免费孕前优生健康检查项目试点工作专项督导广东省座谈会

【后进转化】 2010年，挂钩联系肇庆市人口计生工作的省委常委、宣传部长林雄，多次听取人口计生工作情况汇报，亲赴怀集县调研指导工作。市、县挂点领导和帮扶工作组到挂钩联系点开展调研和督导工作，重点督促抓好二孩结扎尤其是纯二女户结扎、查环查孕工作，严格控制政策外出生。封开县晋升省一类县，全市仅有的6个三类乡镇转化为二类乡镇，全面消灭三类乡镇。

【计生协会】 2010年4月，市计划生育协会召开第六届计划生育协会会员代表大会，选出新一届理事会，副市长李天当选为会长。全市开展协会整改工作，建立健全各级计生协会组织1812个，全市会员25.20万人；创建市级示范点17个，国家级、省级示范点5个；1603个村（居委）计生协中，有1442个村（居委）通过评估认定。

【责任考核】 2011年，抽样调查县（市、区）镇（乡、街道）、市直和省驻肇有关单位2010年人口与目标管理责任制执行情况，并进行综合考评。根据《肇庆市人口与计划生育目标管理责任制考评办法》的规定，考核结果（市直和省驻肇单位按综合考评得分从高到低排列，其他按行政区域排列）如下：

端州区、鼎湖区、四会市、高要市、广宁县、德庆县、肇庆高新区；端州区城北街道办事处、睦岗街道办事处，鼎湖区莲花镇、凤凰镇，四会市贞山街道办事处、东城街道办事处、大沙镇、石狗镇，高要市白诸镇、白土镇、金渡镇、金利镇、南岸街道办事处，广宁县石涧镇、木格镇、古水镇、洲仔镇，德庆县德城街道办事处、新圩镇、莫村镇、永丰镇，封开县渔涝镇；市委办公室、市人大常委会办公室、市委组织部、市交通集团有限公司、市公安局、市卫生局、市政府办公室、市政协办公室、市人力资源和社会保障局、市妇联、市公路局、市委党校、市审计局、广东电网公司肇庆供电局、市委宣传部、市委政法委、市财政局、市农业局、市工商局、市交通运输局、国家统计局肇庆调查队、市地税局、市总工会、市外经贸局、市住房和城乡建设局、市检察院、星湖生物科技股份有限公司、市食品药品监督管理局、市人口计生局、人民银行肇庆中心支行、市贺江电力发展有限公司、市新联国有资产管理有限公司、市文化广电新闻出版局、市城市综合管理局、市林业局、市统计局、市发展和改革局、市民政局、市教育局、市水务局、市直机关工委、市质量技术监督局、市纪委机关（市监察局）、市环保局、市科技局、省地质勘查局七一九地质大队、市旅游发展局、市经济信息化局等77个单位，年度人口与计划生育目标管理责任制考评达标，成绩显著，被市委、市政府通报表彰，授予“肇庆市2010年度人口与计划生育先进单位”称号，发给奖牌和奖金。

市人力资源和社会保障局、市妇联、市公安局、市财政局、市工商局、市卫生局、市食品药品监督管理局、市统计局、市经信局、市外经贸局、市农业局、市教育局等12个“人口计生机构兼职单位”履行计划生育工作分工职责，工作成绩显著，被市委、市政府通报表彰，授予“2010年肇庆市市直计划生育综合治理先进单位”称号，发给奖牌和奖金。

封开县、怀集县；四会市迳口镇，高要市禄步镇，广宁县横山镇、五和镇、螺岗镇、联和镇，德庆县九市镇，封开县长岗镇、河儿口镇、杏花镇，怀集县永固镇、梁村镇、桥头镇、连麦镇、坳仔镇、冷坑镇、蓝钟镇、大岗镇、马宁镇、中洲镇；建设银行肇庆分行、中国移动肇庆分公司、市委统战部、市烟草专卖局、市司法局、省西江航道局、市安全生产监督管理局、广东发展银行肇庆分行、市水务集团有限公司、中国银监会肇庆监管分局、市盐业总公司、市供销社、市邮政局、中国电信肇庆分公司、市委老干局、团市委、省地质勘查局鼎湖地质疗养院、市七星旅游集团有限公司、市编办、市外事侨务局、市物价局、肇庆医学高等专科学校、市委党史研究室、中国外运广东肇庆公司、市红十字会、广东风华高新科技股份有限公司、市国税局、肇庆海事局、市金叶投资发展有限公司、市人民防空办公室、肇庆海关、市气象局、市体育局、广东金融学院肇庆校区、市土产进出口有限公司、肇庆学院、省农信联社肇庆办事处、中国银行肇庆分行、市市场物业管理总站、肇庆出入境检验检疫局、市城乡规划局、市各民主党派机关、中国电信肇庆无线中心（肇庆微波通信局）、中国人寿保险肇庆分公司、市国土资源管理局、农业发展银行肇庆市分行、邮政储蓄银行肇庆分行、市城镇企业联社、市残联、工商银行肇庆分行、中国平安财险肇庆中心支公司、市国资委、市科协、中国平安人寿保险肇庆中心支公司、省西江林业局、中国人保财险肇庆分公司、广东有色地质勘查局九三三队、市侨联、中石化肇庆石油分公司、省长讯实业肇庆分公司、市中级法院、中国联通肇庆分公司、农业银行肇庆分行、中国电信肇庆传送网络运营中心、广东风华邦科电子有限公司、市城建投资开发集团有限公司等88个单位年度人口与计划生育目标管理责任制考评达标，人口与计划生育各项指标完成较好，被市委、市政府通报表扬。其中，封开县、四会市迳口镇，高要市禄步镇，广宁县横山镇、五和镇、螺岗镇，德庆县九市镇，封开县长岗镇、河儿口镇、杏花镇，怀集县永固镇、梁村镇、桥头镇、连麦镇、坳仔镇等15个单位人口与计划生育工作进步较大，从人口计生工作二类地区升为一类地区管理；广宁县联和镇，怀集县冷坑镇、蓝钟镇、大岗镇、马宁镇、中洲镇等6个单位人口与计划生育工作进步较大，从人口计生工作三类地区升为二类地区管理。

**【问题与困难】** 一是个别地方政策外二孩出生比例仍然偏高，“两无”活动效果不够理想。二是区域发展不平衡，部分后进镇、村人口计生转化压力仍然较大。三是部分地方人口计生例会不正常，经常性工作不到位，人口计生层级动态管理责任制执行力不强，尤其在兑现动态奖惩方面欠缺力度。四是有些地方流动人口计生服务管理不够到位，尤其是部分外出对象去向不清。

（陈志周）

**附：2010年肇庆市人口和计划生育局正副局长名录**

局　长：陈祖飞

副局长：江壬忠　莫广庭　李刚毅　王晓明

# 外事　侨务

责任编辑：郭仕佳

## 外事工作

【简况】 2010年，肇庆市外事工作继续发挥自身优势，服务大局，着力深化和扩大对外交往，努力推进全市外事工作科学发展。

【审批签证】 2010年，肇庆市严格执行中央、省、市因公出国（境）管理的有关规定，把好因公出国（境）审核审批关。建立和健全各项管理制度，修改完善和印制《因公出国（境）指南》，加强出行前教育与事后监管。全年办理因公出国53批130人，办理因公赴港澳1435批1799人；办理外国人入境185批231人。

【外宾接待】 2010年，全市外事侨务部门接待来自34个国家和地区的嘉宾共286批5873人。其中重要的嘉宾有：2月，泰国七世王学院代表团一行51人在副教授、学科委员会主席诺拉尼·色他步的率领下到肇庆参观访问。3月，美国驻穗总领事高来恩率部门官员一行8人访问肇庆，参观广宁广三保养猪有限公司。4月，科威特驻澳门总领事艾杜纳率16个国家驻澳门的总领事一行54人来肇参观考察。5月，美国沃斯堡姐妹城市协会代表团一行11人在主席兼首席执行官梅·费格森率领下访问肇庆，参观考察友好城市；澳洲新州州长助理王国忠率领澳洲国际联合总商会、澳洲要明洪福堂同乡会一行17人到肇参观访问。9月，马来西亚育才学校校友会一行180人在会长蔡伟正率领下到肇庆参观。11月，加拿大温哥华潮州同乡会蔡仁初会长率14人来肇参观考察。

【领导出访】 2010年，市领导率团出国访问、考察活动共3批24人次。6月，副市长孙德等6人赴俄罗斯、土耳其，参加省经贸厅组织的招商洽谈会；9月，副市长黄玲等6人赴俄罗斯、瑞士进行友好访问，与俄罗斯莫斯科州德米特罗夫斯克区签订《发展友好交流合作关系备忘录》；10月，副市长孙德等12人赴埃及、斯里兰卡、印度，参加省经贸厅组织的招商活动。

【友好城市】 2010年9月，市政府代表团应邀访问俄罗斯莫斯科州德米特罗夫斯克区，副市长黄玲代表肇庆市与该区区长签订《发展友好交流合作关系备忘录》。美国得克萨斯州沃斯堡市国际姐妹城市协会代表团与肇庆市政府领导及教育、外经贸、外事侨务等部门负责人进行交流。美国库比蒂诺市副市长黄少雄访肇时表示要推动两市缔结友好城市以及科技、教育的交流合作。广宁县代表团赴马来西亚诗巫市开展交流活动，两地政府达成缔结友好城市关系的意愿。肇庆学院与库恩拉皮兹市阿诺卡·莱蒙斯社区学院开展教师互派交流；举办第二届利玛窦与中西文化学术论坛。

## 侨务工作

【简况】 2010年，肇庆市侨务工作创新方法，拓展和涵养侨务资源，维护侨益，为经济社会发展服务。

【服务工作】 *安居工程* 2010年，大旺华侨农场安居工程建设安居楼房1800套，426套安居平房年内交付使用。农场第一代归难侨基本上可以免费置换一套安居楼房，生活环境得到彻底改善。被国侨办领导誉为全国华侨农场安居工程建设的典范。农场还举行“归侨集中喜迁新居仪式”，归难侨危房户告别居住30多年的旧平房，住上了新楼房。

*保障归侨侨眷生活* 2010年，大旺华侨农场同富裕工程福利股分红由215元提高至700元；615名归侨侨眷“4050”人员在公益性岗位就业；68户146名归侨侨眷纳入最低生活保障范围；216名达不到低保要求但生活困难的归侨侨眷得到临时救助；归难侨社保参保率100%、医保参保率98.82%；60岁以上老人免费乘坐区内公交车，80周岁以上无退休金的归侨侨眷每月可领300元生活补助，百岁老人每月可领500元的高龄津贴。

*落实侨务政策* 2010年，以《归侨侨眷权益保护法》颁布20周年为契机，开展形式多样的侨法宣传活动，营造全社会知侨、爱侨、护侨、惠侨良好氛围。端州区到城区办事处开展侨法宣传和为侨服务活动；广宁县印发宣传册，举办宣传展览和侨法讲座；封开县通过县广播电台和电视台进行《侨法》宣传；大旺华侨农场在“侨法宣传月”活动期间，结合危房改造工作，将《肇庆高新区关于解决第一代归难侨家庭危房改造问题实施方案》、《肇庆高新区关于解决第一代归难侨危房改造实施方案补充规定》等政策措施，在各侨点设立的“侨法宣传角”进行张贴。全年为35名归侨、华侨子女及归侨青年办理高考身份确认；接受来信来访446人次，其中处理来信46宗，结案率100%。

12月10日，市领导出席“肇庆金秋”荣誉市民座谈会

【引资引智】 *参与对外招商活动* 2010年，配合做好“肇庆澳门经贸旅游文化合作交流会”、“2010肇庆金秋经贸洽谈会”等活动的有关工作。邀请澳大利亚澳洲国际联合总商会代表团来肇参观考察。会同市旅游发展局举办华侨华人旅游年启动仪式；组团到马来西亚考察，与马来西亚旅游部签订旅游合作协议。举办“共商发展，同创繁荣”肇庆市荣誉市民座谈会，市委书记覃卫东、市长郭锋等市领导出席并听取荣誉市民对肇庆发展的意见建议。据统计，肇庆市荣誉市民历年在肇实际投入资金268亿元，捐资捐物3.28亿元。

*开展侨务慈善工作* 2010年，开展“万侨助万村”活动，引导港澳同胞、海外侨胞捐资支持新农村建设。顺利完成四川省汶川县克枯乡“侨心村”建设。申请日本驻穗领事官员到广宁县考察石咀镇卫生院，争取列入“利民工程”项目。引导海外侨胞、港澳同胞参与慈善及扶贫活动。全市协助和办理华侨华人、港澳同胞捐赠物资2090.97万元；陈达获广东省“慈善人物奖”，澳洲要明洪福堂同乡会获广东省“慈善集体奖”。

【海外联谊】 *深化友谊* 2010年，市领导覃卫东、郭锋等出席港澳肇庆同乡会、侨港高要同乡联谊会的换届就职典礼；副市长黄玲参加香港台山同乡总会慈善基金成立就职典礼；分别率团拜会瑞中友好交流协会、瑞士华侨华人联合总会、香港广东社团总会、香港潮属总会、香港潮商会等社团；慰问苏东霖等一批肇庆市荣誉市民。肇庆市相关外侨部门应邀参加新加坡高要会馆70周年庆典、香港"竹林明堂护理安老院二十周年开放日暨开幕典礼"等社团活动。邀请华侨华人、港澳同胞、肇庆市荣誉市民参加2010"肇庆市（香港）新春团拜会"、"肇庆金秋经贸洽谈会"等活动。邀请加拿大温哥华潮州同乡会、马来西亚广肇联合总会等多批侨团侨领到肇庆参观考察。印尼苏北华社慈善与教育联谊会与肇庆学院签订国际姐妹学校协议。

*加强联谊*　2010年，邀请美国库比蒂诺市副市长黄少雄来肇参观考察，并到肇庆学院作《一个肇庆游子的美国梦》的演讲。邀请86名在粤华裔留学生来肇参观中华文化传承基地，与肇庆学院联欢。推动澳洲要明洪福堂同乡会、马来西亚广肇联合总会、马来西亚会宁同乡会、泰国广肇会馆、香港肇庆同乡会、澳门肇庆同乡会等社团培养一批年轻骨干成为侨团的新力量。推荐5名华人华侨、港澳同胞为省海外交流协会理事，10名45岁以下的华人华侨、港澳同胞参加省侨办组织的海外侨团中青年领袖研习班。

**【对外宣传】**　2010年，结合建设文化强市的目标，善用资源拓展侨务文化工作，利用"中华文化传承基地"开展侨务文化活动。安排来肇的华侨华人、港澳同胞到七星岩景区、鼎湖山景区、端砚文化村、德庆悦城龙母祖庙等自然和人文景观参观旅游；邀请华侨华人、港澳同胞参加端砚文化节、四会柑桔节、怀集国际攀岩节、燕子节等传统活动。推动马来西亚广肇联合总会在吉隆坡筹建龙母庙工作。肇庆学院师生参加育才暨女子学校校友嘉年华活动并进行文艺演出。邀请意大利国家电视台记者来肇进行访问拍摄、澳大利亚《新报》记者到肇庆采风。肇庆外侨网全年发布信息165条，报道全市外事侨务港澳工作的最新动态，公开海外华人华侨关切、关注的信息，宣传肇庆市的特色文化。

## 港澳事务

**【简况】**　2010年，肇庆市贯彻落实《珠江三角洲地区改革发展规划纲要（2008—2020）》，成立市贯彻落实《粤港合作框架协议》工作小组。制订《肇庆市贯彻落实〈粤港合作框架协议〉2010年重点工作方案》和《肇庆市贯彻落实〈粤港合作框架协议〉工作项目责任分工》，着重在跨界基础设施、现代服务业、制造业及科技创新、国际化营商环境、建立优质生活圈、教育与人才交流合作等方面推进工作落实，为全市社会经济建设服务。

**【友好往来】**　2010年5月17日，澳门特别行政区行政长官崔世安到肇庆市访问考察，市委书记覃卫东、市长郭锋等主要领导会见嘉宾并介绍肇庆市社会经济发展情况和发展规划。香港驻粤经贸办官员多次抵肇拜访市领导，了解肇庆市最新的经贸发展状况。市领导率团应邀出席"广东省2010年港澳新春酒会"，参加"2010粤港经济技术贸易合作交流会"。与香港荃湾葵青区妇女会

5月17日，覃卫东、郭锋、黄玲等市领导与澳门特别行政区行政长官崔世安合影

300多人举办“肇港妇女纪念国际劳动妇女节100周年”活动，市人大常务副主任莫友莲出席活动并致词。副市长黄玲率团赴香港拜会肇庆市荣誉市民及香港潮属社团总会、香港潮州商会等重要社团。香港体育专业人员协会会长贝约奇与中国体育联会名誉会长、香港中联办宣文部副部长陈亚琼率团访问肇庆，与市体育局领导座谈，探讨今后交流合作的项目，共促体育事业的发展。全市有7家企业加入“广东省粤港澳合作促进会”。

**【加强合作】** 2010年，市直相关部门采取措施不断拓展与港澳的合作交流。举办“肇庆—澳门经贸旅游文化合作交流会”，共签投资项目和产业合作项目18宗，总投资13亿美元；引进香港东亚银行在肇庆设立分支机构，成为全市首家外资商业银行；全市有7个与香港合作的科技公关项目获得省科技厅立项及支持经费；市教育卫生部门分批选送职校校长、骨干教师和派出医护人员到香港进行培训，输送60名厨艺毕业生到香港就业；市体育代表队赴澳门参加2010澳门国际龙舟邀请赛；市文化部门与澳门图书馆暨资讯协会签订“肇澳图书馆交流协议”，与香港神鹰娱乐有限公司签订“港肇粤剧文化交流合作意向书”，与澳门博物馆达成开展利玛窦展览项目的意向。12月，省港澳办副主任廖京山率领加强粤港澳合作督查组到肇庆市督查。全市有外资企业1300多家，累计实际利用外资96.65亿美元，其中港澳资企业投资总额占六成，居外商投资首位。每年超过160万人次的港澳居民到肇庆观光旅游。

**【问题与困难】** 全市的外事侨务港澳工作发展仍不平衡；在服务的领域、内容、方式等方面仍需改善；外事侨务港澳工作队伍的整体素质有待加强。

（卢帼姿）

**附：2010年肇庆市外事侨务局（港澳事务局）正副局长名录**

局　长：林　洁（女）

副局长：黎文坚　李新建　苏森宇

七星岩里湖一景

# 县（市、区）概览

责任编辑：郑卫新

## 端州区

【大事纪要】 2010年1月28日，举行2009年度端州区企业纳税贡献奖汽车颁奖仪式。重奖6家企业，首次纳税超过3000万元的星湖名郡房地产发展有限公司，获奖励价值40万元小汽车1辆；首次纳税超过2000万元的澳美日用化工有限公司、星湖雅苑房地产有限公司、锦绣大地房地产有限公司、星荷西苑房地产开发有限公司、星汇实业有限公司等5家企业，获奖励价值30万元小汽车各1辆。

2月26日，由10名获“中国文房四宝艺术大师”称号的端砚制作大师联合出资创办的端州区国家级制砚大师艺术馆——“十研堂”举行开馆仪式。

3月8日，全市最大的“三旧”改造工程——端州区龟顶山片区“三旧”改造暨肇庆锦绣山河房地产项目动工。

4月16～19日，由中国文房四宝协会主办的第25届全国文房四宝艺术博览会暨第二届中国文房四宝艺术节在北京举行。肇庆有68家厂家近2万方端砚精品参加，4天端砚销售额达380多万元。其中，“十研堂”国家级制砚大师艺术馆获中国文房四宝协会颁发的砚石生产企业最高奖项“国之宝”奖。

5月1日开始，端州区上调最低工资标准，并相应提高非全日制职工最低工资标准。最低工资调整为710元/月，折算后的小时标准为4.08元/小时。非全日制职工小时最低工资标准为6.9元/小时。

31日，端州区环卫局挂牌成立。并举行“端州城区环境卫生管理工作交接仪式暨万人清洁环境卫生大行动”。

6月16日，首届中国农民艺术节在首都北京全国农业展览馆开幕。端州区黄岗镇白石村的端砚制作技艺作为广东省的代表之一，并被评为艺术节优秀项目。

10月13日，端州区黄岗镇、睦岗镇正式撤镇，挂牌改设为街道办事处。

11月，第16届亚运会上，端州运动员史润强参加男子4×100米自由泳接力赛，郭晓兵、曲晓明参加赛艇决赛，赵艳娜、刘雪莲和屈雪则参加女子1000米直道竞速等3项龙舟赛的角逐，均夺得金牌。

是月，总投资1100万元的端州区绿道网全线贯通。端州区绿道网属省立绿道网1号线，主线13.6公里。

12月10日，2010“肇庆金秋”端州区举行投资环境推介会暨生产性服务业基地动工典礼，56宗项目分别进行签约、奠基动工、投产剪彩仪式，投资总额243.07亿元。

15日，市、区政府举行2010年度端州城区廉租住房抽签分配大会，203户家庭参加抽签，房型分别为一厅一房和二厅二房，每套建筑面积在30～50平方米之间，月租1.15元/平方米。

是年，端州区被评为广东省“林业生态区”，人均公园绿地面积增加到16.5平方米。

【基本概况】 端州区位于广东省中西部，西江中下游北岸，属于珠江三角洲经济区范围，是肇庆市政治、经济、文化中心。南临西江，北靠北岭山，东邻鼎湖区，西与高要市的小湘镇接壤。总面积152.3平方公里，户籍人口35.6万人。管辖黄岗、睦岗、城东、城南、城西、城北6个街道。

端州地名始于隋。隋以前，一直为高要县治所在地。隋开皇九年（589）置端州，为州治所在地。北宋重和元年（1118），宋徽宗将端州升格为肇庆府。1949年11月，首设县级肇庆市，后几经并撤。1988年3月，国务院批准撤销肇庆地区，将肇庆市升格为地级市，设立端州区，为肇庆市城区。

端州区自然资源有铅、锌、铜、黄铁矿、石灰岩、粘板岩。石灰岩多作水泥或石灰原料。粘板岩为制作端砚的材料。唐代已成为贡品的端砚列于“四大名砚”之首，并享有“国之瑰宝”的美誉。端州区旅游资源得天独厚，是国家级风景旅游城市、历史文化名城。

2010年，端州区地区生产总值突破百亿元，达到105.29亿元，增长18.5%；其中二、三产业分别完成增加值42.03亿元和62.35亿元，分别增长26.4%和13.8%。人均地区生产总值6.66万元，居全市第一，增长16%。全区地方财政一般预算收入8.06亿元，增长37.8%。财政一般预算收入占生产总值的比重提高到7.7%。人均财政一般预算收入5080元，居全市首位，增长34%。实现国、地税收入12.28亿元，增长26.2%，其中国税税收收入5.21亿元，增长19.4%，地税税收收入7.07亿元，增长31.6%。上缴税收超千万元的企业和单位有28家，比上年增9家。完成全社会固定资产投资60.86亿元，增长48.3%，增速居全市第一，高于全市平均水平13.2个百分点。年末全区金融机构各项存款余额65.43亿元，增长24%，其中居民储蓄存款余额40.66亿元，增长21.3%；全区金融机构各项贷款余额32.29亿元，增长29.3%。区农村信用社经国家批准成立农村商业银行，成为支持区工商企业金融服务的主力军。

【工业】 2010年，大力扶持光电产业和绿色照明产业快速发展，鸿信科技、立得和显达电子等新建、增资扩产项目加快建设和投产，新引进立能电子项目，光电产业基地建设初见成效。引导先进机械制造业做大做强。高讯数控、骏驰科技、明达食品、华源机械等一批科技型、创税型、生态型企业建成投产。完成规模工业总产值171.55亿元，增长24.9%。实现规模工业增加值37亿元，增长26%。电子信息和机械制造业占全区规模以上工业总产值比重上升到74.2%。推进创名牌和企业上市，华红饲料科技获“广东省名牌产品”称号。华锋铝箔和创科科技已完成股份制改造，上市前的准备工作全面铺开。

【房地产业】 2010年，实现商品房销售面积123.8万平方米、销售额57.7亿元，均居全市第一，分别增长21.1%、42.4%。建筑房地产业上缴税收3.79亿元，增长34.4%；房地产投资完成36.07亿元，增长53.4%。第13届广东（肇庆）房博会暨城乡建设成果联展，端州区共有21家房地产企业和安居工程项目进场展销，累计成交363套（卡），上升5.95%；成交金额1.9亿元，上升11.99%；成交套内面积3.23万平方米，上升3.68%；建筑面积4.16万平方米；上升11.69%。

【服务业】 2010年，全社会消费品零售总额完成80.38亿元，居全市第一，增长21.5%。以牌坊广场为中心的城区商业核心圈带动辐射能力与日俱增，全区年销售额超亿元的企业8家，其中星湖国际广场的销售额6亿元。“十一”黄金周假期，城区各大型商场营业额同比增长达到两位数，其中大润发商场日均客流量近2万人，日均销售额达到135万元以上；广百商场1～5日累计销售额近700万元，同比增长30%，商贸业兴旺。汽车销售市场持续升温，23家品牌专卖店销售额15亿元，增长23%。酒店餐饮业发展迅速，金鹏·巴顿酒店等一批星级酒店开张营业。新引进的4家4S汽车销售企业和占地3.33公顷集美居装饰材料专业市场相继建成开业。现代信息服务业园区化、集聚化快速发展，中巴软件园已有20多家具有自主品牌的现代信息服务企业入驻，全区40多家现代信息服务业企业发展良好。

【招商引资】 2010年，组团参加省、市在港澳、广州、台湾等地举办的经贸洽谈活动，签约项目6宗，投资总额139.6亿元。参加2010“肇庆金秋”经贸洽谈会签约、奠基动工、投产剪彩项目共56

项，投资总额243亿元。全年完成合同注册外资3.45亿美元，增长7.5%；实际吸收外资1.03亿美元，增长2.7%。继续实施出口市场多元化战略，在第107届广交会，端州区共组织8家企业参展，累计对外出口成交额达2000万美元，比上届广交会增长12%。全年外贸出口总额达6.04亿美元，继续保持全市第一，增长13.4%，约占全市四分之一。

**【三农工作】** 2010年，“撤镇设街”和“村改居”工作进展加快，黄岗、睦岗正式撤镇设立街道，开展试点村“村改居”工作。引导农村集体经济组织积极探索土地合理流转、集约高效发展之路，参与城市建设，实现农村经济快速向城市经济转变。2010年农村两级集体纯收入达到2.79亿元，增长23.3%；超六成的村两级集体纯收入超千万元，最高的达6600多万元；集体现金人均分配超万元的村小组有29个。农村居民人均纯收入1.23万元，高于全省平均水平，居全市第一，增长6.9%。全区城镇居民人均可支配收入1.68万元，增长11.8%。

**【科学技术】** 2010年，加强企业科技创新和技术进步工作。组织企业申报国家、省级科技项目37项，投入1.93亿元，实施20个重点技术改造、技术创新项目。全区高新技术产品产值实现28.75亿元，增长30.1%。高新技术产品产值占规模工业总产值的比重提高到16.6%。研究和发展经费支出占生产总值比重不断提高，企业创新能力增强。端州区获市科学技术奖8项，居全市各县（市、区）首位。华锋铝箔创立全区首家省级企业技术中心。志成气动列入省工程技术研发中心组建计划。伟仕高、宝利达、骏驰科技3家企业被认定为全国高新技术企业。骏驰科技获“广东省民营科技企业”称号。继续保持“全国科技工作先进城区”称号。

**【教育】** 2010年，优化和整合教育资源，把逸夫小学并入大龙学校、三村小学并入睦岗镇中心小学、蕉园小学并入百花园小学。一中新校区建设工程已完成施工前期各项准备工作，征地工作加紧推进；百花中学主体工程教学楼已进入内部装修阶段。投入1094万元推进教育信息化建设。投入2000万元对睦岗中小学校进行全面的升级改造，全镇学校均达到广东省规范化学校的标准，睦岗创“教育强镇”工作已通过省专家组的预检。高考成绩继续保持全市领先水平。全年组织教师培训4800人次，招聘中小学、幼儿园教师111名。实现中小学教师工资福利待遇“两相当”，符合条件的代课教师全部转为公办教师。端州中学、四小、九小、十五小、十六小学被评为肇庆市首批廉洁文化示范校。

**【文化】** 2010年，制定《肇庆市端州区建设文化强区规划大纲（2011—2020年）》。完善区、街道、社区三级文化网络。端砚成为“岭南文化十大名片之一”，被指定为上海世博会和广州亚运会特许商品。打造“国字号”砚文化研发、交流、培训、旅游四大基地初见成效。中国端砚文化村二期工程正式启动，动工兴建德业基文化创意大厦，中国端砚展览馆引进24家知名端砚厂家入驻经营。国家级制砚大师艺术馆——“十研堂”建成开馆并获砚石生产企业最高奖项“国之宝”奖。端砚技艺亮相首届中国农民艺术节，获“艺术节优秀项目”奖。与珠海市委宣传部成功举办“中国砚都·国家级大师端砚精品展”，展出黎铿、刘演良等13位国家级制砚大师不同艺术风格和题材的端砚精品力作近100方，还有亚运砚、奥运砚及端溪紫玉系列。组织参展第六届中国（深圳）国际文化产业博览会、“2010中国（义乌）国际旅游商品博览会”和第25届全国文房四宝艺术博览会暨第二届中国文房四宝艺术节。“肇庆裹蒸制作技艺”、“聂家糕制作技艺”2项传统技艺获颁“肇庆市级非物质文化遗产名录项目”牌匾，梁焕明、杨焯忠2人获颁“肇庆市级非物质文化遗产传承人”证书。12月，与广州越秀区、佛山禅城区三地宣传、文化、教育部门联合主办的“同根同声·广府情怀”粤语新童谣大赛，端州区参演的6个节目包揽本次总决赛的特等奖和一等奖。启动首个文化艺术主题特色街区——“创意新天地”七星文化街区，首批进驻项目有市博物馆端砚艺术馆、市美协艺术沙龙、肇庆学院美术学院艺术创作区。

**【体育】** 第16届广州亚运会，端州籍6名运动员参加游泳、赛艇、龙舟3个项目，夺得5枚金牌，成绩居全市之首。在全省第13届运动会中，端州区共有61名运动员代表肇庆市参加比赛，取得5金4银2铜的优异成绩，位居全市首位。举办端州区第五届运动会，历时25天，来自16个党（工）委代表团的1600多名运动员共进行田径、游泳、足球等8个大项76个小项的角逐。在国际广场举行端州区首届“国际杯”三人街霸篮球比赛活动，32支队伍报名参加5个组别的比赛。

【卫生】 2010年，新型农村合作医疗连续4年实现参合率100%。全区乡镇卫生院以上医疗机构均实行在省药品网上阳光采购，1～11月集中招标采购6164万元，占药品采购总额98.5%，共让利群众1958万元。投入600万元建设的端州区产科急救中心已挂牌使用。华佗医院被确定为省、市中医“治未病”健康工程试点单位。积极探索开展新医改工作，加强基层医疗卫生服务体系建设。全区有社区卫生服务中心1个、卫生站8个，在建3个新社区卫生服务中心以及2个新卫生站。积极探索区域医疗服务联网运作，实行区属医院“病历一本通”和区级医院部分医学检验、医学影像检查互认。

【社会生活】 2010年，推进“街道无政策外多孩出生”和“村（居）无政策外出生”的“两无”创建活动，落实计生例会制度，区、街道、村（居）三级均指定专人采用统一的例会记录格式。着手开展城镇独生子女父母计划生育奖励政策和国家免费孕前优生健康检查项目试点两大惠民工程。端州区被国家人口和计划生育委员会评为“全国计划生育优质服务先进单位”。端州区获“广东省人口和计划生育工作先进单位”称号。全区计划生育率达到96.18%，人口出生率、自然增长率分别控制在9.83‰、5.81‰，均完成市下达人口控制任务。

加强保障性住房建设，新增经济适用住房140套，新增廉租住房39套。年内规划保障性住房建设用地5480平方米，总建筑面积1.16万平方米，预算投资1513万元，规划建设经济适用房208套。投入3200万元完成北岭截洪渠除险加固主体工程。投入460万元完成小街小巷“五化”整治工程35项，受惠城乡居民近5万人，基本完成小街小巷整治目标任务。创建省卫生村4个。景山岗等5个农贸市场升级改造工程全面完成。首批11个可触摸高清液晶社区电子阅报栏建成开通。社区志愿服务工作走在全市前列，率先建设标准化社区志愿服务站33个。

投入4万多元开展第二期“春风助残送光明”活动，为50名困难家庭白内障患者免费实施复明手术。参加市残联“肢残无障碍，万众助你行”活动。城东办事处开展“牵手残疾人，爱心助你行”轮椅捐赠活动，向173名肢体残疾人赠送轮椅；为残疾人提供工作岗位，推荐128名残疾人到企业就业，实施长期跟踪帮扶。扶持盲人保健按摩行业发展，全区有盲人按摩院24间，从业盲人近120人，为其提供免费培训、职称评定。

覆盖城乡的社会保障体系基本建立，上调最低工资标准，从5月1日起，调整企业职工最低工资标准和非全日制职工最低工资标准，最低工资调整为710元/月，折算后的小时标准为4.08元/小时。非全日制职工小时最低工资标准为6.9元/小时。从9月1日起，端州区提高城乡最低生活保障标准：城镇低保标准由280元/月提高到290元/月，农村低保标准由210元/月提高到240元/月。企业退休人员基本养老金进一步提高。社会保险5大险种和城镇居民医疗保险参保人数均超额完成市下达年度任务。被征地农民养老保障参保率95.06%，强制性参保率100%。全区城镇新增就业人数3577人，下岗、失业人员就业和再就业3647人，实施下岗失业人员再就业培训409人、创业培训332人、农村劳动力技能培训620人、农民工技能提升培训823人，均超额完成全年任务。创建充分就业社区增加至50个。全区登记失业率控制在2.26%。城乡1531户4048名低保对象实现应保尽保，全年发放低保金629.2万元。向困难群众发放一次性价格临时补贴69.6万元，4970人受惠。首届“广东扶贫济困日”捐助活动接收社会各界捐款（含认捐）1308万元。

加强社会治安综合治理，建立区综治信访维稳中心，实现综治信访维稳工作网络全覆盖。城区刑事发案同比下降2.6%，破案绝对数同比多10宗。投入400多万元做好校园安保工作。投入60多万元建立区应急管理信息平台，全面推进基层应急管理示范工程建设。新增“六好”平安和谐社区12个，超过9成社区成为“六好”平安和谐社区。全区没有发生重大恶性案件和群体性事件。

（谢　敏）

附：2011年端州区四套班子主要领导名录

区委书记：杨　永

人大常委会主任：杨　永

区　长：黄劲松

政协主席：陈　华

# 鼎湖区

【大事纪要】 2010年2月3日，在凤凰镇上水田村举行农村电网改造工程启动仪式。

3月12日，在莲花镇举行肇庆市绿道网建设示范段动工仪式，鼎湖段绿道网建设全面铺开，鼎湖段长约42.5公里。

23日，鼎湖肇实协会被中国科协、财政部授予“全国科普惠农兴村先进单位”称号。

5月20日，广东省人民政府批复同意肇庆港进出口货物装卸点新港码头对外开放，肇庆新港成为江海直航对外通关码头。

6月12日，广佛肇城际轨道鼎湖段工程开工。

9月28日，鼎湖区39区文昌居（经济适用房）第2栋工程动工。11月29日，全区21套经济适用住房进行公开公平公正抽签。全区共建41套经济适用房为41户家庭解决居住难问题。

10月25日，肇庆市简政强镇事权改革现场会在广利街道召开，广利街道成为肇庆市简政强镇事权改革试点。

12月16日，全市重点建设项目安全维稳工作会议在鼎湖区召开。

是日，民建鼎湖区支部被民建中央评为2010年度“先进基层组织”。

30日，坑口、广利街道通过广东省教育强镇督导验收。

【基本概况】 鼎湖的历史源远流长，早在5000年前新石器年代晚期，今永安夏江村、桂城龙一村已有先民居住。秦朝时属南海郡，西汉至1987年为高要县属地。1988年1月，经国务院批准设立鼎湖区，为县级建制。

鼎湖区位于广东省中西部，是肇庆市中心城区组成部分。水陆交通方便，321国道、三茂铁路、西江航道贯穿全境，经过境内的珠外环高速公路、南广（南宁至广州）、贵广（贵阳至广州）铁路和广佛肇城际轻轨已在建设中。全区总面积596平方公里，辖4个镇3个街道办事处，81个村（居）委会。2010年末户籍人口15.19万人。

鼎湖区地势西北高，东南低，北部为北岭山脉的鼎湖山群，中部为平原地带，南有烂柯山向东延伸，与鼎湖山隔江峙立，西江横贯中部，最高峰为鸡笼山，海拔1000.3米。属南亚热带季风气候，气候温和，年平均气温22.3℃。雨量充沛，年降雨量1737.3毫米。年平均日照1658.2小时，年平均积温7940.7℃。常年主导风向为东北风，每年受热带气旋（台风）影响不大。

鼎湖自古地灵人杰，具有深厚的历史文化底蕴。孔教倡议人之一陈焕章，世界著名“物理之父”吴大猷均诞生于此，名相李绅、冯拯，名臣包拯，文化名人惠能、利玛窦，历史名人孙中山、蒋介石等都在鼎湖留下足迹。鼎湖区山清水秀，是广东省的旅游热点，有闻名遐迩的鼎湖山风景区，还有九龙湖风景区、葫芦山风景区、砚洲岛、羚羊峡等名胜佳景。

2010年，鼎湖区完成地区生产总值50.06亿元，增长19.5%；财政一般预算收入2.77亿元，增长38.12%；全社会固定资产投资38.05亿元，增长32.4%；社会消费品零售总额12.83亿元，增长21.2%；城镇居民人均可支配收入1.34万元，增长13%；农村居民人均纯收入8219元，增长29.3%；年末，金融机构各项存款余额52.69亿元，增长14.3%；各项贷款余额22.39亿元，增长18.3%。

【农业与农村经济】 主要指标 2010年，农业总产值18.15亿元，增长5.3%，其中：种植业5.52亿元，增长4.0%；牧业9.37亿元，增长5.7%；渔业2.95亿元，增长4.2%；林业2864万元，增长26.1%；服务业201万元，增长8.4%。农村经济总收入40.6亿元，增长10.5%。农民人均纯收入8219元，增长17%。

粮食作物生产 2010年，粮食作物播种面积7100公顷，总产4.09万吨。水稻种植面积6020公顷，产量3.65万吨；玉米种植面积612.13公顷，产量2304吨；薯类种植面积419.53公顷，产量1962吨；其他粮食作物48.3公顷，总产171吨。

经济作物生产 2010年，经济作物播种面积4632.6公顷。果蔗种植面积27.67公顷，总产2697

吨；花生种植面积326.47公顷，总产931吨；木薯种植面积205.67公顷，总产3748吨；药材种植面积39.87公顷，肇实种植面积603.73公顷。其他作物种植面积3429.2公顷：其中蔬菜3165.87公顷，总产8.81吨；瓜类209.73公顷，总产7090吨，其他53.6公顷。水果作物种植面积1375.53公顷。

**【工业】** 2010年，实现工业总产值117亿元，增长31%。其中规模以上工业总产值108.04亿元，增长37.3%。股份制工业总产值66.7亿元，增长27.5%；外商及港澳台投资工业总产值38.23亿元，增长39.7%；其他经济类型企业工业总产值5.65亿元，增长61.1%；民营企业工业总产值63.64亿元，增长33.6%。33家企业增资扩产，增资投入7.3亿元。工业用电量7.63亿千瓦时，增长17.05%。三大产业结构调整为19：53：28。

**【商业与旅游】** 2010年，实现社会消费品零售总额12.83亿元，增长21.2%。其中，城镇实现消费零售总额7.7亿元，增长98%，农村实现消费零售总额5.13亿元，下降14.7%。全社会固定资产投资38.05亿元，增长32.4%。

2010年，鼎湖区接待游客93.3万人次，增长10.3%，旅游业总收入4.41亿元，增长11.2%。为打造标杆性旅游精品，引导服务九龙湖风景区开展创建国家4A级景区工作。完成砚洲岛项目首期立项，改造一批公共基础配套设施，挖掘、整合人文景点，完成包公楼和旧厂房第一期改造工程，新购一批旅游交通工具，砚洲堂文化驿站投入使用，正在推进岛上绿道建设、环岛外堤路硬底化建设和广利码头、包公楼码头、包公楼区域及沙滩项目改造提升。完善黄金沟、藏龙沟、葫芦山、集美组、翡翠谷景区（点）基础配套设施建设，不断优化旅游环境，加强从业人员教育培训。指导同古山居、鼎湖农家乐、凤凰山庄旅游接待服务单位，发展乡村农家乐旅游项目，以全方位满足游客休闲度假的旅游需求，丰富旅游系列精品名牌。

**【对外经济贸易】** 2010年，完成外贸出口总值1.23亿美元，增长31.7%。新批外商投资项目5宗，项目合同注册外资总额8637万美元，增长17.8%；实际利用外资5908万美元，增长3.9%。在广州市举行的“广佛肇经济圈——肇庆（广州）投资环境推介会上，签约项目3宗，合同投资总额20亿元。在2010“肇庆金秋”经贸洽谈会上，鼎湖区有3个项目参加签约，签约总额40亿元。

**【个体私营经济】** 2010年，全区有各类市场主体6950户，比上年增加570户，增长8.93%；注册资金48.05亿元，增加5.61亿元，增长13.23%。其中外资企业136户，注册资金期末实有23.77亿元，外资企业包括有限公司116户，非公司1户，外国（地区）企业常驻代表机构3户，外商投资企业分支机构16户；内资企业398户，注册资金8.34亿元；私营企业664户，注册资金14.46亿元；个体工商户5733户，注册资金1.47亿元；农民专业合作社19户，注册资金102万元。

**【财税与金融】** 2010年，财政一般预算收入2.77亿元，增长38.12%。采购商品479宗，采购额1772.27万元，节约资金117.68万元，节约率达6.6%。完成国税收入2.34亿元，增长22.6%；地税收入2.24亿元，增长40.6%。年末，全区金融机构各项存款余额52.69亿元，增长14.3%；各项贷款余额22.39亿元，增长18.3%。

**【交通设施建设】** 2010年，投资19.23亿元用于地方公路建设与改造。投入400万元，完成16公里农村公路硬底化建设。投入700万元，改造凤凰镇同古至塘坳段10.4公里公路，采用三级公路技术等级，水泥路面完成80%；投入758万元，完成县道434线永莲公路321国道路口入莲塘段及崖州至永安工业园段约4.9公里路面改造；投入145万元，完成省道260线莲花段321国道路口至铁路桥涵洞路段约400米单边路面改造，完成省道260线共青水库至四会交界段路面维修；投入1.3亿元完成321国道鼎湖段27公里改造工程，全路段铺设沥青混凝土路面，新设置雨污排水系统，完善沿线公路设施及路牌标志，主要节点增设交通灯。投入250万元完成凤凰镇新金鸡桥建设。重点工程项目贵广铁路鼎湖段投入6.4亿元，掘进隧道4100米，建成平原部分的拌合站、梁厂；南广铁路鼎湖段投入约4亿元，北岭山隧道掘进2400米，平原部分建成1个梁厂和大部分的桩基、承台、墩身，完成架桥3公里；江肇高速鼎湖段投入约6.6亿元，控制性工程西江特大桥完成主桥墩建设；毛毡岭隧道左线贯穿、右线挖进2100米，平原部分路基填筑、管桩、桥梁桩基等正在建设中；广肇城际轨道鼎湖段总投资约2亿元，其中控制性工程羚山隧道开挖300米，羚山特大桥墩台基本完成，累计投入约5500万元。全区地方公路总里程615公里，公路密度每百平方公里103公里。

**【邮政与电信】** 2010年，邮政业务收入605万元，增长10%。电信业务种类有固定电话、数据多媒体、天翼移动手机业务。固定电话减少，发展宽带用户1800户，天翼移动手机用户5293户。通信设施建设投资1240万元，其中设备投资590万元（新增C网基站5个210万元、数字电路建设220万元，设备扩容改造160万元），管线工程投资650万元。全年电信业务收入完成3165万元，增长0.9%。

**【市政建设】** 2010年，完成市政基础设施和市政配套工程总量4500万元，完成观砚大道、顺景路、万福路、港口路道路及排水工程，东怡路道路扩建工程，团结路单边道路工程、罗隐路人行道改造工程，罗隐路主车道路面改造等工程。期内增加道路长度4公里，增加道路面积7.3万平方米，改造及新建人行道2.5万平米，增加排水管长度3.3公里；全年改造绿地面积4.1万平方米；清理卫生死角28处，建筑余泥约150吨；维修排水设施125米、道路62.7米；改建路灯270盏，增加路灯317盏，照明道路长度55公里。

**【房地产市场】** 2010年，完成房地产开发投资7.14亿元，增长109.38%；商品房销售面积26.03万平方米，销售额10.48亿元，分别增长21.86%、74.94%；商品房平均价格每平方米4028元。全年办理房屋登记8034宗，增长76.64%，建筑面积159.89万平方米；转移登记3453宗，增长102.64%，建筑面积31.86万平方米；变更登记34宗，建筑面积1.66万平方米；注销登记742宗，建筑面积12.83万平方米；抵押权登记1302宗，增长50.5%，建筑面积38.15万平方米；预告登记1918件，建筑面积25.49万平方米；其他登记292宗，建筑面积9.63万平方米；受理公、检、法查封（解封）查询、律师查询4225宗，增长89.8%。

**【供电与供水】** 供电　2010年2月，鼎湖区投入1亿多元在凤凰镇启动农村电网改造工程，改造工程完成后，凤凰镇农村电网将全部纳入广东电网统一管理，彻底解决凤凰镇山区村民“用电难”问题。全年完成供电量9.65亿千瓦时，增长19.81%；最高供电负荷16.2万千瓦。供电可靠率为99.87%；综合电压合格率为99.8%。全区用电户共7.58万户。

供水　2010年，全年供水水质合格率99%，城区供水压力综合合格率99%以上，城区自来水覆盖率100%。全年完成自来水供水量1596.08万立方米，增长36.69%；完成售水量1190.03万立方米，增长28.86%。新安装DN800供水管线7000米；DN300以上供水管线313.67米；DN80-250供水管线1.08万米；DN65以下供水管线1.98万米。累计用水户2.35万户。

**【科技】** 2010年，全区科技三项费用616.4万元，增长8.12%。肇庆中邦化学有限公司被认定为国家级高新技术企业，肇庆市东源实业有限公司被认定为省民营科技企业，肇庆市齐雄科技有限公司被省知识产权局认定为省知识产权优势企业；广东鸿特精密技术股份有限公司的“铝合金汽车发动机盖罩类压铸件的研究和应用”项目、“汽车发动机节温器总成生产技术的研究和应用”项目分获市科学技术奖一等奖和三等奖，广东逸舒制药有限公司的“化痰消咳片的研究开发与产业化”项目获市科学技术奖二等奖，广东鼎湖山泉有限公司的“PET吹瓶设备在瓶装水生产线上的全自动化应用”项目获市科学技术奖三等奖。全区专利申请33件，其中发明专利申请7件，实用新型专利申请15件，外观设计专利申请11件；发明专利授权2件，实用新型专利授权38件，外观设计专利授权11件。高新技术产品产值11.62亿元，研究经费支出占地区生产总值比重为0.7%。

**【教育】** 2010年，国家财政性教育经费投入1.26亿元。区内有高中2所，初级中学6所，九年一贯制学校1所，小学12所，幼儿园31所，在校学生2.28万人，在园幼儿4136人。普通高中毕业生1095人，高考上本科线391人，上省三A线693人，超额完成市政府下达的高考指标。继续实施城乡免费义务教育，通过社会各界筹措资金120多万元资助贫困家庭大学、中小学生3873名，全区没有一个学生因家庭贫困而辍学。全年有3873位贫困家庭学生得到社会各界人士资助，资助金额120万元。7名“三残”适龄儿童少年以“随班就读”形式在区内中、小学校就读，残疾儿童入学率达100%。鼎湖区教育局被评为“肇庆市文明单位”；坑口、广利街道通过广东省教育强镇督导验收；迪村中心小学被评为“广东省南粤书香校园”；广利中心小学获“广东省安全文明校园”和“肇庆市廉政文化建设示范学校”称号；逸夫小学教师陈月容被授予“广东省特级教师”。

**【文化】** 2010年，贯彻落实“文化强市”，全面铺开公民素质提升、公共文化设施全覆盖、繁荣群众文化生活、文化遗产保护、文化产业培育发展、文艺精品创作、文化人才队伍建设、文化建设保障8大工程。重点完善公共文化设施建设，扩建鼎湖区图书馆，建成广东省文化资源共享工程鼎湖支中心平台，建成44间农家书屋。开展群众文化活动，每逢重大节日均举行庆祝文艺晚会，开展各级送戏下乡活动共28场次，农村电影放映队送电影下乡350多场。在第三次全国文物普查工作中共录入文物点152处，“双坑渡槽”、沙浦农民协会旧址等10个文物点成为第五批市级文物保护单位。文化产业主要以砚洲岛为载体，引资5亿元开发中国产经传媒创意基地。加强文化市场管理，全年收缴非法“六合彩”刊物7300份，盗版书籍3262册；依法查处6家贩卖低俗淫秽音像制品的音像经营单位，收缴非法音像制品7647张；查处5家次违规经营的网吧；查处涉赌游艺娱乐场所4家次，涉毒歌舞娱乐场所1家，公开销毁一批违禁游戏游艺机。

**【体育】** 竞技体育 2010年，参加肇庆市青少年田径锦标赛获得田径团体第五名、男子乒乓球团体第四名、女子乒乓球团体第五名、女子篮球第四名。

群众体育 2010年，举办“体彩杯”健身舞蹈大赛、春节醒狮表演活动、第四届“华庭杯”男子篮球赛、“阳光·峰景”杯篮球赛、重阳登山、“体艺节”等各类群众性体育竞赛和体育活动共200多次，参加人数6万人次。全区7所中学，20多所小学实施《国家体育锻炼标准》，实施率99%，中小学生达到合格标准，平均合格率95%，平均优秀率23%。鼎湖山泉有限公司、莲花派出所、区广播电视台被评为“市十一届体育节先进单位”，万鼎光被省评为群体工作先进个人。

**【卫生】** 2010年，全区有各类医疗卫生机构157个，其中省属疗养院2个，市直卫生单位驻鼎湖办事处2个，区直医疗卫生单位3个，镇卫生院4间，社区卫生服务中心3个，社区卫生服务站1个，村卫生站137个，区计生服务站1个，厂矿企事业卫生室4个。卫生系统有卫生技术人员485人，设置病床370张，每千人口拥有卫生技术人员3.19人、执业（助理）医师1.15人、注册护士1.13人、病床2.44张。开展医药卫生体制改革工作，4个镇级卫生院建立国家基本药物制度，完成各项基本公共卫生服务工作任务。参加新型农村合作医疗人数达11.69万人，参保率为99.56%，参合农民享受各类补偿9351人次，补偿金额2109.93万多元；传染病总发病率为1426/10万，儿童计划免疫接种率保持在95%以上。农村住院分娩率为100%，未发生孕产妇死亡和新生儿破伤风病例，5岁以下儿童和婴儿死亡率为5.67‰；镇级以上医院完成门诊量为52.2万人次，出院病人7811人次，医疗工作质量的各项工作指标均达到国家规定指标要求；开展卫生下乡活动17次，派出巡回医疗队15支共126人次，诊治病人766人次，免费健康体检1490人次，减免医疗费用492人次共12074元。对来院诊治疾病的社会弱势人群共减免医药费用598人次、减免金额11.5万元；合格献血780人，完成献血量16.84万毫升，完成率为105.25%。

**【人口与计划生育】** 2010年，人口出生率为10.66‰，人口自然增长率为4.78‰，分别比上年上升0.81个千分点和0.45个千分点；政策生育率为96.10%，上升0.32个百分点；落实计生手术1626例。外来流动人口2.53万人，其中已婚育龄妇女7491人，查环查孕率95.49%。外出流动人口1.75万人，其中已婚育妇4750人，应落实措施的3985人，落实率96.96%。年内“三为主”各项指标均达到省一类地区水平。鼎湖区被省政府授予“广东省2010年度人口与计划生育先进单位”称号；被市委、市政府授予“肇庆市2010年度人口与计划生育先进单位”称号。

【民政事务】 2010年，全区享受最低生活保障补助975户1914人，发放低保资金212.9万元，支出医疗救助金14.77万元，共救助76人次。出资2.07万元资助173名城镇低保对象参加城镇基本医疗保险，出资5.64万元资助1880名农村低保对象和五保对象参加新型农村合作医疗。集中供养五保老人67人，分散供养五保老人39人；全年发放五保供养资金38.9万元，从11月起提高五保供养标准，集中供养由原来的每人每月310元提高到每人每月420元、分散供养由原来的每人每月210元提高到每人每月320元。优抚对象442人，发放抚恤补助168万元，抚恤补助面100%。落实抚恤补助标准自然增长机制，投入增长资金2.3万元。全年投入2.3万元购买优抚对象城乡基本医疗保险，发放住院补助1.2万元，投入医疗保障金32万元。接收退役士兵34人，其中城镇退役士兵7人，发放一次性自谋职业补助金共15万元，自谋职业安置率达100%。确定苏村、迪村、水坑二、龙一、院二、桥林、黎桥、砚洲、永安9个社区为年度“一强六好”平安和谐社区创建单位，确定桂城一居、广利社区和夏江、富廊、古遗、新凤、南坑、沙一村委会为年度“双强双促”创建单位。开展全区第二期路牌路标设置工作，完成镇（街道）行政区域界线联检工作，共审核批准房地产开发的楼盘命名8个。全年办理结婚登记1624对，离婚登记220对，补领结婚登记证295对，补领离婚登记证14人。办理7宗国内公民收养登记。救助流浪乞讨人员30人/次，支出救助金1500元。全年遗体火化数为970，火化率100%。2010年有社会组织50个，其中社会团体28个，民办非企业单位22个，新增民办非企业单位1个和社会团体4个。全年社会福利彩票发行销售915.66万元。

【劳动和社会保障】 *劳动管理* 2010年，农村劳动力技能培训2020人，转移农村劳动力3105人，下岗失业人员再就业培训101人，创业培训330人，农民工技能提升培训1200人，城镇新增就业人数2615人，下岗失业人员再就业403人，就业困难对象再就业120人，城镇登记失业率2.45%，“三年30万”城乡援助就业100人；全年参加劳动年审296家；签订劳动合同企业274家，签订劳动合同人数1.83万人；日常巡查中共检查用人单位276家，涉及劳动者6450人，立案处理28宗，结案28宗，结案率100%；全年共接到来电来信来访109（批次件），受理28宗，涉及劳动者128人；劳动争议案件接案66宗，立案受理66宗，结案66宗，结案率100%，案件纠错率为零，涉及标的395.1万元；工伤认定立案受理142宗，认定为工伤140宗，非工伤2宗，认定准确率100%。

*社会保险* 2010年，全区参加基本养老保险人数为1.95万人；参加城镇基本医疗保险人数4.86万人；参加失业保险人数为1.04万人；参加工伤保险参保人数1.41万人；参加生育保险参保人数1.26万人；社会保险基金总收入9266.75万元，其中基本养老保险收入5728.22万元；城镇基本医疗保险收入2225.04万元；城镇居民基本医疗保险收入139.50万元；失业保险收入303.68万元；工伤保险收入169.53万元；生育保险收入71.44万元，新型农村养老保险收入629.34万元。各项社会保险基金总支出4577.43万元。其中企业养老保险支出2666.33万元；机关事业养老保险支出74.39万元；失业保险支出91.77万元；工伤保险支出109.82万元；生育保险支出27.93万元；城镇职工基本医疗保险支出1407.15万元；城镇居民基本医疗保险支出200.04万元。参加新型农村养老保险人数5.21万人，其中参保缴费3.77万人，待遇申领1.44万人，参保率达71%。

【残疾人事业】 2010年，收取残疾人就业保障金36万元，安排残疾人就业206人。全年投入扶贫救助金34.1万元，其中投入残疾人康复救助资金15万元；资助11名残疾儿童就学，投入扶贫助学金1.5万元；投入扶持残疾人创业和发展生产资金3.6万元；精神病患者免费发药906人次，救助贫困精神病患者住院解锁13人次，救助资金8万元；白内障救助136例，救助金额6万元。为23名残疾人提供有效的康复治疗，其中：智残儿童5名，脑瘫儿童6名，贫困肢残儿童矫治手术1例，完成肢残系统康复训练8人，聋儿语训3例。

【社会治安综合治理】 2010年，开展打黑除恶、“粤安10”、“创平安、迎亚运”等重点专项行动，严厉打击以“两抢一盗”为重点的侵财型犯罪。打掉涉恶团伙5个，抓获团伙成员32人，破获刑事案件29宗，破获中国水电贵广铁路土建工程十二标工程指挥部精测大队精密测量仪器和电脑等设备被盗案件，抓获犯罪嫌疑人2名，挽回经济损失20多万元。立刑事案件1360宗，破获刑事案件346宗，抓获刑事作案人员185人，发命案5宗破5案。逮捕93人，起诉95人。审结刑事案件65宗，对被告判处五年以上有期徒刑7人。查处治安案件1360起，查处涉赌案件272起490人，涉黄案件9起17人。破获毒品案件34宗，收缴毒品海洛因60.81克，摇头丸4134粒，K粉1.05公斤，收戒吸毒人员102人。（徐可球）

**附：2010年鼎湖区四套班子主要领导名录**

区委书记：陈家添

人大常委会主任：陈家添

区　长：张　浩（7月免）

政协主席：李　昌

## 四会市

**【大事纪要】** 2010年1月1日零时起，撤销五马岗收费站，肇庆籍车辆实行通行费年票制。

5月，四会市被省公安厅、省科技厅评为“科技强警示范县（区）”。

6月30日，省院士专家企业工作站落户四会互感器厂有限公司。

8月26日，四会籍旅港同胞卢学永、苏东霖获“肇庆市十大慈善人物”奖。

31日，省委书记汪洋考察贞山街道独岗村“创先争优”活动。

10月16日，全国集体林权制度改革百县经验交流会在北京隆重召开，肇庆市委常委、四会市委书记梁志强作为全国集体林权制度改革典型县之一的主要负责人应邀出席。

是月，四会市获“中国最具投资潜力中小城市百强”和“中国最具区域带动力中小城市百强”称号。

11月4日，四会市广播电视台创作、录制的广播剧《彭泽民与孙中山》获第十届中国广播剧研究会广播剧专家评析金奖。

是月，四会市在全省县（市）“综合发展力”排序中，名列第三位。

是月，在广州举行的第16届亚运会上，四会市籍运动员伦金义、宋燕冰、丛琳琳夺得女子龙舟冠军，张国林、孙杰获男子赛艇金牌。

12月6日，东城街道、独岗村、清东村分获“全国妇联基层组织建设示范街道（示范村）”称号。

10日，全国柑桔订货会在四会市举行，来自全国各地的果商签下11万吨的柑桔供货合同，合同金额5.5亿元。

18日，举行2010中国（四会）柑桔玉器文化节暨经贸洽谈会，共30个项目签约，17个项目奠基，25个项目剪彩，投资总额216亿元。

是月，四会市玉雕作品《水墨荷香》、《旗开得胜》、《荷塘月色》等8件作品获首届“中华天马奖”金奖。

**【基本概况】** 四会市位于广东省中西部，为平原与山区结合部，属珠江三角洲经济圈。始建于秦始皇帝三十三年（前214）。东与佛山市三水区交界，南与鼎湖区相连，西北与广宁县接壤，东北与清远市清新县毗邻。因地处西江、北江、绥江和龙江四江交汇处而得名。总面积1163平方公里，辖10个镇3个街道办事处、122个村民委员会和32个居委会。距广州市68公里，距肇庆市42公里，水路距香港123海里。四会市委、市政府驻东城街道。2010年末户籍人口41.52万人，常住人口46.35万人。

四会盛产柑桔、塘鱼和会纸。主要矿产有铁矿、石灰石、石膏、花岗岩、高岭土和水气矿产等24种，其中石膏的储藏量和品位居全省首位。至年末，探明主要矿产储量为：煤388.8万吨，泥炭127千吨，油页岩53万吨，铁矿59.69万吨，钨矿2千吨，石膏4834.39万吨，水泥用灰岩4810万吨，硫铁矿163万吨，建筑用花岗岩18750万立方米，砖瓦用粘土217万吨。境内主要河流有绥江和龙江，绥江全长226公里，其中市内河段长49公里。水资源519.44亿立方米，其中过境水流量507.2亿立方米，本地水流量12.17亿立方米。水力资源理论蕴藏量7.03万千瓦，可开发量6.46万千瓦，至年末开发5.7万千瓦。有自然保护区1个，总面积2019公顷，生态示范区1个，总面积1747公顷；森林面积6.1万公顷，森林覆盖率55.6%，活立木蓄积量237.61万立方米。四会居民绝大部分为汉族，占总人口的97%以上，少数民族有蒙古、回、壮、朝鲜等13个，主要是通过人才流动和婚姻等迁入。

四会市是“中国柑桔之乡”和“中国玉器之乡”，广东省著名侨乡，也是“广东省卫生城市”和“广东省林业生态市”；是全国最大的翡翠玉器批发市场之一，也是全国最大的玉器加工集散地；是华侨领袖彭泽民和岭南书画大师吴子复及连续两届夺取奥运金牌、中国体育史上第一位“妈妈奥运冠军”冼东妹的故乡，也是佛教禅宗六祖惠能的顿悟地。名胜古迹有贞山风景区和奇石河风景区。邓村中国民间古法造纸第一村、“品柑赏玉”等特色旅游资源已融入肇庆千里旅游走廊。

2010年，四会市地区生产总值160.62亿元，增长20.1%；地方财政一般预算收入11.38亿元，增长40.6%，财政综合增长率居全省第六位；全社会固定资产投资108.37亿元，增幅连续四年超30%；规模以上工业总产值277.8亿元，增长30.9%，社会消费品零售总额58.23亿元，增长22.3%。年末金融机构各项存款余额155.78亿元，比年初增长18.5%；各项贷款余额112.15亿元，增长23.6%，存款余额及增量均居肇庆各县（市）首位，被省政府授予“金融稳定奖”。在岗职工平均工资3.30万元，增长20.6%。在广东县域经济综合发展力研究报告中，四会在全省67个县（市）排名中跃居第三名，并五度蝉联“中国最具投资潜力中小城市百强”，三度荣获“中国最具区域带动力中小城市百强”称号。

**【农业和农村经济】** 2010年，推广农业科技，在下茆镇下茆大垌建立连片6.67公顷水稻高产核心示范片，组织30多户科技示范户，开展水稻抛秧、测土配方施肥、水稻病虫综合防治集成技术示范。举办各类农业技术培训班5期，培训人员1000人次。实施农田水利基本建设项目，完成标准农田建设项目5个，总投资267万元，项目建设面积190公顷，农田受益面积243.33公顷。项目区农田每亩增产100多公斤稻谷，增加产值180元。推广农机化生产作业，全市有手扶拖拉机1400台、耕整地机械2870台、联合收割机80多台、插秧机10多台。全年完成农业机耕作业量1.57万公顷，完成收获面积6533.33公顷，完成插秧面积166.67公顷。落实中央和省两级财政农机购置补贴96.42万元。开展“绿色”养猪行动，推进动物标识及疫病可追溯体系建设，落实国家、省对畜牧生产的各项扶持政策；获生猪调出大县奖励资金970万元；广东省生猪标准化规模养殖场建设项目扶持资金575万元；广东省生猪良种补贴160万元。全年生猪饲养量195.66万头，存栏量70万头，出栏量125.66万头。三乐原种猪场成为省重点种猪场，有纯种母猪800头，公猪186头，年产种猪和商品猪2万多头。集体林权制度改革在全省三个试点县（市）中排名第一，首创的“分股不分山，分地不分林”和“明晰产权、量化到人、家庭承包、联户合作、规模经营”的林改模式分别在全省和全国推广。实施城乡水利防灾减灾、病险水库除险加固和农村饮水安全三大工程项目建设，47.96公里堤围加固达标，36宗省人大机电排灌议案工作全面完成，61座病险水库和7座水电站消除安全隐患，11.75万农民喝上安全水、放心水。全市粮食播种面积2.11万公顷，产量12.13万吨，其中水稻种植面积1.41万公顷，产量17.7万吨；水产养殖面积6213.33公顷，水产品总产量和总产值分别为8.9万吨和9.563亿元，增长12%和8%；家禽饲养量1463.3万只，存栏量305.8万只，出栏量1157.5万只，出栏量增长5.7%；农业总产值53.4亿元，增长12.1%；农民人均年纯收入8679元，增长26.9%。

农村扶贫工作。落实帮扶单位挂钩扶贫，规划99个市直部门直接帮扶873户贫困农户，共投入帮扶资金（含物资）260万元，发展生产项目118个，其中种植业项目62个，种植面积26.4公顷；养殖业项目56个，养猪牛羊338头、家禽2.32万只，水产养殖1.67公顷；推荐劳动力就业346人；帮助贫困户子女读书106人；解决饮水难问题45户；改造危房10户；办理入低保27户；政府出资为贫困户购买农村住房保险。年末脱贫户数821户，占贫困农户总数的85%。

**【工业经济】** 2010年，五大产业（有色金属材料及加工业、新型建材业、化工塑料业、纸品印刷业、纺织服装业）完成工业总产值244.04亿元，增长29.3%，经济总量占规模工业总产值的87.8%。企业结构进一步优化，在积极推进创税型、科技型、环保型、规模型企业发展的同时，还通过提高企业自主创新能力，引导企业增资扩产，调整产品结构，实施品牌战略，采取加大对闲置土地、低效用地清理力度，提高集约节约用地水平等方式和措施，促传统企业转型升级，提升产业发展的层次和水平。培育一力药业、互感器厂、实力连杆、骏马水泥、华声乐器、多罗山蓝宝石等一批龙头企业和“星巨”牌吉他、“M＆W”牌智能IC卡、“实力”牌汽车发动机连杆、“四互”牌互感器等品牌产品。全年55家企业实施增资扩产，完成增资额16.4亿元。互感器厂、多罗山、广东省同步化工、肇庆市亚洲金属资源再生工业4家企业被列入首批“广东省现代产业500强重点培育项目”。坚决淘汰落后产能和污染企业，依法关停并转60多家电镀、漂染、小冶炼企业，万元国内生产总值能耗下降2.6%。规模以上企业214户，完成工业总产值278.67亿元，增长38.1%；完成工业增加值63.82亿元，增长41.3%。

**【对外经济贸易】** 参与2010肇庆（四会）对接广佛产业转移招商会、“2010肇庆·广州经贸合作交流会”、“2010粤港技术经贸合作交流会”、“肇庆·澳门经贸旅游文化合作交流会”、“广东国际旅游文化节暨泛珠三角旅游招商会”、“台湾·广东周经贸活动”、“2010肇庆金秋”经贸洽谈会等省、肇庆市招商活动，其中在广州经贸合作交流会上，签约项目2宗，合同投资总额16亿元；在“2010肇庆金秋”经贸洽谈会上，签约项目3宗，合同投资总额50.2亿元。组织和支持企业通过参加境内外展销会、广交会、外博会和开展网上贸易，在4月举办的107届广交会上，全市参展企业15家，展位28个，成交额1800万美元。新批项目（企业）合同13家，新批项目合同吸收外资总额1.61亿美元，增长5.02%；实际吸收外资1.27亿美元，增长3.9%；外贸出口总额3.5亿美元，增长38.8%。外资企业增资扩产项目23宗，增资额占实际吸收外资额的4成多。自营进出口民营企业91家，民营企业出口总额7800万美元，增长76.2%。亚洲金属资源再生工业园开通“四会港转关——园区申报查验”模式，企业货物在四会港码头实现零停货，直接在园区卸柜、报关、报检、查验一次性进行，有效提高通关工作效率。

**【民营经济】** 2010年，实施企业技术创新工程。至年末，园区开发面积35平方公里，进园民营企业320多家；认定国家高新技术企业13家、省级民营科技企业33家；创建1家省级玉器专业镇和2个省火炬计划特色产业基地（玉器设计与制造、有色金属综合利用）、1个省与教育部产学研结合示范基地、1个省青少年科技教育基地、1个科技示范园、1个省软件企业；有4家企业列入国家火炬计划，有4家企业列入国家火炬计划金属材料特色产业基地骨干企业，有5家企业组建省级工程技术研发中心。实施国家级科技计划13项、省级科技计划47项，省科技成果40项，专利授权200件。有8个产品获广东省名牌产品称号；3个产品获国家免检产品；12个商标获广东省著名商标称号；在规模以上民营企业中，有40%实现技术创新，有35%实现产品和工艺创新，形成以广东四会互感器厂有限公司为代表的一批创新型企业，广东一力集团有限公司、四会市骏马水泥有限公司、广东同步化工股份有限公司进入肇庆市民营企业十强。登记注册民营企业1597户，个体私营经济注册资本28.6亿元，新发展个体工商户3051户、私营企业285户，从业人员7.8万人。规模以上民营企业实现销售收入237.8亿元，增长45%；规模以上民营企业工业总产值250.39亿元，增长35.1%；实现工业增加值55.3亿元，增长31.9%；完成利税13.8亿元，增长74%；固定资产民间投资86.3亿元，增长23.4%，占固定资投资的79.6%，有1万多产业工人和3000多农民工参加各类型技术培训，为民营经济发展提供有效支持。

**【“双转移”工作】** 2010年，加快推进“一园八区”建设，主动承接珠三角等发达地区产业转移。引进一批“创税型、科技型、环保型、规模型”大项目，全年引进“双转移”项目96个，计划投资总额113亿元。开展各类职业技能培训4100人，实现农村劳动力转移就业3500多人。

**【财政与金融】** 2010年，地方财政一般预算收入11.38亿元，增长40.6%；地方财政一般预算支出（含上级追加支出）15.26亿元，增长25.6%。调整支出结构，落实民生优先的要求，集中财力保障推进基本公共服务均等化。全年教育投入3.15亿元，其中：拨付2000万元支持黄田等6个乡镇教育创强工作，拨付2252万元落实城乡免费义务教育政策，安排农村困难家庭义务教育寄宿学生生活费补助61万元；拨付新型农村合作医疗补助资金1004万元、城镇居民基本医疗保险补助176万元、乡镇卫生院经费保障体制补助328万元；拨付城乡最低生活保障补助737万元、提高重点优抚对象标准和解决军队退役人员生活待遇补助等241万元、财政对社保养老基金补助540万元；拨付农村劳动力培训转移就业专项资金145万元、促进就业专项资金118万元；全年文化体育与传媒投入2165万元，提高公共文化体育服务水平；投入1844万元，支持绿道建设；投入114.5万元，支持“三旧”改造，同时，配合城市发展建设需要，积极整合公共资产，以城市发展总公司为载体向银行融资6亿多元，加快城市重点项目建设。全年完成政府集中采购450批次，累计节约资金536.4万元，节约率8.91%。

年末各项存款余额155.78亿元，比上年增加24.26亿元，增长18.5%，其中储蓄存款余额106.34亿元，增加15.62亿元，增长17.2%。各项贷款余额112.15亿元，增加21.38亿元，增长23.6%。

**【商贸流通】** 2010年，通过加大招商引资和“双转移”工作力度，吸引广东四会泰华玉文化创意产业园、江谷生态旅游度假区、迳口天海湖旅游度假项目、绿茵翡翠假日酒店等一批有实力的商家到四会投资置业。按照“统一配送、统一管理、统一标识、统一价格”的现代流通经营方式，建立配送中心和农家店。建万村千乡工程配送中心1个，新建和改造农家店123间，村级农家店覆盖达到83%。组织20多家企业，参加第十四届中国东西部合作与投资贸易洽谈会、2010中国（沈阳）博览会，帮助企业开拓市场。在第六届泛珠三角区域经贸洽谈会和第六届山洽会，签约项目2项，合约投资1.7亿元。举办“2010年‘汽车下乡’巡展”和“四会家装联盟暨首届家装博览会”。推动家电下乡、家电以旧换新和汽车摩托车下乡政策的落实，家电下乡销售产品9052台（件），销售额1868.8万元；家电以旧换新销售产品1.04万台（件），销售额3501.6万元；农民购买下乡汽车527台，下乡摩托车4768台，销售额4842万元；三项优惠政策合计国家财政补贴1493万元。

**【城市建设】** 2010年，围绕建设“三个五”城市的总体要求，以开展“城市建设年”活动为契机，推进“一网、二环、三旧改造、四大新城、六大桥梁、八大楼盘”重点项目建设。至年末完成26.8公里省立绿道网建设和两个城区交通环路的线路初选；商业大道、飞鹅岭大桥和二广高速四会段建成通车。组织编制完成四会市“三旧”改造规划，对2373.33公顷旧城镇、旧厂房、旧村庄用地进行改造，合计改造项目占地面积46.59公顷。投入资金2.2亿元，重点完成商业大道东至污水处理厂截污主干管工程、城区（槎山至清莲围）截污管网工程、商业大道改造工程，观海路、城中路、槎山公园休闲文化广场升级改造工程；整治沙田园、沙尾、槎山、窦口、仓岗等社区街巷共35宗。投入资金586万元，安装修复城区路巷灯6320盏，乡镇路灯360盏，发光二极管路灯260盏，城区路灯亮化率98%以上。投入255万元，进行清理杂草、修剪花基、花坛，补种花草、苗木等，绿化美化城市环境。全年引进资金7.9亿元开发建设凯旋豪庭、盈峰国际等精品楼盘。全年房地产施工面积192.41万平方米，增长66.8%，商品房销售面积49.46万平方米，增长32%，销售均价每平方米3561元，增长7.6%，销售额17.62亿元，增长27.7%。累计投入资金1159万元，供应保障性住房总面积1.14万平方米，解决城镇低收入家庭住房困难142户。

**【环境保护】** 2010年，环保审批建设项目273个，其中工业项目203个，非工业项目70个，环保“三同时”执行率100%。加大对重点污染行业的监测力度，对挂牌督办企业进行重点监测，每月不少于2次的监督监测；对独水河5个断面进行每月2次监测，完成监测数据165个，并对独水河沿线35家重点污染企业进行随机监测；开展环保专项整治“铁扫行动”，对重污染企业进行不定时的联合执法监测，共出具有效监测数据1100个。全年关闭15家电镀企业、3家漂染企业、67家土法铝灰厂和2家土法炼油厂，并对23家电镀企业、8家漂染企业、7家皮革企业和7家陶瓷企业实施治理。完成化学需氧量累计减排1753.3吨；二氧化硫累计减排405吨。出动现场执法人员1776人次，检查企业613家，立案查处企业117家，作出行政处罚145.6万元。征收排污费842万元。

【交通公路】 2010年，投入517万元，完成省绿道网建设责任路段7.1公里建设任务。投入990万元，完成35条农村公路硬底化建设，投入1200万元，完成二级公路3.1公里和三级公路8.9公里升级改造；投入35万元，完成4座危桥共83米改造；投入177.6万元，完成贞山片范围公路硬底化建设6050米。投入公路养护经费684万元，完成1141.43公里地方公路养护。全年出动路政人员1278人次巡查路面1.72万公里，清理路障、违章建筑共103处1.21万平方米，办理路政案件立案20宗，结案20宗，地方公路省道年平好路率85%，县道年平好路率92%，乡道年平良好路面率82%。管养的国、省道年末好路率89.7%，年末优等路里程75.9公里。投入4500万元完善港口基础设施建设，起用泊位2个，新增、更换吊机4台。公路完成客运量463.6万人次，客运周转量3.26亿人/公里，货运量500.2万吨，货运周转量2.01亿吨/公里；水路完成船舶货运量498万吨，货物周转量6351万吨，港口内河集装箱6万个标准箱，港口外贸集装箱5万个标准箱。

【科学技术】 2010年，组织科技含量高、研发能力强的企业申报高新技术企业和民营科技企业。年内，获认定为国家高新技术企业6家，省级民营科技企业2家，有14个产品被认定为省高新技术产品。建立省市级工程技术研发中心2家，广东四会互感器厂有限公司建立中国科学院院士专家企业工作站。至年末，先后建设省级民营科技园、省（市）专业镇、特色产业基地、省部产学研结合示范镇、省青少年科技教育基地、省（市）工程中心、院士企业工作站等各类创新载体累计19个。开展科普惠农工作，推广普及柑桔种植、病虫害防治、保鲜等技术，优质蔬菜栽培技术，建设独岗上沙三村无公害蔬菜种植示范基地。全年获得各级各类科技计划42项，争取经费1085万元。其中国家级科技计划1项，获国家支持经费678万元，省级科技计划12项，肇庆市科技计划9项，肇庆市科技创新计划项目20项。专利申请101件，其中：发明22件，实用新型46件，外观设计33件；专利授权104件。

【教育事业】 2010年，有5.19万人次学生享受免费教育待遇，免收金额2251.97万元。“防流控辍”工作和“普九”教育指标均达到省市要求。继续推进中小学校舍安全和校园安全工程建设，至年末，共维修校舍面积7869平方米，新建校舍5.69万平方米。招聘校园保安242名成立校园保安大队，完全小学以上学校都安装视频监控系统，购置安保器械，校园安全做到人防、物防、技防全面升级。投入6422万元创建省教育强镇，按规范化学校建设要求，将全市104所义务教育学校撤并为47所。黄田镇、江谷镇、迳口镇、威整镇、罗源镇、龙甫镇成为广东省教育强镇。开展“重廉拒礼，我能做到”、“清廉薪火行”、创建廉政文化示范学校等一系列活动，创建城东小学、东城小学和肇庆市四会中等专业学校为肇庆市“廉洁文化示范学校”。四会市教育局被中共广东省委教育工委、广东省教育厅、羊城晚报社评为“广东省中小学生廉洁修身手抄报创作大赛优秀组织奖”。高考上省三A线1026人；上本科线645人，中考各科目平均分均排肇庆市前三名。艺术教育成绩获省级奖24个，肇庆市级奖27个，县级各类奖项34个。四会市教育局被广东省教育厅评为“广东省第三届中小学生艺术展演活动优秀组织奖”。体育教育成绩获亚洲冠军7个，亚军1个，季军1个；全国赛奖项2个；省级奖项37个；肇庆市级奖项69个。推进“强师振教”工程，选送中小学校长118人次参加各级培训班；组织教师4330人次参加各级各类业务培训。公开招聘6名校长，引进教师39名，2名教师参加全省和全国教学技能比赛获一等奖。累计有全国优秀教师1人，全国优秀班主任2人，全国三八红旗手标兵1人，省级优秀教师21人，肇庆市级优秀教师115人。

【文化】 2010年，文化馆、图书馆、博物馆“三馆”建设进入装饰阶段，星汇影院建成投入使用，建立六山公园流动图书馆和全国文化信息资源共享工程县级支中心，建立市消防大队、四会监狱工会、贞山街道大坑一村、上沙三村、市幼儿园5个文化信息资源共享基层网点。13个镇（街道）文化站改造达标，累计建成农家书屋90家；开展文化“三送下乡”活动和“岭南流动书香车”服务，全年组织送戏下乡40多场、送书下乡500多册、流动图书3000多册、送电影下乡80场。组织举办书画作品、图片展览5场，灯谜会2场，文艺演出12场次。收集各类文艺作品20余件。舞蹈《墨舞飞扬》、《蛙趣》分别获肇庆市第六届中小学生艺术节金奖、银奖，童声独唱《柑乡小歌手》获银奖，广播剧《彭泽民与孙中山》获第十届中国广播剧研究会广播剧专家评析金奖。整理非物质文化遗产项目347个，“古法造纸”、“贞仙诞”、“四会玉雕”被列入广东省非物质文化遗产代表作名录，“四会民歌”列入肇庆市非物质文化遗产代表作名录。登记不可移动文物438处，其中具有一定历史、艺术及科学价值的新发现文物392处，并通过省第三次全国文物普查实地调查阶段的验收。出动执法人员680人次，检查文化经营单位450间次，收缴非法音像制品960多盘，非法出版物300多册。

**【体育】** 2010年，四会市籍运动员代表国家、省、市参加的各项比赛，共获得亚洲冠军16个、全国冠军10个，获省以上比赛前三名40个，其中在第十六届广州亚运会上夺得4枚金牌、1枚银牌、1枚铜牌。全年共举办30多项群众体育活动，参加体育活动人数20多万人次，占总人口48%。组织举办各类群众体育活动30多场次。全年完成向省、市体育输送优秀运动员14名。全年体育彩票销售1975万元，筹集体育彩票公益金50多万元。全年投入100万元，兴建一条长130米高标准塑胶跑道和长130米，宽8米的风雨走廊，遮盖看台和跑道。

**【卫生】** 2010年，投入2000多万元，完成2间医院、7个镇（街道）卫生院、2个社区卫生服务中心，共11个医疗卫生机构改建、扩建业务用房2万多平方米，为7个卫生院配备一批基本医疗设备。3月15日起，四会市在全肇庆市率先实施国家基本药物制度，在基层医疗服务机构全部配备和使用国家基本药物并实行零差价销售，至12月底止，实施国家基本药物制度减少药品合理收入186万元，减轻群众负担。建立居民健康档案等9项公共卫生服务项目；建立人民医院和基层医疗单位双向转诊制度；建立10个医疗质量控制中心；开展临床路径探索试点；市妇幼保健院建立电子病历试点；开展对口支援乡镇卫生院活动。全市参加新农合医疗27.41万人，农业人口参合率99.58%，常住人口参合率100%。在肇庆市率先推行定点定额支付办法，有效控制医疗费用不合理增长。全年住院总费用为8841万元，参合农民患病住院1.47万人次，报销补偿金额3713万多元；获医疗救助103人，救助金额33.84万元。开展便民利民及卫生支农活动，共服务群众5500多人次，为222名白内障患者施行复明手术。全年抽检各类食品395份，合格率96.20%，公共场所2175份，合格率99.2%，食具2.44万份，合格率98.28。出动执法人员255人次，取缔无证行医29户，药店非法行医4户，非卫生技术人员从事卫生技术服务工作案件4宗。

**【人才引进】** 2010年，四会市引进各类专业人才224人，其中研究生学历22人，本科学历150人。全年增加专业技术人员480名，累计全市专业技术人员1.21万人，万人拥有专业技术人员262人。同时，通过组织参加技能竞赛的形式，积极促进高技能人才成长。推荐参加省职业技能竞赛的有动漫设计1人、广告设计3人、电子商务2人、玉雕工艺10人，其中郑立波获省职业技能竞赛玉器雕刻第一名，市人力资源和社会保险局被评为“广东省职业技能大赛先进单位”、“广东省职业技能大赛肇庆选拔赛先进单位”。

**【社会保障与救济】** 2010年，新增就业人数7725人，下岗失业人员再就业653人，城镇登记失业率控制在2.04%；全年举办各类型招聘会62场，吸引1782家企业设摊招聘，提供就业岗位2.74多万个，登记求职人员2.09万人次，达成就业意向1.35万人。举办各类技术工种培训班10期共4161人，实现农村劳动力转移就业3516人。

全年检查用人单位413家，涉及劳动者2.96万人，劳动保障信访立案132宗，办结132宗，为957名工人追回被拖欠工资218万元；劳动争议纠纷立案65宗，审结65宗，涉及劳动者147人，涉及经济标的530万元；办理工伤认定311宗，劳动能力鉴定118宗，病退鉴定12宗，调解处理120多宗工伤赔偿案件。

全年养老、失业、医疗、工伤、生育保险费收入2.42亿元。将5788名困难企业退休人员免费纳入基本医疗保险统筹范围。全市20家定点医疗机构实现医疗保险联网结算。1月1日起农民工养老保险关系可在跨省就业时随同转移。

2010年有五保对象980人，发放五保供养资金439.2万元；低保对象5010户8964人，发放低保资金969.42万元；支付医疗费救助金63.1万元，共有1.43万人次受益；6.16万户（其中4953户五保、低保对象免费参加）农户参加农村住房保险；为382户优抚对象发放优待金195万元。接收退役士兵164人，其中对28名城镇义务兵发放安置期间生活费82.4万元。

**【人口和计划生育】** 2010年，人口出生率10.91‰，人口自然增长率4.71‰，符合政策生育率95.55%，各项指标均在省计生一类地区管理标准以内。投入1448万多元开展创建全国计划生育优质服务先进单位活动。升级改造市、镇（街道）、村（社区）三级技术服务站、所、室，使三级计生技术服务阵地建设均达到“四优一满意”的要求。全年免费为2.81万名育龄妇女提供普查普治服务，其中有4633人次接受治疗，治愈3237人，提供转诊服务403人次。对新婚对象开展地中海贫血、G6PD等遗传病的筛查工作。继续推行计划生育优惠卡制度、计划生育家庭特别扶助制度和“节育奖”制度。全年筹集资金59.2万元，分别对1234名农村计划生育对象及1417名纯二女结扎对象进行奖励，为符合条件的1051户计划生育家庭发放计划生育优惠卡。10月，四会市被授予“全国计划生育优质服务先进单位”称号。

**【社会治安综合治理】** 2010年，投入1344万元建立市综治信访维稳中心和13个镇（街道）综治信访维稳中心，154个村（居）建立综治信访维稳工作站，实现市、镇（街道）、村（居）三级综治信访维稳平台全覆盖。全年排查社会矛盾纠纷850宗，调处化解826宗，成功率97.2%。投入1148万元建成82个视频监控点、12个电子警察第三期视频监控系统；投入280万元在四会马房桥路段、贞山水库渔港路段及沙头收费站路段建立3个市际治安卡口，并与省、市监控系统对接，实现一点布控，全网响应。组建网上作战专业队伍，开辟“网上作战”新阵地，结合“粤安10”、“平安亚运”等专项行动，全面提升打击违法犯罪效能。全年立刑事案件2732宗，破获1181宗，立案下降3.2%，破案上升3.3%。抓获犯罪嫌疑人448名，打掉犯罪团伙30个。受理治安案件6163起，查处5992起，查处率92.2%，查处各类违法人员4608名。发生道路交通事故237宗，上升39.4%。检察机关受理提请批捕案件232宗338人。批准逮捕219宗315人。受理移送起诉案件281宗419人。审判机关共受理各类案件2438件，办结2435件。

**【问题与困难】** 一是经济总量还不够大、质量有待提高，全市高新技术产业、现代服务业比重仍然偏低，“航母型”支柱企业仍然缺乏，城乡之间、镇域之间发展仍不平衡。二是能源、资源、环境等瓶颈制约日益突出，节约集约用地水平有待进一步提高，经济发展方式亟极加快转变。三是社会管理难度增大，维护社会稳定、建设和谐社会还有一些突出的问题需要解决。 *（潘雪英）*

**附：2010年四会市四套班子主要领导名录**

市委书记：梁志强

人大常委会主任：梁志强

市 长：陈 清

政协主席：潘玉荣

## 高要市

**【大事纪要】** 2010年1月8日，高要城乡水利减灾工程BT项目动工仪式在金渡镇举行，总融资1.4亿元。

3月26日，广东天龙油墨集团有限公司股票在深圳证券交易所创业板挂牌上市，为肇庆市首家上市的民营企业。

28日，举行高要“3·28”经贸洽谈会，期间共有投产、动工、签约项目82宗，总投资额68.75亿元。

31日起，小湘、白土、金利、蚬岗、马安、白诸、西江大桥7个收费站免费向广佛肇三地车辆开放。

4月24日，高要市被中国产业集群研究院、中国发展战略学研究会经济战略专业委员会评为“中国产业发展能力百强县（市、区）”。

6月25日，省政协副主席温兰子等领导出席在白土镇举行的巾帼鱼病诊所揭牌仪式，是全省首个由女性执业渔医挂牌的诊所。

7月27日，中共肇庆市委召开高要市领导干部大会，宣布范汝雄任中共高要市委书记，提名市人大常委会主任人选，梁靖任中共高要市委副书记，提名为市长拟任人选。

9月10日，高要市召开十五届人大第六次会议，250名人大代表出席。会议选举范汝雄为市人大常委会主任，梁靖为市长。

15日，高要市广新路富康花苑福彩投注站中出一注2010108期双色球一等奖，单注奖金1000万元，中奖的何姓夫妻成为肇庆福彩产生的第一个千万富翁。

28日，高要“9·28”经贸洽谈会在凤凰酒店举行。期间，共有83个项目投产、动工、签约，投资金额146.18亿元。

10月19～20日，全国政法工作会议筹备工作座谈会在北京召开。高要市委书记、人大常委会主任范汝雄在会上作《打造三级平台，夯实基层基础，推动政法工作上新水平》的专题发言，介绍高要市政法工作经验，是广东省唯一在会上介绍经验的县（市、区）。

23～24日，中国中小城市科学发展高峰论坛在武汉举行，高要市被组委会授予“中国中小城市科学发展百强县市”、“中国最具投资潜力中小城市百强”和“中国最具区域带动力中小城市百强”称号，这是广东省唯一同时获得三项荣誉的县级单位。

11月18～20日，中国女子龙舟队在高要市回龙镇13岁小鼓手夏诗颖的指挥下，在广州亚运会女子1000米、500米和250米直道竞速决赛中夺金，夏诗颖成为本届亚运会年龄最小的冠军。

25～28日，第八届中国果菜产业发展论坛暨果菜经验交流大会在海南省海口市举行，高要市获“中国果菜标准化建设十强市”、“中国果菜无公害科技创新示范市”两项殊荣，是广东省唯一入选的市（县）。

12月3日，澳洲要明同乡会荣获“2010南方·华人慈善盛典”慈善集体奖。

11日，“肇庆金秋”经贸洽谈会开幕，高要市共有投产、动工、签约项目29个，合同投资总额105.3亿元。

**【基本概况】** 高要市位于肇庆市南部，东邻佛山市三水区，西连云浮市云城区、肇庆市德庆县，南接佛山市高明区、云浮市新兴县，北连肇庆市端州区、鼎湖区、广宁县、四会市，是广东省文明城市、广东省卫生城市，属广佛肇经济圈和肇庆市经济发展中心区。总面积2196平方公里，辖河台、乐城、水南、禄步、小湘、大湾、新桥、白诸、活道、莲塘、蛟塘、回龙、白土、金渡、蚬岗、金利等16个镇和南岸街道，26个社区、324个行政村、2826个村民小组。2010年末户籍人口77.48万人，外来人口3.42万人。人口以汉族为主。旅居海外的华侨、华人9.88万人，港澳台同胞14.01万人，分布于全球30多个国家和地区，是全国著名侨乡之一。

汉元鼎六年（前111）设立高要县，梁天监六年（507年）置高要郡。高要县城曾是郡、州、府、路、专区治所，广州都督府、两广总督府、南明永历王朝、中华民国军务院驻地。1988年，高要县城迁往南岸镇。1993年9月28日撤县建市（县级）。

高要主要矿产有黄金、砚石、萤石、石膏、硫铁、高岭土、石灰石、钾长石、花岗岩、泥炭土等30多种。其中黄金储量居华南之首，产量占全省80%以上，被誉为“广东黄金之乡”；高岭土可开采储量近1亿吨，是广东重要的陶瓷工业原料供应基地。西江及其支流多年平均径流量2242亿立方米，多年平均地下水径流量218.4万立方米/日。林业用地面积12.44万公顷，森林覆盖率为56.5%，活立木蓄积量528.36万立方米。是中国绿色名市、中国肉桂之乡和广东省林业生态县。

高要境内有三茂铁路、广肇高速公路、广梧高速公路、国道321线、324线、西江航道和省道264线、272线、273线、362线，组成四通八达的交通网络，属于广州1小时经济圈范围。全市公路通车里程1845公里，公路密度为每百平方公里84公里。

2010年，高要市实现地区生产总值215.19亿元，增长18.27%。规模以上工业总产值397.54亿元，增长43.3%。社会固定资产投资总额108.83亿元，增长39.2%。社会消费品零售总额52.56亿元，增长22.1%。实际吸收外资1.76亿美元，增长6.6%。外贸出口总值4.39亿美元，增长24%。金融存贷款分别增长16.7%、8.5%。地方财政一般预算收入13.61亿元，增长26.2%，总量排名肇庆市各县（市、区）第一位。荣获“中国最具区域带动力中小城市百强”、“中国中小城市科学发展百强”、“中国最具投资潜力中小城市百强”、“中国产业发展能力百强县（市、区）”、“中国承接产业转移投资环境十佳县（市、区）”、“中国压铸产业集群示范基地”、“中国铸造行业教育培训基地”等称号。

**【现代农业】** 2010年，推进全国农技推广示范县和广东省新型农民科技培训工程项目县建设，建立十大农业科技试验示范基地，选聘100名农业科技指导员，扶持1000家农业科技示范户。举办农民技术培训班56期，培训农民4200多人次，组织农技人员进村入户辅导1.04多万次。建办水稻高产创建示范点16个，水稻早晚稻单产比上年分别增产55.6公斤、68公斤。投入农田基础设施建设资金4685万元，整治农田面积2926.67公顷，累计完成农田小陂头建设300个，受益农田2533.33公顷。建设高要（国家级）罗非鱼现代农业园区，总投资2.01亿元。

落实种粮补贴、农机购置补贴、生猪补贴等支农惠农政策。核发种粮补贴面积4.17万公顷3439.15万元，农机购置补贴469.76万元，获得生猪调出大县中央财政奖励494万元。人身安康、水稻、养鱼、养虾、住房、柑桔等6项保障统筹金收入317.5万元，支付补偿320.15万元，受惠农户2695人（户）。农村土地承包经营权流转面积2900公顷，参与土地流转的农户1.4万户。

以发展城郊型农业为重点，形成一棵菜、一条鱼、一只虾、一枝桂、一袋米、一罐油等“六个一”特色产业。4个产品获国家无公害农产品质量认证，6个生产基地获广东省无公害农产品产地认证，无公害生产基地面积为6126.67公顷。引进爱农公司建设2600多公顷的供港备案蔬菜基地，引进德丰、旭东等企业连片种植马铃薯。新增农民专业合作社10家。

粮食播种面积3.82万公顷，粮食总产23.27万吨，其中水稻播种面积为3.27万公顷、总产量20.34万吨。蔬菜播种面积2.75万公顷，总产量74.79万吨。商品林基地面积为10.12万公顷，占全市林业用地面积的81.35%。生猪存栏量36.99万头，出栏量77.07万头，连续4年获得国家生猪调出大县奖。家禽存栏量568.39万只，出栏量1938.31万只。水产养殖面积1.06万公顷，总产量15.4万吨。农作物机械化综合水平达到51.35%。农业总产值75.07亿元，农民人均纯收入9382元，增长21.4%。

**【工业经济】** 2010年，工业集中在新型建材、精密压铸、五金制品、不锈钢制品、化工、纺织服装、食品、皮革制鞋、矿冶等产业。有规模以上企业267家，从业人员8.73万人。天龙油墨集团股份有限公司股票成功上市，金鼎黄金有限公司、鸿图科技股份有限公司、天龙油墨集团股份有限公司等3家企业跻身“广东省500强企业”行列，鸿图科技股份有限公司入选广东省制造业100强企业排行榜。获省技术创新政策扶持资金169.84万元、节能专项资金119.84万元。金利祥兴金属制品有限公司等3家企业获 “省著名商标”称号，累计有“省著名商标”7件。

工业总产值424.57亿元，工业增加值105.8亿元，其中规模以上工业总产值397.54亿元，规模以上工业增加值95.07亿元，工业用电量27.6亿千瓦时，均居肇庆各县（市、区）第一位。轻重工业比例为34.59：65.41。骨干企业带动作用明显，工业产值超亿元企业有104家，合计产值242亿元，占规模以上工业总产值的61.42%。其中：金鼎黄金有限公司产值30.2亿元、萨米特陶瓷有限公司产值16.68亿元、鸿图科技股份有限公司产值8.5亿元。规模以上工业企业效益综合指数为266.9%，其中资产贡献率39.8%，资本保值增值率120.4%，资产负债率47.4%，成本费用利润率8.96%，全员劳动生产率11.5万元/人年。实现利润30.64亿元，利税总额55.58亿元。工业化水平由2005年的15.1%提升至45.4%。

**【商业与旅游】** 2010年，新建“万村千乡”市场工程——农家店52家，发放“家电下乡”、“汽车下乡”、“摩托车下乡”和“家电以旧换新”等财政补贴1801.7万元，带动相关产品销售1.88亿元，受益市民20477户。社会消费品零售总额52.56亿元，其中：批发业5.97亿元，零售业40.42亿元，住宿业4900万元，餐饮业5.68亿元。

推动旅游资源整合，加大旅游招商力度，抓好生态园、紫云谷、龙公庙、八卦村等旅游亮点建设。引进首期投资11亿元的端砚文化谷项目，规划整合紫云谷、文殊谷、虎坑、烂柯山、羚羊峡等景区景点，发展砚源文化产业。全年接待游客156.76万人次，旅游收入7.92亿元，分别比2009年增长9.84%、11.35%。

【对外贸易】 2010年，推广加工贸易深加工结转管理新模式，健全出口大户联系制度，帮助企业解决生产经营困难，组织企业应对反倾销，利用广交会等平台推介高要产品，实现外贸出口首次超4亿美元，达4.39亿美元，其中：民营企业出口额6979万美元，国有企业出口额2804万美元，外资企业出口额3.41亿美元。

【民营经济】 2010年，引进民营项目135个，合同投资总额89.6亿元，实际引进民营资金58亿元，增长10.4%。个体私营企业2.25万户，新增1266户。累计有13家企业获广东省和肇庆市民营科技企业称号，出口创汇的民营企业22家，规模以上民营企业工业总产值54.2亿元。

【财政与金融】 2010年，地方财政一般预算收入13.61亿元，比上年净增2.83亿元，总量居全省纳入考核的50个山区县（市）第一位。2～12月各月收入都保持25%以上的增幅。税收收入8.27亿元，增长22.5%，拉动一般预算收入增长14.1个百分点。

年末金融机构各项存款余额156.05亿元，贷款余额78.7亿元，城乡居民储蓄存款余额114.44亿元，比上年分别增长16.7%、8.5%、18%。全年保险费承保额99.92亿元，保费收入1.38亿元，赔款5300万元，分别增长7.1%、11.6%、6.4%。

【交通运输】 2010年，推进“六纵六横”为重点的18个交通项目建设，配合南广铁路、江肇高速公路等国家、省重点项目建设。珠外环江肇高速公路高要段、省道272线新江口大桥至高明段竣工通车。完成公路建设投资1.21亿元，地方公路养护总里程1154.62公里，省道年平好路率90%，县道年平好路率91%，乡道年末良好路面率为90%。完成国道324线、省道272线、省道264线等大修和安保工程，合计投资2亿元，管养公路年初优良路面率达76.2%。公路旅客运输量达1057.1万人次，公路旅客周转量4.5亿人公里；港口货物吞吐量为280万吨，货物运输量180万吨，货物周转量1.3亿吨公里；水路旅客运输量达350万人次，旅客周转量650万人公里，集装箱吞吐量为4.6万标准箱。

【邮政与通信】 2010年，邮政下辖18个邮政网点，自办汽车邮路393公里，乡村邮路1146公里。邮政业务收入3674万元，增长14.05%。电信业先后投入1800多万元完成骨干网出口带宽扩容、EPON网络、移动CDMA网络等项目建设，固话容量达到16.32万户，宽带容量5.9万户。移动公司开通西江大桥等6个基站和高要供电大楼等16个直放站与室内覆盖系统，全市324个行政村、1444个自然村基本实现移动电话“村村通”；推动TD-SCDMA网络发展，共安装基站25个；开展无线城市、数字校园建设，拓展“移动一线通”业务；主动通信客户38万户，收入2.6亿元。中联通公司WCDMA网络在市区实现100%覆盖，GSM网络全市人口覆盖率达97.9%，宽带新增端口速率提升4M、16M。装固定电话12.06万部，移动电话用户39.6万户，互联网注册用户4.47万户，分别增长0.2%、19.9%、61.8%。

【供电与供水】 2010年，电网建设投资9936万元，配网工程投资6400万元，配网可转供电率提升到45.16%。供电量32.16亿千瓦时，售电量31.48亿千瓦时，分别增长18.7%、24.31%。日供电量首次破千万千瓦时，最高达到1140.86万千瓦时，最高供电负荷首次超50万千瓦，达到52.65万千瓦。

2010年，完成江滨新城至莲塘镇供水管网扩建、要南路供水管网改造、东区水厂3万吨扩建等工程。全年供水量2503万吨，售水量1985.5万吨，安装工程量562.45万元，新增用水户1687户。截至12月31日，自来水用水户2.91万户，全年人均生活用水量为58.68吨。

【城市建设与环境保护】 2010年，完善《高要市城市总体规划（2010—2020）》，补充《南岸城区及二期控制性详细规划》，完成《广东高要生态旅游区空间详细设计》、《高要市城市景观风貌改造工程施工设计》、《世纪大道增设三个观景平台及四个观景亭装饰亮化工程施工设计》、《珠外环连接线金广大道两侧地块战略规划及城市设计》、《高要金利镇石洞农场概念性规划及城市设计》、《高要市西江新城区域总体规划及中心区域城市设计》等6个专项规划成果，开展《西江新城控制性详细规划》、《高要市城区户外广告规划》，完成《高要市绿道网总体规划》。改造沿江路、文峰路（湖西路至府前大街段）、广新路（三期）、南兴三路（市雕至港口路段），完成H小区道路硬底化和排水新建工程，总投资额1.3亿元。

有房地产开发企业36家、物业管理企业9家，房地产总施工面积113万平方米，商品房销售面积43.16万平方米，销售金额16.56亿元，商品房平均售价（套内面积）为每平方米4500元。有三级以上资质的建筑企业12家，从业人员8709人，施工产值11.24亿元。报建工程95项、总面积87.92万平方米。完成工程招标85项，中标价下浮5.85%。征收散装水泥专项资金113万元、新型墙体材料基金870万元，预拌（商品）混凝土使用量22.63万立方，比上年增长93.75%。竣工验收工程65项，获省优良样板工程1项、肇庆市优良样板工程1项。

环保审批建设项目163个，环境影响评价制度和“三同时”制度执行率均为100%。开展陶瓷行业和电镀行业专项整治，关停禄步水泥厂、金利发电厂。组织29家重金属排放企业开展清洁生产。完成3个中心镇污水处理厂建设，日处理污水能力达4.5万吨/日。监测项目84项，监测619厂次，完成环境质量考核指标监测数据3486个。出动环境执法人员2485人次，检查企业815家，查处企业违法排污案件50宗。空气污染指数为优的天数达98天。城市区域环境噪声等效声级平均值为55.1分贝（A），饮用水源水质达标率为100%，西江、新兴江的水质分别达到国家Ⅱ类和Ⅲ类水质标准。

**【科技兴市】** 2010年，科技支出占当年财政一般预算支出的2.2%，被省科技厅批准纳入“产学研结合示范县（市）建设计划行列”，成为肇庆市唯一获批的县（市）。实施“一镇一业、一乡一品”发展策略，拥有专业镇技术创新试点8个（省级4个、肇庆市级4个）。获批纳入省、肇庆市科技计划项目20个，争取产业技术研究与开发资金280多万元。向鸿图科技股份有限公司、天龙油墨集团股份有限公司、南虹化工有限公司、金鼎黄金有限公司、中环真空有限公司、鸿泰科技股份有限公司、北新建材有限公司等10多家企业派驻国内高校科技特派员。广东萨米特陶瓷有限公司被认定为省高新技术企业，肇庆贝来得经济发展有限公司、高要市金美莱塑胶五金制品厂被认定为省级民营科技企业。获得肇庆市颁发的科学技术奖项目6个，通过省级科技成果鉴定项目2个（农业类）。有专业技术人员1.42万人。专利申请量达145件、授权量118件，获市政府专利资助补贴98万元。成立市地震局，确定白诸镇首丫塘村为创建地震民居安全示范村，防震减灾工作获广东省综合评比第二名。

**【教育强市建设】** 2010年，有幼儿园84所，在园幼儿19680人；小学103所，在校学生50043人；初级中学23所，在校学生42102人；普通高中5所，在校学生17497人；中等职业技术学校3所，在校学生16023人；教职工6728人，其中专任教师6190人。小学适龄儿童入学率100%，初中阶段适龄人口入学率99.33%，辍学率控制在0.41%；残疾儿童入学率达99.27%；15周岁人口中初等教育完成率达到99.94%，17周岁人口初级中等教育完成率达到99%。“普九”各项指标均达到或超过上级的有关要求。有国家级示范高中1所，省一级学校4所，市一级学校11所，县一级学校51所；广东省教育强镇7个。预算内教育经费占财政一般预算支出的比例为28.62%。

普通高中招生6063人，4122人参加高考，650分以上有28人，188人考上重点大学，1484人上本科线，三A线以上有2431人，三B线以上有3636人，上线率88.3%。上三A线和上大学人数连续七年居肇庆各县（市、区）第一位。中职招（送）生7429人，其中市属中等职业学校招生2131人。

招聘和引进教师192名，有58名代课教师参加最后一批转岗考试，从中招聘教学辅助人员35名。小学专任教师大专学历占70.7%，初中专任教师本科学历以上占42%，高中专任教师本科学历以上占96%。选送2100多名教师参加培训，提高教师现代化教育专业技术。

**【文化事业】** 2010年，组织送戏下乡80场、送电影下乡3888场、送图书下乡6.5万册、赠书1000多册。建成农家书屋100间。8月在全省山区县中率先完成20户以上自然村有线电视“村村通”工程，高要电视新闻与广东电视台实现点对点直接传送，完成象山5千瓦电视发射机安装工作。修葺“鳌头抗日自卫队成立旧址”和“首届高要县人民政府成立大会旧址”。出台《高要市优秀文艺作品和优秀文艺工作者奖励办法》，出版《高要民间故事》和《绿野仙踪·悠游高要》旅游画册。组织编写情景剧《龙舟风波》，创作电视剧《进城》，64件文艺作品获肇庆市级以上奖励或被选入展。张玉强创作的《松亭会友》（端砚）获中国工艺美术百花奖金奖，邓婉花创作的《瓜田喜事》（戏曲）获广东省群众文艺作品评选三等奖。组织迎春灯会、烟花汇演、龙狮巡游、舞蹈大赛等群众文化活动，在黎槎八卦村举行“寻找最美高要”摄影大赛开镜仪式，并举办新明珠3周年文艺晚会、“3·28天龙之夜”、“和谐之声—企业文艺汇演”等大型文艺活动，邀请董文华、毛阿敏等著名歌手前来演出。开展黎雄才诞辰100周年纪念活动，举办“山高水长——黎雄才与当代岭南名家展”，出版《黎雄才佳作赏析集》（续集），录播长篇小说《百年雄才》，创作歌曲《黎家山水》和《画山水》，擦亮“雄才故里，人文高要”名片。高要市地方志办公室编纂的《高要年鉴（2010）》由中华书局出版发行。

高要以网络、网吧、荧屏声频、书刊音像、校园周边环境净化治理为重点，出动执法人员2315人次，检查网吧1260间次、电子游艺娱乐场所276间次、音像制品经营单位213间次、书报刊经营单位489间次、印刷企业132间次，查处网吧接纳未成年案1宗，取缔无证无照经营电子游戏4家，没收游戏机主板36块，责令整改违规经营的游艺娱乐场所1家。取缔贩卖音像、出版物的无证无照经营摊档52个，没收非法音像制品1.5万余张。

**【卫生事业】**　2010年，全面推进基本医疗保障制度建设，促进基本公共卫生服务均等化。99.9%的农业人口参加合作医疗，常住人口参合率达到100%，从7月1日起实施新农合支付制度改革，启动均次医疗费用限额支付，新农合各种补偿共计1.05亿元。征收城镇居民医疗保险费456.35万元，支付416万元。实施9项基本公共卫生服务项目、6项重大公共卫生服务项目，人均基本公共卫生服务经费标准达15元，城镇居民和农村居民健康档案建档率分别达52.99%和38%。开展孕产妇住院分娩补助、15岁以下儿童补种乙肝疫苗、农村生育妇女免费补服叶酸等公共卫生服务项目。从12月29日起，17所镇级卫生院及1所社区卫生服务中心全部实施国家基本药物制度，配备使用基本药物并实行零差率销售。“120”急救指挥中心投入使用，活道卫生院、莲塘卫生院、南岸街道社区卫生服务中心改造工程竣工。高要市人民医院被肇庆市列为公立医院改革试点单位后，制订控制医疗费用和药品使用规定，开展眼科、神经内科、泌尿外科部分病种临床路径试点工作。市中医院被省卫生厅、省中医药局确定为广东省首批中医名院创建单位。

新生儿入册9861人，入册率、建卡建证率均达100%。基础“七苗”接种率均达省90%以上标准，继续保持无脊灰状态，没有计划免疫内相应传染病例流行和暴发。免费检查肺结核疑似病人1328例，发现纳入项目督导治疗管理的传染性肺结核病患者582人。孕产妇系统管理率达96.6%，0～6岁儿童系统管理率达96.09%。组织动员4153人次参加无偿献血，献血量93.8万毫升。创建省卫生村56个，总数达286个。投入1500万元完成白诸、白土农村饮水安全工程，解决3.3万人饮水安全问题。投入资金1688.13万元，推进城乡环境卫生“三边”集中整治活动。完成改厕任务1000多户次。检查医疗机构46间、药店15间，查处无证行医6间、坐堂行医3间。检查餐饮服务单位3447户次，责令整改34户次，落实整改33户次。

**【体育活动】**　2010年，以“迎接亚运会，创造新生活”为主题，广泛开展各类群众性体育活动。组织新春群狮贺岁表演、迎新春男子三人篮球赛、“金鼎杯”科（处）级干部男子篮球赛、第七届“农信杯”男子篮球邀请赛、“鸿泰杯”男子乒乓球团体赛、“财税杯”男子篮球邀请赛，以及“黄金杯”、“南兴杯”、“金龙杯”等男子篮球赛。举办各类群众体育竞赛和群众体育活动180多次，参加体育活动人数达33.8万人次，占总人口的43.62%。高要市体育局获得国家体育总局授予“2010年度全民健身活动先进单位”称号。中小学生达到《国家体育锻炼标准》实施率为100%，学生健康体质标准达标率为98%以上。组织300多名运动员参加肇庆市少年锦标赛，获得团体总分第二名。其中摔跤、乒乓球获团体总分第一名，举重、羽毛球获团体总分第二名，武术、男（女）子篮球、足球获团体总分第三名。

向肇庆市运动学校输送运动员9人。回龙籍运动员夏诗颖和队友代表国家女子队在第十六届亚运会龙舟比赛中勇夺金牌3枚，在第九届亚洲龙舟锦标赛中获得金牌5枚。彭磊磊、郭泰宝在广东省第十三届运动会比赛中各获得金牌1枚。

**【人口和计划生育】** 2010年，以创建“广东省计划生育综合改革示范（县）市”为目标，推进计生帮扶村建设，继续开展创“两无”活动，使人口保持在低生育水平。无政策外多孩出生镇（街道）14个，无政策外出生村（社区）251个。2164人享受农村部分计划生育家庭奖励金，356户享受“节育奖”，325户享受“优惠卡”，9户享受计生家庭特别扶助。计划生育率达96.16%，人口出生率为11.99‰，人口自然增长率为5.95‰，出生人口性别比为108.62。荣获广东省人口和计划生育宣传教育创新项目奖、广东省人口与计划生育先进单位、广东省计划生育优质服务先进单位等称号。

**【社会保障体系】** 2010年，以社会保险为主，社会救济、社会福利全面发展的社会保障体系基本建立。基本养老、失业、职工医疗、工伤、生育等社会保险参保人数分别为6.43万人、3.74万人、5.26万人、3.65万人、3.49万人。64.13万人参加农村合作医疗，5.5万人参加城镇居民医疗保险。收取4个征地单位缴交的养老保险社保押金536.7万元。社会保险基金总收入2.9亿元，总支出1.98亿元，当期结余9233万元，累计结余6.53亿元。人均增加养老金138元，人均社发养老金1176元，居肇庆市各县（市、区）之首。

落实低保标准自然增长机制，从10月1日起提高城乡低保线标准和补助水平，农村保障线由170元/人/月提高到210元/人/月，城镇由230元/人/月提高到250元/人/月。有城乡低保户7107户、1.51万人（农村6509户、1.38万人，城镇598户、1264人），基本实现家庭人均年收入低于2500元的全部纳入低保救助，发放低保金1604.41万元。农村人均月补差达106.19元，城镇人均月补差达147.34元。纳入财政供养的“五保”老人1782户、1813人，其中集中供养548人。分散供养标准由220元/人/月提高到390元/人/月，集中供养标准提高到480元/人/月，发放“五保”供养费608万元。完成白诸敬老院、水南敬老院改（扩）建工程，为35名百岁老人发放补贴6.3万元。完善市、镇、村三级灾害救助应急体系，帮助27户因灾全倒房户重建家园。创建岘岗社区、小湘圩镇2个综合减灾示范社区。临时救济困难群众560多人，支出医疗救助金117.88万元。

有优待对象580户，优待金额348万元。评定军烈属优待507户，户平优待标准6184元。享受定期抚恤、补助对象1839人，抚恤补助金额724万元。对在乡孤老烈属、孤老复员军人和六等以上残疾军人全部实行公费医疗待遇，帮助优抚对象解决生活、治病及住房困难154人次。接收退役士兵267人，推荐就业460余人次，组织动员223名退役士兵参加技能培训，自谋职业和安置率达100%。从10月起对原203师367名退役人员每人每月发放困难生活补助80元。

**【城乡就业】** 2010年，城镇新增就业人数7260人，下岗失业人员再就业3620人。举办63场大小农民工现场招聘会，5500人与企业初步达成用工协议。农村劳动力转移就业7800人。为下岗失业人员发放小额担保贷款5万元，为9名下岗失业人员发放社会保险和岗位补贴。城镇登记失业率为2.68%。以高要技工学校为基地，组织农村劳动力技能培训5000人次，农民技能提升培训1600人次，创业技能培训330人次。落实省、市两级智力扶贫招生222人。办理劳动合同鉴证3.48万份、集体合同审查备案458宗，作出工伤行政认定292宗，处理劳动争议仲裁案件1302宗，为1200多名劳动者追讨工资待遇450多万元。监察巡查用人单位916户，专项执法检查用人单位400多户，发出限期整改指令122份，查处违法案件65宗。接待信访1071批2300多人。

**【残疾人事业】** 2010年，有残疾人4.21万人。获得省残疾人综合设施项目专项资金300万元。争取社会各界支持，为贫困白内障患者免费实施复明手术495例，为贫困残疾人赠送轮椅等辅助用具775件、安装假肢33条。设置弱智儿童康复训练中心，在各镇（街道）开展社区康复，完成20名6岁以下智障儿童的康复训练工作。供应残疾人用品用具775件，免费向贫困残疾人赠送轮椅490台、拐杖150副、脑瘫儿童矫形器2件、低视力助视器6

件、肢残助行器4件。建立疑似精神病人档案4190份，确诊精神病患者1170人。资助66名贫困残疾学生接受义务教育、8名贫困残疾学生接受中等教育、6名贫困残疾学生接受高等教育。有9名初中毕业的残疾学生免费入读技校，5名残疾学生被大专以上院校录取。举办9期农村残疾人种养技术培训班，免费培训农村残疾人480人次，依托各类培训机构免费培训城镇残疾人95人次。扶持贫困残疾人创业25户，扶持资金20万元。分散按比例安排残疾人到各单位就业116人次，10月起实施残疾人就业保障金由地税局代征。全市有1701户、3981名贫困残疾人纳入最低生活保障，列入危房改造范围的贫困残疾人有20户。完成残疾人证换发6500个，被省残联评为“广东省第二代残疾人证核发工作先进集体”。在广东省第六届残疾人运动会上，高要运动员取得6枚金牌、5枚银牌、6枚铜牌，其中3项打破省残运会纪录。

**【社会治安综合治理】** 2010年，综治信访维稳中心投入使用，建立由市中心、17个镇（街道）中心、350个村（社区）及部分规模企业、学校、医院工作站组成的综治工作网，形成横向到边、纵向到底、条块结合、纵横互动的大综治、大排查、大调解工作网络。建立各级调解委员会423个，有调解员1985名、综治维稳信息员955名。排查调处各类矛盾纠纷927宗，没有发生重大群体性事件和重大安全责任事故。公安机关开展“粤安10”、社会治安重点整治、“创平安、迎亚运”等专项行动，立刑事案件1854宗，破案1247宗，打掉各类犯罪团伙28个。检察院批准逮捕各类涉嫌刑事犯罪案件228件327人，依法向法院提起公诉184件303人，移送其他检察机关审查起诉7件14人。法院审结刑事案件 200件、民商事案件1794件、行政案件12件，执结1472件，成为无执行积案法院。司法部门组织实施“五五”普法规划，举办各类法律培训班236期，参加人数13.5万多人次。各级领导干部上法制课26期，参加人数5000多人次。培训企业主1.2万人次、企业员工13.6万人次。289所中小学校聘任兼职法制副校长。开展创建“农民学法用法示范村”活动，不断提高农民的法律意识。实施村委换届离任审计制度，健全土地承包公开招投标管理制度。加强“法治高要”建设，累计创建平安和谐镇4个、平安和谐村200个、平安和谐社区17个、平安和谐企业54家。

**【困难与问题】** 财税对资源性行业依赖较大，工业整体实力仍不够强，城市经济发展形态比较单一，区域发展不够平衡，农业产业化水平还偏低，影响社会稳定的因素仍然较多。 *（陈益民）*

**附：2010年高要市四套班子主要领导名录**

市委书记：武临黔（7月免）
　　　　　范汝雄（7月任）
人大常委会主任：武临黔（8月免）
　　　　　　　　范汝雄（9月任）
市　长：徐敏坚（8月免）
　　　　梁　靖（9月任）
政协主席：赵志强

## 广宁县

**【大事纪要】** 2010年1月21日，肇庆市水务集团公司全资收购广宁县自来水公司的产权转让举行签约仪式。

26日，由中国报告文学会副会长、中国作家出版社社长何建明和肇庆市作协主席何初树撰写，以党的十七大代表、创业模范贾东亮创业事迹为题材的报告文学《空降农民》举行首发式。

5月26日，广宁县宝锭山旅游度假区举行“全国科普教育基地”挂牌仪式。

6月，省文物考古队在位于广宁县南街镇龙嘴岗战国墓发掘到4000年前新石器时代至商周时期的文物一批。出土器物小件300余件，绝大多数为战国晚期遗物。

7月29日，中共肇庆市委召开广宁县领导干部大会，宣布张桂洪任中共广宁县委书记，提名广宁县人大常委会主任人选；袁海平任中共广宁县委副书记，提名广宁县人民政府县长人选。

8月1日，省道263线广宁古水镇下塝路段发生一宗中型客车、小轿车与重型半牵引车三车相撞的特大交通事故，造成11人死亡、2人受伤。

17日，由联合国亚太城市发展研究中心、中国品牌管理协会、商务时报社等单位联合主办第六届中国城市品牌大会在海南三亚举行，广宁县荣获“全国林浆纸产业示范县”称号。

30日，中央政治局委员、省委书记汪洋在省委常委、宣传部部长林雄，省委常委、秘书长徐少华，副省长李容根等的陪同下，到广宁县专题调研扶贫开发“规划到户、责任到人”工作。

9月25日，由世界旅游组织、国家旅游局和省政府联合主办的第二届粤菜峰会在广州举行，广宁县荣获“广东旅游美食之乡”称号，有18个菜式荣获“中国粤菜名菜”大奖。

10月29日，广宁县创展公司董事长冯家庆、八一农场场长贾东亮参加广州亚运会肇庆站火炬传递活动。

11月2～3日 全省社会主义新农村建设现场会在佛山市三水区召开。广宁县作为广东欠发达山区探索出改变农村生产生活环境新路子典型代表，广宁县委书记张桂洪在会上作经验介绍。

12月3日，广宁县籍港商陈达荣获“2010南方·华人慈善盛典”慈善人物称号。

28～29日 举行第五届广宁竹子节暨招商推介会和2010年沙糖桔推介会，签约、奠基、剪彩项目共75个，投资总额69.8亿元，为历届之最。

【基本概况】 广宁县位于广东省中西部，北江支流绥江中游，毗邻四会市、怀集县、清远市清新县和阳山县。交通便利，县城距广州120公里，至肇庆90公里，广贺高速公路和在建的贵广铁路途经县境，是广西、湖南等省份陆路来往珠三角的主要通道之一。面积2458.15平方公里，辖17个镇，156个行政村、22个社区。2010年末户籍人口56.76万人。外来人口3647人。

广宁县古属岭南百粤地，秦朝时属南海郡，汉代属四会县。明嘉靖三十八年（1559）置县，县名取“广泛安宁”之意。20世纪五六十年代，广宁、四会两县两合两分。

广宁县是典型的山区县（境内“八山一水一田”）；又是革命老区县，广东四大农运领袖之一周其鉴诞生在今南街镇新楼村，他领导建立华南地区最早的农村党支部；大革命时期广宁农民运动被毛泽东主席誉为“我党独立自主领导农运的典范”；解放战争时期，粤桂湘边纵队司令部曾设在广宁县四雍寮炭岗村（今赤坑镇交赞村）。

广宁县是全国著名的“竹子之乡”、“武术之乡”和“沙糖桔之乡”，并荣获“全国绿化模范县”、“中国最佳绿色生态县”和“中国新农村建设示范县”等称号。林地面积19.56万公顷，森林覆盖率89.2%。竹子种类14属55种，面积7.2万公顷，年产竹子25万吨，均居全国前列，建有全国最大的高级竹木混合浆生产基地，是“省县共建林浆纸一体化产业技术创新示范基地”。广宁县水力资源蕴藏量26.11万千瓦，可开发15.7万千瓦。出产于广宁的广绿玉是“中国五大佳石之一”，曾为明代贡品。广宁有机沙糖桔、广宁竹笋等被评为“广东人民最喜爱的土特产”，广宁沙糖桔还被评为“中国十大名桔”。广宁县土特产还有文笋、笋干、笋虫、冬菇、清桂茶叶等。

2010年，广宁县实现生产总值71.08亿元，增长13.8%，比“十五”期末增加35.8亿元，年均增长13.1%；地方财政一般预算收入4.39亿元，增长41.5%，财政综合增长率排全省第9位；外贸出口3630万美元，增长5.7%；全社会固定资产投资27.13亿元，增长20.3%；社会消费品零售总额25.51亿元，增长20.7%；农村人平纯收入5992元，增长12.6%；万元国内生产总值能耗下降3%；一、二、三次产业结构由2005年的38.3∶16.6∶45.1优化为26.0∶27.8∶46.2，第二产业增加值总量首次超过第一产业。

【工业经济】 2010年，以工业园区为依托，打造林浆纸一体化、再生资源、新型铝材、环保建材等四大支柱产业。古水太和环保陶瓷工业基地进驻企业5家，其中肇庆璟盛陶瓷公司投产。以鼎丰纸业有限公司为龙头，林浆纸产业集聚发展，总量不断壮大，广宁创建“省县共建林浆纸一体化产业技术创新示范基地”，被评为“全国林浆纸产业示范县”。鼎丰纸业有限公司8万吨技改项目已获省经信委同意开展前期工作，东乡水泥公司首期年产60万吨水泥粉磨站技改项目进入试产阶段，广宁船用水泵公司“海洋”牌船用水泵荣获“广东省著名商标”称号。向省经信委、省中小企业局申报项目共20项，申请项目资金1860.8万元。全县完成工业总产值80亿元，同比增长23%，其中规模以上工业总产值完成74.31亿元，增长37.3%，工业增加值18.64亿元，增长30.4%。

【农业与农村经济】 2010年，农业总产值26.12

亿元，增长4.9%。广宁县被列入全国第二批小型农田水利建设重点县，分三年实施，全年落实建设资金2016.76万元，投入农田水利基本建设。全面落实各项强农惠农政策，全年发放农资种粮补贴共2392万元，农民享受农机具购置补贴150万元。粮食种植面积2.88万公顷，粮食总产15.22万吨。沙糖桔种植面积1.53万公顷，总产22万吨，产值7.92亿元。打造品牌，全县新发展有机化、标准化沙糖桔基地1300公顷，共计6500公顷。10月，在南方报业传媒集团主办的“广东省首届柑桔文化节”上，广宁县人民政府被授予“亚运之星政府推进产业发展奖”，广宁有机沙糖桔被评为全省十个“亚运推荐名优旅游特产”之一；11月，经中国果蔬产业品牌论坛组委会专家组评定，广宁沙糖桔被评为“中国十大名桔”。广三保广宁种猪场5条生产线全部投产，4个标准化规模养猪场完成建设，肉猪、种猪年销量3万头，存栏6万头。全县生猪饲养量52万头，上市25.48万头。家禽饲养量1123万只，上市740万只，其中“竹凤凰”牌竹园鸡通过国家农业部无公害认证，竹园鸡出栏量280万只。创展公司被认定为“省级重点农业龙头企业”，为县第3家省级重点农业龙头企业。农机工作得到加强，广宁县被评为“全国平安农机示范县”，木格镇微耕机厂生产的多功能微耕机列入国家农业机械购置补贴产品名录。推广油茶经济林种植，排沙等镇示范带动，全县发展油茶基地566.67公顷。林权制度改革工作取得新进展，发放林权证书3.87万本，占总数90.5%，落实林地所有权95.8%，涉及林地面积15.81万公顷。

**【新农村建设】** 2010年，继续加大以创建卫生村、卫生镇为抓手的新农村建设工作，筹资1500多万元，农民义务投工17万元，创建省级卫生村145个（累计625个），其中15个镇实现整村创建省卫生村目标，成为全市创建省卫生村及整村创建省卫生村数量最多的县；赤坑镇通过“广东省卫生镇”验收；加大农村改水改厕力度，新增无害化户厕4736座，受益人口1.3万人，新增自来水受益人口9000多人。11月在全省社会主义新农村建设现场会上，广宁县作为广东欠发达山区探索出改变农村生产生活环境新路子的典型代表作经验介绍。

**【扶贫开发工作】** 2010年，各级党委政府和挂钩帮扶单位大力扶持帮助，按照“一户一法、一村一策、整体推进”的方法，因地制宜，突出重点抓好扶贫规划卫生户责任到人工作。发展种养业，帮扶贫困户3083户；通过救济支助，帮扶1115户；实施助学和培训转移就业帮扶332户；实施带动帮扶436户；全县帮扶干部到位3万多人次，落实帮扶项目701个，共投入资金2542.42万元，年内实现脱贫3676户，占总数61%。此外，抓好农村低收入住房困难户危房改造工作。通过各级政府出一点、挂钩单位帮扶一点和农户自筹出一点的办法，共投入资金780万元，危房改造150户，建筑面积1.28万平方米，年底全部竣工。

**【城市建设】** 2010年，实施“再造一城”战略，各项配套设施不断完善，县城框架拉大。城南大道、新环城东路建成通车；百盈花园、御景国际等重点房地产项目加快开发建设；首个现代型城东商业步行街开业，占地1.9万平方米，苏宁电器、中华影业、德州汉堡等一批知名企业进驻；建设翠竹公园环山绿道等市政设施；2010年，县城区商品房施工面积为13万平方米，销售12.58万平方米，增长24.5%。销售总额3.7亿元，每平方米均价为2941元，比上年的2654上升10.81%。商品房最高售价为3500元/平方米，中等价为2700元/平方米，最低价为2000元/平方米。

**【商业与旅游】** 2010年，社会消费品零售总额25.51亿元，增长20.7%；供销系统商品总销售2.74亿元，增长10.2%，完成“万村千乡市场工程”建设项目31项，其中县级日用消费品配送中心1家，镇级农家店4家，村级农家店26家；“家电下乡”产品销售7042台，销售总额1469.89万元，财政补贴193.88万元；“汽车摩托车下乡”财政补贴851万元，家电以旧换新财政补贴58万元。

全年接待游客人数67万人次，增长34%，旅游服务业综合收入1038亿元，增长40%。投入1.2亿元，对新竹海大观进行升级改造，翻新牌楼、餐厅，购置游艇1批，新建木屋别墅5幢，建起儿童游乐园等。开辟“红色旅游”线路，将粤桂湘边纵队纪念馆、粤桂湘边纵队司令部旧址、革命老区上林村、县烈士陵园和周其鉴故居等旅游资源整合开发。推介竹乡特色美食。9月下旬，在广州香格里拉大酒店举行的第二届粤菜峰会上，广宁县组织选送的“豉油皇焗笋虫”等18个菜式获得“中国粤菜名菜”大奖，广宁县获得“广东省旅游美食之乡”称号。

**【对外贸易与招商引资】** 2010年，实际利用外资4733万美元，完成年任务的100.93%，增长3.9%。外贸出口总额3630万美元，完成年任务的100.8%，增长5.7%。引进招商项目42个，其中在建项目31个，投资额500万元以上项目14个。实施“走出去，请进来”战略，不断提高招商实效。6月21～23日，在香港举行的粤港经济技术贸易合作交流会上，签约项目2个，投资总额8000万元；9月28日在佛山南海区举行的招商推介会上，签约项目21个，投资总额40.8亿元；10月12日，在澳门举行的肇庆—澳门经贸旅游文化合作交流会上，签约项目1个，投资总额1.8亿元。

**【个体工商业】** 2010年，全县个体工商户新登记1472户，共1.05万户；内资企业新登记151户，共1324户；农民专业合作社新登记35户，共101户；办理食品流通许可证登记3470户，受理户外广告登记36户帮助企业融资1.02亿元，办理动产抵押登记2宗，抵押物价值3.05亿元。

**【财税与金融】** 2010年，地方财政一般预算收入4.39亿元，增长41.5%，创历史最高水平，财政综合增长率全省排第9位。国税收入1.86亿元，增长60.81%，其中“两税”（增值税、所得税）收入1.47亿元，增长47.27%；县级库完成3946.56万元，增长55.03%。地税收入2.03亿元，增长23.76%。其中，中央库收入3371万元，增长12.93%；省固定收入750万元，增长30.26%；省共享收入5183万元，增长35.19%；县级库收入11033万元，增长22.07%；其他规费收入781万元，增长60.37%。

金融机构各项存款余额54.77亿元，增长15.7%，贷款余额24.77亿元，增长17.49%。城乡居民储蓄存款余额45.63亿元。

**【交通公路】** 2010年，完成省道350（珠木）线木格境内6.8公里和洲仔段5.1公里的改建、排沙至大罗段5公里路面的维修；珠木线水声岭隧道改造工程上报立项；完成县道418（春中）线社岗一桥的改建；对省道263（连大）线半径小于或等于125米的湾道危险路段（20公里）设置中央分隔带；完成县道横荔线改造工程的测量设计；农村公路硬底化建设完成60公里、新开公路50公里；坑口二桥完成总工程量的70%和牛岐大桥完成水下基础；完成县乡公路中小型桥梁新（改）建10座。

**【邮电】** 2010年，邮政完成业务总收入3030.26万元，完成年计划任务的100.87%，邮政储蓄余额净增1.01亿元。

电信完成业务总收入7205万元，增长3.5%，发展用户3.4万户，其中固定电话0.33万户，移动电话1.82万户，宽带用户1.25万户。中国移动广宁分公司新增用户7.3万户，全年业务总收入1.02亿元。

**【供水与供电】** 2010年，完成供水量620万吨，销售收入658万元。新安装供水管道2.09万米，其中DN80毫米以上管道1.05万米，DN65毫米以下管道1.04万米。水表新安装1663户，其中居民用水1247户，工业用水1户，基建、商业等用水415户。

全年完成供电量5.4亿千瓦时，增长13.87%；售电量5.27亿千瓦时，增长18.5%。8月27日，220千伏翠竹变电站投产；12月28日，110千伏宾亨变电站投产；全年电网工程项目投产完成率达100%。

**【环境保护】** 2010年，抓好企业的常规监测，共发出监测报告410份，监测数据2800个，完成11家企业的治理设施环保验收。严把建设项目审批关，共审批建设项目29个，拒批重污染项目4个。认真做好排污申报工作，核发排污许可证269个，完成征收排污费142万元。进行专项整治行动，共出动执法人员420人次，检查企业120家，发出限期整改通告书30份，取缔违法排污企业5家，实施行政处罚10家，罚款16.5万元。

**【教育】** 2010年，制订《广宁县创建教育强县工作实施方案》，精心谋划，稳步推进“创强”各个阶段工作。经评选确定石涧、宾亨、江屯和螺岗4个镇为首批“创强”镇，4镇共筹集资金600多万元，争取社会慈善机构助强镇学校捐赠图书3万册，价值20万元，4镇共投入5000万元，改建、扩建一批教育教学设施，整合资源，螺岗、宾亨镇实行中学与中心小学合并。年底，4个创教育强镇通过验收成为省教育强镇。贯彻落实省市关于加强学校安全防范工作的文件精神，加强校园安全防范教育，印发《关于加强校园安全防范工作的紧急通知》到学校幼儿园，投入69万元完善人防物防技防的安全保障体系。实行县城区初中学校招生改革，广宁中学、广宁一中附设初中部，通过考核，公开、公平招录400名优秀小学毕业生，改变原来由广宁初级中学单独招收优生的做法。城区广宁县初级中学、其鉴纪念中学、何楮铭纪念中学通过电脑派位招生。中考总分800分以上3人，单科800分以上6人，总分600分以上594人。高考上三A以上1157人，本科上线641人；总分600分以上86人，比上年增加80人，重点本科70人，比上年增加20人；体艺类上线347人，排全市前茅。

**【科技】** 2010年，申报省级科技项目9项，其中木格镇农业机械加工厂“多功能微型耕耘机研究开发推广”和广宁县顺广沙糖桔专业合作社、南街镇联办的“南街专业镇沙糖桔生产标准化示范”2项获省立项。申报市级科技计划项目6项，其中宝锭山“肇庆当家竹种种质资源收集和高效培育技术研究与示范”、坑口镇“茶秆竹种植专业镇”、南街镇“沙糖桔专业镇多元化技术创新平台”、县科技馆“以广宁县全国科普教育基地打造竹文化强县研究分析”等4项获市立项；申报市科技创新计划10项，获立项7项。评审2009年度县科技进步奖15项，其中获市科技奖1项。专利申请量26件，其中发明专利2件，实用新型专利10件，外观设计专利14项；专利受权量33件，其中发明专利1件，实用新型专利17件，外观设计专利15件。

实施“广宁县竹子标准化种植示范与产业化开发”富民强县专项行动计划。年内建立竹子地方标准；建设竹子引种试验基地13.33公顷；在古水镇和横山镇建立青皮竹和茶秆竹标准化生产基地共1333.33公顷；建设竹子观赏园区；为竹子种植示范村和竹子种植加工示范大户建卡立档；完善县竹业生产力促进中心设备设施；建立竹子产业化示范基地；举办竹子标准化种植培训班2期，培训人数200人，在南街镇和木格镇举行竹子标准化种植咨询活动等。

**【卫生】** 2010年，完成2项重大公共卫生服务项目和9项基本公共卫生服务项目实施方案，培训卫生院医务人员51人，乡医396人。建立居民健康档案14.79万份。开展咨询活动414次，举办讲座349次，印发宣传资料17.06万份。农村育龄妇女补服叶酸886人。加强甲型H1N1手足口病等重点传染病的防控工作，完成甲流疫苗接种以及15岁以下儿童乙肝疫苗查漏补种。抓好儿童免疫接种工作，卡介苗、百白破、乙肝、流脑等疫苗接种率在96%以上。住院分娩率99.78%。孕产妇系统管理率98.41%，儿童系统管理率98.48%。婴儿死亡率2.7‰，孕产妇死亡率15.1/10万。

参加新型农村合作医疗43.48万人，占农业人口数99.49%，比上年增加2.6个百分点。新农合筹资标准提高到每人150元，筹资总额6525万元。坚持普通门诊、疫苗接种、特殊病种门诊补偿制度，让更多农民得到实惠。乡镇卫生院、县级医院、县外医院住院费用补偿比例分别在70%、60%和45%以上。住院补偿封顶线从上年5万元提高到6万元。新农合补偿支出6718万元，受惠人数4.23万人。完善基金管理制度，县内所有定点医疗机构全面实施网上即时补偿，部分省、市定点医疗机构也实施网上即时补偿。

**【体育】** *竞技体育* 参加2010年市少年锦标赛，共夺奖牌70枚。其中：金牌26枚、银牌24枚、铜牌20枚。参加市武术锦标赛获奖牌数、金牌数、团体总分三项第一名。21名运动员代表市参加省第十三届运动会田径、武术、蹦床、赛艇、拳击等项目比赛，共夺金牌1枚、银牌2枚、铜牌5枚。县农民武术代表队参加陕西宝鸡全国农民武术比赛暨武术之乡传统拳种传承人演武大会，共夺金牌5枚、银牌2枚、铜牌7枚，并获得体育道德风尚奖，创参加这项赛事以来最佳成绩。武术运动员冉千鑫代表省参加全国青少年武术锦标赛暨第三届世界青少年武术锦标赛夺得规定太极拳和规定太极剑2项冠军。

*群众体育* 打造醒狮武术精品，提高“武术之乡”知名度。2月28日，圣堂龙狮武术团参加肇庆“星湖国际广场杯”舞狮比赛，获得南狮高桩和传统舞狮2项金奖；中国移动广宁分公司醒狮团获南狮高桩银奖；广宁船用水泵制造有限公司醒狮团获传统舞狮金奖和南狮高桩银奖。圣堂龙

狮武术团3月16日参加深圳全民健身“福永杯”首届全国南狮公开赛获得优胜奖，10月13日参加云南通海首届国际龙狮邀请赛获铜奖。

【文化事业】 2010年，完善文化阵地设施建设，制订实施《广宁县建设文化强县规划（2010—2020）》，投入200万元新建农家书屋71间，共有农家书屋87间，投入65万元完善广宁县全国文化信息资源共享工程网建设，建起中心服务器机房，完善县图书馆电子阅览室设施，更新电脑30台，投入10万元完善县图书馆配套设施；投入250万元完善省级文化保护单位粤桂湘边纵队司令部旧址修复工程；投入50万元，购置广场大型文艺演出音响设备，投入30万元建设县文化馆录音室。以“发展教育，繁荣文化”为主题送戏下乡85场；利用“岭南流动书香车”送书下乡1.5万册；企业支持送电影下乡2000场，观看群众25万人次。县城全年共组织大中型文艺演出15场。开展“红段子”等文艺创作活动，共创作文艺作品300多篇，创作音乐作品33首。

5～6月，广东省文物考古队在广宁县龙嘴岗墓地发掘到4000年前新石器文物。该墓地位于南街镇，本次考古发掘面积800平方米，共清理墓葬17座、灰坑一座，出土器物小件300件，其中青铜器数量最多，近200件，绝大多数为战国晚期遗物。同时在地表还采集到新石器时代至商周时期的器物一批。墓葬中出土随葬品有石器、陶器与青铜器。石器有砺石、石玦等；陶器有陶瓿、陶钵、陶碗、陶盆、陶罐与陶瓮等；青铜器有铜斧、剑、矛、刮刀、削刀、铜鼎、铜盆与铜铃等。墓葬所反映的龙嘴岗墓地分布范围平面布局形制结构与葬品组合等信息，对于研究粤西乃至整个岭南地区战国秦汉时期社会历史具有极重要的科研价值。

【民政与残疾人事业】 2010年，评定低保障对象5335户1.07万人，其中农村5149户1.04万人，城镇186户324人。提高城乡最低生活保障标准，城镇居民每人每月225元，农村居民每人每月160元，比上年分别增加18.4%和28%。评定五保老人2001人，其中散居1610人，居住敬老院391人。供养标准散居每人每月200元，住院每人每月300元。百岁老人14人，每人每月补助150元。落实优抚政策，抚恤优抚对象2310人，发放补助金共712万元。评定义务兵优待对象617户，发放优待金共213.6万元。24名城镇退役士兵自谋职业，发放一次性安置补助金共22.2万元。接待城市流浪乞讨人员80人，求助65人，放发救助金6000元。办理国内收养登记26宗。福利彩票销售点县城13个，乡镇9个，年销售彩票收入共1300多万元。此外，积极开展“广东扶贫济困日”活动，募集社会各界善款519.4万元。

3月26日，广宁县残疾人综合服务中心落成投入使用。利用服务中心平台，投资30多万元，创办肇庆市（广宁）脑瘫儿童康复训练托养中心，于3月15日开业，聘有康复员（教师）5人，保育员4人，厨工1人，吸收来自广宁、四会、怀集等地脑瘫儿童30人进行康复训练。5月底和10月中旬，在六祖慈善济会和国家“百万贫困白内障患者复明”项目支持下，县人民医院与县中医院联合开展免费为贫困白内障患者复明手术活动，为380名患者施行复明手术。“5·16”第20个全国助残日，免费赠送轮椅203张。举办残疾人招聘会1场，现场应聘108人，成功就业53人。接待残疾人就职登记107人，其中安排集中就业23人。农村残疾人转移到城市就业1823人，城镇残疾人就业249人。

【人口与计划生育】 2010年，广宁县出台实施《关于进一步完善人口计生工作例会制度的意见（试行）》，进一步推进计生工作的重心下移。创建“人口文化传播翠竹绿道”品牌，广泛宣传“婚育新风进万家”、“关爱女孩行动”等，计生工作取得良好成效。人口出生7069人，人口出生率12.53‰，人口自然增长率6.43‰，分别比市指标低0.42个千分点和0.67个千分点。符合政策生育率95.90%，比全省一类地区平均水平高0.9百分点。15个镇无政策外多孩出生，占88.23%；119个村无政策外生育，占66.85%。出生人口性别比为107.24，下降0.33个比值。落实结扎2199例（纯二女户557例），上环2757例。年底“四术”库存335例。全年应参加查环查孕90336人，已查87515人，通过查环查孕，落实补救措施20例。

【劳动保障与转移就业】 2010年，新增就业人数2585人，城镇下岗失业人员再就业452人，城镇失业登记率为2.55%。开展职业介绍1088人次，成功推荐就业803人。举办招聘会63场，进场招聘企业755个，提供就业岗位2.41万个，进场登记求职1.73万人次。开展“春暖行动”、“就业援助月”等活动，为零就业家庭、“4050”人员共123人实现就业。4月20日与三水区人力资源和社会保障局联合举行大型劳务招聘会，招聘职位2500个参加应聘人员3000人。6月26日开通首场网络招聘会，参加网上招聘企业30家，提供就业岗位3000个。组织开展农村劳动力培训、农民工技能提升培训、下岗失业人员再就业培训和创业培训工作。举办各类培训班共52期，开设有计算机、摩托车维修、餐饮、沙糖桔栽培、山地鸡饲养等实用技能课程，参加培训人数8400人。全县劳动力转移就业9100人，其中就地就近就业3002人，劳务输出6098人。

**【维稳和综治工作】** 2010年，坚持维稳信访“五个一”（对不稳定因素每月排查一次、通报一次、县主要领导听取汇报一次、研究一批突出维稳信访案件、解决一批重大突出问题）机制，有效化解古水苏坑桥和大潘村村道使用以及一些征地拆迁等问题，维护社会大局稳定。加强县镇两级综治信访维稳中心建设，公开招聘19名治安员充实各镇中心力量，投入近500多万元，完成县综治信访维稳中心和178个村（社区）工作站建设。实行综治工作考核与科学发展观绩效考核挂钩，县财政拨出一定资金，对“平安镇”、“平安机关”、“平安村”给予奖励。

**【十件惠民实事】** 2010年，完成百里翠竹绿道一期工程建设，建成官步至竹海大观、文化广场至东乡的自行车绿道，建设塔岗山步行绿道；县城防洪三期工程，按50年一遇标准建成南街河圣堂桥至东乡段两岸9.44公里、红星桥至荷木新桥延长段两岸6.29公里的防洪堤；按路宽12米标准改造何楮铭中学门口至县计生服务中心路段；安装长塘（城南大道）至首约（高新产业园）沿线约10公里、接龙桥至广玉路约2公里等供水管道，拓宽城区供水面；搞好基层卫生医疗机构基础设施建设，建成县中医院新住院部大楼，建设赤坑、坑口等镇卫生院业务用房，全面完成村级卫生站规范化建设；完成150户农村困难户危房改造；投资100多万元，建设12套廉租房；实施城镇职工、城镇居民医疗保诊统筹工程，参保人每人每年可享受最高限额100元的普通门诊费用；县人力资源市场业务大楼建设实训基地；安装长塘路段16套高灯，城区街道安装520盏简易路灯，提高城区亮化水平。

**【存在问题】** 经济总量小，产业结构有待优化，支柱产业单一，财政运作压力大；重点项目推进不够快，经济发展缺乏大项目支撑，发展后劲亟待增强；社会事业发展还需加快，一些民生热点问题未能很好解决，人民生活水平有待提高；农业产业化步伐不大，特色农业尚未形成规模效益，农民持续增收面临困难；公务员队伍素质与形势发展要求存在差距，机关作风有待加强，行政效能还需提高。

*（莫多文）*

**附：2010年广宁县四套班子主要领导名录**

县委书记：刘正南（7月免）
　　　　　张桂洪（7月任）
人大常委会主任：刘正南（7月免）
县　长：张桂洪（7月免）
　　　　袁海平（7月任代县长）
政协主席：梁超进

## 德庆县

**【大事纪要】** 2010年1月1日，零时起，撤销德城收费站，悦城收费站实行车辆通行费年票制。

9日，由国家人力资源和社会保障部农村社会保险公司司长赵殿国带领的国家新农保督导组到德庆县督导新农保试点工作。

11日，德庆县率先开通全省首家县级“女性e家园”网站。

12日，德庆县举办重点项目融资暨金融推介会，开创全市各县（市、区）召开金融推介会先河。与国家开发银行广东省分行签订合作协议，与市内七大商业银行签订信贷支持达44.5亿元的银政合作协议。

4月1日，德庆县成为89个“全国绿化模范县（市）”之一，是广东省唯一获此殊荣的县

（市）。

6日，83岁的梁儒拿到一份死后捐献遗体的公证书，此为德庆县遗体捐献第一例。

16日，奥地利等18国驻澳门总领事组成的考察团一行50多人到德庆县参观访问。

18日，国家水利部政策法规司副巡视员郭永胜到德庆县检查指导水库除险加固工程建设。

6月8日，全省首个“预存话费送农保”活动在德庆县启动。

7月1日，德庆县首个农居地震安全示范村丰党新村落成。村落房屋统一按照地震基本烈度7度的标准进行建设。

9月3日，德庆县2010年第一批城区廉租房抽签，32户符合条件的家庭获得租住廉租房。

10月7日，十·一黄金周德庆县共接待游客42.1万人次，全县旅游总收入1.47亿元。

28日，“广东首届桔柑文化节”在广州启动。德庆柑桔获评“亚运推荐名优旅游特产”。

11月18日，德庆县在新圩镇大同村举行首批全国妇联基层组织建设示范村挂牌仪式。

12月4日，德庆县籍运动员覃小俊参加在京举行的2010年广州亚运会火炬传递活动。

**【基本概况】** 德庆县位于广东省中西部，地处西江中游北岸，东接高要市，西邻封开县，南与云浮市郁南、云安两县隔江相望，北和东北与怀集县、广宁县交界。东距肇庆城区92公里、距广州200公里，西距广西梧州79公里。全县地域面积2256.75平方公里，辖12个镇、1个街道办事处，共有175个行政村、18个社区居民委员会。2010年末全县户籍人口37.99万人。

德庆县历史文化悠久，西汉元鼎六年（前111）始设端溪县，晋永和七年（351）置康州郡，唐贞观十二年（638）称康州。宋绍兴元年（1131）名德庆府，自此，德庆之名沿用至今。

德庆县自然资源丰富，是全国柑桔之乡、首乌之乡。全县有林面积13.16万公顷，有树种72科，231种，森林覆盖率为73.4%，已探明的矿产有30多种，已知大小矿点230余处，石灰石、高岭土、叶腊石、花岗石等储量较丰。德庆是山区农业县，以水稻、松脂、肉桂、蚕桑、水果、速生丰产林、茶叶、蔬菜、畜牧水产为主要农业经济支柱。德庆特产何首乌、巴戟、西江肉桂、广佛手等最负盛名；贡柑、沙糖桔、鸳鸯桂味荔枝是德庆名优水果。德庆县是广东省历史文化名城、广东省旅游强县，旅游景点主要有国家级重点文物保护单位悦城龙母祖庙和德庆孔庙（学宫），省级重点文物保护单位三元塔和龙山宫，还有盘龙峡生态旅游景区、金林水乡景区、花世界温矿泉景区等。

2010年，德庆县实现国内生产总值65.92亿元，增长19.1%，增幅位列肇庆市山区县第一，其中第一、第二、第三产业分别增长7.0%、32.7%、17.2%。人均生产总值1.93万元，增长19%。财政一般预算收入累计完成4.72亿元，增长46.27%；全社会固定资产投资总额42.91亿元，增长35.8%；实际利用外资3450万美元，增长5.7%；规模以上工业完成总产值100.02亿元，增长43.6%；农业总产值25.94亿元，增长7.2%；全县金融机构各项存款余额42.61亿元，增长21.1%，其中城乡居民储蓄存款余额33.97亿元，增长24.6%；金融系统各项贷款余额20.13亿元，增长21.9%；在岗职工人均工资22781元，增长16%；农民人均年纯收入9218元，增长33%。

**【农业经济与新农村建设】** 2010年，德庆县实现农业总产值25.94亿元，增长7.2%。全县完成粮食作物面积2.34万公顷，其中水稻面积2.07万公顷，同比分别增长2.5%和2.3%；粮食总产量11.21万吨，其中稻谷产量10.43万吨，同比分别增长2.6%和2.8%。柑桔种植面积1.87万公顷，投产面积1.53万公顷，柑桔总产量55万吨，柑桔销售总收入超20亿元，占农民人均年纯收入50.8%。德庆贡柑、沙糖桔分别获“亚运推荐名优旅游特产”及“中国名优品牌水果、质量领先企业”称号。推进优质蔬菜、特色畜禽、南药等产业发展，创办优质蔬菜种植示范基地面积242公顷，生猪饲养量28.31万头，“三鸟”饲养量107.3万只，肉类总产1.91万吨；推广油茶示范林种植，完成迹地更新造林1666.67公顷。德庆县获“全国绿化模范县”称号。

投入资金4814万元，帮扶贫困户发展经济项目6088个，帮扶贫困村发展集体经济项目65个。全县2171户贫困户年人均收入达2500元以上，20个贫困村村级集体经济年收入3万元以上。创建生态文明村58个和省卫生村39个，完成300人以上自然村道路通水泥路82公里，改造农村泥砖房120户，县城建设廉租房40套。金林村被评为“全国文明村”，大同村被评为“广东省文明村”。

**【工业】** 2010年，德庆县规模以上工业完成总产值100.02亿元，增长37%。规模以上工业增加值23.37亿元，增长36.8%；规模以上工业销售率99.8%，主要工业企业实现税收1.6亿元，增长36.2%。全县工业用电量2.8亿千瓦时，增长25.7%。林产化工及涂料精细化工、木材深加工、电子机械及不锈钢、水泥建材等四大支柱产业实现总产值92.3亿元，增长38%；实现税金1.19亿元，增长41.7%，四大支柱产业增速均在37%以上。结转和新上技改扩产项目总投资3.25亿元，完成技改扩产投资1.29亿元。石井水泥公司二期、罗洪公司干粉沙浆和水泥预制管件以及恒球陶瓷、金顺通陶瓷、德圣陶瓷、信和陶瓷等一批新上项目陆续建成投（试）产。全县新增规模以上工业企业13家，规模以上企业83家。工业园区开发面积近万亩，新型建材、精细化工企业落户25家，总投资107亿元，其中大型陶瓷企业已落户13家，油墨、高档汽车漆企业12家。全年共落实招商项目38个，合同投资总额75.25亿元。

**【商业与旅游】** 2010年，落实补贴家电下乡2916台，73.91万元；补贴下乡汽车775辆，232.04万元；补贴下乡摩托车5569辆，313.77万元。销售家电下乡产品4331台（件），实现城乡消费品零售总额21.67亿元，增长20.7%，商品零售价格总指数和居民消费价格总指数分别上升3.4%和2.8%。

2010年，重点开发沙旁黄龙盆地景区，建设沙旁圩镇至落茅坪村道4.4公里水泥硬底化景区用路和奇石河栈道（包括防护栏）640米。规划设计龙母文化村和肇庆奥威斯盘龙湾休闲旅游度假区项目。悦城龙母祖庙、德庆学宫两个景区入选首批“广东省文化旅游示范单位”。德庆龙母入选“和谐肇庆一家人”的主角，代表肇庆旅游形象之一亮相第六届深圳文博会。县内酒店参加“2010中国粤菜峰会暨评选粤菜名店（名师、名菜）”活动，德庆县获“广东旅游美食之乡”称号。全年接待游客405.74万人次，增长19.02%；旅游收入23.22亿元，增长25.82%。至年底，全县有旅游住宿接待和旅游餐饮服务企业88家，其中旅游住宿接待设施54家，四星级酒店1家、三星级酒店4家，各类客房2821间，床位5460张；新增加广丽酒店和阿尔戈斯度假酒店，新增接待床位分别为354个和136个。

**【对外贸易和招商引资】** 2010年，全县有进出口企业24家，民营企业10家，三资企业14家。外贸出口1.13亿美元（海关数），完成年计划任务109.7%，增长14.6%；实际吸收外资3450万美元，完成年计划任务102.7%，增长5.7%；新批注册合同外资额7255万美元，完成年计划任务102.3%，增长5.3%。组织开展以商引商、以乡引商、以友引商等多种形式的招商引资活动，组织企业走出“山门”，参加省举办的“2010粤港经济技术贸易合作交流会”、“肇庆—广州经贸合作交流会”、“肇庆—澳门经贸旅游文化合作交流会”、“2010肇庆金秋经贸洽谈会”、第七届“山洽会”，10月19日参加省组织的赴埃及、印度等系列经贸活动。引进招商项目38个，合同投资总额78.25亿元，项目个数增长58.3%，投资总额增长35.4%。引进项目中，投资超亿元的项目10个，其中包括总投资20亿元的德庆盘龙湾奥威斯旅游休闲度假区项目、总投资10亿元的广东大道化工项目、总投资6亿元的肇庆市联祥陶瓷项目、总投资6亿元的正大陶瓷项目、总投资6亿元的肇庆伟邦陶瓷项目、总投资3亿元的德庆县盛汉陶瓷项目等。

**【民营经济】** 2010年，新增民营企业109家，新增规模以上工业企业13家；民营企业总数508家，其中规模以上工业企业83家。全年民营企业实现税收2.98亿元，年产值超亿元的民营企业9家，年产值5000万元至1亿元的企业6家，大亚木业、石井水泥、德通公司、罗洪石业、恒基公司、新超越公司、碧桂园等7家民营企业税收实现超千万元。新登记注册内资企业210户、私营企业79户、个体工商户150户。年底，全县共有各类市场主体9663户，增长4.76%。其中，内资企业631户，增长49.88%；私营企业508户，增长18.41%；个体工商户8524户，增长1.79%。全县累计省著名商标5件，地理证明商标2件，注册商标253件。

【财税 金融】 2010年，全县财政一般预算收入累计完成4.72亿元，增长46.27%，其中国税收入4339万元，地税收入1.40亿元，财政收入2.88亿元，分别增长43.5%、19.8%和64.3%。税收收入占一般预算收入的55.19%，收入质量在肇庆市山区县中排名第一。全县金融机构各项存款余额51.6亿元，增长21.1%，其中城乡居民储蓄存款余额42.3亿元，增长24.6%。金融系统各项贷款余额24.6亿元，增长21.9%。全年实现政府性融资5.1亿元。

【基础设施建设】 2010年，启动县城西区开发建设，县城龙母大街、朝阳西路、康城大道等主干道完成升级改造，实施城区主要街道和建筑物绿色照明发光二级管节能亮化工程，对城区3间农贸市场全面实施升级改造，改造香山休闲公园和龙湖公园，建设45.11公里绿道网。全县419.97公顷土地纳入市“三旧”改造范围并有序推进，碧桂园生态人居新城等一批高档住宅小区相继建成，城区建成面积扩大至11.3平方公里。2010年城市生活垃圾无害化处理率65%，城镇生活污水处理率60%。

以交通、电力为重点的基础设施建设迅速推进，配合完成广佛肇高速小湘—德庆—封开段建设相关前期工作；德庆（新城）中心客运站项目建设到尾声；大亚专用码头列入《肇庆港总体规划》，悦城新港4个2000吨级码头泊位通过省交通厅的评审；康州（悦城）220千伏变电站通过站址审查。2010年，完成固定资产投资总额42.9亿元，增长35.8%。德庆县列入省、市的8个重点建设项目共计完成投资4.62亿元，完成年投资计划的118.5%。

【科学技术】 2010年，政府对科技投入1684万元，科技对经济贡献率为46%。组织实施国家、省、市的科技计划13项，其中省级科技计划6项，市科技计划7项，共获得项目资金265万元。专利申请数26项，其中发明3项、实用新型14项、外观设计9项；专利授权数14项，其中发明1项、实用新型6项、外观设计7项。新利达电池实业（德庆）有限公司《能有效防止气胀和漏液的碱性无汞钮扣电池及其制造方法》项目获得国家发明专利。县人民医院《标准大骨瓣减压术治疗大面积脑梗死32例临床分析》项目获得肇庆市科学技术奖三等奖。

【教育】 2010年，全县有普通小学96所，初级中学10所，特殊教育学校1所。在校学生5.17万人，其中普通小学学生2.96万人，初级中学学生2.22万人，特殊教育学校学生23人。全县有5.14万名学生享受免费义务教育政策，其中农业户籍学生4.42万人，非农业户籍学生7156人。小学适龄儿童入学率100%，在校生辍学率为0，毕业率100%；7～15周岁“三残”儿童少年入学率99.21%。初中适龄少年入学率99.78%，在校生辍学率控制在0.27%以下，升学率99.5%，普及九年义务教育各项指标居肇庆市山区县前列。学前三年幼儿入园率87.3%。德庆县被确定为广东省农村学前教育发展模式试点县。高中阶段教育毛入学率92.97%，香山中学创建国家级示范性普通高中工作通过省级验收。德庆县在全市率先完成2010年创建教育强镇目标任务，创建官圩、马圩、莫村镇3个教育强镇，全县教育强镇增至4个。全县中小学在学科竞赛中获国家级奖励12人，省级奖励26人，市级奖励138人。高考上三A线以上人数1390人，其中艺体类上线人数285人，本科增幅24%。

2010年，在高等师范院校毕业生中招聘专业教师57名，其中本科学历40名，大专学历17名；通过全省统一考试，100名代课教师转为公办教师。组织各级各类教师培训2426人次。教师参加教学竞赛36人获省、市、县奖励，其中8人获省奖励；教师论文在国家级刊物发表3篇，省级刊物发表42篇，获县奖励295篇；教师参加省市课件制作比赛，获省奖励5人次，市奖励5人次。

【文化】 2010年，全年送戏下乡128场次，观众8.4万人次；送书下乡30次，流动图书、报刊2.5万册（份），接待读者5.6万人次；送电影下乡2108场次，其中数字电影490场次，观看人员52.5万人次。建设农家书屋71间，总数123间。在广东省农家书屋“五个一”读书活动中，九市镇李志强农家书屋获得“广东省优秀农家书屋”称号，官圩镇官圩村委会钟树秋农家书屋获得“广东省农民阅读之星”称号，官圩镇徐镇标的《书中自有“黄金屋”》、回龙镇李亮的《创业路上书领路》获“阅读与致富”优秀征文。德庆县是全市首个县城范围内开通数字电视的山区县，完成136

个20户以上自然村“村村通广播电视”工程，基本实现广播电视无线全覆盖。在全省乃至全国率先实现“村村有标准篮球场”。

2010年，规范整顿文化市场秩序。全年累计出动车辆120次，人员550人次，检查各类文化经营单位620家次，处罚违规网吧2家，对歌舞娱乐场所停业整顿处理1家，收缴非法音像制品1800张（其中色情光碟7张）、非法书报刊2800份。

【体育】 2010年，举办全县性群体竞赛活动10次。国家青少年俱乐部利用暑假期间举办乒乓球、羽毛球、篮球、游泳学习班共6期，150人次参加学习。2010年，德庆县国家青少年体育俱乐部乒乓球班参加肇庆少年乒乓球锦标赛获团体季军，其中团体男甲获第二名，男乙、男丙获第三名，女乙获第五名，李可晴获女子单打冠军。德庆县农民代表队参加肇庆市首届农民运动会获6枚金牌、1枚银牌、1枚铜牌，其中男子篮球、自行车负重、负重拼搏、超级大富翁、扩旱保苗、团体总分六项获冠军，定点投准获亚军，赶猪接力获季军。全县乡镇、企事业单位新建水泥篮球场30个，不规则游泳池2个。发展中国体育彩票网点4个（县城3个，官圩镇1个），全县共有网点13个。

【卫生】 2010年，加紧县级医院改造扩建工作，完成县人民医院门诊综合楼项目前期准备工作；县中医院新住院综合大楼项目进入基础施工阶段；县人民医院三门诊大楼划拨给县妇幼保健院使用，建筑面积6300平方米。投资350万元建设乡镇卫生院。至年底，全县有医疗机构299个，住院病床674张，各类卫生从业人员1952人。抓好妇幼保健工作，孕妇住院分娩5609人，住院分娩率为99.95%，孕产妇死亡和新生儿破伤风为0例。儿童计划免疫接种率保持在95%以上。2010年，新农合参合人数29.51万人，覆盖率为98.92%。五保户、低保户、特困户、孤儿、残疾人、长期居住在麻风院村的麻风病人及获得省、县计生奖励的对象、村“两委”退休干部共11793人，由政府出资参加新农合。全年新农合筹资总额为4426.5万元，全年16.89万人次参合农民受益，总补偿金额4112.25万元。大病救助131人次，发放救助金40.75万元，达到1万元封顶线10人次。德庆县被评为“广东省农村中医先进县”。全县参加无偿献血1652人次，献血总量35.18万毫升，参加互助献血251人次，献血量5.18万毫升。德庆县获肇庆市无偿献血工作目标管理考核一等奖。

2010年，出动卫生监督员823人次，检查2519户次，发出卫生监督意见书1782份，发放宣传单张903份，责令限期整改54户次，完成整改54户次。

【人口和计划生育】 2010年，全县出生4213人，其中一孩2888人（政策内2885人），二孩1307人（政策内1139人），多孩18人（政策内17人）。人口出生率为11.06‰，人口自然增长率5.57‰，计划生育率95.92%，出生人口性别比为104.32。德庆县被国家人口和计划生育委员会授予“2010年全国计划生育优质服务先进单位”称号，被省政府授予“广东省2010年度人口与计划生育先进单位”称号，被市委、市政府授予“肇庆市2010年度人口与计划生育先进单位”称号。

【民政事务】 2010年，出台《德庆县抚恤补助优抚对象医疗保障办法》，县财政统一为优抚对象购买合作医疗保险，共下拨门诊补助57.7万元。全面落实复退军人安置政策，按时为19名2009年度城镇退役士兵发放自谋职业补助金36.8万元。组织退役士兵报读两年免费职业技能培训，报名率80%。12月起，城乡低保城镇低保标准提高到220元/人月，农村低保标准提高到170元/人月；城镇低保人均月补差提高到135元，农村低保人均月补差提高到82元，全县的低保覆盖面2.5%。全年新增低保对象474户1260人，发放低保金866.08万元。在册五保对象1573人，集中供养标准为300元/人月，分散供养标准为150元/人月。2010年12月起，农村分散供养五保对象补助标准提高到200元/人月。对新圩、回龙等7个镇敬老院进行扩建和升级改造，增加床位，提高入住率。5～9月，德庆县遭受“灿都”、“凡亚比”等台风袭击，全县共有284户住房倒塌需重建，其中“凡亚比”台风受灾情况最为严重，官圩镇沙旁片三个村委会倒塌房屋93户。发放救灾重建资金309.9万元，至12月底，284户重建户全部竣工。36个村委会开展农村社区建设工作，3个社区被省民政厅评为全省“六好”平安和谐社区；15个城市社区达到全省“六好”平安和谐社区标准，占城市社区总数的83%。德庆县再次被命名为“广东省村务公开民主管理示范县”。加强殡葬管理，全年火化遗体2255具，遗体火化率100%，取缔棺木店1间，烧毁棺木6副。规范婚姻和收养登记工作，全年承办婚姻登记4862对，婚姻登记合格率达到100%；办理收养登记35宗，收集孤残儿童信息335宗。

**【残疾人事业】** 2010年，邀请省“复明2号”白内障医疗队为白内障患者免费做复明手术150例；将6名0～8岁聋儿送到市康复中心接受康复训练，免费验配助听器；为168名双瘫残疾人捐赠轮椅；免费为9名截肢残疾人装配假肢。有7～15岁的残疾儿童126人，入学125人，入学率达99.2%。开展助残、助学活动，帮助残疾学生和残疾人子女180人，帮扶资金20万元。拓宽残疾人就业渠道，对有劳动能力的残疾人进行各种类型职业技术培训，培训人数达38人次；在县城和各镇开展残疾人种养培训班18期，培训人数790人次；安排到企事业单位就业30人次；鼓励个体开业190人。由政府全额补助，把已办理残疾人证的农业户籍3528人纳入新型农村医疗保险；把已办理残疾人证非农业户口的重度残疾人239人，纳入居民医疗保险。资助残疾人危房改造40户，资助资金8万元。开展整村推进扶持残疾人种养业，扶持户数46户，扶持资金10万元。

**【劳动和社会保障】** 2010年，全县新增就业人数4548人，培训农村劳动力4728人，转移农村劳动力7236人，全县城镇登记失业率2.53%。引进各类人才125人，接收大中专毕业生182人。举办各类型企业招聘会61场次，为企业招收员工6068人，其中输入外来就业人员3062人。下岗失业人员实现再就业408人，兑现社会保险补贴金额53.38万元，发放下岗失业人员小额担保贷款5宗10万元。完成城乡援助就业209人，就业困难人员实现再就业131人，公益性岗位安置下岗失业人员2人，“零就业家庭”实现归零。组织209名下岗失业人员参加电工、制造等专业培训，培训后实现再就业131人，培训后再就业率62.7%。组织举办创业培训339人，成功创业207人，创业成功率61.1%。立案处理劳动争议仲裁案件26宗，结案26宗，其中调解结案13宗。立案处理劳动保障监察案件7宗，结案7宗，清退拖欠工人工资3.84万元，涉及欠薪人数22人，其中农民工19人3万元，立案件数、拖欠工资额数和拖欠工资人数分别下降36%、89%、88%。接受来信来访96批114人次，来电咨询投诉41件，完成劳动年审352家，举办5场《劳动合同法》宣传辅导课、2场现场咨询会，派发各类宣传资料3500份。

社会保险企业职工社保新增扩面人数3417人，扩面新增基金4017.88万元。参加社会保险的核算单位750个，参保人数2.73万人享受离退休待遇人数6694人。应征各项社会保险费1.05亿元，全年社保基金征缴1.19亿元（含追收历年欠款等），增长27.42%。支付各项社会保险待遇1.24亿元，支付率100%，增长25.32%。养老保险新增参保单位14个，参保人数3.40万人，新增参保人数3417人，完成市确定任务数101.90%。参加新农保人数16.03万人，完成省、市下达任务的100.18%，有3.6万名老人领到养老金。

**【社会治安综合治理】** 2010年，刑事案件1131宗，下降0.4%；破获刑事案件557宗，上升3.1%；命案立3宗破3宗，破案率连续三年保持100%。逮捕犯罪嫌疑人198人，上升1%；抓获网上逃犯36人，上升6%；破获毒品案件33起，上升57.1%。2010年，处理信访案件71起，办结69起，办结率97.2%。开通“平安德庆”微博和QQ问政平台，接受网民咨询、投诉和举报信息92条，办结率100%，网络问政专区网民信息答复率100%。德庆县公安局被省公安厅授予全省优秀公安局、全省公安机关思想政治工作先进单位、全省公安执法质量优秀单位称号；社区民警聂桂清被公安部授予全国公安机关爱民模范称号，并上京领奖，受到中央领导接见。人民法院全年审理各类刑事案件128件，判处罪犯208人，审结128件208人，结案率100%；受理民商事案件1283件，审结1247件，结案率为97.1%，其中以调解撤诉方式结案878件，调撤率为70.4%，提高8.4%；受理行政案件8件，审结8件，结案率为100%。

**【问题和困难】** 经济总量不大，工业大项目不多，强优企业偏少；交通等基础设施滞后，资金、土地供给、环境指标容量不足以及人才短缺等突出问题依然存在；农业产业化水平不够高，农村基础设施比较薄弱，农业抗市场风险的能力还比较弱，农民增收渠道还不够宽，持续增收难度较大；地方财政总量还比较小；解决弱势群体生产生活困难的任务还比较重，应对突发事件和防灾减灾的能力还不够强；民生工程建设任务繁重，社会保障、群众就业、环境保护等方面的工作仍需进一步加强。（徐小桃 黄少华）

**附：2010年德庆县四套班子主要领导名录**

县委书记：吴宪平

人大常委会主任：吴宪平

县 长：陈定坤

政协主席：温爱民

## 封开县

**【大事纪要】** 2010年1月1日，零时封川收费站撤销。

13日，由辽宁省人民政府驻广州办事处主任周吉带领的辽宁省新宾满族自治县民族考察团，到封开县参观考察信访综合治理维稳工作。

16日，举行关爱女孩“爱心1+1”助学金发放仪式。副省长、省红十字会会长雷于蓝出席。

20日，一位爱心人士到封开县关爱女孩“爱心1＋1”协会办公室捐款7.25万元不留名。

是月，封开县文物普查队在杏花社区新寨古城墙北面，发现保存较好明代建成的新寨北更楼。

2月7日，总投资2.1亿元，位于国道321线封开长岗镇水口的西江大桥主桥合拢。

3月11日下午16时50分，目前世界最长（48公里）的华润水泥（封开）有限公司石灰石运送带投入运行。

4月21日下午3时20分，广梧高速公路连接线工程——全长14.79公里，宽12米的封开西江大桥合拢。

6月24日8时至25日8时，封开县普降大雨，其中金装镇降雨量146.6毫米，长安镇146.1毫米。

8月10日，江口镇东方二路原预制厂至原粤丰实验厂职工宿舍楼河岸路段发生坍塌，导致8间居民楼房倒塌。

9月21日，杏花镇受“凡亚比”台风的影响降雨量达150毫米，出现内涝灾害。

10月1日 封开县被定为省直管县财政改革试点县。

15～18日，封开县政法委干部练景升，被邀请到北京出席全国词曲创作精英人物高峰论坛和领奖。其首次作词歌曲《共产党啊，我们永远跟你走》、《我们走在阳光里》入选“颂歌献给党”百首歌曲。

11月12日，封开县海事处首次成功引领一艘参考载货量5000吨的江海直达巨轮“江夏安”号，靠泊华润水泥（封开）有限公司码头，次日，装载3500吨水泥熟料离开。

12月，江口中学音乐教师姚海松创作的歌曲《想起曾经》在北京获得“21世纪华人音乐奖”词曲创作一等奖，加入中国大众音乐协会。

**【基本概况】** 封开县位于广东省中西部，肇庆市西北部，居西江上游，东西距68公里，南北距84公里，东北与怀集县相连，东南、西南分别与德庆县、云浮市郁南县接壤，西北与广西贺州、梧州、苍梧交界。总面积2723.29平方公里，辖16个镇，178个行政村，21个居委会，2010年末户籍人口49.9万，有姓氏268个。

封开历史悠久，十四五万年前，古封开人就在封开大地上繁衍生息，是古岭南人最早的繁衍生息地。封开古名广信，意为“初开粤地宜广布恩信也”。1961年，封开县由原封川、开建两县合并而成。境内有贺江水从西北境向南流，西江水从广西梧州流经境内南部。西、贺两江把县地划为东、西、南三大块，地表崇山林立，溪流纵横交错，素有“两广门户”之称，是“西江走廊”经济区域的重要组成部分，是通往“珠江三角洲及大西南的咽喉之地”，又是“珠三角”与大西南的交汇点。

封开具有独特优美的自然生态环境，被人们誉为“南国大公园”、“北回归线上的绿洲”。境内山川秀丽、景色迷人。有集中了石炭岩、沙页岩、花岗岩三种地质地貌，构成各具特色的巨石、奇峰、幽洞、秀水、林海等自然景观于一体的西江流域第一个国家地质公园，有以集奇、险、秀、幽于一体的千层峰、童话皇宫般的双龙洞、堪称大自然艺术宫殿的白石岩和古文化遗址黄龙洞为主要景点的龙山名胜风景区，有漫江碧透、两岸翠竹青山、犹如画卷的贺江风光，有横空出世、一石成山的天下第一石——杏花大斑石风光，有面积6万亩原始森林、广东十大自然保护区之一的黑石顶自然保护区森林生态风光等。

2010年，封开县完成地区生产总值70.56亿元，增长16.9%。工业总产值64.7亿元，增长27.6%；规模以上工业增加值12.66亿元，增长23.8%；农业总产值37.8亿元，增长5.7%；第三产业增加值26.6亿元，增长15.5%。财政一般预算收入4.1亿元，比上年净增1.2亿元，增长41.4%；其中税收收入2.2亿元，增长36.3%，占财政一般预算收入的53.6%。国税收入首次突破1亿元，完成1.46亿元，增长92.4%。金融系统存款余额50.4亿元，增长16.4%；贷款余额26亿元，增长30.7%。全社会固定资产投资总额44.74亿元，增长30.5%。全县社会消费品零售总额17.63亿元，增长20.8%。实际利用外资1.41亿美元，增长26.2%。

**【农业经济】** 2010年，封开县油栗、柑桔、杏花鸡等特色农产品的种养规模进一步扩大。新增油栗种植面积2000公顷，创办2个千亩示范点；国家级杏花鸡养殖标准化示范区建设顺利通过验收。农作物播种面积5.58万公顷，增长1.7%。其中水稻面积2.58万公顷，总产16.9万吨，分别增长0.8%和3.5%。特色水果种植基地初步形成，成为农村经济支柱产业，至年底水果种植面积2.22万公顷，收获面积1.64万公顷，总产量25.8万吨，减少18%，产值达到11.1亿元，增长31.2%，占农业总产值的29.2%。生猪出栏23.1万头，存栏15.4万头，分别增长7.8%和2.8%，水产养殖面积1466.67公顷，与去年持平，渔业产量2万吨，增长5%。农业总产值38.1亿元，增长4.7%，其中：种植业23.2亿元、林业3.9亿元、牧业8.1亿元，分别增长4%、-1.8%，和10.7%。

**【工业经济】** 2010年，主要工业品水泥、中纤板、发电量分别增长33倍、267%和44%。完成规模以上工业总产值57.7亿元，增长40.3%，比上年高出25个百分点，规模以上工业增加值12.66亿元，增长23.8%，比上年高出19个百分点。华润水泥完成工业总产值7.35亿元，威利邦木业完成工业总产值2.63亿元，分别拉动规模以上工业总产值增长15.1和4.7个百分点，两个企业工业生产总值对封开县规模以上工业总产值贡献率达到56.3%。

**【第三产业】** 2010年，商品房销售面积9.1万平方米，比上年增加3.2万平方米，增长54.6%，销售额2.2亿元，比上年增加0.8亿元，增长97.9%。和富家园、康怡花园等项目已开盘发售，碧桂园项目建设进展迅速。近万平方米的封开首个一站式大型超市润业购物中心元旦正式开业；江口、大塘2个农贸市场升级改造全面完成。农村市场递增，万村千乡网点达到76家；开展家电下乡和汽车、摩托车下乡活动，全年补贴金额720多万元。全县社会消费品零售总额17.63亿元，增长20.8%。县城消费品零售额11.3亿元，增长21.3%，县以下消费品零售额6.3亿元，增长19.9%。旅游业持续发展。新建北回归线绿洲森林度假区。全年接待游客150万人次，旅游收入7.86亿元，分别增长33.9%和35.5%。

**【外贸出口】** 2010年，完成外贸出口总额4062万美元，增长9.4%，比上年提高19.1个百分点，实际利用外资1.41亿美元，增长26.2%。

**【财税 金融】** 2010年，财政总收入为11.43亿元，比上年实绩增收1.53亿元，增长15.41%。其中：地方财政一般预算收入完成4.1亿元，增长41.4%，完成年度计划3.36亿元的121.93%，同比增收1.20亿元，增长41.45%，财政收入综合增长率达到16%。财政总支出11.4亿元，比上年实绩增支1.52亿元，增长15.42%。税收收入完成2.2亿元，同比增收5853万元，增长36.32%，税收收入占一般预算收入的53.57%。主要是增值税受工业用电量增大和小水电改变上网电量购销方式等因素影响增收67.45%，耕地占用税受其征收范围扩大和华润水泥项目增加征用土地等因素影响增收268倍，资源税在华润水泥项目一、二条生产线已达标达产影响下增收43.36%；上级税收返还、省市一次性专项补助、转移支付补助等5.02亿元，同比增加2649万元，增长5.58%；债券转贷收入131万元；上年结余和调入资金等3467万元；基金预算收入1.95亿元，同比减收650万元，减少3.23%。

全年货币供应平稳增长，金融机构贷款余额

25.9亿元，比年初增长30.4%。涉农贷款余额15.3亿元，比年初增加2.6亿元，增长20.5%，占金融系统贷款余额的59.1%。中小企业贷款余额20.8亿元，比年初增加6.8亿元，增长48.6%，占金融系统贷款余额的80.3%，个人消费贷款余额1.4亿元，比年初增加0.5亿元，增长46.6%。

**【重大项目建设】** 2010年，华润水泥项目二期工程三线投产、四线土建工程完成，二期码头工程完成环评材料报批。圆珠顶铜（钼）矿项目列入《广东省有色金属产业调整与振兴规划》和省市2010年重点建设（前期预备）项目；华林化工深加工项目、桂隆食品波纹面项目、一德化工甲醛项目在上年底前建成投产或试产；220千伏封开输变电工程建成投运，110千伏福石输变电工程动工建设，配网工程完成投资3500万元。大项目投资成为拉动投资增长的主力，2010年，全社会固定资产投资44.7亿元，增长30.5%，高出计划5.5个百分点，完成年度计划的104.2%。其中华润水泥项目完成投资20.1亿元，占全社会固定资产投资的44.7%，拉动投资增长13.6个百分点。

**【基础设施建设】** 2010年，广梧高速公路封开连接线（西江大桥）、滨江堤路一标段、新城区叠翠路首期工程等一批基础设施项目建成投入使用。开源大道、三元路等主干道建设全面展开，贺江一桥扩建工程累计完成投资1945万元，完成工程量占任务的90.7%。完成500人以上自然村道路硬底化60公里、300人以上自然村新开公路20公里。和平桥、白屋桥、江信桥已建成，罗董桥完成投资420万元，占年任务的93%。省道266线维修工程完成37公里，完成投资4900万元。

**【民生工程】** 2010年，全面启动教育强县建设，江口中心小学新校区建设进入招标阶段；县人民医院住院综合楼竣工，县中医院康复综合大楼主体工程完成，渔涝、河儿口、莲都、大玉口等镇卫生院的业务用房改造工程基本完成。职工医保、居民医保、新农保最高支付限额分别提高到12万元、8万元、6万元。城镇居民医保参保人数达40056人；新型农村合作医疗参合率达99.17%；县文化广播活动中心大楼建成投入使用，县博物馆新馆动工建设。

**【城乡建设】** 2010年，开展“城市建设年”活动，加快县城区建设步伐。建成绿道101公里。河堤二路改造工程基本完成，东堤、西堤等城区亮化工程全面完成，东堤贺江河岸整治工程顺利推进。完成乡村道路硬化80公里，大玉口镇五分桥加紧施工。创建省卫生村81条、生态文明村82条。全面开展城乡环境和“三边”整治工作，生活环境得到改善。推进“三旧”改造工作，全年新增政府储备土地35.47公顷，公开出让储备土地26.2公顷。

**【环保节能】** 2010年，城区污水处理厂有效运作。万元国内生产总值能耗和二氧化硫等主要污染物减排顺利完成“十一五”规划目标。进一步夯实生态环境建设基础，大气、水体等环境质量稳定达标。

**【社会各项事业】** 2010年，新创建渔涝、河儿口、金装、杏花4个省教育强镇；江口镇中心小学被省教育厅评为“广东省现代教育技术实验学校”。“文化强县”建设稳步推进，《五马巡城舞》和《麒麟白马舞》被列入省级非物质文化遗产，《五马巡城舞》获选参加上海世博会（广东周）展演活动。县文化广播活动中心大楼基本建成，县博物馆新馆动工建设。建成全国文化信息资源共享工程县级中心。全面启动新型农村养老保险试点工作，参保人数9.61万人，超额完成省下达8.1万人的任务。劳动就业工作扎实有效。全年开展各类技能培训8672人，安置农村劳动力转移就业9315人，城镇新增就业3655人。城镇登记失业率控制在2.44%以下。建立村级劳动保障工作站。建成170套廉租房、经适房。城乡居民生活水平稳步提高。2010年在岗职工年平均工资2.18万元，增长10.1%；农民人均纯收入6138元，增长13.4%。县业余体校被批准成立“国家级青少年体育俱乐部”，县青少年训练竞赛中心（含训练馆）投入使用；实现村村有体育设施的目标。全年科技经费投入1155万元。

**【和谐社会建设】** 2010年，巩固发展“强综治、创平安、促发展”先行县建设，建成县综治信访维稳中心，村级综治信访维稳工作站软硬件建设全面升级。确保广州亚运会、亚残运会期间的治安稳定。全年没有发生重大群体性事件、重大恶性刑事案件和非正常越级上访。深入开展食品药品监督管理；市场秩序规范整治；交通安全、消防安全、工矿企业安全等专项整治。应急管理体系不断完善，成立全市首个县级综合应急救援大队，以预防和应对突发事。成功处置江口镇“8·10”自然灾害。 （欧伟森）

**附：2010年封开县四套班子主要领导名录**

县委书记：范汝雄（8月免）
　　　　　张　浩（8月任）
人大常委会主任：范汝雄（8月免）
　　　　　　　　张　浩（8月任）
县　长：梁均达
政协主席：黎兆坤

## 怀集县

**【大事纪要】** 2010年1月，怀集县人民医院被国家卫生部授予“全国医药卫生系统先进集体”称号。是肇庆市医药卫生系统唯一获此殊荣的单位。

2月，据《新怀集》报道，2009年12月怀集县获中国农业部授予“全国粮食生产先进县”称号。肇庆市唯一获奖单位。

3月16日，举行绿道网建设暨塔山文化公园动工仪式，首期塔山公园至坳仔镇渡头村长23.5公里的绿道计划于5月前开通。

24日，“怀集八景”评选结果公布：燕岩洞天、文阁塔影、新岗叠翠、禅岩佛光、三岳仙泉、洊江榕景、大同竹韵、下帅春晖。

是月，怀集县妇联被评为“全国维护妇女儿童权益先进集体”，冷坑镇水口村妇女徐月芳获“全国城乡妇女岗位建功先进个人”称号。

4月23日，怀集县洽水镇人罗娇玲，在参加宁波举行的2010年全国女子拳击锦标赛上夺得48公斤级冠军，并获优秀运动员称号。

5月，怀集县被国家教育部授予“全国阳光体育先进县”称号。

8月30日，中共中央政治局委员、广东省委书记汪洋，由省领导林雄、徐少华、李容根等人偕同，到怀集县开展教育和扶贫开发工作专题调研。

9月25日，在第二届中国粤菜峰会上，怀集县荣膺“中国粤菜旅游美食之乡”称号，海逸国际大酒店获得“粤菜名店”称号，新世界大酒店植中胜、黄德朝两位厨师则被评为“粤菜名厨”，另外农乡双味泥鸭、六十日黄酸菜等被冠以“粤菜名菜”的称号。

是月，下帅民族乡体育运动代表团代表肇庆市参加广东省第四届少数民族传统体育运动会，参加毽球、珍珠球、陀螺、押加、高脚竞速、板鞋六个项目的比赛，获亚军、季军等名次和“道德风尚奖”、“优秀组织奖”等奖项。

10月30日上午，在燕城广场举行“2010中国广东·怀集世界杯攀岩赛暨怀集县经贸洽谈会”。共有60宗招商引资项目签约，投资总额101.13亿元，签约项目和投资金额创本县历年经贸洽谈会之最。

11月18日上午，3名怀集籍运动员陈露露、黄漪、于占新组成的中国龙舟女子队，在广州亚运会龙舟女子1000米直道竞速决赛中夺得冠军。

25日，二（二连浩特）广（广州）高速公路粤境连州至怀集段（含怀集支线）开工典礼在冷坑镇金吴村举行。

是月，怀集县志办公室主任林昉被中国地方志指导小组授予“全国方志系统先进工作者”称号，并晋京接受表彰。

12月10日，国家高速公路二（二连浩特）广（广州）高速公路（粤境）怀集至三水段项目全面建成通车并正式运营。

21日，肇庆市首届民族宗教界体育运动会在下帅民族乡举行。

**【基本概况】** 怀集县位于广东省中西部，肇庆市北部，是广东省西北隅通桂达湘的要道，也是我国大西南通粤达港澳的门户。全县辖18个镇和1个民族乡、2个国有林场，分322个村（居）委会。总面积3573平方公里。2010年末户籍人口105.08万人。

怀集地域，古属百越地。南朝宋元嘉十三年（436）分南海郡四会县银屯乡置怀集县，属绥建郡。明洪武初开始至解放初期属广西；1951年起划由广东代管，次年划归广东省辖。怀集县曾是岭南岭北的民族文化走廊，也曾是古代丝绸之路海上陆地的一个对接点。历来有壮、瑶等少数民族聚居或杂居，是今肇庆市唯一有少数民族群落的县份。民族的交融致有深厚的人文底蕴，以下帅乡的闹元宵、舞春牛，桥头镇的“贵儿戏”最具特色，其中贵儿戏春牛舞被定省级非物质文化遗产，桥头“贵儿戏”列入《中国戏剧大全》的地方剧种之一。桥头镇和下帅乡被省授予“民间民俗文化艺术之乡”。

怀集县自然资源丰富。纳“一江两河二十一水”，既有海拔1000米以上的山岭林木苍翠，又有400多平方公里的平原台地稻米飘香。矿产资源有钨、铁、水晶、石棉、锡、金等30余种。全县宜林山地面积25.9万公顷，活立木蓄积量1000万立方米以上。林木种类繁多，其中稀有珍贵树种40余种。县内生产的茶秆竹，人称“钢竹”，驰名中外。有多种珍稀动物和药材资源，其中草本药材280多种；动物类药材中，桥头镇的燕窝尤为名贵。县内河流众多，水资源丰富，水能理论蕴藏量37.19万千瓦，可开发量28.88万千瓦；可供开发利用的高温矿泉水多处，其中以燕峰牌矿泉水产品开发的燕峰峡矿泉水水质最佳，日涌量近160吨。境内旅游景观有桥头燕岩省级风景名胜区和燕峰峡温泉漂流度假区、佛教禅宗六祖惠能隐居修身地、郑成功后裔迁怀时建造的“九九奇门”六德堂、燕岳森林温泉休闲度假区、下帅壮族瑶族风情、孔洞村历史文化自然景观、白水河十里平湖、大稠顶自然生态旅游区、中洲瀑布和冷热蓝泉等。被评为“中国金融生态县”、“广东省林业生态县”、“全省产粮大县和粮食创高产示范县”、“广东最具发展潜力的山区县”、“广东省农产品安全生产关键技术研究与示范综合示范单位”。

2010年，怀集县实现地区生产总值119.07亿元，增长17.3%；一、二、三产业增加值分别增长7.8%、29.9%和18.2%，三次产业比重为31.4∶23.4∶45.2；财政总收入和地方一般预算收入分别为19.82亿元和6.14亿元，增长30.3%和45%，财政综合增长率为52.62%；城乡居民储蓄存款余额66.49亿元，比年初增长79.95%；完成社会固定资产投资51.78亿元，增长36.2%。

**【农业与农村经济】** 2010年，继续全力打造农业四大产业基地（优质肉猪生产基地、优质水果生产基地、无公害蔬菜基地、优质水稻生产基地）和珠三角安全食品基地。全年新增饲养生猪50头以上的专业户336户，新增水果生产基地2133.33公顷。无公害蔬菜产业种植面积1520公顷。新增优质水稻基地733.33公顷。全年完成农业总产值52.5亿元，增长5.2%，农民人均纯收入6135元，增长18.3%。年内获国家老区建设宣传工作一等奖，连续四年获称“生猪调出大县”、“广东省粮食高产创建先进单位”。农村扶贫工作有序进行，坚持扶贫开发与“双转移”相结合，与珠三角优质安全食品基地建设相结合，与新农村建设相结合，与农村基层党建相结合等“五加一”扶贫模式，并在广东省予以推广。年内落实投入帮扶资金8267.8万元，完成46个贫困村、4448户贫困户、2.21万人实现脱贫，分别占各总数的65.7%、51%、52.6%。全县新购置农机1389台（套）、受惠农户1356户，新发展农村户用沼气建设1000多座。评出天井坑新岗美人茶、燕王六十日黄菜、岗坪牌切粉、珍奇宝肉猪、汶朗蜜柚、金农怀集菜心、燕都清水竹笋、金丝燕花生油、诗洞山水腐竹、富兴酸辣椒等“十大”名优农产品。

**【工业】** 2010年，做好重点项目建设，推进流通服务业发展，改善中小企业发展环境，以及强化节能降耗。全年实现工业总产值86.5亿元，增长29.6%，其中规模以上工业完成产值75.72亿元，增长33.4%，规模以上工业增加值18.01亿元，增长32.3%。全年工业用电量2.29亿千瓦时，同比增长5.62%。全县有9家企业纳税额超1000万元，其中纳税额超5000万元以上企业1家，超2000万元以上企业5家。社会消费品零售额33.19亿元，增长21.1%。闸岗工业园区建设有7家新型建材项目落户，总投资26.8亿元，宜美木业项目、正华电子、水晶萍果、制衣业、汽配业增资扩产等一批工业项目成为新的经济增长点。

**【对外贸易 招商引资】** 2010年，专题调研提升招商引资质量和水平，推助重点项目进展和外向型企业运营，扩大外贸出口。全年完成注册合同外资总额5347万美元，增长15.6%，完成实际利用外资2223万美元，增长3.4%，完成外贸出口2989万美元，增长6.1%。

【财税 金融】 2010年，落实各项增收措施，统筹安排，确保民生，促发展，依法依规理财，提高规范运行，提高使用绩效。全年完成地方财政一般预算收入6.14亿元，同比增收1.9亿元，增长45.0%。其中，地方税收完成2.77亿元，增49.2%，非税收入3.37亿元，增长41.8%。国税收入3.1亿元，增长72%，收入总量占肇庆市山区县首位，入库税额、增收额，增长率为历史新高。

以疏通货币政策为传导机制，维护辖区金融稳定。解决闸岗镇金融服务空白点，5月底始在该镇设金融服务点，全年完成各项存款余额66.49亿元，增长26.23%，各项贷款余额22.09亿元，增长34.06%。完成直接拨付政府补助资金497笔，共1.05亿元。县内的和兴小额贷款公司，年内完成贷款余额1469万元，增长30.58%。

【旅游】 2010年，实施国民旅游休闲计划，推进重大旅游项目建设，开展各项促销活动，部署黄金周旅游活动，开展新“怀集八景”评选，评选出：燕岩洞天（燕岩省级风景区）、文阁塔影（文昌阁与塔山森林公园）、新岗叠翠（新岗林场及大稠顶省级自然保护区）、禅岩佛光（冷坑上爱岭六祖岩及六祖禅院墙遗址）、三岳仙泉（蓝钟岳山风光和双兴温泉）、洊江榕景（县城一河两岸百年古榕及燕城、燕都广场）、大同竹韵（坳仔厘竹江景水色和六德堂）、下帅春晖（下帅壮瑶族乡民族风情、古战场和春天景色）新八景。全年接待游客210万人次，增长16%，旅游总收入7.3亿元，新增加旅业客房150间，床位250多个。酒店年平均入住率75%。在2010年广东国际旅游文化节活动中，怀集县被评为“广东旅游美食之乡”称号。

【城乡建设】 2010年，不断整顿和规范建筑市场秩序，确保建设工程质量和安全生产，同时抓好建设工程投标的管理和监督。全年完成办理建筑施工报建40项，报建面积31.21万平方米，竣工工程的质量、安全生产、文明施工均100%合格。完成招投标项目39项，比预算造价下浮2.33%，节约建设资金746.8万元。4月中旬新城区BT项目首期工程正式动工，房地产开发管理进一步规范，全年房地产开发投资5.65亿元，增长228%。商品房新开工面积27.3万平方米，增长142%。销售套内面积18.6万平方米，销售额6.58亿元，增长138%。办理房地产权登记发证1270宗（件）。11月动工建设37套廉租房和26套经济适用房。住房公积金归集金额1.48亿元，住房贷款金额9659万元。完成投资8亿元的“三旧”改造工作。

【环境保护】 2010年，加强环境综合整治，加大环境执法力度，维护环境安全，进一步加强环境管理能力建设。全年确保环保投资指数保持2%以上，医疗垃圾集中处理率94.36%，生活垃圾做到日产日清，县城空气污染指数稳定50以下，空气质量为优良等次。地表水质达标率100%，6月处理能力2万吨/日的污水处理厂建设通过竣工验收。继续对中洲河、凤岗河源头涉及的矿区进行整治和县城“一河两岸”整治，全年完成环境监督执法973人次。

【交通邮电】 2010年，协助做好重点项目建设，配合抓好二广、汕昆、怀罗三条高速和贵广快速铁路建设。抵12月，贵广线铁路正全线动工，怀罗高速在测划中。12月10日二广高速怀集段建成通车。年内完成改造乡、村硬底化公路136.8公里，新建村公路117.1公里，改造县道3.8公里，新建桥梁8座214.6延米。2010年，全县共有营运客车190辆，出租小汽车73辆，营运货车1383辆，营运船舶124艘。全年客运量893万人，周转量6.25亿人／公里；货运量880万吨／公里，周转量6.42亿吨／公里。改善农村客运服务，全县共投入109台客车开通城乡公交专线9条，支线16条，实现城乡之间平均隔5～15分钟有一趟城乡班车到各镇乡。

2010年，邮电业务实现收入完成计划的109.97%，增长27.58%，新增邮政储蓄余额2.73亿元。增长1.32%。

【供电供水】 2010年，推进安全生产风险管理体系和规范化建设，进一步提高营销管理水平。全年完成供电量4.25亿千瓦时，增长15.5%。新建配网工程总投资5000万元。“十一五”期间连续安全生产3323天。

2010年，完成售水729.8万立方米，销售收入1249.8万元。县城自来水厂出厂水质达国家饮用水标准，水质综合合率格99.6%，新铺设及改造供水管道62.1公里。

【科技】 2010年，组织申报科协计划项目和科技成果项目，开展科技信息业务，防震宣传。全年共申报各级科技计划项目44个，科技成果17个，获广东省科学技术奖三等奖1个，肇庆市科学技术奖3个。深入开展“情系三农一百名科技专家进农村”、“科普惠农——百会扶百村”活动。利用广场，电视转播开展多次科普活动。

【教育】 2010年，继续推进教育“创强”工程，夯实教育发展基础，提升办学质量与水平。彻底解决困扰多年的代课教师问题，全县1273名代课教师列入财政全额供给的教职员编制，不再出现代课教师。2010年，全县小学适龄儿童入学率100%，初中阶段入学率98.2%，初中三年保留率96.7%，“三残”儿童入学率99.06%，高中阶段教育毛入学率85.23%，中考500分以上有4086人，完成上级下达的指标任务。高考上线率及上线人数均居全市前列。完成投入5000多万元改善办学条件。怀集县被教育部评为“全国阳光体育先进县”。

【文化】 2010年，不断完善文化设施建设，迁建的县图书馆、县博物馆投入使用。建成农家书屋96家。积极开展第三次全国文物普查，本地剧《贵儿戏》、《龙鱼舞》、《春牛舞》均被列为广东省非物质文化遗产。着力打造金燕民俗风情文化、长寿文化、历史文化品牌，挖掘特色文化，促进文化与旅游的合作与发展。地方志事业不断发展，建立地情资料年报制度，《怀集县志（1979—2000）》上送复审。

【体育】 2010年，举办2010年广东·怀集世界攀岩赛。同时推进群众体育活动，完成举办全县性的体育赛事9次，为上级输送运动员19名。抓紧体育馆建设，争取如期投入使用。年内怀集县体育局被评为广东省体育工作先进集体。

【卫生】 2010年，重点加强卫生基础设施建设，增建住院大楼，加快镇（乡）卫生院改薄，6个镇（乡）卫生院动工兴建医技楼，11个镇（乡）卫生院增添医疗设备。卫生执法日趋规范。继续开展卫生支农活动，全年共组19队下乡义诊30次。推进新型农村合作医疗，参合覆盖率至占常住农业人口100%。

【民政事务】 2010年，社会保障工作跃上肇庆市前列，分散供养的五保均提高至每月260元/人，集中供养的提高至300元/人。最低生活保障，农村的提至每人160元/月，城镇的提高至每人230元/月。抗洪救灾工作做好妥善安置灾民，落实灾后重建家园。优抚安置和“双拥”落实抚恤补助金和优待金自然增长机制，并列入本级年初财政预算。重视拥军优属工作，“春节”、“八一”期间均组织慰问活动。12月份，全面启动全县村、社区“两委”换届选举工作。

【残疾人事业】 2010年，逐步建立残疾人事业发展的有效机制，制定《关于加强残疾人事业发展的工作意见》。10月18日，怀集县被国家民政部、卫生部、中国残联联合发文认定为“全国残疾人社区康复示范县”。着力建立残疾人康复保障体系，在县城成立视力、听力语言、肢体、智力、精神残疾康复中心5个，成立镇（乡）卫生院康复技术指导站19个。全县残疾人就业率80%以上。

【劳动和社会保障】 2010年，着力抓好劳动力技能培训工作，全年共办各类免费技能培训60期241班次，9727人。扩大社会保险覆盖面，劳动就业大局稳定，新增就业岗位3609个，登记失业率2.11%。养老金额正常发放，医疗保险按规定兑现。实行行政体制改革，完成组建县人力资源和社会保障局。

【人口和计划生育】 2010年，做好人口信息录入工作，完成40万条信息录入。计划生育工作围绕“巩固二类成果，五个镇上一类，消灭三类镇，整体水平有明显提高”的目标，抓好“两无”，严格执行“一月一任务季度考核通报”计生例会制度。2010年度新生儿1.25万人，人口出生率12.33‰。出生人口性别比为108.45，人口增长率7.84‰。

【社会治安综合治理】 2010年，开展社会治安综合治理，社会大局稳定，群众安全感增强。制订实施《怀集县推进社会矛盾化解、社会管理创新、公正廉洁执法三项重点工作方案》。加强排查调处，县党政领导定期接访109次，接访群众81批。依法严厉打击违法犯罪，刑事案件全县共立案1619宗，同比下降12%。加强县镇村三级综治信访维稳平台建设，8月全县各镇（乡）综治中心均配备专用车辆。普法工作继续“法律六进”活动，全面推进“法律进社区、乡村”。

**【问题与困难】** 全县的经济总量不大，财政一般预算虽连年增长，但总量不够大，仍属“吃饭财政”。产业的竞争力不强，产业结构层次较低，工业比重偏低，工业性重大项目偏少，有待落实支柱性重大项目建设。节能减排压力较大，节约集约用地水平有待提高。改善民生任务依然繁重，社会保障水平有待提高。政府职能转变仍未完全到位，机关作风建设有待加强。 *（梁罗河）*

**附：2010年怀集县四套班子主要领导名录**

县委书记：冯敏强
人大常委会主任：冯敏强
县　长：江森源
政协主席：梁广枝

## 肇庆高新技术产业开发区

**【大事纪要】** 2010年1月22日，肇庆高新区悦凯国际酒店举行开业典礼。

3月2日，肇花高速公路先行工程在肇庆高新区正式开工，总投资近百亿元。

13日，由中共中央政策研究室、国家科技部组成的专家考察团就肇庆高新区申报国家级高新区工作进行专题调研。

26日，肇庆高新区亚铝集团有限公司在广州香格里拉大酒店举行亚铝重组成功新闻发布会暨银团签约仪式，与由建设银行等国内12家银行组成的银团签订总额65亿元的贷款协议。

4月8日，肇庆高新区新城区建设指挥部正式挂牌成立。

16日，国家实施《珠江三角洲地区改革发展规划纲要》督促检查组到肇庆高新区检查《纲要》实施情况。检查组对该区落实《纲要》的成效及发展思路给予肯定，并认为值得向全国推广。

17日，多国驻澳门特别行政区领事团一行到肇庆高新区参观考察。

5月8日，国家科技部党组书记、副部长李学勇一行到肇庆高新区调研。

17日，中华人民共和国澳门特别行政区行政长官崔世安到肇庆高新区考察访问。

7月28日，著名经济学家郎咸平到肇庆高新区作题为“2010年中国经济形势分析”的演讲，并录制成广东卫视《财经郎眼》之“走进肇庆高新区”节目。

8月31日，中共中央政治局委员、省委书记汪洋一行到肇庆高新区调研“双转移”工作。这是他调任广东省委书记以来第五次到大旺调研考察。

9月26日，肇庆高新区经国务院批准成功升级为国家高新区。

27日，肇庆高新区与中国电信广东公司举行《信息化战略合作框架协议》签约仪式。

10月29日，“转型力量 广东探路——产业转移与升级论坛”在肇庆高新区举行。

11月20日，肇庆高新区升级国家高新区授牌仪式在广州举行。

25日，省委副书记、省长黄华华率领省直有关部门负责人到肇庆高新区调研。

11月25日，举办2010“大旺金秋”经贸洽谈会，省、市、区领导及有关部门负责人和企业代表共1500多人出席会议。会上有66个“创税型、科技型、规模型、生态环保型”大项目、好项目落户园区，项目投资总额383.5亿元。

12月4日，肇庆高新区“产业升级与新能源发展战略”高峰论坛暨理士电源国际上市答谢酒会在高新区悦凯国际酒店举行。

5日，2010 CTCC中国房车锦标赛第八分站决赛在肇庆高新区举行。

17日，亚洲铝业（中国）有限公司40万吨铝板带投产庆典仪式在肇庆高新区举行。

30日，肇庆高新区举行华侨新城喜迁新居仪式。

**【基本概况】** 肇庆高新区位于珠三角中心区、肇庆市东部，与佛山市三水区一河之隔，东距广州市区50公里，西到肇庆市区40公里，属广佛肇半小时经济生活圈范围，321国道、广贺高速公路、珠外环高速公路、广茂铁路、广佛肇城际轨道等多条主干道路贯区而过，水路运输通江达海。

肇庆高新区设立于1998年，原位于肇庆市区，2002年上半年迁园大旺正式挂牌运作，总面积98平方公里，首期规划建设22.52平方公里，全部为国有土地，现有常住人口15万多人；2004年7月被省政府确定为广东省吸收外资重点工业园区和广东省山区吸收外资示范区；2008年8月竞得省首批示范性产业转移园；2010年9月，经国务院批准晋升为国家级高新区。

**【晋升国家高新区】** 2010年，肇庆高新区认真贯彻中共中央政治局委员、省委书记汪洋对该区提出的“尽快成功申报国家级高新区”的指示精神，紧紧抓住国务院重新启动省级高新区升级为国家高新区工作的重大机遇，对照先进找不足，以申促建，按照有关标准和要求积极完善申报条件，全力争取上级支持，于9月26日经国务院批准成功升级为国家高新区。11月25日，黄华华省长第七次莅临该区视察，专题调研国家高新区建设和发展有关工作，寄望该区“建设成为国内一流的高新区”。

**【园区经济】** 2010年，肇庆高新区积极应对国内外复杂的经济形势，把“促建设、促投产、促效益”作为推动经济发展的重要抓手，全力加快发展，各项经济指标增幅位居肇庆各县（市、区）第一，被人民网评选为“中国十大经济活力开发区”。其中，地区生产总值86.33亿元，增长41.5%，万元国内生产总值能耗下降2.1%；规模以上工业总产值359.14亿元，增长54.1%；实现财政一般预算收入8.36亿元，增长57%；实现固定资产投资56.58亿元，增长41.3%；实现外贸出口4.66亿美元；新批注册合同外资4.23亿美元；实际利用外资3.13亿美元。

**【招商引资】** 2010年，肇庆高新区对招商引资和开发建设体制机制进行大的改革，成立五大功能区建设指挥部（分别加挂招商局牌子），每个功能区建设指挥部（招商局）均由一名区领导任总指挥（局长），全面负责该功能区的规划、设计、开发、建设、招商和经营管理工作，着力实施“产业招商、大项目带动”战略，引进投资总额131.9亿元、预计年产值700亿元的中恒（大旺）国际生物医药物流产业基地，并落实达利集团、玛西尔电动车等一批投资额超20亿元的大型优质项目，引资总额达500亿元，同比增长3倍多。成功举办2010“大旺金秋”经贸洽谈会，签约、奠基、剪彩项目共66个，投资总额达383.5亿元。

**【工业城建设】** 2010年，肇庆高新区修编完善《总体规划》、《产业发展规划》和《5000亿元发展战略规划》，明确金属新材料、先进装备制造、电子信息、生物医药等四大主导产业，确定中心服务区、金属新材料产业区、先进装备制造产业区、电子信息产业区、生物医药产业区、物流及综合保税区、产学研配套区等“一中心六区域”的总体空间布局。并坚持高标准建设，加快推进以交通、水利、电力、燃气、环保、通信等为重点的基础设施和社会配套建设，目前已建成总里程近400公里的“七纵七横”主干路网和行政服务中心、创业服务中心、科技企业孵化基地、五星级酒店、国际赛车场、污水处理厂、高等职业学院、人力资源市场、车检场等一批重点配套设施，抓紧三甲人民医院、现代化学校等其他配套设施的建设；全面启动绿道网和水系景观工程建设，建成迎宾大道绿道、滨江绿道、水系绿道共计52公里，努力打造全市的样板工程。

**【企业服务】** 2010年，肇庆高新区积极践行“企业有困难、我们马上帮”的服务理念，努力做好对企业的各项服务工作。加快行政服务中心建设，完善和健全各项规章制度，建立标准化服务方式，提供全面咨询服务，设立绿色通道服务窗口，推行窗口“一审一核”制度，推行并联审批、联合办理制度，实行“一次受理、全程跟踪、限时办结”等措施，真正实现 “一个窗口”办事和“一站式”服务，极大地方便企业办理各项行政审批业务。区领导和区属各部门坚持以企业发展为己任，充分发挥职能作用，实时掌握企业建设和发展动态，并采取多开现场办公会的形式，及时为企业生产、经营解决各种困难和问题。

**【区域合作】** 2010年，肇庆高新区加快与广佛等珠三角核心区的合作。加强规划对接，明确重点发展四大主导产业，努力构建既具地方特色、又与广佛相衔接的现代产业体系。根据《广佛肇经济圈建设合作框架协议》和三地市长联席会议办公室相关文件精神，积极落实合作事项，组织编报广佛肇经济圈建设合作2009—2010年度重点工作事项，其中佛肇汽车配件及零部件生产基地、大旺至三水一级公路新建工程（含北江大桥2300米）、县道503线六和至青岐大旺段（含大旺大桥扩建工程）、北江区域突发水环境污染事件应急监测演习等事项列入计划；完成大旺大桥维修工程，积极推进大旺大桥扩建工程、肇花快速干线跨北江大桥工程等对外交通节点的立项建设，协调抓好广贺高速公路、珠外环高速公路、广佛肇城际轨道交通等过境交通设施以及西气东输管网、省天然气管网等项目的建设，进一步加快与广佛在交通等基础设施上的一体化进程。

**【“双转移”工作】** 2010年，肇庆高新区深入贯彻实施“双转移”战略，进一步健全工作机制，加大工作力度，主动承接国内外高端产业转移，推动“双转移”向“双提升”发展。用好用活5亿元省“双转移”扶持资金，积极落实与银行签订的96亿元融资信贷，至2010年底累计实际到位资金60多亿元，在全省产业转移园中融资规模最大、效益发挥最好。至2010年底累计引进各类工业企业600多家，承接劳动力转移就业10万多人，其中本市约占62%。在全省年度产业转移园“双转移”目标责任考核中名列前茅，被省内主流媒体评选为“广东‘双转移’特别贡献奖”。8月31日，中共中央政治局委员、省委汪洋书记第五次莅临该区视察，赞誉该区的“双转移”工作在全省做得最好，并寄望该区“真正成为全省示范性产业转移园的典范”。

**【社会民生】** 2010年，肇庆高新区全面落实以人为本的科学发展观，切实加大民生建设资金投入，让全区人民共享改革发展成果，不断提升幸福指数。抓好就业和再就业工程，积极安置本地近2000名“4050”人员在公益性岗位就业，对区内适龄就业人员免费分批进行就业技能培训后推荐到企业就业，全面消除“零就业”家庭。抓好安居工程，2000多套华侨新城安居房投入使用，被国侨办领导誉为全国华侨农场安居工程建设的一个典范和一面旗帜。抓好同富裕工程，按照每人每年1200元的标准发放福利股分红，符合条件人员1.5万多名。抓好教育均衡发展工程，新建成城区二小、南方科技职业学院，启动建设大旺中学高中部、大旺国际幼儿园，并在全区实施多媒体电化教学，在全市率先实现高中阶段免费教育，在全国高薪公开聘请名校长、名教师打造教育品牌，对区内高中阶段的困难家庭子女给予每学年1500元的助学金，对困难家庭大学生每人每年扶助3000元至6000元。对旧城区进行改造，建设环境优美的大旺公园、将军山公园和全市规模最大、功能配套最齐全的新农贸市场，完成“九个一”生态文明社区工程建设，实现城区通5个居委会道路的硬底化和区内有线电视、自来水普及率100%，群众的生产生活环境得到进一步改善。以全市最高标准发放退休职工生活补助，以全市最高标准和城乡一体化发放低保金，以全市最高标准实施新型合作医疗报销制度，在全市率先落实独生子女保健费和独生子女父母退休一次性奖励政策；对区内困难家庭实行科级以上干部挂钩帮扶脱贫制度；实行60岁以上老人免费乘坐公交车制度，对80岁以上老人给予每月300元的生活补贴，对100岁以上老人给予每月500元的高龄津贴。完成大旺围维修加固工程，大旺大堤达到100年一遇的防洪标准。加强社会治安综合治理、信访维稳和企业和谐工作，在街道办成立综治信访维稳中心，在80家企业成立人民调解组织，及时将各种矛盾和问题化解在萌芽状态，多年来没有人员越级上市到省进京上访，社会大局和谐稳定，人民安居乐业。 （张 逊）

**附：2010年肇庆高新区班子正职领导名录**

高新区委书记：刘龙平

管委会主任：江栋才

# 人　物

责任编辑：郑卫新

## 立传人物

**刘伟铿**（1943～2010）　肇庆市端州区人。历史学副研究员。1964年毕业于肇庆师范学校，后攻读华南师范大学数学系取得本科学历。曾任广东省第七、八、九届人大代表，广东省第八届政协委员；政协肇庆市第六、七、八届委员会副主席，政协肇庆市端州区第一、二届副主席；广东省珠江文化研究会副会长、肇庆名城与旅游发展研究会会长。历任肇庆市第十一中学副校长、肇庆地区文联副秘书长、端州区地方志办公室副主任、肇庆市地方志办公室副主任。1981年加入中国国民党革命委员会（简称民革），曾任第二、三、四届民革肇庆市委员会主任委员。

自20世纪70年代起，刘伟铿开始史学研究，在史学领域默默耕耘，成绩斐然。他研究的范围，从盘古、祖先神，到牟子、惠能、包拯、利玛窦；从岭南土著族群、岭南汉族民系、广府文化，到海上佛经之路、中西经济文化交流、泛珠三角的经济文化发展和现代化城市建设等。30多年来的潜心研究结出累累硕果，发表了数百万字的个人以及与他人合作的史志著作、史志论文。他主编了具有丰富地方历史资料的《肇庆市志（县级）》；主编肇庆市第一本《肇庆年鉴》；负责创刊《端州文史》。个人作品有《星湖鼎湖古诗选》、《岭南名刹庆云寺》、《肇庆星湖石刻全录》、《岭南与西江史论稿》、《地域文化研究》，其中由汕头大学出版的《刘伟铿史学文集》，获2008～2009年度肇庆市哲学社会科学优秀成果著作类二等奖。与他人合作出版的书籍有《三湖传说》、《肇庆历史风貌》、《七星岩鼎湖山书法石刻选》、《肇庆历代诗选》等。

研究地方历史，刘伟铿更注重将学术研究融入到为当今文明建设服务之中。1996年，他参加古城墙修葺顾问组，对古城墙修葺进行考察、咨询、论证，为市政府做好名城保护，正确处理城市建设和文物古迹的开发利用提供决策依据。是年成立肇庆历史文化名城与旅游发展研究会，刘伟铿担任会长。他带领研究会成员从肇庆历史实际出发，在七星岩景区开发、北岭盘古坑开发及重建盘古祖殿、修建宝鼎园、天宁南路扩建、肇庆市新开道路命名、中调洪湖（伴月湖）命名、邓兆祥等名人故居的保护、“肇庆城区新八景”评选等方面，以及对名城保护、城市绿地、园林绿化、旅游开发等肇庆城市规划的修改，提出许多建设性的意见和建议。作为肇庆地方历史文化研究的领军人物，即使在身患顽疾的十几年时间里，他仍然为肇庆历史文化名城的保护、传承与可持续发展笔耕不断，乐此不疲。

多年来，他利用民革成员，以及在人大、政协任职的有利条件，以及自己对地方历史文化研究方面所具有的优势有机地结合起来，他积极参政议政，运用议案、建议和提案等方式，反映社情民意，向地方党委和政府建言献策，他的提案多次获优秀提案奖励。

2007年，刘伟铿从肇庆市政协副主席岗位退休后。除继续读书、作学术研究外，还常到宝月公园观看粤剧表演。2010年11月22日因病逝世，享年68岁。

## 全国先进人物

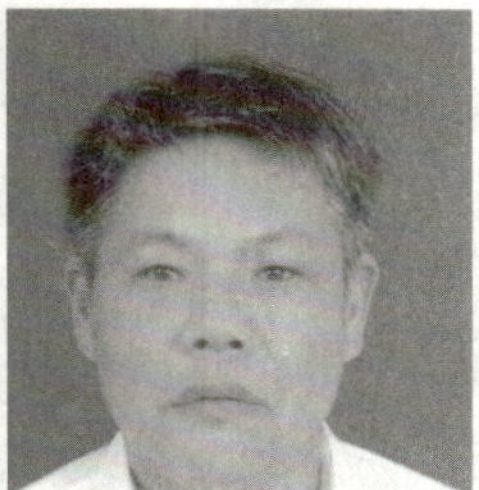

**李汉生**　中共党员，广东省西江航道局封开分局党支部书记。2010年，获“全国劳动模范”称号。李汉生40年如一日奋斗在航道工作岗位上，为确保“两广”水上交通大动脉的安全畅通作出突出贡献。他所在的分局管辖的西江航道正是“黄金水道”粤桂咽喉地带，浅滩多，礁石多，整治石坝多，水位落差大，航道养护管理任务十分繁重。李汉生以科学的方法抓好航道维护管理，确保各项养护管理指标均达到100%，到2010年3月底实现连续219个月辖区航标无主观失常责任事故。每年的枯水期水位最低、船舶通过量大且吨位增大迅猛，他带领干部职工长期驻守人迹罕至、荒无人烟的浅滩，开展水情探测、航标调整、疏导船舶、应急疏浚等工作，杜绝船舶塞航现象。据统计，仅2009年8月底至2010年3月底，他已“守滩”200余天，义务为船舶引航318艘次，协助船舶脱浅51艘次，疏浚15万立方米，确保船舶畅通无阻，被船主称为安全航行的“保护神”。2009年交通运输部授予他“全国交通运输系统先进工作者”称号。

**肖志权**　中共党员，广东肇庆星湖生物科技股份有限公司生物发酵厂副厂长、工程师。2010年获“全国劳动模范”称号。肖志权1986年7月大学毕业进入公司工作，从生产一线技术员做起，先后任助理工程师、工程师和车间主任、公司技术中心项目组长等职务。不论在生化制药厂从事肌苷生产，还是在生物发酵厂从事苏氨酸生产，肖志权既是生产的管理者，又是生产的技术骨干，是一名既懂生产技术又懂管理的带头人。他带领广大员工积极开展技术创新活动，突破多项关键的重点技术，多项技术达到国际、国内领先水平，为公司创造了经济效益和社会效益。

1990—2002年，他担任生化制药厂发酵车间主任期间，研究试验的发酵高产苷工艺曾多次荣获国家级、省级重大科研成果奖。2002—2005年，他调任公司技术中心工作，担任项目组组长，负责肌苷、鸟苷发酵技术攻关，产苷率分别提高15%、20%，使肌苷和I＋G两大主导产品发酵技术达到国内领先水平，并大幅降低生产成本，成为公司盈利贡献最大的产品。2005年，肖志权担任生物发酵厂副厂长兼发酵车间主任后，他继续发挥技术方面的特长，参与公司技术中心和厂技术人员一同研究实施的《生物发酵法生产L-苏氨酸关键技术及其产业化》科技成果，获得2008年度广东省科学技术奖二等奖、市一等奖。他先后获得“肇庆市职工群众性经济技术创新活动优秀组织者”；“2007—2009年广东省食品行业科学技术奖之先进科技工作者”；“2007—2008年度中国食品工业科技进步先进科技工作者”等荣誉称号。

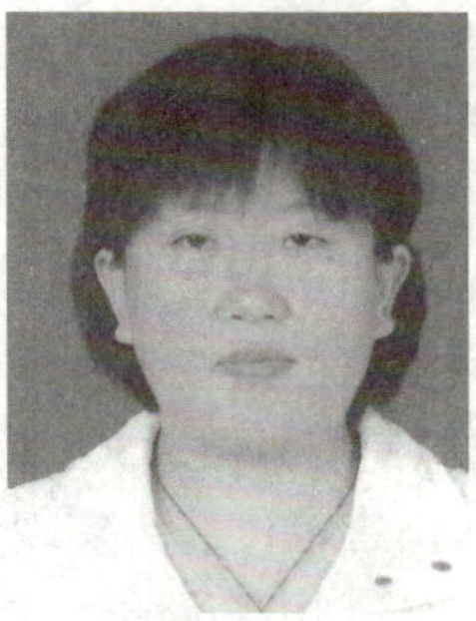

**黄玉梅**　女，高要金海岸织造厂有限公司制造部经理。2010年获“全国劳动模范”称号。1992年，就读于湖北省黄冈水利电力学校，1994年7月任职湖北省黄石市铁山区建筑工程公司，1996年10月任职广东江门珍妮诗织造厂，1998年1月到高要市金海岸织造厂有限公司工作。在工作中，她充分发挥个人的管理才能和熟练的技术，科学分工，加强指导，严格管理，确保各车间高效运作。她注重技术创新，不断改进生产技术，提高工作效率和质量。2008年，黄玉梅发现前工序织造漏验率和定型回定率上升，她马上与技术部、品质部研究，改进技术，使产品质量稳步提高。同时，她严格把好材料质量关，对客户提供的包装料，总是精心挑选、细心检查，质量不过关绝不收货。整理车间是一个工序最多、人员最多、管理难度最大的部门，是生产最后一道工序，加班赶货的时候也最多，她每次都是身先士卒，带领全体员工齐心协力一起工作，常常是连续多天晚上加班加点，确保按时出货。

公司员工来自五湖四海，她总是嘘寒问暖、关怀备至。谁家有困难、哪位员工身体不适、哪间员工宿舍缺水缺电，她都放在心上，并尽力协助解决，使广大员工安心工作，大伙都非常尊敬和信赖她，亲切地叫她做“黄大姐”。2008年，被高要市委、市政府授予“高要市劳动模范”称号。2009年，被省委、省政府授予“广东省劳动模范”称号。

**李彩金** 女，中共党员，四会市江谷镇培畐村农民。中共肇庆市第十届党代表，中共四会市第十一届党代表，四会市十四届人大代表。2010年获“全国劳动模范”和“四会市改革开放30年优秀创业妇女”荣誉称号。

李彩金从承包1.33公顷旱地发展种养业开始，到2010年扩展到5.67公顷。她利用自己的种养技术和生产基地，推广新的种植柑桔技术，较好地发挥示范辐射的带动作用，她的柑桔水稻示范基地，成为四会市、肇庆市“双学双比”的示范基地。她种植的柑桔连续两年在四会市柑桔节上，被评为“品味之最”。她作为江谷镇沙塘桔协会会长，经常深入到各地柑桔种植户基地中，现场分析指导，帮助果农解决柑桔种植技术、销售等难题。2006年通过协会组织销售柑桔达500多吨，成为四会市十大杰出柑桔销售单位。为实现柑桔种植、技术、销售一体化服务创出新路子。

她针对平原地区柑桔地老化日益严重的情况，大胆推介在不适宜种柑桔的土地上改种香蕉。2006年，她在原柑桔老化树的土地改种香蕉1.33公顷，不到一年时间香蕉就有收获，亩产达3000公斤，每亩纯收入达2000元，取得较好的经济效益，2010年，李彩金不断扩大种植面积，达到3.33公顷。其他农户在李彩金的示范带动下，也积极调整产业结构，发展香蕉种植，2007年全镇香蕉面积发展到166.67公顷，2008年达到266.67公顷。

为了推广先进的农科技术，李彩金经常利用自己承包经营的农技站作为农业科普宣传窗口，免费向农民群众介绍推广新品种、新技术，推广高效、低毒、低残留农药，每年接受群众技术咨询8000多人次，因而造成她经常出现声音嘶哑的职业病，但为了群众能真正掌握科技知识，李彩金毫无怨言。

对有些想发展柑桔生产，但又缺乏资金的农户，李彩金采取赊销农药、化肥，待有收成再还款的办法，帮助困难户发展生产，她每年赊销的资金达20多万元，很多困难户在李彩金的帮助下，发展柑桔种植，走上致富之路。2006年强台风“派比安”的吹袭，使江谷镇许多农户受灾造成经济损失，李彩金赊出农药、化肥15万元，帮助他们恢复生产，深受当地群众的称赞。近年来，李彩金先后获得多项荣誉，2006年，获全国“双学双比”女能手和肇庆市“优秀人才”称号，2008年被评为“改革开放30年感动肇庆人物”，2009年获广东省劳动模范称号。

**梁承华** 中共党员，肇庆理工中等职业学校校长。2010年获“全国先进工作者”称号。他1974年参加工作，1977年入伍，经历了对越自卫返击战，屡立战功，在学雷锋活动中，被评为“雷锋式战士”。1986年5月因伤转业到肇庆市人民政府办公室工作。1995年，放弃政府机关安逸的工作，变卖60平方的房子凑齐20万元资金，创办肇庆理工学校。他以扎实的工作作风，正直率真的人格魅力，在平凡的岗位上做出不平凡的业绩，先后荣获“全国模范军队转业干部”、“全国优秀教育工作者”、“广东省军民共建先进个人”、“广东省创业之星”、“肇庆市道德模范先进个人”等荣誉称号，创办全省唯一一所国家级重点民办中职学校。

30多年来，梁承华模范践行党的宗旨，始终保持一名共产党员“为政府分忧，为人民解难”的信念，时刻保持忠诚于党的军人本色。他身残志不残，宁可倒在创业的路上，也不躺在功劳簿上。1995年，梁承华看到贫困农村普遍存在学生渴望读书但又考不上高中，进城工作又没有技术的现象制约着农村脱贫致富。他毅然放弃政府工作，自筹资金硬将学校办起来，以“铁纪柔情”为校训，以“凭军人作风生存，靠专业技能发展”为办学理念，途中历经艰辛，饱尝磨难。他克服没经验、没资金、没设备等困难，将原来只有几十名学生的小型培训班，办成现在拥有300多名教职员工，近7000多名学员的国家级重点职业学校。

为了让学生们真正学懂专业，强化技能，梁承华加大资金投入力度。学校原有的寻呼台专业和幼师专业，社会需求饱和，学校面临着专业转型。通过市场调查，发现印刷行业的人才缺口巨大，但该专业投入非常大，一台国产印刷机少则几十万元，而且学生实习的耗材也非常昂贵，很多同行都望而却步。但梁承华毅然决定廉价处理原来的教育设备，投入近千万元，开办印刷专业。

梁承华对学生高度负责，替毕业生选择用人单位，公司信誉不良、业绩不好的，他绝不把毕业生交给他们。正是这种对学生、对企业、对社会负责的理念，使梁承华创造了神话。学校创办14年来，2万多名学生就业率100%，毕业两年后担任企业中层以上技术管理人员50%以上，所有学生在校和就业后犯罪率为零。2008年11月，学校被评为“改革开放30年中国民办教育十大杰出机构”。

在理工学校的档案室里，有一整柜特困学生登记表，记录着梁承华办学14年来3000多名受他资助学生的情况。他先后为学生减免学费1200万元，而他自己却借贷3000多万元。

**林　昉**　中共党员，怀集县志办公室主任，广东省地方志学会理事，《怀集县志》、《怀集年鉴》、《怀集县志（1979—2000）》主编，历史学副研究员。为肇庆市第十、十一届人民代表大会代表，怀集县政协委员。2010年被中国地方志指导小组授予“全国地方志系统先进工作者”称号。林昉自1985年从事地方志工作以来，一直热心、安心工作岗位，默默耕耘，勤于编修志鉴，保持“亦官亦兵，更像一兵”的角色，至2010年完成《怀集县志（1979—2000）》撰稿40万字，统稿225万字。自1994年开始编纂《怀集年鉴》，他一直担任主编，负责部分条目的编纂和整部年鉴稿的统编统改。2008年，他克服人手少等困难，统筹时间编纂出版《怀集年鉴（2005—2008/特刊）》，至2010年共主编《怀集年鉴》8卷。

林昉勤于业务理论学习，编纂出版研究成果。1987~1989年他自觉参加北京社会大学中国地方志专业的函授学习，以论文“优秀”毕业。之后，继续自学更多的写作基础知识和相关的业务理论，及时学习新一届地方志业务理论和地方志工作法规、质量要求与标准等，并组织办公室全体人员学习，把办公室转变为学习型集体。他先后在《中国地方志》、《广东史志视窗》等专业刊物发表方志论文（文章）50多篇。完成自纂、协纂、复审专志8种。主编、编辑地情读本6种，2002年出版个人专集《方志学蠡言》。为地方经济文化建设与发展撰写地情探讨、文化探讨等论文30余篇。其中，主撰《论六祖惠能隐遁怀集期间当地文化对其禅学思想的影响》参加2001年国际禅学研讨会，《肇庆市旅游文化品位及其建设脞论》论文获2002年度肇庆市哲学社会科学优秀成果奖。近几年他注意运用地情资料为地方社会建设服务，参与本县“金燕文化”、“六祖禅宗文化”、“村落姓氏文化”和塔山文化公园、县新行政中心等建设的咨询，又组织县志办开展地情调查、编研，为文化强县建设服务。向外地专家、学者提供地情信息、资料咨询500余条，为来宾来访介绍、宣讲怀集200余次。

**谢杏泉**　中共党员，一级警督，肇庆市劳动教养管理所（肇庆市强制隔离戒毒所）所政管理科科长。2010年被司法部授予“全国监狱劳教工作先进个人”。谢杏泉牢固树立场所安全稳定工作压倒一切、高于一切的思想，把防场所安全“七无”事故作为安全防范工作的重中之重，抓好各项工作的落实。组织制订和完善各项安全工作制度，严格落实安全防范工作措施，加强对劳教（强戒）人员“三大现场”、会见、看病治疗以及院区大门、围墙等重点部位管理工作的巡查，确保重点现场落实干警直接管理，督促落实对重点人员的防控措施。尤其是遇到危重病号外诊治疗期间，不论是什么时候，每次他都亲临现场，组织指导救治和安全看管工作。他坚持依法行政，文明执法，大力推进大队各项工作的规范化建设，完善岗位职责、执法工作程序、监督制约等工作制度，指导、检查、督促各基层大队全面贯彻和正确执行劳教（强戒）工作方针政策。依法做好劳教（强戒）人员减（延）期、所外就医、所外执行、解教办理、诊断评估等各项案件呈报审核工作，所办案件无一存在错漏现象。劳教（强戒）场所持续安全稳定，连续11年实现“安全四无”的目标。

谢杏泉经常到劳教（强戒）学员中开展谈话教育，关心他们的改造生活，为他们解决实际困难，提高他们对毒品危害性的认识，坚定他们戒除毒瘾的信心和决心，使他们能够认罪认错，服从管教，安心积极改造，提高教育矫治质量。谢杏泉对生活困难的“三无”学员，给予帮助，对解除劳教或强制隔离戒毒出所后生活无着落的学员，主动与肇庆市戒毒康复及安置帮教基地联系，安排他们到基地就业。近两年来，他已经为40多名解教或出所戒毒人员联系到康复安帮基地就业，并多次到基地探望他们，了解他们的工作和生活，开展跟踪帮教工作，使他们安心就业，做遵纪守法、自食其力的合格公民。

**姚小飞**　女，中共党员，肇庆市法律援助处主任、律师。2010年被全国妇联授予“全国维护妇女儿童权益先进个人”。姚小飞从2002年担任市法律援助处主任以来，爱岗敬业、无私奉献，为充分发挥法律援助在维护妇女合法权益方面的职能作用，做了大量的工作，取得突出的成绩，受到社会的好评。2007年她荣获广东省第二届法律援助先进个人，2008年获评为肇庆市人民调解先进工作者。

作为法律援助部门主要负责人，姚小飞积极采取措施，建立机制，着力抓好妇女维权法律援助工作。她积极协调，在肇庆市各妇联组织设立法律援助分支机构，让维权工作贴近广大妇女群众，使有诉求、有困难的妇女可直接向妇联法律援助站提出申请，由联络员交法律援助处审批承办。进一步简化妇女群众申请法律援助的程序，坚持优先办理，安排或指派有经验且责任心强的律师承办。对本市办理成功的有影响力的妇女法援案例，及时通过媒体、网络进行宣传、推广。她积极与市妇联密切配合，做好“中国妇女法律援助行动”项目的实施工作。

她熟悉业务，一向热心办理妇女维权的法援案件，2007年以来她就直接参与办理15宗，占她本人办理案件的60%以上，胜诉或调解成功率达92%。为帮助陷入困境的妇女争取合法权益，她往往多方奔走，大声疾呼，争取有关方面的支持和配合，取得良好的办案效果。她曾参与办理一困难妇女因丈夫工作时突发疾病身亡，申请工亡索赔一案，由于案情复杂，用工单位阻力大，为争取支持和配合，她多次与工会、妇联、劳动保障局、法院沟通联系，甚至通过媒体跟踪报道等，终使用工单位一次性赔偿5万元，该妇女感激涕零。

热情服务，耐心解答，为有需要的妇女群众释疑解难。姚小飞十分重视做好妇女群众来人来电法律咨询接待工作，并积极参加律师每周的咨询接待轮值工作。她对前来求助的妇女群众像对待亲人一样热情接待，不厌其烦、细心倾听、耐心解答，直到她们清楚满意为止。对不符合法律援助条件，但经济困难又确实需要帮助的，她就通过教写或修改诉状，帮助分析案情，指导收集证据、出庭等方式，帮助妇女解决打官司难问题。对行动不便的当事人主动上门服务，了解情况并现场办理申请手续。

**李海国**　中共党员，肇庆市端州区司法局城北司法所副所长、城北街道人民调解委员会副主任。2010年被司法部授予“全国模范人民调解员”。李海国自2005年参加工作，一直在基层一线从事基层司法行政和人民调解工作，爱岗敬业，深入基层，维护稳定。2006～2010年，他先后多次被评为端州区政法工作先进工作者、维稳及综治工作先进工作者、人民调解先进工作者。

多年来，李海国作为一名年轻的司法所副所长、人民调解员，他认真履行基层司法行政和人民调解工作职责，在平凡的岗位上做出显著成绩。城北街道辖区位于肇庆市区中心区，地处城区繁华地段，常住人口约12万，外来人口6万，各类矛盾纠纷多发易发。他认真钻研业务，熟悉本职工作的政策、法律法规。经常深入各社区指导人民调解工作，举办人民调解、法制教育业务培训班，组织社区人民调解员学习法律政策，提高调解技能，建好一支工作能力强的基层人民调解员队伍，城北街道的大量民间矛盾都消灭在萌芽状态。

李海国深知一件件看似不起眼的小事实际上处处连着大局、连着群众，如果不重视从小事抓起，矛盾可能就会越演越大，甚至发生激化。因此，李海国在工作中总是不厌其烦，耐心细致地做好当事人的说服教育和疏导稳控工作，依法、依理、依情妥善解决纠纷，促使当事人达成调解协议，握手言和。2006年以来，经李海国主持和参与调解的矛盾纠纷182宗，成功化解纠纷176宗，调处成功率达96.7%，所负责的辖区没有出现一宗因矛盾纠纷化解不了而转化为刑事案件。

**李招德**　中共党员，四会市委常委、公安局局长。2010年被公安部授予“全国公安优秀教育训练工作者”称号。

2008年初，李招德到四会市履职后，根据警队的现状，将“忠诚、感恩、创新、拼搏、效率、形象”确立为四会公安精神，提出了队伍管理“十个抓”（抓学习，以发展理念带队伍；抓思想，以忠诚理念带队伍；抓班子，以榜样理念带队伍；抓制度，以规则理念带队伍；抓保障，以服务理念带队伍；抓科技，以效率理念带队伍；抓公关，以协调理念带队伍；抓战训，以素质理念带队伍；抓打防、以形象理念带队伍）。经过几年的努力，实现了四会公安工作和队伍建设“两个根本好转”，开创四会公安的全新局面。

2008年以来，四会市刑事发案逐年下降，破案绝对数逐年提高，执法质量考核连年达标；近年来，四会市公安局被评为全国“绿盾三号行动”先进集体、全省科技强警示范县先进单位、肇庆市社会治安综合治理先进集体；“创平安、迎国庆”专项行动业绩位列肇庆各县区第一；该局贞山派出所获评“全国公安机关爱民模范集体”。2010年，四会市公安局在四会市落实科学发展观绩效考核中，以第一名的优异成绩获得一等奖，被肇庆市公安局记集体三等功一次，代表肇庆市公安机关参加珠三角九市社会管理创新考核获得二等奖，“粤安10”专项行动以优异成绩位居肇庆各县（市、区）前列。在2010年全省公安工作群众满意度测评中，群众对四会公安工作的满意率从2008年以前不足60%跃升到89.3%。

由于工作业绩突出，李招德先后荣获全国优秀人民警察、全国公安教育训练工作先进个人、广东省优秀人民警察、肇庆市第三届十大杰出青年、广东省公安机关“大接访”先进个人、广东省优秀共产党员、广东省抗洪救灾模范个人、广东省公安机关“三基”工程建设先进个人、广东省公安机关思想政治工作优秀工作者等荣誉称号，荣立个人二等功2次、个人三等功2次。

**聂桂清**　中共党员，德庆县公安局官圩镇派出所民警。2010年被公安部评为“全国公安机关爱民模范”，并受到胡锦涛、温家宝等中央领导人的亲切接见。

自从加入警队，聂桂清15年如一日，心里时刻装着“勤、诚、防、恒、打、情”六个字，植根山村，打造一个饮誉全县乃至全市的平安社区。为此，他负责的沙旁社区警务室也以其名字冠名，成为全市独一无二的“桂清警务室”。2002年以来，沙旁社区的刑事、治安案件发案数在全县各社区统计中所占的比例最少，而查破案件数则为全县各社区统计中所占的比例最多。2002年至今，沙旁社区连续九年没有发生群体性事件和上访事件，社会治安长期稳定，群众的满意率持续保持在93%以上。

多年来，聂桂清以社区为家，走遍社区的每一条自然村，并亲手制作5本厚厚的“人口基本情况登记簿”，记录各家各户的房屋结构、家庭人口、经济来源、社会关系等情况信息。在2010年德庆县公安局评选优秀社区民警考核中，聂桂清对其社区重点人口的熟悉率达100%，对实有人口的熟悉率也达96%。为掌握社情民意，聂桂清还随身携带着一本“社情民意记录簿”，里面记录着群众所反映的各种问题和需要解决的困难。按照“警力有限，民力无穷”的思路，他在沙旁社区建立了与社区所有组织联系的“四联”群防群治工作机构，防控各类案件的发生。据统计，2007年，聂桂清破获各类刑事案件破案率达80%，2008年达60%，2009年和2010年均达75%；这些数字，无不折射出聂桂清的辛劳和优良业绩。

2010年，聂桂清共为60多位村民办理户口变更和入户手续，并将500多位村民的第二代身份证亲自送上门。年内办实事、做好事78件，群众送来的锦旗挂满了桂清警务室。

**周世明**　中共党员，广宁县司法局宾亨司法所所长、宾亨镇人民调解委员会副主任。2010年被司法部授予“全国模范人民调解员”。2006年以来，周世明积极参与群体性上访案件和重大疑难矛盾的调处工作，共调处各类矛盾纠纷258宗，全镇无一件因民事纠纷转化为刑事案件，未发生一起群众越级上访的事件，为维护社会稳定，确保一方平安做出了突出的贡献。2008年，他被评为肇庆市人民调解工作先进个人，2009年被肇庆市委、市政府评为2005—2008年度肇庆市社会治安综合治理先进工作者。

周世明注重加强学习，提高自身综合素质。他结合本镇实际情况和多发纠纷的特点，系统地学习掌握基层司法行政和人民调解工作业务知识，学习与群众生产生活密切相关的法律法规，逐步精通人民调解知识和法律知识的人民调解员。

周世明经常深入基层，指导调解工作。针对辖区内人口多，居住面积广，社情较复杂的特点，他加强对各村人民调解委员会调解员的业务培训，并现场指导调解工作。每当农村社区调委会碰到疑难纠纷时，周世明总是及时赶到现场参与调解，协调化解群众纠纷。他平时多与村民群众接触，聊家常、增感情，了解村民群众的思想状态和需求，掌握解决群众矛盾纠纷的主动权，抓住调解工作的突破口，以情感人、以理服人、以法促人，赢得当事人的信任和理解、支持与配合，提高纠纷调处成功率。

周世明注重围绕重点工作化解矛盾纠纷，为当地经济发展营造稳定环境。特别是在“二广”高速公路、贵广铁路重点工程建设中，他12次主动请缨，负责做好项目建设所涉及的重大矛盾的化解工作，保障了重点项目建设，维护了社会稳定。

**何玉铃**　女，高要市中杰鞋业有限公司董事长、肇庆市台商协会副会长。2010年被全国妇联、中国女企业家协会授予“中国杰出创业女性”称号。同时被省妇联、省女企业家协会授予“广东省慈善奉献十大女杰”、广东省“三八”红旗手称号。

何玉铃创办的高要市中杰鞋业有限公司有员工8000多人，其中女工2600人。2007年，她以一个优秀女企业家的远见卓识，未雨绸缪，邀请专家成功改革公司生产线，在应对金融危机中争取了主动。同时，她以人为本，注重品质与诚信，靠着节俭渡过了经济难关。2009年6月，公司投入2000万美元建设的第二期工程顺利投产。全年出口9000多万美元，纳税1900多万元。她热心公益事业，积极回报社会。从2001年开始，她通过高要市妇联牵线搭桥，开展“心手相连”爱心助学行动，让500多名孩子重返校园，500多个家庭渡过生活难关，累计发放援助资金133万元。资助困难学生344名，每年资助款17.55万元。2008年“5·12”汶川大地震发生当晚，她召集公司董事成员开会，决定捐款30万元。5月13日，公司发出捐款救灾倡议，当天就收到员工捐款36万元。此外，积极发动员工献血，为受伤灾民储备血源。她被广东省妇联评为“抗震救灾妇女先进个人”，同时被授予省“三八”红旗手称号；被省发展志愿服务事业指导委员会授予“广东省志愿服务先进个人”称号，被肇庆市文明办授予“改革开放30周年感动肇庆人物”称号。她参与平安创建活动，2005年在金渡镇创办了一个特殊厂区——“肇庆市戒毒劳动康复基地”，力助戒毒康复人员走向新生、重返社会。她获得了“广东省民间禁毒先进个人”称号和第二届全国十大民间禁毒人士提名奖等荣誉。

**黎　晓**　女，中共党员，白诸镇党委书记。2010年被全国妇联“双学双比”活动领导小组授予“全国城乡妇女岗位建功先进个人”称号。她发挥曾经担任高要市妇联主席的工作经验，带着对妇女工作的热爱，围绕农民增收、农业增效、农村稳定的目标，服务大局，服务妇女，与时俱进，不断拓展活动领域，充实活动内容，相继推出“巾帼扫盲行动”、“巾帼扶贫行动”、“三八绿色工程”、“巾帼科技致富工程”等，使竞赛活动常抓常新，使妇女在参与中实现自身的进步与发展。2006年，她获广东省“三八”红旗手和广东省妇联系统先进工作者称号。

黎晓积极为妇女致富搭建展示风采的舞台，通过积极开展科技培训和服务活动，提高农村妇女的科技文化水平；开展形式多样的宣传、表彰活动，充分调动农村妇女参与经济建设的积极性。自开展“双学双比”活动以来，全镇有600多名农村妇女掌握运用一门实用技术，300多名农村妇女带头创办、领办或承包了种植、养殖和农产品加工项目，受益群众近2500户，形成高岗围村沙糖桔种植基地、大基头村蔬菜种植基地、北风村的八角种植基地等特色明显的“双培双带”基地。

在黎晓的带领和影响下，白诸镇的“双学双比”活动，紧紧围绕社会主义新农村建设的要求深入开展，提高农村妇女综合素质，带动农村妇女增收致富，激励农村妇女全面参与省卫生村、生态文明村和新农村建设。

**徐月芳**　女，广东省怀集县冷坑镇农民，2010年被全国妇女联合会评为“全国城乡妇女岗位建功先进个人”。2003年，她果断地把经营了几年的13.33公顷果园全部改种黄栀子，成为怀集县第一

个种植黄栀子的人。2005年，她和家人成立了“怀集县继荣中草药发展有限公司”，扩大黄栀子种植，并带动周边村的群众发展黄栀子种植。2006年在黄栀子基地山脚下建设养殖猪舍50卡，并与广东省温氏畜禽有限公司合作建成年饲养出栏1200头的规模化优质肉猪养殖场，投入180万把黄栀子基地山冲的低洼田8.67公顷改造成高产鱼塘。同时利用猪粪为原料建成三个大型沼气池，沼气用来取暖、做饭、照明，沼渣、沼液做黄栀子树肥料。形成“山下养猪、水面养鱼、山上种黄栀子树”的生态循环利用立体种养殖模式。2008年，采取“公司+基地+农户”的模式，成立了冷坑镇黄栀子专业合作社，又以“龙头企业+专业合作社+社员”发展模式，让更多群众加入到黄栀子种植行列，做大做强特色南药产业，推进南药产业化、规模化经营。2010年，徐月芳的黄栀子种植面积达166.67公顷，年产肉猪2400头，年产鱼10万斤；冷坑镇黄栀子种植面积发展至1333.33公顷，预计年可为种植户带来1600万元收入，省级南药生产基地3333.33公顷。徐月芳通过辛勤的劳动和智慧，走上致富的道路，拥有自己的事业，为广大农村妇女树立良好的榜样，成为当地勤劳致富的带头人，创业致富领头雁。近年来她先后被评为肇庆市“双学双比”先进女能手、怀集县种养女能手、怀集县科技致富带头人等称号，她的种养基地被评为“首批肇庆市农村妇女双学双比活动女能手示范基地”。徐月芳还有远大的发展理想，正准备投资500万兴建黄栀子深加工厂和天然色素提炼厂，通过加工企业收购千家万户的黄栀子果实，来开拓和发展市场，解决果实的销售出路问题，提高种植户的收入，带动当地农户勤劳致富。她又以怀集县投资10个亿的六祖禅宗文化项目在冷坑镇建成六祖文化旅游区为契机，把她的黄栀子种植基地打造成绿色生态旅游区，吸引游客到基地参加绿色生态旅游。

**张海燕**　女，德庆县新圩镇大同村“信息直通车”大同示范点信息员。2010年被工业和信息化部、科技部、农业部、商务部、文化部授予“全国优秀农村信息

员”奖章。

张海燕积极参加省、市、县举办的计算机技能培训，通过参加各类型农业科技信息收集、发布等农普知识学习，不断提高自身素质及业务操作水平。她利用学到的知识，组织该村的共青年团员、种植大户、村干部等100多人次参加电脑培训学习，耐心指导村民掌握电脑操作技能，并把优秀人员发展为村信息员，扩大该村信息员队伍。组织村民参加4次专家视频会议，使村民从怕摸电脑到懂得上网浏览、搜查资料、看电影、玩电子游戏等等，有效提高农民的素质，丰富村民的生活。

张海燕率先创建大同村信息网。她深入田间、群众中收集各种信息在本地网站和省信息直通车网站发布，切实把信息化建设推向农村，为该村农民群众提供或收集各项农业技术、商业、劳务、气象等信息。德庆县以种植柑桔为农业主导产品，2008年初张海燕从网上了解到1月中旬有持续的冰冻灾害天气，当时大部分的果农未摘果，她将冰冻灾害气象信息发布给村民，让村民及早采摘，避免一场冰冻灾害带来的经济损失。

张海燕坚守阵地，维护村信息服务站。她每天坚持在服务站工作，节假日也不例外，对上门群众咨询的问题逐一解答，不懂的问题上网查询或向专家求助，尽量让群众满意。为村民们查询农业技术类信息1000多条，成功为10名青年提供劳务信息。利用信息服务站工作平台，为党员干部播放宣传教育片等。适时在网上下载农业资讯，将农资价格、柑桔种植技术、病虫害防治、供求信息张贴到各自然村的信息发布栏上。对紧急的信息直接打印单张发送到农户手中，共派发1万多份，使广大农民群众更快捷、更廉价地获得技术、市场和农产品信息，让农民形成懂得依靠科技促进经济增长的意识。

**杜恒荣**　中共党员，德庆县水务局局长。2010年被水利部评为“全国水利工程管理体制改革先进个人”。杜恒荣自2002年1月担任德庆县水利局局长以来，严格按照国务院办公厅印发的《水利工程管理体制改革实施意见》和广东省、肇庆市有关水管体制改革文件的要求，切实抓好水管体制改革工作。他正确处理水管改革中改革、发展、稳定的关系，妥善安置分流人员，维护社会稳定，使水管体制改革取得显著成效。水利工程管理体制改革于2007年11月全面铺开，2008年3月底完成水管体制改革任务，2008年9月17日通过省级验收。

通过水管体制改革，德庆县10个水管单位撤并为8个，整合县机电排灌总站、大桥联围管养站和大桥电排站的职能，设立副科级管理单位县堤围管理处，加挂县机电排灌总站、大桥电排站和德城大堤管理站牌子，县水土保持站与县堤围管理处合署办公，水管单位管理职能得到整合，管理效能得到充分发挥。通过水管体制改革，全县水管单位经费实现县财政统一核拨或核补，保障和维护职工经济待遇，解决长期以来困扰德庆水管单位的老大难问题。

**冼金源**　中共党员，四会市国土资源局江谷国土资源管理所所长。2010年被国土资源部授予“2010年度全国优秀群测群防监测员”称号。自1987年参加国土资源管理工作后，他一直在江谷镇国土资源管理所工作，始终以对人民高度负责的态度，坚持以人为本，做到全力以赴、倾心竭力投入到地质灾害防治工作中，针对该地区的地质灾害特点，采取强有力的防治措施，认真做好地质灾害点治理与避让搬迁工作，最大限度地减轻和避免地质灾害造成的损失。

江谷镇属丘陵地貌的山区，地质环境脆弱，地质灾害点多面广，且山区村庄的房屋依山而建，遇有强降雨等天气，极易发生滑坡、崩塌、泥石流等地质灾害，对人民群众居住安全构成严重威胁，是四会市地质灾害重点防范区之一。每年汛期前，冼金源都会按照有关要求，提早安排部署地质灾害防治工作，督促检查各项地质灾害防治措施的落实。2010年入汛后，江谷共发生地质灾害险情4起，当险情发生后，冼金源主动请缨，每次都亲临一线，每逢降雨天气，他就把家安到办公室，安排协调各项防灾措施的落实和值班，为此，没少受家人的责备和埋怨。

他爱岗敬业、积极钻研业务，经常与国土所其他人员，深入江谷各个农村调查落实和核对危险点监测，落实危险区内群众应急转移方案及措施，编制出《四会市江谷镇2010年地质灾害防治方案》，积极与当地党委政府协调，做好地质灾害防治工作的应急预案，落实村级责任人、监测人，并签订各级责任书。做好各个隐患点的“地质灾害防治避险明白卡”发放。为了缩小范围，更有效地保障安全，他对全镇地质灾害隐患逐一排查，对全镇的13个重点隐患点实行24小时值班监测。由于灾害调查准确，监测、巡查到位，防范措施得当，列入防灾方案的各地灾点均未发生人员伤亡事故。

工作中，他不断完善工作制度，加大资金投入力度，建立了全镇12个地质灾害点台账，专人负责监控监管，并通过“三个一点”的办法筹集资金，有计划、有重点地开展地质灾害隐患整治工作。据统计，2008年至2010年汛前，全镇共筹措投入各类地质灾害防治专项资金18.5万元，对各类地质灾害进行治理，努力消除隐患，维护广大群众生命财产安全。

**邓　杰**　肇庆市文化广电新闻出版局文物科科长。2010年，获“第三次全国文物普查实地文物调查阶段突出贡献个人”。邓杰全程参与2008～2010年期间的肇庆市第三次全国文物普查工作，带领城区文物普查队顺利地完成全市文物普查试点工作任务，并使端州区成为全市首个完成文物田野调查及第一个通过省验收的县域单位。

邓杰主动承担全市文物普查试点工作和开展城区文物普查的工作任务，始终坚守在文物田野调查和文物普查辅导一线。先后协助端州区、高要市、广宁县、怀集县以及肇庆高新区等地举办联络员培训班，培训辅导学员400多人次，为基层培训大批文物普查骨干。同时，协助和指导有关县（市、区）开展田野调查。

他积极争取社会力量参与文物普查，抓住大学放暑假的有利契机，利用与地方高校合作的优势，以社会实践的形式，为有志于文物考察的大学生提供直接参与第三次文物普查的实践机会。同时，积极密切联系各成员单位和其他单位，加强与水利、工业、农业、宗教、旅游等部门的联系，促进相关数据和信息的交流，并争取市历史文化名城与旅游发展研究会的支持，为普查队提供大量文物线索和专业咨询服务。

他积极推进文物普查宣传工作，利用《西江日报》、广播电台、电视台等多种媒体，广泛报道开展文物普查的信息。他勇于实践，开拓进取，在工作中探索形成一整套开展田野实地调查工作的标准规范、技术路线、组织模式和工作经验。其经验在全市文物普查试点工作现场会上得到推广，为全市铺开实地调查工作打下良好基础。

**莫文良**　德庆县环境保护监测站站长。2010年，被国务院第一次全国污染源普查领导小组办公室、环境保护部、国家统计局、农业部评为“全国污染源普查工作先进个人”。莫文良在第一次全国污染源普查工作中担任德庆县普查办综合组组长兼农业组副组长、质量控制负责人和普查指导员。在普查过程中，他对普查工作高度负责、认真履行职责，协助普查办做好普查的组织、协调和开展工作。

他承担办公室文件资料编写工作，先后完成《德庆县第一次全国污染源普查实施方案》、《经费预算方案、宣传方案》、《普查工作总结和普查技术报告》以及《普查简报》等编写。其编写的《普查技术报告》受到市普查验收组的好评，被一致认为在全市各县（区）中写得最好。莫文良积极做好普查人员的业务培训与指导工作，针对教材内容多的特点，结合德庆县的实际对教材上的重点和要点进行注解，使培训课内容精炼，深入浅出、简单易懂，收到良好的效果。同时，他还深入到镇级举办培训班，直接培训镇级企业普查填报人员，提高报表填报速度，确保填报质量。在污染源普查工作过程中，他抓好全程的质量控制工作，克服时间紧、任务重、范围广、技术性强、质量要求高等诸多困难，与全体普查人员团结一致，圆满完成普查工作，顺利通过市普查验收，受到国家、省、市和县普查办领导和同事们的好评。

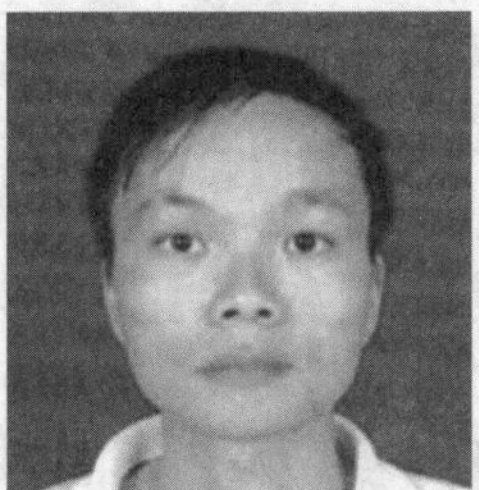

**周家林**　中共党员，德庆县农业局办公室主任。2010年，被国务院第一次全国污染源普查领导小组办公室、环境保护部、国家统计局、农业部评为“全国污染源普查工作先进个人”。周家林在第一次全国污染源普查工作中主要从事农业污染源普查指导工作并协调数据录入工作。他工作认真负责、一丝不苟，严格按照普查技术规程操作，在工作中遇到难题积极向上反映并咨询，努力寻求解决办法，使德庆县农业污染源普查从不认识到了解再到理解，最后顺利按时、按量、按质完成农业污染源普查工作，得到上级有关领导的肯定。通过这次农业污染源普查，基本摸清德庆县农业污染底数，为农业环境保护、防治面源污染、促进农村节能减排提供基础数据和决策依据。

**陈智旭**　怀集县安全生产监督管理局局长。2010年，获国家安监总局、煤矿监察局评为“全国安全生产监管监察先进个人”。2006年在任至今，坚持“安全第一，预防为主，综合治理”的工作方针，采取措施，落实责任，连续6年全县安全生产重要指标符合肇庆市下达的要求，没有发生较大以上的安全生产事故，2010年工矿商贸十万从业人员事故死亡率为零。

**陈耀强**　中共党员，肇庆市关心下一代工作委员会办公室主任。2010年，被中国关工委、中央精神文明办评为“全国关心下一代工作先进工作者”。陈耀强曾在部队任正营职干部，转业到地方任科长也有15年时间，肇庆市关工委成立后，他被调任为市关工委办公室主任，这是肇庆市乃至全省最早的在职专职的关工委办公室主任。十年来，他以满腔的热忱，敬重“五老”，关爱后代，温暖着两代人，他尽职尽责，埋头苦干，在平凡的岗位做出非凡的成绩。

陈耀强从实践中体会到，办公室工作是整个关工工作的中心环节，件件无小事，桩桩关大局，责任重大。十年来，他围绕市委市政府中心工作，兢兢业业，勤学善思，工作细致入微，把上传下达、行文报表、情况汇总、经费收支、迎来送往等工作，打理得井井有条。

肇庆市关工委换了三届主任，不管是那一位领导，他都做到严守纪律，听从指挥，认真完成领导交办的各项任务。同时，他又会根据上级关工委的部署和结合本市关工委工作的实际，积极向领导建言献策，做到“到位不缺位，尽责不越权”，尽心尽力当好历届领导的参谋助手。

近年来，市关工委开展山区创业青年培训活动，陈耀强在工作中积极协助领导，做好培训班的班址选择、课程设置、聘请教员等各方面工作的落实。还经常陪同领导上山下乡，调查研究，面对面帮助创业青年解决一些实际困难，使七年来全市参加培训的5000多名学员，近八成走上创业致富之路。此举，已成为市关工委的“品牌”和“亮点”，多次受到省关工委领导的充分肯定，尤其是得到国家发改委等四部委专题调研组的高度赞扬。

在关爱青少年工作中，他组织开展送书进校、“朝阳读书”活动，宣传戒毒禁毒、教育挽救服毒青少年活动等，为市关工委树立良好的形象。市关工委先后被国家和省评为“朝阳读书”、“开展禁毒”、“杂志发行”等先进单位和全国关心下一代先进集体。

**古松青**　广东梅县人，73岁，怀集县退休老干部，现任怀集县关工委副主任。2010年，被中国关工委和中央文明办评为“全国关心下一代工作先进工作者”。古松青退休后发挥余热，用自己的种果技术，走遍怀集乡村指导青年创业。自1964年，古松青从中南林学院本科毕业分配到怀集工作以来，四十多年多次放弃外调深圳等地工作及出国与父母团聚定居良机，潜心扎根山区，为山区建设奉献青春。1998年退休后，他培训农村青年创业30多期4000多人次，先后走遍全县19个镇（乡），100多个村，32个重点果场向农村青年传授果树栽培等科学技术现场指导，且从来不收果农的任何报酬，下乡的交通费也是自掏腰包。虽然73岁的高龄，且患高血压病，但他还是坚持跟踪20多个果场技术指导。他不管路途远近，不管天气冷热，只要果农求助，就会有求必应，帮助解决难题。正如他坦言“我退休还是共产党员，坚持全心全意为人民服务，永远是我们共产党的光荣传统和责任”。

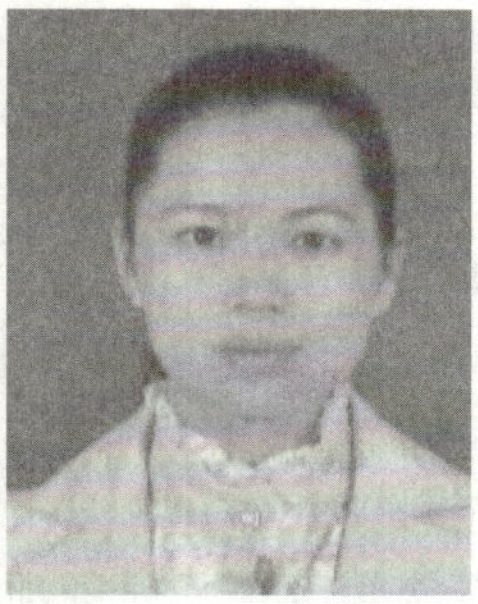

**谢小贞** 女，德庆县德城第三小学教师。2010年，在全国中小学教师说课专场展示活动中，被中国教育电视协会、中国教育电视台评为“说课一等奖”。此次比赛活动分A、B组在佛山体育馆举行，肇庆、珠海、深圳等12个地级市分在B组，每个市派出两名优秀教师参加比赛。肇庆市经过层层筛选，确定德庆县德城第三小学谢小贞和肇庆市第十六小学一名教师（比赛结果荣获二等奖）参加比赛。谢小贞老师在《万以内数的大小比较》的说课中，以其先进的教育理念、完美的教学设计、丰富的语言表达能力和扎实的教学基本功，荣获一等奖。同时，德庆县德城第三小学也获得“优秀组织奖”，为市、县争得荣誉。

**夏诗颖** 女，1997年3月生，高要市回龙镇人。国家女子龙舟队鼓手。2005年，进入高要市业余体校游泳班训练，2008年，输送到国家水上运动基地激流回旋队训练，2009年，加入国家女子龙舟队。2010年，代表国家队参加第九届亚洲龙舟锦标赛，共获得5枚金牌（其中女子组标准龙舟和小龙舟200米直道竞速金牌各1枚；女子组标准龙舟500米直道竞速金牌1枚；女子组小龙舟200米和500米直道竞速金牌各1枚）；代表国家队参加第十六届广州亚运会女子龙舟250米、500米、1000米直道竞速三个项目比赛，勇夺3枚金牌。

## 全省先进人物

**黄德仰** 中共党员，广东风华高新科技股份有限公司党委书记。2010年，“广东省五一劳动奖章”获得者。几年来，他作为企业一把手，以搞好国企改革发展为己任，带领公司领导班子及广大干部员工抓住机遇，努力拼博，特别在2009年金融危机的持续影响下，牢牢抓住生产、销售、采购等各个关键环节，全力抓好生产经营管理，抓好产品结构优化调整，实施积极的市场开拓和资源整合战略，确保生产经营的稳定发展取得良好业绩。2009年公司实现销售收入16.7亿元，创税1.14亿元。与此同时，风华“FH”商标被认定为“中国驰名商标”，成为肇庆市首个中国驰名商标和我国电容器类、电阻器类产品第一个通过行政认定的驰名商标；公司先后入选“国家高新技术企业”、“广东省装备制造50家重点骨干企业”；公司属下端华公司成为国内同行中首家通过EICC体系认证的元器件企业。

在多年的企业管理工作中，黄德仰按照科学发展观要求，在进一步整合技术资源，提高产品核心竞争能力的同时，充分调动广大干部员工的创新积极性和主动性，先后组织各项劳动竞赛活动，劳动竞赛共实现经济效益800多万元。同时，广泛开展群众性经济技术活动，促进企业技术创新、产品结构优化，2009年公司申请技术创新项目85项，验收技术创新项目30个，获经济效益2516万元。有力地推动生产经营的稳步发展。

黄德仰在就任公司党委书记的第一天就明确，搞好国企改革发展的根本目的有两个：一是要为国家和社会作贡献；二是要为员工谋福利。

几年来，他坚持以建立和谐劳动关系为主线，维护员工合法权益；坚持深入基层，听取群众意见，关注民生，关心困难员工，成立“困难职工帮扶中心”，共援助困难员工14人，支出帮扶金1.78万元；帮助2名困难职工子女就读大学，支出助学金6000元，有效缓解困难职工家庭的生活压力，促进企业的和谐稳定。

**汤小华**　中共党员，硕士学位，工程师，广东电网公司肇庆供电局党委书记。2010年，“广东省五一劳动奖章”获得者。汤小华1982年参加工作，1992年加入中国共产党。汤小华在任期间，坚持以服务肇庆经济社会发展为宗旨，迎难而上、精心部署、突破困局，圆满完成了繁重的电网建设任务，为肇庆市GDP的增长提供坚强的电力保障，为肇庆市经济摆脱金融危机的影响和尽快融入珠三角发挥积极作用。

汤小华以高度的责任感和使命感，精心组织关人员共同完成肇庆“十二五”电网规划、肇庆“十二五”县级配电网规划及肇庆城区电力专项规划等一系列电网规划编制工作。在面对征地、青苗赔偿问题导致电网建设受阻等严峻形势，他积极争取地方政府支持，全力推行政企合作，提前完成广东电网公司6·30重点工程的500千伏砚都变电站第二台主变扩建工作，解决220千伏封开输变电工程等一系列施工受阻难题，并使拖延2年多和5年多的110千伏鼎湖贝水和高要水边输变电工程终于建成投运，为全面完成当年电网建设投资计划创造有利条件。

汤小华自担任党委书记以来，始终坚持“标本兼治、综合治理，惩防并举，注重预防”工作方针，把党风廉政建设和反腐败工作落实到具体工作中。他深入调查研究，认真分析企业面临廉洁风险点，着力加强党员领导干部理想信念和廉洁教育，增强干部员工拒腐防变、廉洁自律能力；着力加强纪检监察干部队伍建设，促进县级供电企业纪检监察工作规范化；着力加强与地方纪委、检察机关共同开展预防职务犯罪活动，营造风清气正和谐的工作环境。他在任期间，全局没有发生一起重大违法违纪案件，纪检监察工作得到上级领导的充分肯定。

汤小华以身作则，以“严、细、实”的工作作风影响着身边的每一个人，处处发挥共产党员的先锋模范带头作用。先后荣获2009年度广东省五一劳动奖章、2010年广东电网公司第十六届亚运会和第十届亚残运会保供电先进个人等荣誉称号。

**陈友东**　中共党员，高级工程师，广东金鼎黄金有限公司副总经理，广东黄金协会贵金属资源开发和综合利用专业委员会委员。2010年，“广东省五一劳动奖章”获得者。

1989年7月，陈友东到河台金矿工作，历任采矿技术员、车间副主任、调度室副主任、金矿经济发展总公司副总经理、采矿车间主任、技改办主任、矿长助理、副矿长等职务。2010年，任改制后的金鼎黄金有限公司副总经理。他从井下艰苦的技术工作做起，一步一个脚印，勤勤恳恳，任劳任怨。1989～1992年，先后参与采矿240米、200米、160米中段的生产管理和技术管理，使采矿能力由250吨/日上升至500吨/日。他参与采矿方法综合试验研究项目，采用上向分层干式充填连续采矿法，是解决采矿过程中矿体破碎、状态复杂的采矿方法。大力推广水泥砂浆锚杆支护技术，对解决矿房两帮片落、巷道片帮，减低贫化损失率起到较大作用。在高村矿区通风系统的调查测试、改造以及高村竖井延深方案等许多项目中，进行技术革新，对中深部以后的通风系统提出有效方法，对云西竖井工程及配套设施进行优化设计。组织对云西、高村矿区周边及深部探矿工作，参与清新矿区探矿工程项目建设。他主持的《矿段回采低贫损类框架式留矿采矿法研究》、《竖井延伸及其提升能力挖潜综合技术研究》分别获得中国黄金协会科学技术奖二、三等奖。作为分管生产和安全工作的副矿长，他制定了一系列安全生产制度和工作要点，明确各级各部门责任；加强安全生产管理人员的培训，树立以人为本的安全管理理念；每年带队组织月度检查和专项检查20多次，不定期检查100多次，针对存在问题及时整改，确保该矿无重大安全伤亡事故发生。

陈友东注意结合工作实际钻研学习相关知识，1994年取得工业管理工程大专毕业证书，1994年取得深圳大学工商企业管理本科毕业证书，2004年获得省社科院经济管理研究生毕业证书，2006年考取美国管理协会（PNI）颁发的项目管理师（PMP）资格证书。先后在《南方钢铁》、《有色金属》、《黄金科学技术》、《黄金》等刊物发表学术论文10多篇。通过理论指导实践，不断提高生产及技术管理水平。2004年，被评为肇庆市专业技术拔尖人才。

**张红梅** 女，中共党员，肇庆市公安局刑事警察支队主检法医师。2010年，“广东省五一劳动奖章”获得者，被评为广东省第一届“南粤十佳卫士”并记个人一等功一次。

自2002年7月参加工作以来，张红梅一直从事“苦、累、脏”的法医工作，被喻为能与死者“说话”的人。8年来，共检验各类尸体500余具，活体600余人次，出具各类鉴定800余份，先后参与各类命案现场勘查127次，特别参与高要“2005·10·19”、“2005·10·24”碎尸案，高要“2008·2·05”父子被害案，高要“2007·5·07”绑架勒索案，端州“2006·12·19”灭门案，端州“2007·5·05”六尸命案，端州“2009·7·30”碎尸案等在全市、全省乃至全国有影响的一系列特大案件的现场勘查及尸体解剖工作，以“务要从实”的工作态度、扎实的理论功底、科学的准确判断，为案件的成功侦破发挥至关重要的作用。工作中，她无私奉献、恪尽职守。作为一名女法医，始终坚持战斗在尸体解剖工作的第一线，即使在怀孕期间，仍然坚守岗位，为维护社会治安稳定作出了不可磨灭的贡献。

参加公安工作以来，张红梅先后荣获肇庆市人民政府个人二等功一次、肇庆市公安局个人三等功一次，先后在《江西公安专科学校学报》、《中国社区医师》以及《刑事技术》上发表专业论文4篇。

**王春燕** 女，广东肇庆爱龙威机电有限公司物料部经理。2010年，“广东省五一劳动奖章”获得者。王春燕1989年7月参加工作，1999年12月，加入广东肇庆爱龙威机电部有限公司，先后担任公司市场部经理和物料部经理。工作多年如一日，踏实肯干，任劳任怨。各项工作都开展得有声有色，深得集团高层、公司同事和下属的好评。

在市场部工作期间，王春燕准确把握国内外经济形势，创新工作制度，拓宽销售渠道，带领她的团队从2003年到2005年开展并完成八个项目的研发及投入生产，项目产品覆盖美国三大汽车公司FORD，GM，CHRYSLER，欧洲的BMW，VW；韩国HYUNDAI，日本NISSAN等客户，有效地改善并提高公司及产品在欧美、日本及韩国市场上的占有率和认知率，为公司带来近1.5亿元的销售额。同时，在面对2008年下半年的国际金融危机，王春燕积极从材料控制、成本节省的角度想方设法，为公司节省近10万的成本开支。

由于王春燕工作认真负责，工作能力突出，集团委以重任，让她担任问题最多的物料部经理。物料部负责的工作繁琐，要负责物料零件采购、零件管理、制订生产计划、客户定单销售管理、国内/国际运输和进出口报关等公司整个物流链的工作。面对部门存在的各种问题，王春燕创新工作方法，解决了原来来料不准时、生产不及时、交付不及时、产品运输等方面的问题，使产品的及时交付率提高8%，客户的满意度达99%，从而进一步提高公司的服务质量，为公司赢得了声誉。

由于工作繁忙，经常加班加点。从周一至周五，她的全部时间都是在公司，全部心思都是在工作上。即便是周末，也是经常要联络安排工作，追踪工作进度，无暇顾及家庭和女儿，致使女儿经常埋怨说：“妈妈周末还是关心公司的事情比关心家里多，联系公司的人员比联系家里人频繁。”王春燕就是这样将全部精力投入到爱龙威公司，十年如一日，任劳任怨，工作认真负责，一丝不苟，兢兢业业。

**魏水华** 中共党员，广宁县经济和信息化副局长、信息中心主任、工程师。2010年“广东省五一劳

动奖章”获得者。1992年魏水华从武汉测绘科技大学毕业，他离开家乡福建自愿申请到广宁这个山区县工作。从工厂的一名普通技术人员，到县人民医院信息科科长，1999年成为计算机工程师，2003年任广宁县信息中心主任。上任后，魏水华为切实做好全县信息化的资源整合、统一规划，不断拓展工作领域。2007年，县信息中心与肇庆中巴软件园合作，建成广宁县“农易通”农村综合信息服务系统，“农网通”可查询农产品交易、村务公开、医疗卫生、市场价格等信息，使农民足不出户就能获取种养殖技术知识和其他方面的信息。同时，还根据用户需求，在该系统先后开通电视短信互动功能和开设“困难职工帮扶中心”等栏目，为社会管理提供信息平台，得到广大群众的好评。

为加强完善政府网站建设，他主动同中心的技术人员对政府公众网进行全新改版，使网站功能齐全，网站架构完善，实现新闻发布、天气发布、政务公开、网上办公、乡镇上网、招商引资、以及会员管理等交互平台，网站政务信息得到全面、实效、准确与完整地向社会公开。在他的带领下，相继建立广宁县竹子网、广宁县科技信息网、广宁县党建网、广宁县财政网、广宁廉政网、广宁县国土资源网、广宁县财政网、广宁县统计网等和地方信息网站。

为推进山区信息化建设，魏水华不遗余力，勇挑重担。在县财政配套资金困难的情况下，积极争取省信息产业厅支持，整合移动、电信的各类资源，建成17个镇级信息服务站，178个村级信息服务点的建设，完成全县行政村（居）委会的信息化建设，相应配套电脑、电脑台等设备设施，总投资190多万元。并充分利用培训中心现有资源，对镇级主管科技副职，镇级信息员等进行农村信息化的培训，累计各类培训达2000多人次；完成广宁县信息化体验中心、排沙镇信息化体验中心、上林村、上寨村等信息化体验点的建设。

魏水华工作扎实、锐意进取，为山区信息化建设作出积极贡献。2008年被省信息产业厅授予“山区信息化建设项目先进工作者”称号。

**林梅芳**　女，中共党员，中共广宁县委常委、宣传部长。2010年，被省委、省政府授予“精神文明建设先进个人”称号。广宁县以建设学习型党委、学习型机关为目标，重点抓好县委中心组的理论学习。县委凡开展重大主题学习宣传活动，林梅芳都带头上课宣讲，把党的路线方针政策宣传贯彻到基层。2006年，广宁县广播电视台新闻中心被评为“全国创建活动优秀学习型班组”，2008年，林梅芳被评为“全省党委中心组优秀学习秘书”。

林梅芳重视全县的思想道德建设，积极探索不同单位不同人群的思想道德教育有效途径。在机关单位开展政德教育。以社会主义荣辱观为核心，在公务员队伍中开展“理想、责任、能力、形象”和从政道德教育。在社会开展社会公德教育。以“爱国、守法、诚信、知礼”为主要内容，在广大群众中开展现代公民素质教育。在学校开展思想品德教育。在青少年中开展“孝行、雅行”和“五小”教育实践活动，培养感恩父母、感恩师长、感恩社会的良好风尚。健全学校、家庭、社会“三位一体”教育网络，充分发挥志愿者和“五老”（老干部、老战士、老专家、老教师、老模范）的优势和作用，切实加强未成年人的思想道德教育。通过抓好各个层面的思想建设，在全县营造良好的文明新风尚。

林梅芳在全县精神文明创建过程中尽职尽责，从规划到实施都亲力亲为，积极开展做好统筹协调。积极配合县委、县政府抓好城市重点工程建设，加强城市环境综合治理，优化城市秩序，抓好城中村的硬底化、亮化、美化、绿化等工作，创建优美人居环境，树立广宁新形象。紧扣全县开展的“万干帮千村，创建卫生村”活动，以创建卫生村为突破口，每年在卫生村的基础上创建50个生态文明村，2007年，上林村被评为“全国创建文明村镇工作先进村镇”和“全国绿色小康村”。2009年，广宁县被评为“全国新农村建设示范县”。

林梅芳结合县情，提出着力打造竹子文化、武术文化和红色文化，丰富文化名县建设内涵，提升广宁知名度的工作思路。她撰写的《打造特

色文化品牌 推动广宁文化大发展大繁荣——关于发展广宁特色文化的思考》文章入选《让思想启迪未来——中国科学发展与人文社会科学优秀创新成果精选》一书，并获一等奖。

**卢泽邦** 中共党员，广宁县司法局局长。2010年，被省委授予“依法治省先进个人”。他立足本职，充分发挥基层司法行政法制宣传、法律服务、法律保障的职能作用，为推进依法治理工作做出积极的贡献。2008年获全省“五五”普法中期先进工作者，获记肇庆市司法行政系统个人三等功。

他注重廉洁从政，做“学法、用法、守法、普法”的模范。他刻苦钻研法律法规，提高自身综合素质和工作水平，结合实际，创新方法，推进法制宣传教育工作取得新成效。他把推动社会主义新农村建设与创建“民主法治示范村（社区）”相结合，进一步强化新农村建设的法制基础。依托司法所、法律服务所，把司法行政各项职能向农村延伸，建立村级法律服务工作站，开拓农民学法用法新思路。利用“人民调解群众工作日”的平台开展普法教育工作，通过“普调结合”的工作方法，增强普法教育实效。

他注重拓展有广宁特色的人民调解工作。2008年以来，结合本县矛盾纠纷的特点及基层司法所人员不足的实际，他提出“人民调解群众工作日”的举措，充分整合资源，争取相关部门的重视支持，把人民调解工作日工作与司法行政相关工作有机结合、与人民来信来访工作相结合、与社会治安综合治理相结合，健全和规范县、镇、村（社区）、村民小组四级调解网络机制，基本实现“哪里有人群，哪里就有调解组织，哪里有纠纷，人民调解员就出现在哪里”的目标。“人民调解群众工作日”的做法得到充分肯定，2009年7月，卢泽邦出席广东省司法厅召开的全省加强基层司法所建设工作会议，在会上作经验介绍。

他注重拓展法律服务，充分发挥律师、公证员参与涉法信访、化解纠纷的作用。他积极推进律师参与信访维稳工作，发挥律师职业优势，为信访群众解惑答疑，为信访案件的处理及时提出法律建议和法律意见。组织律师、公证员积极参与重大工程建设，主动为工程建设提供全方位的法律服务，预防、减少和调处因工程项目建设而产生的群体性矛盾纠纷。

**成有其** 中共党员，德庆县经济和信息化局局长。2010年，被广东省人民政府授予“2008年度广东省节能先进个人”称号。作为全县分管节能工作单位的领导，成有其积极履行工作职责，以强化重点能耗企业的节能降耗监管为重点，以推进企业技术改造和技术进步为核心，以开展机关事业单位节约能源工作为推手，切实推进全县节能降耗工作深入开展。2008年，全县单位GDP能耗达0.97吨标准煤/万元，同比下降4.19%，超额完成市下达的年度考核目标任务。

成有其在节能工作中通过抓组织领导，健全节能工作协调机制。建立节能工作分工责任制，制订《德庆县重点耗能企业“十家企业节能行动”实施方案》，明确各职能部门的责任分工，使政府部门与企业形成合力，有效推动节能工作的深入开展。他还亲自带队到重点能耗企业进行调研，指导节能降耗工作开展，推进县内顺龙木业、石井水泥等重点能耗企业节能降耗。督促关停新南松水泥有限公司和金辉罗洪水泥厂，推动德庆县节能降耗工作的开展。成有其积极引导和帮助企业开展清洁生产，推进企业清洁生产和资源利用。2008年有1户企业获得广东省清洁生产企业称号，1户通过省认定的资源综合利用项目，在国家减免税收待遇享受期内。成有其深知节能知识和宣传的重要，组织重点耗能企业负责人参加省、市举办的节能培训班和节能产品推介会；开展全县机关事业单位节约能源活动，掀起节约能源高潮；印发《关于开展节能工作的通知》、《关于开展广东省能源紧缺体验日活动的通知》，进一步提高全民的节约能源意识和节能知识，推动全县节能活动深入开展。

# 附　录

责任编辑：陈伟雄

## 2010年市委及市委办公室文件要目

### 【市委文件】

| 文件号 | 文件名称 |
|---|---|
| 肇发〔2010〕1号 | 中共肇庆市委关于加强和改进新形势下党的建设的工作意见 |
| 肇发〔2010〕2号 | 中共肇庆市委关于印发中共肇庆市委十届八次全体会议有关文件的通知 |
| 肇发〔2010〕3号 | 中共肇庆市委 肇庆市人民政府关于在全市学习推广“独岗经验”的决定 |
| 肇发〔2010〕4号 | 中共肇庆市委常委会2010年工作要点 |
| 肇发〔2010〕5号 | 中共肇庆市委 肇庆市人民政府关于表彰2009年度“无政策外多孩出生镇（乡、街道）”和“无政策外出生村（社区）”的决定 |
| 肇发〔2010〕6号 | 中共肇庆市委 肇庆市人民政府关于2009年度人口与计划生育目标管理责任制考核结果的通报 |
| 肇发〔2010〕7号 | 中共肇庆市委 肇庆市人民政府关于深化医药卫生体制改革的实施意见 |
| 肇发〔2010〕8号 | 中共肇庆市委 肇庆市人民政府关于印发《肇庆市事业单位分类改革实施方案》的通知 |
| 肇发〔2010〕9号 | 中共肇庆市委 肇庆市人民政府关于规范建设肇庆市珠三角区域绿道网（肇庆段）工作的意见 |
| 肇发〔2010〕10号 | 中共肇庆市委关于印发《汪洋同志最近对肇庆工作的重要指示》的通知 |
| 肇发〔2010〕11号 | 中共肇庆市委 肇庆市人民政府关于创建广东省教育强市的决定 |
| 肇发〔2010〕12号 | 中共肇庆市委关于表彰“东亮式”创业带富之星的决定 |
| 肇发〔2010〕13号 | 中共肇庆市委 肇庆市人民政府 肇庆军分区关于表彰爱国拥军 拥政爱民先进单位和模范个人的决定 |
| 肇发〔2010〕14号 | 中共肇庆市委 肇庆市人民政府关于授予王建明等同志“肇庆市第九批专业技术拔尖人才”称号的决定 |
| 肇发〔2010〕15号 | 中共肇庆市委关于印发中共肇庆市委十届九次全体会议有关文件的通知 |
| 肇发〔2010〕16号 | 中共肇庆市委 肇庆市人民政府关于表彰肇庆市基础教育系统首批教育专家第二批名校长、名教师和学科带头人的决定 |

（续上表）

| 文件号 | 文件名称 |
| --- | --- |
| 肇发〔2010〕17号 | 中共肇庆市委 肇庆市人民政府关于印发《肇庆市建设文化强市规划大纲（2011—2020年）》的通知 |
| 肇发〔2010〕18号 | 中共肇庆市委 肇庆市人民政府关于加快发展志愿服务事业的意见 |
| 肇发〔2010〕19号 | 关于印发《中共肇庆市委政治协商实施细则（试行）》的通知 |
| 肇发〔2010〕20号 | 中共肇庆市委 肇庆市人民政府关于加快转变经济发展方式的实施意见 |
| 肇发〔2010〕21号 | 中共肇庆市委 肇庆市人民政府关于印发《市委、市政府领导班子成员党风廉政建设岗位职责》的通知 |

## 【市委办公室文件】

| 文件号 | 文件名称 |
| --- | --- |
| 肇办发〔2010〕1号 | 中共肇庆市委办公室 肇庆市人民政府办公室贯彻落实《中共广东省委办公厅 广东省人民政府办公厅关于发展和规范我省社会组织的意见》的实施意见 |
| 肇办发〔2010〕4号 | 中共肇庆市委办公室 肇庆市人民政府办公室关于表彰2009年肇庆市普及高中阶段教育先进集体和先进个人的通报 |
| 肇办发〔2010〕6号 | 中共肇庆市委办公室 肇庆市人民政府办公室 肇庆市纪委办公室关于进一步加强清理闲置土地工作的通知 |
| 肇办发〔2010〕7号 | 中共肇庆市委办公室关于印发《肇庆市创建科学发展示范村活动方案》的通知 |
| 肇办发〔2010〕8号 | 中共肇庆市委办公室 肇庆市人民政府办公室关于印发《肇庆市机关作风问责暂行办法》的通知 |
| 肇办发〔2010〕9号 | 中共肇庆市委办公室关于印发《2010年全市宣传思想工作要点》的通知 |
| 肇办发〔2010〕10号 | 中共肇庆市委办公室 肇庆市人民政府办公室关于健全市委常委分工联系县（市、区）工作责任制和市重点项目建设工作责任制的通知 |
| 肇办发〔2010〕11号 | 中共肇庆市委办公室 肇庆市人民政府办公室关于2009年县（市、区）、肇庆高新区党政领导班子政绩考评和市直机关单位领导班子绩效考核结果的通报 |
| 肇办发〔2010〕12号 | 中共肇庆市委办公室转发《市委组织部 市委宣传部关于在基层党组织和党员中开展创先争优活动的实施意见》的通知 |
| 肇办发〔2010〕13号 | 中共肇庆市委办公室 肇庆市人民政府办公室关于印发《肇庆市创建广东省教育强市工作实施方案》的通知 |
| 肇办发〔2010〕14号 | 中共肇庆市委办公室印发《市委组织部关于治懒治庸、整治用人上不正之风的实施意见》的通知 |
| 肇办发〔2010〕15号 | 中共肇庆市委办公室 肇庆市人民政府办公室关于进一步做好我市复退军人优抚工作的通知 |
| 肇办发〔2010〕16号 | 中共肇庆市委办公室关于印发《肇庆市大规模培训干部的实施意见》的通知 |
| 肇办发〔2010〕17号 | 中共肇庆市委办公室印发《关于建设学习型党组织的实施意见》的通知 |
| 肇办发〔2010〕18号 | 中共肇庆市委办公室 肇庆市人民政府办公室关于印发《肇庆市2010年县（市、区）和肇庆高新区党政领导班子落实科学发展观政绩考核评价指标》的通知 |
| 肇办发〔2010〕19号 | 中共肇庆市委办公室 肇庆市人民政府办公室关于完善我市领导干部外出请示报告制度的通知 |
| 肇办发〔2010〕20号 | 中共肇庆市委办公室关于广泛开展读书活动的意见 |
| 肇办发〔2010〕21号 | 中共肇庆市委办公室 肇庆市人民政府办公室关于印发《肇庆市简政强镇事权改革实施意见》的通知 |

（续上表）

| 文件号 | 文件名称 |
|---|---|
| 肇办发〔2010〕22号 | 中共肇庆市委办公室 肇庆市人民政府办公室转发《中共广东省委办公厅 广东省人民政府办公厅关于印发〈广东省扶贫开发工作问责暂行办法〉的通知》的通知 |
| 肇办发〔2010〕24号 | 中共肇庆市委办公室 肇庆市人民政府办公室关于印发《肇庆市直机关单位领导班子绩效考核工作目标定量考核办法（试行）》的通知 |
| 肇办发〔2010〕26号 | 中共肇庆市委办公室 肇庆市人民政府办公室关于印发《肇庆市重大事项社会稳定风险评估办法（试行）》的通知 |
| 肇办发〔2010〕27号 | 中共肇庆市委办公室 肇庆市人民政府办公室关于印发《肇庆市实施〈珠江三角洲地区改革发展规划纲要（2008—2020年）〉实现"四年大发展"工作方案》的通知 |
| 肇办发〔2010〕28号 | 中共肇庆市委办公室 肇庆市人民政府办公室关于印发《肇庆市2011年村、社区"两委"换届选举工作实施方案》的通知 |
| 肇办发〔2010〕29号 | 中共肇庆市委办公室 肇庆市人民政府办公室关于表彰肇庆市第二届优秀中国特色社会主义事业建设者的决定 |
| 肇办发〔2010〕30号 | 中共肇庆市委办公室关于印发《2010年度肇庆市党政领导班子民主生活会整改工作分工》的通知 |
| 肇委办〔2010〕2号 | 中共肇庆市委办公室关于调整市级党政班子党员领导与市民主党派领导、党外代表人士联系交友安排的意见 |
| 肇委办〔2010〕3号 | 中共肇庆市委办公室 肇庆市人民政府办公室关于印发《肇庆市深入推进社会矛盾化解、社会管理创新、公正廉洁执法三项重点工作方案》的通知 |
| 肇委办〔2010〕4号 | 中共肇庆市委办公室关于印发《肇庆市机构编制委员会办公室主要职责、内设机构和人员编制规定》的通知 |
| 肇委办〔2010〕5号 | 中共肇庆市委办公室 肇庆市人民政府办公室关于成立市深入推进三项重点工作领导小组的通知 |
| 肇委办〔2010〕6号 | 中共肇庆市委办公室 肇庆市人民政府办公室关于肇庆市社区矫正试点工作领导小组更名为肇庆市社区矫正工作领导小组并调整成员的通知 |
| 肇委办〔2010〕7号 | 中共肇庆市委办公室关于印发《2010年以市委或市委、市政府名义召开的全市性会议计划安排》的通知 |
| 肇委办〔2010〕8号 | 中共肇庆市委办公室关于做好市委十届八次全会市委委员、候补委员所提意见建议办理工作的通知 |
| 肇委办〔2010〕9号 | 中共肇庆市委办公室 肇庆市人民政府办公室关于成立肇庆市珠三角区域绿道网（肇庆段）规划建设领导小组的通知 |
| 肇委办〔2010〕10号 | 中共肇庆市委办公室 肇庆市人民政府办公室关于成立肇庆市西江三桥规划建设指挥部的通知 |
| 肇委办〔2010〕11号 | 中共肇庆市委办公室批转市社科联党组《关于召开肇庆市社会科学界联合会第四次代表大会的意见》的通知 |
| 肇委办〔2010〕13号 | 关于贯彻落实汪洋同志重要批示精神进一步推进我市农村青年创业工作的情况报告 |
| 肇委办〔2010〕14号 | 中共肇庆市委办公室批转市文联党组《关于召开肇庆市文学艺术界联合会第六次代表大会的请示》的通知 |
| 肇委办〔2010〕15号 | 中共肇庆市委办公室 肇庆市人民政府办公室关于成立肇庆市公安"三项建设"领导小组的通知 |
| 肇委办〔2010〕16号 | 关于肇庆市"规划到户 责任到人"实施意见比省实施意见贫困户数、贫困人口数少的情况报告 |
| 肇委办〔2010〕17号 | 中共肇庆市委办公室 肇庆市人民政府办公室关于印发《肇庆市立体推进综治信访维稳工作"筛网工程"方案》的通知 |

（续上表）

| 文件号 | 文件名称 |
| --- | --- |
| 肇委办〔2010〕18号 | 中共肇庆市委办公室 肇庆市人民政府办公室关于调整肇庆市社会治安综合治理委员会成员的通知 |
| 肇委办〔2010〕19号 | 中共肇庆市委办公室 肇庆市人民政府办公室关于印发《肇庆市2010年全面完成文化体制改革任务工作方案》的通知 |
| 肇委办〔2010〕20号 | 中共肇庆市委办公室 肇庆市人民政府办公室关于建立肇庆市发展和规范社会组织工作联席会议制度的通知 |
| 肇委办〔2010〕21号 | 中共肇庆市委办公室 肇庆市人民政府办公室关于调整充实肇庆市地方志编纂委员会成员的通知 |
| 肇委办〔2010〕22号 | 中共肇庆市委办公室批转《肇庆市检察机关关于服务城市建设年的意见》的通知 |
| 肇委办〔2010〕23号 | 中共肇庆市委办公室关于贯彻全省港澳工作会议精神情况的报告 |
| 肇委办〔2010〕24号 | 中共肇庆市委办公室 肇庆市人民政府办公室关于更改肇庆市文化体制改革和文化名市建设领导小组名称和调整领导小组成员的通知 |
| 肇委办〔2010〕26号 | 中共肇庆市委办公室批转市侨联党组《关于召开肇庆市第七次归侨侨眷代表大会的请示》的通知 |
| 肇委办〔2010〕27号 | 中共肇庆市委办公室 肇庆市人民政府办公室关于调整肇庆市扶贫开发领导小组成员的通知 |
| 肇委办〔2010〕28号 | 中共肇庆市委办公室 肇庆市人民政府办公室关于印发《肇庆市扶贫开发“规划到户 责任到人”工作检查督导制度》的通知 |
| 肇委办〔2010〕29号 | 中共肇庆市委办公室 肇庆市人民政府办公室关于成立肇庆市创建广东省教育强市工作领导小组的通知 |
| 肇委办〔2010〕30号 | 中共肇庆市委办公室转发《市纪委关于2010年开展纪律教育学习月活动的意见》的通知 |
| 肇委办〔2010〕31号 | 中共肇庆市委办公室 肇庆市人民政府办公室 肇庆军分区政治部关于印发《肇庆市创建第九届全国、省级双拥模范城（县）活动工作方案》的通知 |
| 肇委办〔2010〕32号 | 中共肇庆市委办公室关于批转《肇庆市中级法院关于强化服务型司法保障经济发展方式转变的意见》的通知 |
| 肇委办〔2010〕33号 | 关于贯彻落实全省党委系统值班与应急工作座谈会精神的情况报告 |
| 肇委办〔2010〕34号 | 中共肇庆市委办公室关于增设值班室的通知 |
| 肇委办〔2010〕35号 | 中共肇庆市委办公室批转《肇庆市人民检察院关于在全市基层人民检察院推行重点镇（街）建立检察联络室的工作意见》的通知 |
| 肇委办〔2010〕36号 | 中共肇庆市委办公室 肇庆市人民政府办公室关于调整市四套班子领导成员挂钩联系贫困村安排的通知 |
| 肇委办〔2010〕37号 | 中共肇庆市委办公室 肇庆市人民政府办公室关于调整充实肇庆市实施《珠江三角洲地区改革发展规划纲要（2008—2020）》领导小组成员的通知 |
| 肇委办〔2010〕38号 | 中共肇庆市委办公室关于做好市委十届九次全会市委委员、候补委员所提意见建议办理工作的通知 |
| 肇委办〔2010〕39号 | 中共肇庆市委办公室 肇庆市人民政府办公室关于印发肇庆市落实《关于建立稳定规范的农村基层组织工作经费保障制度的意见》实施方案的通知 |
| 肇委办〔2010〕41号 | 中共肇庆市委办公室 肇庆市人民政府办公室关于转发《中共广东省委办公厅、广东省人民政府办公厅转发<省纪委、省监察厅关于政府采购活动中违法违纪行为纪律处分的暂行规定>的通知》的通知 |
| 肇委办〔2010〕42号 | 肇庆市贯彻落实朱明国同志重要讲话精神的情况报告 |
| 肇委办〔2010〕43号 | 中共肇庆市委办公室 肇庆市人民政府办公室 肇庆军分区政治部关于调整市国防动员委员会政治动员办公室成员的通知 |

（续上表）

| 文件号 | 文件名称 |
| --- | --- |
| 肇委办〔2010〕44号 | 中共肇庆市委办公室 肇庆市人民政府办公室关于建立肇庆市社会工作人才队伍建设联席会议制度的通知 |
| 肇委办〔2010〕45号 | 关于表彰市民兵军事训练尖子比武和国庆阅兵活动优胜单位和个人的通报 |
| 肇委办〔2010〕46号 | 中共肇庆市委办公室关于做好2010年《中共中央办公厅通讯》征订工作的通知 |
| 肇委办〔2010〕47号 | 中共肇庆市委办公室关于表彰肇庆市2010年度党报党刊发行订阅工作先进单位的通报 |
| 肇委办〔2010〕48号 | 中共肇庆市委办公室关于做好2011年度《人民日报》、《求是》杂志、《南方日报》、《南方》杂志、《西江日报》等重点党报党刊发行工作的通知 |
| 肇委办〔2010〕49号 | 中共肇庆市委办公室 肇庆市人民政府办公室关于建立肇庆市外国人管理部门联席会议制度的通知 |
| 肇委办〔2010〕50号 | 中共肇庆市委办公室 肇庆市人民政府办公室转发《省综治委、省纪委、省委组织部、省人力资源社会保障厅、省监察厅关于进一步健全社会治安综合治理和维护社会稳定领导责任制的意见》的通知 |
| 肇委办〔2010〕51号 | 中共肇庆市委办公室 肇庆市人民政府办公室关于调整肇庆市党风廉政建设领导小组成员的通知 |
| 肇委办〔2010〕52号 | 中共肇庆市委办公室关于调整充实《中共肇庆年鉴》编纂委员会和编辑部成员的通知 |
| 肇委办〔2010〕53号 | 中共肇庆市委办公室 肇庆市人民政府办公室关于成立肇庆市村、社区“两委”换届选举工作领导小组的通知 |
| 肇委办〔2010〕54号 | 中共肇庆市委办公室 肇庆市人民政府办公室关于成立肇庆市志愿服务事业指导委员会的通知 |
| 肇委办〔2010〕55号 | 中共肇庆市委办公室 肇庆市人民政府办公室关于调整肇庆市清理查处城区违法建设恶意抢种抢搭建和非法采石取土专项行动领导小组成员的通知 |
| 肇委办〔2010〕56号 | 中共肇庆市委办公室 肇庆市人民政府办公室印发《关于实施〈肇庆市建设文化强市规划大纲（2011—2020年）〉的分工方案》的通知 |

# 2010年市府及市府办公室文件要目

## 【市府文件】

| 文件号 | 文件名称 |
| --- | --- |
| 肇府〔2010〕1号 | 印发端州城区户外广告设置管理暂行办法、端州城区户外广告设施设置联合审批暂行办法和端州城区户外广告占用公共场地使用权招标拍卖暂行办法的通知 |
| 肇府〔2010〕2号 | 印发肇庆市路桥车辆通行费年（次）票制试行办法的通知 |
| 肇府〔2010〕3号 | 关于征收2010年度路桥机动车辆通行费年票的通告 |
| 肇府〔2010〕4号 | 关于下达肇庆市2010年国民经济和社会发展计划主要指标的通知 |
| 肇府〔2010〕5号 | 关于印发肇庆市医药卫生体制改革近期重点实施方案（2009—2011年）的通知 |
| 肇府〔2010〕6号 | 关于印发2010年市政府工作要点的通知 |
| 肇府〔2010〕7号 | 关于落实市政府2010年为民惠民十件大事责任制的通知 |
| 肇府〔2010〕8号 | 关于实施油气回收综合治理的通告 |
| 肇府〔2010〕9号 | 关于公布2009年度肇庆市科学技术奖的通知 |

（续上表）

| 文件号 | 文件名称 |
|---|---|
| 肇府〔2010〕10号 | 关于肇庆市城区2010年廉租住房保障对象和经济适用住房供应对象的家庭收入标准和住房困难标准的通告 |
| 肇府〔2010〕11号 | 关于征收端州城区东河滩地的通告 |
| 肇府〔2010〕12号 | 印发肇庆市闲置土地处理办法的通知 |
| 肇府〔2010〕13号 | 印发肇庆市行政机关规范性文件制定程序管理规定的通知 |
| 肇府〔2010〕14号 | 印发肇庆市人民政府第四轮行政审批事项调整目录的通知 |
| 肇府〔2010〕15号 | 印发关于推进“三旧”改造促进节约集约用地若干意见实施细则的通知 |
| 肇府〔2010〕16号 | 关于印发《肇庆市国民经济和社会发展“十二五”规划思路》的通知 |
| 肇府〔2010〕17号 | 关于印发肇庆市哲学社会科学优秀成果奖励办法的通知 |
| 肇府〔2010〕18号 | 关于2011年度肇庆市新型农村合作医疗工作的指导意见 |
| 肇府〔2010〕19号 | 关于做好高火险期森林防火工作的通告 |
| 肇府〔2010〕20号 | 关于印发肇庆市进一步完善和深化事权下放工作意见的通知 |
| 肇府〔2010〕21号 | 关于印发《肇庆市人民政府投资项目管理办法》的通知 |
| 肇府〔2010〕22号 | 关于印发肇庆市人民政府向各县（市、区）下放行政管理事项目录的通知 |
| 肇府〔2010〕23号 | 关于印发《肇庆市人民政府工作规则》的通知 |
| 肇府〔2010〕24号 | 关于印发《肇庆市人民政府议事决策规则》的通知 |
| 肇府〔2010〕25号 | 关于印发《肇庆市人民政府会议运作制度》的通知 |
| 肇府〔2010〕26号 | 关于印发《肇庆市人民政府重大事项通报报告制度》的通知 |
| 肇府〔2010〕27号 | 关于印发《肇庆市市本级财政资金拨款管理办法》的通知 |
| 肇府〔2010〕28号 | 关于贯彻粤府〔2010〕147号文精神进一步加强我市企业安全生产工作的实施意见 |
| 肇府〔2010〕29号 | 关于公布2008—2009年度肇庆市哲学社会科学优秀成果奖获奖项目的通知 |
| 肇府〔2010〕30号 | 关于开展质量强市活动的实施意见 |
| 肇府〔2010〕31号 | 关于公布第五批肇庆市文物保护单位的通知 |

## 【市府办公室文件】

| 文件号 | 文件名称 |
|---|---|
| 肇府办〔2010〕1号 | 关于印发肇庆市知识产权战略纲要实施方案的通知 |
| 肇府办〔2010〕2号 | 转发省府办公厅关于将在广东省就读的大学生以及中等职业技术学校和技工学校学生纳入城镇居民基本医疗保险试点范围的通知 |
| 肇府办〔2010〕3号 | 关于调整部分市直议事协调机构领导成员和联席会议召集人的通知 |
| 肇府办〔2010〕4号 | 印发肇庆市“十二五”规划纲要编制工作方案的通知 |
| 肇府办〔2010〕5号 | 关于2009年度全市殡葬管理目标考核结果的通报 |
| 肇府办〔2010〕6号 | 印发肇庆市林业局主要职责内设机构和人员编制规定的通知 |
| 肇府办〔2010〕7号 | 印发肇庆市教育局主要职责内设机构和人员编制规定的通知 |
| 肇府办〔2010〕8号 | 印发肇庆市体育局主要职责内设机构和人员编制规定的通知 |
| 肇府办〔2010〕9号 | 印发肇庆市物价局主要职责内设机构和人员编制规定的通知 |

（续上表）

| 文件号 | 文件名称 |
|---|---|
| 肇府办〔2010〕10号 | 印发肇庆市审计局主要职责内设机构和人员编制规定的通知 |
| 肇府办〔2010〕11号 | 印发肇庆市科学技术局主要职责内设机构和人员编制规定的通知 |
| 肇府办〔2010〕12号 | 印发肇庆市司法局主要职责内设机构和人员编制规定的通知 |
| 肇府办〔2010〕13号 | 印发肇庆市对外贸易经济合作局主要职责内设机构和人员编制规定的通知 |
| 肇府办〔2010〕14号 | 关于成立肇庆市建设国际化旅游休闲之都领导小组的通知 |
| 肇府办〔2010〕15号 | 印发肇庆市发展和改革局主要职责内设机构和人员编制规定的通知 |
| 肇府办〔2010〕16号 | 印发肇庆市经济和信息化局主要职责内设机构和人员编制规定的通知 |
| 肇府办〔2010〕17号 | 印发肇庆市统计局主要职责内设机构和人员编制规定的通知 |
| 肇府办〔2010〕18号 | 印发肇庆市人口和计划生育局主要职责内设机构和人员编制规定的通知 |
| 肇府办〔2010〕19号 | 印发2010年全市应急管理工作计划的通知 |
| 肇府办〔2010〕20号 | 印发肇庆市“十二五”重点专项规划编制目录及工作分工的通知 |
| 肇府办〔2010〕21号 | 印发肇庆市人民政府国有资产监督管理委员会主要职责内设机构和人员编制规定的通知 |
| 肇府办〔2010〕22号 | 印发肇庆市民政局主要职责内设机构和人员编制规定的通知 |
| 肇府办〔2010〕23号 | 印发肇庆市城乡规划局主要职责内设机构和人员编制规定的通知 |
| 肇府办〔2010〕24号 | 关于成立星湖风景名胜区创建国家5A级旅游区工作领导小组的通知 |
| 肇府办〔2010〕25号 | 关于印发2010年以市政府名义召开的全市性会议计划安排的通知 |
| 肇府办〔2010〕26号 | 印发肇庆市旅游发展局主要职责内设机构和人员编制规定的通知 |
| 肇府办〔2010〕27号 | 印发肇庆市外事侨务局主要职责内设机构和人员编制规定的通知 |
| 肇府办〔2010〕28号 | 印发肇庆市2010年主要污染物总量减排工作方案的通知 |
| 肇府办〔2010〕29号 | 关于调整市人民政府纠正行业不正之风领导小组成员的通知 |
| 肇府办〔2010〕30号 | 关于调整充实景丰联围加固工程领导小组成员的通知 |
| 肇府办〔2010〕31号 | 印发2010年全市政务公开工作要点的通知 |
| 肇府办〔2010〕32号 | 印发肇庆市财政局主要职责内设机构和人员编制规定的通知 |
| 肇府办〔2010〕33号 | 关于印发2010年《政府工作报告》工作目标分解任务的通知 |
| 肇府办〔2010〕34号 | 印发肇庆市国土资源局主要职责内设机构和人员编制规定的通知 |
| 肇府办〔2010〕35号 | 关于肇庆市市直教育费附加分配和使用管理有关问题的通知 |
| 肇府办〔2010〕36号 | 关于成立市重点项目工作领导小组的通知 |
| 肇府办〔2010〕37号 | 印发肇庆市民族宗教事务局主要职责内设机构和人员编制规定的通知 |
| 肇府办〔2010〕38号 | 印发肇庆市农业局主要职责内设机构和人员编制规定的通知 |
| 肇府办〔2010〕39号 | 印发肇庆市环境保护局主要职责内设机构和人员编制规定的通知 |
| 肇府办〔2010〕40号 | 印发肇庆市文化广电新闻出版局主要职责内设机构和人员编制规定的通知 |
| 肇府办〔2010〕41号 | 印发肇庆市人力资源和社会保障局主要职责内设机构和人员编制规定的通知 |
| 肇府办〔2010〕42号 | 关于加快我市省水利专项规划工程建设的通知 |
| 肇府办〔2010〕43号 | 关于促进以创业带动就业工作的实施意见 |
| 肇府办〔2010〕44号 | 印发肇庆市政府质量奖评审管理办法（试行）的通知 |
| 肇府办〔2010〕45号 | 关于曹伟光等同志工作分工的通知 |

（续上表）

| 文件号 | 文件名称 |
|---|---|
| 肇府办〔2010〕46号 | 关于调整充实市人民政府打击走私综合治理领导小组成员的通知 |
| 肇府办〔2010〕47号 | 印发肇庆市城镇独生子女父母计划生育奖励政策实施办法的通知 |
| 肇府办〔2010〕48号 | 印发肇庆市进一步完善企业职工基本养老保险市级统筹实施方案的通知 |
| 肇府办〔2010〕49号 | 关于调整充实市妇女儿童工作委员会成员的通知 |
| 肇府办〔2010〕50号 | 印发肇庆市安全生产监督管理局主要职责内设机构和人员编制规定的通知 |
| 肇府办〔2010〕51号 | 印发肇庆市食品药品监督管理局主要职责内设机构和人员编制规定的通知 |
| 肇府办〔2010〕52号 | 印发肇庆市人民防空办公室（肇庆市民防局）主要职责内设机构和人员编制规定的通知 |
| 肇府办〔2010〕53号 | 关于肇庆市开展农民工积分制入户城镇工作的实施意见 |
| 肇府办〔2010〕54号 | 关于进一步调整入户肇庆市城区户口政策的通知 |
| 肇府办〔2010〕55号 | 关于印发肇庆市贯彻实施《粤港合作框架协议》工作项目责任分工和2010年重点工作的工作方案的通知 |
| 肇府办〔2010〕56号 | 关于进一步完善我市医疗工伤生育保险市级统筹办法的通知 |
| 肇府办〔2010〕57号 | 印发肇庆市住房和城乡建设局主要职责内设机构和人员编制规定的通知 |
| 肇府办〔2010〕58号 | 关于印发《肇庆市残疾人就业保障金征缴实施办法》的通知 |
| 肇府办〔2010〕59号 | 关于2009年全市森林防火目标责任制考核情况的通报 |
| 肇府办〔2010〕60号 | 印发肇庆市深化医药卫生体制五项重点改革2010年度工作任务责任分工的通知 |
| 肇府办〔2010〕61号 | 印发肇庆市安全生产重大事故隐患挂牌督办制度的通知 |
| 肇府办〔2010〕62号 | 印发《肇庆市城乡规划一体化规划（2010—2020年）》的通知 |
| 肇府办〔2010〕63号 | 印发《肇庆市产业布局一体化规划（2010—2020年）》的通知 |
| 肇府办〔2010〕64号 | 印发《肇庆市基础设施建设一体化规划（2010—2020年）》的通知 |
| 肇府办〔2010〕65号 | 印发《肇庆市环境保护一体化规划（2010—2020年）》的通知 |
| 肇府办〔2010〕66号 | 印发《肇庆市基本公共服务一体化规划（2010—2020年）》的通知 |
| 肇府办〔2010〕67号 | 关于下达2010年实施《规划纲要》考核指标任务的通知 |
| 肇府办〔2010〕68号 | 印发肇庆市城市综合管理局主要职责内设机构和人员编制规定的通知 |
| 肇府办〔2010〕69号 | 关于印发肇庆市各县（市、区）所属乡镇（街）分类表的通知 |
| 肇府办〔2010〕70号 | 印发肇庆市水务局主要职责内设机构和人员编制规定的通知 |
| 肇府办〔2010〕71号 | 印发肇庆市卫生局主要职责内设机构和人员编制规定的通知 |
| 肇府办〔2010〕72号 | 关于调整充实市爱国卫生运动委员会组成人员的通知 |
| 肇府办〔2010〕73号 | 关于做好我市2011年无偿献血招募工作的通知 |
| 肇府办〔2010〕74号 | 关于调整充实我市迎接国家卫生城市复查工作指挥部成员的通知 |
| 肇府办〔2010〕75号 | 关于贯彻粤府办〔2010〕23号文精神进一步做好农民工培训工作的通知 |
| 肇府办〔2010〕76号 | 关于调整肇庆市科学技术奖评审委员会成员的通知 |
| 肇府办〔2010〕77号 | 印发肇庆市人民政府办公室主要职责内设机构和人员编制规定的通知 |
| 肇府办〔2010〕78号 | 关于调整充实市军事设施保护委员会成员的通知 |
| 肇府办〔2010〕79号 | 印发肇庆市交通运输局主要职责内设机构和人员编制规定的通知 |
| 肇府办〔2010〕81号 | 印发肇庆市进一步完善失业保险市级统筹实施方案的通知 |

# 2010年肇庆市国民经济和社会发展统计公报

2010年，肇庆市在省委、省政府的正确领导下，以邓小平理论、“三个代表”重要思想和科学发展观为指导，以加快转变经济发展方式为核心，全面实施《珠三角规划纲要》，贯彻落实“三促进一保持”和“双转移” 等一系列战略措施，坚定不移地实施“五大发展战略”，加速发展“四大经济”，扎实推进经济转型、结构调整、县域经济协调发展、宜居城乡建设等工作，实现经济又好又快发展、居民收入持续增长、社会和谐稳定。

## 一、综合

经济增长较快，总量突破千亿。初步核算，全市实现生产总值（GDP）1065.90亿元，按可比价格计算，比上年增长17.1%。其中，第一产业增加值181.29亿元，增长6.3%；第二产业增加值453.94亿元，增长28.9%；第三产业增加值430.67亿元，增长11.8%。三次产业所占比重由上年的19.2：37.1：43.7调整为17.0：42.6：40.4。第一、二、三产业对GDP增长的贡献率分别为6.7%、62.5%和30.8%。人均地区生产总值27325元，比上年增长15.5%。

**2006-2010年国内生产总值及增长速度**

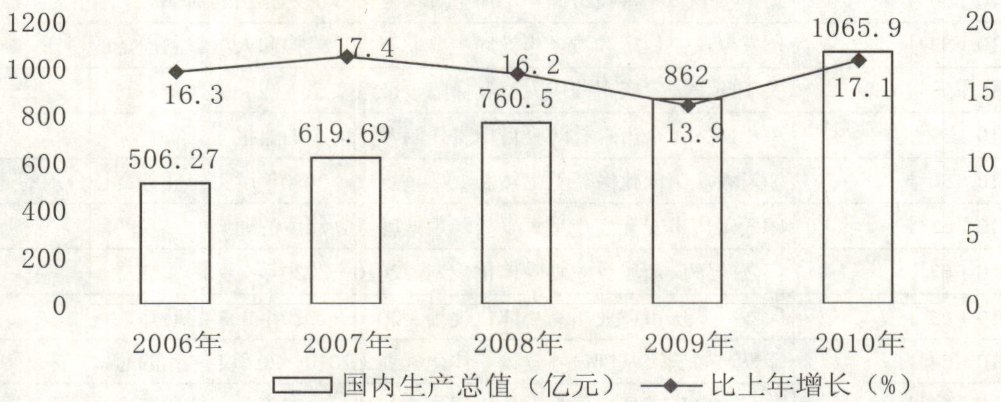


居民消费价格总指数为102.8，八大类消费价格呈“五升三降”态势。与上年对比，食品类价格上涨6.4%，居住类价格上涨5.5%，医疗保健和个人用品价格上涨3.1%，烟酒及用品价格上涨1.3%，交通和通信价格上涨0.5%；衣着类价格下降3.9%，娱乐教育文化用品及服务价格下降2.9%，家庭设备用品及维修服务价格下降0.5%。

就业形势稳中趋好。实施一系列稳定和促

**2006-2010年居民消费价格涨跌幅度**

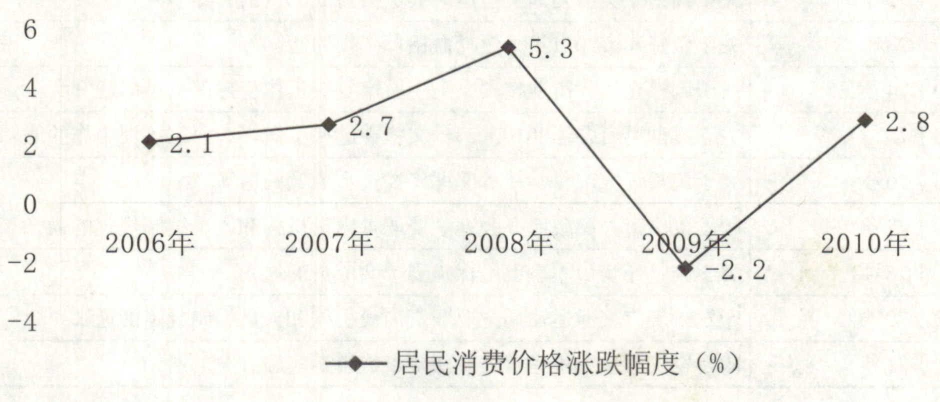

进就业再就业的政策措施，推进城乡统筹就业，着力解决困难群众就业问题。全市城镇新增就业4.98万人；下岗失业再就业1.59万人，其中困难群体再就业0.35万人；培训农村劳动力3.55万人，农村劳动力转移就业5.09万人，创业带动就业人员2.2万人；城镇登记失业率为2.3%。年末全市城镇单位在岗职工人数26.74万人，比上年末增长3.4%；在岗职工工资总额80.95亿元，增长18.9%；在岗职工平均工资30126元，增长15.1%。

经济社会发展中还存在一些突出的矛盾和问题：一是经济结构调整和发展方式转变的任务还比较艰巨，自主创新能力不够强，资源和环境约束日益强化；二是区域发展不平衡问题仍为突出。

**二、农业**

全年完成农林牧渔业总产值291.96亿元，比上年增长5.2%。其中，农业产值133.09亿元，增长4.4%；林业产值 36.06亿元，增长8.4%；牧业产值88.68亿元，增长5.2%；渔业产值31.46亿元，增长5.2%；农林牧渔服务业产值2.66亿元，增长7.4%。

全年粮食产量110.51万吨，增长0.1%；甘蔗产量10.37万吨，下降1.2%；油料产量6.99 万吨，增长2%；蔬菜产量187.08万吨，增长4.9%；水果产量103.86万吨，增长8.5%。

全年肉类总产量43.02万吨，增长5.6%。其中，猪肉产量30.21万吨，增长7.2%；禽肉产量11.58万吨，增长0.4%。

全市拥有农业机械总动力139.13万千瓦，比上年增长8.8%；化肥投入（折纯）18.09万吨，增长4.9%。

**三、工业和建筑业**

2010年全市规模以上工业企业（年主营业务收入500万元及以上的工业法人企业）1106家，比上年增加60家，增长5.7%。全年实现增加值408.15亿元，增长33.7%。其中，轻工业增加值137.36亿元，增长34.5%；重工业增加值270.85亿元，增长33.1%。

在规模以上工业企业增加值中，国有企业18.95亿元，增长21.8%；集体企业2.04亿元，下降11.4%；股份制企业141.91亿元，增长37.5%；外商及港澳台投资企业167.97亿元，增长29.3%；其他经济类型企业75.88亿元，增长41.8%。规模以上民营工业实现增加值191.17亿元，增长41.6%。大中型企业实现增加值151.78亿元，增长21.4%。

在规模以上工业企业中，电子信息产业、金属加工产业、机械和汽车配件产业、医药制造业等九大产业完成增加值233.47亿元，占规模以上工业增加值的57.2%，增长37.0%，高于同年全市平均水平3.3个百分点。九大产业增量对规模以上工业增加值的贡献率达63.3%，拉动增长21.3个百分点。三大新兴支柱产业完成增加值93.66亿元，增长39.7%；三大传统产业完成增加值106.69亿元，增长38.9%；三大潜力产业完成增加值33.12亿元，增长24.5%。

规模以上工业经济效益综合指数为235.05，比上年提高50.9个百分点；实现主营业务收入1464.67亿元，比上年增长46.5%；工业产品产销率 98.25%；实现利润、税金分别为51.06亿元、46.07亿元，分别增长135.0%和67.1%。企业亏损面为7.9%，比上年收窄1.9个百分点，亏损企业亏损额3.16亿元，下降16.4%。

2010年全市资质三级及以上建筑企业签订合同额135.19亿元，比上年增长29.5%；完成建筑业总产值98.87亿元，增长25.8%；竣工产值33.03亿元，增长6.9%。房屋施工面积712.09万平方米，增长2.3%；房屋竣工面积201.87万平方米，下降11.5%。

**四、固定资产投资**

全年固定资产投资完成625.21亿元，比上年增长35.1%。其中，全年新开工项目1830个，增长18.1%，完成投资350.3亿元。

2006-2010年全社会固定资产投资及其增长速度

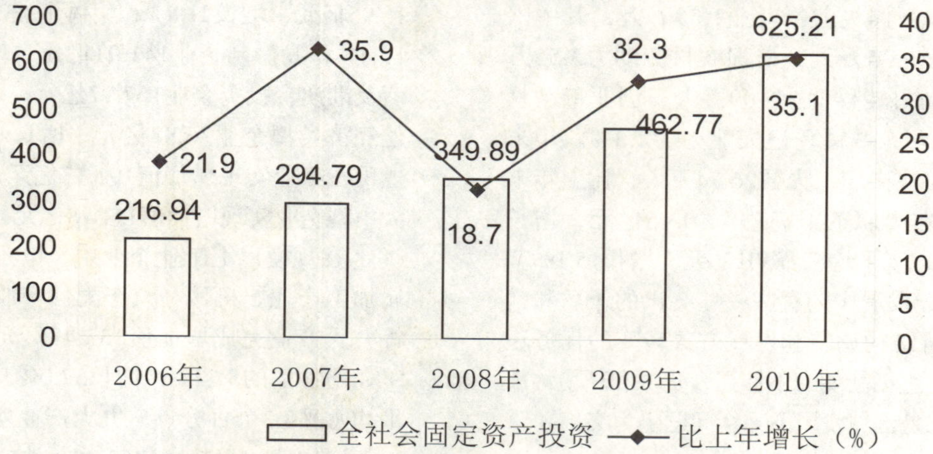


从投资所有制看，国有经济投资136.01亿元，增长22.6%；集体经济投资23.79亿元，增长118.8%；民营经济投资362.62亿元，增长42.9%；个体私营投资240.14亿元，增长46.3%；港澳台商投资47.7亿元，下降4.7%；外商投资为19.63亿元，下降11.4%。

从产业结构看，第一产业完成投资37.78亿元，比上年增长81.7%；第二产业完成投资255.24亿元，增长18.5%，其中工业投资255.24亿元，增长19.4%；第三产业完成投资332.19亿元，增长46.6%。改建和技术改造投资完成124.38亿元，增长116%，占全社会投资的19.9%。

全市房地产开发投资完成91.14亿元，比上年增长50.2%。其中，住宅投资增长42.2%，占全部房地产开发投资的73.4%；商业营业用房投资增长117.8%，占10.4%。全年商品房屋施工面积1092.95 万平方米，增长45.1%，提高19.8个百分点，其中住宅施工面积874.30万平方米，增长39.1%，提高21.1个百分点。

**五、国内贸易**

2010年全市实现社会消费品零售额332.89亿元，比上年增长21.1%。分城乡看，城市实现零售额249.79亿元，增长21.1%；农村实现零售额83.10亿元，增长20.9%。分行业看，批发业实现零售额13.81亿元，下降9.4%；零售业实现零售额279.68亿元，增长24.0%；住宿业实现零售额3.12亿元，增长7.8%；餐饮业实现零售额36.28亿元，增长16.0%。

2006-2010年社会消费品零售总额及其增长速度

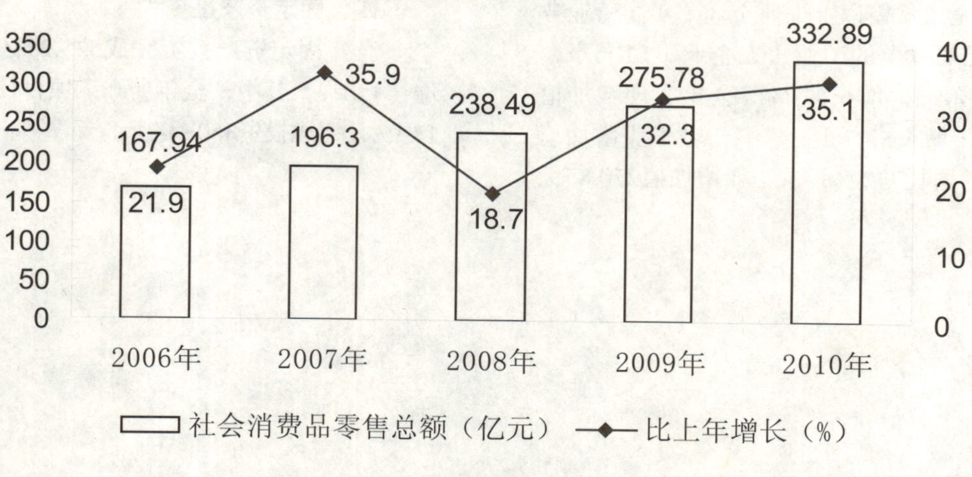

全市限额以上批发零售业零售额98.74亿元，增长49.7%。限额以上批零贸易业中，高档、耐用消费品类增幅较高，金银珠宝类零售额增长70.4%，五金、电料类零售额增长65.5%，家用电器和音像器材类零售额增长30.7%，通讯器材类零售额增长54.1%，建筑及装潢材料类零售额增长83.8%，汽车类零售额增长29.2%。

全市年成交额超亿元的商品交易市场6个，成交额11.42亿元。

## 六、对外经济

2010年全市实现进出口总额43.90亿美元，比上年增长34.5%。其中，进口17.94亿美元，增长45.4%；出口25.96亿美元，增长27.9%。

从企业性质看，国有企业实现出口总值3.37亿美元，增长18.9%；民营企业实现4.44亿美元，增长47.6%；三资企业实现18.15亿美元，增长25.6%。

从贸易方式看，一般贸易出口总值12.61亿美元，增长33.3%；加工贸易13.35亿美元，增长23.3%。

2010年全市新批利用外资项目112个，比上年增加39个。项目投资总额19.37亿美元，下降2.3%；实际利用外资9.34亿美元，增长5.2%。

从国别（地区）看，出口贸易以香港地区、美国、欧洲联盟、东盟、日本等为主，出口总值占全市比重分别为23.3%、25.2%、14.8%、6.1%、7.1%。

## 七、交通、邮电和旅游

2010年全市交通运输仓储和邮政业完成增加值31.63亿元，比上年增长6.6%。全年完成旅客运输量6423万人次，增长6.3%。 全年货物运输量2876万吨，增长8.7%。其中，公路2161万吨，增长8.8%； 水路715万吨，增8.2%。全年完成公路客运周转量331184万人公里，比上年增长12.9%；完成货运周转量251094万吨公里，增长11.7%。

年末公路通车里程11260公里。其中一级公路通车里程393公里，高速公路通车里程190公里。

年末民用汽车拥有量达到14.74万辆，比上年增长21.8%，其中本年新注册2.38万辆，增长30.8%。年末私人汽车保有量12.03万辆，增长24.9%。私人轿车保有量为5.7万辆，增长27.6%，其中本年新注册1.24万辆。

全年完成邮政业务总量2.52亿元，比上年增长10.0%；电信业务总量92.53亿元，增长25.8%。

全年景区接待旅游者人数2008.54万人次，增长25.3%。城市接待旅游者人数1787.80万人次，增长25.7%。其中，外国人10.5万人次，增长33.6%；香港、澳门和台湾同胞128.95万人次，增长23.4%。旅游总收入109.23亿元，增长37.5%。

## 八、财政、金融和保险业

全年实现地方财政一般预算收入76.80亿元，比上年增长37.4%。地方财政支出126.68亿元，增长18.7%。农林水事务、住房保障、医疗卫生等重点支出得到较好保障，支出分别增长14.2%、25.4%和23.6%。

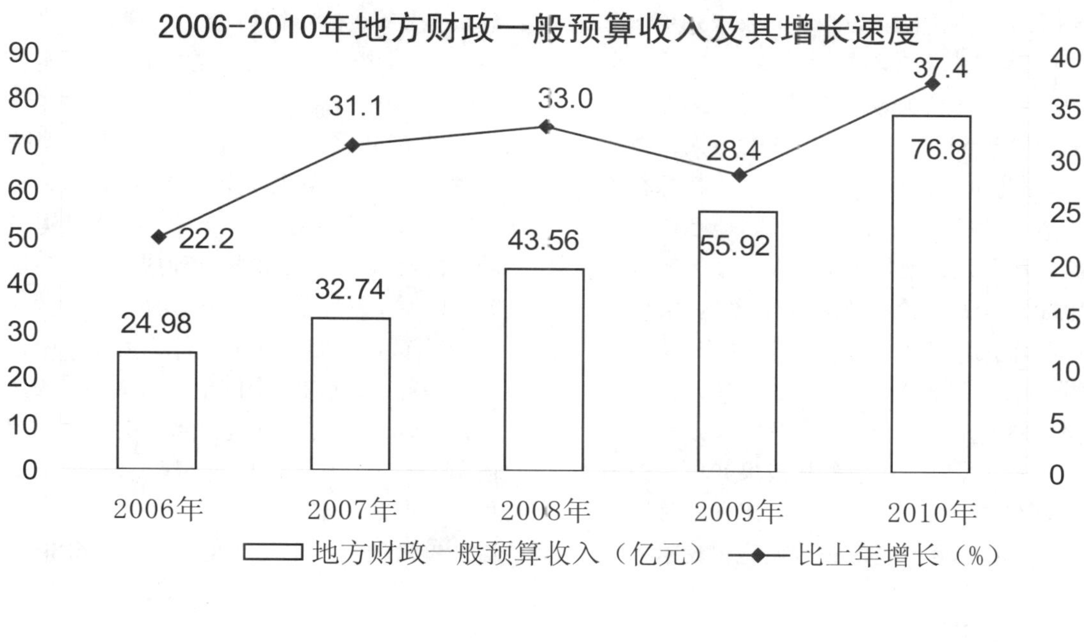

全年完成国、地税收入105.21亿元，比上年增长26.0%。其中，国税收入完成54.29亿元，地税收入完成50.91亿元，分别增长24.5%和27.6%。

年末金融机构本外币各项存款余额1072.54亿元，比年初增加151.91亿元。其中，居民储蓄存款余额657.31亿元，增加95.91亿元；企事业本币存款余额202.38亿元，增加13.91亿元。全市金融机构本外币贷款余额652.01亿元，增加83.71亿元。其中，本币贷款余额642.04亿元，增加87.69亿元；短期贷款增加78.17亿元，中长期贷款增加562.45亿元。

2006-2010年城乡居民人民币储蓄存款余额及其增长速度

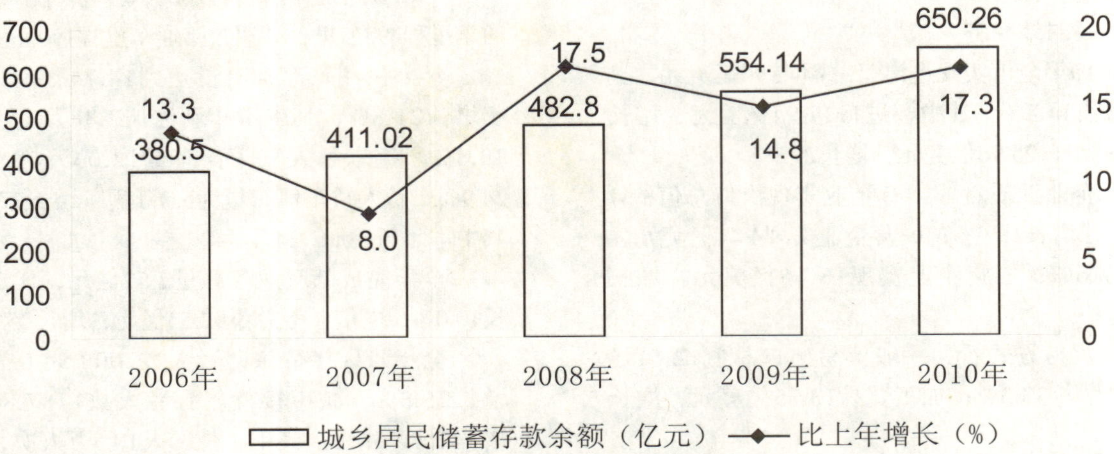


全年完成保费收入21.3亿元，增长17.9%；赔款5.1亿元，增长3%。全市寿险公司完成保费收入14.85亿元，增长18.2%；赔款2.8亿元，增长30%。财产险公司保费收入6.45亿元，增长25%；赔款2.3亿元，增长15%。

**九、教育和科学技术**

普通高等院校4所，全年招生1.50万人，增长11.9%；在校学生4.22万人，增长17.0%。中等职业学校25 所，全年招生2.60万人，下降23.1%；在校学生7.73万人，下降5.4%。普通中学174所，全年招生10.9万人，下降4.6%；在校学生32.8万人，增长1.9%。小学753所，全年招生5.33万人，增长1.0%；在校学生36.82万人，下降7.1%。特殊教育学校7所，在校学生1916人。拥有幼儿园513所，在园儿童12.76万人，增加0.78万人。义务教育水平稳步提高。小学学龄儿童净入学率达100%，初中三年巩固率达94.3%，初中毕业生升学率达97.3%。全市各类学校共有教职工53126人，其中专任教师46363人。

2010年全市共取得各项科技成果99项。获国家科技进步奖1项；省科技奖6项。拥有国家级工程研究中心3家，已建立省级工程研究（技术）中心14家。全市重新认定高新技术企业16家，总数达到61家。全年申请专利量759件，增长37.8%；其中发明专利161件，增长61%。专利授权量550件，增长67.2%。

**十、文化、卫生和体育**

年末，全市文化系统拥有各种艺术表演团体9个，艺术表演场所4个，公共图书馆9个，群众艺术馆、文化馆 9个，博物馆7个，文物保护管理机构2个，档案馆11个。广播人口综合覆盖率99.5%。电视人口综合覆盖率99.4%。有线电视用户62.8万户。

全市共有卫生机构675所，其中医院、乡镇卫生院142所。卫生技术人员1.48万人，病床床位0.97万张；卫生防疫、检疫、监督机构11家，妇幼保健机构7家。全市累计建成社区卫生服务机构25个，城市社区卫生服务机构覆盖率达到83.3%。

全市体育健儿在国内外重大比赛中，获得23项全国冠军，破1项全国纪录。举办各级运动会29次，参赛运动员人数达5980人次。全年累计投入体彩公益金180余万元，兴建了143处全民健身工程，其中农民体育健身工程108处。全市有14个街道办事处配建了全民健身工程，全市80% 以上的社区和100%的行政村安装了健身器材。

**十一、环境保护和安全生产**

全市现有活立木净增蓄积量220.5万立方米，森林覆盖率达到67.7%，比上年提高0.3个百分点。全年完成造林面积10611公顷，义务植树49.16万株。全市现有省级以上自然保护区5个，面积23833.4公顷。列入国家一二类重点保护的野生动物38种，国家一二级重点保护植物254种。国家湿地公园1个，面积998公顷。城市人均公园绿地面积22.66平方米。

空气环境质量良好。2010年，市区空气质量好于和达到二级的天数为360天。市区二氧化硫年平均值为0.036毫克/立方米，符合国家二级标准；市区二氧化氮年平均值为0.042毫克/立方米，符合国家二级标准；可吸入颗粒物年平均值为0.058毫克/立方米，符合国家二级标准。市区降水pH年平均值为4.63，酸雨频率为82.6%。

水环境质量保持稳定。全市水质监控断面中，水质功能类别为Ⅱ类的有15个，达标率100%；水质功能类别为Ⅲ类的有6个，达标率100%；水质功能类别为Ⅳ类的有4个，达标率100%。

声环境质量状况较好。市区道路交通噪声年均值为66.4分贝，符合国家标准。市区区域环境噪声等效声级为54.7分贝，属于城市区域环境噪声质量等级中的较好等级。

全年各类事故死亡250人，比上年下降3.10%。其中，工矿商贸企业发生事故死亡22人，比上年上升83.3%；道路交通事故死亡224人，下降7.4%；火灾事故死亡4人，与上年持平。全年亿元地区生产总值生产安全事故死亡率为0.23，比上年下降36.1%；道路交通万车死亡率为2.66，比上年下降0.34%。

**十二、人口、居民生活和社会保障**

2010年末，全市公安户籍总人口为422.41万人，比上年末增加8.72人，上升2.1%，其中市区人口50.82万人，上升0.7%。全市全年出生人口10.41万人，人口出生率为24.9‰，提高13.7个千分点；人口死亡率为6.6‰，提高1.6个千分点，人口自然增长率为18.3‰。

2010年全市城镇居民人均可支配收入16832元，增长11.8%。城镇居民人均消费支出12164元，增长10.3%，其中食品消费支出占消费总支出的比重为42.5%。城市居民人均住房建筑面积26.66平方米。

**2006-2010年城镇居民人均可支配收入及其增长速度**

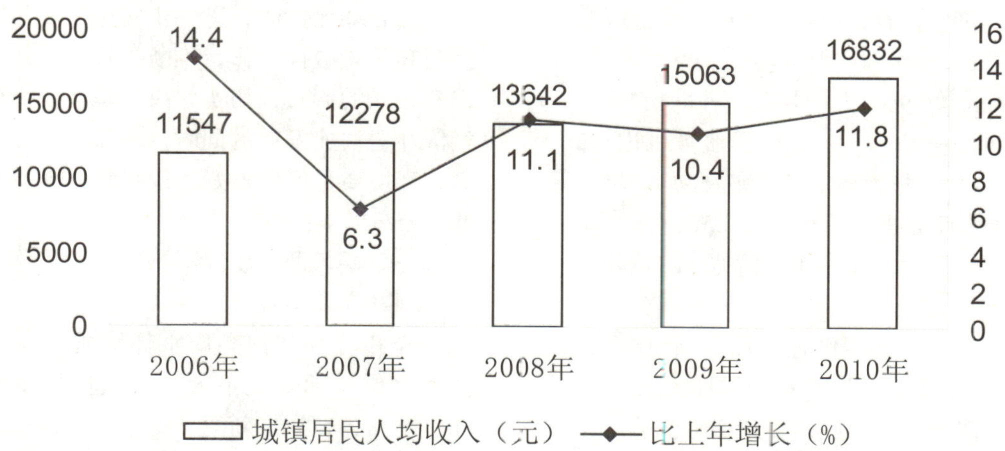


2010年农民人均纯收入7524元，比上年增长19.6%。农村居民人均生活消费支出5385.86元，其中食品消费支出占消费总支出的比重为49.5%。农村居民人均住房面积25.54平方米，增加1.26平方米。

2006-2010年农村居民人均收入及其增长速度

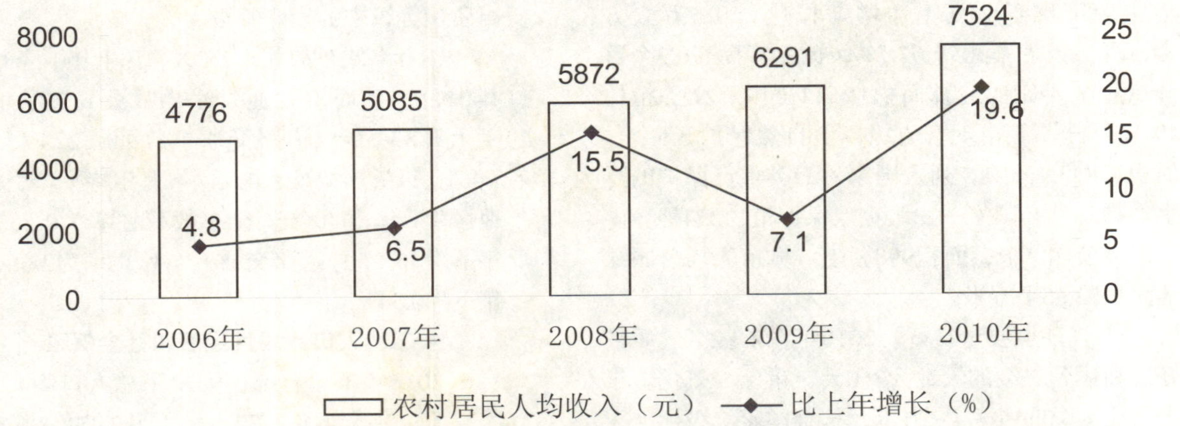


全年全社会用电量105.08亿千瓦时，增长19.5%。第一产业用电2.89亿千瓦时，增长3.4%；第二产业80.11亿千瓦时，增长21.7%，其中工业用电78.33亿千瓦时，增长20.8%；第三产业用电10.94亿千瓦时，增长16.8%；城乡居民生活用电11.15亿千瓦时，增长12.4%。

年末全市城镇职工养老、城镇医疗、工伤、生育、失业五大社会保险参保人数分别为54.84万人、45.52万人、32.66万人、27.79万人和32.53万人。年内征缴各项社会保险费21.81亿元，按时足额为26.87万名保障对象支付社保待遇20.41亿元，增长15.6%。新型农村合作医疗制度已经覆盖所有县市区，新型农村合作医疗农民参合率99.5% 。

城镇保障人数0.96万人，月人均补助144元，比上年提高5元。全市农村五保供养服务机构112个，总床位数0.41万张，集中供养率26.9%。年末全市各类收养性社会福利单位床位0.57万张，收养人员0.45万人。各种城镇社区服务设施318处。全年销售福利彩票2.4亿元。

2010年全市共落实经济适用住房项目4个，建设规模351套、2.1万平方米，累计完成投资2219.69亿元。截至2010年底，新开工经济适用住房3644套、21.86万平方米，现已建成、提供经济适用住房3184套；新建廉租住房项目8个，建设规模311套、1.56万平方米。

注：

1. 本公报中资料均为初步统计数；

2. 规模以上工业经济效益指标，现行制度调查时期为1～11月；

3. 地区生产总值、各产业增加值绝对数按现价计算，增长速度按可比价计算。

*（肇庆市统计局　国家统计局肇庆调查队　2011年3月13日）*

## 2010年肇庆市环境保护状况公报

2010年，全市环境保护工作以科学发展观为指导，以建设生态环保肇庆为目标，依法强化环境管理和环保执法，进一步实施主要污染物总量控制和总量减排工作，不断加快我市产业结构、产业布局的调整，切实解决环境问题，使我市在经济社会快速发展的同时，环境污染得到有效控制，环境质量保持良好。现将2010年肇庆市环境状况公布如下：

**一、环境质量状况**

（一）水环境质量

全市主要江河湖库水环境质量与2009年相比，水质年际变化不大，仍然保持优水平。西江、绥江、贺江、新兴江等主要河流的21个监测断面中，除了新兴江山口段断面为Ⅲ类水质外，其余断面均为Ⅱ类水质，河流水质状况为优，同时各断面均达到各个的功能区水质要求，达标率100%。交界水域水质达标率也达100%。全市饮用水源地与2009年相比，无明显变化，水质仍然保持优质水平。其中城区三榕峡、狮山和九坑河水库3个饮用水水源地各监测项目均符合《地表水环境质量标准》（GB3838-2002）中的II类标准和补充项目标准限值，水质全部达到Ⅱ类，水质状况优，达标率100%。

星湖水质26个监测项目均符合地表水Ⅳ类标准，水质类别与去年相同，无明显变化，各子湖达到各自功能区水质要求，达标率100%。

（二）空气环境质量

全市空气环境质量达到二级标准，继续保持优良。城区（端州、鼎湖）空气污染指数API在13～145之间，空气污染指数小于100的优良天数为360天，与去年持平。

全市有城区、四会、高要、封开开展降水监测，酸雨频率在54.5%～81.2%之间，酸雨pH均值为4.84，除封开外，酸雨污染状况均比上年有所加重。

（三）声环境质量

全市城市等效声级平均值为53.6分贝，与去年持平，城市区域噪声环境质量较好。全市有7个县（市、区）开展了道路交通噪声监测，全市城市等效声级平均值为65.9dB（A），比去年增加0.4dB（A），各地区道路交通噪声环境质量等级均为好。城市区域环境噪声源仍然以生活和交通类声源为主，城区各类功能区等效声级昼间年均值符合国家相应标准，功能区噪声污染与去年相比变化不大。

（四）生态环境质量

全市共建成各级、各类型自然保护区20个，总面积77.8万亩，形成保护类型比较齐全、布局比较合理的自然保护区体系。同时抓好沿江防护林、水源涵养林、生态公益林的建设，并通过林相改造提高林业资源品位，全市森林覆盖率67.7%。

**二、排污状况**

（一）废水

废水排放总量22778.54万吨。其中工业废水排放量8844.25万吨，占总排放量的38.8%；城镇生活污水排放量13934.28万吨，占总排放量的61.2%。全市工业废水达标排放率达98.03%；工业用水重复利用率达61.39%；城镇生活污水处理率70.54%。化学需氧量排放量3.18万吨。

（二）废气

工业废气排放量557.38亿标立方米，二氧化硫排放量3.32万吨，烟尘排放量3.35万吨，工业粉尘排放量0.57万吨。

（三）固体废物

工业固体废物产生量191.94万吨，其中综合利用量138.29万吨，处置量35.15万吨，贮存量17.93万吨，排放量0.58万吨。工业固体废物综合利用率为72.05%。工业危险废物产生量4816.09吨，100%处置。医疗废物产生量875.67吨，处置率100%。城市生活垃圾产生量12.08万吨，其中处置量11.87万吨，处置率98.26%。

**三、措施与行动**

（一）大力整治环境，削减污染物排放量

1.采取多方面措施，强力推进污染减排工作。一是全力推进工程减排。抓好城镇污水处理设施的建设和工业企业的深度治理。我市按照省的统一部署，集中财力物力，全力抓好城镇污水处理设施的建设。“十一五”期间，我市投资7.78亿元，新建成19座城市生活污水处理厂，新增设计处理能力36万吨/日，实现了“一县一厂”的目标。去年我市重点推进中心镇污水处理设施建设，位于中心区的8个中心镇污水处理设施在去年底已基本建成主体工程。目前，全市生活污水处理能力达到47万吨/日，全市生活污水处理率由“十五”期末的20%提高到70%。同时，通过加强重点企业的监督管理，推广应用污染治理新工艺、新技术，大力推行清洁生产，促进重点污染企业的污水处理设施改造和废水中水回用。2010年，四会市利华达印染有限公司等纺织印染行业配套了中水回用设施；我市排污量较大的星湖生物科技股份有限公司也开展了废水深度治理并实施清洁生产，大大削减了排污量。二是推进结构减排。我市认真贯彻落实总量前置审批制度，严格环保准入，严控“两高一资”项目，从源头上减少污染物排放；充分利用差别电价、绿色信贷等政策措施，加快淘汰一批高污染、高能耗、低效益的企业。“十一五”期间，我市已完成关停4间小火电淘汰任务，装机容量为20.04万千瓦，完成了省下达我市的“十一五”关停小火电任务；关停了高要市华辉水泥有限公司等19家落后水泥企业（生产线），淘汰落后机立窑生产能力共437万吨，超额完成省下达的关停小水泥90万吨的任务。其中，2010年我市关停了广宁县东乡水泥有限公司、高要市金禄水泥厂等 6家落后水泥企业（生产线），淘汰落后机立窑生产能力113万吨；

通过加快推进结构减排，有力推进我市产业结构调整和优化，加快转变我市经济发展方式。三是强化监管减排。2010年我市把“强监管、保运行”作为减排的重点，从监管减排要效益，通过加强环保执法，加大对不法排污企业的查处，增强企业守法排污的法制观念，切实巩固污染减排成效。2010年，全市共出动环保专项执法17606人次，检查企业（矿点）6265家，立案查处违法企业239家。

2.进一步深化独水河流域环境综合整治，效果显著。2010年，我市以四会市污水处理厂等3家被国家环保部挂牌督办企业的整治为抓手，进一步深化独水河流域的环境综合整治，四会市城市生活污水处理厂、碧洲电镀废水处理厂（原盛源电镀废水处理厂）经整改后运行正常；福龙电镀废水处理中心因整改效果不理想已被关闭；独水河水质持续变好，已接近地表水Ⅴ类标准，基本达到第一阶段整治目标。

3.认真做好亚运空气质量保障，全力推进大气污染治理。对全市216台非使用清洁能源工业锅炉实施了全面监测和监管，对其中81台锅炉实施清洁能源改造或关停淘汰；完成了95家加油站、27台油罐车、3座储油库的油气回收综合治理任务。全市共发放各类汽车环保标志（包括国标和省标）55630个。加强城区公交车尾气治理，推广节油减排车辆，更新客运车辆195辆，出租车160台；加大了建筑和道路施工扬尘污染控制力度，推进了典型行业挥发性有机物污染控制工作，城区空气环境质量稳定达到国家大气环境质量二级标准要求，为2010年广州“绿色亚运”的举办作出了应有的贡献。

（二）抓好各项生态建设和绿色创建活动，建设“生态环保肇庆”

为实现建设“生态环保肇庆”的战略目标，我市积极开展各项生态建设和绿色创建活动。一是大力建设自然保护区和林业生态屏障建设。抓好沿江防护林、水源涵养林、生态公益林的建设，并通过林相改造提高林业资源品位；形成了保护类型比较齐全、布局比较合理的自然保护区体系，为肇庆经济发展提供良好的生态环境。二是加大“绿道”建设和城区绿化建设。全市规划绿道网总长约1130公里，其中广东省绿道1号线和6号线105公里。目前，省立绿道105公里已实现全线贯通，市立绿道完成建设441.1公里，新增绿化326.9公里；与此同时，我市加大城区绿化建设投入，完成信安路、星湖大道、砚都大道、环星湖绿道、七星岩东门广场、波海公园、牌坊公园、叠翠路、棠岗路以及豪景新城周边道路等的绿化建设工程，城区新增绿化面积5.8公顷，改造绿化面积8.3公顷，绿化覆盖面积约增加10公顷，进一步提升了城市品位，打造生态环保肇庆。三是积极开展生态示范村（镇）和卫生村（镇）等创建工作。截至2010年底，全市共创建137个生态示范村，3个省级生态示范镇；创建省级卫生村1910个，省级卫生镇5个，创建生态文明村3144个。其中2010年，全市共创建15个生态示范村，437个省卫生村。四是积极开展绿色学校创建活动。截止到2010年底，全市共创建了83间绿色学校和幼儿园，其中国家级2间，省级28间，市级53间。其中2010年创建了5家省级、8家市级绿色学校和幼儿园。五是积极推进清洁生产工作。至2010年底，我市有24家企业通过清洁生产验收。

（三）加强环保管理能力建设，提高环保管理水平

为提高环保管理和执法能力，建设一支素质硬、业务强的环保管理队伍，2010年我市重点抓好以下工作，一是加强环境监测能力建设。市财政下拨400万元购置了一批应急监测设备，基本建成了水质、空气、酸雨、应急等监测网络，进一步提高我市应急监测水平。二是完善重点污染源在线监控系统建设。进一步完善污染源在线监控系统，目前我市24家国控重点污染源需安装的27套在线监控系统已全部建成，验收率100%。三是加强了区域环保合作。组织人员参与迎亚运2010广佛肇环境突发事件应急监测演习，通过演习进一步完善广佛肇三地环境应急预案和指挥体系，提高环保部门的协调反应能力、联动作战能力和对突发公共事件的应急管理能力。

（四）抓好环境宣传教育，提高公众环保意识，建设绿色生态文明

2010年，我市从多方面、多角度开展环保宣传工作，一是做好媒体的专题宣传。在《西江日报》和肇庆广播电台分别开设一个月的环保专题节目；二是及时组织报道环保动态新闻。组织媒体进行污染减排、污水处理厂建设、珠三角规划实施、四会铁扫行动等共近百条新闻的动

态报道；三是开展多项群体宣传活动。利用3.15消费者权益日、卫生日、世界环境日、普法日等宣传教育活动，提高公众的环保意识，倡导生态文明理念，逐步形成节能降耗、绿色低碳的生产生活方式。2010年公众对城市环境保护满意率为80.20%。　*（肇庆市人民政府　2011年6月5日）*

## 肇庆市2010年第六次全国人口普查主要数据公报〔1〕（第1号）

根据《全国人口普查条例》和国务院的决定，我国以2010年11月1日零时为标准时点进行了第六次全国人口普查[2]。在国务院、省政府和市人民政府的统一领导下，在全体普查对象的支持配合下，通过广大普查工作人员的艰苦努力，圆满完成了人口普查快速汇总任务。现将主要数据公布如下：

**一、全市常住人口**

全市常住人口〔3〕为3918085人，同第五次全国人口普查2000年11月1日零时的3371417人相比，十年共增加546668人，增长16.21%。年平均增长率为 1.51%。

**二、家庭户人口**

全市常住人口中共有家庭户[4] 1037872户，家庭户人口为 3609258人，平均每个家庭户的人口为 3.48人，比2000年第五次全国人口普查的3.62人减少0.14人。

**三、性别构成**

全市常住人口中，男性人口为2005310人，占51.18%；女性人口为1912775人，占48.82%。总人口性别比（以女性为100，男性对女性的比例）由2000年第五次全国人口普查的102.17上升为104.84。

**四、年龄构成**

全市常住人口中，0～14岁人口为821460人，占20.97%；15～64岁人口为2742453人，占69.99%；65岁及以上人口为354172人，占9.04%。同2000年第五次全国人口普查相比，0～14岁人口的比重下降8.62个百分点，15～64岁人口的比重上升7.25个百分点，65岁及以上人口的比重上升1.37个百分点。

**五、各种受教育程度人口**

全市常住人口中，具有大学（指大专以上）程度的人口为169753人；具有高中（含中专）程度的人口为465324人；具有初中程度的人口为1705879人；具有小学程度的人口为1137908人（以上各种受教育程度的人包括各类学校的毕业生、肄业生和在校生）。

同2000年第五次全国人口普查相比，每10万人中具有大学程度的由2296人上升为4333人；具有高中程度的由9038人上升为11876人；具有初中程度的由30916人上升为43539人；具有小学程度的由40212人下降为29042人。

全市常住人口中，文盲人口（15岁及以上不识字的人）为90419人，同2000年第五次全国人口普查相比，文盲人口减少66637人，文盲率[5]由4.66%下降为2.31%，下降2.35个百分点。

*（肇庆市统计局　2011年5月30日）*

注释：

〔1〕本公报中数据均为初步汇总数。

〔2〕普查登记的对象是指普查标准时点在中华人民共和国境内的自然人以及在中华人民共和国境外但未定居的中国公民，不包括在中华人民共和国境内短期停留的境外人员。

〔3〕本公报中人口是普查登记的2010年11月1日零时的常住人口。包括：居住在本乡镇街道、户口在本乡镇街道或户口待定的人；居住在本乡镇街道、离开户口所在的乡镇街道半年以上的人；户口在本乡镇街道、外出不满半年或在境外工作学习的人。

〔4〕家庭户是指以家庭成员关系为主、居住一处共同生活的人组成的户。

〔5〕文盲率是指全市常住人口中15岁及以上不识字人口所占比重。

## 肇庆市2010年第六次全国人口普查主要数据公报〔1〕（第2号）

现将肇庆市2010年第六次全国人口普查分县（市、区）的常住人口〔2〕有关数据公布如下：

| 县（市、区） | 人口数（人） | 比重[3]（%） | |
|---|---|---|---|
| | | 2000年 | 2010年 |
| 全市合计 | 3918085 | 100 | 100 |
| 端州区 | 479344 | 10.91 | 12.23 |
| 鼎湖区 | 164701 | 4.15 | 4.20 |
| 广宁县 | 424128 | 11.83 | 10.82 |
| 怀集县 | 814172 | 21.86 | 20.78 |
| 封开县 | 398304 | 11.44 | 10.17 |
| 德庆县 | 341197 | 9.15 | 8.71 |
| 高要市 | 753357 | 18.54 | 19.23 |
| 四会市 | 542882 | 12.12 | 13.86 |
| 其中：高新区 | 71166 | — | — |

*（肇庆市统计局　2011年6月2日）*

注释：

〔1〕本公报中数据均为初步汇总数。

〔2〕常住人口包括：居住在本乡镇街道且户口在本乡镇街道或户口待定的人；居住在本乡镇街道且离开户口登记地所在的乡镇街道半年以上的人；户口在本乡镇街道且外出不满半年或在境外工作学习的人。“境外”是指我国海关关境以外。

〔3〕指各县（市、区）常住人口占全市常住人口的比重。

## 便民电话

| | | | |
|---|---|---|---|
| 医疗事故急救 | 120 | 质量监督 | 12365 |
| 报　警 | 110 | 法律服务热线 | 12348 |
| 火　警 | 119 | 交通事故 | 122 |
| 固定电话咨询 | 114 | 工会维权 | 12351 |
| 工商投诉 | 12315 | 供水服务热线 | 2828226 |
| 价格投诉举报 | 12358 | 自来水抢修 | 2833070 |
| 环境保护投诉 | 12369 | 劳动保障热线 | 12333 |
| 气象热线 | 12121 | 海关走私举报 | 2827162 |
| 市城市管理办公室 | 2237047 | 火车站 | 6161822 |
| 汽车站 | 2700592 | 旅游投诉 | 2262296 |
| 纪检监察举报 | 12388 | 检察机关举报 | 12309 |
| 组织部举报中心电话 | 12380 | 文化市场举报热线 | 12318 |
| 纳税服务热线 | 12366 | “三农”服务热线 | 12316 |
| 保护知识产权举报投诉 | 12312 | 机构编制监督投诉举报 | 12310 |
| 公共卫生公益 | 12320 | 水上遇险求助 | 12395 |
| 电信服务质量投诉 | 10000 | 中国联通服务热线 | 10010 |

（续上表）

| 中国移动服务热线 | 1860/1861 | 建设银行客户服务 | 95533 |
|---|---|---|---|
| 中国银行客户服务 | 95566 | 工商银行客户服务 | 95588 |
| 农业银行客户服务 | 95599 | 中国邮政储蓄客户服务 | 95580 |
| 农村信用社客户服务 | 96596 | 广东发展银行客户服务 | 95508 |
| 平安保险客户服务 | 95511 | 人民保险客户服务 | 95518 |
| 人寿保险公司客服 | 95519 | 太平洋保险客户服务 | 95500 |
| 泰康人寿保险客户服务 | 95522 | 永安保险客户服务 | 95502 |
| 出租车 | 2800400 | 天安保险客户服务 | 95505 |
| 药品质量投诉 | 2810728 | 红十字会捐款热线 | 2852590 |
| 天然气服务热线 | 2295158 | | |

（市地方志办）

星湖湾公园小景